Walter Doberenz
Thomas Kowalski

Borland Delphi 6

Grundlagen und Profiwissen

Walter Doberenz
Thomas Kowalski

Borland Delphi 6

Grundlagen und Profiwissen

HANSER

Die Autoren:

Professor Dr.-Ing. habil. Walter Doberenz, Altenburg
Dipl.-Ing. Thomas Kowalski, Frankfurt/Oder

http://www.hanser.de

Die Deutsche Bibliothek – CIP-Einheitsaufnahme

Ein Titeldatensatz für diese Publikation
ist bei Der Deutschen Bibliothek erhältlich.

Gesamtlektorat: Fernando Schneider
Copy-editing: Sandra Gottmann, Bonn
Herstellung: Monika Kraus
Umschlaggestaltung: Büro für Text und Gestaltung herbert und herbertsfrau, Augsburg
Datenbelichtung, Druck und Bindung: Kösel, Kempten
Printed in Germany

ISBN 3-446-21734-7

Vorwort

Das vorliegende Buch soll ein faires Angebot für künftige als auch für fortgeschrittene Delphi-Programmierer sein. Trotz seines Umfangs verzichtet es auf einen Titel wie "Das Große Buch über ..." und verweist stattdessen auf seine erfolgreichen Vorgängertitel, wie z.B. "Borland Delphi 5 – Grundlagen und Profiwissen" oder "Borland Delphi 4 für Profis", die sich monatelang in den Bestsellerlisten der am meisten verkauften deutschsprachigen Programmierbücher behaupten konnten.

Die Philosophie des vorliegenden Buchs knüpft an die seiner Vorgängertitel an und ist das Resultat langjähriger Erfahrungen sowohl mit unterschiedlichen Windows-Programmiersprachen als auch bei der Durchführung zahlloser Lehrgänge für Einsteiger und Profis:

- Die Windows-Programmierung lernt man nicht durch lineares Durcharbeiten eines Lehrbuchs, sondern nur durch unermüdliches Ausprobieren von Beispielen, verbunden mit ständigem Nachschlagen in der Referenz.
- Der Sprachumfang von Borland Delphi ist mittlerweile so gewaltig, dass ein seriöses Programmierbuch das Prinzip der Vollständigkeit aufgeben muss und nach dem Prinzip "so viel wie nötig" sich lediglich eine "Initialisierungsfunktion" auf die Fahnen schreiben kann.

Das ist auch der Grund, dass das vorliegende Buch keinen Lehrbuchcharakter trägt, sondern mehr ein mit sorgfältig gewählten Beispielen durchsetztes Nachschlagewerk der wichtigsten Elemente der Windows-Programmierung mit Borland Delphi 6 ist.

Hinweis: Das stark praxisorientierte Pendant zum vorliegenden Buch ist unser "Borland Delphi 6 Kochbuch", dessen Inhaltsverzeichnis Sie im Anhang finden.

Da die Datenbank- und Internet-Programmierung in jeder neuen Delphi-Version immer mehr an Bedeutung gewonnen hat, mussten wir jetzt dieses umfangreiche Gebiet in einen eigenen Band auslagern.

Hinweis: Für den professionellen Datenbank- und Internet-Programmierer erscheint im gleichen Verlag unser Buch "Datenbankprogrammierung mit Borland Delphi 6".

Im vorliegenden Buch ist deshalb die Datenbankprogrammierung nur in einem für den Einstieg ausreichenden Umfang berücksichtigt worden. In diesem Zusammenhang sei auch auf folgendes Angebot verwiesen:

Hinweis: Wer lediglich an einem Grundlagenlehrgang interessiert ist, dem sei unser weniger umfangreiches Buch "Programmieren lernen in Borland Delphi 6" empfohlen.

Zur Programmierung mit Borland Delphi

Borland Delphi hat eine lange Tradition, die sich vor allem auf den berühmten Vorfahren *Turbo Pascal* begründet. Wer früher schon einmal mit dem Mitte der Achtzigerjahre sehr populären Werkzeug gearbeitet hat, wird sich aber grundlegend umstellen müssen.

Was erwartet den reumütig zurückgekehrten "verlorenen Sohn" Neues? Ganz so ein Kinderspiel, wie es die Borland-Reklame suggerieren will, ist die Windows-Programmierung mit Object Pascal nun auch wieder nicht, sieht man von trivialen Minimalapplikationen einmal ab. Folgender Vergleich könnte den Unterschied zwischen der traditionellen prozeduralen Pascal-Programmiertechnik und der objektorientierten Windows-Programmierung mit Delphi wohl am treffendsten verdeutlichen:

- Zum Bau eines Hauses aus Ziegelsteinen benötigt man relativ wenige Bauelemente. Mit diesem kleinen Sortiment kann der Maurer schnell vertraut werden und damit nahezu beliebige Gebäude gestalten, genauso wie auch Sie mit dem geringen Sprachumfang des "alten" Pascal in der Lage waren, relativ komplizierte Applikationen zu entwerfen.
- Die Windows-Programmierung hingegen ist vergleichbar mit der Herstellung eines Gebäudes aus hochkomplexen Fertigelementen (API-Funktionen), von denen es eine unüberschaubare und ständig wachsende Vielfalt gibt. Zwar ist das Gebäude damit wesentlich schneller "hochgezogen" als mit der Ziegeltechnik, doch vorher ist ein umfangreiches Studium des Angebots an Fertigelementen angesagt, um sich in diesem Riesensortiment zurechtzufinden und die geeignete Auswahl zu treffen.

Diese Aussichten mögen den Delphi-Einsteiger zunächst schockieren. Als Trost sei aber hinzugefügt, dass man stets nur einen Bruchteil des Sprachumfangs tatsächlich häufig benötigt. Diesen Kern hat man sich relativ schnell angeeignet, sonst reicht es zu wissen, "wo was stehen könnte".

Zum Buchinhalt

Der Inhalt des Vorgängertitels "Borland Delphi 5 – Grundlagen und Profiwissen" wurde gründlich überarbeitet, erweitert und an die neuen Features von Delphi 6 angepasst[1]. Da es unmöglich ist, in einem einzigen Band auf alle Probleme einzugehen, mussten wir uns in der "Kunst des Weglassens" üben, ohne dabei aber die wesentlichen Programmierelemente aus dem Auge zu verlieren.

Wie Sie auch dem Buchtitel entnehmen, wagt das vorliegende Werk den Spagat zwischen einem Anfänger- und einem Profibuch. Sinn eines solchen Buches kann es nicht sein, eine umfassende Schritt-für-Schritt-Einführung in Object Pascal zu liefern oder all die Informationen noch einmal zur Verfügung zu stellen, die Sie in der integrierten Online-Hilfe oder den voluminösen Handbüchern ohnehin schon haben.

- Für den *Einsteiger* wollen wir den einzig vernünftig gangbaren Weg beschreiten, nämlich nach dem Prinzip "so viel wie nötig" eine schmale Schneise durch den Urwald der Object Pascal-Programmierung schlagen, bis wir eine Lichtung erreicht haben, die erste Erfolgserlebnisse vermittelt.

---

[1] Bei dieser Gelegenheit möchten wir uns auch bei all den Lesern bedanken, die sowohl mit ihrem Lob als auch mit ihren kritischen Hinweisen und Ratschlägen zur weiteren Verbesserung des Buchinhalts beigetragen haben.

- Für den *Profi* wollen wir eine Vielzahl von Informationen bereitstellen, nach denen er bisher in den mitgelieferten Dokumentationen sowie in der Flut der im Handel angebotenen gleichnamigen Titel vergeblich gesucht hat. Dabei haben die Autoren vor allem aus eigenen Quellen und Erfahrungen geschöpft.

Die 16 Kapitel sind so gegliedert, dass sie einerseits eine logische Aufeinanderfolge bilden, andererseits aber auch quergelesen werden können. Jedem Kapitel ist ein Abschnitt für Lern- bzw. Praxisbeispiele angefügt, die teilweise unserem "Borland Delphi 6 Kochbuch" entnommen wurden und die Ihnen zusätzliches Übungsmaterial sowie Tipps und Know-how zur Lösung von Programmierproblemen liefern. Im letzten Kapitel werden anhand mehrerer größerer Applikationen (aus den verschiedensten Gebieten und mit unterschiedlichem Schwierigkeitsgrad) komplexe Programmiertechniken im Zusammenhang demonstriert.

Zur Buch-CD

Die zu diesem Buch mitgelieferte CD enthält sämtliche Quelltexte, die meisten EXE-Dateien, sowie eine 60-Tage-Trial-Version von Borland Delphi 6. Auch die komplette Software des Kapitels 16 (Applikationen) ist mit dabei.

Wollen Sie direkt auf die Ordner zugreifen, dann klicken Sie das CD-Laufwerk mit der rechten Maustaste an und wählen "Öffnen". Kopieren Sie dann die gewünschten Dateien auf die Festplatte und vergessen Sie nicht, anschließend den Schreibschutz aufzuheben (rechte Maustaste, "Eigenschaften"). Achten Sie dabei besonders auf die Datenbanken, die aufgrund langer Dateinamen teilweise als selbstentpackende EXE vorliegen. Einige der Datenbankbeispiele benötigen einen Alias, den Sie vor dem Abspielen des Beispiels zuweisen müssen.

Wer es gern bequemer hätte, klickt einfach auf *Autostart.exe* und wählt dann im Inhaltsverzeichnis die gewünschten Dateien aus. Das Installationsprogramm kopiert diese in ein Verzeichnis Ihrer Wahl und entfernt gleichzeitig auch den Schreibschutz.

Hinweis: Sollte es bei einigen Projekten zu Problemen mit der Bildschirmdarstellung kommen, dann stellen Sie bitte Ihre Windows-Systemsteuerung auf "Kleine Schriftarten" um.

Borland Delphi 6 Enterprise Trial

Sind Sie noch nicht im Besitz von Delphi 6, können Sie die Beispiele dennoch nachvollziehen:

Auf der Buch-CD finden Sie neben den genannten Beispielprogrammen auch eine 60-Tage-Testversion von Borland Delphi 6 Enterprise, die Borland freundlicherweise unseren Lesern zur Verfügung gestellt hat.

Bevor Sie jedoch diese Version installieren können, müssen Sie sich unter folgender Webadresse registrieren:

http://register.borland.com/delphi_contact.htm

Sie erhalten dann per E-Mail umgehend einen persönlichen Freischaltcode, mit dem Sie die Testversion installieren können.

Zu den Autoren

Wenn Sie Vorschläge oder Fragen zum Buch haben, können Sie uns direkt kontaktieren:

- *w.doberenz@online.de* oder *www.doberenz.onlinehome.de*
- *th.kowalski@online.de*

Wenn Sie dem Autorenteam bei der Arbeit zuschauen wollen:

Dank an alle Helfer und ein gut gemeinter Rat

Beide Autoren wollen es nicht versäumen, sich bei ihren Familienangehörigen ausdrücklich für deren grenzenlose Geduld zu bedanken, die bereits beim Schreiben unseres "Borland Delphi 6 Kochbuchs" arg strapaziert wurde. Die uns zuteil gewordene Nachsicht ist umso höher zu würdigen, als die scheinheilig versprochene Ruhe nach Fertigstellen des Kochbuchs nicht eintrat, sondern nahtlos in einen erbitterten Kampf mit den circa 1000 Seiten des vorliegenden Titels überging.

Unser Dank gilt auch der Firma *Borland*, die uns stets unbürokratisch und schnell mit Rezensionssoftware bedienten.

Einen großen Blumenstrauß an die netten Damen und Herren vom Carl Hanser Verlag, die uns stets nach besten Kräften unterstützt haben.

Und zum Schluss ein gut gemeinter Rat an Sie, liebe Leserin und lieber Leser: Machen Sie beim Experimentieren möglichst viele Fehler, denn nur so lernen Sie wirklich etwas!

In diesem Sinne wünschen wir Ihnen die notwendige Motivation, Triebkraft und Freude auf dem Weg zum erfolgreichen Delphi-Programmierer!

Walter Doberenz und Thomas Kowalski *Altenburg und Frankfurt/Oder im Oktober 2001*

Inhaltsverzeichnis

10 Programmschnittstellen und Peripherie 499

11 Komponenten-Entwicklung 567

13 Wissenschaft 703

Einführung

- Die Ruhe vor dem Sturm
- Die Windows-Philosophie
- Erste Schritte in Delphi

1 Einführung

Dieses Kapitel gewährt Ihnen erste Einblicke in die Arbeit mit Borland Delphi 6. Da für den Einsteiger das viele "Fachchinesisch" bereits das Maß des Erträglichen weit übersteigen dürfte, werden je nach Stand Ihrer Vorkenntnisse unterschiedliche Vorgehensweisen beim Durcharbeiten des Stoffs empfohlen:

Einsteiger: Überspringen Sie den folgenden Abschnitt und beginnen Sie gleich mit der Installation (1.1.3). Nach einem kurzen Blick in die Windows-Philosophie (1.2) sollten Sie sich sofort an das Einführungsbeispiel 1.3.1 wagen.

Fortgeschrittene: Für Sie dürfte lediglich der folgende Abschnitt 1.1.1 sowie der Abschnitt 1.4 (Neue Features von Delphi 6) von Interesse sein.

1.1 Die Ruhe vor dem Sturm

Bevor es mit dem Programmieren so richtig losgehen kann, gilt es einige Vorbereitungen zu treffen.

1.1.1 Software

Folgende drei Pakete von *Borland Delphi 6* sind im Angebot, für welches davon Sie sich entscheiden, ist nicht zuletzt eine Frage des Geldbeutels.

- **BD 6 Personal**
  Bereits mit diesem Einsteigerpaket (das allerdings nur dann ausreicht, wenn auf Internet- und Datenbankentwicklungen kein Wert gelegt wird) erschließt sich Ihnen die Welt der Windows-Programmierung. Mehr als 85 Standardkomponenten, die Sie mit Ihren Programmen weitergeben können, stehen Ihnen zur Gestaltung der Benutzerschnittstelle zur Verfügung. Neben Object Pascal, OOP[1] und visueller Vererbung haben Sie die Möglichkeit, durch DLL[2]s und OBJ-Dateien Funktionalität mit Entwicklungssystemen wie C oder Paradox auszutauschen. Weitere Features sind Windows-Unterstützung für OLE[3]-Automation, Active Documents, COM[4]-Interfaces, Packages, DLL-Debugging, Multithreading, überladene Methoden, dynamische Arrays, 64-Bit-Integer, Help-Compiler, Multi-Monitor und andere.

- **BD 6 Professional**
  Dieses für "Otto Normalverbraucher" zu empfehlende Paket verfügt zusätzlich über die umfangreiche Palette von mehr als 160 wiederverwendbaren, anpassbaren und erweiterbaren CLX[5]-Komponenten, mit denen unter anderem auch Sie Internet-, Datenbank- und

---

[1] *Objektorientierte Programmierung*

[2] *Dynamic Link Library*

[3] *Object Linking and Embedding*

[4] *Common Object Model*

[5] *Component Library for Cross Platform*

GUI[1]-Anwendungen erstellen können. Ein umfangreiches Angebot von dbExpress- and BDE-Datenbanktreibern ermöglicht das Einbinden lokaler Datenbanken in Ihre Anwendungen.
In *NetCLX* sind Technologien zur Browser-, Server- und Datenbankentwicklung vereint, mit denen Sie skalierbare Webanwendungen (für eine große Anzahl von Benutzern und für große Datenmengen) entwickeln. Schließlich noch ein über den Rahmen dieses Buchs hinausgehender Hinweis: Durch Kombination von Delphi 6 mit Kylix brauchen Sie nur einen Funktionssatz und nur eine Codebasis, um plattformübergreifende Linux-/Windows-Anwendungen zu entwickeln.

- **BD 6 Enterprise**
  Dieses Maximalpaket[2] für den Profi erlaubt die Entwicklung von EBusiness-Anwendungen der nächsten Generation. *BizSnap* ermöglicht das Erstellen von Webdiensten und -verbindungen, mit denen sich ein Unternehmen in die Anwendungen der Kunden und Lieferanten integrieren lässt. Mit *WebSnap*, der Delphi-Plattform zur Entwicklung von Webanwendungen, steht komponentenbasiertes RAD[3] zur Verfügung. Mit *DataSnap* lassen sich mehrschichtige Anwendungen (Midas) erstellen. Last but not least bietet Ihnen nur dieses Paket eine umfangreiche XML[4]-Unterstützung.

Vollversionen von Borland Delphi 6 können Sie bei Ihrem Softwarehändler oder aber auch per Internet erwerben.

Über die Borland-Webadresse erreichen Sie auch eine umfangreiche Liste, in der alle Features der drei Delphi-Pakete peinlichst genau aufgelistet sind.

Hinweis: Für das Verständnis bzw. Nachvollziehen von ca. 80 % der Beispiele dieses Buchs dürfte bereits das Paket *BD 6 Personal* ausreichend sein, wer aber viel mit Datenbanken programmieren will, sollte allerdings zumindest über *BD 6 Professional* verfügen.

1.1.2 Hardware

Vor der Installation von Delphi 6 sollten Sie auch über eine eventuelle Erneuerung/Ergänzung Ihrer PC-Ausrüstung nachdenken. Vom Hersteller wird empfohlen:

- ab 166 MHz Pentium (empfohlen P2, 400 MHz)
- 32 MB RAM (empfohlen 128 MB)
- 75 MB Festplattenspeicher für Kompaktinstallation (empfohlen 200 MB)
- Betriebssystem Windows 2000, ME, 98, NT 4.0 (ab SP5)
- CD-ROM-Laufwerk (oder zumindest Netzzugriff auf ein solches)

[1] *Graphical User Interface*

[2] ... was sich auch auf den Kaufpreis bezieht!

[3] *Rapid Application Development*

[4] *eXtensible Markup Language*

Hinweis: Alle im Buch bzw. auf der Buch-CD enthaltenen Beispiele wurden unter MS Windows 2000 vollständig getestet. Unter den übrigen Betriebssystemen erfolgten nur stichpunktartige Tests, weshalb nicht ausgeschlossen werden kann, dass es in einigen seltenen Fällen zu Fehlfunktionen kommen kann.

1.1.3 Installation von Delphi 6

Bei der Installation brauchen Sie sich eigentlich um nichts zu kümmern. Klicken Sie auf den "Delphi 6"-Eintrag und folgen Sie den Anweisungen des Setup-Programms, das je nach Paket (Personal, Professional oder Enterprise) ein unterschiedliches Angebot bereithält:

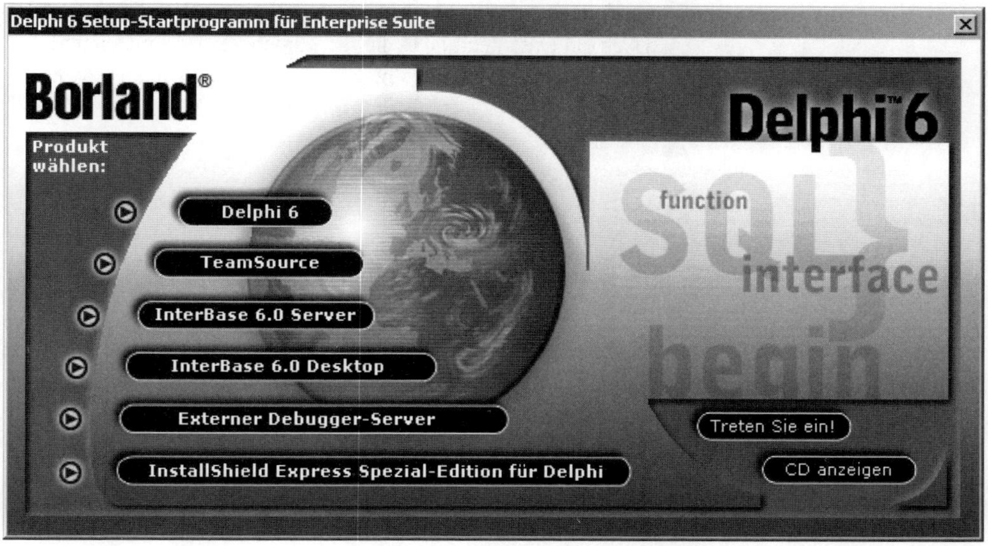

Obiger Screenshot zeigt das Angebot des Enterprise-Pakets. Im Installationsmenü des Professional-Pakets werden Sie "TeamSource", "InterBase 6.0 Server" und "Externer Debugger-Server" vergeblich suchen.

Nachdem der erfolgreiche Abschluss der Installation verkündet wurde, klicken Sie den Start-Button. Unter "Programme" entdecken Sie jetzt auch "Borland Delphi 6".

1.1.4 Dokumentation

Das vorliegende Buch bietet vereinbarungsgemäß keine umfassende Referenz, es kann also die Delphi-Dokumentation nicht oder nur teilweise ersetzen. Diese besteht aus diversen Handbüchern sowie aus der integrierten Online-Hilfe.

Zur Professional-Edition werden außer einem erschreckend dünnen Heftchen "Einführung" keine weiteren Handbücher ausgeliefert. Etwas spendabler zeigt sich da die Enterprise-Edition, der zusätzlich beiliegt:

- Das voluminöse "Delphi-Entwicklerhandbuch" mit Informationen über komplexere Anwendungsentwicklungen, Datenbankanwendungen, benutzerdefinierte Komponenten, Internet/Intranet.
- Die "Object Pascal-Sprachreferenz" mit Beschreibung der Syntax von Object Pascal, der Schnittstellen und DLLs, der Packages, des integrierten Assemblers.

Prinzipiell sind alle in den Handbüchern enthaltenen Informationen, auch über die in Delphi integrierten Online-Hilfefunktionen, abrufbar. Die folgende Abbildung zeigt das Angebot an Hilfedateien für die Professional-Edition (über Startmenü erreichbar):

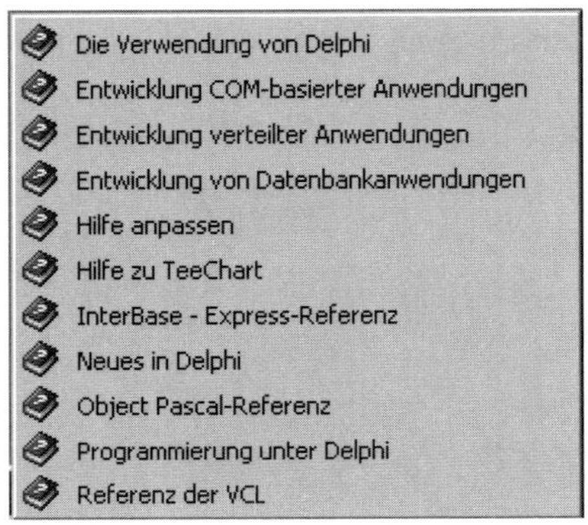

Sehr bald wird also die Online-Hilfe Ihr unentbehrlicher Begleiter bei der Anwendungsentwicklung sein, da sie aufgrund der komfortablen Windows-typischen Suchfunktionen viel schneller und effektiver bestimmte Informationen zur Verfügung stellen kann, als dies durch umständliches Nachschlagen in einem der Handbücher möglich wäre.

1.2 Die Windows-Philosophie

Delphi gibt Ihnen die Möglichkeit, eigene Windows-Programme mit relativ geringem Aufwand und nach nur kurzer Einarbeitungszeit selbst zu entwickeln. Es wird dabei keinesfalls von Ihnen verlangt, tiefer in das äußerst komplexe Gebiet der Windows-Programmierung einzudringen. Sie werden den Einstieg aber umso leichter schaffen, wenn Sie sich gleich zu Beginn Klarheit über die zunächst fremdartig anmutende, aber dann doch einfach und gleichzeitig genial erscheinende Windows-Philosophie verschaffen.

1.2.1 Mensch-Rechner-Dialog

Die Art und Weise, wie die Kommunikation mit dem Benutzer (Mensch-Rechner-Dialog) abläuft, dürfte wohl der gravierendste Unterschied zwischen den klassischen Betriebssystemen (DOS, UNIX) und Windows sein. Unter DOS "wartet" das Programm auf eine Eingabe, indem Tastatur und Maus zyklisch abgefragt werden. Alle peripheren Geräte agieren relativ unabhängig voneinander:

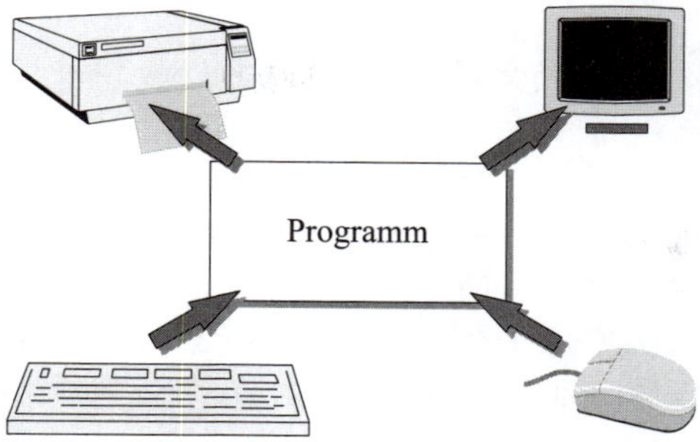

Unter Windows ist der Zugriff auf die Peripherie ins System integriert:

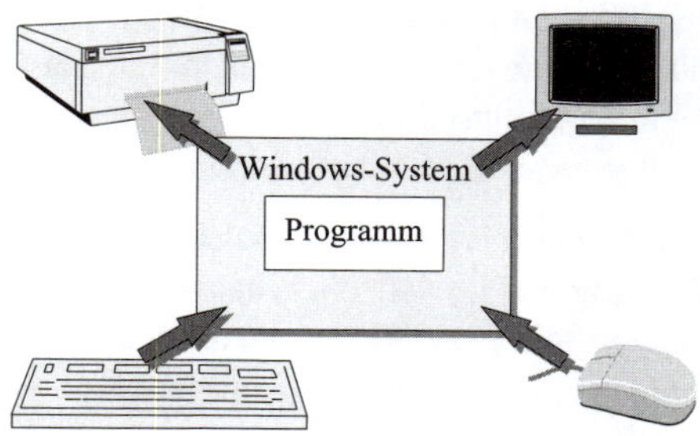

Programme haben mit der Verwaltung von Tastatur, Maus, Bildschirm, Drucker etc. direkt nichts mehr zu tun, Windows nimmt ihnen diese Arbeit ab, indem es sich quasi wie eine "Schale" zwischen Ein-/Ausgabegeräte und Anwenderprogramm schiebt.

Ein- und Ausgaben werden in so genannte "Nachrichten" umgesetzt, die zum Programm geschickt und dort kontinuierlich verarbeitet werden. Daraus ergibt sich ein grundsätzlich anderes Prinzip:

Während unter DOS alle Initiativen für die Benutzerkommunikation vom Programm ausgehen, hat unter Windows der Bediener den Hut auf. Er bestimmt durch seine Eingaben den Ablauf der Rechnersitzung. Während eine DOS-Applikation den gesamten Bildschirm belegt, erfolgt die Windows-Ausgabe in einem oder auch mehreren Fenstern (Formularen).

1.2.2 Objekt- und ereignisorientierte Programmierung

Vergleicht man ein "normales" Programm, das aus einer langen Liste von Anweisungen besteht, mit einem Windows-Programm, so stellt man als Erstes folgenden Hauptunterschied fest:

Im "normalen" Programm werden die Befehle sequenziell abgearbeitet, d.h. Schritt für Schritt hintereinander.

Unter Windows laufen alle Aktionen objekt- und ereignisorientiert ab, eine streng vorgeschriebene Reihenfolge für die Eingabe und Abarbeitung der Befehle gibt es nicht mehr. Für jede Aktivität des

Anwenders ist ein Programmteil zuständig, der weitgehend unabhängig von anderen Programmteilen agieren kann und muss.

Ein Windows-Programmierer hat sich vor allem mit folgenden Begriffen auseinander zu setzen:

Objekte (Objects)

Das sind zunächst die Elemente der Windows-Bedienoberfläche, denen wiederum Eigenschaften, Ereignisse und Methoden zugeordnet werden.

Beschränken wir uns der Einfachheit halber zunächst nur auf die visuelle Benutzerschnittstelle (VCL[1]), so haben wir es in Delphi mit folgenden (sichtbaren) Objekten zu tun:

Formulare Das sind die Fenster, in denen eine Delphi-Anwendung ausgeführt wird. In einem Formular (*TForm*) können weitere untergeordnete Formulare, Komponenten (siehe unten), Text oder Grafik enthalten sein.

Komponenten Diese tauchen als Menüs (*TMenue*), Schaltflächen (*TButton*), Bildlaufleisten (*TScrollBar*), Listenfelder (*TListBox*), Textfelder (*TEdit)* oder in vielfältiger Weise als ActiveX-Komponenten auf. Sie stellen die eigentliche Benutzerschnittstelle dar, über die mittels Tastatur oder Maus Eingaben erfolgen oder die der Ausgabe von Informationen dienen.

Sonstige Objekte Der Objektbegriff wird auch auf solche Schnittstellenelemente wie z.B. den Bildschirm (*TScreen*), die Windows-Zwischenablage (*TClipboard*), den Drucker (*TPrinter*), Datenbankobjekte (*TTable...*) etc. ausgedehnt. Weiterhin können Sie selbst eigene Objekte programmieren.

Der Nachrichtenfluss entsteht durch Kommunikation der Objekte untereinander, d.h. durch das Versenden von Botschaften (Messages). Eine solche Botschaft besteht normalerweise aus dem Namen einer Methode, die das aufgerufene Objekt ausführen soll.

Eigenschaften (Properties)

Unter diesem Begriff versteht man die Attribute von Objekten, wie z.B. die Höhe (*Height*) und die Breite (*Width*) eines Formulars oder die Farbe (*Color*) eines Editierfeldes. Jedes Objekt verfügt über seinen eigenen Satz von Eigenschaften, die teilweise nur zur Entwurfs- oder nur zur Laufzeit veränderbar sind.

Methoden (Methods)

Das sind die im Objekt definierten Funktionen und Prozeduren, die gewissermaßen das "Verhalten" beim Eintreffen einer Nachricht bestimmen. So erzeugt z.B. die *LineTo*-Methode eine Linie auf der Zeichenfläche (*Canvas* bzw. Leinwand) eines Formulars. Eine Methode kann z.B. auch das Verhalten des Objekts bei einem Mausklick, einer Tastatureingabe oder sonstigen Ereignissen (siehe unten) definieren. Im Unterschied zu den oben genannten Eigenschaften (Properties), die eine "statische" Beschreibung liefern, bestimmen Methoden die "dynamischen" Fähigkeiten des Objekts.

---

[1] *Visual Component Library*

Ereignisse (Events)

Dies sind Nachrichten, die vom Objekt empfangen werden. Sie stellen die eigentliche Windows-Schnittstelle dar. So ruft z.B. das Anklicken eines Steuerelements mit der Maus in Windows ein *OnClick*-Ereignis hervor. Aufgabe eines Delphi-Programms ist es, auf alle interessanten Ereignisse gemäß dem Wunsch des Anwenders zu reagieren. Dies geschieht in so genannten *Ereignisbehandlungsroutinen* (Event Handler).

1.2.3 Windows-Programmierung mit Delphi

Herkömmliche DOS-Programmiertechniken erforderten meist als erste Aktivität das detaillierte Erstellen eines Programmablaufplans (PAP) und tiefgründige Überlegungen zur Gestaltung der Benutzerschnittstelle bzw. der Reihenfolge von Ein- und Ausgaben. Delphi befreit Sie von diesen, besonders bei größeren Projekten sehr lästigen und langwierigen Vorarbeiten und erlaubt eine systematische Vorgehensweise in folgenden vier Etappen:

1. *Visueller Entwurf der Bedienoberfläche*
2. *Zuweisen der Objekteigenschaften*
3. *Verknüpfen der Objekte mit Ereignissen*
4. *Programmtest*

Bereits die *erste Etappe* weist einen deutlichen Unterschied zur herkömmlichen Programmiertechnik auf: Am Anfang steht der Oberflächenentwurf!

Ausgangsbasis ist das vom Editor bereitgestellte Startformular (*Form1*), das mit diversen Komponenten, wie Schaltflächen (Buttons) oder Editierfenstern, ausgestattet wird. Unter Delphi finden Sie ein nahezu komplettes Angebot der Windows-typischen Komponenten. Diese werden, ähnlich wie in einem Zeichenprogramm, von einer Werkzeugleiste (Komponentenpalette) ausgewählt, mittels Maus an ihre endgültige Position gezogen und (falls nötig) in ihrer Größe verändert.

In der *zweiten Etappe* braucht man sich eigentlich nur noch um die Objekteigenschaften zu kümmern, die von den Voreinstellungen (Defaults) abweichen. Bereits während der ersten Etappe hat man, mehr oder weniger unbewusst, Eigenschaften, wie Position und Abmessungen von Formularen und Komponenten, verändert. Bestimmte Eigenschaften, wie z.B. der Inhalt eines Editierfeldes, lassen sich allerdings erst zur Laufzeit sinnvoll zuweisen.

Die *dritte Etappe* haucht Leben in unsere bislang nur mit statischen Attributen ausgestatteten Objekte. Hier muss festgelegt werden, wie das Formular oder die betreffende Komponente auf bestimmte Ereignisse zu reagieren haben. Delphi stellt auch hier "vorgefertigten" Rahmencode für alle zum jeweiligen Objekt passenden Ereignisse zur Verfügung. Der Programmierer füllt diesen Rahmen mit Pascal-Quellcode aus. Hier können Methoden oder Prozeduren aufgerufen werden, auch Eigenschaften anderer Objekte lassen sich während der Laufzeit neu zuweisen.

In der *vierten Etappe* schlägt schließlich die Stunde der Wahrheit, denn ein Programm, das auf Anhieb funktioniert, gibt es so gut wie nicht. Genaueres dazu erfahren Sie im Kapitel 5.

Der in diesen vier Etappen praktizierte visuelle Oberflächenentwurf, verbunden mit dem ereignisorientierten Entwurfskonzept, macht Borland Delphi zu dem, was es heute bereits ist, dem heute wohl populärsten Programmiersystem neben Microsofts Visual Basic.

1.3 Erste Schritte in Delphi

Jeder Weg – und ist er noch so weit – beginnt mit dem ersten Schritt.

Dieser Abschnitt bietet Ihnen deshalb einen Delphi-"Schnupperkurs", gestaffelt in zwei unterschiedliche Schwierigkeitsgrade, da wir davon ausgehen, dass der Leserkreis dieses Buchs vom absoluten Anfänger bis hin zum Routinier reicht, der schon genügend Erfahrungen in anderen Programmiersprachen gesammelt hat.

1.3.1 Einführungsbeispiel für Einsteiger

Die folgende kleine Applikation kann jeder nachvollziehen, ohne dass dafür die geringsten Programmierkenntnisse erforderlich wären. Die (zugegebenerweise recht armselige) Funktionalität beschränkt sich auf ein Fenster mit gelbem Hintergrund und einer Schaltfläche, über die per Mausklick die Beschriftung der Titelleiste geändert werden kann. Das Beispiel demonstriert, mit welch geringem Aufwand man in Delphi eigene Anwendungen erstellen kann. Außerdem können die bisher eingeführten Begriffe erklärt und die Unterschiede zwischen der althergebrachten (klassischen) Programmiertechnik und der visualisierten, ereignis- und objektorientierten Windows-Programmierung deutlich gemacht werden. Der damit ausgelöste Aha-Effekt wird Sie sicher ausreichend motivieren, um manche Durststrecken der nächsten Kapitel zu überstehen.

Auch ohne eine detaillierte Kenntnis der Delphi-Programmierumgebung (die ausführliche Beschreibung folgt erst im nächsten Kapitel) werden Sie keine Probleme haben, die folgende Anleitung (entsprechend den eingangs erläuterten drei Etappen) nachzuvollziehen.

1. Etappe: Visueller Entwurf der Bedienoberfläche

Der Programmaufruf erfolgt über das Start-Menü bzw. über eine von Ihnen vorher eingerichtete Desktop-Verknüpfung.

Gleich zu Beginn wird Ihnen von der Delphi-IDE[1] standardmäßig ein Startformular (*Form1*) zur Verfügung gestellt, das Sie in der Bildschirmmitte sehen. Darauf platzieren Sie einen Button. Die dazu notwendige Vorgehensweise unterscheidet sich kaum von der bei einem normalen Zeichenprogramm: Wählen Sie das gewünschte Element durch Klick auf die entsprechende Schaltfläche in der am oberen Bildrand sichtbaren Werkzeugleiste aus.

Klicken Sie dann auf die Mitte des Formulars und zoomen Sie (bei gedrückt gehaltener linker Maustaste) den Button auf die gewünschte Größe.

[1] *Integrated Developer Environment* (Entwicklungsumgebung)

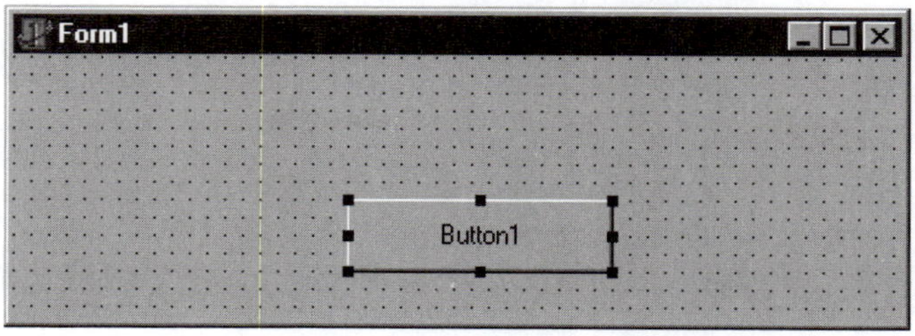

2. Etappe: Zuweisen der Objekteigenschaften

Um den Formular-Hintergrund gelb einzufärben, klicken Sie erst auf das Formular und dann auf den *Color*-Eintrag auf der "Eigenschaften"-Seite des Objektinspektors (ein extra Fenster am linken Bildschirmrand, das Sie auch mit der F11-Taste herbeizaubern können) und wählen Sie in der kleinen Rollbox den Eintrag *clYellow*.

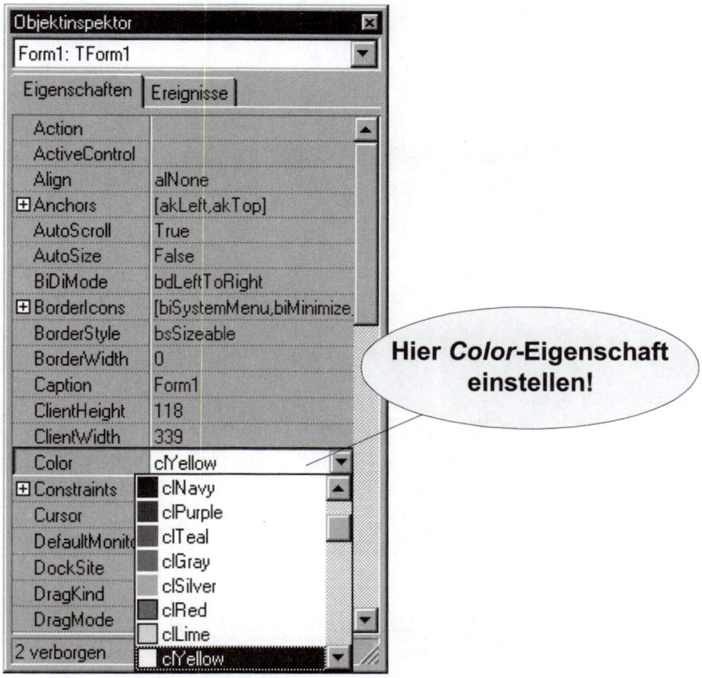

Der Formularhintergrund färbt sich sofort gelb, obwohl das Programm noch nicht gestartet ist!

3. Etappe: Verknüpfen der Objekte mit Ereignissen

Öffnen Sie die "Ereignisse"-Seite des Objektinspektors, wählen Sie im Objektselektor (das ist die Klappbox ganz oben) den Eintrag *Button1* und doppelklicken Sie auf die noch leere Zeile des *OnClick*-Ereignisses.

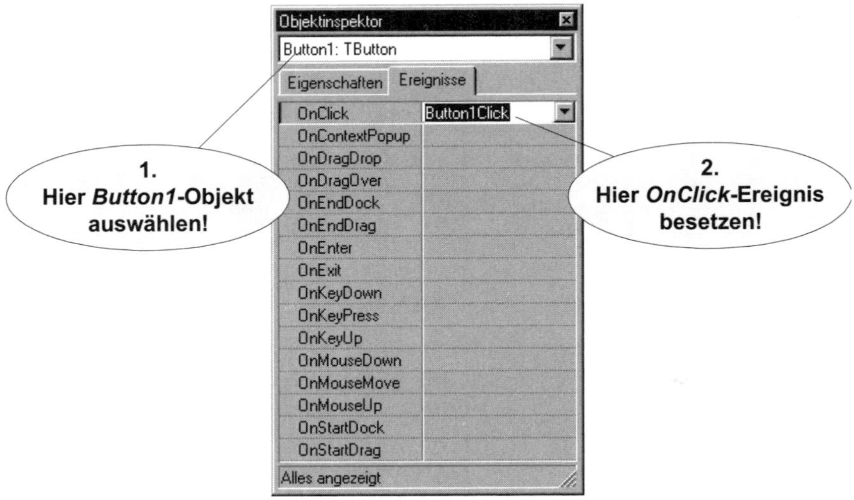

Es öffnet sich ein Fenster (*Unit1.pas*) mit dem bereits vorgefertigten Rahmencode für das *OnClick*-Ereignis:

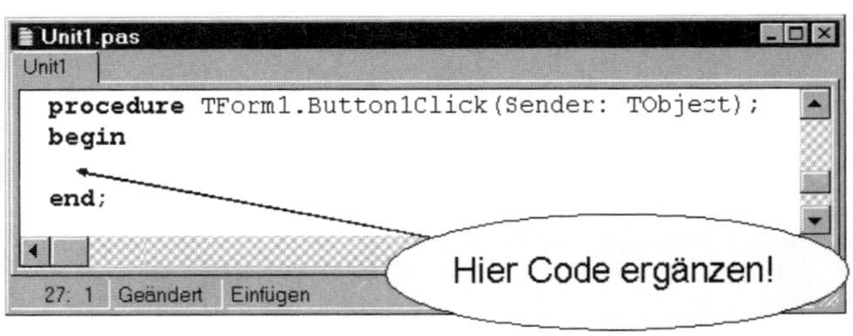

Fügen Sie die (im Folgenden unterstrichene) Anweisung ein:

```
procedure TForm1.Button1Click(Sender: TObject);
begin
 Form1.Caption := 'H a l l o  D e l p h i  F r e u n d e !'
end;
```

Wenn Sie sich jetzt die "Ereignisse"-Seite des Objektinspektors anschauen, erkennen Sie neben dem *OnClick*-Ereignis den Eintrag *Button1Click*.

4. Etappe: Testen

Compilieren Sie das Programm durch Drücken der F9-Taste oder der Start-Schaltfläche ▷ (Symbolleiste). Sie haben nun eine zwar kleine, aber trotzdem fix und fertige Windows-Applikation vor sich. Der Button funktioniert, die Titelleiste ändert sich tatsächlich!

Einsteiger-Tipps

- Möglicherweise waren im Verlauf der Programmentwicklung einige der Fenster (*Form1*, *Unit1.pas*, Objektinspektor) plötzlich auf Nimmerwiedersehen verschwunden. Über das Menü *Ansicht|Fensterliste...* (Alt+O) oder *Ansicht|Objektinspektor* (F11) zaubern Sie die lichtscheuen Elemente wieder zurück auf den Bildschirm.
- Richten Sie sich über das Menü *Tools|Umgebungsoptionen* Ihre Werkstatt so bequem wie möglich ein. Auf der Seite "Präferenzen" sollten Sie z.B. das lästige automatische Andocken der Fenster abstellen, auf der Seite "Designer" legen Sie die Rastergröße fest. An den übrigen Einstellungen sollten Sie allerdings erst dann herumdoktern, wenn Sie kein absoluter Anfänger mehr sind.

1.3.2 Einführungsbeispiel für Umsteiger

Unsere zweite Applikation ist für all diejenigen gedacht, die bereits gewisse Erfahrungen in einer Programmiersprache gesammelt haben und denen das vorangegangene Beispiel nicht mehr als nur ein müdes Lächeln entlockt hat. Gegenstand ist die Umrechnung von Euro in Dollar (und umgekehrt), also ein simpler Währungsrechner.

Zurück in die Vergangenheit

Für den Umsteiger, der bereits Pascal-Praxis hat, soll zu Vergleichszwecken zunächst kommentarlos die klassische Programmiertechnik unter DOS (z.B. mit TP 5.5) demonstriert werden:

```
PROGRAM euro_dollar;
VAR kurs, euro: Real; s: Char;
BEGIN
 REPEAT
  WriteLn('Umrechnung Euro <=> Dollar');
  REPEAT
   Write('Kurs: '); ReadLn(kurs)
  UNTIL kurs > 0;
  REPEAT
   Write ('Euro: '); ReadLn(euro)
  UNTIL euro > 0;
  WriteLn('Sie erhalten ', euro/kurs:6:2,' Dollar!');
```

```
  WriteLn('Programm beenden? (j/n)'); ReadLn(s)
 UNTIL s ='j'
END.
```

Nach dem Programmstart (Run) würde Sie dann, je nach Eingabewerten, der folgende trostlose Textbildschirm erfreuen:

Umrechnung Euro <=> Dollar
Kurs: 1.5
Euro: 3
Sie erhalten 2.00 Dollar!
Programm beenden? (j/n)

Sie sehen selbst, dass sich mit solch einer tristen Bedienoberfläche heute kein "Blumentopf" mehr gewinnen lässt!

Wer den alten Zeiten gar zu sehr nachtrauert, der sei mit der Möglichkeit getröstet, dass man auch unter Delphi noch nostalgische Textbildschirm-Anwendungen erzeugen kann (siehe Praxisbeispiel "Konsolenanwendung" am Ende des Kapitels).

Bedienoberfläche entwerfen

Ziel ist die folgende Anordnung der Komponenten *Label1, Label2, Label3, Edit1, Edit2, Edit3* und *Button1* auf dem Startformular (*Form1*):

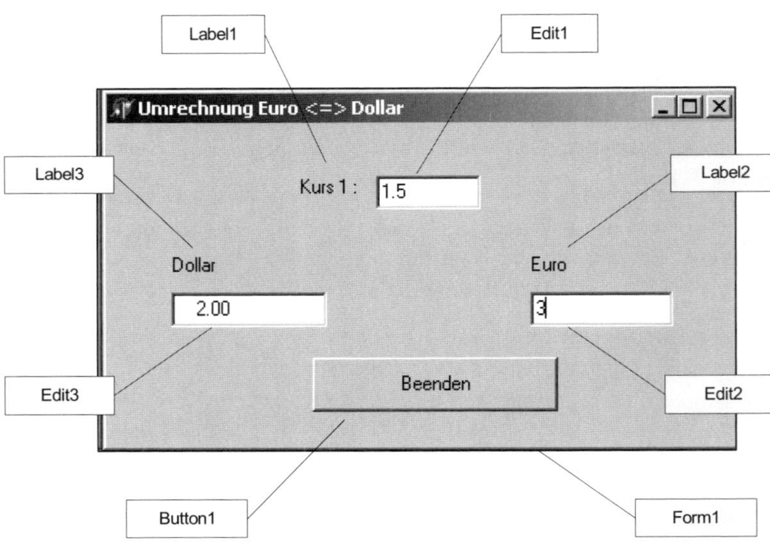

Ein wohl gemeinter Ratschlag für den Einsteiger:

Hinweis: Konzentrieren Sie sich in dieser ersten Etappe nur auf Lage und Abmessung der Komponenten, nicht auf deren Beschriftung, da diese erst in der nächsten Etappe (Eigenschaften zuweisen) angepasst wird!

Beim Platzieren und bei der Größenanpassung der Komponenten gehen Sie ähnlich vor, wie Sie es bereits von vektororientierten Zeichenprogrammen (Designer, Corel Draw, Visio etc.) gewöhnt sind: Auf der Werkzeugleiste am oberen Rand (Komponentenpalette) klicken Sie die Schaltfläche (für *Label*-Komponenten). Danach bewegen Sie den Mauszeiger zu der Stelle von *Form1*, an der sich die linke obere Ecke von *Label1* befinden soll, drücken die Maustaste nieder und zoomen (bei gedrückt gehaltener Maustaste) das Label auf seine endgültige Größe. Völlig analog verfahren Sie mit *Label2* und *Label3*. Nun klicken Sie die Schaltfläche (für *Edit*-Komponenten) und erzeugen *Edit1*, *Edit2* und *Edit3*. Schließlich bleibt noch die breite Taste *Button1*, die Sie nun sicher ohne Probleme (Schaltfläche für *Button*-Komponenten) an den unteren Rand von *Form1* setzen.

Eigenschaften zuweisen

Unser kleines Programm besteht inzwischen aus insgesamt acht Objekten: einem Formular und sieben Komponenten. Die wichtigste Eigenschaft eines Objekts ist sein *Name*. Wir brauchen uns aber nicht weiter um ihn zu kümmern, denn wenn wir alle Komponenten in der oben beschriebenen Reihenfolge erstellt haben, wurden die Namen bereits von Delphi entsprechend obiger Abbildung automatisch vergeben. Auch die anderen Eigenschaften haben bereits Standardwerte. Einige davon müssen wir allerdings ändern. Dies geschieht mit Hilfe des Objektinspektors, dessen Fenster sich normalerweise in der linken Bildschirmhälfte befindet. Wenn Sie mit der Maus auf eine Komponente klicken, zeigt der Objektinspektor eine Liste ihrer Eigenschaften an.

Beginnen wir mit *Label1*, das die Beschriftung *Kurs 1 :* tragen soll. Die Beschriftung ist identisch mit der *Caption*-Eigenschaft. Standardmäßig entspricht diese der *Name*-Property, in unserem Fall also *Label1*. Um das zu ändern, klicken Sie auf das Label und tragen anschließend in dem kleinen weißen *Caption*-Feld des Objektinspektors die neue Beschriftung ein (die alte ist vorher mit Backspace- oder Entf-Taste "wegzuradieren"). Analog verfahren Sie mit den übrigen Labels.

Bei den drei Editierfeldern *Edit1*, *Edit2* und *Edit3* ist die *Text*-Eigenschaft auf den Wert '1' zu ändern, auch *Button1* muss natürlich eine neue Beschriftung erhalten.

Schließlich klicken Sie auf eine leere Fläche von *Form1*, um den Objektinspektor für das Formular zu öffnen und um die *Caption*-Eigenschaft entsprechend der Titelleiste zu modifizieren. Da wir verhindern wollen, dass der Anwender später eine Größenänderung des Fensters vornimmt, müssen wir auch die *BorderStyle*-Eigenschaft ändern. Die folgende Tabelle gibt eine Zusammenstellung aller Objekteigenschaften, die von den Standardwerten (Defaults) abweichen:

Name des Objekts	Eigenschaft	neuer Wert
Form1	*Caption* *BorderStyle*	'Umrechnung Euro <=> Dollar' *bsSingle*
Label1	*Caption*	'Kurs 1 :'
Label2	*Caption*	'€'

Name des Objekts	Eigenschaft	neuer Wert
Label3	*Caption*	'Dollar'
Edit1,Edit2,Edit3	*Text*	'1'
Button1	*Caption*	'Beenden'
	TabStop	*False*

Die einschließenden Apostrophe (' ') für *Caption-* und *Text*-Properties weisen darauf hin, dass es sich um den Datentyp *String* handelt.

Hinweis: Beim Eintrag von *String*-Eigenschaften in den Objektinspektor müssen Sie die Apostrophe (' ') ausnahmsweise weglassen!

Event-Handler einstellen

Sicher haben Sie inzwischen schon festgestellt, dass der Objektinspektor als eine Art "Karteikasten" organisiert ist, der aus zwei "Seiten" besteht. Die obere heißt "Eigenschaften", die untere, der wir uns jetzt zuwenden wollen, trägt die Beschriftung "Ereignisse".

Klicken Sie auf dem Formular die Komponente *Edit1* und aktivieren Sie anschließend die Ereignisseite des Objektinspektors. Sie zeigt eine Liste aller Windows-Ereignisse, auf die *Edit1* reagieren kann.

Die Euro-Dollar-Umrechnung soll immer beim Loslassen einer Taste gestartet werden, also dann, wenn sich infolge einer Neueingabe oder Korrektur der Inhalt eines der drei Editierfelder geändert hat.

Klicken Sie also auf das Ereignis *OnKeyUp*. Die Farbe des Feldes ändert sich in Weiß, und es blinkt eine Einfügemarke. Doppelklicken Sie neben diese Marke. Das Feld enthält nun die Beschriftung *Edit1KeyUp*, das ist der Name der Ereignisbehandlungsroutine (Event-Handler), den uns Delphi für das *OnKeyUp*-Ereignis der Komponente *Edit1* vorschlägt. Wir aber wollen den Namen geringfügig ändern, nämlich in *EditKeyUp*, weil auch die anderen beiden Editierfelder (*Edit2* und *Edit3*) diesen Event-Handler benutzen sollen (folgende Abbildung links):

Klicken Sie nun auf die Komponente *Edit2* und öffnen Sie ebenfalls die Ereignisseite des Objektinspektors. Diesmal brauchen Sie den Namen des Event-Handlers nicht per Hand einzutragen. Klicken Sie einfach auf die kleine Rollbox am rechten Rand des *OnKeyUp*-Felds und Sie gewinnen einen Überblick über alle momentan vorhandenen Event-Handler, dies ist momentan nur *EditKeyUp*. Übernehmen Sie diesen Eintrag (siehe folgende Abbildung oben rechts).

Wiederholen Sie den gleichen Vorgang für die Komponente *Edit3*.

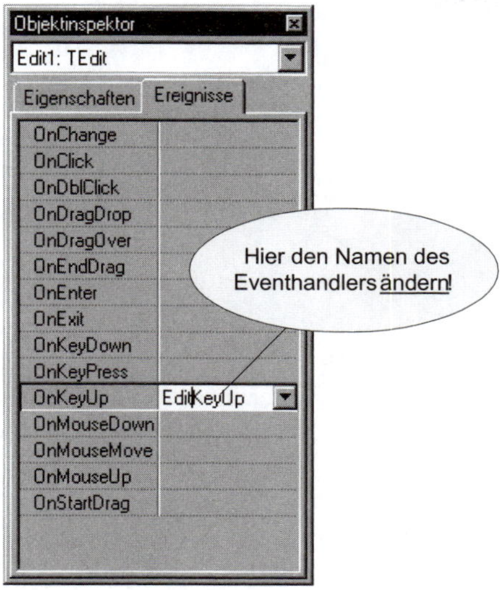

Ereignisroutinen hinzufügen

In der Bildschirmmitte entdecken Sie ein neues Fenster (*Unit1.pas*), das sich bisher hinter dem Formular *Form1* versteckt hat (evtl. über *Ansicht|Units... bzw. Strg+F12* herbeiholen). Es ist mit folgendem "vorgefertigten" Rahmencode für den Event-Handler *EditKeyUp* ausgestattet:

```
procedure TForm1.EditKeyUp(Sender: TObject; var Key: Word; Shift: TShiftState);
begin


end;
```

Anhand des Parameters *Sender* stellt diese Prozedur fest, von welchem Objekt (*Edit1*, *Edit2* oder *Edit3*) das *KeyUp*-Ereignis ausgelöst wurde.

Aufgabe des Programmierers ist es, diesen Event-Handler mit Leben zu erfüllen. Er muss zwischen *begin* und *end* die Pascal-Anweisungen eintragen, die dann ausgeführt werden sollen, wenn bei einer Tastatureingabe in *Edit1, Edit2* oder *Edit3* das Ereignis *OnKeyUp* (Taste loslassen) eintritt. In diesem Fall wollen wir ja den eingegebenen Kurswert in eine Gleitkommazahl umwandeln und anschließend die Dollars bzw. Euros berechnen.

Tippen Sie also zwischen der ersten und letzten Zeile folgenden Quellcode ein (die beiden fettgedruckten Anweisungen sind bereits vorhanden und die mit // eingeleiteten Kommentaranweisungen können Sie auch weglassen):

```
var kurs, euro, dollar: Single;          // Variablen, mit denen gerechnet wird
    s: string; code: Integer;            // Hilfsvariablen
begin
  // Werte aus Editierfeldern in Variablen einlesen und prüfen:
  Val(Form1.Edit1.Text, kurs, code);
  if kurs <= 0 then Exit;                        // falsche Kurswerte vermeiden
```

```
  Val(Form1.Edit2.Text, euro, code);
  Val(Form1.Edit3.Text, dollar, code);

  // Berechnungen mit den Variablen durchführen:
  if Sender = Edit3 then  euro := dollar * kurs    // dollar wurde eingegeben
                    else  dollar := euro / kurs;   // euro oder kurs wurden eingegeben

  // Werte der Variablen in Editierfeldern anzeigen:
 if Sender = Edit3 then                     // dollar geändert
 begin
  Str(euro:8:2,s); Form1.Edit2.Text := s     // Anzeige von euro (8 Stellen,
                                             // davon 2 Nachkomma)
 end else                                   // kurs oder euro geändert
 begin
  Str(dollar:8:2,s); Form1.Edit3.Text := s    // sonst Anzeige von dollar
 end
end;
```

Durch Mausklick auf die Schaltfläche *Button1* soll das Programm beendet werden. Dazu ist die *Close*-Methode für *Form1* auszuführen, bei der gleichzeitig auch alle mit dem Formular verknüpften Komponenten entladen werden. Aktivieren Sie den Rahmencode für das *OnClick*-Ereignis von *Button1* (Sie gehen dabei genauso vor, wie oben für *Edit1* beschrieben!) und tragen Sie ein:

```
Form1.Close;
```

Erlaubt ist hier auch die verkürzte Schreibweise:

```
Close;
```

Test

Klicken Sie auf den ▷ Button in der Werkzeugleiste (oder F9-Taste), und im Handumdrehen wird Ihr erstes Delphi-Programm compiliert und ausgeführt!

Sie werden feststellen, dass es eine vorgeschriebene Reihenfolge für die Benutzereingaben nicht mehr gibt, alle Felder werden sofort aktualisiert. In unserem Fall ist sogar (im Unterschied zum DOS-Beispiel am Anfang dieses Abschnitts) eine Umrechnung in beide Richtungen möglich.

Nicht nur mittels Maus, auch mit der Tastatur (Tab-Taste) können Sie zwischen den Eingabefeldern wechseln. *Button1* wurde durch Setzen seiner *TabStop*-Eigenschaft auf *False* aus dieser Reihenfolge herausgenommen.

Stören Sie sich vorerst nicht daran, wenn keine Kommas bei der Eingabe akzeptiert werden und nur der Punkt als Dezimaltrenner funktioniert. Wie Sie dieses Problem beseitigen können, erfahren Sie im Praxisteil am Ende dieses Kapitels (1.6.1, "Umwandeln von Dezimalkomma in Dezimalpunkt").

Doktern Sie in aller Ruhe ein wenig am Quellcode herum, um sich den Unterschied zwischen DOS- und Windows-Programmen so richtig zu verdeutlichen.

Hilfreich dürfte Ihnen bei Ihren ersten Versuchen vor allem die F12-Taste (bzw. die Schaltfläche der Symbolleiste) sein, mit der Sie schnell zwischen dem Formular und dem zugehörigen Codefenster wechseln können. Haben Sie sich scheinbar "festgefahren" und nichts geht mehr, so hilft die Tastenkombination Strg+F2 (Menü *Start|Programm zurücksetzen*).

Bemerkungen

Bereits in diesem kleinen Beispiel steckt eine Menge an praktischem Know-how, zu dessen gründlicher Klärung hier im Einführungskapitel kein Platz ist. Folgende Hinweise sollen aber den Weg zum Verständnis ebnen:

- Innerhalb des Event-Handlers (*EditKeyUp*) sind die vier typischen Schritte zur Lösung einer speziellen Programmieraufgabe klar erkennbar:
  1. Variablen deklarieren (Ein- und Ausgabegrößen)
  2. Inhalt der Steuerelemente den Variablen (Eingabegrößen) zuweisen
  3. Mit den Variablen Berechnungen durchführen
  4. Den Inhalt der Variablen (Ausgabegrößen) in den Steuerelementen anzeigen
- Bei den Schritten zwei und vier ist zu beachten, dass in die Steuerelemente (Editierfelder) im Allgemeinen keine Zahlen, sondern Zeichenketten eingegeben werden, die durch das Programm in nummerische Werte umgewandelt werden müssen (bzw. umgekehrt). Dazu dienen im obigen Beispiel die Konvertierungsroutinen *Val* und *Str* (siehe 2.6.3, Stringfunktionen).
- Der prinzipielle Programmablauf als Aufeinanderfolge von Anweisungen und der Einbau von Verzweigungen (*if ... then ...*) dürfte klar ersichtlich sein (siehe 2.5.2, Verzweigungen).
- Weitere wichtige Details, wie z.B. das Einfügen von Kommentaranweisungen, die Bedeutungslosigkeit der Groß-/Kleinschreibung, die "reservierten Wörter" (im Codefenster fettgedruckt) werden bereits hier deutlich.

Noch vieles andere in diesem Einführungsbeispiel mag dem Einsteiger momentan noch absolut unverständlich vorkommen, aber lassen Sie sich nicht beirren, einiges brauchen Sie gar nicht erst zu wissen, und von anderen mysteriösen Anweisungen wird sich im Laufe der nächsten Kapitel bald der Schleier heben.

Der komplette Quelltext

Unser Programm besteht aus weitaus mehr Zeilen, als wir selbst geschrieben haben. Die Projektdatei (entspricht dem Hauptprogramm) haben wir noch gar nicht zu Gesicht bekommen, sie wurde von Delphi automatisch erstellt. Um sie einzusehen, brauchen Sie nur auf den Menüpunkt *Ansicht|Units...* zu klicken und im Dialogfenster *Project1* zu wählen (oder *Projekt|Quelltext anzeigen*):

```
program Project1;

uses
  Forms,
  Unit1 in 'Unit1.pas' {Form1};

{$R *.RES}
```

```
begin
  Application.Initialize;
  Application.CreateForm(TForm1, Form1);
  Application.Run;
end.
```

Im Normalfall haben Sie als Programmierer in der Projektdatei nichts verloren, denn Delphi hat es gar nicht gern, wenn Sie da herumschnüffeln oder ihm gar ins Handwerk pfuschen und eigenmächtig an den Einträgen herumdoktern.

Als Nächstes wählen Sie *Unit1*:

```
unit Unit1;
interface

uses
  Windows, Messages, SysUtils, Classes, Graphics, Controls, Forms, Dialogs,
  StdCtrls;

type
  TForm1 = class(TForm)
    Label1: TLabel;
    Edit1: TEdit;
    Label2: TLabel;
    Edit2: TEdit;
    Label3: TLabel;
    Edit3: TEdit;
    Button1: TButton;
    procedure EditKeyUp(Sender: TObject; var Key: Word;
      Shift: TShiftState);
    procedure Button1Click(Sender: TObject);
  private
    { Private-Deklarationen }
  public
    { Public-Deklarationen }
  end;

var
  Form1: TForm1;
```

```
implementation

{$R *.DFM}
```

Den Sinn dieser Anweisungen müssen Sie jetzt noch nicht verstehen, nur so viel:

Delphi hat z.B. in der *uses*-Klausel (dritte Zeile von *Unit1*) automatisch all die "Bausteine" (Units) eingetragen, die für das Funktionieren der Anwendung erforderlich sind. Auch eine spezielle Formularklasse (*TForm1*) wurde von dem Vorfahren *TForm* "geerbt" und mit Feldern und Ereignismethoden für die einzelnen Komponenten gefüllt (siehe Kapitel 6).

Erst ab jetzt beginnt der Quellcode, den Sie selbst bearbeitet haben (mit Ausnahme des Rahmencodes der Event-Handler):

```
procedure TForm1.EditKeyUp;
... // selbst bearbeiteter Quellcode
end;
procedure TForm1.Button1Click;
begin
 ... // selbst bearbeiteter Quellcode
end;


end.
```

Wundern Sie sich nicht darüber, dass die Köpfe der Ereignisbehandlungsmethoden *TForm1.-EditKeyUp* und *TForm1.Button1Click* diesmal ohne Parameter erschienen sind. Das ist so weit in Ordnung, da wir zwecks Einsparung von Tipparbeit von der so genannten Kurzform Gebrauch gemacht haben. Die ausführliche Deklaration der Methodenköpfe findet Delphi im *interface*-Abschnitt (in der Klassendefinition von *TForm1*).

Ereignistabelle

Wie soll man ein Delphi-Listing lesen, ohne den Überblick zu verlieren?

Gewissermaßen als Ersatz für den unter Windows leider nicht mehr dominierenden (linearen) Programmablaufplan (PAP) kann folgende Tabelle für etwas mehr Übersicht sorgen:

Benutzeraktion	**Ausgewertetes Windows-Ereignis**	**Programmreaktion**
Tastatureingabe in das Kurs- und in das Euro-Editierfeld	*EditKeyUp*	Berechnen und Anzeigen des Dollar-Wertes
Tastatureingabe in das Dollar-Editierfeld	*EditKeyUp*	Berechnen und Anzeigen des Euro-Wertes
Mausklick auf die "Beenden"-Schaltfläche	*Button1Click*	Programm beenden

Projektdateien

Während der Phase der Programmentwicklung haben wir es nicht nur mit diversen Quelltextdateien zu tun, sondern auch noch mit einer ganzen Reihe weiterer Dateien, das Ganze nennt man dann "Projekt". Wenn Sie über das Menü *Datei|Alles Speichern* das komplette Projekt in ein extra Verzeichnis ablegen, werden Sie feststellen, dass sich dort fast ein Dutzend Files tummeln, von denen hier nur die wesentlichen vorgestellt werden sollen.

Symbol	Erklärung
 Project1.dpr	Projektdatei (siehe oben abgedrucktes Listing)
 Unit1.dfm	Bilddatei für *Form1*
 Unit1.pas	Quelltext für *Unit1* (siehe abgedrucktes Listing)
 Project1.exe	compiliertes Programm (ist allein ausführbar!)
 Project1.res	Windows-Ressourcendatei (Button, Label etc.)
 Project1.dof	Delphi-Projekt-Optionen
 Unit1.dcu	compilierte *Unit1*
 Project1.cfg	Konfigurationsdatei

Um ein Projekt unter Delphi 6 zu öffnen und weiter daran zu arbeiten, brauchen Sie nur die ersten drei Dateien. Was aber, wenn das Projekt abgeschlossen ist und Sie die fertige Anwendung weitergeben wollen?

Für einfache Programme (ohne Datenbank-Engine und weitere spezielle DLLs) genügt im Allgemeinen *Project1.exe*, um die fertige Applikation auf beliebigen Rechnern unter Windows zum Laufen zu bringen Anderenfalls kommen Sie kaum um die Verwendung eines speziellen SetUp-Programms herum, das Ihnen die Dateien für die Installationsdisketten erstellt. Ein solches Tool wird zur Professional- und Enterprise-Version mitgeliefert (siehe Beschreibung von *InstallShield* im Anhang B).

Projektfenster

Eine übersichtliche Basis für die Arbeit mit den Projektfiles verschafft uns das Projektfenster, das wir über das Menü *Ansicht|Projektverwaltung* erreichen. Sieht dieses Fenster auch momentan noch arm und verlassen aus, so wird sich das spätestens dann ändern, wenn wir uns später mit "ausgewachsenen" Programmen beschäftigen.

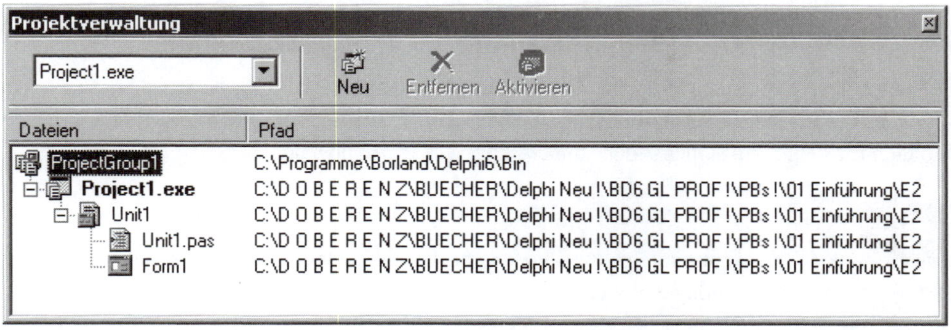

1.3.3 Auf zur Object Pascal-Programmierung!

Unser Delphi 6-Schnupperkurs ist hier zu Ende. Delphi hat für uns getan, was es tun konnte: Beim Bestücken der Bedienoberfläche mit Komponenten hat es uns großzügig unterstützt: Für jedes Formular steht ein vorgefertigter Rahmencode bereit.

Bevor Sie auch nur eine einzige Zeile Quelltext eingetippt haben, ist die Benutzerschnittstelle der Applikation vom Prinzip her bereits lauffähig. Doch damit haben Sie nur eine schöne, glänzende Fassade für Ihr Programmgebäude errichtet, denn im Inneren klafft noch gähnende Leere. Den "Innenausbau" Ihres Programmgebäudes kann Delphi Ihnen beim besten Willen nicht abnehmen, Sie selbst müssen jetzt Hand anlegen und sich dafür Schritt für Schritt die dazu notwendigen Kenntnisse aneignen.

Wie bereits in beiden Einführungsbeispielen gezeigt, beginnt Ihre Arbeit als Programmierer mit dem Schreiben diverser Ereignisbehandlungsroutinen (Event-Handler). Hier teilen Sie Ihrem Programm mit, wie es auf bestimmte Benutzereingaben reagieren soll! Der Weg kann recht mühselig sein, denn der Sprachumfang von Object-Pascal ist gewaltig und für den Einsteiger schon eher mit dem undurchdringlichen Dickicht eines Urwaldes vergleichbar. Lassen Sie sich deshalb beim Studium der folgenden Kapitel nicht entmutigen, stürzen Sie sich hinein in diesen Urwald und schlagen Sie eine schmale Schneise zur Lichtung erster Erfolge! Das Dickicht wird sich erst allmählich lichten, und zwar in dem Maße, wie Sie unermüdlich Praxisbeispiele nachvollziehen und eigene Projektideen verwirklichen.

1.4 Ein erster Blick auf Borland Delphi

In diesem Abschnitt wollen wir den fortgeschrittenen Programmierer mit einigen Leistungsmerkmalen von Borland Delphi bekannt machen. Der Einsteiger sollte sich diese Lektüre für einen späteren Zeitpunkt aufsparen, da er mit den meisten Fachbegriffen ohnehin noch nicht viel anfangen kann.

Ob die Gesamtheit aller neuen Features eine neue Versionsnummer rechtfertigt, darüber kann man philosophieren. Obwohl von einem Delphi.NET noch nicht die Rede sein kann, lässt sich unter dem Strich aber feststellen, dass die Änderungen und Erweiterungen vor allem den Datenbank- und

Internetbereich betreffen. Da aber dieser Bereich nicht Schwerpunktthema dieses Buchs ist, werden wir uns auf allgemeine Aussagen beschränken[1].

1.4.1 Von anderen Sprachen zu Delphi

Umsteiger haben es einerseits leicht, da sie über Programmiererfahrungen verfügen, andererseits kommt es gerade bei ihnen häufig zu ganz typischen Fehlerbildern und Verwirrungen, die dem absoluten Einsteiger auf seinem noch "unbestellten Acker" fremd sind.

DOS

Der erfahrene DOS-Programmierer wird vor allem den fehlenden Direktzugriff auf die Interrupt-Routinen vermissen. Stattdessen kann er die inzwischen mehr als 2000 Funktionen des Windows-API durchforsten, wo er viele (aber bei weitem nicht alle) Äquivalente zu den DOS- und BIOS-Interrupts findet. Hardwarenah programmierte DOS-Anwendungen fallen ebenso dem Systemwechsel zum Opfer wie umfangreiche Ein- und Ausgaberoutinen. Ein weiterer gewöhnungsbedürftiger Unterschied besteht darin, dass Windows ausschließlich grafikorientiert, DOS hingegen textorientiert arbeitet und erst durch spezielle Anweisungen in den Grafikmodus versetzt wird.

C/VisualC++/Java

Die folgende Tabelle listet einige Unterschiede zwischen C und Delphi auf, die Aufzählung erhebt keinerlei Anspruch auf Vollständigkeit:

Anweisung	**Borland Delphi (Pascal)**	**C++/Java**
Stringbegrenzung	`'Maier'`	`"Maier"`
Zuweisung	`a := b`	`a = b`
Trennungszeichen	*Anweisung1*; *Anweisung2*	*Anweisung1*; *Anweisung2*
Kommentar	`{Kommentartext}`	`/* Kommentartext */`

Typdefinition	`type person = record`
	felder...
	`end;`
		`typedef struct {`
		felder ... `}`
		`person;`

Variablendeklaration	`var i: Integer;`	`int i;`
Array-Deklaration	`a: array[1..5] of Integer`	`int a[5]`

Zählschleife	`for i:= 1 to 100 do begin`
	Anweisungen
	`end;`
		`for (i=0; i < 100; i++) {`
		Anweisungen
		`}`

Abbruchschleife mit Anfangskontrolle	`while a > b do begin`
	Anweisungen
	`end;`
		`while (a > b) {`
		Anweisungen
		`}`

---

[1] Siehe unseren Buchtitel "Datenbankprogrammierung mit Borland Delphi 6"

Anweisung	Borland Delphi (Pascal)	C++/Java
Abbruchschleife mit Endkontrolle	`repeat` *Anweisungen* `until a > b;`	`do {` *Anweisungen* `} while (a > b);`
CASE-Anweisung	`case i of` `1: `*Anwsng1* `2: `*Anwsng2* `end;`	`switch (I) {` `case 1: Anwsng1;break;` `case 2: Anwsng2;break; }`
String in Zahl	`Val(s,z,code);`	`z = atof(s);`
Natürlicher Logarithmus	`Ln(x);`	`Log(x);`

Mit Erleichterung wird der C++-Programmierer zur Kenntnis nehmen, dass die Groß-/Kleinschreibung als Fehlerursache nunmehr wegfällt.

Turbo Pascal

Delphi hat den gleichen Sprachkern wie seine Pascal-Vorfahren, allerdings sind einige hundert neue Befehle hinzugekommen, denn Delphi muss auf die unglaubliche Funktionsvielfalt der Windows-API zugreifen, die sozusagen die Schnittstelle zu Windows bereitstellt. Meist sind diese Befehle in zahlreichen Objekten/Komponenten gekapselt.

Da unter Windows auch Text eine spezielle Form von Grafik darstellt, müssen Sie auf das gewohnte *Write(Ln)* und *Read(Ln)* für die Interaktion mit dem Bildschirm verzichten.

Die objekt- und ereignisorientierte Programmierung bedingt einen völlig anderen Programmfluss als das zeilenweise Abarbeiten von Befehlen unter Turbo-Pascal.

Es ist ein Irrtum zu glauben, dass sich Ihre alten Turbo-Pascal-Programme ohne weiteres nach Delphi portieren lassen (es sei denn, mit einer Konsolenanwendung, siehe 1.5.2). In der Regel sind so grundlegende Änderungen notwendig, dass eine vollständige Neuentwicklung effektiver ist.

In vielen Fällen können Sie allerdings kleinere Turbo-Pascal-Programmbausteine (Funktionen und Prozeduren) unter Delphi weiterverwenden. In den Lernbeispielen am Ende des Kapitels finden Sie dazu Anregungen.

Turbo Pascal für Windows

Dieses glücklose Borland-Produkt war der unmittelbare Vorgänger von Delphi. Wer damit bereits gearbeitet hat, wird wohl kaum Umstellungsschwierigkeiten haben, große Teile des Quelltextes lassen sich sogar direkt portieren. Die relativ lange Einarbeitungszeit in die Entwicklungsumgebung und die mangelnde Unterstützung beim Oberflächenentwurf hatten zur Folge, dass selbst kleinere Applikationen sehr schnell Dutzende von Seiten mit unüberschaubaren Quelltexten füllten. Dies hat letztendlich dazu beigetragen, dass Borland mit Turbo Pascal für Windows nicht der große Durchbruch gelungen ist. Wen wundert's, dass die ehemals große Pascal-Anhängerschaft in ganzen Heerscharen zu Microsofts Visual Basic übergelaufen ist. Zweifelsohne hat Delphi diesen Trend inzwischen wieder umgekehrt.

Visual Basic

Microsofts Visual Basic[1] ist heute noch die wohl am weitesten verbreitete Programmiersprache für die Entwicklung von Windows-Applikationen und deshalb ärgster Konkurrent zu Borlands Delphi. Es ist anzunehmen, dass sich unter den Delphi-Umsteigern viele mit Visual Basic-Erfahrung befinden. Die Umstellungsschwierigkeiten sind hier weniger inhaltlicher, sondern mehr formaler Natur, da bereits Fertigkeiten im Umgang mit einer hochentwickelten objekt- und ereignisorientierten Sprache vorliegen.

Viele Sprachelemente (z.B. Schleifenkonstruktionen) sind in Visual Basic und Delphi nahezu identisch, aber gerade die kleinen Syntaxunterschiede machen dem Umsteiger das Leben schwer, da er sehr oft "rückfällig" wird. So wird in der Anfangsphase einer der häufigsten Fehler garantiert der vergessene Doppelpunkt vor dem Gleichheitszeichen bei der Zuweisung (:=) sein. Die folgende Tabelle zeigt eine Gegenüberstellung häufiger Verwechslungen:

Anweisung	**Borland Delphi (Pascal)**	**Microsoft Visual Basic**
Stringbegrenzung	`'Maier'`	`"Maier"`
Zuweisung	`a := b;`	`a = b`
Trennungszeichen	*Anweisung1*; *Anweisung2*;	*Anweisung1*: *Anweisung2*
Kommentar	`//Kommentartext`	`'Kommentartext`

Typdefinition	`type person = record`
	felder...
	`end;`
		`Type person`
		felder ...
		`End Type`

Variablendeklaration	`var i: Integer;`	`Dim i As Integer`
Array-Deklaration	`a: array[1..5] of Integer;`	`a(1 To 5) As Integer`

Zählschleife	`for i:= 1 to 100 do begin`
	Anweisungen
	`end;`
		`For i = 1 To 100`
		Anweisungen
		`Next i`

Abbruchschleife mit Anfangskontrolle	`while a > b do begin`
	Anweisungen
	`end;`
		`Do While a > b`
		Anweisungen
		`Loop`

Abbruchschleife mit Endkontrolle	`repeat`
	Anweisungen
	`until a > b;`
		`Do`
		Anweisungen
		`Loop While a > b`

CASE-Anweisung	`case i of`
	`1:` *Anweisung1*
	`2:` *Anweisung2*
	`end;`
		`Select Case i`
		`Case 1:` *Anweisung1*
		`Case 2:` *Anweisung2*
		`End Select`

String in Zahl	`Val(s,z,code);`	`z = Val(s)`
Zahl in String	`Str(z,s);`	`s = Str(z)`
Integer Division	`a div b;`	`a \ b`

[1] Bei diesem Vergleich beziehen wir uns auf die VB-Versionen vor VB.NET.

Anweisung	Borland Delphi (Pascal)	Microsoft Visual Basic
Natürlicher Logarithmus	`Ln(x);`	`Log(x)`
Quadratwurzel	`Sqrt(x);`	`Sqr(x)`

Das Einschließen von Programmblöcken in die Schlüsselwörter *begin* und *end* dürfte eine der wichtigsten Umstellungen sein. Ebenso muss man sich daran gewöhnen, dass die Parameter innerhalb eines Prozedurkopfes durch Semikolons (;) und nicht durch Kommas (,) voneinander getrennt werden.

Delphi wendet die objektorientierte Programmierung noch um einiges konsequenter an als Visual Basic. Zahlreiche VB-Eigenschaften sind in Delphi zu Objekten geworden (z.B. *Font*). Bei Grafikoperationen wird man zunächst über das *TCanvas*-Objekt stolpern, das als Abstraktion einer Zeichenfläche (Canvas = Leinwand) zu verstehen ist und das Schreiben wesentlich universellerer Zeichenroutinen ermöglicht (siehe Kapitel 7). *PaintBox* und *Image* gibt es zwar auch, aber bezüglich des Grafikpuffers mit ziemlich gegensätzlichem Verhalten!

Die Ereignisbehandlungsprozeduren (Event-Handler) weisen ebenfalls einen wichtigen Unterschied auf: Zusätzlich wird auch der Name des aufrufenden Objekts (*Sender*) übergeben (siehe Einführungsbeispiel). Damit lassen sich, gewissermaßen als Ersatz für die fehlende *Index*-Eigenschaft, auch Control-Arrays erstellen.

Die Entwicklungsumgebung (IDE) verlangt auch einige Umstellungen, so sind die Funktionstastenbelegungen unterschiedlich (z.B. F5 → F9), die Ereignisse erscheinen ebenfalls mit im Eigenschaftenfenster, das jetzt Objektinspektor heißt, ... und ... und ... und.

1.4.2 Was ist neu auf der Komponentenpalette?

Wer bereits die Vorgängerversion besessen hat, dessen erster Blick gilt meist der Komponentenpalette, lassen sich bereits daraus doch entscheidende Rückschlüsse auf Neuerungen ableiten. Neben dem Hinzufügen einiger neuer Palettenseiten hat Borland auch manches Altbekannte gründlich umsortiert.

Im Folgenden werden alle Registerseiten der Komponentenpalette[1] in ihrer standardmäßigen Reihenfolge einer vergleichenden Betrachtung mit der Vorgängerversion unterzogen. Behalten Sie die Nerven, wenn Sie einige Komponenten auf ihrer angestammten Seite vermissen, denn sie tauchen dann unverhofft an anderer Stelle auf.

Standard

Hier ist – Gott sei Dank – alles beim Alten geblieben.

Zusätzlich

Der Zuwachs betrifft die neuen Komponenten *ValueListEditor, ColorBox, ActionManager, MainMenuActionBar, ActionToolBar* und *CustomizeDlg*.

---

[1] Professional-Paket

Win32

Ein Neuankömmling, die *ComboBoxEx*, hat sich bescheiden ganz hinten angestellt.

System

Hier hat sich nichts geändert!

Datenzugriff

Die vormals stolze Truppe von neun Komponenten ist auf drei zusammengeschrumpft[1]! Eigentlich ist nur *DataSource* geblieben, denn *ClientDataSet* und *DataSetProvider* von der ehemaligen "Midas"-Seite (die es nicht mehr gibt) haben hier Asyl gefunden.

Keine Panik, die übrigen vertrauten Komponenten (*Table*, *Query*, ...) werden Sie später auf der "BDE"-Seite wiederfinden. Diese Auslagerung auf eine neue Seite ist ein Indiz dafür, dass die BDE[2] zugunsten eines universellen Datenzugriffs zunehmend in eine Sonderrolle gedrängt wird.

Datensteuerung

Alles scheint beim Alten geblieben zu sein.

dbExpress

Eine völlig neue Seite mit Komponenten für verschiedene Datenbanktreiber, die den schnellen Zugriff auf SQL-Datenbankserver ermöglichen.

BDE

Eine neue Seite mit alten Bekannten, denn bis auf das neue *BDEClientDataSet* treffen Sie hier die früheren *Datenzugriff*-Komponenten.

ADO

Das *ADOClientDataSet* ist hinzugekommen.

InterBase

Außer den Neulingen *IBExtract* und *IBClientDataSet* hat sich nichts geändert.

Internet

Auch hier ist einiger Nachwuchs eingetroffen[3]:

SQLQueryTableProducer, TcpClient, TcpServer, UdpSocket

---

[1] Im Enterprise-Paket gibt es hier noch zusätzlich drei XML-Komponenten.

[2] Borland Database Engine

[3] *XMLDocument* finden Sie leider nur im Enterprise-Paket.

FastNet

Mittlerweile wohl auf das Abstellgleis geschoben, fristen hier die nativen Internet-Komponenten von NetManage ein Gnadenbrot.

QReport

Das umfangreiche Arsenal präsentiert sich wie gehabt.

Dialoge

Auch hier nichts Neues, denn ein in den Beta-Versionen noch vorhandener *PageSetupDialog* ist spurlos verschwunden.

Win 3.1

Die Veteranen behaupten sich tapfer.

Beispiele

Zuwachs durch *ShellTreeView*, *ShellListView* und *ShellComboBox*.

COM+

Einsam und verlassen: *COMAdminCatalog*

ActiveX

Nichts Neues im Angebot – aber das hat nichts zu bedeuten, da diese Seite nichts über Delphi aussagt.

IndyClients, IndyServers und IndyMisc

Auf diesen drei Registerseiten bricht eine Flut von Neuankömmlingen über Sie herein, es handelt sich um Internet-Komponenten für alle gängigen Netzprotokolle.

Server

Das imposante Angebot an Automations-Servern ist noch umfangreicher geworden, die Palette scheint sich ins Uferlose zu erstrecken.

1.4.3 Weitere Neuerungen der Version 6

Da (außerhalb des Datenbank- und Internet-Bereichs) keines der neuen Features revolutionäre Änderungen mit sich bringt, soll hier eine knappe Zusammenfassung genügen:

- Die *Entwicklungsumgebung* erfährt einige kleinere Verbesserungen (Datenmodule, Objekthierarchie, Quelltexteditor, Objektinspektor, Programmierhilfe, Projektverwaltung, Objektgalerie, Datei-Menü, Erstellen von Entwurfszeit-Packages, ...).
- Einige neue Compiler-Funktionen wurden eingeführt (neue Compiler-Direktiven zur Plattformanpassung ...).

- Ein neuer *COM-Objekt-Experte* zum Erstellen von *COM+-Ereignisobjekten* verdient Beachtung.
- Zum Vereinfachen der Arbeit mit *Aktionen* beim Erstellen einer Benutzeroberfläche wird durch die so genannten *Aktionsabschnitte* vereinfacht (Aktionen und Grafiken in Menüs und Symbolleisten im Microsoft Office-Stil einfügen).
- Einige Funktionen wurden von anderen Dateien in die *System*-Unit verschoben, aus der wiederum viele Funktionen entfernt und in die neue Unit *Variants* aufgenommen wurden. Die Unit *Consts* wurde in zwei Dateien aufgeteilt.
- Es gibt zahlreiche neue überladene Versionen von RTL[1]-Funktionen (z.B. *Trim* und *WideFormat*), um neben *AnsiString*-Parametern (*SysUtils*) auch *WideString*-Parameter zu unterstützen.
- Aufzählungen lassen sich Werte zuweisen und Sie können jetzt auch benutzerdefinierte Variant-Datentypen erstellen (neue Units *VarCmplx* und *ConvUtils*).
- Delphi 6 wird mit InstallShield Express 3.0 ausgeliefert, basierend auf der Windows-Installationsroutinen-Techologie (MSI) und Merge-Modulen.
- Ein erweiterungsfähiges Hilfesystem (Übergeben von Hilfe-Anforderungen an andere Programme).
- Mit dem Befehl *Datei|Neu|CLX-Anwendung* können Sie eine plattformübergreifende Anwendung entwickeln, die unter Windows und unter Linux ausgeführt werden kann.

Eine umfassende Beschreibung aller Neuerungen von Borland Delphi 6 finden Sie in der Delphi-Hilfe, und es wäre schade um unser Buch, würden wir dies alles hier noch einmal wiederkäuen.

1.5 Lernbeispiele für Einsteiger

Bevor Sie hier beginnen, sollten Sie zumindest die beiden Einführungsbeispiele (1.3.1 und 1.3.2) absolviert haben, um die unbedingt notwendigen Bedienelemente der Delphi-Entwicklungsumgebung zu kennen.

Hinweis: Da das eigentliche Erlernen der Sprache erst in den späteren Kapiteln folgt, sollten Sie noch keine Zeit auf das Verständnis der einzelnen Anweisungen verschwenden!

1.5.1 Der verrückte Button

Diese kleine Spielerei weist Sie auf die Möglichkeit hin, die Position von Steuerelementen nicht nur beim Entwurf, sondern erst zur Laufzeit zu ändern.

Oberfläche

Öffnen Sie ein neues Projekt und legen Sie eine *Button*-Komponente auf dem Formular ab.

---

[1] Runtime-Library

Klicken Sie auf die *Button*-Komponente und rufen Sie den Objektinspektor auf (F11). Stellen Sie als *Caption*-Eigenschaft *&Beenden* ein.

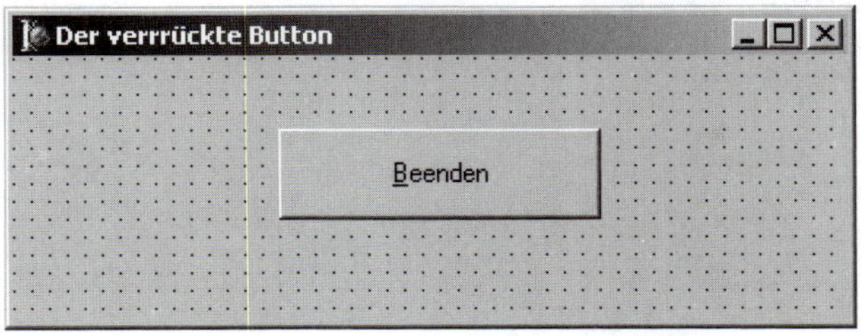

Quellcode

Wählen Sie auf der "Ereignisse"-Seite das Ereignis *OnMouseMove* aus und doppelklicken Sie darauf. Ergänzen Sie den Programmrumpf durch diese Zeilen:

```
Button1.Left:=Random(Form1.ClientWidth-Button1.Width);
Button1.Top:=Random(Form1.ClientHeight-Button1.Height);
```

Test

Starten Sie das Programm und versuchen Sie den Button mit der Maus zu erwischen, um das Programm zu beenden (es wird nicht gelingen!). Drücken Sie die Taste *B* (oder *b*), um dem Spuk ein Ende zu bereiten.

1.5.2 Nostalgische Konsolen-Anwendung

Testen Sie den im Einsteiger-Beispiel 1.3.2 (Euro-Dollar-Umrechnung) angegebenen "alten" Turbo-Pascal-Quellcode auf seine Funktionsfähigkeit unter Delphi!

Oberfläche

Wählen Sie *Datei|Neu|Weitere* ... und auf der Seite "Neu" der Objektgalerie "Konsolen-Anwendung".

Quellcode

Fügen Sie den angegebenen Quellcode in den Programm-Rumpf ein[1].

[1] Die Groß-/Kleinschreibung ist bedeutungslos!

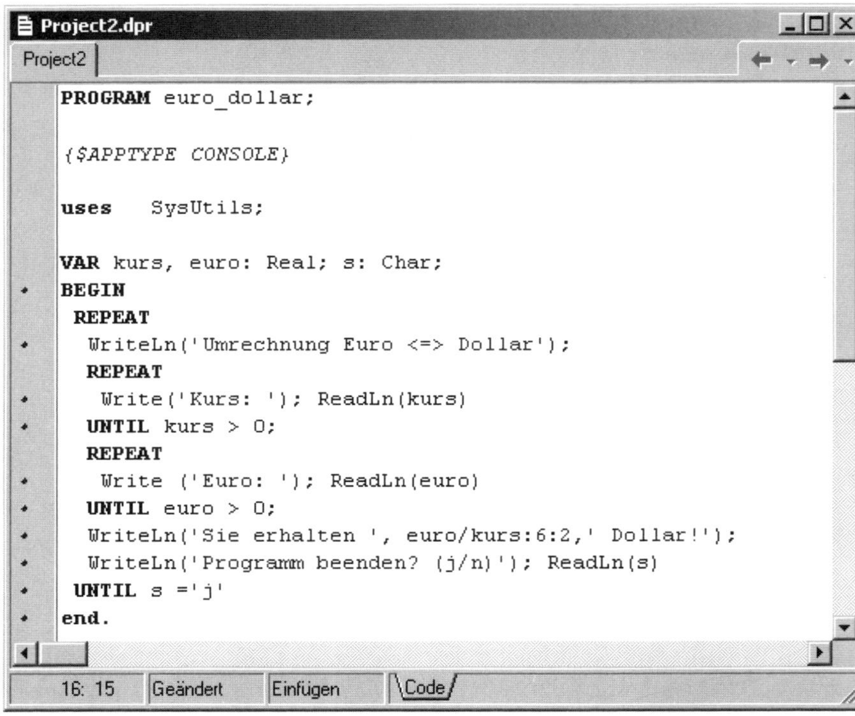

Test

Nach Compilieren und Starten des Programms könnte sich, in Abhängigkeit von Ihren Eingaben, folgender Dialogbildschirm ergeben:

1.6 Praxisbeispiele für Fortgeschrittene

Wer schon über ein wenig Programmiererfahrung verfügt, dem seien die folgenden zwei kleinen "Aufwärmübungen" empfohlen.

1.6.1 Umwandeln von Dezimalkomma in Dezimalpunkt

Komma oder Punkt als Dezimaltrenner? Wer kennt es nicht, das leidige Problem bei der Eingabe von Gleitkommazahlen, das mit der deutschen Ländereinstellung im Windows-Desktop zusammenhängt. Radikale Abhilfe lässt sich schaffen, wenn wir in einem Tastatur-Event-Handler das Komma "herausfiltern" und in einen Punkt verwandeln.

Oberfläche

Auf das Formular platzieren Sie ein *Edit*-Feld und einen *Button*.

Quelltext

Das Problem ist mit einer einzigen Anweisung im *OnKeyPress*-Event aus der Welt geschafft:

```
procedure TForm1.Edit1KeyPress(Sender: TObject; var Key: Char);
begin
   if key = ',' then key:= '.'
end;
```

Test

Geben Sie ein Komma ein, wird daraus wie "von Geisterhand" ein Punkt.

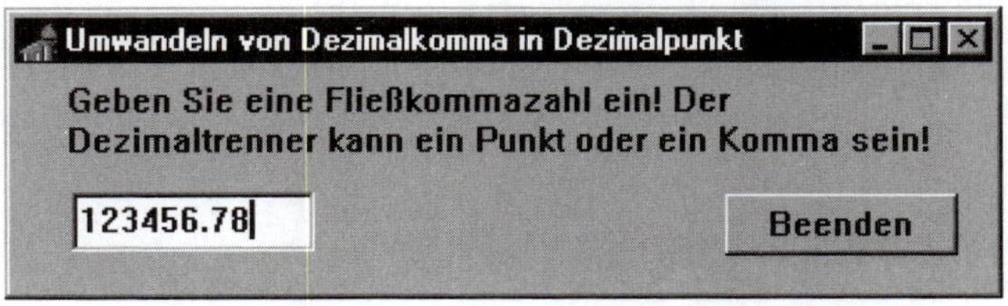

1.6.2 Abstellen des nervenden Pieptons

Drücken Sie in einer Textbox die Entertaste, so wird automatisch ein Piepton ausgegeben. Auf die Dauer kann diese "Fehlermeldung" nerven. Abhilfe bringt ein "Filter", der den Tastencode der Enter-Taste einfach löscht.

Oberfläche

Für unsere kleine Demo brauchen wir ein *Edit*-Feld, eine *CheckBox* und einen *Button*.

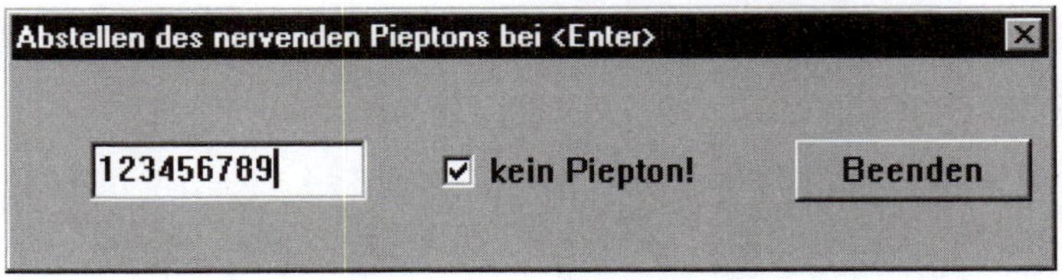

Quelltext

Normalerweise würde der folgende Event-Handler genügen:

```
procedure TForm1.Edit1KeyPress(Sender: TObject; var Key: Char);
```

```
begin
   if  key = #13 then key := #0
end;
```

Da wir jedoch wahlweise den Piepton aktivieren oder deaktivieren wollen, wird es etwas komplizierter:

```
procedure TForm1.Edit1KeyPress(Sender: TObject; var Key: Char);
begin
    if CheckBox1.Checked then if key = #13 then key := #0
end;
```

Grundlegende Sprachelemente

- Überblick
- Datentypen und Variablen
- Schleifen und Verzweigungen
- Funktionen und Prozeduren
- Das Unit-Konzept

2 Grundlegende Sprachelemente

Für den *absoluten Programmier-Anfänger* ist dies das wichtigste Kapitel, denn hier werden die sprachlichen Grundlagen von Delphi (und die liegen im alten *Pascal*!) geschaffen. Allerdings bringt ein lineares Durcharbeiten des Stoffes nicht viel, sondern stiftet eher Verwirrung, weil zunächst das algorithmische Denken und das Umsetzen praktischer Probleme in eine Programmstruktur geübt werden muss. Viel effektiver ist es deshalb, wenn der Newcomer gleich mit dem Abschnitt 2.8 (Lernbeispiele für Anfänger) beginnt und den vorderen Teil des Kapitels nur zum gelegentlichen Nachschlagen benutzt.

Für den schon einschlägig vorbelasteten Programmierer dürfte von Interesse sein, dass wir uns im vorliegenden Kapitel auf Object-Pascal, sowie auf die wichtigsten Funktionen/Prozeduren der Laufzeitbibliothek (RTL= Run Time Library) konzentrieren. Die eindeutig objekt- und Windows-orientierten Bestandteile von Object Pascal sowie die visuellen Komponenten (VCL = Visual Component Library) bleiben zunächst außen vor (siehe Kapitel 4 und 6).

2.1 Der Quelltexteditor

Durch dieses Fenster treten Sie in die Welt der Object-Pascal-Programmierung ein. Der Aufruf erfolgt z.B. über das Menü *Ansicht|Code Explorer* oder durch Klick auf die Schaltfläche der Symbolleiste.

2.1.1 Bedienung

Die Bedienung lässt sich am ehesten mit der eines kleinen Textverarbeitungsprogramms vergleichen. Davon zeugen unter anderem die zahlreichen Menüfunktionen (siehe Kapitel 3).

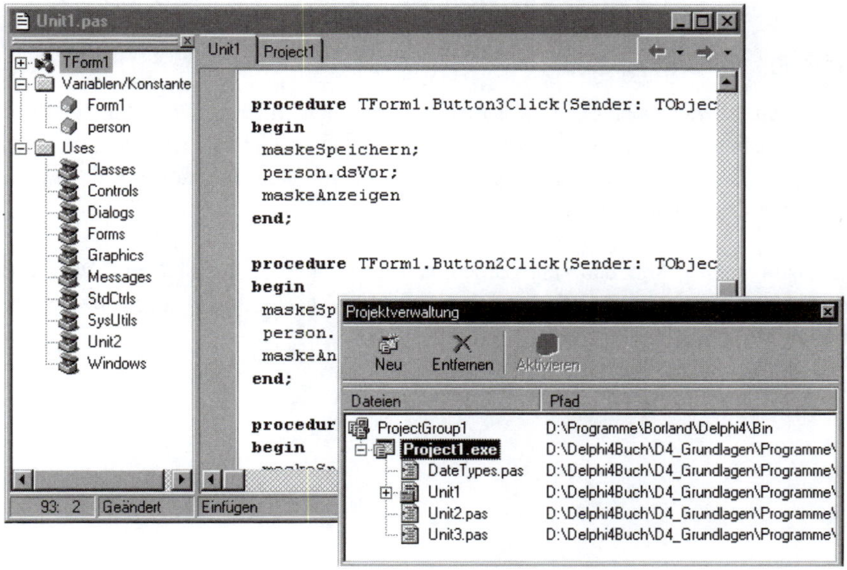

Jedes Programm-Modul belegt eine eigene Seite. In den Einführungsbeispielen des Kapitels 1 konnten Sie bereits erste Erfahrungen sammeln. Bei größeren Projekten sollten Sie sich zuerst über das Menü *Ansicht|Projektverwaltung* einen Gesamtüberblick über die vorhandenen Module, d.h. Units, verschaffen. Durch Doppelklick auf den entsprechenden Eintrag wird das Modul dann in das Quelltextfenster übernommen.

Achten Sie auf den *Code-Explorer*, der standardmäßig an das Quelltextfenster angedockt ist, sich aber von dort auch wieder "abziehen" lässt. Sie finden dort die hierarchische Auflistung aller von der aktuellen Unit verwendeten Variablen/Konstanten, Methoden etc. und weiteren Units (in obiger Abbildung links).

2.1.2 Schreibweise

Bevor wir uns in die Arbeit stürzen, sollten Sie über einige Eigenheiten beim Schreiben von Quelltext Bescheid wissen.

Zeilenlänge

Der Quelltexteditor verkraftet Zeilen mit einer maximalen Länge von 256 Zeichen, auf eine Druckzeile dieses Buches passen aber höchstens 75 Zeichen. Im Interesse der Lesbarkeit des Codes wird angestrebt, diesen Wert nicht zu überschreiten. Dies ist problemlos möglich, da ein Zeilenumbruch für den Compiler ohne Bedeutung ist. Die Ausnahme sind Zeichenketten (Strings), denn diese müssen Sie mittels "+"-Operator verknüpfen.

Beispiel:

```
s1 := 'Das, was Sie hier sehen, ist eine sehr lange und unübersichtliche Zeile.';
s2 := 'Das, was Sie hier sehen, ist eine kurze Zeile,' +
    'die übersichtlicher ist.';
```

Hervorhebungen und Farben

Im Quelltextfenster erscheinen die reservierten Wörter standardmäßig bunt und fett gedruckt. Beim Abdruck der Listings im Buch werden wir davon jedoch keinen Gebrauch machen, da der Aufwand in keinem Verhältnis zum Nutzen steht. Um auf bestimmte Passagen gesondert hinzuweisen, werden diese durch Unterstreichung hervorgehoben.

Wie Sie nachfolgender Abbildung entnehmen, haben Sie über das Menü *Tools|Editor-Optionen...* die Möglichkeit, unter anderem auch die Arbeit mit dem Editor Ihren Wünschen anzupassen (Seiten "Allgemein" und "Farben").

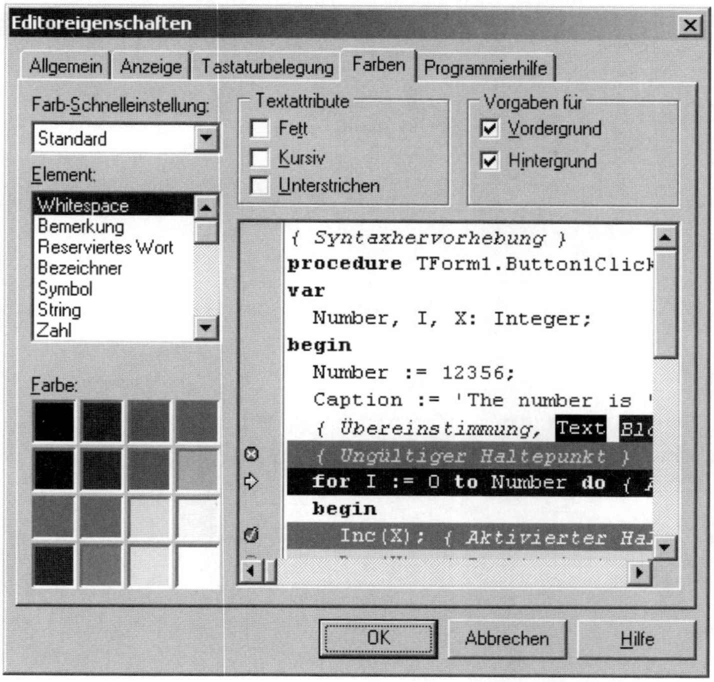

Positionsmarken

Um bei umfangreicheren Quelltexten die Orientierung nicht zu verlieren, können Sie eigene Positionsmarken im Sinn von "Lesezeichen" setzen. Platzieren Sie die Einfügemarke in die gewünschte Zeile, klicken Sie mit der rechten Maustaste in den Quelltexteditor, und wählen Sie "Positionsmarken umschalten". Um zu einer Positionsmarke zu springen, brauchen Sie nur mittels rechter Maustaste "Zu Positionsmarken gehen" zu wählen.

2.2 Ein erster Blick auf Object-Pascal

Bereits in den Einführungsbeispielen hatten wir festgestellt, dass ein Object Pascal-Programm aus einer Folge von Anweisungen besteht, die durch ein Semikolon (;) voneinander getrennt sind. Um den Rahmencode des Programms (Projekt-Quelltext, Einbinden der visuellen Komponenten) brauchen wir uns im Allgemeinen nicht zu kümmern, das erledigt Delphi.

2.2.1 Programm, Anweisungen und Blöcke

Für den Einsteiger scheint der Sprachumfang von Object Pascal gewaltig zu sein – womit also anfangen? Die folgende Abbildung zeigt irgendeinen Quelltextausschnitt, wobei lediglich versucht wird, auf die Vielfalt von Sprachelementen und Begriffen hinzuweisen, ohne dass Sie schon jetzt etwas davon verstehen müssen:

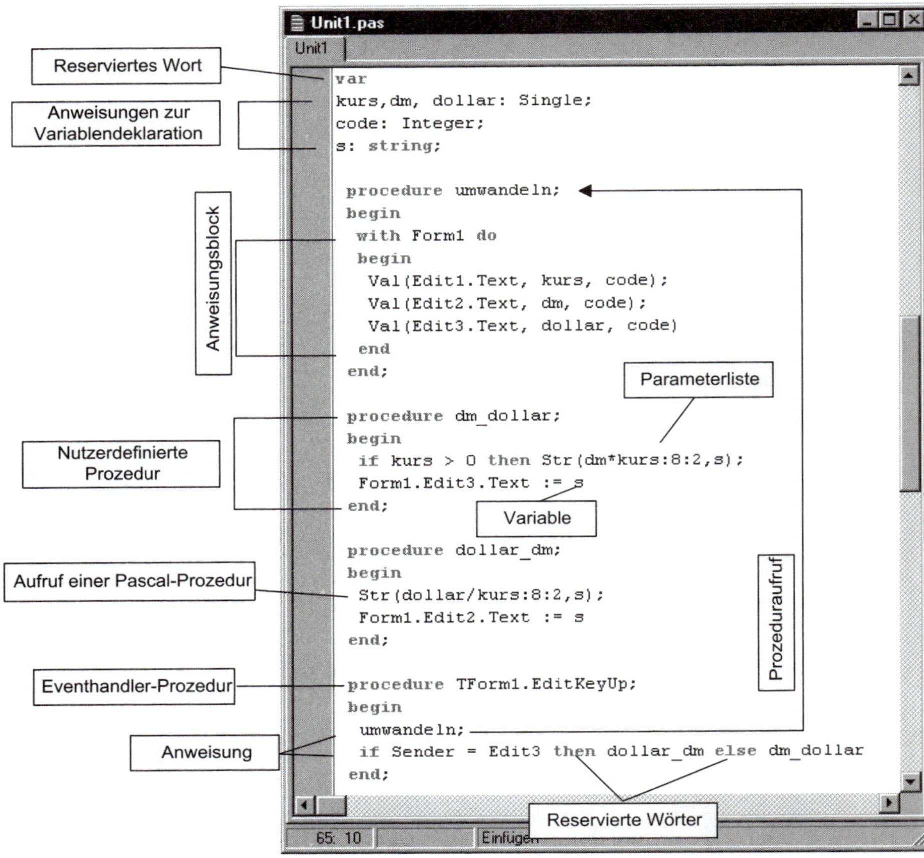

Zu den klassischen Sprachelementen gehören Typen, Variablen, Konstanten, Prozeduren, Funktionen und Units. Diese Sprachelemente (Token) müssen innerhalb einer Anweisung durch mindestens ein Leerzeichen voneinander getrennt sein.

Die Blockstruktur

Object Pascal ist eine streng strukturierte und blockorientierte Sprache. Mehrere Anweisungen sind oft in Blocks zusammengefasst, die man damit auch als "Makroanweisungen" auffassen kann. Die einzelnen Blocks, die man beliebig ineinander verschachteln kann, werden im Allgemeinen durch die reservierten Wörter *begin* und *end* begrenzt. Um die Lesbarkeit des Codes zu erhöhen, sollten Sie durch Einrückungen die Blockstruktur deutlich hervortreten lassen.

Jede Anweisung (wie auch jeder Block) wird durch ein Semikolon (;) abgeschlossen, beachten Sie dabei bitte Folgendes:

Hinweis: Vor einem Blockende (*end, until* ...) braucht kein Semikolon zu stehen!

Der Grund hierfür ist der gleiche wie für den Blockanfang (*begin*, ...), denn auch nach diesem steht kein Semikolon. Fügen Sie das Semikolon trotzdem vor *end* ein (was leider auch in den zahlreichen

Beispielprogrammen der Delphi-Dokumentation praktiziert wird), so ist das zwar kein Fehler, bewirkt aber eine nutzlose Leeranweisung.

Beispiel: Der gut strukturierte Quelltext einer Prozedur

```
procedure fillArray;
var i,j: Word;
    a: array[1..10, 1..20] of Integer;
begin
   for i := 1 to 10 do
   begin
     for j := 1 to 20 do
     a[i,j] := i * j
   end
end;
```

Verstehen brauchen Sie die einzelnen Anweisungen innerhalb dieses Beispiels (noch) nicht, denn dazu ist der Rest des Kapitels da.

Zulässige Zeichen

Da Groß- und Kleinschreibung in Pascal keine Rolle spielen, sollte man diese Freiheit dazu nutzen, um die Lesbarkeit des Codes zu erhöhen. Wir wollen uns an folgende Konvention halten: Die "hauseigenen" Delphi-Sprachelemente (mit Ausnahme der reservierten Wörter) beginnen mit einem Groß-, die vom Programmierer selbst definierten mit einem Kleinbuchstaben. Großbuchstaben werden innerhalb eines Wortes auch dann eingesetzt, wenn dadurch die Verständlichkeit gesteigert werden kann.

Beispiel: Die Variable *gruenesEingabefeld* liest sich besser als *grueneseingabefeld.*

Als Zeichen sind Groß- und Kleinbuchstaben (außer ß und Umlaute), der Unterstrich "_" sowie die Ziffern 0 ... 9 zulässig. Da der Compiler nicht zwischen Groß- und Kleinschreibung unterscheidet, dient diese Option allein der besseren Lesbarkeit des Quelltextes durch den Programmierer.

Außerdem gibt es eine ganze Reihe weiterer Zeichen bzw. Zeichenkombinationen, die als Operatoren fungieren bzw. andere Aufgaben zu erfüllen haben:

Symbol(e)	Erklärung
:=	Zuweisung
+	Addition, Vorzeichen, Vereinigungsmenge, Stringverkettung
-	Subtraktion, Vorzeichen, Differenzmenge
*	Multiplikation
/	reelle Division
=	Gleichheitsabfrage
> <	Abfragen "größer als" bzw. "kleiner als"

Symbol(e)	Erklärung
>= <=	Abfragen "größer/gleich als" bzw. "kleiner/gleich als"
<>	Abfrage auf Ungleichheit
.	Dezimalpunkt, Qualifizierung von Bezeichnern, Programm- oder Unit-Ende
..	Bereichsangabe
,	Trennung von Listenelementen
;	Trennung von Deklarationen bzw. Anweisungsblöcken
:	Variablendeklaration, Case-Separator
'	Zeichenkettenanfang bzw. -ende
[ ]	Anfang bzw. Ende von Mengenkonstanten
( )	Anfang bzw. Ende von Listen bzw. Klammerausdrücken
{ }	Anfang bzw. Ende von Kommentaren
//	Einleitung einer Kommentarzeile
^	Zeichen für Zeiger (Pointer)
@	Adresszeichen
$	Einleitung einer Hexadezimalzahl
#	Einleitung einer ASCII-Darstellung
(. .)	Ersatzdarstellung für [ ]
(* *)	Ersatzdarstellung für { }

Kommentare

Diese dienen zur Erläuterung des Quelltextes. Für das Kennzeichnen von Kommentaren gibt es drei verschiedene Möglichkeiten (siehe obige Tabelle).

Beispiel:

```
{ Das ist ein Kommentar für Leute, die sich gerne die Finger verrenken! }

(* Das ist ein Kommentar,
wie wir ihn gern bei mehreren
Zeilen verwenden! *)

// Das ist ein Kommentar für eine Zeile!
```

Die letzte Variante ist besonders interessant, genügt doch hier lediglich die Markierung des Kommentaranfangs, das Ende wird automatisch mit dem Zeilenumbruch gesetzt. Die Delphi-Entwicklungsumgebung sorgt für eine farbliche Hervorhebung von Kommentaren, was die Lesbarkeit des Quelltextes erheblich erleichtert.

Normalerweise werden Kommentare vom Compiler ignoriert, allerdings gibt es folgende wichtige Ausnahme, bei der genau das Gegenteil der Fall ist:

Hinweis: Hinter einem "Kommentar", der unmittelbar mit einem Dollarzeichen eingeleitet wird (also ohne Leerzeichen dazwischen), verbirgt sich eine Compileranweisung.

Beispiel: für Compiler-Befehle

```
{$D+}
```

aktiviert das Erzeugen von Debug-Informationen.

```
{$APPTYPE CONSOLE}
```

kennzeichnet eine Konsolenanwendung (Textbildschirm).

2.2.2 Bezeichner

Jedes Sprachelement ist durch einen so genannten Bezeichner (Identifier) gekennzeichnet. Man unterscheidet:

- reservierte Wörter und vordefinierte (Standard-)Bezeichner
- benutzerdefinierte Bezeichner

Im Folgenden wollen wir die wichtigsten Vertreter dieser Gattungen näher vorstellen.

Reservierte Wörter und Standardbezeichner

Die meisten der in der Tabelle aufgeführten Wörter[1] sind von Object Pascal reserviert, also für jegliche Verwendung als benutzerdefinierte Bezeichner tabu. Einige sind so genannte Standardbezeichner, die vom Benutzer umdefiniert (quasi überschrieben) werden können, es wird jedoch dringend davon abgeraten[2].

Bezeichner	**Erklärung**
absolute	Adressendefinition
assembler	Einbinden von Assemblercode
and	logisches UND
array	Feld (Tabelle)
as	Überprüfung von Typumwandlungen
asm	Zugriff auf den integrierten Assembler
at	@-Operator zur Adressenberechnung
begin	Blockanfang

[1] Die auf das Unit- und OOP-Konzept bezogenen reservierten Wörter finden Sie nicht hier, sondern erst im Kapitel 6.

[2] Das Warum werden Sie sich denken können.

Bezeichner	**Erklärung**
case	Fallunterscheidung
cdecl	Unterstützung von Delphi-fremden Routinen
const	Konstantendeklaration
div	ganzzahlige Division
do	Schleifenausführung
downto	unterer Endwert einer Schleife
else	Nein-Zweig einer Abfrage
end	Blockende
except	Abschnitt für Fehlerbehandlungscode
exports	Export einer Funktion/Prozedur (DLL)
external	Deklaration extern compilierter Prozeduren/Funktionen
far	Aufruf von Routinen von anderen Modulen aus
forward	Deklaration einer Funktion/Prozedur im Voraus
file	Datei
finally	immer ausgeführter Abschnitt eines geschützten Blocks
for	Beginn einer Schleife
function	Funktionsdeklaration
goto	Sprungbefehl
if	Beginn einer Bedingung
in	Element (Teilmenge)
index	Ordinalzahl für Export von Funktionen/Prozeduren aus einer DLL
inline	Einleitung von Assembler-Befehlen
label	Sprungmarke
library	Dynamische Linkbibliothek (DLL)
mod	Divisionsrest
name	Namensangabe innerhalb einer *exports*-Klausel
near	Aufrufkonvention *Near*
nodefault	Standardwert einer Eigenschaft wird gesteuert
nil	undefinierter Zeiger
not	Verneinung
of	Benennung eines Grundtyps
or	logisches ODER
on	... bildet zusammen mit *do* eine Fehlerbehandlungsroutine

Bezeichner	**Erklärung**
overload	Überladen einer Routine
packed	gepackte Struktur
procedure	Prozedurdeklaration
program	Programmdeklaration
raise	Auslösen einer Exception (Fehlerbehandlung)
record	Datensatz
repeat	Wiederholung mit Endabfrage
resident	Exportinformation verbleibt beim DLL-Aufruf im Speicher
set	Menge
shl	Verschieben nach links
shr	Verschieben nach rechts
string	Zeichenkette
then	Ja-Zweig einer Abfrage
to	oberer Endwert einer Schleife
try	geschützter Code innerhalb einer Exception-Behandlung
type	Datentyp
until	Ende einer Repeat-Schleife
var	Daten-Variable
while	Wiederholung mit Anfangsabfrage
with	Zugriff auf Record-Strukturen
xor	Exclusiv-ODER

Der Delphi-Quelltexteditor formatiert die reservierten Wörter automatisch in Fettschrift, wenn Sie die Standardeinstellungen der Programmierumgebung nicht ändern (Menü *Tools|Umgebungsoptionen..., "Farben"*).

Benutzerdefinierte Bezeichner

Folgenden Elementen Ihres Object Pascal-Programms können Sie eigene Namen verordnen:

- Units
- Typen, Variablen, Konstanten, Recordfelder
- Funktionen, Prozeduren, Sprungmarken (Labels)

Groß- und Kleinschreibung spielen keine Rolle, allerdings gibt es für die Namensgebung folgende Beschränkungen:

- Nur die ersten 63 Zeichen sind signifikant.
- Das erste Zeichen muss ein Buchstabe oder der Unterstrich (_) sein.
- Alle übrigen Zeichen können Buchstaben, Zahlen oder Unterstriche sein.
- Leerzeichen sind nicht zugelassen.

Beispiel: für zulässige Bezeichner

```
a
TextFile
mathFunc
Real2String
```

Beispiel: für verbotene Bezeichner

```
2Halbe     // falsch, weil erstes Zeichen eine Ziffer ist
&Exit      // falsch, weil erstes Zeichen kein Buchstabe/Unterstrich
String     // falsch, weil String ein reserviertes Wort ist
x 1        // falsch, weil Leerzeichen enthalten ist
```

2.3 Datentypen, Variablen und Konstanten

Jedes Programm "lebt" in erster Linie von seinen Variablen. Mit Variablen wird gerechnet, oder ihnen wird mittels Ergibt-Anweisung (:=) ein Wert zugewiesen, oder sie werden als Parameter an Funktionen bzw. Prozeduren übergeben.

Beispiel:

```
a := 2 * b;
y := sin(x);
```

Variablen haben im Allgemeinen einen bestimmten Datentyp (*Single, Integer, String* ...). Konstanten werden ähnlich wie Variablen behandelt, ihr Wert ist aber unveränderlich (mit Ausnahme der so genannten *Typisierten Konstanten*).

2.3.1 Deklaration von Variablen

Eine Variable wird immer mit dem reservierten Wort *var* deklariert. Nach dem Variablenbezeichner folgt, durch Doppelpunkt (:) getrennt, der Datentyp. Mehrere Variablen des gleichen Typs können durch Komma getrennt werden. Mehrere Deklarationen sind durch Semikolon (;) zu separieren. Das reservierte Wort *var* braucht nur einmal am Anfang eines Deklarationsblocks zu stehen.

Beispiel: Bei all diesen Variablen handelt es sich um *globale* Variablen. Was es damit auf sich hat und welcher Unterschied zu lokalen Variablen besteht, wird Ihnen im Folgenden erklärt.

```
var kurs,dm, dollar: Single;
code: Integer;
s: string;
```

Gültigkeitsbereiche

Außerhalb von Prozeduren und Funktionen deklarierte Variablen bezeichnet man als *global*, innerhalb von Prozeduren/Funktionen deklarierte als *lokal*.

Hinweis: Falls Sie einer lokalen Variablen den gleichen Bezeichner wie einer bereits existierenden globalen Variablen geben, so erzeugt dies eine neue Variable, die in diesem lokalen Bereich die gleich lautende globale Variable außer Kraft setzt.

Beispiel: für Gültigkeitsbereich von Variablen

```
var s1, s2: string;         // deklariert globale Variablen

procedure testA;            // wird zuerst aufgerufen
var s2: string;             // deklariert lokale Variable
begin
 s1 := 'Mueller';           // initialisiert globales s1
 s2 := 'Meier'              // initialisiert lokales s2
end;

procedure testB;            // wird später aufgerufen
var s3: string;             // deklariert lokale Variable
begin
 s3 := s1;  // s3 erhält den Wert 'Mueller'
 s3 := s2   // s3 erhält unbestimmten Wert, da globales s2 nicht initialisiert ist
end;
```

Initialisierte Variablen

Globalen Variablen können Sie bereits bei deren Deklaration einen Anfangswert zuweisen.

Beispiel:

```
var s: string = 'Hallo';
    i: Integer = 5;
```

Siehe dazu auch *Typisierte Konstanten* in Abschnitt 2.3.8.

2.3.2 Einfache vordefinierte Datentypen

Bevor Sie Variable deklarieren, sollte Ihnen klar sein, um welchen Datentyp es sich handeln soll. Grundsätzlich ist zwischen vordefinierten und benutzerdefinierten Datentypen zu unterscheiden.

Eine Zusammenstellung vordefinierter Datentypen finden Sie in der folgenden Tabelle.

Typ	Erläuterung	Größe
Integer *LongInt*	vorzeichenbehaftete Ganzzahl zwischen -2 147 483 648 und 2 147 483 647	4 Byte
ShortInt	kurze vorzeichenbehaftete Ganzzahl zwischen -128 und 127	1 Byte
Int64	sehr lange vorzeichenbehaftete Ganzzahl zwischen $-9x10^{18}$ und $9x10^{18}$	8 Byte
Cardinal	lange Ganzzahl zwischen 0 und 2.147.483.647	4 Byte
Byte	kurze positive Ganzzahl zwischen 0 und 255	1 Byte
Word	Ganzzahl zwischen 0 und 65 535	2 Byte
Single	einfachgenaue Gleitkommazahl mit 7-8stelliger Genauigkeit zwischen $1.5x10^{-45}$ und $3.4x10^{38}$	4 Byte
Double	doppelt genaue Gleitkommazahl mit 15-16stelliger Genauigkeit zwischen $5.0x10^{-324}$ und $1.7x10^{308}$	8 Byte
Extended	super genaue Gleitkommazahl mit 19-20stelliger Genauigkeit zwischen $3.4x10^{-4932}$ und $1.1x10^{4932}$	10 Byte
Comp	doppelt lange Ganzzahl zwischen $-2^{63}+1$ und $2^{63}-1$	8 Byte
Currency	auf vier Nachkommastellen skalierte Ganzzahl zwischen 922.337.203.685.477,5808 und 922.337.203.685.477,5807	8 Byte
Real48 *(Real)*	Gleitkommazahl mit 11-12stelliger Genauigkeit zwischen $2.9x10^{-39}$ und $1.7x10^{38}$ (ersetzt ab Delphi 4 den alten Real-Typ)	6 Byte
Boolean	Wahrheitswert (*True*, *False*)	1 Byte
ByteBool	kurzer Wahrheitswert (*True*, *False*)	1 Byte
WordBool	mittellanger Wahrheitswert (*True*, *False*)	2 Byte
LongBool	langer Wahrheitswert (*True*, *False*)	4 Byte
Char	Zeichen zwischen 0 <= *Ord* <= 255	1 Byte
AnsiChar	Byte-Zeichen (werden entsprechend dem erweiterten ANSI-Zeichensatz geordnet)	1 Byte
WideChar	Word-Zeichen (werden entsprechend des Unicode-Zeichensatzes geordnet). Die ersten 256 Unicode-Zeichen entsprechen den ANSI-Zeichen.	2 Byte

Generische Typen sind unterstrichen. Zu den Besonderheiten der lästigen Unterscheidung zwischen so genannten *Fundamental*- und *Generic*-Datentypen informieren Sie sich bitte am Ende dieses Abschnitts.

Zwar gibt es auch noch weitere Datentypen, z.B. *TDateTime* (siehe Datums- und Zeitfunktionen), diese lassen sich aber alle auf die oben angeführten elementaren Typen zurückführen. Im Folgenden wollen wir die einzelnen Datentypen in Gruppen zusammenfassen (die sich auch teilweise überlappen können) und näher besprechen.

Ordinale Typen (Aufzählungstypen)

Dazu gehören *Integer*, *Shortint*, *Longint*, *Int64, Byte*, *Word*, *Boolean*, *ByteBool*, *WordBool*, *LongBool, Char, AnsiChar und WideChar*. Alle Werte eines ordinalen Typs kann man auf bestimmte Weise aneinander reihen und abzählen, sie bilden demzufolge eine geordnete Menge.

Folgende Standardfunktionen lassen sich auf ordinale Typen anwenden:

Funktion	Rückgabewert	Erläuterung
Ord	*LongInteger*	... liefert die Position des Elements innerhalb des Typbereichs
Pred	wie Argument	... liefert den Vorgänger des Wertes
Succ	wie Argument	... liefert den Nachfolger des Wertes
Low	wie Argument	... bestimmt den niedrigsten Wert im Typbereich
High	wie Argument	... bestimmt den höchsten Wert im Typbereich

Beispiel:

```
Pred('b')
```

... liefert 'a'.

```
Pred(5)
```

... liefert 4.

```
Ord('b')
```

... ergibt 98.

```
type tag = 1..7
High(tag)
```

... liefert 7.

Integer-Typen

Zu dieser Untergruppe der ordinalen Typen zählen *ShortInt*, *Integer*, *LongInt*, *Int64*, *Byte* und *Word*.

Arithmetische Operationen mit diesen Typen erfolgen mit 8-Bit-, 16-Bit-, 32-Bit- oder 64-Bit-Genauigkeit. Bytes werden dabei zwischenzeitlich in Operanden vom Typ *Word* konvertiert, damit sie kompatibel mit *Integer* und *Word* sind, bevor der Ausdruck ausgewertet wird.

Hexadezimalzahlen

Auch Hexadezimalzahlen gehören mit zu den *Integer*-Typen, nur die Art der Darstellung unterscheidet sich (Basis 16 anstatt 10)!

Im Programm wird eine Hexzahl durch ein vorangestelltes Dollarzeichen ($) gekennzeichnet.

Beispiel:

```
const c5 = $03E8;
```

Zur Konvertierung einer Integerzahl in die Hexdarstellung gibt es die *IntToHex*-Funktion. Der Rückgabewert ist ein String!

Beispiel: Die Anweisung

```
Label1.Caption := IntToHex(1000, 4);
```

zeigt den String *'03E8'* . Der zweite Parameter (4) entspricht der Mindestanzahl der zurückgegebenen Zeichen.

Eine Rückverwandlung von der hexadezimalen Stringdarstellung in *Integer*-Zahlen ist mittels der bekannten *StrToInt*-Funktion möglich.

Beispiel: Wenn x eine *Integer*-Variable ist, so liefert die Anweisung

```
x := StrToInt('$03E8');
```

den Wert 1000.

Praktische Anwendung finden Hexadezimalzahlen unter anderem für die Darstellung von Farbwerten (siehe dazu 7.1.3 im Grafikkapitel).

Boole'sche Typen

Zu dieser Untergruppe der ordinalen Typen zählen *Boolean*, *ByteBool*, *WordBool* und *LongBool*. Variable dieser Typen können nur die Werte *False* (0) und *True* (1 bzw. <> 0) annehmen.

Weil auch Boole'sche Typen Ordinaltypen sind, gilt z.B.:

$$False < True,\ Ord(False) = 0,\ Ord(True) = 1,\ Succ(False) = True$$

Boolean ist zu bevorzugen und verbraucht am wenigsten Speicherplatz, während man auf *ByteBool*, *WordBool* und *LongBool* nur in Spezialfällen zurückgreifen sollte (zwecks Kompatibilität mit anderen Sprachen und der Windows-Umgebung).

Character-Typen

Object Pascal definiert zwei fundamentale Character-Typen (*AnsiChar* und *WideChar*) und den generischen Character-Typ *Char*. Damit kann jeweils ein einzelnes Zeichen gespeichert werden.

Char entspricht *AnsiChar*, aber Implementationen für andere CPUs und Betriebssysteme könnten *Char* als *WideChar* definieren. Wenn Code geschrieben wird, der beide Zeichen benötigt, sollten Sie die Standardfunktion *SizeOf* zur Ermittlung der Zeichengröße einsetzen.

Beispiel:

```
SizeOf(Char)
```

... liefert 1 (Byte).

```
SizeOf(WideChar)
```

... ergibt 2 (Byte).

Real-Typen

Die Typen *Real48*, *Single*, *Double*, *Extended* und *Currency* umfassen die Gleit- bzw. Fließkommazahlen. Die sich dahinter verbergende rechenzeitintensive Gleitkomma-Arithmetik ist seit eh und je die Achillesferse eines Computers. Grund genug, diese aufwändige Angelegenheit nicht der Software, sondern einem Coprozessor zu übertragen, wie er standardmäßig in der CPU integriert ist (ab 486er).

Real-Typen unterscheiden sich in ihrem Wertebereich, der Genauigkeit der Werte und im Speicherplatzbedarf.

Der Typ *Real48* ist mit dem Typ *Double* identisch. Diese Änderung gegenüber dem alten *Real*-Typ verbessert die Leistung, da *Double* mit Intel-CPUs kompatibel ist. Wenn Sie Quelltext neu compilieren wollen, der noch den alten *Real*-Typ enthält, sollten Sie diesen Typ in *Real48* ändern. Die Compiler-Direktive {$REALCOMPATIBILITY ON} wandelt den Typ *Real48* wieder in den alten *Real*-Typ um.

Hinweis: Für *Real48* gilt das Gleiche wie für den alten *Real*-Datentyp: Finger weg davon! Er dient nur der Abwärtskompatibilität zu früheren Versionen von Delphi und Borland Pascal. Da das *Real48*-Speicherformat von den Intel-CPUs nicht unterstützt wird, sind Operationen mit *Real48*-Typen langsamer als die mit den coprozessorunterstützten Fließkommatypen *Single*, *Double* oder *Extended*. Wenn im Folgenden von einem Real-Datentyp die Rede ist, so wollen wir darunter einen Vertreter der aus *Single, Double* und *Extended* gebildeten Gruppe verstehen!

Der Typ *Currency* ist ein Festkomma-Datentyp mit vier Nachkommastellen für quasi rundungsfreie Finanzberechnungen.

Der Typ *Comp* (von *computational*) ist eigentlich kein Fließkomma-Datentyp, sondern eher ein doppelt breiter *LongInteger*. Der entsprechende Zahlenbereich bewegt sich zwischen $-9.2\text{x}10^{18}$ und $9.2\text{x}10^{18}$. Dass *Comp* trotzdem mit unter den Real-Typen auftaucht, hat seinen Grund darin, dass auch *Comp* vom Coprozessor unterstützt wird. *Comp*-Typen eignen sich aufgrund ihrer hohen Genauigkeit ebenfalls sehr gut für Finanzberechnungen.

Eine herausragende Bedeutung kommt dem Datentyp *Extended* zu, denn er ist die Basis für alle Gleitkommarechnungen, die mit dem integrierten Arithmetik-Coprozessor durchgeführt werden. Auch wenn z.B. nur *Single*- oder *Double*-Variablen in mathematischen Ausdrücken auftreten, werden intern die Rechenoperationen mit der imposanten 10-Byte-Datenbreite des *Extended*-Formats durchgeführt. Klar, dass dadurch die Rundungsfehler drastisch vermindert werden.

Beispiel: Unabhängig von den deklarierten *Single*-Variablen wird die gesamte rechte Seite im *Extended*-Format berechnet.

```
var y, x1, x2, x3: Single;
begin
 x1 := 12.367123;
 x2 := 3.55E6;
 x3 := 0.36E-15;
```

```
 y := (x1 + Sqrt(x1 * x1 - x2 * x3) / x2
end;
```

Wie Sie erkennen, steht es Ihnen frei, für Gleitkommazahlen die normale (mit Dezimalpunkt) oder die wissenschaftliche Notation (mit E-Zehnerpotenzen) anzuwenden.

Der Rechenzeitbedarf ist für alle coprozessorunterstützten Datentypen gleich groß. Der einzige Grund, auf *Single* und *Double* nicht gleich gänzlich zu verzichten und stattdessen durchweg *Extended* zu verwenden, dürfte deshalb lediglich der geringere Speicherplatzbedarf sein.

Fundamentale und generische Typen

Besonders beim Einsteiger sorgt diese Zweiteilung für Verwirrung. Der Bereich und das Format von *Fundamental*-Typen ist von der zugrunde liegenden CPU und dem Betriebssystem unabhängig und ändert sich nicht bei verschiedenen Implementierungen von Object Pascal.

Hingegen hängen Bereich und Format von *Generic*-Typen von der vorhandenen CPU und dem Betriebssystem ab.

Es gibt in der gegenwärtigen Delphi-Version drei Klassen von vordefinierten Typen, die zwischen Fundamental- und Generic-Typen unterscheiden:

- Integer-Typen
- Character-(Zeichen-)Typen
- String-Typen

Für alle anderen Klassen sind die vordefinierten Typen automatisch als Fundamental-Typen zu betrachten.

In Ihren Anwendungen sollten Sie generische Typen bevorzugen, um beste Ergebnisse mit der zugrunde liegenden CPU und dem Betriebssystem zu erzielen. Dies sind *Integer* für vorzeichenbehaftete und *Cardinal* für vorzeichenlose ganze Zahlen (also anstelle *Word* und *Byte*).

Hinweis: Die generischen Typen sind immer dann erste Wahl, wenn Sie keine Kompatibilitätsprobleme auf anderen Rechnern fürchten müssen.

Zu den generischen Typen zählen neben *Integer* und *Cardinal* auch *Char* (für einzelne Zeichen) und *ANSIString* (für Zeichenketten).

Die fundamentalen Typen sollten eigentlich nur dann Verwendung finden, wenn der aktuelle Bereich und/oder das Speicherformat mit der Anwendung nicht übereinstimmen.

Hinweis: Für den Einsteiger ist es kein Beinbruch, wenn er Unterschiede zwischen *Generic*- und *Fundamental*-Typen zunächst einfach ignoriert, denn in den meisten Fällen sind die Performance-Einbußen praktisch unbedeutend.

2.3.3 Arithmetische Operationen

Variablen lassen sich durch arithmetische Operationen miteinander verknüpfen. Die folgende Tabelle vermittelt einen Überblick der Grundrechenarten.

Operator	Operation	Operandtyp	Ergebnistyp	Beispiel
+	Addition	*Real, Integer*	*Real, Integer*	a + b
-	Subtraktion	*Real, Integer*	*Real, Integer*	c – 5
*	Multiplikation	*Real, Integer*	*Real, Integer*	i * k
/	Gleitkomma-Division	*Real, Integer*	*Extended*	y / 3
div	Integer-Division	*Integer*	*Integer*	a div 7
mod	Modulo (Rest)	*Integer*	*Integer*	b mod 3

Beachten Sie, dass *Integer* und *Real* in obiger Tabelle stellvertretend stehen für die verschiedenen Integer- und Real-Typen gemäß Abschnitt 2.3.2. Dabei ist Folgendes zu beachten:

- Das Ergebnis einer Gleitkomma-Division ist immer vom Typ *Extended*, unabhängig vom Typ der Operanden.
- Bei allen anderen Operationen ist das Ergebnis nur dann vom Typ *Extended*, wenn mindestens ein Operand vom Typ *Real* ist.
- Sind beide Operanden vom *Integer*-Typ, so ist das Ergebnis vom Typ *Int64*, wenn mindestens ein Operand diesen Typ hat. Anderenfalls ist das Ergebnis ein *Integer*.
- Der Wert i *div* j entspricht dem mathematischen Quotienten i / j, der auf einen Wert vom Typ *Integer* abgerundet wird.
- Der Operator *mod* berechnet den Rest der Division beider Operanden. Daraus folgt: *a mod b = a – (a div b)*
- Wenn *b* in einem der Ausdrücke *a/b*, *a div b* oder *a mod b* null ist, so erzeugt dies einen Laufzeitfehler.

Hinweis: Die Operatoren +, -, und * können auch als Mengenoperatoren verwendet werden. Der Operator + dient gleichzeitig der Addition von Stringvariablen.

Beispiel:

```
var i,j: Integer; m: Double;    // zwei Integer und eine Real-Variable
begin
  i := 11 div 3;               // i ergibt sich zu 3
  j := 11 mod 3;               // j ergibt sich zu 2
  m := i/j                     // m ergibt sich zu 1.5
end;
```

Sinnvollere Anwendungsbeispiele finden Sie in vielfältigster Form im Wissenschaftskapitel 13.

2.3.4 Strings

Ein String ist eine Zeichenkette aus Zeichen des erweiterten ASCII-Zeichensatzes. Der String ist in Apostrophe (') einzuschließen und muss in einer Programmzeile stehen.

Beispiel:

```
var s1: string;
...
 s1 := 'Hallo';
 s1 := '';                  // Leerstring
```

Kurze und lange Strings

Ab Delphi 2.0 wurden neben den vorher üblichen "kurzen" Strings (255 Zeichen) auch "lange" Strings unterstützt, deren Länge die gigantische Größe von max. 2 GByte erreichen kann und somit nur noch theoretisch begrenzt ist.

Hier eine Übersicht der zur Verfügung stehenden Stringtypen:

Typ	Erläuterung	Größe
AnsiString	Zeichenkette quasi unbegrenzter Länge	4 Byte (Zeiger!)
ShortString	Zeichenkette max. 255 Byte	(Länge+1) Byte
WideString	*wie AnsiString, aber Unicode-Zeichensatz, d.h. 2 Byte pro Zeichen*	4 Byte (Zeiger!)
String	*AnsiString* ($H+) oder *ShortString* ($H-) je nach Compilereinstellung	siehe oben

Für alle Typen kann bei der Deklaration nach wie vor das reservierte Wort *string* verwendet werden. Die Unterscheidung besorgt eine neue Compileranweisung $H, welche Sie indirekt über die "Compiler"-Seite des Dialogfensters "Projektoptionen" beeinflussen (erreichbar über das Menü *Projekt|Optionen...*). Das Häkchen bei "Huge Strings" entspricht der Standardeinstellung $H+, d.h., im Normalfall werden lange Strings benutzt. An der Compiler-Standardeinstellung $H+ (siehe folgende Abbildung) sollten Sie nicht herumdoktern, denn auch durch Angabe einer Stringlänge in eckigen Klammern kann immer ein kurzer String erzeugt werden.

Lange Strings können Sie aber auch explizit mit dem Standardbezeichner *AnsiString* deklarieren, kurze mit *ShortString*, wobei in diesen Fällen die Compilereinstellung unwichtig ist.

Beispiel:

```
{$H+}          // lange Strings einschalten (kann weggelassen werden, da Standard)

var
  s1: string;       // ein langer String (abhängig von SH)
  s2: string[40];   // ein kurzer String mit max. 40 Zeichen (unabhängig von $H)
```

```
  s3: AnsiString;   // ein langer String (unabhängig von $H)
  s4: ShortString   // ein kurzer String (unabhängig vo $H)
```

Hinweis: Auch alle Komponenten ab Delphi 2.0 benutzen den langen *String*-Datentyp. Da in alten 16-Bit-Applikationen (Delphi 1.0) mit hoher Wahrscheinlichkeit Komponenten mit Eigenschaften vom *String*-Datentyp vorhanden sind, müssen Sie die Anwendung aus Kompatibilitätsgründen nochmals compilieren (natürlich mit $H+).

Mehr zu diesem Thema finden Sie im Kapitel 14 ("Datenstrukturen").

Zugriff auf einzelne Zeichen

Sie können auch ein einzelnes Zeichen aus einem String quasi "herausschneiden", indem der Index in eckigen Klammern nachgestellt wird. Die Art des Zugriffs entspricht damit dem auf einzelne Elemente eines Arrays.

Beispiel:

```
var z: Char;  s: string;
...
  s := 'Hallo';
  z := s[1];        // z erhält das Zeichen 'H'
```

Bemerkungen

- Routinen zur Stringverarbeitung finden Sie im Abschnitt 2.6.3.
- Hinweise zu nullterminierten Strings (*PChar*) sind im Abschnitt 2.4.2 (nullbasierte Arrays) enthalten, ein vergleichendes Beispiel finden Sie im Praxisteil des Kapitels 14 ("Zum Unterschied zwischen PChar und String").
- Mehrere Strings können in Stringlisten (Datentyp *TString*) zusammengefasst werden.

2.3.5 Zeigertypen

Ein Zeigertyp ist ein Wert, der auf Variablen eines Basistyps zeigt. Eine Variable vom Typ *Pointer* enthält die Speicheradresse einer Variablen.

Typ	Erklärung	Größe
Pointer	Zeiger allgemein	4 Byte
PChar	Zeiger auf ein Zeichen (kompatibel zu einem nullbasierten Array, siehe 2.4.2)	4 Byte

Beispiel: Umwandeln eines *String*-Datentyps in einen *PChar*.

```
var p: PChar;
...
 p := PChar(Edit1.Text);
```

Die Grundlagen für die Arbeit mit Zeigern entnehmen Sie dem Abschnitt 14.2.1 (Pointer). Ein umfassendes Beispiel ist das Programm "Gauss" (Kapitel 16). Anwendungen im Zusammenhang mit der Werteübergabe an API-Funktionen und der Programmierung von DLLs finden Sie im Kapitel 13 (Programmschnittstellen).

Prozedurale Typen

Gewöhnungsbedürftig, aber durchaus erwähnenswert, sind die prozeduralen Typen, denn sie ermöglichen es, Prozeduren und Funktionen wie Variablen zu behandeln und als Parameter zu übergeben.

Beispiel: Berechnen des Tangens eines Winkels

```
function tan(alpha: Double):Double;
begin
  result := Sin(alpha)/Cos(alpha);
end;
```

Obige Funktion kann nun wie folgt getestet werden:

```
procedure Test;
type  mathFunc = function(a: Double): Double;
var   f: mathFunc;
      x: Double;

begin
 f := tan;          // Zuweisen des Namens einer Funktion
 x := f(Pi/4);      // entspricht x := tan(Pi/4) und liefert die Zahl 1.000
end;
```

Beachten Sie, dass die Parameterliste von *mathFunc* kompatibel zu *tan* sein muss!

2.3.6 Variant-Datentypen

Eine Variable des *Variant*-Typs belegt 16 Byte Speicherplatz, also erheblich mehr als ein herkömmlicher Datentyp. Einem Chamäleon gleich können *Variant*-Variablen ihren Typ dynamisch (also zur Laufzeit) ändern.

Weitere Merkmale von *Variant*-Variablen:

- Sie können ganze oder reelle Zahlen, Stringwerte, Boole'sche Werte, Datum-Uhrzeit-Werte, Arrays sowie OLE-Automatisierungsobjekte aufnehmen.
- Mit dem speziellen Wert *Unassigned* wird angezeigt, dass einer *Variant*-Variablen bislang noch keine Daten zugewiesen wurden, mit dem speziellen Wert *Null* (nicht zu verwechseln mit der Zahl 0!) werden unbekannte oder fehlende Daten gekennzeichnet. Variantenvariablen werden bei ihrer Erstellung stets mit *Unassigned* initialisiert.
- Wenn eine *Variant*-Variable auf ein OLE-Automatisierungsobjekt verweist, kann auf die Eigenschaften und Methoden dieses Objektes zugegriffen werden.

Lassen Sie sich aber von der beeindruckenden Flexibilität von *Variant*-Variablen nicht blenden und achten Sie auch auf die Schattenseiten im Vergleich zu "normalen", d.h. statisch deklarierten, Variablen:

- *Variant*-Variablen belegen erheblich mehr Speicherplatz.
- Operationen mit *Variant*-Variablen benötigen deutlich mehr Rechenzeit.

Hinweis: Verwenden Sie *Variant*-Variablen nur in den wirklich sinnvollen Fällen, z.B. dann, wenn der tatsächlich zu verarbeitende Typ oft wechselt bzw. zum Zeitpunkt der Compilierung noch unbekannt ist.

Konvertierungsroutinen

Wie die folgende Tabelle zeigt, steht für die Arbeit mit *Variant*-Variablen (VV) ein stattliches Sortiment an Funktionen/Prozeduren zur Verfügung.

Routine	Erläuterung
VarAsType	... konvertiert eine VV zu einem bezeichneten Typ
VarCast	... konvertiert eine VV zu einem bezeichneten Typ und speichert sie
VarClear	... löscht eine gegebene VV
VarCopy	... kopiert eine gegebene VV in eine andere VV
VarFromDateTime	... liefert eine VV zurück, die eine Datums- und eine Zeitangabe enthält
VarIsEmpty	... gibt an, ob eine gegebene VV nicht zugewiesen ist
VarIsNull	... gibt an, ob eine gegebene VV NULL ist
VarToDateTime	... konvertiert eine gegebene VV in eine Datums- und Zeitangabe
VarType	... konvertiert eine VV zu einem bezeichneten Typ und speichert sie

Im Folgenden werden wir uns auf die nähere Erläuterung der *VarType*-Funktion beschränken:

Die interne Darstellung von *Variant*-Variablen besteht aus Typencode und Wert (oder einer Referenz auf einen Wert). Die Funktion *VarType* liefert den Typencode einer *Variant*-Variablen:

Konstante	Hex	Dez	Inhalt der *Variant*-Variablen
varEmpty	$0000	0	Variable hat den Wert *Unassigned*
varNull	$0001	1	Variable hat den Wert *Null*
varInteger	$0003	3	ganze 32-Bit-Zahl mit Vorzeichen (Typ *Integer*)
varSingle	$0004	4	Fließkommawert einfacher Genauigkeit (Typ *Single*)
varDouble	$0005	5	Fließkommawert doppelter Genauigkeit(Typ *Double*)
varCurrency	$0006	6	Fließkomma-Währungswert (Typ *Currency*)
varDate	$0007	7	Datum-Uhrzeit-Wert (Typ *TDateTime*)
varError	$000A	10	Betriebssystem-Fehlercode

Konstante	Hex	Dez	Inhalt der *Variant*-Variablen
varBoolean	$000B	11	Boole'scher 16-Bit-Wert (Typ *WordBool*)
varUnknown	$000D	13	Referenz auf ein unbekanntes OLE-Objekt
varByte	$0011	17	vorzeichenlose ganze 8-Bit-Zahl (Typ *Byte*)
varString	$0100	256	Referenz auf einen dynamisch belegten, langen String

Die von *VarType* zurückgegebenen Konstanten *varXXXX* sind in der *System*-Unit als Hexadezimalzahlen (2 Byte) definiert.

Hinweis: Beachten Sie, dass in zukünftigen Delphi-Versionen möglicherweise zusätzliche Typencodes auftreten.

Beispiel: Im Folgenden wird einer *Variant*-Variablen (*v2*) die Summe aus einer weiteren *Variant*-Variablen (*v1*) und einem String (*s1*) zugewiesen:

```
var  v1, v2: Variant;
     s1, s2: string;

begin
 v1 := 10;                         // Variant <= ganze Zahl
 s1 := '200';                      // String <= ganze Zahl als String
 v2 := v1 + s1;                    // Variant <= Variant(ganze Zahl) + String
 Str(v2, s1);                      // Variant => String
 Str(VarType(v2), s2);             // VariantType => String
 ShowMessage (s1 + #13 + s2)       // Anzeige von s1 und s2
end;
```

Als Ergebnis entsteht die Zahl 210 als *Variant*-Variable 2.1E+2 vom Typ *varDouble* (Wert 5, siehe Tabelle).

Die *Str*-Zeichenkettenfunktion wird angewendet, um die Werte von *v2* und *VarType(v2)* bequem untereinander in einem Meldungsfenster (*ShowMessage*-Prozedur) anzeigen zu können:

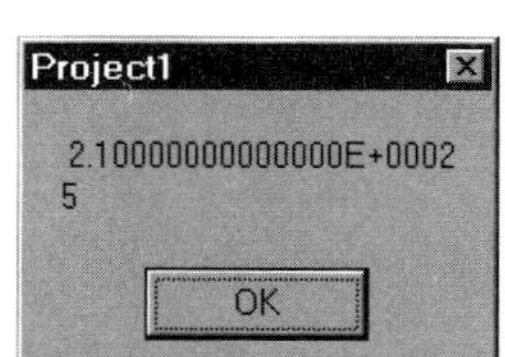

2.3.7 Typumwandlungen von Variablen

Umwandlung mit Typbezeichner

So weit das möglich ist, können Sie in Delphi Variablen in einen anderen Datentyp umwandeln, wobei als Umwandlungsfunktion der Typbezeichner dient.

Beispiel: Umwandlung *Integer* in *Char*

```
var i: Integer; c: Char;
...
i := 65;                        // ASCII von 'A'
c := Char(i);
```

... liefert für *c* das Zeichen 'A'.

Aber es geht auch anders, wie Sie im folgenden Beispiel sehen, obwohl wir hier genauer genommen von einer Variablen-Umwandlung reden müssten.

Beispiel: Umwandlung einer *ShortInt-* in eine *Char-*Variable.

```
var c: Char;
...
ShortInt(c) := 65;
```

... liefert für *c* das Zeichen 'A'.

Umwandlung Real-Integer

Ziemlich häufig müssen *Integer-* und *Real-*Variablen ineinander umgerechnet werden. Mit den Funktionen *Round* und *Trunc* (siehe 2.6.2) ist es kein Problem, aus einer Real- eine Integer-Variable zu machen. Umgekehrt ist es noch einfacher, denn Sie können einer Real-Zahl direkt eine Integer-Zahl zuweisen bzw. Real durch Integer ersetzen.

Beispiel: Quadratwurzel aus Integer-Zahl

```
var x, y: Integer;
    xr: Single;      // Hilfsvariable
...
xr := x;                 // Real-Variable lässt sich direkt aus Integer zuweisen!
y := Round(Sqrt(xr));    // Rückverwandlung in Integer mit Round-Funktion
```

Eine besondere Bedeutung haben solche Umrechnungen im Zusammenhang mit Grafikoperationen (siehe Kap. 7), weil deren Argumente gewöhnlich vom Typ *Integer* sind (Pixelkoordinaten). Das Gleiche gilt für die in den *OnMouse*-Event-Handlern übergebenen Koordinaten *X* und *Y*.

Beispiel: Beim Niederdrücken der linken Maustaste werden die Quadratwurzeln von x- und y-Koordinaten angezeigt.

```
procedure TForm1.FormMouseDown(Sender: TObject; Button: TMouseButton;
  Shift: TShiftState; X, Y: Integer);
```

```
begin
 Label1.Caption := IntToStr(Round(Sqrt(X))) + ',' + IntToStr(Round(Sqrt(Y)))
end;
```

2.3.8 Konstanten

Deklaration

Mit dem reservierten Wort *const* definierte Bezeichner bzw. Ausdrücke können zur Laufzeit ihren Wert nicht ändern, sie sind quasi schreibgeschützt.

Beispiel:

```
const  a = 1;
       flaeche  = 150 * 200;
       anzahl = Ord('Z') - Ord('A') + 1;
       titel  = 'Borland Delphi';
```

Hinweis: Beachten Sie, dass die den Konstanten zugewiesenen Ausdrücke sich während der Compilierung auswerten lassen müssen (also rechts keine Variablen verwenden!).

Beispiel:

```
const a = 2 * x;            // erzeugt einen Compilerfehler
```

Hinweis: Wie Sie auch mehrere Konstanten auf einmal deklarieren können, erfahren Sie unter 2.4.2 (Array-Konstanten).

Ganzzahlige Konstanten

Liegt der Wert einer ganzzahligen Konstanten (ohne deklarierten Typ) außerhalb des *Longint*-Bereichs, wird ihr der Typ *Int64* zugewiesen.

Beispiel:

```
const ZahlA = 47;
const ZahlB = Int64(47);
const ZahlC: Int64 = 47;
const ZahlD = 5000000000;
```

ZahlA ist vom Typ *Longint*, während die anderen Konstanten vom Typ *Int64* sind.

Typisierte Konstanten

Diese Sonderform sorgt insbesondere beim Einsteiger für Verwirrung, denn *typisierte* Konstanten können später ihren Wert ändern. Dieses absonderliche Verhalten wird vom Compilerstatus {$J+} veranlasst, der standardmäßig eingestellt ist (Menü *Projekt|Optionen...*, "Compiler"-Seite, Häkchen bei "zuweisbare typisierte Konstanten"). Frühere Versionen von Delphi und Borland Pascal verhielten sich wie im Status {$J+}. Deshalb muss älterer Quelltext, der änderbare typisierte Konstanten enthält, im Status {$J+} compiliert werden.

Zu Programmbeginn werden typisierte Konstanten mit den ihnen zugewiesenen Werten initialisiert.

Beispiel:

```
const
      a : Byte = 1;                     // typ. Konstante
      Titel: string = 'Der Rächer';     // typ. lange Stringkonstante
      CR: string = '#13';               // dto.
      Firma: string[9] = 'Sun-Soft';    // typ. kurze Stringkonstante
```

Im weiteren Programmverlauf werden typisierte Konstanten wie normale Variablen behandelt.

Beispiel:

```
a := 5;
Titel := 'Das Opfer';
```

Hinweis: Bei neuen Anwendungen sollten Sie anstatt typisierter Konstanten besser *initialisierte Variablen* und den Compiler-Status {$J-} verwenden.

Beispiel: Die beiden folgenden Anweisungen sind gleichwertig.

```
const a: Word = 100;                    // typisierte Konstante
var a: Word = 100;                      // initialisierte Variable
```

2.4 Benutzerdefinierte Datentypen

Ihre eigenen Datentypen definieren Sie durch das reservierte Wort *type*. Es ist üblich, bei der Namensvergabe ein "T" voranzustellen. Zu den wichtigsten benutzerdefinierten Datentypen zählen die strukturierten Typen (Records), Arrays, Aufzählungs-/Teilbereichstypen und Mengen.

2.4.1 Records

Deklaration und Zugriff

Die so genannten Strukturvariablen, gekennzeichnet durch das reservierte Wort *record*, haben eine feste Struktur mit eindeutigen Zugriffsmöglichkeiten.

Beispiel:

```
type  TPerson = record
        name: string[30];
        alter: Integer
      end;
```

definiert einen Datentyp zur Speicherung von Namen (hier max. 30 Buchstaben) und Alter einer Person. Die Deklaration einer Variablen ist damit jedoch noch nicht erfolgt! Dazu dient z.B. die Anweisung

```
var person1,
    person2: TPerson;
```

die eine Datenspeicherung für zwei Personen zulässt.

Der Schreib- bzw. Lesezugriff erfolgt z.B. mit

```
person1.name := 'Müller';
person1.alter := 66;
Label1.Caption := person2.name;
```

Wie Sie erkennen, wird der Name der Record-Variablen durch einen so genannten *Qualifizierer*, d.h. einen Punkt (.), vom Feldnamen abgetrennt.

Bereiche innerhalb eines Records

Anstatt den Feldern einen bestimmten Datentyp zuzuweisen, können Sie auch die untere und obere Grenze eines Bereichs angeben.

Beispiel:

```
type   TDatum = record
         jahr: Integer;
         monat: 1..12;
         tag: 1..31
       end;
var datum: TDatum;
```

Der Zugriff:

```
datum.jahr := 1995;
datum.monat := 10;
datum.tag := 24;
heute := datum.tag;
```

Der Variant-Record

Der Variant-Record stellt eine Sonderform dar. Er beinhaltet mehrere Felderlisten, die den gleichen Platz im Speicher belegen. Der variable Teil wird durch *case* eingeleitet, gefolgt vom Bezeichner eines Selektorfeldes.

Beispiel: In Abhängigkeit davon, ob es sich bei der Person um einen Studenten oder um einen Dozenten handelt, sollen verschiedene zusätzliche Datenfelder zur Verfügung stehen:

```
type   TPerson = record
         name: string[20];
         alter: Integer;
```

```
        case student: Boolean of
        True: (immatJahr, exmatJahr: Integer; stip: Single);
        False: (einstJahr: Integer; gehalt: Single)
      end;
var student1, dozent1: TPerson;
```

Der Zugriff:

```
student1.student := True;
student1.name := 'Waldmann';
student1.immatJahr := 1985;
dozent1.student := False;
dozent1.gehalt := 995.95;
```

Zugriff auf Datensätze und With-Anweisung

Man kann nicht nur auf jedes einzelne Feld, sondern auch auf den gesamten Record zugreifen.

Beispiel: Eine Person wird "geklont".

```
person2 := person1;
```

Wie Sie den vorhergehenden Beispielen entnehmen, gestaltet sich der Zugriff auf die Record-Felder ziemlich umständlich. Eine Vereinfachung schafft die *with*-Anweisung, die es gestattet, dass innerhalb eines Blocks nur noch die Feldbezeichner angegeben werden müssen.

Beispiel: Der Datenzugriff lässt sich wie folgt vereinfachen:

```
with person1 do begin
   student := True;
   name := 'Waldmann';
   immatJahr := 1985
end;
```

Da die Records mit den in den nächsten Kapiteln eingeführten Objekten eng verwandt sind, spielt auch dort die *with*-Anweisung eine wichtige Rolle.

2.4.2 Statische Arrays

Deklaration und Zugriff

Typen für ein- und mehrdimensionale Felder (Arrays) werden durch das reservierte Wort *array* definiert:

Syntax: `type ArrayTypName = array [IndexTyp] of ElementeTyp`

Es können auch mehrere, durch Komma getrennte, Indextypen angegeben werden. Als Elementtyp ist jeder Typ erlaubt, während der Indextyp ein ordinaler (d.h. abzählbarer) Typ sein muss.

Beispiel:

```
type TIntListe  = array[1..10]       of Integer;
     TZeichen   = array['a'..'z']    of Byte;
     TMatrix    = array[10..20, 0..5]  of Single;
var  intL: TIntListe; z: TZeichen; m: TMatrix;
```

Der Zugriff:

```
intL[4] := 100;
z['a'] := 5;
m[17, 0] := 12.34;
```

Man kann sich die Typdeklaration auch sparen und sie zusammen mit der Variablendeklaration erledigen. Das ist vor allem dann zweckmäßig, wenn nur eine einzige Variable dieses Typs im Programm benötigt wird.

Beispiel: Ein gleichwertiger Ersatz für obige Deklarationen

```
var intL: array[1..10] of Integer;
    z: array['a'..'z'] of Byte;
    m: array[10..20, 0..5] of Single;
```

Arrays aus Strukturvariablen

Von besonderem Interesse sind Arrays, deren Elementtypen Strukturvariablen (Records) sind.

Beispiel: Mit einem Typ *TPerson* soll ein Array aufgebaut werden, in dem 100 Personen abgespeichert werden können:

```
type  TPersListe = array[1..100]  of  TPerson;
var list1: TPersListe;
```

Der Zugriff auf die fünfte Person erfolgt z.B. mit

```
list1[5].name := 'Einstein';
```

Ein entsprechendes Programm finden Sie unter 2.9.1 im Praxisteil .

Übrigens ist auch bei Array-Variablen eine Zusammenfassung von Typ- und Variablendeklaration in nur einer Anweisung möglich.

Beispiel: Obige Deklaration kann vereinfacht werden.

```
var list1: array[1..100] of TPerson;
```

Strukturvariablen mit Arrays

Auch die Felder von Strukturvariablen können Arrays sein. Es bedarf allerdings eines gewissen Abstraktionsvermögens, um dabei den Überblick zu behalten.

Hinweis: Denken Sie immer daran, dass durch eine Typdeklaration (mittels *type*) noch keine Variable entsteht. Diese erhalten Sie erst durch Deklarieren mit *var*!

Schauen Sie sich das folgende Beispiel genauer an, dann dürfte die Vorgehensweise anschaulich deutlich werden.

Beispiel: Die folgenden Typdeklarationen definieren die Struktur einer Fußballmannschaft.

```
type TSpieler = record
  name: string[20];
  alter: Integer;
  bundesligatore: Integer;
  nationalspieler: Boolean
end;
type TTrainer = record
  name: string[20];
  alter: Integer;
  gehalt: Currency
end;

type TMannschaft = record
  name: string[30];
  trainer: TTrainer;
  spieler: array[1..11] of TSpieler
end;
```

Durch die folgende Deklaration entstehen zwei Fußballmannschaften:

```
var mannschaft1, mannschaft2: TMannschaft;
```

Beide Mannschaften sind noch "gesichtslos", sie könnten beispielsweise wie folgt initialisiert werden:

```
mannschaft1.name := 'Bayern München';
mannschaft2.name := 'Borussia Dortmund';
mannschaft1.trainer := 'Otto';
mannschaft1.spieler[1].name := 'Kliemann';
mannschaft1.spieler[2].name := 'Vollert';
...
```

Damit dürfte auch klar sein, wie der Schreib-/Lesezugriff funktioniert.

Um beispielsweise alle Spieler von *mannschaft1* mit mehr als zehn Bundesligatoren zu Nationalspielern zu machen:

```
for i := 1 to 11 do with mannschaft1.spieler[i] do
  if bundesligatore > 10 then nationalspieler := True;
```

Nullbasierte Arrays und nullterminierte Strings

Wen wundert's, dass beide Begriffe leicht verwechselt werden, und das nicht nur vom Einsteiger!

Nullbasierte Arrays werden deklariert, indem man dem ersten Element in der Deklaration des Arrays der Index Null (0) zuweist. Man verwendet diesen Array-Typ vor allem zum Speichern sog. *nullterminierter Strings* (Typ *PChar*), wie sie typisch für die Sprache C++ sind. Das Ende einer solchen Zeichenkette wird durch das Zeichen #0 markiert (nicht die Zahl 0, diese entspräche #48!). Ein nullbasiertes Array ist kompatibel zum Typ *PChar*.

Dies bedeutet, dass Sie in jedem Fall, in dem ein *PChar* erwartet wird, stattdessen auch ein nullbasiertes Character-Array verwenden können.

Beispiel:

```
var  a: array[0..31] of Char;     // nullbasiertes Array
     p: PChar;

begin
  a[1] := 'X';
  p := a;
  ShowMessage(p[1])        // zeigt Meldungsfenster mit 'X' an
```

Falls Sie ein *Char*-Array anstelle eines *PChar*-Wertes verwenden, konvertiert der Compiler das Character-Array in eine Pointer-Konstante, deren Wert mit der Adresse des ersten Array-Elements übereinstimmt.

Array-Konstanten

Auch Konstanten lassen sich in einem Array übersichtlich speichern.

Beispiel:

```
const tage: array[1..7] of string = ('Mo', 'Di', 'Mi', 'Do', 'Fr', 'Sa', 'So');
var woBeginn: string;
...
woBeginn := tage[1];
```

Etwas komplizierter wird es bei mehreren Dimensionen.

Beispiel:

```
const tabs: array[1..5, 1..2] of Word =
                              ((50,20), (55,21), (63,35), (110,77), (200,5));
var tabl: Word;
```

Die Anordnung der Elemente:

	1	2	3	4	5
1	50	55	63	110	200
2	20	21	35	77	5

Damit dürfte auch der Zugriff klar sein:

```
tabl := tabs[4,2];          // weist den Wert 77 zu
```

2.4.3 Dynamische Arrays

Die Abmessungen der bisher besprochenen statischen Arrays können zur Laufzeit nicht geändert werden, was in vielen Fällen ein Nachteil ist, so dass man um dynamische Arrays nicht herumkommt. Während man unter Delphi 3 dynamische Arrays noch mit umständlichen Zeigeroperationen programmieren musste, ist dies seit Delphi 4 einfacher geworden.

Dynamische Array-Variablen sind eigentlich Zeiger (4 Byte) und werden ähnlich verwaltet wie lange Strings.

Programmierung auf einen Blick

Einen ersten Überblick vermittelt die folgende Aufzählung:

- Die Deklaration eines dynamischen unterscheidet sich von der eines statischen Arrays nur dadurch, dass einfach die eckigen Klammern mit den Array-Dimensionen weggelassen werden.
- Die Festlegung der Dimension erfolgt erst zur Laufzeit mittels *SetLength*-Anweisung.
- Um ein nicht mehr benötigtes dynamisches Array freizugeben, weisen Sie der Array-Variablen den Wert *nil* zu.
- Dynamische Arrays sind *nullbasiert*, beginnen also immer mit dem Index 0.
- Die bereits von statischen Arrays und von der Stringverarbeitung her bekannten Funktionen *Length*, *High* und *Low* lassen sich auch auf dynamische Arrays anwenden. *Length* liefert die Anzahl der Zellen im Array, *High* den höchsten Index (*Length–1*) und *Low* stets den Wert 0.

Beispiel: Zwei dynamische *Double*-Arrays werden referenziert, das erste davon wird mit vier Zellen erzeugt und mit Werten gefüllt. Anschließend wird versucht, den Inhalt in das zweite Array zu kopieren.

```
var aA, aB: array of Double;    // Referenzierung
begin
  SetLength(aA, 4);             // Dimensionierung
  aA[0] := 3.1415; aA[1] := 0.26134;
  aA[2] := 300.34; aA[3] := 0.0815;
```

```
  aB := aA;                   // Zeiger wird verbogen, kein Kopieren!!!
  aB[0] := 99.99;
  aA := nil; aB := nil        // Freigabe (Dereferenzierung)
end;
```

Wenn Sie jetzt den Wert von *aA[0]* auslesen, werden Sie erstaunt feststellen, dass dieser nicht mehr *3.1415* ist, sondern ebenfalls den Wert von *aB[0]* angenommen hat (*99.99*). Die Ursache: Wir haben es beim Zuweisen von Zeigerreferenzen mit keinem Kopieren des Inhalts, wie wir es von statischen Arrays her gewohnt sind, zu tun. Der Zeiger *aB* wird lediglich auf *aA* "verbogen", so dass letztlich *aA* und *aB* dasselbe Array referenzieren. Die folgende Abbildung will versuchen, Ihnen diesen Sachverhalt zu verdeutlichen (der übrigens in ähnlicher Form auch auf Objektreferenzen zutrifft, siehe Kapitel 6). Die folgende Abbildung versucht, die Speicherbereichszuordnungen beim Zuweisen statischer und dynamischer Arrays zu vergleichen:

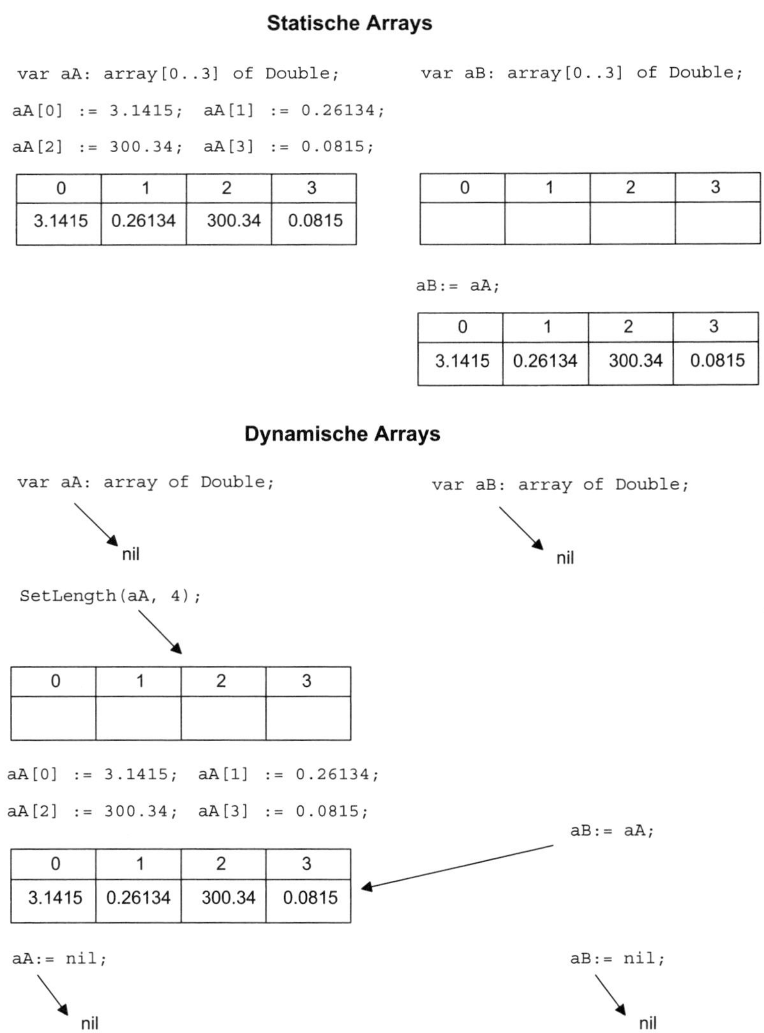

Kopieren dynamischer Arrays

Um ein echtes Kopieren dynamischer Arrays zu realisieren, müssen die Feldinhalte einzeln zugewiesen werden.

Beispiel: Wie Vorgängerbeispiel, aber diesmal mit einem echten Kopierprozess (geänderte Anweisungen fett).

```
var aA, aB: array of Double;
    i : Word;
begin
  SetLength(aA, 4); SetLength(aB, 4);
  aA[0] := 3.1415;  aA[1] := 0.26134;
  aA[2] := 300.34;  aA[3] := 0.0815;
  for i := 0 to High(aA) do aB[i] := aA[i];     // Kopieren!!!
  aB[0] := 99.99;
  aA := nil; aB := nil
 end;
```

Wenn Sie diesmal *aA[0]* auslesen, werden Sie feststellen, dass *aA[0]* seinen zugewiesenen Wert von *3.1415* beibehält. Das "Herumdoktern" an *aB* hatte also keinen Einfluss, denn sowohl *aA* als auch *aB* zeigen auf unterschiedliche Speicherbereiche.

Hinzufügen und Entfernen von Zellen

Die *SetLength*-Anweisung erlaubt sowohl das Vergrößern als auch das Verkleinern der Array-Dimensionen zur Laufzeit.

Beispiel:

```
type TPersDat = record
  name: string[20];                          // max. 20 Buchstaben
  geburt: TDateTime;                         // Geburtsdatum
  student: Boolean;                          // Student ja/nein
  tel: LongInt                               // Telefonnummer
end;

var personen: array of TPersDat;      // dynamisches Array wird deklariert
    pm,              // Anzahl Datensätze
    index: Word;      // aktuelle Datensatznummer (1,2,3 ... pm)
```

Datensatz an aktueller Position (*index*) einfügen:

```
procedure TPerson.dsNeu;
var i: Word;
begin
  Inc(pm);
```

```
  SetLength(personen, pm);          // Dimension erhöhen
  for i:= pm downto index+2 do Personen[i-1] := Personen[i-2];
  Inc(index)
end;
```

Datensatz an aktueller Position (*index*) löschen:

```
procedure TPerson.dsLoesch;
var i: Word;
begin
  for i := index to pm-1 do personen[i-1] := personen[i];
  Dec(pm);
  SetLength(personen,pm)            // Dimension verkürzen
end;
```

Zum "Abschneiden" von dynamischen Arrays kann man auch die von der Stringverarbeitung her bekannte *Copy*-Funktion anstatt *SetLength* verwenden.

Beispiel: Alternative zur vorletzten Zeile des obigen Beispiels

```
personen := Copy(personen,0,pm);
```

Auch das "Herausschneiden" einzelner Zellen ist mit dieser Funktion zu bewerkstelligen.

Beispiel: Ein dynamisches Integer-Array wird mit sechs Zellen dimensioniert, denen die Werte von 0 bis 5 zugewiesen werden. Ab dem Feldindex 2 werden drei Zellen herauskopiert.

```
var a: array of Word;
    i: Word;
begin
 SetLength(a, 6);
 for i:= 0 to High(a) do a[i] := i;          // Besetzen der Zellen mit 0,1,2,3,4,5
 a := Copy(a, 2,3);                          // Herausschneiden von 2,3,4
 for i := 0 to High(a) do ShowMessage(IntToStr(a[i]))     // Anzeigen der Zellinhalte
end;
```

Mehrdimensionale dynamische Arrays

Mit aufeinander folgenden *arry of*-Konstrukten können Sie mehrdimensionale dynamische Arrays deklarieren. Zum Instantiieren (Erzeugen) ruft man *SetLength* mit zwei Integer-Argumenten auf. Sind z.B. *x* und *y* Integer-Variablen, wird Speicherplatz für ein x mal y großes Array zugewiesen. Der Index [0,0] bezeichnet dann die Zelle in der linken oberen Ecke dieses Arrays.

Beispiel: Ein zweidimensionales String-Array mit sieben Spalten und drei Zeilen

	0	1	2	3	4	5	6
0	Mo	Di	Mi	Do	Fr	Sa	So
1	Vormittag	Vormittag	Vormittag	Vormittag	Vormittag	Vormittag	Vormittag
2	Nachmittag	Nachmittag	Nachmittag	Nachmittag	Nachmittag	Nachmittag	Nachmittag

```
var woche: array of array of string;
    i: Word;
begin
 SetLength(woche, 7, 3);
 woche[0,0] := 'Mo';  woche[1,0] := 'Di'; woche[2,0] := 'Mi';
 woche[3,0] := 'Do'; woche[4,0] := 'Fr'; woche[5,0] := 'Sa';
 woche[6,0] := 'So';
 for i := 0 to 6 do begin
  woche[i,1] := 'Vormittag';  woche[i,2] := 'Nachmittag';
  ShowMessage(woche[i,0] + '   ' + woche[i,1] + '   ' + woche[i,2]) // Kontrollanzeige
 end
end;
```

Ein Novum ist die Möglichkeit, auch ungleichförmige mehrdimensionale dynamische Arrays anlegen zu können. Gehen Sie dazu in folgenden Schritten vor:

- Rufen Sie *SetLength* auf, und übergeben Sie die Parameter für die erste Dimension des Arrays.
- Rufen Sie *SetLength* nacheinander für jede Zelle der ersten Dimension auf und weisen Sie dabei den Speicherplatz für die zweite Dimension zu.
- Wiederholen Sie diese Schritte für die nächsthöhere Dimension.

Beispiel: Ein dynamisches String-Array mit sieben Spalten jeweils unterschiedlicher Zeilenzahl.

	0	1	2	3	4	5	6
0	Mo	Di	Mi	Do	Fr	Sa	So
1		Vormittag	Vormittag	Vormittag	Vormittag	Vormittag	
2		Nachmittag		Nachmittag			

```
var woche: array of array of string;
    i: Word;
begin
```

```
SetLength(woche, 7);            // Spaltenanzahl festlegen
// pro Spalte die Zeilenzahl festlegen:
SetLength(woche[0],1); SetLength(woche[1],3); SetLength(woche[2],2);
SetLength(woche[3],3); SetLength(woche[4],2); SetLength(woche[5],2);
SetLength(woche[6],1);
// Zellen füllen:
woche[0,0] := 'Mo';  woche[1,0] := 'Di'; woche[2,0] := 'Mi';
woche[3,0] := 'Do'; woche[4,0] := 'Fr'; woche[5,0] := 'Sa';
woche[6,0] := 'So';
for i := 1 to 5 do woche[i,1] := 'Vormittag';
woche[1,2] := 'Nachmittag'; woche[3,2] := 'Nachmittag';

ShowMessage(woche[5,0] + '  ' + woche[5,1])          // Beispiel: 'Sa  Vormittag'
end;
```

2.4.4 Mengen

Das reservierte Wort *set* definiert eine Menge von Elementen eines Typs. Beim Feststellen der Mengenzugehörigkeit verwenden Sie das reservierte Wort *in* als Bezugsoperator.

Hinweis: Die leeren Klammern [] stehen für eine leere Menge, die zu allen Mengen-Typen kompatibel ist.

Einfache Mengentypen

Bei diesem Typ muss es sich um *Integer*, *Boolean* oder *Char* handeln.

Beispiel: Platzieren Sie einen Button, ein Editierfeld und ein Label auf einem Formular. Das *OnClick*-Event des Buttons hinterlegen Sie wie folgt:

```
procedure TForm1.Button1Click(Sender: TObject);
type TVokal = set of Char;
var vokale: TVokal;
begin
 vokale := ['a','e','i','o','u'];
```

Der Test auf Mengenzugehörigkeit:

```
 if Edit1.Text[1] in vokale then Label1.Caption := 'Das ist ein Vokal!'
 else Label1.Caption := 'Das ist kein Vokal!'
end;
```

Aufzählungstypen

Man kann Mengentypen auch durch eine in Klammern gefasste Liste von Ausdrücken (Aufzählungstyp) definieren, wobei die Ordinalwerte der oberen und unteren Grenzen im Bereich 0..255 liegen müssen.

Beispiel: Zunächst werden die (ordinalen) Elemente definiert, die in der Menge vorkommen dürfen:

```
type TMonat = (Januar, Februar, Maerz, April, Mai, Juni,
               Juli, August, September, Oktober,
               November, Dezember);
```

Nun wird ein neuer Mengentyp definiert, der aus obigen Elementen besteht. Beachten Sie, dass in dieser Menge beliebig viele Monate, auch gleiche Monate, vorkommen dürfen!

```
type TJahreszeit = set of TMonat;
```

Nachdem die Struktur der Menge klar ist, kann eine konkrete Mengenvariable deklariert werden:

```
var sommer: TJahreszeit;
```

Der Zugriff:

```
 sommer := [Juni, Juli, August];
 if Juli in sommer then MessageBeep(0);
```

Hinweis: Die von den ordinalen Datentypen (siehe 2.3.2) her bekannten Standardfunktionen (*Pred*, *Succ*, ...) lassen sich auf alle Aufzählungstypen anwenden.

Beispiel: Der "Nachfolger" von ROT ist GRUEN[1].

```
type TFarben  = (ROT, GRUEN, BLAU);
var clr: farben;
...
 if Succ(ROT) = GRUEN then clr := BLAU;
 if clr = BLAU then Beep;
```

Mengen als Eigenschaften

Zahlreiche Eigenschaften unter Delphi lassen sich als Aufzählungstypen, d.h. als Mengen von Konstanten (Enumerations) interpretieren.

---

[1] Politische Parallelen sind rein zufällig!

Beispiel: *TFontStyles* ist eine Menge mit Schriftstilen für die *Style*-Eigenschaft eines Schriftobjekts (*TFont*). In der folgenden Tabelle sind die verschiedenen Werte aufgeführt:

Wert	Beschreibung
fsBold	**Fett**
fsItalic	*Kursiv*
fsUnderline	Unterstrichen
fsStrikeout	~~Durchgestrichen~~

Die Delphi-interne Deklaration müssen Sie sich wie folgt vorstellen:

```
TFontStyle = (fsBold, fsItalic, fsUnderline, fsStrikeOut);      // Aufzählungstyp
TFontStyles = set of TFontStyle;                                // Mengendefinition
property Style: TFontStyles;                        // Eigenschaftendefinition
```

Diese "Mengen"-Eigenschaft könnten Sie im Objektinspektor zuweisen:

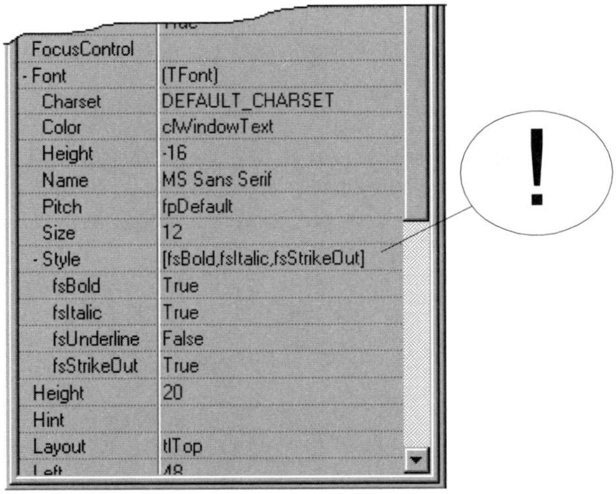

Sie können die Zuweisung aber auch per Quelltext vornehmen:

```
Label1.Font.Style := [fsBold, fsItalic, fsStrikeOut];
```

Beispiel: Abfrage für die Mengenzugehörigkeit:

```
if fsBold in Label1.Font.Style then Label1.Font.Style := Label1.Font.Style + [fsUnderline];
```

Die Anweisung bewirkt, dass vorhandene Fettschrift zusätzlich noch unterstrichen wird. Beachten Sie, dass auf der rechten Seite eine Mengenaddition (Vereinigung) stattfindet. Auf diese und andere Mengenoperationen wollen wir aber hier nicht näher eingehen.

2.5 Kontrollstrukturen

Anweisungen dieser Spezies gehören zum Einmaleins des Delphi-Programmierers. Durch sie wird der lineare Programmablauf unterbrochen.

2.5.1 Schleifenanweisungen

Delphi stellt leistungsfähige Schleifenanweisungen zur Verfügung, die sich auf drei Grundtypen zurückführen lassen: *For-*, *While-* und *Repeat*-Schleifen.

Schleifenanweisung	Erklärung

for *Zähler* **:=** *Anfangswert* **to** *Endwert* **do**
begin
Anweisungen
end;
	for-Zählschleife
	Vorzeitiger Abbruch mit **break** möglich, beim Abwärtszählen muss **downto** verwendet werden.

repeat *Anweisungen* **until** *Bedingung;*	**repeat...until-Bedingungsschleife** Abbruchbedingung am Schleifenende

while *Bedingung* **do**
begin
Anweisungen
end;
	while...do-Bedingungsschleife
	Abbruchbedingung am Schleifenanfang

Beispiel: Die folgenden Schleifenkonstruktionen haben alle das gleiche Ergebnis, sie schreiben zehnmal untereinander *'Hallo'* :

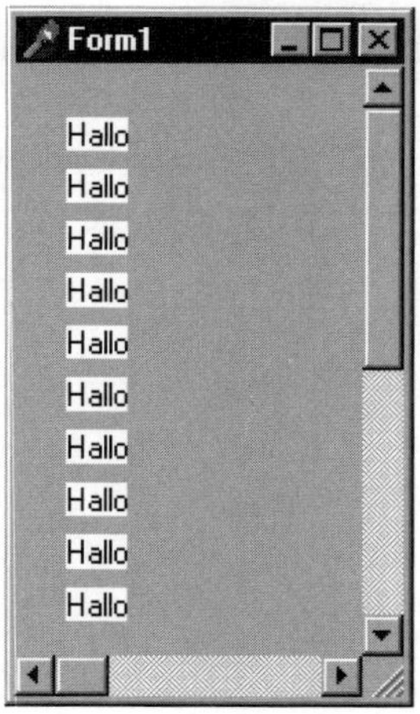


```
var i: Integer;
...
```

Aufwärts zählende *for*-Schleife:

```
for i:= 1 to 10 do
begin
  Canvas.TextOut(20, i*20, 'Hallo')
end;
```

Abwärts zählende *for*-Schleife:

```
for i:= 10 downto 1 do
begin
  Canvas.TextOut(20, i*20, 'Hallo')
end;
```

repeat...until-Schleife:

```
i:= 1;
repeat
  Canvas.TextOut(20, i*20, 'Hallo');
  i:= i+1
until i = 11;
```

while...do-Schleife:

```
i:= 1;
while i < 11 do
begin
   Canvas.TextOut(20, i*20, 'Hallo');
   i:= i+1
end;
```

Break und Continue

Beide Anweisungen ermöglichen das vorzeitige Verlassen einer Schleife.

Break entspricht einer *goto*-Anweisung zu einem Label, das einer Schleife unmittelbar folgt und bewirkt, dass der von einer *for-*, *while-* oder *repeat*-Anweisung eingeschlossene Block sofort verlassen wird.

Beispiel: Die folgende Schleife erzeugt, genauso wie die Vorgängerbeispiele, zehnmal *'Hallo'* auf dem Bildschirm.

```
i:= 1;
while i > 0 do
begin
 Canvas.TextOut(20, i*20, 'Hallo');
 if i=10 then Break;
 i:= i+1
end;
```

Besonders häufig benötigen Sie *Break*, wenn Werte "per Hand" in ein Array einzugeben sind und Sie sich dabei die Möglichkeit eines vorzeitigen Abbruchs offen halten wollen.

Beispiel: Mittels InputBox sollen zehn Werte in ein Integer-Array abgespeichert werden. Über die "Abbrechen"-Schaltfläche der InputBox ist ein vorzeitiges Verlassen der Schleife möglich.

```
for i:=1 to 10 do
 if InputQuery('Wert eingeben!','Nummer' + IntToStr(i),s)
    then  StrToInt(s,A[i])
 else
    Break;
```

Eine sinnvolle praktische Anwendung finden Sie auch im Praxisteil von Kapitel 4.

Im Gegensatz zu *Break* veranlasst das weniger interessante *Continue*, dass der <u>nächste</u> Wiederholungsschritt bearbeitet wird.

2.5.2 Verzweigungen

Auch hier hält Delphi ein ausreichendes Angebot bereit.

Bedingte Verzweigungen

Verzweigung	Erklärung
if *Bedingung* **then** *Anweisung* [**else** *Anweisung*];	einfache Verzweigung **if...then...else**

if *Bedingung* **then**
begin
Anweisungen
end else begin
Anweisungen
end;
	Blockstruktur
	if...then...else

case *Selector* **of** *Bereich1* : *Anweisungen;* *Bereich2* : *Anweisungen;* **[else** *Anweisung***]** **end**;	Blockstruktur **case...of...else** Als Selektoren sind nur <u>ordinale</u> Typen (*Byte, Word, Integer, Char*) zulässig! Bereiche durch Punkte (..) bzw. Komma (,) separieren.

Beispiel:

Einfache Verzweigung:

```
if zensur = 1 then Canvas.TextOut(20, 20, 'Gratuliere')
              else Canvas.TextOut(20, 20, 'Verbessern!');
```

if-then-else-Blockstruktur:

```
if zensur = 1 then  Canvas.TextOut(20, 20, 'Sehr gut')
             else
if zensur = 2 then Canvas.TextOut(20, 20, 'Gut')
             else begin
               Canvas.TextOut(20, 20, 'Befriedigend bis Ungenügend!');
               Canvas.TextOut(20, 40, 'Schauen Sie in die Bücher!')
             end;
```

case-Blockstruktur:

```
case zensur of
  1:    Label1.Caption := 'Ausgezeichnet!';
  2,3:  Label1.Caption := 'Das geht so!';
  4..6: Label1.Caption := 'Kampf der Faulheit!'
else
 Label1.Caption := 'Das ist keine Zensur!'
end;
```

Unbedingte Sprünge

Sprünge sind ein "rotes Tuch" für den Strukturfanatiker. Deshalb dürfen sie nur auf lokaler Ebene, also innerhalb von Funktionen/Prozeduren, ausgeführt werden. In vielen Fällen erlauben sie aber deutlich elegantere Programmiervarianten.

Goto und *Label*

Außer einem selbst definierten Bezeichner kann eine Zahl zwischen 0 und 9999 als Label Verwendung finden. Jedes Label muss vorher deklariert werden und darf nur eine Anweisung markieren.

Beispiel:

```
Label 10, 20;          // Deklaration
begin
 Goto 10;
 ...
 10: s:= 'Hier ist das erste Sprungziel!'
```

Exit und *Break*

Während mit *Break* eine Schleife vorzeitig verlassen werden kann (siehe Schleifenanweisungen), löst *Exit* einen Sprung zum Ende des Anweisungsblocks aus. Die Ausführung von *Exit* innerhalb des Hauptprogramms beendet das gesamte Programm. Ist der aktuelle Block verschachtelt, so bewirkt *Exit* die Fortsetzung durch den nächsten, äußeren Block.

Falls der aktuelle Block eine Prozedur/Funktion ist, veranlasst *Exit* die Fortsetzung der Anweisungen des aufrufenden Blocks unmittelbar nach der Aufrufstelle.

Beispiel:

```
procedure test(a:Integer);
begin
 if a > 10 then Exit;
 ...
end;
```

2.6 Standardfunktionen und -prozeduren

Funktionen und Prozeduren kann man mit Unterprogrammen vergleichen, da sie komplette Programmieraufgaben erledigen (intern also aus mehreren Anweisungen bestehen). In diesem Abschnitt wollen wir uns mit dem von Delphi bereitgestellten Standardsortiment beschäftigen. Falls Sie dieses Angebot nicht befriedigt, haben Sie jederzeit die Möglichkeit, eigene Funktionen und Prozeduren hinzuzufügen (siehe Abschnitt 2.7).

2.6.1 Überblick

Funktionen und Prozeduren werden von Delphi vor allem in folgenden Units bereitgestellt:

Unit System

- Arithmetische Routinen (*Sin, Cos, Sqrt, ...*)
- Routinen für String-Bearbeitung (*Copy, Insert, Val, ...*)
- Speicherverwaltungsroutinen (*GetMem, FreeMem, GetHeapStatus, ...*)

Hinweis: Die *System*-Unit ist automatisch immer eingebunden!

Unit SysUtils

- Routinen für die String-Bearbeitung (*Format,*
- Routinen für Datum/Uhrzeit (*Date, DateToStr, ...*)
- Routinen zur Typkonvertierung (*StrToInt, VarAsType, ...*)
- E/A-Routinen (*BlockRead, FileOpen, MkDir, ...*)

2.6.2 Arithmetische Funktionen

Diese Funktionen führen Integer- und Gleitkommaberechnungen sowie andere arithmetische oder erweiterte mathematische Operationen durch und werden von der *System*-Unit bereitgestellt, die automatisch in jede Anwendung eingebunden ist.

Deklaration	Erklärung
*function **Abs**(x);*	... liefert den Absolutwert von x (*Real* oder *Integer*)
*function **ArcTan**(x: Extended): Extended;*	... berechnet ArcusTangens von x

Deklaration	**Erklärung**
function ***Cos****(x: Extended): Extended;*	... liefert den Cosinus des Arguments
function ***Exp****(x: Extended): Extended;*	... berechnet Exponentialwert e^x
function ***Int****(x: Extended): Extended;*	... liefert ganzzahligen Wert von x
function ***Ln****(x: Extended): Extended;*	... berechnet natürlichen Logarithmus von x
function ***Pi****: Extended;*	... liefert Pi (3.1415...)
function ***Random*** *[(range: Word)];*	... erzeugt Zufallszahl $0 \leq x < range$ (ohne: $0 \leq x < 1$)
procedure ***Randomize****;*	... initialisiert Zufallszahlengenerator
function ***Round*** *(x: Extended): Int64;*	... rundet x auf den nächsten Integer-Wert
function ***Sin****(x: Extended): Extended;*	... berechnet Sinus (x in Rad)
function ***Sqr****(x: Extended): (Extended);*	... berechnet Quadrat von x (*Real* oder *Integer*)
function ***Sqrt****(x: Extended): Extended;*	... berechnet Quadratwurzel von x
function ***Trunc****(x: Extended): Int64;*	... wandelt Real- in Integerzahl (ohne Kommastellen)

Hinweis: Beachten Sie, dass die Funktionen immer mit höchster Genauigkeit rechnen (*Extended*), die Übergabeparameter bzw. Ergebnistypen können beliebige Real-Typen (also *Single*, *Double*, *Extended*) sein.

Beispiel: "selbst gebastelter" Würfel

```
Label1.Caption := IntToStr(Random(6)+1);
```

Um den Zufallsgenerator jeweils unterschiedlich zu starten, empfiehlt sich ein vorheriger Aufruf von *Randomize*.

Beispiel: "selbst gestrickte" Potenzfunktion[1]

Da unter Delphi ein Potenzoperator fehlt, kann man diesen durch die Logarithmus- und Exponentialfunktion wie folgt nachbilden:

```
var x: Double;
function potenz(a, b: Double):Double;
begin
  result := Exp(b * Ln(a))
end;
...
x := potenz(27, 1/3);                   // ermittelt die dritte Wurzel aus 27
Label1.Caption := Format('%g', [x]);    // Ergebnis wird angezeigt (3)
```

[1] ... mangels Viagra

Man spart sich derlei Klimmzüge, wenn man die Unit *Math* einbindet und die Funktion *Power* verwendet (bzw. *IntPower* für ganzzahlige Exponenten). Allerdings handelt man sich dabei auch eine ganze Menge an unnötigem Ballast ein, was aber bei den immer großzügigeren Speicherplatzangeboten moderner PCs kaum noch ins Gewicht fällt.

Beispiel: "vorgefertigte" Potenzfunktion

```
uses Math;
...
 x := Power(27, 1/3);
```

Hinweis: Als Übergabeparameter für arithmetische Funktionen können statt Real- auch Integer-Typen Verwendung finden.

Beispiel: Die Quadratwurzel aus einer Integer-Zahl wird angezeigt.

```
var x: Integer;
...
Label1.Caption := IntToStr(Round(Sqrt(x)));
```

Weitere trigonometrische Funktionen

Wie erhalte ich den Tangens eines Winkels? Eine entsprechende Funktion wird nicht angeboten. Aber auch das ist kein Problem. Was nicht da ist, lässt sich mit den Standardfunktionen berechnen:

Funktion	Berechnung aus Standardfunktionen
Tan(x)	`Sin(x)/Cos(x)`
ArcSin(x)	`ArcTan(x/Sqrt(1-Sqr(x)))`
ArcCos(x)	`ArcTan(Sqrt(1-Sqr(x))/x)`

Die Winkel sind durchweg in der Einheit *Rad* (Bogenmaß) anzugeben. Für die Umrechnung in die üblichen *Grad* sind folgende Beziehungen zu beachten:

```
rad = Pi * grad /180 = 0.01745 * grad
grad = 180 * rad / Pi = 57.296 * rad
```

Beispiel: Diese Funktion berechnet den Tangens eines in Grad übergebenen Winkels.

```
function tan(grad: Double): Double;
var rad: Double;
begin
 rad := Pi * grad / 180;
 Result := Sin(rad) / Cos(rad)
end;
```

Dekadischer Logarithmus

Leider fehlt er in (fast) jeder Programmiersprache: Der Logarithmus zur Basis 10! Angeboten wird nur die *Ln*-Funktion (natürlicher Logarithmus mit der Basis e = 2.71828...).

Hier die Umrechnung:

```
Log(x) := Ln(x) / Ln(10)
```

Beispiel: Mit dieser Funktion ermitteln Sie den dekadischen Logarithmus.

```
function log(x: Double): Double;
begin
 Result := Ln(x) / Ln(10)
end;
```

Wer häufiger mit selbst definierten mathematischen Funktionen arbeiten muss, sollte diese in eine eigene Unit auslagern. Siehe dazu das Beispiel 6.4.1 ("Erstellen und Einbinden einer Unit").

2.6.3 Stringfunktionen

Das Angebot an Routinen zur Stringverarbeitung ist unter Delphi sehr reichhaltig, wenn nicht gar verwirrend. Die folgende Tabelle zeigt deshalb nur die wichtigsten Zeichenkettenfunktionen:

Deklaration	Erklärung
*procedure **AppendStr**(var dest: string; const s: string);*	... fügt einen angegebenen String an einen bestehenden String hinzu.
*procedure **AssignStr**(var p: PString; const s: string);*	... weist Speicher für einen neuen *PString* zu.
*function **CompareStr**(const s1, s2: string): Integer;*	... vergleicht Strings unter Beachtung der Groß-/Kleinschreibung.
*function **CompareText**(const s1, s2:string): Integer;*	... vergleicht Strings ohne Beachtung der Groß-/Kleinschreibung.
*function **Concat**(s1 [, s2,..., sn]:string): string;*	... verbindet zwei oder mehr Strings (siehe auch +-Operator).
*function **Copy**(s: string; index, count: Integer): string;*	... liefert Teil eines Strings zurück.
*procedure **Delete**(var s: string; index, count:Integer);*	... löscht Teilstring aus einem String.
*procedure **DisposeStr**(p: PString);*	... gibt Heap-Speicherplatz frei.
*function **FmtLoadStr**(ident: Word; const args: array of const): string;*	... lädt String aus der Ressourcen-Tabelle des Programms.
*procedure **Insert**(source: string; var s: string; index: Integer);*	... fügt Teilstring in einen String ein.
*function **IntToStr**(value: Longint): string;*	... wandelt Ganzzahl in String.
*function **IsValidIdent**(const ident: string): Boolean;*	... liefert *True*, wenn String gültig ist.

Deklaration	Erklärung
*function **Length**(s: string): Integer;*	... liefert die Stringlänge zurück.
*function **LoadStr**(ident: Word): string;*	... lädt String-Ressource aus Datei.
*function **LowerCase**(const s: string): string;*	... wandelt String in Kleinbuchstaben.
*function **NewStr**(const s: string): PString;*	... reserviert Heap-Speicherplatz.
*function **Pos**(subStr: string; s: string): Byte;*	... sucht nach Position eines Teilstrings.
*procedure **Str**(x [:breite[:komma]]; var s);*	... wandelt num. Wert in einen String.
*function **StrToInt**(const s: string): LongInt;*	... wandelt String in Ganzzahl.
*function **UpperCase**(const s: string): string;*	... wandelt String in Großbuchstaben.
*procedure **Val**(s; var w; var code:Integer);*	... wandelt String in nummerischen Wert um (*Integer* oder *Real*), *code* ist im Erfolgsfall 0.

Beispiel: Das folgende Sammelsurium von Anweisungen soll weiteres Licht in die Dunkelheit bringen.

```
s:='Delphi';
AppendStr(s,'buch');
s:= Concat(s,'buch');
s:= s + 'buch';
```

Die drei letzten Zeilen führen jeweils zum Ergebnis *s = 'Delphibuch'.*

```
s:='Hallo';
if CompareStr('Hallo',s)= 0 then MessageBeep(0);
s:='hallo';
if CompareStr('Hallo',s)<>0 then MessageBeep(0);
s:='Hax';
if CompareStr('Hallo',s)<>0 then MessageBeep(0);
s:='hallo';
if CompareText('Hallo',s)= 0 then MessageBeep(0);
```

... erzeugt vier Pieptöne.

```
s:= Copy('Delphibuch',4,3);
```

... ergibt für *s* den Wert *'phi'.*

```
s := s[5];
s := Copy(s,5,1);
```

... sind zwei äquivalente Anweisungen.

```
s:= 'Delbuch';
Insert('phi',s, 4);
```

... setzt *s* auf den Wert *'Delphibuch'.*

```
i:= 1999;
s:= IntToStr(i);
```

... konvertiert die Integervariable *i* in die Stringvariable *'1999'*.

```
i := Length(s);
```

... weist *i* den Wert *4* zu.

```
i:= Pos('hi','Delphibuch');
```

... setzt *i* auf den Wert *5*.

```
a := 3.141567;
Str(a:3:2, s);
```

... konvertiert die Real-Variable *a* in den String *s = '3.14'*.

```
i:= StrToInt('1995');
```

... weist der LongInteger-Variablen *i* den Wert 1995 zu.

```
Val(s, w, code);
```

... setzt die Real-Variable *w* auf *3.14*, wenn die Stringvariable *s = '3.14'*. Der Wert von *code* ist nur nach erfolgreicher Konvertierung *0*!

```
var s: string;
...
s:= 'testString' + #0;
MessageBox(0,@s[1],'info',64);
```

... "simuliert" eine *PChar*-Variable (siehe auch Beispiel 14.3.2).

Bemerkungen

- Ab Delphi 2 stehen zwei Standardprozeduren für die Behandlung langer Strings bereit: *SetLength* und *SetString*
- Es gibt drei Funktionen in der Unit *SysUtils* (*Trim*, *TrimLeft*, *TrimRight*), mit denen Leer- und Steuerzeichen von Strings abgeschnitten werden können.

2.6.4 Format-Strings

So beeindruckend die im vorhergehenden Abschnitt zusammengestellten Stringfunktionen auch sein mögen, für die in der Praxis mannigfaltigen Anforderungen an die Umwandlung diverser Datentypen in bestimmte Zeichenkettenformatierungen steht dort im Wesentlichen nur die *Str*-Prozedur mit ihrem bescheidenen Leistungsumfang zur Verfügung. Grund genug, sich den so genannten *Format*-Strings zuzuwenden.

Ein Format-String besteht aus zwei Teilen:

- Formatierungsstring (in ' ' eingeschlossen) und
- Argumentliste (in [ ] eingeschlossen).

Der Formatierungsstring setzt sich aus einzelnen Formatierungsanweisungen zusammen, von denen jede durch ein Prozentzeichen (%) eingeleitet wird.

Beispiel:

```
s := Format('%6.3f',[83.99765];
```

weist *s* den Wert *'83,998'* zu, was etwa äquivalent zu folgender Anweisung ist:

```
Str(83.99765:6:3,s);
```

Allerdings ist der Ergebnisstring hier *'83.998'* (man beachte den "feinen" Unterschied beim Dezimaltrennzeichen!).

Format-Strings können allerdings wesentlich komplexere Konstruktionen sein, als es obiges Beispiel vermuten lässt.

Beispiel:

```
s := Format('%d  %g     %m  %2:6.3f', [12, 0.65, 4*x]);
```

liefert für *s* den Wert *'12 0,65   84,00 DM 83,998'.*

Vielleicht können Sie sich das Zustandekommen des Ergebnisstrings schon jetzt zusammenreimen: Die in eckige Klammern eingeschlossenen und durch Komma getrennten Zahlen (oder Variablen/Ausdrücke) auf der rechten Seite werden durch die links stehenden, in einfache Anführungszeichen eingeschlossenen Anweisungen formatiert.

Nun die Details zu den einzelnen Formatierungsstrings:

- **%d** wandelt die erste Zahl der Liste (*12*) in einen Dezimalstring um.
- **%g** wandelt die zweite Zahl der Liste (*0.65*) originalgetreu in einen Gleitkommastring um.
- **%m** rundet die dritte Zahl der Liste (*83.99765*) in einen den Systemeinstellungen entsprechenden Währungsstring.
- **%2:6.3f** wählt das Element mit dem Index *2* aus der Liste (das ist ebenfalls die Zahl *83.99765*, da das erste Element den Index *0* hat) und rundet es in eine sechs Zeichen breite Festkommazahl mit drei Nachkommastellen.

Hinweis: Beachten Sie auch, dass die Anzahl von Leerzeichen zwischen den einzelnen Formatierungsanweisungen exakt dem Zwischenraum im Ergebnisstring entspricht!

Formatierungsanweisungen im Detail

Der genaue Aufbau einer Formatierungsanweisung:

Syntax: `"%" [index ":"] ["-"] [width] ["." prec] type`

Die Bedeutung der Parameter entnehmen Sie bitte der folgenden Tabelle:

Ausdruck	optional	Erläuterung
index ":"	ja	Argumente-Index (beginnt mit 0)
"-"	ja	Linksausrichtung
Width	ja	Längenangabe (Stellenzahl)

Ausdruck	optional	Erläuterung		
"."prec	ja	Präzision (Nachkommastellen)		
type	nein		**Umwandlungstyp**	**Argumentetyp**
		d	Dezimalstring	Integer
		e	Wissenschaftlicher String	Gleitkomma
		f	Festkommastring	Gleitkomma
		g	kürzest möglicher e oder f	Gleitkomma
		n	wie f mit Tausendertrennung	Gleitkomma
		m	Währungsstring	Gleitkomma
		p	Pointerstring	Pointer
		s	String	Char, String, PChar
		x	Hexadezimalstring	Integer

Beispiel:

Anweisung	Ergebnisstring	Bemerkung
Format('%.5d',[12])	`'00012'`	Auffüllen mit Vornullen
Format('%8.5d',[12])	`'   00012'`	Auffüllen mit Leerzeichen
Format('%-8.5d', [12])	`'00012'`	linksbündig
Format('%d DM', [12])	`'12 DM'`	Zeichen werden angehängt
Format('%.5e', [12.5])	`'1,2500E+001'`	mindestens eine Vorkommastelle
Format('%f', [12.5])	`'12,50'`	Standard zwei Nachkommastellen
Format('%.5f', [12.5])	`'12,50000'`	fünf Nachkommastellen
Format('%10.5f', [12.5])	`'  12,50000'`	Komma zählt mit
Format('%g', [12.5])	`'12,5'`	kürzest mögliche Darstellung
Format('%g', [0.00000125])	`'1,25E-6'`	weil kleiner 0.00001
Format('%10g',[0.00000125])	`'   1,25E-6'`	zehn Zeichen breit
Format('%10n',[3000000.5])	`'3.000.000,50'`	wie f, mit Tausendertrenner
Format('%m',[12.5])	`'12,50 DM'`	Standarddarstellung
Format('%10m',[12.5])	`'  12,50 DM'`	zehn Zeichen breit
Format('%.5s',['ein String'])	`'ein S'`	Gesamtlänge 5
Format('%g %0:.3e',[12.5])	`'12,5 1,25E+001'`	zweimal formatiert

Bemerkungen

- Der Index des ersten Arguments in der Liste ist 0. Wie das letzte Beispiel zeigt, ist es möglich, dasselbe Argument durch Zwangszuweisung des Index (*0:*) mehrfach zu formatieren.
- Die Umwandlung von Gleitkommawerten und Währungen wird durch die globalen Variablen *CurrencyString*, *CurrencyFormat*, *NegCurrFormat*, *ThousandSeparator*, *DecimalSeparator* und *CurrencyDecimals* gesteuert, die im Dialogfenster "Ländereinstellungen" der Windows-Systemsteuerung initialisiert werden.
- Statt der in diesem Abschnitt aus Anschaulichkeitsgründen durchweg verwendeten Zahlen-Literale lassen sich natürlich auch Variable in die Argumentliste einsetzen. Etwas umfangreichere Beispiele finden Sie dazu im Praxisteil dieses Kapitels (2.9.2, "Experimente mit der Format-Funktion") oder aber auch im Wissenschaftskapitel (13.6.1).

2.6.5 Datums-/Zeit-Routinen

Zur Berechnung von Datum und Zeit hält Delphi ein umfangreiches Sortiment an speziellen Funktionen und Prozeduren bereit. Doch zunächst wollen wir uns der zahlenmäßigen Darstellung zuwenden.

Datentyp TDateTime

Dies ist eigentlich ein Gleitkomma-Typ (*Extended*) und enthält Datums- und Uhrzeitwerte, wie sie im Wesentlichen von den Datums- und Zeitroutinen verwendet werden. Der ganzzahlige Teil eines Werts *TDateTime* ist die Anzahl der Tage seit dem 30.12.1899. Der Anteil nach dem Dezimaltrenner bezeichnet die Uhrzeit, sie ist gewissermaßen Bruchteil eines Tages: 1 = 24h, 0.25 = 6h oder 1h = 0.041666 ...

Weitere Beispiele entnehmen Sie bitte der folgenden Tabelle.

TDateTime	**Datum**	**Uhrzeit**	**Bemerkung**
0	30.12.1899	00:00:00	Delphi-Urknall
0.5	30.12.1899	12:00:00	
-2.75	28.12.1897	18:00:00	
2.25	1.1.1900	6:00:00	
35065	1.1.1996	00:00:00	Silvester 96
37100.25	28.07.2001	06:00:00	Erscheinungstermin dieses Buchs ???

Um die Differenz zwischen zwei Datums-/Zeitangaben zu ermitteln, ziehen Sie einfach die beiden Werte voneinander ab. Analog können Sie z.B. eine bestimmte Anzahl von Tagen zu einem bestimmten Datum addieren.

Beispiel: 10 Tage nach dem 28.07.2001 morgens 6 Uhr. Die Zahl *37100.25* entspricht dem *28.7.2001 06:00:00* (siehe Beispiel in obiger Tabelle).

```
ShowMessage(DateTimeToStr(37100.25 + 10));
```

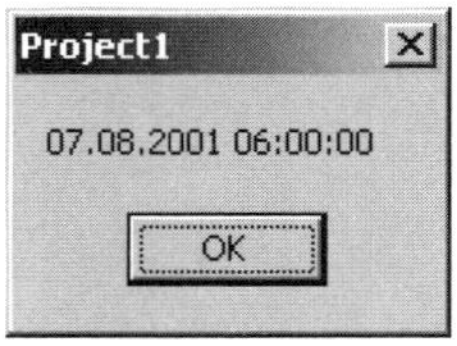

Beispiel: Auf einem Formular befinden sich zwei *DateTimePicker*-Komponenten. Nach Klick auf den *Button* wird in einer *Edit*-Box die Tagesdifferenz angezeigt.

```
procedure TForm1.Button1Click(Sender: TObject);
var tage: Integer;
begin
 tage := Round(DateTimePicker1.Date - DateTimePicker2.Date);
 Edit1.Text := IntToStr(tage) + ' Tage'
end;
```

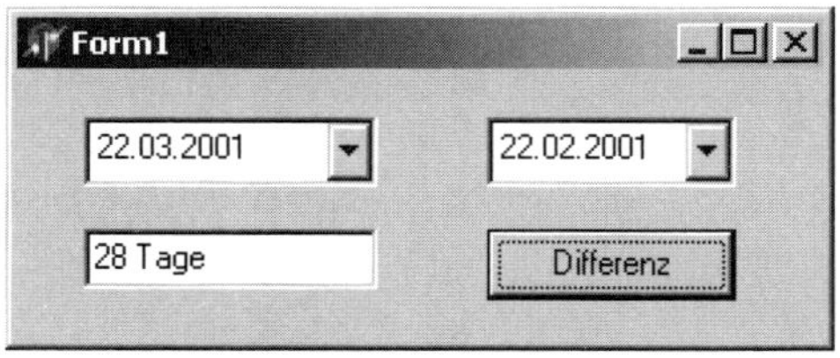

Datums-/Zeit-Routinen

Die Unit *SysUtils* enthält unter anderem die folgende Routinensammlung:

Deklaration	Beschreibung
function ***Date****: TDateTime;*	... liefert aktuelles Datum.
function ***DateTimeToStr****(dateTime: TDateTime): string;*	... wandelt Wert vom Datums-/ Zeitformat in String.
procedure ***DateTimeToString****(var result: String; const format: string; dateTime: TDateTime);*	... wandelt Wert vom Datums-/ Zeitformat in formatierten String.
function ***DateToStr****(date: TDateTime): string;*	... wandelt Wert vom Datumsformat in String.
function ***DayOfWeek****(date: TDateTime): Integer;*	... liefert den aktuellen Wochentag (So=1, Mo=2, Di=3, Mi=4, Do=5, Fr=6, Sa=7).

Deklaration	Beschreibung
procedure ***DecodeDate****(date: TDateTime; var year, month, day: Word);*	... schlüsselt angegebenes Datum auf.
procedure ***DecodeTime****(time: TDateTime; var hour, min, sec, msec: Word);*	... schlüsselt angegebene Uhrzeit auf.
function ***EncodeDate****(year, month, day: Word): TDateTime;*	... liefert angegebene Werte als Datumsformat.
function ***EncodeTime****(hour, min, sec, msec: Word): TDateTime;*	... liefert angegebene Werte als Zeitformat.
function ***FormatDateTime****(const format: String; dateTime: TDateTime): string;*	... formatiert Datum und Uhrzeit mit angegebenem Format (siehe extra Tabelle).
function ***Now****: TDateTime;*	... liefert Datum und Uhrzeit.
function ***StrToDate****(const s: string): TDateTime;*	... wandelt String in Datumsformat.
function ***StrToDateTime****(const s: string): TDateTime;*	... wandelt String in Datums-/ Zeitformat.
function ***StrToTime****(const s: string): TDateTime;*	... wandelt String in Zeitformat.
function ***Time****: TDateTime;*	... liefert die aktuelle Uhrzeit.
function ***TimeToStr****(time: TDateTime): string;*	... wandelt Zeitformat in String.

Beispiel:

```
Label1.Caption := DateToStr(Date);
```

... wandelt das aktuelle Datum in einen String und zeigt es in einem Label an.

```
Label1.Caption := DateTimeToStr(Now);
```

... dto. für aktuelles Datum und Uhrzeit.

Beispiel: Das Datum *30.9.2001* wird angezeigt.

```
var XDatum: TDateTime;
....
xDatum := EncodeDate(2001, 9, 30);
ShowMessage(DateToStr(xDatum));
```

DateTimeToString und FormatDateTime

Diese beiden Formatierungsroutinen verdienen eine nähere Erörterung, brauchen sie doch einen speziellen Format-String als Übergabeparameter, mit dem der Programmierer das konkrete Erscheinungsbild der Einzelkomponenten von Datum/Zeit exakt festlegen kann.

Hinweis: Vorsicht bei zweistelligen Datumsangaben, hier gilt das nächstliegende Datum!

Beispiel:

```
Label1.Caption := FormatDateTime('"Wir treffen uns am "dddd," dem " d. mmmm yyyy, ' +
'"um" hh:mm "Uhr!"', StrToDateTime('30.09.01 11:45'));
```

zeigt Folgendes an:

Man beachte, dass auch der *Sonntag* richtig ist und dass die zweistellige Jahresangabe 01 nicht fälschlich als 1901 interpretiert wurde!

Die folgende Tabelle erläutert die Bedeutung der Bezeichner. Ihre konkrete Ausführungsform hängt auch hier von den in der Unit *sysUtils* enthaltenen globalen Variablen ab.

Bezeichner	Ergebnis
c	Datum entsprechend des in der globalen Variablen *ShortDateFormat* gespeicherten Formats, gefolgt von der Zeit entsprechend *LongTimeFormat*.
d	Tag als Zahl ohne führende Null (1–31).
dd	Tag als Zahl mit führender Null (01–31).
ddd	Tag als Abkürzung (Son–Sam) entspr. der globalen Variablen *ShortDayNames*.
dddd	Tag mit seinem vollständigen Namen (Sonntag–Samstag) entsprechend der globalen Variablen *LongDayNames*.
ddddd	Datum entsprechend der globalen Variablen *ShortDateFormat*.
dddddd	Datum entsprechend der globalen Variablen *LongDateFormat*.
m	Monat als Zahl ohne führende Null (1–12).
mm	Monat als Zahl mit führender Null (01–12).
mmm	Monat als Abkürzung (Jan–Dez) entsprechend der Variablen *ShortMonthNames*.
mmmm	Monat mit vollem Namen (Januar – Dezember) entspr. *LongMonthNames*.
yy	Jahr als zweistellige Zahl (00–99).
yyyy	Jahr als vierstellige Zahl (0000–9999).
h	Stunde ohne führende Null (0–23).
hh	Stunde mit führender Null (00–23).
nn	Minute mit führender Null (00–59).

Bezeichner	Ergebnis
ss	Sekunde mit einer führenden Null (00–59).
t	Zeit in dem Format entsprechend der globalen Variablen *ShortTimeFormat*.
tt	Zeit in dem Format entsprechend der globalen Variablen *LongTimeFormat*.
am/pm	12-Stunden-Format für den voranstehenden Bezeichner *h* oder *hh,* zeigt 'am' für Zeiten vor 12 Uhr mittags und 'pm' für Zeiten nach 12 Uhr mittags an.
a/p	12-Stunden-Format für den voranstehenden Bezeichner *h* oder *hh,* zeigt 'a' für Zeiten vor 12 Uhr mittags und 'p' für Zeiten nach 12 Uhr mittags an.
ampm	12-Stunden-Format für Bezeichner *h* oder *hh,* zeigt Inhalt der globalen Variablen *TimeAMString* vormittags sowie den von *TimePMString* nachmittags an.
/	Datumstrennzeichen entsprechend der globalen Variablen *DateSeparator*.
:	Zeittrennzeichen entsprechend der globalen Variablen *TimeSeparator*.
'xx'/"xx"	Zeichen, die in einfache oder doppelte Anführungszeichen eingeschlossen sind, werden so angezeigt und beeinflussen die Formatierung nicht.

Beispiel: Der folgende Code ermittelt eine vierstellige Jahreszahl als Integer-Wert.

```
var baujahr: Word;
    datum: TDateTime;
...
baujahr := StrToInt(FormatDateTime('yyyy', datum));
```

Beispiel:

```
s := FormatDateTime('"Wir treffen uns heute, am "dddddd', datum);
```

weist dem String *s* standardmäßig den folgenden Wert zu:

'Wir treffen uns heute, am Montag, 30. September 2000'

Das konkrete Erscheinungsbild der Datums- und Zeitanzeige hängt von globalen Variablen wie z.B. *ShortDateFormat*, *ShortTimeFormat*, *ShortDayNames, DateSeparator usw.* ab.

Beispiel:

```
DateSeparator := '-';
ShortDateFormat:= 'dd/mm/yy';
s := FormatDateTime('"Wir treffen uns heute, am "ddddd', datum);
```

setzt *s* auf den Wert '*Wir treffen uns heute, am 30-09-00'.*

Beispiel: Die Anweisungsfolge

```
var zeit: TDateTime;
...
ShortTimeFormat := 'hh "h" nn "min"';
Label1.Caption := FormatDateTime('t', zeit);
```

realisiert eine Zeitanzeige in der Form *22 h 07 min.*

Der Bezeichner *c* ist eine kompakte Zusammenfassung von kurzem Datums- und langem Zeitformat.

Beispiel:

```
Edit1.Text := FormatDateTime('c',Now);
```

... erzeugt eine Anzeige wie *30.09.96 23:03:15* und ist gleichbedeutend mit

```
Edit1.Text := FormatDateTime('ddddd tt',Now);
```

Noch einfacher kann man allerdings mit

```
Edit1.Text := DateTimeToStr(Now);
```

zum gleichen Ergebnis kommen.

Vorsicht mit DateTimeToStr!

Statt *DateTimeToStr* sollten Sie besser die zwar etwas umständlichere, aber dafür um so eindeutigere *FormatDateTime*-Funktion verwenden, da Sie damit selbst das Format bestimmen und unabhängig von den Systemeinstellungen (*ShortDateFormat*) bleiben.

Beispiel: Statt

```
var datum: TDateTime;
...
Edit1.Text := DateTimeToStr(datum);
```

sollte man besser

```
Edit1.Text := FormatDateTime('d/m/yyyy h:nn', datum);
```

nehmen. Auch werden die lästigen Sekunden nicht mit angezeigt .

Probleme mit dem Jahr 2000

Die seit Delphi 4 eingeführte globale Variable *TwoDigitYearCenturyWindow* hilft, die Fehldeutungen zweistelliger Jahresangaben bei Verwendung der Funktionen *StrToDate* und *StrToDateTime* zu vermeiden, wie sie sich durch die Jahr 2000-Umstellung auftreten können.

Hinweis: Standardmäßig hat *TwoDigitYearCenturyWindow* den Wert 0, so dass sich zweistellige Jahresangaben immer auf das aktuelle Jahrhundert beziehen.

Hat *TwoDigitYearCenturyWindow* einen Wert größer 0, so wird das Bezugsjahr um diesen Wert zurückgesetzt. Zweistellige Jahreszahlen, die kleiner sind als das daraus resultierende Bezugsjahr, werden dann als Jahre im nächsten Jahrhundert interpretiert.

Beispiel: Wir befinden uns im Jahr 1998:

```
var datum: TDateTime;
datum := StrToDate('3.4.75');       // interpretiert das Datum richtig als 3.4.1975
```

Wir befinden uns nun im Jahr 2000:

```
datum := StrToDate('3.4.75');        // interpretiert das Datum falsch als 3.4.2075 !!!
```

Abhilfe schafft:

```
TwoDigitYearCenturyWindow := 50;   // setzt das Bezugsjahr 50 Jahre zurück (1950)
datum := StrToDate('3.4.75');      // interpretiert das Datum wieder richtig als 3.4.1975
```

Weitere zweistellige Datumsinterpretationen, wenn wir uns im Jahr 2000 befinden und die Variable *TwoDigitYearCenturyWindow* den Wert *50* hat:

```
datum := StrToDate('3.4.02');      // 3.4.2002
datum := StrToDate('3.4.49');      // 3.4.2049
```

Sie sehen an diesen Beispielen, dass zweistellige Jahresangaben keine zukunftssichere Lösung darstellen, da (abhängig vom aktuellen Jahr) ständig die Variable *TwoDigitYearCenturyWindow* neu anzupassen ist.

Hinweis: Um absolut sicherzugehen, verwenden Sie besser immer vier- statt zweistellige Jahreszahlen!

2.6.6 Sonstige Funktionen und Prozeduren

Delphi kennt noch eine ganze Reihe weiterer Routinen, die sich keiner der bisherigen Kategorien eindeutig zuordnen lassen und die der Einsteiger erst mit fortschreitender Programmierpraxis schätzen lernen wird. Eine repräsentative Auswahl "quer durch den Gemüsegarten" zeigt die folgende Übersicht:

Deklaration	Erklärung
function Addr(x): Pointer;	... liefert Adresse von *x*.
function Chr(x: Byte): Char;	... liefert Zeichen, dessen ASCII-Code dem Wert von *x* entspricht.
procedure Dec(var x [; n: Longint]);	... verringert den Wert von *x* um eins (*x* := *x* - *1*) bzw. um *n*.
function Dseg: Word;	... liefert Adesse des aktuellen Datensegments (DS-Register).
procedure GetMem(var p: Pointer; size : Word);	... reserviert Heap-Speicher, nach Aufruf enthält *p* die Startadresse.
procedure Halt[(Exitcode: Word)];	... beendet Programmausführung und kehrt zur Betriebssystemebene zurück.
function Hi(x): Byte;	... liefert höherwertiges Byte von x (*Integer* oder *Word*).
procedure Inc(var x [; n: Longint]);	... erhöht den Wert von x um eins (*x* := *x* + *1*) bzw. um *n*.

Deklaration	**Erklärung**
function Lo(x): Byte;	... liefert niederwertiges Byte von *x* (*Integer* oder *Word*).
function Ofs(x): Word;	... liefert Offsetadresse einer Variablen oder Routine *x*.
function Ord(x): LongInt;	... liefert Ordinalzahl eines Mengenelementes *x*.
function Ptr(Seg, Ofs: Word):Pointer;	... weist Pointer eine Adresse zu (Segment und Offset).
function SizeOf(x): Integer;	... gibt die Anzahl der von *x* belegten Bytes zurück (*x* kann Variable oder Typ sein).
function Seg(x): Word;	... liefert Segmentadresse einer Variablen oder Routine *x*.

Hinweis: Als Ersatz für die *Chr*-Funktion verwendet man oft das Doppelkreuz "#", besonders für Zeichen mit einem ASCII-Code kleiner als 32.

Beispiel: Einen Zeilenumbruch kann man wie folgt erzwingen:

```
Label1.Caption := 'Hallo,' + #10#13 + 'das bin ich!';
```

Dabei stehen *#10* für *Chr(10)* bzw. Zeilenanfang und *#13* für *Chr(13)* bzw. Zeilenschaltung.

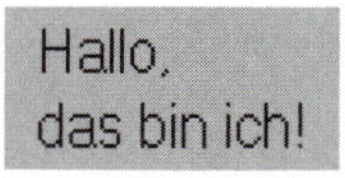

Die *SizeOf*-Funktion ist insbesondere bei Datenspeicherung auf Festplatte unentbehrlich.

Beispiel: Lesen eines dynamischen Arrays mit strukturierten Daten (Personenangaben).

```
f.ReadBuffer(persD, SizeOf(persD));   // Einlesen aller Bytes in Puffervariable
```

2.7 Selbst definierte Funktionen und Prozeduren

Falls Sie mit dem von Delphi bereitgestellten Standardsortiment nicht auskommen, müssen Sie eine eigene Funktion/Prozedur entwickeln. Funktionen und Prozeduren können auch als "Unterprogramme" betrachtet werden, aus denen sich Ihre Applikation bausteinartig zusammensetzt.

2.7.1 Die Parameterliste

Parameter dienen dazu, Daten an Prozeduren/Funktionen zu übertragen und von diesen zu erhalten. Mit der Deklaration einer Prozedur/Funktion legen Sie die Liste der formalen Parameter fest. Innerhalb dieser Routinen werden diese Parameter dann wie (lokale) Variablen behandelt.

Hinweis: Während bei der Deklaration die Parameterauflistungen durch Semikolon (;) voneinander getrennt werden, sind sie beim Aufruf grundsätzlich durch Komma (,) separiert.

Die Deklarationsreihenfolge innerhalb der Parameterliste muss selbstverständlich mit der Reihenfolge beim Aufruf übereinstimmen.

Beispiel: Die Prozedur

```
procedure zylinder(r,h: Double; var vol: Double);     // Deklaration
begin
...
end;
```

... wird wie folgt aufgerufen:

```
zylinder(23.7, 50, v);                                // Aufruf
```

Neben den Standardtypen können auch benutzerdefinierte Typen oder sogar Objekte in der Parameterliste übergeben werden. Selbst die Übergabe kompletter dynamischer Arrays (Open Arrays) ist möglich.

Beispiel: Der folgenden Prozedur wird ein offenes Array übergeben.

```
procedure TPersFile.ReadDaten (var persD: array of TPersDat);
begin
 f.ReadBuffer(persD, SizeOf(persD))
end;
```

2.7.2 Parameterübergabe als Wert oder Referenz

Wird eine Prozedur/Funktion aufgerufen, so erfolgt die Parameterübergabe normalerweise als Wert (*By Value*). Da man hier mit einer Kopie des Originalwertes arbeitet, ist es im Körper der Routine unmöglich, am Original etwas zu ändern. Man kann das aber durch Voranstellen des reservierten Wortes *var* erreichen. In diesem Fall erfolgt die Datenübergabe als Referenz (*By Reference*). Dabei wird intern auf das Original, also auf die Adresse der Variablen verwiesen. Der aufgerufenen Funktion/Prozedur ist es nunmehr möglich, am Wert "herumzudoktern", um auf diese Weise z.B. das Ergebnis einer Berechnung zu übermitteln.

Beispiel: Bei der folgenden Deklaration wird eine Referenz auf die Variable *v* übergeben.

```
procedure zylinder(r,h: Double; var v: Double);
begin
 v := Pi * Sqr(r) * h            // Ergebnisrückgabe über v
end;
```

2.7.3 Standardparameter

Ab Delphi 4 wurden Standardparameter möglich, die allerdings nur am Ende der Parameterliste auftreten dürfen und ähnlich wie initialisierte Variablen (siehe 2.3.1.) zu deklarieren sind.

Beim Aufruf einer Routine, die einen Standardparameter enthält, kann der Wert für den Standardparameter einfach weggelassen werden.

Beispiel:

```
function zylinder(r: Double; h: Double = 1): Double;
```

Die folgenden beiden Aufrufe führen zum gleichen Ergebnis:

```
v := zylinder(23.7, 1);              // Volumen für Radius 23.7 und Höhe 1);
v := zylinder(23.7);
```

2.7.4 Funktion oder Prozedur?

In Delphi hat man die Qual der Wahl zwischen beiden Alternativen[1]. Die Entscheidung, ob man eine Routine nun besser in eine Prozedur, z.B.

```
procedure zylinder(r,h: Double; var v: Double);
begin ... end;
```

oder in eine Funktion

```
function zylinder(r,h: Double): Double;
begin ... end;
```

verpacken sollte, bleibt letztlich Ihnen überlassen. Prinzipiell sind beide Wege gangbar, da nicht nur Funktionen, sondern auch Prozeduren Werte zurückliefern können, wie die nachfolgenden Ausführungen beweisen sollen. Allerdings gelten folgende Empfehlungen:

- Ein Funktionsaufruf wird innerhalb des Programms wie eine Variable behandelt, er kann deshalb auch als Argument in anderen Ausdrücken und Anweisungen eingesetzt werden.
- Ist man nur an einem einzigen Rückgabeparameter interessiert, so sollte man dafür eine Funktion schreiben, bei mehreren Rückgabeparametern sind aber Prozeduren vorzuziehen.

Bei Funktionen ist außerdem Folgendes zu beachten:

- Bei der Deklaration ist ein Datentyp zuzuordnen.
- Im Funktionskörper muss dem Namen der Funktion der Rückgabewert zugewiesen werden. Anstatt des Funktionsnamens sollte man aber besser *Result* verwenden.

---

[1] In C kennt man nur Funktionen.

Beispiel: Das Volumen eines Zylinders soll zunächst mit einer Funktion berechnet werden. Um diese gleich "vor Ort" auszuprobieren, setzen wir sie in den Deklarationsabschnitt der *OnClick*-Ereignisbehandlungsroutine eines Buttons, der neben einem Label auf einem Formular platziert ist[1]:

```
procedure TForm1.Button1Click(Sender: TObject);          // Click auf Button
  function zylinder(r, h: Double): Double; // Übergabeparameter: Radius und Höhe
                                           // Rückgabeparameter: Volumen
  begin
    Result :=  Pi * Sqr(r) * h             // Volumen = Grundfläche mal Höhe
  end;

var v: Double; s: string;                 // Zwischenvariablen

begin
  v:= zylinder(23.7, 50);          // Volumen für Radius 23.7 und Höhe 50
  Str(v:6:2,s);                    // 6-stellige Ausgabe, davon 2 Nachkommastellen
  Label1.Caption := s              // Ergebnisanzeige = 88 230.06
end;
```

Zum Vergleich soll das Zylindervolumen nun über eine Prozedur ermittelt werden.

```
procedure TForm1.Button1Click(Sender: TObject);       // Click auf Button
 procedure zylinder(r,h: Double; var vol: Double);
      // Übergabeparameter: Radius und Höhe, Rückgabeparameter: Volumen
 begin
   vol :=  Pi * Sqr(r) * h                 // Volumen = Grundfläche mal Höhe
 end;
var v: Double; s: string;                  // Zwischenvariablen
begin
  zylinder(23.7, 50, v);         // Volumen für Radius 23.7 und Höhe 50
  Str(v:6:2,s);                  // 6-stellige Ausgabe, davon 2 Nachkommastellen
  Label1.Caption := s                      // Ergebnisanzeige = 88 230.06
end;
```

Soll die Routine nicht nur das Volumen, sondern auch noch die Oberfläche des Zylinders ermitteln, so wäre folgende Realisierung als Prozedur der als Funktion vorzuziehen:

```
procedure zylinder(r,h: Double;var fl,vol: Double);
// Übergabeparameter: Radius und Höhe, Rückgabeparameter: Oberfläche, Volumen
begin
  fl := 2 * Pi * r * (r + h);          // Oberfläche
```

[1] Näheres dazu im nächsten Kapitel.

```
  vol := Pi * Sqr(r) * h              // Volumen
end;
```

2.7.5 Überladene Routinen

Diese erst ab Delphi 4 eingeführte Neuerung erlaubt es, mehrere Funktionen/Prozeduren mit identischen Namen im gleichen Gültigkeitsbereich zu verwenden. Die Deklarationen haben mit *overload* zu erfolgen und müssen unterscheidbare(!) Parameterlisten haben.

Beispiel: Beide Funktionen haben den gleichen Namen, aber unterschiedliche Parameterlisten.

```
function zylinder(r,h: Double): Double; overload;  // Parameter: Radius und Höhe
                                                    // Rückgabewert: Volumen
begin
  Result:= Pi * Sqr(r) * h              // Volumen = Grundfläche mal Höhe
end;


function zylinder(r: Double): Double; overload;    // Übergabeparameter: Radius
                                                    // Rückgabewert: Grundfläche
begin
 Result := Pi * Sqr(r)          // Grundfläche = Pi*r*r
end;
```

In Abhängigkeit vom Aufruf wird entweder das Volumen oder die Grundfläche berechnet:

```
v := zylinder(5, 10);           // Volumen
f := zylinder(20);              // Grundfläche
```

Hinweis: Verwenden Sie überladene Methoden <u>und</u> Standardparameter (siehe 2.7.3 bzw. 2.7.5), so dürfen keine zweideutigen Methodensignaturen auftreten.

Beispiel: Unzulässige Deklarationen

```
function zylinder(r: Double; h: Double = 1); overload;      // Volumen
function zylinder(rad: Double); overload;                    // Grundfläche
```

Dem Delphi-Compiler ist es unmöglich zu entscheiden, welche der beiden Prozeduren z.B. bei folgendem Aufruf gemeint ist:

```
v := zylinder(23.7);
```

2.7.6 Rekursionen

Bei einer Rekursion ruft sich eine Prozedur während ihrer Ausführung wiederholt von selbst auf. Delphi erlaubt eine echte rekursive Programmierung. Damit können iterative Abläufe mitunter einfacher und kompakter dargestellt werden.

Beispiel: Nacheinander werden alle Zeichen einer *PChar*-Variablen (nullterminierter String) in einem Meldungsfenster angezeigt. Zunächst die klassische Programmierung:

```
procedure zeigeZeichen(p: PChar);
begin
 while (p^ <> #0) do
 begin
  ShowMessage(p^);
  Inc(p)                        // Zeiger zum nächsten Zeichen
 end
end;
```

Alternativ kann der Körper der Prozedur aber auch mittels eines rekursiven Aufrufs programmiert werden:

```
procedure zeigeZeichen(p: PChar);
begin
 ShowMessage(p^);
 Inc(p);                                      // zum nächsten Zeichen
 if p^ <> #0 then zeigeZeichen(p)           // rekursiver Aufruf
end;
```

Die Anwendung ist für beide Alternativen identisch:

```
 zeigeZeichen(PChar('Hallo'));
```

Nacheinander werden *'H', 'a', 'l', 'l', 'o'* angezeigt.

2.8 Lernbeispiele für Anfänger

In Turbo Pascal, dem Delphi-Vorgänger aus den 80er-Jahren des vergangenen Jahrhunderts[1], wurden Programme geschrieben, die für jede Eingabe von Daten und jede Ausgabe von Resultaten eine neue Textzeile in einem Bildschirmfenster (Konsole) erzeugten. Dieses Vorgehen war ein Erbe aus der Zeit, als lediglich Fernschreiber für die Ein- und Ausgabefunktionen von Computern zur Verfügung standen. Aber auch heute noch kann es für den absoluten Programmieranfänger durchaus sinnvoll sein, wenn er seine ersten Schritte mit Konsolentechnik durchführt. So kann er sich doch auf das zunächst Wesentliche, nämlich die Logik von Pascal-Befehlen, konzentrieren, ohne von der erdrückenden Vielfalt der Windows-Oberfläche abgelenkt zu werden.

[1] ... die leider vielerorts auch heute noch den Informatikunterricht an Schulen (bis hin zum Gymnasium) dominiert!

Die folgende Serie von Lernbeispielen benutzt eine solche Konsolenanwendung, um grundlegende Pascal-Sprachelemente zu üben[1]. Zur Vorbereitung empfiehlt sich das Beispiel 1.5.2.

Hinweis: Versuchen Sie erst eine eigenständige Lösung der Aufgaben, ehe Sie auf den Lösungsweg schauen!

2.8.1 Übung 1

Schwerpunkte

EVA-Prinzip; Datentyp *Integer;* Anweisungen *Write(Ln)*, *Read(Ln), if... then*

Aufgabenstellung

Nacheinander sind drei positive ganze Zahlen einzugeben. Das Programm soll die größte der drei Zahlen ermitteln und das Ergebnis anzeigen.

Lösungsvorschlag

Einen Vorschlag (Algorithmus) für den Programmablauf zeigt der nachfolgende Plan.

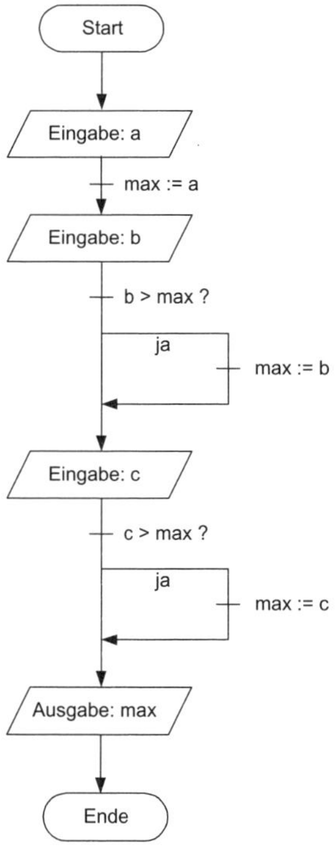

[1] Dies wäre auch ein Angebot für manchen überforderten Informatik-Lehrer, ohne grundlegende Überarbeitung des Lernstoffs eine Brücke von Pascal nach Delphi zu schlagen.

Sie erkennen daran die Grundstruktur eines jeden Programms, wobei die Anweisungen in der Reihenfolge

- Eingabe
- Verarbeitung
- Ausgabe

ausgeführt werden.

Programmierung

Ein Programmablaufplan (PAP), wie ihn die obige Abbildung zeigt, ist zwar heute etwas aus der Mode gekommen, für den Einsteiger kann er aber ganz nützlich sein, um die Anweisungsfolge eines Pascal-Programms besser zu verstehen:

```
program Project1;

var a, b, c, max: Integer;                         // Variablendeklaration

begin
  WriteLn('Aufgabe 1');                            // Überschrift
  WriteLn;
  Write('Geben Sie die erste Zahl ein!');
  ReadLn(a);                                       // Eingabe a
  max := a;                                        // Initialisierung von max
  Write('Geben Sie die zweite Zahl ein!');
  ReadLn(b);                                       // Eingabe b
  if b > max then max := b;                        // Bedingung
  Write('Geben Sie die dritte Zahl ein!');
  ReadLn(c);                                       // Eingabe c
  if c > max then max := c;                        // Bedingung
  WriteLn('Das Maximum ist ', max, ' !');          // Ergebnisausgabe
  ReadLn              // Programm wartet auf <Enter>, um zu beenden
 end.
```

Test

Um das Pascal-Programm endlich auszuprobieren, öffnen Sie mit *Datei|Neu|Weitere...* die Objektgalerie und wählen auf der Seite "Neu" eine *Konsolenanwendung*. Es erscheint ein Fenster, in dem bereits ein Anweisungs-Skelett "vorgefertigt" ist. Fügen Sie die Variablendeklaration ein, ergänzen Sie zwischen *begin* und *end* die übrigen Anweisungen entsprechend dem obigen Pascal-Listing und starten Sie die Applikation (F9-Taste):

Hinweis: Durch Drücken der Enter-Taste beenden Sie die Anwendung.

Bemerkungen

Für alle, die – aus welchen Gründen auch immer – den Theorieteil des Kapitels in Windeseile überblättert haben, hier noch einmal die wichtigsten Pascal-Grundlagen:

- Jedes Programm besteht aus einer Folge von Anweisungen und wird mit dem Schlüsselwort *program* eingeleitet und mit *end.* (man beachte den Punkt!) beendet. Es gibt keinen Unterschied zwischen Groß- und Kleinschreibung.
- Jede Pascal-Anweisung wird mit einem Semikolon (;) abgeschlossen, der Zeilenumbruch spielt keine Rolle. Nach *begin* und vor *end* braucht kein Semikolon zu stehen.
- Die mit *//* eingeleiteten Anweisungen sind lediglich Kommentare und für den Programmablauf bedeutungslos.
- Vor Beginn eines Programms müssen die benötigten Variablen deklariert, d.h. ihr Name und ihr Datentyp müssen festgelegt werden.
- Unter dem Begriff "Initialisierung einer Variablen" versteht man das Zuweisen eines Anfangswertes.
- *Read(Ln)* und *Write(Ln)* sind die einfachsten Ein-/Ausgabeanweisungen, wie Sie sie allerdings nur bei einer Konsolenanwendung verwenden sollten. Die Endung *...Ln* der Befehlswörter bewirkt einen Zeilenvorschub.
- *if... then ...* (wenn ... dann ...) führt eine Anweisung in Abhängigkeit von einer Bedingung aus.

2.8.2 Übung 2

Schwerpunkte

const; array; if ... then... else; IntToStr

Aufgabenstellung

Nachteilig am Vorgängerbeispiel ist die Festlegung auf drei Zahleneingaben.

Erweitern Sie das Programm so, dass es die Eingabe einer flexiblen Anzahl von Werten ermöglicht.

Lösungsvorschlag

Der im nachfolgenden PAP dargestellte Algorithmus geht davon aus, dass die Zahlenwerte nicht mehr in Einzelvariablen *a, b, c*, sondern in einem statischen Array *arr* gespeichert werden. Stellen Sie sich ein solches Array wie ein Regal mit einzelnen Fächern vor, in denen die Zahlenwerte abgelegt werden. Die Fächer sind beschriftet mit 1, 2, 3 ... . Die Anzahl der Regalfächer beträgt *Nmax*. Diese Konstante ist genügend groß zu wählen, damit genügend Reserven für die größtmögliche Anzahl *N* von Zahlenwerten vorhanden sind.

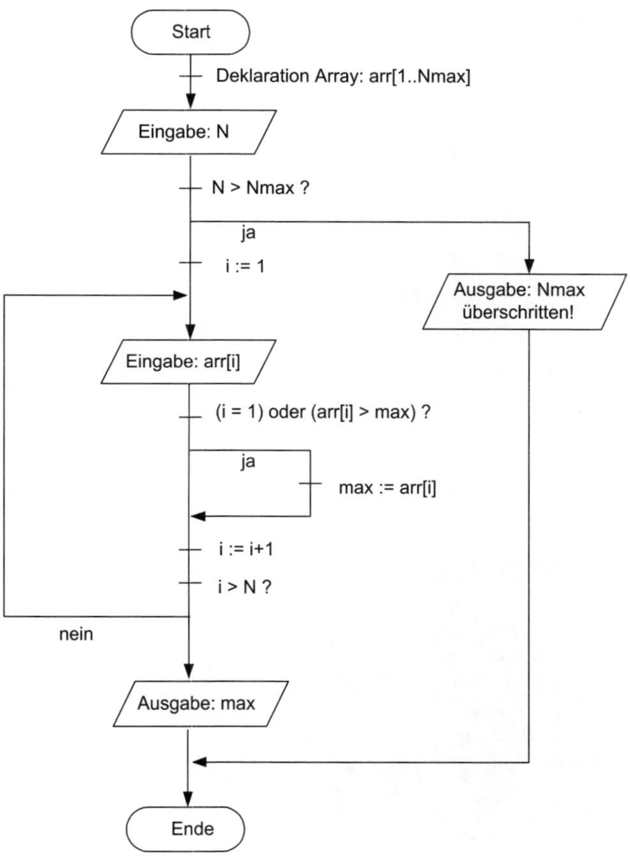

Programmierung

Die Umsetzung des PAP in ein Pascal-Programm dürfte Ihnen dann leicht fallen, wenn Sie das Vorgängerbeispiel verstanden haben:

```
program Project1;
{$APPTYPE CONSOLE}                    // Compilerbefehl für Konsolenanwendung
uses SysUtils;                        // enthält IntToStr-Funktion
```

```
const Nmax = 10;                         // maximale Anzahl von Werten
var  arr: array[1..Nmax] of Integer;     // statisches Array
     i, n, max: Integer;                 // weitere Variablen


begin
  WriteLn('Uebung 2');
  WriteLn;
  Write('Geben Sie die gewuenschte Anzahl von Werten ein! ');
  ReadLn(n);
  if n > 10 then
   WriteLn('Es duerfen maximal nur 10 Werte eingegeben werden!')
  else begin
   for i := 1 to n do               // Beginn der Schleife
   begin
    Write('Geben Sie die ' + IntToStr(i) + '. Zahl ein! ');
    ReadLn(arr[i]);                 // Eingabe des i-ten Wertes in das Array
    if (i = 1) or (arr[i] > max) then max := arr[i]
   end;                             // Ende der Schleife
   WriteLn('Das Maximum ist ', max, ' !')
  end;
  ReadLn
 end.
```

Test

Bemerkungen

- Die Kommentare im Quelltext beschränken sich bewusst nur auf die Neuigkeiten gegenüber dem Vorgängerbeispiel, vor allem auf den Array-Zugriff und die *for ... to*-Schleifenanweisung, die genau *n* mal durchlaufen wird.
- Die *IntToStr*-Funktion (Unit *SysUtils*) verwandelt den Array-Index *i* (Datentyp *Integer*) in eine Zeichenkette (Datentyp *String*), damit eine Ausgabe über *Write* ermöglicht wird.

2.8.3 Übung 3

Schwerpunkte

Char, dyn. Array, SetLength-Funktion*; nil; repeat*

Aufgabenstellung

Unser Vorgängerbeispiel ist dann unbrauchbar, wenn mehr als *Nmax* Werte eingegeben werden sollen. Gemäß der Devise "Mein Rechner hat ja eh genug Speicher !" wird deshalb der Dünnbrettbohrer das Array von vornherein sehr reichlich überdimensionieren, z.B. für 1000 Werte. Ein ernsthafter Programmierer kann sich aber mit solch einer verschwenderischen Lösung nicht zufrieden geben.

Erweitern Sie das Programm für die Eingabe einer beliebigen Anzahl von Werten.

Ein weiterer Kritikpunkt: Im Vorgängerbeispiel wurde das Programm nach einem einzigen Durchlauf beendet, danach war ein Neustart erforderlich.

Ergänzen Sie das Programm so, dass es nach Ermitteln des Maximums entweder wieder von vorn beginnt oder aber beendet werden kann.

Lösungsvorschlag

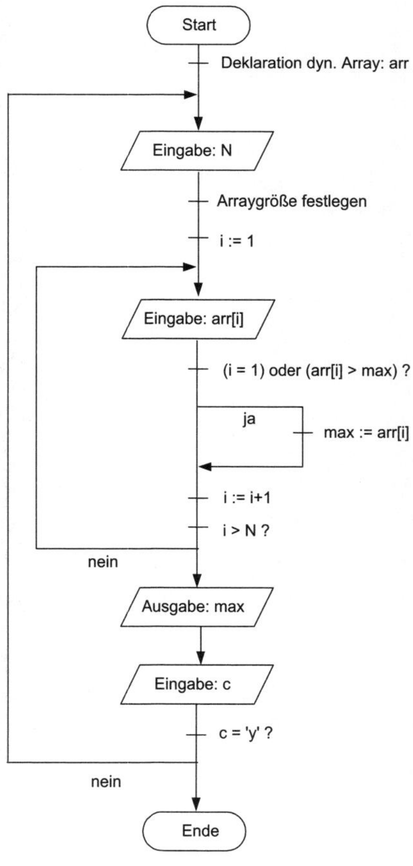

Wir ersetzen das statische durch ein dynamisches Array, dessen endgültige Dimension erst zur Laufzeit festgelegt zu werden braucht. Damit wird unser Array immer exakt so groß, wie es der Anzahl der einzugebenden Werte entspricht. Indem wir eine weitere (äußere) Schleife hinzufügen, ermöglichen wir einen Rücksprung zum Programmanfang. Eine Schlussabfrage entscheidet dann darüber, ob die Schleife fortgesetzt wird.

Programmierung

Der Programmablauf weist viele Analogien zum Vorgängerbeispiel auf, deshalb wird nur auf die Neuigkeiten per Kommentar hingewiesen:

```
program Project1;
{$APPTYPE CONSOLE}
uses SysUtils;

var  arr: array of Integer;     // dynamisches Array
     i, n, max: Integer;
     c: Char;                   // Zeichenvariable
begin
   WriteLn('Aufgabe 3');
   WriteLn;
   repeat                      // Beginn der äußeren Schleife
    Write('Geben Sie die gewuenschte Anzahl von Werten ein! ');
    ReadLn(n);
    SetLength(arr, n);         // Dimensionierung des Arrays
    for i := 0 to n-1 do       // Array ist nullbasiert!
    begin
     Write('Geben Sie die ' + IntToStr(i+1) + '. Zahl ein! ');
     ReadLn(arr[i]);
     if (i=0) or (arr[i] > max) then max := arr[i]
    end;
    WriteLn('Das Maximum ist ', max, ' !');
    arr := nil;                                  // dynamisches Array freigeben
    WriteLn('Wollen Sie das Programm beenden? (y/n) ');
    ReadLn(c);                                   // Eingabe von 'y' oder 'n'
   until c = 'y'                // Abbruchkontrolle der äußeren Schleife
 end.
```

Test

Bis auf die letzten beiden Zeilen entspricht der Bildschirm dem Vorgängerbeispiel.

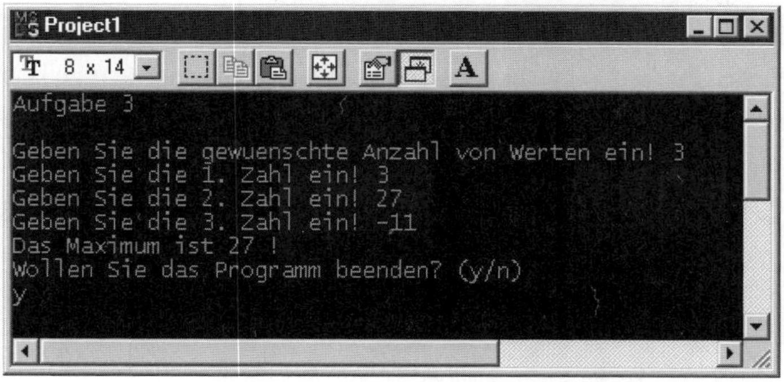

Hinweis: Nach Eingabe von '*y*' bzw. '*n*' müssen Sie die Enter-Taste drücken!

Bemerkungen

- Ein dynamisches Array wird wie ein statisches deklariert, nur dass die Dimensionsangabe weggelassen wird.
- Die *SetLength*-Anweisung setzt das Array zur Laufzeit auf die gewünschte Größe. Der untere Index beginnt mit Null, deshalb wird im Feld *arr(0)* die erste Zahl gespeichert.
- Mit *nil* (eine Zeigervariable auf "nichts") wird der vom Array belegte Speicherplatz wieder freigegeben.
- Die *repeat ... until*-Schleifenanweisung verlangt am Ende eine Abbruchbedingung.
- Benötigt man nur ein einzelnes Zeichen, so sollte man anstatt des *String*- den *Char*-Datentyp verwenden. In unserem Beispiel dient die Variable *c* der Entgegennahme einer Benutzereingabe ('*y*' bzw. '*n*').

2.8.4 Übung 4

Schwerpunkte

procedure, Double, Str,High, lokale und globale Variablen; verschachtelte Schleifen

Aufgabenstellung

Es gibt kein Programm, was man nicht noch weiter verbessern könnte. Den Anwender des Vorgängerbeispiels stört es vor allem, dass man die Entscheidung über die Anzahl der einzugebenden Zahlen bereits zu Beginn treffen muss und später keine Möglichkeit mehr hat, dies zu korrigieren.

Verändern Sie das Vorgängerprogramm so, dass die Zahleneingabe zu einem beliebigen Zeitpunkt beendet werden kann!

Da sich von einer Zahlenreihe weitaus mehr Informationen gewinnen lassen als nur der Maximalwert, sollen Sie noch ein weiteres Problem lösen:

Ergänzen Sie das Programm um die Ausgabe von Minimum und Durchschnitt.

Lösungsvorschlag

Trotz der erweiterten Funktionalität erscheint der nachfolgend abgebildete PAP keinesfalls komplizierter als das Vorgängerbeispiel zu sein. Dies wurde vor allem durch die Auslagerung der Berechnungsfunktionen für Maximum, Minimum und Durchschnitt in ein Unterprogramm (eine Prozedur) erreicht. Zwei ineinander verschachtelte *repeat...until*-Schleifen steuern die Benutzereingaben. Das dynamische Array wird nicht sofort auf die endgültige Länge gebracht, sondern vor jeder Zahleneingabe um ein Feld vergrößert.

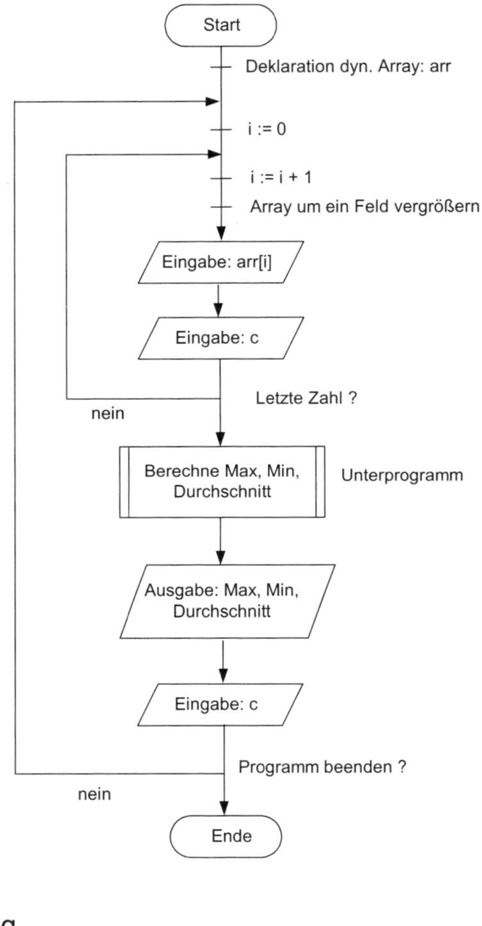

Programmierung

Aufgrund der vielen Analogien zum Vorgängerbeispiel wird auch hier nur auf die Besonderheiten per Kommentar hingewiesen:

```
program Project1;
{$APPTYPE CONSOLE}

uses  SysUtils;
```

```
var  arr: array of Integer;           // globale Variablen deklarieren
     i, max, min: Integer;
     av: string;
     c: Char;                         // zur Abfrage einer Abbruchbedingung

 procedure berechne;                  // Beginn Unterprogramm
 var i, n: Integer; sum: Double;      // lokale Variablen deklarieren
 begin
  min := arr[0]; max := arr[0]; sum := arr[0];    // Variablen initialisieren
  n := High(arr);                   // höchster Array-Index = Anzahl Werte - 1
  for i := 1 to n do
  begin
   if (arr[i] > max) then max := arr[i]
                   else
   if (arr[i] < min) then min := arr[i];
   sum := sum + arr[i]
  end;
  sum := sum / (n+1);               // Durchschnitt berechnen
  Str(sum:5:2, av)                  // String formatieren
 end;                               // Ende UP

begin                        // Beginn Hauptprogramm
   WriteLn('Aufgabe 4');
   WriteLn;
   repeat
    i := 0;
    repeat
     i := i + 1;
     Write('Geben Sie die ' + IntToStr(i) + '. Zahl ein! ');
     SetLength(arr, i);
     ReadLn(arr[i-1]);
     WriteLn('War das die letzte Zahl? (j/n) ');
     ReadLn(c)
    until c = 'j';
    berechne;                // Prozeduraufruf (quasi Unterprogramm)
    WriteLn('Das Maximum ist ', max, ' !');
    WriteLn('Das Minimum ist ', min, ' !');
    WriteLn('Der Durchschnitt ist ' + av + ' !');
    WriteLn('Wollen Sie das Programm beenden? (j/n) ');
```

```
    ReadLn(c);
  until c = 'j';
  arr := nil
end.                    // Ende Hauptprogramm
```

Test

Was eigentlich ein Vorteil sein sollte, nämlich die freie Entscheidung über den Abbruch der Zahlenkette, erscheint lästig durch die nervige Abfrage *War das die letzte Zahl?*:

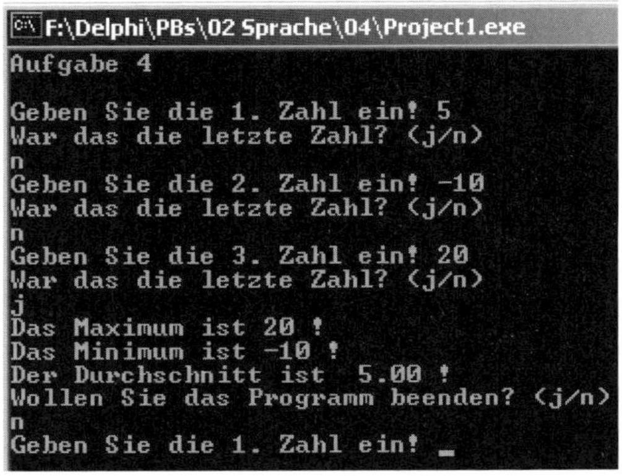

Sie könnten die Bedienung etwas vereinfachen, wenn Sie anstatt einer Zahleneingabe z.B. das Zeichen *'e'* eingeben und damit die Berechnung starten würden. Die Abfrage *War das die letzte Zahl?* wäre dann überflüssig.

Wenn Sie auch dieses Beispiel ohne größere Schwierigkeiten bewältigt haben, sind Sie auf dem besten Weg zu einem guten Pascal-Programmierer, denn Sie haben bereits ein Gefühl für die wichtigsten sprachlichen Grundlagen entwickelt. Die Zeit ist also reif, um die langweilige Text-Konsole endgültig zu verlassen und zu einer attraktiven Windows-Oberfläche überzugehen.

Aber nicht nur der trostlose schwarze Textbildschirm, sondern auch die mühselige Bedienung, bei der der Rechner die Reihenfolge der Benutzereingaben zwangsweise vorgibt, muss Ihnen ein Dorn im Auge gewesen sein. Dies sollte ein weiterer Grund sein, das zeilenorientierte Ur-Pascal zu verlassen und zur objekt- und ereignisorientierten Delphi-Programmierung überzugehen.

Bemerkungen

- Eine Zählvariable *i* wird auf globaler Ebene (gültig innerhalb des gesamten Programms) benutzt, eine andere Zählvariable *i* auf lokaler Ebene (gültig innerhalb der Prozedur *berechnen*). Beide sind nicht identisch und beeinflussen sich deshalb auch nicht, denn eine lokale Variable hat immer Vorrang vor einer gleichnamigen globalen Variablen.
- Die lokale Variable *sum* enthält anfangs die Summe und zuletzt den Durchschnitt, wird also zweifach "benutzt". Etwas übersichtlicher ist es, wenn Sie stattdessen eine weitere lokale Variable verwenden.

- Die *Str*-Prozedur (aus der Unit *SysUtils*) wandelt den Durchschnitt (eine Gleitkommazahl) in eine Zeichenkette (*av*) um, wobei insgesamt fünf Stellen, davon zwei Nachkommastellen, angezeigt werden.
- Die Funktion *High* erwartet als Argument eine Array-Variable und liefert deren höchsten Index. Da die Indizierung eines dynamischen Arrays stets mit Null beginnt, ist die Anzahl der Felder immer um eins höher als der Rückgabewert von *High*.
- Ein Unterprogramm (sprich Prozedur) ist immer dann zweckmäßig, wenn (wie in unserem Fall) die Übersichtlichkeit des Programms erhöht werden soll oder aber wenn gleiche Codeabschnitte mehrfach ausgeführt werden sollen. Außerdem wird eine Wiederverwendbarkeit des Quellcodes erheblich erleichtert (siehe nächstes Beispiel).

2.8.5 Übung 5

Schwerpunkte

Objekt- und ereignisorientierte Programmierung unter Delphi, *StrToInt*-Prozedur.

Aufgabenstellung

Wir wollen so einfach wie möglich beginnen:

Lösen Sie unter Delphi das gleiche Problem (Maximumbestimmung von drei Integer-Zahlen) wie im ersten Lernbeispiel!

Lösungsvorschlag

Starten Sie Delphi. Es wird Ihnen ein Formular mit der Beschriftung *Form1* angeboten. Mit Komponenten der Standard-Seite der Komponentenpalette gestalten Sie die folgende Benutzerschnittstelle, bestehend aus drei *Label*- und drei *Edit*-Komponenten sowie einem *Button* und einem *Panel*:

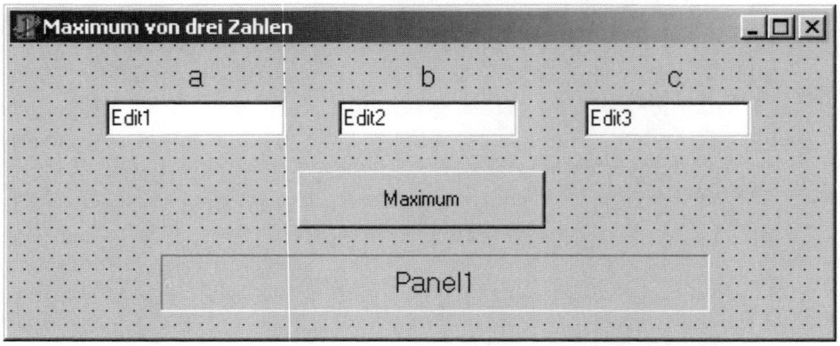

Ändern Sie in der Eigenschaften-Seite des Objektinspektors (F11) die folgenden Anfangswerte:

Objekt	**Eigenschaft**	**Neuer Anfangswert**
Form1	*Caption*	Maximum von drei Integer-Zahlen
Label1	*Caption*	A

Objekt	Eigenschaft	Neuer Anfangswert
Label2	*Caption*	B
Label3	*Caption*	C
Button1	*Caption*	Maximum
Panel1	*Font.Size*	12
dto.	*BevelOuter*	*BvLowered*

Programmierung

Drücken Sie die Taste F12, um sich den von Delphi vorgefertigten Quelltext von *Unit1* anzuschauen. Da geht es bereits ziemlich objektorientiert zu, aber was das im Einzelnen bedeutet, braucht Sie hier nicht weiter zu interessieren.

Das Einzige, was für Sie zu tun bleibt, ist das Hinzufügen einer Ereignisbehandlungsroutine (Event-Handler) für das *OnClick*-Ereignis von *Button1*. Dieser Event-Handler beantwortet die Frage: "Was soll passieren, wenn der Anwender mit der Maus auf die Schaltfläche klickt?"

Zunächst müssen Sie den Event-Handler öffnen. Klicken Sie auf *Button1,* drücken Sie die F11-Taste und wechseln Sie zur Ereignisse-Seite des Objektinspektors. Wählen Sie das *OnClick*-Ereignis durch Doppelklick aus. Im Quelltextfenster von *Unit1* erscheint jetzt der vorgefertigte Rahmencode des Event-Handlers.

Ergänzen Sie den Rahmencode, so dass der Event-Handler schließlich wie folgt aussieht:

```
procedure TForm1.Button1Click(Sender: TObject);
var a, b, c, max: Integer;

begin
 a := StrToInt(Edit1.Text);              // Eingabe a
 max := a;

 b := StrToInt(Edit2.Text);              // Eingabe b
 if b > max then max := b;

 c := StrToInt(Edit3.Text);              // Eingabe c
 if c > max then max := c;

 Panel1.Caption := 'Das Maximum ist ' + IntToStr(max) + ' !'   // Ausgabe Maximum
end;
```

Test

Wenn Sie die Programmbedienung mit der der Konsolenanwendung vergleichen, so stoßen Sie auf ein Hauptmerkmal der objekt- und ereignisorientierten Programmierung: Eine fest vorgeschriebene Reihenfolge für die Benutzereingaben gibt es nicht mehr!

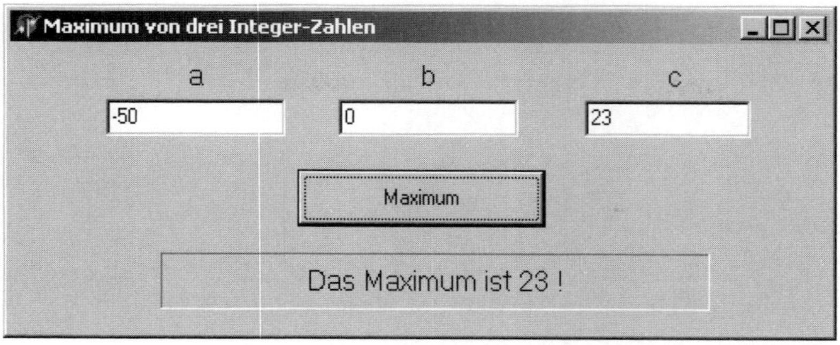

Hinweis: Wer das Beispiel wie beschrieben abgetippt hat, darf nur Ganzzahlen eingeben, ansonsten stürzt das Programm ab! Allerdings beinhaltet der Quellcode auf der Buch-CD eine Fehlerbehandlung.

Bemerkungen

- Genauso wie im Konsolen-Beispiel haben wir es auch innerhalb eines Event-Handlers mit Pascal-Anweisungen zu tun, die zeilenweise abgearbeitet werden.
- Im Unterschied zur Konsolenanwendung (*ReadLn/WriteLn*) ist die Ein-/Ausgabe der Zahlen etwas umständlicher. Deren Werte sind zunächst in der *Text*-Eigenschaft der drei Editierfelder enthalten und müssen mit Hilfe der *StrToInt*-Funktion vom Datentyp *String* in den *Integer*-Datentyp umgewandelt werden. Die Ergebnisausgabe erfolgt umgekehrt mittels *IntToStr*-Funktion, deren Ergebnis der *Caption*-Eigenschaft von *Panel1* zugewiesen wird.
- Um die Übersichtlichkeit nicht zu gefährden, wurde im hier abgedruckten Listing auf jegliche Art von Fehlerbehandlung verzichtet. Testen Sie, was passiert, wenn Sie in eines der drei Editierfelder ein Zeichen eingeben, das die *StrToInt*-Funktion nicht in eine *Integer*-Zahl verwandeln kann.
- Wo sind das einleitende *program* und das abschließende *end.* geblieben? Wählen Sie den Menüpunkt *Projekt|Quelltext anzeigen* und Sie sehen, dass an diesem Pascal-Fundament nicht gerüttelt wurde. Allerdings beschäftigt sich das Hauptprogramm nur noch mit dem Initialisieren der Windows-Applikation und dem Erzeugen des Formulars. Der spezifische Anwendungscode wurde nach *Unit1* ausgelagert.

2.8.6 Übung 6

Schwerpunkte

Portieren eines Pascal-Programms nach Delphi; *Edit*- und *ListBox*-Komponente; Enter-Taste auswerten; Array kopieren.

Aufgabenstellung

Mittlerweile sind Sie auf den Geschmack gekommen und wollen sich an etwas Anspruchsvolleres heranwagen:

Verwandeln Sie das Konsolenprogramm aus dem vierten Lernbeispiel in eine Delphi-Applikation!

Lösungsvorschlag

Da Sie die allgemeine Vorgehensweise bereits am Vorgängerbeispiel geübt haben, werden sich die folgenden Erläuterungen nur auf das Spezifische beschränken.

Die folgende Abbildung zur Gestaltung der Benutzerschnittstelle ist lediglich als Anregung zu verstehen. Ein Editierfeld (*Edit1*) dient zur Eingabe der Zahlen, die per <Enter>-Taste in ein Listenfeld (*ListBox1*) übernommen werden sollen. Für die bequeme Bedienung sind weiterhin zwei Schaltflächen (*Button1*, *Button2*) und drei *Panel*-Komponenten vorgesehen.

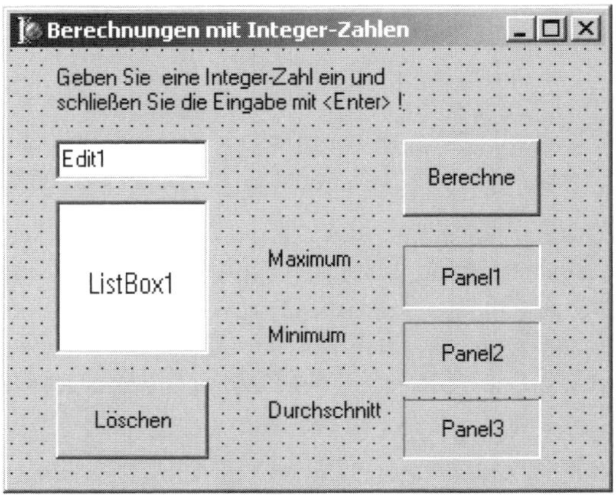

Programmierung

Im *implementation*-Abschnitt von *Unit1* tragen Sie zunächst folgenden Code ein, wie er bereits aus der entsprechenden Konsolenanwendung bekannt ist:

```
var  arr: array of Integer;         // globale Variablen deklarieren
     max, min: Integer;
     av: Double;


procedure berechne;                 // Beginn Unterprogramm
 var i, n: Integer; sum: Double;    // lokale Variablen deklarieren
 begin
  min := arr[0]; max := arr[0]; sum := arr[0];    // Variablen initialisieren
  n := High(arr);                  // höchster Array-Index = Anzahl Werte - 1
  for i := 1 to n do
  begin
```

```
   if (arr[i] > max) then max := arr[i]
                     else
   if (arr[i] < min) then min := arr[i];
   sum := sum + arr[i]
  end;
  av := sum / (n+1)              // Durchschnitt berechnen
 end;                            // Ende UP
```

Der folgende Event-Handler für das *OnKeyPress*-Ereignis von *Edit1* überträgt den Eintrag aus dem Editierfeld in die *ListBox*, wenn die Enter-Taste gedrückt wird. Anschließend wird der Eintrag im Editierfeld gelöscht, um für neue Zahleneingaben bereit zu sein.

Hinweis: Tippen Sie den Rahmencode eines Event-Handlers niemals per Hand ein, sondern erzeugen Sie ihn über die Ereignis-Seite des Objektinspektors!

```
procedure TForm1.Edit1KeyPress(Sender: TObject; var Key: Char);
begin
 if Key = #13 then                     // Enter-Taste
 begin
  ListBox1.Items.Add(Edit1.Text);      // Editierfeld => ListBox
  Edit1.Text := ''                     // Editierfeld löschen
 end
end;
```

Der folgende Event-Handler wertet das *OnClick*-Ereignis von *Button1* aus. Der Inhalt der *ListBox* wird ausgelesen und in das dynamische Array kopiert. Da der erste Eintrag einer *ListBox* (genauso wie das erste Feld des dynamischen Arrays) den Index Null hat, kann man das Kopieren elegant in einer *for ... to*-Schleife erledigen. Nach Aufruf der Prozedur *berechne* erfolgt die Ergebnisanzeige:

```
procedure TForm1.Button1Click(Sender: TObject);      // Berechne
var i, n: Integer;
   s: String;
begin
 n := ListBox1.Items.Count;      // Anzahl der ListBox-Einträge feststellen
 if n > 0 then                   // mindestens ein Eintrag in der ListBox
 begin
  SetLength(arr,n);              // Array dimensionieren
  for i := 0 to n-1 do arr[i] := StrToInt(ListBox1.Items[i]); // in ListBox kopieren
  berechne;                             // UP-Aufruf
  Panel1.Caption := IntToStr(max);      // Ergebnisanzeige
  Panel2.Caption := IntToStr(min);
  Str(av:5:2, s);                       // Gleitkommazahl formatieren
  Panel3.Caption := s
```

```
 end
end;
```

Der letzte Event-Handler ermöglicht das Löschen der gesamten Zahlenreihe, um wieder von vorne beginnen zu können:

```
procedure TForm1.Button2Click(Sender: TObject);    // Löschen
begin
  ListBox1.Items.Clear;
  arr := nil;                                  // Array freigeben
  Panel1.Caption := '';
  Panel2.Caption := '';
  Panel3.Caption := ''
end;
```

Test

Geben Sie eine Zahlenkolonne ein (jede Zahl mit Enter-Taste abschließen):

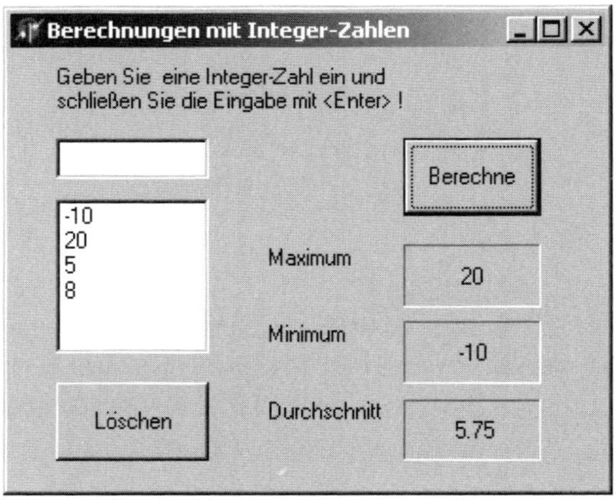

Bemerkungen

- Da unsere Zahlenreihe auch in der Listbox gespeichert wird, könnte man auf das dynamische Array gänzlich verzichten und damit den Code vereinfachen (siehe 5.4.4).
- Vergleichen Sie intensiv den Quelltext dieses Programms mit dem der Konsolenanwendung (2.8.4). Nach einiger Übung dürfte es Ihnen nicht schwer fallen, weitere "alte" Pascal-Programme auf ähnliche Weise mit Delphi "aufzumöbeln". Dabei dürfte das "Zusammenschieben" der Benutzerschnittstelle nicht das Problem sein. Dreh- und Angelpunkt ist vielmehr das Aufbrechen des linearen Programmablaufs und seine zweckmäßige Verteilung auf verschiedene Event-Handler.
- Unter Delphi hat der klassische Programmablaufplan (PAP) außerhalb von Prozeduren bzw. Event-Handlern seine Bedeutung weitestgehend verloren, da es keine festgelegte Reihenfolge der Benutzereingaben mehr gibt.

2.9 Praxisbeispiele für Fortgeschrittene

2.9.1 Speichern von Records in einem statischen Array

Grundlage für das Beispiel ist eine kleine Personaldatenbank, in welcher der Name, das Geburtsdatum, das Geschlecht und die Telefonnummer abgespeichert werden sollen. Bei der Umsetzung werden wir auf kein Standard-Datenbankformat (Paradox, dBase ...) zurückgreifen, sondern auf einen benutzerdefinierten Datentyp (Record). Die einzelnen Records werden in einem eindimensionalen Array abgespeichert, auf das bekanntlich über einen Feldindex (entspricht einer lfd. Nummer) zugegriffen werden kann.

Beispiel: Stellen Sie sich eine solche Recordstruktur wie ein Regal vor, das aus mit 1, 2, 3 ... durchnummerierten Schubkästen besteht. Jeder Person entspricht ein Schubkasten, dieser wiederum ist in einzelne Fächer für Name, Geburtsdatum ... aufgeteilt.

Feldindex	**1**	**2**	**3**	**4**	**...**
name	Wagner	Maier	Schultze	Richter	...
geburt	28.11.54	8.2.71	3.4.75	30.9.81	...
geschlecht	w	M	M	w	...
Nr	03447 90580	02762 89670	04288 30024	31575 45600	...

Oberfläche

Platzieren Sie auf dem Formular fünf Labels, drei Editierfelder, eine CheckBox und fünf Buttons:

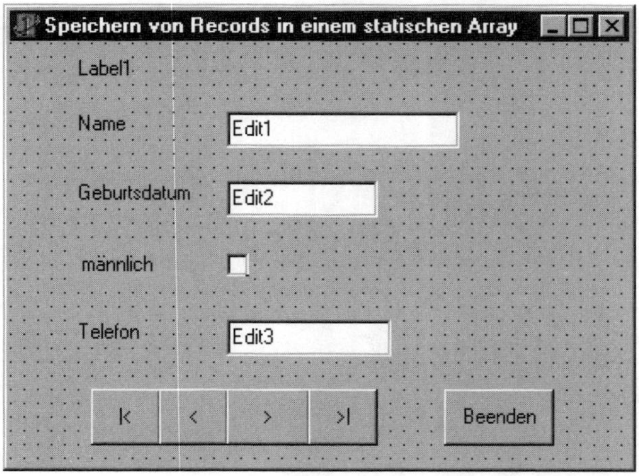

Quelltext

Fügen Sie in den *Private*-Abschnitt von *TForm1* die folgenden drei Methodendeklarationen ein:

```
private
  { Private-Deklarationen }
```

```
  procedure dsInit;    //  Methode zum Initialisieren aller Datensätze
  procedure dsSpeichern;  //  dto. zum Speichern eines Datensatzes
  procedure dsAnzeigen;   //  dto. zum Anzeigen
```

Wir hätten auch auf obige Methodendeklarationen verzichten können und stattdessen drei ganz normale Prozeduren in den *Implementation*-Abschnitt einfügen können. Die gewählte Vorgehensweise ist aber eleganter und übersichtlicher (insbesondere im Hinblick auf die objektorientierte Programmierung).

Im *Implementation*-Abschnitt definieren wir zunächst unseren Record, um dann eine eindimensionale Array-Variable mit der gewünschten Anzahl von Feldern (10) zu deklarieren:

```
type TPerson = record          // Typ der Strukturvariablen
 name: string[20];             // max. 20 Buchstaben
 geburt: TDateTime;            // Geburtsdatum
 geschlecht: Boolean;          // männlich = True, weiblich = False
 nr: Integer                   // Telefonnummer
end;

const pmax = 10;      // max. Anzahl von Personen = Größe des Arrays

var personen: array[1..pmax] of TPerson;    // Array-Variable
    index: Byte = 1;                        // aktueller Feldindex
```

Nun zu den Methodenimplementationen:

```
procedure TForm1.FormCreate(Sender: TObject);     // Programmstart
begin
 dsInit;                        // initialisiert alle Datensätze
 dsAnzeigen                     // und zeigt den ersten an
end;
```

Es folgen die drei nutzerdefinierten Methoden:

```
procedure TForm1.dsInit;       // setzt alle Personen auf Standardwerte
var i: Integer;
begin
 for i := pmax downto 1 do with personen[i] do
 begin
  name := '';
  geburt := StrToDate('31.12.99');
  geschlecht := False;
  nr := 9999999
 end
end;
```

```
procedure TForm1.dsSpeichern;      // Anzeige => Speicher
begin
 personen[index].name :=  Edit1.Text;
 if Edit2.Text <> '' then
  personen[index].geburt := StrToDate(Edit2.Text);
  personen[index].geschlecht := CheckBox1.Checked;
  personen[index].nr := StrToInt(Edit3.Text)
end;

procedure TForm1.dsAnzeigen;      // Speicher => Anzeige
begin
 Label1.Caption := IntToStr(index);      // Index anzeigen
 Edit1.Text := personen[index].name;
 Edit2.Text := DateToStr(personen[index].geburt);
 CheckBox1.Checked := personen[index].geschlecht;
 Edit3.Text := IntToStr(personen[index].nr)
end;
```

Zu den vier Bewegungstasten:

```
procedure TForm1.Button3Click(Sender: TObject);  // vorwärts (>)
begin
 if index < pmax then begin dsSpeichern; Inc(index); dsAnzeigen end
end;

procedure TForm1.Button2Click(Sender: TObject);   // rückwärts (<)
begin
 if index > 1 then begin dsSpeichern; Dec(index); dsAnzeigen end
end;

procedure TForm1.Button1Click(Sender: TObject);   // zum Anfang (|<)
begin
 dsSpeichern; index := 1; dsAnzeigen
end;

procedure TForm1.Button4Click(Sender: TObject);  // zum Ende (>|)
begin
 dsSpeichern; index := pmax; dsAnzeigen
end;
```

Test

Nach Programmstart können die Standardwerte mit den Daten einzelner Personen überschrieben werden. Wie bei einem "richtigen" Datenbankprogramm bewegen Sie sich mit den Tasten durch die Datensätze. Damit enden aber schon die Gemeinsamkeiten, denn leider ist die ganze Mühe umsonst gewesen, wenn Sie das Programm verlassen. Dann wird auch der Inhalt des Arbeitsspeichers gelöscht, und die mühselig eingegebenen Personen sind beim Neustart auf Nimmerwiedersehen verschwunden. Wie Sie die Daten in die persistente Form überführen, d.h. auf Festplatte abspeichern können, erfahren Sie im Dateikapitel im Beispiel 8.10.3 .

2.9.2 Experimente mit der Format-Funktion

Sollten Sie immer noch Schwierigkeiten mit dem Verständnis der vielen verschiedenen Formatstrings haben, probieren Sie doch einfach folgendes kleines Testprogramm aus.

Oberfläche

Neben einem *Edit*-Feld (Eingabe der numerischen Werte) und einer *Combobox* (Eingabe bzw. Auswahl des Formatstrings) brauchen Sie lediglich ein *Panel* (ein *Label* tut es auch) für die Anzeige (siehe Laufzeitabbildung am Schluss).

In die *Items*-Eigenschaft der *Combobox* tragen Sie mit Hilfe des Stringlisten-Editors z.B. folgende Werte für diverse Formatierungsstrings ein:

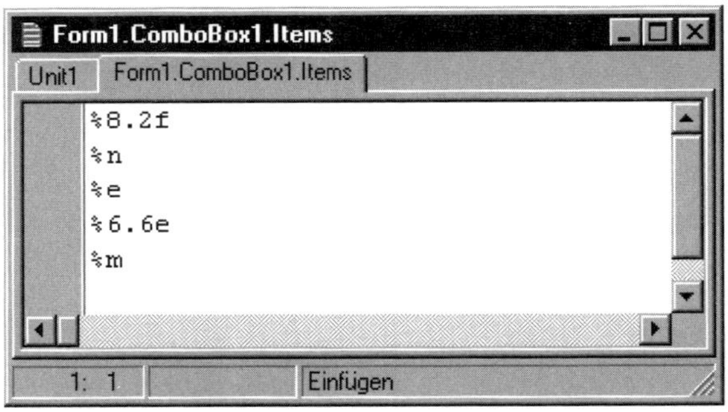

Quelltext

Wir wollen den Ergebnisstring immer dann neu anzeigen, wenn wir in das Editierfeld eine andere Zahl eingegeben haben (*OnChange*-Event auswerten):

```
procedure TForm1.Edit1Change(Sender: TObject);
var n    : Double;
    code : Integer;
begin
   Val(Edit1.Text,n,code);
   if i = 0 then Panel1.Caption := Format(ComboBox1.Text,[n])
            else Panel1.Caption := 'Fehler'
end;
```

Test

Nach Programmstart können Sie sich nun von der Wirksamkeit unterschiedlichster Formatstrings überzeugen. Um ein Ergebnis wie das unten angezeigte zu erreichen, wäre folgende Anweisung nötig:

```
Panel1.Caption := Format("%8.2f",[12345678.066]);
```

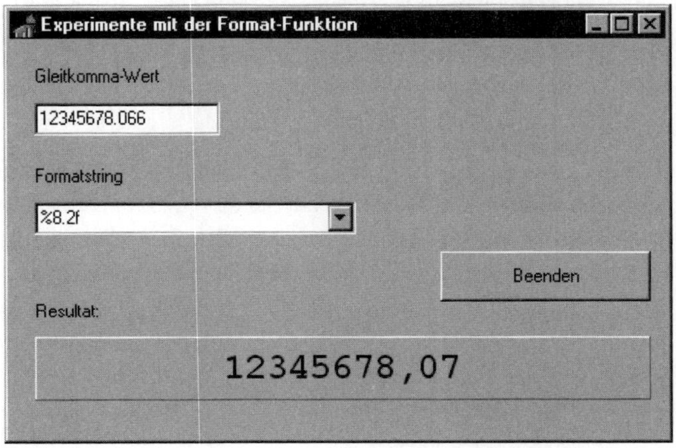

2.9.3 Überladen von Funktionen

Gleichnamige Funktionen/Prozeduren/Methoden dürfen sich im gleichen Gültigkeitsbereich befinden, wenn sie unterschiedliche Parameterlisten haben und die Deklaration mit der *overload*-Direktive erfolgt. In diesem Demobeispiel sollen die Grundfläche und das Volumen eines Zylinders mit zwei gleichnamigen Funktionen *zylinder* berechnet werden.

Oberfläche

Wir wollen das Ergebnis gleich vorwegnehmen und zeigen, welcher Anblick sich zur Laufzeit bieten soll:

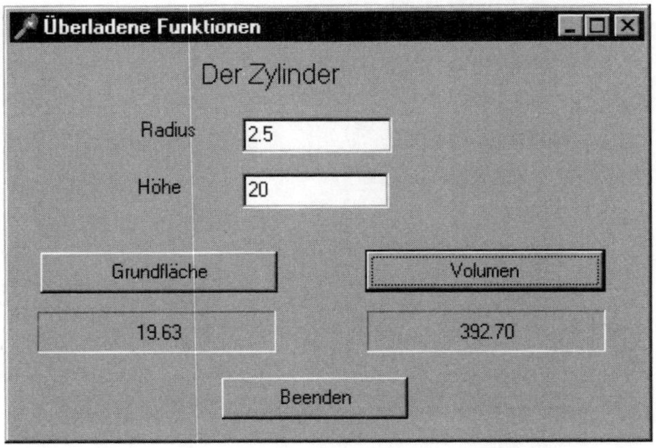

Quelltext

Der *implementation*-Abschnitt von *Unit1*:

```
var  r, h: Single;
     code: Integer;
     s: string;
```

Die Funktion zur Volumenberechnung braucht als Übergabeparameter den Radius und die Höhe:

```
function zylinder(r,h: Double): Double; overload;
begin
  Result:= Pi * Sqr(r) * h            // Volumen = Grundfläche mal Höhe
end;
```

Die Funktion zum Berechnen der Grundfläche benötigt nur den Radius als Übergabeparameter:

```
function zylinder(r: Double): Double; overload;
begin
 Result := Pi * Sqr(r)                // Grundfläche = Pi*r*r
end;
```

Der Button für die Berechnung der Grundfläche:

```
procedure TForm1.Button1Click(Sender: TObject);
var f: Single;
begin
 Val(Edit1.Text, r, code);
 f := zylinder(r);
 Str(f:6:2,s);                     // 6-stellige Ausgabe, davon 2 Nachkommastellen
 Panel1.Caption := s               // Ergebnisanzeige
end;
```

Der Button für die Berechnung des Volumens:

```
procedure TForm1.Button2Click(Sender: TObject);
var v: Single;
begin
 Val(Edit1.Text, r, code);  Val(Edit2.Text, h, code);
 v := zylinder(r, h);
 Str(v:6:2,s);                  // 6-stellige Ausgabe, davon 2 Nachkommastellen
 Panel2.Caption := s            // Ergebnisanzeige
end;
```

Test

Dazu gibt es nicht viel zu sagen – geben Sie einen Radius und eine Höhe ein und überzeugen Sie sich selbst, ob alles wie geplant funktioniert!

Entwicklungs-umgebung

- Die wichtigsten Fenster
- Menüfunktionen/Symbolleisten
- Komponentenpalette
- Objektinspektor

3 Entwicklungsumgebung

Haben wir uns in den beiden vorangegangenen Kapiteln nach dem Prinzip "so viel wie nötig" auf die zum Aufbau einfacher Programme erforderlichen Bedienfunktionen beschränkt, so wollen wir jetzt einen tieferen Blick in die Integrierte Entwicklungsumgebung (IDE[1]) von Borland Delphi 6 werfen. Sie gewinnen einen Überblick über wichtigsten Fenster, die Komponentenpalette und die zahlreichen Menüfunktionen, die Sie beim visuellen Oberflächenentwurf unterstützen.

Allerdings sollten Sie dieses Kapitel nicht linear von vorne nach hinten durcharbeiten, sondern nur zum gelegentlichen Nachschlagen verwenden. Parallel dazu verdient folgender Tipp Beachtung:

Hinweis: Nutzen Sie beim Programmentwurf, wo immer es geht, die Möglichkeiten der rechten Maustaste! Wenn Sie damit auf ein bestimmtes Element der Delphi-Entwicklungsumgebung klicken, erscheint ein PopUp-Menü mit Informationen.

3.1 Die wichtigsten Fenster im Überblick

Delphi präsentiert Ihnen nach dem Start eine Bedienoberfläche mit mehreren "frei schwebenden" einzelnen Fenstern, von denen die Abbildung die wichtigsten vier zeigt:

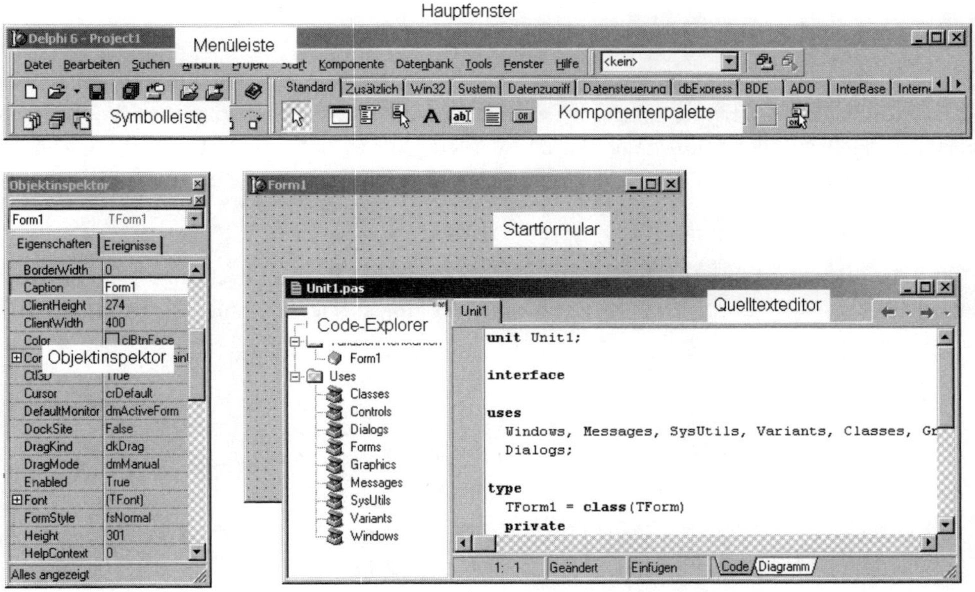

- *Hauptfenster* (mit Menü- und Symbolleisten und der mehrseitigen Komponentenpalette)
- *Startformular* (Ihr Betätigungsfeld!)

[1] *Integrated Developer's Environment*)

- *Objektinspektor* (die angedockte *Objekt-Hierarchie* sollten Sie zunächst wegklicken)
- *Quelltexteditor* (mit angedocktem Code-Explorer)

Welche praktischen Vorteile die Arbeit mit einer solchen, in mehrere lose Einzelfenster aufgeteilten, Programmierumgebung mit sich bringt, werden Sie zu einem späteren Zeitpunkt so richtig zu würdigen wissen. Vorerst müssen Sie sich erst an das scheinbare Durcheinander gewöhnen.

Hinweis: Um nicht zu sehr durch darunter liegende Ikonen des Windows-Desktop irritiert zu werden, empfiehlt sich ein einfarbiger Hintergrund.

In den folgenden Abschnitten sollen nun die einzelnen Fenster mit ihren Bedienelementen bzw. Menüfunktionen etwas genauer unter die Lupe genommen werden.

3.2 Alle Menüfunktionen und die Symbolleiste

Häufig benötigte Menüaufrufe werden auf die Symbolleiste (Speedbar) gelegt und/oder können über Tastatur (Shortcuts) erreicht werden. Wie bei allen Windows-Applikationen üblich, lässt sich jeder Menüpunkt auch ohne Maus, d.h. durch Eintippen von *Alt* und des jeweils unterstrichenen Buchstabens, auswählen.

3.2.1 Datei-Menü

Dieses Windows-typische Menü sieht in Delphi um einiges komplexer aus als z.B. in Word, da hier zwischen mehreren Dateitypen unterschieden werden muss und ein Programm (Projekt) nicht aus einem einzigen, sondern aus mehreren Files bzw. Modulen besteht (Projektdatei *.DPR, Quelltextmodul *.PAS, ...).

Menüaufruf	Button	Taste	Erläuterung
Neu			... öffnet Seite *Neu* der Objektgalerie, wo Sie ein neues Projekt eines bestimmten Typs auswählen.[1]
Neu|Formular			... fügt zum Delphi-Projekt ein weiteres Formular hinzu.
Öffnen			... fügt zum Projekt eine einzelne Datei hinzu (daneben Liste der zuletzt geöffneten Projekte/-Module).
Projekt öffnen...		Strg+F11	... lädt vorhandenes Projekt von einem Verzeichnis nach Delphi
Neu Öffnen			... öffnet Liste der zuletzt benutzten Projekte und Module.

[1] Meistens wird das der Typ "Anwendung" sein.

Menüaufruf	Button	Taste	Erläuterung
Speichern		Strg+S	... speichert die an allen geöffneten Dateien vorgenommenen Änderungen.
Speichern unter...			... speichert die aktive Datei unter neuem Namen in ein Verzeichnis.
Projekt speichern unter ...			... speichert Projektdatei (*.DPR) unter neuem Namen in ein Verzeichnis.
Alles speichern		Umsch+Strg+S	... speichert alle geöffneten Dateien.
Schließen			... beendet die Arbeit am aktuellen Projekt ohne Delphi zu verlassen.
Alle schließen			... schließt alle geöffneten Dateien.
Unit verwenden...		Alt+F11	... fügt eine weitere Unit hinzu.
Drucken...			... druckt geöffnetes Quelltextfenster bzw. Formular.
Beenden			... schließt Projekt und beendet Delphi.

3.2.2 Bearbeiten-Menü

Hier handelt es sich ebenfalls um ein Windows-typisches Standardmenü, das große Ähnlichkeit mit dem gleichnamigen Menü eines Textverarbeitungs- bzw. Zeichenprogramms hat.

Menüaufruf	Taste	Erläuterung
Rückgängig	Strg+Z	... macht die vorhergehende(n) Operation(en) rückgängig.
Widerrufen	Umsch+ Strg+Z	... macht den letzten *Rückgängig*-Schritt unwirksam.
Ausschneiden	Strg+X	... entfernt markierte Elemente und überschreibt die Zwischenablage damit.
Kopieren	Strg+C	... kopiert Komponenten oder Quelltext in die Zwischenablage.
Einfügen	Strg+V	... fügt Komponenten oder Quelltext aus Zwischenablage ein.
Löschen	Strg+ Entf	... entfernt die markierten Elemente ohne Kopieren in Zwischenablage.
Alles auswählen		... alle Komponenten des Formulars werden markiert[1].
Am Raster ausrichten		... verschiebt markierte Komponenten zum nächsten Rasterpunkt.

[1] Objektinspektor zeigt in diesem Fall nur die gemeinsamen Eigenschaften an.

Menüaufruf	**Taste**	**Erläuterung**
Nach vorne setzen *Nach hinten setzen*		... stellt die markierte Komponente vor (nach) alle anderen Komponenten des Formulars[1].
Ausrichten...		... öffnet das Dialogfenster *Ausrichtung* für Komponenten.
Größe... *Skalierung...*		... öffnet Dialogfenster *Größe* für gleiche Breite bzw. Höhe bzw. Größenänderung von Komponenten.
Tabulatorreihenfolge		... öffnet das Dialogfenster *Tabulatorreihenfolge bearbeiten.*
Erstellungsfolge...		... öffnet das Dialogfenster *Erstellungsfolge* für das Erzeugen unsichtbarer Komponenten zur Laufzeit[2].
Unterg. Elemente vertauschen		Layout aller oder nur der ausgewählten Komponenten wird gespiegelt (Ändern der Leserichtung).
Elemente fixieren		... verankert alle Komponenten in ihrer momentanen Position und Größe[3].
Zur Schnittstelle hinzufügen...		... fügt neue Funktion, Prozedur oder Eigenschaft zu ActiveX-Komponente hinzu.

3.2.3 Suchen-Menü

Ein ähnliches Menü findet sich auch in vielen Textverarbeitungsprogrammen. Es unterstützt Sie beim Schreiben Ihres Objekt Pascal-Quellcodes.

Menüaufruf	**Taste**	**Erläuterung**
Suchen...	Strg+F	... öffnet das Dialogfenster *Text suchen.*
In Dateien suchen...		... öffnet das Dialogfenster *Text suchen.*
Ersetzen...	Strg+R	... öffnet das Dialogfenster *Text ersetzen*[4].
Suche wiederholen	F3	... setzt den Suchvorgang fort.
Inkrementelle Suche	Strg+E	... Suche ohne Dialogfenster.
Zeilennummer...	Alt+G	... öffnet das Dialogfenster *Zeilennummer*[5].
Laufzeitfehler suchen...		... stoppt an Adresse des letzten Laufzeitfehlers.
Symbol anzeigen...		... öffnet Dialogfenster für Suche im Objekt-Browser.

---

[1] Diesen Vorgang nennt man auch "Ändern der ZOrder" der Komponenten.

[2] Standardmäßig entspricht das der Reihenfolge, mit der diese Komponenten (z.B. *Timer*) zur Entwurfszeit abgesetzt wurden.

[3] Änderungen sind nur noch über Objektinspektor möglich.

[4] Die meisten Einstellungen sind die gleichen wie im Dialogfeld "Text suchen".

[5] Die aktuelle Zeilen- und Spaltennummer wird in der Statuszeile des Quelltexteditors angezeigt.

3.2.4 Ansicht-Menü

Über dieses Menü lassen sich diverse Fenster öffnen.

Menüaufruf	Button	Taste	Erläuterung
Projektverwaltung		Strg+Alt+F11	... öffnet das Fenster für die Projektverwaltung.
Objekt-Hierarchie		Umsch+Alt+F11	... öffnet Fenster für Objekt-Hierarchie.
Objektinspektor		F11	... öffnet das Fenster des Objektinspektors.
Ausrichtungspalette			... öffnet Werkzeugleiste zum Ausrichten von Komponenten.
Browser		Umsch+Strg+B	... öffnet Objekt-Browser.
Code-Explorer		Umsch+ Strg+E	... öffnet Code-Explorer.
Komponentenliste			... zeigt Liste der verfügbaren Komponenten an.
Fensterliste...		Alt+O	... zeigt Liste der geöffneten Fenster.
Debug-Fenster			... öffnet Untermenü für Haltepunkt-Liste, Liste der überwachten Ausdrücke, lokale Variablen, Threads.
Umschalten Formular/Unit		F12	... schaltet um zwischen Formularansicht und Quelltexteditor.
Units...		Strg+F12	... zeigt Liste der Quelltext-Dateien.
Formulare...		Umsch+F12	... zeigt Liste aller Formulare.
Typbibliothek			... öffnet den Typbibliothekseditor.
Neues Editierfenster			... öffnet Fenster mit einer Kopie des aktuellen Quelltextes.
Symbolleisten...			... zeigt Untermenü für Symbolleisten an.

3.2.5 Projekt-Menü

Alle Grundeinstellungen, die mit dem Compilieren des Projekts zusammenhängen, nehmen Sie hier vor.

Menüaufruf	Button	Taste	Erläuterung
Dem Projekt hinzufügen...		Umsch+F11	... fügt Unit/Formular dem Projekt hinzu.
Aus dem Projekt entfernen...			... entfernt Unit/Formular aus dem Projekt.

Menüaufruf	Button	Taste	Erläuterung
Typbibliothek importieren...			... zeigt die im System registrierten Typbibliotheken an.
Der Objektablage hinzufügen...			... öffnet Dialogfenster zum Hinzufügen neuer Formulare etc. zur Objektablage.
Quelltext anzeigen			... zeigt den Quelltext der Projektdatei an.
Neues Projekt hinzufügen...			... fügt neue Anwendung, DLL oder Package zur Projektgruppe hinzu.
Projekt1 compilieren		Strg+F9	... startet die Compilierung des Projekts (nur die geänderten Dateien!).
Projekt1 erzeugen			... startet die Compilierung des Projekts (alle Dateien!).
Syntaxprüfung von Projekt1			... startet Compilierung ohne die einzelnen Module zu verknüpfen (schnell!).
Alle Projekte compilieren			... compiliert die geänderten Projekte der Projektgruppe.
Alle Projekte erzeugen			... compiliert alle Projekte der Projektgruppe.
Optionen für Web-Distribution			... bereitet ein fertiges ActiveX-Steuerelement oder ActiveForm für die Distribution vor.
Optionen...		Umsch+Strg+F11	... legt Optionen von Anwendung, Compiler und Linker fest und verwaltet die Verzeichnisse.

3.2.6 Start-Menü

Dieses Menü stellt unterschiedliche Möglichkeiten für den Test Ihres Programms zur Verfügung:

Menüaufruf	Button	Taste	Erläuterung
Start		F9	... compiliert das Programm und führt es aus.
Mit Prozess verbinden...			... erlaubt Debugging eines laufenden Prozesses.
Parameter...			... übergibt Kommandozeilenparameter.
ActiveX-Server eintragen *ActiveX-Server austragen*			... trägt Server in die Windows-Registry ein bzw. entfernt ihn (nur für ActiveX-Projekte!).
COM+-Objekte installieren			... erlaubt Ausführung von COM+-Objekten.

Menüaufruf	Button	Taste	Erläuterung
Gesamte Routine		F8	... Programm wird zeilenweise ausgeführt. (1 Prozedur → 1 Schritt).
Einzelne Anweisung		F7	... Programm wird zeilenweise ausgeführt (1 Anweisung → 1 Schritt).
Nächste Quelltextzeile		Umsch+F7	... Programm hält bei nächster Zeile an.
Zur Cursorposition gehen		F4	... Programmausführung bis zur Cursorposition.
Ausführungsposition anzeigen			... positioniert Cursor an Ausführungspunkt.
Programm Pause			... unterbricht vorübergehend die Programmausführung.
Programm zurücksetzen		Strg+F2	... beendet Programm und gibt Speicherplatz frei.
Untersuchen...			... öffnet Fenster zur Eingabe eines zu untersuchenden Ausdrucks.
Auswerten/Ändern...		Strg+F7	... öffnet Dialogfeld "Auswerten/Ändern".
Ausdruck hinzufügen...		Strg+F5	... öffnet Dialogfeld "Darstellung überwachter Ausdrücke".
Haltepunkt hinzufügen			... öffnet Untermenü zum Setzen diverser Haltepunkte (Debugger).

3.2.7 Komponenten-Menü

Dieses Menü ermöglicht Ihnen die Modifikation der Komponentensammlung, die für Ihre Delphi-Applikation zur Verfügung steht.

Menüaufruf	Erläuterung
Neue Komponente...	... öffnet den Komponentenexperten.
Komponente installieren...	... öffnet Dialogfeld "Komponenten installieren".
ActiveX importieren ...	... öffnet Dialogfenster "ActiveX Element importieren".
Komponentenvorlage erzeugen...	... öffnet Fenster zum Erstellen einer neuen Komponentenschablone.
Packages installieren	... öffnet Fenster "Projektoptionen" (Seite "Packages").
Palette konfigurieren...	... ermöglicht die Anpassung der Komponentenpalette (Dialogfenster "Umgebungsoptionen").

3.2.8 Datenbank-Menü

Der Zugriff auf Datenbanken spielt in Delphi eine zentrale Rolle, was den Einsatz eines extra Menüs für entsprechende Funktionalitäten rechtfertigt.

Menüaufruf	Erläuterung
Explorer	... ermöglicht Verbindungsaufnahme zu einem entfernten Datenbanksystem.
SQL-Monitor	... beobachtet aktuelle SQL-Verbindungen.
Formular-Experte...	... unterstützt Sie beim Erstellen von Formularen.

3.2.9 Tools-Menü

Hinter diesem Menüpunkt verbergen sich diverse Funktionalitäten und vorerst zwei ausgewachsene Zusatzprogramme zur Bildbearbeitung und zur Arbeit mit Datenbanken.

Menüaufruf	Erläuterung
Umgebungsoptionen...	... öffnet das Dialogfenster "Umgebungsoptionen".
Debugger-Optionen	... öffnet Dialogfenster "Debugger-Optionen".
Optionen für Übersetzungs-Tools	... zu Einstellungen für integrierte Übersetzungs-Umgebung.
Objektablage...	... öffnet das Dialogfenster "Objektablage".
Übersetzungs-Wörterbuch...	... öffnet Übersetzungswörterbuch.
Tools konfigurieren...	... erlaubt Hinzufügen, Löschen und Bearbeiten von Tools.
Datenbankoberfläche	... Hilfsprogramm zum Erstellen von Datenbanktabellen.
Editor für Package-Sammlung	... zum Anzeigen und Bearbeiten von Package-Libraries.
Bildeditor	... pixelorientiertes Zeichenprogramm für Ikons etc.

3.2.10 Fenster-Menü

Über dieses Menü (mit wechselhaften Einträgen) können Sie schnell die wichtigsten Fenster der Entwicklungsumgebung erreichen, z.B.:

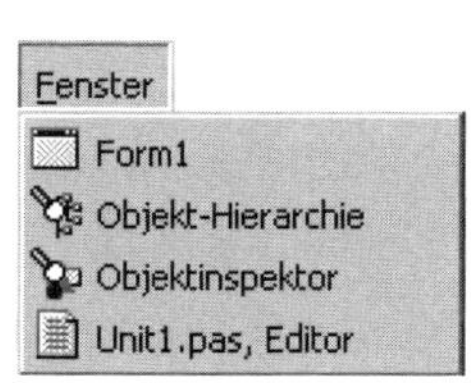

3.2.11 Hilfe-Menü

Das Windows-typische Hilfe-Menü von Delphi bietet weitaus mehr als die standardmäßigen Suchfunktionen.

Menüaufruf	Button	Erläuterung
Delphi-Hilfe		... ruft allgemeines Hilfefenster auf.
Delphi-Tools		... ruft Hilfefenster für Delphi-Tools auf.
Borland-Homepage		... versucht einen Internet-Zugang zur Borland-Homepage.
Borland Community-Seite		... dto. für Mitglieder der Borland Community.
Delphi-Homepage		... dto. zu Angeboten und Vertrieb.
Delphi- Entwickler-Support		... dto. für Entwickler.
Delphi Direct...		... Zusatzmodul für vereinfachte Internet-Suche.
Anpassen...		... öffnet Fenster für OpenHelp.
Info...		... zeigt Copyright und Versionsnummer von Delphi.

Hinweis: Denken Sie daran, dass die integrierte Online-Hilfe auch immer dann zur Stelle ist, wenn Sie mit der Maus ein unbekanntes Element der Entwicklungsumgebung (z.B. einen Menüeintrag) aktivieren bzw. die Schreibmarke in ein unbekanntes Wort des Quelltextes setzen und dann die F1-Taste betätigen.

3.3 Das Startformular

Da ein Windows-Programm in der Regel in einem oder mehreren Fenstern abläuft, sind Fenster bzw. Formulare auch die Basiselemente jeder Delphi-Applikation. Bereits unmittelbar nach Programmstart wird Ihnen ein "Blanko"-Formular namens *Form1* angeboten, das gewissermaßen als Container für die darauf "aufzusteckenden" Komponenten dient.

Ein Formular ist standardmäßig mit den Windows-typischen Checkboxen zum Verkleinern auf Symbolgröße, Vergrößern/Verkleinern und Schließen ausgestattet. Änderungen können über den Objektinspektor vorgenommen werden, z.B. mit *BorderStyle.* Setzen Sie diese Eigenschaft z.B. auf *bsDialog*, so wird dieses Formular später zum Dialogfenster, das nur noch über eine einzelne Checkbox (zum Schließen) verfügt und dessen Abmessungen nicht mehr verändert werden können.

Bereits in den Einführungsbeispielen (Kapitel 1) haben Sie gelernt, wie man bestimmte Eigenschaften, wie z.B. die Beschriftung der Titelzeile (*Caption*) oder die Hintergrundfarbe (*Color*), einstellt. Das generelle Outfit eines Formulars (Farbe und Höhe der Titelzeile, Randbreite ...) können Sie mit Delphi allerdings nicht beeinflussen, denn das ist Sache der Einstellungen des Windows-Desktop (*Systemsteuerung|Anzeige ...*).

Hinweis: Ausführliche Informationen zu den "Innereien" von Formularen und Komponenten finden Sie in Kapitel 4.

3.4 Die Komponentenpalette

Komponenten (manchmal auch als Dialog- bzw. Steuerelemente bezeichnet) sind die Grundbausteine Ihrer Delphi-Applikation. Es gibt auch Komponenten, die nur zur Entwurfs-, aber nicht zur Laufzeit sichtbar sind (*MainMenu*, *Timer* etc.), da sie ihre Arbeit quasi im Hintergrund verrichten.

Das umfangreiche (und erweiterungsfähige) Sortiment ist in verschiedene Kategorien aufgeteilt, die griffbereit in den Registerseiten der Komponentenpalette untergebracht sind. Das vorhandene Sortiment kann vom Nutzer gekürzt bzw. erweitert werden (siehe Menü *Komponente*).

Die Schaltfläche  erscheint auf jeder Seite der Komponentenpalette. Wenn Sie darauf klicken, wird der Auswahlmodus beendet (keine aktive Komponente) und Sie können die normale Arbeitsweise fortsetzen.

Im vorliegenden Buch werden wir vor allem mit Komponenten der Registerseiten *Standard, Zusätzlich, Win32, System, Datenzugriff, Datensteuerung, BDE, QReport, Dialoge, Win 3.1, Beispiele, ActiveX* und *Server* arbeiten (alle anderen siehe unsere weiteren Bücher [Borland Delphi 6 Datenbankprogrammierung] bzw. [Borland Delphi 6 Kochbuch]).

In den folgenden Tabellen sind nur die wichtigsten Komponenten aufgeführt, wie Sie nach einer Standardinstallation zur Verfügung stehen.

3.4.1 Standard

Hier handelt es sich um die allgemein bekannten Basiselemente der Windows-Oberfläche.

Name	**Ikone**	**Verwendungszweck**
MainMenu		Menüentwurf (Menüleiste oder DropDown-Menü)
PopupMenu		PopUp-Menüs (erscheinen lokal bei rechtem Mausklick)
Label		reine Textanzeige (ohne Nutzerzugriff)
Edit		einzeilige Texteingabe und -anzeige
Memo		mehrzeilige Texteingabe und -anzeige
Button		Schaltfläche (z.B. zum Starten einer Operation)
CheckBox		Ja/Nein-Option
RadioButton		exklusive Ja/Nein-Optionen
Listbox		Auswahlliste
ComboBox		editierbare Auswahlliste
ScrollBar		Bildlaufleiste

Name	Ikone	Verwendungszweck
GroupBox		Rahmen für allgemeine Gruppe
Panel		Unterlage für andere Komponentengruppen (z.B. Toolbar)
RadioGroup		gruppiert ein Schalterfeld
ActionList		Aktionsliste

Eine Beschreibung dieser Komponenten erfolgt in Kapitel 4.

3.4.2 Zusätzlich

Diese Dialogelemente haben im Allgemeinen eine etwas komplexere Funktionalität als die Standardkomponenten.

Name	Ikone	Verwendungszweck
BitBtn		Schaltfläche mit eingelagerter Grafik
SpeedButton		Toolbar-Schaltfläche
MaskEdit		Formatieren der Dateneingabe
StringGrid		Zeilen- und spaltenweise Anzeige von Zeichenketten
DrawGrid		Zeilen- und spaltenweise Datenanzeige
Image		Anzeige einer Grafik (*.BMP, *.ICO, *.WMF)
Shape		Anzeige von Kreis, Ellipse, Rechteck (auch abgerundet)
Bevel		Rechteck oder Rahmen (auch Linie) mit 3-D-Effekt
ScrollBox		Erzeugen von Bildlaufbereichen auf dem Formular
CheckListBox		wie *Listbox*, aber mit Kontrollfeldern
ControlBar		Layout-Manager zum Andocken von Symbolleisten
Splitter		Trennleiste zum Teilen des Formulars
StaticText		wie *Label*, aber mit Fenster-Handle
ApplicationEvents		zum Abfangen von Ereignissen des *Application*-Objekts
ValueListEditor		zur Anzeige zweispaltiger Stringlisten (*Name* | *Wert*)

Name	Ikone	Verwendungszweck
ColorBox		Combobox zur Farbauswahl
Chart		zur Darstellung unterschiedlichster Diagrammtypen
ActionManager		zur Verwaltung und Anzeige aller Aktionen einer Anwendung
ActionMain-MenuBar		
ActionToolBar		
CustomizeDlg		Dialogfeld zum Anpassen von Aktionsabschnitten

3.4.3 Win32

Hier handelt es sich größtenteils um Steuerelemente, wie sie mit dem Übergang von 16 zu 32 Bit (Windows 95) neu eingeführt wurden.

Name	Ikone	Verwendungszweck
TabControl		Notizbuchregister (ähnlich *TabSet* in Delphi 1.0)
PageControl		Notizbuchregister für mehrseitige Dialogfelder (Nachfolger von *TabbedNotebook*)
ImageList		Bilderliste für *TreeView* und *ListView*
RichEdit		Memo-Komponente für Textdateien unbegrenzter Länge mit unterschiedlichen Formatierungsmöglichkeiten
TrackBar		Regler zum Einstellen von Werten in einem bestimmten Bereich
ProgressBar		Fortschrittsanzeige eines Hintergrundprozesses
UpDown		schrittweises Verändern von Einstellwerten
HotKey		für Tastenkürzel mit Kombinationen mit *Strg*, *Umsch* und *Alt*
Animate		Fenster zum tonlosen Anzeigen von AVI-Clips
DateTimePicker		Listenfeld zur Auswahl von Datums-/Zeitwerten aus einem Kalender
MonthCalendar		Kalender, in dem ein einzelner Monat dargestellt ist (neu!)
TreeView		hierarchische (baumartige) Liste von Elementen
ListView		Elementeliste, auf verschiedene Weise anzuzeigen

Name	Ikone	Verwendungszweck
HeaderControl		größenveränderliche Darstellung eines Tabellenkopfes
StatusBar		Statusleiste mit mehreren Panels (unterer Formularrand)
ToolBar		zum Anfertigen von Werkzeugleisten
CoolBar		Symbolleiste mit untergeordneten Steuerelementen, die selbstständig verschoben werden können
PageScroller		definiert einen Anzeigebereich für ein schmales Fenster (z.B. Symbolleiste)
ComboBoxEx		*ComboBox* mit erweiterter Funktionalität (Grafik)

3.4.4 System

Dieses Sammelsurium von Dialogelementen greift mehr oder weniger direkt auf die Windows-Systemsteuerung zu.

Name	Ikone	Verwendungszweck
Timer		Bereitstellen eines Zeitintervalls
PaintBox		Zeichnen auf begrenzter rechteckiger Fläche innerhalb des Formulars
MediaPlayer		Bedienfeld zur Aufnahme bzw. zum Abspielen von Multimedia-Dateien
OLEContainer		Einbetten/Verknüpfen von OLE-Objekten
DDEClientConv		Einrichten einer Client-Verbindung zu einem DDE-Server
DDEClientItem		Festlegen der zu übertragenden Client-Daten
DDEServerConv		Einrichten einer Server-Verbindung zu einem DDE-Client
DDEServerItem		Festlegen der zu übertragenden Server-Daten

3.4.5 Datenzugriff

Mit diesen (zur Laufzeit unsichtbaren) Komponenten wird der Zugriff auf verschiedenste Datenquellen vermittelt.

Name	Ikone	Verwendungszweck
DataSource		liefert die Schnittstelle zwischen einer Datenquelle und den Komponenten zur Datensteuerung (Bound Controls)

Name	Ikone	Verwendungszweck
ClientDataSet		repräsentiert eine datenbankunabhängige Datenmenge im Arbeitsspeicher
DataSetProvider		stellt Daten aus einer Datenmenge bereit (Vermittler zwischen Remote-Datenbank-Server und Client-Datenmenge)

3.4.6 Datensteuerung

Auch unter dem Begriff "Bound Controls" bekannt, lassen sich diese Komponenten mit Datenzugriffskomponenten verbinden, um verschiedenste Datenbankinhalte anzuzeigen.

Name	Ikone	Verwendungszweck
DBGrid		Darstellung einer Datenmenge im Tabellengitter
DBNavigator		zum Bewegen zwischen den Datensätzen, Einfügen und Löschen
DBText		datensensitive Anzeige eines Wertes
DBEdit		einzeiliges Eingabefeld zum datensensitiven Anzeigen und Bearbeiten
DBMemo		mehrzeiliges Eingabefeld zum datensensitiven Anzeigen und Bearbeiten
DBImage		datensensitive Anzeige einer BLOB-Grafik
DBListBox *DBComboBox*		datensensitives Listen- bzw. Kombinationsfeld zur Anzeige bzw. Auswahl
DBLookupListBox *DBLookupComboBox*		datensensitives Listen- bzw. Kombinationsfeld, mit dem Daten aus verknüpften Tabellen angezeigt und bearbeitet werden können

3.4.7 BDE

Diese Komponenten dienen dem direkten Zugriff auf Ihre lokale Datenbasis (*Borland Database Engine*), wie sie im Allgemeinen bei jeder Delphi-Installation mit eingerichtet wird. Für die Beispiele dieses Buchs genügen zwei Komponenten:

Name	Ikone	Verwendungszweck
Table		zum direkten Zugriff auf eine Datenbanktabelle und ihre Felder
Query		zum SQL-basierten Zugriff auf bestimmte Datensätze

3.4.8 QReport

Die zahlreichen *QuickReport*-Komponenten (von denen hier nur eine kleine Auswahl gezeigt wird), ermöglichen die Anfertigung repräsentativer Datenbankberichte.

Name	Ikone	Verwendungszweck
QuickRep		zum Erstellen eines mit einer Datenmenge verbundenen Reports
QRBand		für die Einrichtung der wesentlichen Abschnitte
QRLabel		zum Drucken eines statischen Textes
QRDBText		zum Drucken von Textfeldern aus einer Tabelle
QRExpr		zum Berechnen eines Ausdrucks während der Reporterstellung
QRSysData		zur Ausgabe von Systeminformationen (Datum, Seitenzahl, ...)
QRPreview		zum Erstellen der Druckvorschau

3.4.9 Dialoge

Name	Ikone	Verwendungszweck
OpenDialog		Dialogfenster *Datei öffnen*
SaveDialog		Dialogfenster *Datei speichern*
OpenPictureDialog		wie *OpenDialog*, aber mit Bereich für Grafikvorschau
SavePictureDialog		wie *SaveDialog*, aber mit Bereich für Grafikvorschau
FontDialog		Dialogfenster *Zeichensätze*
ColorDialog		Dialogfenster *Farben*
PrintDialog		Dialogfenster *Drucken*
PrinterSetupDialog		Dialogfenster *Drucker einrichten*
FindDialog		Dialogfenster *Suchen*
ReplaceDialog		Dialogfenster *Ersetzen*

3.4.10 Win3.1

Diese Relikte aus der alten Windows 3.1 Zeit passen nicht mehr so recht zum modernen Outfit der späteren 32-Bit-Windows-Versionen. Bei Neuentwicklungen sollten Sie sich deshalb an den Komponenten der rechten Spalte orientieren.

Win16 (alt)		**Win32 (neu)**	
Symbol	**Name**	**Symbol**	**Name**
	DBLookupList		*DBLookupListBox*
	DBLookupCombo		*DBLookupComboBox*
	TabSet		*TabControl*
	Outline		*TreeView*
	Header		*HeaderControl*
	TabbedNotebook		*PageControl*
	Notebook		*PageControl*
	FileListBox *DirectoryListBox* *DriveComboBox*	Für die Dateiauswahl sollten Sie möglichst die *OpenDialog*- oder *SaveDialog-Komponente* (Seite "Dialoge") verwenden.	

Die Win 3.1-Komponenten werden lediglich aus Kompatibilitätsgründen noch mitgeführt und haben z.B. dann Bedeutung, wenn Sie ein von Ihnen unter Delphi 1.0 entworfenes Projekt unter Delphi 6 weiterentwickeln wollen.

3.4.11 Beispiele

Diese Komponenten gehören nicht zum Delphi-Kernprodukt und sind deshalb auch nicht durchgehend in der Online-Hilfe dokumentiert, sie sollen Ihnen lediglich Anregungen für eigene Entwicklungen geben.

Name	**Ikone**	**Verwendungszweck**
Gauge		Fortschrittsanzeige als Balken-, Text- oder Tortendiagramm
ColorGrid		Gitter zur Farbenauswahl
SpinButton		Schalter zur schnellen Erhöhung bzw. Erniedrigung von Eingabewerten
SpinEdit		Kombination von Wippregler und Editierfeld

Name	Ikone	Verwendungszweck
DirectoryOutline		hierarchische Auflistung von Laufwerk- und Verzeichnisstruktur
IBEventAlerter		Alarmsimulation für Ereignisse
Calendar		einfacher Monatskalender in Gitterform

Hinweis: Den Quellcode finden Sie im Verzeichnis *\Delphi6\Source\Samples* (eine Standardinstallation vorausgesetzt).

3.4.12 ActiveX

Hier finden Sie einige Steuerelemente (OCXe), vor allem von Fremdanbietern, die dem universellen Microsoft ActiveX-Standard entsprechen. Solche Komponenten können Sie z.B. mit Visual Basic entwickeln. Die folgende Zusammenstellung kann nicht mehr als nur eine Momentaufnahme sein.

Name	Ikone	Verwendungszweck
ChartFx		diverse Balken- und Funktionsdiagramme
VtChart		dto.
VSSpell		Rechtschreibprüfung

3.4.13 Server

Hier erwartet Sie eine schier unendlich lange Liste aller möglichen Automationsserver, das sind meist ziemlich komplexe Anwendungsobjekte, die sich für die (OLE-)Automation eignen, also von Delphi aus aufgerufen und quasi "ferngesteuert" werden können. Ein kleiner Auszug soll genügen:

Name	Ikone	Verwendungszweck
WordApplication		Zugriff auf Microsoft Word
WordDocument		Aufruf eines Word-Dokuments
ExcelApplication	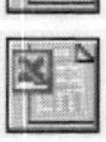	Zugriff auf Microsoft Excel
ExcelQueryTable		Aufruf einer Excel-Tabelle
AccessApplication		Zugriff auf Microsoft Access
AccessReport		Aufruf eines Access-Berichts

3.5 Der Objektinspektor

Die prinzipielle Arbeitsweise mit dem Objektinspektor haben Sie in den Einführungsbeispielen bereits hinreichend kennen gelernt. Er besteht aus zwei Seiten, den "Eigenschaften" und den "Ereignissen". Im *Objektselektor*, das ist die oberste Zeile des Objektinspektors, erscheinen Name und Typ der gerade aktiven (angeklickten) Komponente bzw. des Formulars. Sie können aber auch mit der Rollbox des Objektselektors die gewünschte Auswahl treffen.

3.5.1 Eigenschaften-Seite

Am Beispiel eines Anzeigefeldes (*Label*-Komponente) wollen wir uns den prinzipiellen Aufbau der Eigenschaftenseite verdeutlichen: In der linken Spalte finden Sie den Namen und in der rechten die Standardeinstellungen, die von Ihnen wahlweise verändert werden können. Meistens wird Ihnen dabei eine Auswahl von Werten angeboten, z.B. für alle möglichen Farbeinstellungen (*Color*). Manchmal müssen Sie aber auch direkt etwas eingeben, z.B. für die Beschriftung (*Caption*).

Hinweis: Im Objektinspektor sind nur die Eigenschaften zu sehen, die bereits zur Entwurfszeit geändert werden können (siehe Online-Help). Auf weitere Eigenschaften ist der Zugriff nur zur Laufzeit (per Code) möglich.

Das manchen Eigenschaften (z.B. *Font*) vorangestellte Plus (+) weist darauf hin, dass es sich hier genaugenommen um einen Objekttyp handelt, der sich erst eine (oder auch mehrere) Ebene(n) tiefer in einzelne Eigenschaften aufsplitten lässt. Durch Doppelklick öffnen Sie diese "Sub-Properties".

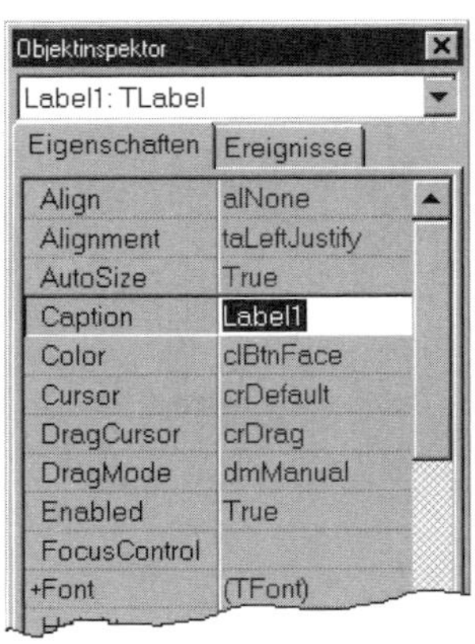

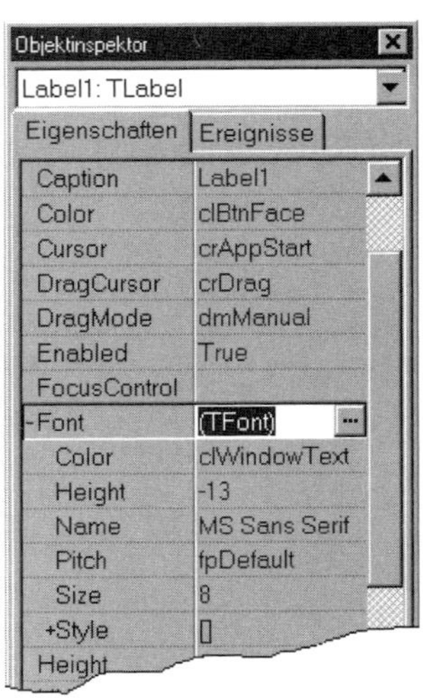

3.5.2 Ereignisse-Seite

Die zweite Registerseite des Objektinspektors zeigt die Events, auf welche dieses Objekt reagieren kann. Das *OnClick*-Ereignis tritt z.B. dann ein, wenn mit der Maus auf die Komponente geklickt wird. In der rechten Spalte wird nur dann etwas angeboten, wenn so genannte *Ereignisbehandlungsmethoden* (Event-Handler) zur Verfügung stehen.

Beispiel: Dem *OnClick*-Ereignis von *Button5* kann entweder einer der bereits vorhandenen Event-Handler zugewiesen werden (siehe Abbildung), oder aber Sie erstellen im Quelltexteditor einen eigenen Event-Handler (siehe unten).

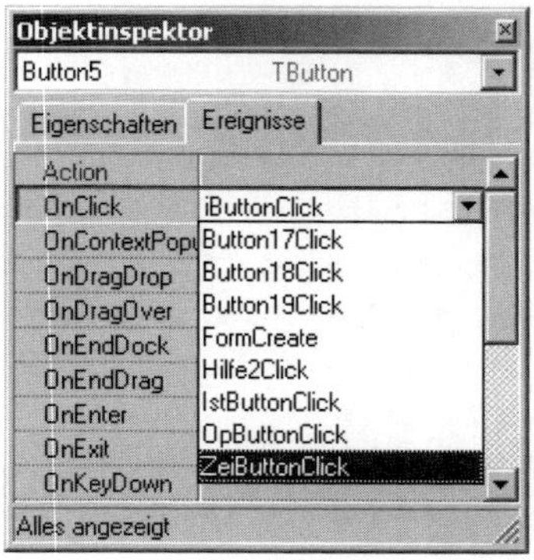

Den Rahmencode erstellt Delphi für Sie (z.B. nach Doppelklick auf *Button5*):

```
procedure TForm1.Button5Click(Sender: TObject);
begin
  // Hier müssen Sie den Code des Event-Handlers einfügen!
end;
```

3.5.3 Einstellungen

Das äußere Erscheinungsbild des Objektinspektors (und viele andere Einstellungen der Entwicklungsumgebung) können Sie über das Menü *Tools|Umgebungsoptionen...* beeinflussen:

3.6 Der Quelltexteditor

Dieses Fenster ist der eigentliche "Arbeitsplatz" des Delphi-Programmierers. Bereits im Kapitel 2 konnten Sie sich hier hinreichend "austoben", so dass nur noch einige wenige ergänzende Bemerkungen fällig sind.

3.6.1 Intellisense

Delphi unterstützt Sie nach besten Kräften beim Schreiben Ihres Codes. So werden z.B. nach Eintippen eines Objektbezeichners alle für dieses Objekt überhaupt möglichen Eigenschaften und Methoden in einer PopUp-Klappbox zur Auswahl angeboten. Damit kommen Sie überhaupt nicht erst auf den Gedanken, etwas Fehlerhaftes oder Unsinniges einzugeben. Man bezeichnet deshalb dieses hilfreiche Feature auch als *Intellisense.*

Beispiel: Sie wollen die *Caption*-Eigenschaft von *Label1* zuweisen.

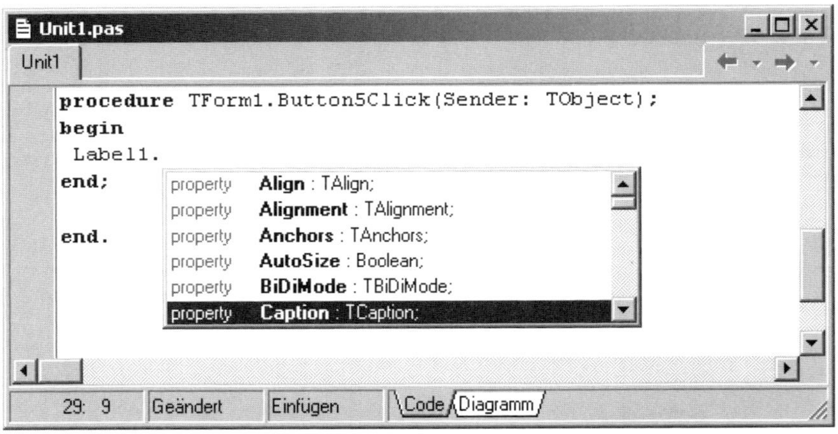

Die Klappbox erscheint allerdings erst nach Eingabe des Punktes ("."), der in der OOP generell als Trennzeichen zwischen dem Namen des Objekts und seinen Eigenschaften bzw. Methoden dient (siehe Kapitel 6). Die Übernahme des ausgewählten Eintrags erfolgt durch Betätigen der Enter-Taste.

3.6.2 Diagramm-Seite

Hinter der "Code"-Seite des Quelltexteditors verbirgt sich die Seite "Diagramm", die vor allem in Verbindung mit dem Fenster "Objekt-Hierarchie" von Bedeutung ist. Mit einem kleinen grafischen Designer können Sie hier grundlegende Zusammenhänge zwischen den Objekten verdeutlichen und kommentieren. Zum Erstellen eines Diagramms ziehen Sie die Elemente aus der Objekt-Hierarchie in diese Registerkarte.

Beispiel: Aus der in 3.7.2 erörterten Objekt-Hierarchie können Sie per Drag&Drop die folgende Diagrammdarstellung gewinnen:

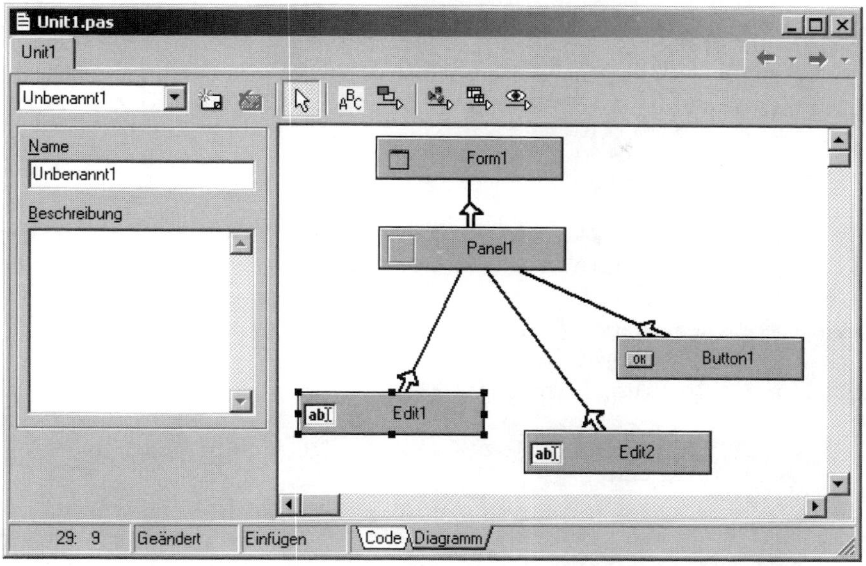

Wirklich nützlich erweist sich die "Diagramm"-Seite allerdings erst beim Programmieren von komplexeren Applikationen, wie vor allem Datenbankanwendungen (mit Datenmodulen etc.).

3.6.3 Einstellungen

Über das Menü *Tools|Editor-Optionen...* bieten sich Ihnen vielfältige Möglichkeiten zum individuellen Einrichten Ihres Arbeitsplatzes:

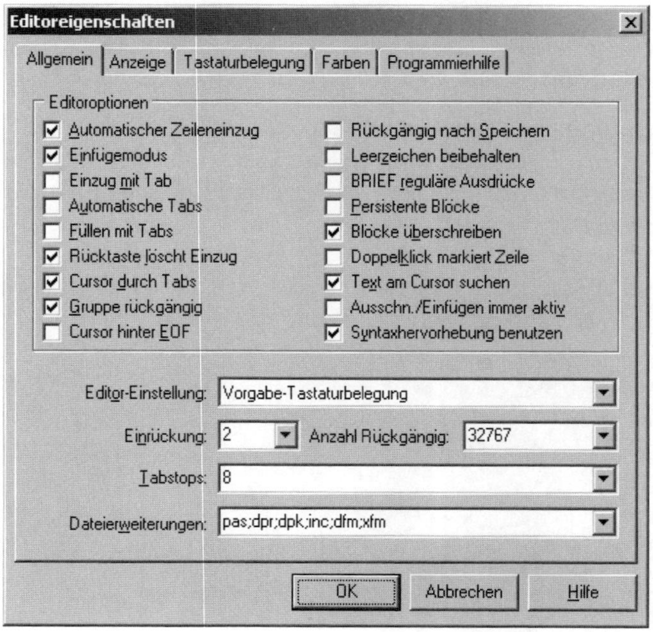

3.7 Weitere Fenster

Ohne den Anspruch auf Vollständigkeit auch nur annähernd erfüllen zu können, sollen hier zwei weitere wichtige Fenster kurz vorgestellt werden.

3.7.1 Projektverwaltung

Diese "Schaltzentrale" Ihres Projekts sollte für Sie immer dann der Anlaufpunkt sein, wenn wieder einmal der Gesamtüberblick über die sich im Laufe der Programmentwicklung angesammelten zahlreichen Formulare, Datenmodule, Units usw. verloren gegangen ist. Geöffnet wird dieses wichtige Fenster über das Menü *Ansicht|Projektverwaltung* bzw. mit Strg+Alt+F11.

Beispiel: Eine Ansicht aus dem Praxisbeispiel 3.8.1:

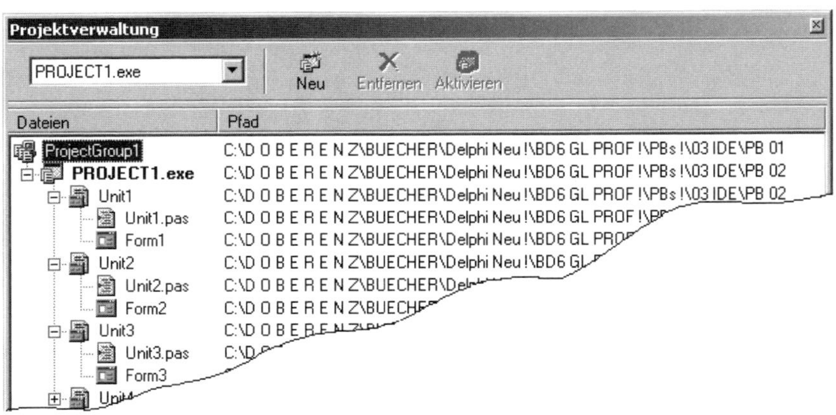

3.7.2 Objekt-Hierarchie

Als eine der vielgepriesenen Neuerungen von Borland Delphi 6 präsentiert sich dieses Fenster, in dem ein Baumdiagramm die in einem Formular (oder Datenmodul oder Frame) platzierten Komponenten anzeigt. Dabei werden die logischen Beziehungen der Komponenten sowie die Eigenschaftsbeziehungen dargestellt.

Beispiel: Ein Formular und seine Objekt-Hierarchie (wenn Sie in der Objekt-Hierarchie auf ein bestimmtes Objekt (*Edit1*) klicken, wird es auf *Form1* markiert).

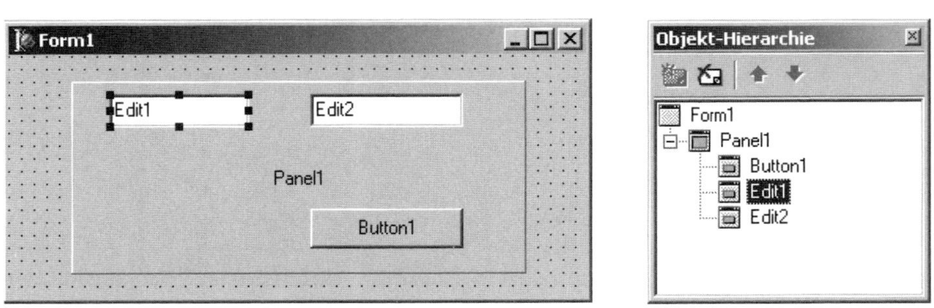

Ist ein Knoten im Baumdiagramm mit einem roten Fragezeichen im gelben Kreis markiert, ist das Element nicht vollständig oder fehlerhaft definiert.

Beispiel: Eine *DataSource*-Komponente, deren *DataSet*-Eigenschaft unbesetzt ist.

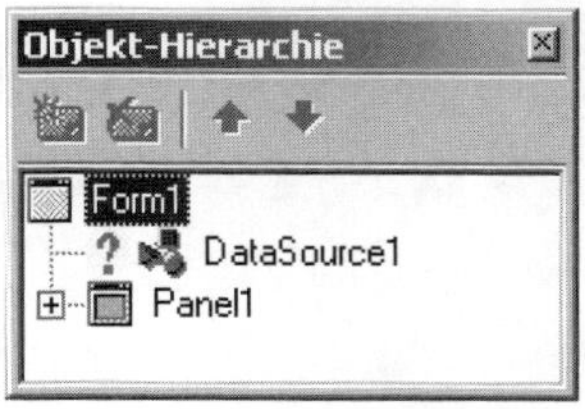

Hinweis: Das lästige Andocken dieses Fensters an den Objektinspektor können Sie verhindern, indem Sie über das Menü *Tools|Umgebungsoptionen...* auf der Seite "Präferenzen" das *Autom. Andocken beim Ziehen* deaktivieren.

3.8 Praxisbeispiele

Obwohl wir in den folgenden Beispielen vor allem den Umgang mit der Entwicklungsumgebung trainieren wollen, werden dabei einige Sprachkenntnisse aus Kapitel 2 vorausgesetzt. Es wäre auch wünschenswert (nicht Bedingung), wenn Sie schon einmal einen neugierigen Blick in Kapitel 4 (Formulare und Komponenten) geworfen hätten.

3.8.1 Festlegen der Projekteinstellungen für Formulare

Normalerweise besteht eine Applikation nicht nur aus einem, sondern aus mehreren Formularen. Welches von denen soll nun beim Programmstart angezeigt werden, wie werden die übrigen aufgerufen? Diese und andere Fragen lassen sich mit den "Projekteinstellungen" der Entwicklungsumgebung beantworten. Eine kleine Beispielapplikation (die bezüglich ihrer Funktionalität nicht ganz ernst zu nehmen ist) soll zeigen, um was es geht.

Oberfläche

Wir brauchen vier Formulare (*Form2 ... Form5*), die von einem Hauptformular (*Form1*) aus aufgerufen werden sollen. Letzteres hat fünf Schaltflächen:

Die anderen Formulare fügen wir über *Datei|Neu|Formular* hinzu, sie erhalten jeweils eine Schaltfläche, damit ein "Zurück" zum Hauptformular möglich ist. Für den Zweck unseres Beispiels ist eine weitergehende Funktionalität der Unterformulare unwichtig, wir überlassen es aber Ihrer Fantasie, etwas Abwechslung in das triste Grau zu bringen. Wie wäre es z.B. mit *Image*-Komponenten, deren *Picture*-Eigenschaft man mit Hilfe des Objektinspektors einer *WMF*- oder *BMP*-Datei zuweist?

Nur als Anregung ein Vorschlag für das zweite Formular:

Hinweis: Vergessen Sie aber nicht, die *Stretch*-Property der *Image*-Objekte auf *True* zu setzen, sonst kann es sein, dass nur ein winziger Bildausschnitt angezeigt wird, so dass Sie zur Laufzeit überhaupt nichts sehen. *AutoSize* hingegen sollte auf seiner Standardeinstellung (*False*) bleiben.

Quelltext

Im Quelltext von *Unit1* gibt es für Sie nicht viel zu tun, denn jedes Formular kann mittels seiner *Show*-Methode zur Anzeige gebracht werden.

```
procedure TForm1.BitBtn1Click(Sender: TObject);
begin Form2.Show end;

procedure TForm1.BitBtn2Click(Sender: TObject);
begin Form3.Show end;

procedure TForm1.BitBtn3Click(Sender: TObject);
begin Form4.Show end;

procedure TForm1.BitBtn4Click(Sender: TObject);
begin Form5.Show end;

procedure TForm1.BitBtn5Click(Sender: TObject);
begin Close end;
```

Stellvertretend für die dann noch übrigen Formulare hier die Ereignisbehandlungsroutine für den "Zurück"-Button von *Form2*:

```
procedure TForm2.Button1Click(Sender: TObject);
begin Close end;
```

Test

Wir starten unsere Applikation (F9) und werden insgesamt viermal "zurückgepfiffen", z.B.:

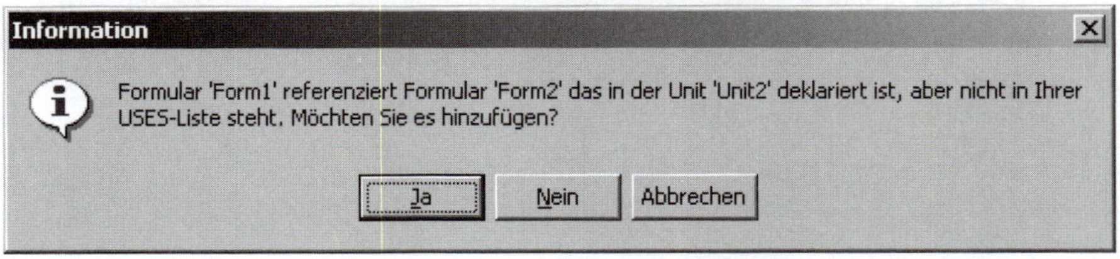

Natürlich, unsere *Unit1* hat ja noch keinerlei Kenntnis von den restlichen *Form*-Objekten, die von hier aus aufgerufen werden sollen! Also muss ihre *uses*-Klausel um die Namen von *Unit2* bis *Unit5* ergänzt werden, was Delphi dankenswerterweise für uns erledigt (wenn wir auf "Ja" klicken).

Der zweite Startversuch sollte dann aber klappen. Verfolgen wir gemeinsam die verschiedenen "Entwicklungsphasen" eines geplagten "Autors", und leiden wir mit ihm!

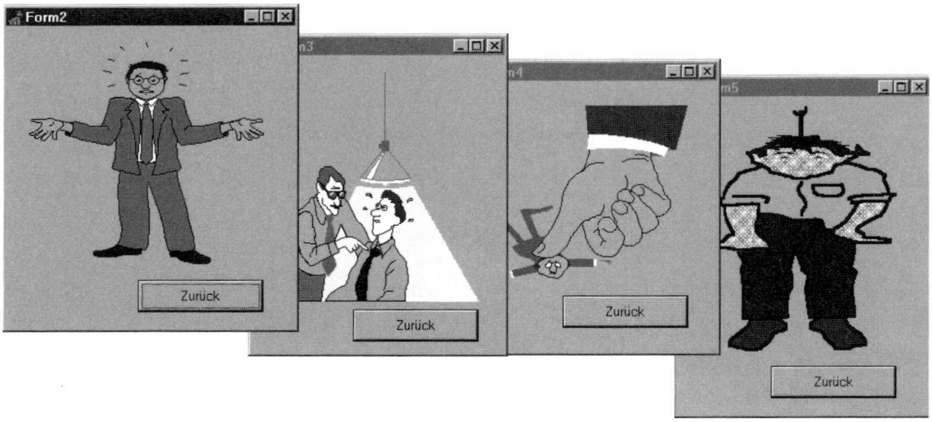

Das Hauptformular erscheint nicht nur beim Start als Erstes, sondern wartet auch noch ganz am Schluss mit einer wichtigen Besonderheit auf:

Hinweis: Beenden Sie das Hauptformular, so werden automatisch auch alle Unterformulare geschlossen.

Ein Blick in die Projektoptionen

Halt, trotz aller Freude über die ach soooo spaßigen Bildchen, wir sind noch nicht fertig! Erst jetzt können wir uns dem eigentlichen Problem, den Projektoptionen, zuwenden.

Wir haben es bis jetzt als selbstverständlich angenommen, dass bei Programmstart *Form1* erschienen ist. Dabei hat uns aber der Zufall geholfen, denn das Startformular ist gleichzeitig auch das Hauptformular.

Ein Blick in das Dialogfenster "Projektoptionen" (Menü *Projekt|Optionen...*) belehrt uns, dass das durchaus nicht selbstverständlich ist, denn auch jedes andere Formular kann durch Verändern der Combobox-Einstellung in die Rolle des Hauptformulars schlüpfen:

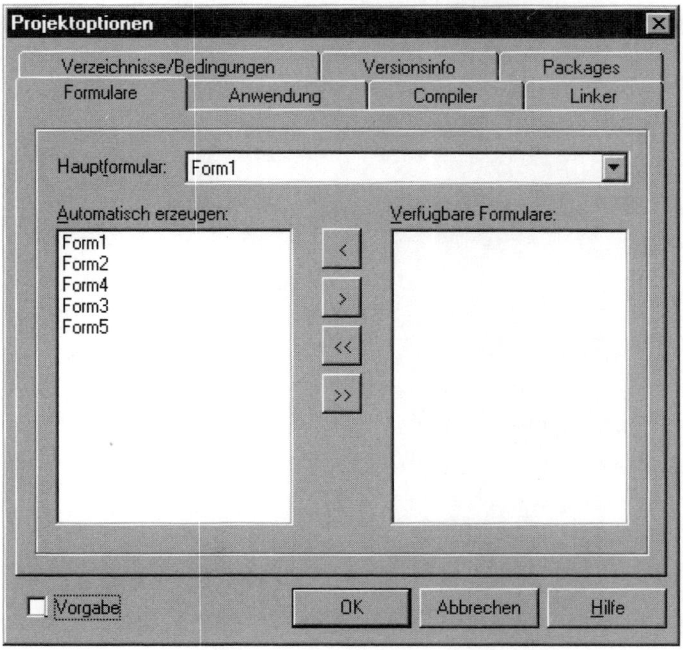

Alle Formulare der linken Liste werden automatisch dem Startcode der Projektdatei hinzugefügt und zur Laufzeit erstellt.

Wir wollen diese Aussage überprüfen und wählen dazu das Menü *Ansicht|Units...*. Es erscheint nicht nur die Liste aller Units, sondern (ganz oben) auch der Name der Projektdatei:

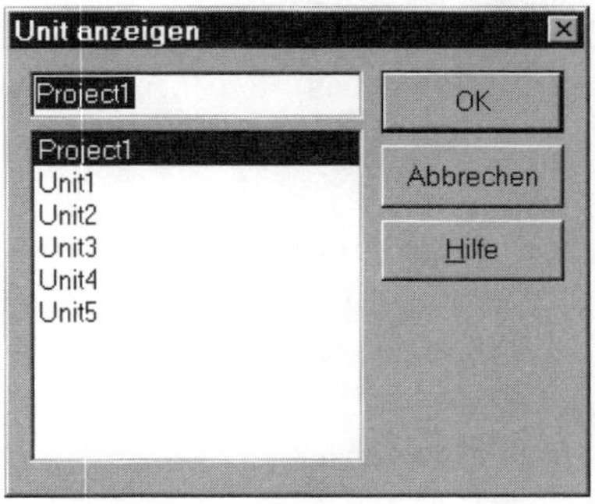

Hinweis: An der Projektdatei sollte man lieber nicht herumdoktern!

Aber anschauen darf man sich die Projektdatei allemal. Hier der Quelltext von *Project1.dpr*, wie ihn Delphi automatisch erstellt hat:

```
program Project1;
uses
  Forms,
```

```
  Unit1 in 'Unit1.pas' {Form1},
  Unit2 in 'Unit2.pas' {Form2},
  Unit3 in 'Unit3.pas' {Form3},
  Unit4 in 'Unit4.pas' {Form4},
  Unit5 in 'Unit5.pas' {Form5};

{$R *.RES}

begin
  Application.Initialize;
  Application.CreateForm(TForm1, Form1);
  Application.CreateForm(TForm2, Form2);
  Application.CreateForm(TForm3, Form3);
  Application.CreateForm(TForm4, Form4);
  Application.CreateForm(TForm5, Form5);
  Application.Run;
end.
```

Die Methode *CreateForm* erzeugt ein neues Formular des *TForm*-Typs, der durch den ersten Parameter angegeben wird, und weist es der *Form*-Objektvariablen zu, die durch den zweiten Parameter definiert ist. Besitzer (Owner) des neuen Formulars ist, wie könnte es anders sein, das *Application*-Objekt. Das Hauptformular wird durch den ersten Aufruf von *CreateForm* erzeugt.

Bitte widerstehen Sie aber der Verlockung, diese Regel zu durchbrechen und an den Quelltext der Projektdatei Hand anzulegen, überlassen Sie das besser Delphi.

Hinweis: Wenn Sie eine Projektdatei manuell bearbeiten, umgehen Sie Delphis automatisierten Projektverwaltungsmechanismus und riskieren Compilierfehler und andere Probleme.

Nehmen Sie deshalb Manipulationen lieber im Dialogfenster "Projektoptionen" (siehe obige Abbildung) vor. Wenn Sie dort die "Hauptformular"-Einstellung ändern (z.B. *Form2*), erscheint *Form2* als Erstes im linken Listenfeld "Automatisch erzeugen". Sie können die Reihenfolge ändern, indem Sie Formulare an neue Positionen ziehen und ablegen. Die Reihenfolge der entsprechenden *Form-Create*-Methoden in der Projektdatei passt sich automatisch an.

Was hat es mit den "verfügbaren Formularen" auf sich?

Diese im rechten Listenfeld des Dialogfensters "Projektoptionen" aufgeführten Formulare werden zwar im Projekt verwendet, aber nicht automatisch erstellt. Wir wollen auch das überprüfen und verwenden die Schaltflächen mit den Pfeilen, um *Form2* bis *Form5* vom linken in das rechte Listenfeld zu verschieben. Ein anschließender Blick in die Projektdatei zeigt, dass nur noch das Hauptformular generiert wird:

```
begin
  Application.Initialize;
```

```
  Application.CreateForm(TForm1, Form1);
  Application.Run;
end.
```

Der Programmtest (F9) scheint zunächst keinen Argwohn zu erregen, denn das Hauptformular erscheint prompt – so als wäre nichts gewesen. Das Desaster folgt erst dann, wenn Sie versuchen, ein Unterformular aufzurufen:

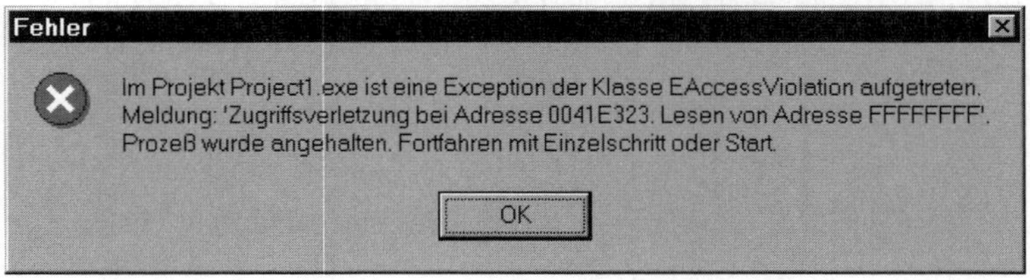

Die Ursache dieser "fachchinesischen" Fehlermeldung dürfte klar sein: Von *Form2* bis *Form5* wurden keine Instanzen gebildet (siehe Projektdatei), also greifen die vier *Form.Show*-Methoden ins Leere. Wir können uns behelfen, indem wir alle vier Event-Handler von *Unit1* so ergänzen, wie es hier exemplarisch für den Aufruf von *Form2* gezeigt wird:

```
procedure TForm1.BitBtn1Click(Sender: TObject);
begin
 Application.CreateForm(TForm2, Form2);
 Form2.Show
end;
```

Einen neckischen Nebeneffekt, der manchmal sogar erwünscht sein kann, hat diese Sache allerdings. Es lassen sich auf diese Weise auch mehrere Instanzen des gleichen Unterformulars erzeugen:

Als Einsteiger sollte man aber vorerst von derartigen Manipulationen die Finger lassen und das Erzeugen von Formularinstanzen lieber (wie oben beschrieben) indirekt, d.h. im Dialogfenster "Projektoptionen", vornehmen.

Wie Sie die lose herumflatternden Fensterchen in eine standesgemäße MDI-Applikation einbinden, erfahren Sie im folgenden Praxisbeispiel.

3.8.2 Eine MDI-Applikation erstellen

Dieses Beispiel soll eine sinnvolle Weiterentwicklung des Vorgängerbeispiels sein. Die dort noch lose herumflatternden Fenster können nicht als der Weisheit letzter Schluss angesehen werden. Der erfahrene Windows-Programmierer bringt mit einer MDI-Applikation Ordnung in das Chaos.

Sie lernen unter anderem auch, wie schnell man mit Delphi eine Menüleiste erstellen kann.

Gehen Sie in folgenden Schritten vor, um das vorhandene Projekt in eine standesgemäße MDI-Anwendung zu verwandeln:

1. Anpassen der Oberfläche von Form1

Ändern Sie die *FormStyle*-Property des Hauptformulars (*Form1*) in *fsMDIForm*. Entfernen Sie alle Buttons von der Oberfläche, denn wir wollen die Unterformulare, so wie es sich gehört, über ein Menü aufrufen. Fügen Sie deshalb eine *MainMenu*-Komponente (Seite "Standard" der Komponentenpalette) hinzu.

Nach einem Doppelklick auf die Menükomponente öffnet sich der Menüeditor, und im Handumdrehen ist das Menü erstellt. Wie Sie der Tabelle entnehmen, haben wir teilweise die *Name*-Eigenschaften der einzelnen Menüobjekte gekürzt.

Das Menü sollte z.B. folgende Struktur haben:

1. Ebene	2. Ebene	Name
Datei	*Beenden*	*Beenden*
Ansicht	*Wehe, man weiß mal etwas nicht!*	*Wehe*
	Das hochnotpeinliche Verhör!	*Peinlich*
	Die Auswirkungen sind katastrophal!	*Auswirkung*
	Das aber kann die Lösung nicht sein!	*Loesung*
Fenster	*Nebeneinander*	*Nebeneinander*
	Überlappend	*Ueberlappend*
	Symbole anordnen	*Symboleanordnen*

Das Menü können Sie bereits zur Entwurfszeit aufklappen:

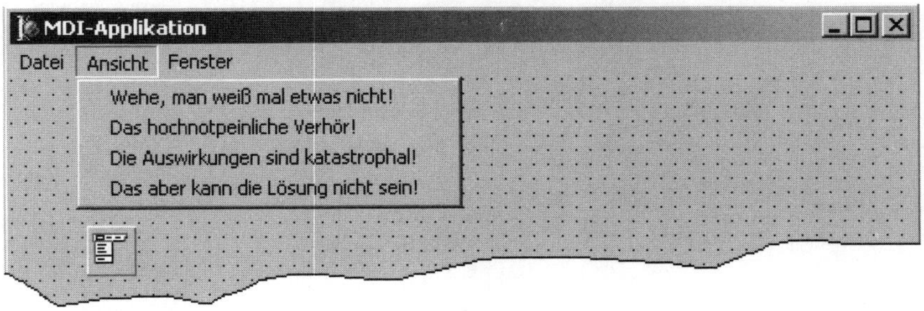

2. Anpassen des Quellcodes von Form1

Hier der komplett überarbeitete *implementation*-Abschnitt von *Unit1*:

```
uses Unit2, Unit3, Unit4,Unit5;
```

Beginnen Sie mit den *OnClick*-Event-Handlern der vier Einträge des *Ansicht*-Menüs.

Hinweis: Wenn Sie (zur Entwurfszeit) auf einen Menüeintrag klicken, erscheint sofort der Rahmencode des entsprechenden Event-Handlers!

```
procedure TForm1.WeheClick(Sender: TObject);       // Wehe, man weiß ....
begin  TForm2.Create(Self)  end;
```

```
procedure TForm1.PeinlichClick(Sender: TObject);  // Das hochnotpeinliche ...
begin  TForm3.Create(Self) end;
```

```
procedure TForm1.LoesungClick(Sender: TObject);    // Die Auswirkungen sind ...
begin TForm5.Create(Self) end;
```

```
procedure TForm1.AuswirkungClick(Sender: TObject); // Das aber kann die ...
begin  TForm4.Create(Self) end;
```

Wie Sie gesehen haben, werden die einzelnen Unterformulare nicht wie bisher mit *Form2.Show*, *Form3.Show* usw. aufgerufen, sondern sie werden erst zur Laufzeit erzeugt. Der Owner ist *Form1*, das MDI-Hauptfenster (anstatt *Self* kann als Argument des *Create*-Konstruktors auch *Form1* eingesetzt werden). Das allerdings setzt voraus, dass *Form2 ... Form5* zu Programmbeginn nicht automatisch erstellt werden dürfen. Nur das Hauptformular genießt dieses Privileg! Ändern Sie also über *Projekt|Optionen...* die Projekteinstellungen wie folgt:

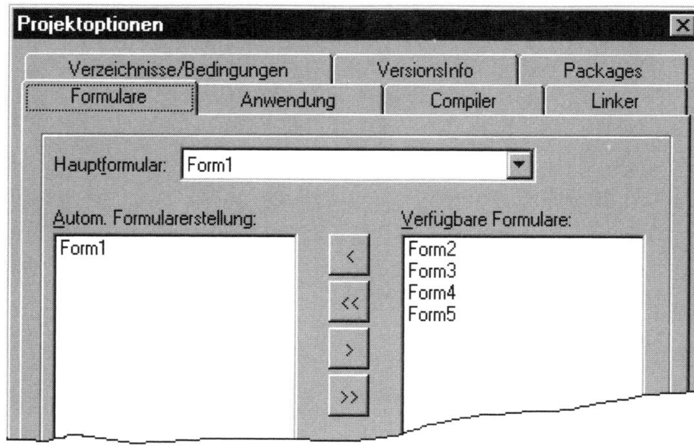

Als Nächstes widmen Sie sich den Event-Handlern der *Fenster*-Menüeinträge.

Hinweis: *Tile*, *Cascade* und *ArrangeIcons* sind Methoden des MDI-Hauptfensters!

```
procedure TForm1.NebeneinanderClick(Sender: TObject);  // Nebeneinander
begin   Tile  end;

procedure TForm1.UeberlappendClick(Sender: TObject);   // Überlappend
begin   Cascade  end;

procedure TForm1.SymboleanordnenClick(Sender: TObject); // Als Symbole ...
begin   ArrangeIcons  end;
```

Schließlich bleibt noch das *Datei*-Menü:

```
procedure TForm1.BeendenClick(Sender: TObject);        // Beenden
begin   Close  end;
```

3. Anpassen von Form2 bis Form5

Den anderen Formularen müssen Sie begreiflich machen, dass sie nunmehr zu MDI-Kindfenstern "versklavt" werden. Setzen Sie deshalb deren *FormStyle*-Eigenschaft auf *fsMDIChild*. Das war es dann auch schon – doch halt! Noch eine winzige Ergänzung im Quellcode ist vorzunehmen, d.h., ein Event-Handler für das *OnClose*-Ereignis ist für jedes Kindfenster wie folgt zu ergänzen:

```
procedure TForm2.FormClose(Sender: TObject; var Action: TCloseAction);
begin  Action := caFree  end;
```

Wenn Sie diesen Event-Handler vergessen, funktioniert Ihre MDI-Applikation zwar auch, die Kindfenster lassen sich aber nicht entfernen (sie schrumpfen lediglich auf Symbolgröße zusammen und fristen ein kümmerliches Dasein am unteren Rand des Mutterfensters).

Test

Nach Programmstart erscheint zunächst nur das leere Rahmenfenster. Fügen Sie nun über das *Ansicht*-Menü nach Belieben Kindfenster hinzu und ordnen Sie diese über das *Fenster*-Menü auf verschiedene Weise an.

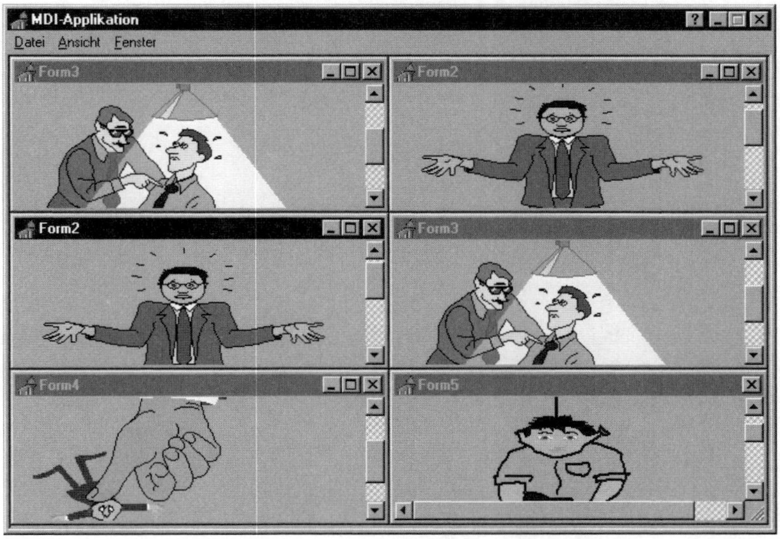

3.8.3 Einen Taschenrechner entwerfen

Demonstriert wird ein funktionsfähiger "Taschenrechner", der bezüglich seiner Features zwar noch einige Wünsche offen lässt, dafür aber ein ideales Übungsfeld für den fortgeschrittenen Einsteiger ist.

Oberfläche

Eröffnen Sie ein neues Projekt und bestücken Sie das Startformular (*Form1*) wie folgt:

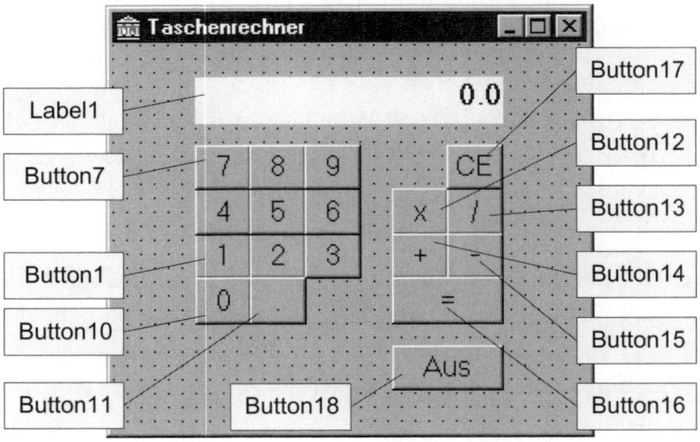

Ändern Sie im Objektinspektor die folgenden Eigenschaften:

Name des Objekts	Eigenschaft	neuer Wert
Form1	*Caption*	'Taschenrechner'
	BorderStyle	bsSingle
Label1	*Caption*	'0.0'
	Alignment	taRightJustify
	AutoSize	False
	Color	clYellow
	Font.Size	12
Button1... Button18	*Caption*	'0', '1', ... '+','=', 'Aus'

Quellcode

War das "Zusammenschieben" der Oberfläche noch ziemlich einfach, so stellt die Programmierung doch schon höhere Anforderungen an Ihr logisches Denkvermögen. Wir beschränken uns (wie fast immer) auf die Wiedergabe des *implementation*-Abschnitts von *Form1*:

```
implementation

{$R *.DFM}
```

Zu Beginn müssen wir uns Gedanken über die auf Modulebene benötigten Variablen machen. Zumindest werden drei benötigt: zwei für die beiden Operanden und eine für den Typ der Operation:

```
var strBuff1, strBuff2: string;   // Operandenspeicher
    op: Char;                     // Operation (+,-,*,/)
```

Damit unser Programm "weiß", welchen der beiden Operanden Sie gerade eingeben, wird eine so genannte "Zustandsvariable" *mode* eingeführt, sie hat den Wert 1 oder 2.

```
    mode: Byte = 1;               // 1 = ersten Operand eingeben (Startwert)
                                  // 2 = zweiten Operand eingeben
```

Beginnen wir mit dem einfachsten Problem, dem Löschen der Anzeige:

```
procedure TForm1.Button17Click(Sender: TObject); // Anzeige löschen
begin
 StrBuff1 := ''; StrBuff2 := '';
 Label1.Caption := '';
 mode:=1
end;
```

Allen Schaltflächen des Ziffernblocks (*Button1* bis *Button11*) wird mit Hilfe des Objektinspektors ein gemeinsamer Event-Handler für das *OnClick*-Ereignis zugewiesen (wer die Vorgehensweise nicht kennt, sollte sich das Einführungsbeispiel 1.3.2 nochmals genauer anschauen). Der Event-Handler wird bei jeder Eingabe eines Zeichens aufgerufen, d.h. mehrmals pro Operand:

```
procedure TForm1.ZeiButtonClick(Sender: TObject);        // zeichenweise Zahleneingabe
var zei: Char;      // eingegebenes Zeichen
begin
 if Sender = Button10 then zei := '0'; if Sender = Button1 then zei := '1';
 if Sender = Button2 then zei := '2';  if Sender = Button3 then zei := '3';
 if Sender = Button4 then zei := '4';  if Sender = Button5 then zei := '5';
 if Sender = Button6 then zei := '6';  if Sender = Button7 then zei := '7';
 if Sender = Button8 then zei := '8';  if Sender = Button9 then zei := '9';
 if Sender = Button11 then zei := '.';
 if mode = 1 then                              // erste Zahl wird eingegeben
 begin
  strBuff1 := strBuff1 + zei;
  Label1.Caption := strBuff1
 end else                                      // zweite Zahl wird eingegeben
 begin
  strBuff2 := strBuff2 + zei;
  Label1.Caption := strBuff1 + ' ' + op + ' ' + strBuff2
 end
end;
```

Erst nach Klick auf eine der vier Operationstasten ist die Eingabe des ersten Operanden abgeschlossen, und die Variable *op* erhält das Zeichen der Operation. Die Zustandsvariable *mod* wechselt auf den Wert 2, und es beginnt die Eingabe des zweiten Operanden. Auch hier weisen Sie dem *OnClick*-Ereignis der vier Schaltflächen einen gemeinsamen Event-Handler zu:

```
procedure TForm1.OpButtonClick(Sender: TObject);   // Operation auswählen
begin
 if mode = 1 then
 begin
  if Sender = Button14 then op:= '+';  if Sender = Button15 then op:= '-';
  if Sender = Button12 then op:= '*';  if Sender = Button13 then op:= '/';
  StrBuff2:='';
  Label1.Caption := Label1.Caption + ' ' + op;
  mode := 2
 end
end;
```

Nach Klicken der Ergebnistaste (=) soll Folgendes passieren:

```
procedure TForm1.IstButtonClick(Sender: TObject);     // Ergebnis berechnen
var res, op1, op2: Double;
    code: Integer;
    s: string;
```

```
begin
 if mode = 2 then
 begin
  Val(strBuff1, op1, code);      // strBuff1 in Zahl op1 rückverwandeln
  Val(strBuff2, op2, code);      // strBuff2 in Zahl op2 rückverwandeln
  case op of                     // Operation durchführen
   '+': res:= op1 + op2;
   '-': res := op1 - op2;
   '*': res := op1 * op2;
   '/': res := op1 / op2
  end;
  s:= Format('%g',[res]);       // Ergebnis als Gleitkommazahl formatieren
  Label1.Caption := s;          // ... und anzeigen
  mode := 1;                   // zurück zum Anfangszustand (Eingabe des ersten Operanden)
  strBuff1 := ''
 end
end;
```

Auch das "Ausschalten" [1]des Rechners sollte funktionieren:

```
procedure TForm1.Button18Click(Sender: TObject);  // Rechner ausschalten
begin Close end;
```

Test

Speichern Sie Ihr Projekt in einem vorher angelegten Verzeichnis (Ordner) ab. Klicken Sie dazu die Schaltfläche bzw. benutzen Sie das Menü *Datei|Projekt speichern unter...* Klicken Sie nun auf den Button in der Werkzeugleiste (oder F9-Taste) und überzeugen Sie sich von der Funktionsfähigkeit unseres "Superhirns":

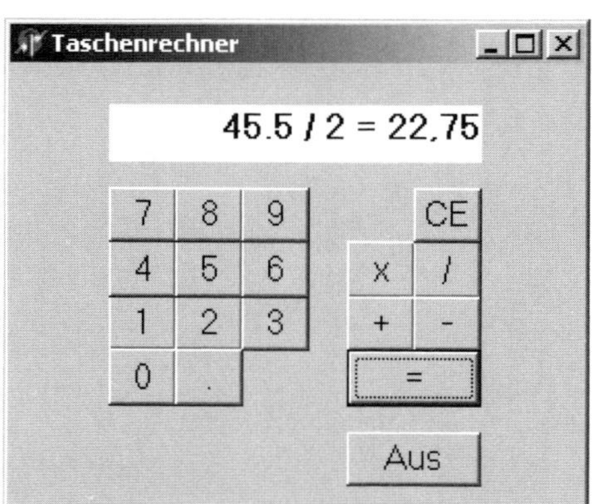

[1] Man sollte wohl besser von einem "Zerstören" des Rechners sprechen, denn mit dem Ausschalten endet die Lebensdauer des Programms (es verschwindet aus dem Hauptspeicher).

Auf eine Fehlerbehandlung konnten wir verzichten, da eine Division durch Null von Delphi nicht hysterisch (Programmabsturz!), sondern erstaunlich gutmütig quittiert wird:

Verbesserungsvorschläge

Die folgende "Meckerliste" können Sie durchaus als konstruktive Anregung für eigene Verbesserungen verstehen:

- Schönheitsfehler: In der Ergebnisanzeige erscheint ein Dezimalkomma anstatt eines Dezimalpunktes.
- Eine Vorzeichenumkehr ist noch nicht vorgesehen.
- Es können nur zwei, nicht mehrere Operanden miteinander verknüpft werden, auch eine Klammerrechnung ist nicht möglich.
- Es wäre auch schön, wenn wir die Zahlen nicht nur per Mausklick, sondern auch direkt über die Tastatur eingeben könnten.

Formulare und Komponenten

- Das Formular
- Standard-Komponenten
- Wichtige Objekte
- Gitterelemente

4 Formulare und Komponenten

Ziel des Kapitels ist es, dem Einsteiger mit einem Minimum an Aufwand und Vorkenntnissen den Weg zur vorrangig visuell geprägten Windows-Anwendungsprogrammierung auf Basis von Formularen und Standardkomponenten zu ebnen. Für den notwendigen Tiefgang durch Verlagerung des Schwerpunktes auf die objektorientierte Programmierung sorgt erst das OOP-Kapitel 6.

Hinweis: Da dieses Buch keine vollständige Referenz bereitstellt, diese Rolle kann die integrierte Online-Hilfe viel effektiver übernehmen[1], werden im vorliegenden Kapitel nur die aus der Sicht des Praktikers wichtigsten Eigenschaften, Ereignisse und Methoden in Form von Übersichten und kurzen Kommentaren bzw. knappen Beispielen zusammengestellt.

Umfangreichere Demoprogramme finden Sie im abschließenden Praxisteil, der Sie auch zu eigenen Experimenten anregen soll.

4.1 Allgemeines über Steuerelemente

Die wichtigsten sichtbaren Objekte, mit denen wir es beim visuellen Entwurf der Bedienoberfläche zu tun haben, sind Steuerelemente, d.h. Formulare und Komponenten, wie z.B. *Button*, *Edit*, *Label* etc. Bekanntlich verfügen diese Objekte über Eigenschaften (Properties), Methoden (Methods) sowie über Ereignisse (Events), auf die sie reagieren können (siehe Kapitel 1, Einführung).

4.1.1 Standardeigenschaften

Eigenschaften (Properties) können Sie zur Entwurfszeit (über die *Eigenschaften*-Seite des Objektinspektors) oder zur Laufzeit per Programmcode setzen. Es gibt eine Vielzahl von Properties, über die (fast) alle Komponenten verfügen und die deshalb nur einmal erklärt werden müssen:

Eigenschaft	Datentyp	Erklärung	Default
Align	*TAlign*	... legt fest, wie Komponente gegenüber ihrem Container ausgerichtet werden soll: *alNone, alTop, alBottom, alLeft, alRight, alClient*	*alNone*
Anchors	*TAnchors*	... bestimmt, wie Komponente im Container verankert ist, wenn sich dessen Größe ändert: *akLeft, akTop, akRight, akBottom*	*[akLeft, akTop]*
Caption	*String*	... beinhaltet die Beschriftung der Komponente	*Name*
Color	*TColor*	... legt Farbe bzw. Hintergrundfarbe (Formular) fest, z.B. *clBlack, clGreen, clRed, clBtnFace*	unterschiedlich
Ctl3D	*Boolean*	... legt fest, ob die Komponente in 3-D- oder 2-D-Ansicht erscheinen soll	*True*

[1] Auf das entsprechende Steuerelement klicken und dann die F1-Taste betätigen.

Eigenschaft	Datentyp	Erklärung	Default
Cursor	*TCursor*	... bestimmt das Aussehen des Mauszeigers im Bereich der Komponente	*crDefault*
DockSite	*Boolean*	... kann Komponente Ziel von Drag&Dock-Operationen sein?	*False*
DragCursor	*TCursor*	... bestimmt Mauszeigerform über Komponente bei Drag&Drop	*crDrag*
DragKind	*TDragKind*	... bestimmt, ob Komponente normal gezogen oder zwecks Andocken verschoben wird: *dkDrag* oder *dkDock*	*dkDrag*
DragMode	*TDragMode*	... bestimmt Verhalten bei Drag&Drop: *cmManual* oder *cmAutomatic*	*cmManual*
Enabled	*Boolean*	... legt fest, ob Komponente auf Benutzereingaben (Tastatur- bzw. Mausereignisse) reagiert	*True*
+Font	*TFont*	... ist das Schriftartobjekt mit den Eigenschaften *Color*, *Height*, *Name*, *Pitch*, *Size* und *+Style*	*System, 10dpi, ...*
Height *Width*	*Integer*	... Gesamthöhe bzw. -breite der Komponente (in Pixeleinheiten)	bei Entwurf festgelegt
HelpContext	*THelpContext*	... Kontextnummer für Aufruf einer Hilfeseite aus der Help-Datei (F1-Taste)	Null (0)
Hint	*String*	Hilfetext (gelbes Schildchen)	leer
ShowHint	*Boolean*	... soll angezeigt werden?	*False*
Left *Top*	*Integer*	... linker bzw. oberer Randabstand (in Pixeleinheiten)	bei Entwurf festgelegt
Name	*TComponent-Name*	... ist die wichtigste Eigenschaft (ein Namen muss eindeutig sein, niemals doppelt vergeben!)	in Entwurfs-reihenfolge
PopUpMenu	*TPopupMenu*	... legt Namen des PopUp-Menüs fest (RMT)	
TabOrder *TabStop*	*TTabOrder* *Boolean*	... bestimmt Tabulatorreihenfolge bzw. ob überhaupt angehalten wird	Null (0) *True*
Tag	*LongInteger*	... speichert für diverse Zwecke eine Zahl	Null (0)
Visible	*Boolean*	... ist Komponente sichtbar oder unsichtbar?	*True*

Einfache Objekteigenschaften

Beispiel: Die folgenden beiden Anweisungen sorgen für das Erscheinen eines kleinen gelben Hinweisschildchens mit der Aufschrift "Beenden", wenn Sie mit der Maus auf die Schaltfläche *Button1* zeigen.

```
Button1.Hint := 'Beenden';
Button1.ShowHint := True;
```

Es ist müßig, hier weitere Beispiele zu bringen, denn Demonstrationen zu (fast) allen Standardeigenschaften finden Sie in vielfältigster Form in den Quelltexten dieses Buchs.

Gut geeignet für Übungszwecke ist "Anzeige von PopUp-Menüs" im Praxisteil des vorliegenden Kapitels.

Einige Eigenschaften werden im Zusammenhang mit den zugehörigen Ereignissen erklärt, so z.B. *DockSite, DragCursor, DragKind* im Zusammenhang mit *Drag&Drop*- bzw. *Drag&Dock*-Operationen.

Komplexe Objekteigenschaften

Das im Objektinspektor manchen Eigenschaften (z.B. *Font*) vorangestellte Kreuzchen (+) verweist darauf, dass es sich hier genauer genommen um ein Objekt handelt, das sich in weitere Eigenschaften (z.B. *Color*, *Height*) bzw. Objekte (*Style*) aufsplitten lässt:

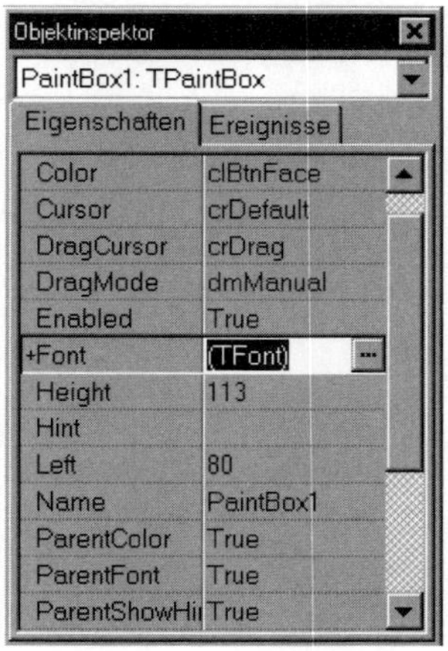

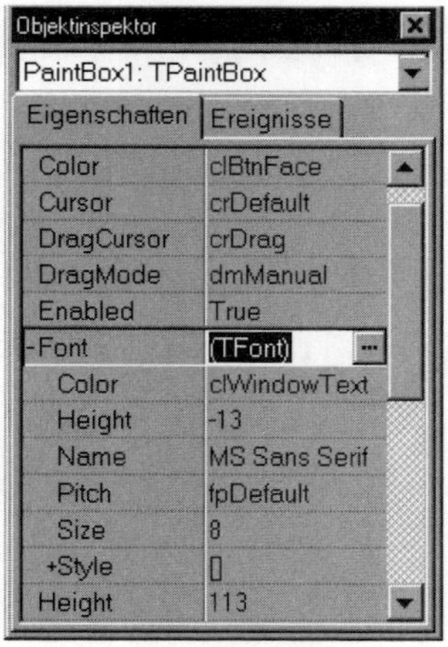

Beispiel: Anstatt der direkten Zuweisung im Objektinspektor (siehe obige Abbildung) könnten die *Font*-Eigenschaften einer *PaintBox* auch per Quellcode festgelegt werden.

```
PaintBox1.Font.Size := 8;
```

weist der Schrift innerhalb der *Paintbox* die Größe 8 zu.

```
Paintbox1.Font.Style := [fsbold];
```

wählt das Schriftattribut fett aus.

4.1.2 Standardereignisse

Auf der *Ereignisse*-Seite des Objektinspektors finden Sie eine Auflistung der für die betreffende Komponente auswertbaren Events. Wir wollen uns hier nur auf die Standardereignisse beschränken, die für die meisten Komponenten gleichermaßen zutreffen:

Mausereignisse (Überblick)

Wenn sich der Mauscursor über einer Komponente befindet, können für dieses Objekt die folgenden Mausaktivitäten ausgewertet werden:

Ereignis	... tritt ein wenn
OnClick	... auf die Komponente geklickt wird.
OnDblClick	... auf die Komponente doppelt geklickt wird.
OnMouseDown	... eine Maustaste niedergedrückt wird.
OnMouseUp	... eine Maustaste losgelassen wird.
OnMouseMove	... die Maus bewegt wird.

OnClick und OnDblClick

In der Kopfzeile wird nur der *Sender*-Parameter übermittelt:

```
procedure TForm1.FormClick(Sender: TObject);
```

Beachten Sie, dass jeder Doppelklick leider auch ein "normales" Klickereignis auslöst. Man sollte deshalb überlegt zu Werke gehen, wenn (was nicht empfohlen wird) für ein Objekt beide Events gleichzeitig besetzt werden.

OnMouseDown und OnMouseUp

Hier ist die Parameterliste wesentlich länger:

Syntax:
```
procedure FormMouseDown(Sender: TObject; Button: TMouseButton;
                        Shift: TShiftState; X, Y: Integer);
```

Shift → Status beim Eintreffen des Ereignisses

Button → Taste, die Ereignis verursacht hat

X, Y → Mauskoordinaten

Hier die möglichen Werte von *Shift* und *Button*:

Shift	Button	Bedeutung
ssLeft	*mbLeft*	linke Maustaste gedrückt
ssMiddle	*mbMiddle*	mittlere Maustaste gedrückt
ssRight	*mbRight*	rechte Maustaste gedrückt

Beispiel: Beim Niederdrücken der rechten Maustaste über dem Formular wird ein Piepton erzeugt:

```
procedure TForm1.FormMouseDown(Sender: TObject; Button: TMouseButton;
                               Shift: TShiftState; X, Y: Integer);
begin
 if Shift = [ssRight] then MessageBeep(0)
end;
```

Das gleiche Ergebnis liefert aber auch:

```
procedure TForm1.FormMouseDown(Sender: TObject; Button: TMouseButton;
                                              Shift: TShiftState; X, Y: Integer);
begin
   if Button = mbRight then MessageBeep(0)
end;
```

wodurch natürlich die Frage nach dem Sinn des *Button*-Parameters aufkommt.

OnMouseMove

... tritt im Unterschied zu den anderen Mausereignissen auch dann ein, wenn keine Maustaste gedrückt ist:

Syntax:
```
procedure TForm1.FormMouseMove(Sender: TObject; Shift: TShiftState;
                                          X, Y: Integer);
```

Im Unterschied zu *OnMouseUp/OnMouseDown* fehlt der *Button*-Parameter. Die Bedeutung der übrigen Parameter ist die gleiche.

Beispiel: Beim Bewegen der Maus über das Formular werden die Mauskoordinaten in einem Label angezeigt.

```
procedure TForm1.FormMouseMove(Sender: TObject; Shift: TShiftState; X,Y: Integer);
begin
 Label1.Caption := IntToStr(x) + '   ' + IntToStr(y)
end;
```

Tastaturereignisse (Überblick)

Wenn eine Komponente den Fokus hat, lassen sich für dieses Objekt folgende Keyboard-Events auswerten:

Ereignis	... tritt ein, wenn
OnKeyPress	... eine Taste gedrückt wird.
OnKeyDown	... die Taste nach unten bewegt wird (mit Tastaturintervall).
OnKeyUp	... eine Taste losgelassen wird.

OnKeyPress

Neben dem obligatorischen *Sender*-Parameter wird auch das Zeichen der Taste übermittelt:

Syntax:
```
procedure TForm1.FormKeyPress(Sender: TObject; var Key: Char);
```

Der Parameter *Key* ist vom Typ *Char*, deshalb registriert *OnKeyPress* das ASCII-Zeichen der gedrückten Taste. Tasten ohne ASCII-Zeichen (z.B. Shift oder F10) erzeugen kein *OnKeyPress*-Ereignis, Tastenkombinationen (wie z.B. Shift+A) nur dann, wenn die Feststelltaste ausgeschaltet ist. Zum Auswerten von Nicht-ASCII-Tasten (oder Tastenkombinationen) muss man die Ereignisbehandlungsroutinen *OnKeyDown* oder *OnKeyUp* verwenden.

Beispiel: In das Editierfeld können nur Ziffern eingegeben werden.

```
procedure TForm1.Edit1KeyPress(Sender: TObject; var Key: Char);
begin
 if not (Key in ['0'..'9']) then Key := #0
end;
```

OnKeyDown und OnKeyUp

Diese Ereignisse übergeben eine grundsätzlich andere Parameterliste als *OnKeyPress*:

Syntax:
```
procedure TForm1.Edit1KeyUp(Sender:TObject; var Key:Word;
                            Shift:TShiftState);
```

OnKeyDown und *OnKeyUp* können auf alle Tasten der Tastatur (einschließlich Funktionstasten und Tastenkombinationen mit den Tasten Umschalt, Alt und Strg) reagieren. Da der Parameter *Key* vom Typ *Word* ist, müssen aber die *virtuellen Tastaturcodes* aus der *Windows*-Unit (siehe Anhang) verwendet werden.

Beispiel: Beim Loslassen der *Strg*-Taste innerhalb eines Editierfeldes wird ein Piepton erzeugt:

```
procedure TForm1.Edit1KeyUp(Sender:TObject; var Key:Word;Shift:TShiftState);
begin
 if Key = VK_CONTROL then MessageBeep(0)
end;
```

Wenn Sie auch auf "normale" Tasten reagieren wollen, müssen Sie den ASCII-Code mittels der *Ord*-Funktion umwandeln.

Beispiel: Die Eingabe von *'a'* oder *'A'* wird beim Niederdrücken angezeigt.

```
procedure TForm1.Edit1KeyDown(Sender: TObject; var Key: Word;  Shift: TShiftState);
begin
 Panel1.Caption := '';
 if Key = Ord('A') then Panel1.Caption := 'Taste A wurde gedrückt!'
end;
```

Auswerten von Tastenkombinationen

... ist nur innerhalb eines *OnKeyDown*- bzw. *OnKeyUp*-Event-Handlers möglich (also nicht bei *OnKeyPress*!). Zur Ermittlung des Status von *Alt*, *Strg* und *Shift* dienen folgende Werte des Typs *TShiftState*:

Wert	Bedeutung
ssShift	Umschalttaste gleichzeitig gedrückt
ssCtrl	Strg-Taste gleichzeitig gedrückt
ssAlt	Alt-Taste gleichzeitig gedrückt

Beispiel: Erzeugt einen Piepton, wenn der Anwender Strg+F8 drückt.

```
procedure TForm1.FormKeyDown(Sender: TObject; var Key: Word;  Shift: TShiftState);
begin
  if ((Shift = [ssCtrl]) and (Key = VK_F8)) then MessageBeep(0)
end;
```

Leider klappt das Zusammenspiel von Tastatur und Maustasten nur, wenn Sie Umschalt-Tasten (Shift, Alt, ...) verwenden.

Beispiel: Man würde nach Änderung des obigen Beispiels in

```
if ((Shift = [ssLeft]) and (Key = VK_F8)) then MessageBeep(0)
```

erwarten, dass die F8-Taste gemeinsam mit der linken Maustaste den gewünschten Ton produziert. Fehlanzeige, denn es passiert ... nichts, da F8 eine flankengesteuerte Taste ist!

KeyPreview

... ist eigentlich hier fehl am Platz, denn es handelt sich nicht um ein Ereignis, sondern um eine Formulareigenschaft, die Sie auch im Objektinspektor zuweisen könnten. *KeyPreview* steht aber im engen Zusammenhang mit den Tastaturereignissen und soll deshalb bereits an dieser Stelle besprochen werden.

Hat *KeyPreview* den Wert *True*, so gehen, unabhängig vom aktiven Steuerelement, die Tastaturereignisse *OnKeyDown*, *OnKeyUp* und *OnKeyPress* zuerst an das Formular. Hier können gewisse Vorentscheidungen gefällt werden. Erst danach wird das Tastaturereignis an das Steuerelement weitergereicht. Wenn *KeyPreview* den Wert *False* hat (Voreinstellung), werden die Ereignisse sofort zum Steuerelement weitergegeben.

Beispiel: Setzen Sie *KeyPreview* eines Formulars auf *True* und platzieren Sie ein Label und ein Editierfeld auf dem Formular. Werten Sie das *OnKeyUp*-Event des Formulars wie folgt aus:

```
procedure TForm1.FormKeyUp(Sender: TObject; var Key: Word; Shift: TShiftState);
begin
 Label1.Caption := Label1.Caption + Chr(Key)
end;
```

Nach Programmstart geben Sie in das Editierfeld etwas ein, und Sie werden feststellen, dass die Eingaben zunächst zum Formular geleitet werden und dort im Label erscheinen.

Hinweis: Eine Ausnahme bilden die Bewegungstasten (Tab, Cursortasten, ...). Nur wenn das aktive Steuerelement derartige Tasten zulässt, können Sie diese mit *KeyPreview* bereits auf Formularebene abfangen.

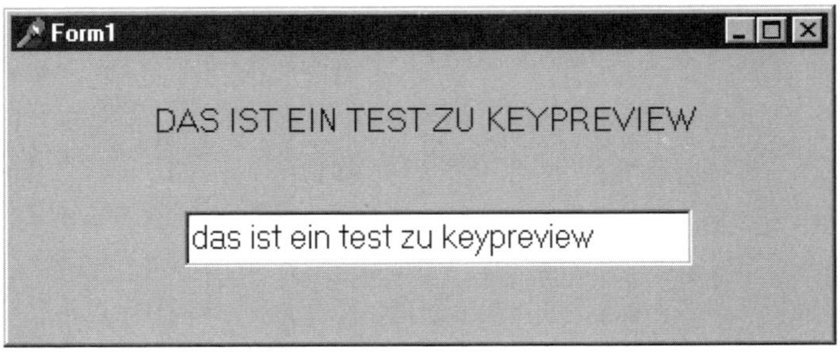

Weitere Ereignisse

Die folgenden Events finden sich ebenfalls bei einer Vielzahl von Objekten:

Ereignis	... tritt ein, wenn
OnChange	... Eigenschaften der Komponente geändert werden.
OnEnter	... Komponente den Fokus erhält.
OnExit	... Komponente den Fokus verliert.
OnStartDrag	... wenn Benutzer beginnt, die Komponente oder ein darin befindliches Objekt mit der linken Maustaste zu ziehen.
OnDragDrop	... Objekt über der Komponente abgelegt wird.
OnDragOver	... Objekt über die Komponente gezogen wird.
OnEndDrag	... Drag&Drop beendet ist.
OnStartDock	... das Andocken der Komponente unmittelbar bevorsteht.
OnDockOver	... Objekt über Komponente gezogen wird (Parameter *Accept* gibt an, ob das untergeordnete Objekt angedockt werden kann).
OnDockDrop	... andockbares Objekt über Ziel abgelegt wird.
OnUnDock	... angedocktes Objekt getrennt wird.
OnGetSiteInfo	... *OnDockDrop* bevorsteht und informiert, wo Objekt angedockt werden kann.
OnEndDock	... Drag&Dock beendet ist.

Es gibt zahlreiche Ereignisse, die im Zusammenhang mit dem *Andocken von Steuerelementen* ausgelöst werden. Wer sich mit der herkömmlichen Drag&Drop-Technik gut auskennt, wird auch Drag&Dock leicht verstehen, da es hier analog zugeht. *OnStartDock* entspricht z.B. dem Ereignis *OnStartDrag* einer Drag&Drop-Operation.

Die *DragKind*-Eigenschaft entscheidet darüber, ob das Steuerelement auf klassische Weise gezogen wird (*dkDrag*) oder zum Zweck des Andockens an eine andere Komponente (*dkDock*).

Beispiel: Um auf einfachste Weise das Verschieben von Steuerelementen zu demonstrieren, weisen Sie einer *Edit*-Komponente im Objektinspektor die folgenden Eigenschaften zu: *DragKind := dkDock* und *DragMode := dmAutomatic*. Die *DockSite*-Eigenschaft des Formulars setzen Sie auf *True*. Nach dem Programmstart können Sie das Editierfeld mit der Maus anfassen und an eine beliebige Stelle verschieben, wobei es zwischenzeitlich die folgende fensterähnliche Form annimmt:

Nun können Sie die diversen Ereignisse auswerten, z.B. dass sich die Komponente nach dem Loslassen an den linken Fensterrand andocken soll:

```
procedure TForm1.FormDockDrop(Sender: TObject; Source: TDragDockObject; X,Y: Integer);
begin
   if Source.Control is TEdit then Edit1.Left := 0
end;
```

Ein ausführliches Anwendungsbeispiel zu Drag&Drop finden Sie unter 4.7.1 im Praxisteil dieses Kapitels.

Ereignisse sind Eigenschaften

Sie können tatsächlich Ereignisse genauso wie Eigenschaften einander zuweisen!

Beispiel: Ein Formular mit zwei Buttons. *Button1* soll den gleichen *OnClick*-Event-Handler benutzen wie *Button2*.

```
Button2.OnClick := Button1.OnClick
```

Obige Zuweisung können Sie entweder im *OnCreate*-Ereignis von *Form1* unterbringen oder aber Sie benutzen dazu die "Ereignisse"-Seite des Objektinspektors.

Der Event-Handler:

```
procedure TForm1.Button1Click(Sender: TObject);
begin
  if Sender = Button1 then ShowMessage('Es wurde auf Button1 geklickt!')
                 else
  if Sender = Button2 then ShowMessage('Es wurde auf Button2 geklickt!')
end;
```

Anhand des *Sender*-Parameters unterscheidet der Event-Handler, von welchem Objekt das Ereignis ausgelöst wurde. Näheres dazu finden Sie im OOP-Kapitel (Ereignisbehandlungen, 6.3.2).

4.1.3 Standardmethoden

Hier einige wichtige Methoden, über die fast alle Objekte verfügen:

Methode	Erläuterung
BeginDrag	... startet DragDrop sofort (*True*) oder verzögert (*False*).
BringToFront	... bringt Steuerelement nach vorne.
Dragging	... ermittelt, ob ein Steuerelement gezogen wird (*True/False*).
Hide	... setzt die Eigenschaft *Visible* der Komponente auf *False*.
Refresh	... ruft *Repaint* auf.
Repaint	... das Steuerelement wird sofort neu gezeichnet.
Show	... setzt die Eigenschaft *Visible* der Komponente auf *True*.
SendToBack	... legt Steuerelement hinter alle überlappenden Steuerelemente.
SetFocus	... das Steuerelement erhält den Fokus.

Beispiel: Die Einfügemarke blinkt im Editierfeld.

```
Edit1.SetFocus;
```

4.2 Das Formular

Eine Windows-Applikation läuft gewöhnlich in einem oder mehreren Fenstern ab, die sozusagen als Container für die Anwendung fungieren. Das von *TForm* abgeleitete Formular ist deshalb das wichtigste Objekt. Im allgemeinen Sinn wäre ein Formular auch als Komponente zu betrachten, jedoch ist es aus praktischen Gründen zweckmäßiger, zwischen Formular und den darin enthaltenen Komponenten zu unterscheiden.

4.2.1 Formulareigenschaften

Die folgende Tabelle zeigt die wichtigsten (so genannten *Schlüsseleigenschaften*) eines Formulars. Einige davon entsprechen den anfangs bereits aufgelisteten Standardeigenschaften, werden aber aufgrund ihrer spezifischen Bedeutung nochmals mit aufgeführt.

Eigenschaft	Datentyp	Erklärung	Default
ActiveControl	*TWinControl*	Komponente, die den Fokus hat	keine
AutoScroll	*Boolean*	Bildlaufleisten erscheinen, wenn Formular verkleinert wird	*True*
BorderStyle	*TFormBorderStyle*	Art des Rahmens: *bsDialog* → nicht größenveränderlich; einfaches Dialogfenster *bsSingle* → nicht größenveränderlich; einfache Rahmenlinie	*bsSizeable*

Eigenschaft	Datentyp	Erklärung	Default
		bsNone → nicht größenveränderlich; keine sichtbare Rahmenlinie, keine Schalter Symbol und Vollbild, kein Steuermenü *bsSizeable* → größenveränderlicher Standardrahmen	
BorderIcons	*TBorderIcons*	Ikonen, die in Titelleiste angezeigt werden: *biSystemMenu* → System-Menü *biMinimize* → Minimieren-Schaltfläche *biMaximize* → Maximieren-Schaltfläche *biHelp* → Hilfetexte in PopUp-Fenster	*True* *True* *True* *False*
Caption	*String*	in der Titelleiste angezeigter Text	wie Name
ClientHeight *ClientWidth*	*Integer*	Höhe bzw. Breite des Clientbereichs in Pixeln	wie im Editor
Color	*TColor*	Hintergrundfarbe	*clBtnFace*
Ctl3D	*Boolean*	drei- oder zweidimensionales Aussehen	*True*
Cursor	*TCursor*	Aussehen des Mauszeigers	*crDefault*
Enabled	*Boolean*	Formular reagiert auf Maus-, Tastatur- und Timer-Ereignisse oder nicht	*True*
+Font	*TFont*	Textausgaben für nachfolgende Texteigenschaften (*Color*, *Name*, *Size*, *Style*, siehe Font-Dialogfenster)	Systemschrift
FormStyle	*TFormStyle*	Formulartyp (normal, MDI-Rahmenfenster, MDI-Kindfenster, immer oben)	*fsNormal*
Height *Width*	*Integer*	Gesamthöhe bzw. -breite des Formulars in Pixeln	wie im Editor
Left *Top*	*Integer*	Abstand der linken bzw. oberen Kante des Formulars zum Bildschirmrand in Pixeln	-1
KeyPreview	*Boolean*	siehe 4.1.2	*False*
Position	*TPosition*	Größe und Position des Formulars	*poDesigned*
WindowState	*TWindow State*	Größe des Formulars beim Programmstart fest (normal, maximal, Ikone)	*wsNormal*

Setzen Sie *Position* auf *poScreenCenter*, so erscheint das Formular nach dem Programmstart immer exakt in Bildschirmmitte.

Die folgende Skizze verdeutlicht einige weitere wichtige Eigenschaften, die Aussehen und Abmessungen eines Formulars bestimmen:

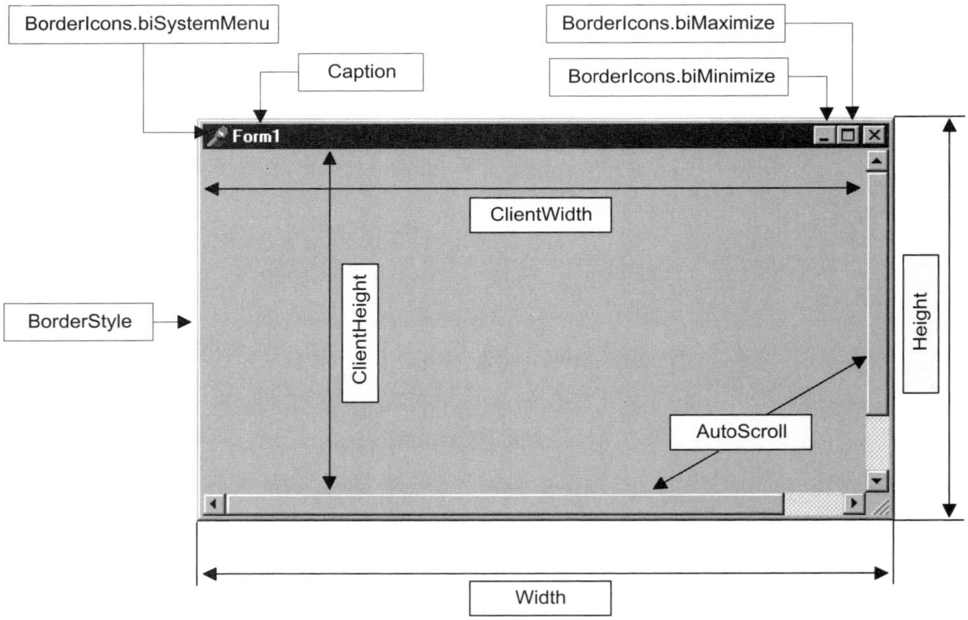

Bemerkungen

- Einige Kombinationen der Eigenschaften *BorderStyle* und *BorderIcons* verbieten sich gegenseitig. Man kann z.B. nicht *BorderIcons* auf *biMaximize* oder *biMinimize* und zugleich *BorderStyle* auf *bsDialog* setzen.
- Beachten Sie, dass bei *biSystemMenu* = *False* auch die anderen Symbole nicht angezeigt werden!
- Achten Sie darauf, dass das Verändern von Formulareigenschaften zur Laufzeit ungewollt Ereignisse auslösen kann, so wird z.B. beim Zuweisen von *BorderStyle* auch *OnShow* ausgelöst!
- Im Kapitel 7 (Grafik) werden unter anderem ausführlich *Height* und *Width* sowie *ClientHeight* und *ClientWidth* erklärt.

4.2.2 Formularereignisse

Hier eine Zusammenstellung aller Formular-Events, die neben den am Kapitelanfang aufgelisteten Standardereignissen von Bedeutung sind:

Ereignis	**... tritt ein, wenn**
OnCreate	... das Formular zum ersten Mal erzeugt wird.
OnActivate	... das Formular aktiviert wird (in den Vordergrund kommt).
OnClose	... das Formular geschlossen wird.
OnCloseQuery	... das Formular nach einer Abfrage geschlossen wird.

Ereignis	**... tritt ein, wenn**
OnDragDrop	... ein gezogenes Objekt auf dem Formular abgelegt wird.
OnDragOver	... ein Objekt über das Formular gezogen wird.
OnPaint	... vorher verdecktes Formular neu gezeichnet werden muss.
OnResize	... die Größe eines Formulars verändert wird.
OnShow	... bevor das Formular sichtbar wird.
OnHide	... das Formular unsichtbar gemacht wurde.
OnDeactivate	... zu einer anderen Windows-Applikation gewechselt wird.
OnDestroy	... wenn das Formular (oder Hauptfenster) entfernt wird.
OnMouseWheel	... wenn am Mausrad gedreht wird.
OnMouseWheelDown *OnMouseWheelUp*	... falls das *OnMouseWheel*-Ereignis nicht ausgewertet wird und das Mausrad nach oben bzw. unten gedreht wird.

Beim Öffnen bzw. Schließen eines Formulars treten die Ereignisse in dieser Reihenfolge auf:

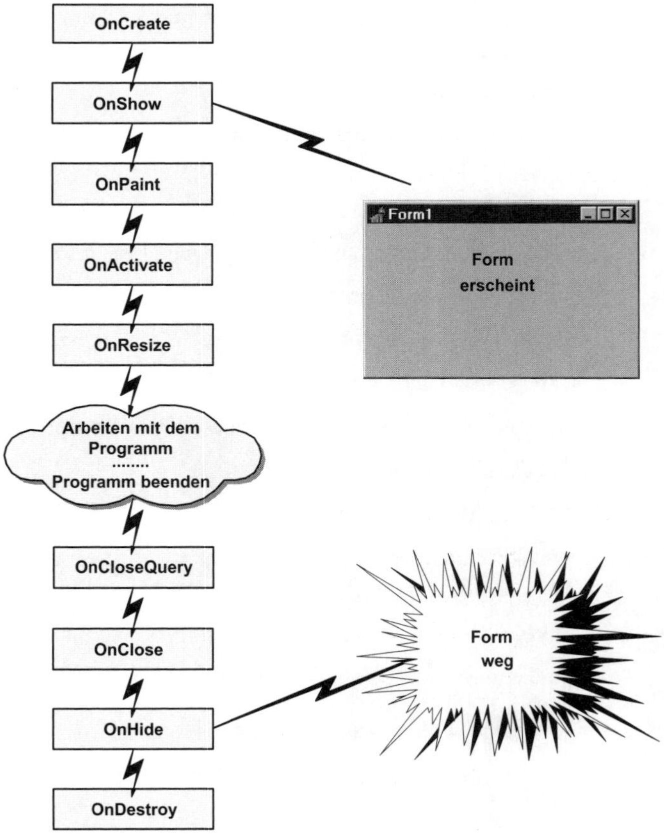

Hinweis: Das *OnResize*-Event ist günstig, um die Abmessungen von Komponenten an Größenänderungen des Formulars anzupassen.

Beispiel: Eine *ScrollBar* "klebt" am unteren Rand des Formulars, egal wie Sie zur Laufzeit die Formulargröße ändern (*Kind*-Eigenschaft der *ScrollBar* ist *sbHorizontal*).

```
procedure TForm1.FormResize(Sender: TObject);
begin
  ScrollBar1.Top := Form1.ClientHeight - ScrollBar1.Height;
  ScrollBar1.Width := Form1.ClientWidth;  ScrollBar1.Left := 0
end;
```

4.2.3 Formularmethoden

Einen Überblick über wichtige Formularmethoden vermittelt die folgende Tabelle.

Methode	Erläuterung
Cascade	... ordnet die Kindfenster eines MDI-Hauptformulars hintereinander an.
ClientToScreen	... transformiert Client-Koordinaten in globale Bildschirmkoordinaten.
Close	... ruft *CloseQuery* auf und schließt das Formular, wobei *OnClose*-Ereignis ausgelöst wird.
CloseQuery	... liefert *True*, wenn Formular geschlossen werden kann und löst vorher *OnCloseQuery*-Ereignis aus.
Create	... erzeugt eine Formularinstanz (Konstruktor) und löst *OnCreate*-Ereignis aus.
Destroy	... entfernt die Formularinstanz (Destruktor) und löst *OnDestroy*-Ereignis aus.
GetFormImage	... liefert die Bitmap des Formulars.
Hide	... versteckt das Formular (*Visible* = *False*).
Next	... macht nächstes Kindfenster einer MDI-Form zum aktiven Fenster.
Previous	... macht vorhergehendes Kindfenster einer MDI-Form zum aktiven Fenster.
Print	... druckt das Formular (Clientbereich).
ScreenToClient	... Umkehrung von *ClientToScreen.*
SetFocus	... gibt dem Formular den Eingabefokus und ruft die *SetFocus*-Methode des aktiven Steuerelements auf.
Show	... setzt *Visible* = *True* und zeigt Formular im Vordergrund an.
ShowModal	... Formular muss geschlossen werden, bevor fortgesetzt werden kann.

Wie Sie sehen, lösen einige Methoden gleich lautende Ereignisse aus (z.B. *Show* => *OnShow*).

Bei Methodenaufrufen innerhalb einer Formular-Unit kann der Objektbezeichner auch weggelassen werden.

Beispiel: Schließen von *Form1*.

```
procedure TForm1.Button1Click(Sender: TObject);
begin  Close   end;                                   // abgekürzt für Form1.Close
```

Beispiel: Der Clientbereich von *Form1* wird ausgedruckt (Standarddrucker).

```
procedure TForm1.Button2Click(Sender: TObject);
begin  Print  end;                                    // abgekürzt für Form1.Print
```

4.2.4 MDI-Fenster

Ein Windows-Programm läuft oft als MDI-Applikation ab, d.h., innerhalb eines Rahmen- bzw. Mutterfensters können sich mehrere so genannte Kindfenster tummeln[1]. Diese werden vom Mutterfenster verwaltet und so "an der Leine gehalten", dass sie z.B. auch dessen Bereich nicht verlassen können:

[1] Textverarbeitungsprogramme, z.B. Word für Windows, sind meist als Multiple Document Interface-Applikation aufgebaut. Die einzelnen Dokumente sind die Kindfenster.

Wenn Sie ein MDI-Kindfenster auf Vollbild vergrößern, so erscheint dessen Titel eingefasst in eckigen Klammern neben dem Titel des Hauptfensters, und sein Menü (falls vorhanden) ersetzt das des Hauptfensters:

FormStyle-Eigenschaft

Ein Formular wird zum Hauptformular (auch MDI-Rahmenfenster genannt), wenn Sie dessen *FormStyle*-Eigenschaft auf *fsMDIForm* setzen.

Hinweis: Innerhalb einer Applikation gibt es immer nur ein einziges MDI-Rahmenfenster!

Ein untergeordnetes Formular (Child-Window) entsteht, wenn dessen *FormStyle*-Property auf *fsMDIChild* geändert wird.

Projektoptionen

Über das Menü *Projekt|Optionen...* lassen Sie in der Regel nur das Hauptformular automatisch erstellen, da meist beliebig viele Instanzen eines Kindfensters zur Laufzeit hinzugefügt werden sollen. Als Ersatz für die *Show*-Methode dient dann der Aufruf des *Create*-Konstruktors. Dabei ist der Owner immer das Hauptformular (*Self*).

Beispiel: Erzeugen eines neuen Kindfensters.

```
procedure TForm1.NeuesKindfensterClick(Sender: TObject);
begin
  TForm2.Create(Self)
end;
```

Hinweis: Entfernen Sie aus den Projektoptionen das automatische Erstellen der Kindfenster! Sie dürfen diese dann allerdings nicht mehr mit *Show* aufrufen (Zugriffsverletzung)!

Anordnen der Kindfenster

Ein MDI-Hauptfenster verfügt über die Methoden *Tile*, *Cascade* und *ArrangeIcons*, mit denen Sie die vorhandenen Kindfenster nebeneinander, überlappend oder als Symbole anordnen können. Zu diesem Zweck hat fast jede MDI-Applikation ein *Fenster*-Menü, in dem Sie diese Optionen auswählen können.

```
procedure TForm1.NebeneinanderClick(Sender: TObject); // Fenster|Nebeneinander
begin
 Tile                 // ordnet Kindfenster nebeneinander an
end;
```

In diesem Zusammenhang erwähnenswert sind noch die Methoden *Next* und *Previous*, die in einer Formularfolge das nächste bzw. das vorangehende Kindfenster zum aktiven Formular machen.

Schließen der Kindfenster

Im Unterschied zu einem normalen Formular verschwindet ein Kindfenster nicht, wenn es durch Aufruf der *Close*-Methode geschlossen werden soll.

Mit dem Zuweisen von *Action := acFree* im *OnClose*-Ereignis werden die Fenster quasi vernichtet, und der von ihnen belegte Speicher wird freigegeben (*caMinimize* = Standard).

Beachten Sie auch die *CloseQuery*-Methode des übergeordneten MDI-Formulars. Diese ruft die Methode *CloseQuery* der Kindfenster auf, um den Rückgabewert zu ermitteln (*True*, wenn Kindfenster geschlossen werden darf).

Ein entsprechendes Beispiel finden Sie unter 3.8.2.

4.3 Die Standard-Komponenten

Im Schnelldurchgang wollen wir kurz auf die interessantesten Features dieser wohl am häufigsten benötigten Komponenten eingehen.

4.3.1 Button

Die Befehlsschaltfläche ist wohl kaum aus einer Anwendung wegzudenken und verdient es deshalb, an erster Stelle genannt zu werden.

Default

Diese Eigenschaft verbindet den Button mit der Enter-Taste. Das bedeutet, wenn Sie auf die Enter-Taste drücken, wird die *OnClick*-Ereignisprozedur ausgeführt, vorausgesetzt, die Schaltfläche hat den Fokus. Wenn der Fokus an ein Steuerelement weitergegeben wird, das keine Schaltfläche ist, wird diejenige Schaltfläche wieder zur Standardschaltfläche, deren *Default*-Eigenschaft auf *True* gesetzt ist.

Cancel

Mit dieser Property wird festgelegt, ob der *Button* auf die ESC-Taste mit einem *OnClick*-Ereignis reagiert oder nicht (standardmäßig *False*).

Action

Diese ab Delphi 4 neu eingeführte Eigenschaft ist im Zusammenhang mit der ebenfalls neu eingeführten *ActionList*-Komponente von Bedeutung (siehe Ende dieses Abschnitts).

4.3.2 Label

Dieses harmlose, aber unverzichtbare Bezeichnungsfeld dient, im Gegensatz zum Editierfeld, häufig nur zur Anzeige von statischem (unveränderbarem) Text, den man per *Caption*-Property im Objektinspektor zuweist.

Transparent = True setzt die *Color*-Eigenschaft außer Kraft und lässt den Formularhintergrund durchscheinen.

Mit *AutoSize* legt man fest, ob sich das Label automatisch vergrößern soll, wenn sein Inhalt dies erfordern sollte, oder ob der Rest des Textes einfach abgeschnitten wird.

Hinweis: Die Standardeinstellung *AutoSize = True* bringt Unruhe in den Clientbereich (Flackern bei der Größenanpassung)! Es ist deshalb zu empfehlen, *AutoSize* auf *False* zu setzen und das Label auf die größtmöglichen Abmessungen zu zoomen.

Die *Align*-Eigenschaft ist meist *alNone*, da man ein Label nur in seltenen Fällen an die Ränder des Formular-Clientbereichs "klebt" bzw. es diesen ganz ausfüllen lässt.

Hervorzuheben ist die *Alignment*-Eigenschaft, welche die Ausrichtung des Textes ermittelt bzw. setzt: *taLeftJustify, taRightJustify, taCenter.*

Mit *WordWrap* legen Sie fest, ob ein Zeilenumbruch stattfinden soll:

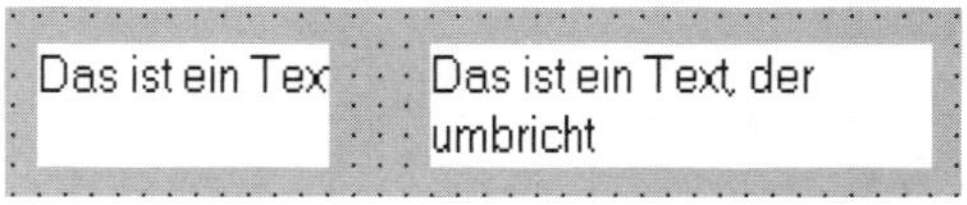

Sie können einen Zeilenumbruch auch per Quellcode erzeugen (also unabhängig von *WordWrap*), indem Sie die entsprechenden Steuerzeichen für Zeilenschaltung und Zeilenvorschub einfügen.

```
Label1.Caption := 'Das ist ein Text,' + #13#10 + 'der umbricht!';
```

Eine kaum beachtete Eigenschaft ist *ShowAccelChar*. Diese Ignoranz rächt sich aber bitter, wenn man Beschriftungen mit einem "Kaufmanns-UND" (z.B. *1 & 1*) darstellen will. Da *ShowAccelChar* standardmäßig *True* ist, wird das unmittelbar auf ein "&" folgende Zeichen als Tastenkürzel interpretiert und mit einer Unterstreichung versehen (wird das Tastenkürzel vom Benutzer eingegeben, erhält das der Eigenschaft *FocusControl* zugewiesene Steuerelement den Eingabefokus).

```
Label2 := ' 1 & 1 - Internet GmbH';
```

ergibt die fehlerhafte Beschriftung *1_ 1 Internet GmbH.*

Erst durch Voranstellen von

```
ShowAccelChar := False;
```

bzw. dessen Zuweisen im Objektinspektor erhalten wir das richtige Ergebnis *1 & 1 Internet GmbH.*

Hinweis: Um trotz *ShowAccelChar = True* ein kaufmännisches UND auszugeben, müssen zwei &-Zeichen hintereinander gestellt werden (&&).

Zeichen, die nicht über die Tastatur erreichbar sind, erzeugen Sie mit dem entsprechenden ASCII-Code (siehe Tabelle im Anhang).

Beispiel: Erzeugen von *Copyright © 2001*

```
Label1.Caption := 'Copyright ' + #169 + ' 2001'
```

4.3.3 Panel

Schöner anzusehen als das Label ist die *Panel*-Komponente, dafür sorgen allein schon 3-D-Eigenschaften wie *BevelInner*, *BevelOuter*, *BevelWidth*.

Die *Caption*-Property ist allerdings auf nur eine Zeile beschränkt. Man verwendet diese Komponente deshalb weniger zur Textanzeige, sondern meistens nur als Unterlage (Container) für andere Komponenten, die man auf diese attraktive Weise optisch gruppieren möchte.

4.3.4 Edit

Im Unterschied zum *Label* besteht im Editierfeld die zusätzliche Möglichkeit, den Text zur Laufzeit zu bearbeiten oder zu markieren. All dies geschieht durch Manipulation der *Text*-Property. Es ist allerdings nur einzeiliger Text möglich.

Hervorzuheben sind neben der *ReadOnly*-Eigenschaft (Schreibschutz bzw. Verwendung als reiner Textbetrachter) folgende Properties:

MaxLength

... legt die maximale Anzahl einzugebender Zeichen fest (Standard 0 = keine Längenbegrenzung).

SelLength, SelStart, SelText

Diese Properties beziehen sich auf einen markierten Textausschnitt (*SelLength* = Zeichenanzahl, *SelStart* = Anfangsposition, *SelText* = Inhalt).

Eine *Alignment*-Eigenschaft wie beim Label werden Sie leider vergeblich suchen, eine Lösung des Problems finden Sie aber im Praxisbeispiel 4.7.4.

An Methoden sollten Sie sich die folgenden einprägen:

Clear

... löscht den Inhalt.

CopyToClipBoard, PasteFromClipboard

... kopiert den markierten Text in die Zwischenablage bzw. fügt ihn von dort ein.

Beispiel: Ab Position 10 werden zwanzig Zeichen in die Zwischenablage kopiert.

```
with Edit1 do begin
 SelStart := 10; SelLength := 20; CopyToClipBoard
end;
```

Übrigens können Sie zur Laufzeit für jedes Editierfeld ein PopUp-Menü aufrufen, über das die wichtigsten Operationen direkt ausführbar sind:

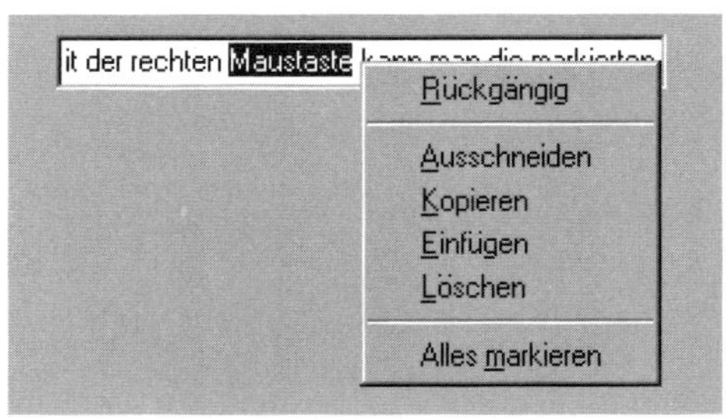

PassWordChar

... erlaubt das verdeckte Eingeben eines Passwortes. Sie können das gewünschte Zeichen im Objektinspektor oder per Quellcode zuweisen.

```
Edit1.PassWordChar := '*';
```

Hinweis: Neu seit Delphi 6 ist die *LabeledEdit*-Komponente, quasi eine Kreuzung zwischen *Label*- und *Edit*-Komponente (Seite "Zusätzlich") .

4.3.5 Memo

Während in der *Edit*-Komponente lediglich eine Zeile darstellbar ist, können *Memo*-Felder auch mehrzeilige Texte aufnehmen. Ansonsten hat diese Komponente viele gleich lautende Eigenschaften (z.B. *SelText, SelStart, SelLength*), auf die deshalb hier nicht noch einmal eingegangen wird.

WantReturns

Ist diese Eigenschaft *True*, so können Sie mittels Enter-Taste einen Zeilenumbruch einfügen. Die *Default*-Eigenschaft eines eventuell vorhandenen Buttons wird damit außer Kraft gesetzt (siehe 4.3.1)! Bleibt *WantReturns* auf *False,* müssten Sie nach wie vor Strg+Enter für einen Zeilenumbruch verwenden.

WordWrap

Damit bestimmen Sie, ob der Text im Eingabefeld am rechten Rand umbrochen wird (*True*). Der Umbruch wird lediglich auf dem Bildschirm angezeigt, der Text selbst enthält keinerlei Zeilenumbrüche, die nicht eingegeben wurden. Wenn *WordWrap False* ist, entsteht eine neue Zeile nur dort, wo auch ein Zeilenumbruch in den Text eingefügt wurde.

Lines

Zwar gibt es auch eine *Text*-Eigenschaft, doch ist diese für die praktische Arbeit weniger gut geeignet. Sie arbeiten besser mit der *Lines*-Eigenschaft, die einen gezielten Zugriff auf einzelne Zeilen gestattet und die Sie im Stringlisten-Editor oder auch per Quellcode zuweisen können.

ScrollBars

Damit können horizontale oder vertikale Bildlaufleisten aufgrund der Konstanten *ssNone*, *ssHorizontal*, *ssVertical* und *ssBoth* hinzugefügt werden.

Beispiel: Der folgende Code

```
with Memo1 do
begin
 Clear;
 ScrollBars := ssBoth;
 Lines[0] := 'Das ist die 1. Zeile eines Memofeldes!';
 for i := 2 to 10 do
  Lines.Add('Das ist die ' + IntToStr(i) + '. Zeile!')
end;
```

führt zu diesem Ergebnis:

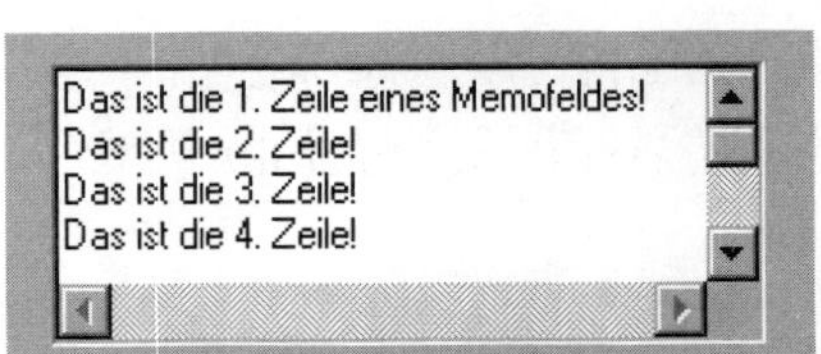

Hinweis: Hat *WordWrap* den Wert *True*, brauchen Sie keine horizontale Bildlaufleiste.

4.3.6 GroupBox

Die Funktionalität dieser Komponente ähnelt dem Panel. Mit der GroupBox umgibt man mehrere Steuerelemente mit einem Rahmen. So können diese quasi zu einer "Bedieneinheit" zusammengefasst werden.

Hinweis: Beachten Sie beim Entwurf, dass zuerst der Rahmen angelegt werden muss und erst dann die Steuerelemente innerhalb der *GroupBox* abgelegt werden können.

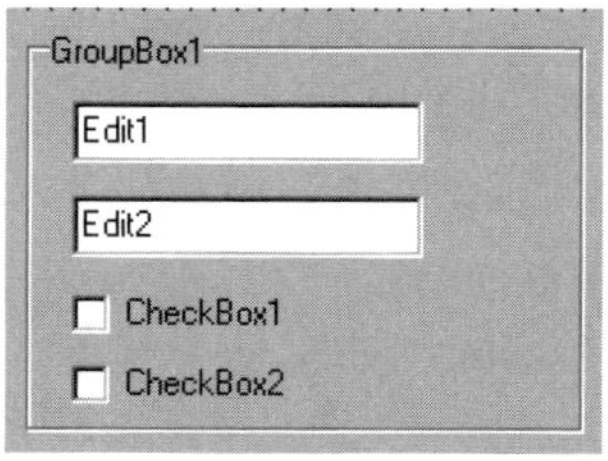

4.3.7 CheckBox

Bei der *Checkbox* entscheidet die *Checked*-Eigenschaft (*True/False*) darüber, ob die Option gewählt wurde oder nicht. Für den Programmierer bietet sich zusätzlich die Möglichkeit, über *State* den dritten Zustand zu bestimmen (*cbGrayed*).

```
CheckBox1.Checked := True;
if CheckBox1.State = cbGrayed then .....
```

4.3.8 RadioButton

Diese Komponente dient zur Auswahl von Optionen innerhalb einer Anwendung. Wie bei der *CheckBox* gibt es auch beim *RadioButton* eine *Checked*-Eigenschaft. Im Unterschied zu dieser kann aber innerhalb einer Gruppe immer nur ein einziger *RadioButton* aktiv sein (siehe Abb. unten).

Meist fasst man mehrere RadioButtons mittels *GroupBox* (oder *Panel*) zu einer Optionsgruppe zusammen:

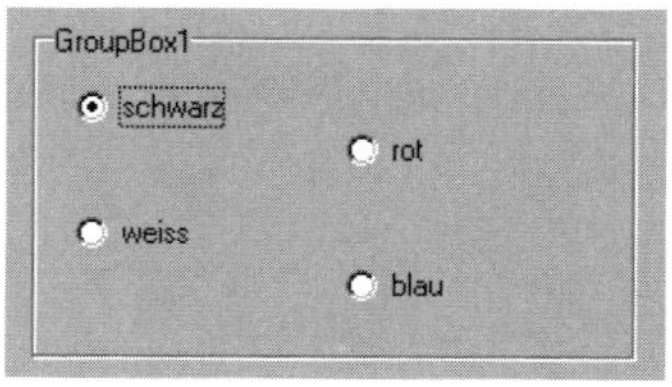

Hinweis: Ein gemeinsamer Event-Handler für alle RadioButtons einer Gruppe ist zweckmäßig, wenn sofort auf das *OnClick*-Ereignis reagiert werden soll.

Beispiel: Mit vier RadioButtons (siehe obige Abbildung) wird die Hintergrundfarbe des Forms geändert. (Vergessen Sie nicht, im Objektinspektor das *OnClick*-Ereignis jedes einzelnen Radio-Buttons auf den gemeinsamen Event-Handler *RadioButtonClick* einzustellen!)

```
procedure TForm1.RadioButtonClick(Sender: TObject);
begin
  if Sender = RadioButton1 then Color := clBlack;
  if Sender = RadioButton2 then Color := clWhite;
  if Sender = RadioButton3 then Color := clRed;
  if Sender = RadioButton4 then Color := clBlue
end;
```

4.3.9 RadioGroup

Mit weniger Aufwand kann man das gleiche Ergebnis wie mit einzelnen *RadioButtons* auch mit einer *RadioGroup* erreichen. Letztere erhält ihre RadioButtons über die *Items*-Eigenschaft zugewiesen.

ItemIndex

Diese Eigenschaft bestimmt, welcher Eintrag ausgewählt ist (0, 1, 2, ..., -1 = keiner).

Columns

Mit dieser Eigenschaft legen Sie die Spaltenanzahl einer *RadioGroup* fest (Standard = 1).

Beispiel: So füllen Sie eine *RadioGroup* per Quelltext.

```
with RadioGroup1 do begin
  with Items do begin
   Add('Schwarz'); Add('Weiss'); Add('Rot'); Add('Blau')
   end;
   ItemIndex := 0        // Schwarz ist aktiv
end;
```

Hinweis: Sie können die *Items*-Eigenschaft alternativ auch im Objektinspektor einstellen. Es öffnet sich der Stringlisten-Editor (eine Zeile = 1 RadioButton).

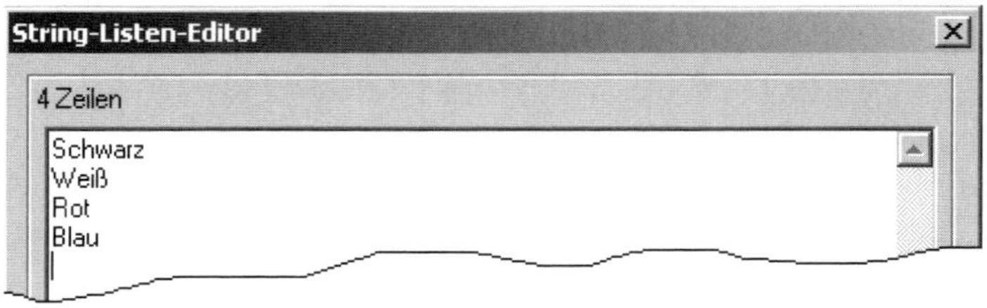

Der folgende Event-Handler führt zum gleichen Ergebnis wie im Vorgängerbeispiel zum *RadioButton*:

```
procedure TForm1.RadioGroup1Click(Sender: TObject);
begin
 Case RadioGroup1.ItemIndex of
  0: Color := clBlack; 1: Color := clWhite;
  2: Color := clRed;   3: Color := clBlue
 end
end;
```

4.3.10 ListBox und ComboBox

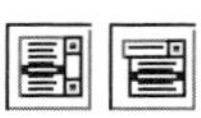

In einem Listenfeld ist eine Auflistung von Einträgen enthalten, von denen der Benutzer mittels Maus oder Tastatur einen oder mehrere auswählen kann. Ein Kombinationsfeld ist eine Mischung aus Editier- und Listenfeld. Es erlaubt also Eingaben und kann, im Unterschied zum Listenfeld, "aufgeklappt" werden.

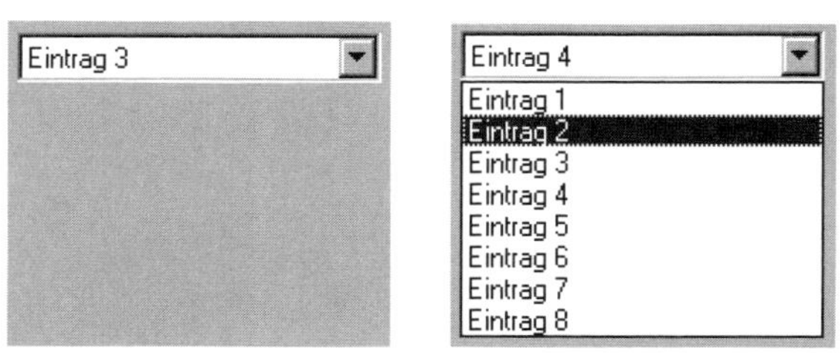

Ähnlich der RadioGroup ist auch der Inhalt einer List-/ComboBox als Stringliste (*Items*) organisiert, woraus sich ein nahezu identischer Zugriff ergibt.

Items

Diese Eigenschaft ermittelt bzw. setzt einen Zeichenkettenausdruck über einen *ItemIndex*. Der Index beginnt mit 0 (Null) für den ersten Eintrag. Gleichzeitig können über das *Items*-Objekt weitere Einträge hinzugefügt bzw. gelöscht werden.

Beispiel: Zuweisen des aktuell ausgewählten Eintrags, Hinzufügen, Löschen

```
Label1.Caption := Listbox1.Items[ListBox1.ItemIndex];
Listbox1.Items.Add('Eintrag 16');
Listbox1.Items.Clear;
```

Items.Count

... gibt die Anzahl von Einträgen zurück.

ItemIndex

... setzt bzw. ermittelt die Position (Index) des aktuellen Eintrags (-1 = kein Eintrag).

Sorted

... legt fest, ob die Einträge in alphabetischer Reihenfolge angeordnet werden sollen (*True* oder *False*).

DropDownCount

... entspricht der Anzahl der sichtbaren Einträge (8 = Standard).

Text

... setzt bzw. ermittelt den Eintrag für das aktivierte Element (*ComboBox*).

OnClick-Ereignis

... bezieht sich nicht, wie man vielleicht vermuten könnte, auf das Editierfeld der ComboBox (oben), sondern tritt nur auf, wenn auf einen Eintrag der aufgeklappten Liste geklickt wird!

OnDropDown-Ereignis (*ComboBox*)

... tritt auf, wenn die ComboBox aufgeklappt wird.

Style

Damit können Sie festlegen, wie der Eingabe- und der Listenbereich angezeigt werden. Die Werte für *Style* haben für ComboBox und ListBox unterschiedliche Bedeutung.

Für die *ComboBox*:

Style	**Bedeutung**
csDropDown	Die manuelle Eingabe von Text ist möglich. Alle Einträge sind Strings und haben dieselbe Höhe.
csSimple	Es entsteht ein Eingabefeld mit einem feststehenden Listenfeld. Die Länge der Liste wird über die Höhe des Kombinationsfeldes festgelegt.
csDropDownList	Es kann manuell kein Text eingegeben werden. Alle Einträge sind Strings und haben dieselbe Höhe.
csOwnerDrawFixed	Die manuelle Eingabe von Text ist möglich. Alle Einträge der Liste haben die Höhe, die in der Eigenschaft *ItemHeight* festgelegt ist.
csOwnerDrawVariable	Die manuelle Eingabe von Text ist möglich. Die Listeneinträge können unterschiedlich hoch sein.

Müssen die Listeneinträge angezeigt werden und hat *Style* den Wert *csOwnerDrawFixed* oder *csOwnerDrawVariable*, tritt das Ereignis *OnDrawItem* ein. Wenn *Style* den Wert *csOwnerDraw-Variable* hat, tritt zusätzlich das Ereignis *OnMeasureItem* ein.

Für die *ListBox*:

Style	**Bedeutung**
lbStandard	Die Einträge sind Strings mit gleicher Höhe.
lbOwnerDrawFixed	Die Höhe der Einträge ist mit der Eigenschaft *ItemHeight* festgelegt.
lbOwnerDrawVariable	Die Einträge können unterschiedlich hoch sein.

4.3.11 ScrollBar

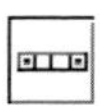

Die dafür übliche Bezeichnung "Bildlaufleiste" ist eigentlich etwas irreführend, denn Sie benutzen diese Komponente weniger zum Scrollen von Bild- bzw. Fensterinhalten (dazu haben diese Objekte meist eigene ScrollBars), sondern vielmehr als eine separate Einstellmöglichkeit im Sinne eines "Reglers" für unterschiedlichste Zwecke.

Folgende Eigenschaften sind hervorzuheben:

Kind

Durch Zuweisen von *sbHorizontal* bzw. *sbVertical* legen Sie fest, ob es sich um eine horizontale oder um eine vertikale ScrollBar handeln soll.

Max, Min, Position

Diese *Integer*-Eigenschaften legen den größten bzw. kleinsten Einstellungswert fest bzw. bestimmen den aktuellen Wert (zwischen *Max* und *Min*).

LargeChange, SmallChange

Klickt man ober- oder unterhalb des "Schiebers", so wird der aktuelle Wert (*Position*) um *LargeChange* geändert, beim Klicken auf die Begrenzungspfeile hingegen nur um *SmallChange*.

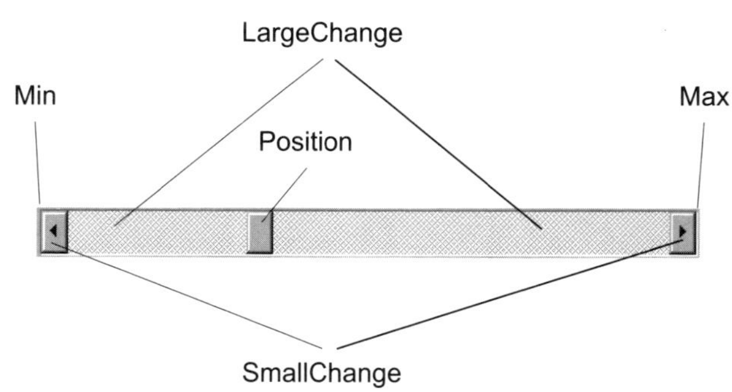

OnChange

Dieses Ereignis spielt eine zentrale Rolle, da es immer dann eintritt, wenn die Position des Schiebers verändert wurde.

Beispiel: Wenn Sie die Einstellung der *ScrollBar* ändern, soll in einem Label die aktuelle Position angezeigt werden.

```
procedure TForm1.ScrollBar1Change(Sender: TObject);
begin
 Label1.Caption := IntToStr(ScrollBar1.Position)
end;
```

Hinweis: Wenn eine *ScrollBar* den Eingabefokus hat, so blinkt der Schieber!

4.3.12 MainMenu und PopUpMenu

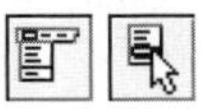

Diese beiden Komponenten sind zur Laufzeit unsichtbar. Es ist deshalb absolut unwichtig, an welcher Stelle sie im Formular positioniert werden. Die eigentlichen Menüs nehmen erst nach ihrer Bearbeitung im Menüeditor (durch Doppelklick auf die Komponente aufrufen) die endgültige Gestalt an. Die dabei entstehenden Menüeinträge sind in Delphi ganz normale Objekte mit Eigenschaften und Ereignissen.

Beispiel: Ein Event-Handler für das *OnClick*-Ereignis eines Menüobjekts mit dem Namen *Beenden*:

```
procedure TForm1.BeendenClick(Sender: TObject);
begin
 Close
end;
```

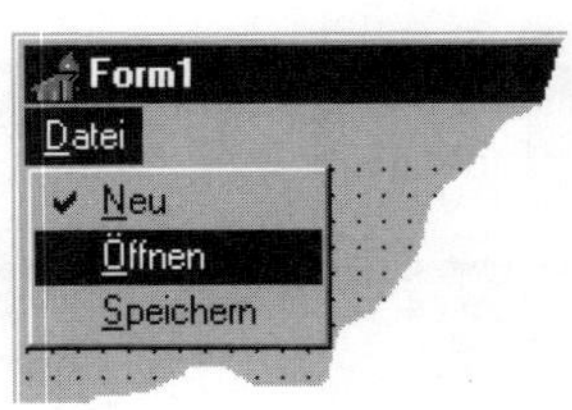

Checked

Diese Eigenschaft setzt ein Häkchen vor den Menüeintrag (*True/False*).

Enabled, Visible

... aktivieren/deaktivieren den Menüeintrag bzw. machen ihn sichtbar/unsichtbar.

ShortCut

... dient zur Auswahl einer Tastenkombination, über die das *OnClick*-Ereignis des Menüobjekts ausgelöst wird.

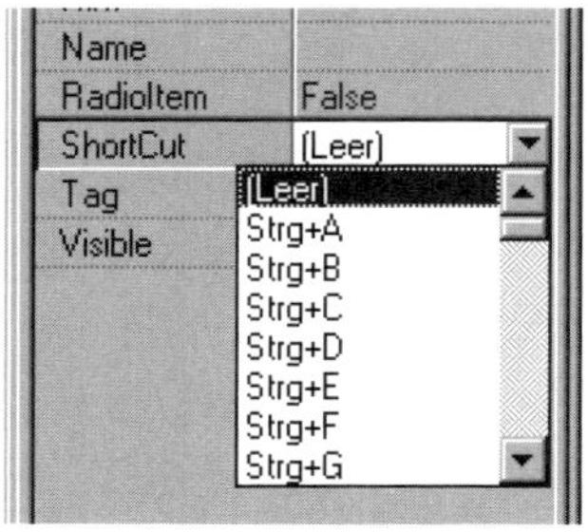

Weitere Hinweise zum Menüentwurf erhalten Sie im Praxisteil des Kapitels (4.6.3) oder aber auch im folgenden Abschnitt.

4.3.13 ActionList

Dies ist eine Sammlung von *TAction*-Objekten. Ein solches Objekt kapselt eine Operation, die von anderen Objekten der Benutzerschnittstelle, die über eine *Action*-Eigenschaft verfügen (wie z.B. Menüeinträge oder Buttons, in diesem Zusammenhang als Clients bezeichnet), als Reaktion auf ein Ereignis (z.B. Mausklick) mit einem Zielobjekt (z.B. *Edit*- oder *Memo*-Komponente) durchgeführt werden soll ...

Machen Sie sich keine Sorgen, wenn auch Sie mit diesen "Erklärungen" aus der Delphi-Hilfe nichts anfangen können – auch den Autoren ging es zunächst nicht anders.

Kurz und bündig: Eine Aktionsliste erstellen Sie mit dem Aktionslisten-Editor, der sich durch Doppelklick auf die ActionList-Komponente öffnet. Das PopUp-Menü (rechte Maustaste) weist Ihnen den weiteren Weg.

Beispiel: Wir wollen ein *Bearbeiten*-Menü erstellen. Wählen Sie über die rechte Maustaste "Neue Standardaktion" und dann im Dialogfenster die Aktionen *TEditCopy*, *TEditCut* und *TEditPaste*.

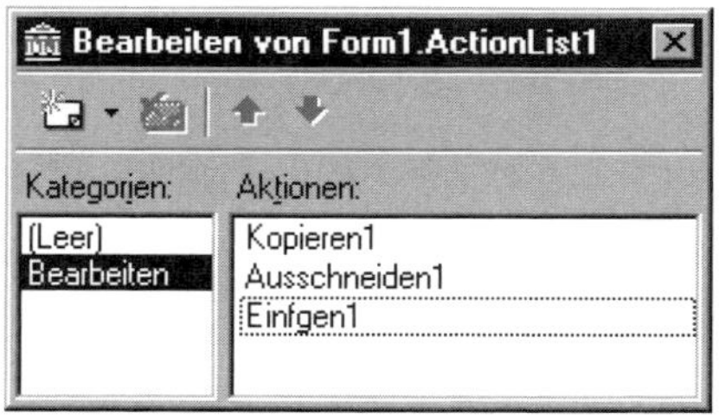

Setzen Sie eine *MainMenu*-Komponente auf das Formular, öffnen Sie per Doppelklick den Menüeditor und weisen Sie dem ersten Eintrag die *Caption*-Eigenschaft "Bearbeiten" zu. Die Untereinträge brauchen Sie nicht auszufüllen, klicken Sie einfach nur auf die leeren blauen Felder (Abbildung unten rechts) und weisen Sie die gewünschte *Action*-Eigenschaft zu. Die Eintragungen der *Caption*-Eigenschaften und Tastenkürzel (ShortCuts) für die Menüobjekte erfolgen automatisch!

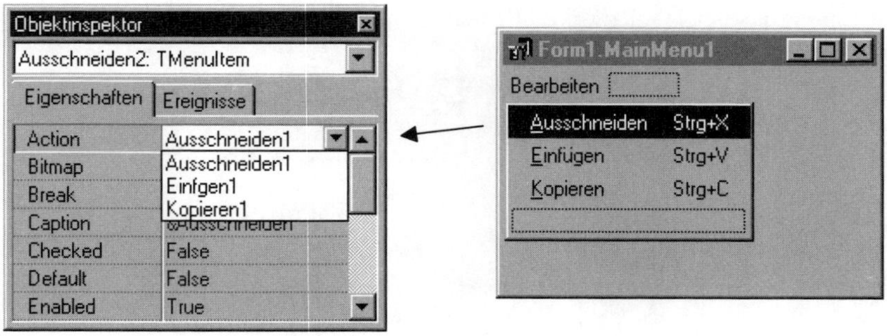

Nun können Sie z.B. noch zu Testzwecken diverse Memo- und/oder Editierfelder auf das Formular setzen und schon kann das Programm gestartet werden. Das *Bearbeiten*-Menü wird beim Ausschneiden, Einfügen und Kopieren von Texten und Grafiken professionell funktionieren, ohne dass Sie auch nur eine einzige Zeile Quellcode schreiben mussten! Auch für das sinnvolle gegenseitige Verriegeln der Menüeinträge ist gesorgt, wenn z.B. kein Text im Memofeld selektiert wurde, dann erscheinen die Einträge "Ausschneiden" und "Kopieren" gesperrt.

Mehr zum Thema erfahren Sie im Praxisbeispiel 4.7.3.

4.3.14 Frames

Hier geht es um eine besondere Art von Formular, das in andere Formulare (oder auch andere Frames) eingefügt werden kann.

Wenn Sie aber versuchen, ein "*Frames*-Control" von der Komponentenpalette auf das Formular zu ziehen, wird Ihr Entdeckertrieb zunächst von einem Meldungsfenster jäh gestoppt:

Anstatt *Datei|Neuer Frame* können Sie auch *Datei|Neu* wählen und auf der Registerkarte "Neu" der Objektgalerie auf "Frame" klicken.

Das neu hinzugekommene *Frame*-Objekt bestücken Sie dann, wie vom Formularentwurf gewohnt, mit Komponenten.

Beispiel: Ein *Frame*-Objekt mit zwei Editierfeldern und einer CheckBox.

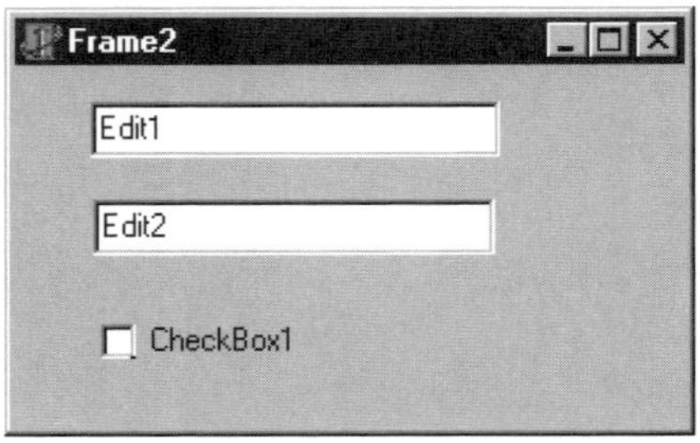

Wenn Sie das *Frame*-Symbol in der Komponentenpalette klicken, wird eine Dialogbox aufgerufen, die die im Projekt bereits vorhandenen *Frame*-Objekte zur Auswahl anbietet.

Beispiel: Drei *Frame*-Objekte stehen zur Auswahl bereit.

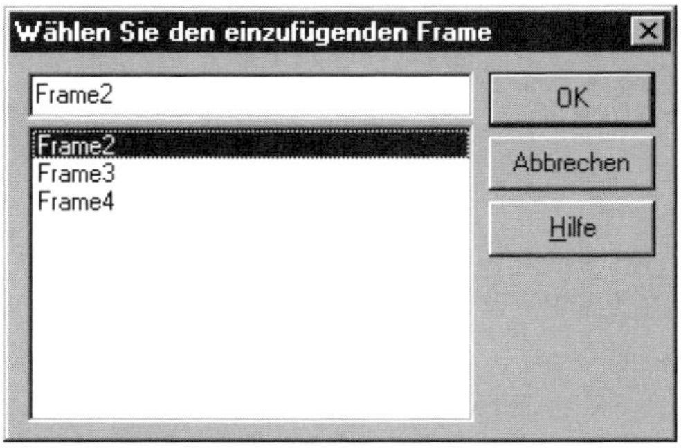

Jetzt können Sie die *Frame*-Objekte auf dem Formular (oder auch innerhalb eines anderen *Frame*-Objekts) platzieren.

Beispiel: *Frame2* aus dem Vorgängerbeispiel wird zweimal in *Form1* eingefügt. Die von Delphi automatisch vergebenen Objektbezeichner lauten *Frame21* (linker Frame) und *Frame22* (rechter Frame).

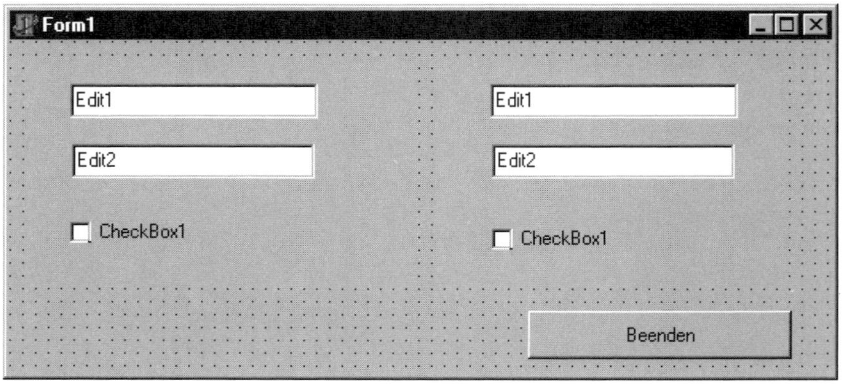

Der Zugriff auf die in einem Frame platzierten Objekte spiegelt die Hierarchie der Verschachtelung wider.

Beispiel: Zugriff auf *Edit1* im rechten Frame des Vorgängerbeispiels

```
Form1.Frame22.Edit1.Text := 'Hallo'
```

Nachdem ein Frame erstellt und gespeichert wurde, kann die Komponente weiterhin als Unit verwendet werden und die Änderungen der eingefügten Komponenten (einschließlich anderer Frames) erben. Außerdem erbt ein eingebettetes *Frame*-Objekt alle Änderungen, die an der Komponente vorgenommen werden, von der es abgeleitet ist.

4.3.15 Timer

Obwohl der Timer nicht zu den Komponenten der "Standard"-Palette gehört (Sie finden ihn auf der Seite "System"), soll er aufgrund seiner Wichtigkeit hier mit erwähnt werden. Diese (zur Laufzeit unsichtbare) Komponente ruft in bestimmten Zeitabständen das *OnTimer*-Ereignis auf.

Wesentlich ist die *Interval*-Eigenschaft, sie legt die Zeit (in Millisekunden) fest. Der Wert 0 (Null) sperrt den Zeitgeber.

Beispiel: Wählen Sie die *Interval*-Eigenschaft 1000, so wird im Sekundentakt die Uhrzeit angezeigt.

```
procedure TForm1.Timer1Timer(Sender: TObject);
begin
 Label1.Caption := TimeToStr(Time)
end;
```

Hinweis: Beachten Sie, dass das *Timer*-Ereignis abhängig vom Betriebssystem maximal 18,2 mal pro Sekunde aufgerufen werden kann! Einige Systemereignisse (z.B. *MouseDown* in der Kopfzeile) bewirken, dass der Timer angehalten wird.

Wenn Sie sich das "Autorennen" im Praxisteil von Kapitel 5 näher anschauen, so werden Sie feststellen, dass die Animationen ebenfalls mit Hilfe eines Timers realisiert wurden.

4.4 Weitere wichtige Objekte

Delphi hat noch weitaus mehr Objekte zu bieten als jene, die Sie auf der Komponentenpalette entdecken.

4.4.1 Application

Das wohl wichtigste der "unsichtbaren" Delphi-Objekte ist *Application* aus der Unit *Forms*. Dies ist eine Variable vom Typ *TApplication* und eine Instanz Ihres Programms.

Folgende Methoden bzw. Eigenschaften des *Application*-Objekts sind von besonderem Interesse:

Eigenschaft/Methode	Erklärung
Initialize	Initialisieren des Programms
Run	Starten der Programmausführung
Terminate	Methode, die die Programmausführung beendet
ProcessMessages	Freigabe von Rechenzeit für andere Anwendungen
MessageBox	Methode, die ein modales Meldungsfenster ausgibt
ExeName	Name der EXE-Datei
CreateForm	Methode, mit der ein Formular erzeugt wird
HelpFile	Eigenschaft zum Auswählen des HelpFiles

Beispiel: Meldungsfenster erzeugen (siehe Kapitel 5).

```
Application.MessageBox('Das Programm wird beendet', 'Info', 49);
```

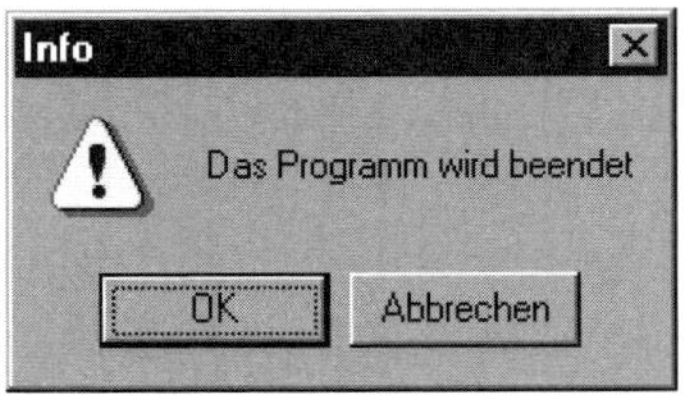

Beispiel: Typisches Delphi-Hauptprogramm (Menü *Projekt|Quelltext anzeigen*).

```
program Project1;
...
begin
  Application.Initialize;
  Application.CreateForm(TForm1, Form1);
  Application.Run;
end.
```

ApplicationEvents

Im Zusammenhang mit dem *Application*-Objekt ist das Steuerelement *ApplicationEvents* von Interesse, das Sie auf der Seite "Zusätzlich" der Komponentenpalette entdecken. Da das *Application*-Objekt alle Ereignisse an *ApplicationEvents* weiterleitet, hat Letzteres gleichnamige Ereignisse. Mit der *Activate*-Methode kann die Reihenfolge des Empfangs der Ereignisse gesteuert werden.

Hinweis: Jedes Formular kann ein eigenes *ApplicationEvents*-Objekt besitzen!

4.4.2 Clipboard

Das *Clipboard*-Objekt repräsentiert die Windows-Zwischenablage. Um damit arbeiten zu können, müssen Sie die Unit *Clipbrd* in die *uses*-Klausel der Form-Unit aufnehmen.

AsText

Mit Hilfe dieser Eigenschaft können Sie Text in die Zwischenablage bringen und aus ihr abrufen.

```
Clipboard.AsText := 'Hallo';           // Text in Zwischenablage kopieren
Label1.Caption := Clipboard.AsText;    // Text aus Zwischenablage einfügen
```

Assign

Um Bilder in der Zwischenablage zu platzieren oder daraus abzurufen, verwenden Sie diese Methode:

```
Clipboard.Assign(Image1.Picture);      // Bild in Zwischenablage kopieren
 Image2.Picture.Assign(ClipBoard);     // Bild aus Zwischenablage einfügen
```

Formats, FormatCount, HasFormat

Formats liefert eine Liste aller aktuellen Formate in der Zwischenablage, *FormatCount* gibt die Anzahl der Formate an. Durch die Methode *HasFormat* lässt sich feststellen, ob ein bestimmtes Format in der Zwischenablage enthalten ist.

4.4.3 Printer

Wenn Sie die Unit *Printers* einbinden, kann das Programm Druckerausgaben auf *Printer.Canvas* mit den gleichen Methoden vornehmen, wie z.B. auf das *Canvas*-Objekt eines Formulars (siehe Grafikkapitel 7).

Beispiel: Mit dem folgenden Code drucken Sie ein kleines Quadrat in die linke obere Ecke.

```
Printer.BeginDoc;
Printer.Canvas.Rectangle(10,10,100,100);
Printer.EndDoc;
```

Weitere Informationen finden Sie im Kapitel 10.

4.4.4 Screen

Dieser Komponente entspringt eine Objektklasse, die den gesamten Bildschirm wiedergibt. Standardmäßig steht bereits beim Start von Delphi eine Variable *Screen* (Instanz von *TScreen*) zur Verfügung.

Hinweis: Alle *Screen*-Eigenschaften sind nur zur Laufzeit verfügbar und können nicht zugewiesen, sondern nur gelesen werden (Read Only)!

Für Koordinatenangaben sind folgende *Screen*-Eigenschaften von Interesse:

Eigenschaft	Erläuterung
Width	Breite des Bildschirms in Pixel
Height	Höhe des Bildschirms in Pixel
PixelsPerInch	Anzahl Pixel pro Zoll (abhängig vom Bildschirmtreiber)
Fonts	Schriftarten, die vom Bildschirm unterstützt werden

Beispiel: Platzieren einer visuellen Komponente (hier *TEdit*) exakt in Bildschirmmitte

```
Edit1.Left:= (Screen.Width - Edit1.Width) div 2;
Edit1.Top:= (Screen.Height - Edit1.Height) div 2;
```

Beispiel: Die Anweisung

```
a := Screen.Width / Screen.PixelsPerInch * 2.54;
```

setzt die (Real-)Variable *a* auf die Bildschirmbreite (in cm).

Beispiel: Bildschirmschriftarten in einer Listbox in alphabetischer Reihenfolge anzeigen

```
ListBox1.Sorted := True;
ListBox1.Items := Screen.Fonts;
```

Hinweis: Verwenden Sie die Methoden *ScreenToClient* und *ClientToScreen* von *TForm*, um Koordinatenumwandlungen vorzunehmen!

4.5 Gitterelemente

Da es aus Gründen des Umfangs unmöglich ist, dass in diesem Kapitel sämtliche Delphi-Komponenten vorgestellt werden[1], sollen als Beispiele *TDrawGrid* und *TStringGrid* herausgegriffen werden, die Sie auf der Registerseite "Zusätzlich" der Komponentenpalette finden.

Mit diesen beiden Komponenten stellt Delphi zwei sehr komplexe und leistungsfähige Dialogelemente zur tabellenförmigen Datenanzeige und -eingabe zur Verfügung. Bei Verwendung eines Gitterelements wird die *Grids*-Unit automatisch zur *uses*-Anweisung der Formular-Unit hinzugefügt.

Die Vielzahl von ineinander verzahnten Eigenschaften, die sich teilweise auf untergeordneter Ebene weiter aufsplitten (*Options*), bilden ein scheinbar heilloses Wirrwar, in dem man sich auf Anhieb nicht zurechtfindet. Die Konzentration auf das Wesentliche ist also vonnöten, damit der Überblick nicht gänzlich verloren geht.

---

[1] Außerdem kann diese Aufgabe viel effektiver von der integrierten Online-Hilfe wahrgenommen werden.

4.5.1 Eigenschaften

Hier die Schlüsseleigenschaften (L = nur zur Laufzeit, S = schreibgeschützt):

Eigenschaft	Erläuterung	L	S
BorderStyle	... mit oder ohne Rahmen um das Gitter (*bsSingle*, *bsNone*)		
Col	... aktuelle Spalte (die Fokus besitzt)	x	
ColCount	... Anzahl der Spalten (Default = 5)		
ColWidths[i]	... Breite der i-ten Spalte (Pixel)	x	
DefaultColWidth	... Anfangsbreite aller Spalten (Default = 64 Pixel)		
DefaultDrawing	... legt fest, ob Zelle und ihr Inhalt automatisch gezeichnet werden (Default = *True*)		
DefaultRowHeight	... Anfangshöhe aller Zeilen (Default = 24 Pixel)		
EditorMode	... legt fest, ob sich Gitter im automatischen Editiermodus befindet	x	
FixedColor	... Farbe der unbeweglichen Zeilen und Spalten (s.u.)		
FixedCols	... Anzahl der unbeweglichen Spalten (Default = 1)		
FixedRows	... Anzahl der unbeweglichen Zeilen (Default = 1)		
GridHeight	... Gitterhöhe (Pixel, s.u.)	x	x
GridLineWidth	... Breite der Gitterlinien (Pixel)		
GridWidth	... Gitterbreite (Pixel, s.u.)	x	x
LeftCol	... welche Spalte ganz links erscheint	x	
Options	... Erscheinungsform des Gitters und Reaktion auf Benutzereingaben, wird aus verschiedenen Ja-/Nein-Parametern gebildet		
Row	... aktuelle Zeile (die Fokus besitzt)	x	
RowCount	... Anzahl der Zeilen (Default = 5)		
RowHeights[i]	... Höhe der i-ten Zeile (Pixel)	x	
ScrollBars	... legt fest, ob Bildlaufleisten vorhanden sind (s.u.)		
Selection	... selektiert einen Ausschnitt (s.u.)	x	
TopRow	... welche Zeile ganz oben erscheint	x	
VisibleColCount	... Anzahl der sichtbaren Spalten	x	x
VisibleRowCount	... Anzahl der sichtbaren Zeilen	x	x

- Zeilen- bzw. Spaltenindizes beginnen mit Null (0).
- Für *DefaultDrawing* = *False* müssen Zellen und ihr Inhalt innerhalb des *OnDrawCell*-Ereignisses neu gezeichnet werden.
- Für *EditorMode* = *True* befindet sich das Gitter so lange im Editmodus, wie die Eigenschaft *Options* den Wert *goEditing* enthält. Ist *goEditing* = *False,* bleibt das Setzen von *EditorMode* ohne Auswirkungen.

Wenn *EditorMode* = *False* und *goEditing* =*True* und *goAlwaysShowEditor* =*False*, kann der Anwender durch Drücken von Enter (bzw. F2) in den Editiermodus gelangen.

- Eine Liste möglicher Werte für *FixedColor* finden Sie unter der *Color*-Eigenschaft.
- Die vier möglichen Werte für *Scrollbars* sind:
  scNone (Keine Bildlaufleiste)
  scHorizontal (Bildlaufleiste an der unteren Kante)
  scVertical (Bildlaufleiste an der rechten Kante)
  scBoth (beide Bildlaufleisten vorhanden, Standard)

Für *Selection* ist der in der *Grids*-Unit enthaltene Typ *TGridRect* zu verwenden, der einen rechteckigen Bereich definiert.

Beispiel: Es wird ein Ausschnitt mit den Zeilen 1 bis 3 sowie den Spalten 3 und 4 festgelegt:

```
var  SRct: TGridRect;
begin
 SRct.Top := 1; SRct.Bottom := 3; SRct.Left := 3; SRct.Right := 4;
 StringGrid1.Selection := SRct
end;
```

Options ist eine Menge von Boole'schen Werten, die sich auf den Typ *TGridOption* zurückführen lassen, der wiederum auf dem Typ *TGridOption* basiert:

```
TGridOptions = set of TGridOption;
```

Beispiel: Die folgende Anweisung erlaubt das Ändern der Zellengröße und das Editieren des Inhalts (alles andere bleibt auf *False*!):

```
DrawGrid1.Options := [goRowSizing, goEditing];
```

Diese Werte sollten Sie besser direkt im Objektinspektor zuweisen. Hier eine Zusammenstellung:

Wert	Default	Wenn *True*, dann ...
goFixedHorzLine	*True*	... erscheint eine horizontale Linie zwischen den Zeilen, in denen kein Bildlauf durchgeführt werden kann.
goFixedVertLine	*True*	... erscheinen vertikale Linien zwischen Spalten, in denen kein Bildlauf durchgeführt werden kann.
goHorzLine	*True*	... erscheinen horizontale Linien zwischen den Zeilen.
goVertLine	*True*	... erscheinen vertikale Linien zwischen den Spalten.
goRangeSelect	*True*	... kann der Anwender eine Reihe von Zellen gleichzeitig auswählen. Wenn *goEditing* = *True*, kann der Anwender keine Reihe von Zellen mehr auswählen.
goDrawFocusSelected	*False*	... wird die Fokus-Zelle in der gleichen Farbe dargestellt, mit der bereits andere Zellen in einem ausgewählten Block dargestellt sind. Bei *False* behält die Fokus-Zelle die Farbe der nicht ausgewählten Zellen (*Color*-Eigenschaft).

Wert	**Default**	**Wenn *True*, dann ...**
goRowSizing	*False*	... kann Breite von nicht fixierten Zeilen geändert werden.
goColSizing	*False*	... kann Höhe von nicht fixierten Spalten geändert werden.
goRowMoving	*False*	... kann der Anwender unter Verwendung der Maus eine Zeile an eine andere Stelle ziehen.
goColMoving	*False*	... kann der Anwender unter Verwendung der Maus eine Spalte an eine andere Stelle ziehen.
goEditing	*False*	... kann der Anwender den Gitterinhalt bearbeiten.
goAlwaysShowEditor	*False*	... befindet sich das Gitter im automatischen Bearbeitungsmodus, wenn *goEditing = True*. Dann braucht der Anwender nicht die Enter-Taste (oder F2) zu drücken, bevor er den Inhalt der Zelle bearbeitet (s.u.).
goTabs	*False*	... kann der Anwender mit Hilfe der Tab- und Umschalt-Tab-Tasten von einer Spalte zu der nächsten Spalte springen.
goRowSelect	*False*	... lassen sich nur ganze Zeilen statt einzelner Zellen auswählen.
goThumbTracking	*False*	... wird durch Gitterinhalt geblättert, während man die Bildlaufleiste des Gitters betätigt, bei *False* wird so lange nicht geblättert, bis man an neuer Stelle angelangt ist.

Falls *goAlwaysShowEditor = False* und *goEditing = True*, muss der Anwender die Enter- oder F2-Taste drücken, bevor er den Inhalt einer Zelle editieren kann. Die Einstellung *goEditing = False* und *goAlwaysShowEditor = True* hat keinen Effekt.

Die zusätzlichen Eigenschaften des StringGrid

Die *StringGrid*-Komponente vereinfacht die Bearbeitung von Zeichenketten und zugehörigen Objekten unter Beibehaltung der gesamten Funktionalität der Komponente *DrawGrid*. Es kommen lediglich vier neue Eigenschaften hinzu:

Eigenschaft	**Erläuterung**
Cells[i,j]	... Zugriff auf den Inhalt einer bestimmten Zelle
Cols[i]	... Zugriff auf den Inhalt einer kompletten Spalte
Objects[i,j]	... Zugriff auf ein bestimmtes Objekt einer Zelle
Rows[i]	... Zugriff auf den Inhalt einer kompletten Zeile

Cells ist ein zweidimensionales Array von Strings, dessen Abmessungen durch die Eigenschaften *ColCount* und *RowCount* festgelegt sind. Die erste Spalte bzw. erste Zeile haben den Index 0!

Beispiel: Die folgenden Anweisungen tragen in jedes Feld eines String-Gitters den Zeilen- und den Spaltenindex ein:

```
with StringGrid1 do
 for i := 0 to ColCount - 1 do
  for j:= 0 to RowCount - 1 do
   Cells[i,j] := IntToStr(i)+','+IntToStr(j);
```

Alle Strings aus einer bestimmten Spalte bzw. Zeile (samt zugehöriger Objekte) kann man mit den Eigenschaften *Cols* bzw. *Rows* erreichen, die vom Typ *TStrings* ist.

Beispiel: Die folgende Anweisung knüpft an obigen Quelltext an und füllt eine *Listbox* mit den Werten der zweiten Zeile:

```
ListBox1.Items := StringGrid1.Rows[1];
```

Alle mit den Strings verbundenen Objekte sind in der Eigenschaft *Objects* zu finden.

Beispiel: Eine Grafik (Typ *TBitmap*) wird mit der Gitterzelle der fünften Spalte und dritten Zeile verknüpft:

```
StringGrid1.Objects[5, 3] := TESTBMP;
```

4.5.2 Methoden

Hier haben wir es nur mit zwei typischen Schlüsselmethoden zu tun:

Methode	Erklärung
CellRect	... erzeugt ein Rechteck vom Typ *TRect* (s.u.)
MouseToCell	... ermittelt Spalte und Zeile der Zelle, auf der sich Mauscursor befindet

Beispiel: Mit der Deklaration

```
var  Rectangle: TRect;
```

und der Anweisung

```
Rectangle := DrawGrid1.CellRect(3, 2);
```

enthalten die vier Record-Variablen *Rectangle.Top*, *Rectangle.Bottom*, *Rectangle.Left* und *Rectangle.Right* die Koordinaten der Zelle in der dritten Spalte und zweiten Zeile.

Eine spezielle Methode zum *Löschen des Inhalts* aller Zellen einer Zeile gibt es nicht, so dass man sich selbst helfen muss.

Beispiel: Die Prozedur löscht die im Parameter *rowNr* übergebene Zeile.

```
procedure deleteRow(rowNr: Word; grd: TStringGrid);
var i : Word;
begin
 with grd do begin
  Row := rowNr;
```

```
    if (Row = RowCount-1) then RowCount := RowCount-1          // letzte Zeile
                          else
    begin
      for i := rowNr to RowCount-2 do Rows[i] := Rows[i+ 1];  // nicht letzte Zeile
      RowCount := RowCount-1
    end
  end
end;
```

4.5.3 Ereignisse

Die meisten der Schlüsselereignisse sind von bestimmten Eigenschaften bzw. von Werten der *Options*-Eigenschaft abhängig.

Ereignis	**... tritt ein, wenn**
OnColumnMoved	... der Anwender mit der Maus eine Spalte verschiebt (nur wenn in *Option*-Eigenschaft *GoColMoving = True*)
OnDrawCell	... der Inhalt einer Zelle neu gezeichnet werden muss (nur für Eigenschaft *DefaultDrawing = False*)
OnGetEditMask	... der Inhalt einer Zelle unter Verwendung einer Editiermaske neu gezeichnet werden muss (nur wenn in *Option*-Eigenschaft *GoEditing = True*)
OnGetEditText	... der Text einer Zelle neu gezeichnet werden muss (nur wenn *GoEditing = True*)
OnRowMoved	... der Anwender mit der Maus eine Zeile verschiebt (nur wenn in *Option*-Eigenschaft *GoRowMoving = True*)
OnSelectCell	... der Anwender eine Zelle auswählt
OnSetEditText	... der Anwender Text im Gitter bearbeitet
OnTopLeftChanged	... wenn sich die Eigenschaften *TopRow* oder *LeftCol* ändern (obere Zeilennummer oder linke Spaltennummer beim Durchscrollen)

Beispiel: Synchronisieren von zwei Gitterkomponenten

```
procedure TForm1.StringGRid1TopLeftChanged(Sender: TObject);
begin
 StringGrid2.TopRow := StringGrid1.TopRow;
 StringGrid2.LeftCol := StringGrid1.LeftCol
end;
```

Wie von Geisterhand macht das zweite Gitter die Bewegungen des ersten mit, so dass in beiden Gittern der gleiche Ausschnitt angezeigt wird.

Hinweis: Ein Anwendungsbeispiel finden Sie unter 4.7.2.

4.6 Lernbeispiele für Einsteiger

4.6.1 Kennenlernen der wichtigsten Komponenten

Gerade der Einsteiger läuft Gefahr, sich von der funktionellen und gestalterischen Vielfalt der zahlreichen Delphi-Komponenten erdrücken zu lassen. Deshalb ist es wichtig, dass er sich zunächst auf die am häufigsten benötigten Komponenten konzentriert. Im folgenden Demoprogramm wollen wir diese kurz vorstellen. Es handelt sich um

- Editierfeld (*TEdit*)
- Memofeld (*TMemo*)
- ComboBox (*TComboBox*)
- CheckBox (*TCheckBox*)
- RadioGroup (*TRadioGroup*)
- Schaltfläche (*TButton*)

Die Abfrage soll auf einfachste Weise mittels Meldungsfenster (*ShowMessage*) erfolgen.

Oberfläche

Die verwendeten Komponenten haben keine weitere Funktion, die Beschriftungen sind also rein fiktiv (mit Ausnahme der beiden Buttons "Abfragen" und "Beenden"):

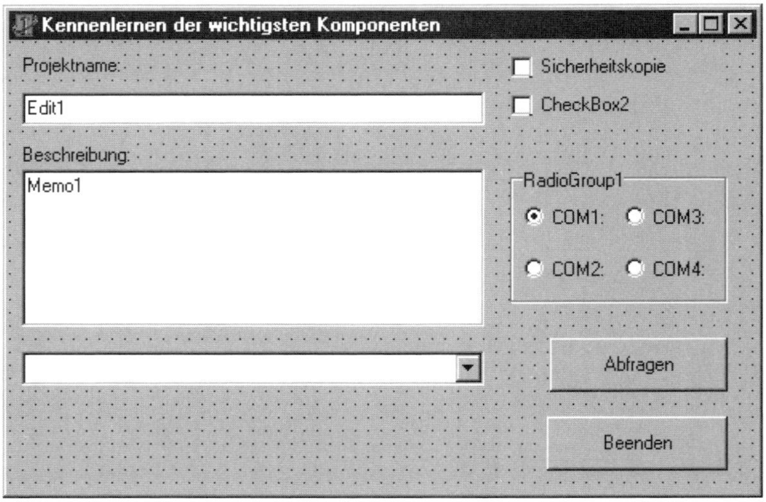

Um die *ComboBox* zur Entwurfszeit zu füllen, müssen Sie die *Items*-Eigenschaft verwenden. Geben Sie in der sich öffnenden Dialogbox (Stringlisteneditor) für jeden Eintrag eine neue Zeile ein. Ähnlich verfahren Sie bei der *RadioGroup*, jeder *RadioButton* entspricht einem Eintrag in der Eigenschaft *Items*.

Bei der Eigenschaft *Items* handelt es sich um ein *TStrings*-Objekt, das zuweisungskompatibel mit anderen *TStrings*-Objekten (z.B. die *Printers*-Eigenschaft des *Printer*-Objekts) ist. Sie können auf diese Weise recht schnell ein Listenfeld oder eine Combobox füllen.

Quelltext

Für den Programmierer viel interessanter ist die Auswertung der Komponenteninhalte zur Laufzeit. Was hat der Anwender markiert oder eingegeben?

Beim Programmstart soll der erste Eintrag in der ComboBox angezeigt werden:

```
procedure TForm1.FormCreate(Sender: TObject);
begin
    ComboBox1.ItemIndex := 0
end;
```

Hinter dem "Abfragen"-Button finden Sie Quellcode, der die einzelnen Komponenteninhalte ausliest und auswertet:

```
procedure TForm1.Button1Click(Sender: TObject);      // Abfragen
var s:string;
    kopie:Boolean;
    com, mess:Integer;
  begin
    s := Edit1.Text;
    ShowMessage('Inhalt der Eingabezeile: ' + s);
    s := Memo1.Text;
    ShowMessage('Inhalt des Memofeldes: ' + s);
    kopie := CheckBox1.Checked;
    if kopie then
       ShowMessage('CheckBox1: True')
    else
       ShowMessage('CheckBox1: False');
    kopie := CheckBox2.Checked;
    if kopie then
       ShowMessage('CheckBox2: True')
    else
       ShowMessage('CheckBox2: False');
    com := RadioGroup1.ItemIndex+1;
    ShowMessage('RadioGroup: ' + Format('COM%d',[com]));
    mess := ComboBox1.ItemIndex;
    ShowMessage('ComboBox: ' + ComboBox1.Items[mess])
end;
```

Das Programm schließen:

```
procedure TForm1.Button2Click(Sender: TObject);        // Beenden
begin Close end;
```

Test

Nach Programmstart und diversen Eingaben können Sie sich nacheinander per Messagebox die Inhalte der einzelnen Komponenten anzeigen lassen:

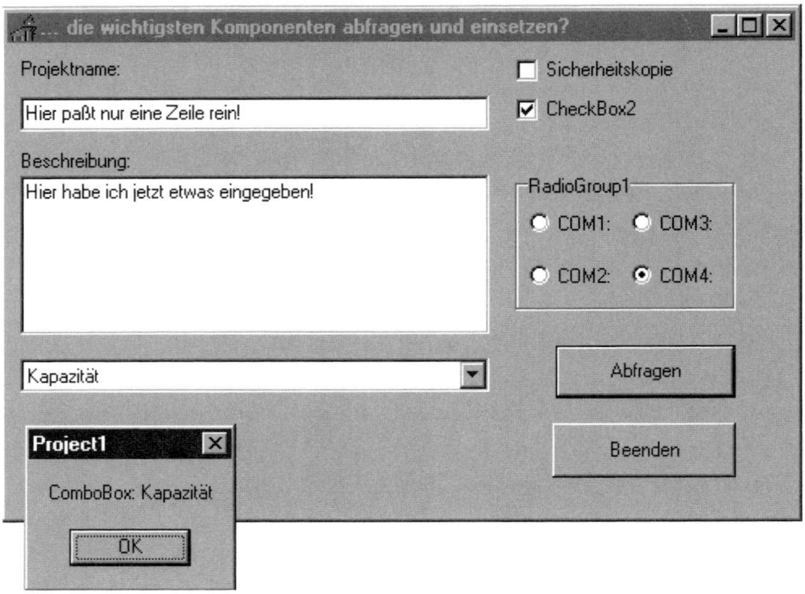

4.6.2 Eingabefilter für Editierfeld

Eingaben in ein Editierfeld kann man durch Auswerten des *OnKeyPress*-Events nach bestimmten Kriterien filtern. In unserem Beispiel sollen damit gleich drei Probleme auf einen Streich gelöst werden:

- *Das Abstellen des lästigen Pieptons nach Betätigen der Enter-Taste.*
  Wen hat das nicht schon genervt?
- *Das Unterdrücken aller Zeichen außer 0, 1, ... 9, dem Dezimalpunkt, dem Dezimalkomma und der Backspace-Taste.*
  Man braucht dies ziemlich oft für Editierfelder, bei denen nur Zahleneingaben zulässig sind.
- *Das automatische Umwandeln eines Dezimalkommas in einen Dezimalpunkt.*
  Auch dieses Feature wird relativ häufig benötigt, um Missverständnisse auszuschließen.

Wünschenswert ist das Vorhandensein einer ANSI-Tabelle (siehe Anhang), um den Tastaturcode der zu filternden Zeichen festzustellen.

Oberfläche

Ein Formular und eine *Edit*-Komponente genügen.

Quellcode

Wählen Sie im Objektinspektor das *OnKeyPress*-Event aus. Alle drei Filter werden in einen *if-then-else*-Block eingebaut.

```
procedure TForm1.Edit1KeyPress(Sender: TObject; var Key: Char);
begin
 if Key = #13 then                            // wenn <Enter>
  Key := #0
 else
  if not (Key in [#8,#44, #46,#48 .. #57]) then   // nur BS, ".", ",", 0...9
  Key := #0
 else
   if Key = ',' then Key := '.'               // Dezimalkomma => Dezimalpunkt
end;
```

Test

Wie Sie sich auch bemühen, es wird Ihnen nicht gelingen, auch nur einen einzigen Buchstaben einzugeben. Auch vom nervenden Piepton bleiben Sie verschont. Wie von Geisterhand wird aus dem Dezimalkomma ein Dezimalpunkt.

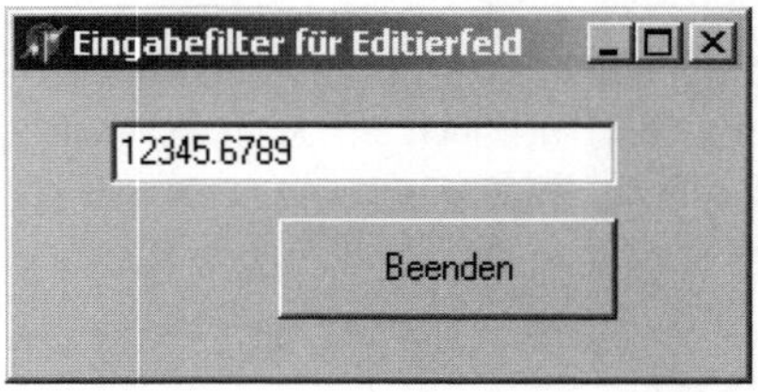

4.6.3 Ein PopUp-Menü erstellen

Jede zeitgemäße Windows-Applikation stellt kontextsensitive PopUp-Menüs bereit. Diese erscheinen nach Klick mit der rechten Maustaste auf ein bestimmtes Objekt der Bedienoberfläche. Das folgende kleine Testprogramm zeigt, wie Sie mit Delphi im Handumdrehen Ihre eigenen Programme mit PopUp-Menüs "nachrüsten" können.

Oberfläche

Auf dem Startformular (*Form1*) platzieren Sie außer einem Editierfeld (*Edit1*) und einer Schaltfläche (*Button1*) auch eine PopUp-Menü-Komponente (*PopUpMenu1*), die Sie auf der Standardseite der Werkzeugleiste finden:

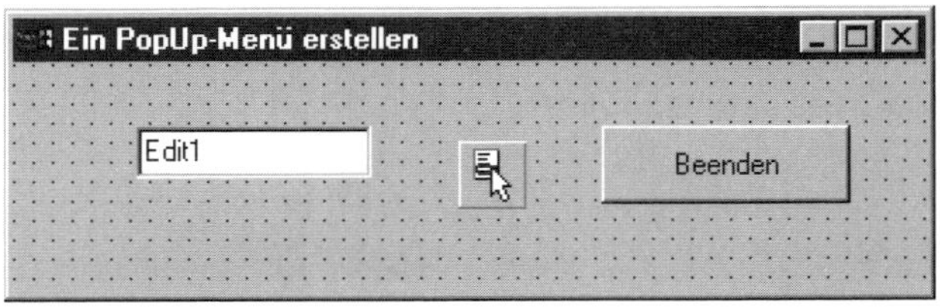

Klicken Sie einmal auf die *PopupMenu*-Komponente und anschließend im Objektinspektor auf den *Items*-Eintrag. Es erscheint ein neues Fenster: der Menü-Designer. Klicken Sie dort auf das leere eingerahmte Feld und tragen Sie die erste Menüzeile ein ("*Text schwarz*"):

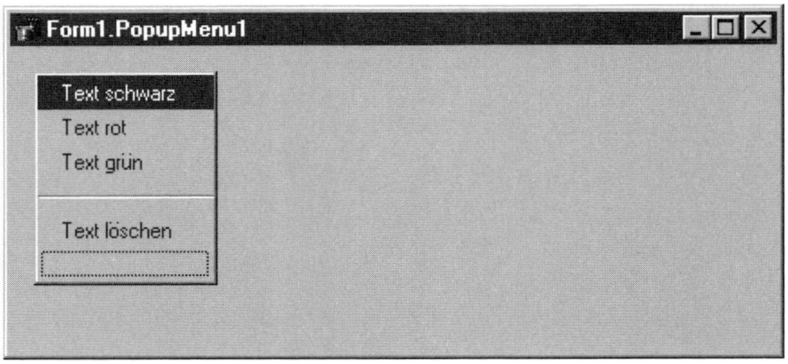

Parallel taucht dieser Eintrag auch als *Caption*-Eigenschaft im Objektinspektor auf, so dass Sie dort editieren können. Auf diese Weise wird das komplette Menü fertig gestellt. Für die Trennlinie verwenden Sie einen Trennstrich (-).

Was aber, wenn Ihnen ein Menüeintrag nicht gefällt, Sie zwischen zwei Menüzeilen eine weitere einfügen oder gar ein Submenü erstellen möchten? Kein Problem, drücken Sie über dem Menü-Entwurfsfenster die rechte Maustaste. Das diesmal "in eigener Sache" erscheinende PopUp-Menü bietet Ihnen unter anderem auch die Optionen *Einfügen*, *Löschen* und *Untermenü erstellen* an.

Quelltext

Jeder Menüeintrag ist genauso ein Objekt wie jede andere Komponente und verfügt über Eigenschaften und Methoden. Allerdings gibt es nur ein Ereignis, das *OnClick*-Event.

Wir wollen aus Übersichtlichkeitsgründen nur eine einzige Ereignisbehandlungsroutine schreiben, die wir *PopUp1Click* nennen. Entfernen Sie aus der Typdeklaration von *Form1* die nicht benötigten Ereignismethoden und fügen Sie die für *PopUp1Click* hinzu:

```
type
  TForm1 = class(TForm)
    Edit1: TEdit;
    Button1: TButton;
    PopupMenu1: TPopupMenu;
    Textschwarz1: TMenuItem;
    Textrot1: TMenuItem;
```

```
    Textgrnl: TMenuItem;
    N1: TMenuItem;
    Textlschen1: TMenuItem;
    procedure Button1Click(Sender: TObject);
    procedure PopUp1Click(Sender: TObject);         // hinzufügen!
  end;
```

Da wir aus Bequemlichkeitsgründen auf eine Namensänderung der Menüeinträge verzichtet haben, hat der Editor die Namen selbst auf Grundlage der *Caption*-Property nach bestem Wissen und Gewissen "zusammengebastelt". Dabei werden Umlaute einfach ignoriert.

Die Ereignisbehandlung müssen wir komplett neu erstellen, die Herkunft des Menüklicks ergibt sich aus der allgemeinen *Sender*-Objektvariablen:

```
procedure TForm1.PopUp1Click(Sender: TObject);
begin
 with Edit1 do
 begin
  if Sender=TextSchwarz1 then Font.Color := clBlack;
  if Sender=TextRot1 then Font.Color := clRed;
  if Sender=TextGrn1 then Font.Color := clGreen;
  if Sender=TextLschen1 then Text := ''
 end
end;
```

Wenn Sie diese Methode hinzugefügt haben, müssen Sie das Menüentwurfsfenster öffnen, auf den entsprechenden Eintrag klicken und dann die *Ereignisse*-Seite des Objektinspektors aufschlagen. Dort weisen Sie dem *OnClick*-Ereignis den Bezeichner *PopUp1Click* zu.

Test

Starten Sie das Programm und drücken Sie über dem Editierfeld die rechte Maustaste (möglichst rechts neben dem Text, damit dieser nicht markiert wird). Es passiert – nichts! Kein Wunder, denn woher soll die Komponente *Edit1* denn von ihrem Glück wissen, dass ihr ein PopUp-Menü zugeordnet wurde?

Deshalb: Setzen Sie die *PopupMenu*-Eigenschaft von *Edit1* auf *PopupMenu1!* Dieser Bezeichner wird in der kleinen Rollbox daneben ausgewählt.

Über die *PopupMenu*-Eigenschaft verfügen Formulare und (fast) alle sichtbaren Komponenten. Falls Sie diese Property nicht besetzen, dürfen Sie sich später nicht wundern, wenn die rechte Maustaste keine Wirkung zeigt.

Haben Sie das Versäumte nachgeholt, können Sie über das PopUp-Menü die Schriftfarbe der Textbox ändern sowie deren Inhalt löschen:

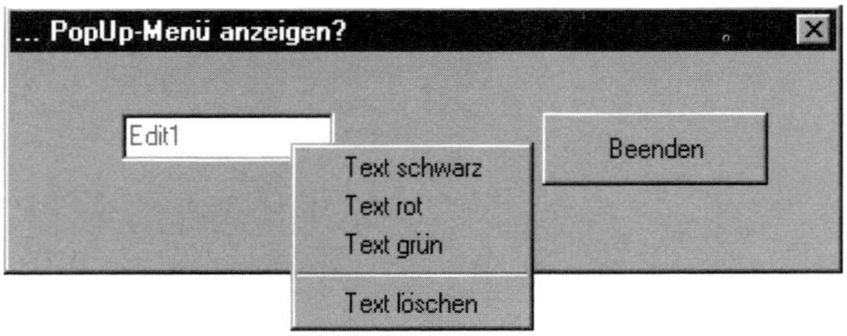

Durch Setzen der Properties *Visible*, *Enabled*, *Checked* u.a. (siehe Objektinspektor) zur Laufzeit können Sie Menüeinträge verschwinden lassen, sperren oder mit einem Häkchen versehen.

Hinter dem Namensbezeichner *N1* verbirgt sich der unverdienterweise in den Status eines "Objekts" erhobene Menü-Trennstrich.

Bemerkung

Wie Sie eine normale Menüleiste erstellen, wird im Beispiel 3.8.2 beschrieben.

4.7 Praxisbeispiele für Fortgeschrittene

4.7.1 Arbeiten mit Drag&Drop

Das Ziehen und Loslassen von Objekten ist ein typisches Windows-Feature. Wie Sie in diesem Kapitel erfahren haben, verfügen fast alle visuellen Steuerelemente über entsprechende Eigenschaften (*DragMode, DragCursor*), Methoden (*BeginDrag, Dragging)* und Ereignisse (*OnDragDrop*, *OnDragOver*, *OnStartDrag, OnEndDrag*).

Oberfläche

Lassen Sie uns ganz einfach beginnen und zunächst zeigen, wie man den Inhalt eines Editierfeldes in ein Bezeichnungsfeld ziehen und ablegen kann. Platzieren Sie deshalb auf dem Formular ein Editierfeld und ein Label.

Quelltext

Das Programmieren eines vollständigen Drag&Drop-Zyklus verlangt das Besetzen von vier Event-Handlern, die gleichzeitig die vier Etappen des Ziehens und Ablegens demonstrieren:

1. Start der Drag&Drop-Operation (BeginDrag-Methode der Quelle aufrufen)

Der einfachste Weg wäre, im Objektinspektor die *DragMode*-Eigenschaft von *Edit1* auf *dmAutomatic* zu ändern. Dann beginnt der Ziehvorgang automatisch nach einem Mausklick. Allerdings bekommen Sie dann Schwierigkeiten, wenn Sie in *Edit1* ganz normal nur Text eingeben wollen. Ohne dass Sie es wollen, würde dann ungefragt auch eine Drag&Drop-Operation gestartet werden. Es ist deshalb günstiger, *DragMode* auf *dmManual* zu belassen (Standardeinstellung) und stattdessen eine Ereignisbehandlungsroutine für das *OnMouseDown*-Event zu schreiben:

```
procedure TForm1.Edit1MouseDown(Sender: TObject; Button: TMouseButton;
  Shift: TShiftState; X, Y: Integer);
begin
 if Button = mbLeft then  Edit1.BeginDrag(False)   // Immediate-Parameter = False
end;
```

Der Aufruf der *BeginDrag*-Methode mit dem Parameter *False* bewirkt, dass das Ziehen nicht sofort beginnt, sondern erst nach einer winzigen Mausbewegung. Damit ist es möglich, auf normale Mausklicks zu reagieren. Ein Aufruf mit *True* würde hingegen zum gleichen Ergebnis führen wie das Setzen der Eigenschaft *BeginDrag = dmAutomatic*.

2. Akzeptieren des gezogenen Elements (OnDragOver-Event des Ziels auswerten)

Label1 empfängt ein *OnDragOver*-Ereignis, wenn der Inhalt von *Edit1* über *Label1* gezogen wird. Durch Ändern der Form des Mauszeigers soll die Bereitschaft zum Ablegen signalisiert werden. Das erreichen Sie durch Setzen des Variablenparameters *Accept* auf *True*:

```
procedure TForm1.Label1DragOver(Sender, Source: TObject; X, Y: Integer;
  State: TDragState; var Accept: Boolean);
begin
 if Source is TEdit then Accept := True
end;
```

Beachten Sie, dass obiger Code beliebige Editierfelder als Quelle der Drag&Drop-Operation akzeptiert. Soll nur *Edit1* ablegen dürfen, ändern Sie die Anweisung wie folgt:

```
if Source = Edit1 then Accept := True;
```

Durch Auswerten des *State*-Parameters könnten Sie unterscheiden, ob das gezogene Element in das Zielobjekt hineinbewegt wird (*state = dsDragEnter*), sich über diesem bewegt (*state = dsDragMove*) oder dieses verlässt (*state = dsDragLeave*).

3. Ablegen des Elements (OnDragDrop-Event des Ziels auswerten)

Ein akzeptiertes Element kann durch Loslassen der Maustaste abgelegt werden. Was dabei konkret passieren soll, schreiben Sie in den Event-Handler für das *OnDragDrop*-Ereignis der Zielkomponente (*Label1*):

```
procedure TForm1.Label1DragDrop(Sender, Source: TObject; X, Y: Integer);
 if Source is TEdit then Label1.Caption := Edit1.Text
end;
```

4. Beenden der Drag&Drop-Operation (OnEndDrag-Event der Quelle auswerten)

Die Quelle des Ziehvorgangs (*Edit1*) erhält nach Loslassen der Maustaste über ihr *OnEndDrag*-Ereignis eine Benachrichtigung, ob der Ziehvorgang erfolgreich abgeschlossen werden konnte:

```
procedure TForm1.Edit1EndDrag(Sender, Target: TObject; X, Y: Integer);
begin
 if Target = nil then  MessageBeep(0)    // kein Drag & Drop
end;
```

In vorliegendem Fall soll ein Piepton erzeugt werden, wenn Drag&Drop misslungen ist. Im Erfolgsfall enthält der Variablenparameter *Target* das Objekt, in welches das gezogene Element abgelegt wurde.

Hinweis: Beachten Sie, dass alle Drag&Drop-Event-Handler die Parameter X,Y übergeben, d.h., auch die aktuellen Mauskoordinaten könnten während des Ziehens und Loslassens ausgewertet werden.

Test

Nach dem Programmstart versuchen Sie, in das Editierfeld irgendetwas einzugeben und es dann per Drag&Drop (also bei gedrückt gehaltener linker Maustaste) in das Label zu verschieben. Achten Sie auf die unterschiedlichen Formen des Mauszeigers während des Ziehvorgangs. Ein einfacher Klick in das Editierfeld wird mit einem Piepton quittiert.

Listenfeld als Quelle für Drag&Drop

Nun können wir eine etwas kompliziertere Aufgabe in Angriff nehmen. Fügen Sie als weitere Drag&Drop-Quelle ein Listenfeld (*ListBox1*) hinzu. Um die Listbox möglichst bequem mit irgendwelchen Einträgen zu füllen, greifen wir etwas tiefer in die Trickkiste von Object Pascal und deklarieren gleich zu Beginn des *implementation*-Abschnitts eine Array-Konstante ...

```
const monate: array[1..12] of string = ('Januar','Februar','März','April',
                                        'Mai','Juni','Juli','August',
                                        'September','Oktober','November',Dezember');
```

... die wir bei Programmstart auslesen:

```
procedure TForm1.FormCreate(Sender: TObject);
var i: Integer;
begin
 for i := 1 to High(monate) do ListBox1.Items.Add(monate[i])
end;
```

Befähigen Sie die Listbox, als Quelle für Drag&Drop zu fungieren (dabei spielen eventuelle Zielobjekte keine Rolle!):

```
procedure TForm1.ListBox1MouseDown(Sender: TObject; Button: TMouseButton;
  Shift: TShiftState; X, Y: Integer);
begin
 if Button = mbLeft then  ListBox1.BeginDrag(False)
end;
```

Diese beiden bereits vorhandenen Event-Handler des Zielobjekts *Label1* müssen erweitert werden:

```
procedure TForm1.Label1DragOver(Sender, Source: TObject; X, Y: Integer;
  State: TDragState; var Accept: Boolean);
begin
 if (Source is TListBox) or (Source is TEdit) then Accept := True
```

```
end;
procedure TForm1.Label1DragDrop(Sender, Source: TObject; X, Y: Integer);
var i:Integer;
begin
 if Source is TListBox then
 begin
  i := (Source as TListBox).ItemIndex;
  Label1.Caption := (Source as TListBox).Items[i]
 end;
 if Source is TEdit then Label1.Caption := Edit1.Text
end;
```

Für das Beenden des Ziehvorgangs nutzen wir den bereits vorhandenen Event-Handler von *Edit1*, wir benennen ihn im Objektinspektor lediglich von *Edit1EndDrag* in *EndDrag* um:

```
procedure TForm1.EndDrag(Sender, Target: TObject; X, Y: Integer);
begin
 if Target = nil then  MessageBeep(0)    // kein Drag & Drop
end;
```

Weisen Sie auch dem *OnEndDrag*-Event von *ListBox1* diesen Handler zu!

Test

Sie können diesmal sowohl den Inhalt des Editierfeldes als auch den in der Listbox ausgewählten Eintrag nach rechts in das Label ziehen:

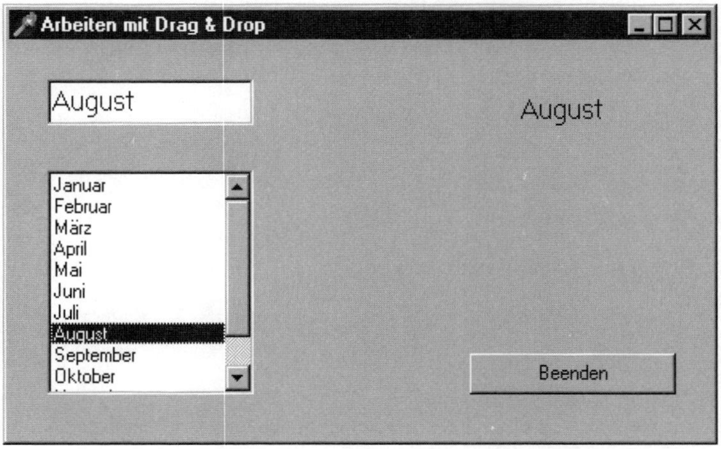

Wenn Sie das gleich lautende Beispiel von der Buch-CD ausprobieren, werden Sie als Unterschied feststellen, dass Sie alle drei Objekte beliebig hin und her verschieben können, denn jede Komponente ist dort gleichzeitig Quelle und Ziel von Drag&Drop (aus Übersichtlichkeitsgründen haben wir hier beim Abdruck des Listings auf diese Erweiterung verzichtet).

4.7.2 Einsatz der Gitterkomponente

Zur tabellenförmigen Datenanzeige stellt Delphi die beiden Komponenten *DrawGrid* und *StringGrid* zur Verfügung. Beide sind eng miteinander verwandt, wobei das *StringGrid* zweifelsohne die leistungsfähigere Variante ist. Dies ist ein typischer Fall von Vererbung, denn es entspricht vollständig dem *DrawGrid* und besitzt darüber hinaus zusätzliche Eigenschaften für einen vereinfachten indizierten Zugriff auf die Zellen.

Das folgende kleine Demoprogramm ermöglicht die Eingabe von max. zehn Personennamen und deren Geburtsjahr und berechnet daraus deren Alter. Es benutzt dazu eine repräsentative Auswahl der wichtigsten Funktionen der *StringGrid*-Komponente. Angesichts des undurchschaubaren Wirrwarrs der teilweise miteinander verzahnten über 50(!) Schlüsseleigenschaften, -methoden und -ereignisse ist eine solche Beschränkung dringend erforderlich, um Licht in das Dunkel zu bringen.

Oberfläche

Wir platzieren auf dem Formular (*Form1*) eine Gitter-Komponente (*StringGrid1*), eine Listenbox (*Listbox1*) und eine Schaltfläche (*Button1*).

Für *StringGrid1* werden im Objektinspektor nur folgende, von den Standardwerten abweichende, Eigenschaften geändert:

RowCount = 11; ColCount = 4, ScrollBars = ssVertical.

Die restlichen Eigenschaften werden per Quelltext zugewiesen.

Quelltext

In der Typdeklaration von *TForm1* müssen Sie die Methode *calcYears* hinzufügen. Wieso das, werden Sie sich fragen, wieso wollen wir *calcYears* nicht als normale Prozedur realisieren? Die Antwort: Wenn wir *calcYears* als Methode von *TForm1* programmieren, so vereinfacht sich der Zugriff auf die Steuerelemente von *Form1* (z.B. braucht anstatt *Form1.StringGrid1* nur noch *StringGrid1* geschrieben zu werden).

```
...
type
  TForm1 = class(TForm)
  ...
    procedure calcYears;      // selbst hinzufügen!
  end;
...
implementation
```

Bei Programmstart werden Aussehen und Eigenschaften des Gitters festgelegt:

```
procedure TForm1.FormCreate(Sender: TObject);
var i:Integer;
begin
 with StringGrid1 do
 begin
```

```
  ColWidths[0] := 30;                       // Breite der Fixspalte verringern
  Cells[0,0] := 'Nr.';
  Cells[1,0] := 'Name';
  Cells[2,0] := 'Geburtsjahr';
  Cells[3,0] := 'Alter';
```

Fixspalte mit Zeilennummern ausfüllen:

```
  for i := 1 to RowCount-1 do Cells[0,i] := IntToStr(i);
```

Alle *True*-Optionseinstellungen zuweisen:

```
  Options := [goFixedVertLine, goFixedHorzLine, goHorzLine, goVertLine,
             goRowMoving, goColSizing, goEditing, goTabs]
  end
end;
```

Das Berechnen des Alters der Person:

```
procedure TForm1.calcYears;
var heute      : TDateTime;
    geb, jahr,
    monat, tag : Word;
    code       : Integer;
begin
 heute := Now;                                 // aktuelles Datum ermitteln
 DecodeDate(heute, jahr, monat, tag);          // aktuelle Jahreszahl berechnen
 with StringGrid1 do
 begin
  EditorMode := True;                        // sonst keine Zuweisung möglich!
  if Cells[2,row] <> '' then                 // nur, wenn Geburtsjahr eingetragen ist
  begin
   Val(Cells[2,row], geb, code);             // Geburtsjahr in Zahl umwandeln
   Cells[3,row] := IntToStr(jahr-geb)        // Differenz berechnen und zuweisen
  end
 end
end;
```

Nun zur Auswertung der Tastatureingaben:

```
procedure TForm1.StringGrid1KeyPress(Sender: TObject; var Key: Char);
begin
 with StringGrid1 do begin
  // Alter nach Eingabe des Geburtsjahrs berechnen:
  if col = 2 then if key = Chr(13) then calcYears;     // Enter-Taste
  // Eingaben in Alter-Spalte sperren:
  if col = 3 then EditorMode := False else EditorMode := True
```

```
 end
end;
```

Bei einem Mausklick soll die aktuelle Zeile übernommen werden:

```
procedure TForm1.StringGrid1Click(Sender: TObject);
begin
 with StringGrid1 do ListBox1.Items := Rows[Row]
end;
```

Test

Starten Sie das Programm und versuchen Sie, die Breite der Spalten Ihren Wünschen anzupassen. Dazu müssen Sie auf die senkrechten Trennlinien innerhalb der oberen (fixierten) Zeile klicken und diese (bei gedrückt gehaltener Maustaste) auseinander ziehen (*GoColSizing*). Dabei stellen Sie fest, dass die Korrektur der Fixspalten-Breite zur Laufzeit (per Maus) nicht möglich ist. Aus diesem Grund wurde dies bereits im *OnFormCreate*-Event-Handler mittels *ColWidths*-Zuweisung erledigt.

Nun füllen Sie das Gitternetz aus, wobei alle Eingaben mit der Enter-Taste abzuschließen sind. Das Alter erscheint automatisch nach Eingabe des Geburtsjahres. Danach kann mit Cursor- oder Tab-Taste (*GoTabs*) zur nächsten Zelle "gewandert" werden. Die Anzeige rechts im Listenfeld erfolgt synchron dazu.

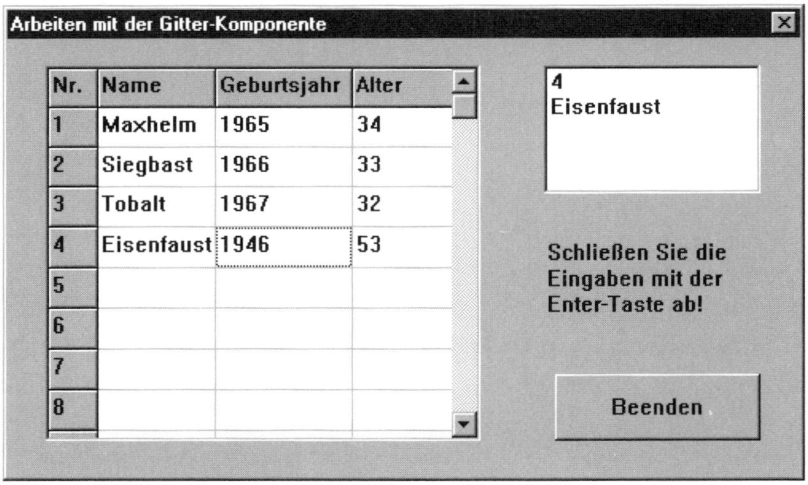

Hinweis: Lassen Sie sich nicht irritieren, wenn wie im obigen Screenshot die Zeilen 3 und 4 vertauscht sind. Sie können das selbst nachvollziehen, indem Sie die entsprechende Zeilennummer (auf der Fixspalte) anklicken und mit der Maus verschieben (*GoRowMoving*).

Bemerkungen

- Erst im *OnCreate*-Ereignis von *Form1* werden endgültiges Aussehen und Eigenschaften des Gitters festgelegt.
- Die Zuweisung der *Options*-Einstellungen führt zu einer ziemlich langen Quelltextzeile, da man die im Objektinspektor vorgenommenen Einstellungen überschreibt und alle *True*-Werte berücksichtigen muss. Sie können sich das auch sparen, wenn Sie diese Einstellungen bereits im Objektinspektor vornehmen (dazu auf die *Option*-Zeile doppelklicken!).
- Das Alter wird nicht per Hand eingegeben, sondern vom Programm aus der Differenz von aktuellem Datum und Geburtsjahr ermittelt. Dazu wird dem *TForm1*-Objekttyp eine extra Methode *calcYears* hinzugefügt.
- Weitaus sinnvollere Anregungen und Verbesserungen zum StringGrid finden Sie in unserem [BD6 Kochbuch].

4.7.3 Eine Aktionsliste verwenden

Eine *ActionList* ist eine Sammlung von *TAction*-Objekten. Die offensichtliche Bedeutung der *TActionList*-Objekte wird dadurch unterstrichen, dass sie sich sogar einen Platz am Ende der *Standard*-Seite der Komponentenpalette erkämpfen konnten:

Ein *TAction*-Objekt kapselt eine Operation, die von anderen Objekten der Benutzerschnittstelle, wie z.B. Menüeinträge oder Buttons (in diesem Zusammenhang als Clients bezeichnet), als Reaktion auf ein Ereignis (z.B. Mausklick) mit einem Zielobjekt (z.B. *Edit*- oder *Memo*-Komponente) durchgeführt werden soll.

Demonstriert werden soll der Einsatz einer *ActionList* am Beispiel eines standardmäßigen "Bearbeiten"-Menüs mit den Einträgen "Ausschneiden", "Kopieren" und "Einfügen".

Um zu vergleichen, wollen wir das Problem zunächst klassisch und erst danach mit *Action*-Objekten lösen.

Oberfläche (klassische Realisierung)

Eine *MainMenu*-Komponente (der Sie im Menü-Editor das dargestellte Aussehen verleihen), zwei *Memo*- und eine *Edit*-Komponente sollen für die Demo genügen:

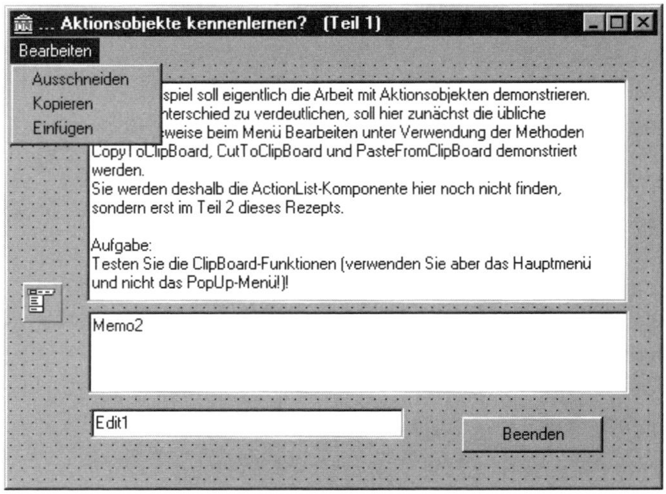

Quelltext (klassische Realisierung)

Ausschneiden:

```
procedure TForm1.Ausschneiden1Click(Sender: TObject);
begin
 Memo1.CutToClipboard;
 Memo2.CutToClipboard;
 Edit1.CutToClipBoard
end;
```

Kopieren:

```
procedure TForm1.Kopieren1Click(Sender: TObject);
begin
 Memo1.CopyToClipBoard;
 Memo2.CopyToClipBoard;
 Edit1.CopyToClipBoard
end;
```

Einfügen:

```
procedure TForm1.Einfgen1Click(Sender: TObject);
begin
  Memo1.PasteFromClipboard;
  Memo2.PasteFromClipboard;
  Edit1.PasteFromClipboard
end;
```

Fazit: Es ist allerhand monotoner Code zu schreiben. Aber das soll sich ja dank *Action*-Objekten ändern. Eröffnen Sie also ein neues Formular.

Oberfläche (mit *Action*-Objekten)

Diese entspricht exakt der Vorgängerversion plus *TActionList*-Komponente. Doppelklicken Sie auf diese Komponente, und es öffnet sich der Aktionslisten-Editor. Klicken Sie mit der rechten Maustaste auf die Liste und wählen Sie "Neue Standard-Aktion".

Wählen Sie die folgenden Standard-Bearbeitungsaktionen:

- *TEditCopy* (kopiert den selektierten Text in die Zwischenablage)
- *TEditCut* (schneidet markierten Text aus und kopiert ihn in die Zwischenablage)
- *TEditPaste* (fügt Text aus der Zwischenablage in die Zielkomponente ein)

Nach dem OK bietet der Aktionslisteneditor folgenden Anblick:

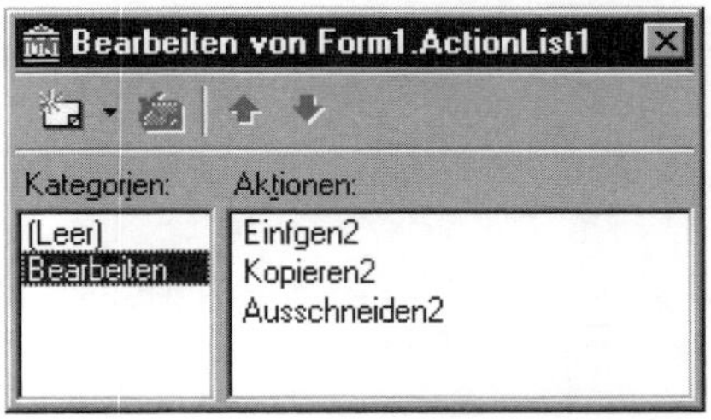

Für jede dieser Aktionen könnten Sie im Objektinspektor die vorgegebenen menütypischen Eigenschaften ändern bzw. Ereignisse (*OnExecute*) besetzen. Wir belassen es aber bei den Standardeinstellungen (siehe Ergänzungen am Schluss).

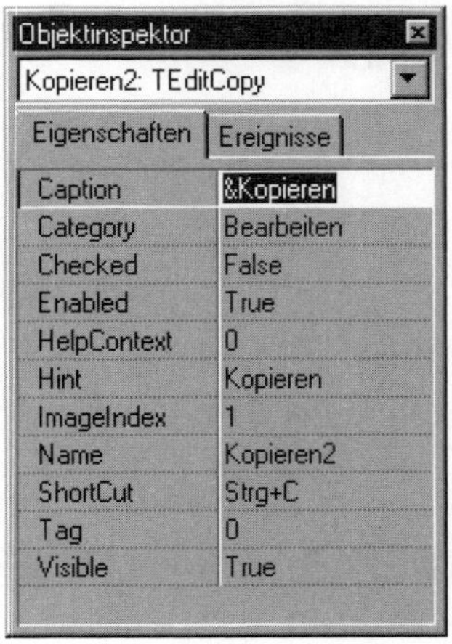

Klappen Sie nun das Menü auf und weisen Sie den drei Menüobjekten im Objektinspektor die entsprechende *Action*-Eigenschaft zu:

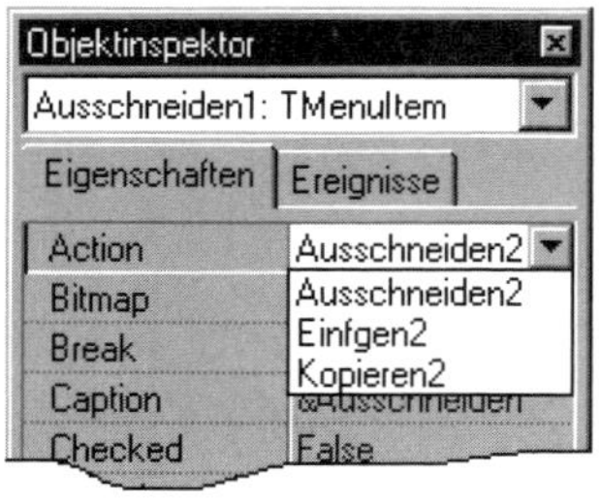

Quelltext (mit *Action*-Objekten)

Darum brauchen Sie sich nicht mehr zu kümmern!

Test

Wenn Sie beide Versionen vergleichen, werden Sie feststellen, dass unser Standard-Action-Objekt die komplette Funktionalität eines Bearbeiten-Menüs kapselt. Auch die Shortcuts sind bereits zugewiesen. Auch die Menüeinträge sind sinnvoll gegeneinander verriegelt, wenn also z.B. kein Text selektiert wurde, so sind auch "Ausschneiden" und "Kopieren" gesperrt. In der klassischen Programmierversion müssten Sie sich darum auch noch extra kümmern. So aber brauchten Sie keine einzige Zeile Quellcode zu schreiben – überzeugt?

Ergänzungen

OnExecute-Ereignis für *Action*-Objekte

In unserem Beispiel wurde das *OnExecute*-Ereignis der drei *Action*-Objekte nicht ausgewertet, sondern zunächst an das *ActionList*- und dann an das *Application*-Objekt weitergereicht. Falls man es aber auswertet, wird nur der zugewiesene Code abgearbeitet und das Ausführen des *Action*-Objekts verhindert.

Beispiel: Es ertönt nur der Piepton, kopiert wird nicht.

```
procedure TForm1.Kopieren2Execute(Sender: TObject);
begin  Beep end;
```

OnExecute-Ereignis für *ActionList*-Objekte

Das Ereignis *OnExecute* einer *ActionList* bezieht sich auf alle in ihr enthaltenen *Action*-Objekte. Mit dem *Handled*-Parameter können Sie entscheiden, ob das Ereignis weitergereicht wird.

Beispiel: Vor dem Kopieren ertönt ein Piepton.

```
procedure TForm1.ActionList1Execute(Action: TBasicAction;  var Handled: Boolean);
begin
 if Action =  Kopieren2 then Beep
end;
```

Beispiel: Es ertönt nur der Piepton, Ausschneiden, Kopieren und Einfügen werden nicht ausgeführt.

```
procedure TForm1.ActionList1Execute(Action: TBasicAction; var Handled: Boolean);
begin
 if Action =  Kopieren2 then Beep;
 Handled := True
end;
```

Benutzerdefinierte Aktionen

Wenn Sie auf den Aktionslisten-Editor mit der rechten Maustaste klicken und "Neue Aktion" wählen, haben Sie ein eigenes *Action*-Objekt erstellt, dessen Eigenschaften und Ereignisse Sie im Objektinspektor zuweisen. Im Weiteren gelten die obigen Ausführungen für Standard-Aktionsobjekte.

Bemerkung

Neu in Delphi 6 sind die Komponenten *ActionManager*, *ToolActionBar* und *MainMenuActionBar* (Seite "Zusätzlich"), die Ihnen die Arbeit mit *Action*-Objekten erleichtern sollen.

4.7.4 Rechtsbündigen Text für Editierfeld

Eine *Align*-Eigenschaft für Editierfelder werden Sie im Objektinspektor vergeblich suchen, so dass der Inhalt immer linksbündig ausgerichtet wird. Insbesondere in Eingabemasken, wo untereinander Zahlen angezeigt werden sollen, macht das keinen guten Eindruck. Selbsthilfe ist also wieder einmal angesagt, verbunden mit einer kleinen Stippvisite in die OOP-Niederungen.

Oberfläche

Ein leeres, nacktes Formular – ja, das ist kein Witz! Da wir eine neue Klasse *TEditRight* entwerfen müssen, können wir mit dem auf der Komponentenpalette angebotenen Editierfeld leider nichts anfangen.

Quelltext

Diesmal können wir den *interface*-Abschnitt nicht so einfach links liegen lassen. In die Klassendeklaration von *TForm1* tragen wir vorausschauend auch schon eine *OnClick*-Ereignisbehandlung für das neue Editierfeld ein.

```
type
  TForm1 = class(TForm)
    procedure FormCreate(Sender: TObject);
    procedure Edit1Click(Sender: TObject);       // selbst eintragen!!!
  private
    { Private declarations }
  public
     { Public declarations }
  end;
```

Unser Neuling erbt von *TEdit* und überschreibt dessen *CreateParams*-Methode:

```
TEditRight  = class(TEdit)
 public
   procedure CreateParams(var Params: TCreateParams); override;
 end;
var  Form1: TForm1;
```

Da wir unser Editierfeld nun nicht mehr von der Komponentenpalette beziehen, ist eine Objektvariable erforderlich:

```
  Edit1: TEditRight;
```

Nun zum *implementation*-Abschnitt:

```
procedure TEditRight.CreateParams(var Params: TCreateParams);
begin
  inherited CreateParams(Params);             // ererbte Methode aufrufen
  Params.Style := Params.Style or ES_RIGHT    // Eigenschaft auf rechtsbündig erweitern
end;
```

Wie aus dem Nichts wird unser neues Editierfeld beim Laden des Formulars erzeugt und initialisiert:

```
procedure TForm1.FormCreate(Sender: TObject);
begin
 Edit1 := TEditRight.Create(Self);      // Instanz erzeugen
 Edit1.Parent := Self;                  // zuordnen zu Form1
 Edit1.Text := 'Edit1';
 Edit1.SetBounds(50,50,150,0);          // Abmessungen (Left, Top, Width) zuweisen
 Edit1.OnClick := Edit1Click            // OnClick-Ereignisbehandlung zuweisen
end;
```

Der Event-Handler für *OnClick* soll einen Signalton erzeugen und den Inhalt des Editierfelds löschen:

```
 procedure TForm1.Edit1Click(Sender: TObject);
 begin
  Beep;
  Edit1.Text := ''
 end;
end.
```

Test

Starten Sie das Programm und erfreuen Sie sich am rechtsbündigen Text.

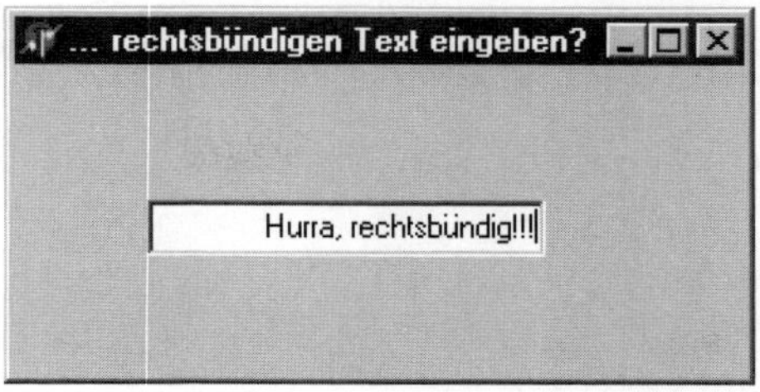

Bemerkung

Natürlich könnte man auch gleich eine neue Komponente mit *Alignment*-Property entwickeln und auf der Komponentenpalette platzieren, aber der Aufwand lohnt nur dann, wenn Sie ein solches Editierfeld wirklich sehr häufig in Ihren Projekten brauchen.

Techniken der Programmentwicklung

- Dialogfenster
- Debugger
- Fehlerbehandlung

5 Techniken der Programmentwicklung

Zum täglichen Brot des Programmierers gehören das Testen von Programmen und die Fehlersuche. Delphi stellt dafür ein weit gefächertes Instrumentarium zur Verfügung. Wer dieses Handwerkszeug einigermaßen beherrscht, der spart viel Zeit und Nerven. Das vorliegende Kapitel stellt einige wichtige Arbeitstechniken vor.

5.1 Programmtest und Debugging

Das Aufspüren von Laufzeit- und logischen Fehlern kann ziemlich zeitraubend sein. Deshalb sollten Sie regen Gebrauch von dem in Delphi "eingebauten" Debugger machen, er hilft Ihnen Zeit und Nerven zu sparen.

5.1.1 Arbeitszyklus des Programmierers

Normalerweise befindet sich die Delphi-Entwicklungsumgebung (IDE) in einem von drei Zuständen, zwischen denen Sie beim Entwickeln bzw. Testen Ihres Quelltextes ständig, bewusst oder unbewusst, wechseln:

- Entwurfsmodus
- Laufzeitmodus
- Unterbrechungsmodus

Welcher dieser Zustände gerade aktuell ist, entnehmen Sie im Zweifelsfall der Titelleiste des Hauptfensters, wo hinter dem Projektnamen in eckigen Klammern ein Hinweis dann erfolgt, wenn Sie sich nicht im Entwurfsmodus befinden.

Die folgende Abbildung soll den Übergang zwischen den drei Arbeitszuständen verdeutlichen:

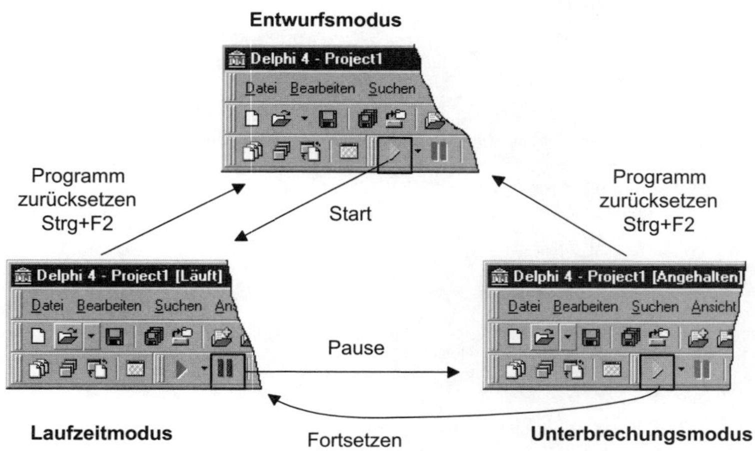

Der Normalzustand während der Programmentwicklung ist natürlich der Entwurfsmodus, denn nur hier können bzw. sollten Sie Änderungen an Ihrem Projekt vornehmen. Nachdem Sie das Programm gestartet haben (F9-Taste), befinden Sie sich im Laufzeitmodus.

Durch Strg+F2 bzw. über den Menüpunkt *Start|Programm zurücksetzen* kehren Sie in jedem Fall in den Entwurfsmodus zurück.

Besonders wichtig für das Debugging (siehe folgender Abschnitt) ist der Unterbrechungsmodus. Man erreicht ihn durch Klick auf *Start|Programm-Pause* oder durch das Setzen von Haltepunkten (Breakpoints). Nach Laufzeitfehlern stellt sich der Unterbrechungsmodus automatisch ein.

Hinweis: Beenden Sie Delphi nicht bei laufendem Debugger! Ein System-Reset ist unvermeidlich, und alle vorgenommenen Änderungen sind futsch!

5.1.2 Vorbereitungen zum Debugging

Die Bedienung des Debuggers ist für den Einsteiger ziemlich unübersichtlich, da Einstellungen und Zugriff über verschiedene Menüs erfolgen (*Projekt|Optionen*, *Tools|Debugger-Optionen*, *Start*, *Ansicht|Debug-Fenster*, PopUpMenü *Fehlersuche*, ...). Im Folgenden wollen wir Sie deshalb nur mit den grundlegenden Arbeitsmethoden vertraut machen.

Wählen Sie den Menüpunkt *Projekt|Optionen...* und anschließend die Seite "Compiler". Im "Debuggen"-Rahmen setzen Sie Häkchen bei "Debug-Informationen" und "Lokale Symbole" (normalerweise sind das bereits die Voreinstellungen). Jetzt ist dafür gesorgt, dass Ihre Anwendungen zusammen mit symbolischer Debug-Information compiliert werden.

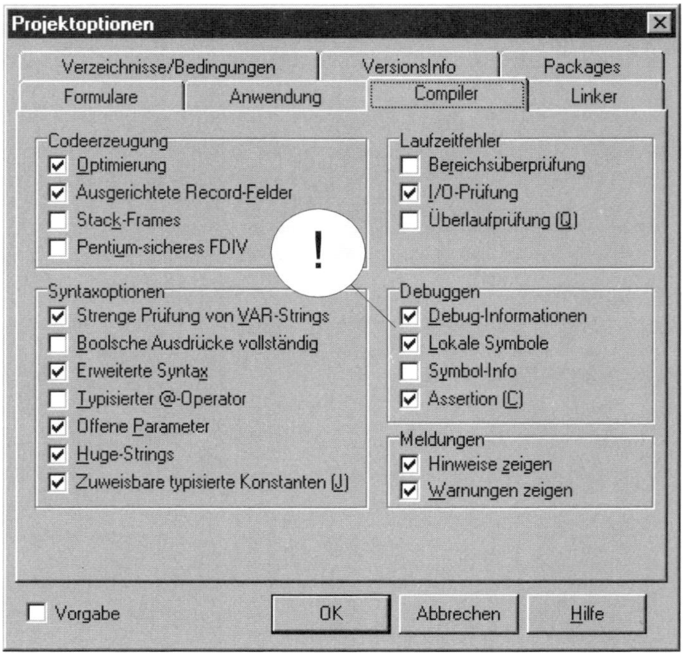

Der Debugger wird automatisch aktiviert. Falls trotzdem im *Start*-Menü die Debugger-spezifischen Befehle (F7, F8 etc.) nicht verfügbar sind, müssen Sie den Debugger manuell aktivieren. Wählen Sie dazu *Tools/Debugger-Optionen* und setzen Sie das Häkchen bei "Integrierte Fehlersuche".

Der Komfort des Debugging hat allerdings seinen Preis: Der Umfang der EXE-Datei wächst.

Hinweis: Um den Umfang der EXE-Datei zu minimieren, sollten Sie nach Abschluss der Programmentwicklung Ihr endgültiges Projekt einer Schlankheitskur unterwerfen und noch einmal ohne Debug-Informationen compilieren.

5.1.3 Die verschiedenen Debug-Möglichkeiten

Aus der Vielfalt der Möglichkeiten, die das Debugging unter Delphi mittlerweile bietet, wollen wir uns hier auf die wichtigsten Betriebsarten beschränken (siehe auch Menü *Start*):

- Einzelne Anweisung ausführen (F7)
- Gesamte Routine ausführen (F8)
- Anweisungen bis zum Haltepunkt (Breakpoint) ausführen
- Anweisungen bis zur Cursorposition ausführen (F4)
- Haltepunkt mit einer Bedingung verknüpfen
- Ausdrücke berechnen und auswerten

Die folgende Abbildung verdeutlicht den Unterschied zwischen den drei erstgenannten Betriebsarten:

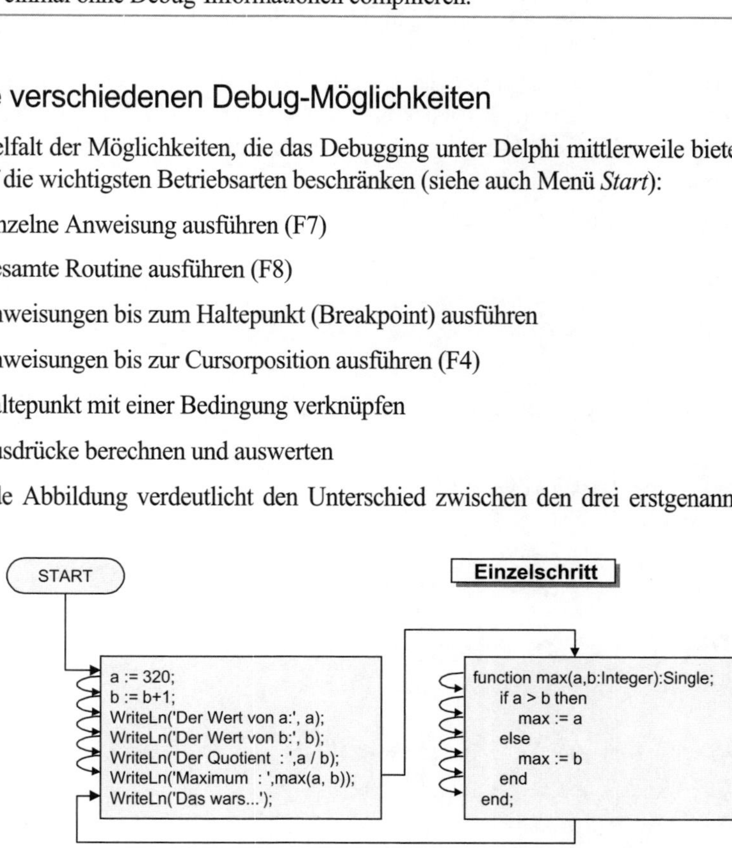

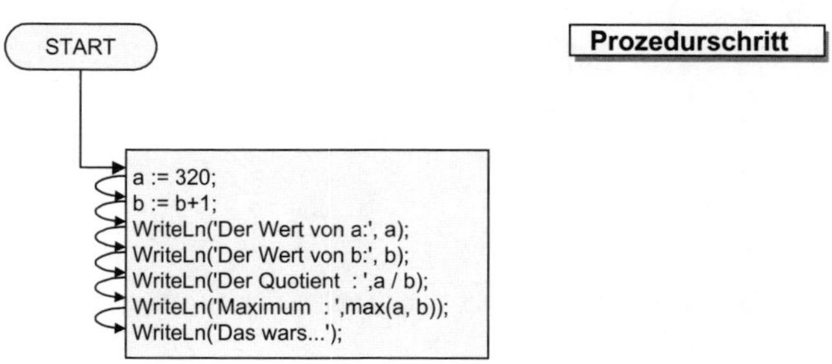

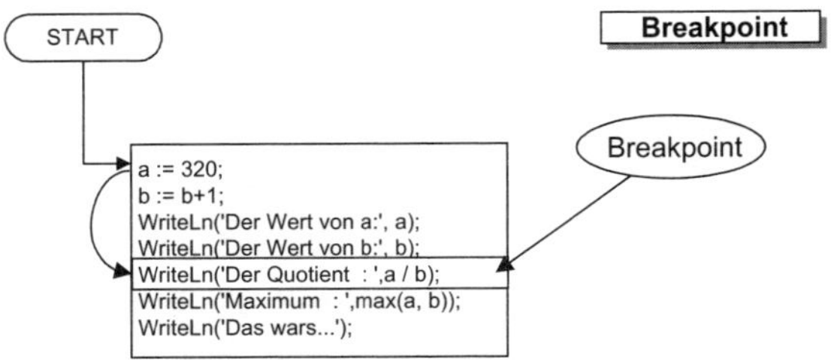

Um die einzelnen Betriebsarten auszuprobieren, können Sie natürlich eine beliebige Anwendung nehmen. Die folgenden Ausführungen beziehen sich aber auf ein sehr einfaches Demoprogramm, das sich an obige Abbildung anlehnt und das aus einem Formular mit zwei Buttons ("Ausführen" und "Beenden") besteht[1]. Nach jedem Klick auf den "Ausführen"-Button wird der Wert einer globalen Variablen *b* um eins erhöht und mit Hilfe einer Funktion *max* mit dem Wert einer lokalen Variablen *a* verglichen.

Hier der *implementation*-Abschnitt:

```
var b:Integer = 10;                    // initialisierte Variable

function max(a,b: Integer): Single;              // Maximum von a und b
begin
 if a > b then Result:= a else Result:= b
end;
procedure TForm1.Button1Click(Sender: TObject);   //  Ausführen
var a: Integer; s: string;
const lft = 50;
begin
 a:= 320; Inc(b);
 with Canvas do
 begin
  TextOut(lft,50,'Der Wert von a: ' + IntToStr(a));
  TextOut(lft,80,'Der Wert von b: ' + IntToStr(b));
  Str(a/b:8:4, s);
  TextOut(lft,110,'Der Quotient a/b: ' + s);
  Str(max(a,b):8:2, s);
  TextOut(lft,140,'Das Maximum : ' + s);
  TextOut(lft, 170, 'Das war es dann ...')
 end
end;
```

[1] Das Programm hat, wie Sie sehen, keinerlei sinnvolle Funktion – aber hier geht es nur um die Erläuterung eines Prinzips.

```
procedure TForm1.Button2Click(Sender: TObject);  // Beenden
begin
  Close
end;
```

5.1.4 Schrittweise Abarbeitung

Einzelschritt-Modus

Statt wie gewohnt das Programm mit F9 zu starten, wählen Sie das Menü *Start|Einzelne Anweisung*. Danach betätigen Sie schrittweise F7. Delphi befindet sich nun im Unterbrechungsmodus, was Sie an der Titelleiste des Hauptfensters erkennen, denn dort erscheint die Beschriftung "[Angehalten]".

Im Quelltext können Sie den Programmfortschritt beobachten (grüner Pfeil und blaue Zeilenmarkierung). Die aktuelle Zeile wird auch "Ausführungsposition" genannt.

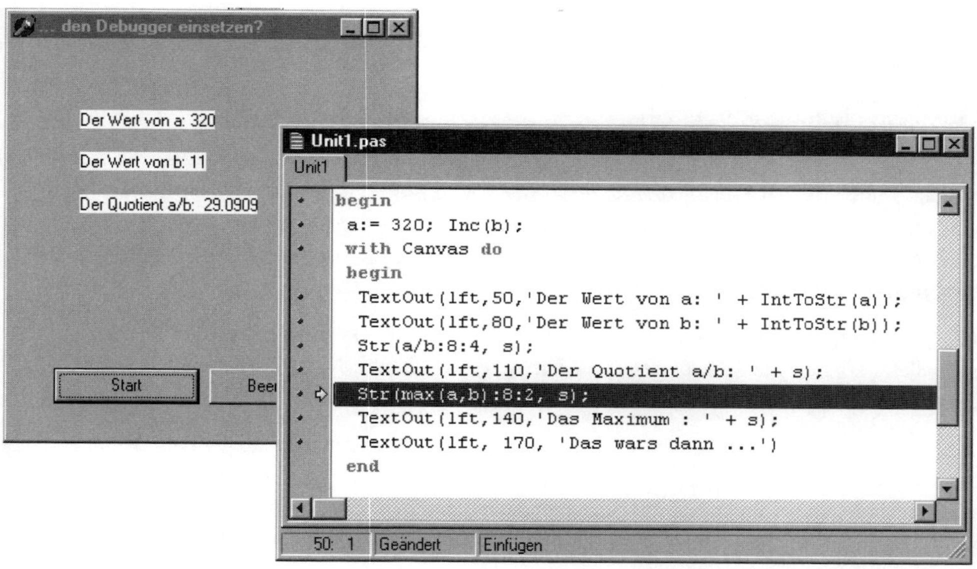

Die Werte einzelner Variablen in der Ausführungsposition können Sie nun per gelber QuickInfo kontrollieren, indem Sie den Mauscursor darauf setzen und einen Moment verweilen.

Hinweis: Beachten Sie, dass Sie auch im Einzelschritt-Modus alle notwendigen Benutzereingaben selbst vornehmen müssen. Bei unserem Beispiel ist unmittelbar nach Erscheinen des Formulars der "Ausführen"-Button zu klicken, sonst passiert – nichts! Genauso müssen Sie nach Durchlaufen aller Zeilen den "Beenden"-Button klicken, um das Programm zu schließen und in den Entwurfsmodus zurückzukehren.

Für diese wie für alle anderen Betriebsarten des Debuggers gilt, dass Sie über *Strg+F2* (bzw. das Menü *Start|Programm zurücksetzen*) den Debug-Modus verlassen können, um in den normalen Entwurfsmodus zurückzukehren.

Prozedurschritt

Bei dieser Variante verfahren Sie völlig analog zum Einzelschritt, nur dass Sie diesmal das Menü *Start|Gesamte Routine* klicken bzw. die F8-Taste benutzen. Sie werden in unserem Beispiel beobachten, dass bei den Anweisungen innerhalb der *max*-Funktion nicht angehalten wird. Den Prozedurschritt werden Sie also nur dann verwenden, wenn es schnell gehen muss und Sie die Fehlerursache außerhalb einer aufgerufenen Funktion/Prozedur vermuten.

Ab Cursorposition

Beim Debuggen umfangreicherer Anwendungen ist es höchst lästig, wenn das Programm immer wieder beginnend mit der ersten Anweisung schrittweise durchgearbeitet werden muss, bis endlich die interessante Stelle erreicht ist. Aber das geht auch wesentlich schneller: Setzen Sie einfach den Cursor in eine Zeile vor einer "verdächtigen" Anweisung und betätigen Sie F4 (bzw. nehmen Sie das Menü *Start|Gehe zur Cursorposition*). Das Programm hält an dieser Stelle. Jetzt können Sie sich mit F7 oder auch F8 schrittweise weiter vorwärts tasten.

5.1.5 Haltepunkte

Quelltext-Haltepunkte setzen

Von den verschiedenen Typen von Breakpoints, die Sie über das Menü *Start|Haltepunkt hinzufügen* setzen können, ist der *Quelltext-Haltepunkt* der wichtigste. Klicken Sie einfach mit der Maus auf den linken breiten grauen Rand des Quelltextfensters, und es erscheint ein gewaltiger roter Punkt, auch die gesamte Zeile wird rot markiert[1]. Genauso einfach lassen sich die Haltepunkte wieder entfernen – Sie brauchen nur draufzuklicken.

Nach Programmstart (F9) werden alle Anweisungen bis vor die Breakpoint-Zeile ausgeführt. Anschließend können Sie schrittweise mit F7 bzw. F8 fortfahren. Natürlich lassen sich auch mehrere Breakpoints setzen.

Eine sehr praktikable Möglichkeit ist das Setzen von Haltepunkten nicht zur Entwurfs-, sondern erst zur Laufzeit. Sie starten dazu Ihr Programm ganz normal mit F9. Nachdem z.B. das Eröffnungsformular erschienen ist, holen Sie das entsprechende Quelltextfenster nach vorne und setzen den oder die Haltepunkt(e). Nun klicken Sie z.B. einen Button, und das Programm setzt die Ausführung bis zum Haltepunkt fort.

Besonders dann, wenn Sie mehrere Breakpoints gesetzt haben, sind Sie für eine Übersicht dankbar. Wählen Sie dazu das Menü *Ansicht|Debug-Fenster|Haltepunkte* (Strg+Alt+B). Es erscheint die Liste der Haltepunkte. Wie Sie der folgenden Abbildung entnehmen, werden die Haltepunkte anhand ihrer Zeilennummer unterschieden. Um herauszufinden, welche Zeilennummer zu welchem Breakpoint gehört, setzen Sie nur den Cursor in die entsprechende Zeile und lesen die Nummer unten links in der Statuszeile des Quelltextfensters ab.

---

[1] Eine andere Variante ist, den Cursor auf die betreffende Zeile zu setzen und anschließend F5 zu drücken.

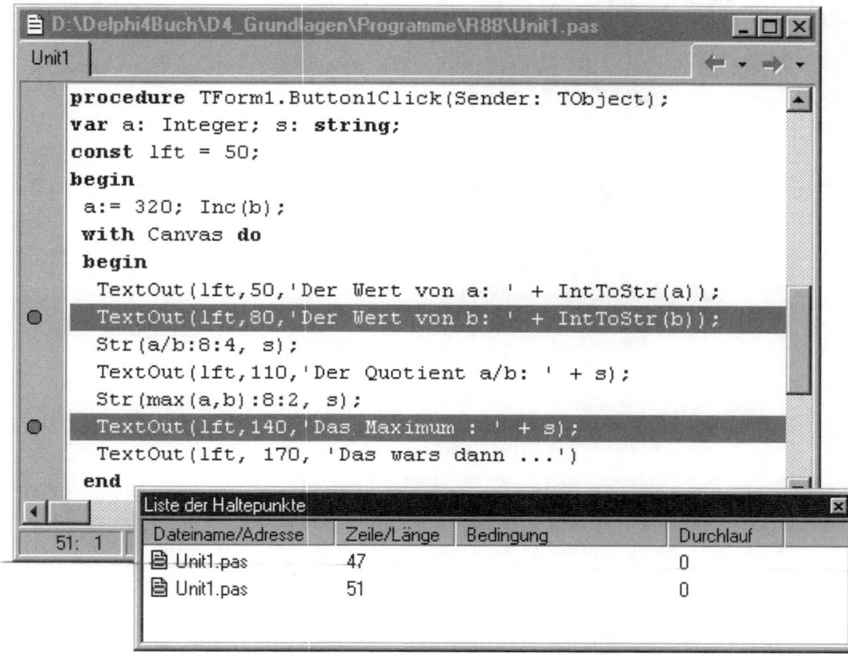

Abbruchbedingung setzen

Jeder Haltepunkt kann mit einer Abbruchbedingung verknüpft werden. Öffnen Sie zunächst die Liste der Haltepunkte (Strg+Alt+B) und klicken Sie dann mit der rechten Maustaste auf den Breakpoint, dem Sie eine Bedingung zuordnen möchten. Im PopUp-Menü wählen Sie "Eigenschaften". In das sich öffnende Dialogfenster wird von Ihnen z.B. die Bedingung *b = 18* eingetragen und mit "OK" bestätigt:

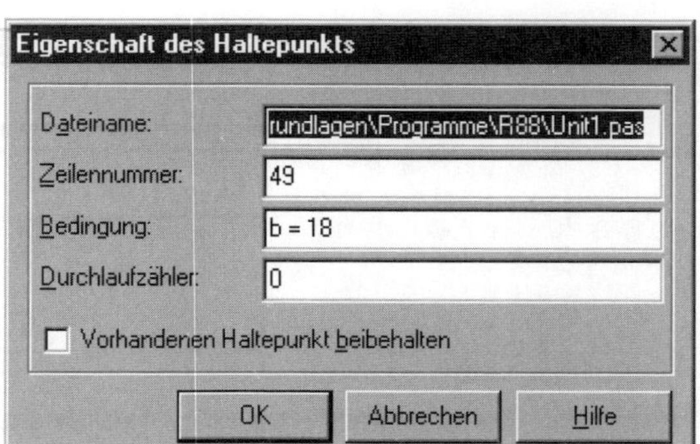

Wenn Sie jetzt unser Demoprogramm normal starten (F9), müssen Sie achtmal auf den Button klicken, bis die Ausführung bei *b = 18* schließlich unterbrochen wird.

5.1.6 Auswerten von Ausdrücken

Im Einzelschrittmodus (z.B. mit F7) arbeiten Sie sich bis zu einer bestimmten Quelltextzeile vor, anschließend wählen Sie das Menü *Start|Auswerten/Ändern* oder Strg+F7[1]. In das sich öffnende Fenster geben Sie den zu berechnenden Ausdruck ein und klicken "Auswerten":

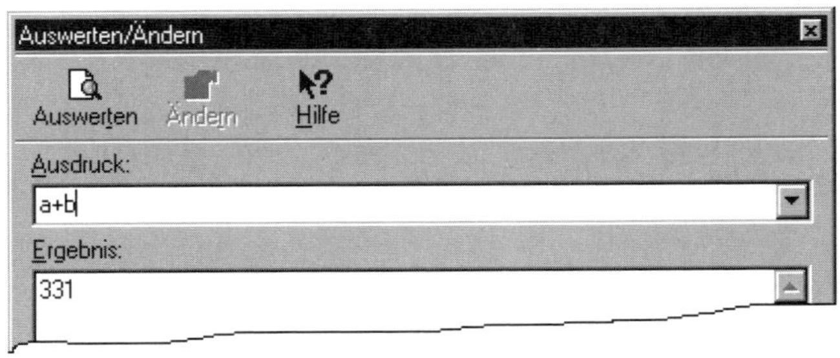

Alternativ können Sie auch eine bestimmte Variable bzw. einen Ausdruck im Quelltext mit der Maus markieren und sich anschließend mit Strg+F7 das obige Fenster anzeigen lassen.

5.1.7 OutputDebugString

Für den Profi bietet sich eine weitere recht praktische Möglichkeit des Debuggings mit der *OutputDebugString*-Anweisung, die an fast jeder gewünschten Stelle des Programms untergebracht werden kann.

```
var a : Byte;
...
  OutputDebugString(PChar('Zustand von A:'  + IntToStr(a)));
```

Nach der Ausführung obiger Anweisungen findet sich im Ereignisprotokoll (*Ansicht|Debug-Fenster|Ereignisprotokoll*) die folgende Zeile:

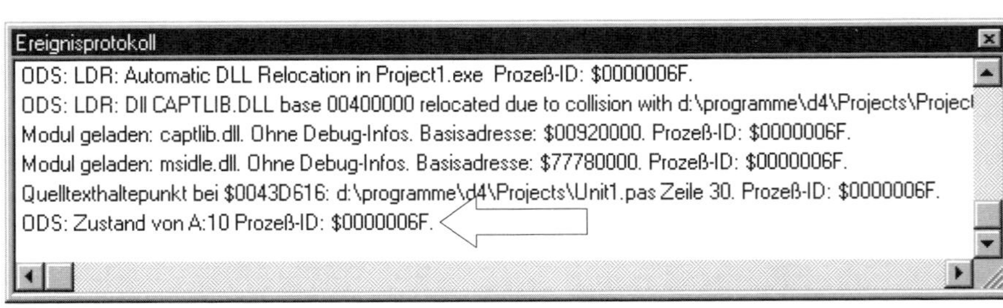

Damit dürfte sich die Funktion für das asynchrone Debuggen von Programmen oder Hintergrund-Threads hervorragend eignen. Etwas gewöhnungsbedürftig ist allerdings die Syntax: Sie müssen die Variablen etc., die Sie anzeigen wollen, erst in einen *PChar*-Datentyp umwandeln.

---

[1] Geht auch über das Kontextmenü der rechten Maustaste (*Fehlersuche|Auswerten/Ändern...*).

5.2 Fehlerbehandlung

Ein Anwendungsprogramm kann weitestgehend[1] fehlerfrei sein, spätestens im Zusammenhang mit der Ein- und Ausgabe von Dateien treten aber garantiert Fehler auf, die es abzufangen gilt. Vier verschiedene Möglichkeiten der Fehlerbehandlung bieten sich an:

- Ausschalten der Fehlermeldungen über Compilerschalter und Abfragen des Fehlercodes mit *IOResult*
- Fehlerbehandlung mit *Try-Except*-Blöcken
- Fehlerbehandlung mit *Try-Finally*-Blöcken
- Fehlerbehandlung über *OnException*-Ereignis

Eine pauschale Empfehlung kann eigentlich nicht gegeben werden. Die Autoren haben jedoch die Erfahrung gemacht, dass sich insbesondere Dateioperationen mit der konventionellen Variante am besten überwachen lassen (wohl auch, weil man die meisten Fehlercodes mittlerweile im Kopf hat).

Fehler in Berechnungen (Division durch Null etc.) sollten Sie auf alle Fälle mit *Try-Except* abfangen. Die bisher praktizierte Variante, derartige Fälle durch eine *If*-Klausel auszuschließen, ist viel zu umständlich und zu langsam.

Hinweis: Bei den Datenbank-Objekten *TTable* und *TQuery* bieten sich mit den *OnXXXError*-Ereignissen weitere Ansatzpunkte für eine gezielte Fehlerbehandlung.

5.2.1 Ein-/Ausgabeprüfung ausschalten

Die "konventionelle" Methode dürfte den Pascal-Programmierern bekannt vorkommen. Nach dem Ausschalten der Fehlermeldungen mit *{$i-}* können auftretende Fehler zu einem späteren Zeitpunkt über die Funktion *IOResult* abgefragt werden.

Beispiel: "konventionelle" Fehlerbehandlung

```
AssignFile(f,'c:\test.txt');
{$i-}
  Rewrite(f);
{$i+}
if IOResult <> 0 then begin
  showmessage('Datei konnte nicht geöffnet werden ...')
  halt;
end;
```

[1] DAS fehlerfreie Programm dürfte es wohl nicht geben. Sie sollten dies jedoch nicht zum Anlass nehmen, "Bananensoftware" (... reift beim Anwender) zu entwickeln. Schlechte Beispiele dieser Art finden sich auf (fast) jeder Festplatte.

Die wichtigsten Fehler beim Arbeiten mit Dateien:

Code	Bemerkung/Hinweis
2	Datei nicht gefunden (*Reset, Append, Rename, Erase*).
3	Pfad nicht gefunden (*Reset, Append, Rename, Erase, ChDir, MkDir, RmDir*).
4	Zu viele Dateien geöffnet (*Reset, Rewrite, Append*), abhängig vom Eintrag *Files* in der CONFIG.SYS.
5	Zugriff auf Datei verweigert (*Reset, Rewrite, Append, Rename, Erase, MkDir, RmDir, Read, Write*). Ursache: Benutzt durch anderen Prozess, keine Rechte im Netz etc.
15	Ungültiges Laufwerk (*GetDir, ChDir*).
16	Aktuelles Verzeichnis kann nicht gelöscht werden (*RmDir*).
17	Umbenennen über Laufwerke hinweg nicht erlaubt (*Rename*).
100	Lesefehler von Diskette/Festplatte (*Read*).
101	Schreibfehler auf Diskette/Festplatte (*Close, Write, Writeln*). Ursache: Ziellaufwerk voll.

5.2.2 Try-Except

Programmblöcke, die einen Fehler auslösen können, werden in so genannten *Try-Except*-Blöcken "gekapselt":

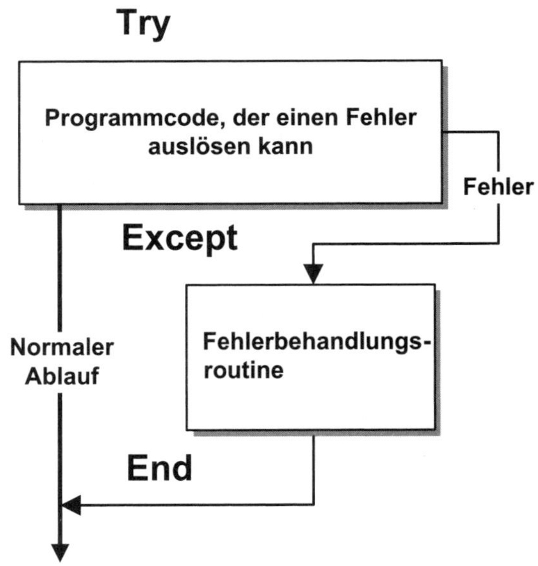

Tritt innerhalb des geschützten Blocks (d.h. zwischen *Try* und *Except*) ein Fehler auf, wird die Programmausführung in diesem Block unterbrochen und hinter *Except* fortgesetzt. Sollte wider Erwarten doch kein Fehler auftreten, wird der *Except-End*-Block nie durchlaufen.

Beispiel: *Try-Except*

```
procedure LadeDatei(dateiname:string);
var f : file;
begin
  try
    AssignFile(f,dateiname);
    Reset(f);                        { hier tritt evtl. ein Fehler auf }
  except
     messagebox(0,'Dateiladefehler','Problem',16);
     exit;
  end;
  ...
end;
```

Tritt im Bereich zwischen *try* und *except* ein Fehler auf, werden alle Anweisungen zwischen *except* und *end* ausgeführt.

Neben der pauschalen Anzeige einer Dialogbox können Sie auch gezielt einzelne Fehlerklassen behandeln. Verwenden Sie dazu das *on <Fehlertyp> do* -Konstrukt.

Beispiel: "gezielte" Fehlerbehandlung

```
procedure LadeDatei(dateiname:string);
...
  except
    on EInOutError do messagebox(0,'Dateiladefehler','Problem',16);
  end;
end;
```

Bei den beiden oben genannten Varianten der Fehlerbehandlung wird die Programmausführung normal fortgesetzt. Möchten Sie jedoch, dass der Fehler zu einem Programmabbruch führt, können Sie diesen im *Except-End*-Block erneut auslösen. Verwenden Sie dazu die Anweisung *Raise*.

```
  except
    on EInOutError do begin
       messagebox(0,'Dateiladefehler','Problem',16);
       raise;               // Fehler erneut auslösen
    end;
  end;
```

Hinweis: Ein einfaches Praxisbeispiel mit *Try-Except* finden Sie unter 5.4.3.

5.2.3 Try-Finally

Ein weiteres Konstrukt zur Fehlerbehandlung ist dann von Interesse, wenn das "Kind schon in den Brunnen gefallen ist". Nach dem Motto "Retten, was zu retten ist" geht es darum, Systemressourcen etc. auch im Fehlerfall sicher wieder freizugeben. Die Rede ist von den *Try-Finally*-Blöcken.

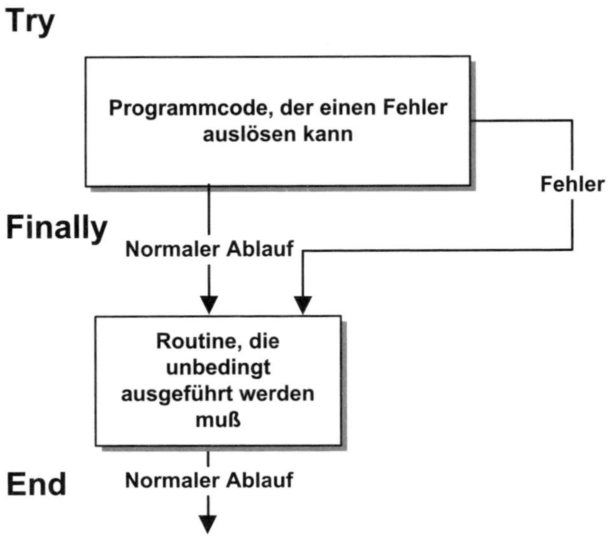

Sollte ein Fehler den gewohnten Ablauf stören, wird die Programmausführung im geschützten Block unterbrochen und nach *Finally* fortgesetzt.

Hinweis: Dieser Teil wird auch beim "normalen" Programmablauf ausgeführt.

Diese Art der Fehlerbehandlung sollten Sie für das Reservieren/Freigeben von Ressourcen verwenden (Speicher, Objekte und dergleichen).

Beispiel: *Try-Finally*

```
var bitmap : TBitmap;
begin
  bitmap := TBitmap.create;
  try
     bitmap.width := Form.width div teiler;    { dies kann einen Fehler erzeugen }
     ...
  finally
    bitmap.free;   { die Ausführung wird trotz des Fehlers hier fortgesetzt }
  end;
end;
```

5.2.4 Das OnException-Ereignis

Ansatzpunkt für eine weitere Form der Fehlerbehandlung ist das *OnException*-Ereignis des *Application*-Objekts. Weisen Sie diesem Ereignis beim Start der Anwendung eine eigene Fehlerbehandlungsroutine zu, entscheiden Sie, ob und welche Fehlermeldungen angezeigt werden. Ein derartiger Error-Handler ist für die gesamte Anwendung verantwortlich.

Die neue Ereignisroutine (vergessen Sie nicht, die Methode in die Klassendeklaration des Fensters aufzunehmen):

```
procedure TForm1.Fehlerhandler(Sender: TObject; E: Exception);
begin
    MessageDlg('Hilfe, ein Fehler!', mtError, [mbOk], 0)
end;
```

Die Zuweisung der Ereignisroutine im *FormCreate*-Ereignis:

```
procedure TForm1.FormCreate(Sender: TObject);
begin
  Application.OnException := Fehlerhandler;
end;
```

Die fehlerauslösende Funktion:

```
procedure TForm1.Button1Click(Sender: TObject);
var f : file;
begin
  AssignFile(f,'c:\dddd');
  Reset(f);                    { hier tritt evtl. ein Fehler auf }
  ...
end;
```

Da Ihnen in der Fehlerbehandlungsroutine auch der jeweilige Fehlertyp zur Verfügung steht (*E: Exception*), können Sie den Fehler natürlich auch gezielt auswerten.

```
if E is EDivByZero then
    MessageDlg('Division durch NULL', mtError, [mbOk], 0)
  else
    MessageDlg(e.message, mtError, [mbOk], 0)
```

Im Programm selbst können Sie auf eine Fehlerbehandlung z.B. mit *Try-Except* verzichten, diese Aufgabe wird voll vom zentralen Error-Handler übernommen.

5.2.5 Erzeugen eigener Fehlerklassen

In den bisherigen Beispielen sind wir davon ausgegangen, dass ein vordefinierter Fehler aufgetreten ist. Delphi bietet Ihnen aber auch die Möglichkeit, eigene Fehlerklassen zu definieren.

Die Klasse Exception

Als Vorfahren für Ihre neue Fehlerklasse wählen Sie *Exception*:

```
Exception = class(TObject)
private
    FMessage: string;
    FHelpContext: Integer;
public
    constructor Create(const Msg: string);
    constructor CreateFmt(const Msg: string; const Args: array of const);
    constructor CreateRes(Ident: Integer);
    constructor CreateResFmt(Ident: Integer; const Args: array of const);
    constructor CreateHelp(const Msg: string; AHelpContext: Integer);
    constructor CreateFmtHelp(const Msg: string; const Args: array of const;
                AHelpContext: Integer);
    constructor CreateResHelp(Ident: Integer; AHelpContext: Integer);
    constructor CreateResFmtHelp(Ident: Integer; const Args: array of const;
                AHelpContext: Integer);
    destructor Destroy; override;
    property HelpContext: Integer
    property Message: string;
end;
```

Nach der Definition

```
Type MeinNeuerFehler = class(Exception)
```

können Sie im Programmcode den Fehler mit der Anweisung *Raise* auslösen:

```
raise MeinNeuerFehler.Create('Wassereinbruch in Laufwerk A: !!!');
```

Der selbst definierte Fehler kann natürlich genauso wie die bereits vordefinierten Fehler behandelt werden:

```
try
   raise MeinNeuerFehler.Create('Wassereinbruch in Laufwerk A: !!!');
except
    on e: MeinNeuerFehler do showmessage(e.message)
end;
```

Vielleicht haben Sie sich schon gewundert, dass die Klasse *Exception* über acht verschiedene Konstruktoren verfügt?

Die Begründung für diese Vielfalt: Statt der einfachen *Create*-Methode können Sie zum Beispiel auch einen etwas komplexeren Konstruktor verwenden, der in der Lage ist, die Fehlermeldung aus einer Ressource zu laden oder eine formatierte Meldung auszugeben.

```
raise MeinNeuerFehler.CreateFmt('%s in Laufwerk %s',['Wassereinbruch','A:']);
```

Mehrsprachige Fehlermeldungen

Wer mehrsprachige Anwendungen entwickelt, sollte sich auf jeden Fall die Methode *CreateResFmt* näher ansehen. In der Ressourcen-Stringtabelle legen Sie beispielsweise den String "Datei %s nicht gefunden!" unter der ID 1001 bzw. "File %s not found!" unter der ID 2001 ab. Im Programm genügt dann der Aufruf

```
raise MeinNeuerFehler.CreateResFmt(1001,['daten.dat']);
```

bzw.

```
raise MeinNeuerFehler.CreateResFmt(1001,['daten.dat']);
```

um die deutsche bzw. die englische Variante der Fehlermeldung anzuzeigen.

Zusätzliche Eigenschaften

Genügen Ihnen die Eigenschaften der Klasse *Exception* nicht, können Sie (wie bei jedem anderen Objekt) weitere Eigenschaften und Methoden hinzufügen.

```
Type
   MeinNeuerFehler = class(Exception)
                     private
                        FFehlernummer : Integer;
                     public
                        property Fehlernummer:Integer read FFehlernummer;
                        constructor Create(const Msg: string; nr: Integer);
                     end;
```

Die Methode *Create* können Sie gegebenenfalls überschreiben, um die zusätzliche Eigenschaft zu setzen:

```
constructor MeinNeuerFehler.Create(const Msg: string; nr : Integer);
begin
  inherited Create(msg);
  FFehlernummer := nr;
end;
```

Der spätere Ernstfall:

```
try
     raise MeinNeuerFehler.Create('Die Festplatte brennt !',14);
except
    on e: MeinNeuerFehler do
        showmessage(format('Fehlernummer: %d',[e.Fehlernummer]))
end;
```

Hinweis: Anstatt sich zu sehr mit der Definition neuer Fehlerklassen zu beschäftigen, sollten Sie lieber gleich fehlertoleranten Quellcode schreiben.

5.3 Dialogfenster

Für Standardein/-ausgaben lässt sich ein Dialog am einfachsten mit den Windows-typischen *MessageBox-* bzw. *InputBox-*Funktionen realisieren (Unit *Dialogs*). Allerdings handelt es sich hierbei um keine von *TForm* abgeleiteten Objekte, sondern um ein direktes Anzapfen der Windows-API. Dadurch ist es ohne großen Programmieraufwand möglich, Zwischenergebnisse oder Warnungen anzuzeigen oder auch Werte einzugeben. Aus diesem Grund können diese Dialogfenster-Funktionen auch sehr gut für Testzwecke bzw. zur Fehlersuche eingesetzt werden.

5.3.1 ShowMessage

Mit dieser Prozedur kann eine Meldung ohne viel Federlesens auf den Bildschirm ausgegeben werden. Ein Dialog ist nicht möglich.

Syntax: `procedure ShowMessage(const Msg: string);`

```
ShowMessage('Das ist eine Demonstration über die Funktion eines einfachen' +
          'Meldungsfensters!');
```

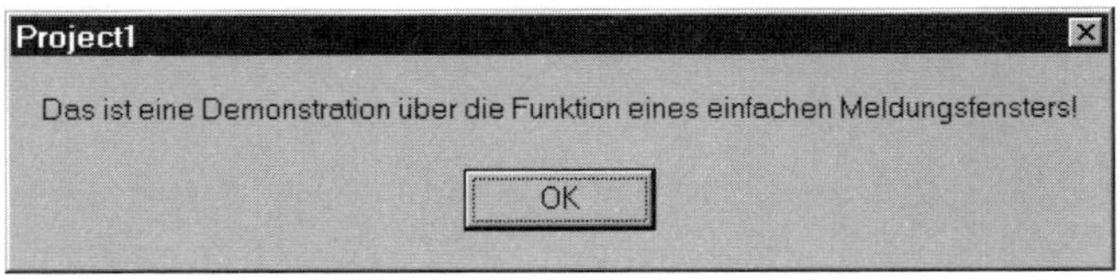

Um die Titelleiste brauchen Sie sich hier nicht zu kümmern, sie entspricht dem Namen der Projektdatei. Das Meldungsfenster erscheint exakt in Bildschirmmitte positioniert und ist so breit, wie es der Text erfordert.

Hinweis: Soll ein Zeilenumbruch realisiert werden, so ist das Zeichen *#13* einzufügen.

Beispiel: Schreiben Sie folgenden Code für das *OnClick*-Event eines Buttons.

```
procedure TForm1.Button1Click(Sender: TObject);
var i: Integer;
begin
 for i:= 1 to 5 do
   ShowMessage(IntToStr(i)+ ' Das ist eine Demonstration über die Funktion' +
      #13 + 'eines einfachen Meldungsfensters!')
end;
```

Sie müssen insgesamt fünfmal den OK-Button des Meldungsfensters klicken, bis das Programm beendet ist. Am Textanfang steht die Nummer des jeweiligen Durchlaufs.

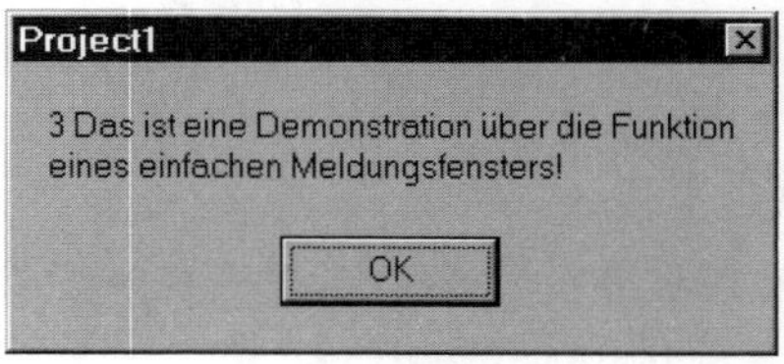

Sie erkennen an diesem Beispiel auch, wie man zu Testzwecken Zahlenwerte anzeigt. Übrigens könnten Sie mit #9 auch einen Tabulator einfügen.

ShowMessagePos

Hier handelt es sich lediglich um eine Erweiterung der *ShowMessage*-Prozedur, mit der man zusätzlich die genaue Position des Meldungsfensters festlegen kann.

```
ShowMessagePos('Hallo',10,20);
```

platziert die linke obere Ecke des Meldungsfensters 10 Pixel vom linken bzw. 20 Pixel vom oberen Bildschirmrand entfernt.

5.3.2 MessageBox

Diese Routine erlaubt ebenfalls vielgestaltige Dialogfenster und kapselt die gleichnamige API-Funktion *MessageBox* (Unit *Windows*), was man schon an dem für *Text* und *Caption* erforderlichen *PChar*-Datentyp erkennen kann.

Syntax: `function MessageBox(Text,Caption:PChar; Flags:Word): Integer;`

Diese Funktion ist eine Methode von *TApplication*, was beim Aufruf beachtet werden muss.

```
var button: Integer;                                    // Rückgabewert
...
button := Application.MessageBox('Klick auf die OK Schaltfläche!', 'Meldungsfenster', 49);
```

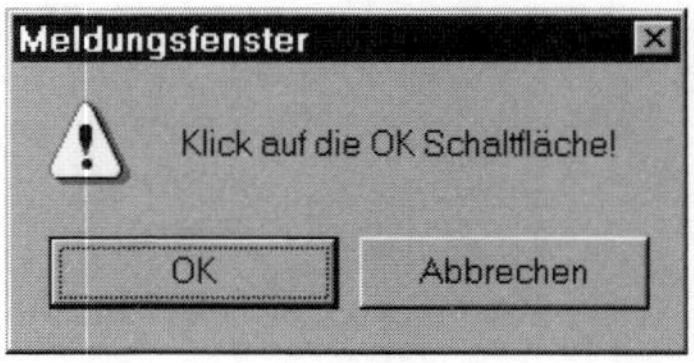

Wie leicht zu ersehen ist, bezeichnet *Text* den Inhalt und *Caption* die Titelleiste des Meldungsfensters.

Wenn Sie hier statt der geforderten *PChar*-Datentypen Variablen vom *string*-Datentyp übergeben wollen, erhalten Sie eine Fehlermeldung "Inkompatible Typen PChar und String". Erforderlich ist in diesem Fall ein Konvertieren des Strings mit Hilfe der *PChar*-Funktion.

```
s := 'Klick auf die OK-Schaltfläche!';
button := Application.MessageBox(s, 'Meldungsfenster', 49);          // falsch
```

... erzeugt einen Compilerfehler.

Richtig ist für die zweite Zeile:

```
button := Application.MessageBox(PChar(s), 'Meldungsfenster', 49);    // richtig
```

Nicht so einfach zu durchschauen ist der Wert von *Flags*, welcher das Aussehen (Schaltflächen, Symbol, Standardvorgabe) bestimmt und sich aus der Summe von mehreren Konstanten ergibt:

Flag : = Symbol + Schaltfläche + Standardvorgabe

Die Werte der Konstanten sind in den folgenden Tabellen zusammengefasst, wobei wir uns allerdings nur auf die wichtigsten beschränken wollen.

Beispiel: Für das Vorgängerbeispiel gilt 49 = 48 + 1 + 0.

Symbol:	48	MB_ICONWARNING
Schaltfläche:	1	MB_OKCANCEL
Standardvorgabe:	0	MB_DEFBUTTON1

Symbol

Konstante	Wert	Symbol
	0	ohne
MB_ICONSTOP	16	
MB_ICONQUESTION	32	
MB_ICONWARNING	48	
MB_ICONINFORMATION	64	

Schaltflächen

Konstante	Wert	Schaltfläche(n)
MB_OK	0	OK
MB_OKCANCEL	1	OK, Abbrechen
MB_ABORTRETRYIGNORE	2	Abbrechen, Wiederholen, Ignorieren
MB_YESNOCANCEL	3	Ja, Nein, Abbrechen
MB_YESNO	4	Ja, Nein
MB_RETRYCANCEL	5	Wiederholen, Abbrechen
MB_HELP	16384	Hilfe

Standardvorgabe

Diese Konstanten legen fest, welche Schaltfläche beim Erscheinen des Meldungsfensters den Fokus besitzt bzw. welche Wirkung bei Betätigen der Enter-Taste erzielt wird.

Konstante	Wert	Standardvorgabe
MB_DEFBUTTON1	0	erste Schaltfläche
MB_DEFBUTTON2	256	zweite Schaltfläche
MB_DEFBUTTON3	512	dritte Schaltfläche

Beispiel: Einfaches Meldungsfenster ohne Prüfen des Rückgabewertes

```
Application.MessageBox('Dateizugriff verweigert','Problem',16);
```

Rückgabewerte

Hier die möglichen Rückgabewerte der *MessageBox*-Funktion:

Konstante	Wert	Bedeutung
	0	Fehler (zu wenig Speicher)
IDOK	1	Schaltfläche *OK* gedrückt
IDCANCEL	2	Schaltfläche *Abbrechen* gedrückt
IDABORT	3	Schaltfläche *Abbrechen* gedrückt
IDRETRY	4	Schaltfläche *Wiederholen* gedrückt
IDIGNORE	5	Schaltfläche *Ignorieren* gedrückt
IDYES	6	Schaltfläche *Ja* gedrückt
IDNO	7	Schaltfläche *Nein* gedrückt

Beispiel: Für eine Ja-/Nein-Abfrage genügt der folgende Code:

```
if Application.MessageBox('Programm beenden?','Frage',36) = 6 then Close;    // 32 + 4
```

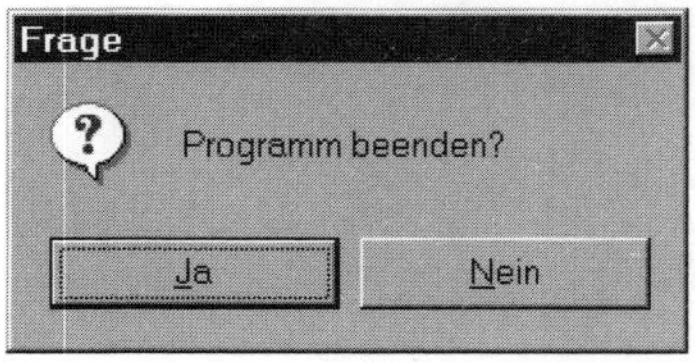

Beispiel: Ahnungslose Kollegen können Sie mit folgender "Meldung" in Angst und Schrecken versetzen:

```
var button: Integer;
...
button := Application.MessageBox('Achtung Ihre Festplatte wird formatiert!',
                                 Hinweis', 66);        // 64 + 2
 case button of
  3: ShowMessage('Abbruch');
  4: ShowMessage('Wiederholen');
  5: ShowMessage('Ignorieren')
 end;
```

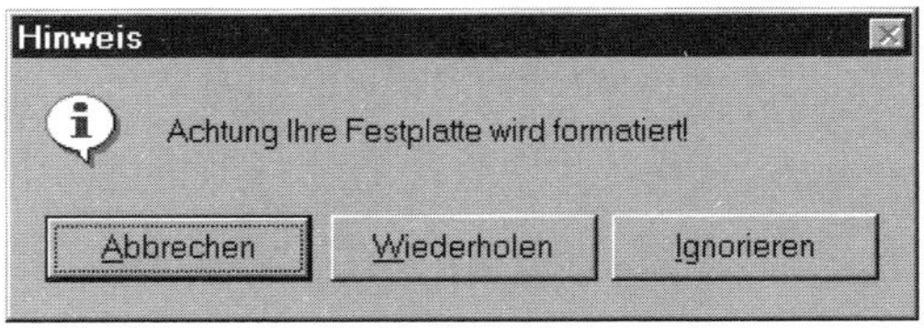

5.3.3 MessageDlg

Dies ist eine ähnliche Funktion wie *MessageBox*, hat aber einen grundsätzlich anderen Aufbau (keine Methode von *TApplication*, *string* anstatt *PChar*) und stammt (genauso wie *ShowMessage*) aus der Unit *Dialogs*.

Syntax:
```
function MessageDlg(const Msg: string; aType: TMsgDlgType;
                    aButtons: TMsgDlgButtons; HelpCtx: LongInt): Word;
```

Wie Sie sehen, werden andere Konstanten[1] als bei der *MessageBox*-Funktion verwendet. Zusätzlich kann eine Hilfeseite aufgerufen werden.

Beispiel: Der Code

```
if MessageDlg('Wollen Sie das Programm beenden?', mtInformation,[mbYes, mbNo], 0) = mrYes
 then  begin
    MessageDlg('Programm wird beendet!', mtWarning,[mbOk], 0);
    Close
  end;
```

erzeugt nacheinander folgende zwei Meldungsfenster:

---

[1] aus der VCL

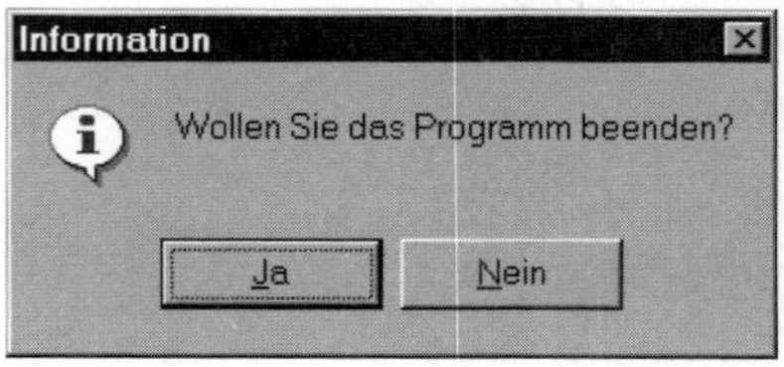

Parameter

Der Parameter *aType* legt den Typ des angezeigten Meldungsfensters fest. Daran ist die Beschriftung der Titelleiste automatisch gekoppelt (im Unterschied zu *MessageBox* haben Sie hier also keine individuellen Gestaltungsmöglichkeiten!):

Konstante	Symbol	Titelleiste
mtCustom	ohne	Name der Programmdatei
mtWarning		*'Warnung'*
mtError		*'Fehler'*
mtConfirmation		*'Bestätigung'*
mtInformation		*'Information'*

aButtons legt fest, welche Schaltflächen im Meldungsfenster angezeigt werden. Das können auch mehrere sein, da *aButtons* vom Mengen-Typ *TMsgDlgBtns* ist.

Die entsprechenden Konstanten sind eigentlich selbst erklärend und sollen deshalb hier (zusammen mit den zugehörigen Beschriftungen) nur aufgezählt werden: *mbYes* ('Ja'), *mbNo* ('Nein'), *mbOK* ('OK'), *mbCancel* ('Abbruch'), *mbHelp* (Hilfe), *mbAbort* (Abbruch), *mbRetry* (Wiederholen), *mbIgnore* (Ignorieren), *mbAll* (Alle).

Weiterhin gibt es die drei Konstanten *mbYesNoCancel*, *mbOkCancel*, *mbAbortRetryIgnore*, die vordefinierte Mengen für gebräuchlichen Schalterkombinationen darstellen. Da es sich bei diesen Konstanten um bereits vordefinierte Mengen handelt, sind die eckigen Klammern [ ] wegzulassen.

```
MessageDlg('Fehler beim Lesen der Datei!', mtError, mbAbortRetryIgnore, 0)
```

HelpCtx zeigt eine kontextsensitive Hilfeseite an (F1) und entspricht der Eigenschaft *HelpContext*.

Rückgabewerte

Die von der *MessageDlg*-Funktion gelieferten Werte dürften ebenfalls selbst erklärend sein: *mrNone*, *mrAbort*, *mrYes*, *mrOk*, *mrRetry*, *mrNo*, *mrCancel*, *mrIgnore*, *mrAll*, so dass auf eine gesonderte Beschreibung verzichtet werden kann (siehe Online-Hilfe).

MessageDlgPos

Während die Funktion *MessageDlg* das Meldungsfenster zentriert auf dem Bildschirm ausgibt, kann man mit *MessageDlgPos* zusätzlich auch noch die Position festlegen (vergleiche *ShowMessagePos*).

```
MessageDlgPos('Programm wird beendet!', mtWarning,[mbOk], 0, 100, 200);
```

erzeugt ein Meldungsfenster, dessen linke obere Ecke sich 100 Pixel vom linken bzw. 200 Pixel vom oberen Bildschirmrand entfernt befindet.

Ein umfangreiches Beispiel zum "Erzeugen von Meldungsfenstern" finden Sie im Praxisteil.

5.3.4 InputBox und InputQuery

Wer ohne großen Aufwand etwas eingeben möchte und auf Schönheit keinen gesteigerten Wert legt, kann sich dieser beiden schlichten Dialogbox-Funktionen bedienen.

InputBox

In den meisten Fällen dürfte diese Funktion genügen.

Syntax:

```
function InputBox(const aCaption,
              aPrompt, aDefault: string): string;
```

Parameter sind die Titelleiste (*aCaption*), eine Eingabeaufforderung (*aPrompt*) und der Anfangsinhalt (*aDefault*). Rückgabewert ist ein String (die Eingabezeile).

Beispiel: Nach OK wird der Inhalt der Eingabezeile dem *Label1* zugewiesen.

```
Label1.Caption:= InputBox('Input Box', 'Geben Sie etwas ein!', 'Anfangswert');
```

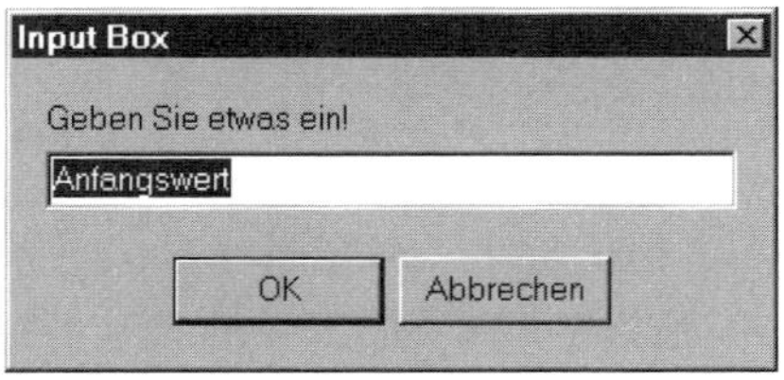

InputQuery

Diese etwas kompliziertere Funktion liefert keinen String, sondern einen Boole'schen Wert zurück, mit dem Sie überprüfen können, mit welcher Schaltfläche die Box verlassen wurde.

Syntax:

```
function InputQuery(const aCaption, aPrompt: string;
                          var value: string): Boolean;
```

Die ersten beiden Parameter (*aCaption* und *aPrompt*) entsprechen denen der *InputBox*-Funktion. Der Eingabestring wird nicht direkt zurückgegeben, sondern mit *value* geliefert. Der Rückgabewert ist *True*, wenn OK geklickt wurde, ansonsten *False* (bei "Abbrechen" oder bei Schließen der Input-Box über das Systemmenü).

Beispiel: Es erscheint exakt die gleiche InputBox wie im Vorgängerbeispiel. Wenn Sie aber auf "Abbrechen" klicken, wird dem Label der Inhalt *'Es wurde nichts eingegeben!'* zugewiesen.

```
var s: String;
...
```

```
s := 'Anfangswert';
if InputQuery('Input Box','Geben Sie etwas ein!', s) then Label1.Caption := s
else Label1.Caption := 'Es wurde nichts eingegeben!';
```

Häufig wollen Sie mit einer InputBox nicht Strings, sondern nummerische Werte eingeben. Dann müssen Sie entsprechende Konvertierungsfunktionen (siehe Kapitel 2) einsetzen. Während dies bei Integer-Werten mittels *IntToStr* bzw. *StrToInt*-Funktionen noch relativ einfach ist, müssen bei Gleitkommawerten noch spezielle Formatierungsangaben bzw. Fehlercodeprüfungen hinzukommen.

```
var wert: Double;          // einzugebende Gleitkommazahl
    code: Integer;         // Fehlercode
.....
Str(wert:3:2, s);          // Wert => String (3 Stellen, davon 2 Nachkommastellen)
s := InputBox('Personal-Eingabe','Körpergröße?', s);          // Anzeige/Eingabe
Val (s, wert, code);                        // String => Wert  (fehlerfrei: code = 0)
```

5.4 Praxisbeispiele

5.4.1 Erzeugen von Meldungsfenstern

Zur Darstellung eines Meldungsfensters gibt es überraschend viele Möglichkeiten, und Sie haben die Qual der Wahl. Das folgende kleine Testprogramm soll Ihnen die Entscheidung erleichtern, indem es für jede Variante ein mehr oder weniger sinnvolles Beispiel liefert.

Oberfläche

Welche Komponenten benötigt werden, entnehmen Sie der folgenden Abbildung (*TGroupBox*, *TRadioButton*, *TImage*, *TButton*) :

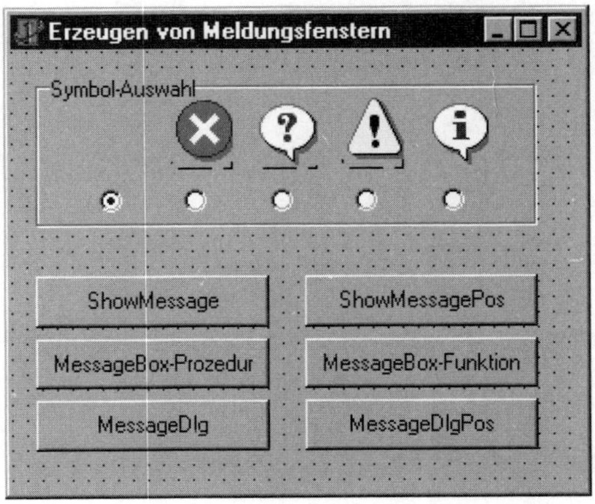

Insgesamt stehen sechs Alternativen (Schaltflächen) in Form unterschiedlicher Funktionen/Prozeduren für die Anzeige von Meldungsfenstern zur Auswahl.

Die in einer *GroupBox* zusammengefassten fünf *RadioButtons* dienen der Symbolauswahl. Die entsprechenden Ikonen wurden der *Picture*-Eigenschaft von *Image*-Komponenten zugewiesen (als *.BMP-Dateien auf der Buch-CD enthalten).

Quelltext

Da der *Interface*-Abschnitt der Formular-Unit keine Besonderheiten bietet, wollen wir hier nur den *Implementation*-Abschnitt abdrucken:

```
var mb_S: Word;              // für Symbolauswahl von MessageBox
    mtS: TMsgDlgType;        // für Symbolauswahl von MessageDlg
```

Alle fünf RadioButtons teilen sich eine Ereignisprozedur, in welcher den Variablen *mb_S* und *mtS* diverse Konstanten für die Symbolauswahl zugewiesen werden:

```
procedure TForm1.RadioButtonClick(Sender: TObject);  // Symbol einstellen
begin
 if Sender = RadioButton1 then begin mb_S := 0; mtS := mtCustom end;
 if Sender = RadioButton2 then
 begin mb_S := 16; mtS := mtError end;
 if Sender = RadioButton3 then
 begin mb_S := 32; mtS :=  mtConfirmation end;
 if Sender = RadioButton4 then
 begin mb_S := 48; mtS := mtWarning end;
 if Sender = RadioButton5 then
 begin mb_S := 64; mtS := mtInformation end
end;
```

Die *ShowMessage*-Prozedur wird an einem nicht ganz simplen Codebeispiel demonstriert. Hier soll gezeigt werden, wie man Object Pascal-Sprachkonstrukte (*For*-Schleife) ausprobieren, Zahlenwerte ausgeben (*IntToStr...*) und einen Zeilenumbruch (*#13*) realisieren kann:

```
procedure TForm1.Button1Click(Sender: TObject);  // ShowMessage-Prozedur
var i: Integer;
begin
 for i:= 1 to 5 do  ShowMessage(IntToStr(i)+ ' Das ist eine Demonstration der Funktion'
 + #13 + 'eines einfachen Meldungsfensters!')
end;
```

Wem obige Demo zu kompliziert war, der sollte sich zunächst den folgenden Code zu *ShowMessagePos* ansehen, bei dem Sie Ihre Aufmerksamkeit voll auf die Positionskoordinaten (*x=10, y=20*) richten können:

```
procedure TForm1.Button2Click(Sender: TObject);  // ShowMessagePos-Prozedur
begin
 ShowMessagePos('Einfaches Meldungsfenster mit Position!', 10,20)
end;
```

Bei der folgenden *MessageBox*-Prozedur wird das Formular-Handle benötigt. Mit der Variablen *mb_S* wird das ausgewählte Symbol eingestellt:

```
procedure TForm1.Button3Click(Sender: TObject);  // MessageBox-Prozedur
begin
 MessageBox(Self.Handle,'Klick auf den Button!','Meldungsfenster', mb_S)
end;
```

Die folgende *MessageBox*-Funktion ist eine Methode von *TApplication*. Im Beispiel soll gezeigt werden, wie Symbol (*mb_S*), Art und Anzahl der Schaltflächen (*mb_okCancel*) und der Fokus (*mb_defButton2*) durch Addition von Konstanten eingestellt werden:

```
procedure TForm1.Button4Click(Sender: TObject);   // MessageBox-Funktion
var button: Integer;
begin
 button := Application.MessageBox('Klick auf die OK Schaltfläche!',
 'Meldungsfenster', mb_S + mb_okcancel + mb_defbutton2);
 if button = idOK then  Application.MessageBox('Danke!',
 'Meldungsfenster', mb_S + mb_ok)
end;
```

Die *MessageDlg*-Funktion hat eine Syntax, die relativ einfach zu durchschauen ist:

```
procedure TForm1.Button5Click(Sender: TObject);  // MessageDlg - Funktion
begin
 if MessageDlg('Wollen Sie das Programm beenden?',
    mtS, [mbNo,mbYes,mbCancel], 0) = mrYes then
  begin
    MessageDlg('Sie wurden gerade veralbert!', mtS, [mbOk], 0);
  end;
end;
```

Mit der Schwesterfunktion *MessageDlgPos* wollen wir endlich etwas Sinnvolles anstellen, indem wir eine Möglichkeit zum Verlassen des Programms anbieten:

```
procedure TForm1.Button6Click(Sender: TObject);  // MessageDlgPos
begin
  if MessageDlgPos('Wollen Sie das Programm beenden?',
    mtS, [mbYes,mbNo], 0, 200, 100) = mrYes then
  begin
    MessageDlgPos('Das Programm wird beendet!', mtS, [mbOk], 0, 500, 400);
    Close                                          // Programm-Ende
  end
end;
```

Test

Starten Sie das Programm (F9) und experimentieren Sie mit den einzelnen Varianten, wie z.B. hier mit der *MessageBox*-Funktion:

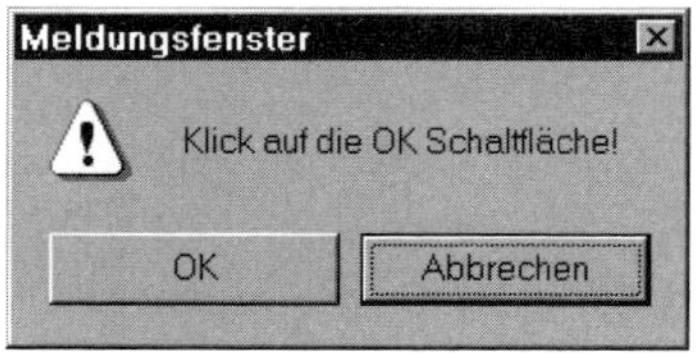

5.4.2 Werteingabe mit der InputBox

Um dieses Beispiel nicht gar zu trivial zu gestalten, soll ein Record-Array über eine *InputBox* gefüllt und gelesen werden. Dass wir dazu einen selbst definierten Record *TPerson* nehmen, hat einen praktischen Hintergrund: Die einzelnen Recordfelder repräsentieren jeweils einen unterschiedlichen Datentyp (*String*, *Boolean*, *Integer*, *Single*). Da deren Konvertierung jeweils unterschiedlich ist, schlagen wir gleich mehrere Fliegen mit einer Klappe.

Oberfläche

Das Startformular hat fünf Labels und zwei Befehlsschaltflächen:

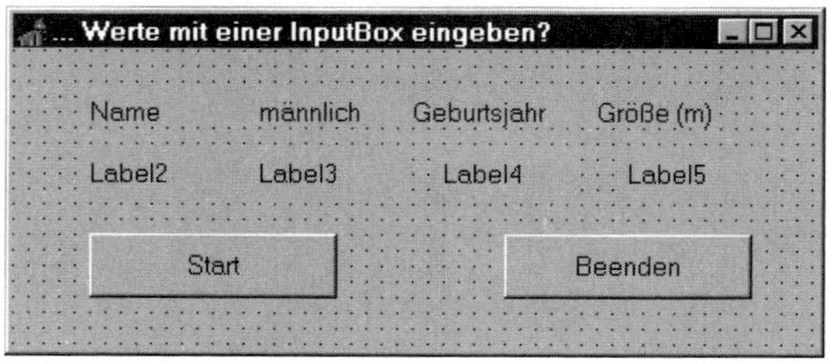

Da man mit der *InputBox* nicht nur Werte eingeben, sondern auch anzeigen kann, wären die Labels eigentlich überflüssig. Sie sollen aber als zusätzliche Kontrollanzeige dienen.

Quelltext

Vom Interface-Abschnitt der Formular-Unit zeigen wir Ihnen hier nur den interessanten Teil:

Wir konstruieren einen Record ...

```
type TPerson = record
  name: string[20];
  geschlecht: Boolean;
  geburtsjahr: Integer;
  groesse: Single
 end;
```

und einen Array-Typ aus diesem Record:

```
const nmax = 5;                    // maximal 2 Personen
type TPersArray = array[1..nmax] of TPerson;
var
 Form1: TForm1;
```

Jetzt muss noch eine Variable dieses Typs definiert werden:

```
 persArray1: TPersArray;
```

Nun zur Implementierung:

```
implementation
{$R *.DFM}
procedure TForm1.Button1Click(Sender: TObject);   // "Start"-Schaltfläche
var s: String;
    i, code:Integer;
   w: Single;
begin
 for i:=1 to nmax do begin
```

Keinerlei Probleme gibt es bei Strings:

```
 // String-Wert:
 s := InputBox('Personal-Eingabe','Geben Sie den '+IntToStr(i)+ '. Namen ein!',
 persArray1[i].name);                              // Anzeige/Eingabe
 persArray1[i].name := s;                          // in Array speichern
 Label2.Caption := s;                              // im Label anzeigen
```

Boole'sche Werte müssen wir "per Hand" konvertieren:

```
 // Boole'scher Wert:
 if persArray1[i].geschlecht = True then s := 'ja' else s := 'nein';
 s := InputBox('Personal-Eingabe','männlich? (ja/nein)', s);
 if s = 'ja' then  persArray1[i].geschlecht := True
            else persArray1[i].geschlecht := False;
 Label3.Caption := s;                                // im Label anzeigen
```

Ganzzahlige Werte sind einfach zu behandeln:

```
 // Integer-Wert:
 s := IntToStr(persArray1[i].geburtsjahr);           // aus Array lesen
 s := InputBox('Personal-Eingabe','Geburtsjahr?',s); // Anzeige/Eingabe
 persArray1[i].geburtsjahr := StrToInt(s);           // in Array speichern
 Label4.Caption := s;                                // im Label anzeigen
```

Besonderes Fingerspitzengefühl verlangt die Hin- und Rückkonvertierung von Gleitkommawerten (*Str*- und *Val*-Funktion):

```
  // GK-Wert:
  Str(persArray1[i].groesse:3:2, s);           // 3 Stellen, davon 2 nach dem Komma
  s := InputBox('Personal-Eingabe','Körpergröße?', s);
  Val (s, persArray1[i].groesse, code);        // fehlerfrei, wenn code = 0
  Label5.Caption := s
 end
end;
```

Test

Nach Programmstart (F9) und Klicken der "Start"-Befehlsschaltfläche müssen Sie zunächst die Geduld für die Eingabe der Daten von zwei Personen aufbringen (ansonsten vor dem Compilieren die Konstante *nmax* verändern!).

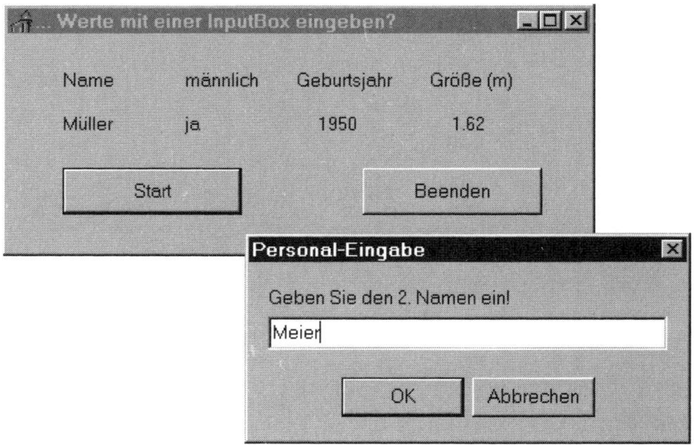

Fehlerhafte Eingaben können Sie mit der "Abbrechen"-Taste verwerfen. Anschließend lassen Sie sich durch aufeinander folgendes Klicken von "OK" alle Datenfelder der Reihe nach anzeigen.

5.4.3 Zahleneingaben überprüfen

Dieses Beispiel zeigt eine komfortable Möglichkeit, wie man mittels *try-except*-Anweisungen eine detaillierte Prüfung des Zahlentyps und seines Wertebereichs gewährleistet. Damit ein praktischer Sinn erkennbar ist, soll das Prinzip anhand der simplen Addition zweier Gleitkommazahlen erläutert werden.

Oberfläche

Auf dem Formular platzieren Sie drei Editierfelder und zwei Buttons.

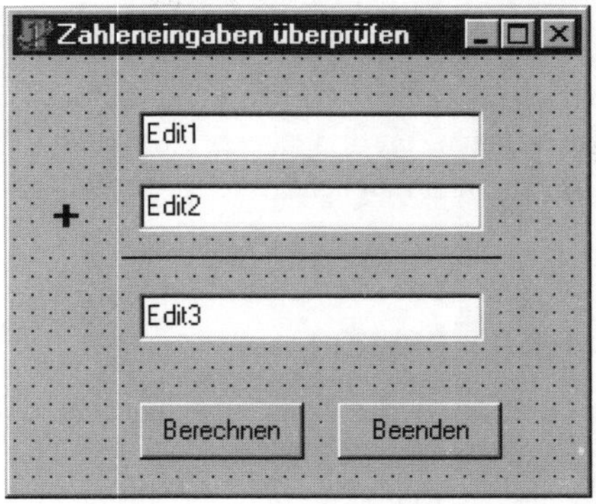

Da *Edit3* nur zur Ergebnisanzeige dient, sollten Sie hier *ReadOnly* auf *True* setzen.

Quelltext

Die folgenden Anweisungen werden beim Verlassen eines Editierfeldes ausgeführt:

```
procedure testSingle(e: TEdit);     // Übergabeparameter ist ein Editierfeld!
var n    : Single;
    code : Integer;
    s    : string;
begin
    s := e.text;
    try
      Val(s,n,code);      // Versuch, den String s in die Zahl n zu verwandeln
    except
       MessageBox(0,'Wertebereich überschritten','Problem',16);
       e.SetFocus
    end;
    if code <> 0 then begin
       MessageBox(0,'Fehler im Ausdruck','Problem', 16);
       e.SetFocus
    end;
end;
```

Die Fehlerbehandlung mit *Try-Except* ist unbedingt notwendig, da die Anweisung *Val* eine Wertebereichsverletzung nicht "verkraftet" und das Programm zum Absturz bringt.

Der Aufruf von *testSingle* erfolgt in einem *OnExit*-Event-Handler, der von *Edit1* und *Edit2* gemeinsam benutzt wird:

```
procedure TForm1.EditExit(Sender: TObject);
begin
  testSingle((Sender as TEdit))
end;
```

Test

Sobald Sie ein Editierfeld verlassen wollen, in dem keine gültige *Single*-Zahl steht, werden Sie durch ein Meldungsfenster gezwungen, die Eingabe zu korrigieren. Ein Schließen des Formulars über den "Beenden"-Button ist erst dann möglich, wenn in den beiden Eingabefeldern keine fehlerhaften Werte stehen.

5.4.4 Fehlersuche mit dem Debugger

In diesem Beispiel sollen Sie lernen, wie Laufzeit- und logische Fehler mit Hilfe des Debuggers aufgespürt und beseitigt werden. Grundlage ist ein fehlerbehaftetes Programm, welches Maximum, Minimum und Durchschnittswert einer Reihe von *Integer*-Zahlen ermitteln soll.

Oberfläche

Die folgende Abbildung dürfte für Klarheit sorgen (links in der Mitte, das ist eine *ListBox*).

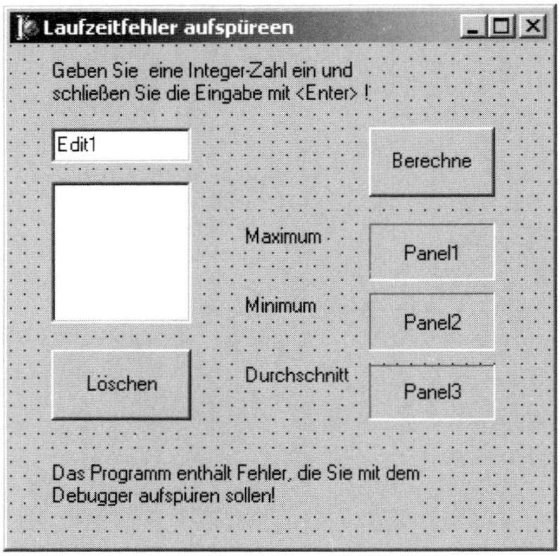

Quellcode

Der im Folgenden angegebene Quelltext ist die vereinfachte Version des Beispiels 2.8.6 (auf das Array zum Zwischenspeichern wurde verzichtet, was sich in einem vereinfachten Quelltext auszahlt).

Eintrag in Listbox übertragen:

```
procedure TForm1.Edit1KeyPress(Sender: TObject; var Key: Char);
begin
 if Key = #13 then
 begin
  ListBox1.Items.Add(Edit1.Text);
  Edit1.Text := ''
```

```
 end
end;
```

Berechnen:

```
procedure TForm1.Button1Click(Sender: TObject);
var i, n, wert, max, min, sum: Integer;
    av: Double;
    s: string;
begin
  n := ListBox1.Items.Count;
  for i := 1 to n do
  begin
   wert := StrToInt(ListBox1.Items[i]);
   if (wert > max) then max := wert
                   else
   if (wert < min) then min := wert;
   sum := sum + wert
  end;
  av := sum / n;
  Panel1.Caption := IntToStr(max);
  Panel2.Caption := IntToStr(min);
  Str(av:5:2, s);
  Panel3.Caption := s
end;
```

Löschen:

```
procedure TForm1.Button2Click(Sender: TObject);
begin
  ListBox1.Items.Clear;
  Panel1.Caption := '';
  Panel2.Caption := '';
  Panel3.Caption := ''
end;
```

Test

Starten Sie das Programm. Das Compilieren geht anstandslos, aber das "dicke Ende" kommt noch. Nachdem Sie eine Zahlenkolonne (z.B. die Ziffern 2, 3 und 4) eingegeben haben und auf "Berechne" klicken, erscheint eine Fehlermeldung:

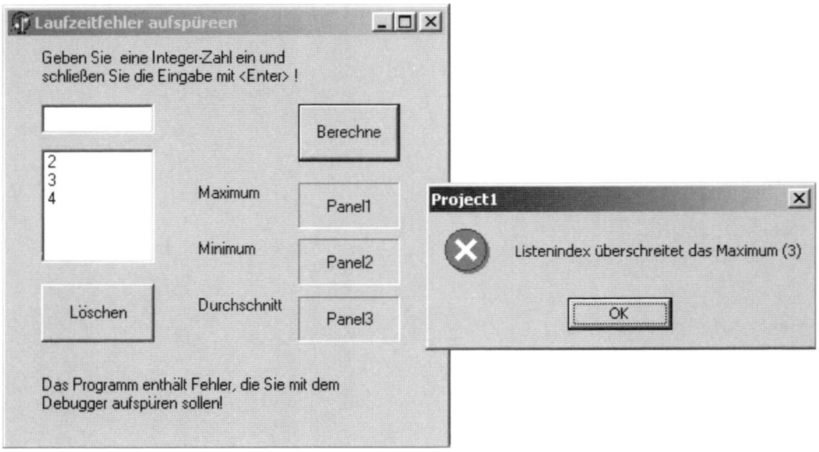

Hinweis: Die folgenden Hinweise zur Fehlersuche sind nur eine von vielen möglichen Strategien. Auf jeden Fall sollten Sie versuchen, auch ohne diese Hinweise das Programm in einen funktionsfähigen Zustand zu versetzen!

Hinweise zur Fehlersuche

Beenden Sie das Programm mit *Start|Programm zurücksetzen* (Strg+F2) und setzen Sie einen Haltepunkt auf die erste Anweisung im Event-Handler "Berechne" (doppelt auf breiten linken Rand klicken). Starten Sie das Programm erneut (F9) und wiederholen Sie die Eingaben. Nach Klick auf "Berechne" stoppt das Programm am Haltepunkt und Sie können sich mit der F7-Taste schrittweise vorwärts bewegen. Stutzig werden müssen Sie, nachdem Sie mit der Maus auf die Variable *wert* zeigen. Auf dem gelben Hinweisschildchen erscheint "wert = 3" (siehe Abbildung), obwohl Sie als ersten Wert der Zahlenkolonne eine "2" eingegeben hatten.

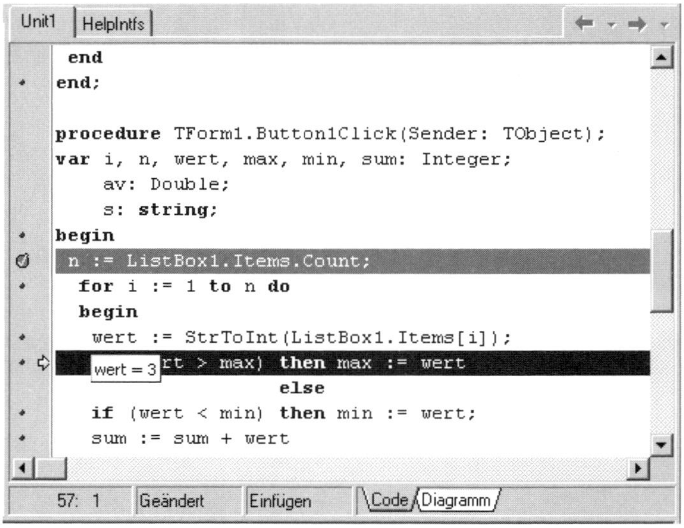

Nachdem Sie der Debugger quasi "mit der Nase draufgestoßen hat", müsste Ihnen dämmern, dass das erste Element einer Listbox nicht den Index 1, sondern den Index 0 hat. Korrigieren Sie also die Schleifenanweisung wie folgt:

```
for i := 0 to n-1 do
```

Beim folgenden Test werden Sie feststellen, dass die Zahlen richtig aus der *ListBox* ausgelesen werden. Nachdem Sie sich mittels F7-Taste dreimal durch die Schleife gearbeitet haben, folgt allerdings wieder die Ernüchterung. Zwar ist das Minimum richtig ermittelt, Maximum und Durchschnitt sind jedoch der blanke Unsinn:

Mmmm, spätestens jetzt sollten Sie einen Blick auf den untersten Abschnitt des Codefensters werden, wo vom Compiler drei verdächtige "Warnungen" präsentiert werden:

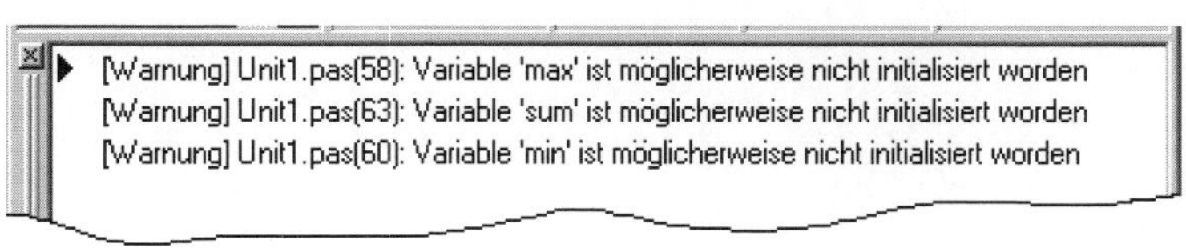

Richtig, wir haben die drei Variablen zwar deklariert, Ihnen aber keine Anfangswerte zugewiesen – es ist ein Trugschluss zu glauben, dass Delphi die Variablen mit 0 initialisiert! Das holen wir jetzt schnell nach und fügen gleich nach *begin* die folgende Anweisung ein:

```
max := 0; min:=0; sum:=0;
```

Unsere Hoffnung auf ein fehlerfreies Programm wird aber zum wiederholten Mal enttäuscht, zwar scheinen Maximum (*4*) und Durchschnitt (*3*) nun richtig zu sein, das Minimum (*0*) ist aber eindeutig falsch.

Wiederholen Sie den Test aber mit einer anderen Zahlenkolonne, in der auch negative Werte vorkommen, so sind alle drei Ergebnisse richtig.

Hinweis: Sie haben es also hier mit einem der übelsten und hinterlistigsten Fehler zu tun, die es überhaupt gibt, nämlich solchen, die nur unter bestimmten Bedingungen auftreten!

Um die Ursache zu ergründen, können Sie sich die Variablen *max*, *min* und *sum* innerhalb eines bestimmten Schleifendurchlaufs (z.B. *i=2*) anschauen. Dazu verknüpfen Sie den Haltepunkt mit einer Bedingung (Strg+Alt+B, "Eigenschaften"):

Der Debugger bietet Ihnen weitere vielfältige Möglichkeiten zum Eingrenzen des Fehlers (siehe 5.1) und die Autoren würden Ihnen einen schlechten Dienst erweisen, wenn Sie Ihnen hier das komplett fehlerbereinigte Programm präsentieren würden – der Lerneffekt ginge gegen null. Aus diesem Grund sind Sie jetzt an der Reihe. Wer es nicht schafft, den Fehlerteufel aus seinem Versteck herauszulocken, dem bleibt immer noch ein Blick in die Buch-CD, wo beide Varianten (fehlerhaft und fehlerbereinigt) enthalten sind.

Bemerkung

Ein Debugger kann keine Wunder vollbringen, aus einem schwachsinnigen Algorithmus kann er Ihnen kein funktionsfähiges Programm zaubern. Sehr viel wichtiger ist, dass Sie Ihren eigenen klaren Kopf und Ihre Fähigkeit zum logischen Denken bereits beim Programmentwurf einsetzen. Der Debugger kann Ihnen nur dabei helfen, die unvermeidlichen kleinen, aber heimtückischen Fehler schneller zu finden.

Programmieren mit Units und Objekten

- Unit-Konzept
- Object Pascal
- OOP-Werkzeuge

6 Programmieren mit Units und Objekten

Pascal war von Anfang an eine streng strukturierte Sprache, die in den 80er-Jahren systematisch als Turbo Pascal (TP) weiterentwickelt wurde. Einen wesentlichen Sprung gab es beim Übergang der TP-Version 3 zu 4 mit der Einführung des Unit-Konzepts. Noch gravierender war der Übergang von Version 5 zu 5.5, wo mit der Weiterführung zur Objektorientierten Programmierung (OOP) die Grundlagen von Object Pascal gelegt wurden. Da in Delphi das Unit- und das OOP-Konzept aufs Engste miteinander verknüpft sind, werden wir beides in diesem Kapitel gemeinsam behandeln.

6.1 Programmieren in Units

Units sind die komplexen Bausteine Ihres Delphi-Programms und können gewissermaßen als Vorläufer der OOP betrachtet werden. Jede Unit enthält eine eigene Bibliothek von Variablen, Konstanten, Prozeduren, Funktionen und Datentypen, die (in compilierter Form) in verschiedene andere Units eingebunden werden kann. Auch unter OOP verwenden Sie weiterhin Units, diese enthalten dann aber vor allem Klassendeklarationen.

Hinweis: Wer sich in OOP einarbeiten will, sollte vorher das Unit-Konzept von Delphi gründlich studiert und verstanden haben.

6.1.1 Das Unit-Konzept

In der Regel besteht jedes Delphi-Programm aus mindestens einer Unit (z.B. aus der zu *Form1* gehörenden *Unit1*).

Unit-Bezeichner

Speziell für das Programmieren von Units sind in Object Pascal folgende Wörter reserviert (die unbedingt notwendigen sind fett hervorgehoben):

Bezeichner	Erklärung
finalization	finaler Abschnitt einer Unit
implementation	Beginn desRumpfs (lokaler Teil) einer Unit
initialization	Initialisierungsabschnitt einer Unit
interface	Schnittstelle (globaler Deklarationsteil) einer Unit
Unit	einleitender Bezeichner (Deklaration) einer Unit
Uses	Liste der verwendeten Units

Unit-Struktur

Eine Unit setzt sich aus verschiedenen Abschnitten zusammen, die in streng vorgeschriebener Reihenfolge aufgeführt werden müssen:

```
unit <Name>
interface
uses <Liste der benutzten Units>              // optional
// öffentliche Deklarationen
implementation
uses <Liste der intern benutzten Units>       // optional
// private Deklarationen
// Implementierung von Prozeduren und Funktionen
initialization
// Initialisierungscode                        optional
finalization
// Schlußcode                              optional
end.
```

Hinweis: Jede Unit wird in einer *.pas*-Datei gespeichert und in eine *.dcu*-Datei compiliert.

Unit-Beispiel

Obwohl wir zu den Details erst später übergehen, soll bereits jetzt ein erster Eindruck vermittelt werden.

Beispiel: Eine einfache Unit mit dem Namen *zylinder* stellt Routinen zur Berechnung von Volumen und Oberfläche eines Zylinders bereit.

```
unit zylinder;
interface
var zr, zh: Double;          // Radius und Höhe sind öffentliche Variablen!
function zVolumen: Double;   // öffentliche Routine zur Volumenberechnung
procedure zOberflaeche(var o: Double);     // dto. zur Oberflächenberechnung
implementation
var gF: Double;       // Grundfläche (private Variable)
  procedure zGFlaeche;     // Berechnen der Grundfläche (private Prozedur)
  begin
   gf := Pi * zr * zr
  end;
// Schnittstellenroutinen:
function zVolumen;                          // verkürzte Kopfzeile
begin
```

```
  zGFlaeche;
  Result :=  gf * zh              // Volumen = Grundfläche mal Höhe
end;
procedure zOberflaeche;                    // verkürzte Kopfzeile
begin
  zGFlaeche;
  o := 2 * gf + Pi * 2 * zr * zh
end;
end.
```

Die Programmierung dieser trivialen Unit wurde bewusst etwas umständlich realisiert, um wesentliche strukturelle Merkmale zu verdeutlichen:

- Der Aufbau des *interface*-Abschnitts zeigt, dass die Unit zwei Variablen (*zr* und *zh*) sowie zwei Routinen (Funktion *zVolumen* und Prozedur *zOberflaeche*) exportiert. Für beide Routinen wird lediglich die Kopfzeile angegeben.
- Im *implementation*-Abschnitt werden die beiden Routinen programmiert. Typbezeichner und Parameterliste können dann (müssen aber nicht) in der Kopfzeile weggelassen werden.
- Die privaten Variablen und Routinen des *implementation*-Abschnitts (*gF, zGFlaeche*) haben nur lokale Bedeutung und werden von der Unit nicht exportiert.

Hinweis: Das Einbinden der Unit in eine andere Unit wird mittels *uses*-Klausel veranlasst.

Beispiel: Obige Unit *zylinder* wird in die *Unit1* (von *Form1*) eingebunden. Die benutzten Elemente der Unit sind durch Fettdruck hervorgehoben:.

```
implementation
uses zylinder;               // Einbinden der Unit
procedure TForm1.Button1Click(Sender: TObject);
var x: Double; s: string;              // lokale Zwischenvariablen
begin
  zr := 23.7; zh:= 50;         // Radius und Höhe zuweisen
  x:= zVolumen;                // Volumen berechnen
  Str(x:6:2,s); Label1.Caption := s;       // Ergebnisanzeige = 88 230.06
  zOberflaeche(x);           // Oberfläche berechnen
  Str(x:6:2, s);  Label2.Caption := s      // Ergebnisanzeige  = 10974.78
end;
```

Hinweis: Um sich einen Überblick darüber zu verschaffen, welche Units zu einem Projekt gehören, wählen Sie den Menüpunkt *Ansicht|Projektverwaltung*.

Beispiel: Unser obiges kleines Beispielprojekt besteht aus der von uns selbst erstellten Unit *zylinder.pas* und der von Delphi "vorgefertigten" Formular-Unit *Unit1.pas*:

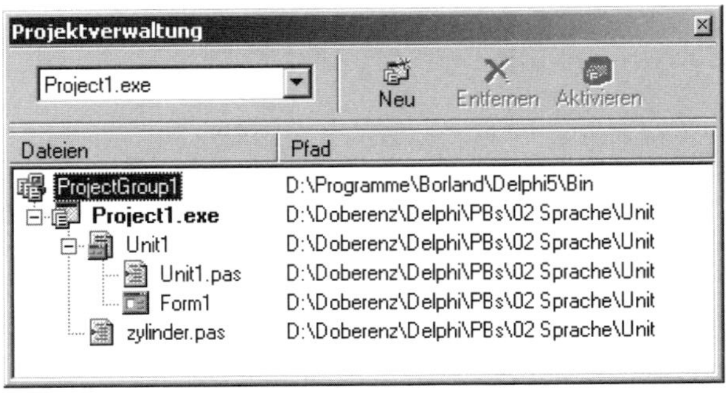

6.1.2 Eine Unit im Detail

Es folgen nun nähere Erläuterungen zu den verschiedenen Abschnitten einer Unit.

Interface-Abschnitt

Dieser Teil ist von den reservierten Wörtern *interface* und *implementation* eingeschlossen. Dazwischen wird die nach außen "sichtbare" Schnittstelle der Unit definiert, d.h., es werden öffentliche (*public*) Konstanten, Typen, Variablen, Prozeduren und Funktionen deklariert. Von Prozeduren und Funktionen werden nur die Kopfzeilen aufgeführt, während sich der eigentliche Code im Implementationsteil befindet.

Implementation-Abschnitt

Der Implementationsteil beginnt mit dem reservierten Wort *implementation* und enthält den Programmcode aller öffentlichen Prozeduren und Funktionen. Außerdem werden hier auch Konstanten, Typen, Variablen, Prozeduren und Funktionen für den internen Gebrauch (private) deklariert. Die Reihenfolge, in der Sie Prozeduren und Funktionen im *implementation*-Abschnitt definieren bzw. referenzieren, muss <u>nicht</u> der Deklarationsreihenfolge im *interface*-Abschnitt entsprechen.

Die Kopfzeilen von Prozeduren und Funktionen können, müssen aber nicht, vom *interface*-Abschnitt dupliziert werden, da auch ein Verzicht auf die formale Parameterliste möglich ist (so genannte Kurzform). Wenn Sie trotzdem die Parameterliste mit angeben, erzeugt der Compiler dann eine Fehlermeldung, wenn die Deklarationen im Interface- von denen im Implementationsteil abweichen.

Beispiel: Im *Interface*-Teil steht der Prozedurkopf:

```
procedure berechneVolumen(a, b, c: Single; var vol: Double);
```

Im *Implementation*-Teil kann die verkürzte Form stehen:

```
procedure berechneVolumen;
begin
 v := a * b * c
end;
```

Hinweis: Bei der Deklaration privater Funktionen und Prozeduren muss die formale Parameterliste immer angegeben werden (Kurzform ist verboten!).

Initialization-Abschnitt

Dieser optionale Teil der Unit umfasst das reservierte Wort *initialization*, gefolgt von einer oder mehreren Anweisungen zum Initialisieren der Unit nach Programmstart. Um die Kompatibilität zu älteren Versionen von Turbo Pascal zu erhalten, könnte man auch das reservierte Wort *begin* anstatt *initialization* verwenden. Davon ist allerdings abzuraten, da dem Compiler dadurch das Nachvollziehen von sog. Blockverschachtelungsfehlern erschwert wird.

Hinweis: Innerhalb eines Programms werden die Initialisierungsteile in der gleichen Reihenfolge ausgeführt, wie die entsprechenden Units in der *uses*-Klausel des Hauptprogramms aufgelistet sind.

Finalization-Abschnitt

Dieser optionale Abschnitt kann nur in solchen Units enthalten sein, die auch einen *initialization*-Abschnitt besitzen. Die ablaufenden Vorgänge bewirken das Gegenteil der Initialisierung: Sämtliche von der Unit im *initialization*-Abschnitt belegten Ressourcen sollten wieder freigegeben werden.

Hinweis: Setzen Sie den Cursor im *interface*-Abschnitt auf den Kopf der Methode oder Public-Prozedur. Um die Implementierung der Methode/Prozedur anzuzeigen, drücken Sie danach *Strg+Umschalt+Pfeil nach oben* bzw. *Strg+Umschalt+Pfeil nach unten*.

Uses-Klausel

Ebenso wie ein Programm kann auch eine Unit auf andere Units zugreifen. Letztere müssen, durch Kommas getrennt, nach dem reservierten Wort *uses* aufgelistet werden. Wie der Basisstruktur zu entnehmen ist, gibt es dafür zwei Möglichkeiten:

- **Öffentliche (public) Deklaration**
  In diesem Fall erscheint die *uses*-Klausel unmittelbar nach dem Wort *interface*. Programme bzw. andere Units, die die aktuelle Unit benutzen, können also auch zusätzlich auf die hier angeführten Units zugreifen. Allerdings sind im Interface-Teil so genannte "zirkulare" Deklarationen verboten (siehe unten). Wenn z.B. Unit A die Unit B öffentlich benutzt, darf das andererseits die Unit B nicht mit der Unit A tun (und umgekehrt).

- **Interne (private) Deklaration**
  Wenn nur die aktuelle Unit Gebrauch von zusätzlichen Units machen will, so sind letztere in der zweiten *uses*-Klausel (also unmittelbar nach dem reservierten Wort *implementation*) anzuführen. Andere Programme bzw. Units, die die aktuelle Unit nutzen, haben keinen Zugriff! Allerdings sind hier zirkulare Deklarationen erlaubt, d.h., Unit A kann Unit B benutzen und umgekehrt (siehe unten).

Beispiel: Die *uses*-Klausel im *interface*-Abschnitt eines neu eröffneten Formulars:

```
uses Windows, Messages, SysUtils, Classes, Graphics, Controls, Forms, Dialogs;
```

Zur Bedeutung siehe Abschnitt 6.3.4.

Abhängige Unit-Referenzen

In einer *uses*-Klausel müssen nur die Units enthalten sein, die direkt von dem Programm bzw. von der Unit verwendet werden, wo die *uses*-Klausel steht. Referenziert beispielsweise Unit A Konstanten, Typen, Variablen, Prozeduren oder Funktionen, die in Unit B deklariert sind, muss die Unit B explizit in der uses-Klausel von Unit A angegeben werden. Referenziert B wiederum Bezeichner aus Unit C, ist Unit A indirekt von Unit C abhängig. In diesem Fall muss Unit C nicht in einer *uses*-Klausel in Unit A angegeben werden. Der Compiler benötigt jedoch Zugriff auf die Units B und C, während Unit A verarbeitet wird.

Beispiel: Hier hängt *Unit3* direkt von *Unit2* ab, die wiederum direkt von *Unit1* abhängig ist. *Unit3* ist also indirekt von *Unit1* abhängig. Da aber *UnitA* nicht in der *uses*-Klausel von *Unit3* angegeben ist, kann auf die in *Unit1* deklarierten Bezeichner (*c*) von *Unit3* aus nicht direkt zugegriffen werden.

```
unit Unit3;
interface
uses Unit2;
const a = b;
...
unit Unit2;
interface
uses Unit1;
const b = c;
...
unit Unit1;
interface
const c = 1;
...
```

Zirkuläre Unit-Referenzen

Gegenseitige Abhängigkeiten von Units (d.h. direktes oder indirektes gegenseitiges Referenzieren) sind zulässig, solange keine zirkulären Pfade auftreten, die eine *uses*-Klausel im *interface*-Abschnitt einer Unit mit der *uses*-Klausel im *interface*-Abschnitt einer anderen Unit verbinden. Damit gegenseitige Abhängigkeiten gültig sind, muss der Pfad jeder zirkulären Referenz über die *uses*-Klausel mindestens eines *implementation*-Abschnitts führen.

Im einfachsten Fall (zwei gegenseitig voneinander abhängige Units) bedeutet dies, dass sich die Units nicht gegenseitig in den *uses*-Klauseln der entsprechenden *interface*-Abschnitte referenzieren dürfen.

Beispiel: Unerlaubte zirkuläre Referenz führt zu einem Compilerfehler.

```
unit Unit1;
interface
uses Unit2;
...
unit Unit2;
interface
uses Unit1;
...
```

Erlaubt ist eine gegenseitige Referenzierung jedoch, wenn zumindest eine der Referenzen in den *implementation*-Abschnitt verlagert wird:

Beispiel: Erlaubte zirkuläre Referenz

```
unit Unit1;
interface
uses Unit2;
...
unit Unit2;
interface
...
implementation
uses Unit1;
...
```

Hinweis: Zwecks Vermeidung unzulässiger zirkulärer Referenzen sollten Sie Ihre selbst entwickelten Units möglichst in der *uses*-Klausel des *implementation*- und nicht des *interface*-Abschnitts aufführen. Falls aber Bezeichner einer Unit im *interface*-Abschnitt vorkommen, muss die Unit in der *uses*-Klausel des *interface*-Abschnitts enthalten sein.

6.2 Object Pascal

Im Unterschied zu den prozeduralen Sprachen bedeutet "objektorientiert", dass Daten und Algorithmen nicht mehr nebeneinander existieren, sondern in Objekten gekapselt sind.

Object Pascal unterscheidet sich deshalb grundsätzlich von seinen Turbo Pascal-Vorfahren, wo man es lediglich mit Daten und Algorithmen zu tun hatte. Object Pascal ist leicht erlernbar, denn die visuelle Entwicklungsumgebung von Delphi erlaubt objektorientiertes Programmieren bereits mit einem Minimum an Vorkenntnissen.

6.2.1 OOP-spezifische Sprachelemente

Bereits im Kapitel 1 (Abschnitte 1.2.2) haben Sie gelernt, dass *Objekte* durch *Eigenschaften*, *Methoden* und *Ereignisse* charakterisiert sind.

Die folgenden reservierten Wörter und Standardanweisungen beziehen sich unmittelbar auf die objektorientierte Programmierung unter Delphi.

Sie ergänzen die entsprechenden Zusammenstellungen im Sprach-Kapitel (2.2.2 "Reservierte Wörter und Standardbezeichner"), sowie die auf das Unit-Konzept bezogenen Bezeichner (6.2.1).

Bezeichner	Erklärung
abstract	... deklariert virtuelle bzw. dynamische Methode ohne Implementation
class	... deklariert Objekttyp (oder Klassenmethode)
constructor	... initialisiert Objekt
default	... gibt *Array*-Standardeigenschaft eines Objekts an
destructor	... gibt Objekt wieder frei
dynamic	... wie virtual, nur mit anderer Bearbeitung des Methodenaufrufs zur Laufzeit
inherited	... benennt den Vorfahren des Objekttyps der umschließenden Methode
is	... dynamische Typüberprüfung bei Objekten
Message	... ruft eine botschaftsverarbeitende Methode auf
object	... Einheit aus Daten und Methoden (durch *class* abgelöst!)
Overload	... kennzeichnet eine überladene Methode
property	... Eigenschaftsdeklaration
protected	... kombiniert Vorteile von *public* und *private*-Komponenten
override	... definiert erneut (überschreibt) einer virtuelle (oder dynamische) Methode
private	... objektbezogener Teil innerhalb einer Objekttypdeklaration
public	... allgemein gültiger Teil innerhalb einer Objekttypdeklaration
published	... wie *public*, nur mit zusätzlichen Laufzeit-Typinformationen
read	... für Lesen des Wertes von Objekteigenschaften
stored	... steuert, ob eine Eigenschaft in einer Datei abgelegt wird oder nicht
virtual	... deklariert eine virtuelle Methode
write	... für Schreiben des Wertes von Objekteigenschaften

Die für Sie weniger wichtigen Bezeichner wurden extra nicht fettgedruckt, um Sie nicht unnötig abzulenken. Wie Sie diese Bezeichner verwenden, wird später anhand konkreter Beispiele erläutert. Eine Schlüsselrolle kommt dem reservierten Wort *class* zu, mit dem Sie eigene Objekttypen (Klassen) deklarieren können (siehe nachfolgender Abschnitt).

6.2.2 Objekte deklarieren

Es ist scharf zu trennen zwischen Begriffen wie "Objekttyp" bzw. "Klasse" und deren "Instanzen", den so genannten "Objektvariablen". Nur Letztere sind die eigentlichen Objekte! Aber langsam, lassen Sie uns gemeinsam Schritt für Schritt diese abstrakte Begriffswelt in einen Zusammenhang mit dem Delphi-Objektmodell bringen.

Das reservierte Wort *class* (ehemals *object*) ist von fundamentaler Bedeutung für die Objekt-orientierte Programmierung in Delphi. Es dient der Deklaration von Objekttypen.

Halten Sie sich bei der Namensvergabe für nutzerdefinierte Klassen an die Konvention, diese mit dem Großbuchstaben *T* einzuleiten.

Beispiel: Eine Klasse *TStudent* wird deklariert.

```
type TStudent = class(TMensch)
 name: String[20];
 geschlecht: Boolean;
 alter: Integer;
 augenFarbe: TColor;
 ...
end;
```

Am Beispiel erkennen Sie deutlich die Verwandtschaft zum strukturierten Datentyp (*record*).

Objekttyp und Klasse sind ein und dasselbe

Die Begriffe *Objektklasse* und *Objekttyp* sind austauschbar, bezeichnen also ein und dasselbe. Eine Klasse wird vom übergeordneten Objekttyp abgeleitet und ist selbst wieder ein neuer Objekttyp.

Also ist eine Klasse eine Datenstruktur, die folgende Bestandteile enthält:

- *Felder* (die Daten eines bestimmten Typs enthalten)
- *Methoden* (die Operationen für das Objekt durchführen)
- *Eigenschaften* (die mit internen Methoden auf Felder zugreifen)

Die Deklaration eines Feldes enthält einen Bezeichner, der das Feld benennt und dessen Datentyp angibt. Für den Kenner des alten Pascal dürfte das Verständnis leichter fallen, da er mit den Strukturvariablen des *Record*-Datentyps bereits bestens vertraut ist. Auch diese bestehen aus mehreren Feldern unterschiedlichen Datentyps. Der *Object*-Datentyp hat ebenfalls solche Felder, umfasst aber zusätzlich Funktionen und Prozeduren (so genannte *Methoden*) und weiterhin noch *Eigenschaften*, die voreingestellte Werte besitzen, die zur Laufzeit erneut zugewiesen werden können.

Die Deklaration einer Methode enthält eine Kopfzeile für eine Prozedur oder Funktion bzw. für einen Konstruktor oder Destruktor. Die Definition einer Eigenschaft beinhaltet deren Zugriffsmethoden auf Objektfelder.

Eine Klasse kann Komponenten von einer anderen Klasse erben, das erbende Objekt ist ein Nachkomme und das vererbende Objekt ein Vorfahre. Der Geltungsbereich eines Objekttyps umfasst sich selbst und alle seine Nachkommen.

```
type TAuto = class(TFahrzeug)      // Nachkomme von TFahrzeug
 private
  va: Single;                      // Feld: aktuelle Geschwindigkeit
 public
  procedure gasgeben;              // Methode, die auf va zugreift
end;
```

6.2.3 Objekte erzeugen

Wenn wir ein Objekt mittels seiner Klassendefinition deklariert haben, so existiert zwar seine "Konstruktionsvorschrift", aber noch lange kein Objekt! Um mit Objekten arbeiten zu können, müssen eine (odere auch mehrere) Objektvariable(n) als so genannte *Instanz(en)* der Klasse gebildet werden. Im Unterschied zur normalen Variablendeklaration geschieht dies in drei Schritten:

- Mit *var* wird zunächst eine Referenz auf ein Objekt des gewünschten Typs deklariert. Dies ist ein Zeiger, der momentan noch den Wert *nil* hat, also gewissermaßen "in die Luft" zeigt.
- Durch Aufruf eines so genannten Konstruktors (meist ist dies die *Create*-Methode) wird eine Instanz gebildet. Erst jetzt entsteht das eigentliche Objekt und der im ersten Schritt deklarierte Zeiger (Referenz) verweist auf einen konkreten Speicherbereich.
- Wenn das Objekt nicht mehr benötigt wird, sollte der von ihm belegte Speicherplatz wieder freigegeben werden. Dies geschieht durch Aufruf eines so genannten Destruktors (im Allgemeinen ist dies die *Free*-Methode). Danach verweist der Zeiger (die Objektreferenz) wieder auf *nil*.

```
var auto1: TAuto;          // Objektreferenz deklarieren
...
auto1 := TAuto.Create;     // Objekt wird als Instanz der Klasse TAuto gebildet
.....                      // Arbeiten mit dem Objekt
auto1.Free;                // Objekt wieder freigeben
```

Und weil dies alles so "einfach" ist, soll es nochmals mit anderen Worten wiederholt werden:

Die Instanz einer Klasse ist ein dynamisch reservierter Speicherbereich mit einer internen Struktur, die vom Objekttyp abhängt. Jedes Objekt besitzt eine mit eigenen Werten gefüllte Kopie der in der Klasse deklarierten Felder, benutzt aber die Methoden unverändert mit anderen Objekten zusammen.

Eine Objektvariable ist lediglich eine Referenz auf ein bestimmtes Objekt. Sie enthält also nicht das Objekt selbst, sondern stellt einen Zeiger (bzw. Pointer) auf den Speicherbereich des Objekts bereit. Es können sich so mehrere Objektvariablen auf ein und dasselbe Objekt beziehen. Wenn eine Objektvariable den Wert *nil* enthält, bedeutet dies, dass sie momentan kein Objekt referenziert.

Beispiel: Zwei Objektvariablen zeigen auf ein- und dasselbe Objekt .

```
var auto1, auto2: TAuto;
...
auto1 := TAuto.Create;
auto2 := auto1;                 // zweites Objekt zeigt auf erstes Objekt
...
auto2:= nil;                    // zweites Objekt dereferenzieren
```

Attribut, Feld oder Eigenschaft?

Eigenschaften (Properties) und *Felder* eines Objekts werden gemeinsam auch als dessen *Attribute* bezeichnet.

Felder belegen "normale" Speicherplätze (siehe Recordfelder) und können demnach direkt gelesen bzw. geändert werden.

Eigenschaften werden mit dem Schlüsselwort *property* deklariert und erscheinen für den Endbenutzer wie Objektfelder, allerdings kapseln sie intern nur Methoden zum Lesen (*read*) bzw. Schreiben (*write*) des Wertes eines oder mehrerer Felder und speichern selbst keine Werte.

Innerhalb der mit *read* bzw. *write* spezifizierten so genannten *Zugriffsmethoden* können z.B. auch Berechnungen ausgeführt werden. Durch Weglassen von *write* lässt sich beispielsweise der Schreibzugriff verwehren.

Hinweis: Beachten Sie, dass der Lesezugriff immer über eine Funktion, der Schreibzugriff hingegen über eine Prozedur implementiert wird.

Felder und Zugriffsmethoden bringt man zweckmäßigerweise im *private*-Abschnitt der Typdeklaration unter, die *property*-Prozeduren hingegen im *public*-Abschnitt.

Ein benutzerdefinierter Objekttyp *TCircle* hat ein Feld (*F_Radius*) und drei Eigenschaften (*radius*, *umfang*, *flaeche*). Nur der Wert von *F_Radius* braucht gespeichert zu werden! Die Eigenschaften werden entweder direkt zugewiesen oder über die Ihnen aus der Mathematik bekannten Formeln berechnet:

$$radius = F\_Radius$$

$$umfang = 2 * Pi * F\_Radius$$

$$flaeche = 2 * Pi * (F\_Radius)^2$$

Da wir für unsere Klasse *TCircle* keinen geeigneten Vorfahren kennen, von dem etwas "geerbt" werden könnte, nehmen wir dafür kurzerhand den allgemeinsten Objekttyp *TObject*, der an der Spitze der Delphi-Objekthierarchie steht.

Verpacken wir unsere Klasse *TCircle* in eine eigene Unit *kreis*, so hat diese folgenden Aufbau:

```
Unit kreis;
interface
type TCircle = class(TObject)              // unser neuer Objekttyp erbt von TObject
 private
 F_Radius: Single;                         // das einzige Feld speichert den Radius!
 function getPeriph: Single;               // Lese-Zugriffsmethode für umfang
 procedure setPeriph(periph: Single);      // Schreib-Zugriffsmethode für umfang
 function getArea: Single;                 // Lese-Zugriffsmethode für flaeche
 procedure setArea(area: Single);          // Schreib-Zugriffsmethode für flaeche
 public
 property radius: Single read F_Radius write F_Radius; //Eigenschaftenprozedur radius
```

```
 property umfang: Single read getPeriph write setPeriph;       // dto. für umfang
 property flaeche: Single read getArea write setArea;          // dto. für flaeche
end;
implementation
function TCircle.getPeriph;
begin result := 2 * Pi * F_Radius end;
procedure TCircle.setPeriph(periph: Single);
begin F_Radius := periph/2/Pi end;
function TCircle.getArea;
begin result := Pi*F_Radius*F_Radius end;
procedure TCircle.setArea(area: Single);
begin F_Radius := Sqrt(area/Pi) end;
```

Die Unit *kreis* können Sie nun beispielsweise in ein Formular mit folgender Oberfläche einbinden:

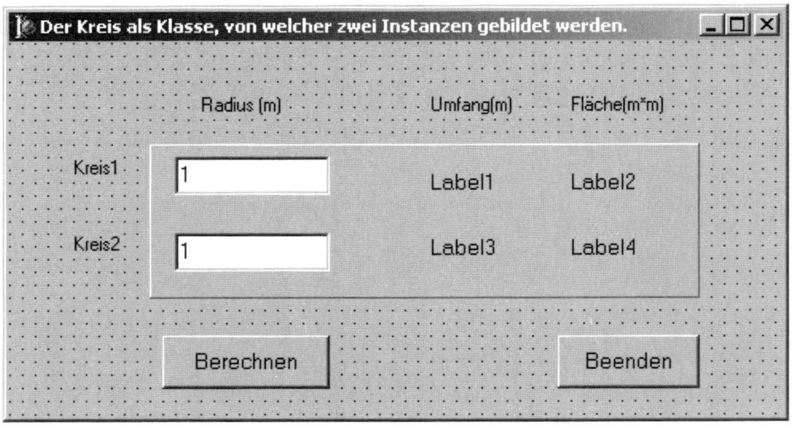

Um die Demo anschaulich zu gestalten, werden wir zwei Objekte, d.h. zwei Instanzen, von *TCircle* bilden. Hier der *implementation*-Abschnitt der Formular-Unit:

```
uses kreis;                                       // Einbinden der Klassen-Unit
var meinKreis1, meinKreis2: TCircle;              // zwei Objektreferenzen
procedure TForm1.FormCreate(Sender: TObject);     // beide Instanzen werden beim Laden
                                                  // des Formulars erzeugt
begin     // ererbten Konstruktor aufrufen
 meinKreis1 := TCircle.Create; meinKreis2 := TCircle.Create
end;
procedure TForm1.Button1Click(Sender: TObject);       // Berechnen
var s: string; code:Integer; wert:Single;
begin
// für den ersten Kreis:
 Val(Edit1.Text, wert, code);
```

```
 meinKreis1.radius := wert;             // Schreibzugriff
 Str(meinKreis1.umfang:6:2, s);         // Lesezugriff
 Label1.Caption := s;
 Str(meinKreis1.flaeche:6:2, s);        // Lesezugriff
 Label2.Caption := s;
// für den zweiten Kreis:
 Val(Edit2.Text, wert, code);
 meinKreis2.radius := wert;
 Str(meinKreis2.umfang:6:2, s);
 Label3.Caption := s;
 Str(meinKreis2.flaeche:6:2, s);
 Label4.Caption := s
end;
procedure TForm1.FormClose(Sender: TObject; var Action: TCloseAction);
                                                        // Objekte freigeben
begin
  meinKreis1.Free;
  meinKreis2.Free                    // Destruktor aufrufen
end;
```

Nach dem Programmstart können Sie sich davon überzeugen, dass tatsächlich zwei voneinander unabhängige *Kreis*-Objekte existieren und dass der Lese-/Schreibzugriff auf deren Eigenschaften ordnungsgemäß funktioniert:

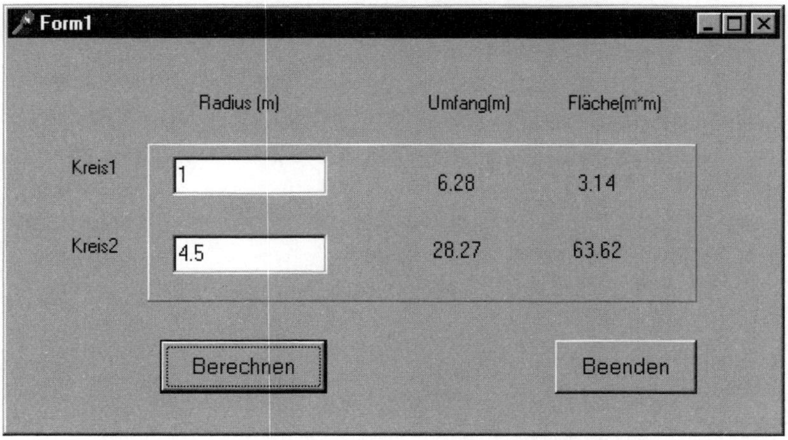

Natürlich könnten Sie nicht nur den Radius, sondern auch den Umfang oder die Fläche direkt eingeben. Die jeweils anderen Eigenschaften würden sich automatisch anpassen. Um das Beispiel überschaubar zu halten, wurde auf eine Demonstration dieser Möglichkeiten verzichtet.

6.3 OOP-Werkzeuge unter Delphi 6

In diesem Abschnitt wollen wir die von der Delphi-Entwicklungsumgebung automatisch angelegten Units, Klassen, Objekte und Methoden näher beleuchten, einen kleinen Abstecher in die Delphi-Objekthierarchie unternehmen und einen Blick auf die Werkzeuge der Entwicklungsumgebung (IDE) werfen, die speziell einer objektorientierten Arbeitsweise gewidmet sind.

6.3.1 Der visuelle Oberflächenentwurf

Haben Sie erst einmal das Prinzip der unter Delphi praktizierten objekt- und ereignisorientierten Programmierung verstanden, so werden Ihnen bald auch all die Aktivitäten vertraut vorkommen, die Delphi für Sie automatisch erledigt, ohne dass Sie eine einzige Zeile Code eintippen müssen.

Beim Start eines neuen Projektes wird automatisch eine neue Unit (*Unit1*) angelegt, in der Delphi eine neue Fensterklasse (*TForm1*) von der Klasse *TForm* ableitet. Alle Komponenten, die Sie auf dem Formular platzieren, erscheinen als Mitglieder in der Typdeklaration von *TForm1*. Auch das Anlegen einer Fenstervariablen *Form1* und deren Instanzenbildung (*TForm1.Create*) nimmt uns Delphi ab.

Das Gleiche gilt für den Rahmencode der Event-Handler. Sie erkennen, dass dies spezielle Methoden der Fensterklasse sind, die jeweils auf ein bestimmtes Windows-Ereignis reagieren können.

Das Hauptprogramm schreibt Delphi für Sie!

Nach dem Eröffnen einer neuen Anwendung besteht der gesamte Quelltext (Rahmencode) aus dem Hauptprogramm (*Projekt1*) und einer Unit (*Unit1*). Der Entwickler steht vor der Aufgabe, den Rahmencode auszufüllen bzw. zu ergänzen.

Am Hauptprogramm brauchen Sie im Allgemeinen überhaupt nicht mehr herumzudoktern, das ist bereits fix und fertig. Delphi hat es auch gar nicht gerne, wenn man ihm da ins Handwerk pfuscht. Wir wollen trotzdem einen Blick riskieren (Menüpunkt *Ansicht|Projekt-Quelltext*):

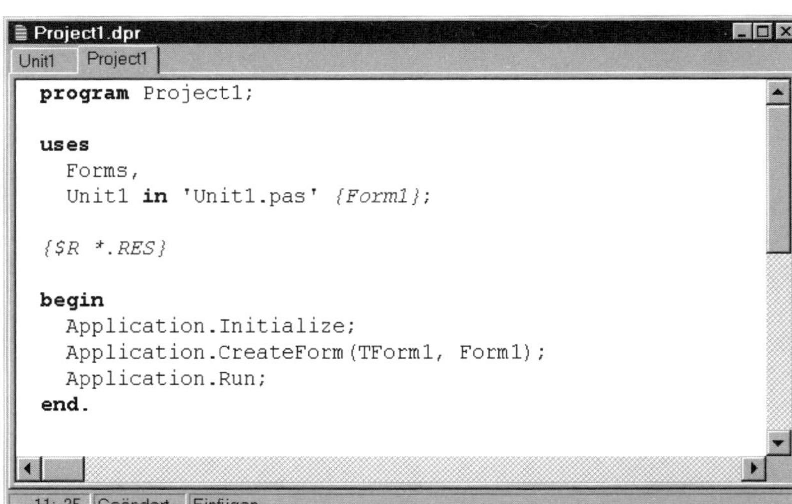

Beim Start von Delphi steht automatisch eine Instanz des *Application*-Objekts zur Verfügung, und es wird eine neue Objektklasse *TForm1* abgeleitet und davon eine Instanz, also ein neues Formular (*Form1*), erzeugt.

Ressourcen

Mitten im Hauptprogramm tummelt sich die Compileranweisung

```
{$R *.RES}
```

um die Sie sich aber nicht weiter zu kümmern brauchen. Damit wird eine Ressourcendatei in das Programm eingebunden, die alle Angaben über den Aufbau der Fenstergrafik enthält. Die Extension für den Dateinamen ist .RES. Es muss sich hierbei um eine Windows-Ressourcendatei handeln. Wird im Dateinamen kein Verzeichnis angegeben, sucht der Compiler die Datei zuerst im aktuellen Verzeichnis und dann im Suchpfad.

Beim Linken eines Programms oder einer Bibliothek werden die .RES-Dateien aller Units und des Programms bearbeitet, jede Ressource wird in die erzeugte .EXE- oder .DLL-Datei kopiert.

Bemerkungen

- Der $R- Befehl erlaubt mehrere .RES-Dateien pro Unit. Es gibt während der Compilierung keine Bestätigung des Inhalts oder der Gültigkeit einer .RES-Datei (ob diese auch wirklich existiert).
- Auch die in die Formular-Unit eingebundene .DFM-Bild-Datei ist eine Ressource, für die im Prinzip die gleichen Konventionen wie für .RES-Dateien gelten.

6.3.2 Ereignisbehandlungen müssen Sie selbst programmieren!

Ihre Tätigkeit als Delphi-Programmierer wird sich zunächst schwerpunktmäßig auf das Schreiben von Ereignisbehandlungsroutinen (Event-Handler) konzentrieren. Wie Sie gesehen haben, werden die Methodenköpfe von Delphi automatisch in die Typdeklaration des Formulars eingefügt (*Interface*-Teil). Im *Implementations*-Teil erscheint nur der Rahmencode, den Sie vervollständigen müssen.

Ereignisbehandlungen (Event Handler)

Da es sich bei Event-Handlern gewissermaßen um spezielle Methoden handelt, erscheinen beim Zugriff der Name der Objektklasse und der Name der Methode, beide durch einen Punkt getrennt. Bei der Notation der Kopfzeile kann man auch von einer Kurzform Gebrauch machen, indem man die Parameterliste einfach weglässt.

Beispiel: (siehe auch Einführungsbeispiele in Kapitel 1)

Wenn das Ereignis "Taste loslassen" für ein Editierfeld ausgewertet werden soll, erscheint im *interface*-Abschnitt, in der Objekttypdeklaration von *TForm1,* folgende Definition:

```
procedure EditKeyUp(Sender: TObject; var Key: Word; Shift: TShiftState);
```

Im *implementation*-Teil genügt die Kurzform:

```
procedure TForm1.EditKeyUp;
```

```
begin
 // hier wird von Ihnen Quelltext eingefügt
end;
```

Der Sender-Parameter

Dieser ist Ihnen sicher bereits im obigen Beispiel aufgefallen. *Sender* ist vom allgemeinen Typ *TObjekt* und informiert darüber, welche Komponente das Ereignis ausgelöst und infolgedessen den Event-Handler aufgerufen hat. Dies kann sehr praktisch sein, denn Sie brauchen für die Ereignisse mehrerer Komponenten nur eine einzige Ereignisbehandlungsroutine zu schreiben.

Beispiel: (siehe auch Einführungsbeispiel in Kapitel 1)

```
procedure TForm1.EditKeyUp(Sender: TObject; var Key:Word; Shift:TShiftState);
begin
 if Sender = Edit3 then dollar_dm else dm_dollar
end;
```

Hier wurde in der Kopfzeile auf die Kurzform verzichtet. In Abhängigkeit davon, ob auf *Edit3* geklickt wurde oder nicht, werden unterschiedliche Prozeduren aufgerufen.

Man kann unter Verwendung von *As* auch direkt auf das aufrufende Objekt zugreifen.

```
TEdit(Sender).Color:= clYellow
```

oder

```
(Sender As TEdit).Color:= clYellow
```

färben das Editierfeld im vorherigen Beispiel gelb.

Wenn nur auf bestimmte Objekttypen (also keine bestimmten Objekte) reagiert werden soll, kann der *Is*-Operator zum Einsatz kommen.

```
if Source is TEdit then ...
```

Eine konkrete Anwendung finden Sie z.B. in 4.7.1 ("Arbeiten mit Drag&Drop").

Self-Parameter

Self liefert einen Zeiger auf die aufrufende Instanz. Sie können *Self* nicht für den Zugriff auf Felder, Eigenschaften und normale (Objekt-)Methoden verwenden, sondern nur für Aufrufe von Konstruktoren und anderen Klassenmethoden (siehe Kapitel 11, Komponentenentwicklung).

Beispiel: Mit der Anweisung

```
Form1.Button1Click(Self);          // ruft die Button1Click-Methode von TForm1 auf
```

können Sie den folgenden Event-Handler statt per Buttonclick per Code auslösen:

```
procedure TForm1.Button1Click(Sender: TObject);
begin
  ....              // auszuführender Code
end;
```

Als Referenz für den zu übergebenden *Sender*-Parameter dient *Self*.

Klassenmethoden

Eine Klassenmethode arbeitet nicht mit Objekten, sondern mit Klassen. Für den Aufruf einer Klassenmethode ist deshalb keine Objektvariable notwendig. Deklaration und Implementierung müssen mit dem reservierten Wort *class* eingeleitet werden.

```
type TAuto = class(TObject)
  public
  class function getInfo: string;
   ...
end;
```

Implementierung:

```
class function TAuto.getInfo:string;
begin
 result := 'Das ist eine Auto-Klasse!'
end;
```

Der Aufruf:

```
Label1.Caption := TAuto.getInfo;
```

Zuweisen von Methoden

Auch Objektmethoden können per Quelltext zugewiesen werden.

```
Edit1.OnClick := Edit1.OnKeyUp;
```

veranlasst, dass das Editierfeld auf einen Mausklick genauso reagiert wie beim Loslassen einer (Tastatur-)Taste.

6.3.3 Unterstützung beim Definieren eigener Klassen

Die Delphi-IDE versucht nach Kräften, Ihnen beim Erstellen eigener Klassen hilfreich unter die Arme zu greifen.

Klassenvervollständigung

Setzen Sie den Cursor an eine beliebige Stelle innerhalb einer Klassendeklaration im *interface*-Abschnitt einer Unit und drücken Sie *Strg+Umschalt+C*[1]. Nun werden automatisch *read*- und *write*-Angaben zu den entsprechenden Eigenschaftsdeklarationen hinzugefügt. Außerdem wird der Rahmencode aller Methoden zum *implementation*-Abschnitt hinzugefügt.

Geben Sie die folgende (unvollständige) Klassendeklaration in den *interface*-Abschnitt einer Unit ein.

```
  type TMyEdit = class(TEdit)
    property MyColor: TColor;
```

---

[1] ... oder Sie klicken mit der rechten Maustaste und wählen im PopUp-Menü "Klasse beim Cursor vervollständigen"

```
    procedure clearMe;
  end;
```

Setzen Sie die Einfügemarke in die Klassendeklaration und drücken Sie *Strg+Umschalt+C*. Delphi fügt Folgendes (fettgedruckt) zur Klassendeklaration hinzu:

```
type TMyEdit = class(TEdit)
   property myColor: TColor read FMyColor write SetMyColor;  // Lese-/Schreibzugriff
    procedure clearMe;
  private
    FMyColor: TColor;                     // Feld für Lesezugriff wird hinzugefügt
    procedure SetMyColor(const Value: TColor);    // Methode für Schreibzugriff
end;
```

Außerdem wird der *implementation*-Abschnitt wie folgt ergänzt:

```
{ TMyEdit }
procedure TMyEdit.clearMe;
begin
end;
procedure TMyEdit.SetMyColor(const Value: TColor);
begin
  FMyColor := Value
end;
```

Umgekehrt können Sie diese Funktion auch einsetzen, um *interface*-Deklarationen für Methoden erzeugen zu lassen, die im *implementation*-Abschnitt definiert sind. Setzen Sie dazu den Cursor in die Methodendefinition und drücken Sie *Strg+Umschalt+C*. Falls diese Methode im *interface*-Abschnitt der Klasse nicht deklariert ist, wird das von Delphi nachgeholt.

Wenn Sie die oben beschriebenen Delphi-Dienste in Anspruch nehmen möchten, müssen Sie vorher über das Menü *Tools|Umgebungsoptionen* die Seite "Explorer" öffnen und das Häkchen bei "Unvollständige Eigenschaften vervollständigen" setzen.

Navigieren innerhalb einer Unit

Drücken Sie *Strg+Umschalt* und gleichzeitig die jeweilige Pfeiltaste, so können Sie schnell zwischen *interface*- und *implementation*-Abschnitt einer Unit hin- und herspringen. Setzen Sie vorher die Schreibmarke im *interface*-Abschnitt auf die entsprechende Methodendeklaration oder globale Prozedur.

Auch eigene Positionsmarken (Lesezeichen) können Sie definieren. Klicken Sie hierzu mit der rechten Maustaste in den Quelltext-Editor, und wählen Sie "Positionsmarken umschalten". Um zu einer von Ihnen gesetzten Positionsmarke zu springen, wählen Sie "Zu Positionsmarken gehen".

6.3.4 Die *Form*-Unit

Die *Form*-Unit beinhaltet die so genannte *Klassendeklaration* des Formulars. Diese wird im Allgemeinen automatisch von Delphi erzeugt, kann aber auch von Ihnen mit zusätzlichen Klassenmitgliedern angereichert werden.

Standard-Units

Damit Sie wenigstens grob informiert sind, welche Units Delphi automatisch bei der Eröffnung eines neuen Formulars standardmäßig der *uses*-Klausel hinzufügt (in der folgenden Tabelle mit "x" gekennzeichnet) und mit welchen Units Sie es sonst noch häufig zu tun haben, soll die folgende (keinesfalls vollständige) Tabelle für etwas mehr Übersicht sorgen. Die meisten dieser Units exportieren neben Funktionen/Prozeduren, Variablen/Konstanten auch Datentypen und Klassen mit deren Eigenschaften und Methoden.

Name der Unit	F	Erläuterung
System		... die wichtigste, wird automatisch in jede andere Unit eingebunden, enthält z.B. auch arithmetische Funktionen.
Windows	x	... Deklaration der wichtigsten API- und GDI-Funktionen.
Messages	x	... Konstanten und Typen für die Windows-Botschaften.
SysUtils	x	... Stringfunktionen, Datums-/Zeit-Funktionen etc.
Classes	x	... wichtige Basis-Klassen (*TPoint, TStrings,TStream, etc.).*
Graphics	x	... wichtige Klassen für die Grafikverarbeitung (z.B. *TCanvas*, *TFont*).
Controls	x	... Konstanten, *TControl*, *TCustomControl* etc.
Forms	x	... wird von allen Delphi-Projekten benötigt, die Formulare enthalten, z.B. *Application*-Objekt.
Dialogs	x	... Windows-typische Dialogfenster (z.B. MessageBox).
StdCtrls	x	... Label, Edit, Combo- und Listboxen etc.
Math		... zusätzliche mathematische Funktionen.
DB		... Datentypen und Klassen rund um die Datenbankprogrammierung.
Printers		... exportiert das *Printer*-Objekt für die Druckausgabe unter Delphi.

Beim Entwurf der Benutzerschnittstelle fügt Delphi dann weitere Units zur *uses*-Klausel der Fenster-Unit hinzu, falls diese von der der Palette entnommenen Komponente benötigt werden.

Datenfelder und Methoden von TForm

Klassen wie z.B. *TForm1* können andere Objekte (wie z.B. *Button1*) als Datenfelder enthalten. Immer wenn Sie eine neue Komponente in ein Formular platzieren, erscheint ein neues Feld mit dem Namen der Komponente in der Typdeklaration des Formulars.

Fügen Sie einen Event-Handler hinzu, so erscheint dessen Deklaration ebenfalls in der Typdeklaration, er ist damit zu einer so genannten *Methode* von *TForm1* geworden. Der Rahmencode für das Standardereignis der entsprechenden Komponente (z.B. *OnClick* für einen Button, *OnCreate* für ein Formular) wird von Delphi automatisch generiert, wenn Sie auf die Komponente bzw. das Formular doppelklicken.

Setzen Sie einen Button und zwei Editierfelder auf das Formular und fügen Sie verschiedene Event-Handler hinzu, so erweitert sich die Typdeklaration von *TForm1*.

```
type
  TForm1 = class(TForm)
    Button1: TButton;
    Edit1: TEdit;
    Edit2: TEdit;
    procedure FormCreate(Sender: TObject);
    procedure Button1Click(Sender: TObject);
    procedure Edit1Change(Sender: TObject);
    procedure Edit1KeyPress(Sender: TObject; var Key: Char);
    procedure Edit2KeyUp(Sender: TObject; var Key: Word; Shift: TShiftState);
  private
  public
end;
```

Private und öffentliche Deklarationen

Der Rahmencode für einen neuen Objekttyp enthält auch die Abschnitte für die privaten und öffentlichen Deklarationen, die durch die Standardbezeichner *private* und *public* eingeleitet werden. Hier kann der Anwender das Formularobjekt um eigene Datenfelder (Variablen) und Methoden erweitern. Das sind solche, die nicht vom Delphi-Editor automatisch eingefügt werden, sich also nicht unmittelbar auf die Komponenten der VCL (Visual Component Library) und deren Event-Handler beziehen. Die Unterteilung in *private* und *public* hat etwas mit der Verfügbarkeit bzw. Zugänglichkeit zu tun. Sollen sie nur innerhalb des Objekts (der Unit) zugänglich sein, gehören sie in den *private*-, ansonsten in den *public*-Abschnitt.

```
type
  TForm1 = class(TForm)
   // hier haben Sie nichts verloren, denn hier kümmert sich Delphi!
   ...
  private
    // hier Ihre privaten Deklarationen einfügen!
   ...
  public
    // hier Ihre öffentlichen Deklarationen einfügen!
   ...
  end;
```

Falls es sich nicht um Variablen-, sondern um Methodendeklarationen handelt, müssen diese noch im *implementation*-Abschnitt spezifiziert werden.

Beispiel: Unsere Formularklasse *TForm1* soll um eine Methode bereichert werden, die einen Textstring exakt in der Mitte des Formulars anzeigt. Zu Testzwecken erhält das Formular noch ein Editierfeld und einen Button. Im Folgenden wird der komplette Quelltext der Form-Unit angegeben. Die von Ihnen vorzunehmenden Ergänzungen sind fett hervorgehoben:

```
unit Unit1;
interface
uses
 Windows, Messages, SysUtils, Classes, Graphics, Controls, Forms, Dialogs, StdCtrls;
type
  TForm1 = class(TForm)
    Button1: TButton;
    Edit1: TEdit;
    procedure Button1Click(Sender: TObject);
  private
    { Private-Deklarationen }
   procedure zentriereText(txt: string);
  public
      { Public-Deklarationen }
  end;

var  Form1: TForm1;

implementation
{$R *.DFM}

procedure TForm1.zentriereText(txt: string);
var x,y: Integer;
begin
  x := Trunc((ClientWidth - Canvas.TextWidth(txt))/2);
  y := Trunc((ClientHeight - Canvas.TextHeight(txt))/2);
  Canvas.TextOut(x, y, txt)
end;

procedure TForm1.Button1Click(Sender: TObject);
begin
  zentriereText(Edit1.Text)
end;
```

Wie Sie sehen, funktioniert unsere selbst gebastelte Methode wunderbar (zu Details der Textausgabe informieren Sie sich bitte im Grafikkapitel 7):

Schreibweise verkürzen

Es ist Ihnen sicher schon aufgefallen, dass sich die Prozedurköpfe der Methoden im *interface*- und im *implementation*-Abschnitt exakt wiederholen. Ein so intelligentes Werkzeug wie Delphi gibt sich aber auch mit einer einmaligen vollständigen Deklaration im *interface*-Abschnitt zufrieden. Im *implementation*-Abschnitt kann die Parameterleiste einfach weggelassen werden. Wir sprechen dann von einem verkürzten Prozedurkopf.

Die Implementierung der nutzerdefinierten Methode aus obigem Beispiel könnte auch wie folgt aussehen:

```
procedure TForm1.zentriereText;       // Parameterliste kann wegfallen!
var x,y: Integer;
begin
  x := Trunc((ClientWidth - Canvas.TextWidth(txt))/2);
  y := Trunc((ClientHeight - Canvas.TextHeight(txt))/2);
  Canvas.TextOut(x, y, txt)
end;
```

Insbesondere bei Methoden mit langen Parameterlisten kann man sich so einiges an Schreibarbeit ersparen. Der Anfänger sollte jedoch vorerst keinen Gebrauch von dieser Vereinfachung machen.

Wenn Sie auch bei der Implementierung die vollständigen Methodenköpfe verwenden, haben Sie stets einen exakten Überblick über die Namen und Typ der Parameter.

6.3.5 Formulare und Komponenten zur Laufzeit erzeugen

Normalerweise kümmert sich Delphi bei Programmstart um das Erzeugen der visuellen Komponenten. Sie können das aber auch selbst in die Hand nehmen.

Formulare

Wie die zum Projekt gehörenden Formulare erzeugt werden, zeigt Ihnen das Fenster "Projektoptionen", das Sie über das Menü *Projekt|Optionen...* öffnen und wo Sie die Seite "Formulare" aufschlagen. Alle Formulare, die Sie von links (Liste "Autom. Formularerstellung") nach rechts (Liste "Verfügbare Formulare") verschieben, werden von Delphi zwar referenziert, aber nicht automatisch erstellt (siehe Menü *Projekt|Quelltext anzeigen*). Sie selbst müssen den *Create*-Konstruktor aufrufen.

```
var  Form2.TForm2;       // Referenz (von Delphi)
...
TForm2.Create(Self);   // Erzeugen (von Ihnen hinzuzufügen)
```

Weitere Einzelheiten können Sie dem Beispiel 3.8.2 entnehmen (einfache MDI-Applikation).

Komponenten

Beliebige Komponenten lassen sich zur Laufzeit generieren, indem zunächst ein Objekt referenziert und anschließend sein Konstruktor aufgerufen wird.

Auf die folgende Weise entsteht quasi "aus dem Nichts" ein neues Editierfeld.

```
var edField: TEdit;                // Referenz
...
edField := TEdit.Create(Self);     // neues Editierfeld wird erzeugt
edField.Parent := Self;            // ... und dem Formular untergeordnet
edField.Name := 'edField1';        // Eigenschaften werden zugewiesen ...
edField.SetBounds(20,20,40,20);    // Position und Abmessungen
edField.Free                      // Editierfeld wird wieder entfernt
```

Das komplette Programm entnehmen Sie bitte dem Praxisteil dieses Kapitels (6.4.3, "Erzeugen visueller Komponenten zur Laufzeit").

6.3.6 VCL und Komponentenentwicklung

Die VCL (Visual Components Library) enthält die in Delphi vordefinierten Objekttypen bzw. Komponenten. Das schließt deren Eigenschaften, Methoden und Ereignisse ein. Die folgende Abbildung zeigt die Objekthierarchie, wobei die für die Komponentenentwicklung maßgebenden Klassen fett hervorgehoben sind.

Gewissermaßen als "Übervater" thront *TObject* über seiner zahlreichen Nachkommenschaft. Die Objekttypen der VCL sind häufig lediglich Basisklassen, die als Vorfahren von Komponentengruppen dienen und diesen zahlreiche Eigenschaften, Methoden und Ereignisse vererben. Einige Objekte werden selbst nur zur Laufzeit verwendet, um unsichtbare Aktionen im Hintergrund durchzuführen. Zum Beispiel kapselt die Klasse *TPrinterObject* die Druckerschnittstelle für Windows ein oder *TBitmap* dient als Pufferspeicher für Grafiken.

Es gibt in der VCL kaum Objekte, die nicht auch Komponenten sind. Eine Komponente ist ein Objekt mit zusätzlichen Eigenschaften, Methoden und Ereignissen, die für die spezielle Verwendung benötigt werden. Von *TControl* abgeleitete Komponenten sind Dialogelemente, d.h. Komponenten, die zur Laufzeit sichtbar sind. Einige dieser Dialogelemente wiederum verfügen über Fenstereigenschaften (d.h. sie können den Eingabefokus erhalten), und andere verfügen nicht über Fenstereigenschaften (d.h. sie können, während sie angezeigt werden, nicht den Eingabefokus erhalten). Alle Dialogelemente mit Fenstereigenschaften sind von *TWinControl* abgeleitet; die Dialogelemente, die nicht über Fenstereigenschaften verfügen, von *TGraphicControl*.

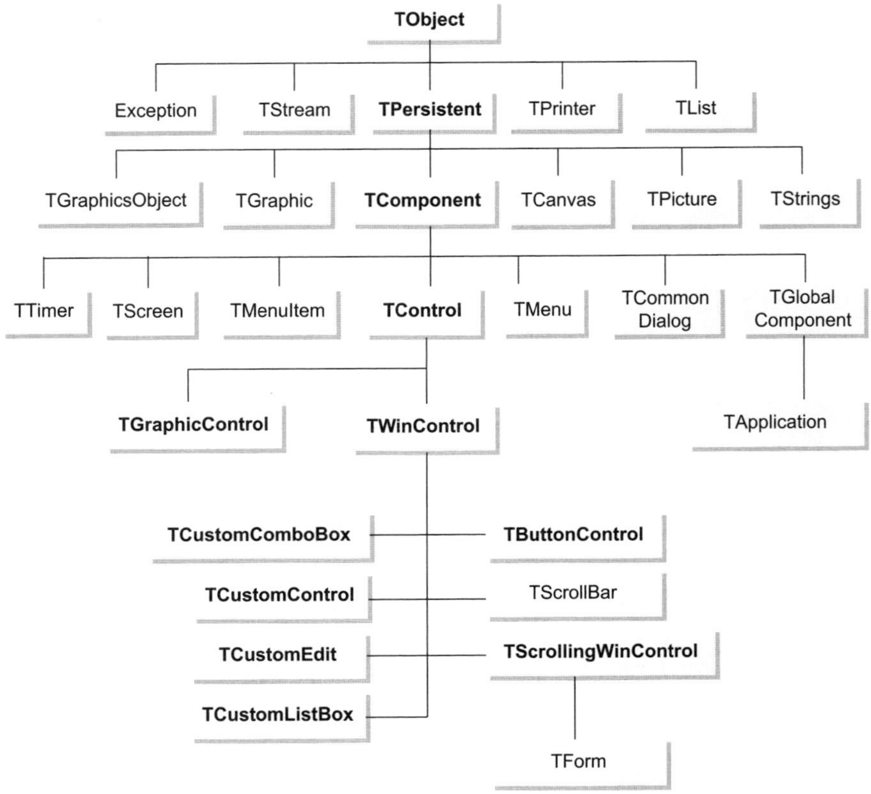

Der oben abgebildete "Stammbaum" bildet die Grundlage für die Entwicklung nutzerdefinierter Komponenten, wie sie im Kapitel 11 detailliert behandelt werden.

6.3.7 Der Objektbrowser

Der Objektbrowser ist ein universelles Hilfsmittel für die objektorientierte Programmierung unter Delphi. Insbesondere können Sie ihn für folgende Aufgabenstellungen einsetzen:

- grafische Anzeige der Objekthierarchien der Applikation
- Auflisten der verwendeten Units, Anzeige der Komponenten (Symbole), die im Interface- oder Implementationsteil der Unit deklariert sind
- Auflisten aller globalen Komponenten (Symbole), Auflistung aller Deklarationen, direktes Verzweigen zu Symbolreferenzen im Quelltext

Der Objektbrowser lässt sich über das Menü *Ansicht|Browser* (Shift+Strg+B) direkt öffnen, es erscheint die komplette Delphi-Objekthierarchie. Hier können Sie sich darüber informieren, welches Objekt Ihrer Applikation von welchem abstammt. Die oberste Hierarchieebene ist *TObject*.

Die folgende Abbildung zeigt Ihnen die Klassenmitglieder von *TForm1* für das Einsteigerbeispiel in 1.3.2 ("Umrechnung Euro in Dollar"):

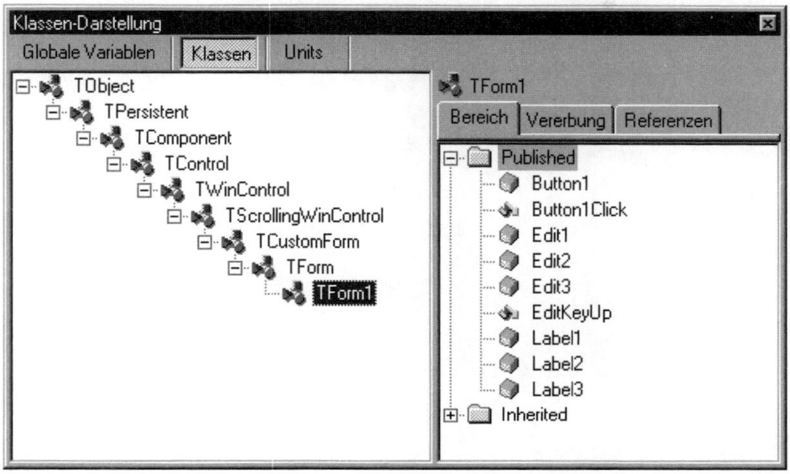

Die Mitglieder der im Abschnitt 6.2.2 von uns deklarierten Klasse *TCircle*.

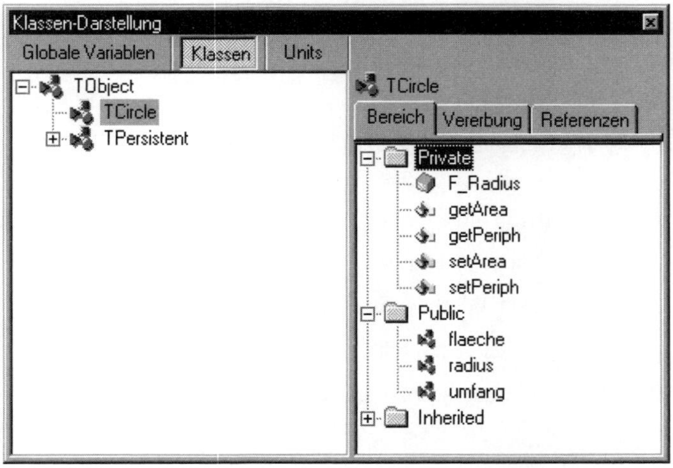

6.3.8 Die Objektablage

Bei der Objektablage handelt es sich gewissermaßen um eine Art von "Zwischenablage", allerdings auf beachtlich höherem Niveau, denn hier können komplette Objekte (bis hin zu Projekten bzw. Projektschablonen) abgespeichert und anderen Anwendungen zugänglich gemacht werden. Die Objektablage ist eine editierbare (.INI-Format) Textdatei, die eine Liste von Formularen und Projekten enthält.

Das Dialogfeld "Objektablage" erscheint nach Klick auf das Menü *Tools|Objektablage...*

Optionen

Unter Beachtung der seitenorientierten Struktur der Objektablage (eine Seite kann mehrere Objekte aufnehmen) stehen folgende Optionen zur Verfügung:

Option	Beschreibung
Seiten	... zeigt die Seiten in der Objektablage an.
Objekte	... zeigt die Elemente auf der aktuellen Seite der Objektablage an.
Seite hinzufügen	... fügt der Objektablage eine neue, leere Seite hinzu.
Seite löschen	... entfernt eine markierte Seite aus der Objektablage (Seite muss leer sein).
Seite umbenennen	... benennt eine Seite in der Objektablage um.
Objekt bearbeiten	... verändert die Eigenschaften des markierten Elements.
Objekt löschen	... löscht ein markiertes Objekt aus der Objektablage.
Auf- und Abwärtspfeil	... ändert die Position der ausgewählten Seite (auch durch Ziehen möglich).

Hinzufügen von Objekten

Wenn Sie ein Objekt zu einer Seite hinzufügen wollen, haben Sie die Wahl zwischen drei Möglichkeiten:

- Im Fenster der Objektablage ziehen Sie ein Objekt aus der Spalte *Objekte* in die Spalte *Seiten*.
- Im PopUp-Menü eines Formulars wählen Sie *Der Objektablage hinzufügen*.
- Benutzen Sie das Menü *Projekt|Der Objektablage hinzufügen*.

Weitere detailliertere Informationen über den praktischen Einsatz der Objektablage entnehmen Sie der Online-Hilfe.

6.4 Lernbeispiele für Einsteiger

OOP unter Delphi kann man grob in zwei Hauptgebiete aufteilen:

- Arbeit mit den von Delphi zur Verfügung gestellten Klassen bzw. Objekten
- Entwickeln eigener Klassen/Objekte

Für den Einsteiger empfiehlt es sich aber, vorher auf einem dritten Gebiet die notwendige Sicherheit zu erwerben:

- Programmieren eigener Units

Zu allen drei Schwerpunkten finden Sie in diesem Abschnitt je ein grundlegendes Übungsbeispiel.

6.4.1 Eine Unit für Hilfsfunktionen erstellen und einbinden

Der Aufwand für eine eigene Unit lohnt sich bereits dann, wenn man bestimmte Datentypen, Prozeduren und Funktionen wiederholt in verschiedenen Programmen benötigt und eventuell den entsprechenden Quelltext für andere Entwickler "unsichtbar" machen möchte.

Im folgenden Beispiel wollen wir uns eine Unit schaffen, die für Aufgaben wie

- Testen auf bestimmte Datentypen,
- Herausschneiden einzelner Zeichen,
- Testen auf Groß- oder Kleinbuchstaben

zu verwenden ist. Gleichzeitig lernen Sie den Umgang mit Stringfunktionen und, gewissermaßen als Vorgriff auf die folgenden Kapitel, einiges über die Fehlerbehandlung.

Quelltext für Unit

Öffnen Sie das Menü *Datei|Neu|Unit* und füllen Sie das leere Skelett wie folgt aus:

```
unit hFunc;                              // Hilfsfunktionen
interface
```

Die Kopfzeilen der sieben Hilfsfunktionen unserer Unit müssen im *Interface*-Abschnitt deklariert werden:

```
function delChar(value:string; c:char):string;
function isUpper(c:Char): Boolean;
function isLower(c:Char): Boolean;
function isGerade(value: Integer): Boolean;
function isDigit(c: Char): Boolean;
function isInteger(value: string): Boolean;
function isFloat(value: string): Boolean;
```

Nun zum *Implementation*-Abschnitt. Dieser benötigt die Standard-Unit *SysUtils*, um grundlegende Operationen (Stringfunktionen etc.) ausführen zu können:

```
implementation
uses SysUtils;
```

Die *isUpper*-Funktion überprüft, ob das übergebene Zeichen in der Menge der Großbuchstaben vorkommt:

```
function isUpper(c:Char): Boolean;
begin
  result := c in ['A'..'Z','Ä','Ö','Ü']
end;
```

Analog arbeitet *isLower* für Kleinbuchstaben:

```
function isLower(c:Char): Boolean;
begin
  result := c in ['a'..'z','ä','ö','ü','ß']
end;
```

Ähnlich funktioniert *isDigit* für Ziffern:

```
function isDigit(c: Char): Boolean;
begin
  result := c in ['0'..'9']
end;
```

Die *delChar*-Funktion erlaubt das Entfernen eines einzelnen Zeichens aus einem übergebenen String:

```
function delChar(value:string; c:Char):string;
begin
  while Pos(c,value)<> 0 do Delete(value,Pos(c,value),1);
  result := value
end;
```

Die beiden Funktionen zum Testen auf Integer- und Gleitkomma-Datentypen lassen sich am besten mit Hilfe von *try-except*-Blöcken realisieren:

```
function isInteger(value: string): Boolean;
begin
  result := True;
  try
    StrToInt(value)
  except
    result := False
  end
end;
function isFloat(value: string): Boolean;
begin
  result := True;
  try
    StrToFloat(value)
```

```
  except
    result := False
  end
end;
```

Hintergrund dieser und ähnlicher Funktionen ist eine explizite Typumwandlung (z.B. *StrToInt*, *StrToFloat*, *StrToBoolean, StrToCurr, StrToDateTime*), die im Fehlerfall zu einem negativen Funktionsergebnis führt (mehr zur Fehlerbehandlung erfahren Sie im Kapitel 5).

Die *isGerade*-Funktion stellt fest, ob es sich um eine gerade oder ungerade *Integer*-Zahl handelt:

```
function isGerade(value: Integer): Boolean;
begin
   result := (value mod 2) = 0
end;
....
end.
```

Hier wollen wir ersteinmal Schluss machen, Sie können jederzeit weitere Funktionen für den "Hausgebrauch" ergänzen (die Deklaration im *Interface*-Abschnitt nicht vergessen!).

Oberfläche

Um unsere Unit zu testen, bietet sich die im Folgenden abgebildete Oberfläche an. Neben einem Editierfeld benötigen wir einen Wippregler (*TUpDown*), zwei Panels und zwei Buttons. Den Wippregler finden Sie auf der "Win32"-Seite der Komponentenpalette.

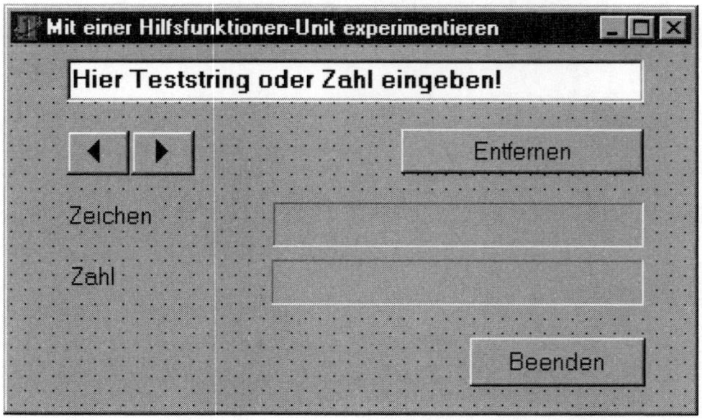

Quelltext für Form1

Wir beschränken uns auf die Wiedergabe des *implementation*-Abschnitts:

```
implementation
```

Zu Beginn ist natürlich unsere Unit einzubinden:

```
uses hFunc;
{$R *.DFM}
var c: Char;                                        // Hilfsvariable
```

Bei Programmstart:

```
procedure TForm1.FormCreate(Sender: TObject);
begin
 UpDown1.Max := Length(Edit1.Text)          // Maximalwert für Wippregler ermitteln
end;
```

Beim Bewegen zum nächsten Zeichen mit dem Wippregler:

```
procedure TForm1.UpDown1Changing(Sender: TObject; var AllowChange: Boolean);
begin
 Edit1.SetFocus;
 Edit1.SelStart := UpDown1.Position-1;
 Edit1.SelLength := 1;
 c := Edit1.SelText[1];                     // Zeichen selektieren
 Button1.Caption := 'Alle ' + c + ' entfernen';
 Panel1.Caption := '';
```

Test auf Groß-/Kleinschreibung:

```
 if isUpper(c) then Panel1.Caption := c + ' ist ein Großbuchstabe!'
 else if isLower(c) then Panel1.Caption := c + ' ist ein Kleinbuchstabe!'
```

Test auf einzelne Ziffer:

```
 else if isDigit(c) then Panel1.Caption := c + ' ist eine Ziffer!'
end;
```

Das Entfernen des selektierten Zeichens:

```
procedure TForm1.Button1Click(Sender: TObject);  // Zeichen entfernen
begin
 Edit1.Text := delChar(Edit1.Text, c);
 Button1.Caption := '';
 Panel1.Caption := '';
 Panel2.Caption := ''
end;
```

Beim Ändern des Inhalts des Editierfeldes:

```
procedure TForm1.Edit1Change(Sender: TObject);  // Text ändern
begin
 Beep;
 if Edit1.Text = '' then Exit;
 UpDown1.Max := Length(Edit1.Text);
 UpDown1.Position :=UpDown1.Max;
 Panel2.Caption := '';
```

Der Test auf gerade/ungerade Integerzahl und auf Fließkommazahl:

```
 if IsInteger(Edit1.Text) then
```

```
begin
 if isGerade(StrToInt(Edit1.Text)) then
           Panel2.Caption := Edit1.Text + ' ist eine gerade Zahl!'
                                      else
          Panel2.Caption := Edit1.Text + ' ist eine ungerade Zahl!'
end                                   else
  if isFloat(Edit1.Text) then
          Panel2.Caption := Edit1.Text + ' ist eine Gleitkommazahl!'
end;
```

Test

Hinweis: Damit die *try-except*-Blöcke in der Entwicklungsumgebung keine Fehlermeldungen produzieren, sollten Sie vor Programmstart die Option "Bei Delphi-Exceptions stoppen" deaktivieren (Menü *Tools|Debugger-Optionen*, Seite "Sprach-Exceptions").

Nach Programmstart geben Sie in das Editierfeld eine Zeichenkette oder auch eine Zahl ein und lassen sich von den Ergebnissen überraschen.

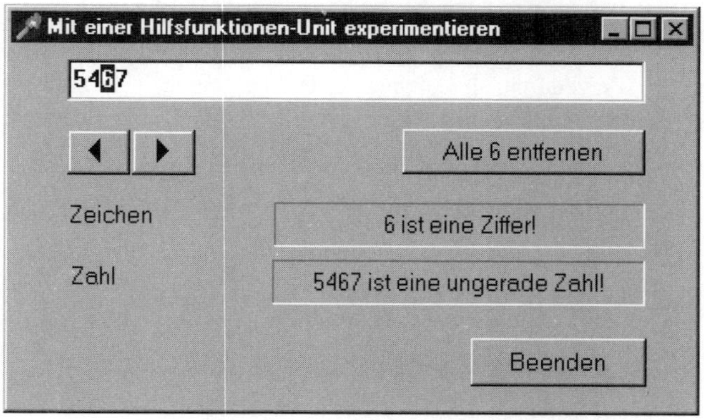

Mit dem UpDown-Button können Sie einzelne Zeichen selektieren, um sie anschließend mit dem "Entfernen"-Button aus dem String "herauszuschneiden".

6.4.2 Von der Unit zur Klasse

Dem Anwender Ihres Delphi-Programms dürfte es völlig egal sein, ob es chaotisch oder objektorientiert aufgebaut ist – Hauptsache es funktioniert! Die Vorteile von OOP liegen allein auf der Ebene des Entwicklers, denn ein objektorientiertes Programm ist nicht nur übersichtlicher (und deshalb wartungsfreundlicher), sondern auch die Chancen zur Wiederverwendbarkeit von Codebausteinen (Units/Klassen) sind erheblich größer. Langfristig gesehen spart der Entwickler durch konsequente Anwendung von OOP also erheblich an Zeit und Kosten!

Folgende Vorgehensweise ist zweckmäßig, um ein "chaotisches" Programm, das meist in einer einzigen Unit abläuft, in ein "objektorientiertes" Programm zu verwandeln.

- Lagern Sie allgemeine Funktionalität unter dem Aspekt der Wiederverwendbarkeit in eine oder mehrere Units aus.
- Fügen Sie diesen Units Klassendeklarationen hinzu und verwandeln Sie die öffentlichen Variablen in Eigenschaften und die öffentlichen Funktionen/Prozeduren in Methoden.
- Erzeugen Sie im Hauptprogramm aus den Klassen Objekte und arbeiten Sie mit deren Eigenschaften und Methoden.

Ausgangsbeispiel dieser Übung ist die "chaotisch" programmierte Applikation 7.6.2 ("2-D-Vektorgrafik") aus dem Grafik-Kapitel, die wir in mehreren Etappen in eine den OOP-Regeln entsprechende Applikation umwandeln wollen.

Hinweis: Laden Sie das Beispiel "2-D-Vektorgrafik" von der Buch-CD und schauen Sie es sich genau an. Auch auf die Wirkungsweise der Grafikoperationen kann im Folgenden nicht eingegangen werden.

Eine Unit abspalten

Obiges Programm realisiert die Darstellung einer Vektorgrafik zum Zeichnen eines Hauses in einer einzigen Unit (*Unit1*). Nach sorgfältiger Sichtung des Quellcodes stellen wir fest, dass einige Variablen, Funktionen und Prozeduren allgemeinen Charakter tragen, also zum Zeichnen beliebiger Figuren verwendet werden könnten. Aus diesem Grund verschieben wir den allgemeinen Code in eine neue Unit.

Mit dem Menüpunkt *Datei|Neu|Unit* fügen Sie Ihrem Projekt eine Unit mit dem Namen *grafik2D* zu.

```
unit grafik2D;
interface
uses Graphics;        // Standard-Unit für Grafikfunktionen
var cvs: TCanvas;         // Zeichenfläche
    alf,                // Drehwinkel
    si, co,             // Sinus und Kosinus
    mf,                 // Maßstabsfaktor
    x0,y0   : Single;    // absolute Bezugskoordinaten
    sf      : Integer;   // Spiegelungsfaktor
    dirFlg  : Boolean;   // Richtungsflag
procedure dwc (dx1, dy1, r : Single);  // zeichnet relativen Kreis mit Radius r
procedure dwl (dx1, dy1 : Single);     // zeichnet relative Linie
procedure dwp (dx1, dy1: Single);      // zeichnet relativen Punkt
implementation
```

Diese Prozedur zeichnet einen relativen Kreis:

```
procedure dwc;
var x1,y1 : Single;
begin
 dx1 := mf * dx1;
 dy1 := mf * dy1;
 R := mf * R;
 x1 := x0 + dx1 * co - sf * dy1 * si;
 y1 := y0 - sf * dy1 * co - dx1 * si;
 cvs.Ellipse(Round(x1-r), Round(y1-r), Round(x1+r), Round(y1+r))
end;
```

Relative Linie:

```
procedure dwl;
var x1,y1 : Single;
begin
 dx1 := mf * dx1;
 dy1 := mf * dy1;
 x1 := x0 + dx1 * co - sf * dy1 * si;
 y1 := y0 - sf * dy1 * co - dx1 * si;
 cvs.LineTo(Round(x1), Round(y1))
end;
```

Verschieben der Stiftposition:

```
procedure dwp;
var x1,y1 : Single;
begin
 dx1 := mf * dx1;
 dy1 := mf * dy1;
 x1 := x0 + dx1 * co - sf * dy1 * si;
 y1 := y0 - sf * dy1 * co - dx1 * si;
 cvs.MoveTo(Round(x1), Round(y1))
end;
end.
```

Die Unit im Hauptprogramm benutzen

Da wir die Unit *grafik2D* nur innerhalb der Formular-Unit verwenden wollen, wird sie erst im *implementation*-Abschnitt von *Unit1* eingebunden:

```
implementation
{$R *.DFM}
uses grafik2D;                    // Einbinden der Unit
```

Beim Laden des Formulars werden die Anfangswerte initialisiert:

```
procedure TForm1.FormCreate(Sender: TObject);
begin
 x0 := ClientWidth / 2;  y0 := ClientHeight / 2;
 alf := 0;  sf := 1; mf := 20;
 cvs := Form1.Canvas
end;
```

Diese Prozedur benutzt die von der Unit *grafik2D* exportierten Routinen:

```
procedure drawHouse;  // zeichnet Haus
begin
 dwp(0, 10);             // Frontseite
 dwl(10, 10); dwl(10, 0); dwl(0, 0); dwl(0, 10);
 dwp(1, 8);              // Fenster
 dwl(4, 8); dwl(4, 4); dwl(1, 4); dwl(1, 8);
 dwp(6, 0);              // Tür
 dwl(6, 8); dwl(9, 8); dwl(9, 0); dwl(6, 0);
 dwp(-1, 9);             // Dachgiebel
 dwl(5, 15); dwl(11, 9);
 dwc(5, 12, 1);          // Giebelfenster
 dwp(7, 13);             // Schornstein
 dwl(7, 16); dwl(9, 16); dwl(9, 11)
end;
```

Nun zu den Bedienfunktionen:

```
procedure TForm1.Button1Click(Sender: TObject);       // Vergrößern
begin  mf := mf + 1  end;
procedure TForm1.Button2Click(Sender: TObject);      // Verkleinern
begin  mf := mf - 1  end;
procedure TForm1.Button4Click(Sender: TObject);      // Spiegelung
begin  sf := -sf end;
procedure TForm1.Button3Click(Sender: TObject);       // Drehrichtung
begin  dirFlg := not dirFlg  end;
```

Periodisches Anzeigen nach dem Prinzip "Flimmerkiste":

```
procedure TForm1.Timer1Timer(Sender: TObject);
begin
 Form1.Refresh;              // Hintergrund löschen
 if dirFlg then alf := alf + Pi / 100      // rotiert im Uhrzeigersinn
          else alf := alf - Pi / 100;      // ... entgegen Uhrzeigersinn
 si := Sin(alf);
```

```
 co := Cos(alf);
 drawHouse
end;
```

Die Unit in eine Klassen-Unit verwandeln

Sie brauchen in der Unit *grafik2D* nur zwei Änderungen vorzunehmen, die kaum Mehrarbeit bedeuten, und schon haben Sie den Sprung von der einfachen Unit zur Klassen-Unit geschafft!

```
unit grafik2D;
interface
uses Graphics;
```

Alle im *interface*-Abschnitt enthaltenen Variablen und Funktionen/Prozeduren werden in den Körper einer Klassendeklaration *T2DGrafik* verschoben:

```
type T2DGrafik = class(TObject)
 // Attribute:
  cvs: TCanvas;
  alf,              // Drehwinkel
  si, co,           // Sinus und Kosinus
  mf,               // Maßstabsfaktor
  x0,y0   : Single;   // absolute Bezugskoordinaten
  sf      : Integer;  // Spiegelungsfaktor
  dirFlg  : Boolean;  // Richtungsflag
 // Methoden:
  procedure dwc (dx1, dy1, r : Single);  // zeichnet relativen Kreis mit Radius r
  procedure dwl (dx1, dy1 : Single);     // zeichnet relative Linie
  procedure dwp (dx1, dy1: Single);      // zeichnet relativen Punkt
end;
```

Im *implementation*-Abschnitt brauchen Sie vor die Methodenbezeichner eigentlich nur noch den Namen der Klasse (*T2DGrafik*) zu setzen – das war's schon!

```
implementation
procedure T2DGrafik.dwc;              // zeichnet relativen Kreis
...
end;
procedure T2DGrafik.dwl;              // zeichnet relative Linie
...
end;
procedure T2DGrafik.dwp;              // zeichnet relativen Punkt
...
end.
```

Die Klassen-Unit im Hauptprogramm benutzen

Die Änderungen im Hauptprogramm (*Unit1*) sind ebenfalls nicht gravierend, setzen aber bereits ein Grundverständnis für den Lebenszyklus eines Objekts voraus:

1. Objekt deklarieren (Objektvariable referenzieren)
2. Objekt erzeugen (Instanz der Klasse bilden)
3. Objekt initialisieren (Anfangswerte zuweisen)
4. Objekt entfernen (Speicherplatz freigeben)

Vergleichen Sie diesen Quellcode sorgfältig mit dem des Vorgänger-Hauptprogramms, und es werden sich Ihnen die Augen öffnen!

```
implementation
uses grafik2D;
```

Beim Deklarieren des Objekts wird lediglich ein Zeiger (das ist die Objektvariable!) eingerichtet:

```
var haus1: T2DGrafik;          // Objekt deklarieren
```

Erzeugen und Initialisieren des Objekts erfolgt im *OnCreate*-Event-Handler:

```
procedure TForm1.FormCreate(Sender: TObject);
begin
 haus1 := T2DGrafik.Create;    // Objekt erzeugen
 with haus1 do begin           // Objekt initialisieren (Ersatz für Konstruktor)
  x0 := ClientWidth / 2;
  y0 := ClientHeight / 2;
  alf := 0;
  sf := 1;
  mf := 20;
  cvs := Form1.Canvas
 end
end;
```

Das Haus wird gezeichnet:

```
procedure drawHouse(haus: T2DGrafik);
begin
 with haus do begin
  dwp(0, 10);          // Frontseite
  dwl(10, 10); dwl(10, 0); dwl(0, 0); dwl(0, 10);
  dwp(1, 8);           // Fenster
  dwl(4, 8); dwl(4, 4); dwl(1, 4); dwl(1, 8);
  dwp(6, 0);           // Tür
  dwl(6, 8); dwl(9, 8); dwl(9, 0); dwl(6, 0);
  dwp(-1, 9);          // Dachgiebel
```

```
  dwl(5, 15); dwl(11, 9);
  dwc(5, 12, 1);         // Giebelfenster
  dwp(7, 13);            // Schornstein
  dwl(7, 16); dwl(9, 16); dwl(9, 11)
 end
end;
```

Verschiedene Event-Handler manipulieren das Objekt:

```
procedure TForm1.Button1Click(Sender: TObject);   // Vergrößern
begin  haus1.mf := haus1.mf + 1 end;
procedure TForm1.Button2Click(Sender: TObject);  // Verkleinern
begin  haus1.mf := haus1.mf - 1  end;
procedure TForm1.Button4Click(Sender: TObject);   // Spiegeln
begin  haus1.sf := -haus1.sf  end;
procedure TForm1.Button3Click(Sender: TObject);   // Richtungsänderung
begin  haus1.dirFlg := not haus1.dirFlg  end;
procedure TForm1.Timer1Timer(Sender: TObject);
begin
 Form1.Refresh;          // Hintergrund löschen
 with haus1 do begin
  if dirFlg then
   alf := alf + Pi / 100     // im Uhrzeigersinn
  else
   alf := alf - Pi / 100;    // entgegen Uhrzeigersinn
   si := Sin(alf);
   co := Cos(alf)
  end;
  drawHouse(haus1)
end;
procedure TForm1.FormClose(Sender: TObject; var Action: TCloseAction);
begin
 haus1.Free          // Objekt entfernen
end;
```

Bemerkung

In diesem Lernbeispiel wurde bewusst nicht das gesamte OOP-Instrumentarium benutzt, um Sie nicht unnötig abzulenken. So wurde z.B. auf einen Konstruktor sowie auf Property-Prozeduren verzichtet. Ausführlich werden Sie in diese und andere wichtige OOP-Features im "Kleinen OOP-Crashkurs" (6.5) eingeführt.

Da die Vorzüge von OOP umso deutlicher zu Tage treten, je mehr Instanzen von einer Klasse abgeleitet werden, finden Sie auf der Buch-CD ein geringfügig erweitertes Beispiel mit drei Objekten (Abbildung).

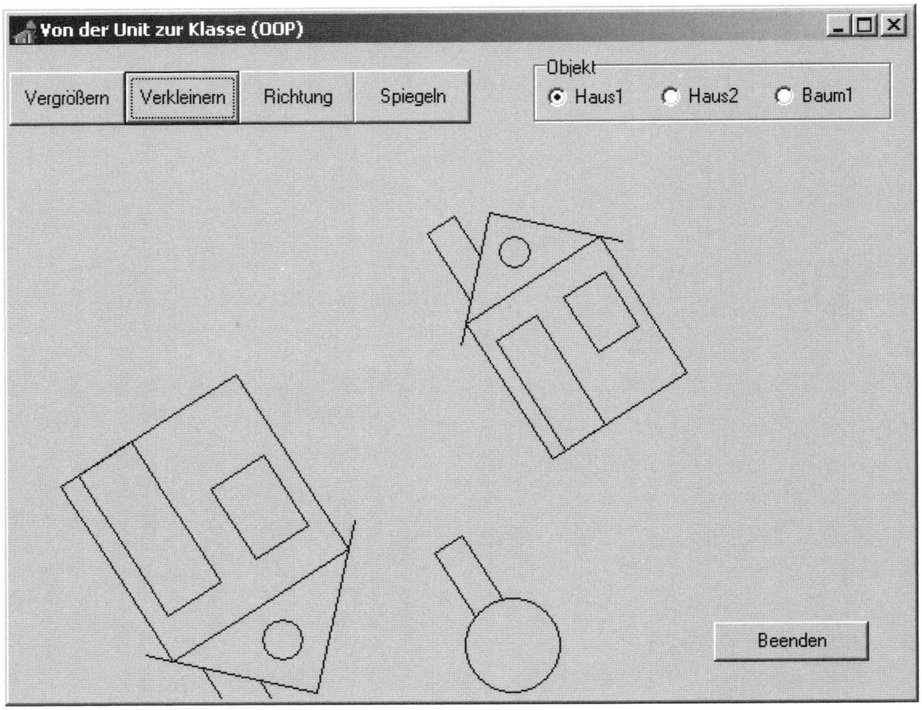

6.4.3 Delphi-Komponenten erst zur Laufzeit erzeugen

Normalerweise sind Sie es gewöhnt, die Bedienoberfläche eines Programms bereits im Entwurfsmodus "zusammenzuschieben". Aber es gibt eine Reihe von Anwendungsfällen, wo die Anzahl der Komponenten variabel ist, zur Laufzeit müssen also welche hinzugefügt bzw. wieder entfernt werden.

Aber auch dann, wenn eine große Anzahl gleichartiger Komponenten (z.B. in Matrixform) nebeneinander bzw. untereinander anzuordnen ist, können Sie sich viel Zeit und millimetergenaue Filigranarbeit mit der Maus sparen, wenn Sie diese Angelegenheit dem Programm überlassen.

Für das Erzeugen bzw. Entfernen von Komponenten werden von Delphi die Methoden *Create* und *Destroy* (bzw. *Free*) zur Verfügung gestellt, aber allein damit ist es nicht getan. Im folgenden Demonstrationsbeispiel werden wir den kompletten Rahmencode erörtern und dabei unter anderem auch noch die Erkenntnis gewinnen, dass sich mit Objektvariablen eine ganze Menge anstellen lässt.

Oberfläche

Auf einem Formular (*Form1*) platzieren wir ein Anzeigefeld (*Label1*) und vier Schaltflächen (*Button1 ... Button4*). Im oberen Abschnitt des Formulars lassen Sie etwas Platz für die zur Laufzeit hinzukommenden Editierfelder (siehe Abbildung am Schluss).

Quelltext

```
unit Unit1;     // Komponenten zur Laufzeit erzeugen/entfernen
interface
...
var
  Form1: TForm1;
  edField: TEdit;           // Objektvariable für Editierfeld
  i: Integer;               // Zähler
implementation
procedure TForm1.Button1Click(Sender: TObject);   // Erzeuge 10 Editierfelder !
 var links, oben, breit, hoch: Integer;              // lokale Variablen
 begin
```

Position und Abmessungen des ersten Editierfeldes (Schablone) festlegen:

```
   links:=20;   oben:=20;
   breit:=40;   hoch:=20;
   for i:=1 to 10 do
```

Nur ausführen, wenn i-tes Editierfeld nicht da ist:

```
  if TEdit(FindComponent('ed_'+IntToStr(i)))= nil then begin
   edField:=TEdit.Create(Self);              // neues Editierfeld wird erzeugt,
   edField.Parent:=Self;                     // ... dem Formular zugeordnet
   edField.Name:='ed_'+IntToStr(i);          //... und erhält Namen:ed_1, ed_2, ...
   // Position und Abmessungen neu setzen:
   edField.SetBounds(links+(i-1) * breit, oben, breit, hoch);
   edField.Text := IntToStr(i);      // Beschriftung mit Index
   edField.OnClick := EditClick      // gemeinsamer Event-Handler
end; end;
```

Alle Komponenten wieder entfernen:

```
 procedure TForm1.Button2Click(Sender: TObject);
 begin
  for i:=1 to 10 do begin
   edField:=TEdit(FindComponent('ed_'+IntToStr(i)));    // sucht den Namen
   edField.Free                                          // ... und entfernt Komponente
  end
 end;
```

Ein gemeinsamer Event-Handler für alle Editierfelder:

```
procedure TForm1.EditClick(Sender: TObject);
  edField:=TEdit(Sender);          // auf dieses Feld wurde geklickt!
  edField.Color:=clYellow          // gelbe Markierung
end;
```

Löschen des markierten Felds:

```
procedure TForm1.Button4Click(Sender: TObject);
begin
  if edField.ComponentIndex > 4 then edField.Free
end;
```

Test

Nach Klick auf den linken oberen Button erscheinen wie "von Geisterhand" die zehn Editierfelder. Da im Quelltext alle möglichen Fehler (Laden eines bereits vorhandenen bzw. Löschen eines nicht mehr vorhandenen Editierfeldes) abgefangen wurden, können Sie hemmungslos die einzelnen Buttons betätigen und versuchen, deren Wirkung am Quelltext nachzuvollziehen bzw. durch eigene Änderungen das Programm zum Absturz zu bringen.

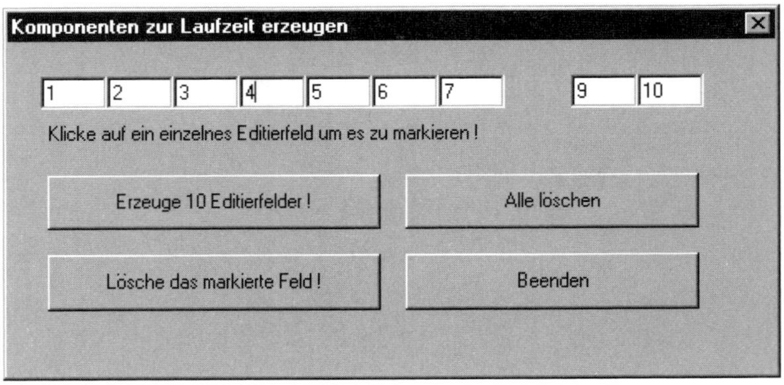

Bemerkungen

- Die *Create*-Methode weist Speicher für das Erzeugen einer Komponente zu und initialisiert deren Daten. Als Argument benötigt sie den Besitzer der Komponente. Der entfernt die Komponente, wenn er selbst entfernt wird.
- Die *ComponentIndex*-Eigenschaft bezieht sich auf <u>alle</u> Komponenten des Formulars. Falls also mehr oder weniger als die hier vorhandenen vier "festinstallierten" Komponenten (*Label1*, *Button1...Button4*) vorhanden sein sollten, so ist die entsprechende Anweisung im *Buttton4Click*-Ereignis anzupassen.
- Die *SetBounds*-Methode ist schneller als das einzelne Setzen der Eigenschaften *Left*, *Top*, *Width* und *Height*.

Ergänzungen

Im Zusammenhang mit der *ComponentIndex*-Eigenschaft dürften die Eigenschaften *Components* und *ComponentCount* Anlass zu Verwechslungen geben. Klarheit schafft eine kleine Programmerweiterung. Platzieren Sie eine zusätzliche Schaltfläche (*Button5*) auf dem Formular und ergänzen Sie folgenden Ereigniscode:

```
procedure TForm1.Button5Click(Sender: TObject);
 begin
  for i := 0 to ComponentCount -1 do
   if Components[i] is TEdit then TEdit(Components[i]).Color := clGreen
 end;
```

Die Farbe aller vorhandenen Editierfelder ändert sich nach Betätigen dieses Buttons in grün.

6.5 Kleiner OOP-Crashkurs

Diese Beispielserie beinhaltet fünf Demoprogramme, die systematisch aufeinander aufbauen. Ziel ist eine verständliche Einführung in die Entwicklung eigener (benutzerdefinierter) Klassen unter Delphi:

- Klassen und Objekte
- Konstruktor und Destruktor
- Read-Only-Eigenschaften
- Property-Prozeduren
- Vererbung

Damit bei dieser trockenen Materie der Spaß nicht zu kurz kommt, soll das Ganze dann als Formel-1-Rennen in Szene gesetzt werden. Zur Vorbereitung empfiehlt sich ein Blick in das Beispiel 6.4.2 ("Von der Unit zur Klasse").

Weitere anspruchsvollere Beispiele für objektorientierte Lösungen finden Sie unter 14.4.2. ("Dynamisches Array auf dem Heap") oder im Applikationsbeispiel 16.4 ("Mathematikprogramm GAUSS2").

6.5.1 Klassen und Objekte verstehen

Wir wollen zunächst eine Klasse *TAuto* (das ist die "Konstruktionsvorschrift") definieren, von der wir dann drei verschiedene Objekte (*Auto1*, *Auto2*, *Auto3*) ableiten werden.

Oberfläche

Öffnen Sie eine neue Anwendung. Etwa in der Mitte von *Form1* platzieren Sie die Start-/Ziellinie als breiten senkrechten Strich (*TShape*-Komponente mit *Shape*-Eigenschaft = *stRectangle*, *Pen.Style* = *psClear*):

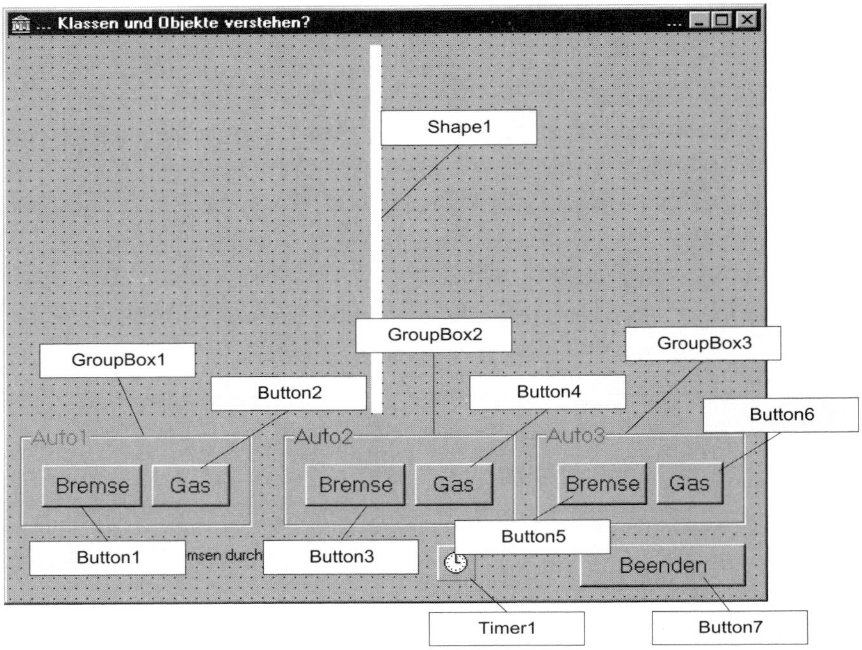

Auf *Form1* richten Sie drei "Cockpits" für die noch zu erzeugenden Auto-Objekte ein[1]. Unterhalb platzieren Sie in drei Rahmen (*GroupBox1*, *GroupBox2*, *GroupBox3*) jeweils zwei Schaltflächen (*Button1* ... *Button6*). Auch ein Zeitgeber-Control (*Timer1*) ist erforderlich:

Weisen Sie der *Interval*-Eigenschaft des Timers einen Wert von ca. 10 bis 30 zu[2].

Klassendefinition "TAuto"

Jetzt müssen wir definieren, wie unsere Auto-Objekte aussehen sollen (Eigenschaften) und wie sie funktionieren (Methoden). Die entsprechende Klassendeklaration könnten wir zwar auch noch mit in *Unit1* unterbringen, da wir aber wollen, dass die *TAuto*-Klasse zur allgemeinen Verfügung stehen soll, also später auch von beliebigen anderen Programmen benutzt werden kann, werden wir sie in einer separaten Unit unterbringen.

Fügen Sie also über *Datei|Neu...* eine neue Unit hinzu. Sie heißt zwar standardmäßig *Unit2,* wir werden Sie aber aus nahe liegenden Gründen auf den Namen *Auto* umtaufen.

```
unit Auto;                         // stellt die TAuto-Klasse zur Verfügung
interface
uses Graphics;
```

---

[1] In unserem Fall gehört das Cockpit nicht mit zum Auto-Objekt, es ist als separates Bedienpult zu verstehen, ähnlich wie bei einem ferngesteuerten Modell.

[2] Das muss später gegebenenfalls noch korrigiert werden.

Unsere neu zu definierende Klasse *TAuto* hat vier Eigenschaften (*x*, *y*, va, *farbe*) und drei Methoden (*Gasgeben*, *Bremsen*, *Zeichnen*):

```
type TAuto = class(TObject)      // Klassendeklaration von TAuto
  // Felder:
  x:Integer;              // x-Position
  y: Integer;             // y-Position
  va: Single;             // aktuelle Geschwindigkeit
  farbe: LongInt;         // Lackierung
  // Methoden:
  procedure Gasgeben(dv:Single);       // erhöht va um dv
  procedure Bremsen(dv:Single);        // verringert va um dv
  procedure Zeichnen(canv: TCanvas; colr: LongInt); // zeichnet Auto in Farbe colr
end;
```

Im *implementation*-Abschnitt müssen die drei Methoden definiert werden:

```
implementation
procedure TAuto.Gasgeben(dv:Single);
 begin
  va := va + dv;
  if va > 100 then va := 100          // Geschwindigkeitsbegrenzung
 end;
procedure TAuto.Bremsen(dv:Single);
 begin
  va := va - dv;
  if va <= 0 then va := 0             // Rückwärtsrollen verhindern
 end;
procedure TAuto.Zeichnen(canv:TCanvas; colr: LongInt);
 begin
   with canv do begin
    Pen.Color := colr;                          // Stiftfarbe zuweisen
    Rectangle(x+10, y+5, x+30, y+20);           // linkes Hinterrad
    Rectangle(x+10,y+70,x+30,y+85);             // rechtes Hinterrad
    Rectangle(x+80,y+10,x+100,y+20);            // linkes Vorderrad
    Rectangle(x+80,y+70,x+100,y+80);            // rechtes Vorderrad
    MoveTo(x+20, y+20); LineTo(x+20,y+30);  // linke Hinterachse
    MoveTo(x+20, y+60); LineTo(x+20,y+70);  // rechte Hinterachse
    MoveTo(x+90, y+20); LineTo(x+90,y+35);  // linke Vorderachse
    MoveTo(x+90, y+55); LineTo(x+90,y+70);  // rechte Vorderachse
    MoveTo(x, y+30); LineTo(x+70,y+30);         // linke Karosserieseite
    LineTo(x+110, y+40); LineTo(x+110,y+50);
```

```
    LineTo(x+70, y+60); LineTo(x,y+60);       // rechte Karosserieseite
    LineTo(x,y+30);
    Ellipse(x+45,y+35,x+65,y+55)              // Cockpit
   end
  end;
end.
```

Speichern Sie die fertige Unit unter dem neuen Namen *Auto.pas* ab.

Formular-Unit

Nun wenden wir uns der Programmierung von *Unit1* zu, für die bereits die Oberfläche (*Form1*) existiert. Der *interface*-Abschnitt wurde von Delphi automatisch generiert und bedarf unsererseits keiner weiteren Ergänzungen. Widmen wir uns also dem *implementation*-Abschnitt:

```
implementation
```

Die *Auto*-Unit muss hier eingebunden werden:

```
uses Auto;                         // Einbinden der TAuto-Unit
```

Nun zu den Objektvariablen (den Autos), die zunächst deklariert werden müssen, bevor sie mittels *Create* tatsächlich erzeugt werden können (siehe weiter unten):

```
var Auto1, Auto2, Auto3: TAuto;    // drei Auto-Objekte deklarieren
```

Auch einen Parameter der Rennstrecke legen wir hier fest:

```
    xb: Integer;        // außerhalb des Sichtbereichs liegender Streckenabschnitt
```

Beim Laden von *Form1* werden die drei neuen Instanzen (Objekte) der *TAuto*-Klasse erzeugt:

```
procedure TForm1.FormCreate(Sender: TObject);
begin
 Auto1 := TAuto.Create;
 Auto2 := TAuto.Create;
 Auto3 := TAuto.Create;
```

Anschließend werden die Eigenschaften jedes einzelnen Objekts auf die Anfangswerte eingestellt:

```
 with Auto1 do                  // der rote Ferrari
 begin
  x := Shape1.Left -100;        // an Startlinie ausrichten
  y := 10;                      // obere Fahrbahn
  farbe := clRed                // rot
 end;
with Auto2 do                   // der blaue Williams Renault
 begin
  x := Shape1.Left -100;  y := 110; farbe := clBlue
 end;
with Auto3 do                   // der grüne Exote
```

```
begin
 x := Shape1.Left -100;  y := 210; farbe := clGreen
end;
```

Und schließlich ist noch ein programmtechnischer Parameter zuzuweisen:

```
 Form1.Canvas.Brush.Style := bsClear   // Füllmuster ist transparent
end;
```

Nun programmieren wir die einzelnen Gas- und Bremspedale. Damit das Rennen interessant wird, erhalten alle drei Autos jeweils unterschiedliche Motorstärken bzw. Bremsverzögerungen als Übergabeparameter.

Gas und Bremse für den roten Ferrari:

```
procedure TForm1.Button2Click(Sender: TObject);
begin
 Auto1.Gasgeben(0.5)
end;
procedure TForm1.Button1Click(Sender: TObject);
begin
 Auto1.Bremsen(1)
end;
```

Gas und Bremse für den blauen Williams-Renault:

```
procedure TForm1.Button4Click(Sender: TObject);
begin Auto2.Gasgeben(1.8) end;
procedure TForm1.Button3Click(Sender: TObject);
begin Auto2.Bremsen(1.5) end;
```

Gas und Bremse für den grünen Exoten:

```
procedure TForm1.Button6Click(Sender: TObject);
begin  Auto3.Gasgeben(5) end;
procedure TForm1.Button5Click(Sender: TObject);
begin Auto3.Bremsen(4) end;
```

Nun müssen wir uns noch um die Anzeige der drei Autos kümmern:

```
procedure anzeigen(auto:TAuto);          // Anzeigeroutine für ein TAuto-Objekt
begin
   auto.Zeichnen(Form1.Canvas, Form1.Color);    // alte Position übermalen
   auto.x := auto.x + Trunc(auto.va);           // Verschieben der x-Position
   if auto.x >= Form1.ClientWidth then auto.x := -xb;  // Rand erreicht
   auto.Zeichnen(Form1.Canvas, auto.farbe)      // an neuer Position zeichnen
end;
```

Übergabeparameter für obige Prozedur ist ein komplettes Auto-Objekt!

Für den periodischen Aufruf obiger Prozedur nach dem Prinzip "Flimmerkiste" ist der Timer zuständig:

```
procedure TForm1.Timer1Timer(Sender: TObject);  // periodisches Anzeigen
begin
 anzeigen(auto1);
 anzeigen(auto2);
 anzeigen(auto3)
end;
```

Durch Auseinanderziehen des Fensters können wir auch den unsichtbaren Abschnitt der Rennstrecke ändern:

```
procedure TForm1.FormResize(Sender: TObject);
begin
 xb := 3 * Form1.ClientWidth;  // unsichtbare Strecke ist 3-mal so lang wie sichtbare
 Timer1Timer(Self)             // Anzeige durch Aufruf von TForm1.Timer1Timer
end;
```

Das Ende des Autorennens:

```
procedure TForm1.Button7Click(Sender: TObject);        //  Beenden
begin
   Form1.Close
end;
```

Dann sollte man den von den Objekten belegten Speicherplatz auch wieder freigeben[1]:

```
procedure TForm1.FormClose(Sender: TObject; var Action: TCloseAction);
begin
 Auto1.Free;
 Auto2.Free;
 Auto3.Free
end;
```

Test

Nach Programmstart stehen die drei bunten Flitzer exakt ausgerichtet an der Start-/Ziellinie:

---

[1] Das geschieht zwar automatisch beim Schließen des Projekts, aber man sollte es sich trotzdem zur Gewohnheit werden lassen, da ein Projekt ja auch aus mehreren Formularen bestehen kann.

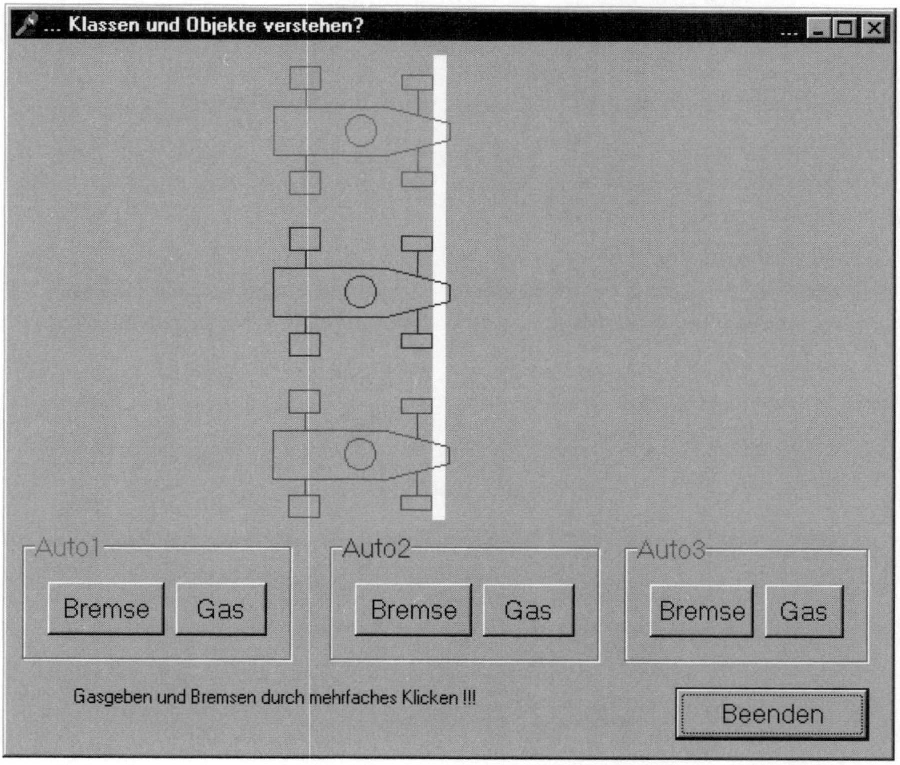

Stören Sie sich nicht am fehlenden Lenkrad, wagen Sie trotzdem ein kleines Rennen. Sie müssen dazu jedes Auto einzeln beschleunigen. Klicken Sie immer mehrmals hintereinander auf das Gaspedal[1]. Ebenso verhält es sich mit dem Bremsen, was ähnlich einer "Stotterbremsung" funktioniert[2]:

Bemerkungen

- Sie werden feststellen, dass entsprechend der den Methoden *Gasgeben* und *Bremsen* übergebenen Parameter alle Autos unterschiedlich auf Gas bzw. Bremse reagieren.
- Ein leichtes Flackern der Fahrzeuge ist aufgrund der verwendeten ungepufferten Vektorgrafiken normal. Eventuell ist durch Ändern der *Interval*-Eigenschaft des Timers eine bessere Darstellung zu erreichen.
- Verlängern Sie den sichtbaren Bereich der Rennstrecke, indem Sie das Fenster während der Programmausführung einfach auseinander ziehen!

---

[1] Nicht die Schaltfläche dauerhaft niederdrücken, denn dann passiert ... nichts.

[2] Denken Sie an Glatteisgefahr!

6.5.2 Konstruktor und Destruktor

Eine objektorientierte Sprache wie Delphi realisiert das Erzeugen und Entfernen von Objekten mit so genannten Konstruktoren und Destruktoren. Beides sind spezielle Methoden innerhalb der Klassendeklaration.

"Welchen Konstruktor und welchen Destruktor haben wir denn beim Vorgängerbeispiel eingesetzt?", werden Sie nun zu Recht fragen. Hier die Antwort: "Es war der von *TObject* ererbte *Create*-Konstruktor bzw. der *Free*-Destruktor!"

Grund unserer Unzufriedenheit ist vor allem der *Create*-Konstruktor, der alle Eigenschaften auf Nullwerte bzw. Leerstrings initialisiert. Anschließend mussten die Werte mühsam über einzelne Befehle zugewiesen werden.

(aus dem Quelltext von *Unit1* des Vorgängerbeispiels)

```
Auto1 := TAuto.Create;
with Auto1 do
 begin
  x := Shape1.Left -100;
  y := 10;
 farbe := clRed
end;
...
```

Lassen Sie es uns diesmal besser machen! Wir wollen unsere *TAuto*-Klasse mit einem "selbst gestrickten" Konstruktor nachrüsten und auch auf einen extra Destruktor nicht verzichten!

Erweiterung der Klassendefinition "TAuto"

Wir öffnen die Unit *Auto.pas* des Vorgängerbeispiels und doktern ein wenig an der Klassendeklaration herum. Die beiden neu einzufügenden Methodenköpfe sind unterstrichen hervorgehoben:

```
type TAuto = class(TObject)
   // Eigenschaften:
   x:Integer;           // x-Position
   y: Integer;          // y-Position
   va: Single;          // aktuelle Geschwindigkeit
   farbe: LongInt;      // Lackierung
   // Methoden:
   constructor Erzeugen(xpos,ypos: Integer; colr: LongInt);
   destructor Entfernen;
   procedure Gasgeben(dv:Single);
   procedure Bremsen(dv:Single);
   procedure Zeichnen(canv:TCanvas; colr: LongInt);
  end;
```

Den *implementation*-Abschnitt ergänzen Sie wie folgt:

```
constructor TAuto.Erzeugen(xpos,ypos: Integer; colr: LongInt);
begin
 x := xpos; y := ypos;
 farbe := colr
end;
destructor TAuto.Entfernen;
begin
 // bleibt leer!
end;
```

Vereinfachen der Formular-Unit

Öffnen Sie nun *Unit1.pas* und vereinfachen Sie den *FormCreate*-Event-Handler wie folgt:

```
procedure TForm1.FormCreate(Sender: TObject);
begin
 Auto1 := TAuto.Erzeugen(Shape1.Left-100, 10, clRed);
 Auto2 := TAuto.Erzeugen(Shape1.Left-100, 110, clBlue);
 Auto3 := TAuto.Erzeugen(Shape1.Left-100, 210, clGreen);
 Form1.Canvas.Brush.Style := bsClear
end;
```

Dieser Quelltext ist doch wesentlich kürzer und übersichtlicher, oder?

Wie im obigen Code sind auch im folgenden *FormClose*-Event-Handler die geänderten Anweisungen unterstrichen hervorgehoben:

```
procedure TForm1.FormClose(Sender: TObject; var Action: TCloseAction);
begin
  Auto1.Entfernen;
   Auto2.Entfernen;
  Auto3.Entfernen
end;
```

Test

Wenn Sie das Programm starten, werden Sie keinerlei Unterschied zum Vorgängerbeispiel feststellen.

6.5.3 Read-Only-Eigenschaften programmieren?

Mit den Eigenschaften *x*, *y*, *va* und *farbe* unserer *TAuto*-Klasse haben wir im Vorgängerbeispiel bereits erfolgreich gearbeitet, wozu also dann noch Eulen nach Athen tragen?

Die Antwort: Mit dem Deklarieren von Eigenschaften als öffentliche Felder von *TAuto* haben wir das Brett an der dünnsten Stelle gebohrt, denn dies ist nicht der sauberste und oft auch nicht der effektivste Weg. Warum? Die "hohe Kunst" der OOP verbietet das direkte Herumdoktern an Variablen und verlangt, dass diese durch Methoden zu kapseln sind, um sich dadurch einem kontrollierten Lese-/Schreibzugriff zu unterwerfen. Delphi stellt dazu so genannte "Eigenschaftsprozeduren" (*Property-Procedures)* zur Verfügung, die wir im vorliegenden Beispiel anwenden wollen.

Ziel der folgenden Demo ist das Ergänzen der Fahrzeug-Cockpits aus dem Vorgängerbeispiel um eine Tachometeranzeige. "Nichts einfacher als das!", werden Sie denken, denn man kann ja auf die Eigenschaft *va* (aktuelle Geschwindigkeit) auch direkt zugreifen. Doch gerade das macht die Sache so gefährlich. Warum? Jeder Fahrschulanfänger weiß, dass man bei einem realen Auto-Objekt die Eigenschaft "Geschwindigkeit" nicht direkt, sondern nur über die Methoden "Gasgeben" und "Bremsen" beeinflussen kann. Es gilt also, den Zugriff auf die Eigenschaft *va* als Read-Only zu deklarieren, um damit ein Schreiben ein für allemal zu verhindern. Dies aber erreicht man nur durch "Verstecken" von *va* in den *private*-Abschnitt von *TAuto* und durch Einfügen einer speziellen *property-get*-Zugriffsmethode, die wir *tacho* nennen wollen.

Änderungen in der Klassendeklaration "TAuto"

Die Änderungen gegenüber dem Vorgängerbeispiel sind durch Unterstreichung hervorgehoben:

```
type TAuto = class(TObject)
   private               // privater Bereich
    va: Single;                   // speichert aktuelle Geschwindigkeit
   public                // öffentlicher Bereich
    x: Integer;                   // x-Position
    y: Integer;                   // y-Position
   farbe: LongInt;                // Lackierung
```

Objektmethoden:

```
   constructor Erzeugen(xpos,ypos: Integer; colr: LongInt);
   procedure Gasgeben(dv:Single);
   procedure Bremsen(dv:Single);
   procedure Zeichnen(canv:TCanvas; colr:LongInt);
   property tacho:Single read va;            // ReadOnly-Objekteigenschaft!
  end;
```

Auf einen Destruktor haben wir diesmal verzichtet, da der ererbte (*Free*) genügt. Im *implementation*-Abschnitt sind, bis auf die fehlende *destructor*-Methode, keine Änderungen erforderlich.

Geänderte Oberfläche

Aus Übersichtlichkeitsgründen brauchen wir diesmal nur Platz für zwei Autos. Beide Cockpits ergänzen wir durch Bezeichnungsfelder für die Tachoanzeige (*Label1* und *Label2*), so dass sich zur Laufzeit etwa der folgende Anblick bieten sollte:

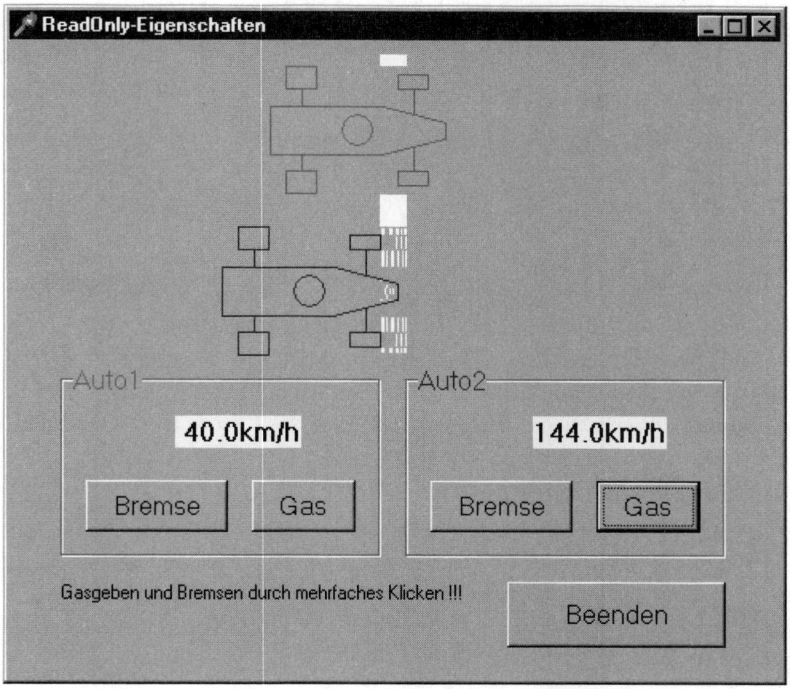

Modifizieren der Formular-Unit

Modifizieren Sie den *implementation*-Abschnitt, so dass nur noch zwei Autos angezeigt werden. Weiterhin ist die neue Eigenschaft *tacho* anstatt *va* zu verwenden. Auch in den folgenden Codeauszügen wird auf die entsprechenden Änderungen durch Unterstreichung hingewiesen:

```
 var Auto1, Auto2: TAuto;
procedure TForm1.FormCreate(Sender: TObject);
 begin
  Auto1 := TAuto.Erzeugen(Shape1.Left-100, 10, clRed);
  Auto2 := TAuto.Erzeugen(Shape1.Left-100, 110, clBlue);
  Form1.Canvas.Brush.Style := bsClear
 end;
procedure anzeigen(Auto:TAuto);
 begin
   Auto.Zeichnen(Form1.Canvas, Form1.Color); Auto.x := Auto.x + Trunc(Auto.tacho);
   If Auto.x >= xb then Auto.x := -xb;
   Auto.Zeichnen(Form1.Canvas, Auto.farbe)
 end;

procedure TForm1.Timer1Timer(Sender: TObject);
 var s: string;
```

```
 begin
  anzeigen(Autol);  anzeigen(Auto2);
  Str(Autol.tacho:5:1,s); Label1.Caption := s + 'km/h';     // Tachometer für Autol
  Str(Auto2.tacho:5:1,s); Label2.Caption := s + 'km/h'      // dto. für Auto2
 end;
procedure TForm1.FormClose(Sender: TObject; var Action: TCloseAction);
 begin
  Autol.Free; Auto2.Free                                   // Speicherplatz freigeben
 end;
```

Test

Das fehlende grüne Auto werden Sie leicht verschmerzen, dafür haben das rote und das blaue Auto jetzt eine Geschwindigkeitsanzeige. Ansonsten werden Sie bei der Bedienung keinerlei Unterschiede zum Vorgängerbeispiel feststellen.

Bemerkung

Wenn Sie in *Unit1* an irgendeiner Stelle eine Anweisung wie z.B.

```
Autol.tacho :=  85;
```

verwenden wollen, werden Sie durch eine Fehlermeldung darauf hingewiesen, dass es sich bei *tacho* um eine ReadOnly-Eigenschaft handelt.

6.5.4 Eigenschaften mit Zugriffsmethoden kapseln

Im Vorgängerbeispiel hatten wir demonstriert, wie mit einer *property-get*-Prozedur der Zugriff auf die private Mitgliedsvariable *va* der *TAuto*-Klasse kontrolliert werden kann. Jetzt wollen wir noch eins draufsetzen und zeigen, wie man *property*-Prozeduren durch so genannte Zugriffsmethoden ergänzen kann. Als Beispiel dient uns diesmal eine neue Eigenschaft *Alter*, die aus der neuen privaten Mitgliedsvariablen *bj* (Baujahr) mit Hilfe von Zugriffsmethoden berechnet wird. Im Unterschied zum Vorgängerbeispiel soll diesmal sowohl Lese- als auch Schreibzugriff erlaubt sein.

Änderungen in der Klassendeklaration "TAuto"

Diesmal wird der *interface*-Abschnitt komplett wiedergegeben, die Änderungen sind unterstrichen. Wichtig ist das Einbinden der Unit *sysUtils*, welche die *Date*-Funktion zwecks Ermittlung des aktuellen Systemdatums bereitstellt:

```
interface
uses Graphics, sysUtils;                   // notwendig wegen Date-Funktion
   type TAuto = class(TObject)
   private
    va: Single;
    bj: Integer;                           // speichert Baujahr
    function liesAlter: Integer;           // Lese-Zugriffsmethode für Alter-Prop
```

```
    procedure schreibAlter(a: Integer);     // Schreib-Zugriffsmethode ...
  public
    x: Integer;
    y: Integer;
    farbe: LongInt;
    constructor Erzeugen(xpos,ypos: Integer; colr: LongInt; bauj: Integer);
    procedure Gasgeben(dv:Single);
    procedure Bremsen(dv:Single);
    procedure Zeichnen(canv:TCanvas; colr:LongInt);
    property Tacho: Single read va;
    property Alter: Integer read liesAlter write schreibAlter;  // neue Prop-Prozedur
end;
```

Im *implementation*-Abschnitt müssen wir zunächst eine geringfügige Änderung am Konstruktor vornehmen:

```
implementation
constructor TAuto.Erzeugen(xpos,ypos: Integer; colr: LongInt; bauj: Integer);
begin
 x := xpos; y := ypos; farbe := colr; bj := bauj
end;
```

Neu kommen die Definitionen der beiden Zugriffsprozeduren hinzu. Wie Sie sehen, muss *Alter* aus der Differenz des aktuellen Jahrs (Formatierung *'yyyy'*) und des Baujahrs *bj* berechnet werden. Der Lesezugriff ist dabei stets als Funktion, der Schreibzugriff hingegen als Prozedur zu realisieren:

```
function TAuto.liesAlter: Integer;
begin
 result := StrToInt(FormatDateTime('yyyy', Date)) - bj
end;
procedure TAuto.schreibAlter(a: Integer);
begin
 bj := StrToInt(FormatDateTime('yyyy', Date)) - a
end;
```

Die übrigen Methodendefinitionen bleiben unverändert.

Änderungen der Bedienoberfläche

In die beiden Cockpits fügen wir jeweils noch ein Label ein (*Label3* und *Label4*). Beide dienen uns zur Anzeige der neuen Eigenschaft *Alter*.

Änderungen der Formular-Unit

Beim Laden des Formulars wird jedem Auto per Konstruktoraufruf ein Baujahr zugewiesen (in unserem Beispielcode *1985* bzw. *1992*). Anschließend erfolgt die Anzeige des Alters:

```
procedure TForm1.FormCreate(Sender: TObject);
 begin
  Auto1 := TAuto.Erzeugen(Shape1.Left-100, 10, clRed, 1985);
  Auto2 := TAuto.Erzeugen(Shape1.Left-100, 110, clBlue, 1992);
  Label3.Caption := 'Ich bin ' + IntToStr(Auto1.Alter) + ' Jahre alt!';
  Label4.Caption := 'Ich bin ' + IntToStr(Auto2.Alter) + ' Jahre alt!';
  Form1.Canvas.Brush.Style := bsClear
 end;
```

Test

Beim Programmstart erscheint in beiden Labels die Selbstauskunft der Autos, z.B. "Ich bin 12 Jahre alt!" bzw. "Ich bin 5 Jahre alt!" (in Abhängigkeit von *baujahr* und aktuellem Systemdatum).

Bemerkungen

- Obwohl im Beispielcode nur das Lesen der Eigenschaft *Alter* demonstriert wurde, funktioniert natürlich das Schreiben ebenfalls, z.B.:

  ```
  Auto1.Alter := 15;
  ```

- Beachten Sie, dass *Alter* in der Klassendeklaration von *TAuto* nicht direkt gespeichert wird. Stattdessen sorgen die beiden (privaten!) Zugriffsmethoden *liesAlter* und *schreibAlter* dafür, dass der Wert (in Abhängigkeit vom Systemdatum) auf die private Mitgliedsvariable *bj* (Baujahr) zurückgeführt wird.
- Obwohl der Direktzugriff auf die private Mitgliedsvariable *bj* unmöglich ist, lässt sie sich durch Aufruf des Konstruktors trotzdem manipulieren.

6.5.5 Vererbung

Die Objektorientierte Programmierung unter Delphi gibt dem Programmierer noch weitaus mehr Trümpfe in die Hand, als wir sie bisher kennen gelernt haben. Nehmen wir spaßeshalber einmal an, dass auf unserer Rennstrecke nicht nur Autos, sondern auch Fahrräder unterwegs sein sollen. Sicher wäre es möglich, eine neue Klasse *TFahrrad* zu definieren und dabei genauso vorzugehen, wie wir es bisher mit *TAuto* praktiziert haben.

Sehr schnell werden Sie aber feststellen, dass sowohl Autos als auch Fahrräder gleich lautende Eigenschaften *farbe*, *alter*, *tacho* haben oder eine gleich lautende Methode *Bremsen*. Kar ist, dass trotz gleichen Namens diese Eigenschaften/Methoden für jede Klasse unterschiedlich zu implementieren sind. Das nennt man dann Polymorphie. Ganz deutlich wird die Polymorphie, wenn Sie sich die Methode *Zeichnen* der *TAuto*-Klasse aus den Vorgängerbeispielen betrachten. Auch für eine *TFahrrad*-Klasse hätte diese Methode den gleichen Namen, müsste aber intern völlig anders programmiert (sprich implementiert) werden. Aber es gibt auch Unterschiede. So wäre z.B. eine Methode *Gasgeben* bei einer *TFahrrad*-Klasse völlig fehl am Platze. Wir müssten ihr einen anderen Namen geben, beispielsweise *Strampeln*.

All diese Probleme können wir mit Vererbung elegant, übersichtlich und zeitsparend programmieren, d.h., wir bilden eine abstrakte Klasse *TFahrzeug*[1], in die wir all die Eigenschaften und Methoden hinein packen, die für die Nachkommen *TAuto* und *TFahrrad* gleichermaßen von Interesse sind. Der Rest kann später in den Unterklassen hinzugefügt werden.

Für das folgende Demoprogramm brauchen wir außer der Formular-Unit *Unit1* noch drei weitere Units: *Fahrzeug*, *Auto* und *Fahrrad*. Im Unterschied zu den Vorgängerbeispielen werden wir in diesem abschließenden Beispiel die Listings vollständig drucken.

Versuchen Sie insbesondere, am Quelltext die Bedeutung der OOP-spezifischen Schlüsselwörter *virtual*, *override* und *inherited* zu verstehen!

Oberfläche

Wir brauchen Bedienpulte für zwei Autos und zwei Fahrräder. Nur die beiden Autos sollen über Geschwindigkeitsanzeigen verfügen.

Klassendefinition "TFahrzeug"

Auf besonders wichtige Stellen im Quelltext wird durch Unterstreichung hingewiesen.

```
unit Fahrzeug;
interface
uses Graphics;
```

Eine abstrakte Klasse *TFahrzeug*:

```
 type TFahrzeug = class(TObject)
  private
   va: Single;    // Feld
  public          // die öffentlichen Klassenmitglieder:
  x: Integer;            // Feld
  y: Integer;            //  dto.
  farbe: LongInt;        //  dto.
```

Die Methoden:

```
  constructor Erzeugen(xpos,ypos: Integer; colr: LongInt);
  procedure Schneller(dv:Single);
  procedure Bremsen(dv:Single);
  procedure Zeichnen(canv:TCanvas; colr: LongInt); virtual; // wird vom Nachkommen
                                                           // überschrieben
  property tacho:Single read va;      //  ReadOnly- Eigenschaft
 end;

implementation
```

[1] Sie entsinnen sich: Von abstrakten Klassen werden keine Instanzen gebildet, sie sind nur dazu da, ihre Eigenschaften/Methoden an die Nachkommen weiterzugeben.

```
  constructor TFahrzeug.Erzeugen;
  begin
   x := xpos; y := ypos;
   farbe := colr
  end;
  procedure TFahrzeug.Schneller; // abstrakte Methode
  begin
   va := va + dv
  end;
  procedure TFahrzeug.Bremsen;
  begin
   va := va - dv;
   if va < 0 then va := 0        // verhindert Rückwärtsrollen des Fahrzeugs
  end;
  procedure TFahrzeug.Zeichnen;  //  virtuelle Methode (Polymorphie!)
  begin
   canv.Pen.Color := colr;
  // Rest bleibt leer, wird von Nachkommen ergänzt
  end;
end.
```

Klassendefinition "TAuto"

```
unit Auto;
interface
uses Graphics, Fahrzeug;
```

Eine eigene Klasse *TAuto* als Nachkomme von *TFahrzeug*:

```
  type TAuto = class(TFahrzeug)
   // zusätzliche eigene Methoden:
   procedure Gasgeben(dv:Single);
   // polymorphe Methoden:
   procedure Zeichnen(canv:TCanvas; colr: LongInt); override;
  end;
```

Methoden implementieren:

```
implementation
procedure TAuto.Gasgeben;
 begin
  if tacho < 100 then Schneller(dv)  // abstrakte Methode von TFahrzeug verwenden
 end;
```

```
procedure TAuto.Zeichnen;
 begin
  inherited Zeichnen(canv, colr);    // gleichnamige Methode des Vorfahren aufrufen
  with canv do begin
   Rectangle(x+10, y+5, x+30, y+20);       // linkes Hinterrad
   Rectangle(x+10,y+70,x+30,y+85);         // rechtes Hinterrad
   Rectangle(x+80,y+10,x+100,y+20);        // linkes Vorderrad
   Rectangle(x+80,y+70,x+100,y+80);        // rechtes Vorderrad
   MoveTo(x+20, y+20); LineTo(x+20,y+30);  // linke Hinterachse
   MoveTo(x+20, y+60); LineTo(x+20,y+70);  // rechte Hinterachse
   MoveTo(x+90, y+20); LineTo(x+90,y+35);  // linke Vorderachse
   MoveTo(x+90, y+55); LineTo(x+90,y+70);  // rechte Vorderachse
   MoveTo(x, y+30); LineTo(x+70,y+30);     // linke Karosserieseite
   LineTo(x+110, y+40); LineTo(x+110,y+50);
   LineTo(x+70, y+60); LineTo(x,y+60);     // rechte Karosserieseite
   LineTo(x,y+30);
   Ellipse(x+45,y+35,x+65,y+55)            // Cockpit
  end
 end;
end.
```

Klassendefinition "TFahrrad"

In der Unit *Fahrrad* wird eine eigene Klasse *TFahrrad* als Nachkomme von *TFahrzeug* definiert:

```
unit Fahrrad;
interface
uses Graphics, Fahrzeug;
  type TFahrrad = class(TFahrzeug)
   public
```

Hier eigene Methoden deklarieren:

```
   procedure Strampeln(dv:Single);
   procedure Zeichnen(canv:TCanvas; colr:LongInt); override;
  end;
```

Methoden implementieren:

```
implementation
procedure TFahrrad.Strampeln;
 begin
  if tacho < 10 then Schneller(dv)     // eine Methode des Vorfahren verwenden
 end;
```

```
procedure TFahrrad.Zeichnen;         // virtuelle Methode (Polymorphie!)
 begin
  inherited Zeichnen(canv, colr);      // gleichnamige Methode des Vorfahren
  with canv do begin
   MoveTo(x, y+20); LineTo(x+20,y+20);          // Hinterrad
   Rectangle(x+20, y+11, x+40,y+29);            // Oberkörper
   Ellipse(x+36,y+16,x+44,y+24);                // Kopf mit Helm
   MoveTo(x+40, y+10); LineTo(x+50,y+10);       // linker Arm
   MoveTo(x+40, y+30); LineTo(x+50,y+30);       // rechter Arm
   MoveTo(x+50, y+5); LineTo(x+50,y+35);        // Lenker
   MoveTo(x+45, y+20); LineTo(x+70,y+20)        // Vorderrad
  end
 end;
end.
```

Formular-Unit

Wie immer genügt es, wenn wir uns auf den *Implementation*-Abschnitt beschränken:

```
implementation
```

Nicht nur die Klassen *TAuto* und *TFahrrad* werden benötigt, sondern auch die abstrakte Klasse *TFahrzeug*; Letztere wegen der Prozedur *anzeigen* (siehe weiter unten). Deshalb sind alle drei Units einzubinden:

```
uses Fahrzeug, Auto, Fahrrad;

var Auto1, Auto2: TAuto;
    Fahrrad1, Fahrrad2: TFahrrad;
    xb: Integer;         // nicht einsehbarer Streckenbereich

procedure TForm1.FormCreate(Sender: TObject);
 begin
  Auto1 := TAuto.Erzeugen(Shape1.Left-100, 10, clRed);
  Auto2 := TAuto.Erzeugen(Shape1.Left-100, 110, clBlue);
  Fahrrad1 := TFahrrad.Erzeugen(Shape1.Left-100, 200, clGreen);
  Fahrrad2 := TFahrrad.Erzeugen(Shape1.Left-100, 240, clBlack);
  Form1.Canvas.Brush.Style := bsClear
 end;
```

Die folgenden Methodenaufrufe spiegeln die einzelnen Bedienfunktionen der Fahrzeuge wider und erfolgen mit unterschiedlichen Werten der Übergabeparameter, weil natürlich ein Auto eine andere Beschleunigung und Bremsverzögerung hat als ein Fahrrad:

```
procedure TForm1.Button2Click(Sender: TObject);
begin
```

```
  Auto1.Gasgeben(0.5)
end;

procedure TForm1.Button1Click(Sender: TObject);
begin
  Auto1.Bremsen(1)
end;


procedure TForm1.Button4Click(Sender: TObject);
begin
  Auto2.Gasgeben(1.8)
end;


procedure TForm1.Button3Click(Sender: TObject);
begin
  Auto2.Bremsen(1.5)
end;


procedure TForm1.Button5Click(Sender: TObject);
begin
  Fahrrad1.Bremsen(0.5)
end;


procedure TForm1.Button6Click(Sender: TObject);
begin
  Fahrrad1.Strampeln(0.3)
end;


procedure TForm1.Button8Click(Sender: TObject);
begin
  Fahrrad2.Bremsen(0.5)
end;


procedure TForm1.Button9Click(Sender: TObject);
begin
  Fahrrad2.Strampeln(0.7)
end;
```

Was jetzt kommt, ist keine Methode von *TForm1*, sondern eine ganz normale Prozedur, die es allerdings in sich hat. Sie zeigt ein Fahrzeug auf dem Bildschirm an, egal ob ihr Übergabeparameter ein Fahrrad oder ein Auto ist.

```
procedure anzeigen(fhzg:TFahrzeug);              // zeigt Autos und Fahrräder an!
 begin
   fhzg.Zeichnen(Form1.Canvas, Form1.Color);
   fhzg.x := fhzg.x + Trunc(fhzg.tacho);
   if fhzg.x >= Form1.ClientWidth then fhzg.x := -xb;
   fhzg.Zeichnen(Form1.Canvas, fhzg.farbe)
 end;
```

Der Rest dürfte Ihnen aus den Vorgängerbeispielen bekannt vorkommen:

```
procedure TForm1.Timer1Timer(Sender: TObject);
var s:string;
begin
 anzeigen(Auto1);
 anzeigen(Auto2);
 anzeigen(Fahrrad1);
 anzeigen(Fahrrad2);
```

Tachometeranzeige nur für die Autos:

```
 Str(Auto1.tacho:5:1,s);
 Label1.Caption := s + 'km/h';
 Str(Auto2.tacho:5:1,s);
 Label2.Caption := s + 'km/h'
end;
```

Während der Laufzeit können Sie die Fensterbreite verändern:

```
procedure TForm1.FormResize(Sender: TObject);
begin
 xb := 3 * ClientWidth;   // Länge der Rennstrecke anpassen
 Timer1Timer(Self)        // Aufruf der Anzeige (im Timer-Event)
end;
```

Beim Beenden des Programms müssen die von unseren Objekten belegten Ressourcen wieder freigegeben werden:

```
procedure TForm1.FormClose(Sender: TObject; var Action: TCloseAction);
begin
  Auto1.Free;
  Auto2.Free;
  Fahrrad1.Free;
  Fahrrad2.Free
end;
```

Test

Endlich ist es geschafft und das ungleiche Rennen kann beginnen:

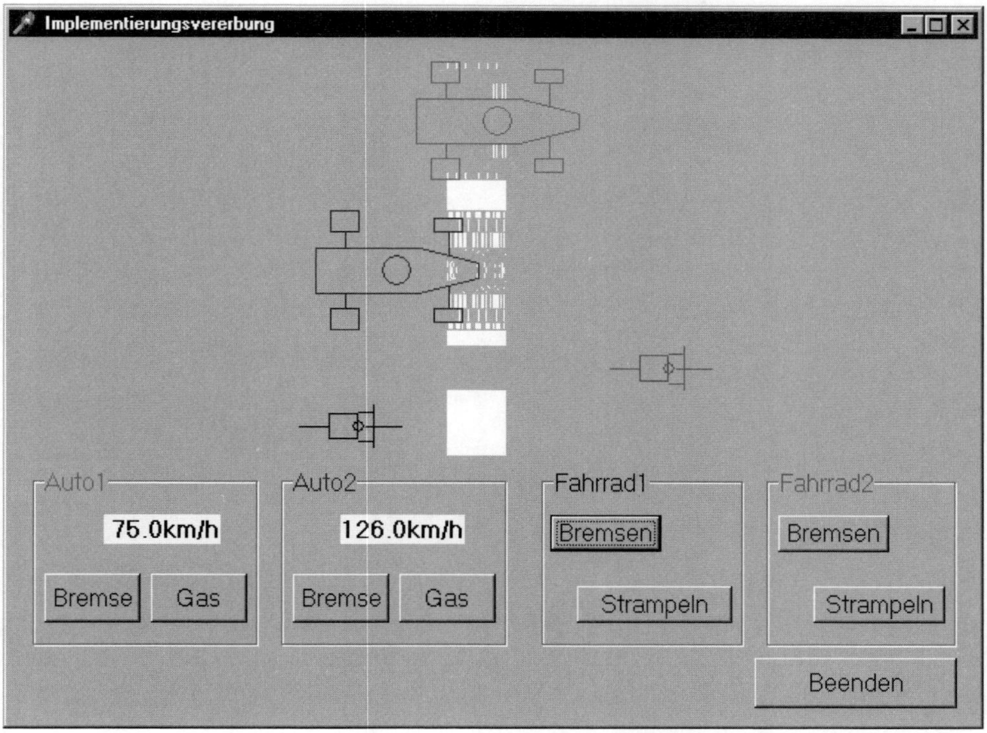

Bemerkung

Wer keine Lust zum Spielen hat, kann sich auch anhand einer total seriösen Anwendung im Wissenschaftskapitel in die Geheimnisse der OOP einführen lassen (13.7.2, "Kreuzprodukt von Vektoren").

Grafikprogrammierung

- Canvas-Objekt
- Koordinatensysteme
- Standarddialoge
- Grafikobjekte
- 2-D-Vektorgrafik

7 Grafikprogrammierung

Windows ist Grafik pur. Einen Unterschied zwischen Text- und Grafikmodus, wie unter DOS, gibt es nicht mehr, da auch Text als eine spezielle Form von Grafik aufgefasst wird. Delphi bietet für die Grafikprogrammierung vier grundsätzliche Varianten:

- Zeichnen von Grafiken mit z.B. *LineTo*, *Ellipse*, *Draw*, ... auf dem *Canvas* (Leinwand) einer Komponente (*Form, Image, Bitmap, Printer, ...*)
- Anzeige von Grafikdateien (z.B. *.BMP, *.WMF) in speziellen Container-Komponenten (z.B. *Image*, *PaintBox, ...*)
- Verwendung von *Shape*-Komponenten (z.B. als Rechteck, Ellipse, ...)
- Direkter Zugriff auf die Grafikschnittstelle von Windows über GDI-Funktionen

Das folgende Kapitel wird sich schwerpunktmäßig mit den ersten drei Varianten beschäftigen.

Die letzte Variante ist dem Kapitel 15 ("Fortgeschrittene Grafikprogrammierung") vorbehalten.

7.1 Das Canvas-Objekt

Der von DOS kommende Umsteiger ist es gewohnt, dass sich Grafikanweisungen stets auf den gesamten Bildschirm beziehen. Von dieser Vorstellung müssen Sie sich trennen! Unter Delphi haben wir es mit Grafikmethoden zu tun, die sich immer nur auf die Zeichenfläche (*Canvas*) eines bestimmten Objekts[1] beziehen, z.B.:

- Formulare
- Image-Komponenten
- Paintbox-Komponenten
- Drucker (Printer)

Dies hat unter anderem zur Folge, dass ein und dieselbe Grafikanweisung, auf unterschiedlichen Objekten ausgeführt, zu unterschiedlichen Ergebnissen führen kann.

Ein *Canvas*-Objekt kann weitere untergeordnete Objekte enthalten. Dazu zählen unter anderem *Pen*-, *Brush*- und *Font*-Objekte, die wiederum Eigenschaften haben.

Die folgende Abbildung soll diesen Sachverhalt am Beispiel des *Canvas* eines *Image*-Objekts verdeutlichen:

---

[1] Diese Objekte können auch unsichtbar sein, z.B. *TBitmap*.

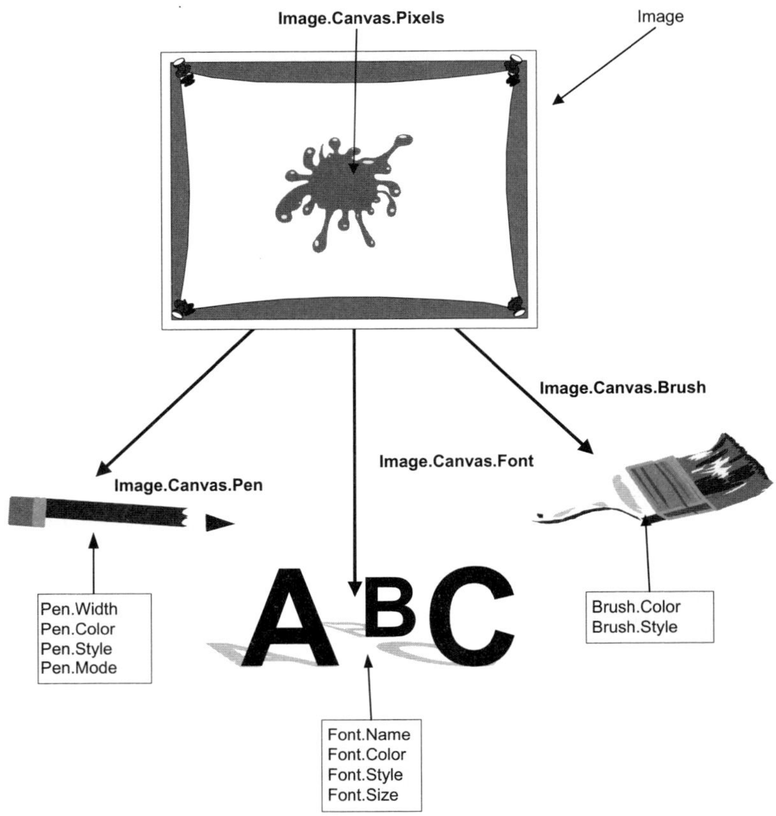

Während *Pen* Ihr "Stift" ist, mit dem Sie auf dem *Canvas* zeichnen und für den Sie die Eigenschaften *Width* (Linienstärke), *Color* (Farbe) und *Style* (Linienart) einstellen können, versteht man unter *Brush* die "Bürste", mit der man geschlossene Flächen mit Farbe und Muster ausfüllt. Hierfür und auch um z.B. eine andere Schriftfarbe einzustellen, müssen Sie wissen, für welches Objekt (*Form*, *Image*, *Printer*) diese Änderungen vorgenommen werden sollen.

Beispiel: So weisen Sie dem *Canvas* eines Formulars das "Malerwerkzeug" zu, d.h. einen roten Stift und eine gelbe Bürste.

```
Form1.Canvas.Pen.Color := clRed;
Form1.Canvas.Brush.Color := clYellow;
```

oder auch einfacher

```
Canvas.Pen.Color := clRed;
Canvas.Brush.Color := clYellow;
```

wenn sich der Quellcode in einem Event-Handler von *Form1* befindet.

Beispiel: Die Zuweisung einiger Eigenschaften für ein Bildfeld:

```
Form1.Image1.Canvas.Font.Color  := clRed;       // rote Schrift
```

```
Form1.Image1.Canvas.Font.Size    := 12;          // 12 dpI
Form1.Image1.Canvas.Pen.Color    := clBlack;     // schwarzer Zeichenstift
Form1.Image1.Canvas.Brush.Style := bsClear;     // transparente Füllung
```

Ziemlich aufwändig, nicht wahr? Wenn Sie mehrere Properties festlegen wollen, ist mit diesen "Bandwurmeigenschaften" schon eine ganze Menge an Tipparbeit verbunden. Aber vielleicht erinnern Sie sich noch an die *with*-Anweisung aus dem Sprachkapitel 2.

Beispiel: Obiges Beispiel kann kürzer so formuliert werden:

```
with Form1.Image1.Canvas do begin
   Font.Color  := clRed;
   Font.Size   := 12;
   Pen.Color   := clBlack;
   Brush.Style := bsClear
end;
```

Das sieht doch schon etwas freundlicher aus, aber nun der Reihe nach.

7.1.1 Koordinatensystem

In einem Delphi-Programm beziehen sich Koordinaten stets auf ein bestimmtes Objekt, d.h. auf ein Formular, auf eine Komponente oder auf den Drucker. Maßeinheit ist immer Pixel, was allerdings beim Drucker etwas sinnlos erscheint. Wer möchte schon, dass ein Bild auf einem 150-dpi-Drucker viermal so groß wie auf einem 600-dpi-Drucker ist? Wie Sie dieses Problem elegant umgehen, lesen Sie im Beispiel 8.10.1 ("Drucken einer Textdatei").

Ein weiteres Problem bereitet dann Kopfzerbrechen, wenn ein Programm auf Bildschirmen mit unterschiedlicher Grafikauflösung laufen soll, z.B. 640 x 480, 800 x 600 und 1024 x 768 Pixel. Zwar gibt es die Eigenschaften *PixelsPerInch* und *Scaled* (letztere muss *True* gesetzt werden, damit *PixelsPerInch* wirksam wird), und man kann durch diverse Umrechnungen für eine leidliche Anpassung sorgen, doch erfahrungsgemäß ist man erst dann auf der absolut sicheren Seite, wenn man das Brett an der dünnsten Stelle bohrt und seine Fenster nicht größer als die niedrigstmögliche Auflösung (640 x 480) entwirft bzw. unterschiedliche Versionen herausgibt[1].

Hinweis: Eine Koordinatenumwandlung ist auch mit den Methoden *ScreenToClient* und *ClientToScreen* möglich.

Es gibt noch eine Reihe weiterer Vorsorgemaßnahmen, die der Programmierer treffen kann, um seine Applikation weniger anfällig gegenüber unterschiedlichen Grafikauflösungen zu machen, beispielsweise das Zentrieren der Fenster.

[1] Eine plattformunabhängige Sprache wie Java löst dieses Problem durch so genannte Layout-Manager.

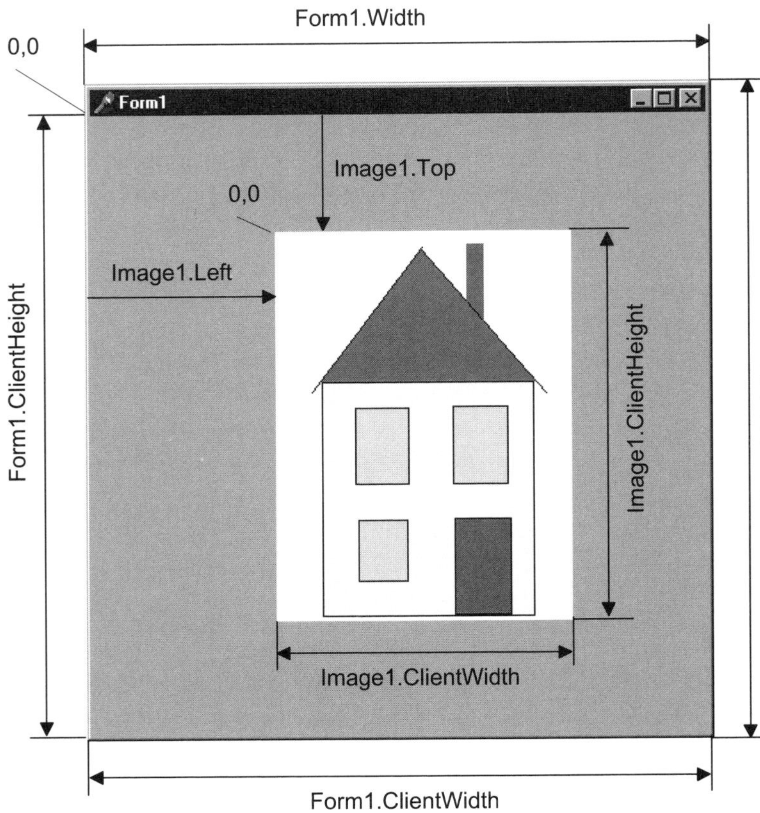

Obige Abbildung verdeutlicht die Bedeutung verschiedener Eigenschaften. *Left* und *Top* bezeichnen den Abstand der linken bzw. oberen Kante des Objekts zur linken bzw. oberen Kante des umgebenden Objekts (Clientbereich). *Width* und *Height* bezeichnen die äußeren Abmessungen eines Objekts. Beachten Sie, dass im vorliegenden Koordinatensystem die Y-Achse gekippt ist, d.h., positive Y-Werte werden nach unten abgetragen.

Wenn auch in obiger Abbildung *ClientWidth* und *Width* nahezu identisch erscheinen, so wird der Unterschied dann deutlich, wenn z.B. ein dickerer Rahmen oder eine vertikale Bildlaufleiste hinzukommen. Wesentlich wird diese Unterscheidung bei vielen GDI-Funktionen, denen Sie eine Variable vom Typ *TRect* übergeben müssen (siehe Kapitel 15). Verwenden Sie in diesen Fällen immer die Innenabmessungen der Komponenten (z.B. *Image*).

7.1.2 Grundlegende Zeichenfunktionen

Die Zeichenfunktionen unter Delphi sind meist Methoden und nur ausnahmsweise Eigenschaften des *Canvas*-Objekts. Die zu übergebenden Koordinaten sind im Allgemeinen vom *Integer*-Typ.

Punkt

Auf einen Punkt greifen Sie über die *Pixels*-Eigenschaft zu.

Syntax: `Canvas.Pixels[x,y:Integer]`

Beachten Sie die eckigen Klammern!

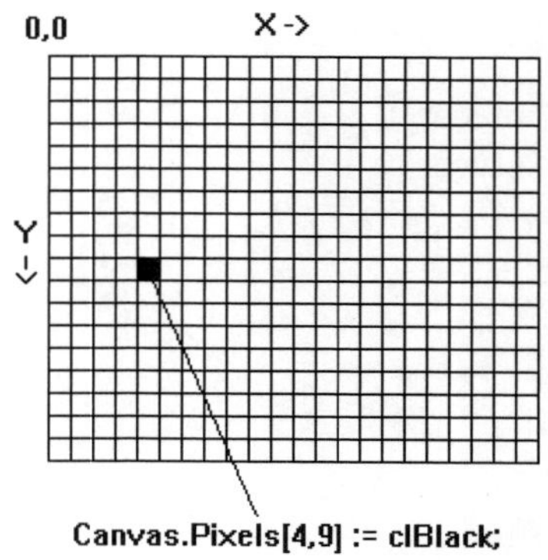

Beispiel: Eine waagerechte blaue Linie auf *Form1* zeichnen.

```
var i: Word;
...
for i := 0 to Form1.ClientWidth do Form1.Canvas.Pixels[i,100] := clBlue
```

Der Vorteil einer Eigenschaft anstatt einer Methode ist, dass Sie damit die Farbe eines Punktes nicht nur setzen, sondern auch lesen können.

```
var farbe: TColor;
...
farbe := Canvas.Pixels[300,50];
```

Aktuelle Stiftposition

Die Eigenschaft *PenPos* spiegelt die gegenwärtige Position des Stifts wider.

Syntax: `Canvas.PenPos: TPoint`

Der (von Delphi bereitgestellte) Datentyp *TPoint* hat folgende Struktur:

Syntax:
```
TPoint = record
           X,Y: LongInt;
         end;
```

```
var ecke: TPoint; links: LongInt;
...
links := Canvas.PenPos.X;
ecke  := Canvas.PenPos;
```

Linie

Linien können Sie nicht mit einem einzigen Befehl zeichnen. Legen Sie zuerst den Startpunkt mit der Methode *MoveTo* fest. Gezeichnet wird von dieser Position aus mit der Methode *LineTo*, die den Endpunkt bestimmt:

Syntax:
```
Canvas.MoveTo(x1,y1:Integer);
Canvas.LineTo(x2,y2:Integer)
```

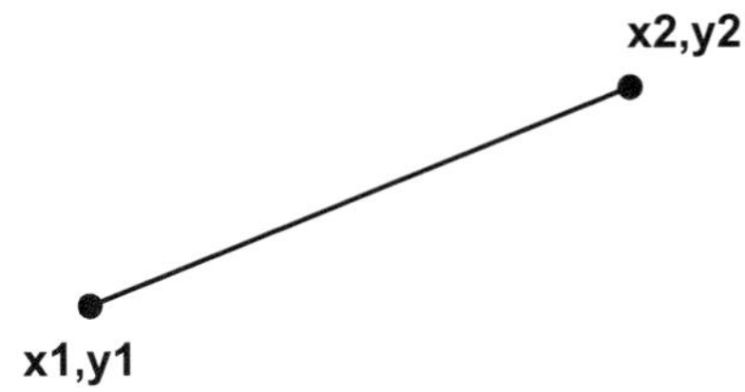


```
Image1.Canvas.MoveTo(10,10); Image1.Canvas.LineTo(100,100);
```

Auch über diese Absonderlichkeit von Delphi sollte man Bescheid wissen:

Hinweis: Der Endpunkt gehört nicht mehr mit zur Linie!

Kreis, Ellipse

Eine direkte Funktion zum Zeichnen eines Kreises gibt es nicht. Der Kreis wird als Spezialfall der Ellipse angesehen. Als Koordinatenangaben dienen die linke obere und die rechte untere Ecke des umrahmenden Rechtecks.

Syntax:
```
Canvas.Ellipse(x1,y1,x2,y2:Integer)
```

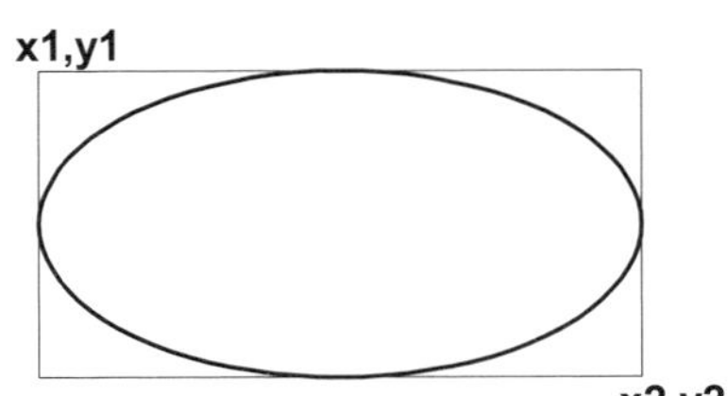


```
Canvas.Ellipse(25,67,143,231);
```

... zeichnet eine Ellipse.

```
Canvas.Ellipse(25,25,100,100);
```

... zeichnet einen Kreis mit einem Durchmesser von 75 Pixeln.

```
Canvas.Ellipse(x0-r,y0-r,x0+r,y0+r);
```

... zeichnet einen Kreis mit dem Mittelpunkt *x0,y0* und dem Radius *r*.

Rechteck

Das Zeichnen von Rechtecken bedarf wohl keiner besonderen Erläuterung.

Syntax: `Canvas.Rectangle(x1,y1,x2,y2:Integer)`

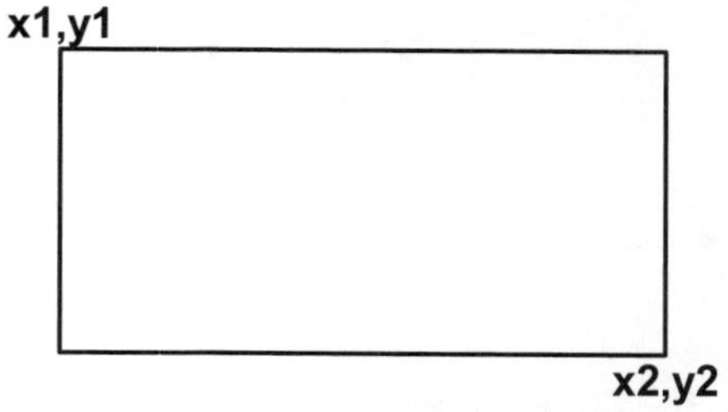


```
Image1.Canvas.Rectangle(10,10,100,100);
```

Abgerundetes Rechteck

Diese Figur wird wie ein Rechteck gezeichnet, die Ecken werden jedoch als Ellipsenviertel der Breite *X3* und der Höhe *Y3* dargestellt. Ist *Brush.Style* <> *bsClear* wird das Rechteck mit dem aktuellen Pinsel gefüllt.

Syntax: `Canvas.RoundRect(X1, Y1, X2, Y2, X3, Y3: Integer)`

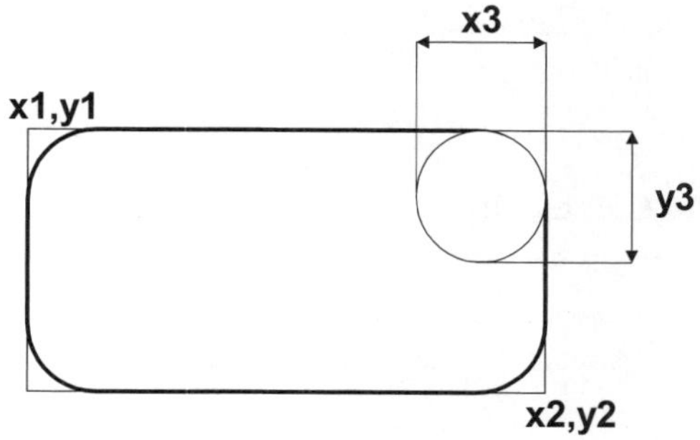


```
Canvas.RoundRect(10,10,100,100,10,5);
```

Tortenstück

Die Methode *Pie* zeichnet ein Segment, das durch eine Ellipse und zwei Linien begrenzt ist. Für *Brush.Style* <> *bsClear* wird das Segment mit dem aktuellen Pinsel gefüllt.

Syntax: `Canvas.Pie(X1, Y1, X2, Y2, X3, Y3, X4, Y4: LongInt)`

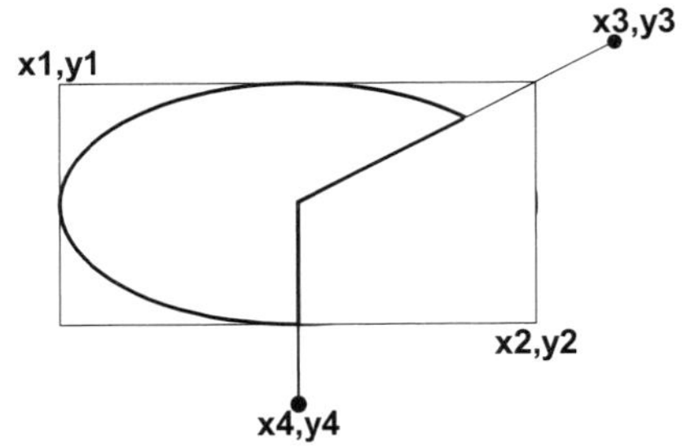


```
Canvas.Pie(0,0,500,400, 500, 0, 250, 400);
```

Bogenstück

Die Methode *Arc* zeichnet im Gegensatz zur Methode *Pie* nur den Bogen, nicht die Verbindungen zum Ellipsenmittelpunkt. Aus diesem Grund kann die Figur auch nicht gefüllt werden.

Syntax: `Canvas.Arc(x1,y1,x2,y2,x3,y3,x4,y4:Integer)`

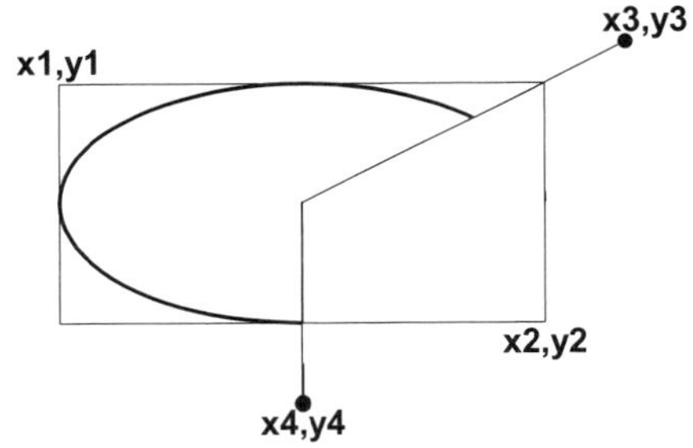


```
Canvas.Pie(0,0,500,400, 500, 0, 250, 400);
```

Kreisstück

Mit Hilfe der Methode *Chord* können Sie den Teil eines Kreises zeichnen, der durch eine Sehne abgeteilt ist.

Syntax: `Canvas.Chord(x1,y1,x2,y2,x3,y3,x4,y4:Integer)`

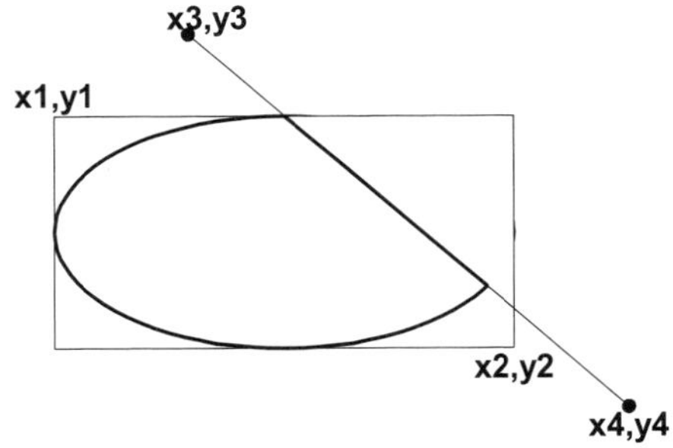


```
Canvas.Chord(0,0,500,400, 500, 0, 250, 400);
```

Mehrfachlinie

Die *PolyLine*-Methode arbeitet ähnlich wie *MoveTo* und *LineTo*, Sie können jedoch mehrere Punkte auf einmal übergeben.

Syntax: `Canvas.PolyLine([Point(x1,y1),Point(x2,y2),Point(x3,y3), ...])`

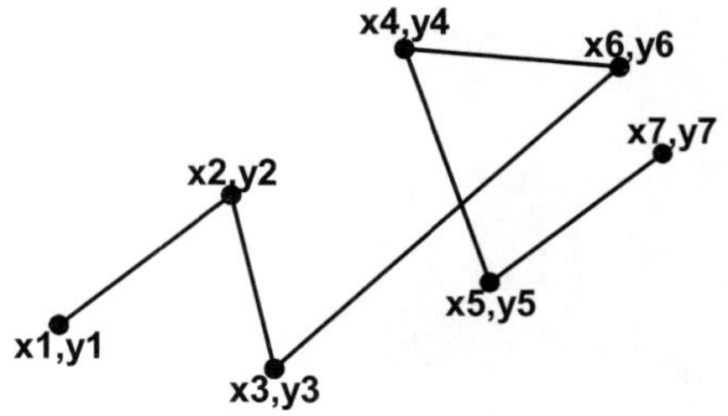


```
Canvas.PolyLine([Point(10,15),Point(100,200),Point(300,150)]);
```

oder etwas umständlicher:

```
var punkte: array[1..3] of TPoint;
...
punkte[1].x := 10;  punkte[1].y := 15;
punkte[2].x := 100; punkte[2].y := 200;
punkte[3].x := 300; punkte[3].y := 150;
Canvas.PolyLine(punkte);
```

Polygon

Möchten Sie ein gefülltes n-Eck zeichnen, müssen Sie auf die *Polygon*-Methode zurückgreifen.

Syntax: `Canvas.Polygon([Point(x1,y1),Point(x2,y2),Point(x3,y3), ...])`

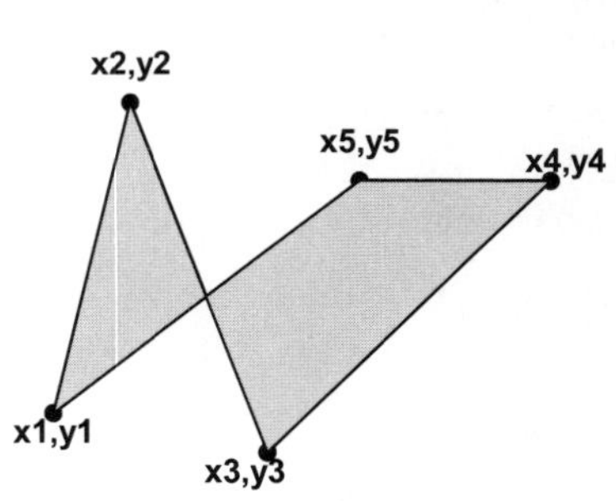

Füllfarbe und -muster entsprechen der aktuellen *Brush*-Eigenschaft des Canvas.

```
Canvas.Polygon([Point(10,10),Point(100,200),Point(300,150)]);
```

Hinweis: Die Linie vom letzten Punkt zum ersten wird automatisch gezogen und schließt den Umriss.

7.1.3 Farben

Farben setzen sich unter Windows aus der additiven Überlagerung der drei Grundfarben Rot, Grün und Blau zusammen (RGB). Da jeder Farbanteil in 256 Farbstufen unterteilt ist, ergibt sich eine maximale Anzahl von ca. 16 Mio. Farben. Bei dieser Auflösung ist das menschliche Auge nicht mehr in der Lage, einzelne Abstufungen wahrzunehmen, man spricht von Echtfarben.

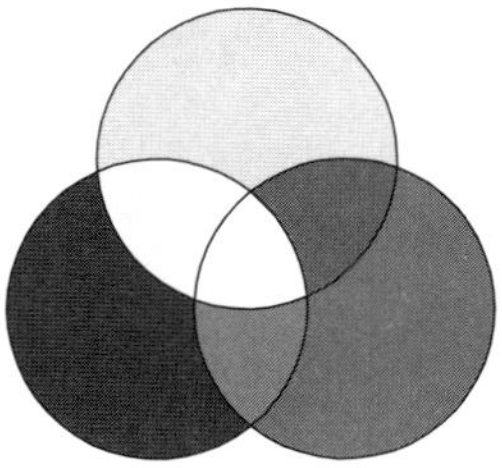

Hinweis: Beachten Sie, dass eine additive Farbmischung auf einem Drucker nicht sinnvoll ist. Rot + Blau + Grün ergeben Schwarz und nicht Weiß, aber dies nur nebenbei, da Windows uns weitergehende Überlegungen dieser Art abnimmt.

Unter Delphi werden Farbwerte als Datentyp *TColor* abgespeichert.

```
var hColor : TColor;
...
hColor := Canvas.Brush.Color;
```

Hinweis: Brauchen Sie eine Variable zum Zwischenspeichern von Farbwerten, kann diese vom Typ *TColor* oder *LongInt* sein.

Für das Zuweisen von Farbwerten gibt es zwei prinzipielle Möglichkeiten:

- Benutzen der in der Unit *Graphics* definierten Farbkonstanten
- Verwenden einer 4-Byte-Hexadezimalzahl

Beispiel: Zwei Möglichkeiten, um die Farbe Rot zuzuweisen:

```
Canvas.Brush.Color := clRed;
```

oder

```
Canvas.Brush.Color := $000000FF;
```

Im Folgenden wollen wir uns jede der beiden Varianten näher anschauen.

RGB-Farben

Um zu verstehen, wie Farbwerte als 4-Byte-Hexadezimalzahl gespeichert werden können, müssen wir wissen, dass zur Darstellung eines Bytes zwei Hexziffern benötigt werden. Eine einzelne Hexziffer wird durch eines der 16 Zeichen 0, 1, 2, 3, 4, 5, 6, 7, 8, 9, A, B, C, D, E, F dargestellt. Die drei niederwertigen Bytes geben die RGB-Farbintensität für Blau, Grün und Rot an.

Pro Byte können demnach 256 Werte gespeichert werden. Der Wert $00FF0000 entspricht einem reinen Blau mit voller Intensität, der Wert $0000FF00 einem reinen Grün und der Wert $000000FF einem reinen Rot. $00000000 gibt Schwarz und $00FFFFFF Weiß an.

Beispiel: In der Abbildung wird eine graublaue Farbe definiert.

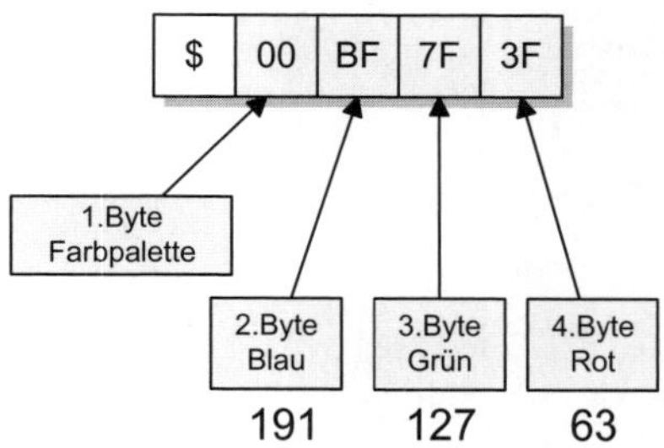

Wenn das höchstwertige Byte den Wert null ($00) hat, sind die Farben denen in der Systempalette am ähnlichsten. Ist es eins ($01), entspricht die Farbe etwa derjenigen in der aktuell realisierten Palette. Zwei ($02) bedeutet, der Wert wird an die ähnlichste Farbe in der logischen Palette des aktuellen Gerätekontexts angepasst.

Um sich die lästige Umrechnerei in Hexadezimalzahlen zu ersparen, kann man auch eine Funktion schreiben, der die einzelnen Farbanteile als Prozentwerte zwischen 0 und 100 übergeben werden:

```
function RGB(rot, gruen, blau: Byte): TColor;
begin
  result := StrToInt('$00' + IntToHex(blau * 255 div 100, 2)
 + IntToHex(gruen * 255 div 100,2) + IntToHex(rot * 255 div 100, 2))
end;
```

Beispiel: Kreis mit graublauer Mixfarbe (75 % Blau-, 50 % Grün- und 25 % Rotanteil)

```
Canvas.Brush.Color := RGB(25,50,75);
Canvas.Ellipse(100,100,300,300);
```

Hinweis: Ein Beispielprogramm "Farben mischen" finden Sie im Praxisteil des Kapitels.

Farbkonstanten

In der Unit *Graphics* sind zahlreiche Konstanten für *TColor* definiert. Diese Konstanten unterteilen sich in zwei Gruppen:

- Die Farbkonstanten werden direkt der ähnlichsten Farbe in der Systempalette zugeordnet (z.B. *clRed* für die Farbe Rot).
- Die Farbkonstanten werden der entsprechenden Systemfarbe für Desktop-Elemente zugeordnet, die im Dialogfeld "Farben" der Windows-Systemsteuerung definiert ist (z.B. *clBtnFace* für Schaltflächen).

Hier eine Zusammenstellung:

Konstanten für ähnlichste Systemfarben	Konstanten für Desktop-Farben
clAqua, clBlack, clBlue, clDkGray, clFuchsia, clGray, clGreen, clLime, clLtGray, clMaroon, clNavy, clOlive, clPurple, clRed, clSilver, clTeal, clWhite, clYellow.	*clActiveBorder, clActiveCaption, clAppWorkSpace, clBackground, clBtnFace, clBtnHighlight, clBtnShadow, clBtnText, clCaptionText, clGrayText, clHighlight, clHighlightText, clInactiveBorder, clInactiveCaption, clInactiveCaptionText, clMenu, clMenuText, clScrollBar, clWindow, clWindowFrame, clWindowText*

7.1.4 Linienfarbe, Muster und Pinsel

Farbeigenschaften

Für die Ausgabe von Linien, Mustern und Texten sind für uns vor allem folgende Eigenschaften und Objekte interessant:

Eigenschaft	Objekt	Bemerkungen
Linienfarbe	*Pen.Color*	... ist gleichzeitig Rahmenfarbe für Kreise, Rechtecke etc.
Füllfarbe	*Brush.Color*	... wird nur berücksichtigt, wenn *Brush.Style* <> *bsClear*.
Füllmuster	*Brush.Style*	Die Farbe des Füllmusters hängt von *Brush.Color* ab. Die möglichen Füllmuster finden Sie in der folgenden Abbildung.
Textfarbe	*Font.Color*	Abhängig von der Farbauflösung kann nicht jede Farbe zugewiesen werden.

Füllmuster

Beachten Sie in der folgenden Zusammenstellung, dass die Konstante *bsClear* die Füllfarbe *Brush.Color* außer Kraft setzt und quasi den Hintergrund "durchscheinen" lässt (transparente Füllung). Der Standardwert ist *bsSolid*:

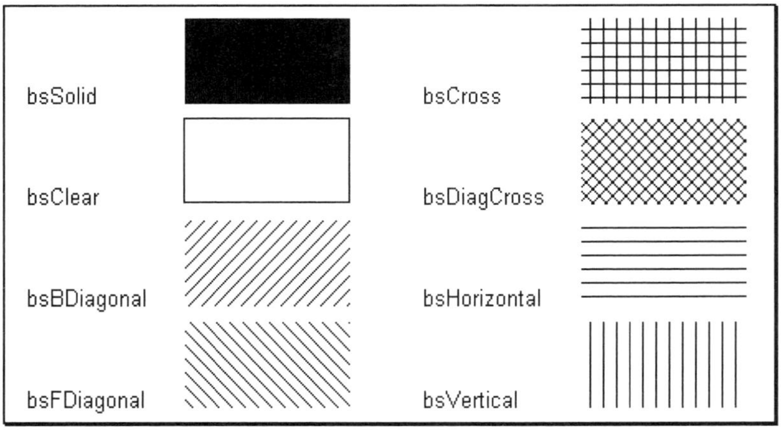

Hinweis: Die obigen Füllmuster sind nicht vom gesetzten Abbildungsmodus abhängig, d.h., auf einem hochauflösenden Ausgabegerät (z.B. Laserdrucker) kann sich der Linienabstand sehr stark verringern. Für das DIN-gerechte Schraffieren von Flächen müssen Sie gegebenenfalls mit einem eigenen Algorithmus sorgen (siehe Regions).

7.1.5 Linien und Stifte

Linieneigenschaften

Im Wesentlichen bietet Delphi nur drei Eigenschaften, um Linienart und -form zu beeinflussen:

Eigenschaft	Objekt	Beschreibung
Linienbreite	*Pen.Width*	... in Pixeln, die Linien-Enden werden abgerundet.
Linientyp	*Pen.Style*	... nur wenn *Pen.Width = 1*, siehe nächste Abbildung.
Zeichenmodus	*Pen.Mode*	... Farbverknüpfung mit dem Hintergrund.

Linientypen

Der *Pen.Style*-Eigenschaft des *Canvas*-Objekts können Sie die folgenden Konstanten zuweisen:

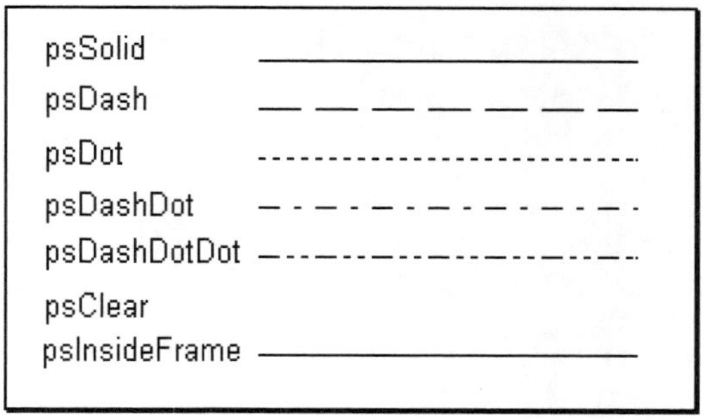

Ein Anwendungsbeispiel finden Sie im Praxisteil des vorliegenden Kapitels.

Zeichenmodus

Mit *Pen.Mode* legen Sie fest, in welcher Farbe eine Linie bzw. ein Pixel erscheint. "Wird dies nicht bereits mit der Eigenschaft *Pen.Color* entschieden?", werden Sie erstaunt fragen. Die Antwort ist ein klares Jein, denn die resultierende Linienfarbe entspricht nur dann der Stiftfarbe, wenn *Pen.Mode* auf seinen Standardwert *pmCopy* gesetzt ist. In allen anderen Fällen kann eine völlig neue Farbe als Resultat einer bestimmten Verknüpfung mit dem Hintergrund entstehen.

Im folgenden Beispiel wird der verzweifelte, weil farblose, Versuch unternommen, die insgesamt 16 verschiedenen Werte der Eigenschaft *Pen.Mode* zu erläutern.

Beispiel: Ein Farbgitter laut folgender Abbildung wird erzeugt. Die senkrechten Balken sind in den 16 Standard-Farben (2 = *clRed*), die waagerechten Balken hingegen immer mit *Pen.Color* = *clRed* gezeichnet. Nur bei *Pen.Mode* = *pmCopy* entsteht aber tatsächlich ein roter waagerechter Balken.

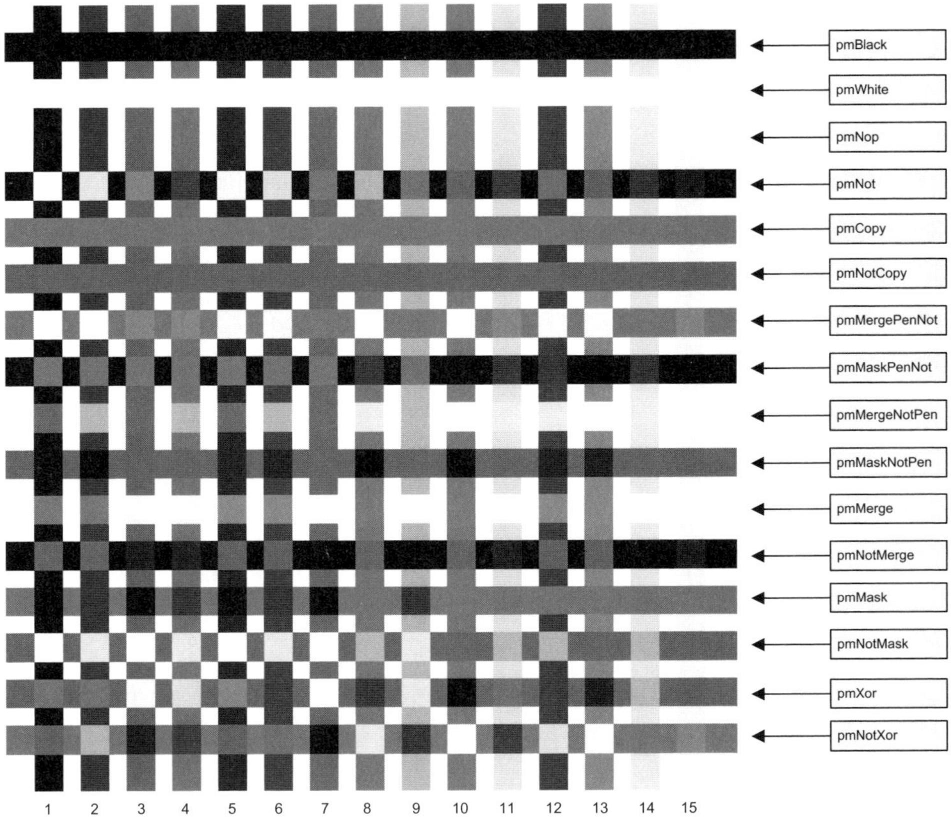

Die folgende Funktion liefert die 16 Farbkonstanten:

```
function qbColor(i:Integer):TColor;
begin
 case i of
   0: result:=clBlack;    1: result:=clMaroon; 2: result:=clGreen;
                          3: result:=clOlive;
   4: result:=clNavy;     5: result:=clPurple; 6: result:=clTeal;
                          7: result:=clGray;
   8: result:=clSilver;   9 :result:=clRed;    10: result:=clLime;
                         11: result:=clBlue;
  12: result:=clFuchsia; 13: result:=clAqua;   14: result:=clYellow;
                         15: result:=clWhite
 end
end;
```

Das Farbgitter wird erzeugt:

```
procedure TForm1.FormPaint(Sender: TObject);
var i:Integer;
begin
 with Canvas do begin
          Pen.Width := 25;                              // Balkenbreite
```

Vertikale Farbbalken zeichnen:

```
          for i := 0 to 15 do begin
                MoveTo((i+1)*40,0);
                Pen.Color := qbColor(i);                // neue Zeichenfarbe
                LineTo((i+1)*40,ClientHeight)
          end;
```

Horizontale Farbbalken zeichnen:

```
          Pen.Color := clRed;
          for i := 0 to 15 do begin
                Pen.Mode := TPenMode(i);               // neuer Zeichenmodus
                MoveTo(0,(i+1)*40);
                LineTo(ClientWidth,(i+1)*40)
          end
     end
 end;
```

Es wird empfohlen, sich dieses Beispiel direkt von der Buch-CD zu laden und live anzusehen, denn nur so erhalten Sie einen informativen (weil farbigen) Eindruck!

Animationen

In der Praxis haben neben *pmCopy* vor allem *pmXOR* und *pmNotXOR* als Werte für die Eigenschaft *Pen.Mode* Bedeutung. Damit lassen sich auf einfachste Weise Animationen erzeugen, da eine zweifache Anwendung der XOR-Verknüpfung die Originalfarbe wiederherstellt und damit der Hintergrund quasi restauriert wird.

Beispiel: Auf einem Formular mit einem Timer (*Interval* = 100) wird ein sich langsam von links nach rechts bewegender Kreis erzeugt. Dieser wandert durch ein gefülltes Rechteck, ohne es zu verletzen.

```
var x1:Integer = 10; y1:Integer = 100;  //  Anfangsposition
    x2:Integer = 60; y2:Integer = 150;
procedure TForm1.Timer1Timer(Sender: TObject);
begin
 Canvas.Ellipse(x1,y1,x2,y2);   // Löschen der alten Position durch Überzeichnen
 Inc(x1,2); Inc(x2,2);                    // neue Position einstellen
 Canvas.Ellipse(x1,y1,x2,y2)              // auf neuer Position zeichnen
```

```
end;
procedure TForm1.FormPaint(Sender: TObject);
begin
 Canvas.Pen.Mode := pmCopy;                    // Standardeinstellung
 Canvas.Brush.Color := clRed;                  // rote Füllfarbe
 Canvas.Rectangle(200,50,400,200);             // ein rot gefülltes Rechteck
 Canvas.Pen.Mode := pmXOR;                     // XOR-Verknüpfung der Pixel
 Canvas.Ellipse(x1,y1,x2,y2);                  // Anfangsposition zeichnen
 Timer1.Enabled := True                        // Animation starten
end;
```

Nach Programmstart sehen Sie, dass die Füllfarbe des Kreises nicht *Brush.Color = clRed* entspricht, sondern in Abhängigkeit von der Farbe des Untergrunds zwischen Türkis und Schwarz wechselt. Wen das stört, der sollte es einmal mit *Pen.Mode := pmNotXOR* oder *Brush.Style := bsClear* versuchen.

Bemerkungen

- Keine Frage, dass Sie auf diese Weise auch Männchen quer über den *Canvas* sprinten lassen oder gar ein richtiges Autorennen programmieren können. Siehe dazu auch die Beispiele im Kapitel 6 (OOP).
- Eine weitere Anwendung finden Sie im Praxisteil dieses Kapitels (7.5.2, Erzeugen eines Markierungsrahmens).

7.1.6 Textausgabe

Auch die Ausgabe von Text wird in Delphi mit Grafikmethoden realisiert.

TextOut

Diese Methode ist die einfachste Möglichkeit, einen Text auf den Bildschirm bzw. auf Papier zu bringen. Als Schriftart wird dabei der aktuelle Wert von *Font* verwendet.

Syntax: `Canvas.TextOut(X,Y:Integer,Text:String);`

X und *Y* bezeichnen die linke obere Ecke des Ausgabe-Rechtecks.

```
Canvas.TextOut(100,100,'Äquator');
```

TextRect

Wenn Sie nur denjenigen Teil eines Textes ausgeben wollen, der innerhalb eines Clipping-Rechtecks liegt, verwenden Sie diese Methode.

Syntax: `Canvas.TextRect(Rect: TRect; X, Y: Integer; Text: string)`

Die Maße des begrenzenden Rechtecks müssen Sie in einer Variablen vom Typ *TRect* übergeben:

Syntax:
```
TRect = record
        case Integer of
         0: (Left, Top,
             Right, Bottom: Integer);
         1: (TopLeft,
             BottomRight: TPoint);
        end;
```

Hinweis: Typen wie *TRect* oder *TPoint* brauchen Sie nicht zu deklarieren, sie werden von Delphi bereitgestellt!

Sie können die Zuweisung der Einzelwerte für das Rechteck vereinfachen, wenn Sie die Funktion *Bounds* verwenden.

```
var rec: TRect;
...
rec := Bounds(40,40,100,100);
Canvas.TextRect(Rec,10,10,'Hallo');
```

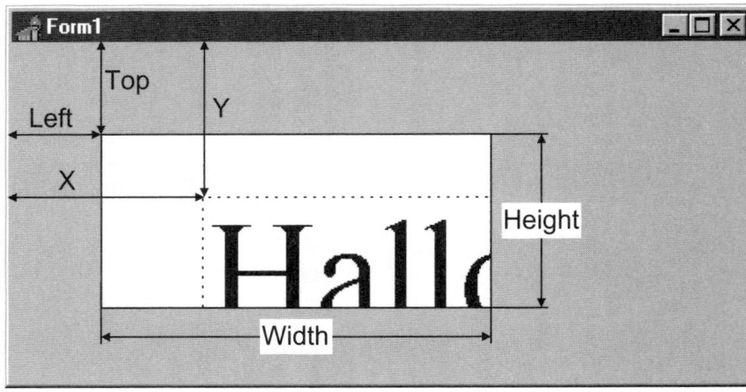

TextWidth und TextHeight

Beide Methoden erlauben das Feststellen von Breite und Höhe eines auszugebenden Strings.

Syntax: `Canvas.TextWidth(text:String):Integer`

Beispiel: Folgende nutzerdefinierte Methode, die Sie der Typdeklaration des Formulars hinzufügen, erlaubt das exakte Positionieren eines auszugebenden Textstrings in Formularmitte.

```
procedure TForm1.zentriereText(txt: String);
var x,y: Integer;
begin
  x := (ClientWidth - Canvas.TextWidth(txt)) div 2;
  y := (ClientHeight - Canvas.TextHeight(txt)) div 2;
  Canvas.TextOut(x, y, txt)
end;
```

Hinweis: *TextWidth* liefert denselben Wert zurück wie der Aufruf von *TextExtent(Text).cx*. Analoges gilt für *TextHeight* und *TextExtend(Text).cy*.

Fontabmessungen

Die Texthöhe in Pixeln können Sie auch mit *Font.Height* ermitteln:

In einigen Fällen ist es allerdings günstiger, die Texthöhe in Punkten anzugeben. Verwenden Sie dazu die Eigenschaft *Font.Size*.

Zuweisen der Schriftkonstanten

Möchten Sie gezielt Schriftoptionen wie Fett, Kursiv etc. setzen, hilft Ihnen die Eigenschaft *Style* weiter:

Beispiel: Schriftart auf Fett und Kursiv festlegen

```
Canvas.Font.Style := [fsBold, fsItalic];
```

7.2 Standarddialoge

Jeder, der mit der Bedienung von Windows-Programmen vertraut ist, kennt diese modalen Dialogboxen. Auch Delphi stellt sie zur Verfügung, indem einfach die entsprechenden Ressourcen der Windows-Bibliothek (API) angezapft werden. Die entsprechenden Steuerelemente finden Sie auf der "Dialoge"-Seite der Komponentenpalette. Es ist typisch, dass diese Komponenten zur Laufzeit ein völlig anderes Aussehen annehmen. Für Grafikanwendungen sind vor allem der Font-Dialog und der Farbauswahl-Dialog von Interesse.

7.2.1 Standarddialog zur Schriftauswahl

Für die Auswahl einer Schriftart kann zur Laufzeit der Standarddialog "Schriftauswahl" verwendet werden. Dazu ist die Komponente *Fontdialog* auf dem Formular zu platzieren.

Programmierung

Die Aktivierung erfolgt erst zur Laufzeit mittels *Execute*-Methode:

```
procedure TForm1.Button1Click(Sender: TObject);
begin
  fontDialog1.Execute
end;
```

Nach der Ausführung können Sie über die *Font*-Eigenschaft (Type *TFont*) alle Schriftparameter abfragen:

```
var schriftfarbe : TColor;
schriftfarbe := Fontdialog1.Font.Color;
```

bzw. Sie weisen diese Schriftart einem Ausgabegerät zu.

```
Image1.Canvas.Font := FontDialog1.Font;
```

Der Schriftarten-Dialog:

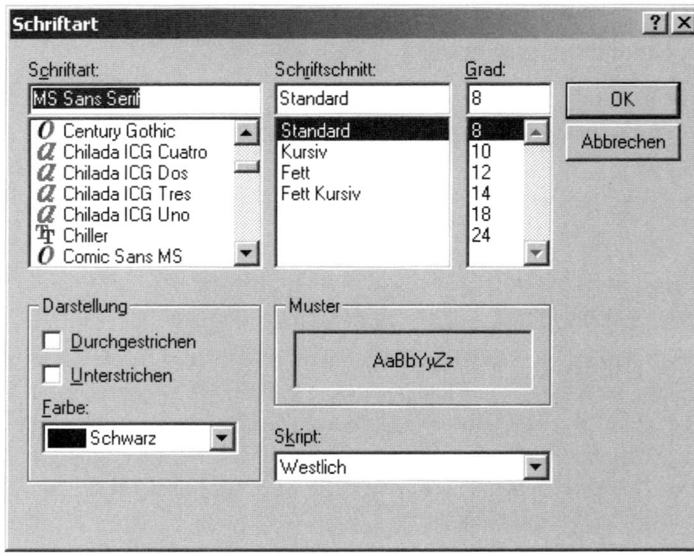

Weitere Eigenschaften

Außer der *Font*-Eigenschaft sind noch folgende Properties von Bedeutung:

Eigenschaft	Beschreibung
Device	Anzeige der Schriftarten für: Drucker, Bildschirm, Drucker/Bildschirm
MaxFontSize *MinFontSize*	Ist die Option *fdLimitSize* gesetzt, werden nur Schriftarten angezeigt, die in diesem Bereich liegen.

Optionen

Die wichtigsten Werte für die Eigenschaft *Options* finden Sie in der Tabelle:

Option	Beschreibung
fdAnsiOnly	nur ANSI-Schriftarten
fdEffects	Anzeige der Optionen für: ▪ Unterstrichen ▪ Durchgestrichen ▪ Farbe
fdFixedPitchOnly	nur Bitmap-Fonts
fdForceFontExist	Fehlermeldung aktivieren, wenn Schriftattribut nicht existiert
fdLimitSize	nur Schriften größer *Min* und kleiner *Max*
fdNoVektorfonts	keine Vektorschriften

Option	Beschreibung
fdNoOEMFonts	nur skalierbare Schriftarten
fdShowHelp	Help-Button anzeigen
fdTrueTypeOnly	nur True Type-Fonts
fdWysiwyg	nur Schriften, die auf Drucker und Bildschirm gleichzeitig verfügbar sind

7.2.2 Standarddialog zur Farbauswahl

Für die Auswahl von Farben können Sie während der Laufzeit den Standarddialog "Farben" verwenden. Platzieren Sie dazu die Komponente *ColorDialog* auf dem gewünschten Fenster.

Der Standard-Farbdialog in Aktion:

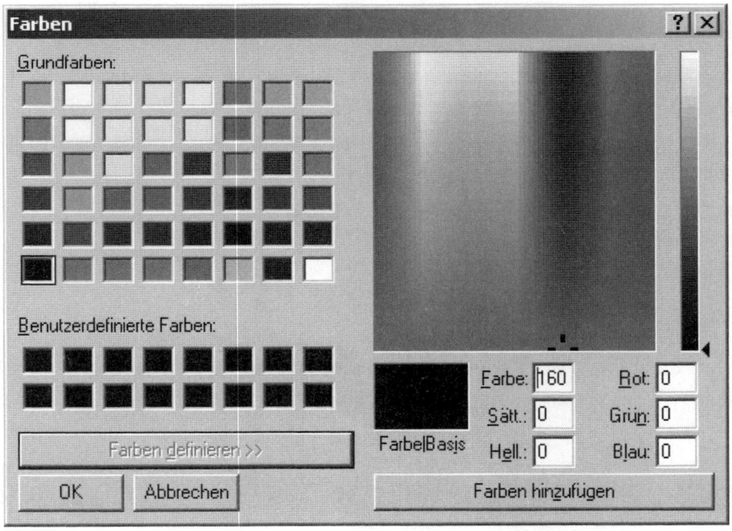

Auch dieser Dialog wird zur Laufzeit über die *Execute*-Methode aktiviert:

```
procedure TForm1.Button1Click(Sender: TObject);
begin
  ColorDialog1.Execute
end;
```

Den Rückgabewert können Sie mit der Eigenschaft *Color* auswerten:

```
Image1.Canvas.Brush.Color := ColorDialog1.Color;
```

Möchten Sie die Farbdefinition verhindern, müssen Sie die Eigenschaft *Options* wie folgt festlegen:

```
[cdPreventFullOpen]
```

7.3 Grafik-Komponenten

Die wichtigsten grafischen Ausgabeobjekte sind das *Form*-Objekt, die *Paintbox*- und die *Image*-Komponente. Alle verfügen natürlich als wichtigstes gemeinsames Merkmal über die *Canvas*-Eigenschaft[1], d.h., zur Laufzeit können Bilder (Zeichnungen) mittels Grafikmethoden erzeugt und angezeigt werden. Außerdem sollen in diesem Abschnitt auch noch das quasi "unsichtbare" *Bitmap*-Objekt sowie die *Shape*-Komponente betrachtet werden.

7.3.1 Form und Paintbox

Man kann die *PaintBox*-Komponente ohne Übertreibung als die "kleine Schwester" des Formulars bezeichnen, zumindest was die Grafikfähigkeiten betrifft. Die folgenden Ausführungen beziehen sich zwar auf das *Form*-Objekt, lassen sich aber auch ohne weiteres auf die *PaintBox* übertragen (auf Besonderheiten wird zum Schluss eingegangen).

Grafik zeichnen

Es ist ein Windows-typisches Merkmal, dass diese Objekte (vor allem Fenster) durch den Benutzer oder das Programm ständig manipuliert werden (verschieben, verdecken, vergrößern, verkleinern). Sehr häufig muss deshalb der Inhalt des Canvas auf dem Bildschirm neu aufgebaut werden, z.B. nach dem Freilegen eines vorher verdeckten Fensters.

```
procedure TForm1.Button1Click(Sender: TObject);    // Zeichnen
begin
  Canvas.Ellipse(50,20,400,200)
end;
```

Überdecken Sie die Ellipse vorübergehend mit einem anderen Fenster, so kann Ihr Werk sehr schnell beschädigt werden und ist nur durch erneutes Klicken des Buttons "Zeichnen" wieder zu reparieren:

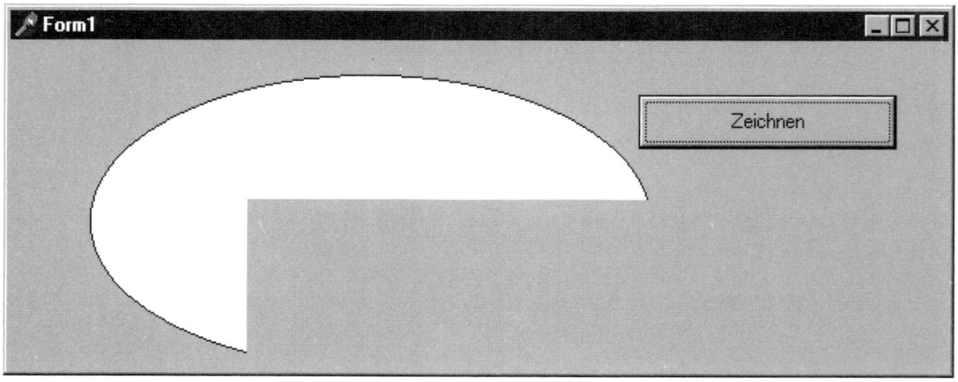

Um einen automatischen Wiederaufbau der Fenstergrafik zu gewährleisten, nutzen Sie das *OnPaint*-Ereignis. Es wird immer dann ausgelöst, wenn die Grafik oder Teile davon neu gezeichnet werden

[1] Diese Eigenschaft ist wiederum ein Objekt.

müssen. In den zugehörigen Event-Handler schreiben Sie einfach die Anweisungen zum Neuzeichnen der Grafik hinein.

```
procedure TForm1.FormPaint(Sender: TObject);
begin
 Canvas.Ellipse(50,20,400,200)
end;
```

Auf einen Button "Zeichnen" können Sie verzichten, die Grafik ist bereits bei Programmstart präsent und durch kein anderes Fenster mehr zu beschädigen.

Grafik löschen

Durch einen Aufruf der *Refresh*-Methode wird ein Formular (und auch jedes andere Steuerelement) sofort von Windows neu gezeichnet. Damit verschwindet auch die Fenstergrafik (Buttons etc. bleiben).

```
procedure TForm1.Button2Click(Sender: TObject);
begin
  Refresh
end;
```

Allerdings funktioniert das Löschen nicht, wenn Sie (wie oben beschrieben) den Aufbau der Fenstergrafik im *OnPaint*-Event-Handler erledigen. Ein Aufruf von *Refresh* löst nämlich ebenfalls *OnPaint* aus, und die Grafik ist sofort wieder da. Doch durch Einführen eines Zustandsflags bekommen wir dieses Problem in den Griff. Wir erreichen damit, dass ein Neuzeichnen der Grafik nur dann stattfindet, wenn wir dies auch wünschen.

Beispiel: Unser Testbeispiel hat jetzt zwei Buttons ("Zeichnen" und "Löschen").

```
var flag: Boolean = False;                       // initialisierte Zustandsvariable
procedure TForm1.FormPaint(Sender: TObject);
begin
 if flag then Canvas.Ellipse(50,20,400,200)     // bedingtes Neuzeichnen
end;
procedure TForm1.Button1Click(Sender: TObject);      // Grafik zeichnen
begin
   flag := True;
   Refresh
end;
procedure TForm1.Button2Click(Sender: TObject);      // Grafik löschen
begin
   flag := False;
   Refresh;
end;
```

Zeichnen und Löschen der Grafik können jetzt gezielt gesteuert werden:

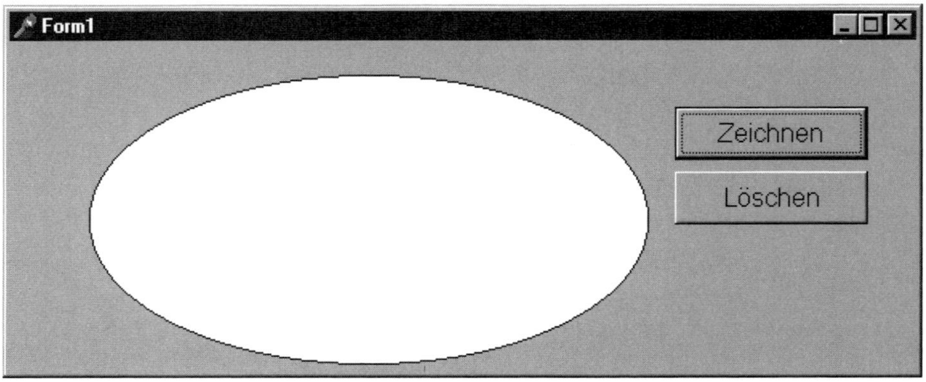

Besonderheiten der PaintBox

Diese "Miniaturausgabe" eines Formulars finden Sie auf der "System"-Seite der Komponentenpalette. Verwenden Sie die *PaintBox* dann, wenn Sie die Grafikausgaben auf einen bestimmten Bereich des Formulars begrenzen möchten, anstatt den gesamten Clientbereich dafür zu verwenden. Auch bei der *PaintBox* müssen Sie das *OnPaint*-Ereignis nutzen, um die angezeigte Grafik nach einem Verdecken durch andere Fenster neu aufzubauen.

```
procedure TForm1.PaintBox1Paint(Sender: TObject);
begin
  PaintBox1.Canvas.Ellipse(10,10,100,100)
end;
```

Hinweis: Ein *Refresh* des Formulars löscht auch den Inhalt der *PaintBox*!

7.3.2 Image

Die *Image*-Komponente, die Sie auf der Seite "Zusätzlich" der Komponentenpalette finden, ist um einiges komfortabler als die *PaintBox*.

Grafik zeichnen

Bezüglich der Ausführung von Zeichenoperationen scheint es keinerlei Unterschiede zu geben.

```
procedure TForm1.FormClick(Sender: TObject);
begin
  Image1.Canvas.Ellipse(10,10,100,100)
end;
```

Der entscheidende Unterschied offenbart sich im Bildaufbau: Die *Image*-Komponente regeneriert die Grafik mit Hilfe einer Hintergrund-Bitmap (Speicher-Bitmap). Wird ein verdeckter Ausschnitt freigelegt, kopiert die Komponente diesen automatisch aus der Speicher-Bitmap in den Vordergrund. Ein *OnPaint*-Ereignis werden Sie deshalb hier vergeblich suchen, man braucht es einfach nicht!

Dieser Komfort wird allerdings teuer erkauft: *Image*-Komponenten sind teilweise langsamer als eine *PaintBox* und verbrauchen in jedem Fall auch deutlich mehr Ressourcen.

Grafiken aus Datei laden bzw. in Datei abspeichern

Sie sollten ein *Image* immer dann verwenden, wenn es darum geht, Bilder (WMF, BMP, ICO) aus Dateien zu laden bzw. in Dateien zu speichern. Verantwortlich dafür ist die *Picture*-Eigenschaft (eigentlich auch ein Objekt), die Sie bei *Form* und *PaintBox* vergeblich suchen. Bereits zur Entwurfszeit können Sie der *Picture*-Property per Objektinspektor ein Bild zuordnen. Mit der Methode *LoadFromFile* lassen sich Grafikdateien aber auch erst zur Laufzeit laden.

```
Image1.Picture.LoadFromFile('c:\test.bmp');
```

Auch das Abspeichern des Bildinhalts ist dank *SaveToFile*-Methode kein Problem.

```
Image1.Picture.SaveToFile('c:\test.bmp');
```

Grafik in eine andere Grafik kopieren

Die Inhalte von Image-Komponenten (*Picture.Bitmap*-Eigenschaft) können Sie bequem über die *Canvas.Draw*-Methode zuweisen, wobei auch noch die Koordinaten der linken oberen Ecke übergeben werden.

Beispiel: Der Inhalt des linken Bildes (*Image1*) wird mit einem Versatz von x = 30 und y = 50 in das rechte Bild (*Image2*) kopiert.

```
  Image2.Canvas.Draw(30,50,Image1.Picture.Bitmap)
```

Das Ergebnis:

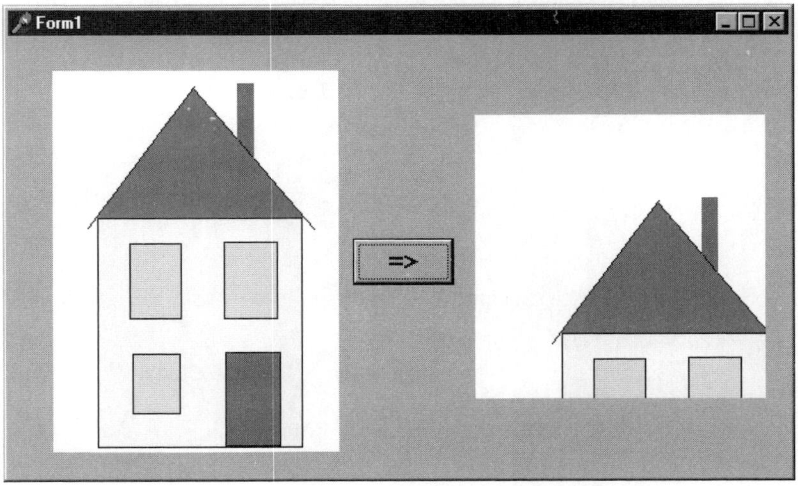

Einfügen und Kopieren aus/in Zwischenablage

Der Arbeit mit der Zwischenablage sind jetzt (dank *Assign*-Methode) Tür und Tor geöffnet.

```
Image1.Picture.Assign(Clipboard);         // Bild aus Zwischenablage einfügen
Clipboard.Assign(Image1.Picture);         // Bild in Zwischenablage kopieren
```

Ein ausführliches Beispiel finden Sie in 10.6.2.

7.3.3 Bitmap

Alle bisherigen Ausführungen bezogen sich auf sichtbare Komponenten. Delphi unterstützt jedoch auch Grafik-Objekte, die nicht sichtbar sind. Dazu zählen Objekte vom Typ:

- *TBitmap*
- *TMetafile*
- *TIcon*

Am interessantesten dürfte das Objekt *Bitmap* sein. Dieses können Sie z.B. als Pufferspeicher bzw. als Speicher-Bitmap für eine *PaintBox*-Komponente einsetzen, um damit einige Nachteile gegenüber der aufgemotzten *Image*-Schwester wettzumachen. Eine Verwendung für Animationen wäre ebenfalls denkbar, Sie kopieren dazu einfach in eine *PaintBox*-Komponente Ausschnitte der Hintergrund-Bitmap.

Objekt erzeugen

Beim Erzeugen eines *Bitmap*-Objekts sollten Sie sich auf Ihr OOP-Handwerkszeug besinnen und dabei beachten, dass Sie sich um die Erzeugung von Objekten, die nicht in der visuellen Entwicklungsumgebung (Komponentenpalette) von Delphi enthalten sind, komplett selbst kümmern müssen. Allein mit der Definition einer Variablen vom Typ *TBitmap* ist es aber nicht getan ist. Die Variable muss auch mit der Methode *Create* initialisiert werden! Erst danach können Sie die Abmessungen der Bitmap festlegen, Grafikmethoden auf dem *Canvas* ausführen, in die Zwischenablage oder in Dateien speichern.

Beispiel: Eine Bitmap wird erzeugt, ein Rechteck darauf gezeichnet und als Datei *bild1.bmp* abgespeichert.

```
uses Clipbrd;
var bild : TBitmap;          // definieren
begin
  bild := TBitmap.Create;    // initialisieren
  bild.Width := 200;         // Größe festlegen
  bild.Height := 250;
  bild.Canvas.Rectangle(10,10,30,30);     // Grafik zeichnen
  Clipboard.Assign(bild);                 // in Zwischenablage speichern
  bild.SaveToFile('c:\bild1.bmp');        // in Datei abspeichern
  bild.Free                               // zum Schluss Objekt freigeben
end;
```

Bitmap in Canvas kopieren

Es dürfte jetzt auch kein Problem mehr sein, was vorher unlösbar erschien: Eine Pixelgrafik in den Canvas eines Formulars kopieren.

Beispiel: Im folgenden Event-Handler wollen wir es ausnahmsweise einmal wie die Profis machen und das Laden der Bilddatei in einem *try-finally*-Block erledigen.

```
procedure TForm1.Button1Click(Sender: TObject);
var  bild1: TBitmap;
     i    : Integer;
 begin
  bild1 := TBitmap.Create;
  try                    // der Versuch, die Bilddatei zuzuweisen und anzuzeigen
    with bild1 do begin
     LoadFromFile('Haus.bmp');      // Bilddatei befindet sich im Projektverzeichnis
     Transparent := True;           // Hintergrundfarbe (weiß) ist transparent
     for i := 1 to 4 do Form1.Canvas.Draw(i * 60, i* 10, bild1); // viermal kopieren
    end;
  finally
     bild1.Free                    // am Ende und wenn Bilddatei nicht gefunden wurde
  end
 end;
end.
```

7.3.4 Shape-Komponenten

Mit der *Shape*-Komponente (Seite "Zusätzlich" der Komponentenpalette) können Sie Linien, Ellipsen und Kreise sowie normale und abgerundete Rechtecke erstellen. Eigentlich handelt es sich hierbei mehr um ein "gewöhnliches" Steuerelement mit Ereignissen (Drag&Drop, sowie *MouseDown*, *MouseMove*, *MouseUp*), das seinen Platz wohl besser im Komponenten-Kapitel 4 gefunden hätte. Da aber diese Komponente den (falschen) Eindruck erweckt, dass sie eine gängige Alternative zu den Grafikmethoden des *Canvas*-Objekts bietet, soll sie an dieser Stelle kurz vorgestellt werden. Die folgende Abbildung zeigt die Auswirkungen verschiedener Werte der *Shape*-Eigenschaft sowie verschiedener Füllmuster (*Brush.Style*).

Wie alle Komponenten können auch *Shape*-Komponenten mit *Refresh* nicht gelöscht werden. Sie zeigen prinzipiell das gleiche Verhalten wie z.B. ein Button, der unbeeindruckt an seinem Platz stehen bleibt, wenn sich der Hintergrund ändert.

Eine *Shape*-Komponente verbraucht natürlich mehr Ressourcen, als wenn Sie die gleiche Grafik z.B. mit den *Canvas*-Methoden *Rectangle*, *Ellipse* usw. erzeugen würden. Setzen Sie diese Komponenten deshalb nur für kleinere Grafiken bzw. Hervorhebungen ein.

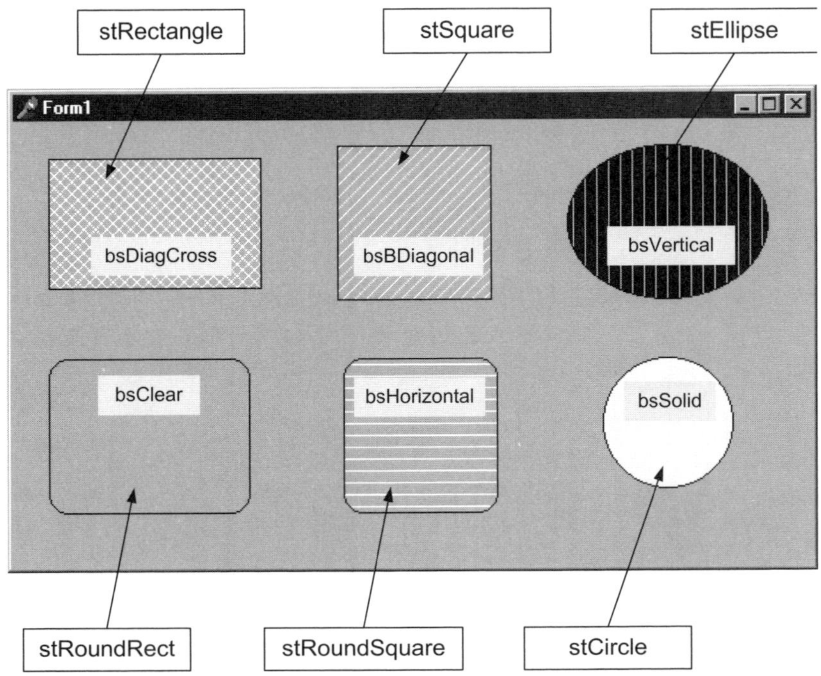

Eine nützliche Anwendung: Durch geschickte Wahl von *Pen* und *Brush* können Sie die Komponente quasi "unsichtbar" machen (entspricht nicht *Visible = False*). Die Komponente reagiert aber weiterhin auf Nutzereingaben (Maus). Diese Möglichkeit können Sie z.B. in Grafikprogrammen nutzen.

7.4 2-D-Vektorgrafik

In einer vektororientierten Zeichnung wird die Grafik nicht pixelweise abgespeichert, sondern in geometrische Grundelemente (Punkt, Kreis, Linie, ...) so zerlegt, dass lediglich die zur eindeutigen Definition dieser Grundelemente benötigten Daten (Vektoren) zu speichern sind, z.B. nur die Koordinaten für den Anfangs- und den Endpunkt einer Linie.

Für den angehenden Spieleprogrammierer dürfte die 2-D-Vektorgrafik genau das Richtige sein. Zählen Sie sich allerdings nicht mehr zu den Einsteigern, können Sie sich gleich der 3-D-Vektorgrafik zuwenden (siehe Kapitel 15).

7.4.1 Verschieben und Verdrehen von Symbolen

Die verschiedenen Symbole einer Vektorgrafik müssen nicht nur verschoben, sondern, je nach Bedarf, auch in unterschiedliche Richtungen gedreht werden. Während das bloße Verschieben kein Thema ist (es genügen simple Additionen), ist beim Verdrehen ein kleiner Ausflug in die Mathematik unumgänglich.

Koordinatentransformation

Unter Berücksichtigung der folgenden Beziehungen ist eine einfache Koordinatentransformation eines Punktes P nach P' in Abhängigkeit vom Drehwinkel α möglich.

Beziehungen bei Drehung eines Punktes P nach P':

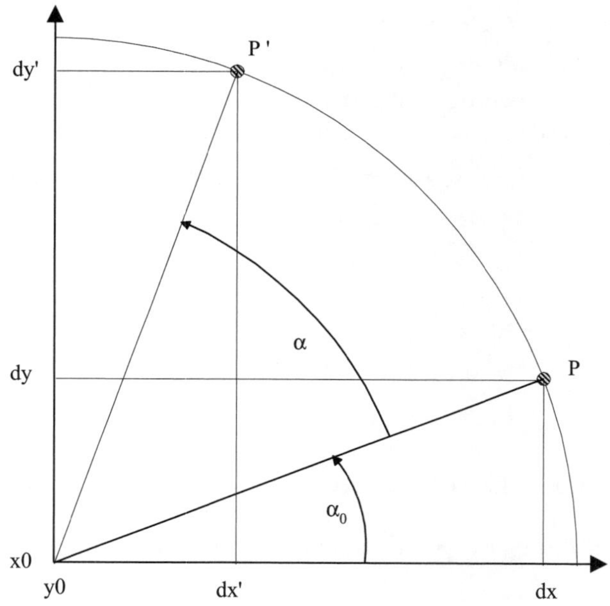

Bezeichnet man mit **r** die Länge der Strecke vom Koordinatenursprung x0, y0 nach P bzw. P', so gelten die folgenden trigonometrischen Beziehungen:

$$dx = r \cdot \mathbf{cos}\alpha_0$$

$$dy = r \cdot \mathbf{sin}\alpha_0$$

Unter Anwendung der Additionstheoreme erhalten wir:

$$dx' = r\,\mathbf{cos}(\alpha+\alpha_0) = r\,\mathbf{cos}\alpha\,\mathbf{cos}\alpha_0 - r\;\mathbf{sin}\alpha\,\mathbf{sin}\alpha_0$$

$$dy' = r\,\mathbf{sin}(\alpha+\alpha_0) = r\,\mathbf{sin}\alpha\,\mathbf{cos}\alpha_0 + r\;\mathbf{cos}\alpha\,\mathbf{sin}\alpha_0$$

Daraus ergeben sich schließlich die relativen Koordinaten von P' zu

$$dx' = dx\,\mathbf{cos}\alpha - dy\,\mathbf{sin}\alpha$$

$$dy' = dx\,\mathbf{sin}\alpha + dy\,\mathbf{cos}\alpha$$

Die absoluten Koordinaten des verschobenen und gedrehten Punktes ergeben sich damit zu

$$x = x0 + dx\,\mathbf{cos}\alpha - dy\,\mathbf{sin}\alpha$$

$$y = y0 + dx\,\mathbf{sin}\alpha + dy\,\mathbf{cos}\alpha$$

wobei x0, y0 die Koordinaten des Bezugspunktes (quasi identisch mit Verschiebung) sind.

Programmierung

Um nicht alle Parameter bei jeder Transformation übergeben zu müssen, hat sich als zweckmäßig erwiesen, die folgende Variablen global zu vereinbaren:

```
var x0, y0,                 // Bezugskoordinaten
    alpha,                  // Drehwinkel
    x, y: Single;            // die transformierten Koordinaten (Rückgabewert!)
```

Die Zielkoordinaten *x, y* werden von der Prozedur *trans2D* gesetzt, deren Übergabeparameter die relativen Abstände *dx, dy* (bezogen auf die Normalposition) sind. Vor dem Aufruf müssen die Bezugskoordinaten *x0, y0* und der gewünschte Drehwinkel *alpha* zugewiesen werden.

Bei der programmtechnischen Umsetzung ist die Vorzeichenumkehr der y-Achse zu beachten:

```
procedure trans2D(dx, dy: Single);
var si, co: Single;
begin
 si := Sin(alpha); co := Cos(alpha);
 x := x0 + dx * co - dy * si;
 y := y0 - dy * co - dx * si
end;
```

Obige Prozedur ist universell für die unterschiedlichsten 2-D-Vektorgrafiken einsetzbar.

Beispiel: Es soll ein Pfeilsymbol gemäß folgender Vorlage gezeichnet werden.

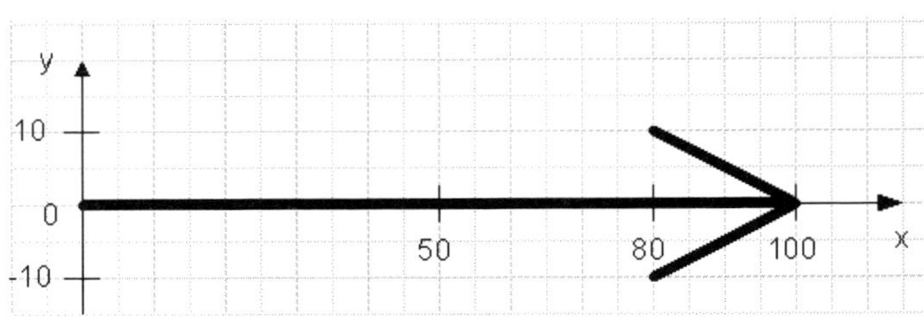

Die Abbildung zeigt den Pfeil in Normalposition. Die relativen Koordinaten der Linienendpunkte können deshalb leicht abgelesen und in der folgenden Routine als Parameter an die Prozedur *tr2D* übergeben werden (*tr2D* entspricht *trans2D*):

```
procedure pfeilZeichnen;
begin
  tr2D(0,0);
  Form1.Canvas.MoveTo(Round(x),Round(y));   // auf Anfangspunkt setzen
  tr2D(100,0);
  Form1.Canvas.LineTo(Round(x),Round(y));  // Linie zum Endpunkt zeichnen
  tr2D(80,10);
  Form1.Canvas.LineTo(Round(x),Round(y));  // Pfeilspitze zeichnen (obere Hälfte)
  tr2D(100,0);
```

```
  Form1.Canvas.MoveTo(Round(x),Round(y));  // auf Endpunkt setzen
  tr2D(80,-10);
  Form1.Canvas.LineTo(Round(x),Round(y))  // Pfeilspitze zeichnen (untere Hälfte)
end;
```

Hinweis: Beachten Sie, dass der Drehwinkel an die Delphi-Funktionen *Sin* und *Cos* nicht in Grad, sondern im Bogenmaß (Rad) übergeben werden muss. Eine volle Drehung (360 Grad) entspricht dem Wert 2π.

Beispiel: Für einen Winkel von 45Grad gilt *alpha* $=\pi/4$ (Abbildung).

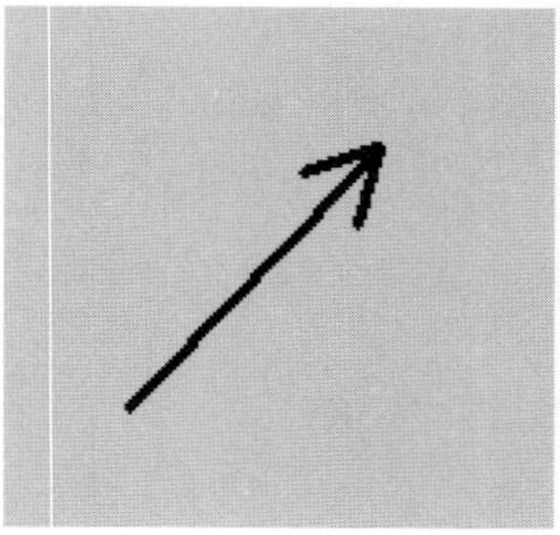

Bemerkungen

- Übrigens funktionieren alle CAD-Programme nach ähnlichen Prinzipien. Aufgrund der rechenzeit- bzw. speicherplatzintensiven Auswertung trigonometrischer Funktionen (durch Reihenentwicklung oder Tabellen) ist das Manipulieren komplexer Objekte (insbesondere bei dreidimensionalen Gebilden) ein bekannter Gradmesser für die Leistungsfähigkeit von Hard- und Software.
- Bei einigen technischen Zeichnungen, z.B. bei Schaltbildern elektrischer Netzwerke, bestehen diesbezüglich weitaus geringere Anforderungen. Hier ist ein kontinuierliches Drehen einzelner Bauelementesymbole im Allgemeinen nicht erforderlich, es genügen die vier Hauptrichtungen ($\alpha = 0°, 90°, 180°, 270°$ bzw. "Ost", "Nord", "West", "Süd"). Eine extra Berechnung von Sinus und Cosinus entfällt, da diese entweder 0, 1 oder -1 sind.
- Natürlich sind die Gesetze der Koordinatentransformation auch auf Pixelgrafiken anwendbar. Es leuchtet aber ein, dass der dazu benötigte Rechenaufwand erheblich größer ist, da nicht nur die Anfangs- und Endpunkte von Linien, sondern jeder einzelne Bildpunkt nach der Drehung neu zu berechnen ist.
- Auf der Buch-CD finden Sie das obige Pfeil-Beispiel in zwei Versionen (konventionell und als Klasse programmiert). Eine umfangreichere Anwendung finden Sie in 13.7.2.

7.4.2 Spiegeln und Maßstabsänderung von Symbolen

Bis jetzt können wir Symbole zwar verschieben und drehen, aber damit sind noch längst nicht alle denkbaren Raumlagen erreichbar. Es fehlt die Möglichkeit der Spiegelung. Dies ist durch einfache Erweiterung der Koordinatentransformation zu realisieren. Dafür muss ein zusätzlicher "Spiegelungsfaktor" **sf** eingeführt werden, der entweder 1 (normale Lage) oder -1 (gespiegelte Lage) ist:

$$dx' = dx \cdot \mathbf{cos}\alpha - sf \cdot dy \cdot \mathbf{sin}\alpha$$

$$dy' = dx \cdot \mathbf{sin}\alpha + sf \cdot dy \cdot \mathbf{cos}\alpha$$

Auch das Vergrößern bzw. Verkleinern von Symbolen ist dank Vektorgrafik problemlos machbar, da die relativen Koordinaten lediglich mit einem "Maßstabsfaktor" **mf** zu multiplizieren sind.

Die kompletten Transformationsformeln (inklusive Verschieben und Verdrehen) sind demnach:

$$x = x0 + mf \cdot (dx\ \mathbf{cos}\alpha - sf \cdot dy \cdot \mathbf{sin}\alpha)$$

$$y = y0 + mf \cdot (dx\ \mathbf{sin}\alpha + sf \cdot dy\ \mathbf{cos}\alpha)$$

Ein Anwendungsbeispiel finden Sie unter 7.6.2 im Praxisteil des vorliegenden Kapitels.

7.5 Lernbeispiele für Einsteiger

7.5.1 Linien und Textausgabe testen

Schreiben Sie ein Testprogramm, mit dem Sie eine kleine Strichgrafik erzeugen können. Jede Mausbewegung mit gedrückter linker Maustaste soll dazu führen, dass eine Linie zur aktuellen Mausposition gezeichnet wird. Drücken Sie die rechte Maustaste, sollen die Koordinaten angezeigt werden.

Oberfläche

Fügen Sie eine *Image*-Komponente in ein Formular ein und setzen Sie deren *Align*-Eigenschaft auf *alClient*.

Quelltext

Wir beschränken uns auch hier auf den *Implementation*-Abschnitt von *Unit1*:

Eine der beiden Maustasten wird gedrückt (über den *Button*-Parameter können Sie zwischen den beiden Maustasten unterscheiden):

```
procedure TForm1.Image1MouseDown(Sender: TObject; Button: TMouseButton;
  Shift: TShiftState; X, Y: Integer);
begin
     if button = mbleft then
        Image1.Canvas.MoveTo(x,y)
     else begin
        Image1.Canvas.Ellipse(x-2,y-2,x+2,y+2);
        Image1.Canvas.TextOut(x,y,Format('(%d:%d)',[x,y]))
```

```
    end
end;
```

Jede Bewegung der Maus führt zur Ausführung der folgenden Ereignisroutine:

```
procedure TForm1.Image1MouseMove(Sender: TObject; Shift: TShiftState; X, Y: Integer);
begin
  if ssLeft in Shift then  Image1.Canvas.LineTo(x,y)
end;
```

Test

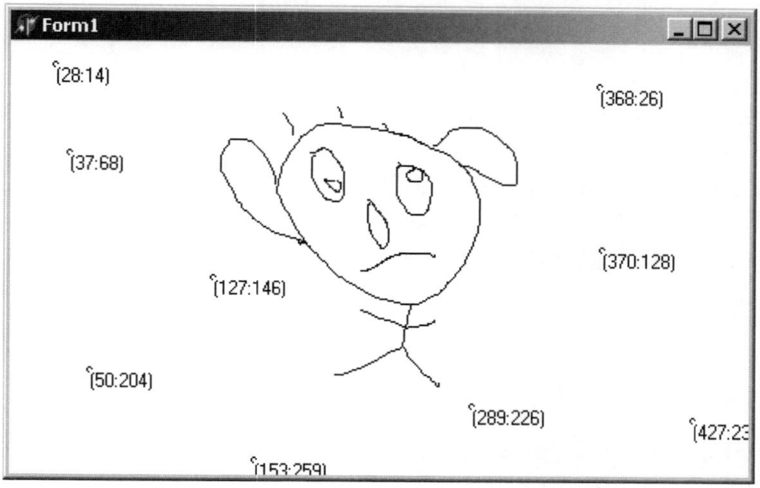

7.5.2 Animierten Markierungsrahmen erzeugen

In fast jedem Zeichenprogramm ist folgendes praktische Problem anzutreffen: Durch Klick auf die Maustaste und anschließendes Bewegen der Maus öffnet sich ein Rechteck, das man bei gedrückt gehaltener Maustaste auf die gewünschte Größe zoomt, um damit irgendein Objekt einzurahmen oder zu kennzeichnen. Besonderen Eindruck schinden Sie, wenn der Rahmen animiert wird (scheinbare Bewegung).

Oberfläche

Zur Oberfläche gibt es nicht viel zu sagen: Ein *Panel* zur Anzeige der aktuellen Mauskoordinaten (*Align* = *alBottom*) und ein *Timer* für den Animationseffekt (*Interval* = 50) genügen.

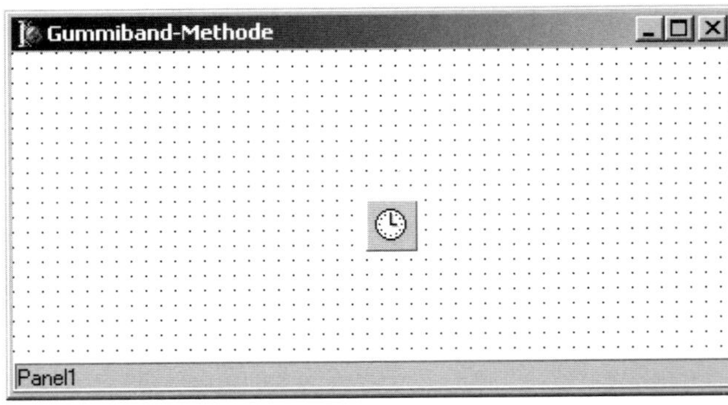

Quelltext

Grundlage des Verfahrens ist die Erkenntnis, dass die zweimalige XOR-Verknüpfung zweier Werte (in diesem Fall handelt es sich um Farben) den ursprünglichen Zustand wiederherstellt.

Den XOR-Zeichenmodus erreichen Sie über die *Mode*-Eigenschaft des *Pen*-Objekts. Dies kann zum Beispiel beim Erzeugen des Fensters geschehen:

```
procedure TForm1.FormCreate(Sender: TObject);
begin
     Canvas.Pen.Mode := pmNotXor;
     Canvas.Pen.Style := psDot
end;
```

Innerhalb der Unit deklarieren Sie die folgenden Variablen:

```
var x1,y1,x2,y2 :Integer;
```

Wird die linke Maustaste gedrückt, können wir die Anfangskoordinaten speichern und das Rechteck zum ersten Mal zeichnen:

```
procedure TForm1.FormMouseDown(Sender: TObject; Button: TMouseButton;
  Shift: TShiftState; x, y: Integer);
begin
  if Shift = [ssLeft] then begin
    Timer1.Enabled:= False;
    Canvas.Brush.Style := bsClear;
    x1 := X;
    y1 := Y;
    x2 := X;
    y2 := Y;
    Canvas.Rectangle (x1, y1,x2, y2)
  end
end;
```

Jede weitere Bewegung der Maus löst das Ereignis *MouseMove* aus, in dem wir zum einen die Koordinatenanzeige aktualisieren, zum anderen das bisherige Rechteck löschen und neu zeichnen.

```
procedure TForm1.FormMouseMove(Sender: TObject; Shift: TShiftState; X, Y: Integer);
begin
  Panel1.Caption := IntToStr(x)+ ':' + IntToStr(Y);
  If shift = [ssLeft] then
  begin
    Canvas.Rectangle (x1, y1,x2, y2);
    x2 := X; y2 := Y;
    Canvas.Rectangle (x1, y1,x2, y2)
  end
end;
```

Mit dem Loslassen der Maustaste ist die Zeichenaktion abgeschlossen, es geht jetzt nur noch darum, mit den gespeicherten Koordinaten das Rechteck zyklisch neu zu zeichnen. Dazu wird der Timer eingeschaltet:

```
procedure TForm1.FormMouseUp(Sender: TObject; Button: TMouseButton; Shift:
         TShiftState; X, Y: Integer);
begin
  Timer1.Enabled := True
end;
```

Durch den Wechsel zwischen *psSolid* und *psDot* für die Eigenschaft *Pen.Style* entsteht eine scheinbare Bewegung der einzelnen Rahmenpunkte:

```
procedure TForm1.Timer1Timer(Sender: TObject);
begin
    Canvas.pen.Style := psSolid;
    Canvas.Rectangle(x1, y1,x2, y2);
    Canvas.Pen.Style := psDot
end;
```

Test

Zeichnen Sie hintereinander mehrere Rahmen. Unten links sehen Sie die Pixel-Koordinaten der oberen linken Ecke des aktuellen (flimmernden) Rahmens.

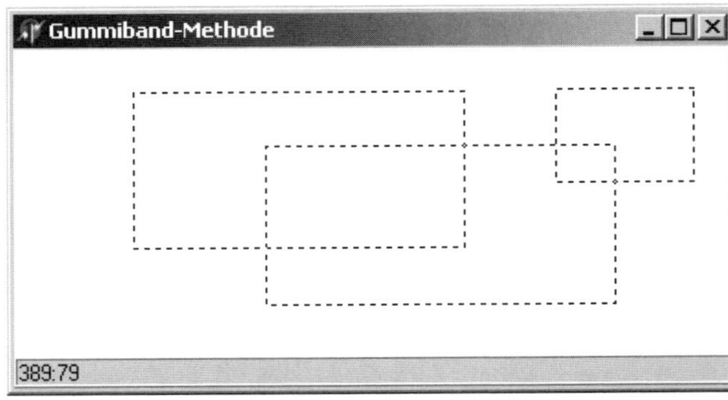

7.5.3 Bitmaps laden

Die *LoadFromFile*-Methode verwenden Sie, um verschiedenen Objekten eine Bilddatei zuzuweisen. Das folgende Beispiel erläutert dies für zwei Objekte (*PaintBox* und *BitBtn*) und liefert gleichzeitig noch eine Demo für den Einsatz des (unsichtbaren!) *Bitmap*-Objekts.

Oberfläche

Auf dem Startformular platzieren Sie eine *Paintbox* (Seite "System") und einen *BitBtn* (Seite "Zusätzlich"). Zoomen Sie den Rahmen der Paintbox genügend weit auf, so dass die komplette Bitmap später darin Platz finden kann, ansonsten wird nur ein Ausschnitt angezeigt. Auch der Bitmap-Schalter sollte genügend Platz für eine kleine Grafik bieten.

Quelltext

Voraussetzung für die Funktion dieses Programms ist das Vorhandensein der beiden Bitmap-Dateien *Bild1.BMP* und *Bild2.BMP* im Projektverzeichnis.

Zunächst wird gezeigt, wie Sie den Button mit einer netten kleinen Grafik aufmöbeln können:

```
procedure TForm1.FormCreate(Sender: TObject);
begin
 BitBtn1.Glyph.LoadFromFile('bild2.bmp')
end;
```

Nicht ganz so einfach geht es mit der *PaintBox*. Im *OnPaint*-Event erzeugen Sie zunächst ein *Bitmap*-Objekt (quasi ein "Zwischenspeicher"), in das *bild1.bmp* geladen wird.

```
procedure TForm1.PaintBox1Paint(Sender: TObject);
var  Bitmap1: TBitmap;
begin
  Bitmap1 := TBitmap.Create;
  Bitmap1.LoadFromFile('bild1.bmp');
```

Mittels *Draw*-Methode des *Canvas* wird die Bitmap in die *PaintBox* transportiert, anschließend hat das *Bitmap*-Objekt seine Mission erfüllt und kann freigegeben werden:

```
  PaintBox1.Canvas.Draw(0, 0, Bitmap1);
  Bitmap1.Free
end;
```

Test

Das Ergebnis ohne viele Worte:

Bemerkungen

- Statt in den *Canvas* der *Paintbox* könnte man nach dem gleichen Prinzip natürlich auch direkt in den *Canvas* des Formulars zeichnen. Die Paintbox bietet allerdings den Vorteil, dass der Zeichenbereich begrenzt ist.
- Verwenden Sie statt der *Paintbox*- eine *Image*-Komponente (Achtung, Ressourcenfresser!), ist die Syntax etwas einfacher (es geht ohne *Canvas* und *TBitmap*):

```
Image1.Picture.LoadFile('bild1.bmp');
```

- Wenn Sie das fertige Programm später als EXE-Datei starten wollen, müssen Sie gegebenenfalls eine Anpassung des Pfadnamens im Argument von *LoadFile* vornehmen.

7.6 Praxisbeispiele für Fortgeschrittene

7.6.1 Farben mischen

Farbwerte haben den Datentyp *TColor*, dahinter verbirgt sich eine vier Byte lange *LongInt*-Zahl, von der die drei niederwertigen Bytes die Farbintensität für Blau, Grün und Rot angeben. Damit sind ca. 16 Mio. Farben möglich! Die Demo zeigt, wie man beliebige Farben aus der additiven Überlagerung der drei Grundfarben gewinnen kann[1].

Vorbereitungen

Wir wollen jede der drei Grundfarben in einem Quadrat anstatt wie üblich in einem Farbkreis anzeigen. Alle drei Quadrate überlappen sich und zeigen die daraus resultierenden Mischfarben. Das lässt sich programmtechnisch wesentlich einfacher realisieren als drei sich überlappende Kreise. Um ein ausgewogenes Verhältnis zwischen den einzelnen Flächen zu erhalten, wird eine Aufteilung wie in folgender Abbildung vorgenommen:

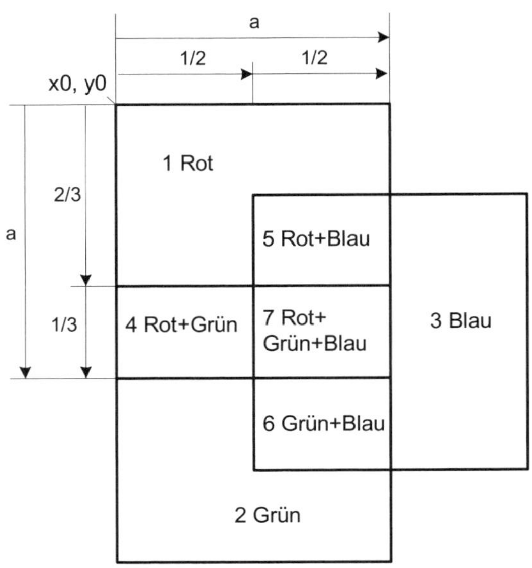

Jedes der drei Farbquadrate hat die Kantenlänge *a*. Bei der Überlappung entstehen insgesamt sieben Bereiche. Obwohl 1, 2 und 3 keine "richtigen" Rechtecke sind, werden sie als solche gezeichnet und später teilweise durch die anderen Rechtecke überdeckt (Reihenfolge beachten!).

Die folgende Tabelle dient als Grundlage für die spätere Programmierung (*x0, y0* = Bezugspunkt = linke obere Ecke des roten Farbquadrats; *x1, y1* = linke obere Ecke des Rechtecks):

[1] Für die Idee danke ich Herrn Dr. Mattias Mende, der mir diese und andere hochinteressante in C++ programmierte Demos vorgeführt hat.

Rechteck	Farbe	x1	y1	Höhe	Breite
1	Rot	x0	y0	a	a
2	Grün	x0	y0+2a/3	a	a
3	Blau	x0+a/2	y0+a/3	a	a
4	Rot + Grün	x0	y0+2a/3	a/3	a/2
5	Rot + Blau	x0+a/2	y0+a/3	a/3	a/2
6	Grün + Blau	x0+a/2	y0+a	a/3	a/2
7	Rot + Grün + Blau	x0+a/2	y0+2a/3	a/3	a/2

Die vorgenommene Raumaufteilung kann als ausgewogen gelten, da die Regionen 1 bis 3 gleich groß sind (jeweils 3/6 der Fläche eines Farbquadrats), ebenso wie die Regionen 4 bis 7 (jeweils 1/6 eines Farbquadrats).

Oberfläche

Auf dem Startformular platzieren Sie drei *ScrollBar*- und drei *Panel*-Komponenten. Letztere dienen zur Anzeige der Reglerstellungen. Ändern Sie die *Kind*-Eigenschaft aller ScrollBars in *sbVertical* und *Max* in 255. Lassen Sie rechts genug Platz, damit zur Laufzeit die drei Farbquadrate angezeigt werden können. Die Abbildung zeigt die Laufzeitansicht.

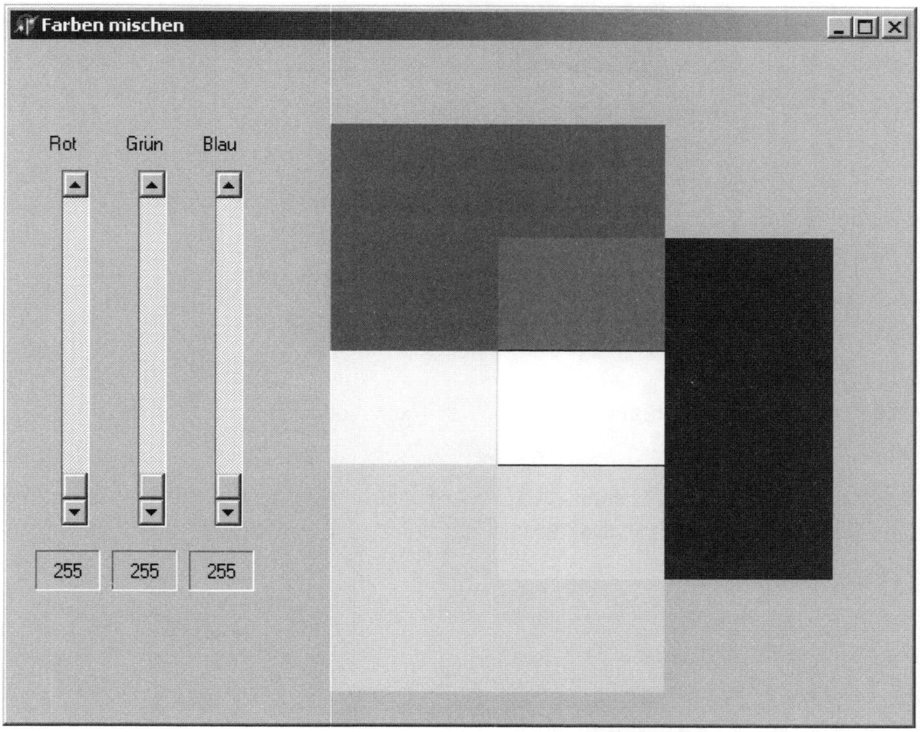

Quelltext

Wir beschränken uns wie immer auf den *implementation*-Abschnitt.

Drei globale Variablen sind notwendig, um sich die aktuellen Einstellungen zu "merken":

```
var rot, gruen, blau: Byte;
```

Das Programm ist in einem einzigen Event-Handler untergebracht. Dieser reagiert auf das *OnChange*-Ereignis aller drei Scrollbars. Sie müssen deshalb auf der "Ereignis"-Seite des Objektinspektors allen drei Scrollbars diesen gemeinsamen Event-Handler zuweisen!

```
procedure TForm1.ScrollBarChange(Sender: TObject);
```

Diese Konstanten können von Ihnen bei Bedarf abgeändert werden:

```
const x0 = 200; y0 = 50;      // linke obere Ecke des roten Farbquadrats
      a = 210;                // Kantenlänge eines Farbquadrats
```

Die folgende *RGB*-Hilfsfunktion ist von zentraler Bedeutung für unser Programm. Ihr werden die drei Farbanteile (*Byte*) übergeben. Rückgabewert ist ein *LongInt* (identisch mit *TColor*). Die *IntToHex*-Standardfunktion (liefert einen String!) verwandelt jeden der drei Farbanteile in eine zweistellige Hexzahl. Das erste Byte bezeichnet die Farbpalette ($00 = Standard).

```
function  RGB(rot, gruen, blau: Byte): TColor;
begin
 Result :=  StrToInt('$00' + IntToHex(blau, 2) + IntToHex(gruen, 2) + IntToHex(rot, 2))
end;
```

Eine weitere notwendige Hilfsprozedur zeichnet ein farbiges Rechteck (x1, y1 = linke obere Ecke):

```
procedure fuellRechteck(x1,y1, hoch, breit: Integer; frb: TColor);
begin
 with Form1.Canvas do begin
  Pen.Style :=  psClear;      // kein Rand
  Brush.Color := frb;
  Rectangle(x1, y1, x1+breit, y1+hoch)
 end
end;
```

Nach diesen Vorbereitungen beginnt nun endlich die Hauptroutine:

```
begin
```

Anhand des im Prozedurkopf übermittelten *Sender*-Parameters kann unterschieden werden, welche Scrollbar das *OnChange*-Ereignis ausgelöst hat.

Rotes Farbquadrat zeichnen:

```
if Sender = ScrollBar1 then begin
 rot := ScrollBar1.Position;
 Panel1.Caption := IntToStr(rot);
 fuellRechteck(x0, y0, a, a, RGB(rot, 0, 0))
end                     else
```

Grünes Farbquadrat zeichnen:

```
 if Sender = ScrollBar2 then begin
  gruen := ScrollBar2.Position;
  Panel2.Caption := IntToStr(gruen);
  fuellRechteck(x0, y0 + (2 * a) div 3, a, a, RGB(0, gruen, 0))
 end                      else
```

Blaues Farbquadrat zeichnen:

```
 if Sender = ScrollBar3 then begin
  blau := ScrollBar3.Position;
  Panel3.Caption := IntToStr(blau);
  fuellRechteck(x0 + a div 2, y0 + a div 3, a, a, RGB(0, 0, blau))
 end;
```

Die Rechtecke der Mischfarben werden in jedem Fall gezeichnet:

Überdeckung rot + grün:

```
  fuellRechteck(x0, y0 + (2 * a) div 3, a div 3, a div 2, RGB(rot, gruen, 0));
```

Überdeckung rot + blau:

```
  fuellRechteck(x0 + a div 2, y0 + a div 3, a div 3, a div 2, RGB(rot, 0, blau));
```

Überdeckung grün + blau:

```
  fuellRechteck(x0 + a div 2, y0 + a, a div 3, a div 2, RGB(0, gruen, blau));
```

Überdeckung rot + grün + blau:

```
  fuellRechteck(x0 + a div 2, y0 + (2 * a) div 3, a div 3, a div 2,
                     RGB(rot, gruen, blau))
end;
```

Um bereits beim Start des Programms etwas anzuzeigen sowie nach vorübergehendem Abdecken des Fensters die Grafik zu regenerieren, muss das *OnPaint*-Event wie folgt besetzt werden:

```
procedure TForm1.FormPaint(Sender: TObject);
begin
 ScrollBarChange(ScrollBar1);
 ScrollBarChange(ScrollBar2);
 ScrollBarChange(ScrollBar3)
end;
```

Test

Zu Beginn sehen alle drei Farbquadrate schwarz und hässlich aus. Aber nach Betätigen der Regler kommt mit den Farben auch die Freude am Experiment. Sind alle drei Regler auf Maximalstellung, so muss das mittlere Feld ein reines Weiß anzeigen (siehe obige Laufzeitansicht).

Bemerkung

Das Beispiel eignet sich gut zum Beurteilen von Farbwerten, die man in anderen Programmen verwenden möchte. Dabei sollte natürlich Ihre Grafikkarte auf die hohe Farbauflösung eingestellt sein.

7.6.2 2-D-Vektorgrafik

Vektorgrafiken brauchen weniger Speicherplatz und sind schneller im Bildaufbau als Pixelgrafiken. Ein einzelnes Grafiksymbol braucht nur einmal in "Normalposition" definiert zu werden, um dann für alle nur möglichen gedrehten bzw. gespiegelten Raumlagen gleichermaßen gültig zu sein.

Als Vorlage für unser Beispiel dient die folgende "anspruchsvolle" Zeichnung[1].

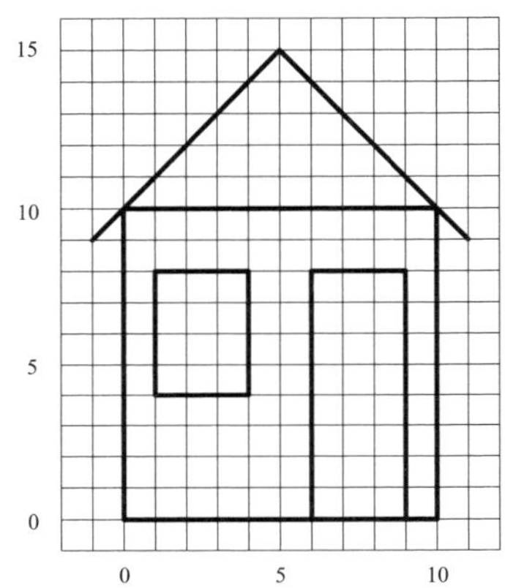

Oberfläche

Auf dem Startformular (*Form1*) werden ein *Timer* und vier Befehlsschaltflächen(*Button1* bis *Button4*) platziert (siehe Abbildung am Ende). Die *Interval*-Eigenschaft des Timers stellen Sie auf ca. 10 ein (= 10 ms).

Quellcode

Der *implementation*-Abschnitt beginnt mit einer Reihe von Variablendeklarationen:

```
var alf,                   { Drehwinkel }
    si,co,                 { Sinus und Kosinus }
    mf,                    { Maßstabsfaktor }
    x0,y0   : single;      { absolute Bezugskoordinaten }
    sf      : integer;     { Spiegelungsfaktor }
    dirFlg  : boolean;     { Richtungsflag }
```

Die nachfolgenden Prozeduren haben ganz bewusst kurze Bezeichner, da sie häufig aufgerufen werden und der Quelltext möglichst nicht zu lang sein soll:

---

[1] Leider wurde in der Zeichnung das kreisförmige Giebelfenster vergessen.

```
procedure dwc (dx1,dy1,R : single);  { zeichnet relativen Kreis }
var x1,y1 : single;
begin
 dx1 := mf * dx1;
 dy1 := mf * dy1;
 R := mf * R;
 x1 := x0 + dx1 * co - sf * dy1 * si;
 y1 := y0 - sf * dy1 * co - dx1 * si;
 form1.canvas.ellipse(round(x1-r),round(y1-r),round(x1+r),round(y1+r))
end;
procedure dwl (dx1,dy1 : single); { zeichnet relative Linie }
var x1,y1 : single;
begin
 dx1 := mf * dx1;
 dy1 := mf * dy1;
 x1 := x0 + dx1 * co - sf * dy1 * si;
 y1 := y0 - sf * dy1 * co - dx1 * si;
 form1.canvas.Lineto(round(x1),round(y1))
end;
procedure dwp (dx1,dy1:single);  { zeichnet relativen Punkt }
var x1,y1 : single;
begin
 dx1 := mf * dx1;
 dy1 := mf * dy1;
 x1 := x0 + dx1 * co - sf * dy1 * si;
 y1 := y0 - sf * dy1 * co - dx1 * si;
 form1.canvas.moveto(round(x1),round(y1));
end;
```

Der Aufruf der obigen Prozeduren erfolgt entsprechend der gewünschten Grafik:

```
procedure drawHouse;  { zeichnet Haus }
begin
 dwp(0, 10);        { Frontseite }
 dwl(10, 10); dwl(10, 0); dwl(0, 0); dwl(0, 10);
 dwp(1, 8);         { Fenster }
 dwl(4, 8); dwl(4, 4); dwl(1, 4); dwl(1, 8);
 dwp(6, 0);         { Tür }
 dwl(6, 8); dwl(9, 8); dwl(9, 0); dwl(6, 0);
 dwp(-1, 9);        { Dachgiebel }
 dwl(5, 15); dwl(11, 9);
```

```
 dwc(5, 12, 1);      { Giebelfenster }
 dwp(7, 13);         { Schornstein }
 dwl(7, 16); dwl(9, 16); dwl(9, 11)
end;
```

Die Initialisierung:

```
procedure TForm1.FormCreate(Sender: TObject);
begin
 x0 := clientWidth / 2;  y0 := clientHeight / 2;
 alf := 0;
 sf := 1;
 mf := 20;
 canvas.brush.style:= bsclear
end;
```

Die Manipulationen der Vektorgrafik:

```
procedure TForm1.Button1Click(Sender: TObject);   { Vergrößern }
begin
 mf := mf + 1
end;
procedure TForm1.Button2Click(Sender: TObject);  { Verkleinern }
begin
 mf := mf - 1
end;
procedure TForm1.Button4Click(Sender: TObject);  { Spiegeln }
begin
 sf := -sf
end;
procedure TForm1.Button3Click(Sender: TObject);  { Richtungsänderung }
begin
 dirFlg := Not dirFlg
end;
```

Die Anzeige erfolgt im *Timer*-Event:

```
procedure TForm1.Timer1Timer(Sender: TObject);
begin
 form1.refresh;
 If dirFlg Then
    alf := alf + Pi / 100 { im Uhrzeigersinn }
 Else
    alf := alf - Pi / 100; { entgegen Uhrzeigersinn }
 si := Sin(alf);
```

```
 co := Cos(alf);
 drawHouse
end;
```

Test

Nach Programmstart sollte die Grafik in 1/8-Grad-Schritten entgegen dem Uhrzeigersinn rotieren. Weitere Manipulationen können Sie über die Schaltflächen quasi online durchführen.

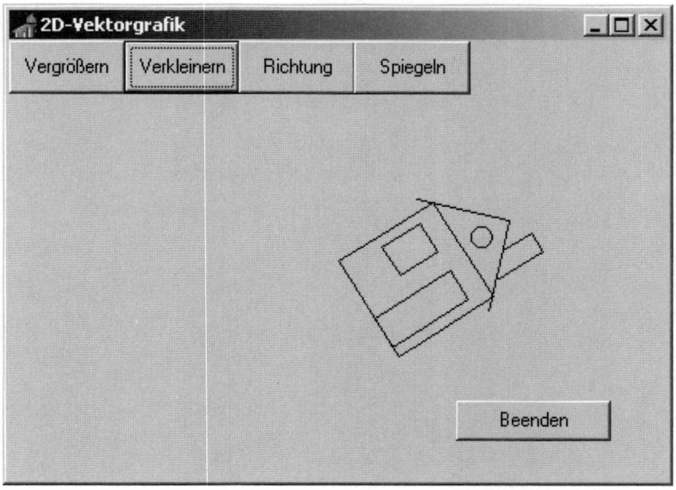

Bemerkungen

- Weitere Verbesserungen lassen sich erzielen, wenn für die Rechtecke eine eigene Prozedur (*dwr*) geschrieben wird, für die nur noch die Koordinaten der linken oberen und rechten unteren Ecke zu übergeben sind.
- Natürlich wäre es auch möglich, die Geometrie nicht direkt im Quelltext, sondern z.B. in einem *Array* zu speichern, was allerdings zusätzliche Eingabeprozeduren erforderlich macht.
- Die Darstellung von Rechtecken ist mit *LineTo* relativ langsam. Für häufig benötigte Rechtecke bzw. Polygone lohnen sich eigene Routinen, die intern auf der GDI-Funktion *PolyLine* aufbauen (siehe Kapitel 15).
- Es sei nahe gelegt, das Prögrämmchen auch einmal mit selbst definierten Symbolen in kleineren und größeren Winkelschritten auf einem bereits vorhandenen Hintergrundbild auszuprobieren. Um dieses nicht zu verletzen, müssen Sie auf *Refresh* verzichten und stattdessen mit einem XOR-Mode überschreiben. Gleichzeitig dürften Sie damit den lästigen Flackereffekt vermeiden.

Hinweis: Dieses Beispiel ist konventionell programmiert. Wie Sie es in eine zeitgemäße OOP-Lösung überführen können, erfahren Sie im Beispiel 6.4.2 (OOP-Kapitel, "Von der Unit zur Klasse").

Dateien

- Textdateien
- Typisierte Dateien
- Binärdateien
- Streams
- Memory Mapped Files
- Registrierdatenbank

8 Dateien

Delphi, d.h. Objekt Pascal, bietet für den Zugriff auf Dateien eine ganze Palette von Befehlen und Möglichkeiten an. Um den Überblick nicht zu verlieren und um den Leser nicht mit irgendwelchen endlosen Parameter-Übersichten (die Sie sowieso in der Online-Hilfe finden) zu verwirren, haben wir die Dateioperationen nach Themen bzw. Schwerpunkten geordnet und auf die vollständige Darstellung aller Möglichkeiten verzichtet. Nach einigen grundsätzlichen Ausführungen zum Thema werden wir uns mit

- Textdateien (sequenzielle Dateien)
- typisierten Dateien (Random- oder Direktzugriffs-Dateien)
- Binärdateien
- INI-Dateien
- Registrierdatenbank

beschäftigen. Vielleicht vermissen Sie in obiger Aufzählung die Grafikdateien, wir waren jedoch der Meinung, dass diese in den Grafikkapiteln 7 und 15 weit besser aufgehoben sind.

8.1 Übersicht

8.1.1 Dateifunktionen

Dem C- und Basic-Programmierer bzw. dem Umsteiger aus anderen Pascal-Dialekten werden die folgenden Befehle in dieser oder ähnlicher Form vertraut vorkommen:

Befehl	Beschreibung
AssignFile	... verknüpft eine Dateivariable mit einer Datei. Diese Verbindung wird erst mit *CloseFile* aufgehoben.
CloseFile	... schließt eine geöffnete Datei.
Append	... öffnet eine Textdatei zum Anfügen weiterer Zeichen.
EoLn	... prüft auf Zeilenendezeichen.
Flush	... erzwingt das Schreiben des Dateipuffers.
Read	... liest einen oder mehrere Werte aus der Datei.
Readln	... liest eine Zeile aus einer Textdatei.
SeekEof	... prüft das Vorhandensein von Zeichen zwischen der aktuellen Position und dem Textdateiende.
SeekEoln	... prüft das Vorhandensein von Zeichen zwischen der aktuellen Position und dem Zeilenende.
Write	... schreibt einen oder mehrere Werte in eine Datei.
Writln	... schreibt eine Zeile in die Textdatei.

Befehl	**Beschreibung**
Eof	... prüft auf das Dateiende.
Erase	... löscht die angegebene Datei (verwenden Sie besser *DeleteFile*).
FilePos	... liefert die Position des Dateizeigers.
FileSize	... liefert Dateigröße in Einheiten (bei Binär-Dateien die Anzahl der Bytes, bei typisierten Dateien die Satzzahl).
GetDir	... ermittelt das aktuelle Verzeichnis eines Laufwerks.
IOResult	... kennzeichnet den Fehlerstatus einer Dateioperation.
MkDir	... erstellt ein neues Unterverzeichnis.
Rename	... benennt eine Datei um (verwenden Sie besser *RenameFile*).
Reset	... öffnet eine vorhandene Datei.
Rewrite	... erzeugt und öffnet eine Datei. Sollte die Datei bereits existieren, wird diese überschrieben.
RmDir	... löscht ein leeres Unterverzeichnis.
Seek	... verändert die Position des Dateizeigers.
Truncat	... schneidet eine Datei an der aktuellen Position des Dateizeigers ab.
BlockRead	... liest Daten aus einer untypisierten Datei.
BlockWrite	... schreibt Daten in eine untypisierte Datei.
DeleteFile	... löscht die angegebene Datei.
DiskSize	... liefert die Laufwerksgröße in Bytes.
ChangeFileExt	... verändert die Dateiextension.
DiskFree	... liefert die Anzahl freier Bytes auf dem angegebenen Laufwerk.
ExpandFileName	... erweitert einen Dateinamen um Laufwerks- und Verzeichnisangaben.
ExtractFileExt	... liefert die Dateiextension.
ExtractFileName	... liefert den Dateinamen.
ExtractFilePath	... liefert die Pfadangaben.
FileExists	... prüft auf das Vorhandensein einer Datei.
FileGetAttr	... liefert die Attribute einer Datei.
FileGetDate	... liefert das Dateidatum.
FileSearch	... sucht eine Datei in vorgegebenen Verzeichnissen (ähnlich der PATH-Anweisung in AUTOEXEC.BAT).
FileSetAttr	... verändert die Dateiattribute.
FileSetDate	... verändert das Dateidatum.
FindFirst	... durchsucht ein Verzeichnis nach dem ersten vorgegebenen Eintrag.
FindNext	... durchsucht das Verzeichnis nach weiteren Einträgen.

Befehl	Beschreibung
FindClose	... beendet eine *FindFirst/FindNext*-Sequenz.
RenameFile	... benennt eine Datei um.

In der Tabelle werden Sie einige Funktionen vermissen, die über die Unit *SysUtils* bereitgestellt werden, Näheres dazu in Abschnitt 8.1.2.

Neben bereits oben genannten Funktionen/Anweisungen findet der Delphi-Programmierer weitere leistungsfähige Funktionen als Methoden in der Objekthierarchie wieder. Die folgende Tabelle enthält nur die wichtigsten Methoden, die Möglichkeiten im Zusammenhang mit Datenbanken sollen an dieser Stelle außer Acht gelassen werden.

Methode	Beschreibung
Save	... sichert den aktuellen Inhalt in eine Datei (MediaPlayer).
SaveToFile	... speichert ein Objekt in die spezifizierte Datei. Dabei kann es sich um Grafiken (Bitmap, WMF), Texte (Memofeld) oder auch OLE-Objekte handeln.
SaveToStream	... speichert den Inhalt des Objekts in einen Stream.
LoadFromFile	... liest ein Objekt aus der spezifizierten Datei. Dabei kann es sich um Grafiken (Bitmap, WMF), Texte (Memofeld) oder auch OLE-Objekte handeln.
LoadFromStream	... liest den Inhalt eines Streams in ein Objekt.

Hinweis: Anwendungsbeispiele für eine Vielzahl der oben genannten Funktionen finden Sie im Praxisteil des vorliegenden Kapitels.

8.1.2 Dateizugriff unter Windows

Wer nur unter DOS programmiert, brauchte sich um den Mehrfachzugriff auf eine Datei (fast) keine Sorgen zu machen. Während das eigene Programm mehr oder weniger gut lief, konnte eigentlich keine andere Anwendung "dazwischenfunken". Dem ist leider nicht mehr so:

- Erstens hält Windows eine ganze Reihe von Dateien geöffnet (der Zugriff auf diese Dateien ist meist nicht möglich).
- Zweitens können auch mehrere andere Programme (oder auch dasselbe Programm) zeitgleich ausgeführt werden (Multitasking!).

Beides führt dazu, dass eine Datei durchaus physisch vorhanden sein kann (die Funktion *FileExists* liefert *True* zurück), der Schreib-/Lesezugriff jedoch nicht erlaubt ist. Gegebenenfalls müssen Sie entsprechende Fehler abfangen, eine Fehlerbehandlungsroutine ist meist unumgänglich. Das Problem mit dem Mehrfachzugriff auf Dateien hat uns auch im Kapitel "Datenbanken" hinreichend beschäftigt.

Leider hat Delphi bei den Standard-Datei-Befehlen nicht allzu viel zu bieten. Andere Sprachen, wie zum Beispiel Visual Basic, unterstützen den Programmierer durch entsprechende Parameter wesentlich besser. Optionen wie "Lock Read", "Shared" etc. wird man vergeblich suchen. Mit einer Ausnahme: Über die Unit *SysUtils* können Sie unter anderem einige Low-Level-Dateifunktionen importieren, die auch Share-Optionen unterstützen:

Befehl	Beschreibung
FileCreate	... erzeugt eine neue Datei.
FileOpen	... öffnet eine Datei.
FileRead	... liest Daten in einen Puffer.
FileWrite	... schreibt Daten aus einem Puffer in eine Datei.
FileSeek	... positioniert den Dateizeiger.
FileClose	... schließt eine Datei.

Hinweis: Mischen Sie die obigen Anweisungen nicht mit den anderen Dateifunktionen, der Übergabeparameter ist in diesem Fall ein Datei-Handle, keine Dateivariable!

Der kleine, aber feine Unterschied beginnt beim Öffnen der Datei. Neben dem Dateinamen übergeben Sie jeweils eine Konstante für den Dateimodus und eine für den Share-Mode:

Dateimodus	Erläuterung
fmCreate	Neue Datei erzeugen
fmOpenRead	Nur Lesezugriff
fmOpenWrite	Nur Schreibzugriff
fmOpenReadWrite	Lese- und Schreibzugriff

Sharemodus	Erläuterung
fmShareExclusive	Kein Lese- und Schreibzugriff durch andere Anwendungen
fmShareDenyWrite	Kein Schreibzugriff
fmShareDenyRead	Kein Lesezugriff
fmShareDenyNone	Andere Anwendungen haben uneingeschränkten Zugriff auf die bereits geöffnete Datei.

Hinweis: Beide Konstanten können Sie mit dem OR-Operator miteinander verknüpfen.

Beispiel: Starten Sie zwei Instanzen des folgenden Pascal-Programms, können beide auf die bereits geöffnete Datei zugreifen:

```
var f : File;
procedure TForm1.FormCreate(Sender: TObject);
begin
   AssignFile(f,'c:\test.txt');
   Reset(f)
end;
```

```
procedure TForm1.FormClose(Sender: TObject; var Action: TCloseAction);
begin
   CloseFile(f)
end;
```

Ein anderes Programm kann sogar in die Datei schreiben, womit wir auch schon bei den eigentlichen Problemen angekommen wären.

Stellen Sie sich vor, zwei Programme überschreiben gleichzeitig denselben Record, oder ein Programm löscht gerade den Record, an dem das andere Programm arbeitet.

Etwas anders sieht die Sache aus, wenn Sie mit *FileOpen* arbeiten:

```
var f : THandle;
procedure TForm1.FormCreate(Sender: TObject);
begin
  f1 := FileOpen('c:\test.txt',fmOpenReadWrite or fmShareExclusive)
end;
```

```
procedure TForm1.FormClose(Sender: TObject; var Action: TCloseAction);
begin
   FileClose(f)
end;
```

Über die Share-Konstante können Sie beim Öffnen der Datei bestimmen, welchen Zugriff andere Anwendungen auf die Datei haben. Im obigen Beispiel wird es keiner Anwendung möglich sein, die Datei zum Lesen oder Schreiben zu öffnen.

Sie können das Programm nur einmal starten, ohne dass es zu Zugriffsverletzungen kommt.

Hinweis: Verwenden Sie die oben genannten Funktionen nur, wenn es unbedingt notwendig ist (z.B. wenn Sie ein neues Datenbanksystem schreiben wollen).

8.2 Textdateien

Wofür sollten Sie eine Textdatei verwenden? Die Antwort kann bereits dem Namen entnommen werden: Textdateien eignen sich besonders gut zum Speichern von Texten mit unterschiedlicher Zeilenlänge. Für Texte mit konstanter Zeilenlänge ist die Verwendung einer typisierten Datei sinnvoller, da in diesem Modus bessere Zugriffsmöglichkeiten zur Verfügung stehen (wahlfreier Zugriff).

8.2.1 Aufbau

Textdateien sind zeichen- und zeilenweise organisiert. Jede Zeile wird durch die ASCII-Zeichen 13 und 10 abgeschlossen (beide Zeichen stammen noch aus der Computer-Urzeit: 13 = Wagenrücklauf, 10 = Zeilenvorschub). Die Länge einer Zeile wird allein durch die Position dieser beiden Zeilenendzeichen bestimmt. Die Ansicht in einem HEX-Editor:

```
44 69 65 73 65 72 20 54 65 78 74 20 69 73 74 20 Dieser Text ist
65 69 6E 20 54 65 73 74 74 65 78 74 20 0D 0A 66 ein Testtext □□f
FC 72 20 65 69 6E 65 20 54 65 78 74 64 61 74 65 ür eine Textdate
69 2E 0D 0A 45 69 6E 7A 65 6C 6E 65 20 5A 65 69 i.□□Einzelne Zei
6C 65 6E 20 6B F6 6E 6E 65 6E 20 61 75 63 68 20 len können auch
72 65 63 68 74 20 6C 61 6E 67 20 73 65 69 6E 2C recht lang sein,
20 44 65 66 61 75 6C 74 20 73 69 6E 64 20 6A 65  Default sind je
64 6F 63 68 20 32 35 35 20 5A 65 69 63 68 65 6E doch 255 Zeichen
```

Da wir gerade bei ASCII sind: Windows (und damit auch Delphi) bevorzugt den ANSI-Zeichensatz, was uns die Arbeit mit DOS-Textdateien nicht gerade erleichtert. Werden ASCII-Texte unter Windows geladen, kann das wie folgt aussehen:

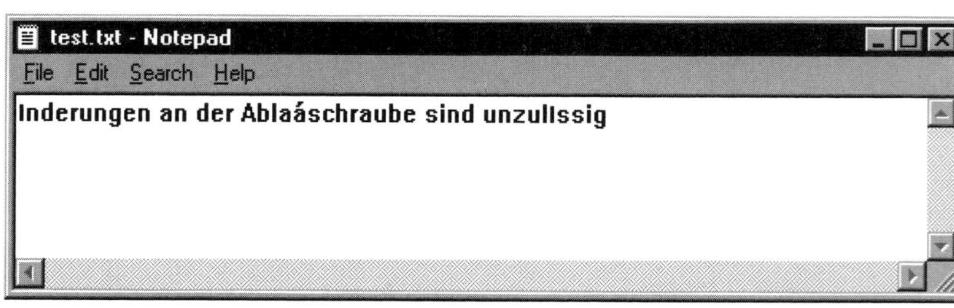

Glücklicherweise liefert uns Windows gleich zwei entsprechende Funktionen, um die eventuell nötige Umwandlung vorzunehmen:

```
function CharToOem(lpszSrc: PChar; lpszDst: PChar): BOOL; stdcall;
function OemToChar(lpszSrc: PChar; lpszDst: PChar): BOOL; stdcall;
```

Beide Funktionen erwarten als Übergabeparameter Zeichenketten (Strings). Sie können für beide Parameter auch ein und dieselbe Variable verwenden.

Beispiel: Öffnen einer Textdatei und Konvertierung

```
procedure TForm1.Button1Click(Sender: TObject);
var s:String;
```

```
    l:TStringlist;
begin
    l := TStringlist.Create;        // Stringliste zur Aufnahme der ASCII-Textdatei
    l.LoadFromFile('test.txt');     // laden der ASCII-Datei
    s := l.Text;            // der Inhalt der Textdatei wird der Variablen s zugewiesen
```

Übergabe des Strings (Konvertierung ASCII ... ANSI), der zweite Parameter ist der Rückgabewert. Da dieser genauso groß wie der erste Parameter ist, können wir auf einen extra Puffer verzichten.

```
    OEMtoChar(PChar(s),PChar(s));
    // Anzeige in einem Memo-Feld
    Memo1.Text := s
end;
```

Hinweis: Wenn Sie durch die obigen Deklarationen abgeschreckt werden: Kein Problem, Delphi hat in die wichtigsten Komponenten bereits eine entsprechende Eigenschaft integriert, die die nötigen Umwandlungen veranlasst: *OEMConvert*. Setzen Sie diese auf *True*, wird die ASCII/ANSI-Konvertierung automatisch vorgenommen.

8.2.2 Öffnen

Um auf eine Datei zugreifen zu können, müssen wir diese erst einmal öffnen. Bei einer Textdatei gibt es drei verschiedene Möglichkeiten:

- *Reset* (Lesen aus einer Textdatei)
- *Rewrite* (Schreiben in eine Textdatei)
- *Append* (Text an eine Textdatei anhängen)

Die Trennung dieser drei Modi ist einer der größten Nachteile einer Textdatei. Die Ursachen liegen im Dateiaufbau begründet, Zeilen unterschiedlicher Länge lassen sich nun einmal nicht wie Records fester Länge behandeln.

Beispiel: Einlesen der AUTOEXEC.BAT

```
var f: TextFile;
    s : String;
begin
    AssignFile(f,'c:\autoexec.bat');
    // Fehlermeldungen ausschalten:
    {$i-}
        Reset(f)
    {$i+}
    if IOResult <> 0 then begin
      ShowMessage('Fehler ...');
```

```
        Exit
    end;
    while not eof(f) do Readln(f,s);
    CloseFile(f)
end;
```

Beispiel: Eine Textdatei schreiben

```
var f: TextFile;
begin
    AssignFile(f,'c:\test.txt');
    {$i-} Rewrite(f); {$i+}
    if IOResult <> 0 then begin
        ShowMessage('Fehler ...');
        Exit
    end;
    Writeln(f,'Hallo User, das ist eine Textdatei');
    Writeln(f,'Hallo User, das ist eine Textdatei');
    Writeln(f,'Hallo User, das ist eine Textdatei');
    CloseFile(f)
end;
```

Beispiel: Text (eine Zeile) an die AUTOEXEC.BAT anhängen

```
var f: TextFile;
begin
    AssignFile(f,'c:\autoexec.bat');
    {$i-} Append(f); {$i+}
    if IOResult <> 0 then begin
        ShowMessage('Fehler ...');
        Exit
    end;
    Writeln(f,'REM zusätzliche Zeile');
    CloseFile(f)
end;
```

Hinweis: Beachten Sie, dass statt *Text* der neue Typ *TextFile* verwendet wird. Delphi möchte auf diese Weise vermeiden, dass es zu Überschneidungen mit der Property *Text* kommt.

In allen Beispielen wird nach dem Initialisieren der Dateivariablen *F* mit *AssignFile* die Fehlerprüfung ausgeschaltet (Compilerschalter *{$i-}*). Über die Funktion *IOResult* kann auf Laufzeitfehler geprüft werden (siehe dazu auch Abschnitt 5.2, "Fehlerbehandlung").

8.2.3 Lesen

Wie lesen wir nun die Daten aus der Textdatei ein? Auch hier müssen wir wieder zwischen verschiedenen Möglichkeiten unterscheiden:

Zeilenweises Einlesen

Zeilenweises Einlesen brauchen Sie, um beispielsweise eine Tabelle zu füllen.

```
i := 0;
while not EOF(f) do begin
    ReadLn(f,s);
    StringGrid1.Cells[1,i]:= s;
    Inc(i)
end;
```

Solange das Dateiende nicht erreicht ist (*While Not EOF(F)*), wird die Datei zeilenweise eingelesen. Durch die *ReadLn*-Anweisung werden die beiden Zeilenendzeichen (13,10) entfernt, der String enthält nur den reinen Text.

Variablen einlesen

Mit der *Read*-Anweisung können Sie aus einer Textdatei auch nummerische Variablen einlesen, Sie sollten jedoch einige Besonderheiten beachten. In jeder Zeile darf nur eine einzige Variable stehen. Lesen Sie mit folgender Anweisung über das Dateiende hinaus, weil z.B. eine ungerade Anzahl von Zeilen vorhanden ist, tritt kein Laufzeitfehler auf. Die "überflüssige" Variable wird mit null initialisiert:

```
var f    : TextFile;
    n,
    n1   : Real;
    i    : Integer;

begin
    AssignFile(f,'c:\test.txt');
    ...
    while not eof(f) do begin
        Read(f,x,y)
    end;
```

Bitte beachten Sie Folgendes:

- Führende Leerzeichen und Tabulatoren werden ignoriert.
- Im Gegensatz zum Einlesen von Strings rückt das Lesen von nummerischen Variablen den Satzzeiger weiter.

8.2.4 Schreiben

Beim Schreiben unterscheiden wir zwischen zwei Möglichkeiten:

- Anhängen an eine bestehende Datei
- Schreiben in ein leeres File

Die Entscheidung für eine der beiden Möglichkeiten wurde bereits mit der Anweisung zum Öffnen getroffen. Die eigentlichen Ausgabefunktionen unterscheiden sich nicht voneinander (siehe Öffnen von Textdateien).

Den Inhalt einer Textbox können Sie auf zwei verschiedene Arten speichern:

Zeilenweise schreiben

```
var f : TextFile;
    i : Integer;
begin
     AssignFile(f,'c:\test.txt');
     {$i-} Rewrite(f); {$i+}
     if IOResult <> 0 then Halt;
     for i := 0 to Memo1.Lines.Count do Writeln(f,Memo1.Lines[i]);
     CloseFile(f)
end;
```

Diese Möglichkeit sollten Sie allerdings nur nutzen, wenn Sie bestimmte Zeilen auslassen wollen oder wenn Sie den Text an eine Datei anfügen möchten. Soll der gesamte Inhalt in einer neuen Datei gespeichert werden, ist die Verwendung der *SaveToFile*-Methode einfacher:

Ohne *if IOResult <>0* ... erfolgt keine Fehlermeldung, und es passiert nichts! Besser wäre deshalb

```
if IOResult <> 0 then begin
   ShowMessage('Die Datei befindet sich nicht im akt. Verzeichnis!');
   Exit
end;
```

Schreiben mit der Methode SaveToFile

```
Memo1.Lines.SaveToFile('SOMETEXT.TXT');
```

Beachten Sie jedoch, dass der Inhalt einer eventuell bestehenden Datei "gnadenlos" überschrieben wird. Gegebenenfalls müssen Sie eine entsprechende Prüfung vornehmen (*FileExists*).

8.3 Typisierte Dateien

Für das Sichern von nummerischen Daten und Nutzertypen bietet sich statt einer Textdatei eine so genannte *typisierte* Datei an. Bei typisierten Dateien handelt es sich eigentlich um keinen Dateityp, sondern eher um eine Zugriffsmöglichkeit. Sie können eine typisierte Datei auch als Textdatei öffnen und auslesen, ob dabei etwas Sinnvolles herauskommt, ist jedoch fraglich.

Typisierte Dateien sind durch eine konstante Datensatzlänge gekennzeichnet, zwischen den einzelnen Datensätzen (Records) ist kein Trennzeichen vorhanden. Sie müssen also wissen, wie groß ein Datensatz ist.

Nr	Name	Vorname	Nr	Name	Vorname	Nr	Name	Vorname	Nr	Name	Vorname

Bei typisierten Dateien müssen Sie keine Unterscheidung zwischen Schreib- und Lesezugriff treffen, Sie können also in einer Datei gleichzeitig lesen und schreiben.

8.3.1 Öffnen

Beispiel: Vor dem Öffnen der Datei definieren Sie die Struktur des Datensatzes.

```
type PunktType  = record
                      x: Integer;
                      y: Integer;
                  end;
     LinienType = record
                      a: punktType;
                      b: punktType;
                 end;
```

Der definierte Typ (bzw. die Variable dieses Typs) hat eine bestimmte Länge, die aus der Anzahl und dem Typ der verwendeten Felder resultiert.

Das Anlegen und Öffnen der Datei gestaltet sich ebenso einfach wie bei einer Textdatei:

```
var f : file of LinienType;
begin
    AssignFile(f,'c:\test.dat');
    {$i-}
        Rewrite(f);    // erstellt neue Datei und öffnet sie
    {$i+}
    if IOResult <> 0 then halt;
```

Ob Sie einmal mit einer Variablen vom *LinienType* oder zweimal mit einer Variablen vom *PunktType* zugreifen, ist nur von der Definition der File-Variablen abhängig. Sie können auch als *PunktType* schreiben und mit *LinienType* lesen.

8.3.2 Lesen/Schreiben

Mit der *Read*-Anweisung können Sie den Inhalt der Datei lesen. Im Unterschied zur Textdatei benötigen Sie noch einige zusätzliche Befehle zur Positionierung des Datensatzzeigers sowie zur Bestimmung der Anzahl von Datensätzen.

Die folgenden Beispiele sind sowohl für den Schreib- als auch für den Lesezugriff interessant:

Wie bestimmt man die Anzahl der Datensätze?

```
AssignFile(f,'c:\test.dat');
{$i-}
   Reset(f);
{$i+}
if IOResult <> 0 then Halt;
anzahl = FileSize(f);
Close(f);
```

Wie positioniert man den Satzzeiger?

```
 ... Reset(f)  ...
 Seek(f, 25);
 CloseFile(f)
```

Die aktuelle Position des Datenzeigers bestimmen Sie mit *FilePos*:

```
 ... Reset(f) ...
 n := FilePos(f);
 CloseFile(f)
```

Hinweis: Im Unterschied zu Visual Basic hat der erste Datensatz in einer typisierten Datei stets die Satznummer 0!

Wie liest man einen Datensatz?

```
... Reset(f)  ...
    Read(f, linie);
...
```

liest den aktuellen Datensatz,

```
... Reset(f)  ...
    Seek(f,16);
    Read(f, linie);
...
```

liest den siebzehnten Datensatz in die Variable *linie* ein.

Wie schreibt man einen Datensatz?

```
... Reset(f)  ...
    Write(f,linie);
    CloseFile(f)
...
```

schreibt die Werte der Variablen "linie" an der aktuellen Position,

```
... Reset(f) ...
    Seek(f,11);
    Write(f,linie);
    CloseFile(f)
...
```

schreibt die Werte in den Datensatz 12.

Ist die angegebene Satznummer größer als die Anzahl der vorhandenen Datensätze, wird der Wert an die Datei angehängt, einen *Append*-Modus gibt es nicht.

Hinweis: Wie auch bei den Textdateien gilt: Vergessen Sie nie, die Datei nach dem letzten Schreibzugriff zu schließen!

8.3.3 Probleme mit Records

Stellen Sie sich folgendes Szenarium vor: Leichtsinnig, wie Sie waren, hatten Sie ein 16-Bit-Pascal-Programm geschrieben, das eine typisierte Datei folgenden Aufbaus erzeugte:

```
type Ttest = record
             i  : Integer;
             b  : Byte;
             s  : String[10];
           end;
```

Die Recordgröße war damit auf 14 Bytes (2+1+11) festgelegt. Doch jetzt folgt das böse Erwachen: Sie haben das Programm neu compiliert, wollen es ausprobieren, und was passiert? Natürlich wird nur der blanke Unsinn aus der Datei ausgelesen.

Die Ursachenforschung beginnt und endet damit, dass sich die Recordgröße verändert hat. Ein Integer ist kein Integer mehr, sondern plötzlich vier statt zwei Byte groß. Als Lösung bieten sich zwei Wege an:

- Sie verändern die *Integer*-Variable im Record in eine *SmallInt*-Variable.
- Sie konvertieren gleich die ganze Datei, auf diese Weise vergrößert sich auch noch der zulässige Wertebereich, und Sie können auf das Umschreiben des Programms verzichten.

Wem daran gelegen ist, nicht unnötig Platz auf der Festplatte zu verschwenden, sei daran erinnert, die *packed*-Option für den Record zu setzen.

```
type TTest =  packed record
             i  : Integer;
             b  : Byte;
             s  : String[7];
           end;
```

entspricht 13 Byte-Recordgröße, ohne die *packed*-Option wären es 16 Byte.

Fazit

Für das Speichern von Zeichenketten (Strings) ist eine typisierte Datei weniger gut geeignet, da auch für einen Leerstring die einmal definierte Anzahl von Zeichen freigehalten wird. Möchten Sie aber zum Beispiel ein Array speichern, so dürfte eine typisierte Datei die erste Wahl sein. Für komplexere Anwendungen mit Such- und Sortierfunktionen sollten Sie jedoch auf jeden Fall einer Datenbank den Vorzug geben, auch wenn dies im ersten Augenblick komplizierter erscheint.

8.4 Binärdateien

Wie auch für typisierte Dateien gilt: Unter einer Binärdatei versteht man kein Dateiformat, sondern eine Zugriffsart. Sie könnten also auch auf eine Textdatei im Binärmodus zugreifen.

Eigentlich ist eine Binärdatei eine spezielle Form der typisierten Datei, die Datensatzlänge variiert und ist mindestens 1 Byte groß. Wie viele Bytes gelesen bzw. geschrieben werden, hängt vom verwendeten Variablentyp ab:

56	24	13	11	56	219	115	255	64	79	123	43	2	28	90	213	155	76	0

8.4.1 Zugriff

Sie haben zwei verschiedene Möglichkeiten, um auf Binärdateien zuzugreifen. Entweder Sie deklarieren eine Dateivariable vom Type *Byte* oder *Char*:

```
var f : File of Byte;
```

bzw.

```
var f : File of Char;
```

oder Sie verwenden eine untypisierte Datei:

```
var f : File;
```

Im letzteren Fall können Sie nur die Anweisungen *BlockRead* und *BlockWrite* verwenden.

Die in älteren Delphi-Versionen gültige Beschränkung auf 64 KByte Lese- bzw. Schreibpuffer entfällt. Es ist günstig, wenn Sie den Schreib- bzw. Lesepuffer nicht statisch belegen, sondern dafür Speicher dynamisch reservieren:

```
var p : Pointer
...
GetMem(p,1000);   // Speicher reservieren
BlockRead(f,p^,1000,result);
FreeMem(p,1000);  // Speicher freigeben
```

Wichtige Hinweise:

- Geben Sie nur so viel Speicher frei, wie Sie auch belegt haben!
- Verwenden Sie eine Binärdatei zum Speichern von einzelnen Status-Variablen Ihres Programms oder zum Manipulieren anderer Dateien!

8.5 Streams

Selten verwendet und schlecht dokumentiert fristen sie zu Unrecht ein Schattendasein: die Streams in all ihren möglichen Varianten. Ob als File- oder Memory-Stream, höchstens in Form einer Methode (*SaveToStream*) kommt man mit ihnen in Berührung.

Wir wollen diesem Missstand abhelfen. Ein kleines Beispiel zur Einstimmung zeigt die Leistungsfähigkeit des Konzepts.

Beispiel: Eine kleine Routine zum Kopieren einer Datei

```
// Deklarieren zweier FileStream-Objekte:
var s1,s2 : TFileStream;

begin
   // Erzeugen der Objektinstanzen (gleichzeitig werden die Dateien geöffnet bzw. erzeugt):
   s1 := TFileStream.Create('c:\test.dat',fmOpenRead);
   s2 := TFileStream.Create('d:\test.bak',fmCreate);
   // Der Kopiervorgang:
   s2.CopyFrom(s1, s1.Size)
end;
```

Sieht doch gar nicht so schlecht aus! Mit drei Zeilen Code wurde eine ganze Datei kopiert, und diverse Fehlermeldungen wurden gleich mit integriert.

8.5.1 Was ist ein Stream?

Ein Stream ist prinzipiell mit einer einfachen sequenziellen Datei vergleichbar. Es muss sich jedoch nicht unbedingt um eine physikalische Datei handeln, es kann auch ein Speicherbereich sein, der sich genau wie eine Datei bearbeiten lässt (lesen/schreiben).

Delphi kapselt Streams entsprechend ihrer Funktionalität in verschiedenen Objektklassen, die alle von *TStream* abstammen. Sehen wir uns doch einmal den Stammbaum an:

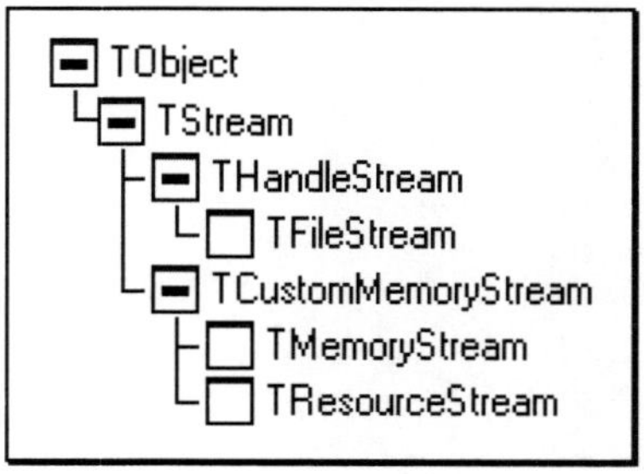

Interessant dürften vor allem zwei Typen sein: *TFileStream* und *TMemoryStream*.

8.5.2 Öffnen, Schreiben und Lesen

Wie Sie schon im Eingangsbeispiel gesehen haben, erzeugen bzw. öffnen Sie einen *FileStream* durch den Aufruf der Methode *Create*. Übergabewerte sind der Dateiname und der Dateimodus (die Konstanten finden Sie in Abschnitt 8.1.1).

Wie eine normale Datei hat auch ein Stream eine Größe (*Size*) und einen Dateizeiger (*Position*). Gelesen wird mit der Methode *Read*, geschrieben mit *Write*. Alternativ können Sie auch die Methoden *ReadBuffer* und *WriteBuffer* verwenden. Lese- bzw. Schreibvorgänge verändern die Satzzeigerposition, ebenso ein Aufruf der *Seek*-Methode.

Beispiel: Speichern von Variablen

```
var fStream : TFileStream;
    datum   : TDateTime;
...
  // Stream-Objekt erzeugen:
  fStream := TFileStream.Create('c:\test.dat', fmOpenReadWrite)
  // Auf das 20. Byte setzen:
  fStream.Position := 20;
  // die Variablen nacheinander in den Stream, d.h. die Datei, schreiben:
  fStream.WriteBuffer(datum, SizeOf(datum));
  ...
  fStream.Free;
```

Möchten Sie Stringvariablen speichern, müssen Sie sich schon etwas mehr einfallen lassen. Zuerst speichern Sie die Größe des Strings, nachfolgend die eigentlichen Stringdaten.

```
procedure TForm1.Button1Click(Sender: TObject);
var s   : String;
   len : LongInt;
begin
  s := 'Hallo User';
  // Erzeugen des Stream-Objekts:
  with TFileStream.Create('c:\test.dat',fmCreate) do begin
    // Bestimmen der Stringlänge:
    len := Length(s);
    // Schreiben der Stringlänge:
    Write(len, SizeOf(LongInt));
    // Schreiben des Strings:
    Write(s[1], len);
    Free
  end
end;
```

Hinweis: Beachten Sie die Aufrufsyntax beim Schreiben des Strings. Übergeben wird nicht der String, sondern das erste Zeichen des Strings.

Beispiel: Einlesen einer Stringvariablen

```
procedure TForm1.Button2Click(Sender: TObject);
var s   : String;
   len  : LongInt;
begin
  s := '?';
  with TFileStream.Create('c:\test.dat',fmOpenRead) do begin
    // Bestimmen der Stringlänge:
    Read(len, SizeOf(len));
    // String entsprechender Länge erzeugen:
    SetLength(s,len);
    // String einlesen:
    Read(s[1],len);
    Free
  end;
  Form1.Caption := s
end;
```

8.5.3 Kopieren von Streams

Mit *CopyFrom* kopieren Sie eine bestimmte Anzahl von Bytes aus einem Stream in den anderen. Dabei ist es völlig unerheblich, ob es sich um einen File- oder einen Memory-Stream handelt. Dies gilt auch für alle oben genannten Methoden und Eigenschaften. Intern setzt die Methode *CopyFrom* natürlich wieder auf der schon bekannten *Read*- bzw. *Write*-Methode auf.

Hinweis: Beachten Sie bei *CopyFrom*, dass Sie vorher mit *Position* den Satzzeiger des Quell- und des Ziel-Streams entsprechend setzen.

Beispiel: Speichern eines Memofeldes (mit Umweg über einen *MemoryStream*)

```
var  fStream : TFileStream;
     mStream : TMemoryStream;
begin
  fStream := TFileStream.Create('c:\test.dat',fmCreate);
  mStream := TMemoryStream.Create;
  memo1.Lines.SaveToStream(mStream);
  fStream.CopyFrom(mStream, mStream.Size);
  fStream.Free;
```

```
  mStream.Free
end;
```

Das obige Beispiel wird zu einem Laufzeitfehler führen, da sich der Positionszeiger des *Memory-Streams* bereits am Stream-Ende befindet. Mit *Position* setzen wir den Zeiger neu:

```
Memo1.Lines.SaveToStream(mStream);
mStream.Position := 0;
fStream.CopyFrom(mStream,mStream.Size);
```

Je nach Objekttyp finden sich einige zusätzliche Eigenschaften und Methoden, die für die Arbeit mit dem entsprechenden Medium nötig sind. So bietet der *TMemoryStream* eine Eigenschaft *Capacity*, über die Sie die Größe des Speicherbereichs festlegen bzw. auslesen können. Verwechseln Sie die *Capacity*-Eigenschaft nicht mit der Eigenschaft *Size*, die lediglich die Größe des Streams angibt. Interessant ist auch noch die Eigenschaft *Memory*, die einen Pointer auf den Speicherbereich des Streams zurückgibt.

Speicherstreams (*TMemoryStreams*) können Sie mit *SaveToFile* bzw. *LoadFromFile* in eine Datei schreiben bzw. aus einer Datei lesen.

Haben Sie einen Stream mit *Create* erzeugt, können Sie darin beispielsweise den Inhalt einer RTF-Komponente, einer *TreeView*-Komponente usw. speichern (Methode *SaveToStream*). Auf diese Weise können Sie problemlos mit verschiedenartigen Daten umgehen, ohne sich um den Datentyp kümmern zu müssen. Ein komplettes Anwendungsbeispiel finden Sie im Praxisteil des Kapitels.

8.6 Memory Mapped Files

Wer mit den bisherigen Möglichkeiten des Dateizugriffs immer noch nicht zufrieden ist, düfte spätestens hier die Lösung für seine Probleme finden. Memory Mapped Files (kurz MMF) stellen eine Möglichkeit dar, physische Dateien in den Adressraum einer oder auch mehrerer Anwendungen einzublenden.

Wozu das Ganze? Die Antwort findet sich im Zugriffsprinzip auf derartige "Dateien". Sie verwenden statt umständlicher *Seek-*, *Read-* und *Write*-Anweisungen einfach ganz normale Speicheroperationen (z.B. mit typisierten Pointern, siehe Kapitel 14). Da Satzzeiger zugunsten von Pointern entfallen, ist es kein Problem, auf unterschiedliche Abschnitte der Datei gleichzeitig zuzugreifen. Legen Sie dazu einfach mehrere Pointer an.

Ein weiterer Pluspunkt für die Verwendung von MMFs resultiert aus der strikten Trennung der Anwendungsadressräume. MMFs stellen eine der wenigen Möglichkeiten dar, große Datenmengen gleichzeitig von unterschiedlichen Anwendungen zu nutzen.

Obwohl Sie bei MMFs mit Pointern in einem "Speicherbereich" arbeiten, befindet sich die Datei prinzipiell auf der Festplatte, nur der aktuell bearbeitete Abschnitt befindet sich im Speicher. Je nach Prozessortyp haben diese Abschnitte eine unterschiedliche Größe, bei Intel-Prozessoren sind es 4 KByte, die mindestens in den Speicher geladen werden (so genannte Pages). Um nicht nach jedem Schreib-/Lesezugriff die Page sichern zu müssen, werden meist mehrere Pages im Speicher gehalten. Für Sie als Programmierer ist dieser Vorgang nicht weiter von Bedeutung. Lediglich wenn Sie sicherstellen wollen, dass Änderungen sofort an der physischen Datei ausgeführt werden, müssen Sie dies der Memory-Verwaltung mitteilen (wir kommen später darauf zurück).

8.6.1 Erzeugen eines MMF

Wie bei jeder normalen Datei müssen auch MMFs vor der Bearbeitung geöffnet werden. Ausgangspunkt ist die API-Funktion *CreateFile*[1], über die Sie einen im weiteren Verlauf benötigten Datei-Handle erhalten.

Syntax:
```
function CreateFile(lpFileName: PChar;
dwDesiredAccess, dwShareMode: Integer;
lpSecurityAttributes: PSecurityAttributes; dwCreationDisposition,
dwFlagsAndAttributes: DWORD;  hTemplateFile: THandle): THandle; stdcall;
```

Möchten Sie Lese- und Schreibzugriff auf den MMF erhalten, müssen Sie den Parameter *dwDesiredAccess* mit *GENERIC_READ+ GENERIC_WRITE* festlegen. Ob, und wenn ja, wie andere Anwendungen auf die aktuelle Datei zugreifen können, legen Sie mit *dwShareMode* fest. Die Security-Attribute sind nur unter Windows NT von Bedeutung, übergeben Sie einfach *NIL*.

Hinweis: Über die weiteren Parameter informieren Sie sich bitte in der Online-Hilfe.

Mit dem von der Funktion *CreateFile* zurückgegebenen Handle können wir uns dem nächsten Schritt zuwenden: dem Aufruf der Funktion *CreateFileMapping*.

Syntax:
```
function CreateFileMapping(hFile: THandle; lpFileMappingAttributes:
PSecurityAttributes; flProtect, dwMaximumSizeHigh, dwMaximumSizeLow: DWORD;
lpName: PChar): THandle; stdcall;
```

Übergeben Sie neben dem FileHandle wieder *NIL* für die Security-Attribute. Soll ein Schreib-/ Lesezugriff auf den Speicher möglich sein, müssen Sie *flProtect* mit *PAGE_READWRITE* festlegen. Die Parameter *dwMaximumSizeHigh* und *dwMaximumSizeLow* deuten schon an, was uns in den nächsten Jahren erwarten wird: unendliche Weiten bei der Größe der Dateien. Zwei Variablen von Typ DWORD ermöglichen Dateigrößen bis zu $1{,}844674407371 * 10^{19}$ bzw. 2^{64} Bytes. Vorläufig müssen Sie sich allerdings mit dem Parameter *dwMaximumSizeLow* begnügen, aber 4 GByte dürften für den Anfang schon reichen. Handelt es sich um eine bestehende Datei, die nicht vergrößert werden soll, können Sie für beide Parameter null angeben. In diesem Fall wird die Dateigröße verwendet, andernfalls lässt sich die Datei bis zur angegebenen Größe erweitern.

Zum Schluss folgt noch ein eindeutiger Bezeichner, über den Sie später auf den MMF zugreifen können. Dieses Feature wird allerdings nur bei der Interprozess-Kommunikation verwendet, normalerweise übergeben Sie hier einfach *NIL*.

Den Rückgabewert der Funktion *CreateFileMapping* sollten Sie sich merken, es handelt sich um das Handle des MMFs.

Der letzte Schritt vor dem eigentlichen Speicherzugriff ist der Aufruf von *MapViewOfFile*.

[1] Für Faule: Es geht auch mit der Funktion *OpenFile*.

Syntax:

```
function MapViewOfFile(hFileMappingObject: THandle; dwDesiredAccess: DWORD;
    dwFileOffsetHigh,
    dwFileOffsetLow,
    dwNumberOfBytesToMap: DWORD): Pointer; stdcall;
```

Übergeben wird neben dem MMF-Handle eine Konstante, die beschreibt, welche Operationen (Lesen, Schreiben etc.) im Speicherbereich zulässig sind. Bei Schreib-/Lesezugriffen sollten Sie hier sinnvollerweise *FILE_MAP_WRITE* übergeben. Mit den restlichen Parametern können Sie bestimmen, welcher Bereich der Datei im Speicher abgebildet werden soll (Startadresse und Länge). Am einfachsten ist es, wenn Sie die komplette Datei auswählen (einfach für alle Parameter NULL angeben). Im Erfolgsfall wird Ihnen von der Funktion ein Pointer auf den Speicherbereich zurückgegeben. Alles Weitere bleibt Ihrer Kreativität überlassen, Kapitel 14 gibt einige Anregungen, was Sie mit dem Pointer anfangen können.

Beispiel: Durchlaufen des gesamten Speicherbereichs

```
var FData      : Pointer;
    fileSize   : LongInt;
    fileHandle, mapHandle  : THandle;
    P          : ^Byte;
...
FData := MapViewOfFile(mapHandle,FILE_MAP_WRITE,0,0,0);
...
P := FData;
while fileSize > 0 do begin
        dec(fileSize);
        Inc(P)
end;
UnmapViewOfFile(FData);
CloseHandle(mapHandle);
CloseHandle(fileHandle);
```

Hinweis: Den Originalpointer sollten Sie nicht verändern, den brauchen Sie noch beim Schließen des MMFs mit *UnMapViewofFile.*

8.6.2 Datenaustausch über MMFs

Die bisherigen Ausführungen waren im Wesentlichen darauf gerichtet, innerhalb einer Anwendung den Zugriff auf Dateien zu verbessern. Beispielsweise um Dateien auf Byte-Ebene zu manipulieren. Ein weiteres Einsatzgebiet findet sich bei der Interprozess-Kommunikation, d.h. dem Datenaustausch von 32-Bit-Anwendungen.

Im Wesentlichen lässt sich alles bisher Gesagte auch auf dieses Einsatzgebiet verallgemeinern, einige Besonderheiten sind dennoch zu berücksichtigen. Beispielsweise brauchen Sie beim Erstellen des MMFs nicht unbedingt eine physische Datei anzugeben. Sie können auch die Auslagerungsdatei dazu missbrauchen. Übergeben Sie in diesem Fall statt einem File-Handle den Wert $FFFFFFFF an die Funktion *CreateFileMapping*. Natürlich ist es jetzt auch nötig, die Dateigröße zu bestimmen.

Weiterhin sollten Sie sich jetzt auch für einen eindeutigen Namen entscheiden. Dieser kann dann von den weiteren Prozessen beim Aufruf der Funktion *OpenFileMapping* verwendet werden. Diese Funktion gibt nur dann ein gültiges Handle auf den MMF zurück, wenn er bereits existiert.

Beispiel: Möglicher Ansatz für Datenaustausch über MMF (Server)

```
Function CreateMMF(FileName: string; Size: Integer):Pointer;
begin
  Result := nil;
  FHandle := CreateFileMapping($FFFFFFFF, nil, PAGE_READWRITE, 0, Size, PChar(FileName));
  if FHandle = 0 then Exit;
  P := MapViewOfFile(FHandle, FILE_MAP_WRITE, 0, 0, Size);
  Result := P;
...
p := CreateMMF('ABC_XYZ',1000);
```

Beispiel: Möglicher Ansatz für Datenaustausch über MMF (Client)

```
var H : THandle;
H := OpenFileMapping(FILE_MAP_WRITE, false, 'ABC_XYZ');
if h = NULL then                    //... MMF existiert noch nicht
```

Hinweis: Ein komplettes Anwendungsbeispiel für den Datenaustausch finden Sie auch bei den zu Delphi mitgelieferten Beispielprogrammen (*\\IPCDemos*).

8.7 INI-Dateien

Fast jedes Programm braucht für die Sicherung von Optionen und Einstellungen eine INI-Datei. Sie können diese Datei als "normale" Textdatei speichern oder Sie nutzen eine der folgenden Möglichkeiten, die Windows bietet:

- Speichern in der WIN.INI
- Anlegen einer eigenen INI-Datei

Die erste Methode ist die schnellste, aber auch die hässlichste. Programme "leben" nicht ewig, auch wenn mancher Programmierer zu dieser Meinung neigen sollte. Die "Reste" unserer Programme liegen als Datenmüll noch eine "halbe Ewigkeit" in der WIN.INI herum. Wer sich schon einmal der Mühe unterzogen hat, die WIN.INI von unnötigen Einträgen zu säubern, kann ein Lied davon singen.

Hinweis: 32-Bit-Programme sollten statt der WIN.INI besser die Systemdatenbank (Registry) verwenden (siehe Abschnitt 8.8).

Für alle Unverbesserlichen: Zum Arbeiten mit der WIN.INI ist man auf die Hilfe zweier API-Funktionen angewiesen. Mit

```
function WriteProfileString(ApplicationName, KeyName, Str: PChar): Bool;
```

und

```
function GetProfileString(AppName, KeyName, Default, ReturnedString: PChar;
  Size: Integer): Integer;
```

können Sie eigene Einträge in der WIN.INI erzeugen bzw. auslesen.

```
var s :string;
begin
     s := 'c:\test\grafik' + #0;
     WriteProfileString('Testabschnitt', 'Verzeichnis',@s[1]);
end;
```

wird folgenden Eintrag in der WIN.INI hinterlassen:

```
[Testabschnitt]
Verzeichnis=c:\test\grafik
```

Dies entspricht dem grundsätzlichen Aufbau:

```
[Abschnitt]
Schlüssel1= Eintrag
Schlüssel2= Eintrag
...
```

8.7.1 Eigene INI-Datei anlegen

Die Vorgehensweise mit

```
function WritePrivateProfileString(ApplicationName, KeyName, Str, FileName: PChar): Bool;
```

können Sie sich sparen, verwenden Sie besser das von Delphi zur Verfügung gestellte *TIniFile*-Objekt. Mit den Methoden

- *ReadBool/WriteBool*
- *ReadInteger/WriteInteger*
- *ReadString/WriteString*
- *EraseSection* (Löschen eines Abschnitts)

erstellen Sie auf einfache Weise eigene INI-Dateien:

```
var  Ini: TIniFile;
begin
  Ini := TIniFile.Create('Test.INI');
  Ini.WriteBool('Option', 'Logo', True);
  Ini.WriteInteger('Option', 'Pause', 3);
  Ini.WriteString('Passwortliste', 'Hans', 'Otto');
```

```
  Ini.Free;
```

Das Beispiel erzeugt folgende Einträge in der Datei *TEST.INI*:

```
[Option]
Logo=1
Pause=3
[Passwortliste]
Hans=otto
```

Hinweis: Auch wenn die Datei bereits existiert, müssen Sie mit der *Create*-Methode die Variable initialisieren, andernfalls kommt es zu einer Schutzverletzung.

8.8 Die Registrierdatenbank

Windows speichert alle Informationen über Hard- und Software in einer Datenbank mit Baumstruktur. Im Unterschied zu den früher üblichen INI-Dateien ist zum Einsehen der Datenbank ein Texteditor nicht geeignet, Sie müssen den Registrierungseditor verwenden, den Sie im Systemverzeichnis finden. Als frischgebackener 32-Bit-Programmierer ist Ihnen die Verwendung der Registrierungsdatenbank dringend anzuraten, überlassen Sie die INI-Dateien der 16-Bit-Welt.

8.8.1 Registrierungseditor

Um den Registrierungseditor auszuführen, starten Sie REGEDIT.EXE vom Datei-Manager oder vom Programm-Manager.

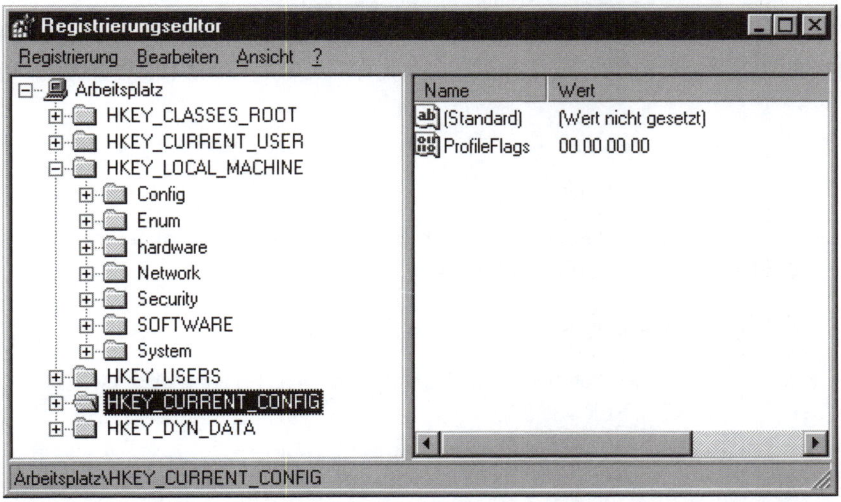

Wie Sie der Abbildung entnehmen können, sind die Informationen ähnlich einem Dateiverzeichnis in einer Baumstruktur gespeichert. Die einzelnen Einträge auf der linken Seite werden als Schlüssel bezeichnet, auf der rechten Seite werden gegebenenfalls die zugeordneten Werte angezeigt.

Hinweis: Änderungen an der Registrierung sollten Sie nur vornehmen, wenn Sie wirklich wissen, was Sie da tun. Im Allgemeinen werden die Einträge von den Programmen verwaltet, die sie benötigen, Änderungen durch den Anwender sind nicht vorgesehen.

8.8.2 Grundstruktur

Die Registrierungsdatenbank gliedert sich in folgende vier Teile:

Element	**Beschreibung**
HKEY_LOCAL_MACHINE	... enthält die Konfigurationsinformationen für den Computer (alle User).
HKEY_USERS	... die Root für alle Benutzerprofile.
HKEY_CURRENT_USER	... stellt die Root der Konfigurationsinformationen für den momentan angemeldeten Benutzer dar (z.B. Programmgruppen, Bildschirmfarben ...). HKEY_CURRENT_USER ist ein Teilschlüssel von HKEY_USERS.
HKEY_CLASSES_ROOT	... ist ein Teilschlüssel von HKEY_LOCAL_MACHINE\SOFTWARE. Hier sind die Dateiverknüpfung und OLE-Objekte gespeichert.

8.8.3 Speichern

Bevor Sie einfach drauflosspeichern, sollten Sie sich darüber im Klaren sein, wo was gespeichert wird. Grundsätzlich sollten Sie nur Informationen speichern, die auch in eine Registrier-Datei gehören, umfangreiche Daten gehören auch weiterhin in eine eigene Datei. Registrierungsdaten sollten Sie in

- userspezifische Daten und
- computerspezifische Daten

unterteilen. Allgemeine Computerdaten, wie zum Beispiel Hardware-Informationen, speichern Sie unter HKEY_LOCAL_MACHINE nach folgendem Muster:

Syntax: `HKEY_LOCAL_MACHINE\SOFTWARE\Firmenname\Produkt\Version\...`

Daten, die den einzelnen User betreffen (z.B. Farbeinstellungen, Fenstergrößen etc.), speichern Sie unter HKEY_CURRENT_USER wie folgt:

Syntax: `HKEY_CURRENT_USER\SOFTWARE\Firmenname\Produkt\Version\...`

Der Schlüssel SOFTWARE existiert bereits, Firmenname stellt eine eindeutige Firmenbezeichnung dar (z.B. Microsoft). Danach folgt die Produktbezeichnung (z.B. Corel Draw) und die Versionsnummer (z.B. 1.23).

Auf diese Weise lassen sich alle Produkte einer Firma sinnvoll zusammenfassen:

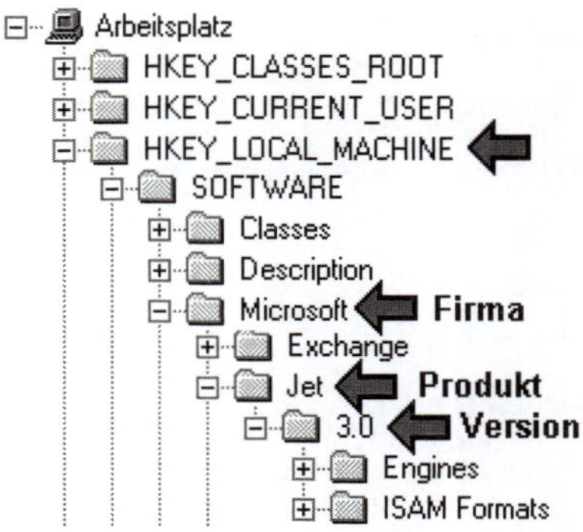

Wichtig ist, dass in einer Baumebene alle Schlüssel eindeutig sein müssen[1]. Der Untereintrag eines Schlüssels kann dagegen den gleichen Namen wie der übergeordnete Schlüssel haben.

Für das Speichern der Informationen sind folgende Wertetypen bzw. Klassen vordefiniert:

Typ	Beschreibung
REG_BINARY	... binärer Werteintrag
REG_SZ	... Zeichenkette (nullterminiert)
REG_DWORD	... DWORD-Eintrag
REG_MULTI_SZ	... mehrere Zeichenketten
REG_EXPAND_SZ	... erweiterbare Zeichenkette

8.8.4 Die Klasse *TRegistry*

Als Alternative zum Registry-API bietet Ihnen Delphi mit *TRegistry* eine recht komfortable Klasse zum Zugriff auf die wichtigsten Registry-Funktionen.

Nach dem Erstellen einer Instanz

```
var regist : TRegistry;
...
regist := TRegistry.Create;
```

stehen Ihnen alle Methoden und Eigenschaften zur Verfügung.

Hinweis: Delphi verwendet beim Erstellen der Instanz standardmäßig *HKEY_CURRENT_USER* als Root.

[1] In einem Verzeichnis können Sie ja auch nicht zwei Dateien unter demselben Namen speichern.

Möchten Sie allgemeine Einstellungen in der Registry ablegen, müssen Sie den Teilbaum *HKEY_LOCAL_MACHINE* verwenden. Setzen Sie dazu die Eigenschaft *RootKey*.

```
regist.RootKey := HKEY_LOCAL_MACHINE;
```

Konstanten für die Eigenschaft RootKey

Konstante
HKEY_CLASSES_ROOT
HKEY_CURRENT_USER
HKEY_LOCAL_MACHINE
HKEY_USERS
HKEY_PERFORMANCE_DATA
HKEY_CURRENT_CONFIG
HKEY_DYN_DATA

Schlüssel hinzufügen/löschen

Geht es um das Einfügen neuer Schlüssel, bieten sich zwei Varianten an:

- *CreateKey*
- *OpenKey*

Während Sie mit der Methode *CreateKey* lediglich einen neuen Schlüssel anlegen können, besteht bei *OpenKey* die Alternative, einen Schlüssel zu öffnen oder neu anzulegen. Gleichzeitig wird dieser Schlüssel als *CurrentKey* gesetzt, d.h., neue Schlüssel werden relativ zu diesem Schlüssel angelegt.

Der zweite Parameter von *OpenKey* entscheidet darüber, ob ein Schlüssel erzeugt wird, falls er noch nicht existiert (*True*).

Beispiel: Auswahl von *HKEY_CLASSES_ROOT* als Root und Anlegen eines Schlüssels ".aaa" mit weiteren Untereinträgen:

```
regist.RootKey := HKEY_CLASSES_ROOT;
regist.OpenKey('.aaa',True);
regist.CreateKey('test1\test2\test3');
```

Die folgende Abbildung zeigt das Resultat obiger Anweisungen:

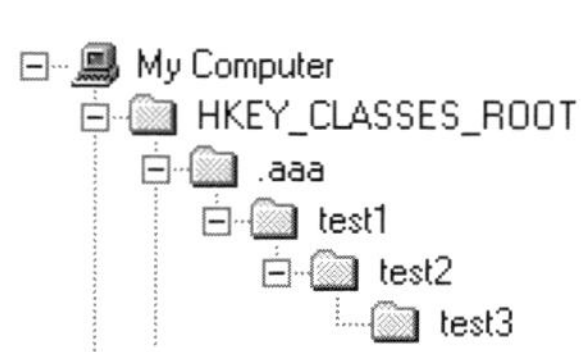

Wie Sie sehen, ist es problemlos möglich, gleichzeitig mehrere Schlüssel anzulegen.

Geht es darum, einen Schlüssel zu löschen, genügt ein Aufruf der Methode *DeleteKey*, um den gesamten Teilbaum, d.h. auch untergeordnete Schlüssel mit den zugehörigen Werten, zu eliminieren.

```
regist.RootKey := HKEY_CLASSES_ROOT;
regist.deletekey('.aaa')
```

Werte hinzufügen, auslesen

Wie schon erwähnt, können Sie in der Registry Daten in verschiedenen Formaten speichern. Während die Verwendung von API-Funktionen in diesem Zusammenhang recht aufwändig ist, bietet Delphi folgende, recht einfach zu bedienende Methoden:

- *WriteCurrency*
- *WriteBinaryData*
- *WriteBool*
- *WriteDate*
- *WriteDateTime*
- *WriteFloat*
- *WriteInteger*
- *WriteString*
- *WriteTime*

Übergabeparameter ist neben dem Namen der eigentliche Wert.

```
regist.OpenKey('SOFTWARE\DOKO\Delphi-Buch\6.0',true);
regist.WriteInteger('Test-Integer',47110001);
regist.WriteString('Programm-ID','45-1246-31-1996');
```

Das Resultat:

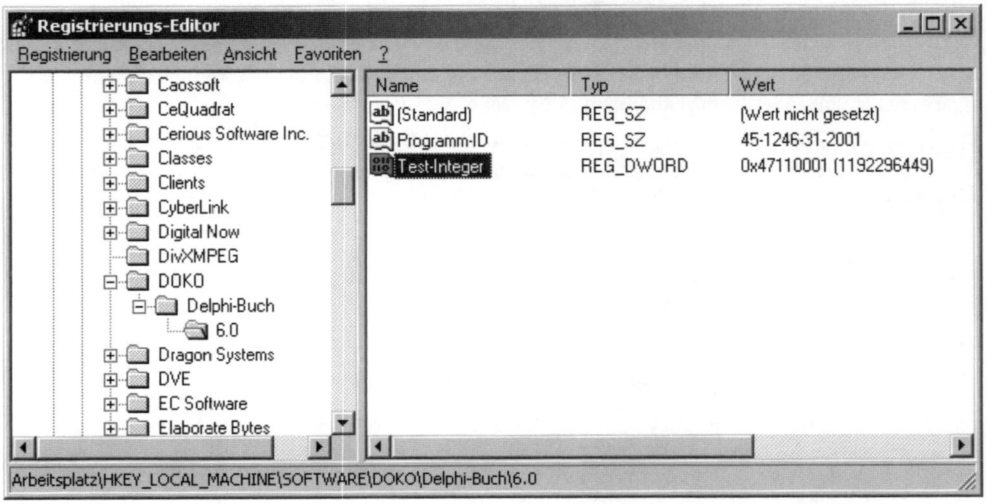

8.8.5 Dateiverknüpfungen erzeugen

Unterstützt Ihre Anwendung einen bestimmten Dateityp (.DB, .XLS etc.), ist es sinnvoll, wenn Sie dem Anwender ein entsprechendes Kontextmenü zur Verfügung stellen:

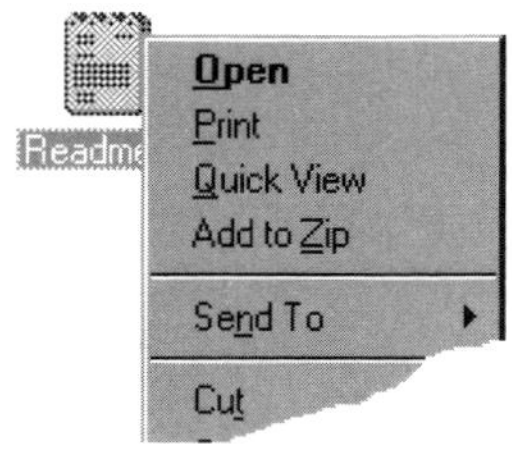

Unterstützen können Sie

- *Open* (Öffnen)
- *Print* (Drucken)
- *Print To*

indem Sie die Registry um entsprechende Einträge erweitern. Die Variante "Print To" haben Sie sicherlich noch in keinem Kontextmenü gefunden, handelt es sich doch um die Aktion, die ausgeführt wird, wenn ein Dokument mittels Drag&Drop auf ein Druckersymbol gezogen wird.

Folgende Einträge müssen Sie in der Registry vornehmen (Beispiel Metafiles):

```
01: HKEY_CLASSES_ROOT\.wmf = metafile
02: HKEY_CLASSES_ROOT\metafile = Windows Metafile
03: HKEY_CLASSES_ROOT\metafile\DefaultIcon = c:\delphi\project1.exe,0
04: HKEY_CLASSES_ROOT\metafile\shell\open\command = project1.exe %1
05: HKEY_CLASSES_ROOT\metafile\shell\print\command = project1.exe /p %1
06: HKEY_CLASSES_ROOT\metafile\shell\printto\command = project1.exe /p %1
```

Zeile 1 definiert den Zusammenhang zwischen Extension und Registry-Einträgen. Zeile 2 stellt eine kurze Beschreibung des Eintrags dar. Die Angabe *DefaultIcon* ist optional, es handelt sich um den Index des Icons, das dem Dokument zugeordnet wird. Der Eintrag "*...\shell\open\command*" beschreibt die Aufrufkonventionen für die Anzeige des Dokuments. Analog dazu werden mit "*...\print\command*" bzw. "*...\printto\command*" die Aufrufparameter für den Druck des Dokuments festgelegt.

Hinweis: Bei allen Einträgen sind die Werte im Feld "Default" gespeichert, es gibt keine weiteren Feldeinträge.

Die Umsetzung des oben genannten Beispiels als Delphi-Programm:

```
regist := TRegistry.Create;
regist.RootKey := HKEY_CLASSES_ROOT;
regist.OpenKey('.wmf',True);
```

```
regist.WriteString('','metafile');
regist.CloseKey;
regist.OpenKey('metafile',True);
regist.WriteString('','Windows Metafile');
regist.CloseKey;
regist.OpenKey('metafile\DefaultIcon',True);
regist.WriteString('','c:\delphi\project1.exe,0');
regist.CloseKey;
regist.OpenKey('metafile\shell\open\command',True);
regist.WriteString('','project1.exe %1');
regist.CloseKey;
regist.OpenKey('metafile\shell\print\command',True);
regist.WriteString('','project1.exe /p %1');
regist.CloseKey;
regist.OpenKey('metafile\shell\printto\command',True);
regist.WriteString('','project1.exe /p %1');
regist.CloseKey;
```

Das Resultat in der Registry:

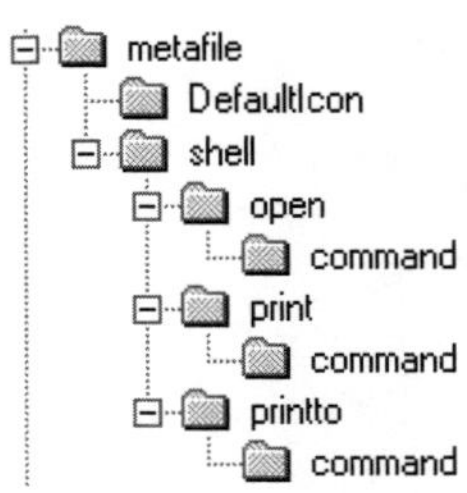

Wenn Sie die Funktionen ausprobieren und die Ergebnisse mit dem Registrierungseditor kontrollieren wollen, müssen Sie die Anzeige nach jeder der oben genannten Funktionen aktualisieren (F5).

PS: Für alle Unverbesserlichen bietet sich das Objekt *TRegIniFile* an, das zwar wie *TInifile* funktioniert, aber statt einer INI-Datei einen Schlüssel mit den entsprechenden Werten unter HKEY_CURRENT_USER in der Registry anlegt. Zum Thema "INI-Dateien" finden Sie in Abschnitt 8.7 weitere Informationen.

Aus Platzgründen können wir nicht auf alle Aspekte der Registrierungsdatenbank eingehen, insbesondere die Möglichkeit, Informationen über die Hardware zu ermitteln, dürfte zu kurz gekommen sein. Interessant ist in diesem Zusammenhang vor allem HKEY_CURRENT_-USER\Control Panel\ ... Weitere Informationen zum Thema finden Sie zum Beispiel in der Win32-Online-Hilfe.

8.9 Dateidialoge

Im Zusammenhang mit der Dateiarbeit bleibt es nicht aus, dass der Programmnutzer Dateinamen eingeben muss, Verzeichnisse wechselt etc.

Unter Delphi bieten sich vier verschiedene Möglichkeiten an:

- Verwenden der Standarddialoge, die Windows bereitstellt
- Programmieren eigener Dialogboxen mit Komponenten
- Programmieren eigener Komponenten basierend auf *TTreeView*
- Verwendung von Dialogboxen der Windows-Shell

Für "einfache" Aufgaben sollten Sie die Standarddialoge einsetzen. Der Vorteil: Diese Dialoge sind dem Anwender bereits von anderen Windows-Applikationen vertraut.

Möchten Sie aber eine Dateivorschaufunktion integrieren, ist es sicher sinnvoller, eine eigene Dialogbox zu programmieren.

8.9.1 Eigene Dateidialoge erstellen

Wollen Sie eigene Dateidialoge erstellen, brauchen Sie nicht bei null anzufangen. Alle Controls, die zu einer "richtigen" Dialogbox gehören, werden seit langem auch von Delphi unterstützt und finden sich auf der "Win 3.1"-Seite der Komponentenpalette inmitten anderer "Veteranen":

	Komponente	**Beschreibung**
	*FileListbox*	... Anzeige von Dateien/Verzeichnissen, die Dateiattribute können frei gewählt werden.
	*DirectoryListbox*	... Anzeige des Verzeichnisbaums.
	*DriveCombobox*	... Anzeige aller verfügbaren Laufwerke (inklusive Netz).
	*FilterCombobox*	... Vorgabe von Filterausdrücken (*.*, *.bmp ...).

Die sinnvolle Auswahl von Eigenschaften macht fast jede Zeile Code überflüssig, mit wenigen Mausklicks ist die komplette Logik erstellt.

Hinweis: Sowohl *Label*, *Edit* als auch der *Filter* sind nicht unbedingt nötig, auf die anderen Komponenten werden Sie aber kaum verzichten können. Für einen Dateibetrachter eignet sich das *OnChange*- oder das *OnClick*-Ereignis am besten. Soll eine Datei geladen werden, verwenden Sie das *OnDblClick*-Ereignis.

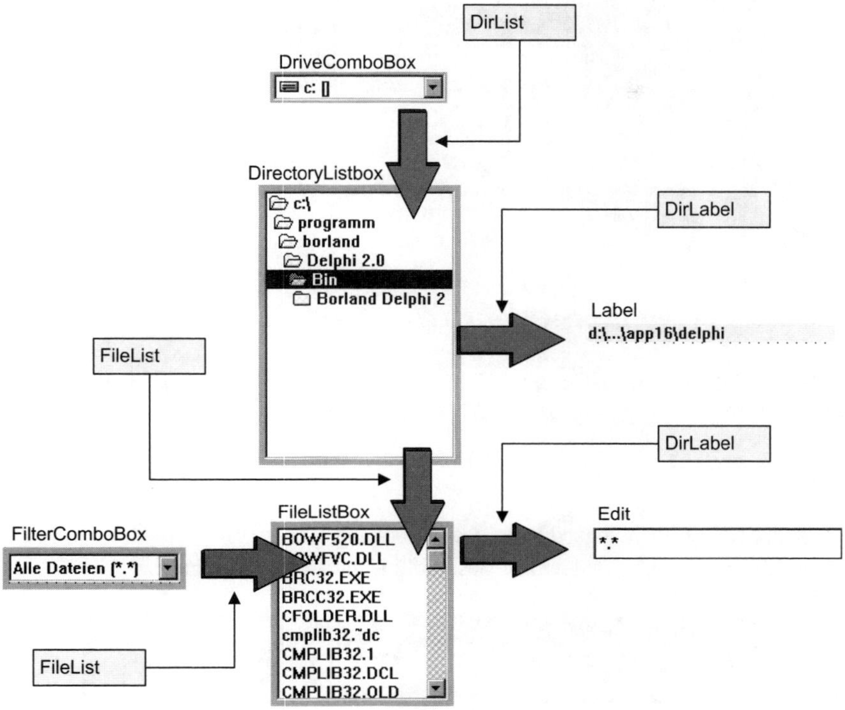

8.9.2 Standard-Dialogboxen

Noch einfacher als mit oben genannten Einzelkomponenten geht es mit den Standard-Dateidialogen, welche die Windows-Ressourcen direkt anzapfen und die Sie auf der Seite "Dialoge" der Komponentenpalette finden. Ihre eigenen Programmschöpfungen erhalten damit die gleichen Dateidialoge wie auch andere "professionelle" Windows-Applikationen. Die Bedienoberfläche bleibt konsistent, womit das angestrebte Prinzip der "einheitlichen Nutzerführung unter Windows" gemeint ist.

SaveDialog

Haben Sie die Eigenschaften (siehe unten) festgelegt, genügt meist der folgende Aufruf, um eine Dialogbox zu erzeugen. Über die *FileName*-Eigenschaft können Sie den gewählten Dateinamen abfragen.

```
var dateiName :string;
begin
    if SaveDialog1.Execute then
       dateiName:= SaveDialog1.FileName
    else
       dateiName:= ''
end;
```

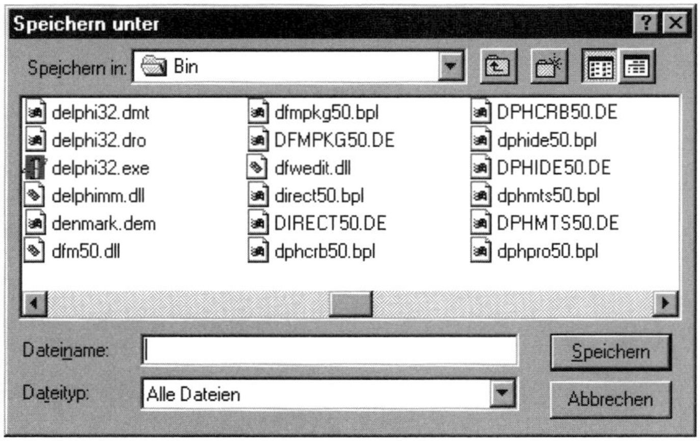

OpenDialog

Das äußere Erscheinungsbild des Standarddialogs "Öffnen" entspricht fast 100%ig dem zum "Speichern unter", nur einige Beschriftungen haben sich geändert.

Optionen

Folgende Einstellungen der *Options*-Eigenschaft sollten Sie beim Sichern-/Laden-Dialog berücksichtigen:

Option	Beschreibung
OFAllowMultiSelect	Im Dateinamen-Listenfeld ist eine Mehrfachauswahl möglich (mittels Maus oder Shift+Cursortasten). Die *FileName*-Property enthält dann den Dateinamen.
OFCreatePrompt	Eine MessageBox erscheint, wenn der Benutzer einen nicht existierenden Dateinamen eingegeben hat.

Option	Beschreibung
OFFileMustExist	Der Benutzer kann nur die Namen von existierenden Dateien eingeben, andernfalls erfolgt eine Warnung.
OFHideReadOnly	...versteckt die "Schreibgeschützt"-CheckBox.
OFNoChangeDir	Das aktuelle Verzeichnis entspricht dem aktuellen Verzeichnis beim Öffnen der Dateibox.
OFNoReadOnlyReturn	Es werden keine schreibgeschützten Dateien angezeigt.
OFNoValidate	Unzulässige Zeichen im zurückgegebenen Dateinamen sind erlaubt.
OFOverwritePrompt	Die Dialogbox "Speichern unter" generiert eine Message-Box, wenn die selektierte Datei bereits existiert. Der Nutzer muss entscheiden, ob diese Datei überschrieben werden soll.
OFPathMustExist	Der Nutzer darf nur gültige Pfadnamen eingeben, andernfalls erscheint eine Warnung.
OFReadOnly	Die "Schreibgeschützt"-Checkbox erscheint mit Kreuzchen.

Hinweis: Standardmäßig sind alle Optionen deaktiviert.

Beispiel: Sinnvolle Optionen zum Laden:

```
OpenDialog1.Options := [ofPathMustExist,ofFileMustExist]
```

Sinnvolle Optionen zum Sichern:

```
SaveDialog1.Options := [ofOverwritePrompt,ofPathMustExist]
```

Ein weiteres Anwendungsbeispiel finden Sie unter 8.10.1. Wie man die Dialoge in eine etwas umfangreichere Applikation einbindet, erfahren Sie in 16.1 ("TEXTVERARBEITUNG").

8.10 Lernbeispiele für Einsteiger

8.10.1 Drucken einer Textdatei

Geht es darum, lediglich ein paar Textzeilen zu Papier zu bringen, dürften Sie mit den *QuickReport*-Komponenten (siehe Kapitel 9) "mit Kanonen nach Spatzen schießen". Ein paar Methodenaufrufe genügen, um eine Textdatei auszudrucken (es könnte sich auch um eine Stringliste oder um ein Array handeln).

Oberfläche

Außer den zwei Buttons brauchen wir die *OpenDialog*-Komponente (Seite "Dialoge" der Komponentenpalette):

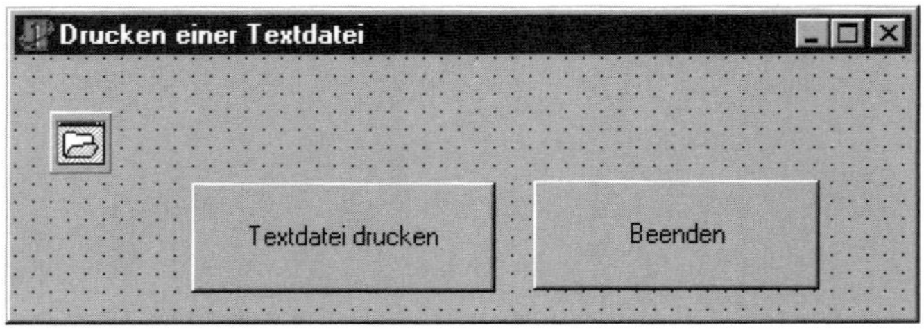

Quelltext

Binden Sie zu Beginn des *implementation*-Abschnitts als Erstes die Unit *Printers* ein, sonst haben Sie keinen Zugriff auf das *Printer*-Objekt.

```
uses Printers;
{$R *.DFM}
const maxZeilen  = 60;   // Zeilen pro Seite
      textHoehe  = 40;   // 4 mm
      linkerRand = 200;  // 20 mm
```

Und los geht's:

```
procedure TForm1.Button1Click(Sender: TObject);
var w,v : TSize;
    OUTDC : HDC;
    f     : Textfile;
    zeile : Integer;
    txt   : string;
```

Das folgende Listing fällt etwas umfangreicher aus, da wir uns die Mühe machen, das Druckerkoordinatensystem anzupassen (1/10 Millimeter). Doch bevor es so weit ist, wählen wir mit Hilfe der Datei-Dialogbox eine Datei aus:

```
begin
  if OpenDialog1.Execute then begin AssignFile(f,OpenDialog1.Filename);
```

Öffnen der Datei:

```
    Reset(f);
```

Initialisieren des Druckers (Millimeter):

```
    Printer.BeginDoc;
    outDC := Printer.Canvas.Handle;
    SetMapMode(OutDC,mm_lometric);      // 1/10 mm, aber Y geht nach oben
    GetWindowExtEx(OutDC,w);            // Auflösung ermitteln
    GetViewportExtEx(OutDC,v);
    SetMapMode(OutDC,MM_ANISOTROPIC);         // neuer Abb.-Modus
    SetWindowExtEX(OutDC,w.cx,w.cy,nil);      // Skalierung ...
    SetViewPortExtEx(OutDC,v.cx,-v.cy,nil);
```

Einstellen der Schriftart, -farbe und -größe:

```
   Printer.Canvas.Font.Name := 'Courier New';
   Printer.Canvas.Brush.Color := clWhite;   // Hintergrundfarbe
   Printer.Canvas.Font.Height:= textHoehe;
   zeile := 0;
```

Für alle Zeilen in der Datei:

```
   while not Eof(f) do begin
     Inc(zeile);
     Readln(f,txt);
     if zeile = maxZeilen then begin
       zeile := 1;
```

Eventuell Seitenvorschub auslösen, wenn die maximale Zeilenanzahl erreicht wurde:

```
       Printer.NewPage
     end;
```

Die Kopfzeile drucken:

```
     if zeile = 1 then begin          // Kopfzeile erzeugen
       Printer.Canvas.Font.Style := [fsBold];
       Printer.Canvas.TextOut(linkerRand,0,OpenDialog1.filename +
       ' / Seite: ' + IntToStr(Printer.PageNumber));
       Printer.Canvas.Font.Style := []
     end;
```

Die eigentliche Ausgabezeile:

```
     Printer.Canvas.TextOut(linkerRand, zeile * (textHoehe + 3), txt)
   end;
   CloseFile(f);
   Printer.EndDoc
  end
end;
```

Test

Starten Sie das Programm, öffnen Sie eine *.TXT-Datei, und schon wird Ihr Drucker loslegen!

Bemerkungen

- Das Programm an andere Aufgabenstellungen anzupassen dürfte nicht allzu schwierig sein, zumal das neue Koordinatensystem eine vollständig systemunabhängige Ausgabe garantiert.
- Um auch anderen Applikationen diese schnelle und bequeme Druckmöglichkeit zur Verfügung zu stellen, empfiehlt sich dafür das Anlegen einer eigenen Unit.

8.10.2 Ermitteln des freien Diskettenspeichers

Für den Programmierer ist häufig auch der frei verfügbare Festplattenspeicher interessant. Das folgende kleine Beispielprogramm zeigt, wie Sie sowohl den gesamten verfügbaren als auch den freien Speicher bestimmen und anzeigen können.

Oberfläche

Die Oberfläche besteht aus einer *DriveComboBox* zur Auswahl des aktuellen Laufwerks, zwei *Labels* zur Anzeige der Messwerte sowie einer *Gauge*-Komponente.

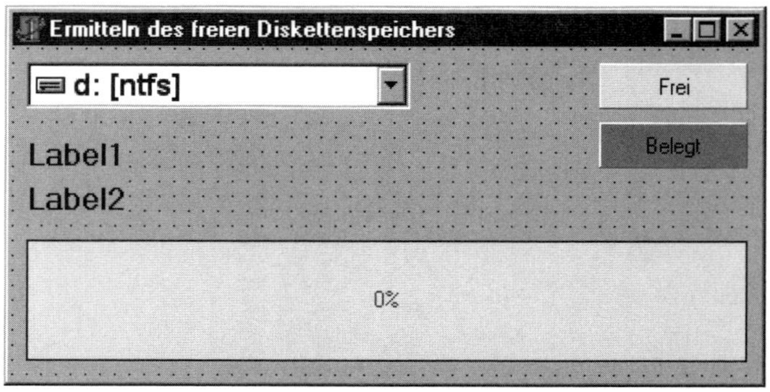

Quelltext

Der einzige Quelltext, den Sie hinzufügen müssen, ist mit dem *DriveComboBox-Click*-Event verknüpft.

Im Wesentlichen geht es darum, den ersten Buchstaben (den Laufwerksbuchstaben) aus dem zurückgegebenen String zu extrahieren.

Diesen wandeln Sie mit der Funktion *Ord* in den ANSI-Wert um, da die Funktionen *DiskFree* und *DiskSize* als Übergabewert die Nummer des Laufwerks benötigen (0 = aktuelles Laufwerk, 1 = Lw. A:, 2 = Lw. B: ...).

```
procedure TForm1.DriveComboBox1Click(Sender: TObject);
var s  : string[255];
        frei, gesamt: Double;
begin
     s := UpperCase(DriveCombobox1.Drive);
     frei := DiskFree(Ord(s[1])-64);
     gesamt:= DiskSize(Ord(s[1])-64);
     Label1.Caption := Format('Frei      : %12.0n',[frei]);
     Label2.Caption := Format('Gesamt: %12.0n',[gesamt]);
     Gauge1.Progress :=Round((gesamt-frei)/gesamt*100)
end;
```

Für die Ausgabe wurden die Werte in Prozent umgerechnet.

Test

Starten Sie das Programm und probieren Sie die Funktion aus.

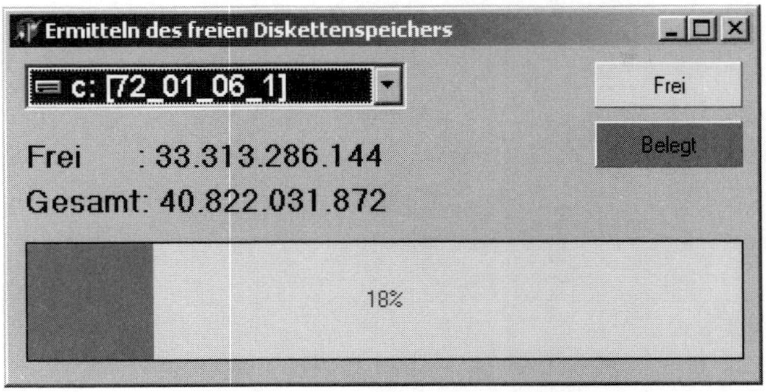

Testen Sie, was passiert, wenn Sie auf ein nicht verfügbares Laufwerk zugreifen.

8.10.3 Speichern von Records in einer typisierten Datei

Im Beispiel 2.9.1 haben Sie gelernt, wie man Records in einem statischen Array speichern kann. Leider waren alle mühselig eingegebenen Personendaten nach dem Ausschalten des Rechners futsch. In diesem Beispiel wird Ihnen gezeigt, wie man die Personendaten in einer typisierten Datei ablegt, so dass sie bei einem Neustart des Programms wieder zur Verfügung stehen.

Oberfläche

Die Oberfläche entspricht 100%ig dem oben genannten Beispiel.

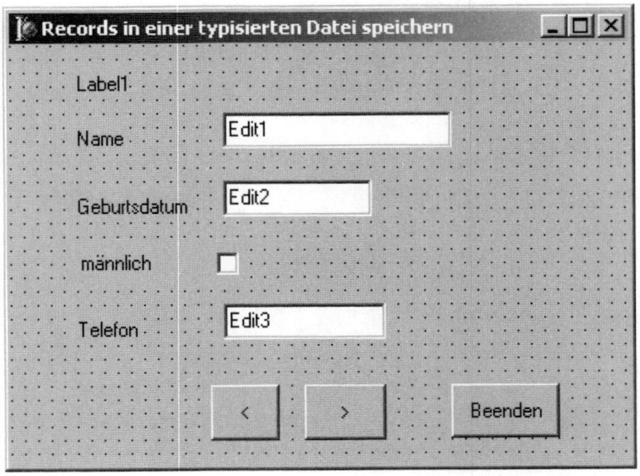

Quellcode

Ergänzen Sie den *Private*-Abschnitt von *TForm1* mit sechs neuen Methodendeklarationen:

```
type  TForm1 = class(TForm)
```

```
 ...
 private
    { Private-Deklarationen }
    procedure dsInit;              // nutzerdef. Methode zum Initialisieren aller DS
    procedure dsSpeichern;         // dto.  zum Speichern eines Datensatzes
    procedure dsAnzeigen;          // dto.  zum Anzeigen
    procedure dateiNeu;            // nutzerdef. Methode zum Anlegen einer typ. Datei
    procedure dateiSchreiben;      // dto. zum Abspeichern aller DS in die Datei
    procedure dateiLesen;          // dto. zum Lesen
  public
    { Public-Deklarationen }
  end;
var
  Form1: TForm1;
```

Im *implementation*-Abschnitt gibt es allerhand zu tun:

```
 const pmax = 10;          // max. Anzahl von Personen = Größe des Arrays
type TPerson = record              // Typ der Strukturvariablen
  name: string[20];                 // max. 20 Buchstaben
  geburt: TDateTime;                // Geburtsdatum
  geschlecht: Boolean;              // männlich = True, weiblich = False
  nr: Integer                       // Telefonnummer
 end;
var personen: array[1..pmax] of TPerson;   // Array-Variable
     index: Byte = 1;           // aktueller Feldindex (initialisierte Variable)
var f: File of TPerson;
        verz: string;
```

Die Implementierung der speicherspezifischen Methoden:

```
procedure TForm1.dsInit;            // setzt alle Personen auf Standardwerte
 var i: Integer;
 begin
  for i := pmax downto 1 do with personen[i] do
  begin
   name := '';
   geburt := StrToDate('31.12.99');
   geschlecht := False;
   nr := 9999999
  end
 end;
```

```
procedure TForm1.dsSpeichern;       // Anzeige => Speicher
begin
  personen[index].name :=  Edit1.Text;
  if Edit2.Text <> '' then personen[index].geburt := StrToDate(Edit2.Text);
  personen[index].geschlecht := CheckBox1.Checked;
  personen[index].nr := StrToInt(Edit3.Text)
end;
procedure TForm1.dsAnzeigen;       // Speicher => Anzeige
begin
  Label1.Caption := IntToStr(index);       // Index anzeigen
  Edit1.Text := personen[index].name;
  Edit2.Text := DateToStr(personen[index].geburt);
  CheckBox1.Checked := personen[index].geschlecht;
  Edit3.Text := IntToStr(personen[index].nr)
end;
```

Die Bewegungsmethoden:

```
procedure TForm1.Button3Click(Sender: TObject);  // vorwärts (>)
begin
 if index < pmax then begin dsSpeichern; Inc(index); dsAnzeigen end
end;
procedure TForm1.Button2Click(Sender: TObject);   // rückwärts (<)
 begin
  if index > 1 then begin dsSpeichern; Dec(index); dsAnzeigen end
 end;
```

Die Implementierung der dateispezifischen Methoden:

```
 procedure TForm1.dateiNeu;
 begin
     {$I-} Rewrite(f);  {$I+}            // legt neue Datei an und öffnet sie
      if IOResult <> 0 then ShowMessage('Fehler beim Erzeugen der neuen Datei!');
      dsInit                             // alle Felder initialisieren
 end;
```

Obige *IOResult*-Abfrage nach dem Reset ist erforderlich, da eine nicht vorhandene Datei sonst keinen Fehler verursachen würde (der Compilerschalter *$I-* ist deaktiviert, um einen Programmabsturz zu verhindern).

```
procedure TForm1.dateiSchreiben;
var i: Integer;
begin
 {$I-} Reset(f); {SI+}
 if IOResult <> 0 then ShowMessage('Fehler beim Speichern!');
```

```
 for i := pmax downto 1 do Write(f,personen[i])
end;
procedure TForm1.dateiLesen;
var i: Integer;
begin
 {$I-} Reset(f); {SI+}
 if IOResult <> 0 then ShowMessage('Fehler beim Lesen!');
  for i := pmax downto 1 do Read(f, personen[i])  // Datensätze einlesen
end;
```

Der Programmstart gestaltet sich etwas aufwändig, da hier auch das Öffnen bzw. Neuanlegen einer Datei mit dem Namen *Personen.dat* erfolgt. Diese befindet sich im Anwendungsverzeichnis:

```
procedure TForm1.FormCreate(Sender: TObject);
var i: Integer;
begin
 verz := ExtractFilePath(ParamStr(0)) + 'Personen.dat';   // aktuelles Verzeichnis
 AssignFile(f, verz);           // Zuordnen des Dateiverzeichnisses zur Dateivariablen
 {$I-} Reset(f); {SI+}          // Versuch, die Datei zu öffnen,
  if IOResult <> 0 then         // wenn keine Datei da ist
  begin
    MessageBeep(0);
    i := Application.MessageBox('Die Persondendatei befindet' + #10#13 +
              'sich nicht im aktuellen Verzeichnis!' + #10#13 +
              'Soll sie neu angelegt werden?','Datei nicht gefunden!', 52);
    if i = 6 then dateiNeu else Halt     // Ja-Button oder Programmabbruch
  end
                   else dateiLesen;             // wenn Datei vorhanden ist
  // bei vorhandener oder neuer Datei:
  dsAnzeigen;                  // ersten Datensatz anzeigen
  Form1.Caption := verz        // Anzeige Dateipfad in Titelleiste des Formulars
 end;
```

Die im statischen Array abgespeicherten Datensätze können bei Programmende in die Datei geschrieben werden:

```
procedure TForm1.Button5Click(Sender: TObject);    // Beenden
var i: Integer;
begin
 MessageBeep(0);
 i := Application.MessageBox('Soll die Persondendatei gespeichert werden?','Frage', 36);
 if i = 6 then           // Ja-Button gedrückt
 begin
```

```
  dsSpeichern;                  // aktuellen Datensatz sichern
  dateiSchreiben
 end;
 CloseFile(f);
 Close
end;
```

Test

Falls keine Datei *Personen.dat* im Anwendungsverzeichnis gefunden wird, so legt das Programm auf Wunsch eine neue Datei an. Sie können max. zehn Personen eingeben. Nach Beenden und erneutem Starten des Programms sollten alle Datensätze wieder angezeigt werden.

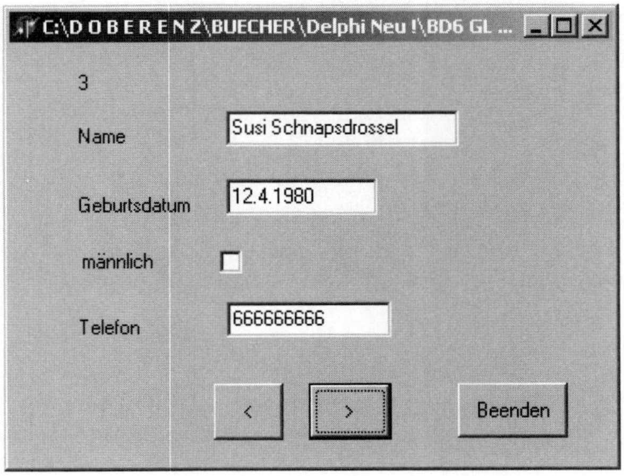

Bemerkungen

- Wenn Sie das Formular nicht über den "Beenden"-Button schließen, gehen die vorgenommenen Änderungen verloren. Ein Ausweg bietet sich durch Verwendung des *OnClose*-Events.
- Wenn Sie das Programm durch eine *OpenDialog*- und eine *SaveDialog*-Komponente ergänzen, können Sie beliebige Dateinamen und Verzeichnisse verwenden.

8.11 Praxisbeispiele für Fortgeschrittene

8.11.1 Speichern von Variablenwerten in einem FileStream

Die Arbeit mit Filestreams ist gewöhnungsbedürftig, erfordert sie doch eine objektorientierte Vorgehensweise. Praktischer Hintergrund dieser Übung ist das Sichern der Werte einer Eingabemaske, so dass diese nach Programmstart wieder zur Verfügung stehen.

Oberfläche

Die nachfolgende Laufzeitabbildung steht als Beispiel für eine beliebige Eingabemaske und dürfte selbst erklärend sein.

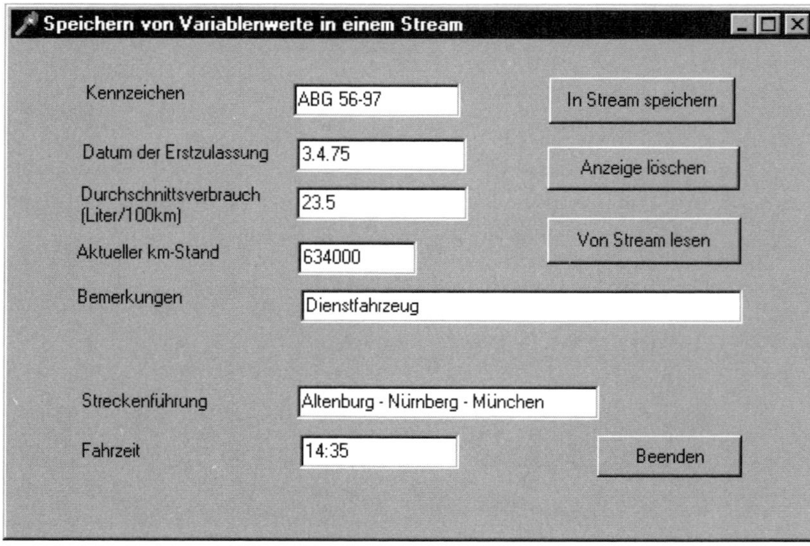

Quelltext

In den *implementation*-Abschnitt von *Unit1* kopieren Sie:

```
type
  TFahrzeugdaten = record
    kennzeichen: string[10];
    zulassung: TDateTime;
    verbrauch: Single;
    km: Word;
    bemerkung: string[80]
 end;
```

Halt, wir wollen nicht in eine typisierte Datei, sondern in ein *Filestream*-Objekt abspeichern!

Deshalb werden Sie im Folgenden nicht

```
var f: File of TFahrzeugdaten;
```

vorfinden, sondern die datentypneutrale Deklaration einer Objektreferenz:

```
var fStream: TFileStream;
```

Wir wollen drei unterschiedliche Datentypen nacheinander speichern und lesen:

```
    fDat: TFahrzeugdaten;      // Puffervariable
    fStrecke: string[40];      //  dto.
    fZeit: TDateTime;          //  dto.
```

In den Stream abspeichern:

```
procedure TForm1.Button1Click(Sender: TObject);
var code: Integer;
begin
 with fDat do begin
  kennzeichen := Edit1.Text;
  zulassung := StrToDate(Edit2.Text);
  Val(Edit3.Text, verbrauch, code);
  km := StrToInt(Edit4.Text);
  bemerkung := Edit5.Text
 end;
 fStrecke := Edit6.Text;
 fZeit := StrToTime(Edit7.Text);
```

Nachdem nun die verschiedenen Puffervariablen gefüllt sind, kann es losgehen:

```
 with fStream do begin
  Position := 0;                        // zurücksetzen (immer erforderlich!)
```

Die Puffer nacheinander in den Stream schreiben:

```
  WriteBuffer(fDat, SizeOf(fDat));
  WriteBuffer(fStrecke, SizeOf(fStrecke));
  WriteBuffer(fZeit, SizeOf(TDateTime))
 end
end;
```

Der Button "Von Stream lesen":

```
procedure TForm1.Button2Click(Sender: TObject);
begin
```

Die Reihenfolge beim Schreib- und Lesezugriff muss übereinstimmen:

```
 with fStream do begin
  Position := 0;                       // akt. Posit. im Stream zurücksetzen
```

Stream variablenweise in die Puffer einlesen:

```
  ReadBuffer(fDat,SizeOf(fDat));
  ReadBuffer(fStrecke, SizeOf(fStrecke));
  ReadBuffer(fZeit, SizeOf(TDateTime))
 end;
```

Die drei Datenpuffer sind gefüllt, jetzt kann ihr Inhalt angezeigt werden:

```
 with fDat do begin
  Edit1.Text := kennzeichen;
  Edit2.Text := DateToStr(zulassung);
  Edit3.Text := Format('%.1f',[verbrauch]);  // nur eine Nachkommastelle anzeigen
```

```
  Edit4.Text := IntToStr(km);
  Edit5.Text := bemerkung
 end;
  Edit6.Text := fStrecke;
  Edit7.Text := TimeToStr(fZeit)
 end;
```

Der Rest ist Routine, zunächst der Button "Anzeige löschen", damit wir beim nachfolgenden Einlesen sicher sind, dass die Daten tatsächlich von der Festplatte kommen:

```
procedure TForm1.Button4Click(Sender: TObject);
begin
 Edit1.Text := ''; Edit2.Text:=''; Edit3.Text:='';
 Edit4.Text := ''; Edit5.Text:=''; Edit6.Text:= ''; Edit7.Text:=''
end;
```

Das Formular wird geladen:

```
procedure TForm1.FormCreate(Sender: TObject);
begin
 try
  fStream := TFileStream.Create('testStream', fmOpenReadWrite);
```

Obige Anweisung war ein "Versuch", die Datei *testStream* für den Lese-/Schreibzugriff zu öffnen und davon ein *FileStream*-Objekt zu bilden. Bei Fehlschlag wird im Folgenden eine Instanz mit neuer (leerer) Datei angelegt.

```
 except
  fStream := TFileStream.Create('testStream', fmCreate)
 end;
 Button4Click(Self)                // zu Beginn Anzeige säubern
end;
```

Der Kehraus beim Schließen der Anwendung:

```
procedure TForm1.FormClose(Sender: TObject; var Action: TCloseAction);
begin
 fStream.Free              // zum Schluss Objekt freigeben
end;
```

Test

Nach Programmstart begrüßt Sie eine leere Eingabemaske. Füllen Sie diese und klicken Sie "In Stream speichern". Dann löschen Sie die Anzeige, und nach "Von Stream lesen" dürften die Werte wieder da sein.

8.11.2 Arbeiten mit Memory Mapped Files

Für unser Beispiel wollen wir eine Datei verschlüsseln[1]. Wie immer besteht natürlich die Forderung nach einer möglichst schnellen Variante, und die dürfte durch die Verwendung eines Memory Mapped Files erfüllt sein.

Oberfläche

Außer einem Button benötigen wir noch eine *OpenFileDialog*-Komponente, mit deren Hilfe wir zur Laufzeit eine Datei auswählen können.

Quelltext

Auf den verwendeten Chiffrieralgorithmus wollen wir an dieser Stelle nicht weiter eingehen, für uns steht die Dateiverwaltung im Vordergrund. Nur so viel: Ein aus dem ursprünglichen Schlüssel erzeugter Schlüsselbytestrom wird mit dem eigentlichen Datenstrom aus der Datei XOR verknüpft.

Da der Schlüssel bis zu 256 Bytes umfassen kann, wird dieser in einer externen Datei gespeichert. Zum Laden dieser Datei verwenden wir die folgende Funktion, die mit einem *FileStream* den Zugriff auf die Datei *key.dat* ermöglicht:

```
function KeyLaden : Boolean;
var keyFile : TFileStream;
   i,j,n   : Byte;
begin
    try
       keyFile:= TFileStream.Create('key.dat',fmOpenRead);
       keyFile.Read(key,256);
       keyFile.Free;
       result := True;
       for i := 0 to 255 do sbox[i] := i;
       j := 0;
       for i := 0 to 255 do begin
           j := (j + sbox[i] + key[i]) MOD 256;
           n := sbox[i];
```

[1] Bitte benutzen Sie nicht gleich Ihre wichtigsten Dateien als Versuchsobjekte. Die Autoren übernehmen keinerlei Haftung für eventuell "dauerhaft" verschlüsselte Daten.

```
          sbox[i] := sbox[j];
          sbox[j] := n;
       end;
    except
       result := False
    end
end;
```

Nachfolgend wird der geladene Schlüssel noch einmal verwürfelt[1].

Die eigentliche Funktion fällt unerwartet kurz aus:

```
procedure TForm1.Button1Click(Sender: TObject);
var
   FData      : Pointer;
   fileSize   : LongInt;
   FileHandle,
   MapHandle  : THandle;
   p          : ^Byte;
   i,j,n      : Byte;
begin
   if not OpenDialog1.Execute then Exit;
   if not keyladen then Exit;
```

Ein erster Versuch, die Datei exklusiv für den Schreib-/Lesezugriff zu öffnen (während der Verschlüsselung soll kein anderer Nutzer mit der Datei arbeiten):

```
   FileHandle := FileOpen(OpenDialog1.Filename, fmOpenReadWrite + fmShareDenyNone);
```

Falls ein Fehler auftritt, lösen wir eine Exception aus:

```
   if FileHandle = INVALID_HANDLE_VALUE then
     Raise Exception.Create('Datei kann nicht geöffnet werden');
```

Die Größe der Datei merken wir uns in der Variablen *filesize*:

```
   FileSize := GetFileSize (Filehandle, nil);
```

Mit *CreateFileMapping* erstellen wir ein FileMapping-Objekt (Schreib-/Lesezugriff wie bei *FileOpen*).

```
   MapHandle := CreateFileMapping(FileHandle,nil,PAGE_READWRITE,0,0,nil);
   if MapHandle = 0 then begin
     CloseHandle(FileHandle);
     Raise Exception.Create('Fehler beim Filemapping')
   end;
```

---

[1] Ist eigentlich nur nötig, wenn der Schlüssel kleiner als 256 Byte ist. In diesem Fall würde der Schlüssel mehrfach in die SBox übernommen werden.

Das eigentliche Einblenden in den Adressraum der Anwendung:

```
FData := MapViewOfFile(MapHandle,FILE_MAP_WRITE,0,0,0);
```

Rückgabewert ist im Erfolgsfall ein Pointer auf den Datenbereich. Wie groß dieser ist, bestimmt die zugrunde liegende Datei (Variable *fileSize*).

```
  if FData = nil then
  begin
    CloseHandle(MapHandle);
    Raise Exception.Create('Fehler beim Filemapping')
  end;
```

Alle weiteren Arbeitsschritte unterscheiden sich nicht mehr von der Arbeit mit einem ganz normalen Speicherbereich, mit dem kleinen Unterschied, dass jede Veränderung dieses Speichers sich auf die physische Datei auswirkt.

```
  p := FData;
  i := 0;  j := 0;
```

Das Durchlaufen der einzelnen Datenbytes realisieren wir durch das Inkrementieren des Pointers:

```
  while FileSize > 0 do
  begin
        i := (i+1) MOD 256;
        j := (j + sbox[i]) MOD 256;
        n := sbox[i];
        sbox[i] := sbox[j];
        sbox[j] := n;
        p^ := p^ XOR (sbox[(sbox[i]+sbox[j]) MOD 256]);
        Dec(FileSize);
        Inc(P)
  end;
```

Zum Schluss sollte noch aufgeräumt werden:

```
  UnmapViewOfFile(FData);
  CloseHandle(MapHandle);
  CloseHandle(FileHandle)
end;
```

Test

Starten Sie das Programm und wählen Sie eine Datei zum Verschlüsseln. Mit einem Texteditor (*Notepad.exe*) können Sie das Ergebnis betrachten. Entschlüsseln können Sie die Datei auf dem gleichen Weg.

8.11.3 Dateien suchen und Attribute auswerten

In der Unit *SysUtils* sind auch die Funktionen *FindFirst* und *FindNext* enthalten, mit denen man dem Problem der Dateisuche auf den Leib rücken kann.

Oberfläche

Neben einer *Edit*-Komponente brauchen wir acht Panels und zwei Schaltflächen. Es erleichtert den späteren Programmtest, wenn Sie der *Text*-Eigenschaft von *Edit1* einen gültigen Suchpfad zuweisen (siehe Laufzeitansicht am Schluss).

Quelltext

Im *interface*-Abschnitt von *Unit1* erweitern wir die Typdeklaration von *TForm1* um eine private Methode, die sich um die Anzeige der Dateiattribute kümmert:

```
private
   procedure display;
   ...
```

Wir hätten *display* natürlich auch als einfache lokale Prozedur implementieren können, aber mit der gewählten Variante können wir einfacher auf die Felder von *TForm1* zugreifen (anstatt *Form1.Panel1* braucht z.B. nur noch *Panel1* geschrieben zu werden, s.u.).

Nun zum *implementation*-Abschnitt: Die Funktionen *FindFirst* und *FindNext* verlangen einen strukturierten Übergabeparameter vom Typ *TSearchRec*:

```
var  searchRec: TSearchRec;
```

Die *display*-Methode:

```
procedure TForm1.display;
var dat: TDateTime;
begin
 with searchRec do begin
  Panel1.Caption := Name;
  Panel2.Caption := IntToStr(Size) + ' Byte';
```

Bei weitem nicht so harmlos gestaltet sich das Auslesen des Datum-/Zeitstempels, der noch das alte DOS-Format (*Integer*) aufweist. Die Delphi-Hilfe zu *TSearchRec* schweigt sich galant zu diesem wahrscheinlich heiklen Thema aus, und erst nach längerem Suchen kommt man auf die rettende Funktion:

```
  dat := FileDateToDateTime(Time);
```

Auch das folgende *FormatDateTime* sollte man keinesfalls durch *DateTimeToStr* ersetzen, da man sonst höchst unangenehme Überraschungen mit dem Jahr 2000 erleben kann.

```
  Panel3.Caption := FormatDateTime('d/m/yyyy h:nn', dat);
```

Durch bitweise UND-Verknüpfung werden nun die einzelnen Dateiinformationen aus *searchRec.Attr* herausgefiltert und durch Hervorhebung angezeigt:

```
  if (Attr AND faReadOnly) = faReadOnly then
          Panel4.Font.Style := [fsUnderline, fsBold] else
```

```
            Panel4.Font.Style := [];
    if (Attr AND faHidden) = faHidden then
            Panel5.Font.Style := [fsUnderline, fsBold]  else
            Panel5.Font.Style := [];
    if (Attr AND faSysFile) = faSysFile then
            Panel6.Font.Style := [fsUnderline, fsBold]  else
            Panel6.Font.Style := [];
    if (Attr AND faArchive) = faArchive then
            Panel7.Font.Style := [fsUnderline, fsBold]  else
            Panel7.Font.Style := [];
    if (Attr AND faDirectory) = faDirectory then
            Panel8.Font.Style := [fsUnderline, fsBold] else
            Panel8.Font.Style := [];
 end
end;
```

Der Button "Suche starten":

```
procedure TForm1.Button1Click(Sender: TObject);
begin
  if FindFirst(Edit1.Text, faAnyFile, searchRec) = 0 then begin
   display;
   Button2.Enabled := True
  end else begin
    Beep;
    ShowMessage('Nichts gefunden!');
    Button2.Enabled := False
 end
end;
```

Der Button "Suche fortsetzen":

```
procedure TForm1.Button2Click(Sender: TObject);
begin
  if (FindNext(searchRec) = 0) then display
end;
```

Test

Starten Sie das Programm und geben Sie einen gültigen Pfadnamen und einen Platzhalter für Dateinamen und Dateiextension ein, z.B. *D:\Programme*.** Klicken Sie dann "Suche beginnen" und anschließend "Suche fortsetzen". Die jeweils zutreffenden Dateiattribute werden rechts durch Unterstreichung und Fettschrift angezeigt:

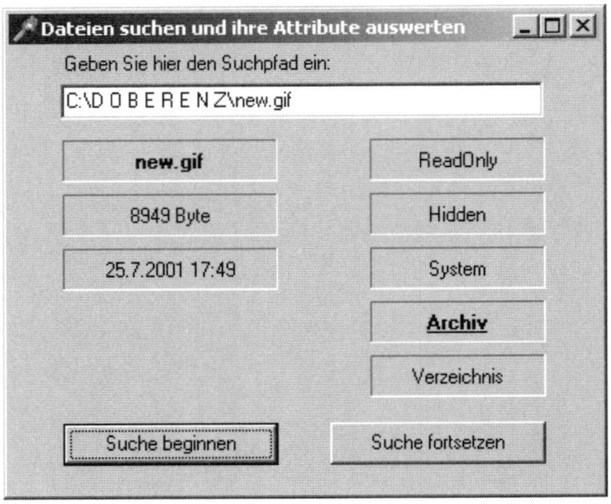

Falls die Meldung "Nichts gefunden!" erscheint, existiert der von Ihnen eingegebene Pfadname nicht.

8.11.4 Kopieren von Dateien

Leider haben die Borland-Entwickler Delphi keine Routine zum Kopieren von Dateien "spendiert". Die im Folgenden vorgestellten drei Funktionen erfüllen diese Aufgabe auf jeweils andere Weise.

Oberfläche

Zum bequemen Vergleich der drei Methoden können Sie eine Testoberfläche entsprechend folgender Laufzeitabbildung verwenden. Zur Auswahl der Quelldatei dienen *DriveComboBox1*, *DirectoryListBox1* und *FileListBox1* (siehe Seite "Win 3.1" der Komponentenpalette), das Zielverzeichnis soll mit *DriveComboBox2* und *DirectoryListBox2* (rechts) eingestellt werden

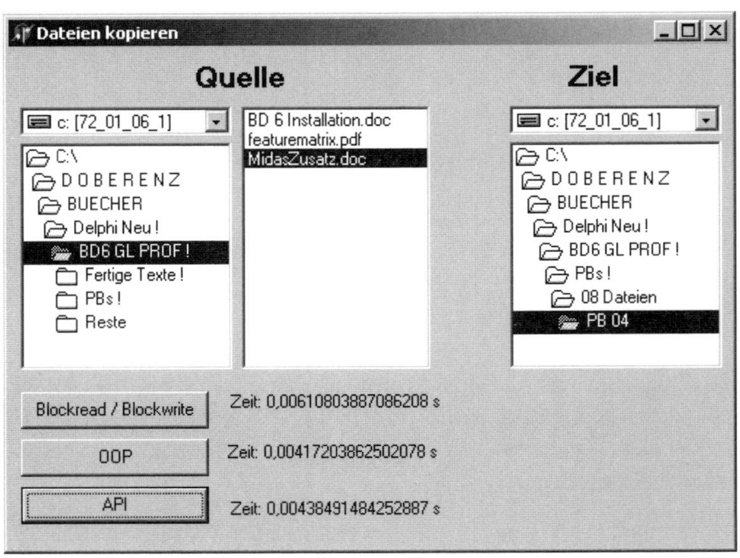

Quelltext (Variante 1: BlockRead/BlockWrite)

Um den Arbeitsspeicher nicht unnötig zu strapazieren, reservieren wir diesen dynamisch. Übergeben Sie der Variablen *bufferSize* die Größe des Kopierpuffers.

```
function KopiereDatei(von, nach: string): Boolean;
var f1,f2  : File;
    buffer : Pointer;
    bufferSize : Integer;
    gel    : Integer;
    ges    : Integer;
    fehler : Word;
    i      : Word;
    dateiName : string;
begin
  bufferSize := 10000;        // Kopierpuffer
  dateiName := UpperCase(von);
```

Ist die Datei schon vorhanden, beenden wir an dieser Stelle. Sie können diesen Teil auch abändern, so dass Dateien einfach überschrieben werden.

```
  if (FileExists(nach)) then
  begin
    result := True;
    Exit
  end;
```

Öffnen der Dateien:

```
  AssignFile(f1, von);
  AssignFile(f2, nach);
  {$i-}
    Reset(f1,1);
    Rewrite(f2,1);
  {$i+}
   if ioresult <> 0 then
   begin
     Result := False;
     Exit
   end;
   gel:=0;
   ges:=0;
```

Versuch, entsprechend viel Speicher zu reservieren:

```
GetMem(buffer, bufferSize);
```

Kopieren bis zum letzten Byte:

```
  repeat;
    {$i-}
     BlockRead(f1, buffer^, bufferSize, gel);
     BlockWrite(f2, buffer^, gel, ges);
    {$i+}
    fehler := ioresult;
```

Systemzeit freigeben:

```
    Application.ProcessMessages;
  until (gel = 0) or (ges <> gel) or (fehler <> 0);
  if fehler <> 0 then
  begin
     FreeMem(buffer,buffersize);
     result := False;
     Exit
  end;
  CloseFile(f1);
  CloseFile(f2);
  FreeMem(buffer, bufferSize);
```

Nur wenn alles gut gegangen ist, liefert die Funktion den Status *True* zurück:

```
  result := True
end;
```

Auf einen Test wird an dieser Stelle verzichtet.

Quelltext (Variante 2: OOP)

Wem die obige Variante zu aufwändig ist, der sollte sich einmal mit den Möglichkeiten von OOP vertraut machen. Mit dem Objekt *TFileStream* bietet sich eine sinnvolle Alternative zur Arbeit mit *BlockRead* und *BlockWrite*. Mit Hilfe der Methode *CopyFrom* ist es relativ einfach möglich, eine Datei zu kopieren.

```
function FileCopy(von,nach: String ): Boolean;
var s, d: TFileStream;        // Source & Destination
begin
   Result := False;
   s := TFileStream.Create(von, fmOpenRead );
   try
       d := TFileStream.Create( nach, fmOpenWrite or fmCreate );
   except
       s.Free;
       Exit
```

```
    end;
    try
        d.CopyFrom(s, s.Size ) ;
    except
        d.Free; s.Free;
        Exit
    end;
    d.Free;
    s.Free;
    result := True
end;
```

Der größte Teil des Codes betrifft noch die Fehlerbehandlung.

Quelltext (Variante 3: API)

Zum Schluss wollen wir Ihnen die einfachste Variante nicht vorenthalten: Mit der API-Funktion *CopyFile* reduziert sich der Aufwand auf den einfachen Funktionsaufruf. Übergabeparameter ist der Name von Quell- und Zieldatei sowie ein boole'scher Parameter, ob eine bestehende Datei überschrieben wird oder nicht (*True* = Nein, *False* = Ja). Allerdings können Sie während des Kopiervorgangs keinen Fortschrittsbalken ansteuern, da die gesamte Datei mit einem Funktionsaufruf kopiert wird. Nähere Einzelheiten entnehmen Sie dem Quellcode auf der Buch-CD.

Test

Kopieren Sie die links ausgewählte Datei in das rechts eingestellte Zielverzeichnis und vergleichen Sie die Performance (Schnelligkeit) der drei Methoden.

Datenbank-programmierung

- Relationale Datenbanken
- Bound Controls
- Beispiele

9 Datenbankprogrammierung

Delphi bietet seit seinem Erscheinen 1995 umfassende Möglichkeiten zur Programmierung von Datenbankanwendungen. Von Version zu Version sind neue datenbankspezifische Features hinzugekommen, so dass es unmöglich ist, alles mit der gebotenen Gründlichkeit in einem einzigen Buch zu berücksichtigen. Aus diesem Grunde haben wir den Komplex "Datenbank- und Internet-Programmierung" in einen eigenen Band ausgelagert

Allerdings wäre es unfair gegenüber unseren Lesern, würden wir diese hochaktuelle Thematik im vorliegenden Grundlagenband rigoros ausklammern. Deshalb wollen wir hier nach dem Prinzip "so viel wie für den Einstieg nötig" die Grundlagen der Datenbankprogrammierung unter Borland Delphi vermitteln, so dass Sie in die Lage versetzt werden, bereits mit relativ einfachen Mitteln Anwendungen zu erstellen, die sich allerdings ausschließlich auf lokale Datenbanken unter Verwaltung der BDE[1] beziehen.

Wir beschränken uns dabei auf folgende Themen:

- Aufbau relationaler Datenbanken
- Datenbankzugriff mit Bound Controls
- Datenbankberichte mit QuickReport

Alles, was darüber hinausgeht (SQL, Datenzugriffsobjekte, Client-Server-Netzwerke, Internet, ...), ist Sache der Spezialliteratur, wie z.B. unser im gleichen Verlag erschienenes Buch [Datenbankprogrammierung mit BD 6].

Um Ihnen möglichst schnell Erfolgserlebnisse zu vermitteln, wurde der theoretische Teil dieses Kapitels drastisch zugunsten der Lern- und Praxisbeispiele gekürzt.

9.1 Relationale Datenbanken

In diesem Abschnitt geht es lediglich darum, Sie mit den wichtigsten Grundbegriffen vertraut zu machen.

9.1.1 Datenbankformate

Durch Delphi werden fast alle gängigen Datenbankformate unterstützt (*Paradox 7, Paradox 5.0 für Windows, Paradox 4, Paradox 3.5, Visual dBASE, dBASE für Windows, FOXPRO, MSACCESS, MSSQL, INFORMIX, SYBASE, ORACLE, ODBC*-Datenquellen und andere).

Wir werden uns vorrangig auf das *Paradox*-Format beziehen, die gegenwärtig modernste Version der von Borland direkt unterstützten Datenbankformate. Paradox-Dateien (Tabellen) erkennen Sie an der Extension **.DB*. Im Unterschied dazu haben *dBASE*-Tabellen die Extension **.DBF*. Gegenüber den anderen Formaten, vor allem gegenüber *dBASE*, hat *Paradox 7* entscheidende Vorzüge, z.B. können in einem Memofeld unterschiedliche Schriftarten vorkommen, Grafiken und OLE-

[1] Borland Database Engine

Objekte lassen sich in die Tabellen einbinden, auch eine Eingabekontrolle auf Tabellenebene ist vorgesehen. Außerdem ist die Sicherstellung der so genannten "Referenziellen Integrität" möglich.

9.1.2 Was sind relationale Datenbanken?

Datenbanken lassen sich als Sammlung von Informationen bzw. Daten definieren. Ziel ist eine möglichst effiziente Verwaltung dieser Daten. Dies schließt die Aufnahme, Manipulation und Integritätssicherung sowie weitere Funktionen ein.

Zu diesem Zweck wurden verschiedene Konzepte (Netzwerkmodell, hierarchisches, relationales Modell etc.) entwickelt, von denen sich in den letzten Jahren das relationale Modell durchgesetzt hat.

Relationale Datenbank

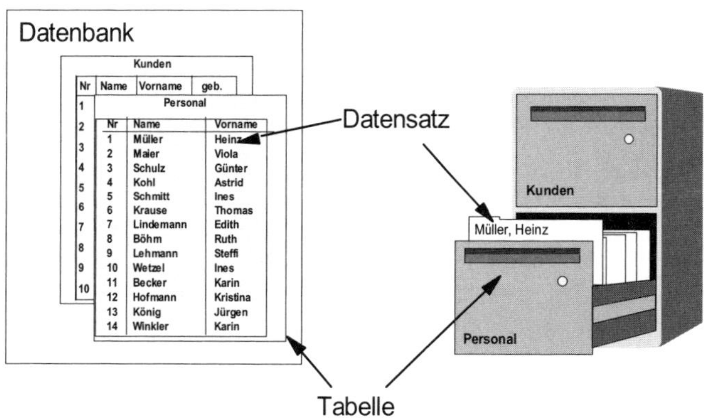

In *relationalen* Datenbanken speichern Sie Ihre Daten in gleichartig aufgebauten Datensätzen, die wiederum in *Tabellen* organisiert sind. Zwischen mehreren derartigen Tabellen können Beziehungen bestehen (Relationen). Vergleichen Sie eine relationale Datenbank am besten mit einem Aktenschrank. Die einzelnen Fächer für die Kunden und die Mitarbeiter entsprechen den Tabellen, die Karteikarten den einzelnen Datensätzen einer Datenbank. Die Funktion des Registers wird in der Datenbank durch den *Index* übernommen.

In der Literatur finden Sie für die oben genannten Begriffe auch andere Bezeichnungen. Die folgende Aufzählung listet alle verwandten bzw. gleichbedeutenden Begriffe auf:

- **Tabelle**, Relation, Datei, File
- **Datensatz**, Tupel, Zeile, Record
- **Feld**, Spalte, Attribut

Lassen Sie sich durch die Vielzahl der verwendeten Begriffe nicht verwirren, im Folgenden werden einheitlich nur die fettgedruckten Bezeichnungen benutzt.

9.1.3 Beziehungen zwischen den Tabellen

Will man eine "richtige" Datenbankapplikation entwerfen, so kommt es vor allem auf die genaue Kenntnis der Beziehungen (Relationen) zwischen den einzelnen Tabellen an.

Wir wollen annehmen, dass wir in unserer Firma die Tabellen "Kunden" und "Rechnungen" haben. Die Beziehungen zwischen diesen beiden Tabellen könnten rein theoretisch wie folgt aussehen:

- Jedem Kunden ist genau eine Rechnung zugeordnet (1:1-Relation).
- Jedem Kunden ist keine, eine oder sind mehrere Rechnungen zugeordnet (1:n-Relation).

Obwohl das ER-Modell noch weitere Typen kennt, verwenden wir unter Paradox in der Regel nur diese zwei Relationen. Davon ist die 1:n-Beziehung die eindeutig dominierende, da sich Tabellen mit 1:1-Relation auch zu einer einzigen zusammenfassen lassen und nur dann einen Sinn ergeben, wenn nebensächliche Informationen ausgelagert werden sollen.

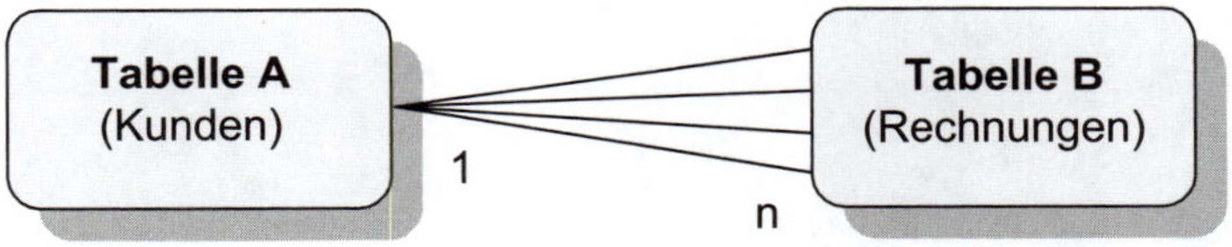

Jedem Datensatz in Tabelle A ist kein, ein oder sind mehrere Datensätze in Tabelle B zugeordnet.

Jeder Datensatz in Tabelle B verweist auf genau einen Datensatz in Tabelle A.

Schlüssel

Da in jedem relationalen Modell nur die Daten, nicht aber die Beziehungen (Relationen) zwischen diesen Daten abgespeichert werden, sind zusätzliche Maßnahmen zur Herstellung der Verknüpfungen zwischen den Tabellen erforderlich. Eine zentrale Rolle spielt dabei der so genannte *Identifikationsschlüssel* oder kurz *Schlüssel*. Ein solcher Schlüssel (manchmal auch als Hauptschlüssel, Primärschlüssel oder Hauptindex bezeichnet) kann einer Tabelle als Attribut (Feld) zugeordnet sein und muss folgende Bedingungen erfüllen:

- Jeder Datensatz muss durch den Schlüssel eindeutig identifizierbar sein.
- Der Schlüssel darf durch Datenbankzugriffe nicht überschrieben werden.

Exakt sind diese Forderungen nur mit einem so genannten *Künstlichen Schlüssel* erfüllbar, z.B. einer laufenden Nummer (Zähler). Warum?

Attribute (Felder) wie *Name*, *Ort* etc. in einer Kunden-Tabelle eignen sich z.B. nicht immer, da sie der ersten Forderung widersprechen, denn es gibt mit Sicherheit mehrere Kunden, die Müller heißen oder aus Berlin stammen.

Allerdings sind auch zusammengesetzte Schlüssel möglich, die zwei oder noch mehr Attribute zusammenfassen. Aber leider ist auch hier die Eindeutigkeit nicht 100%tig gegeben, da die Wahrscheinlichkeit, dass es nur einen Müller aus Berlin gibt, alles andere als null ist.

9.1.4 Verknüpfen von Tabellen

Indem wir die Tabellen miteinander verknüpfen, stellen wir die Beziehungen zwischen ihnen her. Die folgende Abbildung zeigt dafür als typisches Beispiel eine FIRMA-Datenbank:

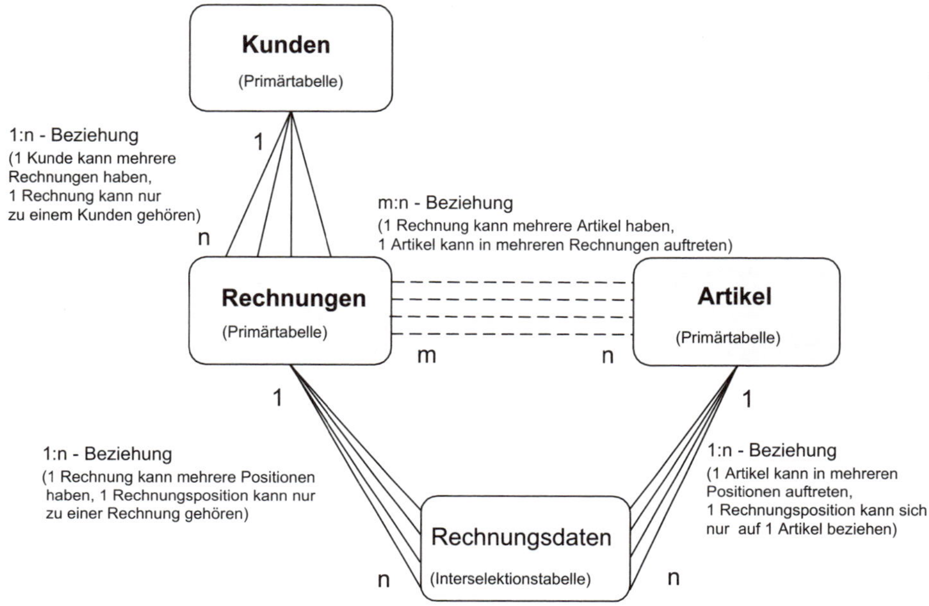

Aus obigem Verknüpfungsdiagramm gewinnen wir folgende allgemein gültigen Erkenntnisse, die auch als Resultat der einzelnen Normalformen zu interpretieren sind:

- Eine m:n-Beziehung, wie sie zwischen den Tabellen "Rechnungen" und "Artikel" besteht, kann so nicht nachgebildet werden. Sie muss mit Hilfe einer *Interselektionstabelle* ("Rechnungsdaten") in zwei 1:n-Beziehungen aufgelöst werden.
- Nur Primärtabellen, wie "Kunden", "Artikel" und "Rechnungen", müssen einen (künstlichen) Schlüssel haben.
- Fremdschlüssel verweisen auf den Primärschlüssel einer anderen Tabelle. In unserem Beispiel haben die Tabellen "Rechnungen" und "Rechnungsdaten" einen bzw. zwei Fremdschlüssel.

Als Verknüpfungsziele dienen die Schlüsselfelder der Tabellen, in unserem Fall sind dies die künstlichen Schlüssel *ReNr*, *KuNr* und *ArtNr*. Alle Felder mit Fremdschlüsseln (*ReNr* und *ArtNr* in "Rechnungsdaten" und *KuNr* in "Rechnungen") sollten hingegen einen Sekundärindex (siehe nächster Abschnitt) zwecks Beschleunigung des Zugriffs erhalten.

Hinweis: Da in der Datenbank nur die Tabellen abgespeichert werden, erfolgt die konkrete Umsetzung der Verknüpfungen erst in der Delphi-Applikation über Datenzugriffselemente bzw. SQL-Anweisungen.

9.1.5 Sekundärindex

Normalerweise sind die Datensätze einer Tabelle ungeordnet, d.h., sie sind in der Reihenfolge so abgelegt, wie sie durch den Anwender eingegeben wurden. Das Suchen nach einer bestimmten Information erfordert deshalb das Durchlaufen des gesamten Datenbestandes. Werden nun einige Spalten der Tabelle indiziert, kann der Suchvorgang drastisch beschleunigt werden.

Beispiel: Da sehr häufig nach dem Namen eines Kunden gesucht wird, ist das entsprechende Feld (*KuName*) der Tabelle indiziert. Das Datenbanksystem legt dazu eine neue Indextabelle mit einer Liste der Namen an. Diese Tabelle ist alphabetisch geordnet und besitzt einen Querverweis auf den eigentlichen Datensatz in der Kundentabelle. Werden Daten über einen bestimmten Kunden benötigt, genügt die Suche in der geordneten Indextabelle, um über den Querverweis an die Information zu gelangen.

Hinweis: Ein Index lässt sich auch für das Sortieren von Tabellen verwenden. Alle Tabellenfelder, nach denen häufig sortiert werden muss, sollten deshalb indiziert sein.

Den Vorteilen einer Indizierung stehen auch mehrere Nachteile gegenüber:

- Das Einfügen von Datensätzen erfordert nicht nur ein Ändern der Tabelle, sondern auch die Änderung aller enthaltenen Indizes. Dies kann unter Umständen die Bearbeitung verlangsamen.
- Ist ein Schlüssel festgelegt, muss das Datenbanksystem beim Einfügen alle vorhandenen Datensätze auf Eindeutigkeit überprüfen.
- Jeder Index stellt eine redundante (überflüssige) Information dar, d.h., es wird zusätzlicher Plattenspeicher benötigt.

Paradox unterscheidet zwischen folgenden Indextypen:

- Primärindex (Schlüssel, Hauptindex) einer Tabelle
- Sekundärindex (auch zusammengesetzt möglich)

Jeder Schlüssel ist automatisch indiziert, während Sekundärindizes vom Nutzer selbst anzulegen sind.

Folgende Indexoptionen können Sie unter Paradox einstellen:

- **Eindeutig:** Diese Einstellung verbietet, dass mehrere Datensätze den gleichen Wert in einem Sekundärindexfeld aufweisen dürfen. Ist ein Wert doppelt vorhanden, wird das Feld nicht indiziert und eine Warnung angezeigt. Nach Entfernen der Duplikate können Sie das Feld erneut indizieren lassen.
- **Gewartet (Standard)**: Diese (nur für Tabellen mit Schlüssel verfügbare) Einstellung bestimmt, ob der Sekundärindex nach jeder Veränderung der Tabelle automatisch aktualisiert wird. Das bedeutet eine Beschleunigung bestimmter Operationen, wie z.B. Abfragen. Ist die Option deaktiviert, so aktualisiert die Datenbankoberfläche den Index nur, wenn er verwendet wird, etwa beim Verknüpfen von Tabellen oder Ausführen von Abfragen. Ungewartete Indizes sollten vorzugsweise bei schreibgeschützten Tabellen zum Einsatz kommen.

- **Groß-/Kleinschreibung beachten**: Normalerweise ist diese Option deaktiviert, so dass in der Sortierreihenfolge kein Unterschied z.B. zwischen den Einträgen "Borland Delphi" und "BORLAND DELPHI" festzustellen ist (die Reihenfolge entspricht dann der Stellung in der Tabelle). Einfachen Indizes mit aktivierter Groß-/Kleinschreibung wird automatisch der Feldnamen zugewiesen. Andererseits müssen Sie Indizes, bei denen die Schreibweise nicht berücksichtigt wird, beim Speichern selbst mit einem Namen benennen.
- **Absteigend:** Auch diese Option ist im Normalfall deaktiviert, so dass Einträge in alphabetischer Reihenfolge (beginnend mit A) sortiert werden. Andernfalls würde, beginnend mit Z, abwärts sortiert.

Praktische Erfahrungen zu dieser grundlegenden Thematik sammeln Sie in den Übungsbeispielen 9.3.2 und 9.3.3.

9.2 Datenbankzugriff mit Bound Controls

Delphi verfolgt das Konzept der visuellen Programmierung nicht nur konsequent bei den Komponenten der Bedienoberfläche, sondern auch bei den Komponenten für den Datenbankzugriff. Diese werden wie "normale" Komponenten auf der Fensteroberfläche abgelegt und lassen sich über Eigenschaften und Methoden steuern. Auf Änderungen kann über Ereignisse reagiert werden.

Ausgehend von einer Übersicht der vorhandenen Komponenten werden Sie mit den wichtigsten Einsatzmöglichkeiten vertraut gemacht.

9.2.1 Komponenten für Datenzugriff

Komponenten dieses Typs sind zur Laufzeit unsichtbar. Sie stellen die Verbindung zur Datenbank her.

Übersicht

Die für uns interessanten *Table-* und *Query*-Komponenten entnehmen Sie der Seite "BDE" der Komponentenpalette (siehe auch Abschnitte 3.4.5 bis 3.4.7 in Kapitel 3)[1]:

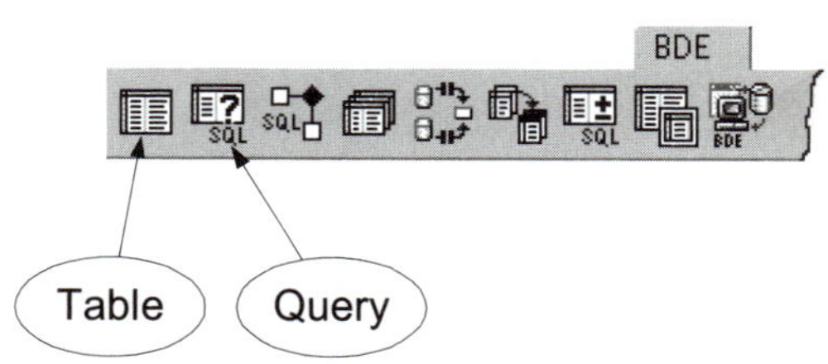

[1] In der Delphi-Vorgängerversion waren noch alle Komponenten auf der "Datenzugriff"-Seite zu finden, jetzt hat man eine Aufteilung vorgenommen.

Weiterhin wird die *TDataSource*-Komponente von der Seite "Datenzugriff" benötigt (warum erfahren Sie später):

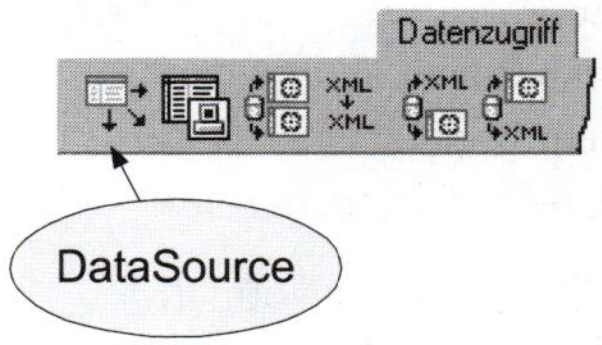

Datenbankanbindung

Die grundsätzliche Vorgehensweise bei der Herstellung einer Datenbankanbindung ist immer die gleiche:

- Über eine *Table*- oder eine *Query*-Komponente schaffen Sie sich das virtuelle Abbild einer oder mehrerer Tabellen. Legen Sie dazu die Eigenschaften *DatabaseName* und *TableName* bzw. *DatabaseName* und *SQL* fest. Eine *Query*-Komponente liefert das Ergebnis einer SQL-Abfrage, während eine *Table*-Komponente immer eine Tabelle darstellt.
- Verbinden Sie eine *DataSource*-Komponente über die *DataSet*-Eigenschaft mit einer *Table*- oder *Query*-Komponente.
- Setzen Sie die *Active*-Eigenschaft von *Table* bzw. *Query* auf *True,* um die Verbindung zur Datenbank zu aktivieren.

9.2.2 Komponenten für Datensteuerung

Die Komponenten dieser zweiten wichtigen Kategorie bleiben auch zur Laufzeit sichtbar. Sie fallen unter verschiedene gleichwertige Bezeichnungen, wie Bound Components, Bound Controls, datensensitive Komponenten, visuelle Dialogelemente, Datendialogelemente und lassen sich über Eigenschaften (*DataSource, DataField* etc.) an bestimmte Datenquellen (Tabelle, Abfrage) anbinden, wobei eine *DataSource*-Komponente als Verbindungsglied dient. Veränderungen der Satzzeigerposition wirken sich auch auf den Inhalt des Steuerelements aus.

Übersicht

Welche Datendialog-Komponenten Delphi bietet, sehen Sie auf der Seite "Datensteuerung" der Komponentenpalette. Auf die für unsere Experimente besonders interessanten wird extra hingewiesen:

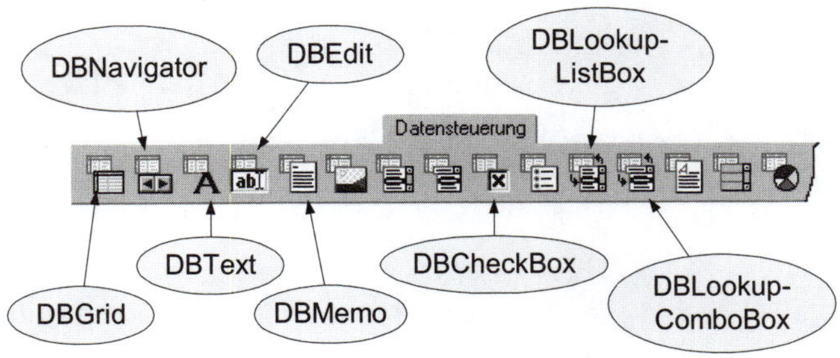

Was Sie damit anfangen können, können Sie sich eigentlich denken:

- *DBNavigator*
  Anzeige und Bearbeitungsmöglichkeit von Datensätzen in einem Tabellengitter.
- *DBGrid*
  Steuertasten für Datensatzzeiger (Vor, Zurück, Löschen, Neu, Abbrechen etc.).
- *DBEdit*
  Anzeige- und Eingabefeld für eine Textzeile.
- *DBMemo*
  Anzeige und Eingabefeld für Mehrfachzeilen oder BLOB-Text.
- *DBText*
  Anzeige eines Feldes als Label.
- *DBCheckBox*
  Anzeige/Eingabe *True/False* in Abhängigkeit eines Tabellenfeldes.
- *DBLookupListBox*
  Listenfeld, der gewählte Eintrag (*ItemIndex*) wird in der Tabelle gespeichert, die Listeneinträge werden aus einer zweiten Tabelle geladen!
- *DBLookupComboBox*
  Combobox, sonst wie *DBLookupListBox.*

Verbinden mit den Datenzugriffskomponenten

Die folgende Abbildung verdeutlicht das Grundprinzip: Wenn Sie die Datensteuerungskomponenten mit den Datenzugriffskomponenten verbinden wollen, schiebt sich die *DataSource*-Komponente quasi als "Mittler" dazwischen.

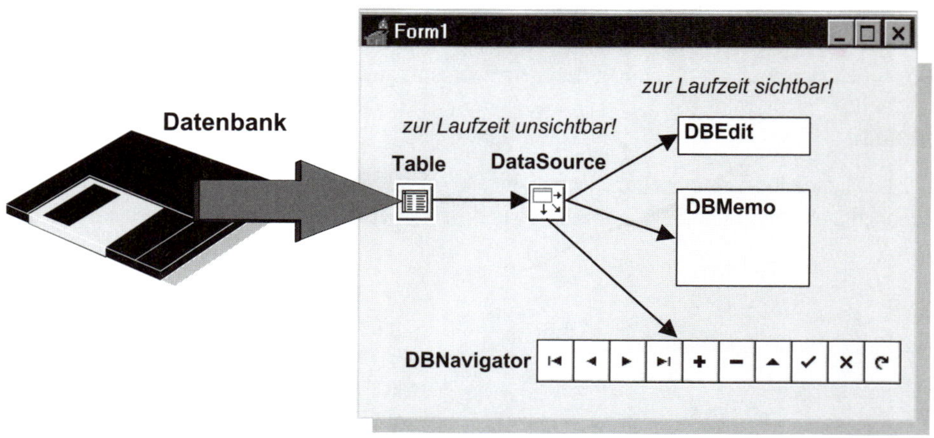

Vorgehensweise:

- Binden Sie eine oder mehrere Bound Controls (*DBText*, *DBEdit*, *DBMemo* ...) über die *DataSource*-Eigenschaft an die *DataSource*-Komponente. Legen Sie anschließend den Feldinhalt über die *DataField*-Eigenschaft fest. Haben Sie diese Bearbeitungsreihenfolge eingehalten, können Sie den Feldnamen in einer Dropdown-Liste auswählen.
- Wenn die *Active*-Eigenschaft der *Table*- oder *Query*-Komponente *True* ist, wird im Erfolgsfall der erste Datensatz der eingebundenen Tabelle/Abfrage angezeigt. Ist die SQL-Abfrage fehlerhaft oder existiert die Tabelle nicht, erscheint eine Fehlermeldung.

Damit hätten Sie bereits eine (fast) fertige Eingabemaske. Ein Problem bleibt allerdings: Das Hinzufügen und Löschen von Datensätzen sowie eine Möglichkeit, zwischen den Datensätzen zu wechseln, fehlen bisher. All diese Wünsche erfüllt eine *DBNavigator*-Komponente, die Sie einfach über die *DataSource*-Eigenschaft an die *DataSource*-Komponente binden. Das war's auch schon!

Mit einem Dutzend Mausklicks haben Sie bereits eine Datenbankapplikation erstellt, die in der Lage ist, Daten anzuzeigen, neue Datensätze hinzuzufügen und zu löschen. Die Funktionalität zum "Bewegen" zwischen den Datensätzen ist ebenfalls vorhanden.

Den praktischen Einsatz lernen Sie im Übungsbeispiel 9.3.3 ("Eingabemaske mit Bound Controls") kennen.

9.2.3 QuickReport-Komponenten

Ihre Datenbankanwendung ist erst dann komplett, wenn die Abfrageergebnisse in ansprechender Form zu Papier gebracht werden. Zu diesem Zweck tummeln sich zahlreiche *QuickReport*-Komponenten auf der "QReport"-Seite der Komponentenpalette.

Übersicht

Auf einige der für uns besonders interessanten Komponenten wird in der folgenden Abbildung besonders hingewiesen:

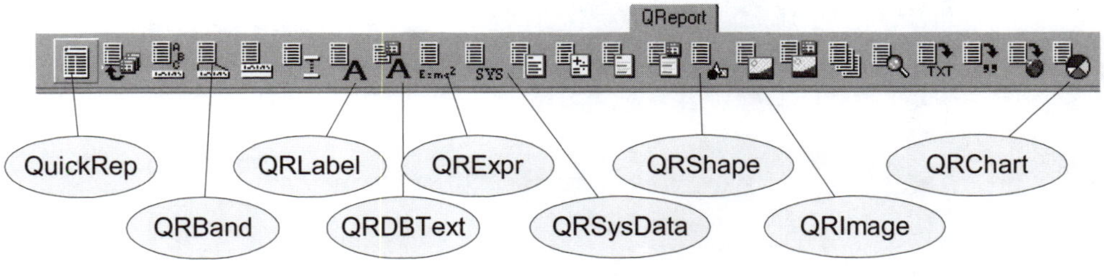

Einige kurze Ausführungen zu diesen Komponenten:

- *QuickRep*
  Report-Formular, kann direkt z.B. mit einer *Table*- oder *Query*-Komponente verbunden werden, um Datensätze anzuzeigen.
- *QRBand*
  Einzelner Report-Abschnitt (z.B. Titel, Seitenkopf, Detailbereich entsprechend *BandType*-Eigenschaft).

- *QRLabel*
  Beschriftungsfeld.
- *QRDBText*
  Anzeige eines datengebundenen Textfeldes entsprechend *DataSet*- und *DataField*-Eigenschaft.
- *QRExpr*
  Anzeige eines berechneten Feldes entsprechend *Expression*-Eigenschaft.
- *QRSysData*
  Anzeige von Datum, Zeit, Seitenzahl u.a. entsprechend *Data*-Eigenschaft.
- *QRShape*
  Grafisches Gestaltungselement (Linie, Rechteck, ...) entsprechend *Shape*-Eigenschaft.
- *QRImage*
  Anzeige einer Grafik entsprechend *Picture*-Eigenschaft.
- *QRChart*
  Anzeige diverser Diagramme entsprechend *Chart*-Eigenschaft.

Beim Vergleich der datengebundenen QuickReport-Komponenten (z.B. *QRDBText*) mit den "normalen" Bound Controls (z.B. *DBEdit*) fällt auf, dass sie zwar ebenfalls eine *DataField*-Eigenschaft haben, allerdings tritt anstelle der *DataSource*- die *DataSet*-Eigenschaft, mit welcher die direkte Anbindung an eine *Table*- oder *Query*-Komponente ermöglicht wird. Eine *DataSource*-Komponente als "Vermittler" scheint demnach nicht erforderlich.

Vorbereitung

Grundsätzlich brauchen Sie für jeden Report, den Sie in Ihre Anwendung einbinden wollen, ein neues Formular, auf das Sie eine *QuickRep*-Komponente setzen und auf die gewünschte Größe aufzoomen:

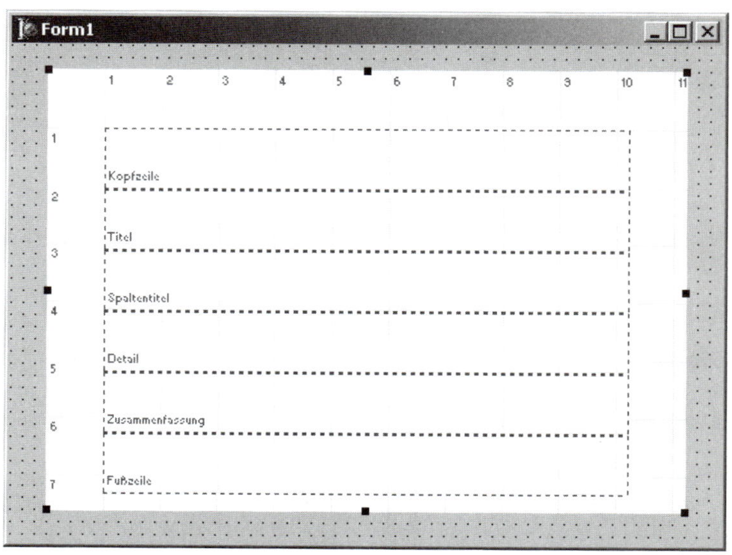

Nächster Schritt ist die Definition der Datenmenge bzw. die Bindung an die Datenbank. So werden Sie meist um die Verwendung einer *Table*- oder *Query*-Komponente nicht herumkommen. Falls auch eine Eingabemaske Bestandteil der Applikation ist, so bietet sich die gemeinsame Nutzung der Datenzugriffskomponenten an (siehe Beispiel 9.4.3, "Rechnung mit QuickReport").

Den Report gestalten Sie wie jedes andere Formular, nur dass Sie in diesem Fall die *QuickReport*-Komponenten zur Bestückung der Oberfläche verwenden.

Doch bevor es so weit ist, müssen Sie sich darüber klar werden, welche Abschnitte im Report angezeigt werden sollen:

Abschnittstyp	Objektbezeichner	Erläuterung
Kopfzeile	*PageHeaderBand*	wird auf allen Seiten wiederholt
Titel	*TitleBand*	erscheint nur auf erster Seite
Spaltentitel	*ColumnHeaderBand*	wird für alle Spalten pro Seite wiederholt
Detailbereich	*DetailBand*	wird für alle Datensätze wiederholt
Zusammenfassung	*SummaryBand*	erscheint nur auf letzter Seite
Fußzeile	*PageFooterBand*	wird auf allen Seiten wiederholt

Programmierung

Sie kommen fast ohne Quellcode zum Ziel! Die Festlegung der anzuzeigenden Abschnitte erfolgt mit der *Bands*-Eigenschaft. Die Abschnitte werden automatisch in der Reihenfolge lt. obiger Tabelle angeordnet, ihre Höhe lässt sich individuell einstellen (mit Maus anfassen und aufzoomen). Auch die Druckreihenfolge der Abschnitte entspricht obiger Anordnung.

Anschließend bestücken Sie die einzelnen Bereiche mit diversen *QuickReport*-Komponenten, wie z.B. *QRLabel*, *QRDBText* und *QRSysData.*

Hinweis: Achten Sie darauf, dass für bestimmte Komponenten nur bestimmte Report-Abschnitte einen Sinn ergeben (z.B. *QRDBText* gehört in den Detailabschnitt)!

Die Bound Controls (z.B. *QRDBText*) binden Sie mittels *DataSet*- und *DataField*-Eigenschaft an die anzuzeigenden Felder.

Der Aufruf der Druckvorschau bzw. das Auslösen des Druckvorgangs erfolgt mit

```
QuickReport2.Preview
```

bzw.

```
QuickReport2.Print
```

Sie können jedoch auch über das Kontextmenü des Reports eine Preview anzeigen oder den Druckvorgang aus der Druckvorschau heraus starten.

Konkrete Beispiele zum Thema "QuickReport" finden Sie unter 9.3.4 und 9.4.3 im Praxisteil des Kapitels.

9.3 Lernbeispiele für Einsteiger

9.3.1 Anlegen einer "Kundentabelle"

Sie haben, beginnend mit dem Stand null, mehrere Etappen zu bewältigen:

- Problemanalyse und Entwurf der Datenbankstruktur
- Tabellenentwurf (Datenbankoberfläche, Paradox, SQL ...)
- Oberflächenentwurf für den Datenzugriff (Delphi)
- Zusammenstellen und Ausdruck von Berichten (Delphi/QuickReport)

Sie werden mit der wohl primitivsten Form einer relationalen Datenbank, einer einzigen Tabelle, beginnen. Darin sollen alle Kunden der Firma erfasst werden.

Datenbankstruktur

Da Sie es nur mit einer einzigen Tabelle zu tun haben, brauchen Sie sich keinen quälenden Überlegungen bezüglich der Datenbankstruktur hinzugeben. Wir einigen uns lediglich darüber, dass pro Person eine laufende Nummer, deren Namen, Anschrift (Straße, Ort, PLZ) und Telefonnummer abzuspeichern sind. Damit hätte unsere Tabelle folgenden Aufbau:

Kunden		
Feldname	**Datentyp**	**Größe**
Nr	Zähler	
Name	Alpha	50
Straße	Alpha	50
Ort	Alpha	50
PLZ	Alpha	5
Telefon	Alpha	30

Das Zählerfeld *Nr* ist kompatibel zum Datentyp *Integer (lang)*, nur dass es sich immer automatisch um eins erhöht, wenn Sie einen neuen Kunden in die Tabelle aufnehmen. Wie Sie sehen, handelt es sich bei den übrigen Feldern um Text (Datentyp *Alpha*). Hier ist es erforderlich, sich vorher über die Feldgröße zu einigen (die maximale Anzahl von Zeichen). Vielleicht wundern Sie sich jetzt, dass für PLZ und Telefon kein nummerischer Datentyp (*Integer*) verwendet wurde. Der Grund liegt in den späteren Auswertungsmöglichkeiten für diese Felder unter Delphi. Um beispielsweise die ersten fünf Ziffern der Telefonnummer zu ermitteln, benötigt man für eine *Alpha*-Variable (in Delphi *String*-Datentyp) nur die *Copy*-Funktion. Die Zerlegung eines numerischen Wertes ist hingegen weitaus komplizierter. Ein weiterer Grund ist die Tatsache, dass innerhalb einer Telefonnummer Trennstriche auftreten können bzw. dass der Postleitzahl ein Buchstabe zur Länderkennung vorangestellt sein kann.

Hinweis: Bevor Sie mit dem Tabellenentwurf beginnen, legen Sie sich ein extra Verzeichnis (Ordner) für die Datenbank an (in unseren Beispielen *\FirmaDB*).

Tabellenentwurf

Das Gerüst unserer (vorerst leeren) Datenbank entwerfen Sie mit der zu Delphi mitgelieferten "Datenbankoberfläche" (DBD = DataBase Desktop). Dieses Hilfsprogramm entspricht etwa einer abgerüsteten Version des Paradox-Datenbanksystems. Sie starten es durch Doppelklick auf das entsprechende Icon in der Borland Delphi-Programmgruppe oder über *Start|Programme|Borland Delphi 6*. Wählen Sie anschließend den Menüpunkt *Datei|Neu|Tabelle*:

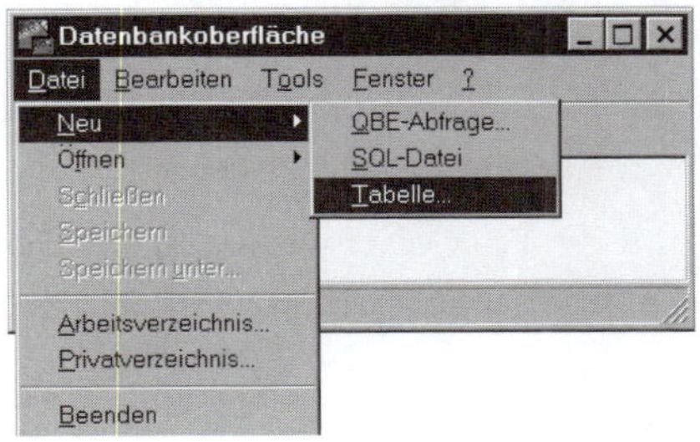

In dem sich dann öffnenden Dialogfenster sollten Sie sich für das modernste Format (Paradox 7) entscheiden:

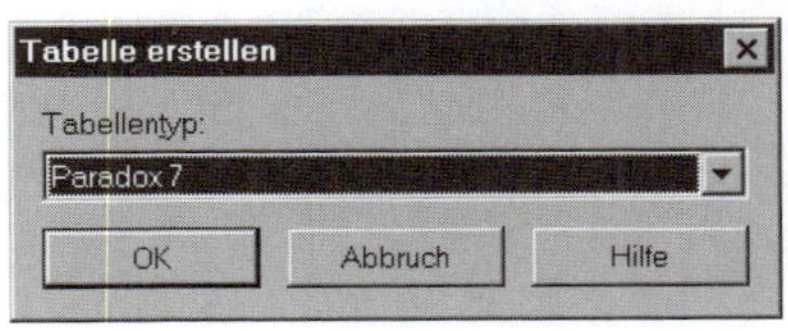

Nun sind Sie schon mittendrin im Entwurfsfenster. Beginnen Sie mit der Eingabe des ersten Feldnamens (*Nr*) und der Zuweisung des entsprechenden Datentyps (*Zähler*). Das Auswahl-PopUp-Menü öffnet sich nach Klick mit der rechten Maustaste auf die Typ-Spalte:

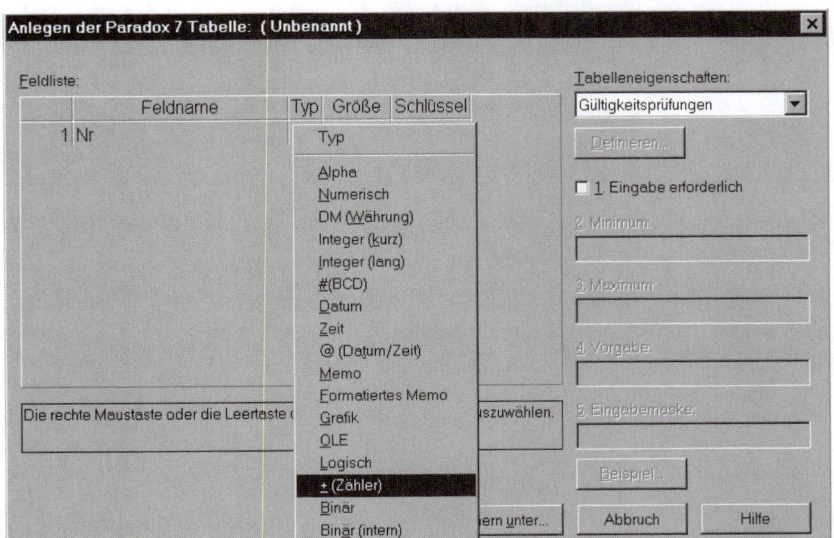

Wenn Sie die Daten eines Kunden später löschen, wird die nun freigewordene Nummer nicht wieder für einen neuen Kunden verwendet, sondern bleibt für immer und ewig gesperrt. Wundern Sie sich also nicht, wenn dann Lücken in der Zählreihenfolge auftreten.

Hinweis: Beachten Sie, dass man ein Zählerfeld nur einmal pro Tabelle vergeben darf!

Fügen Sie nun auf analoge Weise die anderen Felder hinzu, schließen Sie die Definition eines jeden Feldes mit der Enter-Taste ab.

Die Festlegung der Tabellenstruktur schließt nicht aus, dass ein späteres Umstrukturieren möglich ist, z.B. Typänderungen oder das Hinzufügen weiterer Felder. Dazu rufen Sie den Menüpunkt *Tabelle|Umstrukturieren...* auf.

Weisen Sie dem *Nr*-Feld den Primärschlüssel zu. Klicken Sie dazu doppelt auf die Schlüssel-Spalte, und es erscheint ein Sternchen.

Um weitere Einstellmöglichkeiten im rechten Teil des Fensters (Indizes etc.) sollten Sie sich jetzt noch nicht kümmern. Lediglich das Optionskästchen "Eingabe erforderlich" dürfte bereits interessieren. Sie sollten diese Option bei den Feldern aktivieren, für die später unbedingt ein Wert einzugeben ist. Das könnte zum Beispiel beim Namen des Kunden sinnvoll sein, denn was nützen alle übrigen Adressangaben, wenn unklar ist, auf welche Person sie sich beziehen?

Haben Sie alle Felder definiert, klicken Sie auf die Schaltfläche "Speichern unter". Geben Sie als Dateinamen den Namen der Tabelle (*Kunden*) ein und wählen Sie ganz oben das Zielverzeichnis *\Firma*. Nach Verlassen des Programms überprüfen Sie, ob sich im Datenbankverzeichnis die Datei *Kunden.db* befindet.

9.3.2 Definieren von Alias und Sekundärindizes

Beide Begriffe gehören zum Standardvokabular eines jeden Paradox-Programmierers. Mit Hilfe des Dienstprogramms "Datenbankoberfläche", das Sie über das Menü *Tools|Datenbankoberfläche* aufrufen, sind Sie auch unter Delphi in der Lage, einen Alias bzw. Sekundärindex für die im Vorgängerbeispiel erstellte Datenbank einzurichten.

Alias festlegen

Ein Alias ist nichts weiter als ein Synonym für das Verzeichnis, in dem sich die Datenbank befindet.

Öffnen Sie das Dienstprogramm "Datenbankoberfläche" (siehe oben) und wählen Sie dort das Menü *Tools|Alias-Manager...* Klicken Sie dort zuerst die Schaltfläche "Neu".

Tragen Sie in das Fenster "Datenbankalias:" einen schlüssigen Begriff für die Datenbank (*Firma*) ein. Wenn Sie den Pfadnamen nicht direkt eingeben wollen oder ihn gar vergessen haben, wählen Sie als Nächstes die "Durchsuchen"-Schaltfläche und selektieren dort das entsprechende Verzeichnis (siehe folgende Abbildung).

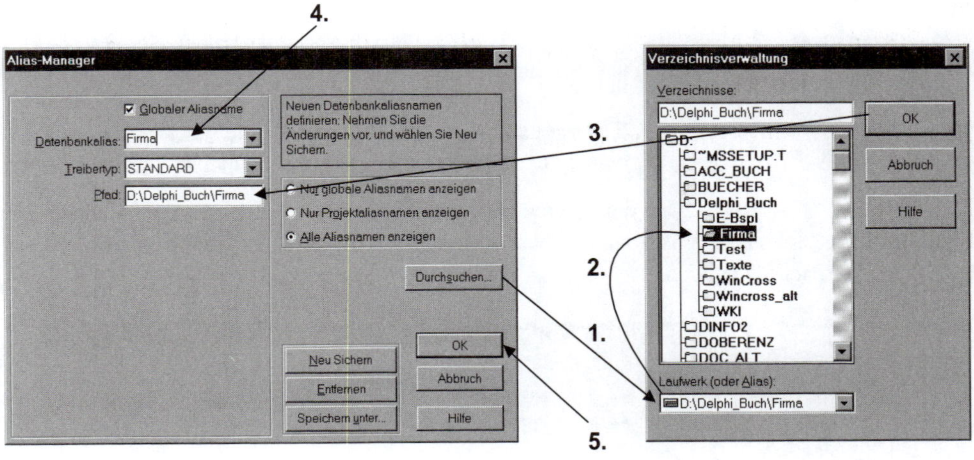

Die BDE (Borland Database Engine) "kennt" jetzt eine Datenbank namens "Firma" und "weiß", in welchem Verzeichnis diese zu finden ist.

Beispiel: Die *DatabaseName*-Eigenschaft einer *Table*-Komponente kann im Objektinspektor per Klappbox zugewiesen werden. Alle der BDE bekannten Alias-Namen werden hier aufgelistet (Anwendung siehe z.B. 9.3.3).

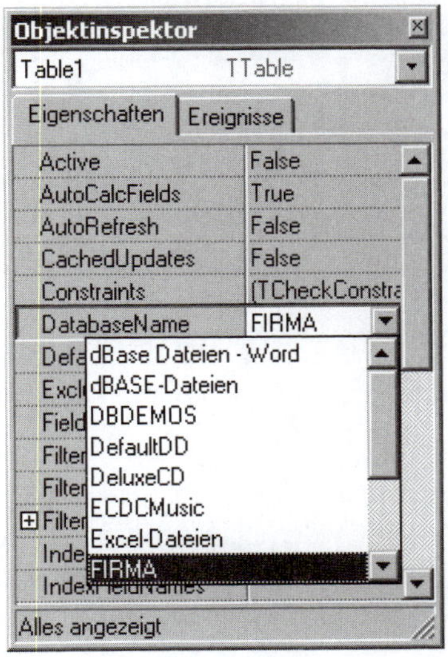

Auch eine spätere Weitergabe der Datenbankapplikation dürfte nun kein Problem mehr sein, wenn dem Endanwender der Aliasname bekannt ist und er über einen Alias-Manager verfügt.

Sekundärindex anlegen

Da Sie die Kunden später nach ihren Namen sortieren wollen, sollten Sie jetzt schon einen Sekundärindex für den Kunden-Namen anlegen:

Starten Sie das Hilfsprogramm "Datenbankoberfläche" und öffnen Sie über das Menü *Datei|Öffnen|Tabelle* die Tabelle *Kunden.DB.* Wählen Sie dort den Menüpunkt *Tabelle|Umstrukturieren...*

In der Rollbox "Tabelleneigenschaften:" klicken Sie den Eintrag "Sekundärindizes" und anschließend die Schaltfläche "Definieren":

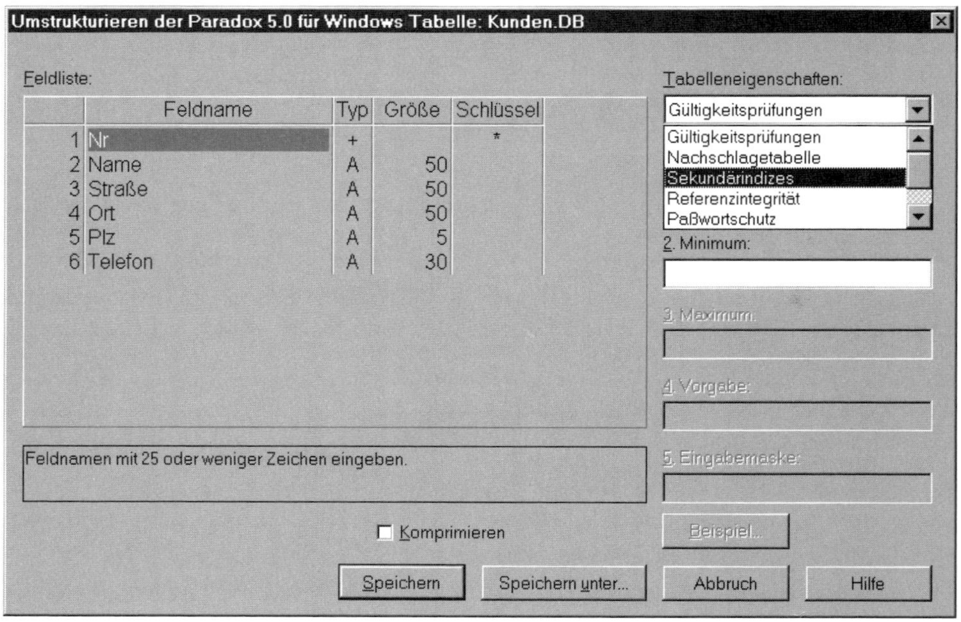

Sie befinden sich nun im Dialogfenster "Sekundärindex definieren".

Im linken Listenfeld selektieren Sie das Feld Name und kopieren es nach rechts in den Bereich "Indizierte Felder" (Doppelklick oder Pfeiltaste →).

Stellen Sie die entsprechenden Indexoptionen ein (in unserem Fall belassen Sie es bei den Standardeinstellungen). Falls Sie noch andere Felder indizieren wollen (zusammengesetzter Index), fügen Sie auf die beschriebene Art weitere Felder hinzu bzw. machen Sie die Aktion rückgängig (Pfeiltaste ←).

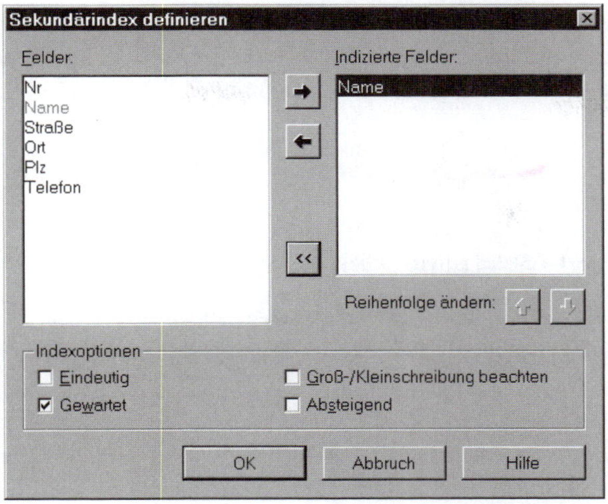

Klicken Sie die OK-Schaltfläche und vergeben Sie im Dialogfenster einen Namen (*kundenName*).

Eine praktische Anwendung finden Sie am Ende des nachfolgenden Beispiels.

9.3.3 Eingabemaske mit Bound Controls

Die einfachste Möglichkeit, sofort zu einer anwendungsbereiten Datenbankapplikation zu kommen, wäre der Einsatz einer einzigen *DBGrid*-Komponente. Weitaus individuellere Bedienoberflächen lassen sich aber mit Einzelkomponenten gestalten.

Entwurf

Bestücken Sie ein neues Formular mit den Datensteuerungskomponenten *DBText1*, *DBEdit1*... *DBEdit5* und *DBNavigator1* und mit den Datenzugriffskomponenten *Table1* und *DataSource1*. Hinzu kommen einige Labels zur Beschriftung.

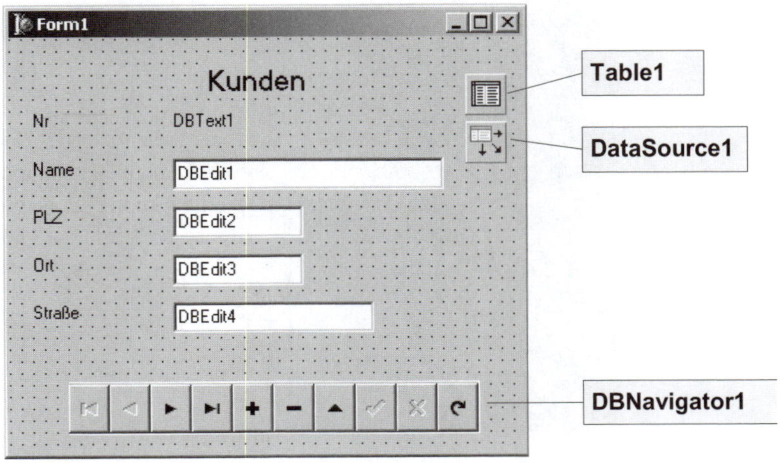

Die Anbindung an die Datenbank ist mit wenigen Mausklicks im Objektinspektor erledigt. Beginnen Sie mit der *TTable*-Komponente. Von der Vielzahl der Eigenschaften sind vorerst für Sie nur drei interessant (*Active*, *DatabaseName*, *TableName*), die übrigen belassen Sie auf den Standardwerten.

Als Erstes sollten Sie die *Active*-Property auf *False* setzen, zu ihrer Bedeutung kommen wir erst am Schluss dieses Abschnitts.

DatabaseName und TableName

Nun ist die Zuweisung der *DatabaseName*-Eigenschaft vorzunehmen. Geben Sie hier den Namen des Verzeichnisses ein, in dem die Tabelle *Kunden.DB* abgespeichert wurde.

Hinweis: In den Beispielen der Buch-CD wird der relative Verzeichnisname **..\.*FirmaDB*** als *DataBaseName* verwendet. In diesem Fall befindet sich die Datenbank im Unterverzeichnis ***FirmaDB*** oberhalb des Projektverzeichnisses.

Profimäßiger ist es, anstatt eines Verzeichnisses den in Übung 9.3.2 zugewiesenen Alias (*Firma*) als *DataBaseName* zu verwenden. Der Alias wird (falls vorhanden) durch die Rollbox der *DataBaseName*-Eigenschaft angeboten.

Anschließend weisen Sie die *TableName*-Property zu. Klicken Sie dazu auf das leere Feld in der rechten Spalte des Objektinspektors und öffnen Sie die kleine Rollbox. Es werden Ihnen alle im Datenbankverzeichnis befindlichen Tabellen-Namen angezeigt, in unserem Fall wählen Sie *Kunden.DB*.

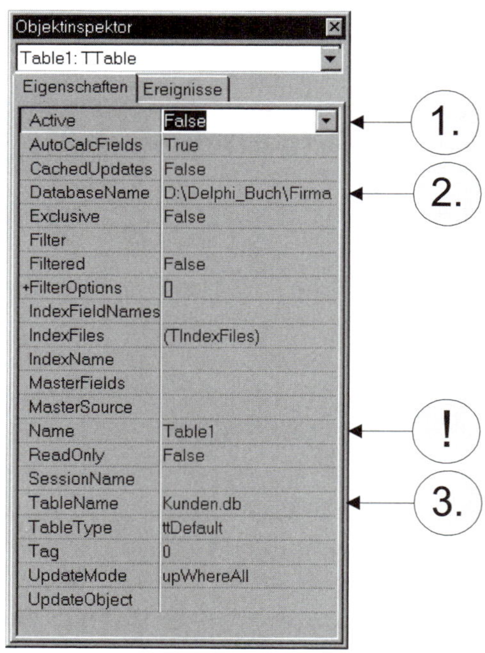

DataSet

Als Nächstes müssen Sie die Komponente *DataSource1* an *Table1* ankoppeln. Das ist relativ einfach, denn das Zuweisen der *DataSet*-Property ist mit einem einzigen Mausklick erledigt:

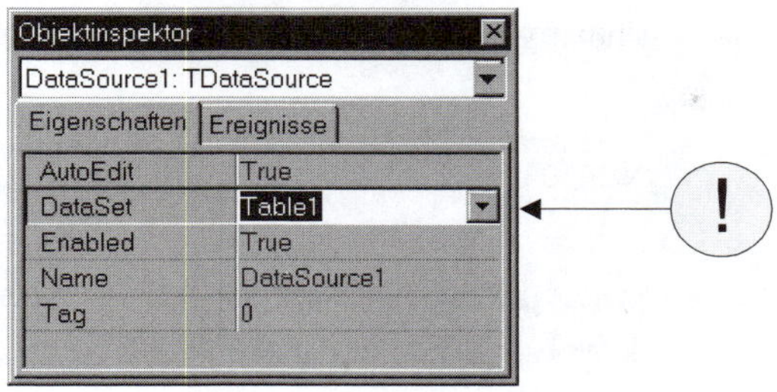

DataSource und DataField

Jede der Datensteuerungskomponenten (*DBText1, DBEdit1 ... DBEdit5*) lässt sich nun an das entsprechende Feld von *Table1* anbinden, wobei *DataSource1* eine Art "Brückenfunktion" übernimmt. Setzen Sie also die *DataSource*-Properties aller Komponenten auf *DataSource1* und weisen Sie anschließend die entsprechende *DataField*-Eigenschaft zu:

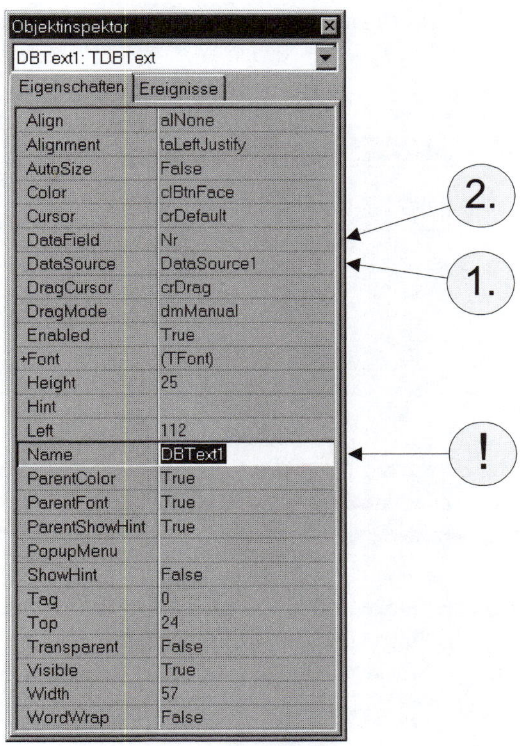

Vergessen Sie nicht, zum Schluss auch noch die *DataSource*-Eigenschaft von *DBNavigator1* auf gleiche Weise über *DataSource1* an *Table1* anzubinden.

Active

Setzen Sie jetzt die *Active*-Property von *Table1* wieder auf *True*. Obwohl das Programm noch nicht gestartet ist, sollte der erste Datensatz bereits angezeigt werden. Die *Active*-Property erlaubt es, bereits zur Entwurfszeit die Verbindung zur Datenbank herzustellen. Ist diese Eigenschaft *False*, so ist diese Verbindung geschlossen, andernfalls (*True*) geöffnet.

Hinweis: Immer wenn Sie später *DatabaseName* oder *TableName* ändern wollen, sollten Sie vorher *Active* auf *False* setzen, da sonst eine Fehlermeldung erscheint.

Ein Bewegen durch die Datenbank mit den Navigatorschaltflächen zur Entwurfszeit ist, trotz hergestellter Verbindung zur Datenbank, nicht möglich.

Test

Starten Sie also das Programm durch Klick auf den ▷-Button (oder F9-Taste). Mit dem Datensatznavigator können Sie sich nun durch die Datenbank bewegen. Es lassen sich auch Datensätze editieren (bearbeiten), löschen oder neu hinzufügen:

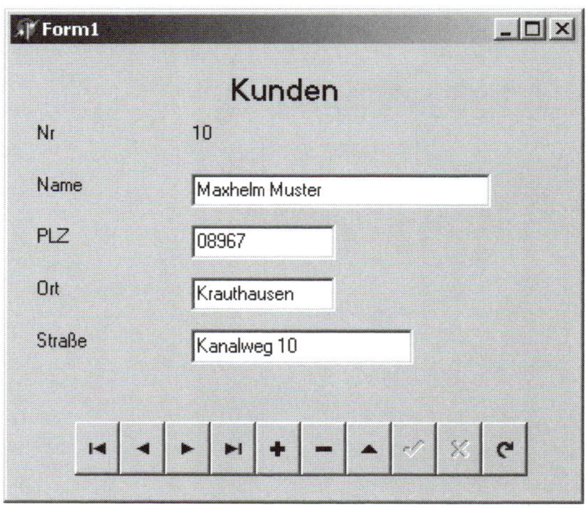

Hinweis: Wenn Sie zur Entwurfszeit die *ShowHint*-Eigenschaft von *DBNavigator1* auf *True* gesetzt haben, erscheinen kleine gelbe Hinweisschildchen immer dann, wenn Sie mit dem Mauszeiger einen kleinen Moment auf der entsprechenden Schaltfläche verweilen.

Sie werden feststellen, dass bestimmte Schaltflächen in Abhängigkeit vom momentanen Bearbeitungszustand aktiviert oder deaktiviert sind (der Navigator "denkt" mit). So werden z.B. die Schaltflächen "Übernehmen"- und "Bearbeiten abbrechen" erst dann freigegeben, wenn Sie einen Eintrag editiert oder neu hinzugefügt haben.

Hinweis: Durch Ändern der *VisibleButtons*-Eigenschaft der *DBNavigator*-Komponente können Sie nicht benötigte Buttons (z.B. "Daten aktualisieren") ausblenden.

Datensätze sortieren

Bis jetzt erscheinen die Datensätze in der Reihenfolge, wie sie in die Datenbank eingegeben wurden. Wollen Sie eine sortierte Reihenfolge, so muss das entsprechende Feld über einen Sekundärindex verfügen. Im Beispiel 9.3.2 hatten Sie dem *Name*-Feld einen Sekundärindex zugewiesen. Öffnen Sie den Objektinspektor für *Table1* und weisen Sie der *IndexName*-Eigenschaft den Sekundärindex *kundenName* zu. Nach erneutem Programmstart werden Sie feststellen, dass die Namen der Kunden in alphabetischer Reihenfolge erscheinen[1].

9.3.4 Einfacher Bericht mit QuickReport

In dieser Übung sollen Sie ersten Kontakt mit den *QuickReport*-Komponenten (siehe 9.2.3) aufnehmen und den Inhalt der Tabelle *Kunden.DB* ausdrucken. Die Vorgehensweise entspricht fast vollständig der beim normalen Formularentwurf mit Bound Controls (siehe Vorgängerbeispiel).

Oberfläche

Eröffnen Sie ein neues Projekt und platzieren Sie eine *Table*- und eine *QuickRep*-Komponente auf dem Startformular (*Form1*).

Verbinden Sie die *Table*-Komponente über ihre *DatabaseName*- und *TableName*-Eigenschaft mit der Tabelle *Kunden.DB* und setzen Sie *Active* auf *True*.

Zoomen Sie *QuickRep1* auf die gewünschte Größe und setzen Sie seine *DataSet*-Eigenschaft auf *Table1*.

Klappen Sie die *Bands*-Eigenschaft von *QuickRep1* auf und setzen Sie *HasPageHeader*, *HasTitle*, *HasColumnHeader*, *HasDetail* und *HasPageFooter* auf *True*.

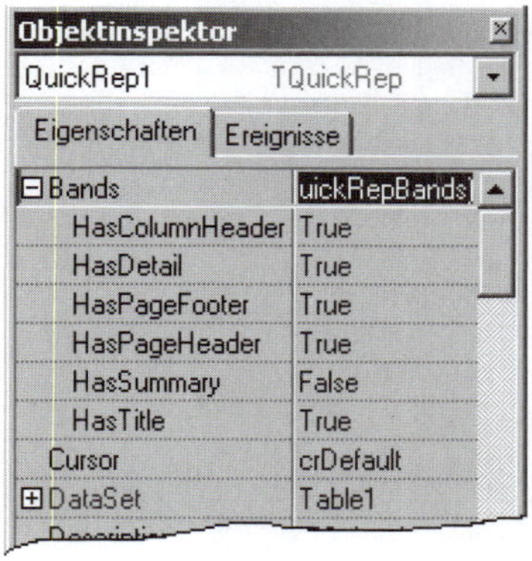

Zum Report werden jetzt automatisch und in der richtigen Reihenfolge Kopfzeile, Titel, Spaltentitel, Detailbereich und Fußbereich hinzugefügt (zur Bedeutung dieser Abschnitte siehe 9.2.3).

[1] Die Sortierung erfolgt nach dem Vornamen, was etwas ungewöhnlich ist, Sie aber nicht stören soll.

Nun bestücken Sie die einzelnen Abschnitte mit weiteren *QuickReport*-Komponenten. Die Schriftart stellen Sie wie gewohnt über das *Font*-Objekt ein (Abbildung)[1]:

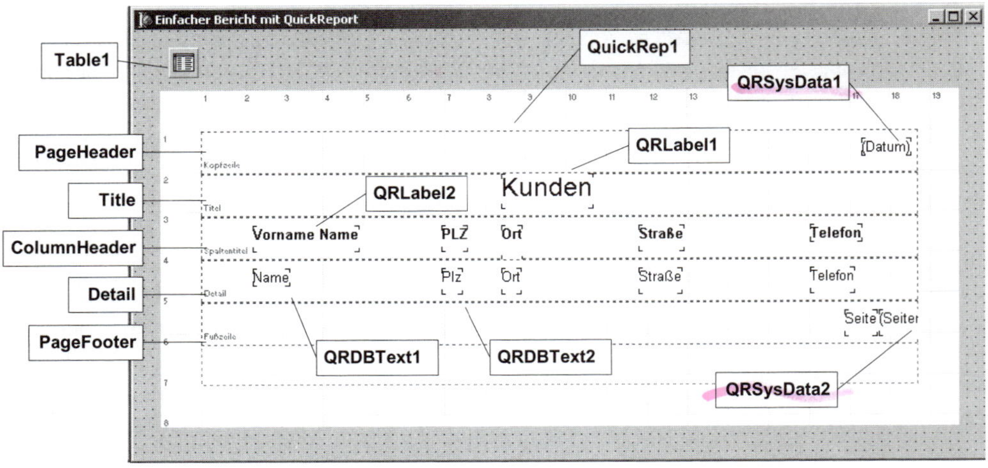

Setzen Sie die *DataSet*-Eigenschaft der *QRDBText*-Komponenten auf *Table1* und deren *DataField*-Eigenschaft entsprechend dem anzuzeigenden Feldnamen.

In die *Caption*-Eigenschaften der *QRLabel*-Komponenten tragen Sie die entsprechenden Beschriftungen ein.

Der *Data*-Eigenschaft der beiden *QRSysData*-Komponenten weisen Sie die Werte *qrsDate* bzw. *qrsPageNumber* zu.

Quellcode

In das *OnCreate*-Event von *Form1* tragen Sie ein:

```
procedure TForm1.FormCreate(Sender: TObject);
begin
 QuickRep1.Preview
end;
```

Test

Nach Programmstart (F9) erscheint die Berichts-Vorschau, die Sie nach Klick auf das Drucksymbol auch zu Papier bringen können.

---

[1] Aus Übersichtlichkeitsgründen wurden nicht alle Komponenten kommentiert.

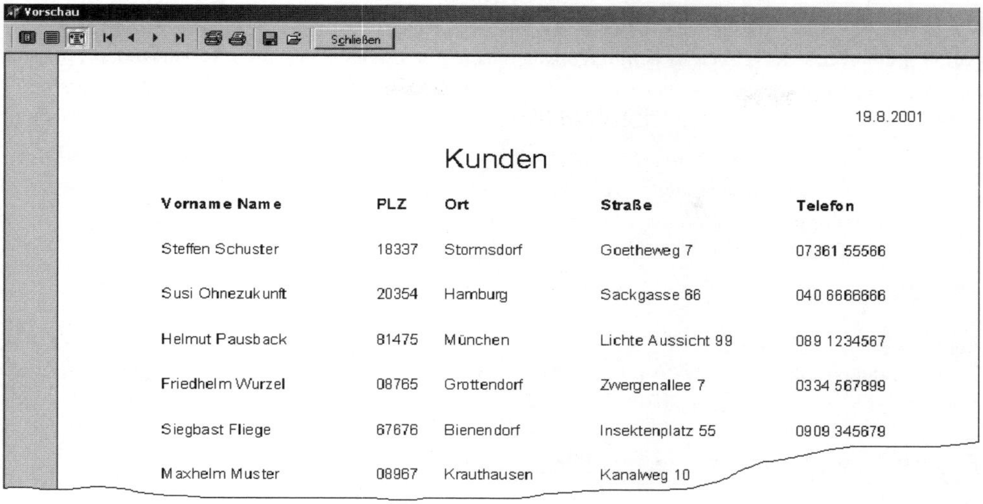

Falls der Report nicht oder nur fehlerhaft angezeigt wird, überprüfen Sie nochmals, ob die *Active*-Eigenschaft von *Table1* tatsächlich *True* ist und ob die *DataSet*-Eigenschaft von *QuickRep1* auf *Table1* zeigt.

9.3.5 Verknüpfen von Tabellen

Im Abschnitt 9.1.4 wurde anhand der Datenbankstruktur gezeigt, wie die Tabellen *Rechnungen.DB*, *Kunden.DB*, *Rechnungsdaten.DB* und *Artikel.DB* über Primär- und Fremdschlüsselbeziehungen miteinander verknüpft sind. Eine solche Verknüpfung (Relation) sollen Sie jetzt zwischen den Tabellen *Rechnungen.db* und *Kunden.db* mit Hilfe einer *DBLookupComboBox* realisieren.

Oberfläche

Stellen Sie die abgebildete Oberfläche zusammen.

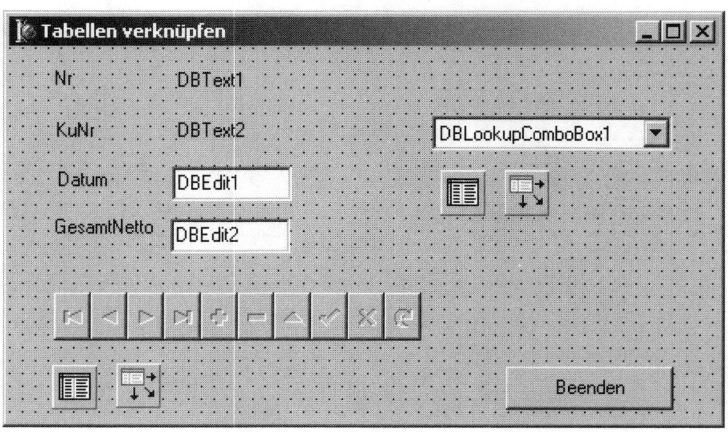

Zunächst ist nur der linke Teil wichtig. Verbinden Sie (vgl. Übung 9.3.3) die *Table1/DataSource1*-Komponenten mit der Tabelle *Rechnungen.db* unserer FIRMA-Datenbank und verbinden Sie dann alle links befindlichen Datensteuerungskomponenten mit den entsprechenden Feldern der Tabelle.

Hinweis: Wenn Sie die *Active*-Eigenschaft von *Table1* auf *True* setzen, muss sich bereits der erste Datensatz zeigen, falls *DataBaseName* und *TableName* stimmen und Sie auch nicht vergessen haben, die *DataSet*-Eigenschaft von *DataSource1* zuzuweisen.

Test 1

Jetzt können Sie das Programm bereits zu einem ersten Probedurchgang starten. Da die Verknüpfung mit der Tabelle *Kunden.db* noch fehlt, wird nur die *KundenNr* (das ist ein Fremdschlüssel) angezeigt, was wenig informativ ist.

Zuweisen der Eigenschaften für DBLookupComboBox

Bevor Sie damit beginnen können, müssen Sie die *Table2/DataSource2*-Komponenten mit der Tabelle *Kunden.db* verbinden. Beim Zuweisen der Eigenschaften für die *DBLookupComboBox* gilt es, einen kühlen Kopf zu bewahren.

Hinweis: Halten Sie sich an folgende Übersicht und gehen Sie dabei streng in der angegebenen Reihenfolge (von oben nach unten) vor.

Eigenschaft	Wert	Erklärung
DataSource	*DataSource1*	Von welcher Datenquelle kommt der Fremdschlüssel?
DataField	*KundenNr*	Wie heißt der Fremdschlüssel?
ListSource	*DataSource2*	Von welcher Datenquelle kommen die Detaildaten?
KeyField	*Nr*	Wie heißt der Primärschlüssel der Detaildaten-Tabelle?
ListField	*Name*	Welches Feld der Detaildaten-Tabelle soll angezeigt werden?

Die genauen Zusammenhänge werden in folgender Abbildung deutlich:

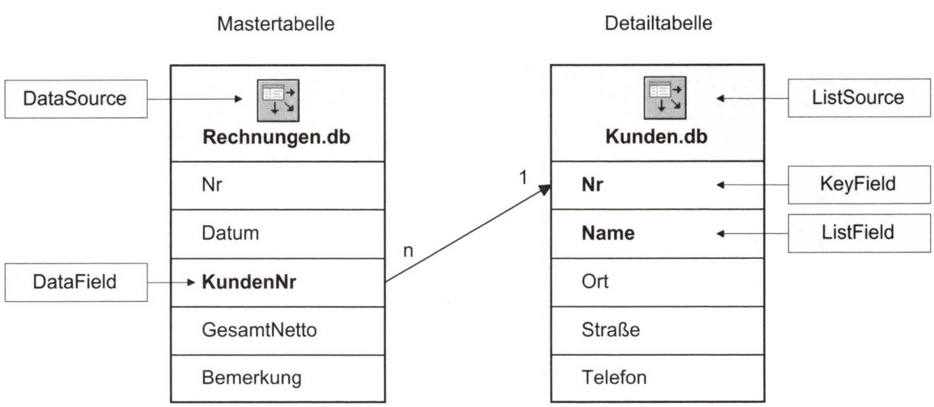

Test 2

Nachdem die *Active*-Eigenschaften beider *Table*-Komponenten *True* gesetzt sind, kann es losgehen. In der *ComboBox* werden jetzt die Namen der Kundschaft angezeigt, Sie können neue Rechnungen hinzufügen und Kunden aus dem vorhandenen Kundenstamm zuordnen.

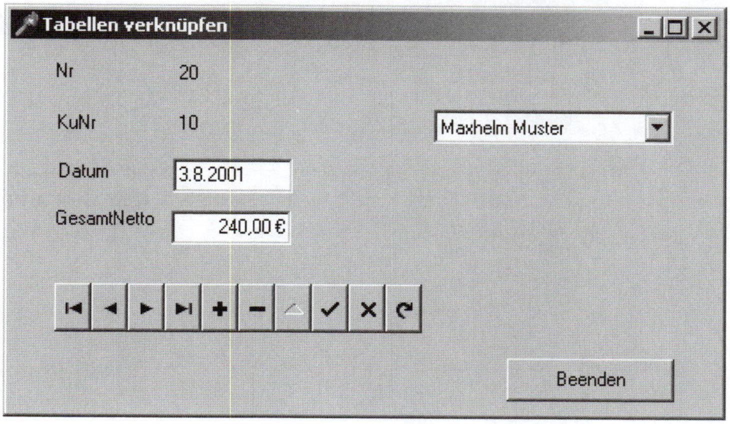

Bemerkungen

- Fügen Sie das Formular aus der Übung 9.3.3 zur Anwendung hinzu, so können Sie auch den Kundenstamm bearbeiten.
- In dieser Übung haben Sie aus Übersichtlichkeitsgründen nur zwei Tabellen der *Firma*-Datenbank miteinander verknüpft. Die Verknüpfung aller Tabellen wird erläutert im Beispiel 9.4.2.
- Die *DBLookupListBox*, die "Schwester" der *DBLookupComboBox*, ist auf exakt die gleiche Art und Weise zu verwenden.

9.4 Praxisbeispiele für Fortgeschrittene

9.4.1 Einsparen des DBNavigators

Gründe, die dafür sprechen, den *DBNavigator* durch eine Eigenproduktion zu ersetzen, gibt es mehrere.

- Die *DBNavigator*-Komponente bietet neben den Bewegungstasten noch mehrere andere Tasten, die teilweise für Verwirrung sorgen können (ohne *ShowHints* kaum verständlich).
- Beim Öffnen der Tabelle kann man sofort editieren, also auch versehentlich löschen. Das vermeidet man, wenn man die Tabelle grundsätzlich schreibgeschützt öffnet.

Im vorliegenden Rezept soll anhand der Tabelle *Kunden.DB* (aus der *Firma*-Datenbank) gezeigt werden, wie man einen "handgestrickten" Navigator programmieren kann.

Oberfläche

Orientieren Sie sich an der folgenden Abbildung, und weitere Erklärungen dürften sich erübrigen:

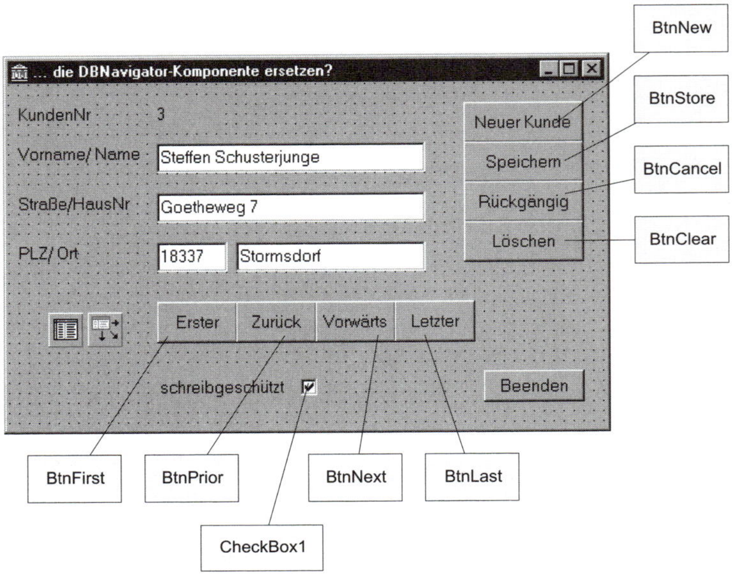

Den Platz des *DBNavigator*s haben acht Buttons eingenommen, die wir im Objektinspektor entsprechend obiger Abbildung umbenannt haben.

Eine *CheckBox* sorgt für das Ein- und Ausschalten des Schreibschutzes.

Das Anbinden der diversen Datensteuerungskomponenten *DBText* und *DBEdit* an die Tabelle *Kunden.DB* mit Hilfe der Datenzugriffskomponenten *Table1/DataSource1* wird als bekannt vorausgesetzt. Einzige Besonderheit: Setzen Sie *ReadOnly* von *Table1* auf *True*!

Quelltext

Zunächst kümmern Sie sich um die vier Bewegungstasten, die Sie mit den Methoden *First*, *Prior*, *Next* und *Last* des *TTable*-Objekts nachbilden:

```
procedure TForm1.BtnFirstClick(Sender: TObject);      // Erster
begin
 Table1.First;
 BtnLast.Enabled := True; BtnNext.Enabled := True;
 BtnPrior.Enabled := False; BtnFirst.Enabled := False
end;

procedure TForm1.BtnPriorClick(Sender: TObject);      // Zurück
begin
 Table1.Prior;
 BtnLast.Enabled := True; BtnNext.Enabled := True;
```

```
 if Table1.BOF then BtnFirstClick(Self)
end;

procedure TForm1.BtnNextClick(Sender: TObject);          // Vorwärts
begin
 Table1.Next;
 BtnFirst.Enabled := True; BtnPrior.Enabled := True;
 if Table1.EOF then BtnLastClick(Self)
end;

procedure TForm1.BtnLastClick(Sender: TObject);          // Letzter
begin
 Table1.Last;
 BtnFirst.Enabled := True; BtnPrior.Enabled := True;
 BtnLast.Enabled := False; BtnNext.Enabled := False
end;
```

Bereits jetzt können Sie den Quelltext erstmals compilieren und die Funktionsfähigkeit der Bewegungstasten testen.

Etwas komplizierter gestaltet sich die Programmierung der vier Bearbeitungstasten "Neuer Kunde", "Speichern", "Rückgängig" und "Löschen".

Zur Klassendeklaration von *TForm1* fügen Sie zunächst eine neue Methode *setButtons* hinzu:

```
type
  TForm1 = class(TForm)
    ...
    procedure FormClose(Sender: TObject; var Action: TCloseAction);
  private
    procedure setButtons(m: Byte);          // neue Methode!
  public
    { Public-Deklarationen }
  end;
```

Diese neu hinzugefügte Methode muss von uns implementiert werden. Weiterhin wird eine Variable vom Typ *TBookmark* benötigt:

```
implementation
var pos: TBookmark;                         // Lesezeichen

procedure TForm1.setButtons(m: Byte);
begin
 case m of
  0: begin
```

```
      BtnNew.Enabled := False;
      BtnStore.Enabled := False;
      BtnCancel.Enabled := False;
      BtnDelete.Enabled := False
    end;
  1: begin
      BtnNew.Enabled := True;
      BtnStore.Enabled := False;
      BtnCancel.Enabled := False;
      BtnDelete.Enabled := True
    end;
  2: begin
      BtnNew.Enabled := False;
      BtnStore.Enabled := True;
      BtnCancel.Enabled := True;
      BtnDelete.Enabled := False
    end
 end
end;
```

Das folgende Zustandsüberführungsdiagramm soll den Übergang zwischen den drei möglichen Aktivierungen der Buttons verdeutlichen:

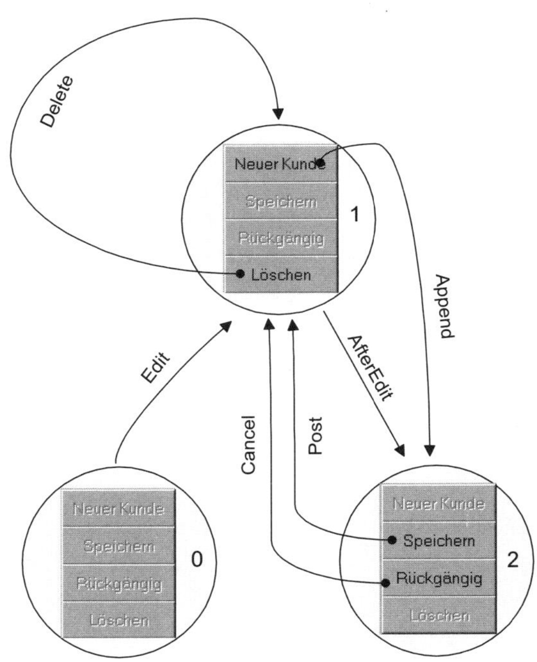

Der Zustand 0 (links unten) liegt beim Aufrufen des Formulars vor. Hier sind die vier Bewegungstasten gesperrt, da der Schreibschutz noch nicht aufgehoben ist:

```
procedure TForm1.FormCreate(Sender: TObject);
begin
 setButtons(0)
end;
```

Nach Klick auf die *CheckBox* ist der Schreibzugriff erlaubt:

```
rocedure TForm1.CheckBox1Click(Sender: TObject);    // Lese-/Schreibzugriff
begin
 pos := Table1.GetBookmark;                     // Position merken
 Table1.Active := False;
 if CheckBox1.Checked = True then               // Schreibschutz
 begin
  Table1.ReadOnly := True;
  setButtons(0)
 end
   else          //  Lesen und Schreiben
 begin
  Table1.ReadOnly := False;
  setButtons(1)
 end;
 Table1.Active := True;
 Table1.GotoBookmark(pos)                        // Position wiederherstellen
end;
```

Eine spezielle Bearbeitungstaste ist nicht mehr notwendig. Haben Sie in einer der *DBEdit*-Komponenten eine Änderung vorgenommen, so wird das *OnAfterEdit*-Ereignis ausgewertet, um zum Zustand 2 zu gelangen:

```
procedure TForm1.Table1AfterEdit(DataSet: TDataSet);    // irgendetwas eingegeben
begin
 setButtons(2)
end;
```

Nach *Post* wird abgespeichert, sicherheitshalber stellen Sie mit *Edit* den Editiermodus wieder her:

```
procedure TForm1.BtnStoreClick(Sender: TObject);       // Speichern
begin
  Table1.Post;
  setButtons(1);
  Table1.Refresh
end;
```

Das Löschen kann mit der *Cancel*-Methode leider nicht rückgängig gemacht werden, deshalb empfiehlt sich dringend das Zwischenschalten eines Meldungsfensters.

```
procedure TForm1.BtnDeleteClick(Sender: TObject);    // Löschen
begin
 if MessageDlg('Wollen Sie den Kunden wirklich löschen?',
    mtWarning,[mbYes, mbNo], 0) = mrYes then
 begin
   Table1.Delete;
   Table1.Edit
 end
end;
```

Test

Nach Programmstart können Sie sich davon überzeugen, dass die Navigatortasten übersichtlich zu bedienen sind und zuverlässig funktionieren:

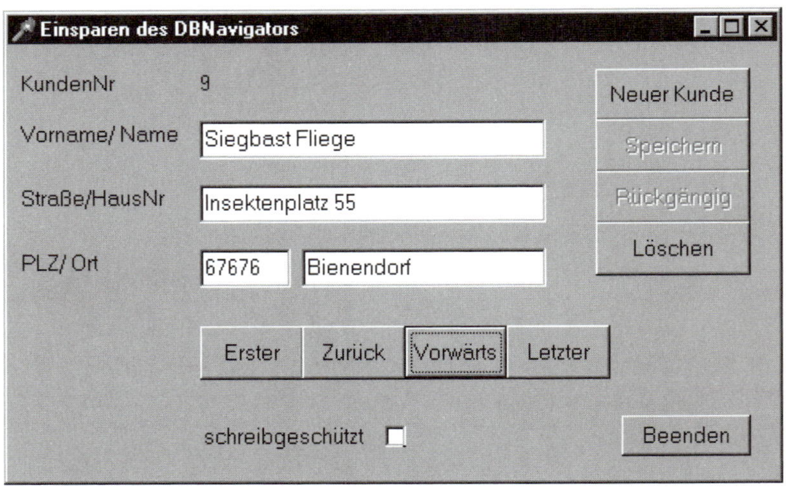

9.4.2 Rechnungs-Eingabemaske

Bevor man überhaupt ein Rechnungsformular für einen Kunden ausdrucken kann, müssen die Daten natürlich ersteinmal eingegeben werden. Leider lässt sich dieses Problem nicht in wenigen Worten bzw. Codezeilen abhandeln. Aus diesem Grund wird der Programmentwurf in drei Etappen aufgeteilt.

Datenbankstruktur

FIRMA-Datenbank

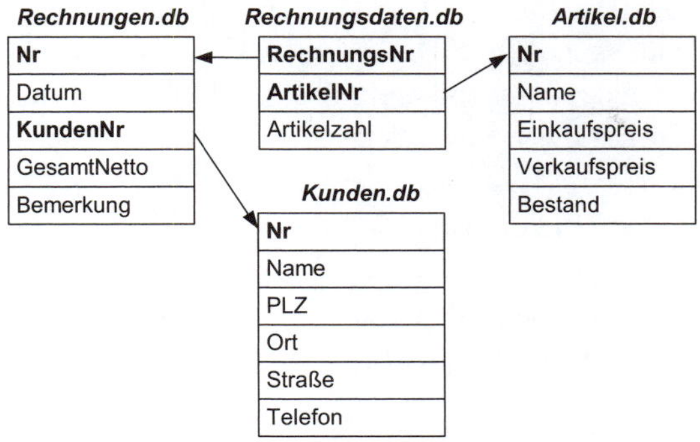

Hinweis: Ausführliche Erläuterungen zu Entwurf bzw. Normalisierung dieser typischen relationalen Datenbankstruktur finden Sie in unserem [BD6 Datenbankbuch][1].

Oberfläche 1

In der ersten Etappe soll die Benutzerschnittstelle zu den Tabellen *Rechnungen.db* und *Kunden.db* gestaltet werden. Um den Anblick optisch aufzuwerten, haben Sie alle Komponenten auf einen Panel (*Panel1*) gesetzt.

Sie wollen gleich Nägel mit Köpfen machen und haben aus diesem Grund auf die triste *DBNavigator*-Komponente verzichtet und stattdessen eigene Buttons zum Bewegen durch die Datensätze und zum Bearbeiten derselben programmiert und auch einen Schreibschutz integriert. Der Einsteiger, der den damit verbundenen Aufwand scheut, kann aber durchaus auch den *DBNavigator* verwenden.

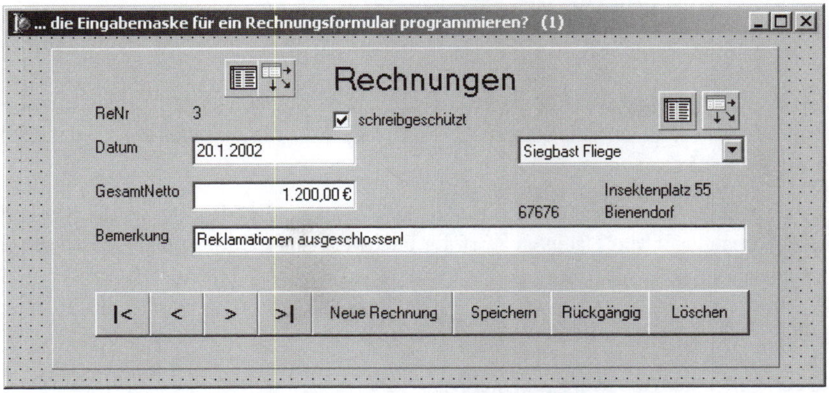

Binden Sie *Table1* und *Table2* auf gewohnte Weise an die FIRMA-Datenbank an.

[1] Natürlich hätten wir auch die zu Delphi mitgelieferte DBDEMOS-Beispieldatenbank nehmen können, aber FIRMA ist für unsere Zwecke einfacher und übersichtlicher.

Hinweis: Auf der Buch-CD finden Sie eine Kopie der *Firma*-Datenbank im Unterverzeichnis *\FirmaDB* des vorliegenden Rezepts. Dadurch wird es möglich, das Rezept sofort von der CD zu laden und abzuspielen, ohne dass Sie vorher einen Alias einrichten bzw. zuweisen müssen. Die *DatabaseName*-Eigenschaft der *Table*-Komponenten ist auf den Wert **..\.\FirmaDB** eingestellt. Dieser Eintrag kommt folgendermaßen zustande: Mit "..\" wechseln wir in das unserem Projekt übergeordnete Verzeichnis. Von dort geht es mit ".\FirmaDB" in das Datenbankverzeichnis.

Setzen Sie nun die *TableName*-Eigenschaften auf *Rechnungen.DB* bzw. *Kunden.DB*. Die *DBText*- bzw. *DBEdit*-Komponenten werden über ihre *DataSource- bzw. DataField*-Eigenschaften wie gewohnt an *DataSource1* bzw. *DataSource2* angekoppelt. Beim Anbinden der *DBLookupComboBox* müssen Sie sich schon etwas mehr konzentrieren:

Eigenschaft	***DataSource***	***DataField***	***ListSource***	***ListField***	***KeyField***
Wert	*DataSource1*	*KundenNr*	*DataSource2*	*Name*	*Nr*

Siehe auch Übung 9.3.5 ("Verknüpfen von Tabellen").

Quelltext 1

Den für die acht Buttons erforderlichen Quellcode finden Sie in Übung 9.4.1 ("DBNavigator einsparen").

Um die Neueingabe von Datensätzen zu erleichtern, ergänzen Sie folgenden Event-Handler:

```
procedure TForm1.Table1AfterInsert(DataSet: TDataSet);
begin
 Table1['Datum']:= Date;                          // aktuelles Datum einsetzen
 Table2.Last; Table1['KundenNr']:= Table2['Nr']   // aktuellen Kunden einsetzen
end;
```

Test 1

Starten Sie zur ersten Etappe der Applikation. Wenn Sie z.B. einen anderen Kunden zuweisen wollen, so markieren Sie einfach den entsprechenden Namen in der Combobox. Vergessen Sie aber nicht, vorher den Schreibschutz aufzuheben.

Änderungen an Datensätzen können Sie durch den "Rückgängig"-Button wieder verwerfen. Die endgültige Übernahme in die Datenbank erfolgt nach "Speichern" oder durch Bewegen zu einem anderen Datensatz.

Oberfläche 2

Ziel ist das Gestalten der Benutzerschnittstelle zur Tabelle *Rechnungsdaten.db*.

Vergrößern Sie die Höhe von *Form1* und bestücken Sie die neu hinzugekommene untere Hälfte gemäß folgender Abbildung mit *Query1/DataSource3*, einem *DBGrid1* und den Buttons *BtnNew1*, *BtnStore1*, *BtnCancel1*, *BtnDelete1*. Die *CheckBox1* brauchen Sie nicht neu hinzuzufügen, sie wird bloß vom oberen Teil von *Form1* hierher verschoben.

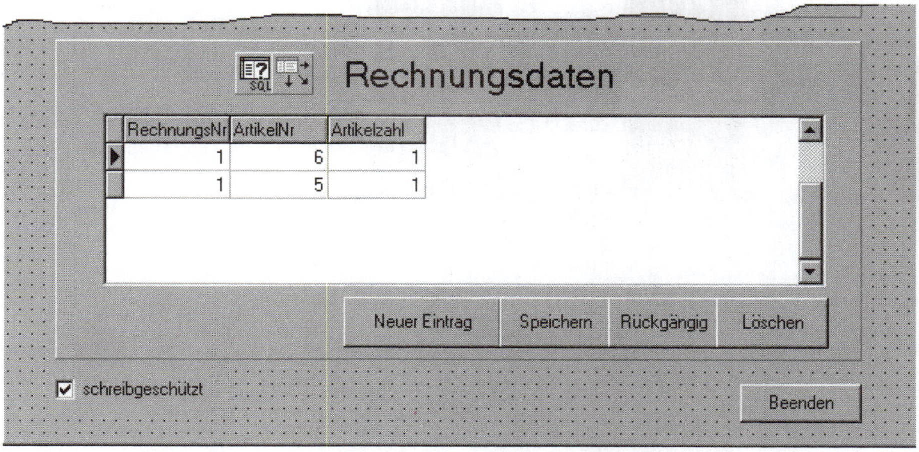

Auf Bewegungstasten kann verzichtet werden, da man in einem *DBGrid* durch einfaches Zeilenklicken bzw. mittels Bildlaufleiste wesentlich bequemer weiterkommt. Setzen Sie für *DBGrid1* die Eigenschaft *ReadOnly* = *True*.

Legen Sie die *SQL*-Eigenschaft von *Query1* wie folgt fest:

```
SELECT * FROM Rechnungsdaten WHERE RechnungsNr = :Nr
```

Der mit vorangestellten Leerzeichen und Doppelpunkt gekennzeichnete Parameter *Nr* stammt aus *Table1/DataSource1* (*Rechnungen.DB*). Um diesen Parameter innerhalb des SQL-Strings verfügbar zu machen, muss die *DataSource*-Eigenschaft von *Query1* auf *DataSource1* eingestellt werden. Sie verbinden danach *DBGrid1* mit *DataSource3* und setzen erwartungsfroh *Query1.Active* zu *True*. Doch was ist das? Ein bösartiges Meldungsfenster stoppt jäh Ihren Höhenflug:

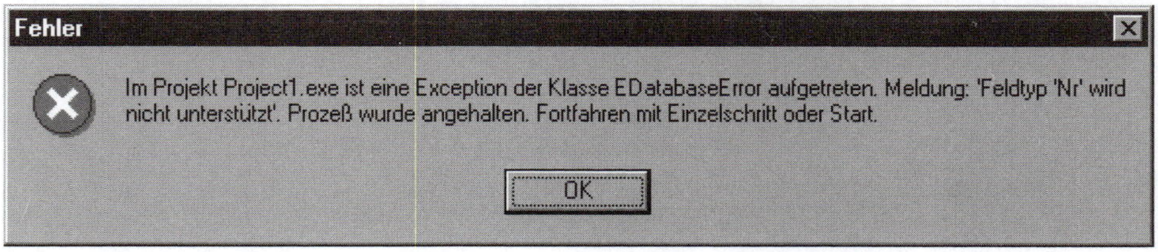

Was ist passiert? Leider verträgt sich im SQL-String der Datentyp von Nr (*TAutoIncField* = Zähler) nicht mit dem Datentyp von *RechnungsNr* (*TIntegerField*). Sie müssen deshalb zu *Table1* so genannte *persistente Datenfeldobjekte* hinzufügen, um damit einen neuen Datentyp für *Nr* zu definieren, der vom Typ *TIntegerField* (*LongInteger*) sein muss.

Doppelklicken Sie auf die Komponente *Table1* und wählen Sie im noch leeren Feldeditor mittels rechter Maustaste "Felder hinzufügen". Fügen Sie alle Felder hinzu und löschen Sie anschließend das *Nr*-Feld wieder. Wählen Sie nun mittels rechter Maustaste "Neues Feld". Vergeben Sie exakt den gleichen Namen (*Nr*) wie ihn das eben gelöschte Feld hatte. Stellen Sie den Typ *Integer* und den Feldtyp *Daten* ein:

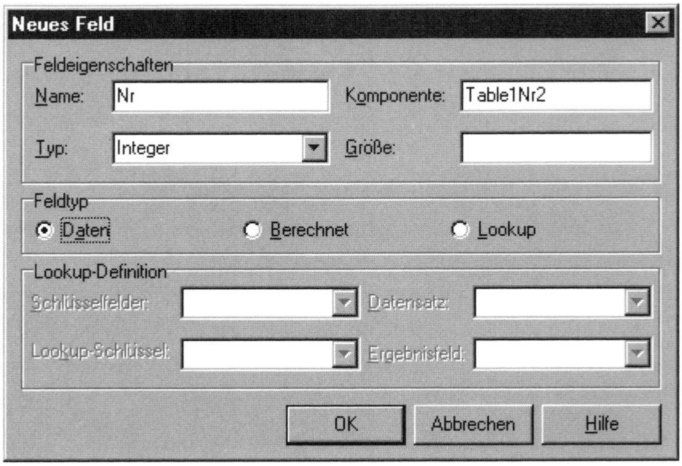

Nachdem die *SQL*-Eigenschaft von *Query1* funktioniert, setzen Sie *RequestLive* = *True.*

Quelltext 2

Der zum Hinzufügen, Speichern, Löschen und Verwerfen der *Rechnungsdaten* erforderliche Code entspricht im Wesentlichen dem bereits erörterten Code zum Bearbeiten der *Rechnungen* (oberer Teil des Formulars), so dass auf eine vollständige Wiedergabe hier verzichtet werden kann (siehe Buch-CD). Lediglich beim Löschen einer Rechnung ist zu beachten, dass auch die in *Rechnungsdaten.db* gespeicherten Rechnungspositionen mit gelöscht werden:

```
procedure TForm1.BtnDeleteClick(Sender: TObject);    // Rechnung löschen
begin
if MessageDlg('Wollen Sie die Rechnung wirklich löschen?',
    mtWarning,[mbYes, mbNo], 0) = mrYes then
 begin
  while not Query1.Eof do Query1.Delete;        // löscht Positionen
  Table1.Delete; Table1.Edit;
  BtnStoreClick(Self)
 end
end;
```

Bemerkenswert ist auch der folgende Event-Handler, welcher den Fremdschlüssel *RechnungsNr* automatisch einträgt:

```
procedure TForm1.Query1AfterInsert(DataSet: TDataSet);
begin
 Query1['RechnungsNr']:= Table1['Nr']
end;
```

Da Sie für *Table1* persistente Feldobjekte hinzugefügt haben (statt der standardmäßig vorhandenen dynamischen), kann die Anweisung auch wie folgt modifiziert werden:

```
Query1['RechnungsNr']:= Table1Nr.Value
```

Test 2

In dieser Programmphase können Sie sich bereits am Zusammenspiel der drei Tabellen *Kunden.db*, *Rechnungen.db* und *Rechnungsdaten.db* erfreuen. Es werden nur die Rechnungsdaten angezeigt, die der oben eingestellten Rechnung entsprechen. Beachten Sie, dass Sie bei Eingabe einer neuen Rechnung zunächst diese speichern müssen, ehe Sie Rechnungsdaten hinzufügen können:

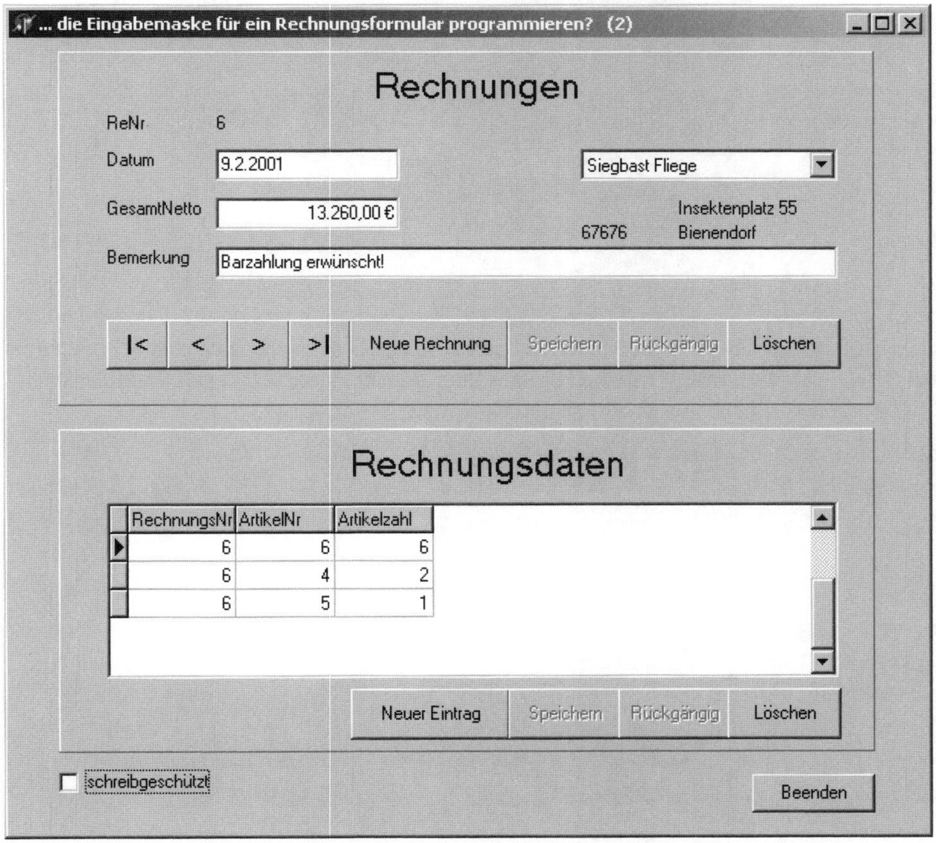

Oberfläche 3

In dieser letzten Etappe werden Sie die bis jetzt noch offene Verbindung zur Tabelle *Artikel.db* herstellen.

Ergänzen Sie in der unteren Hälfte von *Form1* eine weitere *Table*-Komponente (*Table3*) und koppeln Sie diese an die Tabelle *Artikel.DB* an. Eine entsprechende *DataSource*-Komponente ist nicht erforderlich!

Die Verbindung zwischen *Rechnungsdaten.DB* und *Artikel.DB* realisieren Sie diesmal durch *Lookup*-Felder, die zum *Query1*-Objekt hinzugefügt werden müssen. Gehen Sie dazu wie folgt vor:

Doppelklicken Sie auf *Query1* und wählen Sie im PopUp-Menü des Feldeditors die Option "Felder hinzufügen..." (Strg+A). Anschließend ergänzen Sie über die Option "Neues Feld..." (Strg+N) ein Lookup-Feld, dem Sie z.B. den Namen *ArtikelName* verordnen. Im Dialogfenster "Neues Feld" stellen Sie Feldeigenschaften, Feldtyp und Lookup-Definition ein:

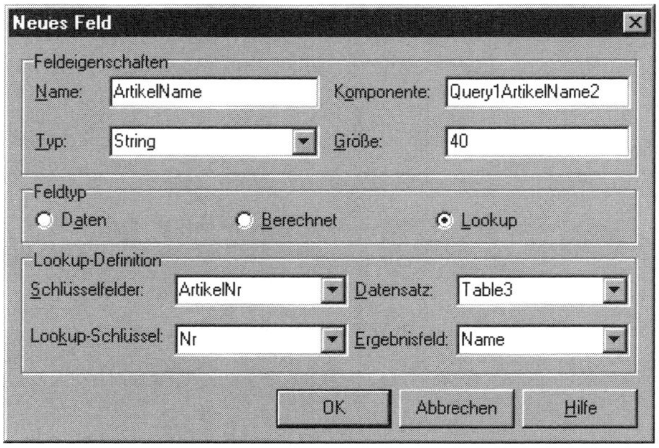

Im Objektinspektor erkennen Sie anhand der Eigenschaften des von Ihnen erzeugten Lookup-Feldes *Query1ArtikelName: TStringField* das Ergebnis Ihrer Bemühungen:

Eigenschaft	***DisplayLabel***	***Display-Width***	***KeyFields***	***Lookup-DataSet***	***Lookup-KeyFields***	***Lookup-ResultField***
Wert	*ArtikelName*	*40*	*ArtikelNr*	*Table3*	*Nr*	*Name*

Auf analoge Weise fügen Sie ein weiteres Lookup-Feld für den Artikelpreis (Typ *Currency*) hinzu.

Auch der Gesamtpreis pro Einzeleintrag, der sich aus Artikelanzahl mal Verkaufspreis berechnet, soll angezeigt werden. Dazu müssen wir statt einem "Lookup Feld", ein "Berechnetes Feld" zur *Query1* hinzufügen:

Durch die neu hinzugekommenen Spalten wird der Platz im Anzeigegitter knapp, schaffen Sie also Luft durch Ausblenden überflüssiger Spalten! Da Sie den zukünftigen Nutzer des Programms nicht mehr mit dem Anblick von Fremdschlüsseln belästigen wollen, blenden Sie *RechnungsNr* und *ArtikelNr* einfach aus dem Anzeigegitter aus.

Wählen Sie dazu die *Columns*-Eigenschaft von *DBGrid1*. Im Spalteneditor klicken Sie zunächst auf den Button "Alle Felder hinzufügen", anschließend löschen Sie die Spalten, die nicht angezeigt werden sollen.

Quelltext 3

Die Berechnung der Gesamtsumme führen Sie im *OnCalcField*-Event von *Query1* durch:

```
procedure TForm1.Query1CalcFields(DataSet: TDataSet);
begin
 Query1Gesamtpreis.Value := Query1Artikelzahl.Value * Query1Artikelpreis.Value
end;
```

Natürlich möchten Sie auch den Rechnungsendbetrag wissen, bevor die Rechnung ausgedruckt wird[1]. Zu diesem finden Sie in der Tabelle *Rechnungen.db* ein bisher unbeachtetes Feld *Gesamt-Netto*. Da wir in unserem Beispiel so gut wie ohne SQL auskommen wollen, gestaltet sich das Zuweisen von Werten für dieses Feld etwas aufwändiger. Der folgende Code zeigt eine Lösungsmöglichkeit (eine andere wäre das Hinzufügen eines "berechneten" Feldes zu *Table1*). Ergänzen Sie im *implementation*-Abschnitt von *Form1* die folgende Prozedur:

```
procedure gesamtSumme;     // berechnet Gesamtsumme aus berechneten Feldern!
var sum: Currency;
begin
 with Form1 do begin
  Query1.DisableControls;                    // um Rechenzeit einzusparen
  sum := 0;
  Query1.First;
  while not Query1.EOF do begin
   sum := sum + Query1GesamtPreis.Value;
   Query1.Next
  end;
  Query1.EnableControls;
  Table1.Edit;
  Table1GesamtNetto.Value := sum;
  Table1.Post
 end
end;
```

[1] Nur so können Sie Ihre Kunden vor unangenehmen Überraschungen bewahren!

Die Übernahme des Endbetrags erfolgt jeweils beim Abspeichern neuer Rechnungsdaten. Ergänzen Sie also den entsprechenden Event-Handler wie folgt:

```
procedure TForm1.BtnStore1Click(Sender: TObject);   // Eintrag speichern
begin
 Query1.Post;
 setButtons1(1);
 gesamtSumme
end;
```

Test 3

Endlich ist es geschafft! Starten Sie das Programm und überzeugen Sie sich von der Funktionsfähigkeit, indem Sie bestehende Rechnungen manipulieren und neue hinzufügen:

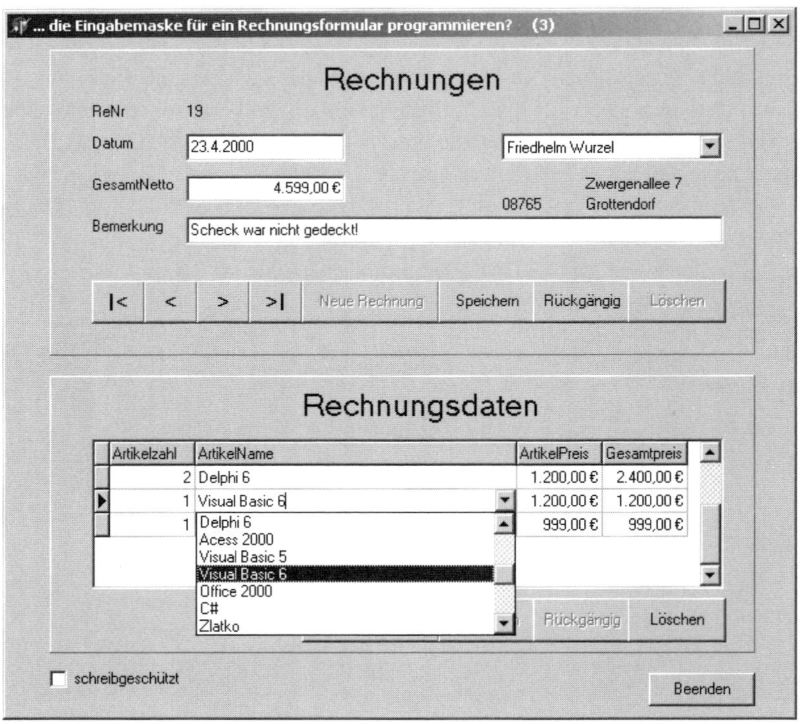

Für die Eingabe des Artikelnamens hält unser Programm eine Überraschung parat: Klicken Sie zweimal auf das Feld, und Sie können über eine eingeblendete Rollbox den gewünschten Eintrag auswählen. Einfacher geht es wohl nicht mehr. Zu verdanken haben Sie dieses bemerkenswerte Feature den zu *Query1* hinzugefügten Lookup-Feldern.

Übrigens funktioniert das auch beim Artikelpreis. Hier ist das direkte Herumdoktern allerdings weniger sinnvoll, denn dazu verwenden Sie besser die separate Eingabemaske für *Artikel.DB*. Setzen Sie deshalb über die *Columns*-Eigenschaft von *DBGrid1* diese Spalte vorsichtshalber auf *ReadOnly = True*.

Bemerkungen

- Nach jedem Hinzufügen von LookupFeldern zu einem *Table*- bzw. *Query*-Objekt müssen Sie auch die *Columns*-Eigenschaft des mit dem Datenzugriffsobjekt verbundenen *DBGrid* aktualisieren ("Alle Felder hinzufügen" und vorher existierende Spalten löschen). Ansonsten bleiben die vorgenommenen Änderungen der Datenstruktur unsichtbar.
- Im *OnCalcField*-Event einer *Table* bzw. *Query* haben Sie nur Zugriff auf persistente Datenfeld-Objekte, die Sie vorher (wie oben beschrieben) mit dem Feldeditor hinzufügen müssen.

9.4.3 Rechnung mit QuickReport

Diese Übung soll zeigen, wie mit Hilfe der in Delphi integrierten *QuickReport*-Komponenten das Vorgängerbeispiel um eine standesgemäße Druckerausgabe ergänzt werden kann.

Oberfläche

Fügen Sie ein neues Formular *Form2* zum Projekt hinzu und zoomen Sie eine *QuickReport*-Komponente *QuickRep1* hinein. Setzen Sie die *DataSet*-Eigenschaft auf *Form1.Query1*. Klappen Sie die *Bands*-Eigenschaften auf und setzen Sie *HasPageHeader*, *HasTitle*, *HasColumnHeader*, *HasDetail*, *HasSummary* und *HasPageFooter* auf *True*.

Damit verfügt Ihr Report über alle der sechs grundsätzlichen Abschnittstypen (Bands, siehe 9.2.3):

Platzieren Sie in den einzelnen Abschnitten weitere *QuickReport*-Datensteuerungs-Komponenten gemäß folgender Abbildung.

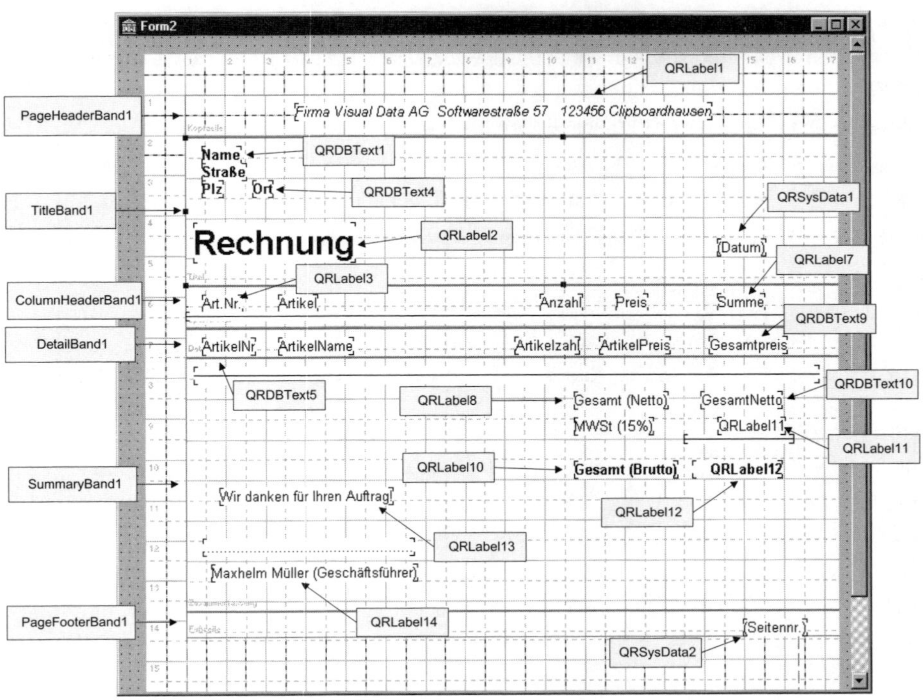

Die Vorgehensweise ist intuitiv leicht zu erfassen und entspricht dem Platzieren "normaler" Komponenten auf Formulare. Bei den QRLabels brauchen Sie sich nur um deren *Caption*-Eigenschaft zu kümmern (Ausnahmen: *QRLabel11* und *QRLabel12*). Die Felder *QRDBText1* bis *QRDBText4* (Kundenanschrift) binden Sie zunächst über deren *DataSet*-Property an *Form1.Table2* und weisen ihnen danach die entsprechende *DataField*-Property zu. Für die im Detailbereich angeordneten Rechnungseinträge *QRDBText5* ... *QRDBText9* ist die Datenquelle *Form1.Query1*, die *DataField*-Eigenschaften ergeben sich aus den Spaltenüberschriften. Die Gesamtnettosumme *QRDBText10* binden Sie an *Form1.Table1/GesamtNetto*.

Halt, da waren ja noch die beiden *QRSysData*-Komponenten, mit denen Sie das aktuelle Datum bzw. die Seitennummer anzeigen wollen. Weisen Sie die *Data*-Eigenschaft *qrsDate* bzw. *qrsPageNumber* zu. Die horizontalen Trennstriche erzeugen Sie mit *QRShape*-Komponenten *(Shape = qrsHorLine)*.

Quelltext

Ganz ohne Code geht es nicht, da Sie ja noch die Mehrwertsteuer und die Gesamtbruttosumme berechnen wollen, für die es in den Datenquellen keine Felder gibt. Ein idealer Platz für derartige "Machenschaften" findet sich im *BeforePrint*-Event des betreffenden Abschnitts (in unserem Fall *SummaryBand1*):

```
procedure TForm2.SummaryBand1BeforePrint(Sender: TQRCustomBand;
                                          var PrintBand: Boolean);
begin
QRLabel11.Caption := Format('%8.2n €', [Form1.Table1GesamtNetto.Value * 0.16]);
 QRLabel12.Caption := Format('%8.2n €', [Form1.Table1GesamtNetto.Value * 1.16])
end;
```

Zur Erinnerung: Das (persistente) Feldobjekt *Table1GesamtNetto* hatten wir mit dem Feldeditor erzeugt. Mit dem *PrintBand*-Parameter können Sie übrigens den Ausdruck des Abschnitts in Abhängigkeit von bestimmten Bedingungen verhindern.

Bevor es richtig losgehen kann, platzieren Sie auf *Form1* zwei weitere Buttons mit der Beschriftung "Drucken" bzw. "Druckvorschau". Hinterlegen Sie folgenden Code:

```
procedure TForm1.Button2Click(Sender: TObject);   // Druckvorschau
begin
  Form2.QuickRep1.Preview
end;

procedure TForm1.Button2Click(Sender: TObject);   // Drucken
begin
  Form2.QuickRep1.Print
end;
```

Test

Starten Sie das Programm. Falls Sie es nicht schon selbst getan haben, bietet sich Delphi an, die *Unit1* bzw. *Unit2* in die *uses*-Klauseln des jeweils anderen Formulars einzufügen. Wählen Sie eine Rechnung aus:

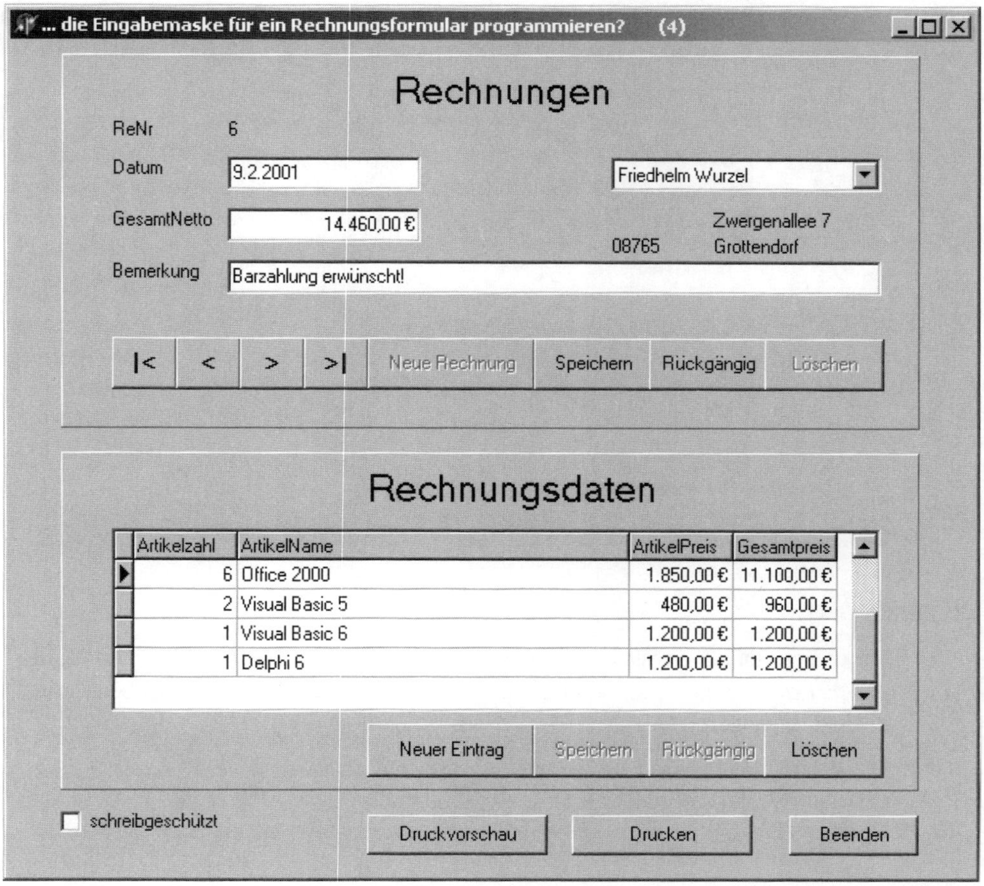

Nach dem Klick auf "Drucken" oder "Druckvorschau" ist QuickReport einen kleinen Moment mit sich selbst beschäftigt und überrascht Sie anschließend mit einer fein säuberlich angefertigten Rechnung, in der bis auf die letzte Kommastelle alles stimmt und die Sie bedenkenlos unterschreiben können:

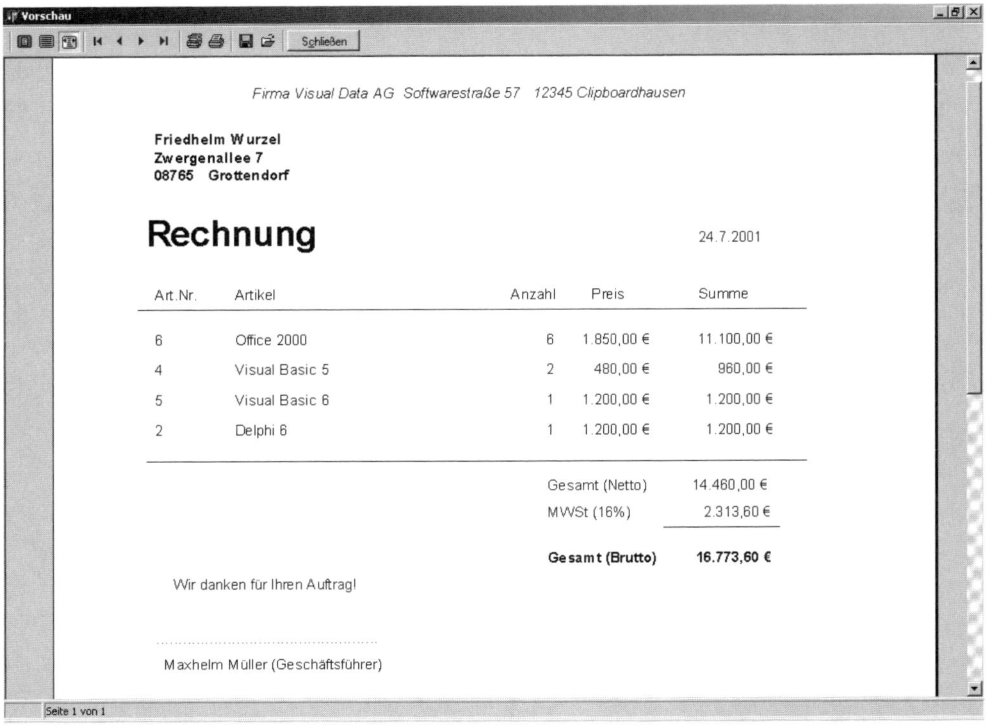

Firma Visual Data AG Softwarestraße 57 12345 Clipboardhausen

Friedhelm Wurzel
Zwergenallee 7
08765 Grottendorf

Rechnung 24.7.2001

Art.Nr.	Artikel	Anzahl	Preis	Summe
6	Office 2000	6	1.850,00 €	11.100,00 €
4	Visual Basic 5	2	480,00 €	960,00 €
5	Visual Basic 6	1	1.200,00 €	1.200,00 €
2	Delphi 6	1	1.200,00 €	1.200,00 €

Gesamt (Netto)	14.460,00 €
MWSt (16%)	2.313,60 €
Gesamt (Brutto)	**16.773,60 €**

Wir danken für Ihren Auftrag!

Maxhelm Müller (Geschäftsführer)

Bemerkungen

- Sie können den Report bereits während der Entwurfsphase testen (mit rechter Maustaste auf *QuickRep1* klicken, "Druckbild"), allerdings werden dann die Inhalte der berechneten Felder nicht angezeigt.
- Das Papierformat können Sie über die *Page*-Eigenschaft von *QuickRep1* den unterschiedlichsten Bedürfnissen anpassen (A4, Randabstände ...).

Programmschnitt- stellen und Peripherie

- Zwischenablage
- DDE
- DLL-Programmierung
- Drucker
- Serielle Schnittstelle

10 Programmschnittstellen und Peripherie

In diesem Kapitel wollen wir wichtige Möglichkeiten vorstellen, mit denen Ihr Delphi-Programm mit der "Außenwelt" kommunizieren kann. Betrachtet werden

- Datenaustausch mit der Zwischenablage (*Clipboard*)
- DDE-Programmierung (*Dynamical Data Exchange*)
- DLL-Programmierung (*Dynamic Link Library*)
- Druckeransteuerung (*Printer*)
- Serielle Schnittstelle (*COM-Port*)

OLE/ActiveX als wohl wichtigste Programmschnittstelle wird nicht etwa unter den Tisch gekehrt, sondern in Kapitel 12 vorgestellt.

Ganz am Rande: Für den schnellen Datenaustausch zwischen zwei Win 32-Anwendungen bieten sich auch *Memory Mapped Files* an (siehe Kapitel 8).

10.1 Zwischenablage

Die Zwischenablage dient der Übertragung von Datenobjekten zwischen verschiedenen Anwendungen, entweder auf Grund von Befehlseingaben des Benutzers (*Einfügen*, *Kopieren*) oder programmgesteuert. Zu diesem Zweck werden globale Speicherblöcke verwendet, auf die jede angemeldete Applikation zugreifen kann.

10.1.1 Das Clipboard-Objekt

Delphi stellt für die Arbeit mit der Zwischenablage das *Clipboard*-Objekt zur Verfügung (Unit *Clipbrd*). Der grundsätzliche Ablauf: Programm 1 stellt in einer *Image*-Komponente eine Grafik dar. Um diese nach Programm 2 zu übertragen, wird die Windows-Zwischenablage verwendet. Mit der *Clipboard*-Methode *Assign* können die Grafikdaten zwischen beiden Anwendungen ausgetauscht werden.

Die Methoden:

- *Assign* (Austausch von Grafikdaten)
- *Clear* (löscht die Zwischenablage)
- *Close* (schließt die Zwischenablage)
- *Open* (öffnet die Zwischenablage, wenn mehrere Formate abgelegt werden sollen)
- *GetAsHandle* (liefert ein Windows-Handle auf das Objekt in der Zwischenablage)
- *HasFormat* (fragt den Datentyp in der Zwischenablage ab)
- *SetAsHandle* (übergibt einen Handle an die Zwischenablage)
- *SetTextbuf* (kopiert Text in die Zwischenablage)

Die Eigenschaften:

- *AsText* (Abfragen von Zwischenablagedaten im Textformat)
- *FormatCount* (Anzahl der Zwischenablageformate)
- *Formats* (Liste der Zwischenablageformate)

Für die Methode *HasFormat()* brauchen Sie folgende Konstanten:

Format	Beschreibung
CF_TEXT	Text, in dem jede Zeile mit einer Kombination CR-LF[1] endet. Das Textende ist durch ein Nullzeichen markiert.
CF_BITMAP	Windows-Bitmap-Grafik.
CF_METAFILE	Windows-Metafile-Grafik (richtig: CF_METAFILEPICT).
CF_PICTURE	Ein Objekt vom Typ *TPicture* (ICO, WMF, BMP).
CF_OBJECT	Persistente Objekte.

Mit den Konstanten können Sie abfragen, ob eines der vordefinierten Zwischenablage-Formate vorhanden ist. Es ist auch möglich, neue Clipboard-Formate zu definieren, dieser Aspekt soll jedoch nicht weiter verfolgt werden, da man im Allgemeinen mit den vorhandenen Möglichkeiten auskommt.

```
if Clipboard.HasFormat(CF_Bitmap) then
   Image1.Picture.Assign(Clipboard)
else
   MessageBeep(0);
```

Das Gleiche nach der "*Quick and Dirty*"-Methode:

```
try
   Image1.Picture.Assign(Clipboard)
except
    MessageBeep(0);
end
```

Die Windows-Zwischenablage kann mehrere Formate gleichzeitig speichern (zum Beispiel Text und Grafik), der Aufruf der *Open*-Methode entscheidet darüber, ob die gesamte Zwischenablage gelöscht (Standard) oder ob nur ein bestimmtes Format überschrieben wird (Aufruf von *Open ... Close*).

Beispiel: Gleichzeitiges Speichern von Grafik und Text

```
Clipboard.Open;
  Clipboard.Assign(Image1.picture);
  Clipboard.AsText := 'Hallo';
Clipboard.Close;
```

[1] Wagenrücklauf und Zeilenschaltung

10.1.2 Umsetzung der Zwischenablage-Funktionen

Im Zusammenhang mit der Zwischenablage finden Sie unter dem Menüpunkt *Bearbeiten* fast immer die folgenden Befehle:

- Kopieren (Strg+C)
- Ausschneiden (Strg+X)
- Einfügen (Strg+V)

Wie diese in Delphi zusammen mit einem *Memo*-Feld umzusetzen sind, entnehmen Sie bitte den folgenden Listings:

Beispiel: Kopieren

```
procedure TForm1.Button2Click(Sender: TObject);
begin
 if Memo1.SelText <> '' then Clipboard.AsText:= Memo1.SelText;
end;
```

Beispiel: Ausschneiden

```
procedure TForm1.Button2Click(Sender: TObject);
begin
  if Memo1.SelText <> '' then
  begin
     Clipboard.AsText:= Memo1.SelText;
     Memo1.SelText:= ''
  end
end;
```

Beispiel: Einfügen

```
procedure TForm1.Button2Click(Sender: TObject);
begin
 try
    Memo1.SelText:= Clipboard.AsText
 except
 end
end;
```

Die Programmierung eines Zwischenablage-Betrachters, der auch auf den Wechsel des Inhalts reagiert, ist in Delphi relativ einfach. Definieren Sie einen *protected*-Abschnitt in der Typ-Deklaration des betreffenden Formulars und nehmen Sie folgende neue Botschaftsbehandlung auf:

```
procedure WMDrawClipboard(var Message: TMessage); message WM_DrawClipboard;
```

Die Umsetzung der Botschaftsbehandlung:

```
procedure TForm1.WMDrawClipboard(var Message: TMessage);
begin
  ... Code zur Anzeige von Zwischenablagedaten ...
  inherited;        { vererbte Behandlungsroutine aufrufen }
end;
```

Damit Ihr Programm die Windows-Botschaft *WM_DRAWCLIPBOARD* überhaupt empfängt, muss Ihre Anwendung als Zwischenablagebetrachter registriert werden:

```
var nextViewer : hwnd;   { global deklarieren }
procedure TForm1.FormCreate(Sender: TObject);
begin
    nextViewer:= SetClipboardViewer(Form1.Handle)
end;
```

Bei Programmende melden Sie sich natürlich ordentlich ab:

```
procedure TForm1.FormClose(Sender: TObject; var Action: TCloseAction);
begin
    ChangeClipboardChain(Form1.Handle, nextViewer)
end;
```

Eventuell sollten Sie noch die Botschaft *WM_CHANGECBCHAIN* bearbeiten, mit der angezeigt wird, dass sich die Viewer-Kette verändert hat. Nähere Einzelheiten erfahren Sie in unserem [Borland Delphi 6 Kochbuch].

Weitere Anwendungsbeispiele für die Zwischenablage finden Sie im Praxisteil dieses Kapitels.

10.2 DDE-Einbindung

Bei DDE (*Dynamic Data Exchange*) haben wir es gewissermaßen mit einem "OLE-Vorgänger" zu tun. Mit diesem zwar nicht mehr ganz zeitgemäßen, aber trotzdem von Delphi weiterhin unterstützten Verfahren wird der dynamische Datenaustausch zwischen zwei Windows-Programmen bezeichnet. Die dazu erforderliche Kommunikation wird entweder zur Entwicklungs- oder erst zur Laufzeit hergestellt, wir wollen uns auf den zweiten Fall beschränken.

Zwei grundsätzliche Einsatzfälle sind denkbar:

- Übertragung von Daten (Text/Grafik)
- Steuern einer Anwendung über Makros

Eine DDE-Verbindung besteht aus einem DDE-Client und einem DDE-Server. Die Anwendung, die Daten anfordert, ist der Client. Die Anwendung, die die Daten liefert, ist der Server. Mit Delphi können Sie sowohl DDE-Clients als auch DDE-Server erzeugen, eine Delphi-Anwendung kann zur gleichen Zeit DDE-Client und -Server sein.

Wir werden nur auf den Datenaustausch zwischen zwei Delphi-Programmen eingehen, die Kommunikation mit Standardanwendungen, wie MS Word oder MS Access, gestaltet sich mit OLE bedeutend komfortabler.

10.2.1 DDE-Server

Der erste Schritt zum DDE-Server ist das Erstellen eines Fensters. Für die DDE-Verbindung sind die beiden Komponenten *DDEServerConv* und *DDEServerItem* interessant. Weiterhin ist der Name der generierten EXE von Interesse, da der Client folgende Informationen zum Erstellen einer DDE-Verbindung benötigt:

- DDE-Anwendung (Name der Exe-Datei)
- DDE-Thema
- DDE-Element

DDE-Anwendung

Dies ist der Name des DDE-Servers. Typischerweise handelt es sich um den Namen der ausführbaren Datei ohne Extension.

Beispiel: von Standardanwendungen

Anwendung	Anwendungsname
Microsoft Access	MSAccess
Microsoft Excel	Excel
Word for Windows	WinWord

DDE-Thema

Das "Thema" definiert den Gegenstand einer DDE-Verbindung. Für Anwendungen, die mit Dateien arbeiten, ist dies im Allgemeinen ein Dateiname.

Anwendung	Datei
Microsoft Access	*.MDB
Microsoft Excel	*.XLS
Word for Windows	*.DOC

Viele Anwendungen stellen ein "System"-Thema zur Verfügung, über das Sie weitere Informationen über die betreffende Server-Anwendung ermitteln können (z.B. welche Themen existieren).

Hinweis: In einem Delphi-Programm spezifizieren Sie das DDE-Thema über den Namen der *DDEServerConv*-Komponente.

DDE-Element

Dies ist eine Referenz auf einen Teil der unter einem Thema verfügbaren Daten. Zum Beispiel kann es sich um einige Zellen einer Tabellenkalkulation handeln oder um ein *Text*-Control in einem Delphi-Programm. Den Namen dieses Controls müssen Sie dann in der Clientanwendung angeben.

Hinweis: Das DDE-Element entspricht dem Namen der *DDEServerItem*-Komponente.

Den dynamischen Teil der DDE-Verbindung wickeln Sie in der Serveranwendung mit den folgenden Events ab:

Event	Beschreibung
OnOpen	... wird nach dem Öffnen einer DDE-Verbindung aktiviert. Verwenden Sie dieses Event zur Initialisierung des DDE-Servers.
OnExecuteMacro	... wird aktiviert, wenn der Client einen Makrobefehl an den Server sendet. Makrobefehle können beispielsweise Menübefehle emulieren (Öffnen/Schließen von Dateien, Beenden des Servers).
OnClose	... wird nach dem Schließen einer DDE-Verbindung aktiviert.

Mehr zum Thema DDE-Server finden Sie im Praxisteil des Kapitels.

10.2.2 DDE-Client

Auf der Client-Seite der DDE-Verbindung finden Sie ebenfalls zwei Komponenten: *DDEClientConv* und *DDEClientItem*.

Während Sie die DDE-Anwendung über die Eigenschaft *ServiceApplication* bzw. *DDEService* von *DDEClientConv* festlegen, können Sie den Topic mit *DDETopic* bestimmen. Das Element spezifizieren Sie über die Eigenschaft *DDEItem* von *DDEClientItem*.

Alternativ können Sie auch Thema und Element zur Laufzeit festlegen:

```
DDEClient.SetLink ('dBServ','TestTopic');
DDEClientItem.DdeItem := 'TestItem';
```

Die DDE-Verbindung eröffnen Sie, indem Sie entweder die Eigenschaft *ConnectMode* auf *DDEAutomatic* festgelegt haben (in diesem Fall brauchen Sie sich nicht um das Starten der Server-Applikation zu kümmern) oder mit der Methode *OpenLink*.

Damit "steht" die Verbindung. Den weiteren Ablauf bestimmen Sie, indem zum Beispiel die *ExecuteMacro*-Methode der *DDEClientConv*-Komponente ausgeführt wird.

An dieser Stelle wollen wir aufhören und Sie nicht mit weiteren theoretischen Ausführungen quälen, testen Sie einfach das Beispiel aus dem Praxisteil.

10.3 DLL-Programmierung

Wir wollen Sie im Folgenden mit der DLL-Programmierung in Pascal und in C vertraut machen[1]. Sie werden sich vielleicht wundern, warum auch die DLL-Programmierung in C besprochen wird. Die Antwort ist schnell gefunden. Zum einen sind C-Programme teilweise schneller, zum anderen erlangen Sie auf diese Weise ein besseres Verständnis für die Aufrufsyntax vieler API-Funktionen (diese sind nun einmal in C geschrieben). Der Abschnitt 10.3.5 behandelt ausschließlich die Erstel-

[1] Es geht hier ausschließlich um "normale" DLLs, also nicht um ActiveX-DLLs.

lung von DLLs für Visual Basic-Programme. Da diese Programmiersprache eine weite Verbreitung gefunden hat, jedoch wesentliche Einschränkungen besitzt (keine Pointer, keine DLLs[1], keine systemnahe Programmierung), dürfte Delphi die ideale Ergänzung darstellen. Die Ausführungen machen Sie mit den Besonderheiten vertraut, so dass Ihre mit Delphi produzierten DLLs problemlos in VB eingebunden werden können.

Durch die Trennung nach Programmiersprachen können sich die Inhalte der folgenden Ausführungen in einigen Punkten überdecken, dies haben wir jedoch im Interesse einer übersichtlichen Darstellung in Kauf genommen.

10.3.1 Grundlagen

DLLs (Dynamic Link Library) sind compilierte Modulbibliotheken mit offen gelegter Schnittstelle, die sich zur Laufzeit durch andere Programme mit DLL-Schnittstelle einbinden lassen. In der Applikation befindet sich lediglich ein Verweis auf die entsprechende DLL bzw. Funktion/ Prozedur.

Nach dem Programmstart sorgt die Systemverwaltung von Windows dafür, dass die benötigten DLLs in den Arbeitsspeicher geladen werden. Für Ihre Anwendung ist es im Allgemeinen egal, ob sich die Funktion in einer DLL befindet oder ob sie direkt im Programm eingebunden ist. Der Vorteil der DLL ist eine effektivere Nutzung sowohl des Platten- als auch des Arbeitsspeichers. Haben Sie beispielsweise mehrere Delphi-Datenbank-Applikationen auf dem Rechner, nutzen alle Programme dieselben DLLs, die einzelne EXE-Datei bleibt deshalb relativ klein. Dieses leistungsfähige Konzept ermöglicht es dem Delphi-Programmierer, entweder auf vorhandene DLLs zuzugreifen (z.B. auf die Windows-API) oder aber eigene Routinen zu programmieren. Letzteres erfordert jedoch einige tiefgründigere Kenntnisse.

10.3.2 Umstellung 16-/32 Bit

Haben Sie vor langer, langer Zeit einmal 16-Bit-DLLs erstellt, mussten Sie sich seit Delphi 2 auf einige wesentliche Änderungen gefasst machen[2]. Das erneute Compilieren von Anwendungen lässt sich ja in den meisten Fällen ohne größere Probleme realisieren, DLLs hingegen bedürfen einer etwas aufwändigeren Überarbeitung.

Schreibweise

Im Unterschied zur bisherigen Verfahrensweise wird bei einer 32-Bit-DLL die Groß-/Kleinschreibung unterschieden. Dies trifft sowohl auf den Import als auch auf den Export von Prozedur- bzw. Funktionsnamen zu.

Beispiel: Die API-Funktion *WinExec* können Sie nur wie folgt einbinden:

```
function WinExec; external kernel32 name 'WinExec';
```

---

[1] Mal abgesehen von den OLE-DLLs, bei denen es sich nicht um echte DLLs handelt.

[2] Dieser Abschnitt ist nur für Leser gedacht, die bereits 16-Bit-DLLs entworfen haben und die über die dafür nötigen Grundkenntnisse verfügen.

Der Aufruf

```
function WinExec; external kernel32 name 'winexec';
```

führt zur Meldung, dass die Funktion nicht gefunden wurde.

Solange es sich um API- bzw. GDI-Funktionen handelt, dürften Sie kaum Probleme bekommen, da (fast) alle Aufrufe in den Schnittstellen-Units (*windows, mapi* ...) vordefiniert sind.

Etwas anders sieht die Sache bei eigenen DLLs aus. In diesem Fall sollten Sie sowohl bei der Funktionsdeklaration als auch bei der *Exports*-Klausel die gleiche Schreibweise verwenden, um unnötige Probleme zu verhindern.

```
procedure Definiere(s : PChar); stdcall;
begin
   ...
end;
exports
        Definiere;
```

Damit sind wir auch schon beim nächsten Thema angelangt, den Aufrufkonventionen:

Aufrufkonvention

Rufen Sie Funktionen aus DLLs auf, die in anderen Programmiersprachen geschrieben wurden, müssen Sie die *stdcall*-Konvention für den Export der Funktion verwenden. Das Gleiche trifft zu, wenn Sie eine DLL beispielsweise für Visual Basic schreiben. Auch hier gilt für die Übergabe der Parameter die *stdcall*-Konvention.

Beim einfachen Neucompilieren der DLL oder Anwendung wird von Delphi automatisch die Aufrufkonvention *register* verwendet.

Hinweis: Alle API- und GDI-Funktionen sind mit *stdcall* aufzurufen, auch wenn Sie in einigen C-Programmen die Konventionen *PASCAL*, *WINAPI* oder *CALLBACK* finden. Diese werden ebenfalls als *stdcall* übersetzt.

Beispiel: Export einer Funktion mit *stdcall*

```
procedure Definiere(s : PChar);stdcall;
```

Beispiel: Einbinden einer Funktion mit *stdcall*

```
procedure Definiere(s:string); stdcall; external 'FParse32.dll';
```

Die Unterschiede der einzelnen Aufrufkonventionen resultieren aus

- Reihenfolge der Parameterübergabe (Stack/Register)
- Zuständigkeit für das Löschen von Parametern aus dem Stack (Aufrufer oder Funktion)
- Verwendung von Registern zur Parameterübergabe (nur *register*)

Dass eine falsche Aufrufkonvention zu Problemen führt, dürfte aus obigen Unterschieden schnell ersichtlich sein. Selbst wenn die Funktion noch aufgerufen wird, sind die Parameter im Allgemeinen nicht mehr zu gebrauchen, von der Unordnung auf dem Stack einmal ganz abgesehen.

Der Grund für die neue Konvention ist die Kompatibilität mit C, wo einer Funktion auch eine variable Anzahl von Parametern übergeben werden kann. Dies bedingt eine Ablage der Parameter von rechts nach links auf dem Stack.

Verwenden von Strings als Übergabeparameter

Auch bei der Übergabe von Strings hat sich einiges verändert. Zum einen müssen Sie zwischen ANSI- und UNICODE-Strings unterscheiden, zum anderen bringt die Verwendung der neuen Strings einige Besonderheiten mit sich.

Grundsätzlich gilt: Exportiert Ihre DLL Strings (Lange Strings), müssen Sie sowohl in die DLL als auch in die aufrufende Anwendung die Unit *ShareMem* einbinden. Diese wiederum stellt die Verbindung zu *BORLNDMM.DLL* (Shared Memory Manager) her, die Sie mit Ihrer DLL weitergeben müssen. Die Unit *ShareMem* sollte die erste Unit in der *uses*-Klausel sein.

Beim Import von Strings über die DLL-Schnittstelle bietet Ihnen das Windows-API zwei verschiedene Varianten an. Jede Funktion ist in zwei Versionen in den Windows-Libraries enthalten. Eine Funktion exportiert ANSI-Strings (der Funktionsname endet mit einem 'A'), die andere UNICODE-Strings (an den Funktionsnamen ist ein 'W' angehängt).

Beispiel: (*windows.pas*)

```
// ANSI
function WritePrivateProfileSectionA(lpAppName, lpString, lpFileName: PAnsiChar): BOOL; stdcall;
external kernel32 name 'WritePrivateProfileSectionA';
// UNICODE
function WritePrivateProfileSectionW(lpAppName, lpString, lpFileName: PWideChar): BOOL; stdcall;
external kernel32 name 'WritePrivateProfileSectionW';
// ANSI-Standard
function WritePrivateProfileSection(lpAppName, lpString, lpFileName: PChar): BOOL; stdcall;
external kernel32 name 'WritePrivateProfileSectionA';
```

Wie Sie dem obigen Quellcode entnehmen können, geht Delphi noch einen Schritt weiter und definiert gleich drei Varianten für eine Funktion. Mit der dritten Variante wird standardmäßig die ANSI-Funktion eingebunden, da auch alle Pascal-Stringtypen derzeit die ANSI-Variante verwenden.

Wer bisher Schwierigkeiten bei der Übergabe von nullterminierten Strings an API-Funktionen hatte, wird sich freuen: Die Übergabe langer Strings kann als *PChar(<Variablenname>)* erfolgen.

Erwartet die API-Funktion allerdings einen Puffer, müssen Sie diesen auch bei langen Strings initialisieren.

Datentypen

Mit der Umstellung von 16 auf 32 Bit wurde auch eine neue Fehlerquelle zum Leben erweckt: Ärger mit den Datentypen.

Wurde bisher ein Integerwert mit 2 Byte gespeichert, sind es jetzt 4 Byte. Unglücklicherweise werden bei einigen Anwendungen/Programmiersprachen immer noch 2 Byte verwendet. Stellen Sie sich gegebenenfalls darauf ein und verwenden Sie statt *Integer* in diesem Fall *SmallInt.*

Gleiches trifft auch auf die Verwendung von Records zu. Sehen wir einmal von der Veränderung der enthaltenen Datentypen ab, tritt ein weiteres Problem auf: Records werden in Delphi so gespeichert, dass sie möglichst an 32-Bit-Grenzen ausgerichtet sind.

Beispiel: Der nachstehende Record lässt vermuten, dass er 5 Byte belegt, stattdessen werden 8 Byte reserviert.

```
type TTest = record
               a:Byte;
               b:Integer;
             end;                   // SizeOf(TTest) = 8 Byte
```

Konsequenterweise belegt der folgende Record aber nicht acht, sondern zwei Byte:

```
type TTest = record
               a:Byte;
               b:Byte;
             end;                   // SizeOf(TTest) = 2 Byte
```

Wollen Sie diesem doch recht eigenwilligen Verhalten entgehen, müssen Sie die Option *packed* verwenden, die Variablen so in einem Record anordnet, wie es der Datentyp vorgibt. Dies gilt umso mehr für den Zugriff auf typisierte Dateien.

```
type TTest = packed record
               a:Byte;
               b:Integer;
             end;                   // SizeOf(TTest) = 5 Byte
```

Wer trotzdem mit den normalen Delphi-Records arbeitet, sollte statt der festen Zuweisung bei der Übergabe von Recordgrößen besser die Funktion *SizeOf* verwenden.

Weitere Unterschiede

Zum Schluss wollen wir noch auf eine wesentliche Änderung eingehen. Wurde bisher beim mehrmaligen Aufruf einer DLL ein und derselbe Heap verwendet, wird jetzt bei jedem Aufruf der DLL der Heap des aufrufenden Prozesses genutzt. Das führt zu der durchaus erfreulichen Feststellung, dass bisher auftretende Seiteneffekte (Programm A setzt Variable und Programm B löscht diese) nicht mehr zu beobachten sind.

Aus diesem Grund wird auch der *Begin-End*-Abschnitt der DLL bei jedem Aufruf durch einen weiteren Prozess erneut durchlaufen (zur Initialisierung von Variablen).

Damit entfällt natürlich aber auch die Möglichkeit, Daten zwischen zwei Programmen über eine DLL auszutauschen.

PS: Eine gute Nachricht für schreibfaule Programmierer: Die Angabe *Export* hinter dem Prozedur- bzw. Funktionsnamen wird nicht mehr benötigt, es genügt, wenn die Funktion im *Exports*-Abschnitt auftaucht.

10.3.3 DLL-Programmierung mit Delphi

Die Programmierung einer DLL in Delphi ist relativ einfach, öffnen Sie mit *Datei|Neu|Weitere...* die Objektgalerie und wählen Sie *DLL-Experte.*

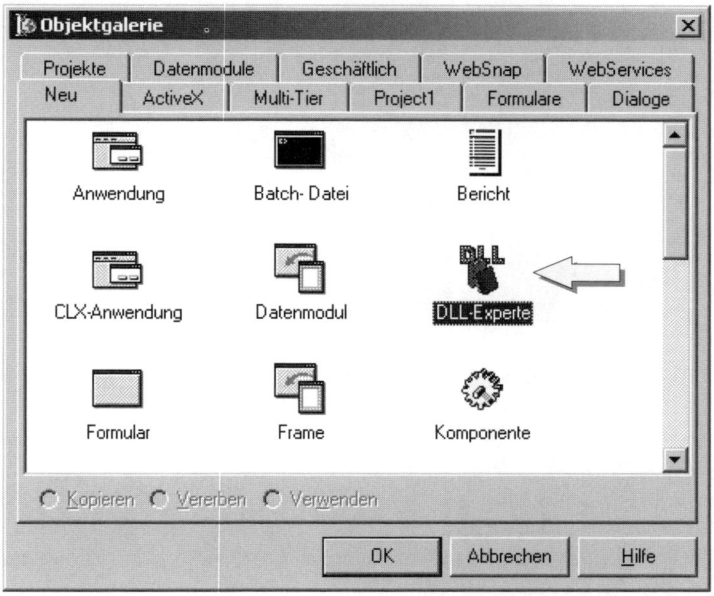

Sollten Sie schon einmal eine Unit programmiert haben, werden Sie kaum Probleme bekommen. Ähnlich wie in einer Unit können auch in einer DLL Prozeduren/Funktionen exportiert werden.

Die wichtigsten Unterschiede:

- eine Unit wird in die EXE-Datei eingebunden
- eine Unit kann Variablen, Konstanten und Typen exportieren
- eine Unit kann Objekte exportieren[1]

Ein weiterer Unterschied ergibt sich aus der Möglichkeit, eine DLL durch mehrere Programme gleichzeitig zu nutzen.

Der Zugriff auf Variablen innerhalb einer DLL ist nur mit Hilfe einer Funktion oder Prozedur möglich.

---

[1] Auf OLE-DLLs wollen wir an dieser Stelle nicht weiter eingehen.

Das "Grundgerüst" einer Pascal-DLL sieht folgendermaßen aus:

```
library <Name der DLL>;
uses <die benötigten Units>;

procedure <Name der Prozedur>; <Aufrufkonvention>;
begin
        <Prozedur>;
end;

function <Name der Funktion>:<Typ-Rückgabewert>; <Aufrufkonvention>;
begin
    <Funktion>;
end;

exports
<Name der Prozedur> index <integerwert> resident,
...
<Name der Funktion> index <integerwert> resident;

begin
end.
```

Hinweis: Beachten Sie die Groß-/Kleinschreibung bei Prozedur- und Funktionsnamen, diese wird bei 32-Bit-DLLs unterschieden.

Einige Hinweise zu den einzelnen Elementen des DLL-Grundgerüsts:

- Statt *program* schreiben Sie einfach *library,* alle Funktionen/Prozeduren, die Sie exportieren wollen, müssen im *Exports*-Abschnitt der DLL aufgeführt werden.
- Die *index*-Angabe ist optional, ermöglicht aber bei der späteren Einbindung der DLL einen schnelleren Zugriff, da nicht erst in der Namenstabelle nach der Anweisung gesucht werden muss (sollte nicht mehr verwendet werden).
- Ebenfalls optional, aber empfehlenswert, ist die Option *resident*, die bestimmt, ob Exportinformationen im Speicher gehalten werden, nachdem die DLL geladen wurde. Daraus resultiert eine kürzere Ladezeit, wenn ein Programm die Funktion über ihren Namen einbindet.
- Hinter der Deklaration der Funktion bzw. Prozedur können Sie eine Aufrufkonvention angeben, d.h., Sie bestimmen, wie, wo und in welcher Reihenfolge die Parameter übergeben werden. Zur Auswahl stehen die folgenden Möglichkeiten: *stdcall, register, cdecl, pascal.* Schreiben Sie eine DLL für Delphi-Programme, sollten Sie die Option *register* einsetzen, in allen anderen Fällen ist *stdcall* empfehlenswert.

Funktionsparameter

Eine Prozedur oder Funktion erwartet im Allgemeinen einen oder mehrere Parameter. Dabei müssen Sie zwischen zwei grundsätzlichen Möglichkeiten unterscheiden:

- Übergabe eines Wertes (Kopie)
- Übergabe einer Referenz (Zeiger)

Im ersten Fall erstellen Sie quasi eine Kopie der Variablen und übergeben die Kopie an die Funktion, im zweiten Fall "sagen" Sie der Funktion, wo sich die Variable im Speicher befindet. Daraus resultieren auch die konkreten Anwendungsfälle beider Varianten. Da bei der Zeigerübergabe die eigentliche Variable "bekannt" ist, kann diese nicht nur gelesen, sondern auch geschrieben werden. Bei der Übergabe des Wertes (Kopie) kann dieser zwar auch verändert werden, die Variable selbst hat damit jedoch nichts mehr zu tun.

Verwenden Sie die Option *var* nur, wenn Sie Werte an ein Programm zurückgeben möchten. Dies bedeutet, dass die aufrufende Anwendung nicht den Wert, sondern einen Zeiger auf den Wert übermittelt.

Beispiel: Die folgenden Codefragmente zeigen sowohl die Definition in Object Pascal als auch die Einbindung in eine andere Anwendung (Visual Basic).

```
library Test;
procedure wert(x:Double;var y:Double); stdcall;
begin
   y:= sin(x)
end;
```

Die Variable x wird als Wert, die Variable y als Referenz (Pointer) nach VB übermittelt:

```
Declare Sub wert Lib "test.dll" (ByVal x As Double, y As Double)
...
Dim x As Double, y As Double
x = 0.7
wert x,y
Print y
```

An die Prozedur übergeben wir einen x-Wert, der y-Wert wird berechnet und zurückgeliefert. Natürlich hätte man in diesem Fall auch eine Funktion schreiben können, sollen jedoch mehrere Werte zurückgegeben werden, ist eine andere Realisierung kaum möglich.

Solange Sie die DLL lediglich für ein Delphi-Programm schreiben, brauchen Sie bei der Wahl des Datentyps keine Rücksicht zu nehmen, es gelten die normalen Regeln für die Auswahl von Funktionsparametern. Anders sieht die Sache allerdings aus, wenn die DLL auch von einem VB-Programm eingebunden werden muss. In diesem Fall müssen Sie sich an den Datentypen der anderen Programmierumgebung orientieren. Lesen Sie dazu die Abschnitte 10.3.5 und 10.3.6.

Ein-/Austrittsprozedur

Eine DLL besitzt zwei typische Prozeduren, die beim Start bzw. beim Beenden aufgerufen werden. Die "Startprozedur" ist der *begin-end*-Abschnitt am Ende der DLL, in dem Sie Initialisierungsroutinen aufrufen können. Entgegen der Verfahrensweise bei 16 Bit wird dieser Abschnitt bei jedem Aufruf der DLL durch einen neuen Prozess erneut durchlaufen.

Hinweis: Ein aussagekräftiges Beispiel finden Sie im Praxisteil dieses Kapitels.

Die zweite Routine ist nicht so einfach erstellt, denn Sie müssen sich einen Zeiger auf die alte *Exit*-Prozedur holen und Ihre eigene Exitprozedur "einklinken". Nach dem Aufruf durch die Windows-Verwaltung restaurieren Sie noch die originale Exitprozedur, den Zeiger darauf hatten wir ja bereits gespeichert.

Das Ganze im Listing:

```
library testDLL;
uses Windows;
var   OldExit: Pointer;
procedure NewExit; far;
begin
  if ExitCode = WEP_System_Exit then
      { System wird heruntergefahren }
  else
      { DLL wird entladen }
  ExitProc := OldExit;
end;
{ die Initialisierungsroutine begin-end :}
begin
   OldExit := ExitProc;     { sichern alten Status }
   ExitProc := @NewExit;    { neue Exitprozedur }
end.
```

Noch einfacher können Sie eine Exitprozedur über die Funktion *AddExitProc* aus der Unit *SysUtils* installieren. Rufen Sie die Funktion einfach im Initialisierungsteil Ihrer DLL oder in einer anderen Funktion auf. Sie können mehrere Exit-Prozeduren installieren, die zuletzt installierte wird beim Beenden zuerst ausgeführt.

```
library test;
uses Dialogs, SysUtils;
procedure NewExit;
begin
  ShowMessage('Exitprozedur 1');
  { DLL wird entladen }
end;
```

```
procedure NewExit1;
begin
  ShowMessage(' Exitprozedur 2');
  { DLL wird entladen }
end;
{ die Initialisierungsroutine begin-end }
begin
   AddExitProc(NewExit);
   AddExitProc(NewExit1)
end.
```

Export von Formularen in DLLs

Brauchen Sie häufig die gleichen Formulare, oder wollen Sie anderen Anwendern Formulare zur Verfügung stellen, ohne gleich den Code weiterzugeben? Dann wäre eine DLL mit eingebundenen Formularen die ideale Lösung.

Die Vorgehensweise gleicht dem Erstellen "normaler" Projekte: Sie erzeugen Formulare und füllen die Ereignisroutinen aus. Wenn Sie die Formulare ausgiebig getestet haben, können Sie das Projekt in eine DLL umwandeln. Gehen Sie dabei wie folgt vor:

- Löschen Sie in der Projektdatei das Hauptprogramm.
- Ändern Sie die Bezeichnung *program* in *library*.
- Erstellen Sie eine Schnittstellenroutine.

Die Schnittstellenroutine übernimmt die Funktion des bisherigen Hauptprogramms, d.h. das Erstellen von Formularen etc.

```
procedure FensterAnzeigen(Beschriftung: string);
begin
  Form1 := TForm1.Create(Application);
  try
    Form1.ShowModal     // unbedingt nötig !!!!!!!!!!!
  finally
    Form1.Release
  end;
end;
```

Sie werden sich vielleicht wundern, warum die Methode *ShowModal* verwendet wird. Die Antwort findet sich, wenn Sie stattdessen *Show* verwenden: Das Formular wird kurz angezeigt und sofort wieder geschlossen, da die *Free*-Methode unmittelbar darauf folgt.

Soll das Formular nicht modal angezeigt werden, könnten Sie auch zwei getrennte Funktionen verwenden. Die Erste zeigt das Formular an, die Zweite löscht es wieder.

```
procedure Anzeigen;
begin
```

```
  if Form2 = Nil then Form2 := TForm1.Create(Application);
  Form2.Show
end;
procedure Entfernen;
begin
  Form2.Hide
end;
```

Einbinden von DLLs

Nach dem Erstellen der DLL sollte diese auch in ein Delphi-Programm eingebunden werden. Zwei unterschiedliche Verfahren bieten sich an:

- statische DLL-Einbindung
- dynamische DLL-Einbindung

Im Normalfall genügt die erste (und einfachere) Methode: Beim Compilieren wird ein fester Hinweis auf die zugehörige DLL in die EXE gelinkt. Mit dem Programmaufruf startet zuerst die DLL, danach die Programmausführung. Aus diesem Ablauf resultiert auch die Notwendigkeit für das zweite Verfahren. Ist die DLL nicht vorhanden oder möchten Sie DLLs mit unterschiedlichen Namen[1] zur Laufzeit einbinden, versagt das erste Verfahren. In diesem Fall müssen Sie mit *LoadLibrary* und *GetProcAddress* die Routinen aus der DLL dynamisch einlinken.

Ein aufschlussreiches Beispiel zu diesem Thema finden Sie im Praxisteil dieses Kapitels.

Die statische Einbindung einer DLL-Routine ist relativ einfach:

```
procedure definiere(s:string); stdcall; external 'FPARSER';
```

Es genügt die Angabe des Prozedurkopfes, des DLL-Namens sowie die Deklaration als *external*. Weiterhin müssen Sie gegebenenfalls die Aufrufkonvention angeben, falls diese von *registers* abweicht (für API-Funktionen immer *stdcall*).

Fehlerbehandlung in DLLs

Fehler können Sie in einer DLL wie in einem Programm mit *Try-Except*-Blöcken kapseln. Verzichten Sie darauf und tritt trotzdem ein Fehler auf, wird dieser an das aufrufende Programm weitergegeben. Dort können Sie den Fehler dann gegebenenfalls behandeln. Delphi ist in diesem Zusammenhang allerdings sehr tolerant, fast kein Fehler führt zu einem Programmabbruch, in den meisten Fällen wird eine Dialogbox angezeigt, die "Gesprächsbereitschaft" signalisiert.

Etwas anders sieht die Sache aber bei einem VB-Programm aus. Dort müssen Sie eine eigene Fehlerbehandlung installieren, sonst wird Ihr Programm abgebrochen. Alternativ steht Ihnen die Fehlerbehandlung innerhalb der DLL zur Verfügung.

---

[1] Die Grafikfilter von Word sind ein Beispiel für dynamisch gelinkte DLLs.

10.3.4 DLL-Programmierung mit C

Und schon sind wir bei der C-Programmierung angelangt! Für die Beispielprogramme verwenden wir zur Abwechslung einmal den MS Visual C++ Compiler, es hätte aber genauso gut auch Borland C oder der Borland C++ Builder sein können.

Prinzipiell unterscheidet sich die DLL-Programmierung nicht von der Programmierung in Pascal, lediglich der Verwaltungsaufwand ist etwas höher. Die Entschädigung für diese Mehrarbeit: Schnellerer und kompakterer Code und teilweise universellere Routinen.

Einführung

Die Entwicklungsumgebung des VC-Compilers dürfte viele Programmierer eher abschrecken als zum Programmieren ermuntern. Aus diesem Grund wollen wir an dieser Stelle eine Kurzanleitung geben, wie Sie auf möglichst einfache Weise ein DLL-Programmgerüst erzeugen. Wer bereits über Erfahrungen mit der DLL-Programmierung in VC verfügt, kann den folgenden Abschnitt bedenkenlos überspringen.

Grundvoraussetzung für eine DLL ist ein so genanntes Projekt (auch als Workspace bezeichnet), das alle relevanten Dateien zusammenfasst. Starten Sie die Entwicklungsumgebung und wählen Sie das Menü *File|New*, Sie müssen sich nun für einen Projekttyp entscheiden. Für eine einfache DLL genügt der Projekttyp "Win32 Dynamic Link Library" völlig, die Variante "MFC AppWizard (DLL)" bringt nur unnötigen Overhead mit sich.

In dieses Projekt müssen Sie mindestens zwei Dateien einbinden: eine DEF-Datei und natürlich all die Dateien, in denen sich der C-Quellcode befindet. Die Files können Sie aus der Entwicklungsumgebung heraus anlegen und im Projektverzeichnis speichern.

Die Definitionsdatei (DEF) legt neben dem internen Namen der DLL einige Linker-Optionen fest:

```
LIBRARY   <interner Name der DLL>
CODE      PRELOAD MOVEABLE DISCARDABLE
DATA      PRELOAD MOVEABLE
EXPORTS
    <Name der Funktion>     @<Exportnummer>
    <Name der Funktion>     @<Exportnummer>
```

Der interne Name sollte mit dem späteren Dateinamen übereinstimmen, um Probleme zu vermeiden. Wie Sie obiger Darstellung entnehmen können, geben Sie unter *Exports* die Namen aller Funktionen an, die Sie aus der DLL exportieren möchten. Neben dem Aufruf über den Namen besteht auch die Möglichkeit, die Funktion über einen nummerischen Wert zu starten (Exportnummer).

Beispiel: für eine einfache DEF-Datei

```
LIBRARY   Sortierroutinen
CODE      PRELOAD MOVEABLE DISCARDABLE
DATA      PRELOAD MOVEABLE
EXPORTS
    Sortiere     @1
    TestByte      @2
```

Damit dürfte alles Wesentliche zur DEF-Datei gesagt sein, und wir können uns dem eigentlichen Quelltext zuwenden, dem C-Quellfile.

Das minimale Grundgerüst sieht folgendermaßen aus:

```
#include <windows.h>
...
BOOL WINAPI DllMain (HINSTANCE hDLL, DWORD dwReason, LPVOID lpReserved)
{
  return TRUE;
}
```

Da wäre zunächst einmal die Einbindung von *windows.h* für die Unterstützung der grundlegenden Windows-Deklarationen. Sollten Sie mit dem Datentyp *VARIANT* experimentieren, müssen Sie zusätzlich

```
#include <ole2.h>
```

einbinden. Danach kommen Ihre selbst definierten Funktionen. Was es mit *DllMain* auf sich hat, klärt der folgende Abschnitt.

Ein- und Austrittsprozedur

Sollten Sie bereits irgendwann in grauer Vorzeit 16-Bit-DLLs entwickelt haben, müssen Sie sich etwas umstellen, insbesondere die Eintrittsprozedur muss angepasst werden.

Syntax:
```
BOOL WINAPI DllMain
  (HINSTANCE hDLL, DWORD dwReason, LPVOID lpReserved)
```

Beachten Sie, dass die Funktion die WINAPI-Konvention nutzt, die bisherige Verfahrensweise mit FAR PASCAL wird nicht mehr verwendet. Lassen Sie sich vom Schlüsselwort WINAPI nicht verwirren, wie schon mehrfach erwähnt, handelt es sich um *stdcall*:

```
define WINAPI __stdcall
```

Für die weitere Arbeit werden Sie in den meisten Fällen den Parameter *dwReason* auswerten müssen, dieser entscheidet über die folgenden Zustände:

Wert	Beschreibung
DLL_PROCESS_ATTACH	Ein neuer Prozess (z.B. Ihr Delphi-Programm) versucht auf die DLL zuzugreifen.
DLL_THREAD_ATTACH	Ein neuer Thread eines existierenden Prozesses versucht auf die DLL zuzugreifen (da Sie als Programmierer in Delphi keinen zweiten Thread erzeugen können, tritt dieser Fall auch nicht ein).
DLL_PROCESS_DETACH	Ein Prozess trennt sich von der DLL, das heißt jedoch nicht, dass die DLL aus dem Speicher entfernt wird. Es könnten ja noch weitere Prozesse auf die DLL zugreifen.
DLL_THREAD_DETACH	Ein Thread trennt sich von der DLL.

```
BOOL WINAPI DllMain (HINSTANCE hDLL, DWORD dwReason, LPVOID lpReserved)
{
double r;
  switch (dwReason) {
   case DLL_PROCESS_ATTACH:
          MessageBox ( GetFocus(),(LPCTSTR) "Build 7.001",(LPCTSTR) "Info",
                   MB_OK | MB_SYSTEMMODAL);
          r= 3.14159265358/180;
          Stift1=CreatePen(PS_SOLID,1,0);
          Stift2=CreatePen(PS_SOLID,1,0xffffff);
        break;
   case DLL_PROCESS_DETACH:
          DeleteObject(Stift1);
          DeleteObject(Stift2);
          break;  }
  return TRUE;
}
```

Wird die DLL zum ersten Mal aufgerufen, erscheint ein einfaches Meldungsfenster. Zusätzlich werden zwei Stifte für die Grafikausgabe erzeugt. Beim Entladen der DLL (Programmende) sollten alle generierten GDI-Objekte wieder gelöscht werden, über *DLL_PROCESS_DETACH* können Sie diesen Zustand ermitteln.

Auf den bisher bekannten Parameter *wDataSegment* können wir verzichten, da unter Win 32 der Speicher nicht segmentiert ist. Die Heapgröße wird durch den Anwendungsheap bestimmt, Kommandozeilenparameter lassen sich mit der API-Funktion *GetCommandLine* ermitteln.

Aufrufkonventionen

Entgegen der bisherigen Verfahrensweise wird statt der Pascal-Konvention

```
far pascal _export
```

die folgende Syntax verwendet:

```
_stdcall
short _stdcall TestInteger (short intgr, short far *pintgr)
```

Die neue Aufrufsyntax beeinflusst die Ausrichtung der übergebenen Argumente auf dem Stack (von rechts nach links), verändert den internen Namen und erweitert die übergebenen Argumente auf ein Vielfaches von 4 Byte. Wichtig ist nur, dass Sie beim Umschreiben von 16-Bit-DLLs die bisherige Konvention ersetzen.

Funktionsparameter und Variablentypen

Während Sie in C eine reiche Auswahl an Datentypen haben, müssen die Endverbraucher der DLL häufig mit einer eingeschränkten Typanzahl zurechtkommen. Delphi bietet für fast alle C-

Datentypen einen eigenen Datentyp an. Das folgende Listing zeigt die Deklaration einiger C-Typen (für API-Zugriff interessant) in Pascal:

```
LPSTR = PAnsiChar;
LPCSTR = PAnsiChar;
LPWSTR = PWideChar;
LPCWSTR = PWideChar;
DWORD = Integer;
BOOL = LongBool;
PBOOL = ^BOOL;
PByte = ^Byte;
PINT = ^Integer;
PSingle = ^Single;
PWORD = ^Word;
PDWORD = ^DWORD;
LPDWORD = PDWORD;
UCHAR = Byte;
PUCHAR = ^Byte;
SHORT = Smallint;
UINT = Integer;
PUINT = ^UINT;
ULONG = Longint;
PULONG = ^ULONG;
PLongint = ^Longint;
```

Bei der Parameterdefinition ist die Unterscheidung zwischen Wert- und Referenz-Übergabe wichtig. Die folgenden Listings zeigen Beispiele für die Definition von Prozeduren/Funktionen:

Beispiel: für eine Funktionseinbindung:

```
double _stdcall Test_Function (void)
{         return 110;     }
```

Einbindung in Pascal:

```
function Test_Function : double; stdcall; external 'Test.dll';
```

Beispiel: für eine Prozedureinbindung:

```
void _stdcall Test_Procedure ()
{ int i;
 i = 10;
  i++; }
```

Einbindung in Pascal:

```
procedure Test_Procedure; stdcall; external 'Test.dll';
```

Beispiel: für eine Integerübergabe:

```
void _stdcall Test_Integer (int nr)
{ nr = nr + 4711; }
```

Einbindung in Pascal:

```
procedure Test_Integer(nr : Integer); stdcall; external 'Test';
```

Beispiel: für eine Integerübergabe mit Pointer:

```
void _stdcall Test_PInteger (int *nr)
{        *nr = *nr + 4711;    }
```

Einbindung in Pascal:

```
procedure Test_PInteger(var nr : Integer); stdcall; external 'Test';
```

Beispiel: für eine Stringübergabe mit Pointer:

(als Typdeklaration wäre auch "*char *s*" möglich)

```
void _stdcall Test_PString (LPSTR s)
// Umwandlung evtl. mit:
//                          static char hinweis[2000];
//                           .... lstrcopy(hinweis,s);
// für Windows-Funktionen im allgemeinen Pointer to string
{
      MessageBox(0,s,"Hinweis",64);
}
```

Einbindung in Pascal:

```
procedure Test_PString(s :PChar); stdcall; external 'Test';
```

Bei der Übergabe von Arrays müssen Sie einen Pointer auf das Array übergeben. Das bedeutet jedoch nicht, dass wir in der C-DLL nur das erste Element bearbeiten können. Durch die Zeigerübergabe ist der Zugriff auf die weiteren Elemente problemlos möglich. Wichtig ist nur, dass als zweiter Parameter die korrekte Anzahl der Feldelemente angegeben wird, die DLL greift sonst ins "Leere" bzw. dahin, wo sie nichts zu suchen hat.

Delphi ermöglicht die Definition von Feldober- und -untergrenze, diese Möglichkeit besteht in C nicht. Feldindizes beginnen hier immer mit null.

Beispiel: Wenn Sie folgendes Array in Pascal definieren

```
var feld : array(10 .. 100) of Integer
```

können Sie in C natürlich nicht auf das Element 99 zugreifen. Die entsprechende Array-Definition in C schränkt den Wertebereich auf 0 ... 90 ein:

```
int feld(90);
```

Die Verwendung einer Felduntergrenze in Pascal gehört eigentlich zum schlechten Programmierstil und sollte im Interesse einer übersichtlichen Programmierung weitestgehend vermieden werden.

Neben der Portierbarkeit von Algorithmen leidet auch die Performance, da teilweise aufwändige Offsetberechnungen nötig werden.

Als kurzes Beispiel für eine C-DLL soll der folgende Sortieralgorithmus dienen:

```
#include <windows.h>
/****************************************************************************
Sortieralgorithmus  : Shellsort
Parameter           : Array, Anzahl Feldelemente
****************************************************************************/
void _stdcall Sortiere(double a[],long n)
{
long k,i,j;
double h;
  k=n/2;
  while (k>0)
  { for (i=0; i<n-k; i++)
    { j=i;
      while (j>=0 && a[j]>a[j+k])
      { h=a[j]; a[j]=a[j+k]; a[j+k]=h; j=j-k; }
    }
    k=k/2;
  }
}
BOOL WINAPI DllMain (HINSTANCE hDLL, DWORD dwReason, LPVOID lpReserved)
{
  switch (dwReason) {
   case DLL_PROCESS_ATTACH:
                 MessageBox ( GetFocus(),"Attache DLL",(LPCTSTR)"Info",
                MB_OK | MB_SYSTEMMODAL);
        break;
   case DLL_PROCESS_DETACH:
         MessageBox ( GetFocus(),(LPCTSTR) "Detache DLL",(LPCTSTR) "Info",
                MB_OK | MB_SYSTEMMODAL);
        break; }
return TRUE; }
```

Die *DLLMain*-Funktion wurde im obigen Beispiel so erweitert, dass Sie die Initialisierung und Deinitialisierung der DLL mitverfolgen können.

In Delphi rufen wir die Funktion nach der Deklaration

```
procedure Sortiere(a : pointer; n : integer); stdcall; external 'sortier.dll';
```

mit dem Zeiger auf das Feld auf:

```
var feld : array[0..10] of double;
...
sortiere(@feld,11);
```

Damit wollen wir unsere kleine Exkursion in die C-DLL-Programmierung beenden und uns der Einbindung von Delphi-DLLs in Visual Basic zuwenden.

10.3.5 Einbinden in VB

Nun kommen wir zu einem reinen DLL-"Endverbraucher": Microsoft Visual Basic[1].

Um Funktionen bzw. Prozeduren aus einer DLL zu importieren, müssen zum einen der Name der Funktion und zum anderen deren Parameterliste bekannt sein. Mit diesem Wissen können Sie im *Declarations*-Abschnitt eines Moduls oder einer Form die Einbindung vornehmen. Wie Pascal unterscheidet auch Visual Basic zwischen Funktionen und Prozeduren, Sie müssen also eine der beiden *Declare*-Anweisungen verwenden:

```
Declare Sub name Lib "DLL-name" [Alias "aliasname" ][([argumentliste])]
```

bzw.

```
Declare Function name Lib "DLL-name" [Alias "aliasname" ] [([argumentlist])] [As type]
```

Der Parameter *name* ist der Bezeichner der Funktion im Programm. Weicht dieser von der Bezeichnung in der DLL ab, müssen Sie den *Alias*-Parameter aufführen. Gründe für dieses Vorgehen gibt es viele, z.B.:

- Der Funktionsname in der DLL beginnt mit einem Unterstrich (_), der in Visual Basic nicht erlaubt ist.
- Der Funktionsname in der DLL ist in Visual Basic bereits vergeben (z.B. MKDIR).
- Sie möchten ein und dieselbe Funktion mit verschiedenen Namen und Parametern importieren.

Bevor auf die spezielle Einbindung bzw. die Parametertypen eingegangen wird, wollen wir die Einschränkungen erwähnen. Grundsätzlich können Sie alle Funktionen in Visual Basic einbinden (seit Version 5 werden auch Callback-Routinen und damit die Übergabe von Funktions-Pointern unterstützt).

Natürlich muss auch die genaue Syntax der Funktion bekannt sein. Dies schließt den Prozedur-/Funktionsnamen sowie die Liste der Parameter ein. Sollten Sie Tools für VB entwickeln, ist es günstig, wenn Sie zu Ihrer DLL auch gleich den kompletten *Declare*-Abschnitt mitliefern.

---

[1] Dieser Abschnitt ist natürlich nur dann für Sie interessant, wenn Sie selbst in VB programmieren oder wenn Sie DLLs für VB-Programmierer entwickeln!

Syntax und Parameterliste

In den beiden vorangegangenen Abschnitten wurde die Zuordnung der Datentypen für die jeweilige Programmiersprache bereits erschöpfend behandelt, deshalb an dieser Stelle nur eine kurze Zusammenfassung der VB-Datentypen:

Basic	**Pascal**	**Speicherplatz**
Integer	*Integer*	4 Byte
Long	*LongInt*	4 Byte
Currency	*Currency*	8 Byte
Single	*Single*	4 Byte
Double	*Double*	8 Byte
String	*String oder PChar*	ca. 1 Byte pro Zeichen
Variant	*Variant*	variabel

Wichtig:

- Funktionen und Prozeduren müssen Sie in Delphi immer mit *stdcall* definieren, um diese in VB einbinden zu können.
- Den Parameter *ByVal* verwenden Sie, wenn der Wert einer Variablen übergeben wird. In allen anderen Fällen wird an die DLL ein Zeiger auf die Variable übergeben, und die DLL kann die Variable ändern, was mit *ByVal* nicht möglich ist (also: wenn in Pascal *var*, dann in VB kein *ByVal*!).
- Auch wenn Visual Basic keine Funktionen für die Arbeit mit Zeigern kennt, wird doch bei der Übergabe von Parametern an eine Funktion/Prozedur nicht der Wert, sondern ein Zeiger auf die entsprechende Variable übermittelt. Speziell für die Übergabe von Strings an DLLs haben die VB-Entwickler vorgesorgt. Der VB-String wird automatisch in einen nullterminierten String (*PChar*) umgewandelt. Strings werden also immer mit *ByVal* übergeben, intern übermittelt Visual Basic einen Zeiger auf die Zeichenkette.
- Für die Übergabe beliebiger Datentypen sollten Sie den Typ *Any* verwenden.
- Felder werden sinnvollerweise als Zeiger auf das erste Feldelement übergeben.
- Records können Sie ohne Probleme übergeben, VB verwendet die gleiche Speicherausrichtung wie Delphi.

Beispiel: für die Einbindung einer Pascal-Prozedur:

```
procedure rasterEinblenden (hwnd:thandle; breite:integer; hoehe:integer;
abstand:integer); stdcall; export;
```

Import in VB:

```
Declare Sub RasterEinblenden Lib "raster.dll" (ByVal hWnd%, ByVal breite%,
                                               ByVal hoehe%, ByVal abstand%)
```

Beispiel: Die Übergabe von Strings:

```
procedure Testv(v:String);  stdcall;
```

In Basic:

```
Declare Sub Testv Lib "Test.dll" (ByVal v As String)
```

10.3.6 Tipps und Tricks

Der frisch gebackene DLL-Programmierer sollte einige Grundregeln beachten:

- Bevor Sie Ihr Programm mit einer DLL testen, sollten Sie alle nicht benötigten Anwendungen schließen bzw. deren Inhalte sichern.
- Ist die DLL abgestürzt, überzeugen Sie sich vor dem nächsten Start, ob nicht doch noch die alte Version im Speicher ist (siehe Versionsabfrage). Am einfachsten geht dies, wenn Sie versuchen, die DLL auf der Festplatte mit einer neuen Version zu überschreiben. Schlägt der Versuch fehl, ist die DLL noch in Benutzung.
- Da das Debuggen von DLLs recht umständlich ist, empfiehlt sich die Verwendung von *OutputDebugString* für die Ausgabe von internen DLL-Zuständen (Variablen etc.). Alternativ können Sie auch Ausgaben über die *ShowMessage*-Funktion realisieren.
- Beachten Sie die Groß-/Kleinschreibung von Funktionsnamen.
- Kontrollieren Sie die korrekte Verwendung von *var*.
- Wird die DLL nur von einer Anwendung benötigt, kopieren Sie die Library in Ihr Anwendungs- und nicht in das Systemverzeichnis.
- Vermeiden Sie Pfadangaben bei der DLL-Einbindung, DLLs können im Programmverzeichnis, dem Windows-Verzeichnis und allen Verzeichnissen mit Suchpfad stehen.

DLL-Debugging

Endlich sind die Zeiten vorbei, in denen man bei der DLL-Programmierung fast verzweifelt ist. Jedes Mal compilieren mit dem Stoßgebet "Bloß keine Fehler in der DLL!". Ein Debuggen von DLLs war bis zur Version 2 nicht möglich, mit dem Prozedur- oder Funktionsaufruf war die Überwachung vorbei. Anscheinend haben die Borland-Entwickler selbst feststellen müssen, dass es so nicht bleiben konnte: Seit der Version 3 findet sich dieses Feature.

Der Ablauf ist relativ einfach. Compilieren Sie die Anwendung und öffnen Sie danach die DLL in der Delphi-IDE. Setzen Sie nun Breakpoints und Überwachungsausdrücke, wie Sie es gewohnt sind. Bevor Sie jetzt versuchen, mit F9 das Programm zu starten, müssen Sie über *Start|Parameter...* die Host-Anwendung (das ist die aufrufende EXE) bestimmen.

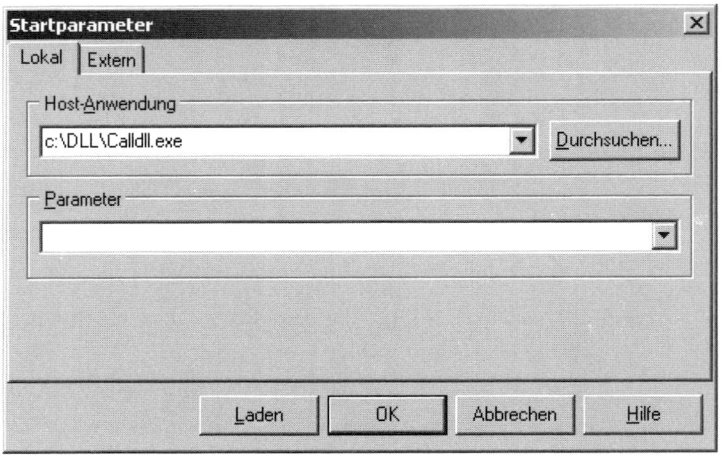

Danach kann der Startschuss gegeben werden (F9). Ihre Hostanwendung wird jetzt ausgeführt, bis einer der Breakpoints in der DLL erreicht wird.

Namensgebung

Da wir mittlerweile davon ausgehen können, dass das Dateisystem lange Dateinamen unterstützt, sollten Sie auch nicht zögern, Ihren DLLs einen aussagekräftigen Namen zu geben. Auf diese Weise vermeiden Sie Probleme mit gleichnamigen DLLs anderer Anbieter/Hersteller.

Ein DLL-Name solle z.B. eindeutig kennzeichnen, ob es sich um eine 32- oder eine 16-Bit-Variante handelt. Hängen Sie dazu an den Namen "32" oder "16" an. Dem Namen sollte weiterhin eine Beziehung zu Ihrem Produkt oder Ihrer Firmenbezeichnung zu entnehmen sein.

```
mstool32.dll
vb40032.dll
```

Versionskontrolle

Bevor es zu Konflikten mit verschiedenen DLL-Versionen kommt, sollten Sie dem mit einer Versionskontrolle vorbeugen.

```
function Version: Integer; stdcall;
begin
  Version := 2
end;
```

Ihr Programm muss als Erstes prüfen, ob die DLL-Version korrekt ist. Dies könnte zum Beispiel im *FormCreate*-Event geschehen.

Während der Testphase ist es empfehlenswert, sich die Versionsnummer von der DLL anzeigen zu lassen. Erweitern Sie dazu die Eintrittsprozedur wie folgt:

Beispiel: In Delphi:

```
uses Dialogs;
...
```

```
begin
  ShowMessage('Versionsinfo:  Build 1.241')
end.
```

Beispiel: In C:

```
BOOL WINAPI DllMain (HINSTANCE hDLL, DWORD dwReason, LPVOID lpReserved)
{
switch (dwReason)
  {
    case DLL_PROCESS_ATTACH:
        MessageBox ( GetFocus(),(LPCTSTR) "Build 1.241",
        (LPCTSTR) "Info", MB_OK | MB_SYSTEMMODAL);
...
```

Sind Sie neugierig auf die DLL-Programmierung geworden? Probieren Sie einfach Ihre Ideen aus, die Folge ist schlimmstenfalls ein Systemabsturz, aber davon geht die Welt noch lange nicht unter!

10.4 Drucker

In den entsprechenden Handbüchern ist alles ganz einfach: Man nehme die Methode XY, gebe das Ganze auf dem Drucker aus, und alles ist in bester Ordnung. Prinzipiell stimmt das auch, da Windows keine Unterschiede zwischen den Ausgabegeräten kennt. Dass die Druckerausgabe unter Windows dennoch kein triviales Problem ist, werden Sie sicher schon festgestellt haben.

Aber beginnen wir von vorn. Wer erinnert sich noch an die Möglichkeiten der Druckerausgabe unter DOS?

```
WriteLn(prn, Chr(12));                { neue Seite }
WriteLn(prn, 'bla bla ...');          { Ausgabe Text }
WriteLn(prn, 'bla bla ...');          { Ausgabe Text }
...
```

Die gleiche Vorgehensweise ist prinzipiell auch unter Windows möglich, sollte jedoch weitestgehend vermieden werden. Zum einen "verschenken" Sie die Möglichkeiten, die der jeweilige Druckertreiber bietet, zum anderen machen Sie Ihr Programm wieder hardwareabhängig.

Hinweis: Für alle, die sich nicht unbedingt mit *Printer*-Objekten herumschlagen wollen, bietet sich auch die Möglichkeit, über die QuickReport-Komponenten eine ansprechende Druckausgabe zu realisieren. Ein positiver Nebeneffekt: Sie integrieren auf diese Weise gleich noch eine Druckvorschau in Ihr Programm. Nähere Informationen zum Thema "QuickReport" finden Sie im Kapitel 9 .

10.4.1 Das Printer-Objekt

Delphi stellt uns für die Druckausgabe einen *TPrinter*-Objekttyp zur Verfügung. Im Gegensatz zur Version 2 wird keine globale Variable *Printer* bereitgestellt, sondern es handelt sich nun um eine Funktion, die ein *TPrinter*-Objekt zurückgibt. Für den Anwender selbst hat dies keine Auswirkungen, ältere Projekte lassen sich ohne Änderung compilieren. Der Vorteil dieser Umstellung: Wenn Sie die Unit *printers* in Ihr Projekt einbinden, ohne den Printer tatsächlich zu verwenden, wird nicht mehr wie bisher der entsprechende VCL-Code gelinkt, da auch keine Funktion verwendet wird.

Dies ändert jedoch nichts an der Tatsache, dass jeweils nur ein *Printer*-Objekt bereitgestellt wird. Das dürfte auf den ersten Blick nicht ganz einsichtig sein, da man ja mehrere Drucker unter Windows installieren kann. Der Grund für diese Einschränkung ist darin zu suchen, dass immer nur ein Drucker als Standarddrucker definiert ist.

Wenn Ihr Programm etwas ausdrucken soll, müssen Sie als Erstes die Unit *Printers* in die *uses*-Liste der *Form*-Unit aufnehmen. Die Tabelle zeigt die wichtigsten Eigenschaften:

Eigenschaft	**Erklärung**
Aborted	... ist *True*, wenn der Druckauftrag abgebrochen wurde.
Canvas	Druckoberfläche einer Seite mit den untergeordneten Eigenschaften *Brush*, *Pen*, *Font* (siehe Grafikkapitel 7).
Canvas.Handle	Ein "echter" Gerätekontext (nur zwischen *BeginDoc* und *EndDoc* verfügbar)
Fonts	Liste der verfügbaren Druckerschriftarten (Array).
Handle	... es handelt sich um einen Informationsgerätekontext, nicht um einen Ausgabegerätekontext! Sie können diesen Handle nur für die Informationsgewinnung, nicht für Ausgaben nutzen!
Orientation	... bestimmt, ob vertikal (*poPortrait*) oder horizontal (*poLandscape*) gedruckt wird. Der Wert kann auch über den Druckersetup-Dialog geändert werden.
PageHeight	Seitenhöhe in Pixel (so ein Unsinn!!!)
PageNumber	Anzahl der gedruckten Seiten seit dem letzten *BeginDoc.*
PageWidth	Seitenbreite in Pixel (siehe *PageHeight*).
PrinterIndex	Auswahl des aktuellen Druckers (Standarddrucker → -1).
Printers	Liste der verfügbaren Drucker (Array).
Printing	... ist *True*, falls gerade gedruckt wird.
Title	Kurztext, der im Druckmanager angezeigt wird.

Die Schlüsselmethoden des *Printer*-Objekts:

Methode	**Erklärung**
Abort	... bricht Druckauftrag vor dessen Beendigung ab. Der Drucker wird neu initialisiert.
BeginDoc	... schickt Druckauftrag an den Drucker.

Methode	Erklärung
EndDoc	... beendet aktuellen Druckauftrag.
GetPrinter	... liefert den aktuellen Drucker.
NewPage	... beginnt Druck auf neuer Seite (erhöht *PageNumber* und setzt die Einfügeposition des *Canvas* auf (0,0)).
SetPrinter	... setzt einen neuen aktuellen Drucker. Verwenden Sie besser die Eigenschaft *PrinterIndex*.

Das vorhergehende Beispiel, unter Delphi realisiert, würde wie folgt aussehen:

```
uses printers;
...
Printer.BeginDoc;                                    // neue Seite
Printer.Canvas.TextOut(0, 0, 'bla bla...');
Printer.Canvas.TextOut(0,25, 'bla bla...');
Printer.EndDoc;                                      // Ausgabe schließen
```

Hinweis: Vergessen Sie niemals die *EndDoc*-Methode, der Druckauftrag wird sonst erst mit dem Ende Ihres Programms abgeschickt!

Für das weitere Verständnis sollte man wissen, dass die eigentliche Ausgabe durch den Druckertreiber realisiert wird. Abfragen über die Möglichkeiten und Eigenschaften eines Ausgabegerätes werden über entsprechende API-Funktionen direkt an den Druckertreiber weitergeleitet.

10.4.2 Druckerkonfiguration

Bevor wir zum eigentlichen Thema kommen, wollen wir uns in diesem Abschnitt mit der Auswahl eines Druckers und dessen Konfiguration beschäftigen.

Unter Windows können zwar mehrere Ausgabegeräte installiert werden, ein Drucker ist aber immer als Standardausgabegerät ausgewählt.

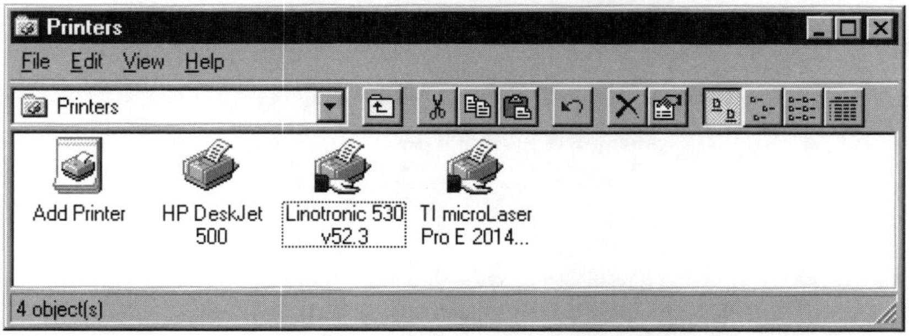

Dieser Standarddrucker wird automatisch über die *Printer*-Funktion von Delphi zurückgegeben, d.h., alle Properties, die Sie über das Objekt abfragen, beziehen sich auf diesen Drucker.

Was aber tun, wenn man mit einem anderen Drucker arbeiten möchte? Das Ändern der entsprechenden Einträge in der Systemsteuerung ist sicher keine besonders geniale Idee. Als Ausweg bleibt die Einbindung einer entsprechenden Dialogbox in die eigene Anwendung. Für diesen Fall haben die Delphi-Entwickler mit den Komponenten *PrintDialog* und *PrinterSetupDialog* vorgesorgt.

Glauben Sie jedoch nicht, dass diese Dialogboxen innerhalb der Komponenten programmiert sind, es ist vielmehr so, dass jede Komponente auch nur auf die in Windows enthaltenen Standarddialoge zugreift. Sie können dies jederzeit mit der Funktion *PrintDlg()* aus *comdlg32.dll* nachvollziehen. Der Aufruf der entsprechenden Dialoge erfordert jedoch umfangreiche Vorarbeiten, die Nutzung der beiden Komponenten ist bedeutend einfacher.

Welche Druckerdialoge können Sie nutzen?

Zum einen wird ein Dialog für die Druckausgabe, zum anderen ein Dialog zur Druckerkonfiguration angeboten. Beide Dialoge können Sie durch das Einfügen der oben genannten Komponenten in das Formular einbinden.

Eigenschaft	**Beschreibung**
Collate	Status des Optionsfeldes "Exemplare sortieren"
Copies	Anzahl der Exemplare
FromPage, ToPage	Vom Anwender eingegebener Seitenbereich
MaxPage, MinPage	Für den Anwender verfügbarer Seitenbereich
Option	Bestimmt das Aussehen der Dialogbox
PrintRange	Status der Radiobuttons "Druckbereich"

Beispiel: Die Anzeige der Dialogboxen erreichen Sie mit der *Execute*-Methode:

```
PrintDialog1.Execute
```

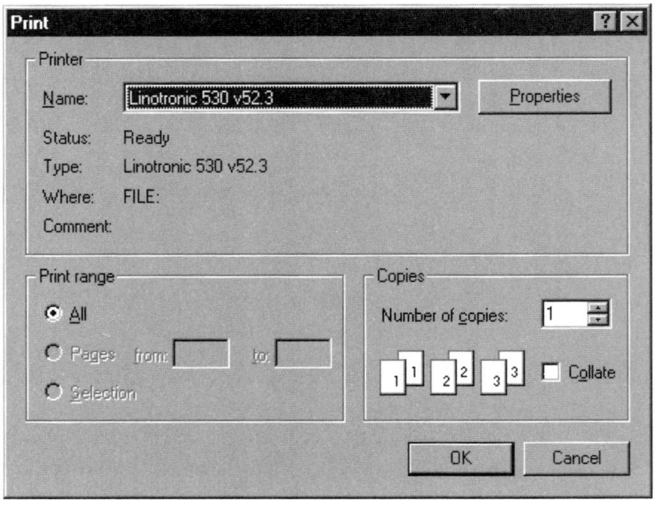

Neben der Auswahl von bestimmten Druckbereichen, der Umleitung in eine Datei, der Bestimmung der Druckqualität usw., können Sie über den Button "Einrichten" den Drucker-Setup-Dialog aufrufen. Die zweite Möglichkeit zur Anzeige dieses Dialogs bietet sich mit der Komponente *PrinterSetupDialog*:

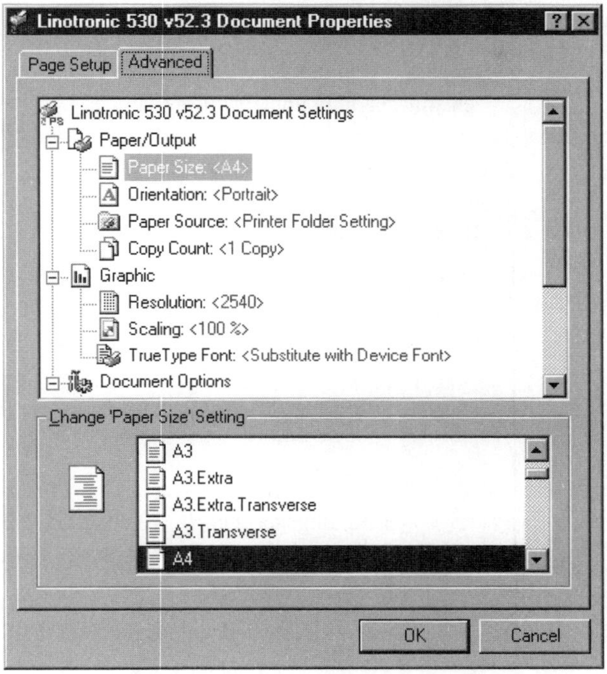

Für einen Druck-Dialog ist natürlich der Rückgabewert interessant. Diese Information liefert Ihnen die *Execute*-Methode (*True* oder *False*).

Im Drucker-Setup-Dialog haben Sie die Möglichkeit, einen neuen Standard-Drucker auszuwählen, das Druck-/Seitenformat zu ändern sowie den druckerspezifischen Optionsdialog aufzurufen.

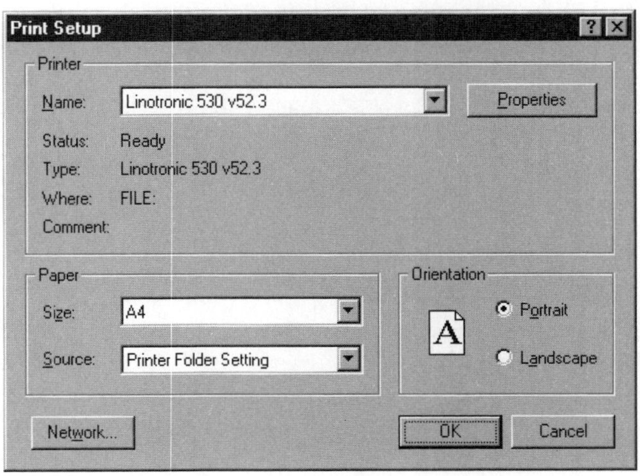

Drucker-Setup ohne Standard-Dialoge

Möchte man den Drucker ohne Dialog konfigurieren, ist das *Printer*-Objekt interessant. Mit der Eigenschaft *Orientation* können Sie das Blattformat verändern (quer/hoch), weiterhin lässt sich über die Eigenschaft *PrinterIndex* ein anderer Drucker auswählen.

Durch folgende einfache Zuweisung wechseln Sie den voreingestellten Drucker (den Standarddrucker stellen Sie mit -1 ein):

```
Printer.PrinterIndex := 2
```

Zusammen mit den Eigenschaften des *Printer*-Objekts können Sie zum Beispiel eine eigene Dialogbox erstellen, die alle verfügbaren Drucker anzeigt.

Sie füllen eine *ListBox* mit den Druckernamen:

```
listBox1.Items := Printer.Printers
```

Nach dem Klick auf einen Eintrag wechselt dann der Drucker:

```
procedure TForm1.ListBox1Click(Sender: TObject);
begin
    Printer.PrinterIndex := ListBox1.ItemIndex      // Zuweisung aktiver Drucker
end;
```

Für die nachfolgend beschriebenen Ausgabemöglichkeiten ist es nicht unerheblich, ob es sich beim Ausgabegerät um einen Laser- oder Typenraddrucker handelt. Auch Ausgabebreite, Farbmöglichkeiten etc. sind interessant. Wie Sie all dies und noch viel mehr erfahren können, lesen Sie im Praxisteil des vorliegenden Kapitels.

Weitere direkte Einstellungen am Drucker lassen sich jedoch nur mit der API-Funktion *DocumentProperties* vornehmen. Doch stellen Sie sich die Anwendung dieser Funktion nicht zu einfach vor. Über die Funktion müssen Sie zuerst die Größe der Struktur *DEVMODE* ermitteln, danach Speicher reservieren, die aktuellen Werte abfragen, gegebenenfalls Werte verändern und erneut die Funktion *DocumentProperties* aufrufen, um die Werte zu setzen.

Über *DEVMODE* haben Sie unter anderem Einfluss auf Papiergröße, Blattausrichtung, Druckqualität, Auflösung usw.

10.4.3 Drucken von Vektor- und Rastergrafiken

Die Ausgabe von Vektorgrafiken auf dem Drucker entspricht weitgehend der Ausgabe von Grafiken in einem Fenster oder Bildfeld (siehe Kapitel 7 Grafikprogrammierung). Bereits mit der einfachen Anweisung

```
Printer.BeginDoc;
Printer.Lineto (40, 40);
Printer.EndDoc;
```

können Sie eine Linie auf dem Drucker ausgeben. Das Gleiche ist auch mit allen anderen Grafikmethoden möglich.

Im Wesentlichen können Sie alle Ausführungen aus dem Grafik-Kapitel 7 auf den Drucker verallgemeinern. Einziger Unterschied: Alle Ausgaben auf dem Drucker müssen nach folgendem Schema ablaufen:

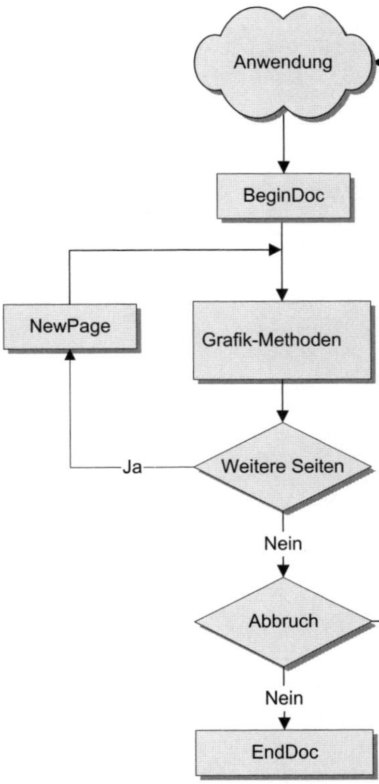

Wichtig:

- Vergessen Sie nicht den *EndDoc*-Befehl am Ende der Druckausgabe.
- Setzen Sie API-Funktionen für die Ausgabe ein, müssen Sie *Printer.Canvas.Handle* als DC verwenden (nur zwischen *BeginDoc* und *EndDoc*).
- Für die Informationsgewinnung (*GetDeviceCaps*) ist *Printer.Handle* geeignet.

In diesem Zusammenhang kommt uns die Fähigkeit geräteunabhängiger Ausgabe unter Windows sehr entgegen. Allerdings haben die Delphi-Programmierer hier etwas geschlafen, statt Millimeter oder wenigstens Zoll hat der Drucker die in diesem Zusammenhang sehr fragwürdige Maßeinheit Pixel.

Beispiel: Die Ausgabe einer fertigen Grafik (BMP oder WMF) ist mit relativ wenig Aufwand erledigt, Sie brauchen lediglich die Grafik mit *StretchDraw* auf den *Canvas* des Druckers zu kopieren. Ob es sich um eine Pixel- oder Vektorgrafik handelt, entscheidet sich mit dem *Picture*-Objekt *(Picture.Metafile oder Picture.Bitmap)*:

```
procedure TForm1.Button1Click(Sender: TObject);
var rect : TRect;
    s    : string;
begin
     Printer.BeginDoc;
     Screen.Cursor:=crHourglass;
     with Printer.Canvas do begin
          rect:=Bounds(0,0, Printer.PageWidth, Printer.PageHeight);
          StretchDraw(Rect, Image1.Picture.Metafile);
     end;
     Printer.EndDoc;
     Screen.Cursor:=crDefault
end;
```

bzw.

```
procedure TForm1.Button2Click(Sender: TObject);
var rect : TRect;
    s    : string;
begin
     Printer.BeginDoc;
     Screen.Cursor:=crHourglass;
     with Printer.Canvas do begin
          s := 'Testdruck';
          TextOut(10,10,s);
          rect:=Bounds(0, 0, Printer.PageWidth div 2, Printer.PageHeight div 2);
          StretchDraw(Rect,Image2.Picture.Bitmap)
     end;
     Printer.EndDoc;
     Screen.Cursor:=crDefault
end;
```

10.4.4 Drucken in Millimetern

Wie auch in den Kapiteln 7 bzw. 15 erwähnt, können Sie einem Windows-Ausgabegerät auch ein neues Koordinatensystem verpassen. In unserem Fall bietet sich auf den ersten Blick der Abbildungsmodus MM_LOMETRIC an.

Im Gegensatz zu diesem Abbildungsmodus wird bei der folgenden Variante das Delphi-Koordinatensystem (linke obere Ecke = 0,0) beibehalten, die Ausgabe erfolgt in 1/10 mm. Dazu müssen wir allerdings etwas tricksen, ist es doch nicht möglich, im Abbildungsmodus MM_LOMETRIC eine Veränderung an *ViewportExtEx* oder *WindowExtEx* vorzunehmen. Wir werden dazu kurzzeitig den Modus MM_LOMETRIC einstellen, die Werte von *ViewportExtEx* und *WindowsExtEx* ermitteln und danach in den Modus MM_ANISOTROPIC schalten, in dem wir die y-Achse auf recht einfache Weise "kippen" können:

```
var w,v : TSize;
    OUTDC : HDC;
begin
```

Druckauftrag beginnen

```
    printer.BeginDoc;
```

... sonst stimmt das *Handle* nicht!

```
    outDC := Printer.Canvas.Handle;
    SetMapMode(OutDC,mm_lometric);       // 1/10 mm, aber Y geht nach oben
    GetWindowExtEx(OutDC,w);             // Auflösung ermitteln
    GetViewportExtEx(OutDC,v);
    SetMapMode(OutDC,MM_ANISOTROPIC);          // neuer Abb.-Modus
    SetWindowExtEX(OutDC,w.cx,w.cy,nil);       // Skalieren ...
    SetViewPortExtEx(OutDC,v.cx,-v.cy,nil);    // und Kippen ....
    with Printer.Canvas do begin
```

Schrifthöhe in 1/10 mm festlegen (Sie können ruhig nachmessen!):

```
        Font.Height:=50;
        Font.Name := 'Arial';
```

Testausrichtung auf Mitte/Oben festlegen:

```
        SetTextAlign(handle,TA_CENTER+TA_TOP);
```

Danach ist die Blattgröße in 1/10 mm zu ermitteln. Vergessen Sie in diesem Zusammenhang die Eigenschaften *PageWidth* und *PageHeight* gleich wieder, die "rechnen" immer noch in Pixel.

```
        breite := getDevicecaps(handle,horzsize)*10;
        hoehe  := getDevicecaps(handle,vertsize)*10;
```

Eine erste Linie auf dem Drucker ausgeben:

```
        MoveTo(0,1);
        LineTo(breite,1);
```

Eine Millimeterskala ausgeben:

```
        while i <= breite do begin
            MoveTo(i,1);
            if (i) mod 100 = 0 then begin
               LineTo(i,50);
               TextOut(i,50,IntToStr(i div 100));
            end else LineTo(i,30);
            Inc(i,10)
        end;
```

10.5 Serielle Schnittstelle

Leider ignoriert Delphi in der vorliegenden Version diese Problematik genauso wie alle seine Vorgänger. Wir wollen trotzdem in gebotener Kürze darauf eingehen, da für die Datenübertragung über größere Distanzen aus Kosten- und Zuverlässigkeitsgründen fast ausschließlich *bitserielle digitale* Schnittstellen eingesetzt werden. Mit etwas Aufwand können Sie Ihr eigenes Windows-Terminalprogramm entwickeln, um z.B. mittels Telefon- oder Funkmodem Datenfernübertragung (DFÜ) zu betreiben. Die einfachste Lösung wäre eine spezielle Komponente, die Datenübertragungsfunktionen bereitstellt (unter Delphi bis jetzt leider Fehlanzeige)[1].

Aber auch ohne eine solche Komponente ist man über mehr oder weniger komplizierte Umwege in der Lage, durch Aufruf von Windows-API-Funktionen die seriellen Schnittstellen des PC zu erreichen. Am Ende des Kapitels werden grundlegende Routinen vorgestellt, die diese Möglichkeit im bescheidenen Umfang bieten.

Es dürfte klar sein, dass man keine Kommunikations-Software entwickeln kann, ohne über ein Minimum an Hardwarekenntnissen zu verfügen. Aus diesem Grund nimmt zunächst die Darstellung gerätetechnischer und physikalischer Sachverhalte einen relativ breiten Rahmen ein. Wer mehr als nur den Einstieg in das interessante Gebiet der Datenübertragung schaffen will, kommt allerdings um das Studium ergänzender Fachliteratur nicht herum[2].

Übrigens ist die Programmierung der seriellen Schnittstelle nicht nur für die Datenfernübertragung, sondern auch für die Kommunikation im Nahbereich von größtem Interesse, sei es z.B. für den Anschluss peripherer Messgeräte oder einfach nur für die Verbindung von Computern mittels Null-Modem-Kabel.

10.5.1 Hinweise zur Hardware

"Von Haus aus" verfügt (fast) jeder PC über die zwei seriellen Schnittstellen COM1 und COM2. Meist ist COM1 bereits mit der Maus belegt, so dass nur noch eine Schnittstelle für den Anschluss eines Zusatzgeräts frei ist, wie z.B. eines Telefonmodems. Soll nun noch ein Übertragungskabel (Nullmodem) oder ein Funkmodem installiert werden, ohne dass permanent umgestöpselt werden muss, so benötigt man eine weitere Schnittstellenkarte, es sei denn, das Zusatzgerät ist bereits als PC-Einsteckkarte ausgelegt (z.B. Faxkarte). In beiden Fällen müssen die neu hinzugekommenen Schnittstellen konfiguriert werden, damit sie sich ins System einfügen. Dies geschieht meist per Jumper bzw. DIP-Schalter oder bei moderner Hardware via BIOS bzw. Setup-Programm.

Jede Schnittstelle braucht einen eigenen Port, über den der Datentransfer abgewickelt wird und dessen Anfangsadresse genormt ist. Zusätzlich benötigt jede Schnittstelle eine Interrupt-Anforderung (IRQ), über die ein "Unterprogramm" aufgerufen wird, das die Daten zwischen Prozessor und Controller überträgt.

---

[1] Sollten auch Sie Visual Basic 4, 5 oder 6 besitzen, können Sie natürlich das MSCOMM32.OCX-Control übernehmen.

[2] Auf dem Buchmarkt finden sich einige Titel, die sich dieser Problematik widmen. Leider setzt dies aber meist die Anschaffung einer ganz speziellen und nicht billigen Hardware (Schnittstellenkarte) voraus.

Die Tabelle zeigt eine Zusammenstellung typischer Werte:

Schnittstelle	Portadresse	IRQ
COM1	03F8	4
COM2	03E8	3
COM3	02F8	4
COM4	02E8	3

Bei bedenkenloser Übernahme dieser Standardeinstellungen wird ein Problem deutlich, das sich ergibt, wenn gleichzeitig auf COM1 und COM3 oder auf COM2 und COM4 zugegriffen werden soll. Bei Benutzung gleicher IRQs kommt es zur Kollision zwischen den betreffenden Schnittstellen. Windows NT lässt solch eine Mehrfachbelegung von Hardware-Interrupts nicht zu, während Windows 98/2000 mit neuen Treibern ein Interrupt-Sharing unterstützt.

Tipps zum Einrichten serieller Schnittstellen

Beim Kauf einer zusätzlichen Schnittstellenkarte (z.B. Fax-/Data-Modem) sollten Sie darauf achten, dass sich die Interrupts in einem möglichst weiten Bereich einstellen lassen. Insgesamt stehen 16 IRQs zur Verfügung, allerdings sind die meisten davon schon vergeben. Einen Überblick über die tatsächliche Interrupt-Belegung kann man sich z.B. mit dem Geräte-Manager von Windows 2000 verschaffen:

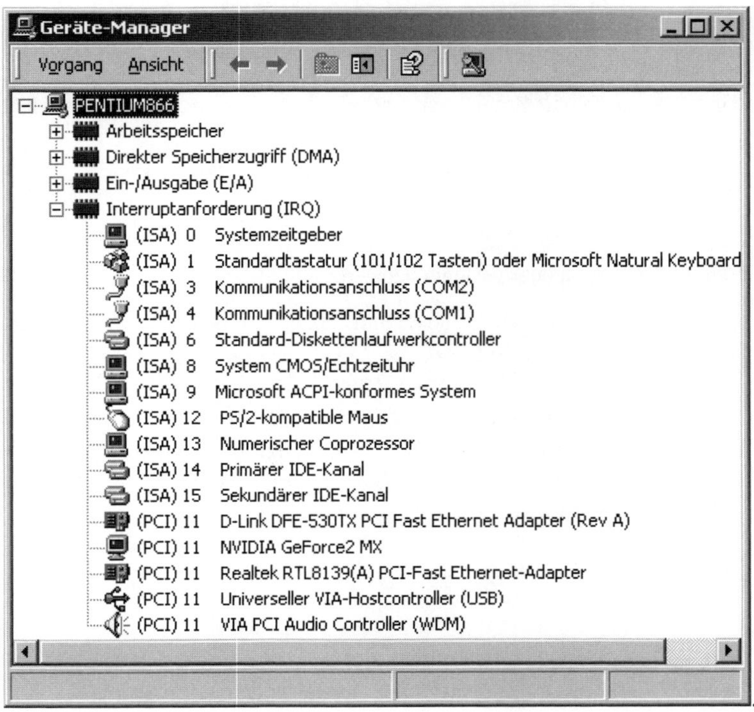
.

Weitere Hinweise:

- Auf vielen Karten lassen sich die Schnittstellen nur im Bereich von IRQ 3 bis 8 frei verteilen, wobei allerdings IRQ 6 bereits vom Floppy-Controller und 3 oder 4 von der Maus blockiert werden. Insbesondere die Interrupts 2 und 9 sind zwei "Problemfälle", die man wohl besser in Ruhe lassen sollte.
- IRQ 5 und 7 sind im Allgemeinen von den parallelen Schnittstellen LPT2 und LPT1 belegt. Jedoch kann man eine serielle Schnittstelle auf IRQ 5 legen, wenn nicht gleichzeitig zwei Drucker benutzt werden. Zu bevorzugen sind Karten, die auch die IRQs 10 bis 15 unterstützen, von denen meist IRQ 10, 11 und 12 noch frei verfügbar sind.
- Gerade wer "ungewöhnliche" Erweiterungskarten in seinem PC betreibt, wie SCSI-Schnittstellen, ISDN- oder Netzwerk-Karten, sollte sich sorgfältig um deren Basisadressen und benutzte IRQs kümmern. Hier kann es schnell zu Überschneidungen der I/O-Adressen und zu doppelt belegten IRQs kommen. Dies hat zur Folge, dass die eine oder andere Karte nicht mehr läuft, der PC "Macken" zeigt oder gar abstürzt. Selbst Microsofts Wunderwaffe, Plug&Play unter Windows 95/98/2000, spielt im "Machtkampf" der Einsteckkarten um Interrupts und Portadressen sehr oft nur eine traurige Betrachterrolle.
- Die Verwendung einer PS/2- bzw. Busmaus schafft eine zusätzliche freie serielle Schnittstelle! Hochwertige PCs der neuen Generation, deren Mainboards im neuen ATX-Format glänzen, bieten generell spezielle Anschlüsse für PS/2-Maus und -Tastatur.

10.5.2 Einstellen der Schnittstellen unter Windows

Abhängig von der eingesetzten Windows-Plattform gibt es innerhalb der Systemsteuerung verschiedene Wege, die Anschlusseinstellungen und Hardwareressourcen aller installierten seriellen Schnittstellen festzulegen:

- Windows NT: im Fenster "Anschlüsse"
- Windows 95: im Fenster "System"
- Windows 2000: im Gerätemanager (siehe Abbildung)

Mit den einstellbaren Parametern werden die Schnittstellen beim Start von Windows initialisiert und bei Bedarf auf diese Parameter zurückgesetzt.

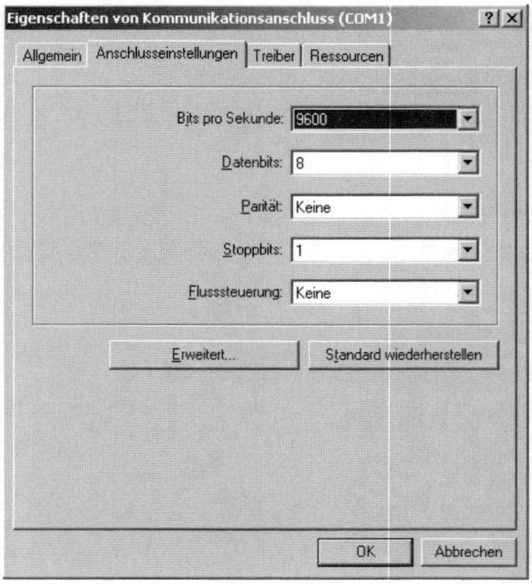

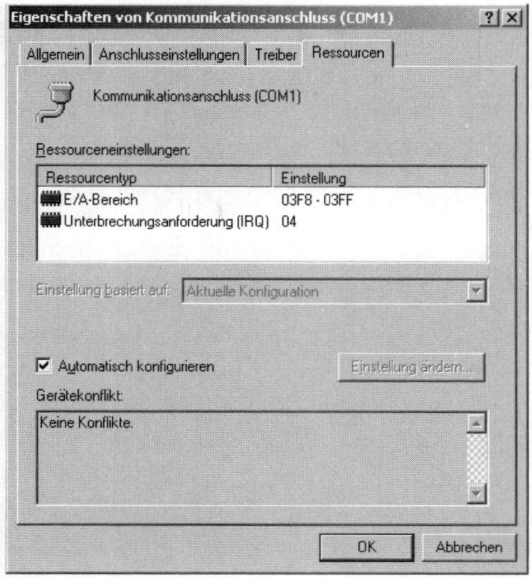

Einige Bemerkungen zu den einzelnen Einstellungen:

Option	Bemerkung
Bits pro Sekunde	Die zur Verfügung stehenden Standardwerte sind 110, 300, 600, 1200, 2400, 4800, 9600 und 19200 Bd bzw. BpS, sowie 38400, 57600 und 115200 Bd bzw. BpS bei Verwendung der schnellen 16550-UARTs.
Datenbits	Diese Zahl gibt die Anzahl von Datenbits an, die in den Informationspaketen übertragen werden, wobei 7 oder 8 die üblichen Einstellungen sind.
Parität	Hier wählt man die Methode zur Fehlererkennung aus. Wenn Sie z.B. gerade oder ungerade Parität auswählen, wird im Anschluss an die Übertragung der Datenbits ein zusätzliches Prüfbit (Paritätsbit) generiert und gesendet.
Stoppbits	Es handelt sich hier nicht um Bits im eigentlichen Sinn, sondern lediglich um die Zeit zwischen der Übertragung von zwei Zeichen. Übliche Einstellung: 1.
Flusssteuerung	Wählen Sie hier die Methode zur Steuerung aus. Im Allgemeinen ist man mit "Xon/Xoff" (Software-Handshaking) gut bedient. Das Terminalprogramm wird angewiesen, die Datenübertragung vorübergehend einzustellen, wenn der Speicherplatz im Puffer erschöpft ist. Die Einstellung "Hardware" bedeutet hingegen, dass der Datenfluss vom angeschlossenen Gerät (Modem) über spezielle Signalleitungen gesteuert wird.
Weitere Einstellungen	Unter Windows 2000 erreicht man von der Seite "Anschlusseinstellungen" aus das Fenster "Erweiterte Einstellungen...", wo die internen Datenpuffer optimiert werden können.

Hinweis: Das simple Lernbeispiel 10.6.4 (Programmierung mit Standard-I/O-Funktionen) finden Sie am Ende des Kapitels.

10.5.3 Direktzugriff auf das Win 32-API

Wie Sie folgender Tabelle entnehmen können, haben die meisten aus Turbo Pascal bekannten Standard-I/O-Funktionen ihr Pendant im Windows-API (16-Bit-Windows-Programmierer werden sich hier etwas umstellen müssen):

API-Funktion	I/O-Befehl	Erläuterung
CreateFile (OpenComm)[1]	*Rewrite*	Schnittstelle öffnen
CloseHandle (CloseComm)	*CloseFile*	Schnittstelle schließen
ReadFile (ReadComm)	*Read(Ln)*	Daten aus Empfangspuffer lesen
WriteFile (WriteComm)	*Write(Ln)*	Daten in Sendepuffer schreiben
BuildCommDCB (BuildCommDCB)	*n/a*	Steuerblock mit Schnittstellenparametern erzeugen
SetCommState (SetCommState)	*n/a*	Einstellen der Schnittstellenparameter
ClearCommError (GetCommError)	*IOResult*	Status nach der letzten Ein-/Ausgabeoperation feststellen

Das Win 32-API behandelt serielle Schnittstellen als Dateien, im Vergleich zu den Standard-I/O-Befehlen existieren allerdings leistungsfähigere Funktionen zum Erzeugen, Öffnen und Schließen sowie Lesen und Schreiben in verschiedenen Modi. Außerdem stehen spezielle Funktionen zum Setzen und Abfragen der Geräteparameter, zur Überwachung von auftretenden Ereignissen sowie zur direkten Beeinflussung der Schnittstelle und ihres Treibers bereit.

Unter MS-DOS und Windows 3.1 konnten Datentransfers nur synchron ausgeführt werden. Ein Aufruf zum Lesen blockierte Ihr Programm bis die Daten gelesen wurden. Erst dann kehrte der Befehl zum Programm zurück. Es ist sicher einleuchtend, dass die Bewegung großer Datenmengen sehr zeitaufwändig war und das Programm entsprechend lange auf andere Eingaben und Ereignisse nicht reagierte.

Könnte nicht ein separater Programmablauf, d.h. *Thread*, diese Aufgaben erledigen, während Ihre Anwendung bereits weitere Aktionen ausführt?

Das Win 32-API ermöglicht dies durch asynchronen Datentransfer. Ein Aufruf zum asynchronen Lesen einer Datei beauftragt das System zur Durchführung der Operation, während das Programm unmittelbar fortgesetzt wird. Das System benachrichtigt Ihr Programm, wenn der Befehl im Hintergrund erledigt wurde.

---

[1] In Klammern werden zur Auffrischung die entsprechenden Win 16-API-Funktionen aufgeführt.

Für die Programmierung anspruchsvoller und sicherer Anwendungen ist deshalb die Verwendung des Windows-API unausweichlich. Widmen wir uns nun den wichtigen Funktionen zur Handhabung serieller Schnittstellen anhand kurzer Quelltextauszüge.

Öffnen (Synchron)

Eine serielle Schnittstelle öffnen Sie mit *CreateFile*:

```
var hComm: THandle;
...
  hComm:= CreateFile('COM2', GENERIC_READ or GENERIC_WRITE, 0, nil, OPEN_EXISTING, 0, 0);
  if hComm <> INVALID_HANDLE_VALUE then begin
```

Der oben genannte Aufruf öffnet COM2 zum synchronen Lesen und Schreiben. Der Rückgabewert ist das Handle, welches die Lese-, Schreib- und Setup-Operationen zur Identifikation der Schnittstelle nutzen. Sollte die Funktion scheitern, gibt sie den Wert *INVALID_HANDLE_VALUE* zurück.

Schließen

Das Schließen einer Ressource übernimmt die Funktion *CloseHandle*:

```
  CloseHandle(hComm);
```

Lesen, Schreiben

Synchrones Lesen in einen 10 Byte großen Datenpuffer realisiert das folgende Codefragment mit *ReadFile*:

```
var Buffer  : Pointer;
    MaxLen,
    Len     : DWord;
```

Speicher reservieren:

```
  GetMem(Buffer, 10);
  MaxLen:= SizeOf(Buffer^);
  ReadFile(hComm, Buffer^, MaxLen, Len, nil);
```

Im Parameter *Len* gibt die Funktion die tatsächlich in den Datenpuffer des Programms gelesenen Zeichen zurück.

Das Schreiben funktioniert analog:

```
function Write(P: Pointer; Len: DWord): DWord;
var State: Boolean;
    WrittenBytes: DWord;
...
    State:= WriteFile(hComm,            // Handle von CreateFile
                      P^,               // Datenpuffer (Prog.)
                      Len,              // Größe des Datenpuffers
                      WrittenBytes,     // geschriebene Bytes
                      nil);
```

Asynchroner Datentransfer

Hier wird etwas mehr Programmieraufwand benötigt. Neben dem Öffnen der Schnittstelle im asynchronen Modus muss ein Event-Objekt erzeugt werden. Nach dem Auftrag zum Schreiben der Daten mit *WriteFile* wird der Code weiter ausgeführt:

```
var hComm  : THandle;
    ol     : TOverlapped;        // Das Event-Object
    Len    : DWord;
```

Öffnen der Schnittstelle:

```
hComm:= CreateFile('COM2', GENERIC_READ or GENERIC_WRITE,
                   0, nil, OPEN_EXISTING, FILE_FLAG_OVERLAPPED, 0);
```

Erzeugen eines Event-Objekts:

```
o.hEvent:=  CreateEvent(nil,              // Keine Security-Attr.
                        False,            // manuell. Reset
                        False,            // nonsignaled
                        nil);             // No Name
```

Asynchrones Schreiben:

```
WriteFile(hComm, 'Hallo, wer da?', 14, Len, @ol);
```

Mit *WaitForSingleObject* wird der Thread so lange angehalten, bis die Schreibaufforderung vom System beendet wurde. Dieser Moment wird über das Event-Objekt *o1* dem Programmfaden signalisiert:

```
WaitForSingleObject(o.hEvent, INFINITE);
```

Möchten Sie eine TimeOut-Sicherung einbauen, sollten Sie wie folgt vorgehen:

```
State:= WriteFile(D.hComm,           // Handle von CreateFile
                 'Hallo, wer da?',  // Datenpuffer (Prog.)
                 14,                // Größe des Datenpuffers
                 Len,               // geschriebene Bytes
                 @ol);               // Overlapped-Record
  // async. Operation läuft noch ?
  if not State and (GetLastError = ERROR_IO_PENDING) then
    // Warten auf Op.-Ende
    if WaitForSingleObject(ol.hEvent, 1000) = WAIT_TIMEOUT     then
      WrittenBytes:=0   // Zeitüberschreitung
    else begin   // Ergebnis der async. Op.
```

Wichtig:

- Windows 95/98 unterstützt, im Gegensatz zu Windows NT/2000, den asynchronen Datentransfer nur auf seriellen Geräten.
- Bei asynchronem Lesen bzw. Schreiben ist den Funktionen *WriteFile* bzw. *ReadFile* eine *OVERLAPPED* -Struktur zu übergeben, die unter anderem den Event-Handle enthält.

Einrichten der Schnittstelle

Eine Kommunikation ist unweigerlich zum Scheitern verurteilt, wenn die Parameter der beteiligten Schnittstellen nicht aufeinander abgestimmt sind. Die Win 32-API verfügt über komfortable Funktionen zum Abfragen und Einstellen. Im Mittelpunkt steht dabei eine Datenstruktur zur Aufnahme der Konfiguration – der *DeviceControlBlock*, *DCB*. Die folgende Tabelle vermittelt einen Überblick zur Verwendung der einzelnen Parameter der Struktur:

Parameter	Datentyp	Erläuterung
DCBlength	*DWORD*	Länge der Struktur
BaudRate	*DWORD*	Wert der aktuellen Baudrate (110 – 115200) oder eines Baudraten-Index *cbr_...*
Flags	*Longint*	Zusammenfassung von Bitparametern (siehe weiter unten)
wReserved	*Word*	reserviert, muss null sein
XonLim	*Word*	min. Füllstand des Empfangspuffers, bevor das Xon-Zeichen gesendet wird
XoffLim	*Word*	max. Füllstand des Empfangspuffers, bevor das Xoff-Zeichen gesendet wird
ByteSize	*Byte*	Anzahl der Bits, aus der ein Zeichen besteht (gültig sind: 5 – 8)
Parity	*Byte*	Methode der Fehlererkennung (möglich sind: 0=keine, 1=ungerade, 2=gerade, 3=MARK, 4=SPACE)
StopBits	*Byte*	Anzahl der Stopbits (möglich sind: 0=1 Stopbit, 1=1,5 Stopbits, 2=2 Stopbits)
XonChar	*CHAR*	Xon-Zeichen für Sender und Empfänger
XoffChar	*CHAR*	Xoff-Zeichen für Sender und Empfänger
ErrorChar	*CHAR*	Ersatzzeichen für Zeichen mit Paritätsfehler
EofChar	*CHAR*	Zeichen für die Dateiendekennung
EvtChar	*CHAR*	Zeichen zur Ereignissignalisierung
wReserved1	*Word*	reserviert

Der Parameter *Flags* fasst in Delphi alle Parameter zusammen, die durch Einzelbits dargestellt werden. Nachstehende Tabelle bietet eine detaillierte Übersicht zur Verwendung der einzelnen Bits.

Bezeichnung	Wert	Erläuterung
fBinary	*$0001*	Übertragung im Binärmodus (muss in Win 32 gesetzt sein)
fParity	*$0002*	Ein-/Ausschalten der Paritätsprüfung
fOutxCtsFlow	*$0004*	Überwachung der CTS-Leitung zur Sendekontrolle
fOutxDsrFlow	*$0008*	Überwachung der DSR-Leitung zur Sendekontrolle
fDtrControl	*$0010, $0020*	Steuerung der DTR-Leitung zur Flusskontrolle (zulässig sind: 00=aus, 01=gesetzt, 10=Handshake)

Bezeichnung	Wert	Erläuterung
fDsrSensitvity	*$0040*	Berücksichtigung der DSR-Leitung zur Flusskontrolle
fTXContinueOnXOff	*$0080*	Berücksichtigung des Xon-Zeichens zur Flusskontrolle
fOutX	*$0100*	XonXoff-Protokoll beim Senden
fInX	*$0200*	XonXoff-Protokoll beim Empfang
fErrorChar	*$0400*	Ersetzen empfangener Zeichen mit Paritätsfehler durch das Zeichen in *ErrorChar*
fRtsControl	*$1000, $2000*	Steuerung der RTS-Leitung zur Flusskontrolle (zulässig sind: 00=aus, 01=gesetzt, 10=Handshake, 11=Toggle)
fAbortOnError	*$4000*	Anhalten von Senden und Empfang nach Fehler

Diese Struktur kann man sich entweder mit der Funktion *BuildCommDCB* aus einem String (analog zum DOS-Befehl *Mode*) oder mit *GetDefaultCommConfig* erstellen lassen:

```
var OSVersion : TOSVersionInfo;
    DCB       : TDCB;
    CC        : TCommConfig;
OSVersion.dwOSVersionInfoSize:= SizeOf(OSVersion);
FillMemory(@CC, SizeOf(CC), 0);
CC.dwSize:= SizeOf(CC);
GetVersionEx(OSVersion);
if (OSVersion.dwPlatformID=VER_PLATFORM_WIN32_NT) and (OSVersion.dwMajorVersion < 4) then
   BuildCommDCB('baud=9600 parity=N data=8 stop=1', DCB)
else
   begin
   GetDefaultCommConfig('COM1', CC, CC.dwSize);
   DCB:= CC.DCB
end;
```

Auf diese Weise sind gleich die Default-Parameter in die Struktur eingelesen, es genügt, wenn Sie die neuen Werte zuweisen.

Die Funktion *SetCommState* stellt die Parameter an der geöffneten COM ein.

```
GetCommState(hPort, DCB)
with DCB do begin
   BaudRate := 9600;        // Baudrate
   ByteSize := 8;           // Anzahl Bits/Byte, 4-8
   Parity   := 0;           // 0-4=None,Odd,Even,Mark,Space
   StopBits := 0            // 0,1,2 = 1, 1.5, 2
end;
SetCommState(hPort, DCB);
```

Mit *GetCommState* können jederzeit die aktuellen Einstellungen der geöffneten Schnittstelle abgefragt werden.

Sehr komfortabel funktioniert die Einstellung mittels Eigenschaftsdialog. Das folgende Codefragment ermittelt die Standardeinstellungen vom System mit *GetDefaultCommConfig* und zeigt dem Benutzer nach dem Aufruf der Funktion *CommConfigDialog* den Dialog zur Konfiguration der COM an.

Die Funktionen arbeiten mit der Struktur *CommConfig*, in die das DCB eingebettet ist. Die Funktion *SetCommState* stellt die Parameter an der geöffneten COM ein:

```
var CC: TCommConfig;
  CC.dwSize:= SizeOf(CC);
  GetDefaultCommConfig('COM2', CC, CC.dwSize);
  CommConfigDialog('COM2', Handle, CC);
  SetCommState(hComm, CC.DCB);
```

Puffer

Der serielle Datenstrom quält sich sowohl sender- als auch empfängerseitig durch mehrere Puffer, um die Übertragung auch bei größeren Totzeiten der Anwendung zu gewährleisten.

Die Funktion *SetupComm* bietet einen komfortablen Weg, die Größe der Sende- und Empfangspuffer des Schnittstellentreibers an die Bedürfnisse der Software anzupassen. Zur Veranschaulichung betrachte man die folgende Skizze:

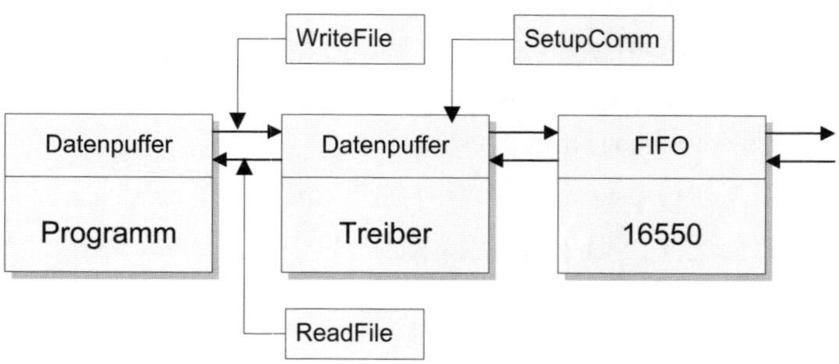

Nachstehende Programmzeile setzt den Sendepuffer auf 1024 und den Empfangspuffer des Gerätetreibers auf 2048 Bytes fest:

```
  SetupComm(hComm, 2048, 1024);
```

Reaktion auf Ereignisse

Welches Programm kann es sich leisten, die Peripherie ständig auf ihren Status zu prüfen, z.B. ob ein Zeichen empfangen wurde? Ein derartiges Verhalten, Polling genannt, würde anderen Prozessen wertvolle Rechenzeit stehlen. Die Win 32-API stellt deshalb Funktionen bereit, die eine Überwachung im Hintergrund realisieren und beim Eintreffen spezieller Ereignisse die Benachrichtigung des Programms vornehmen.

Mit der Funktion *SetCommMask* wählen Sie die überwachenden Ereignisse der geöffneten COM aus, während *WaitCommEvent* die Benachrichtigung nach dem Ereignis übernimmt. Die Realisierung könnte wie folgt aussehen:

```
var o: TOverlapped;
    EventMask: DWord;
...
  o.hEvent:= CreateEvent(nil, False, False, nil);
  SetCommMask(hComm, EV_RXCHAR or EV_ERR);
  WaitCommEvent(hComm, EventMask, @o);
  if (EventMask and EV_RXCHAR = EV_RXCHAR) then ...
  if (EventMask and EV_ERR = EV_ERR) then ...
```

Hinweis: Wenn Sie die Ereignisüberwachung in einem zweiten Thread realisieren, dürfen *SetCommMask* und *WaitCommEvent* nicht in getrennten Threads stehen.

Die folgende Tabelle zeigt, welche Ereignisse überwacht werden können:

Wert	**Bemerkung**
EV_BREAK	... gesetzt, wenn eine Unterbrechung bei der Eingabe erkannt wurde.
EV_CTS	... der CTS-Status (**C**lear **T**o **S**end) hat sich geändert.
EV_DSR	... der DSR- Status (**D**ata **S**et **R**eady) hat sich geändert.
EV_ERR	... Fehler (z.B. CE_FRAME, CE_OVERRUN oder CE_RXPARITY).
EV_RING	... gesetzt, wenn der Status des Anrufsignals während der letzten Modem-Unterbrechung angezeigt wird.
EV_RLSD	... der RLSD-Status (**R**eceive **L**ine **S**ignal **D**etect) hat sich geändert.
EV_RXCHAR	... neues Zeichen im Eingangspuffer.
EV_RXFLAG	... gesetzt, wenn das Ereigniszeichen empfangen und in die Empfangs-Warteschlange gestellt wurde.
EV_TXEMPTY	... Ausgangspuffer ist leer (letztes Zeichen gesendet).

Aber welcher Pegel liegt denn nun auf CTS, DSR und RLSD? Hier hilft Ihnen die Funktion *GetCommModemStatus*. Lesen Sie dazu den folgenden Abschnitt.

Erweiterte Funktionen

Die Funktion *GetCommModemStatus* liefert die aktuellen Pegel der Handshake-Signale zurück:

```
var State: Dword;
GetCommModemStatus(hComm, State);
```

Das Gegenstück, das gezielte Setzen der Handshake-Leitungen RTS und DTR, ermöglicht die API-Funktion *EscapeCommFunction*:

```
  EscapeCommFunction(hComm, SETDTR or SETCTS);
```

Wenn die serielle Schnittstelle mit gesetztem *fAbortOnError*-Flag eingestellt wurde, muss nach einem aufgetretenen Fehler die Funktion *ClearCommError* aufgerufen werden, um weitere Datentransfers durchführen zu können:

```
var Err: DWord;
    ComStat: TComStat;
   ClearCommError(hComm, Err, @ComStat);
```

Sie erfahren sowohl die Fehlerursache in *Err* als auch den Status und die Füllstände der Sende-/Empfangspuffer aus der Struktur *ComStat*.

Bei nicht behebbaren Fehlern können mit *PurgeComm* laufende Transfers abgebrochen und der Inhalt der Sende-/Empfangspuffer des Treibers gelöscht werden:

```
PurgeComm(hComm, PURGE_TXABORT or PURGE_RXABORT
                 or PURGE_TXCLEAR or PURGE_RXCLEAR);
```

Hinweis: Alle Funktionen außer *CreateFile* liefern nach einem gescheiterten Aufruf den Wert *FALSE* zurück. Die Ursache erfährt man mit *GetLastError*.

10.5.4 TAPI

Die 32-Bit-API von Windows hat zahlreiche andere und noch leistungsfähigere Funktionen zur Bedienung der seriellen Schnittstelle zu bieten als ihre 16-Bit-Vorgängerin.

Unbedingt erwähnt werden muss in diesem Zusammenhang die Telephony API (TAPI), die, obwohl ursprünglich für Windows 3.x entwickelt, erst als 32-Bit-Version ihre volle Leistungsfähigkeit ausspielen kann. Mit TAPI können Sie Programme entwickeln, die sowohl Sprache als auch Daten übertragen und mit einer Vielzahl von Endgeräten kommunizieren. Der Einsatzbereich beginnt mit einfachen Wählprogrammen bis hin zu komplexen Kommunikationsprogrammen.

Allerdings ist die Arbeit mit dem Windows Telephony SDK wohl mehr Sache erfahrener Entwickler und für Gelegenheitsprogrammierer kaum geeignet. Wer sich trotzdem dafür interessiert, kommt nicht umhin, sich durch die (sehr umfangreiche) Spezialliteratur durchzukämpfen.

10.6 Lernbeispiele für Einsteiger

10.6.1 Arbeiten mit der Zwischenablage

Fast jedes Windows-Programm bietet über den Menüpunkt *Bearbeiten* die Möglichkeit, Daten in die Zwischenablage zu kopieren bzw. von dort einzufügen.

Das kleine Beispielprogramm soll zeigen, wie auch Sie Ihre Anwendungen mit derartigen Features aufpeppen können.

Oberfläche

Fügen Sie in ein Formular eine *Edit*-, eine *Memo*- und eine *Image*-Komponente ein. Weiterhin brauchen Sie für jede der drei Komponenten zwei Buttons zum Kopieren bzw. Einfügen der Daten.

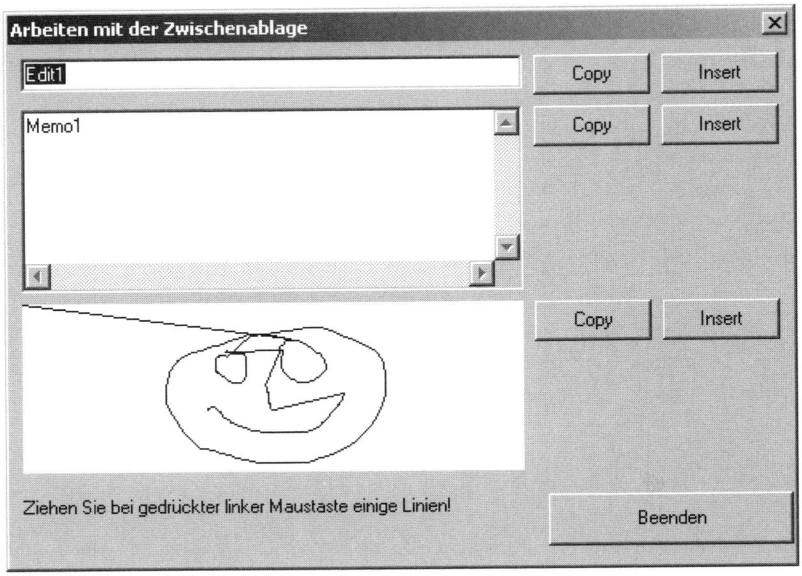

Quelltext

Bevor Sie etwas kopieren können, müssen Sie natürlich entsprechende Eingaben von Text bzw. Grafik in die Komponenten vornehmen können. *Edit* und *Memo* bieten diese Funktionalität bereits von Haus aus, beim *Image* müssen Sie etwas nachhelfen:

```
procedure TForm1.Image1MouseMove(Sender: TObject;Shift: TShiftState; X, Y: Integer);
begin
  if Shift = [ssleft] then Image1.Canvas.LineTo(x,y)
end;
```

Mausbewegungen mit gedrückter linker Maustaste führen demnach zum Zeichnen von Linien.

Die eigentlichen Kopierroutinen:

Edit-Feld:

```
procedure TForm1.Button1Click(Sender: TObject);    // Kopieren
begin
    Clipboard.AsText := Edit1.Text
end;
procedure TForm1.Button2Click(Sender: TObject);    // Einfügen
begin
    Edit1.Text := Clipboard.AsText
end;
```

Memo-Feld:

```
procedure TForm1.Button3Click(Sender: TObject);    // Kopieren
begin
  Memo1.CopyToClipboard
end;
procedure TForm1.Button4Click(Sender: TObject);   // Einfügen
begin
  Memo1.PasteFromClipboard
end;
```

Image-Komponente:

```
procedure TForm1.Button5Click(Sender: TObject);   // Kopieren
begin
    Clipboard.Assign(Image1.Picture)
end;
procedure TForm1.Button6Click(Sender: TObject);  // Einfügen
begin
    Image1.Picture.Assign(Clipboard)
end;
```

Test

Nach Programmstart sollten Sie zunächst ein paar Striche in die *Image*-Komponente kritzeln (natürlich mit der Maus!). Dann können Ihre Experimente beginnen. Übertragen Sie z.B. die Grafik oder einen in das Memo geschriebenen Text nach Word für Windows. Nicht immer kann alles funktionieren, das Einfügen einer Grafik in das Memofeld produziert z.B. folgende Fehlermeldung:

10.6.2 Grafiken in die Zwischenablage kopieren

Mit diesem kleinen Testprogramm macht das Kopieren und Einfügen von Grafiken erheblich mehr Spaß als im Vorgängerbeispiel.

Oberfläche

Auf dem Startformular (*Form1*) platzieren Sie drei *Image*-Komponenten (*Image1*, *Image2* und *Image3*). Weisen Sie der *Picture*-Eigenschaft jeweils ein Bildchen zu, das Sie vorher z.B. mit Paintbrush gezeichnet haben. Die *AutoSize*-Property der *Image*-Komponenten setzen Sie auf *True*, damit passen sich deren Abmessungen automatisch der Größe der Bildchen an. Unterhalb platzieren Sie drei RadioButtons (*RadioButton1*, *RadioButton2* und *RadioButton3*) und drei Schaltflächen (*Button1*, *Button2*, *Button3*). Die *Checked*-Property von *RadioButton1* ändern Sie auf *True*.

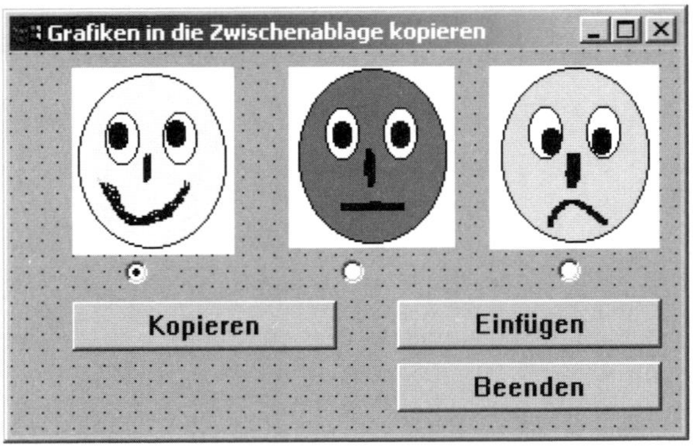

Quelltext

Fügen Sie den Eintrag *ClipBrd* ans Ende der *Uses*-Klausel von *Unit1* an! Anschließend weisen Sie den drei Buttons folgenden Ereigniscode zu:

```
procedure TForm1.Button1Click(Sender: TObject);  // Kopieren
begin
 if RadioButton1.Checked then Clipboard.Assign(Image1.Picture);
 if RadioButton2.Checked then Clipboard.Assign(Image2.Picture);
 if RadioButton3.Checked then Clipboard.Assign(Image3.Picture)
end;
procedure TForm1.Button2Click(Sender: TObject);  // Einfügen
begin
 if RadioButton1.Checked then Image1.Picture.Assign(Clipboard);
 if RadioButton2.Checked then Image2.Picture.Assign(Clipboard);
 if RadioButton3.Checked then Image3.Picture.Assign(Clipboard)
end;
```

Test

Nach dem Programmstart können Sie nach Belieben in die Zwischenablage kopieren bzw. von dort einfügen. Die Operationen beziehen sich immer auf das mit dem Radiobutton markierte Bildchen. Man braucht keine Bedenken zu haben, dass die in den *Image*-Komponenten eingelagerten Bitmaps durch das Überschreiben verloren gehen. Nach einem erneuten Programmstart ist der ursprüngliche Zustand wiederhergestellt.

10.6.3 Ermitteln der installierten Drucker

In Applikationen, die auch etwas zu Papier bringen müssen, ist in der Regel eine Möglichkeit zum Wechseln des aktuellen Druckers vorgesehen. Wie Sie dieses Problem auf relativ einfache Weise mit Delphi lösen können, zeigt das folgende Beispiel.

Oberfläche

Auf dem Formular platzieren Sie zwei Listenfelder (*ListBox1* und *ListBox2*):

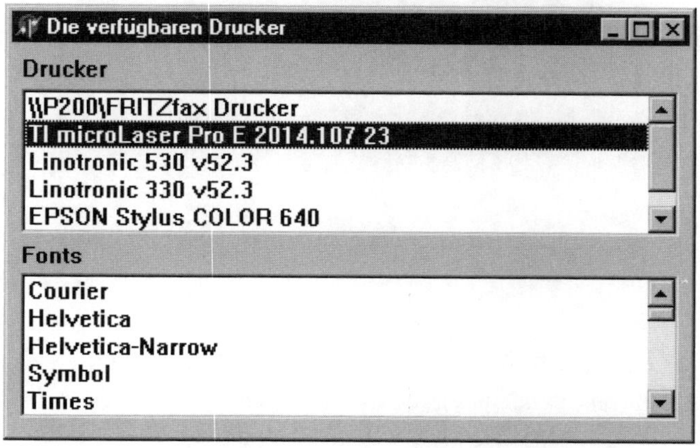

Quelltext

Mit dem Laden des Formulars erfolgt auch das Füllen des Listenfeldes:

```
procedure TForm1.FormCreate(Sender: TObject);
begin
   ListBox1.Items := Printer.Printers          // Listenfeld füllen
end;
```

Die Auswahl des aktiven Druckers ist mit einer Zeile erledigt:

```
procedure TForm1.ListBox1Click(Sender: TObject);
begin
```

Zuweisung aktiver Drucker:

```
   Printer.PrinterIndex := ListBox1.ItemIndex;
```

Schriften anzeigen:

```
   ListBox2.Items := Printer.Fonts
end;
```

Test

Sofort nach Programmstart werden die installierten Drucker aufgelistet (siehe oben). Der Klick auf einen Eintrag bringt die verfügbaren Fonts zur Anzeige.

10.6.4 Programmieren der seriellen Schnittstelle

Am Beispiel eines Telefonwählers soll demonstriert werden, wie man auf sehr einfache Weise mittels der bekannten AT- (bzw. Hayes-)Befehle Daten zu seinem Modem schicken kann.

Oberfläche

Der Aufwand ist, wie Sie sehen, sehr gering:

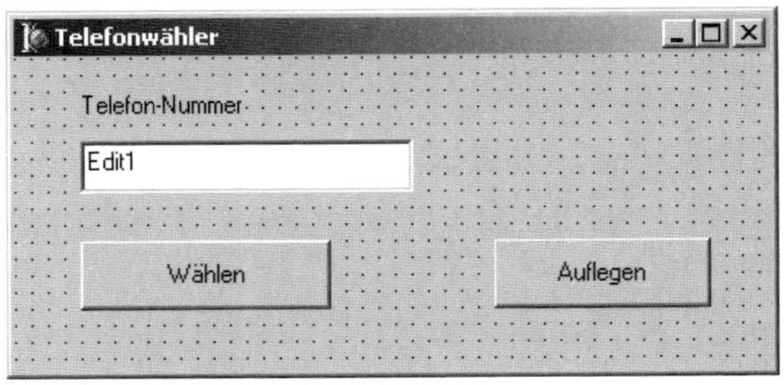

Quellcode

Benutzt werden die noch von Turbo Pascal her bekannten Standard-I/O-Befehle *Assign, Rewrite, WriteLn* etc., die Delphi aus Portabilitätsgründen noch bereithält, die serielle Schnittstelle wird quasi als "Datei" betrachtet.

Zunächst brauchen wir eine Datei- und eine Hilfsvariable:

```
var  f: TextFile;                                          // Textdatei
     s: string;                                            // Hilfsvariable
```

Die erforderlichen Initialisierungen werden beim Laden des Formulars erledigt. Unser Modem ist an der zweiten seriellen Schnittstelle angeschlossen:

```
procedure TForm1.FormCreate(Sender: TObject);    //Initialisierung
begin
  AssignFile(f,'COM2');            // Zuweisen der zweiten ser. Schnittstelle
  ReWrite(f)                       // Öffnet COM2 zum Senden
end;
```

Beim Wählen wird der einleitende AT-Befehl automatisch an den Anfang gesetzt:

```
procedure TForm1.Button2Click(Sender: TObject);            // Wählen
begin
  s:= 'AT DT,' + Edit1.Text;   // AT-Befehl!
  ReWrite(f);                  // Schnittstelle für Schreibzugriff öffnen
  WriteLn(f,s)                 // Wählstring losschicken
end;
```

Das *Click*-Ereignis des Buttons "Auflegen" schickt den Befehl H0 zum Modem:

```
procedure TForm1.Button1Click(Sender: TObject);                // Auflegen
begin
```

```
  s := 'H0';
  WriteLn(f, s)
end;
```

Vergessen wir nicht, beim "sauberen" Beenden des Programms die Schnittstelle auch wieder zu schließen:

```
procedure TForm1.FormClose(Sender: TObject; var Action: TCloseAction);
begin
  CloseFile(f)
end;
```

Test

Das an COM2 angeschlossene (analoge) Modem wird Ihnen durch Blinken diverser Lämpchen signalisieren, dass Daten von der Schnittstelle empfangen wurden. Natürlich wählen Sie am besten ihre eigene Telefonnummer (wenn es dann bei Ihnen bimmelt, dann wissen Sie wenigstens, dass das Programm funktioniert).

Bemerkung

Ein solches Programmchen genügt nur ganz bescheidenen Ansprüchen. Will man ein komplettes und vor allem zuverlässiges und schnelles Terminalprogramm erstellen, so wird man mit der hier beschriebenen "Quasi-DOS"-Programmiertechnik sehr bald Schiffbruch erleiden. Die Verwendung der Standard-I/O-Befehle führt insbesondere bei Übertragungsraten oberhalb 2400 BpS zu einer rapide abnehmenden Kommunikationszuverlässigkeit. Dabei werden ankommende Zeichen einfach "verschluckt" oder gehen gar verloren, wenn Windows von einem Prozess zum anderen umschaltet. Außerdem stehen keine Mittel zur Einstellung der Schnittstelle zur Verfügung.

10.7 Praxisbeispiele für Fortgeschrittene

10.7.1 DDE-Server

Stellen Sie sich vor, Sie möchten eine Anwendung programmieren, die anderen Programmen die Möglichkeit gibt, diese zu steuern und zu nutzen (zum Beispiel einen Grafikserver oder eine Datenbankschnittstelle). Das folgende "Wie kann ich ..." soll an einem kleinen Beispiel die Vorgehensweise erläutern: Wir programmieren einen Datenbank-DDE-Server[1]! Was ist damit gemeint?

Ausgehend von einer kleinen Datenbankanwendung (wir verwenden eine Beispieltabelle von Delphi) soll das Programm über DDE in die Lage versetzt werden, zwischen den Datensätzen zu wechseln und diese an den DDE-Client zu übertragen.

Zum "Bewegen" zwischen den Datensätzen werden wir die DDE-Makros "MoveNext" und "MovePrevious" zur Verfügung stellen. Zusätzlich kann über "Exit" die Server-Anwendung geschlossen werden.

---

[1] Natürlich nur in rudimentären Ansätzen, das Beispiel soll ja verständlich bleiben.

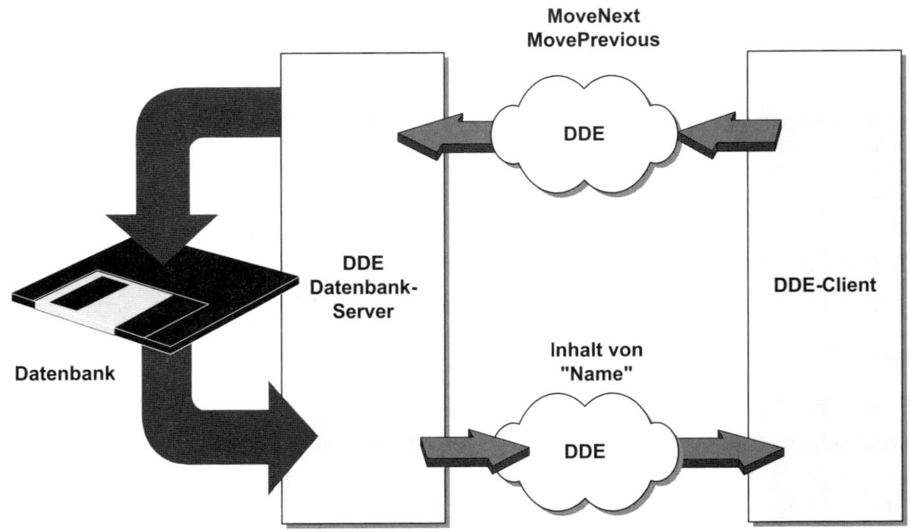

Oberfläche

Für die Oberfläche des DDE-Servers benötigen wir eigentlich nur die beiden DDE-Server-Komponenten *DdeServerConv* und *DdeServerItem* (Seite "System") sowie eine *Table*-Komponente (Seite "BDE"). Um jedoch die Auswirkungen der Makro-Befehle zu verdeutlichen, verwenden wir zusätzlich eine *DBGrid*- sowie eine *DataSource*-Komponente (Seite "Datenzugriff" bzw. "Datensteuerung").

Über die Eigenschaft *DatabaseName* wird das *Table*-Objekt mit der Datenbank "DBDEMOS" verbunden. Wählen Sie unter *TableName* die Tabelle "ANIMALS.DBF". *Grid* und *Table* verbinden Sie über *DataSource* wie folgt miteinander:

```
DataSource1.Dataset = Table1
DBGrid1.DataSource = DataSource1
```

Zum Aktivieren der Datenbankverbindung müssen Sie die *Active*-Eigenschaft des *Table*-Objekts auf *True* setzen.

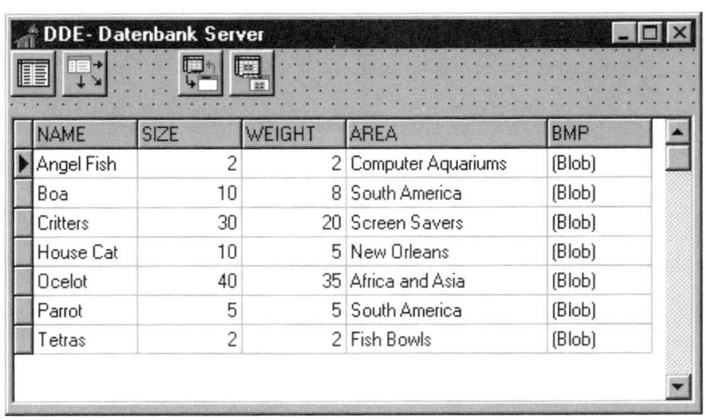

NAME	SIZE	WEIGHT	AREA	BMP
Angel Fish	2	2	Computer Aquariums	(Blob)
Boa	10	8	South America	(Blob)
Critters	30	20	Screen Savers	(Blob)
House Cat	10	5	New Orleans	(Blob)
Ocelot	40	35	Africa and Asia	(Blob)
Parrot	5	5	South America	(Blob)
Tetras	2	2	Fish Bowls	(Blob)

Die folgenden Festlegungen sollten Sie sorgfältig vornehmen, die Groß-/Kleinschreibung ist für die Programmierung des Clients von Bedeutung!

Speichern Sie das Projekt unter dem Namen "DBSERV". Der *DdeServerConv*-Komponente geben Sie die Bezeichnung "TestTopic", *DdeServerItem* wird in "TestItem" umbenannt. Die beiden letztgenannten Bezeichner werden im Client für *DdeTopic* und *DdeItem* verwendet.

TDdeServerConv und *TDdeServerItem* verbinden Sie über die Eigenschaft *ServerConv* miteinander. Alles Weitere müssen wir per Quelltext erledigen.

Quelltext

```
unit Serv;
interface
uses
  SysUtils, Windows, Classes, Graphics, Controls,
  Forms, Dialogs, DdeMan, Grids, DBGrids, DB, DBTables, StdCtrls;
...
implementation
{$R *.DFM}
```

Über das *ExecuteMacro*-Event reagiert die Server-Anwendung auf Anforderungen des Clients, die mit *ExecuteMacro* oder mit *ExecuteMacroLines* abgeschickt werden. Wie Sie in der Serveranwendung auf diese Makros reagieren bzw. welche Makros verfügbar sind, bestimmen Sie in der folgenden Prozedur.

Hinweis: Um Laufzeitfehler zu vermeiden, sollten Sie prüfen, ob mindestens eine Zeile gesendet wurde. Wandeln Sie nachfolgend die Strings in Großbuchstaben um. Auf diese Weise vermeiden Sie Probleme mit der Groß-/Kleinschreibung.

```
procedure TServerForm.TestTopicExecuteMacro(Sender: TObject; Msg: TStrings);
var befehl : string;
begin
   if msg.Count > 0 then begin
      befehl := UpperCase(msg.strings[0]);
      if befehl='COPYRIGHT' then
         MessageDlg ('DDE-DEMO (c) 2001 by Max & Moritz', mtInformation, [mbOK], 0);
```

Da eine Server-Anwendung im Allgemeinen durch den Client gestartet wird, sollten Sie dem Client auch eine einfache Möglichkeit zum Beenden des Servers bereitstellen:

```
      if befehl='EXIT' then
         Close;
```

Mit dem Makro "MoveNext" soll zum einen der Datensatzzeiger bewegt, zum anderen der Inhalt des Tabellenfeldes "Name" an den DDE-Client übertragen werden. Verwenden Sie die *Lines*-Eigenschaft, können Sie auch mehrere Zeilen gleichzeitig übertragen. Für Bilder etc. müssen Sie die Zwischenablage als Austauschmedium verwenden.

```
    if befehl='MOVENEXT' then begin          // Datensatz weiter
      Table1.Next;
      if Table1.EOF then Table1.Last;         // keine weiteren Datensätze
      TestItem.Text := Table1.FieldbyName('Name').AsString
    end;
```

Für die Anweisung "MovePrevious" gilt analog das oben Gesagt.

```
    if befehl='MOVEPREVIOUS' then
    begin   // Datensatz zurück
      Table1.Prior;
      if Table1.BOF then Table1.First;   // keine weiteren Datensätze
      TestItem.Text := Table1.FieldbyName('Name').AsString
    end
  end
 end;
end.
```

Test

Mit dem Test werden Sie sich noch etwas gedulden müssen, im folgenden Beispiel wird erst noch der dazugehörige Client programmiert.

10.7.2 DDE-Client

Nach der Programmierung des Servers wollen wir uns dem Endverbraucher, dem Client, zuwenden.

Oberfläche

Die Oberfläche beschränkt sich auf mehrere Buttons, drei *Label*-Komponenten sowie die Komponenten *DdeClientConv* und *DdeClientItem* (Seite "System").

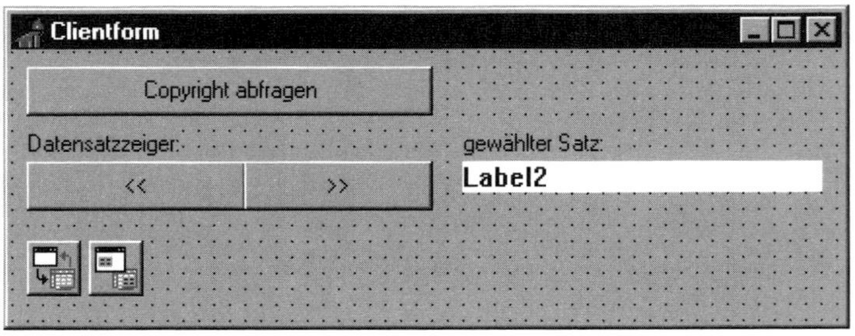

Die folgende Abbildung zeigt die Eigenschaften beider Komponenten:

Quelltext

Der Code beschränkt sich auf die Aufrufe der im DDE-Server definierten Makros sowie die Initialisierung der DDE-Verbindung:

```
unit Clien;
interface
...
implementation
{$R *.DFM}
procedure TClientForm.FormActivate(Sender: TObject);
begin
    DDEClient.SetLink ('dBServ','TestTopic');
    DDEClientItem.DdeItem := 'TestItem'
end;
```

Die Makro-Aufrufe:

```
procedure TClientForm.Button1Click(Sender: TObject);
begin
   DDEClient.ExecuteMacro ('Copyright', True)
end;
procedure TClientForm.Button2Click(Sender: TObject);
begin
   DDEClient.ExecuteMacro ('MovePrevious', False)    // wichtig: das Waitflag
end;
procedure TClientForm.Button3Click(Sender: TObject);
begin
   DDEClient.ExecuteMacro ('MoveNext', False)      // wichtig: das Waitflag
end;
```

Schließlich den DDE-Server beenden:

```
procedure TClientForm.FormCloseQuery(Sender: TObject; var CanClose: Boolean);
begin
   DDEClient.ExecuteMacro ('Exit', True)
end;
```

Ändert sich die *Text*-Eigenschaft von *DdeClientItem*, weisen wir diese dem *Label2* zu:

```
procedure TClientForm.DdeClientItemChange(Sender: TObject);
begin
   Label2.Caption := DDEClientItem.Text
end;
```

Test

Starten Sie den Client. Der Server wird automatisch geladen und als Icon am unteren Bildrand dargestellt. Klicken Sie auf die zwei "Bewegungstasten", muss sich der aktuelle Datensatz ändern. Sie können dies zum einen im Client-Fenster und zum anderen im Server-Fenster überprüfen.

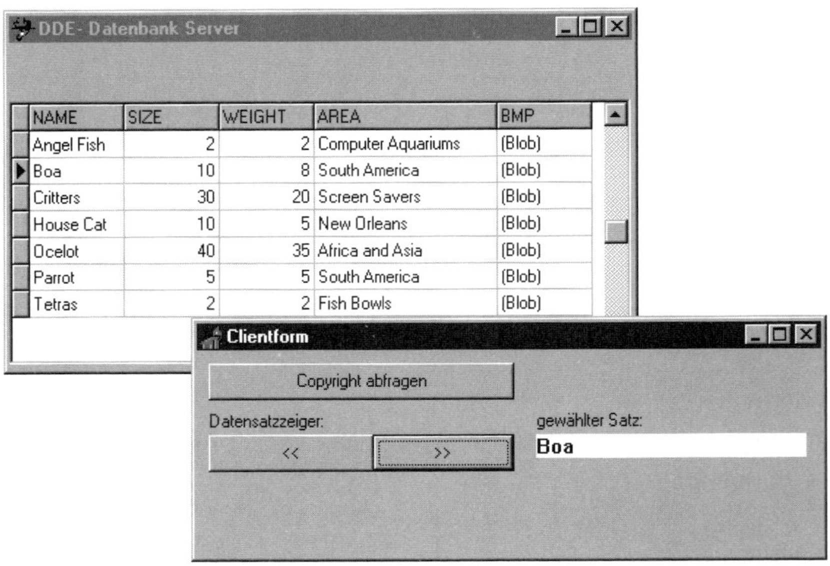

Bemerkung

Wer viel mit DDE arbeitet (oder arbeiten möchte), sollte sich mit dem Programm DDESPY von Microsoft vertraut machen.

10.7.3 Die Optionen des aktiven Druckers ermitteln

Für die Druckausgabe braucht man reichlich Informationen über das jeweilige Ausgabegerät. Dass neben den *Printer*-Properties noch mehr zu erfahren ist, zeigt die vorliegende Demo.

Oberfläche

Auf dem Formular platzieren Sie ein *StringGrid* und eine Befehlsschaltfläche:

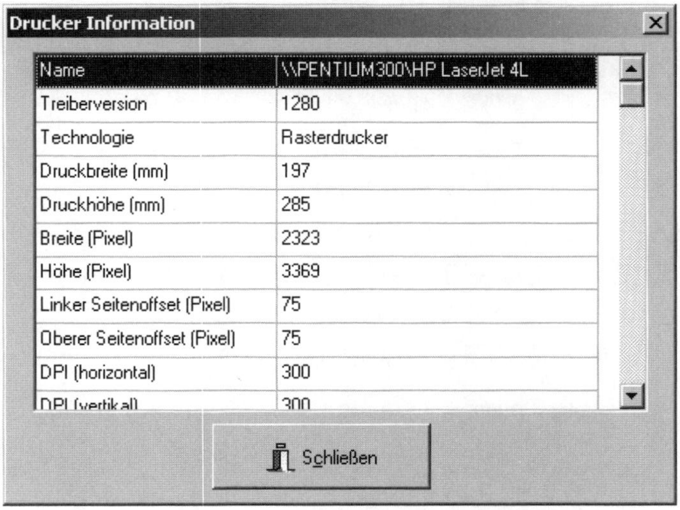

Quelltext

Die GDI-Funktion *GetDeviceCaps* liefert uns fast alle notwendigen Informationen. In der Delphi-API-Hilfe finden Sie dazu die Parameter.

Bei Programmstart füllen wir das *StringGrid* mit den ermittelten Werten:

```
procedure TForm1.FormCreate(Sender: TObject);
var dc : THandle;
    i, n : Integer;
begin
    grid.ColWidths[1] := 200;
```

Zu diesem Zeitpunkt handelt es sich nicht um einen "echten" DC, sondern nur um einen Informations-Gerätekontext! Sie können also keine GDI-Ausgaben mit diesem Gerätekontext vornehmen.

```
    dc := printer.handle;
    i:= 0;
```

Vom *Printer*-Objekt bereitgestellt:

```
    grid.cells[0,i] := 'Name';
    grid.cells[1,i] := printer.printers[printer.printerindex];
    inc(i);
```

```
grid.cells[0,i] := 'Treiberversion';
grid.cells[1,i] := IntToStr(GetDeviceCaps(dc, driverversion));
inc(i);
```

Von besonderer Bedeutung für die Grafikausgabe auf einem Drucker ist diese Abfrage:

```
grid.cells[0,i] := 'Technologie';
grid.cells[1,i] := techno[GetDeviceCaps(dc, technology)];
```

Folgende Rückgabewerte sind möglich:

Konstante	Beschreibung
DT_PLOTTER	Vektor-Plotter
DT_RASDISPLAY	Raster-Bildschirm
DT_RASPRINTER	Raster-Drucker
DT_RASCAMERA	Raster-Kamera (Scanner)
DT_CHARSTREAM	Zeichenfolge (z.B. Typenraddrucker)
DT_METAFILE	Meta-Datei
DT_DISPFILE	Bildschirm-Datei (BMP)

Die Information über nutzbare Blattbreite und -höhe gewinnt man wie folgt:

```
inc(i);
grid.cells[0,i] := 'Druckbreite (mm)';
grid.cells[1,i] := IntToStr(GetDeviceCaps(dc, horzsize));
inc(i);
grid.cells[0,i] := 'Druckhöhe (mm)';
grid.cells[1,i] := IntToStr(GetDeviceCaps(dc, vertsize));
inc(i);
grid.cells[0,i] := 'Breite (Pixel)';
grid.cells[1,i] := IntToStr(GetDeviceCaps(dc, horzres));
inc(i);
grid.cells[0,i] := 'Höhe (Pixel)';
grid.cells[1,i] := IntToStr(GetDeviceCaps(dc, vertres));
inc(i);
grid.cells[0,i] := 'Linker Seitenoffset (Pixel)';
grid.cells[1,i] := IntToStr(GetDeviceCaps(dc, PHYSICALOFFSETX));
inc(i);
grid.cells[0,i] := 'Oberer Seitenoffset (Pixel)';
grid.cells[1,i] := IntToStr(GetDeviceCaps(dc, PHYSICALOFFSETY));
inc(i);
grid.cells[0,i] := 'DPI (horizontal)';
grid.cells[1,i] := IntToStr(GetDeviceCaps(dc, logpixelsx));
```

```
    inc(i);
    grid.cells[0,i] := 'DPI (vertikal)';
    grid.cells[1,i] := IntToStr(GetDeviceCaps(dc, logpixelsy));
    inc(i);
    grid.cells[0,i] := 'Pinsel';
    grid.cells[1,i] := IntToStr(GetDeviceCaps(dc, Numbrushes));
    inc(i);
    grid.cells[0,i] := 'Stifte';
    grid.cells[1,i] := IntToStr(GetDeviceCaps(dc, numpens));
    inc(i);
    grid.cells[0,i] := 'Markierer';
    grid.cells[1,i] := IntToStr(GetDeviceCaps(dc, nummarkers));
    inc(i);
```

Ob der Drucker auch farbtauglich ist, ermitteln Sie so:

```
    grid.cells[0,i] := 'Farben';
    grid.cells[1,i] := IntToStr(GetDeviceCaps(dc, numcolors));
    inc(i);
```

Je nach Druckertyp werden unterschiedliche Schriftarten angezeigt:

```
    grid.cells[0,i] := 'Schriften';
    grid.cells[1,i] := IntToStr(printer.Fonts.count);
    inc(i);
    for n := 0 to printer.Fonts.count-1 do
    begin
        grid.rowcount := i;
        grid.cells[1,i] := printer.Fonts[n];
        inc(i)
    end
end;
```

Test

Starten Sie das Programm, das Ergebnis müsste sofort sichtbar sein (siehe oben).

10.7.4 DLL programmieren

An diesem einfachen Beispiel lernen Sie, wie Sie eine DLL programmieren, die

- eine Ein- und Austrittsprozedur besitzt,
- die Parameterübergabe demonstriert und
- ein Formular anzeigen kann.

DLL-Programmierung

Das DLL-Grundgerüst erzeugen Sie über *Datei|Neu|Weitere...* Es öffnet sich die Objektgalerie, indem Sie das Symbol für den DLL-Experten auswählen.

Die weiteren Schritte beschränken sich auf das Erstellen der Funktionen bzw. Prozeduren. Als Erstes wird eine Messagebox angezeigt, wenn die DLL geladen ist. Dazu verwenden wir den *Begin-End*-Abschnitt der Library (Unit *Dialogs* einbinden!):

```
begin
   AddExitProc(NewExit);
   ShowMessage('DLL wird geladen ...')
end.
```

Die Anweisung *AddExitProc* (Unit *SysUtils*) registriert die neue Exit-Prozedur unserer DLL, in der wir ebenfalls eine Messagebox anzeigen.

```
procedure NewExit;
begin
  ShowMessage('Exitprozedur der DLL');  { DLL wird entladen }
end;
```

Erstellen Sie danach ein einfaches Fenster, das von der DLL exportiert werden soll:

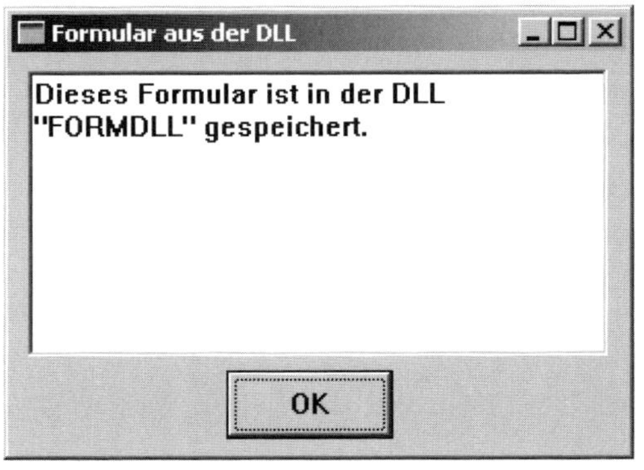

Sie können das Fenster aus der späteren Anwendung nicht direkt aufrufen, Sie benötigen dazu eine Interface-Prozedur. Diese tragen Sie in das DLL-Modul ein:

```
procedure Fensteranzeigen; stdcall;
begin
  Form1:= TForm1.Create(Application);
  try
    Form1.ShowModal
  finally
    Form1.Free
  end
end;
```

Hinweis: Auf die Option *stdcall* könnten Sie an dieser Stelle verzichten, da die DLL nur aus einem Delphi-Programm aufgerufen werden soll.

Die beiden folgenden Funktionen sollen die Parameterübergabe an DLLs demonstrieren:

```
function berechne1(x,y : Single): Single; stdcall;
begin
   result := x+y
end;

procedure berechne2(x,y: Single;var z: Single); stdcall;
begin
    z := x+y
end;
```

Last but not least müssen die Funktionen auch noch explizit exportiert werden. Den dazu nötigen *Exports*-Abschnitt stellen Sie an das Ende des Moduls.

```
exports
       fensterAnzeigen,
       berechne1,
       berechne2;
```

Hinweis: Achten Sie auf die Schreibweise der Prozedur- und Funktionsnamen, dies ist für die spätere Einbindung wichtig!

Speichern Sie das Projekt unter dem gewünschten DLL-Namen (z.B. *formdll.dll*). Ein kurzer Compilerlauf (*STRG-F9*), und im aktuellen Verzeichnis findet sich die neue DLL.

Einbinden der DLL

Erstellen Sie ein neues Projekt mit einem Formular (drei Buttons), über das wir die DLL-Funktionen aufrufen werden.

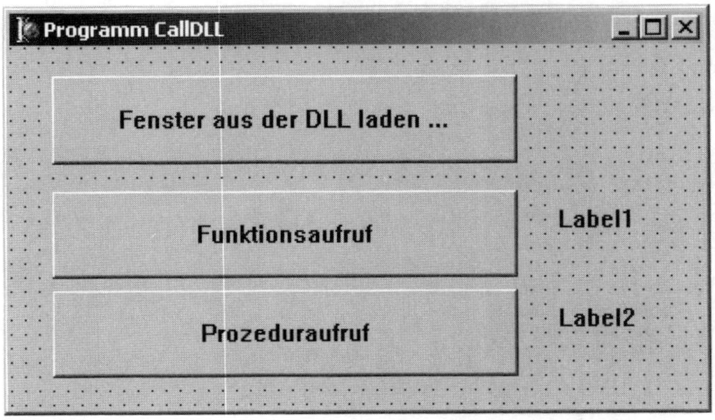

Vor dem Aufruf müssen allerdings die Funktionen erst einmal in unsere Anwendung integriert werden:

```
implementation
...
procedure Fensteranzeigen;stdcall;external 'formdll.dll';
function berechne1(x,y : Single): Single;stdcall; external 'formdll.dll';
procedure berechne2(x,y: Single; var z: Single); stdcall;external 'formdll.dll';
```

Der eigentliche Aufruf unterscheidet sich nicht mehr von einer "normalen" Funktion oder Prozedur:

```
    fensterAnzeigen
    Label1.Caption := Format('%f',[berechne1(11.11,22.22)]);
...
var z: Single;
...
    berechne2(11.11,22.22,z);
    Label2.Caption := Format('%f',[z]);
```

Test

Kopieren Sie die DLL in das Verzeichnis der Anwendung und starten Sie die Anwendung. Überprüfen Sie, ob die Meldungsfenster wie gewünscht angezeigt werden.

Starten Sie noch eine weitere Instanz Ihrer Anwendung. Sie werden feststellen, dass die Dialogbox "DLL wird geladen ..." erneut angezeigt wird. An dieser Stelle ist die Beschriftung allerdings etwas irreführend, die DLL befindet sich ja bereits im Speicher, es wird lediglich noch einmal der Initialisierungs-Abschnitt durchlaufen. (32-Bit-DLLs verwenden das Datensegment der aufrufenden Anwendung, deshalb muss auch die Initialisierung für jede Instanz erneut abgearbeitet werden.)

Löschen Sie einmal die DLL und versuchen Sie, Ihre Anwendung zu starten. Eine Fehlermeldung wird sich nicht vermeiden lassen:

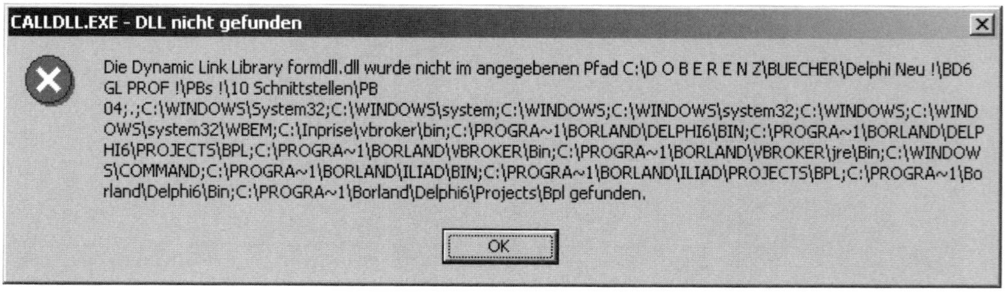

Bemerkung

Auch wenn noch keine Funktion der DLL aufgerufen wird, versucht Windows die DLL zu laden. Ist diese nicht vorhanden, wird auch Ihre Anwendung nicht gestartet. Der Grund für dieses Verhalten: Da die DLL statisch in Ihre Anwendung eingebunden ist, muss auch die DLL zum Zeitpunkt des Programmstarts im Suchpfad vorhanden sein. Wie Sie dieses "Problem" umgehen können, ist im folgenden Beispiel beschrieben.

10.7.5 DLL dynamisch einbinden

Die statische Einbindung von DLLs haben Sie, mehr oder weniger unbewusst, sicher schon verwendet, fast alle API- bzw. GDI-Funktionen sind in den Schnittstellen-Units (*windows*, *mapi* ...) bereits deklariert. Etwas anders verhält es sich mit der dynamischen Einbindung von DLLs, die (Sie ahnen es bereits) etwas komplizierter ist.

Statt schon zur Entwurfszeit eine spezielle DLL festzulegen, können Sie bei der dynamischen Einbindung zur Laufzeit eine DLL über ihren Namen auswählen. Diese Flexibilität hat jedoch ihren Preis, wir müssen selbst dafür sorgen, dass die DLL geladen, die Funktion ausgeführt und die DLL wieder freigegeben wird. Doch bevor es so weit ist, müssen Sie einen Funktionsprototyp deklarieren, der die jeweiligen Funktionsparameter festlegt.

In unserem Beispiel wird es lediglich darum gehen, eine Berechnung durchzuführen. Bei der einen DLL handelt es sich um eine Addition, bei der anderen um eine Multiplikation.

Quellcode

Die DLL (Addition):

```
library summe;
{ die zu exportierende Funktion }
function berechne(x,y: Integer): integer; export;
begin
  result := x+y
end;
exports
    berechne;
{ Der Initialisierungsabschnitt }
begin
end.
```

Im aufrufenden Programm erstellen wir zuerst einen Funktionsprototyp, der die Funktionsparameter festlegt:

```
type  TTestFunktion = function(x,y: Integer): integer;
```

Der Aufruf der Funktion:

```
procedure TForm1.Button1Click(Sender: TObject);
var TestFunktion : TTestFunktion;
    FuncPtr      : TFarProc;
```

```
    DLLHandle    : THandle;
begin
```

Laden der DLL:

```
    DLLHandle := LoadLibrary(PChar(Edit1.Text));
```

Adresse der Funktion ermitteln:

```
    FuncPtr   := GetProcAddress(DLLHandle,'berechne');
```

Wenn die Funktion gefunden wurde:

```
    if FuncPtr <> nil then begin
        @TestFunktion := FuncPtr;
```

Ausführen des Codes:

```
        Label3.Caption := IntToStr(Testfunktion(4,5));
        FuncPtr:=nil;
    end else showMessage('Funktion oder DLL nicht gefunden!');
```

Freigeben der DLL:

```
    FreeLibrary(DLLHandle)
end;
```

Sie sehen schon, der Aufwand ist wesentlich größer als bei einer statisch eingebundenen DLL.

Test

Im Beispielprogramm können Sie in der Textbox einen DLL-Namen festlegen (*Produkt.dll, Summe.dll*) und danach die Berechnung starten.

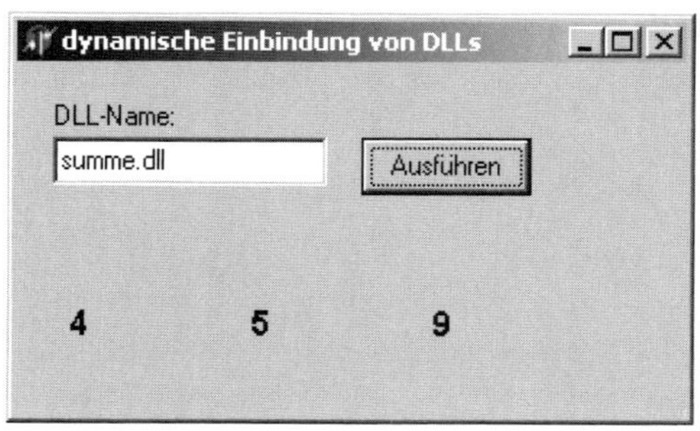

Bemerkungen

- Einsatzmöglichkeiten für diese Technik bieten sich beispielsweise bei Im- und Exportfiltern, die gänzlich verschiedene Dateiformate konvertieren. Lediglich die Funktionsschnittstelle ist einheitlich, der DLL-Name legt das Dateiformat fest.
- Sollten Sie Probleme bei der Realisierung haben, kontrollieren Sie unbedingt die Schreibweise der Funktionsnamen (32-Bit-DLLs unterscheiden Groß-/Kleinschreibung!).

Komponenten-Entwicklung

- Ableiten
- Eigenschaften
- Methoden
- Ereignisse
- Beispiele

11 Komponenten-Entwicklung

Komponenten sind die Bausteine Ihrer Delphi-Anwendung, wie sie zunächst in vielfältiger Gestalt in der Komponentenpalette der IDE angeboten werden. Weil sich der fortgeschrittene Programmierer mit dem Standardangebot kaum zufrieden gibt, wollen wir Ihnen in diesem Kapitel zeigen, wie Sie die Komponentenpalette mit eigenen Kreationen bereichern können. Allerdings beschränken wir uns hierbei auf die Entwicklung "hauseigener" (nativer) Komponenten, wie sie auch Bestandteil der Delphi-VCL (Visual Component Library) sind. Ausgeschlossen sind also die ActiveX-Komponenten der plattformübergreifenden COM-Technologie von Microsoft (siehe dazu Kapitel 12).

Im Unterschied zur Programmierung normaler Anwendungen werden Sie bei der Komponentenentwicklung kaum durch die visuellen Werkzeuge der Delphi-IDE unterstützt, hier müssen Sie alles in solider Handarbeit, also per Code, erledigen.

Hinweis: Bevor Sie in die Komponentenentwicklung einsteigen, sollten Sie sich fundierte Kenntnisse in der objektorientierten Programmierung (OOP) angeeignet haben (Kapitel 6).

11.1 Überblick

Wir wollen keine komplette Anleitung zur Programmierung der Komponente xy geben, sondern wir wollen an einem weitgehend abstrakten Beispiel (gewissermaßen einem wiederverwendbaren Codegerüst) das Programmieren von

- Eigenschaften,
- Methoden und
- Ereignissen

demonstrieren. Im Anschluss gehen wir anhand dreier einfacher Beispiele auf die wichtigsten Typen von Komponenten ein:

- nicht sichtbare Komponenten
- grafische Komponenten
- datengebundene Komponenten

Wer im vorliegenden Kapitel allgemeine Informationen zur Programmierung von Objekten sucht, wird ebenfalls fündig werden. Fast alles, was zum Thema "Komponenten" gesagt wird, ist auch auf Objekte zu verallgemeinern. Wesentlichster Unterschied dürfte ein fehlendes Designtime-Interface sein, d.h., die Unterstützung durch den Objektinspektor fehlt.

Bevor es ins Detail geht, noch ein allgemeiner Hinweis zur Komponentenentwicklung: So leicht sich Komponenten auch handhaben lassen, nicht für jedes Problem ist eine Komponente die ideale Lösung[1]. Vielfach genügt schon die Kapselung in einer Unit oder die Verwendung eines "normalen" Objekts.

[1] Ein Blick auf den Shareware-Markt zeigt teilweise schon recht groteske Beispiele, wo mit abenteuerlichsten Konstruktionen versucht wird, Probleme mit einer "Komponente" zu lösen.

Hinweis: Dass der Erwerb von Fremdkomponenten eine zweischneidige Angelegenheit ist, dürften alle jene erfahren haben, die Komponenten für ältere Delphi-Versionen ohne deren Quelltexte besitzen. In diesem Fall dürfen Sie jetzt nochmals Geld ausgeben, da die Komponente erneut compiliert werden muss.

11.2 Ableiten der Komponente

Bevor Sie sich auf die Komponentenprogrammierung stürzen, sollten Sie sich überlegen, welchen Typ Sie benötigen. Soll es eine zur Laufzeit nicht sichtbare Komponente sein, müssen Sie diese von *TComponent* ableiten, der Basis-Klasse für alle Komponententypen (die wichtigsten Eigenschaften und Methoden sind hier bereits implementiert).

Soll es etwas Spezielleres sein, zum Beispiel ein neues Editierfeld, dann müssen Sie sich einen Komponententyp suchen (in diesem Fall *TEdit*), der sich weitestgehend Ihren Anforderungen annähert. Diesen erweitern Sie dann um die gewünschte neue Funktionalität oder Sie überschreiben die bisherigen Methoden. Die folgende Abbildung zeigt die wichtigsten Klassen, die für eine Vererbung in Frage kommen (es muss sich um Nachkommen von *TComponent* handeln).

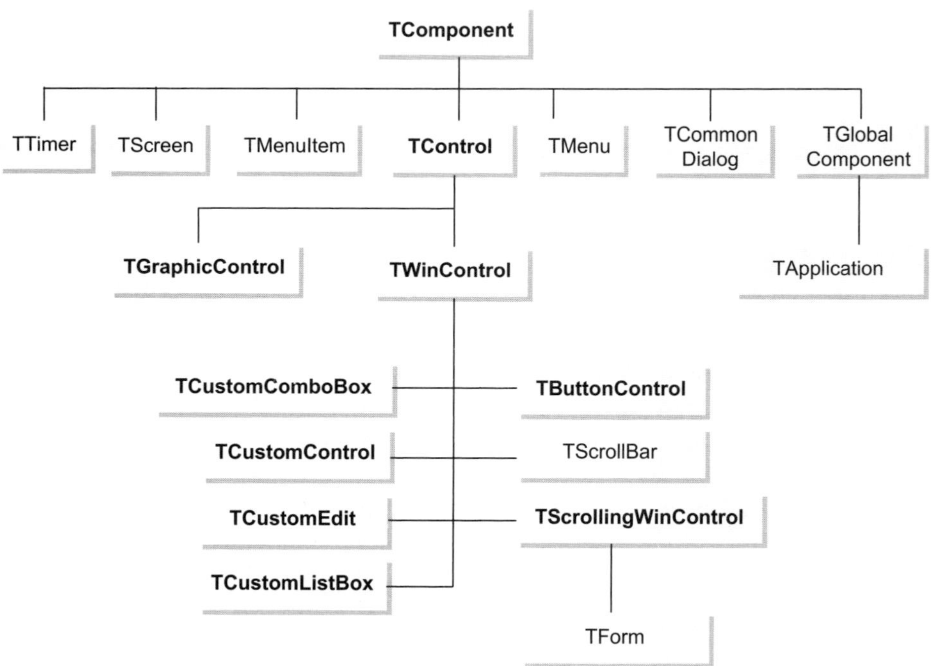

Wir werden uns im Weiteren vorerst auf eine *TComponent*-Komponente beschränken. Im Praxisteil finden Sie auch eine Komponente, die von *TGraphicControl* abgeleitet ist.

Erster Schritt zur eigenen Komponente ist der Menüpunkt *Datei|Neu|Weitere...* In der sich öffnenden Objektgalerie wählen Sie das "Komponente"-Symbol:

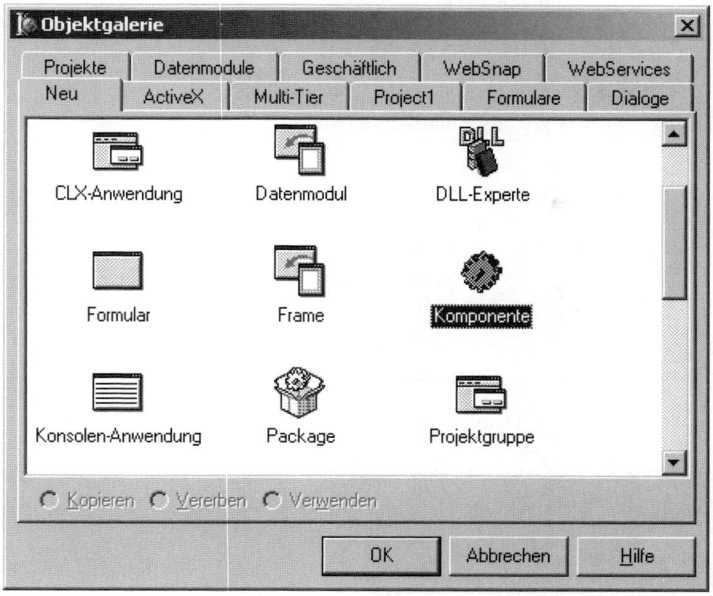

Es öffnet sich ein "Experte", wo Sie Folgendes eintragen:

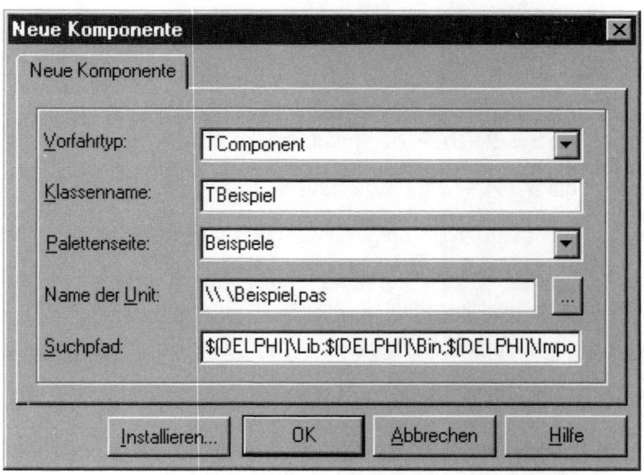

Sie erhalten ein leeres Programmgerüst, das Sie mit "Leben erfüllen" sollen:

```
unit Beispiel;


interface
uses Windows, Messages, SysUtils, Classes, Graphics, Controls, Forms, Dialogs;


type  TBeispiel = class(TComponent)
                private
```

```
            { Private-Deklarationen }
          protected
            { Protected-Deklarationen }
          public
            { Public-Deklarationen }
          published
            { Published-Deklarationen }
          end;

procedure Register;

implementation

procedure Register;
begin
  RegisterComponents('Beispiele', [TBeispiel]);
end;
end.
```

11.3 Eigenschaften

Als Erstes werden wir uns um die verschiedenen Typen von Eigenschaften kümmern. Zwei verschiedene Varianten sollten Sie gleich zu Beginn unterscheiden:

- Eigenschaften, die nur zur Laufzeit "sichtbar" sind
- Eigenschaften, die im Objektinspektor angezeigt und editiert werden können

Die Unterscheidung treffen Sie durch die Wahl des *interface*-Abschnitts in der Klassendefinition. Properties, die im Bereich *Public* definiert wurden, sind nur zu Laufzeit sichtbar, solche aus dem Abschnitt *Published* hingegen auch zur Entwicklungszeit. Eine Einschränkung muss an dieser Stelle allerdings gemacht werden:

Hinweis: Schreibgeschützte Eigenschaften haben im *Published*-Abschnitt nichts verloren, da sie im Objektinspektor auch nicht bearbeitet werden können.

11.3.1 Einfache Eigenschaften

Diese können zum Beispiel vom Typ *String* oder *Integer* sein. Im Objektinspektor haben Sie die Möglichkeit, den Wert zu editieren (nur wenn die Eigenschaft dies zulässt).

Im Folgenden wollen wir vier verschiedene Realisierungsmöglichkeiten von einfachen Eigenschaften näher betrachten:

```
TBeispiel = class(TComponent)
  private
```

```
    FValue     : Integer;
    function GetDatum: TDateTime;
    function GetValue: Integer;
    procedure SetValue(i:integer);
  public                                    // nur zur Laufzeit
    property Datum : TDateTime read GetDatum;
  published                                 // im Objektinspektor
    property Value   :Integer Read FValue Write FValue;
    property Value1  :Integer Read FValue;
    property Value2  :Integer Read GetValue Write SetValue;
end;
```

Die Eigenschaft *Value* lässt sowohl das Lesen als auch das Schreiben zu. Verantwortlich dafür sind die Optionen *Read* bzw. *Write*, die beide direkt auf die private Variable *FValue* zugreifen.

Für die Eigenschaft *Value1* existiert keine *Write*-Option, die Variable *FValue* kann also nur gelesen werden. Damit wird diese Eigenschaft auch nicht im Objektinspektor angezeigt.

Die Property *Value2* verhält sich ähnlich wie *Value*, beim Lesen bzw. Schreiben wird jedoch nicht direkt auf die Variable *FValue* zugegriffen, sondern es wird der Umweg über eine Prozedur (Schreiben) bzw. eine Funktion (Lesen) gewählt. Der Vorteil: Sie haben die Möglichkeit, Wertebereiche zu prüfen, oder Sie können Berechnungen für die Bestimmung der Werte ausführen:

```
function TBeispiel.GetValue: Integer;
begin
    result := FValue+2
end;


procedure TBeispiel.SetValue(i: Integer);
begin
    if i <> FValue then FValue := i + 10
end;
```

Ein gutes Beispiel ist in diesem Zusammenhang die Eigenschaft *Datum*. Die Abfrage des Wertes geschieht über die Funktion *GetDatum*, in der das Systemdatum bestimmt wird:

```
function TBeispiel.GetDatum: TDateTime;
begin
     result := Date
end;
```

Schauen wir uns die *Read*- und die *Write*-Methode einmal genauer an:

Die Read-Methode

Es handelt sich um eine Funktion, die keine Parameter annimmt und einen Wert vom Typ der Eigenschaft zurückliefert. Vereinbarungsgemäß lautet der Funktionsname "*Get...*". Die *Read*-Methode für eine Eigenschaft mit dem Namen *Value* würde also *getValue* heißen.

Die Regel "keine Parameter" kennt eine Ausnahme, nämlich bei Array-Eigenschaften, die ihre Indizes als Parameter übergeben.

Wenn keine *Read*-Methode deklariert wird, erlaubt die Eigenschaft nur Schreibzugriff, was allerdings nur selten einen Sinn ergeben dürfte.

Die Write-Methode

Es handelt sich um eine Prozedur mit genau einem Parameter. Dieser muss vom gleichen Typ sein wie die Eigenschaft. Er kann durch Referenz (*var*) oder als Wert übergeben werden und jeden beliebigen Namen haben. Vereinbarungsgemäß ist der Name der Prozedur "*Set...*" (z.B. *setValue*). Ohne *Write*-Methode gestattet die Eigenschaft nur Lesezugriff.

Üblicherweise wird vor dem Setzen des Wertes überprüft, ob sich der neue Wert vom aktuellen unterscheidet.

Beispiel: Die folgende *Write*-Methode für eine *Integer*-Eigenschaft namens *Value* speichert ihren aktuellen Wert in dem Feld *F_Value*:

```
procedure TMyComponent.SetValue(Value: Integer);
begin
 if Value <> F_Value then F_Value:= Value
end;
```

Die Beschränkung auf private Zugriffsmethoden dient auch der Sicherheit. Anwender von selbst definierten Komponenten können diese Methoden nicht versehentlich von außerhalb aufrufen und damit Eigenschaften irreparabel verändern.

11.3.2 Eigenschaften von Aufzählungstypen

Ist der Wertebereich einer Eigenschaft zur Entwicklungszeit bereits bekannt, können Sie die Fehlermöglichkeiten dadurch einschränken, dass Sie einen Aufzählungstyp verwenden.

Im Objektinspektor wird in diesem Fall eine Liste der zulässigen Werte angezeigt:

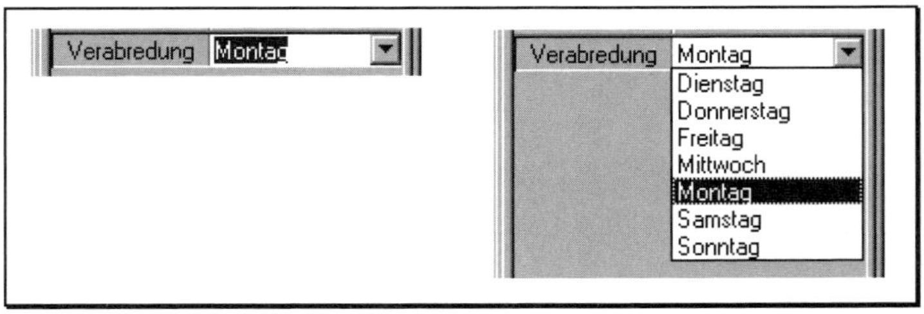

Der Vorteil für den Endanwender liegt auf der Hand: Statt irgendwelcher nummerischer Werte werden aussagefähige Beschriftungen angezeigt. Auf die Verwendung der Hilfefunktion kann deshalb fast immer verzichtet werden.

Für Sie als Entwickler bedeutet ein Aufzählungstyp ein wenig mehr Arbeit, da Sie zuerst einen entsprechenden Typ deklarieren müssen.

Die eigentliche Umsetzung in der Komponentendefinition unterscheidet sich nicht von der einer einfachen Eigenschaft, mit dem Unterschied, dass Sie auf eine Prozedur für das Setzen der Eigenschaft verzichten können (die Fehlerprüfung nimmt der Compiler vor).

```
TAufzaehlung = (Montag, Dienstag, Mittwoch, Donnerstag, Freitag, Samstag, Sonntag);
```

Die Verwendung in der Komponentendefinition:

```
TBeispiel = class(TComponent)
  private
    FTag       : TAufzaehlung;
  published                                // im Objektinspektor
    property Verabredung: TAufzaehlung read FTag write FTag;
  end;
```

11.3.3 Eigenschaften von Mengentypen

Mengentypen gestatten die Auswahl von mehr als einer Option. Im Objektinspektor können Sie entweder die einzelnen Optionen in eckigen Klammern angeben, oder Sie expandieren die Eigenschaft und legen die Optionen getrennt fest (*True/False*):

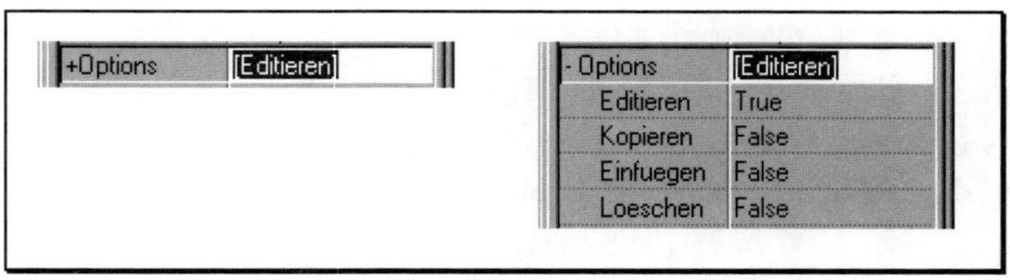

Wie bei den Aufzählungstypen ist es notwendig, vor der Klassendefinition einen neuen Typ zu definieren, der alle zulässigen Optionen festlegt.

```
TMengentyp   = set of (Editieren, Kopieren, Einfuegen, Loeschen);
```

Die Umsetzung in der Komponentendefinition:

```
TBeispiel = class(TComponent)
  private
    FMengentyp : TMengentyp;
  published                               // im Objektinspektor
    property Options: TMengentyp read FMengentyp write FMengentyp;
end;
```

11.3.4 Objekt-Eigenschaften

Während Sie beim vorhergehenden Eigenschaftstyp lediglich *True/False*-Werte als einzelne Optionen festlegen können, bietet eine Objekt-Eigenschaft wesentlich mehr. Das wohl prominenteste Beispiel dürfte die Eigenschaft *Font* sein, die wiederum über eigene Eigenschaften verfügt.

Im Objektinspektor können Sie entweder einen Eigenschaften-Editor verwenden, oder Sie expandieren den Eintrag und legen die Objekt-Eigenschaften einzeln fest:

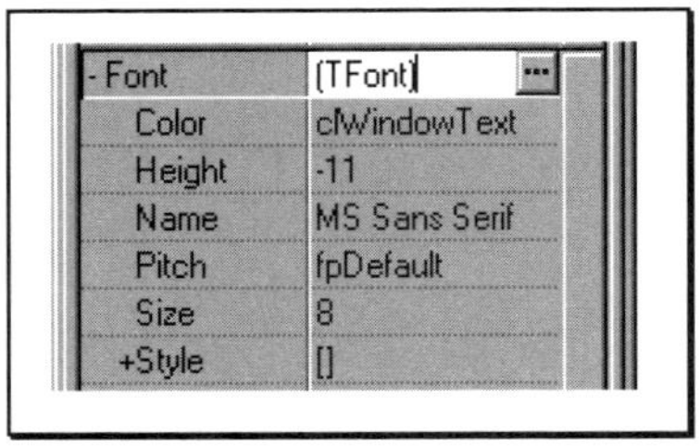

Beispiel: Implementieren eines *TFont*-Objekts in unserer Beispielkomponente.

```
TBeispiel = class(TComponent)
  private
    FFont      : TFont;
  public                                     // nur zur Laufzeit
    constructor Create(AOwner:TComponent); override;
  published                                  // im Objektinspektor
    property Font : TFont read FFont write FFont;
  end;
```

Abweichend von der bisherigen Vorgehensweise ist es jetzt erforderlich, den Konstruktor *Create* zu überschreiben, da das *TFont*-Objekt zuerst initialisiert werden muss:

```
Constructor TBeispiel.Create(AOwner:TComponent);
begin
   inherited Create(AOwner);       // Methode des Vorfahren ausführen
   // ... eigener Initialisierungscode
   FFont := TFont.Create
end;
```

Komplizierter wird die ganze Geschichte, wenn Sie ein neues Objekt erstellen wollen. In diesem Fall genügt es nicht, wenn Sie das Objekt von *TObject* ableiten, es muss schon die Klasse *TPersistent* sein.

Beispiel: Unser Objekt soll drei Eigenschaften vom Typ *Integer* aufweisen.

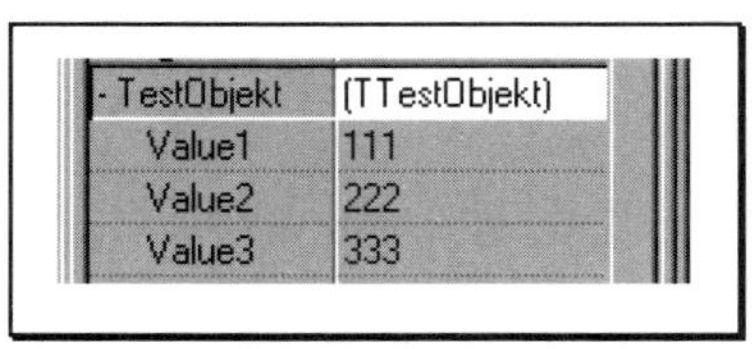

Die Objektdefinition:

```
TTestObjekt = class(TPersistent)
                private
                  FValue1  : Integer;
                  FValue2  : Integer;
                  FValue3  : Integer;
                published
                  property Value1   :Integer Read FValue1 Write FValue1;
                  property Value2   :Integer Read FValue2 Write FValue2;
                  property Value3   :Integer Read FValue3 Write FValue3;
              end;
```

Das Einbinden in die Komponentendefinition:

```
TBeispiel = class(TComponent)
  private
    FTestObjekt: TTestObjekt;
  public  // nur zur Laufzeit
    constructor Create(AOwner:TComponent); override;
  published  // im Objektinspektor
    property TestObjekt : TTestObjekt read FTestObjekt write FTestObjekt;
end;
```

Die Initialisierung darf natürlich nicht vergessen werden:

```
Constructor TBeispiel.Create(AOwner:TComponent);
begin
  inherited Create(AOwner);        // Methode des Vorfahren ausführen
  FTestObjekt := TTestObjekt.Create;
  FTestObjekt.value1:=111;
  FTestObjekt.value2:=222;
  FTestObjekt.value3:=333
end;
```

11.3.5 Komponenten-Eigenschaften

Diese kennen Sie sicher von den Datenbank-Komponenten her, bei denen Sie beispielsweise die *DataSource*-Eigenschaft recht komfortabel festlegen können. Ähnlich wie bei einem Aufzählungstyp werden in einer Klappbox alle Komponenten aufgelistet, die den gewünschten Klassentyp aufweisen.

Beispiel: Wir wollen die Komponente mit einer Eigenschaft ausstatten, die eine Verknüpfung mit *TEdit*-Komponenten ermöglicht:

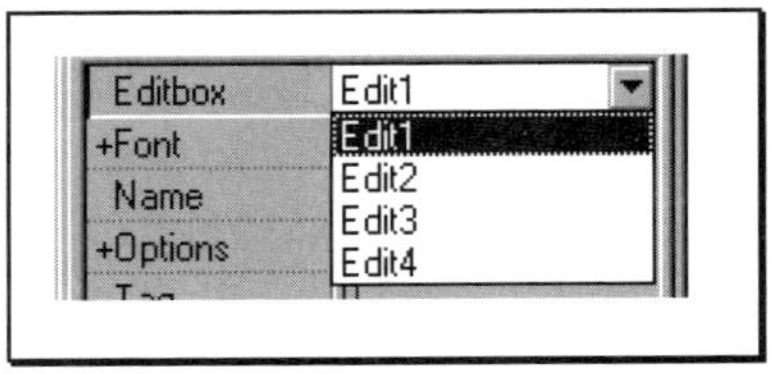

Die Umsetzung ist relativ einfach bewerkstelligt, Sie brauchen lediglich der Eigenschaft den entsprechenden Datentyp zuzuweisen:

```
TBeispiel = class(TComponent)
  private
    FEdit      : TEdit;
  published                                    // im Objektinspektor
    property Editbox: TEdit read FEdit write FEdit;
end;
```

Im Programm haben Sie später die Möglichkeit, beispielsweise mit

```
TBeispiel.FEdit.Text := 'Hallo';
```

die *Text*-Eigenschaft der verknüpften Komponente zu ändern.

An dieser Stelle müssen Sie sich allerdings auf ein Problem einstellen: Belassen Sie es bei obigen Codefragmenten, kommt es unweigerlich zu einer Schutzverletzung, wenn Sie die verknüpfte Komponente löschen. Die Ursache ist schnell geklärt. Da in Ihrer Komponente ein Zeiger auf das andere Objekt abgespeichert ist, dieser aber auf ein nicht mehr existentes Objekt verweist, gibt es Ärger.

Wie nicht anders zu erwarten, haben die Borland-Programmierer natürlich auch für diesen Fall einen Mechanismus vorgesehen, die betroffenen Komponenten von derart wichtigen Änderungen zu benachrichtigen.

Die Notification-Methode

Jede Veränderung (Erzeugen oder Löschen) von Komponenten führt zu einem Aufruf der Methode *Notification*. Über die Parameter der Funktion lässt sich zum einen die betroffene Komponente, zum anderen die eigentliche Operation unterscheiden.

Ihre Aufgabe als Programmierer besteht nun darin, diese Methode zu erweitern, d.h. zu prüfen, ob Eigenschaften Ihrer Komponente von den Änderungen betroffen sind. Erweitern Sie deshalb die Klassendefinition um folgende Anweisungen:

```
...
protected
procedure Notification(AComponent: TComponent; Operation: TOperation); override;
...
```

Die eigentliche Implementierung der Methode:

```
procedure TDBMyEdit.Notification(AComponent: TComponent; Operation: TOperation);
begin
```

Aufruf der geerbten Funktion:

```
  inherited Notification(AComponent, Operation);
```

Wird eine Komponente gelöscht und verweist die Eigenschaft auf die zu löschende Komponente, dann wird die Eigenschaft zurückgesetzt (*nil*):

```
  if (Operation = opRemove) and (FEdit <> nil) and
    (AComponent = Editbox) then EditBox := nil
end;
```

Durch die Zuweisung von *nil* wird wieder ein eindeutiger Zustand der Eigenschaft hergestellt, Schutzverletzungen können jetzt nicht mehr auftreten.

11.3.6 Array-Eigenschaften

Array-Eigenschaften können Sie nicht direkt im Objektinspektor bearbeiten. Entweder benutzen Sie eigene Eigenschafts-Editoren (siehe z.B. *Lines*), oder Sie stellen die Eigenschaft nur zur Laufzeit zur Verfügung.

Beispiel: Unser Array besteht aus sieben Einträgen, die bereits zur Entwurfszeit festgelegt wurden.

```
const tage : array[1..7] of string[2] = ('Mo','Di','Mi','Do','Fr','Sa','So');
```

Sie könnten auch ein dynamisches Array oder eine Liste zur Laufzeit erzeugen und diese als Basis für die Array-Eigenschaft verwenden.

Die Deklaration:

```
type
  TBeispiel = class(TComponent)
  private
    function GetWochentag(Index: Integer): string;
  public                                              // nur zur Laufzeit
    property Wochentag[Index: Integer]: string read GetWochentag;
  end;
```

Array-Eigenschaften werden immer über eine Funktion ausgelesen, da sie einen Index übergeben müssen.

Die Realisierung der Methode:

```
function TBeispiel.GetWochentag(Index: Integer): string;
begin
  if index in [1..7] then
     result := tage[Index]
  else
     result := 'Unbekannt'
end;
```

Damit dürften wir die wichtigsten Varianten von Eigenschaften berücksichtigt haben. Auf alle Kombinationsmöglichkeiten können wir aus Platzgründen leider nicht eingehen, die gezeigten Beispiele dürften jedoch manche Unklarheit beseitigt haben.

11.4 Methoden

Hinter den Methoden von Komponenten verbergen sich nichts anderes als normale Prozeduren oder Funktionen, die jedoch fest an die jeweilige Komponente gekoppelt sind. Aus der Realisierung resultiert auch das Einsatzgebiet: Methoden sollten, im Gegensatz zu Eigenschaften, Aktionen auslösen, die teilweise mit Rückgabewerten verbunden sind (Funktionen). Gleichzeitig bieten sich Methoden auch dann an, wenn es darum geht, mehrere Eigenschaften gleichzeitig zu beeinflussen. Als Beispiel kann in diesem Zusammenhang die *SetBounds*-Methode genannt werden, diese beeinflusst die Eigenschaften *Left*, *Top*, *Width* und *Height*.

11.4.1 Allgemeines

Deklarationsabschnitt

Grundsätzlich können Sie Methoden in den Abschnitten *public*, *protected* und *private* der Klassendefinition deklarieren. Die letzte Variante ist allerdings kaum für die Definition eines Interfaces geeignet, lediglich die Property-Get- und -Set-Funktionen bzw. -Prozeduren sollten Sie in diesem Abschnitt deklarieren, um den direkten Zugriff durch den Anwender der Komponente zu verhindern.

Der *protected*-Abschnitt verbirgt die Methoden vor dem "normalen" Quelltext eines Programms, abgeleitete Objekte können jedoch problemlos auf derartige Methoden zugreifen.

Beispiel: Die Klasse *TObject1* definiert eine Methode *ausgabe* im *protected*-Abschnitt. Die Klasse *TObject2* ist von *TObject1* abgeleitet und versucht, auf die Methode *ausgabe* zuzugreifen.

```
type TObject1 = class
                 protected
                   procedure ausgabe; virtual;
                end;

procedure TObject1.ausgabe;
begin
  ShowMessage('Hier ist TObject1')
end;

type TObject2 = class(TObject1)
                end;
var o1 : TObject1;
    o2 : TObject2;
```

Die folgenden Zeilen würden zu einem Fehler führen (undefinierter Bezeichner):

```
o1 := TObject1.Create;
o1.ausgabe;                    // !!!!! Fehler
```

Hingegen ist es für die Klasse *TObject2* kein Problem, die Methode zu verwenden:

```
o2 := TObject2.Create;
o2.ausgabe;
```

Was bleibt, ist der *public*-Abschnitt, in dem Sie alle Methoden deklarieren, die sowohl in der eigenen Instanz als auch in allen abgeleiteten Klassen verfügbar sind.

Hinweis: Der Abschnitt *published* (Anzeige im Objektinspektor) dürfte wohl kaum für Methoden geeignet sein, da diese immer erst zur Laufzeit verfügbar sind.

Static, Virtual, Dynamic, Abstract

In der Interface-Deklaration müssen Sie neben Methodennamen, Parametern etc. auch den Typ bzw. Zuteilung/Gültigkeitsbereich der Methode deklarieren:

Static (Default) Die Methode wird wie jede andere Prozedur oder Funktion behandelt, der Compiler setzt die Adresse in das Programm ein. *Static*-Methoden können nicht überschrieben, sondern nur ersetzt werden.

```
type TObject1 = class
                 protected
                   procedure ausgabe;
               end;
```

Virtual Die Methode kann durch eine abgeleitete Klasse überschrieben werden und wird erst zur Laufzeit mit dem zugehörigen Code verbunden. Zur Verwaltung verwendet das Programm eine so genannte Virtual Methode Table (VMT). Virtuelle Methoden sind geringfügig langsamer als statische Methoden.

```
type TObject1 = class
                 protected
                   procedure ausgabe; virtual;
               end;
```

Dynamic Diese Methoden funktionieren wie virtuelle Methoden, der Verwaltungsmechanismus unterscheidet sich jedoch. Dies führt zu einer etwas langsameren Ausführungsgeschwindigkeit, der Speicher wird jedoch nicht durch die Einträge in der VMT belastet.

Abstract Hierbei handelt es sich eigentlich nur um die Deklaration der Schnittstellen, um die Implementierung müssen sich die Nachfahren der Klasse kümmern. Wird die Methode ohne Implementierung aufgerufen, führt dies zu einem Laufzeitfehler.

Abstrakte Methoden müssen immer als *virtual* oder *dynamic* deklariert sein.

```
type TObject1 = class
```

```
                  protected
                    procedure ausgabe; virtual; abstract;
                end;
```

Die Implementierung in der abgeleiteten Klasse:

```
type Tobject2 = class(TObject1)
                    procedure ausgabe;
                 end;


procedure TObject2.ausgabe;
begin
   showMessage('Hier ist TObject2')
end;
```

11.4.2 Konstruktoren und Destruktoren

In beiden Fällen handelt es sich um spezielle Methoden, die bereits vom allgemeinen Vorfahren *TObject* geerbt wurden.

Konstruktoren

Konstruktoren werden zum Erzeugen und Initialisieren neuer Objekte benutzt (Instanzenbildung).

```
var b : TButton;
...
b := TButton.Create(self);
```

Normalerweise wird der Konstruktor mit *Create* bezeichnet, es ist jedoch ohne weiteres möglich, andere Namen zu verwenden. Weiterhin kann ein Objekt auch mehrere Konstruktoren besitzen. Bestes Beispiel dürfte in diesem Zusammenhang die Klasse *Exception* sein:

```
Exception = class(TObject)
  private
    FMessage: string;
    FHelpContext: Integer;
public
    constructor Create(const Msg: string);
    constructor CreateFmt(const Msg: string; const Args: array of const);
    constructor CreateRes(Ident: Integer);
    constructor CreateResFmt(Ident: Integer; const Args: array of const);
    constructor CreateHelp(const Msg: string; AHelpContext: Integer);
    constructor CreateFmtHelp(const Msg: string; const Args: array of const;
                              AHelpContext: Integer);
    constructor CreateResHelp(Ident: Integer; AHelpContext: Integer);
    constructor CreateResFmtHelp(Ident: Integer; const Args: array of const;
```

```
            AHelpContext: Integer);
   ...
```

Wie Sie sehen, können die einzelnen Konstruktoren mit völlig verschiedenen Parametern aufgerufen und initialisiert werden.

Bei Aufruf eines Konstruktors wird auf dem Heap Speicherplatz für das Objekt allokiert und mit 0 initialisiert. Weiterhin wird der Implementierungscode ausgeführt und eine Referenz auf den neu allokierten und initialisierten Speicherbereich zurückgegeben (Instanz).

Im Zusammenhang mit dem Konstruktor ist es in vielen Fällen erforderlich, auch die Konstruktor-Methode des Vorgänger-Objekts auszuführen, um dessen Initialisierungen nicht zu überschreiben. Verwenden Sie dazu einen Aufruf des geerbten Konstruktors im Zusammenhang mit dem Schlüsselwort *inherited.*

```
type TObject2 = class(TObject1)
           private
             FCount : Integer;
           protected
             constructor Create (count : Integer);
           public
             procedure ausgabe;
           end;

constructor TObject2.Create(count : Integer);
begin
  inherited Create;        // Aufruf der geerbten Methode
  FCount := count          // Initialisieren privater Variablen
end;
```

Rufen Sie den Vorgänger-Konstruktor immer vor dem neuen Code auf.

Hinweis: Ein derartiger Aufruf führt lediglich den entsprechenden Code aus und liefert keinerlei Referenz auf ein neues Objekt.

Destruktoren

Diese werden zum Löschen und Deinitialisieren von Objekten verwendet. Im Gegensatz zum Konstruktor müssen Sie die eigenen Anweisungen (Freigabe von Ressourcen etc.) vor dem Aufruf des geerbten Destruktors ausführen (*inherited*). Danach gibt der Destruktor den vom Objekt allokierten Speicherbereich frei.

Wie beim Konstruktor ist es auch hier möglich, für eine Klasse verschiedene Destruktoren zu deklarieren, Sie sollten jedoch immer nur den ererbten Destruktor *Destroy* überschreiben.

11.4.3 Überschreiben von Methoden

Eigentlich haben Sie bereits eine Möglichkeit zum Überschreiben von Methoden kennen gelernt: die Deklaration neuer Konstruktoren und Destruktoren. Ähnliches ist auch ganz allgemein für Methoden möglich. Ein etwas längeres Beispiel soll den Ablauf verdeutlichen.

Deklarieren der Parent-Klasse:

```
type TObject1 = class
                 protected
                   procedure ausgabe; virtual;
               end;


procedure TObject1.ausgabe;
begin
   ShowMessage('Hier ist TObject1')
end;
```

Die Klasse *TObject2* überschreibt die Methode *ausgabe*, ruft aber die ursprüngliche Methode auf:

```
type TObject2 = class(TObject1)
                public
                   procedure ausgabe; override;
                end;


procedure TObject2.ausgabe;
begin
  inherited ausgabe;
  ShowMessage('Hier ist TObject2')
end;
```

Wie schon erwähnt, lassen sich nur *virtual*- und *dynamic*-Methoden überschreiben, handelt es sich um eine *static*-Methode, wird diese komplett ersetzt.

Hinweis: Eine abstrakte Methode können Sie wie jede virtuelle oder dynamische Methode überschreiben, in der Implementierung ist es jedoch nicht möglich, eine *inherited*-Methode aufzurufen.

11.4.4 Methoden überladen

Seit der Version 4 bietet Delphi auch die Möglichkeit, Methoden, d.h. unter anderem auch die Konstruktoren, zu "überladen" (*overloading*). Im Grunde wird damit nichts anderes gemeint, als dass unter dem gleichen Prozedur-/Methodennamen verschiedene Implementierungen realisiert werden.

Das Problem für den Compiler: Wie können diese verschiedenen Versionen zugeordnet werden?

Die Antwort findet sich in einer Einschränkung des Overloading-Mechanismus: Die Methoden müssen sich in Art und/oder Anzahl der Parameter unterscheiden.

```
constructor Create(Person: TPerson); overload; override;
```

und gleichzeitig

```
constructor Create(Person: TPerson; gehalt: Double); overload;
```

Ein sinnvoller Einsatzzweck sind beispielsweise getrennte Methoden-Implementationen für Gleitkomma- und Ganzzahl-Operationen, d.h., Sie rufen z.B. eine Methode *Berechne* auf und müssen sich keine Gedanken um den Datentyp machen. Diese Aufgabe übernimmt für Sie der Compiler.

11.5 Ereignisse (Events)

Nicht ganz so einfach wie das Programmieren von Methoden ist die Realisierung von Ereignissen bzw. Ereignisprozeduren. Events stellen einen Mechanismus dar, der ein externes Ereignis (zum Beispiel eine Windows-Botschaft) mit einer Pascal-Routine verbindet. Genauer gesagt handelt es sich um einen Zeiger auf eine Objekt-Methode.

Ereignisse werden wie Properties deklariert, mit dem Unterschied, dass Sie mit *read* und *write* jeweils direkt auf eine *private*-Variable zugreifen. Diese Variable hat denselben Typ wie die Eigenschaft und muss ein Methodenzeigertyp, wie zum Beispiel *TNotifyEvent*, sein:

```
TNotifyEvent = procedure (Sender: TObject) of Object;
type TXYZ = class(TComponent)
          private
             FOnClick: TNotifyEvent;
          ...
          protected
             property OnClick: TNotifyEvent read FOnClick write FOnClick;
          end;
```

Sollen weitere Informationen an die Ereignisprozedur übergeben werden (Koordinaten etc.), können Sie auch einen eigenen Objekttyp deklarieren:

```
type
  TDragDropEvent = procedure(Files : TStringList) of Object;

  TSystem = class(TComponent)
           private
              FOnDragDrop : TDragDropEvent;
           published
              property OnDragDrop: TDragDropEvent read FOnDragDrop write FOnDragDrop;
```

Alternativ können Sie auch Werte aus einer Ereignisprozedur an die Komponente zurückgeben. Deklarieren Sie in diesem Fall die Parameter des Methodenzeigertyps als *var*.

```
type
  TKeyPressEvent = procedure(Sender: TObject; var Key: Char) of Object;
```

11.5.1 Standardereignisse

Komponenten, die Sie von *TControl* bzw. einem Nachfahren von *TControl* ableiten, verfügen bereits über einen Satz von Ereignissen, die jedoch als *protected* deklariert sind.

Standardereignisse für Dialogelemente (Parent *TControl*)

Die folgenden Ereignisse erben alle Komponenten, die von *TControl* abgeleitet werden:

OnClick	*OnDragDrop*	*OnEndDrag*	*OnMouseMove*
OnDblClick	*OnDragOver*	*OnMouseDown*	*OnMouseUp*

Die zugehörigen Methoden sind als *dynamic* in *TControl* deklariert, die Methodenbezeichner entsprechen den Ereignisnamen ohne das vorangestellte "On".

Standardereignisse für Standarddialogelemente (*TWinControl*)

Windows-Dialogelemente verfügen zusätzlich über die folgenden Ereignisse:

OnEnter	*OnKeyDown*	*OnKeyPress*
OnKeyUp	*OnExit*	

Wollen Sie die oben genannten Methoden dem Anwender zur Verfügung stellen, müssen Sie die Deklaration in *public* oder *published* ändern. Parameter bzw. Implementierung müssen Sie nicht erneut aufführen:

```
TTestControl = class(TWinControl)
  published
    property OnClick;
    { Published-Deklarationen }
  end;
```

Binden Sie diese Komponente in ein Projekt ein, steht Ihnen im Objektinspektor als einziges Ereignis *OnClick* zur Verfügung.

11.5.2 Überschreiben der Standardereignisse

Wollen Sie das Standard-Verhalten von Komponenten verändern, können Sie die Ereignismethoden auch überschreiben. Beispielsweise soll bei jedem Tastendruck in einem *TEdit*-Feld ein Piepton erzeugt werden, ansonsten soll aber alles beim Alten bleiben. Wir leiten zu diesem Zweck eine neue Komponente *TBeepEdit* von *TEdit* ab:

```
type  TBeepEdit = class(TEdit)
                  protected
                     procedure KeyPress( var Key: char ); override;
                  end;
```

Hinweis: Vergessen Sie keinesfalls die Anweisung *override* !

Tritt das Ereignis auf, wird zunächst die Standardbehandlungsroutine (vom Parent) aufgerufen. Zum Schluss fügen wir eigenen Code hinzu:

```
procedure TBeepEdit.KeyPress( var Key: char );
begin
   inherited KeyPress( Key);
   Beep
end;
```

Sie könnten auf diese Weise auch die Eingabe auf nummerische Zeichen beschränken. Allerdings sollten Sie in diesem Fall erst die eigene Routine und danach die geerbte Methode ausführen:

```
procedure TBeepEdit.KeyPress( var Key: Char);
begin
   if not key in ['0' ... '9'] then key:= #0;
   inherited KeyPress( Key );
   Beep
end;
```

11.5.3 Neue Ereignisse

Der erste Schritt zum neuen Ereignis ist die Typ-Definition für die Ereignisbehandlungsroutine (Event-Handler). Dabei können Sie entweder die bereits vordefinierten Typen verwenden, oder Sie erstellen einen neuen Typ.

```
TDragDropEvent = procedure(Files : TStringList) of Object;
```

Wie schon erwähnt, können Sie auch Werte aus der Routine zurückgeben. Deklarieren Sie die Übergabewerte als *var*-Parameter.

Als Nächstes müssen Sie sich um den Methodenzeiger kümmern, deklarieren Sie dazu eine private Variable:

```
TSystem = class(TComponent)
            private
               FOnDragDrop : TDragDropEvent;
```

Letzter Schritt bei der Interface-Deklaration ist die Eigenschaft für das Ereignis:

```
            published
               property OnDragDrop: TDragDropEvent read FOnDragDrop
                                                   write FOnDragDrop;
```

Diese muss sich natürlich im *published*-Abschnitt befinden, da andernfalls das Ereignis nicht im Objektinspektor angezeigt wird.

Was jetzt noch fehlt, ist ein Auslöser für das Ereignis. Zwei verschiedene Varianten bieten sich dazu an:

- Das Ereignis ist die Folge einer Windows-Message.
- Sie lösen das Ereignis aus einer Methode der Komponente aus.

Beispielsweise könnten Sie bei der *TBeepEdit*-Komponente dann aus dem vorhergehenden Abschnitt ein *OnError*-Ereignis auslösen, wenn kein nummerisches Zeichen eingegeben wird.

```
type TBeepEdit = class(TEdit)
              private
                FOnError: TNotifyEvent;
              protected
                procedure KeyPress(var Key: char); override;
              published
                property  OnError: TNotifyEvent read FOnError write FOnError;
              end;

procedure TBeepEdit.KeyPress(var Key: char);
begin
   if (Key < '0')or(Key > '9') then begin
      if Assigned(OnError) then OnError(Self);
      Key := #0
   end;
   inherited KeyPress( Key )
end;
```

Wie Sie dem Beispiel entnehmen können, wird die Ereignisroutine nicht sofort aufgerufen, vielmehr wird vorher geprüft, ob der Anwender das Ereignis auch belegt hat (*if Assigned*[1]).

Beispiel: Für eine Windows-Message, die Event-Auslöser ist, wollen wir WM_SIZE verwenden, das immer an ein fensterähnliches Dialog-Element gesendet wird, wenn eine Größenänderung stattgefunden hat (das betrifft auch die Komponente *TEdit*, von der wir *TBeepEdit* ableiten).

```
type  TBeepEdit = class(TEdit)
              private
                FOnResize: TNotifyEvent;
              protected
                procedure WMSize( var Message: TWMSize ); message WM_SIZE;
              published
                property  OnResize: TNotifyEvent read FOnResize write FOnResize;
              end;

procedure TBeepEdit.WMSize(var Message: TWMSize);
begin
  if Height <> 21 then begin
     Height := 21;
```

[1] Sie können auch direkt einen Vergleich mit *nil* verwenden.

```
    Refresh
  end;
  if Assigned(OnResize) then OnResize(Self)
end;
```

Mit der Message-Prozedur (an dieser Stelle handelt es sich noch nicht um die Event-Prozedur) verhindern wir einerseits, dass die Komponente höher als 21 Pixel wird, andererseits lösen wir das Ereignis *OnResize* aus.

Beachten Sie, dass zwar der Code innerhalb von *WMSize* zur Entwurfszeit ausgeführt wird, nicht jedoch die Ereignisroutine.

11.6 Die wichtigsten Komponententypen

Wie schon in der Einführung dieses Kapitels erwähnt, wollen wir uns nach dem eigentlichen Theorieteil noch einmal speziellen praktischen Themen zuwenden. Ausgehend von jeweils einem Beispiel möchten wir Ihnen im Zusammenhang die wichtigsten Schritte zur fertigen Komponente aufzeigen.

11.6.1 Datengebundene Komponenten

Als Beispiel für eine datengebundene Komponente wollen wir einen absolut simplen Nachfahren von *TEdit* erzeugen, der sich an eine Tabellenspalte binden lässt.

"Nicht sehr anspruchsvoll" werden Sie sagen, zumal eine entsprechende Komponente bereits existiert. Umso besser: So brauchen wir uns um die Funktionsbeschreibung nicht weiter zu kümmern, wir können gleich zu den Einzelheiten kommen. Wie Sie noch sehen werden, ist der Verwaltungsaufwand hinter den Kulissen relativ groß.

Ausgangspunkt ist wie immer der Komponentenexperte. Als Vorfahrtyp wählen wir *TEdit*, unsere neue Komponente bekommt die Bezeichnung *TDBMyEdit*:

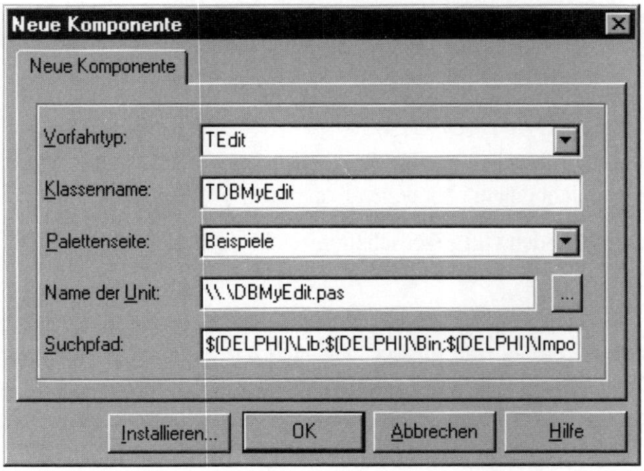

Im Anschluss dürfen Sie die Finger über die Tastatur tanzen lassen, allein die Änderungen an der Klassendefinition sind schon recht umfangreich:

```
type
  TDBMyEdit = class(TEdit)
  private
    { Private-Deklarationen }
    FDataLink: TFieldDataLink;
    procedure DataChange(Sender: TObject);
    procedure EditingChange(Sender: TObject);
    procedure UpdateData(Sender: TObject);
    function GetDataField: string;
    function GetDataSource: TDataSource;
    function GetField: TField;
    procedure SetDataField(const Value: string);
    procedure SetDataSource(Value: TDataSource);
    procedure CMGetDataLink(var Message: TMessage); message CM_GETDATALINK;
  protected
    procedure Change; override;
    procedure KeyPress(var Key: Char); override;
    procedure Notification(AComponent: TComponent; Operation: TOperation); override;
  public
    constructor Create(AOwner: TComponent); override;
    destructor Destroy; override;
    property Field: TField read GetField;
  published
    { Published-Deklarationen }
    property DataField: string read GetDataField write SetDataField;
    property DataSource: TDataSource read GetDataSource write SetDataSource;
  end;
```

Lassen Sie sich nicht abschrecken, dieser Aufwand ist nur nötig, wenn Sie eine datengebundene Komponente aus einer nicht datengebundenen Komponente erzeugen.

Wofür die einzelnen Methoden und Eigenschaften zuständig sind, wollen wir im Folgenden klären.

Konstruktor

Mit dem Erstellen der Komponente müssen wir auch ein *FieldDataLink*-Objekt erstellen (private Variable). Über dieses Objekt wird die Kommunikation mit den anderen Datenbank-Komponenten hergestellt. Weisen Sie dem *FieldDataLink*-Objekt eine Datenquelle (*DataSource*) zu, wird Ihre Komponente bei jeder Änderung (Datensatzwechsel, Moduswechsel etc.) benachrichtigt. Als Schnittstellen dienen drei Methoden (*OnDataChange, OnEditingChange, OnUpdateData*), die Sie entsprechend auswerten müssen.

```
constructor TDBMyEdit.Create(AOwner: TComponent);
begin
  inherited Create(AOwner);
  FDataLink := TFieldDataLink.Create;
  FDataLink.Control := Self;
  FDataLink.OnDataChange := DataChange;
  FDataLink.OnEditingChange := EditingChange;
  FDataLink.OnUpdateData := UpdateData
end;
```

Destruktor

Beim Zerstören Ihrer Komponente müssen Sie natürlich auch die selbst erstellten Objekte deinitialisieren:

```
destructor TDBMyEdit.Destroy;
begin
  FDataLink.Free;
  FDataLink := nil;
  inherited Destroy
end;
```

Die Eigenschaften DataSource und DataField

Nächster Schritt ist die Realisierung der Eigenschaften *DataSource* und *DataField* mit Hilfe der Schnittstellen-Methoden:

```
function TDBMyEdit.GetDataSource: TDataSource;
begin
  Result := FDataLink.DataSource
end;
```

Gespeichert werden die Werte im *DataLink*-Objekt:

```
procedure TDBMyEdit.SetDataSource(Value: TDataSource);
begin
  FDataLink.DataSource := Value;
  if Value <> nil then Value.FreeNotification(Self)
end;

function TDBMyEdit.GetDataField: string;
begin
  Result := FDataLink.FieldName
end;
```

```
procedure TDBMyEdit.SetDataField(const Value: string);
begin
  FDataLink.FieldName := Value
end;
```

Die Notification-Methode

Wie schon im Theorieteil erwähnt (Abschnitt 11.3.5), müssen wir auch für den Fall vorsorgen, dass eine gebundene Komponente gelöscht wird:

```
procedure TDBMyEdit.Notification(AComponent: TComponent; Operation: TOperation);
begin
  inherited Notification(AComponent, Operation);
  if (Operation = opRemove) and (FDataLink <> nil) and
    (AComponent = DataSource) then DataSource := nil
end;
```

Als Nächstes kümmern wir uns um die drei Ereignis-Methoden.

EditingChange, DataChange, UpdateData

Jede Änderung des Bearbeitungsmodus (Browse zu Edit etc.) führt zu einem Aufruf von *Editing-Change*. Sie könnten beispielsweise die Komponente farbig hinterlegen, um dem Bearbeiter den neuen Modus anzuzeigen. In der vorliegenden Komponente werden wir das Ereignis nicht weiter auswerten:

```
procedure TDBMyEdit.EditingChange(Sender: TObject);
begin
  inherited
end;
```

Ganz anders beim Ereignis *DataChange*. Hier reagieren wir auf die Änderung des Feldinhalts. Ursache könnte beispielsweise das Scrollen durch die Datenmenge sein.

```
procedure TDBMyEdit.DataChange(Sender: TObject);
begin
  if FDataLink.Field <> nil then begin
    if FDataLink.Field is TStringField then Text := FDataLink.Field.AsString;
    Modified:= False;
  end else
  if csDesigning in ComponentState then Text := Name else Text := ''
end;
```

Sollte der Komponente zur Entwicklungszeit (*if csDesigning in ComponentState*) keine Datenquelle zugewiesen sein, zeigen wir den Namen der Komponente an, sonst einen Leerstring.

Mit dem Ereignis *UpdataData* können Sie die Inhalte der Komponente in die Tabellenspalte übernehmen:

```
procedure TDBMyEdit.UpdateData(Sender: TObject);
begin
  FDataLink.Field.AsString:= Text
end;
```

Damit haben wir eigentlich alle wesentlichen Funktionen realisiert, allerdings ist unsere Komponente noch nicht sehr kontaktfreudig. Was fehlt, ist die Meldung an die übergeordnete *DataSource*, dass sich in unserer Komponente etwas getan hat (Eingabe).

Benachrichtigen der übergeordneten Komponenten

Jeder Tastendruck in unserer Komponente hat zur Folge, dass die Datenmenge in den Editiermodus umschaltet. Einzige Ausnahme: Die ESC-Taste führt dazu, dass der alte Feldinhalt wiederhergestellt wird:

```
procedure TDBMyEdit.KeyPress(var Key: Char);
begin
    inherited KeyPress(Key);
    if Key = #27 then
       FDataLink.Reset
    else
       FDataLink.Edit
end;
```

Über Änderungen in der Komponente benachrichtigen wir die anderen Komponenten über das *Change*-Ereignis. Durch den Aufruf von *Modified* wird signalisiert: "Hier hat sich etwas geändert!"

```
procedure TDBMyEdit.Change;
begin
  inherited Change;
  if Modified then begin
    FDataLink.Modified
  end
end;
```

Wie Sie sehen, wird die gesamte Kommunikation mit den anderen Datenbank-Komponenten über das *DataLink*-Objekt abgewickelt.

Sie haben sicherlich erkannt, dass es nicht ganz trivial ist, eine datengebundene Komponente zu entwickeln. Auch das vorliegende Beispiel konnte nur einen kleinen (aber wesentlichen) Teil der Funktionalität aufzeigen. Wichtig ist an dieser Stelle nur, dass Sie mit obigem Grundgerüst die wesentlichen Aufgaben einer datengebundenen Komponente abdecken können.

Damit wenden wir uns der nächsten Gruppe von Komponenten zu.

11.6.2 Nicht sichtbare Komponenten

Ausgangspunkt für derartige Komponenten, die zur Laufzeit ein Schattendasein führen, ist die Klasse *TComponent*. Im Theorieteil dieses Kapitels wurden bereits alle wesentlichen Aspekte dieses Komponententyps dargestellt, wir wollen uns deshalb auf eine Komponente beschränken, die ein Dialogformular verwaltet (ähnlich *TOpenDialog*). Dabei wollen wir uns nicht auf das einfache Anzeigen des Dialogs beschränken, sondern auch eine Interaktion ermöglichen. Dazu ist es nötig, Ereignisse des Formulars über das Komponenten-Interface zur Verfügung zu stellen.

Klassendefinition

Ausgangspunkt ist, wie nicht anders zu erwarten, eine Ableitung der Klasse *TComponent*:

```
type
  TNonVis = class(TComponent)
  private
    { Private-Deklarationen }
    FOnYesClick: TNotifyEvent;
    FOnNoClick: TNotifyEvent;
    FOnHelpClick: TNotifyEvent;
    FBoundedEdit: TEdit;
  protected
    { Protected-Deklarationen }
        procedure Notification(AComponent: TComponent; Operation: TOperation); override;
  public
    { Public-Deklarationen }
    procedure ShowDialog;
  published
    { Published-Deklarationen }
    property BoundedEdit: TEdit read FBoundedEdit write FBoundedEdit;
    property OnYesClick: TNotifyEvent read FOnYesClick write FOnYesClick;
    property OnNoClick: TNotifyEvent read FOnNoClick write FOnNoClick;
    property OnHelpClick: TNotifyEvent read FOnHelpClick write FOnHelpClick;
  end;
```

Neben drei Ereignissen (wir kommen später darauf zurück) wird eine Eigenschaft (ein gebundenes Editfeld) sowie eine Methode (die Anzeige des Dialogs) über die Komponente bereitgestellt.

Implementieren des Formulars

Erzeugen Sie einen einfachen Dialog mit folgendem grundsätzlichen Aufbau:

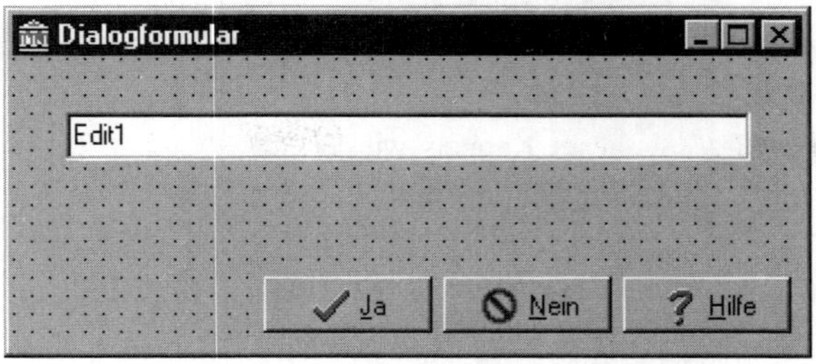

Erweitern Sie nachfolgend die Klassendefinition des Formulars:

```
type
  TMyForm1 = class(TForm)
    BitBtn1: TBitBtn;
    BitBtn2: TBitBtn;
    BitBtn3: TBitBtn;
    Edit1: TEdit;
    procedure BitBtn1Click(Sender: TObject);
    procedure BitBtn2Click(Sender: TObject);
    procedure BitBtn3Click(Sender: TObject);
  private
    { Private-Deklarationen }
  public
    { Public-Deklarationen }
    FKompo  : TNonvis;
  end;
```

Über diese recht einfach implementierte Eigenschaft *FKomp* (Sie könnten auch zwei Interface-Methoden schreiben) werden wir eine Referenz auf die Komponenten-Instanz übergeben. Auf diese Weise wird es uns möglich, aus dem Dialog heraus auf Ereignisse und Eigenschaften der Komponente Einfluss zu nehmen.

In unserem speziellen Beispiel geht es darum, dass jeder Tastendruck ein Ereignis in der Komponente auslösen soll:

```
procedure TMyForm1.BitBtn1Click(Sender: TObject);
begin
   if Assigned(fkompo.OnYesClick) then fkompo.OnYesClick(Self);
   if Assigned(fkompo.BoundedEdit) then fkompo.BoundedEdit.Text:= Edit1.Text;
   Close
end;

procedure TMyForm1.BitBtn2Click(Sender: TObject);
begin
   if Assigned(fkompo.OnNoClick) then fkompo.OnNoClick(Self);
```

```
   Close
end;

procedure TMyForm1.BitBtn3Click(Sender: TObject);
begin
   if Assigned(fkompo.OnHelpClick) then fkompo.OnHelpClick(Self)
end;
```

Nach dem Test, ob die jeweilige Methode bzw. Eigenschaft auch zugewiesen wurde (*if Assigned*), können wir die Ereignisse auslösen bzw. die Eigenschaften setzen.

Komponenten-Interface

Bleibt lediglich die Implementierung der Komponente:

```
uses mForm1;
```

Vor der Anzeige der Dialogbox müssen wir die aktuelle Instanz (*Self*) der Komponente an den Dialog übergeben.

```
procedure TNonVis.ShowDialog;
begin
   myForm1.FKompo := Self;
   myForm1.ShowModal
end;
```

Werden gebundene Komponenten geändert (Eigenschaft *BoundedEdit*), müssen wir darauf reagieren:

```
procedure TNonVis.Notification(AComponent: TComponent; Operation: TOperation);
begin
  inherited Notification(AComponent, Operation);
  if (Operation = opRemove) and
     (FBoundedEdit <> nil) and
     (AComponent = BoundedEdit) then BoundedEdit := nil
end;
```

Damit ist unsere Komponente auch schon fertig.

In einem Programm kann nach dem Einbinden der Komponente und dem Aufruf der Methode *ShowDialog* über die Ereignisse der aktuelle Status der Dialogbox abgefragt werden.

Beispiel: Reaktion auf die "Nein"-Taste

```
procedure TForm1.NonVis1NoClick(Sender: TObject);
begin
     ShowMessage('No wurde gewählt');
     Abort
end;
```

Auf ein Problem möchten wir Sie noch aufmerksam machen:

Hinweis: Nicht sichtbare Komponenten können keine Windows-Botschaften empfangen, da es sich nicht um Fenster handelt.

Wie es dennoch geht, zeigt Ihnen das Beispiel 11.10.2 aus dem Praxisteil.

11.6.3 Grafische Komponenten

Eine dritte Gruppe von Komponenten ist für die grafische Ausgabe im weitesten Sinne zuständig. Dabei kann es sich um einfache Grafiken (Vektor/Bitmap) oder auch um komplexe Darstellungen (Tabellen etc.) handeln.

In die Wahl des Vorfahrtyps sollten Sie folgende Überlegungen einbeziehen:

- Braucht die Komponente einen Fenster-Handle?
- Soll die Komponente zur Laufzeit den Fokus erhalten?
- Sollen andere Komponenten im Clientbereich der Komponente abgelegt werden?

Ist keine der obigen Forderungen zu erfüllen, können Sie die Komponente von *TGraphicControl* ableiten. Andernfalls ist *TWinControl* oder einer der Nachfahren von *TWinControl* die richtige Wahl.

Hinweis: Komponenten, die von *TGraphicControl* abgeleitet werden, brauchen weniger Systemressourcen, da keine Fenster-Handle verwaltet werden müssen.

Als Beispiel wollen wir eine einfache Komponente realisieren, die in der Lage ist, Grafiken aus einer *ImageList* anzuzeigen. Zwei Eigenschaften bilden dabei die Schnittstelle:

- *ImageList*
- *ImageIndex*

Erzeugen Sie also eine neue Komponente (z.B. *ImageView*), die von der Klasse *TGraphicControl* abgeleitet ist.

Komponenten-Interface

Erweitern Sie die Klassendefinition wie folgt:

```
type
  TImageView = class(TGraphicControl)
  private
    FImageList  : TImageList;
    FImageIndex : Integer;
    procedure SetImageList(value: TImageList);
    function GetImageList:TImageList;
    procedure SetImageIndex(value: Integer);
```

```
    function GetImageIndex: Integer;
   protected
    procedure paint; override;
    procedure Notification(AComponent: TComponent; Operation: TOperation); override;
  public
    constructor Create(AOwner:Tcomponent); override;
  published
    property ImageList: TImageList read getImageList write setImageList;
    property ImageIndex: Integer read getImageIndex write setImageindex;
  end;
```

Neben einer privaten Variablen zum Speichern der Referenz auf das *ImageList*-Objekt (*FImageList*) benötigen wir noch einige Interface-Methoden (*Get..., Set...*).

Wesentlichster Teil unserer Erweiterung ist das Überschreiben der *Paint*-Methode. Diese wird vom Parent der Komponente immer dann aufgerufen, wenn der Inhalt erneut dargestellt werden muss.

Da die Eigenschaft *ImageList* an eine weitere Komponente gebunden ist, müssen wir auch die *Notification*-Methode erweitern.

Der Konstruktor

Beim Initialisieren der Komponente sollten Sie eine Mindestgröße festlegen, da andernfalls nichts mehr zu sehen ist.

```
constructor TImageView.Create(AOwner:Tcomponent);
begin
   inherited Create(aOwner);
   Width := 30;   Height := 30
end;
```

Die Paint-Methode

Unsere Ausgabeprozedur ist die *Paint*-Methode. An dieser Stelle ist es besonders wichtig zu prüfen, ob überhaupt eine *ImageList* zugewiesen wurde. Nachfolgende Zugriffe auf dieses Objekt würden andernfalls zu Schutzverletzungen führen.

```
procedure TImageView.paint;
begin
   inherited Paint;
   if FImageList <> NIL then begin
      if Width <> FImageList.Width then Width := FImageList.Width;
      if Height <> FImageList.Height then Height := FImageList.Height;
      FImageList.Draw(Canvas,0,0,FImageIndex)
   end;
  //----------------------------------------
   if csDesigning in ComponentState then
```

```
        Canvas.DrawFocusRect(Bounds(0,0, Width, Height))
  end;
```

Die eigentliche Darstellung des *ImageList*-Icons ist relativ simpel. Beachten Sie jedoch die Anweisungen im zweiten Teil der *Paint*-Methode. Hier wird mit der Methode *DrawFocusRect* ein Fokus-Rahmen gezeichnet, wenn die Komponente in der Entwurfsumgebung angezeigt wird (*ComponentState*). Lassen Sie diese Anweisungen weg, ist die Komponente auch zur Entwurfszeit nicht auf dem Formular zu sehen.

Die Notification-Methode

Auf das Löschen der *ImageList* reagieren wir mit:

```
procedure TImageView.Notification(AComponent: TComponent; Operation: TOperation);
begin
  inherited Notification(AComponent, Operation);
  if (Operation = opRemove) and (FImagelist <> nil) and
    (AComponent = ImageList) then begin
     ImageList := nil;
     ImageIndex :=0
    end
end;
```

Interface-Implementierung

Unsere Interface-Methoden haben neben der reinen Wertübergabe auch noch weitere Aufgaben:

```
procedure TImageView.SetImageList(value: TImageList);
begin
   FImageList := value;
   FImageIndex := 0;
   if FImageList <> nil then begin
     Width := FImageList.Width;
     Height := FImageList.Height;
     paint
   end
end;

function TImageView.GetImageList:TImageList;
begin
   Result := FImageList
end;

procedure TImageView.SetImageIndex(value:Integer);
begin
```

```
    if FImageList <> nil then if value > FImageList.Count-1 then
       value := FImageList.Count-1;
    FImageIndex := value;
    paint
end;

function TImageView.GetImageIndex:Integer;
begin
  Result := FImageIndex
end;
```

So wird neben der Skalierung auch gleich eine Fehlerprüfung (zu große Werte) integriert.

11.7 Test der Komponente

Mit dem Test schlägt für unsere selbst gebastelte Komponente die Stunde der Wahrheit, und es beginnen auch die Probleme. Insbesondere der Test des Interface ist eine recht mühselige Aufgabe, muss doch die Komponente bzw. das zugehörige Package jedes Mal neu compiliert werden.

Geht es lediglich um einen ersten Test, können Sie auch die Unit mit der Komponente in ein Projekt einbinden und die Komponente "zu Fuß" spezifizieren.

```
uses digit;                                        // Unit einbinden

procedure TForm1.Button1Click(Sender: TObject);
var digit1 : TDigit;                               // Objekt deklarieren
begin
    digit1 := TDigit.Create(self);     // Instanz der Komponente erzeugen
    digit1.Parent := Form1;            // Parent zuweisen
    digit1.Top := 10;                  // Position festlegen
    digit1.Left := 20
end;
```

Hinweis: Besonders wichtig ist in diesem Zusammenhang, dass Sie den *Parent* angeben.

Diese Testvariante ermöglicht Ihnen auch die Fehlersuche innerhalb der Komponente. Setzen Sie dazu einen Breakpoint in die betreffende Property-Prozedur oder Methode.

Ist das Interface bereits getestet und sind lediglich einige Fehler innerhalb der Komponenten-Methoden zu beseitigen, können Sie die Komponente zunächst wie gewohnt in das Projekt einbinden. Setzen Sie dann Breakpoints in der Komponenten-Unit und korrigieren Sie, falls nötig, den Quelltext (darf sich aber nicht auf das Interface auswirken!). Derartige Änderungen lassen natürlich den Objektinspektor unbeeindruckt, da das Package nicht aktualisiert wird.

11.8 Packages

11.8.1 Grundsätzliches

Prinzipiell handelt es sich um eine Art DLL (Dynamic Link Library), in der Code aus einer oder mehreren Units zusammengefasst ist. Packages können im Gegensatz zu DLLs auch Variablen, Konstanten und Klassen "exportieren". Die Einbindung ist absolut simpel: Geben Sie in der Uses-Klausel Ihres Programms eine Unit an, die sich in einem Package befindet, wird damit auch das Package in Ihre Anwendung eingebunden.

Zwei Typen von Packages sollten Sie unterscheiden:

- Entwurfszeit-Packages und
- Laufzeit-Packages.

Während Erstere unbedingt für die Einbindung von Komponenten benötigt werden (eine Komponente muss einem Package zugeordnet sein), sollen die Laufzeit-Packages für eine kleinere EXE-Datei sorgen.

Die folgende Tabelle zeigt eine Übersicht der bereits vorhandenen Laufzeit-Packages:

Package	**eingebundene Units ...**
VCL60.BPL	*Ax, Buttons, Classes, Clipbrd, Comctrls, Commctrl, Commdlg, Comobj, Comstrs, Consts, Controls, Ddeml, Dialogs, Dlgs, Dsgnintf, Dsgnwnds, Editintf, Exptintf, Extctrls, Extdlgs, Fileintf, Forms, Graphics, Grids, Imm, IniFiles, Isapi, Isapi2, Istreams, Libhelp, Libintf, Lzexpand, Mapi, Mask, Math, Menu, Messages, Mmsystem, Nsapi, Ole2I, Oleconst, Olectnrs, Olectrls, Oledlg, Penwin, Printers, Proxies, Registry, Regstr, Richedit, Shellapi, Shlobj, Stdctrls, Stdvcl, Sysutils, Tlhelp32, Toolintf, Toolwin, Typinfo, Vclcom, Virtintf, Windows, Wininet, Winsock, Winspool, Winsvc*
VCLX60.BPL	*Checklst, Colorgrd, Ddeman, Filectrl, Mplayer, Outline, Tabnotbk, Tabs*
VCLDB60.BPL	*Bde, Bdeconst, Bdeprov, Db, Dbcgrids, Dbclient, Dbcommon, Dbconsts, Dbctrls, Dbgrids, Dbinpreq, Dblogdlg, Dbpwdlg, Dbtables, Dsintf, Provider, SMintf*
VCLDBX60.BPL	*Dblookup, Report*
DSS60.BPL	*Mxarrays, Mxbutton, Mxcommon, Mxconsts, Mxdb, Mxdcube, Mxdssqry, Mxgraph, Mxgrid, Mxpivsrc, Mxqedcom, Mxqparse, Mxqryedt, Mxstore, Mxtables, Mxqvb*
QRPT60.BPL	*Qr2const, Qrabout, Qralias, Qrctrls, Qrdatasu, Qrexpbld, Qrextra, Qrprev, Qrprgres, Qrprntr, Qrqred32, Quickrpt*
TEE60.BPL	*Arrowcha, Bubblech, Chart, Ganttch, Series, Teeconst, Teefunci, Teengine, Teeprocs, Teeshape*
TEEDB60.BPL	*Dbchart, Qrtee*
TEEUI60.BPL	*Areaedit, Arrowedi, Axisincr, Axmaxmin, Baredit, Brushdlg, Bubbledi, Custedit, Dbeditch, Editchar, Flineedi, Ganttedi, Ieditcha, Pendlg, Pieedit, Shapeedi, Teeabout, Teegally, Teelisb, Teeprevi, Teexport*
VCLSMP60.BPL	*Sampreg, Smpconst*

Im Grunde besteht jedes Package aus zwei Dateien:

- ***.DPK** (der Quelltext des Package)
- ***.BPL** (das eigentliche Package, das Ihrer Anwendung mitgegeben werden muss)

In der DPK-Datei führen Sie lediglich auf, welche Units in die BPL eingebunden werden sollen und welche weiteren Packages für das neue Package benötigt werden.

Besonders die letzte Aussage ist von nicht zu unterschätzender Bedeutung, darf doch eine Unit nur in einem von mehreren gleichzeitig genutzten Packages enthalten sein.

Beispiel: Sie nutzen das Package VCL60.BPL und möchten zusätzlich ein Package *MyPack.BPL* erzeugen, in dem unter anderem auch die Unit *Windows* gebraucht wird. Das Einbinden der Unit in das Package *MyPack* wird Ihnen der Compiler mit einer Fehlermeldung quittieren, da jede Unit nur einmal über ein Package eingebunden werden darf. In diesem Fall bleibt Ihnen nichts anderes übrig: Das Package VCL60.BPL muss als Voraussetzung (*requires*-Abschnitt) in das neue Package aufgenommen werden.

Beispiel: Eine DPK-Datei im Quelltext

```
package DclRx5;

{$I RX.INC}
{$BOOLEVAL OFF}
{$DEBUGINFO OFF}
{$LOCALSYMBOLS OFF}
{$REFERENCEINFO OFF}
{$ASSERTIONS OFF}
{$EXTENDEDSYNTAX ON}
{$LONGSTRINGS ON}
{$OPENSTRINGS ON}
{$WRITEABLECONST ON}
{$DESCRIPTION 'RX Library Controls and Tools'}
{$DESIGNONLY}
{$IMPLICITBUILD OFF}

requires
  RxCtl5,
{$IFNDEF USE_PROGRESSBAR}
  DclSmp50,
{$ENDIF}
  DclStd50;

contains
```

```
  RxCtlReg in 'RxCtlReg.pas',
  RxTooReg in 'RxTooReg.pas';

{$WARNINGS OFF}
{$HINTS OFF}
end.
```

11.8.2 Eigene Packages erzeugen

Ein neues Package können Sie relativ einfach erzeugen. Öffnen Sie die Objektgalerie mit *Datei|Neu|Weitere...* und wählen Sie das "Package"-Icon. Delphi erleichtert Ihnen die Arbeit dahingehend, dass Sie einen eigenen Package-Editor nutzen können:

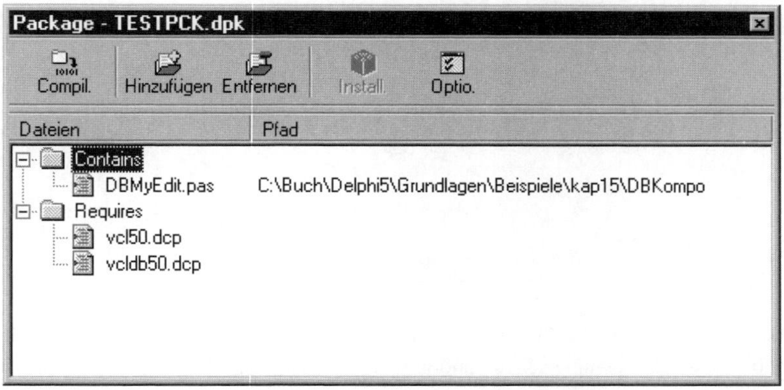

Wie Sie sehen, können Sie zum einen alle enthaltenen Units editieren, weiterhin lassen sich alle benötigten Packages einbinden.

Beispiel: Grundaufbau einer DPK-Datei

```
package testpack;
requires
  vcl60;

contains
  Unit1;
end.
```

Die eigentliche Einbindung des Package in Ihr Projekt erfolgt über *Projekt|Optionen|Packages*:

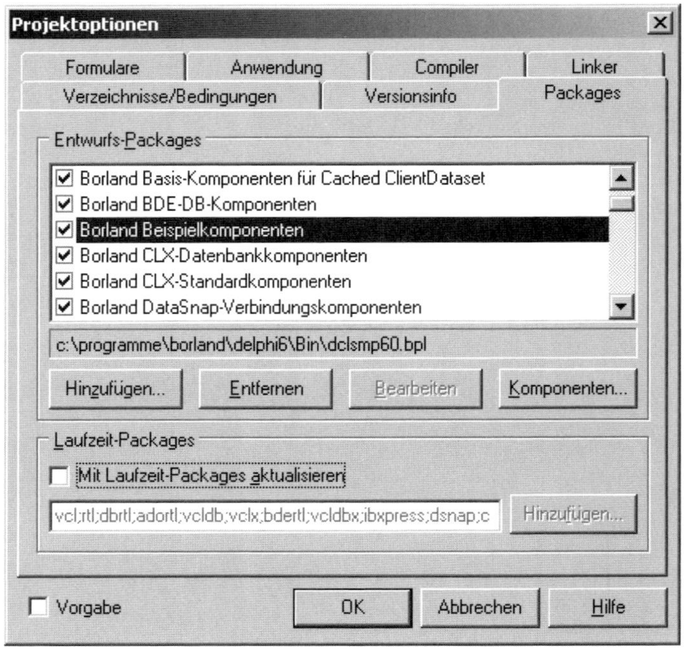

Und hier wird auch klar, warum eine Unit nur einmal verwendet werden darf: Wie soll der Compiler unterscheiden, um welche Daten es sich handelt, wenn die Unit XYZ zweimal eingebunden ist?

Im unteren Teil der Dialogbox finden Sie auch die wichtigste Option. Die Rede ist von "Mit Laufzeit-Packages compilieren". Aktivieren Sie diese Option, ist Ihre EXE-Datei drastisch kleiner, aber Sie müssen bei der Weitergabe Ihrer Applikation alle verwendeten Packages mitgeben.

Wie Sie Komponenten in Ihre Anwendung integrieren, zeigen Ihnen die folgenden Beispiele.

11.9 Lernbeispiele für Einsteiger

11.9.1 Neue Komponenten ableiten

Das Prinzip der Komponentenentwicklung soll an einem simplen Beispiel demonstriert werden: Ein neuer Editierfeld-Typ *TEditBlack* und ein neuer Label-Typ *TLabelBlack* sind als "Nachkommen" von *TEdit* und *TLabel* zu kreieren und der Seite "Beispiele" der Komponentenpalette hinzuzufügen. Im Unterschied zu ihren "Vorfahren" haben *TEditBlack* und *TLabelBlack* aber standardmäßig weiße Schrift auf schwarzem Hintergrund[1].

[1] Der praktische Nutzen solcher "neuer" Komponenten ist natürlich fragwürdig, da man den gleichen Effekt auch durch Setzen von Eigenschaften der bereits vorhandenen Komponenten erreichen kann. Aber hier geht es lediglich um die Demonstration des Prinzips.

Vorbereitungen

Neue Komponenten werden nicht, wie bisherige Anwendungen, visuell auf der Basis von Formularen entwickelt, sondern als reiner Quelltext, der in speziellen nutzerdefinierten Units verpackt ist. Eine solche Unit kann den Code für eine oder auch mehrere Komponenten enthalten. Aus diesem Grund brauchen wir für unser Demobeispiel auch keine Bedienoberfläche, auch die Projektdatei ist uninteressant. Wir müssen nur nach einer Möglichkeit suchen, unter Delphi eine neue Unit zu erstellen und diese dann abzuspeichern.

Starten Sie also die Delphi-Entwicklungsumgebung wie gewohnt und wählen Sie dann den Menüpunkt *Datei|Neu|Unit*.

Quelltext

Es hat sich ein Editierfenster mit dem extrem mageren Rahmencode einer "Allerwelts"-Unit geöffnet:

```
unit Unit2;
interface
implementation
end.
```

Unsere erste Aufgabe sollte es sein, unserer neuen Unit einen aussagekräftigeren Namen zu verpassen und anschließend die *uses*-Klausel durch eine Auflistung von Units zu ergänzen:

```
unit UnitSchwarz;    // schwarze Editier- und Label-Komponenten, W.D.
interface
uses Windows, Messages, SysUtils, Classes, Graphics, Controls, Forms, Dialogs, StdCtrls;
```

Woher weiß man denn nun, welche Units überhaupt benötigt werden? Grübeln Sie jetzt bitte nicht darüber nach, entweder man weiß es, oder es hilft einem der "Komponenten-Experte" auf die Sprünge (siehe am Schluss).

Nun kommen die entscheidenden Typdeklarationen:

```
type
  TEditBlack = class(TEdit)
   public
   constructor create(aOwner: TComponent); override;
  end;
```

TEditBlack wurde als Unterklasse von *TEdit* abgeleitet. Das Überschreiben der geerbten *Create*-Methode ist notwendig, da wir ja einige Standardeigenschaften verändern wollen[1].

Analog gehen wir bei der Deklaration von *TLabelBlack* zu Werke:

```
TLabelBlack = class(TLabel)
   public
```

[1] Initialisierungen der Eigenschaften erfolgen grundsätzlich im Konstruktor (sowohl zur Entwurfs- als auch zur Laufzeit!).

```
    constructor create(aOwner: TComponent); override;
  end;
```

Keinesfalls fehlen darf die (parameterlose) *Register*-Prozedur, die für das Registrieren der neuen Komponenten in der Delphi-IDE verantwortlich zeichnet:

```
procedure Register;
```

Hinweis: Beachten Sie die Groß-/Kleinschreibung von *Register*, denn *register* kann zu einem Compilierfehler führen!

Nun zu den Implementierungen[1]:

```
implementation
constructor TEditBlack.Create;
begin
  inherited Create(aOwner);
  Color := clBlack;
  Font.Color := clWhite
end;

constructor TLabelBlack.Create;
begin
  inherited Create(aOwner);
  Color := clBlack;
  Font.Color := clWhite
end;
```

Wie allgemein üblich, wurde der (ererbte) Konstruktor für die Objektreferenz in Verbindung mit dem Schlüsselwort *inherited* aufgerufen, um zunächst alle Felder des Vorfahren zu initialisieren. Erst danach werden die zu modifizierenden Felder des Nachkommen initialisiert.

Im Folgenden sorgt die Anweisung *RegisterComponents* dafür, dass beide Neulinge später auf der Seite "Beispiele" der Komponentenpalette ihren Platz finden:

```
procedure Register;     // Groß-/Kleinschreibung beachten!!!
begin
  RegisterComponents('Beispiele', [TEditBlack, TLabelBlack])
end;
```

Speichern Sie nun die Unit unter dem Namen *UniBlack.pas* in einem extra Verzeichnis ab (Menüpunkt *Datei|Speichern* bzw. Strg+S).

---

[1] Aus Gründen der Einfachheit wurde bei den Prozedurköpfen von der verkürzten Schreibweise Gebrauch gemacht (Parameterliste weggelassen).

Bitmaps

Unsere beiden Neuen, *TEditBlack* und *TLabelBlack*, sehnen sich nach einem standesgemäßen Outfit, in dem sie sich auf der Komponentenpalette ohne Minderwertigkeitskomplexe präsentieren können und das sie von ihren Vorfahren *TEdit* und *TLabel* unterscheidet. Wenn Sie hier aus Bequemlichkeitsgründen untätig bleiben, behalten die Neulinge die von ihren Vorfahren vererbten Buttons.

Da man aber diese Paletten-Bitmaps nur in der Entwicklungsumgebung benötigt, wäre es Verschwendung, sie zusammen mit *UniBlack.pas* zu compilieren. Stattdessen verpacken wir die Bitmaps in eine Ressourcendatei, die die Extension *.DCR ("Dynamic Component Resource") trägt. Zum Erstellen einer solchen Ressourcendatei eignet sich der zu Delphi mitgelieferte Bildeditor, den Sie über das *Tools*-Menü erreichen. Wählen sie dort *Datei|Neu|Komponenten-Ressourcendatei* und dort über das Kontextmenü der rechten Maustaste "Bitmap".

Folgende Konventionen sind zu beachten:

- Die Paletten-Bitmap muss den gleichen Namen wie die Komponenten-Unit tragen, in unserem Fall also *UniBlack.DCR.*
- Die Paletten-Bitmap muss sich im gleichen Verzeichnis wie die Unit befinden.
- Den einzelnen Bitmaps innerhalb der Palette muss der gleiche Name zugewiesen werden, wie ihn die entsprechende Komponente trägt, in unserem Fall also *TEditBlack* und *TLabelBlack.*

Installieren

Klicken Sie nun den Menüpunkt *Komponente|Komponente installieren...*

- *Name der Unit*
  Wählen Sie über die "Durchsuchen"-Schaltfläche die *UniBlack.pas.*
- *Name des Package*
  Wie in der folgenden Abbildung gezeigt, sollten Sie bereits ein extra Package *NeueBspl.dpk* für Ihre Komponentenexperimente angelegt haben. Falls nicht, so wählen Sie die Seite "In neues Package".

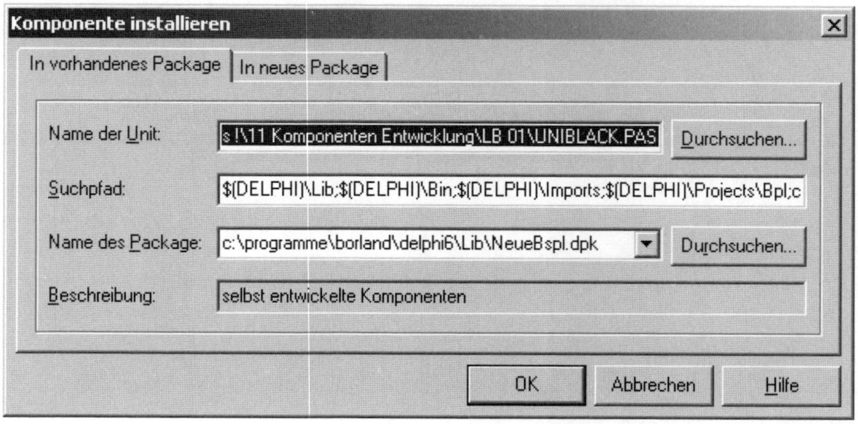

Klicken Sie OK und holen Sie tief Luft. Für einen Moment hören Sie die Festplatte bedrohlich rasseln und werden (hoffentlich) mit nachfolgender Meldung belohnt:

Schauen Sie nun auf der "Beispiele"-Seite der Komponentenpalette nach und lassen Sie sich überraschen! Wie Sie der Abbildung entnehmen, haben sich die Autoren keine allzu große Mühe mit dem Bildeditor gemacht, denn das Gelbe vom Ei ist das Outfit der beiden neu hinzugekommenen Icons nicht gerade, lediglich der schwarze Rahmen unterscheidet sie von ihren Vorfahren:

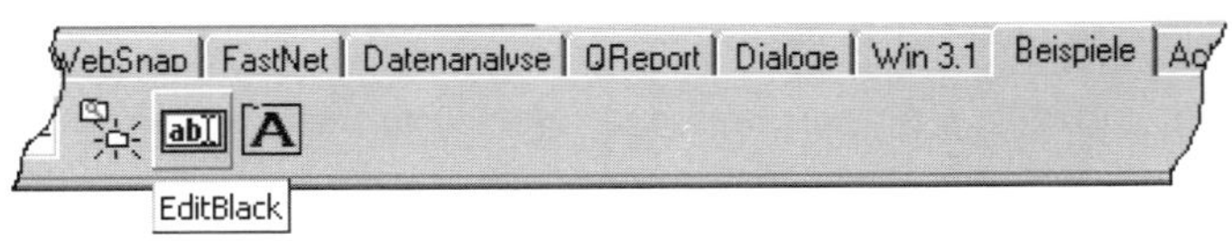

Test

Der Rest ist normaler Entwickler-Alltag. Sie starten ein neues Projekt und können die neu hinzugekommenen "schwarzen Schafe" so wie jede andere Komponente verwenden:

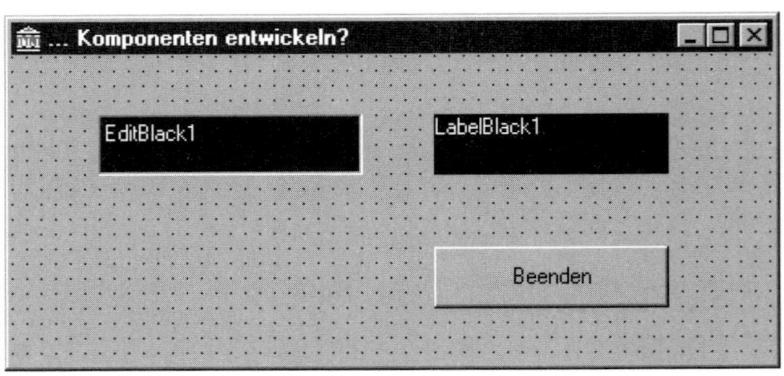

Im Objektinspektor sehen Sie die geänderten Komponentennamen und auch die modifizierten Standard-Eigenschaften *Color* und *Font.Color*:

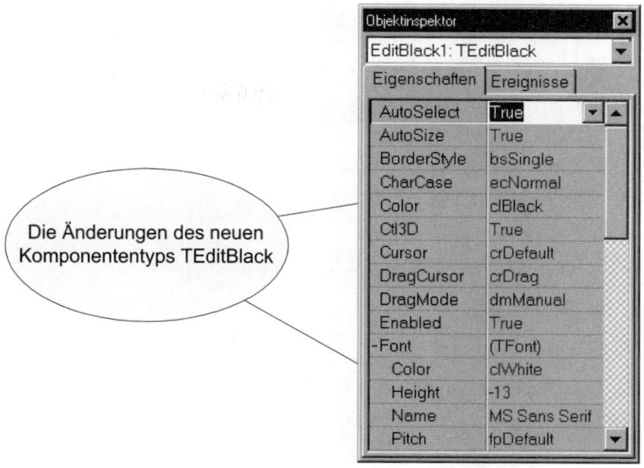

Hinweis: Falls Sie das Beispiel erstmalig von der Buch-CD laden, erhalten Sie zunächst eine Fehlermeldung (Abbildung). Ignorieren Sie den Fehler und installieren Sie die Komponente wie oben beschrieben.

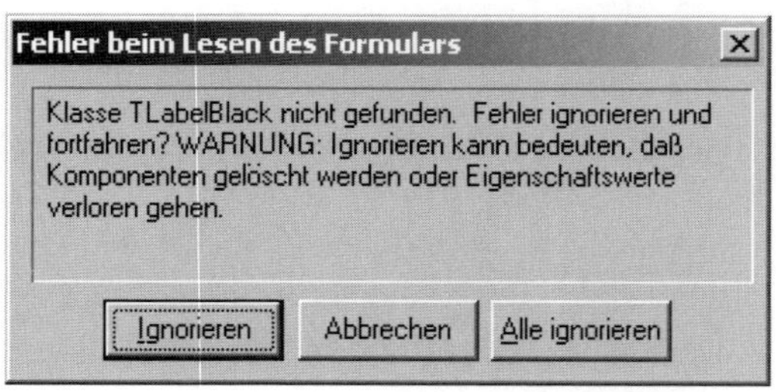

Der Komponenten-Experte

Sie hoffen, dass er Ihnen einiges an Arbeit abnehmen kann? Lassen Sie sich überraschen! Das Tool lässt sich auf zweierlei Weise starten:

- *Datei|Neu|Weitere...*
  Suchen Sie dann in der Objektgalerie das Icon "Komponente".
- *Komponente|Neue Komponente...*

In beiden Fällen erscheint eine Dialogbox, die Sie zu einer Handeingabe (Klassenname) und zur Auswahl des Vorfahren und der Palettenseite auffordert:

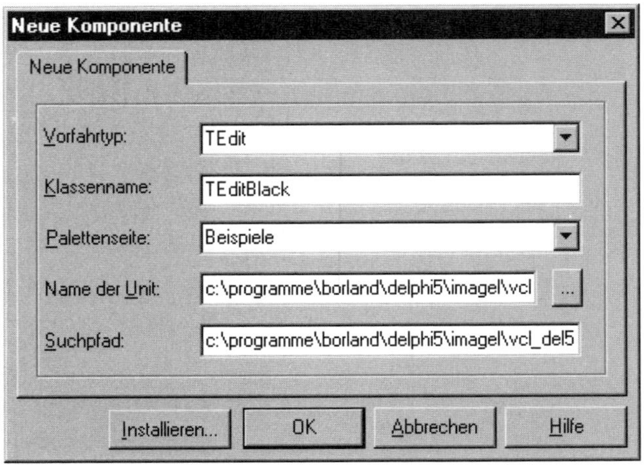

Nach dem Klick auf "Unit erstellen" hat der Experte in Windeseile ein Unit-Gerüst erstellt, in Abhängigkeit vom Typ des Vorfahren die *uses*-Klausel komplettiert, die Typdeklaration vorgenommen und schließlich auch die Registrierung besorgt:

```
unit Edit1;
interface

uses
  Windows, Messages, SysUtils, Classes, Graphics, Controls, Forms, Dialogs, StdCtrls;

type
  TEditBlack = class(TEdit)
  private
    { Private-Deklarationen }
  protected
    { Protected-Deklarationen }
  public
    { Public-Deklarationen }
  published
    { Published-Deklarationen }
  end;

procedure Register;

implementation

procedure Register;
begin
```

```
  RegisterComponents('Beispiele', [TEditBlack]);
end;

end.
```

Sie erkennen schon jetzt die Schwachstelle des "Experten": Nur eine einzige Komponente pro Unit ist jeweils möglich, auch um das Überschreiben der ererbten *Create*-Methode müssen Sie sich selbst kümmern.

Wenn Sie, wie in unserem Beispiel, mehrere Komponenten in eine Unit packen und auch noch neue Standardeigenschaften setzen wollen, ist noch ein gerüttelt Maß an Handarbeit fällig. Benutzen Sie also den Experten nur für die erste Komponente und ergänzen Sie dann den Code für eventuelle weitere Komponenten per Hand.

11.9.2 Komponenten-Packages installieren

An zahlreichen Internet-Sites werden Delphi-Komponenten zum freien Download angeboten. Für den Programmierer sind sie meist auch eine Quelle der Inspiration, da oft der komplette Sourcecode mitgeliefert wird. Vorteilhaft sind so genannte "native" Komponenten (also keine OCX bzw. ActiveX), da sie später keinen extra Installationsaufwand erfordern und unkompliziert mit der *Project.exe* weitergegeben werden können.

Beim Versuch, die Neulinge auf die Komponentenpalette zu bringen, kommt es aber oft zu Fehlschlägen[1], da die notwendige Installationsprozedur für den Einsteiger zu kompliziert ist[2] und dieser meist nicht die notwendige Geduld zum intensiven Studium der verquasten Formulierungen der Readme aufbringt.

Ein Beispiel muss her!

Wir wollen die Vorgehensweise am Beispiel der sehr ergiebigen *RX Library 2.75* demonstrieren, die Sie z.B. auf der Web Site *http://www.rxlib.com* finden[3].

Nach dem erfolgreichen Download muss zunächst die ZIP-Datei *RXLIB.ZIP* entpackt werden. Im Ergebnis erscheint neben diversen Readme-Dateien auch eine *RSINST.EXE*. Nach deren Aufruf scheint alles wie geschmiert zu laufen, denn die Installationsroutine (InstallShield) kopiert nun in ein neu angelegtes Unterverzeichnis von Delphi (*\Borland\Delphi6\RX\Units*) eine große Anzahl von Units (*.PAS*) und einige wenige *.DPK*-Dateien.

InstallShield verabschiedet sich mit einer pompösen Erfolgsmeldung – wozu also die ganze Aufregung? Die Ernüchterung: Auf der Komponentenpalette werden Sie vergeblich nach den Neuankömmlingen Ausschau halten, denn der Hauptteil der Installation ist noch zu erledigen. Brennend

---

[1] ... wenn nicht gar Wutausbrüchen!

[2] Hier könnte sich Delphi eine Scheibe bei Visual Basic abschneiden, wo das Einfügen neuer Komponenten in die IDE wesentlich bedienerfreundlicher vonstatten geht.

[3] Leider gab es zum Zeitpunkt der Manuskriptabgabe noch kein Update der *RX Library* auf BD6, inzwischen sollte es aber vorliegen.

vor Ungeduld beginnt zunächst ein zielloses Herumstochern in den verwirrenden Möglichkeiten, die das *Komponente*-Menü bietet:

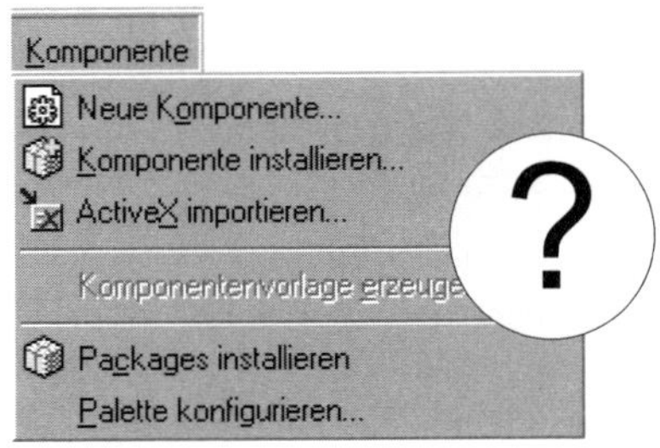

Wissen muss man, dass dieses Menü im Moment nicht weiterhilft, sondern das Chaos weiter vergrößert.

Ohne Grundlagen geht nichts

Basis für ein überlegtes Vorgehen ist das Verständnis der verschiedenen Dateitypen, die uns im Zusammenhang mit Packages begegnen:

- **.DPK** Quelldatei mit Liste der zum Package gehörenden Units
- .BPL Compiliertes Package (quasi eine Windows-DLL)
- .DCP compiliertes Entwurfszeit-Package
- **.PAS** Quelltextdatei für Unit
- .DCU compilierte Unit

Nur die Fettgedruckten (mindestens eine *.DPK* und eine oder mehrere *.PAS*) haben wir im Beispiel vom Internet heruntergeladen, die anderen müssen noch durch die IDE (Compiler) erzeugt werden.

Die *.DPK*-Datei ist vergleichbar mit einer *.DPR*-Delphi-Projektdatei, da sie lediglich ein "Verzeichnis" enthält. Wichtig für das folgende Verständnis ist die Unterscheidung zwischen

- Laufzeit (Runtime)-Package (Beispiel: *RXCTL6.DPK)* und
- Entwurfszeit (Designtime)-Package (Beispiel: *DCLRX6.DPK)*

Während das Laufzeit-Package lediglich die Funktion der Programm-EXE sicherstellt, ermöglicht das Entwurfszeit-Package das Benutzen der Komponente auch in der Delphi-Entwicklungsumgebung.

Hinweis: Für beide Packages ist jeweils eine eigene *.DPK*-Datei erforderlich!

Zuerst Laufzeit-Package installieren

- Über den Menüpunkt *Datei\Öffnen...* der Delphi-IDE öffnen Sie das Laufzeit-Package *RXCTL6.DPK* (Sie erinnern sich, in unserem Beispiel wurde die Datei von InstallShield ins Verzeichnis *\Borland\Delphi6\RX\Units* kopiert).

- Klicken Sie den "Compile"-Button. Im Ergebnis entstehen die Dateien *RXCTL6.BPL* und *RXCTL6.DCP*.

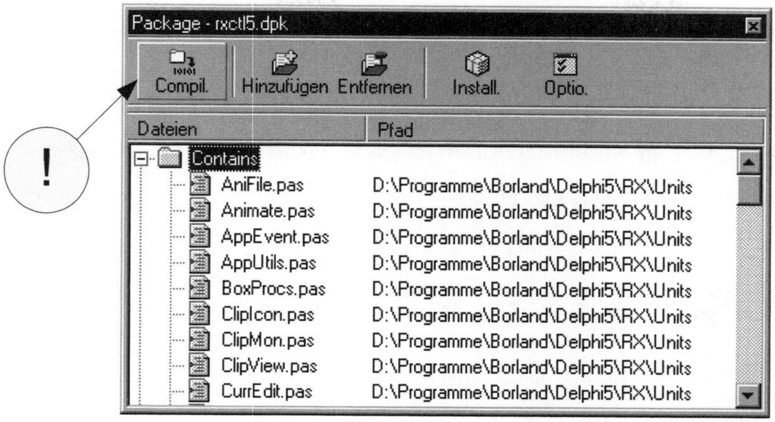

- Widerstehen Sie der Verlockung, jetzt schon auf den "Install"-Button zu klicken, denn das dürfen Sie nur für ein Entwurfszeit-Package (siehe nächster Abschnitt).
- Verschieben Sie die compilierte Datei *RXCTL6.BPL* in das *Windows\System*-Verzeichnis (oder ein anderes Suchverzeichnis entsprechend der in der Delphi-IDE eingestellten "PATH"-Umgebungsvariablen).

Danach Entwurfszeit-Package installieren

Um das Entwurfszeit-Package in die Delphi-IDE zu bringen und zu registrieren, gehen wir im ersten Schritt ähnlich wie beim Laufzeit-Package vor:

- Über *Datei|Öffnen...* wird die DesignTime-Datei *DCLRX6.DPK* geladen und compiliert (Schaltfläche "Compil." im Package-Fenster).
- Klicken Sie nun auf die Schaltfläche "Install" im Package-Fenster und warten Sie auf den Moment, in dem sich Ihnen ein ähnlicher Anblick wie der folgende bietet.

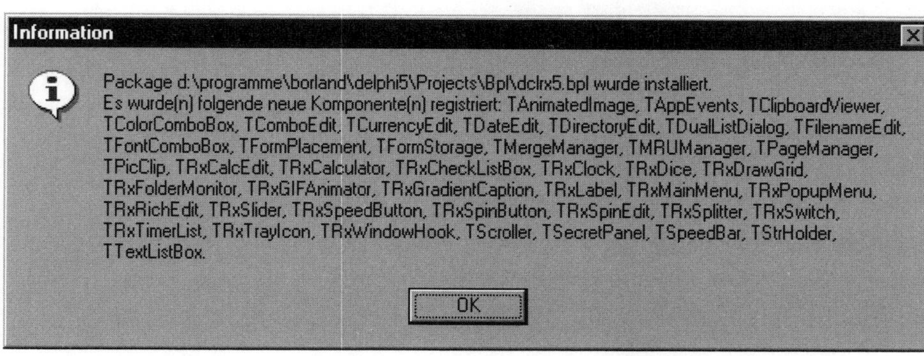

- Die Flut von Neuankömmlingen können Sie jetzt endlich in der Komponentenpalette bewundern.

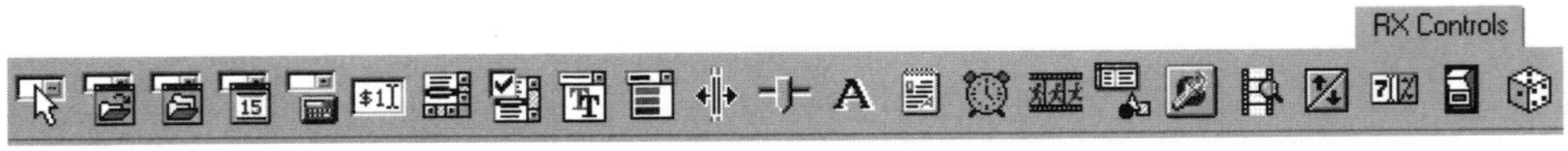

Bemerkungen

- Den Quelltext der Packages (*.PAS*-Dateien) sollten Sie nicht in der Delphi-IDE speichern.
- Ältere Versionen der *.BPL*-Dateien sollten Sie vorher aufspüren und löschen.
- In der zum Download meist mitgelieferten Readme finden Sie weitere Hinweise.

11.10 Praxisbeispiele für Fortgeschrittene

11.10.1 Komponente für Digitalanzeige

In einigen Programmen wünscht man sich für die Ausgabe nummerischer Werten eine Anzeige, die einen "technischen" Eindruck macht. Das soll in unserem Fall heißen, dass statt eines Labels eine 7-Segment-Anzeige erscheint.

Das vorliegende Beispiel ermöglicht die Anzeige eines bis zu zehnstelligen Integer-Wertes. Die Anzahl der Segmente können Sie frei festlegen, eine Größenänderung der Komponente ist allerdings nicht möglich, da die Abmessungen aus der Anzahl der Segmente bestimmt werden.

Für die Realisierung bieten sich zwei prinzipielle Varianten an:

- Einblenden von verschiedenen Bitmaps (Ziffern 0 ... 9)
- Zeichnen der Grafik über Line- oder Polyline-Befehle

Während die erste Variante vom Aufwand her wesentlich einfacher ist, bietet Variante 2 den Vorteil, auch eine Skalierung der Komponente zuzulassen.

Wir haben uns aus notorischer Faulheit für Variante 1 entschieden, wer aber an der Realisierung der zweiten Variante interessiert ist, dürfte mit dem vorliegenden Komponentengerüst relativ schnell zum Ziel kommen.

Folgende Eigenschaften sollen implementiert werden:

Eigenschaften

Eigenschaft	Beschreibung /Beispiel
Digits	... die Anzahl der Stellen (1 ... 10).
DisplayOn	... (*True/False*) entscheidet darüber, ob lediglich ein schwarzer Hintergrund angezeigt wird oder der aktuelle Wert.
Value	... der darzustellende Wert (Integer).

Methoden und Ereignisse werden wir bei dieser Komponente nicht benötigen.

Oberfläche

Eigentlich ist die Bezeichnung "Oberfläche" nicht ganz zutreffend, es geht lediglich darum, ein Ressourcen-File mit den benötigten Bitmaps zu erstellen. Zusätzlich könnten Sie auch ein neues Icon für die Werkzeugleiste entwerfen.

Speichern Sie die Bitmaps für die einzelnen Segmentzustände in den Dateien *0.bmp ... 9.bmp* sowie in der Datei *leer.bmp*. Mit der letzten Bitmap wird die Anzeige initialisiert bzw. gelöscht.

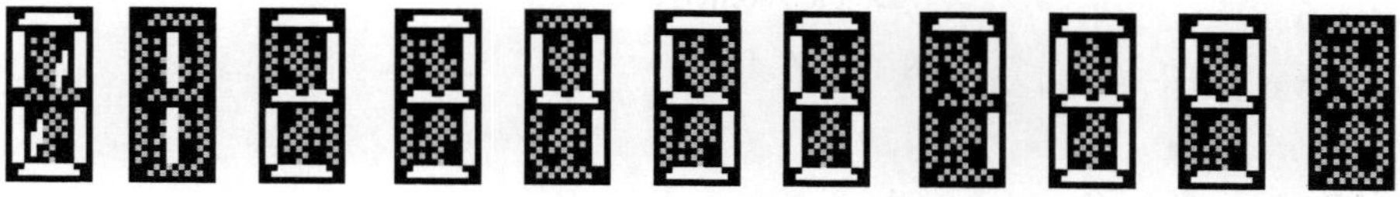

Nächster Schritt ist ein Ressouren-File (*digit.rc*), das in die Komponente eingebunden wird:

```
100   BITMAP    0.bmp
101   BITMAP    1.bmp
102   BITMAP    2.bmp
103   BITMAP    3.bmp
104   BITMAP    4.bmp
105   BITMAP    5.bmp
106   BITMAP    6.bmp
107   BITMAP    7.bmp
108   BITMAP    8.bmp
109   BITMAP    9.bmp
110   BITMAP    leer.bmp
```

Quelltext

Obwohl es sich um eine relativ triviale Komponente handelt, ist der Quelltext doch recht umfangreich. Die Komponente leiten wir von *TGraphicControl* ab, eine Klasse, die alle für uns wesentlichen Eigenschaften zur Verfügung stellt.

Vorher binden wir jedoch noch die Ressourcen (Bitmaps) ein:

```
unit digit;
{$R digit.res}
uses
  SysUtils, Classes, Graphics, Controls;

type
  TDigit = class(TGraphicControl)
  private
    { Private-Deklarationen }
```

In folgendem Array werden die Bitmaps zwischengespeichert:

```
    FBmp: array[0..10]of TBitmap;
```

Interne Statusvariablen:

```
    FValue: Integer;
    FDigits: Integer;
    FOn: Boolean;
    FOldDisplay: String[10];
```

Interface-Methoden für Properties:

```
    procedure SetValue(Value: Integer);
    procedure SetDigits(Value: Integer);
    procedure SetOn(Value: Boolean);
  protected
```

Die Anzeige-Prozedur:

```
    procedure Paint; override;
  public
    { Public-Deklarationen }
    constructor Create(AOwner: TComponent); override;
    destructor Destroy; override;
  published
    { Published-Deklarationen }
```

Die Eigenschaften:

```
    property Value: Integer read FValue write SetValue;
    property Digits: Integer read FDigits write SetDigits;
    property DisplayOn: Boolean read FOn write SetOn;
  end;
procedure Register;
implementation
```

Registrieren der Komponente:

```
procedure Register;
begin
  RegisterComponents('Beispiele', [TDigit])
end;
```

Im Konstruktor wird neben diversen Statusvariablen auch die Defaultgröße festgelegt. Weiterhin laden wir die Bitmaps aus der Ressource, auf diese Weise vermeiden wir Verzögerungen bei der späteren Anzeige:

```
constructor TDigit.Create(AOwner: TComponent);
var
  i: Integer;
```

```
begin
  inherited Create(AOwner);
  FDigits:= 10;
  FOn:= True;
  FValue:= 0;
  Height:= 28;
  Width:= FDigits * 14;
  for i:= 0 to 10 do begin
    FBmp[i]:= TBitmap.Create;
    FBmp[i].LoadFromResourceID(HInstance, i + 100)
  end;
  FOldDisplay := '          '
end;
```

Im Destruktor sollten reservierte Speicherbereiche wieder freigegeben werden:

```
destructor TDigit.Destroy;
var
  i: Integer;
begin
  for i:= 0 to 10 do FBmp[i].Free;
  inherited Destroy
end;
```

Die Interface-Methode für die Eigenschaft *Value*:

```
procedure TDigit.SetValue(Value: Integer);
var
  Display: String[10];
  i: Integer;
begin
  FValue:= Value;
  if not(FOn) then exit;
  Display:= Format('%10d', [abs(FValue)]);
  for i:= 11-fDigits to 10 do
    if Display[i] <> FOldDisplay[i] then
      if Display[i] = ' ' then
        Canvas.Draw(14*(i-(11-FDigits)), 0, FBmp[10])
      else
        Canvas.Draw(14*(i-(11-FDigits)), 0, FBmp[ord(Display[i])-48]);
  FOldDisplay:= Display
end;
```

Je nach Ziffer wird die entsprechende Bitmap eingeblendet. Dabei ist uns das Bitmap-Array recht hilfreich, über den Index kann gleich die richtige Bitmap ausgewählt werden.

Festlegen der Anzeigestellen:

```
procedure TDigit.SetDigits(Value: Integer);
begin
  if not (Value in [1..10]) then exit;
  if Value = FDigits then exit;
  FDigits:= Value;
  Width:= FDigits * 14;
  Height:= 28;
  paint
end;
```

Ein-/Ausschalten:

```
procedure TDigit.SetOn(Value: Boolean);
begin
  if Value = FOn then Exit;
  FOn:= Value;
  if FOn then
    FOldDisplay:= Format('%10d', [abs(FValue)])
  else  FOldDisplay:= '          ';
  paint
end;
```

Für den Refresh nach dem Verdecken oder zur erstmaligen Anzeige wird die Methode *Paint* benötigt und deshalb überschrieben:

```
procedure TDigit.Paint;
var
  i: Integer;
begin
  if Height <> 28 then Height:= 28;
  if Width <> FDigits * 14 then Width:= FDigits * 14;
  for i:= 11-fDigits to 10 do
      if FOldDisplay[i] = ' ' then
        Canvas.Draw(14*(i-(11-fDigits)), 0, FBmp[10])
      else
        Canvas.Draw(14*(i-(11-FDigits)), 0, FBmp[ord(FOldDisplay[i])-48])
end;
```

Demoprogramm

Unser Demoprogramm fällt diesmal etwas dürftig aus, wird allerdings völlig ausreichen, um die Funktionsweise der Komponente zu demonstrieren.

Der Einfachheit halber erstellen wir die Komponente erst zur Laufzeit, so gewinnen wir schnell einen Eindruck, ohne erst die Library neu compilieren zu müssen. Allerdings werden wir die Komponente dann nicht auf der Palette finden.

```
var Digit1, Digit2: TDigit;
...
procedure TForm1.FormCreate(Sender: TObject);
begin
  Digit1:= TDigit.Create(Self);
  with Digit1 do begin
    Parent:= Self;
    DisplayOn:= True;
    Left:=100;
    Top:= 50
  end;
  Digit2:= TDigit.Create(Self);
  with Digit2 do begin
    Parent:= Self;
    DisplayOn:= True;
    digits := 5;
    Left:=300;
    Top:= 50
  end;
```

Um etwas Bewegung in die Anzeige zu bringen, verwenden wir zwei *Timer*, die zyklisch den Wert der *Value*-Eigenschaft von *Digit1* und *Digit2* inkrementieren.

Die Abbildung zeigt das Ergebnis zur Laufzeit:

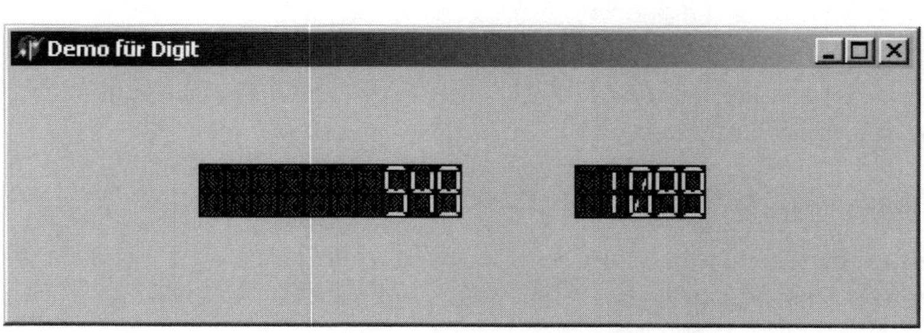

Bemerkung

Wenn Sie die Komponente nicht erst zur Laufzeit erstellen, sondern ihr einen Platz auf der Komponentenpalette verschaffen wollen, so müssten Sie dies über das Menü *Komponente|Komponente installieren...* erledigen (siehe Vorgängerbeispiel). Sie würden die Komponente dann auf der Seite "Beispiele" entdecken. Die Eigenschaften können Sie dann bereits zur Entwurfszeit mittels Objektinspektor einstellen:

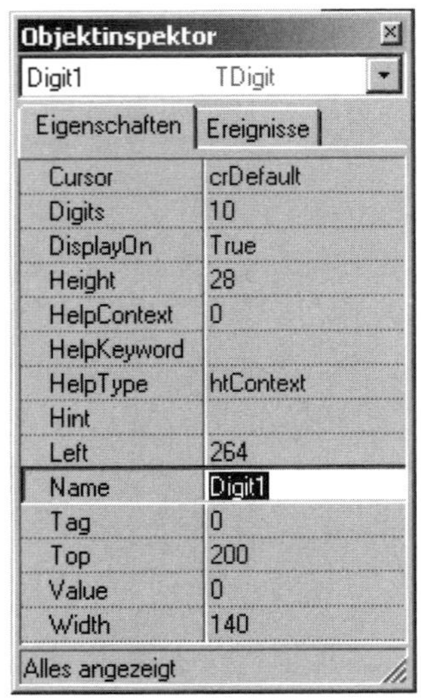

11.10.2 Multimedia-Timer-Komponente

Die im Folgenden vorgestellte Komponente ist ein Beispiel dafür, wie Sie auch bei nicht sichtbaren Komponenten mit Windows-Botschaften arbeiten können. Doch zunächst stellen wir Ihnen den technischen Hintergrund der Komponente vor.

Wem die Delphi *Timer*-Komponente zu ungenau ist, der findet hier hochgenauen Ersatz. Zwei Varianten bieten sich an:

- Direkte API-Programmierung (für alle, die ein Maximum an Genauigkeit und ein Minimum an Rechenzeit anstreben)
- eine Komponente, die alle API-Funktionen kapselt (etwas langsamer, da interne Botschaftsbehandlung erforderlich)

API-Programmierung

Der Zugriff auf den Multimedia-Timer des Systems ist relativ trivial, alles was Sie dazu benötigen, findet sich in der Unit *mmsystem*.

```
uses mmSystem;
var    FID: Integer;                    // ID des MMTimers
```

Die Deklaration einer Callback-Prozedur (hier platzieren Sie den Code, der bei jedem Timer-Intervall ausgeführt werden soll):

```
procedure TimeCallback(TimerID,          //ID von timeSetEvent
                       Msg: UINT;        //reserviert
                       dwUser,           //UserDaten aus timeSetEvent
                       dw1,              //reserviert
                       dw2: DWord);      //reserviert
                       pascal;
begin
    Form1.Label1.Caption := Form1.Label1.Caption + '#';
end;
```

Die Initialisierung des Timers:

```
procedure TForm1.Button1Click(Sender: TObject);
begin
  FID:= timeSetEvent(100, 0, @TimeCallback,0,TIME_PERIODIC)
end;
```

Übergabewerte sind das Intervall in Millisekunden, die Präzision bzw. Auflösung (0 = Maximum), die Adresse der Callback-Prozedur, ein optionaler Wert, um Parameter an die Callback-Prozedur zu übergeben, sowie eine Konstante, die darüber entscheidet, in welchem Modus der Timer läuft:

TIME_ONESHOT	Ereignis wird einmal nach Ablauf der Wartezeit ausgelöst.
TIME_PERIODIC	Ereignis wird im Intervall ausgeführt.

Zum Schluss sollten Sie nicht vergessen, das Timer-Ereignis auch wieder zu beenden:

```
procedure TForm1.Button2Click(Sender: TObject);
begin
   if FID <> 0 then timeKillEvent(FID)
end;
```

Die Komponente MM_Timer

Wer es lieber etwas einfacher hätte, der bevorzugt sicher die Variante mit der Komponente. Hier genügen das Setzen einiger Eigenschaften und die Programmierung der Ereignisprozedur.

Zum internen Ablauf nur so viel: Prinzipiell werden die gleichen Funktionen wie im vorhergehenden Rezept angesprochen. Allerdings müssen wir einen kleinen Umweg bei der Realisierung der Ereignisprozedur gehen, da eine Methode nicht als Callback-Prozedur übergeben werden kann.

Wir werden also ein unsichtbares Fenster erstellen, an das aus der Callback-Prozedur eine Botschaft gesendet wird. Die Fensterprozedur löst wiederum die Ereignis-Methode aus (hört sich komplizierter an, als es ist).

```
unit MM_Timer;

interface
```

```
Uses Windows, Messages, SysUtils, Classes, Graphics, Controls, Forms, Dialogs, MMSystem;

const WM_MMTimer = WM_USER + $1000;   // die bewusste Message
```

Ein neuer Ereignistyp:

```
type
  TFNTimeCallBack = procedure(uTimerID, uMessage: UINT; dwUser, dw1, dw2:
           DWORD);  pascal;  //Pascal notwendig!!! (Falsch dekl. in MMSystem);
type
  TMMTimerEvent = procedure(Sender: TObject; Time: Cardinal)of object;
  TMMTimer = class(TComponent)
  private
    { Private-Deklarationen }
    FWnd: hWnd;                         //FensterHandle
    FTimeCaps: TTimeCaps;               //Dev-Caps MMTimer
    FEnabled: Boolean;
    FInterval: Cardinal;
    FResolution: Cardinal;
    FPeriodic: Boolean;
    FID: Integer;                       // ID des MMTimers
    FOnTimer: TMMTimerEvent;
    FResult: Integer;
  protected
    { Protected-Deklarationen }
    procedure UpdateTimer;
    procedure SetEnabled(Value: Boolean);
    procedure SetInterval(Value: Cardinal);
    procedure SetResolution(Value: Cardinal);
    procedure SetPeriodic(Value: Boolean);
    procedure WndProc(var Msg: TMessage);
    procedure DoOnTimer(Time: Cardinal); dynamic;
  public
    { Public-Deklarationen }
    constructor Create(AOwner: TComponent); override;
    destructor Destroy; override;
    property Result: Integer read FResult;
  published
    { Published-Deklarationen }
    property Interval: Cardinal read FInterval write SetInterval;
    property Resolution: Cardinal read FResolution write SetResolution;
```

```
    property Periodic: Boolean read FPeriodic write SetPeriodic;
    property Enabled: Boolean read FEnabled write SetEnabled;
    property OnTimer: TMMTimerEvent read FOnTimer write FOnTimer;
  end;

procedure Register;

implementation
procedure TimeCallback(TimerID,         //ID von timeSetEvent
                       Msg: UINT;        //reserviert
                       dwUser,          //UserDaten aus timeSetEvent
                       dw1,             //reserviert
                       dw2: DWord);      //reserviert
                       pascal;
begin
  PostMessage(dwUser, WM_MMTimer, TimeGetTime, 0)
end;
```

Unsichtbares Fenster erstellen, Timer-Parameter ermitteln:

```
constructor TMMTimer.Create(AOwner: TComponent);
begin
  inherited Create(AOwner);
  FWnd:= AllocateHWnd(WndProc);
  FResult:= timeGetDevCaps(@FTimeCaps, SizeOf(FTimeCaps));
  FResolution:= FTimeCaps.wPeriodMin;
  FInterval:= FTimeCaps.wPeriodMax;
  FResult:= timeBeginPeriod(FResolution);
  FPeriodic:= True;
  FEnabled:= True;
  FID:= 0
end;
```

Fenster und Komponente zerstören:

```
destructor TMMTimer.Destroy;
begin
  if FID <> 0 then FResult:= timeKillEvent(FID);
  FResult:= timeEndPeriod(FResolution);
  DeallocateHWnd(FWnd);
  inherited Destroy
end;
```

Fensterprozedur zur Message-Behandlung:

```
procedure TMMTimer.WndProc(var Msg: TMessage);
begin
     with Msg do begin
          if Msg = WM_MMTimer then
      DoOnTimer(wParam)
    else
         DefWindowProc(FWnd, Msg, wParam, lParam)
  end
end;
```

Event auslösen:

```
procedure TMMTimer.DoOnTimer(Time: Cardinal);
begin
  if Assigned(FOnTimer) then
    FOnTimer(Self, Time);
end;
```

Timer starten (gegebenenfalls zurücksetzen):

```
procedure TMMTimer.UpdateTimer;
var  Mode: UINT;
begin
  if not (csDesigning in ComponentState) then begin
    if FID <> 0 then timeKillEvent(FID);
    if FPeriodic then
      Mode:= TIME_PERIODIC
    else
      Mode:= TIME_ONESHOT;
    FID:= timeSetEvent(FInterval,
                       FResolution,
                       @TimeCallback,   //Proc-Adr.
                       FWnd,            //User-Daten
                       Mode);
  end
end;
```

Zugriffsmethoden der Eigenschaften:

```
procedure TMMTimer.SetEnabled(Value: Boolean);
begin
  if Value <> FEnabled then begin
    FEnabled:= Value;
```

```
    UpdateTimer
  end
end;

procedure TMMTimer.SetInterval(Value: Cardinal);
begin
  if (Value <> FInterval) and (Value >= FTimeCaps.wPeriodMin)
    and (Value <= FTimeCaps.wPeriodMax)then begin
    FInterval:= Value;
    UpdateTimer
  end
end;

procedure TMMTimer.SetResolution(Value: Cardinal);
begin
  if (Value <> FResolution) and (Value <= FInterval) then begin
    FResolution:= Value;
    UpdateTimer
  end
end;

procedure TMMTimer.SetPeriodic(Value: Boolean);
begin
  if Value <> FPeriodic then begin
    FPeriodic:= Value;
    UpdateTimer
  end
end;

procedure Register;
begin
  RegisterComponents('Beispiele', [TMMTimer]);
end;
```

Test

Über das Menü *Komponente|Komponente installieren...* bringen Sie die Komponente wie gewohnt auf die Komponentenpalette (Seite "Beispiele").

Öffnen Sie dann ein neues Projekt (Anwendung) und platzieren Sie die Komponente auf das Startformular. Legen Sie die *Interval*-Eigenschaft z.B. auf 1000 ms fest.

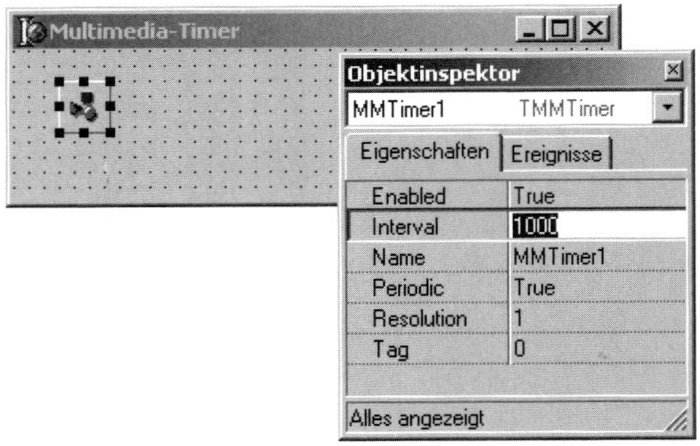

Um die prinzipielle Funktionsfähigkeit zu testen, genügt ein "Sekundenticker":

```
procedure TForm1.MMTimer1Timer(Sender: TObject; Time: Cardinal);
begin
 Beep
end;
```

Bemerkung

Legen Sie einen zu kleinen Wert für das Intervall fest und dauert die Abarbeitung innerhalb der Timerprozedur zu lange, gibt es Ärger. Selbst das sonst recht robuste Windows NT/2000 kommt ins Wanken, da die gesamte Rechenzeit für den Aufruf der Callback-Prozedur verbraucht wird.

OLE-Automation und ActiveX

- OLE-Automation
- ActiveX-Code-Komponenten
- ActiveX-Controls

12 OLE-Automation und ActiveX

In diesem Kapitel geht es um mehr als nur um die Interaktion zwischen verschiedenen Windows-Programmen auf Basis des altbekannten OLE (heute allgemein als *Automation* bezeichnet), sondern allgemein um die wichtigsten Möglichkeiten, die Delphi für die plattformübergreifende komponentenbasierte Entwicklung bietet.

Hinweis: Verwechseln Sie die ActiveX-Komponenten nicht mit den nativen Delphi-Komponenten, wie sie unmittelbarer Bestandteil der VCL (Visual Component Library) sind (siehe Kapitel 11)!

Jeder Windows-Programmierer, der an umfangreicheren Anwendungsentwicklungen beteiligt ist, muss dafür unterschiedliche Komponenten (die auch eigenständige Programme sein können!) einsetzen. Einige dieser Komponenten/Programme werden direkt von Microsoft angeboten, andere können von Drittanbietern bezogen werden. Schließlich müssen auch eigene Komponenten entwickelt werden. OLE bzw. ActiveX sind der "Klebstoff", der diese Komponenten verbindet.

Hinweis: Da der nachfolgende Stoff leider doch ziemlich trocken ist, werden dem Ungeduldigen diesmal besonders die Praxisbeispiele am Ende des Kapitels nahe gelegt!

12.1 Begriffe

ActiveX ist ein Teil des *Microsoft Component Object Model* (COM), das eine Zusammenarbeit von verschiedenartigen Anwendungen bzw. Komponenten auf Basis eines einheitlichen Interfaces ermöglicht. Einige Features von ActiveX wurden bisher unter dem Begriff OLE (*Object Linking and Embedding*) zusammengefasst, neuerdings spricht man nur noch von *Automation*. In diesem Kapitel werden diese Begriffe mit annähernd gleicher Bedeutung verwendet, lassen Sie sich also nicht verwirren, wenn Sie z.B. mit den Bezeichnungen *COM-Server*, *Automations-Server*, *OLE-Server* oder *ActiveX-Server* konfrontiert werden – es ist meist ein und dasselbe gemeint!

Bei ActiveX-Komponenten ist zwischen verschiedenen Typen zu unterscheiden:

- **ActiveX-Controls** (früher als OCXe bezeichnet)
  sind Steuerelemente, die Sie zum Beispiel beim Formularentwurf verwenden können. ActiveX-Controls werden in Dateien vom Typ *.OCX* gespeichert. In Delphi finden Sie sie vor allem auf der "ActiveX"-Seite der Komponentenpalette.
- **ActiveX-Code-Komponenten** (früher als OLE-Server bezeichnet)
  existieren in zweierlei Gestalt:
  - **ActiveX-DLL** (*In-Process-Server*)
  - **ActiveX-EXE** (*Out-of-Process-Server*)
  Fügen Sie einer normalen EXE-Datei *Automatisierungsobjekte* hinzu, erzeugen Sie einen *Out-of-Process-Server*. Erstellen Sie eine "ActiveX-Bibliothek" und fügen *Automatisierungsobjekte* hinzu, handelt es sich um einen *In-Process-Server*.

- **ActiveX-Documents**
  sind Formulare, die im Internet-Browser angezeigt werden können. ActiveX-Documents können wiederum weitere ActiveX-Controls enthalten. Diese Formulare bieten sich insbesondere in Intranet-Anwendungen an, können doch auf diese Weise Informationen (HTML-Text) und User-Interaktion (Eingaben) sinnvoll kombiniert werden.

In-Process- und Out-of-Process-Server

Im Zusammenhang mit ActiveX-Code-Komponenten wird zwischen "in-process" (DLL) und "out-of-process" (EXE) unterschieden. Während die DLLs immer im Adressraum der aufrufenden Anwendung laufen (z.B. ADO[1]), handelt es sich bei "out-of-process"-Komponenten um selbstständige Anwendungen mit eigenem Adressraum (z.B. Access oder Word).

ActiveX-DLLs bieten den Vorteil eines schnellen Zugriffs, da nicht über Prozessgrenzen hinweg Daten ausgetauscht werden müssen, es wird jedoch der Thread der aufrufenden Anwendung genutzt. Demgegenüber läuft eine ActiveX-EXE-Komponente in einem unabhängigen Thread, die Ausführung ist quasi parallel.

Die Entscheidung, welchen Typ von ActiveX-Server Sie entwickeln, hängt im Wesentlichen vom endgültigen Einsatz ab. Für Anwendungen, die prinzipiell über eine eigene Oberfläche verfügen, aber anderen Programmen Automations-Objekte bereitstellen sollen, bleibt nur die ActiveX-EXE. Möchten Sie lediglich ActiveX-Objekte exportieren (die natürlich auch Formulare enthalten können), sollten Sie eine ActiveX-DLL einsetzen.

Hinweis: Versuchen Sie, wo immer es geht, ActiveX-EXE durch ActiveX-DLLs zu ersetzen, da diese wesentlich schneller sind.

TypeLibraries (Typbibliotheken)

Geht es um den Import oder Export von ActiveX-Objekten, spielen die TypeLibraries eine zentrale Rolle. Dabei handelt es sich um binäre Symboldateien, die entweder als Ressource oder als eigenständige Datei mit der Namenserweiterung TLB gespeichert werden. Delphi verfügt über einen komfortablen Typbibliothekseditor (Menü *Ansicht|Typbibliothek*).

Mit Hilfe von Typbibliotheken können Sie oder der Anwender Ihrer ActiveX-Komponenten feststellen, welche Typen von Objekten und Schnittstellen in einem ActiveX-Server verfügbar sind. Dazu gehört auch ein eindeutiger Bezeichner für den Server (die so genannten CLSIDs). Nicht zuletzt sind auch Aufzählungsdatentypen enthalten.

[1] *ActiveX Data Objects* = universelle Datenbankschnittstelle von Microsoft

12.2 Automatisierung

Mit der (OLE-)Automatisierung steht dem Programmierer eine mächtige Schnittstelle zum Datenaustausch zwischen gänzlich verschiedenen Applikationen zur Verfügung. Delphi kann auf diese Weise z.B. Daten mit MS Excel oder MS Word austauschen oder sogar andere Anwendungen "fernsteuern".

Wichtig scheint in diesem Zusammenhang die Unterscheidung der beiden folgenden Begriffe:

- **Automatisierungs-Client**
  Anwendung, die das Erstellen von Verbunddokumenten erlaubt. Dazu werden so genannte Container verwendet, die das Darstellen und Speichern der Daten übernehmen.
- **Automatisierungs-Server**
  Anwendung, die eigene Daten und Objekte anderen Programmen (Clients) zum Einbetten oder zum Verknüpfen bereitstellt.

ActiveX-Komponenten können sowohl OLE-Client als auch OLE-Server sein, selbst das Programm Word kann als ActiveX-Komponente betrachtet werden. Als Client, wenn Sie z.B. eine Excel-Tabelle in ein Dokument einfügen, als Server, wenn Sie z.B. aus Delphi die OLE-Automationsobjekte (Code-Klassen) von Word nutzen wollen.

Einfügen oder Einbetten?

Einfügen (Linking) bzw. *Einbetten* (Embedding) bezeichnet den Vorgang, bei dem eine Verbindung zwischen OLE-Server und OLE-Client hergestellt wird.

- **Verknüpfen (Linking)**
  Der Client speichert lediglich einen Verweis auf den Ursprung der OLE-Daten, um das Speichern der eigentlichen Daten kümmert sich der Server. Der Vorteil für den Client besteht im geringen Platzbedarf in der Client-Anwendung.
- **Einbetten (Embedding)**
  Eingebettete Objekte lassen sich relativ einfach verwalten, werden doch alle Informationen im Client abgespeichert.

Eine allgemein gültige Empfehlung, ob ein Objekt eingebettet oder verknüpft werden soll, kann nicht gegeben werden, das hängt vom konkreten Einsatzfall ab. Daten, mit denen mehrere Applikationen arbeiten, werden Sie sicherlich verknüpfen, da sich auf diese Weise die Aktualisierungen auf alle Clients auswirken. Etwas anders sieht es aus, wenn Sie das Programm weitergeben wollen. In diesem Fall ist es günstiger, wenn Sie die Daten direkt in den Client einbetten.

Drag&Drop von Objekten

Wenn sowohl OLE-Server als auch OLE-Container (Rahmenanwendung) den OLE2-Standard komplett unterstützen, so kann (gewissermaßen als Alternative zur Zwischenablage) ein Objekt aus einer Anwendung in die andere gezogen und dort abgelegt werden. In Abhängigkeit von der Taste, die Sie beim Ziehen des Objekts gedrückt halten, wird entweder kopiert oder verschoben.

Erkennbar ist die Art der Verknüpfung am Mauszeiger:

Cursor	Bemerkung
	**... Ablegen nicht erlaubt**, z.B. ist *OLEDropAllowed = False*.
	**... Verschieben (Move)**, z.B. markieren Sie einen Text in Word und kopieren diesen in einen *OLEContainer*.
	**... Kopieren (Copy)**, z.B. markieren Sie einen Text in Word und kopieren diesen in einen *OLEContainer*. Gleichzeitig halten Sie die STRG-Taste gedrückt.

12.2.1 Die OLEContainer-Komponente

Sie finden den *OLEContainer* auf der "System"-Seite der Komponentenpalette. Damit ist es möglich, OLE-Objekte innerhalb eines Delphi-Programms darzustellen. Die Komponente verfügt über eine ganze Reihe von Eigenschaften, von denen allerdings die wenigsten von Ihnen geändert werden müssen. Die wichtigsten Properties können Sie der folgenden Übersicht entnehmen:

Eigenschaft	Beschreibung
AllowInPlace	... ermöglicht die Vor-Ort-Aktivierung eines OLE-Objektes, d.h., die Bearbeitung im Delphi-Fenster. Dazu können sowohl Menüleiste als auch Statusleiste und Toolbar vom OLE-Server überblendet werden.
AutoActivate	... entscheidet darüber, wie das OLE-Objekt aktiviert wird (Doppelklick, Fokus, manuell mit *DoVerb(ovShow)*).
CanPaste	... abfragen, ob sich in der Zwischenablage ein Objekt befindet, das in die Komponente eingefügt werden kann.
Iconic	... entscheidet darüber, wie die OLE-Daten angezeigt werden (Icon oder normal).
Modified	... *True*, wenn das OLE-Objekt geändert, gelöscht oder ersetzt wurde.
OleObject	... gibt ein OLE-Automatisierungsobjekt für das OLE-Objekt zurück.
ObjClass	... bestimmt die Objektklasse des einzulagernden Objektes. Beispiel: "Word 8.0 Dokument"
ObjDoc	... spezifiziert das OLE-Dokument im OLE-Container. Beispiel: "*C:\TEST.DOC*"
ObjItem	... spezifiziert den OLE-Eintrag eines Objektes.
SizeMode	... bestimmt, wie das OLE-Objekt angezeigt wird. Zulässige Werte: *smClip, SmCenter, SmScale, SmStretch* und *SmAutoSize*.
State	... informiert über den Status der Komponente. Mögliche Rückgabewerte: *osEmpty, osLoaded, osRunning, osOpen, osInPlaceActive,osUIActive*.

Die restlichen Eigenschaften finden Sie auch bei anderen Komponenten. Auf einige Eigenschaften wollen wir jedoch noch etwas detaillierter eingehen.

ObjClass

Diese Eigenschaft legt den Klassennamen (Objekttyp) fest. Die Spezifikation erfolgt mit dem *ProgID*-Eintrag innerhalb von *RegEdit*. Die Klassen sind unter dem Schlüssel HKEY_LOCAL_MACHINE\SOFTWARE\Classes gespeichert.

Ein Ausschnitt aus der Windows-Registrierung:

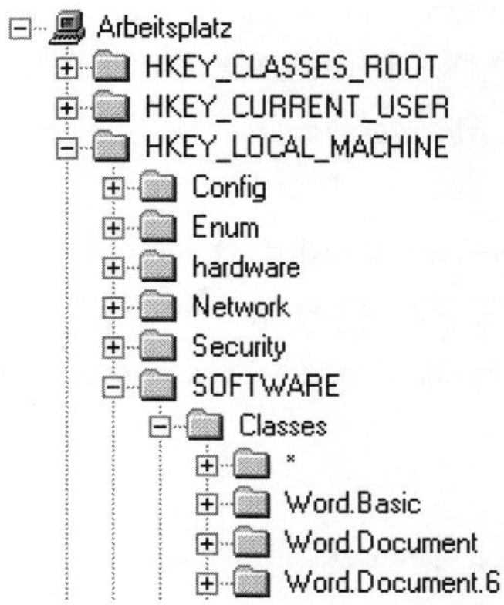

Für OLE2-Klassennamen gilt folgende Schreibweise:

Syntax: `Anwendungsname.Objekttyp.Version`

Die Angabe der Versionsnummer ist optional. Lassen Sie den Wert weg und sind mehrere Versionen installiert, wird die neueste verwendet.

Beispiel: Gültige Klassennamen

```
Excel.Application.5
Word.Document.8
```

ObjDoc

Die Eigenschaft legt den Namen der Datei fest, die in das Steuerelement (Control) geladen werden soll. Der Dateityp (z.B. DOC) muss mit einer gültigen Klasse verknüpft sein:

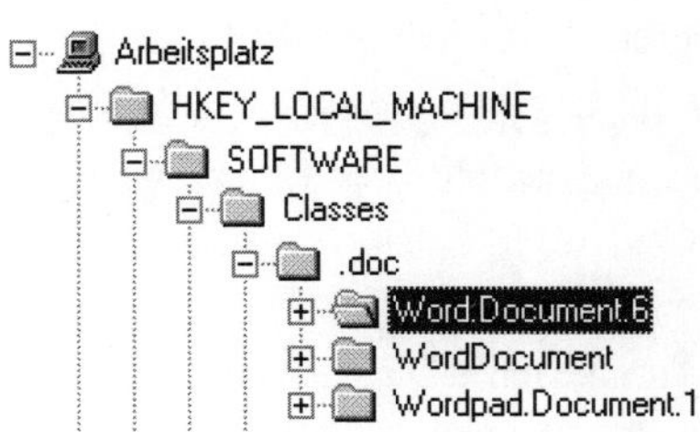

Beispielsweise können Sie eine Word-Datei als *SourceDoc* setzen.

SizeMode

Die Eigenschaft bestimmt die Anpassung des OLE-Objekts an den umgebenden Rahmen:

smClip	*Abschneiden:* Das Objekt wird in tatsächlicher Größe angezeigt. Ist das Objekt größer als der OLEContainer, wird die Anzeige an den Begrenzungslinien des Steuerelements abgeschnitten.
SmStretch	*Strecken:* Das Objekt wird so skaliert, dass es in den Container passt. Die Objektproportionen bleiben unberücksichtigt.
SmAutoSize	*Automatische Größenanpassung:* Das Control wird an die Abmessungen des enthaltenen Objekts angepasst.
SmScale	*Zoom:* Das Objekt wird so skaliert, dass es in das OLEContainer-Steuerelement passt, die Objektproportionen werden beibehalten.
SmCenter	*Zentrieren:* Das Objekt wird in tatsächlicher Größe im Container zentriert.

Methoden

Über die Methoden ist es möglich, auch zur Laufzeit des Programms neue OLE-Objekte in den Container einzufügen bzw. OLE-Objekte über die Zwischenablage auszutauschen. Die folgende Tabelle zeigt die wichtigsten Methoden:

Methode	Beschreibung
Close	... schließt die offene Serveranwendung, der Inhalt des OLE-Containers wird aktualisiert.
Copy	... kopiert den Inhalt des OLEContainers in die Zwischenablage.
Paste	... fügt den Inhalt der Zwischenablage in den OLEContainer ein. Prüfen Sie vorher mit *CanPaste*, ob sich auch ein gültiges Objekt in der Zwischenablage befindet.
CreateLinkToFile	... erstellt aus dem Inhalt der angegebenen Datei ein verknüpftes Objekt.
CreateObjectFromFile	... erstellt aus dem Inhalt einer Datei ein eingebettetes Objekt.
CreateObject	... erzeugt ein neues Objekt über dessen Klassennamen.
DestroyObject	... löscht das Objekt im OLEContainer.
DoVerb	... löst eine OLE-Objekt-Aktion aus, z.B. Anzeige (*ovShow*). Vordefiniert sind die folgenden Konstanten: `ovShow, ovOpen, ovHide, ovUIActivate, ovInPlaceActivate, ovDiscardUndoState, ovPrimary`
InsertObjectDialog	... Anzeige eines Dialogs zum Verknüpfen bzw. Einbetten eines OLE-Objekts (siehe folgende Abschnitte).
PasteSpecialDialog	... Anzeige eines Dialogs, über den ein bestimmtes Objekt aus der Zwischenablage eingefügt werden kann (siehe folgende Abschnitte).

Methode	Beschreibung
LoadFromFile *SaveToFile*	... Laden und Speichern von OLE-Objekten in einem eigenen Dateiformat.
ObjectPropertiesDialog	... zeigt einen Dialog zur Konfiguration des OLE-Objekts an.
Run	... startet die Serveranwendung, das Objekt wird jedoch nicht aktiviert. Auf diese Weise können Sie beim späteren Aufruf Zeit sparen.
UpdateObject	... aktualisiert den Inhalt verknüpfter Objekte.

Programmierung

Ziehen Sie einfach die *OLEContainer*-Komponente in ein Formular und klicken Sie mit der rechten Maustaste auf die Komponente. Wählen Sie den Menüpunkt *Objekt einfügen*. Es öffnet sich das folgende Dialogfenster, dessen Inhalt davon abhängt, welche OLE-fähigen Anwendungen Sie installiert haben:

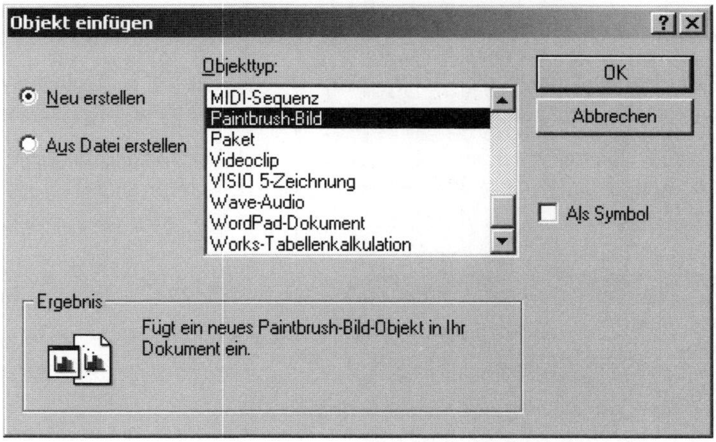

Wählen Sie einen Objekttyp aus. Nachfolgend startet der OLE-Server (z.B. Windows-Paintbrush), in dem das Objekt zu erstellen ist. Dann müssen Sie den OLE-Server wieder verlassen (z.B. Windows-Paintbrush schließen). Die *OLEContainer*-Komponente zeigt das Objekt bereits zur Entwurfszeit an:

Das Hinzufügen einer *MainMenu*-Komponente empfiehlt sich, um zur Laufzeit auch über die Menüfunktionen des OLE-Servers verfügen zu können. Zusätzlich können Sie über die rechte Maustaste ein PopUp-Menü aufrufen, das die verfügbaren Aktionen (*Öffnen*, *Bearbeiten*) zur Auswahl anbietet. Wählen Sie *Bearbeiten*, können Sie vor Ort, d.h. in Ihrer Delphi-Anwendung, das Objekt bearbeiten (wenn der OLE-Server *In-Place-Editing* unterstützt):

Wenn Sie anstatt *Bearbeiten* im PopUp-Menü des OLEContainers *Öffnen* wählen, wird der OLE-Server (z.B. Paintbrush) direkt gestartet, was natürlich etwas mehr Zeit in Anspruch nimmt.

Gehen wir noch einen Schritt weiter und entwickeln eine MDI-Anwendung (siehe 3.8.2), so können wir neben der Menüleiste auch die Werkzeugleiste des OLE-Servers anzeigen. Die folgende Abbildung zeigt das Resultat:

Past Special (Entwurfszeit)

Neben oben beschriebener Möglichkeit, ein OLE-Objekt in Ihre Anwendung einzufügen, existiert diese weitere Alternative, die zur Entwurfszeit verfügbar ist.

- Starten Sie eine OLE-Server-Applikation, wie zum Beispiel *PaintBrush*.
- Markieren Sie das gewünschte Objekt (Text, Tabellen, Grafiken etc.) und fügen Sie dieses in die Zwischenablage ein (Copy).
- Aktivieren Sie die *OLE*-Komponente, klicken Sie auf die rechte Maustaste und wählen Sie den Menüpunkt *Inhalte einfügen*.

Danach öffnet sich das folgende Fenster:

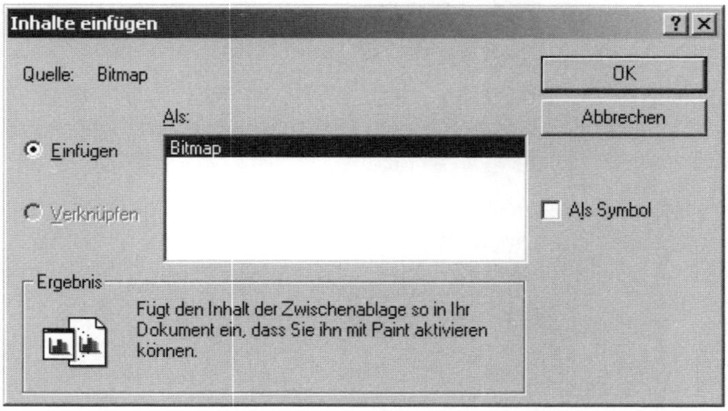

In diesem Fenster wählen Sie den gewünschten Objekttyp aus. Im Weiteren verfahren Sie analog zur vorangegangenen Methode.

Paste Special (Laufzeit)

Eine der Möglichkeiten, zur Laufzeit ein Objekt in das OLE-Control einzufügen, ist die *PasteSpecialDialog*-Methode.

Analog zur vorangegangenen Methode kopieren Sie aus der Quellanwendung (zum Beispiel *PaintBrush*) ein Objekt in die Zwischenablage. Im Quelltext Ihres Programmes rufen Sie dann die *PasteSpecialDlg*-Methode auf. Der weitere Ablauf entspricht dem Vorgehen zur Entwurfszeit, d.h., obiges Dialogfenster "Inhalte einfügen" erscheint. Allerdings wird das Objekt nicht automatisch im Control gespeichert, Sie müssen also selbst dafür Sorge tragen, dieses mit *SaveToFile* zu speichern.

Beispiel: Das Dialogfenster "Inhalte einfügen" erscheint. Nachdem der Inhalt der Zwischenablage dem OLEContainer manuell zugewiesen ist, wird der Inhalt in einer Datei *'Test'* gespeichert.

```
OLEContainer1.PasteSpecialDialog;
OLEContainer1.SaveToFile('Test');
```

Nach dem erneuten Starten der Anwendung wird der (zunächst leere) OLEContainer mit dem Inhalt der Datei *'Test'* gefüllt:

```
OLEContainer1.LoadFromFile('Test');
```

Paste

Wollen Sie ohne Dialog auskommen, lässt sich ein in die Zwischenablage kopiertes Objekt auch mit der *Paste*-Methode in das OLE-Control einfügen. Allerdings sollten Sie vorher mit *CanPaste* überprüfen, ob sich auch ein gültiges Objekt in der Zwischenablage befindet.

```
if OLEContainer1.CanPaste then
    OLEContainer1.Paste
                          else
    ShowMessage('Kein gültiges Objekt verfügbar!');
```

12.2.2 Arbeiten mit Automations-Servern

Eine Windows-Applikation, wie z.B. Word oder Visio, ist ein OLE- bzw. ActiveX-Server (genauer eine ActiveX-EXE), der Objekte zur Verfügung stellt, über die sich die Applikation von Ihrem Delphi-Programm aus quasi "fernsteuern" lässt. Nach Definition einer entsprechenden Objektvariablen (*Variant*) können Sie auf Eigenschaften und Methoden dieser Objekte genauso zugreifen, als ob es sich um Delphi-Objekte handeln würde.

Wie Sie bereits wissen, ist ein weiterer Typ eines ActiveX-Servers die ActiveX-DLL. Im Unterschied zur konventionellen DLL exportiert diese jedoch keine Funktionen und Prozeduren, sondern komplette Objekte mit deren Eigenschaften, Methoden und Ereignissen.

Konkrete Anwendungsbeispiele finden Sie im Praxisteil des vorliegenden Kapitels.

Instanzen bilden (Variant)

Dreh- und Angelpunkt für die Programmierung eines (OLE-)Automations-Clients, dem keine Typbibliothek zur Verfügung steht, ist eine Variable vom Typ *Variant*, die das importierte Objekt aufnimmt. Doch bevor es so weit ist, müssen Sie das Objekt erst einmal bereitstellen. Delphi bietet Ihnen dazu die beiden Funktionen *CreateOleObject* und *GetActiveOleObject* an, die über die Unit *ComObj* importiert werden. Während *CreateOleObject* davon ausgeht, dass sich der OLE-Server nicht im Speicher befindet und deshalb erst geladen werden muss, erwartet *GetActiveOleObject*, dass der Server schon geladen ist.

Verwenden Sie *GetActiveOleObject* also immer dann, wenn Sie davon ausgehen können, dass der Server schon läuft (z.B. bei Add-ins) oder wenn Sie vermeiden wollen, dass mehrere Instanzen des Servers geladen werden. Im zweiten Fall ist es allerdings ratsam, eine Fehlerbehandlung durchzuführen und gegebenenfalls die Funktion *CreateOleObject* aufzurufen.

Beispiel: Starten eines Excel-OLE-Servers

```
Var excel : Variant;
begin
   try
     excel := GetActiveOleObject('Excel.Application')
   except
     try
       excel := CreateOleObject('Excel.Application')
```

```
      except
         ShowMessage('Das war wohl nichts!');
         Exit
      end
   end;
```

Nach der Ausführung der obigen Anweisungen können Sie davon ausgehen, dass die Variable *Excel* mit einem OLE-Objekt initialisiert ist.

Der weitere Ablauf dürfte Ihnen vertraut vorkommen, können Sie doch mit dieser Variable wie mit jedem anderen Delphi-Objekt arbeiten, nur eben mit dem kleinen Unterschied, dass es sich um ein externes Objekt handelt, das in einer ganz anderen Programmiersprache geschrieben sein kann (z.B. auch in Visual Basic).

Welches Objekt Sie für die OLE-Automatisierung nutzen, bestimmen Sie durch die Angabe der Objektklasse beim Initialisieren der *Variant*-Variablen. Die folgende Abbildung zeigt einen Ausschnitt der Registrierdatenbank, in dem sich unter anderem auch die Deklaration für das *Excel.Application*-Objekt befindet:

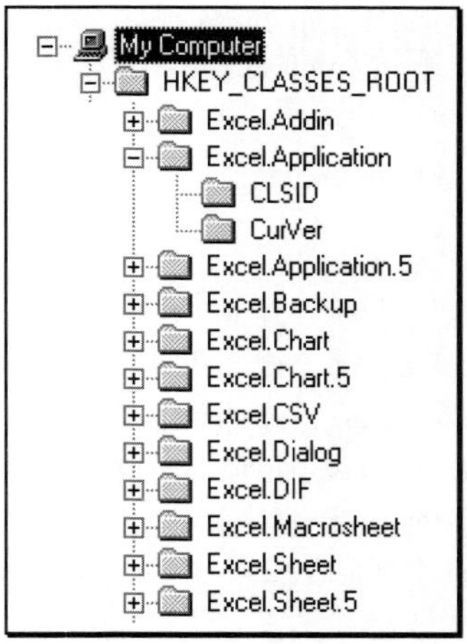

Hinweis: Für den OLE-Client-Programmierer genügt die Information völlig, welche Objekte der Server bereitstellt. Wo sich die Anwendung oder DLL auf der Festplatte befindet, ist uninteressant.

Instanzen bilden (Typelibrary)

Ein etwas anderer Weg bietet sich mit der Einbindung einer Typbibliothek (-library). Über den Menüpunkt *Projekt|Typbibliothek importieren* wählen Sie eine TypeLibrary aus bzw. erzeugen eine Schnittstellen-Unit, die Sie in Ihr Projekt einbinden können.

Beispiel: Schnittstellen-Unit zur TypeLibrary "MyAxServer" (exportiert werden die Eigenschaft "MeineEigenschaft" und die Methode "MeineMethode")[1]

```
unit MyAXServer_TLB;

interface
uses Windows, ActiveX, Classes, Graphics, OleCtrls, StdVCL;
```

Hier finden Sie die ID wieder (TGUID), über die jedes ActiveX-Objekt eindeutig identifiziert ist:

```
const LIBID_MyAXServer: TGUID = '{CD985E71-03F3-11D1-A5EC-00804898FA90}';
const
{ Komponentenklassen-GUIDs }
  Class_MYClass: TGUID = '{CD985E79-03F3-11D1-A5EC-00804898FA90}';
type
{ Forward-Deklarationen: Interfaces }
  _MYClass = interface;
  _MYClassDisp = dispinterface;
```

An dieser Stelle wird es interessant, Delphi erzeugt ein Interface für die enthaltene(n) Klasse(n):

```
{ Forward-Deklarationen: CoClasses }
  MYClass = _MYClass;

  _MYClass = interface(IDispatch)
    ['{CD985E78-03F3-11D1-A5EC-00804898FA90}']
    function MeineMethode: WordBool; safecall;
    procedure _Set_MeineEigenschaft(Value: OleVariant); safecall;
    procedure Set_MeineEigenschaft(var Value: OleVariant); safecall;
    function Get_MeineEigenschaft: OleVariant; safecall;
    property MeineEigenschaft: OleVariant read Get_MeineEigenschaft
                                          write Set_MeineEigenschaft;
  end;

{ DispInterface-Deklaration für Dual Interface _MYClass }

  _MYClassDisp = dispinterface
    ['{CD985E78-03F3-11D1-A5EC-00804898FA90}']
    function MeineMethode: WordBool; dispid 1610809345;
    property MeineEigenschaft: OleVariant dispid 1745027072;
  end;
```

[1] Zugegeben: Der ActiveX-Server ist prinzipiell recht sinnlos, für das Grundverständnis aber ganz brauchbar.

Die folgende Klasse ist für die weitere Arbeit von wesentlicher Bedeutung, wird doch über diese Klasse später die Instanz gebildet:

```
CoMYClass = class
  class function Create: _MYClass;
  class function CreateRemote(const MachineName: string): _MYClass;
end;
```

Zwei Varianten der Instanzenbildung sind möglich: Auf dem lokalen Computer oder auf einem anderen Rechner (Remote). Voraussetzung für die zweite Variante ist zum Ersten ein Out-of-Process-Server, zum Zweiten eine Installation von DCOM.

```
implementation
uses ComObj;

class function CoMYClass.Create: _MYClass;
begin
  Result := CreateComObject(Class_MYClass) as _MYClass;
end;

class function CoMYClass.CreateRemote(const MachineName: string): _MYClass;
begin
  Result := CreateRemoteComObject(MachineName, Class_MYClass) as _MYClass;
end;
end.
```

Nach der Einbindung der obigen Schnittstellen-Unit in Ihr Programm ist die Instanzenbildung genauso einfach wie bei einer Delphi-Klasse:

```
uses MyAXServer_TLB;

procedure TForm1.Button1Click(Sender: TObject);
VAR MeineInstanz : MyClass;
begin
  MeineInstanz := coMyClass.Create;
  MeineInstanz.MeineMethode;
end;
```

Der Vorteil dieser auf den ersten Blick etwas umständlichen Variante:

- Die Typenprüfung kann zur Entwurfszeit durchgeführt werden.
- Sie können eine frühe Bindung für die OLE-Automatisierung einsetzen und verbessern so die Ausführungsgeschwindigkeit zur Laufzeit.

Auch beim Editieren des Quelltextes können Sie die Vorteile nutzen (Programmierhilfe):

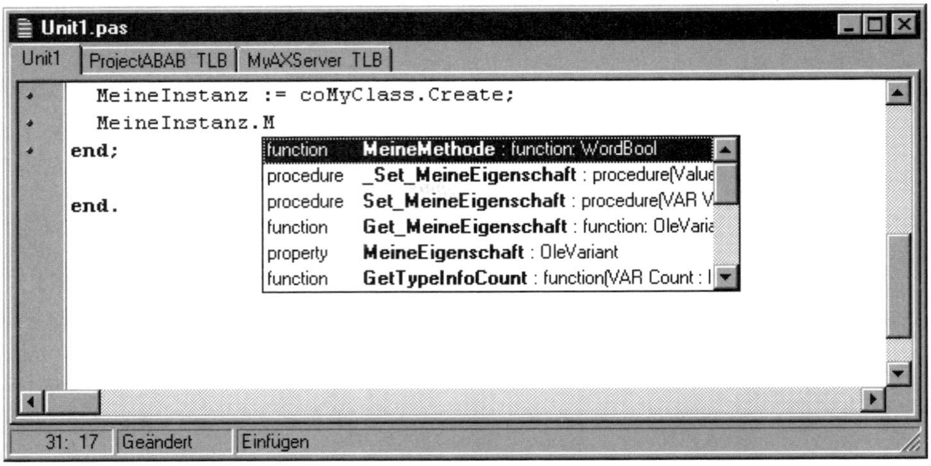

Instanzenbildung mit Hilfe von Datei-Extensions

Möchten Sie die Instanz einer ActiveX-Klasse bilden, von der Ihnen nur der Dateiname bekannt ist (z.B. DOC, XLS etc.), dann können Sie folgende kleine Funktion einsetzen.

```
uses  registry;

function GetClassname(app:string) : string;
var regist      : TRegistry;
    ext         : string;
begin
   regist          := TRegistry.Create;
   regist.RootKey := HKEY_CLASSES_ROOT;
   ext             := ExtractFileext(app);
   regist.OpenKey(ext,False); // Schlüssel auswählen
   result := regist.ReadString('');
end;
```

Diese ermittelt mit Hilfe der Registrierdatenbank den zugehörigen OLE-Server.

Beispiel: Der Einsatz der Funktion

```
var v: Variant;
...
v :=  CreateOleObject(GetClassname('c:\test1.doc')) ;
v.application.visible := true;
```

Instanzen bilden über Server-Komponenten

Die Überschrift dürfte zunächst für etwas Verwirrung sorgen, die Lösung ist aber schnell gefunden. Seit Delphi 5 besteht die Möglichkeit, COM-Server (wie MS Word oder Visio) als Komponenten zu installieren, die "Server"-Seite der Komponentenpalette hält dazu ein umfangreiches Angebot bereit (die folgende Abbildung zeigt nur einen Ausschnitt).

Diese Komponenten können Sie wie gewohnt auf einem Formular platzieren und über den Objektinspektor konfigurieren. Von Interesse ist in diesem Zusammenhang die Eigenschaft *ConnectKind:*

Wert	Beschreibung
CkRunningOrNew	Läuft der Server, wird diese Instanz verwendet, andernfalls wird eine neue gestartet.
CkNewInstance	Es wird immer eine neue Instanz des Servers erzeugt.
CkRunningInstance	Eine laufende Instanz des Servers wird genutzt.
CkRemote	Hiermit besteht die Möglichkeit, auf dem durch *RemoteMachineName* genannten Computer eine Instanz zu starten.
CkAttachToInterface	Diese Option ermöglicht den Zugriff auf die COM-Schnittstelle mit Hilfe der Methode *ConnectTo*.

Dass mit diesen Komponenten recht unkompliziert eine Verbindung zum gewünschten Automations-Server aufgebaut werden kann, zeigt das folgende Beispiel.

Beispiel: Verbinden mit MS-Word (ein Dokument ist geöffnet!), Ausgeben eines Textes und nachfolgendes Drucken.

```
with WordApplication1 do
begin
   Connect;
   Visible := True;
   Selection.TypeText('Ein kleiner TEST !!!!!');
   PrintOut
 end;
```

Ein weiterer Vorteil: Sie sparen nicht nur die Instanzierung, sondern es steht Ihnen über die betreffende Typbibliothek auch der komplette Satz aller Eigenschaften und Methoden zur Verfügung. Ganz nebenbei sind auch die vom COM-Server bereitgestellten Ereignisse verfügbar.

Beispiel: Ereignisse des *WordApplication*-Objektes

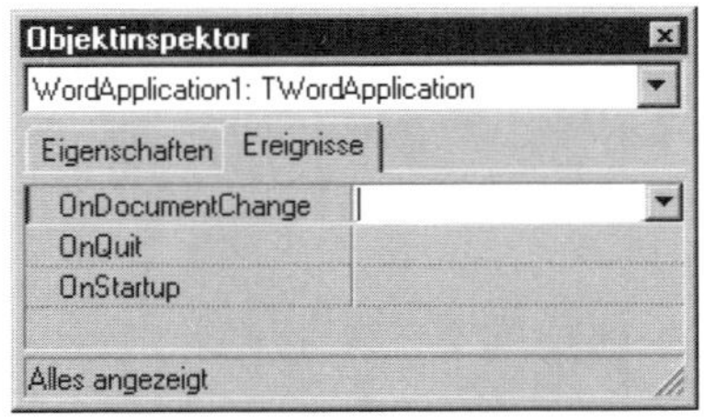

Erzeugen eigener COM-Server-Komponenten

TOleServer (Unit *OleServer*) ist die abstrakte Basisklasse für Komponenten, die einen COM-Server repräsentieren. Erzeugen Sie keine Instanzen von *TOleServer*, verwenden Sie stattdessen einen Nachkommen von TOleServer, der den gewünschten Server kapselt. Ruft eine Anwendung eine Methode des TOleServer-Nachkommen auf oder setzt eine seiner Eigenschaften, so richtet die Komponente automatisch eine Verbindung zum COM-Server ein. Mittels *Connect*-Methode können Sie auch direkt Verbindung aufnehmen (siehe obiges Beispiel).

Auf der "Server"-Seite der Komponentenpalette werden zahlreiche *TOleServer*-Nachkommen angeboten. Zusätzlich können Sie eigene Nachkommen erzeugen, indem Sie über den Menüpunkt *Projekt|Typbibliothek importieren* den gewünschten COM-Server auswählen. Auf Wunsch wird auch ein so genannter VCL-Wrapper, d.h. eine dazugehörige VCL-Komponente erzeugt.

Beispiel: Einbinden der DAO-Libraries als VCL-Komponenten

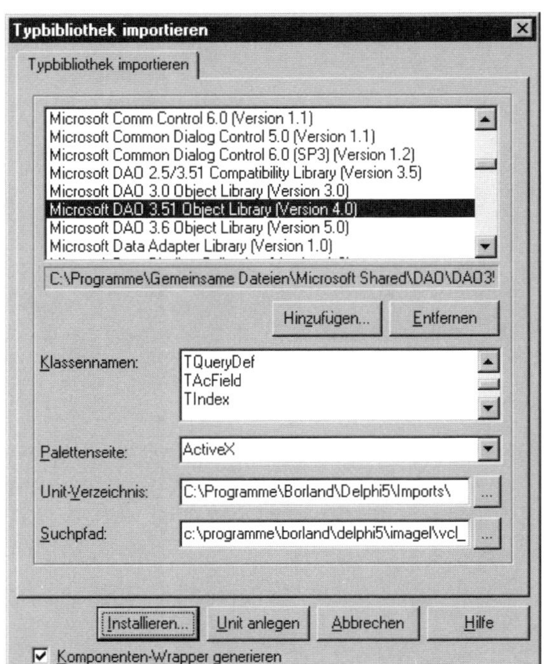

Hinweis: Achten Sie auch auf die zu importierenden Klassen. Sollten Namensübereinstimmungen mit vorhandenen Delphi-Klassen absehbar sein (z.B. *TField*), ändern Sie den Klassennamen in der obigen Dialogbox einfach ab. Andernfalls kommt es zu Problemen bei der Einbindung.

12.2.3 Zugriff auf Objekte im OLE-Container

Geht es darum, einen OLE-Server zu steuern, der sich in einer OLE-Container-Komponente befindet, müssen Sie sich schon etwas bemühen. Es gibt zwar die Eigenschaft *OleObject*, über die Sie ein eventuell vorhandenes OLE-Automatisierungsobjekt abfragen können, Sie müssen jedoch vorher einiges beachten. So muss unter anderem der OLE-Server gestartet werden. Ein weiteres Problem resultiert daraus, wie Sie den OLE-Server starten. Bei einer "Vor-Ort"-Aktivierung sind zum Beispiel einige Methoden nicht verfügbar (*Print*, *Preview* etc.). Ein Beispiel zeigt die Vorgehensweise:

Beispiel: Drucken eines eingebetteten Excel-Objekts aktivieren

```
var excel : Variant;
begin
   OleContainer1.DoVerb(ovOpen);
   excel := OleContainer1.OleObject;
   excel.Charts[1].PrintOut;
   excel.Close;
   OleContainer1.Close
end;
```

Hätten Sie *OleContainer1.DoVerb(ovUIActivate)* gewählt, wäre die Methode *PrintOut* mit einer Fehlermeldung abgebrochen worden.

12.2.4 Parameter von ActiveX-Objekten

Haben Sie es mit ActiveX-Objekten zu tun, werden Sie sich auch mit den entsprechenden Datentypen auseinander setzen müssen.

Datentypen

Grundsätzlich besteht das Interface einer ActiveX-Klasse nur aus folgenden Grunddatentypen:

Pascal-Typ	OLE-Variantentyp	Beschreibung
Smallint	VT_I2	2-Byte-Integer mit Vorzeichen
Integer	VT_I4	4-Byte-Integer mit Vorzeichen
Single	VT_R4	4-Byte-Real
Double	VT_R8	8-Byte-Real
Currency	VT_CY	Währungswert
TDateTime	VT_DATE	Datum/Zeit

Pascal-Typ	OLE-Variantentyp	Beschreibung
WideString	VT_BSTR	binärer String
IDispatch	VT_DISPATCH	Zeiger auf *IDispatch*-Schnittstelle
SCODE	VT_ERROR	OLE-Fehlercode
WordBool	VT_BOOL	Boolean (True = -1, False = 0)
OleVariant	VT_VARIANT	Ole-Variant
IUnknown	VT_UNKNOWN	Zeiger auf *IUnknown*-Schnittstelle
Byte	VT_UI1	1-Byte-Integer ohne Vorzeichen

Zusätzlich werden auch Aufzählungsdatentypen (basierend auf einem *SmallInt*-Wert) sowie Unterklassen (die wiederum aus obigen Grundtypen bestehen können) unterstützt.

Benannte und optionale Parameter

Eine wesentliche Änderung gegenüber dem Aufruf von Delphi-Methoden stellen die benannten und optionalen Parameter dar, zwei sehr leistungsfähige Möglichkeiten[1], die Übergabe von Parametern an Methoden zu vereinfachen.

Beispiel: Übergabe von benannten und optionalen Parametern

```
var vb : Variant;
begin
```

Initialisierung der Variablen:

```
vb := CreateOleObject('VBBeispiel.Application');
```

Übergabe einer variablen Anzahl von Parametern:

```
Label1.Caption := vb.summe(12, 14, 72,111,333);
Label2.Caption := vb.summe(12,343,323,2323,6764,2323,14,72,111,333);
```

Die Methode berechnet die Summe aller übergebenen Werte. Die Anzahl ist beliebig.

Übergabe von benannten Parametern (die Reihenfolge ist unerheblich):

```
vb.anzeigen(a := 10, b := 15);
vb.anzeigen(c := 30, a := 1, b := 0);
vb.anzeigen(c := 45);
```

Reihenfolge und Anzahl der Parameter können Sie beliebig wählen. Um der Funktion eine eindeutige Zuordnung zu ermöglichen, müssen Sie den Namen des Parameters ebenfalls mit angeben.

Übergabe von optionalen Parametern:

```
vb.anzeigen(10,15,20);
vb.anzeigen(10,,20);
```

---

[1] "Leistungsfähig" bezieht sich hier nicht auf die Geschwindigkeit. In Bezug auf die Performance sind derartige Schnittstellen absolute "Schlusslichter".

```
    vb.anzeigen(10);
    vb.anzeigen(,,,20);
end;
```

Bei optionalen Parametern können Sie nur Parameter auslassen, die Anzahl steht jedoch fest. Lassen Sie einen Parameter weg, müssen Sie trotzdem das Komma einfügen. Am Ende können Sie beliebig viele Werte weglassen.

Wie sieht die ganze Sache eigentlich auf der Server-Seite aus? Aufschluss soll folgendes **Visual Basic**-Listing geben:

```
Public Sub anzeigen(Optional a, Optional b, Optional c)
    If Not IsMissing(a) Then MsgBox Format(a, "A: ###,###,###");
    If Not IsMissing(b) Then MsgBox Format(b, "B: ###,###,### Euro");
    If Not IsMissing(c) Then MsgBox Format(c, "C: ###,###,###.00")
End Sub

Public Function summe(ParamArray summanden() As Variant) As Variant
Dim zwischensumme As Single, i%
  for i = 0 to UBound(summanden)
    zwischensumme = zwischensumme + summanden(i)
  next i
  summe = zwischensumme
end function
```

Beide Funktionen sind in einer Klasse *VBBeispiel* als *public* deklariert.

Deinitialisieren von ActiveX-Objekten

Möchten Sie zum Schluss die OLE-Variant-Variable zurücksetzen, können Sie die Konstante *Unassigned* zuweisen.

```
var  Excel: Variant;
begin
  ...
  Excel := CreateOleObject('Excel.Application');
  ...
  Excel := Unassigned;
```

12.2.5 Konvertieren von VB-Beispielen

Da Visual Basic eine der ersten Programmiersprachen war, die OLE-Automation unterstützt hat, und weil es den unbestrittenen Vorteil hat, relativ einfach zu sein, finden sich in vielen Dokumentationen OLE-Demos in Visual Basic. Der folgende Abschnitt zeigt an einigen Beispielen, wie Sie diese in Pascal umsetzen können.

VB	Delphi
`Dim excel As Object`	`var excel : Variant;`
`Set excel = CreateObject("Excel.Application")`	`excel := CreateOLEObject('Excel.Application');`
`excel.Sheets(1).Activate`	`excel.Sheets[1].Aktivieren`
`excel.Cells(zeile, spalte).value := 10`	`excel.Cells[zeile, spalte].Wert := 10;`
`Set seitensheet = Seite.Shapes("ThePage")`	`seitenSheet := Seite.Shapes['ThePage'];`
`Set excel = Nothing`	`excel := Unassigned;`

Hinweis: Bevor Sie verzweifelt nach einem Fehler suchen (Methode nicht gefunden, Element nicht gefunden etc.), sollten Sie den Klammertyp überprüfen. In Delphi müssen Sie für Auflistungen (z.B. *Shapes*) unbedingt eckige Klammern verwenden. Andernfalls wird der Aufruf als Methode interpretiert, und die ist nun einmal nicht da.

Vielfach wird in VB-Programmen die Schreibweise etwas abgekürzt. Dazu werden Teilobjekte (z.B. aus Auflistungen) einer neuen Objektvariablen (in Delphi *Variant*) zugewiesen.

Beispiel: (VB)

```
Dim seite As object, visio As object, seitensheet As object
Set visio = CreateObject("Visio.Application")
Set seite = visio.activePage
   If seite Is Nothing Set seite = visio.activeDocument.pages(1)
   Set seitenSheet = seite.Shapes("ThePage")
```

Beispiel: (Delphi)

```
var visio, seite, seitensheet  : Variant;
visio := CreateOleObject('Visio.Application');
seite := visio.ActivePage;
if VarIsEmpty(seite) then seite := visio.ActiveDocument.Pages[1];
seitenSheet := Seite.Shapes['ThePage'];
```

Hinweis: Beachten Sie, dass Sie in Delphi nicht die *With*-Anweisung verwenden können.

12.3 Einige Automatisierungs-Beispiele

12.3.1 OLE-Automatisierung mit Visio

Das Zeichenprogramm *Visio* bot als eine der ersten Windows-Applikationen überhaupt eine umfassende Unterstützung der OLE-Spezifikation. Warum erwähnen wir an erster Stelle Visio und nicht etwa Word oder Excel? Die Antwort ist, dass uns Visio sowohl vom Konzept als auch von seinen praktischen Anwendungsmöglichkeiten her am meisten beeindruckt hat und dass die OLE-

Schnittstelle sauber dokumentiert ist. Die im Internet verfügbare Visio 2000-Testversion[1] bietet ideale Möglichkeiten für eigene OLE-Experimente.

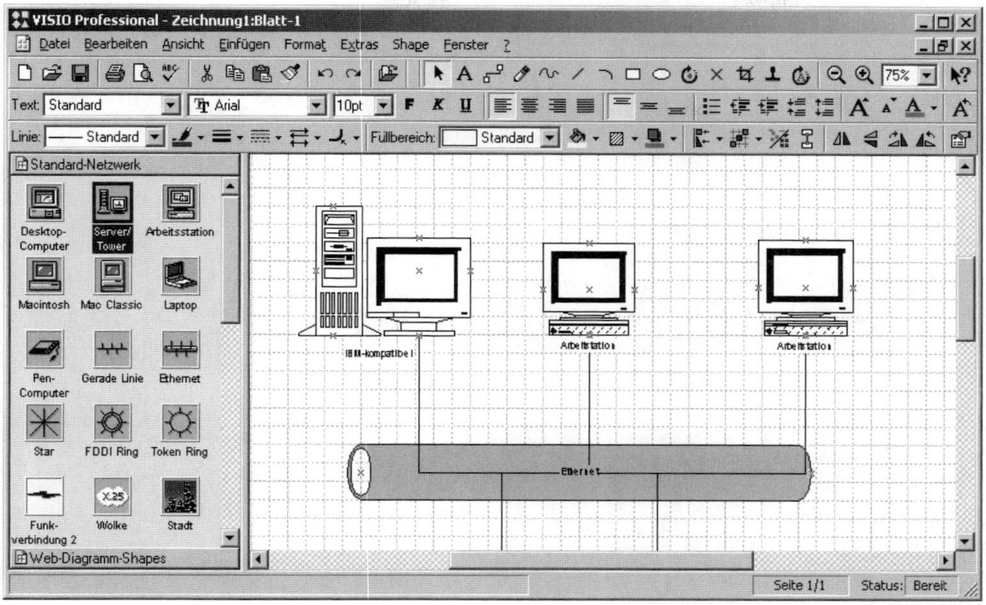

Wie wird die Verbindung zu Visio aufgebaut?

Grundsätzlich müssen wir zwischen zwei Anwendungsfällen unterscheiden:

- Delphi fungiert als OLE-Container für Visio.
- Delphi steuert Visio über OLE-Automation.

OLE-Container

Wenn Sie von Ihrem Programm aus eine Visio-Zeichnung bearbeiten möchten, brauchen Sie neben einer *OLEContainer*- auch eine *OpenDialog*-Komponente. Tragen Sie in das *FormShow*-Ereignis folgenden Code ein:

```
If OpenDialog1.Execute then begin
   OLEContainer1.CreateObjectFromFile(OpenDialog1.Filename, False);
   OLEContainer1.doVerb(ovInPlaceActivate)
end;
```

Nach Programmstart wählen Sie im Dateidialog eine Visio-Datei *(*.vsd)*. Es vergeht etwas Zeit, bis die ausgewählte Zeichnung im OLE-Objekt angezeigt und für die Bearbeitung zur Verfügung steht. Auch die aktiven Schablonen (Werkzeugleisten) erscheinen. Nach Klick mittels rechter Maustaste blendet Visio ein Kontextmenü ein (Abbildung).

[1] *www.microsoft.com/germany/office/visio/*

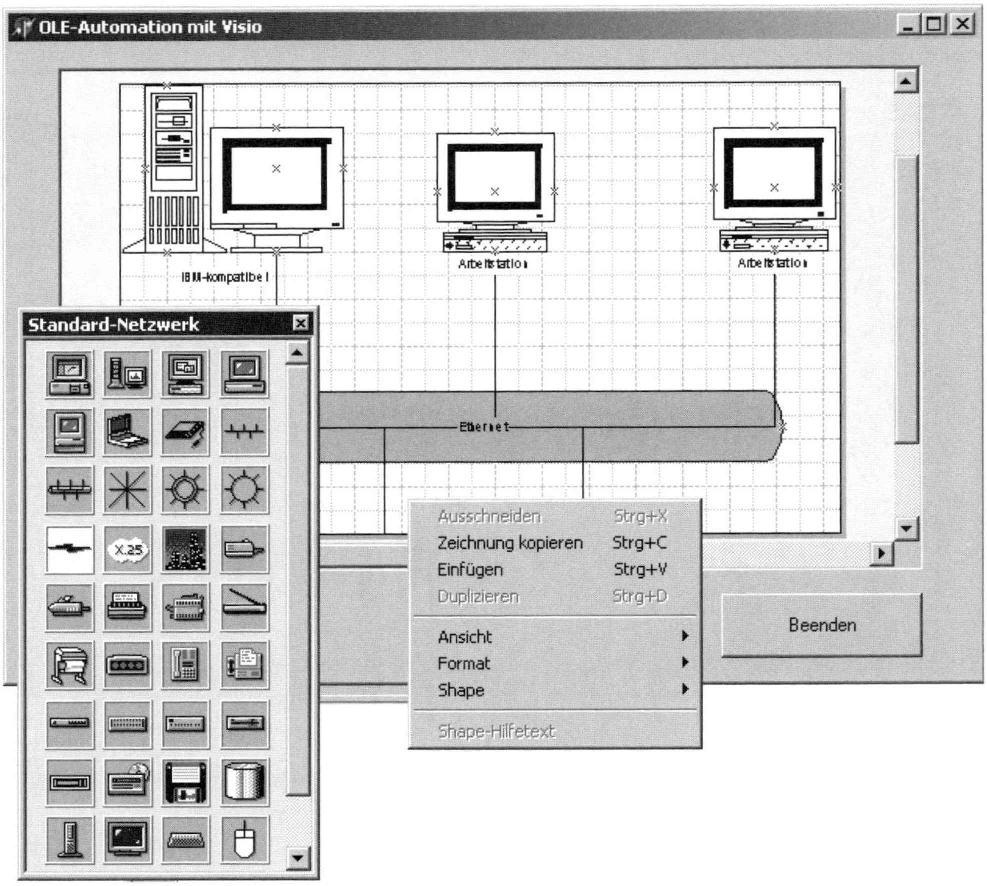

Hinweis: Verfügte das Delphi-Fenster über ein Menü, ersetzt Visio dieses durch sein eigenes.

Um die obige OLE-Verknüpfung zu beenden, brauchen Sie eine Taste mit folgendem Ereigniscode:

```
OLEContainer1.Close;
```

Mit etwas mehr Aufwand lassen sich neben dem Menü auch die Werkzeugleisten von Visio anzeigen. Ändern Sie dazu die *FormStyle*-Eigenschaft des Formulars in *fsMDIForm* und fügen Sie eine *Panel*-Komponente hinzu (*Align = alTop*). Aktivieren Sie jetzt das OLE-Objekt, so unterscheidet sich Ihr Delphi-Programm kaum noch vom eigentlichen Visio. Lassen Sie sich trotzdem nicht verwirren, speichern und drucken können Sie über die Menüleiste zum Beispiel nicht!

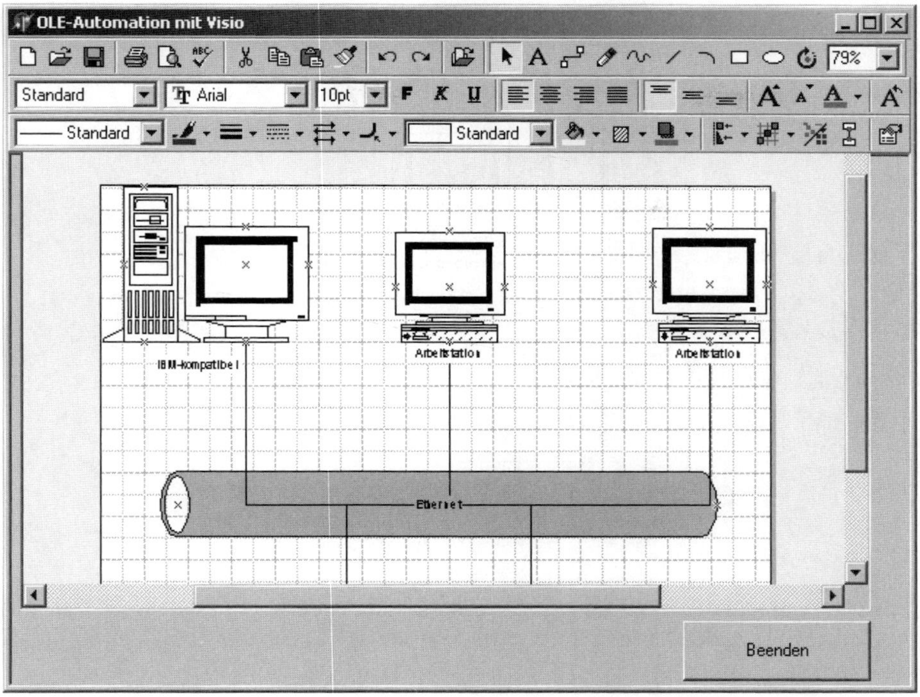

Wie bei jedem zur Laufzeit in das OLE-Control eingefügten Objekt müssen Sie auch bei Visio-Objekten dafür sorgen, dass der Inhalt gespeichert wird. Verwenden Sie dazu die *SaveToFile*-Methode:

```
OLEContainer1.SaveToFile('C:\Test.OLE')
```

OLE-Objekte

Ob Sie mit *CreateOleObject* oder *GetActiveOleObject* eine OLE-Automation starten, hängt von zwei Alternativen ab:

- Visio läuft, und Sie rufen Ihr Delphi-Programm aus Visio auf.
- Sie möchten Visio von Ihrem Delphi-Programm aus aufrufen.

Für beide Fälle kann die folgende Routine genutzt werden:

```
uses ComObj;

procedure TForm1.Button1Click(Sender: TObject);
var i : integer;
    visio : Variant;
    breite, hoehe : Double;
    seite,
    seitensheet  : Variant;
```

```
begin
  try
```

Versuch, eine bestehende Visio-Instanz zu verwenden:

```
    visio := GetActiveOleObject('Visio.Application')
  except
    try
```

Gegebenenfalls Visio starten:

```
      visio := CreateOleObject('Visio.Application')
    except
```

Wahrscheinlich ist Visio nicht installiert:

```
      ShowMessage('Das war wohl nichts!');
      Exit
    end
  end
...
```

Ist die Routine erfolgreich abgearbeitet, können Sie über die Variable *Visio* auf alle Objekte, Methoden und Eigenschaften von Visio zugreifen. Die folgende Abbildung zeigt einen kleinen Ausschnitt aus der Objektstruktur:

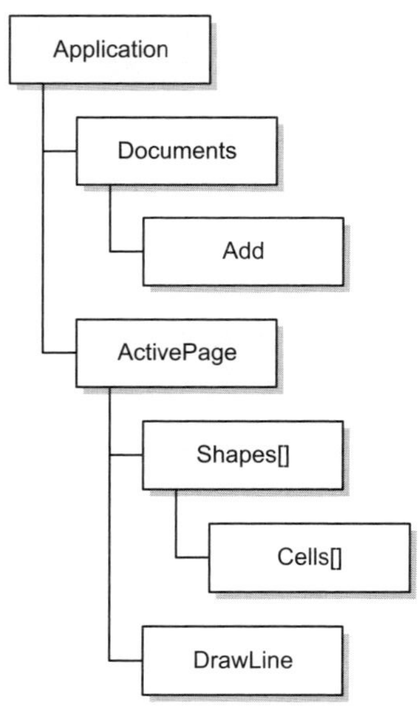

Beispiel: Zeichnen einiger Linien

```
visio.documents.Add('');  // neues Dokument
```

Aktive Seite abrufen:

```
seite := visio.ActivePage;
```

```
  if VarIsEmpty(seite) then seite := visio.ActiveDocument.Pages(1);
  seitenSheet := Seite.Shapes['ThePage'];
```

Höhe und Breite der Seite bestimmen (abhängig vom aktuellen Koordinatensystem):

```
  hoehe  := Double(seitenSheet.Cells['PageHeight']);
  breite := Double(seitenSheet.Cells['PageWidth']);
```

Ein paar Linien ziehen:

```
  For i := 0 To 50 do begin
    seite.drawline(0, hoehe, breite, hoehe - i*0.25);
  end;
end;
```

Das Resultat in Visio:

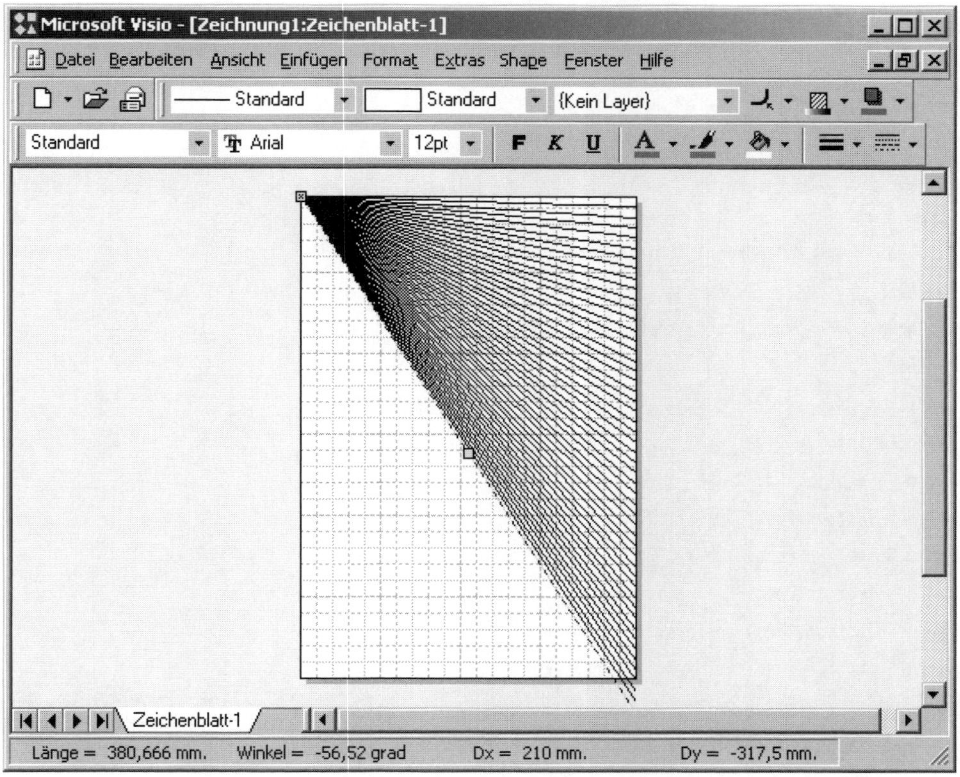

12.3.2 OLE-Automatisierung mit Word

Für die OLE-Kommunikation mit dem Microsoft-Flagschiff "Word für Windows" bieten sich zwei Möglichkeiten an:

- Arbeit mit einem OLE-Steuerelement
- OLE-Automation über das Objekt "Word.Application"[1]

Das Einbinden von Word-Dokumenten in einen OLE-Container ist zwar recht eindrucksvoll, Texte lassen sich jedoch nach wie vor besser in einem Textverarbeitungsprogramm als in einem OLE-Objekt bearbeiten.

Die zweite und wesentlich sinnvollere Möglichkeit bietet die OLE-Automation.

Beispiel: Das Beispiel fügt formatierten Text in ein neues Word-Dokument ein. Sie brauchen lediglich ein Textfeld zur Eingabe eines Textes sowie einen Button (Word natürlich auch).

```
uses comobj;

procedure TForm1.Button1Click(Sender: TObject);
var word : Variant;
begin
  try
    word := CreateOleObject('Word.Application')
  except
    ShowMessage('WORD konnte nicht gestartet werden !');
    Exit
  end;
  word.Visible := True;
  word.Documents.Add;
  word.Selection.Font.Name := 'Times New Roman';
  word.Selection.Font.Size := 12;
  word.Selection.Font.Bold := True;
  word.Selection.ParagraphFormat.Alignment := 1;
  word.Selection.TypeText( Text:=edit1.text)
end;
```

[1] Ab Word 97 sollten Sie nicht mehr das "word.basic"-Objekt verwenden, dies ist nur noch aus Kompatibilitätsgründen vorhanden.

Das Ergebnis:

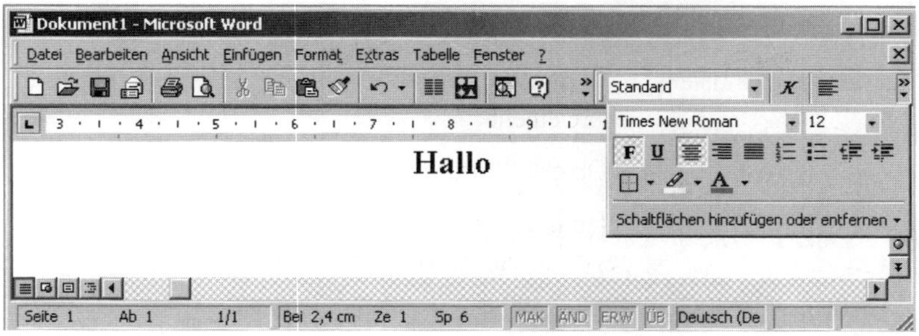

12.3.3 Informationen über ActiveX-Server

Bleibt zum Schluss nur noch die Frage: Wo bekommen Sie Informationen über die OLE-Objektschnittstellen diverser Anwendungen her? Hierzu einige Hinweise:

- Die Online-Hilfe bzw. die Handbücher diverser Programme enthalten meist recht detaillierte Beispiel für die OLE-Schnittstellen. Obwohl diese Beispiele meist in Visual Basic geschrieben sind, dürfte es kaum Probleme bei der Umsetzung in Delphi geben.
- Sollten Sie zufällig über Visual Basic oder Visual C++ verfügen, bietet sich Ihnen mit dem Programm *ole2vw32.exe* (OLE 2 Object Viewer) ein nützliches Tool, mit dem Sie nicht nur die verfügbaren Methoden und Eigenschaften von OLE-Servern ermitteln können, sondern auch die Datentypen und die Beschreibung der Funktion.
- Nicht zuletzt bieten die Import-Units der TypeLibraries genügend Informationen über erwartete Parameter bzw. Datentypen. Auch wenn Sie nicht direkt mit den TypeLibraries arbeiten wollen, sollten Sie die enthaltenen Konstanten in Ihrem Programm nutzen.

12.4 ActiveX-Code-Komponenten entwickeln

Bis jetzt haben Sie sich lediglich mit "vorgefertigten" ActiveX-Code-Komponenten beschäftigt, vor allem mit dem Zugriff auf bereits vor Ort vorhandene ActiveX-EXE-Dateien in Gestalt von OLE-/Automations-Servern, wie z.B. *Visio* oder *Word*. Mit Delphi lassen sich aber auch eigene ActiveX-Code-Komponenten (ActiveX-EXE oder ActiveX-DLL) erstellen, um sie dann – ganz im Sinn der Microsoft-COM-Philosophie – in andere Anwendungen einzubinden. Diese Anwendungen müssen nicht unbedingt mit Delphi, sondern können z.B. auch mit Visual Basic, Java oder C++ entwickelt werden. Das zeigt die Möglichkeiten der komponentenbasierten Entwicklung im Team, wo in verschiedenen Sprachen (Delphi, VB, ...) an einem Projekt gearbeitet werden kann.

Für den Entwurf eigener ActiveX-Code-Komponenten bietet Delphi großzügige Unterstützung in Gestalt diverser Assistenten. Bevor Sie aktiv werden, sollten Sie sich das notwendige theoretische Rüstzeug aneignen. Vor allem bedeutet das, dass Sie einigermaßen mit der Microsoft-COM-Philosophie[1] vertraut sind.

---

[1] Obwohl innerhalb der Microsoft .NET-Strategie COM nicht mehr dominiert, wird die COM-Schnittstelle nach wie vor unterstützt.

12.4.1 COM-Schnittstellen von Automatisierungsobjekten

In COM haben wir es im Wesentlichen mit drei Typen von Schnittstellen zu tun:

- *IUnknown*-Schnittstelle
- *IDispatch*-Schnittstelle
- Duale Schnittstelle

Im Folgenden sollen die Methoden der drei Schnittstellen grob erklärt werden. Obwohl Sie mit den verschiedenen Methoden direkt kaum zu tun haben werden (Delphi kapselt deren Funktionalität), so kann deren Verständnis doch keinesfalls schädlich für Ihre erfolgreiche Karriere als Programmierer sein.

IUnknown-Schnittstelle

IUnknown beschreibt das Grundverhalten eines COM-Objekts und befindet sich an oberster Stelle jeder COM-Schnittstellenhierarchie. Das bedeutet, dass sich die drei in *IUnknown* definierten Methoden

- *QueryInterface* (fragt Objekt, ob es eine bestimmte Schnittstelle unterstützt)
- *AddRef* (fügt Verweis auf Schnittstelle hinzu)
- *Release* (entfernt Verweis)

... immer am Anfang einer COM-kompatiblen Tabelle von Funktionszeigern (*vTable*) befinden.

Die *IUnknown*-Schnittstelle erlaubt *Early Binding*, d.h., die Adressen der aufzurufenden Methoden sind bereits während des Compilierens bekannt durch direkten Aufruf einer Mitgliedsfunktion aus der Tabelle der virtuellen Funktionen (*vTable*). Falls das Objekt eine Typbibliothek besitzt, können Sie mit dem Typbibliothekseditor direkt auf die benutzerdefinierte Schnittstelle zugreifen.

IDispatch-Schnittstelle

Bei der (OLE-)Automation können Clients *QueryInterface* nicht aufrufen, da eine Typbibliothek nicht vorhanden ist. Wenn ein Client aber keine Informationen von einer Typbibliothek erhält, kann er keine *vTable*-Bindungen für benutzerdefinierte Schnittstellen generieren. COM löst dieses Problem mit dem *IDispatch*-Schnittstellentyp. Dieser ermöglicht *Late Binding*, d.h., Methodenanbindungen werden erst zur Laufzeit ermittelt.

Die Methoden von *IDispatch*:

- *GetTypeInfoCount*
- *GetTypeInfo*
- *GetIDsOfNames*
- *Invoke*

Da das Anbinden der Objekte nicht schon beim Compilieren erfolgt, ergibt sich eine erheblich schlechtere Performance. Der Client muss das Objekt zunächst erzeugen, um danach die *IUnknown*-Schnittstelle nach einem Zeiger auf *IDispatch* abzufragen und nach *GetIDsOfNames* deren *Invoke*-Methode aufzurufen.

Duale Schnittstelle

Der Automatisierungsobjekt-Assistent in Delphi implementiert standardmäßig eine *duale Schnittstelle*. Diese kombiniert die Vorteile von benutzerdefinierten (v*Table*-)Schnittstellen und von *Dispatch*-Schnittstellen (Abbildung).

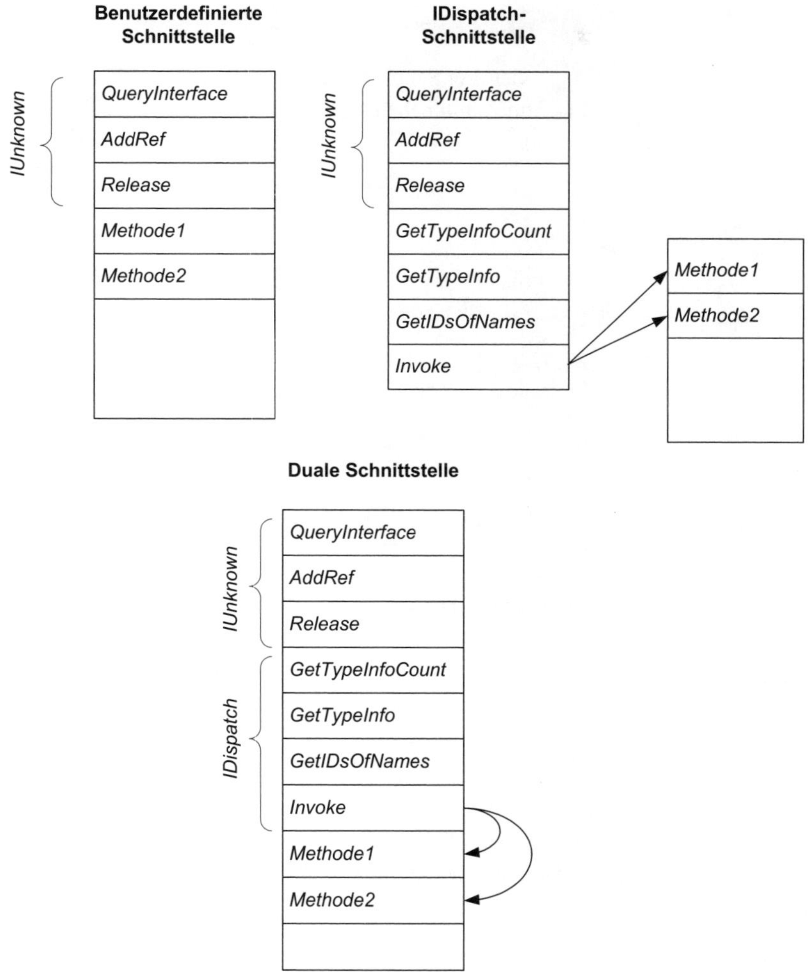

Die ersten drei Einträge beziehen sich auf *IUnknown*, die folgenden vier auf *IDispatch*. Die übrigen sind COM-Einträge für den direkten Zugriff auf die Mitglieder der benutzerdefinierten Schnittstelle.

12.4.2 Praktischer Entwurf

Die Grundlage jeder ActiveX-Anwendung (egal, ob es sich um eine DLL oder EXE handelt) ist eine Klasse, die Sie in Delphi mit einem Assistenten erstellen können. Allerdings müssen Sie an dieser Stelle bereits die Entscheidung getroffen haben, welchen Typ Sie erstellen wollen (EXE oder DLL).

- Bei einem *Out-of-Process-Server* (EXE) erstellen Sie eine ganz normale Anwendung, der Sie später die Automatisierungsobjekte hinzufügen.
- Bei einem *In-Process-Server* (DLL) müssen Sie zunächst über *Datei|Neu|Weitere...* eine ActiveX-Bibliothek erstellen, zu der Sie dann die Automatisierungsobjekte hinzufügen.

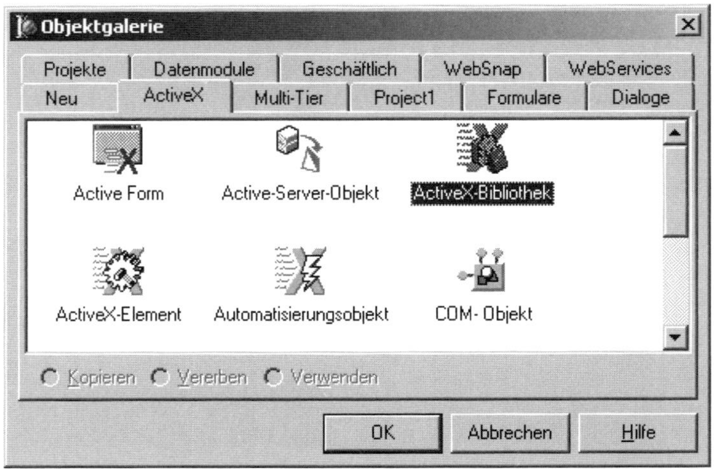

Eine "normale" DLL (siehe Kapitel 10) genügt an dieser Stelle nicht, da ein In-Process-Server einige Prozeduren exportieren muss.

Beispiel: Das Grundgerüst eines In-Process-Servers

```
library Project1;
uses   ComServ;
exports
  DllGetClassObject,
  DllCanUnloadNow,
  DllRegisterServer,
  DllUnregisterServer;
{$R *.RES}
begin
end.
```

12.4.3 Instanz-Typen

Über *Datei|Neu|Weitere...* öffnen Sie die Seite "ActiveX" der Objektgalerie und fügen Automatisierungsobjekte in Ihren Active-X-Server ein. Sie müssen sich zum einen für einen Namen, zum anderen für den Instanzierungs-Typ sowie das Threading-Modell entscheiden:

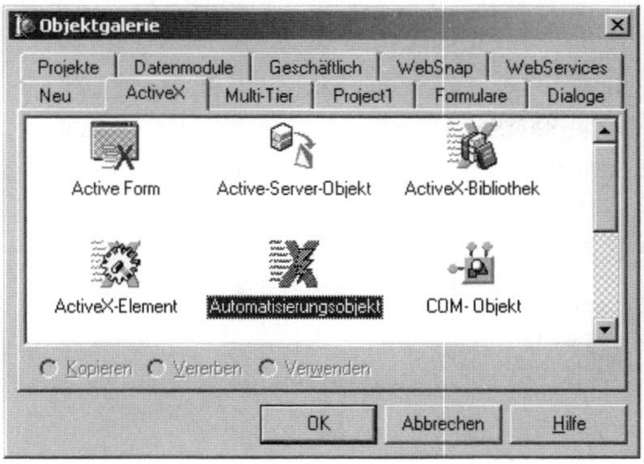

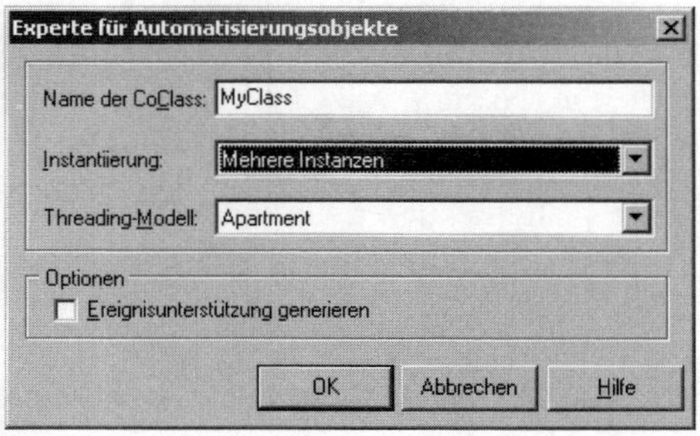

Bei einer ActiveX-EXE ist insbesondere die Instanzierung von Interesse, mit der Sie entscheiden, ob und (wenn ja) wie die Klasse in anderen Applikationen verwendet werden kann. Welche Unterschiede bestehen, zeigt die folgende Tabelle:

Typ	Bemerkung
Intern	Die Klasse ist nur für die interne Verwendung in der ActiveX-Komponente vorgesehen, als Anwendungsprogrammierer haben Sie darauf keinen Zugriff. Allerdings können derartige Objekte über eine Anwendungsmethode erstellt und zurückgegeben werden.
Eine Instanz	Sie können neue Instanzen bilden, beachten Sie jedoch, dass jedes neue Objekt eine weitere Instanz der ActiveX-Komponente in den Speicher lädt. **Vorteil:** Jede Instanz läuft in einem eigenen Thread. **Nachteil:** Wesentlich erhöhter Speicherbedarf.
Mehrere Instanzen	Sie können neue Instanzen dieser Klasse bilden, es wird jedoch nur eine Instanz der ActiveX-Komponente verwendet, der Server befindet sich nur einmal im Speicher. **Vorteil:** Geringer Speicherbedarf. **Nachteil:** Mehrere Endanwendungen müssen sich einen Server teilen.

Ihr Ärger ist verständlich, denn wer soll diesen Widersinn noch verstehen? Soll etwa "Eine Instanz" bedeuten, dass mehrere Instanzen im Speicher gebildet werden können, und "Mehrere Instanzen", dass nur eine gebildet wird? Tja, leider ist das so. Vielleicht hilft Ihnen folgende Eselsbrücke:

- "Eine Instanz" im Sinn von "Jedes von der Klasse abgeleitete Objekt benutzt eine (eigene) Instanz".
- "Mehrere Instanzen" im Sinn von "Mehrere Instanzen benutzen gemeinsam ein Objekt".

Die Hauptursache für das Verwirrspiel liegt sicherlich in der unglücklichen Übersetzung aus dem Englischen, wo es "Single Instance" und "Multiple Instance" heißt.

Bevor Sie bereits jetzt resigniert "das Handtuch werfen", sollten Sie das Praxisbeispiel 12.9.2 durcharbeiten und sich davon überzeugen, dass die Instanzierung eigentlich gar nicht so schwierig zu verstehen ist.

12.4.4 Threading-Modell

Hier legen Sie fest, wie COM die Schnittstellenaufrufe serialisiert. Außerdem legt das Threading-Modell die Art der Registrierung im System fest.

Folgende Einstellungen sind möglich:

- *Einfach*
  Keine Thread-Unterstützung.
- *Apartment*
  Die Methoden des Objekts können nur in dem Thread aufgerufen werden, in dem es erstellt wurde.
- *Frei*
  Objekte können in beliebigen Threads aufgerufen werden.
- *Beides*
  Sowohl Clients mit Threading-Model *Apartment* als auch *Frei* werden vom Server unterstützt.

Die Standardeinstellung beim Erstellen eines neuen Automatisierungsobjekts ist *Apartment*, sie wird bei (fast) allen Beispielen dieses Buchs verwendet.

12.4.5 Initialisieren und Entfernen von Instanzen

Die Initialisierung von Objekten realisiert COM über die Methode *Initialize*. Normalerweise brauchen Sie als Entwickler diese Methode nur dann zu überschreiben, wenn Sie Initialisierungen (Zuweisen von Anfangswerten) für das Objekt bereitstellen wollen, nachdem es erzeugt worden ist.

```
TC2 = class(TAutoObject, IC2)
       protected
         procedure Initialize; override;
      end;


...


procedure TC2.Initialize;
begin
  inherited Initialize;
  ShowMessage('Init von C2')
end;
```

Hinweis: Vergessen Sie nicht den Aufruf von *inherited*, um vorhergehende Implementierungen der Methode auszuführen.

Das Entfernen einer Instanz aus dem Speicher erledigt COM über den Destructor *Destroy*. Analog zu *Initialize* überschreiben Sie die Methode dann, wenn Sie unmittelbar vor dem Zerstören des Objekts noch etwas erledigen wollen.

```
type   TC3 = class(TAutoObject, IC3)
                destructor Destroy; override;
             end;
...
destructor TC3.Destroy;
begin
  ShowMessage('Destroy von C3');
  inherited destroy
end;
```

Wie bei *Initialize* gilt auch hier, dass *inherited* aufgerufen werden muss. Allerdings hat der Aufruf jetzt nach den neuen Anweisungen zu erfolgen.

Hinweis: Rufen Sie *Destroy* nie direkt in einer Clientanwendung auf, sondern verwenden Sie dort *Free*. Diese Methode prüft vorher, ob weitere Objekte vom Server abhängig sind, so dass dieser gegebenenfalls freigegeben werden kann.

12.4.6 Interface-Definition

Die Schnittstelle eines Automatisierungs- oder COM-Objekts legen Sie im Gegensatz zu einer normalen Delphi-Klasse recht komfortabel an, es existiert ein eigener Assistent, den Sie über das Menü *Ansicht|Typbibliothek* öffnen:

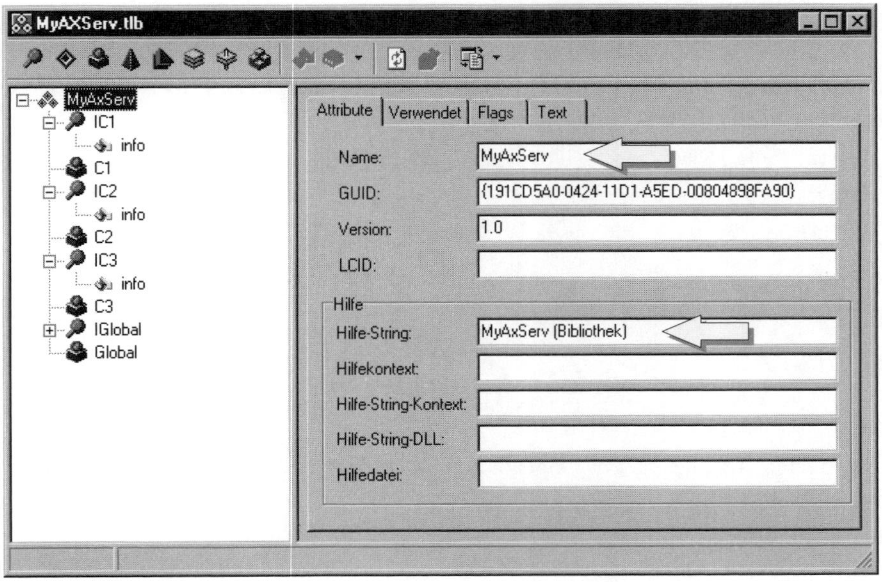

Hinweis: Auch den Hilfestring sollten Sie nicht vernachlässigen, wird dieser doch von vielen Objekt-Browsern (z.B. in Visual Basic) angezeigt.

Eigenschaften

Eigenschaften erstellen Sie zuerst mit dem TypeLibrary-Editor, der Ihnen ein fertiges Grundgerüst erzeugt. Delphi-Programmierer, die bereits Komponenten programmiert haben, werden an dieser Stelle etwas umdenken müssen, VB-Programmierern wird die Definition bekannt vorkommen.

Beispiel: Eigenschaft Farbe (Lesen/Schreiben)

```
type  TGlobal = class(TAutoObject, IGlobal)
      protected
         function Get_Farbe: TColor; safecall;
         procedure Set_Farbe(Value: TColor); safecall;
      end;

function TGlobal.Get_Farbe: TColor;
begin
...
end;

procedure TGlobal.Set_Farbe(Value: TColor);
begin
...
end;
```

Wie Sie sehen, kommen nicht mehr die Schlüsselwörter *Read* und *Write,* sondern lediglich eine *Get_XYZ-* bzw. eine *Set_XYZ*-Prozedur/Funktion zum Einsatz. Durch wahlweise Kombination der beiden Methoden können Sie ReadOnly- bzw. WriteOnly-Eigenschaften realisieren. Eine weitere Variante bietet sich mit der Referenzübergabe:

```
type  TGlobal = class(TAutoObject, IGlobal)
      protected
        procedure Set_MeinObject(var Value: Integer); safecall;
      ...
procedure TGlobal.Set_MeinObject(var Value: Integer);
begin
...
end;
```

Da eine Referenz (Pointer) auf den eigentlichen Wert übergeben wird, können Sie direkt mit den Originaldaten arbeiten.

Hinweis: Beachten Sie, dass bei Out-of-Process-Servern ein hoher Aufwand nötig ist, um die entsprechenden Daten (die Daten müssen temporär kopiert werden) bereitzustellen.

Methoden

Bei Methoden erwartet Sie kein Neuland, die Definition erfolgt wie bei einer normalen Delphi-Klasse:

```
type  TGlobal = class(TAutoObject, IGlobal)
        protected
            procedure Method1; safecall;
        end;
procedure TGlobal.Method1;
begin
...
end;
```

Ob es sich um Funktionen oder Prozeduren handelt, entscheiden Sie. Wichtig ist lediglich, dass Sie das Grundgerüst mit dem TypeLibrary-Editor erstellen, da andernfalls keine Übereinstimmung mit der TypeLibrary (Interface) gegeben ist.

Aufzählungen

Mit den Aufzählungen haben die ActiveX-Server wieder etwas Neues zu bieten, auch wenn der Begriff vielen Delphi-Programmierern bekannt vorkommen mag.

Eigentlich muss Delphi an dieser Stelle passen, da ein entsprechendes Sprachkonstrukt nicht existiert. Als Notbehelf wurde die Verwendung von Konstanten genutzt:

Beispiel: Auszug aus der MS-DAO-TypeLibrary (ein Typ für die Definition von Recordsets)

```
{ RecordsetTypeEnum }
  dbOpenTable = 1;
  dbOpenDynaset = 2;
  dbOpenSnapshot = 4;
```

Wie Sie sehen, kann Delphi dies nur mit einfachen Konstanten ohne jeden Zusammenhang umsetzen. Eine so "einfache" Sprache wie Visual Basic bietet an dieser Stelle einen echten Typ, der auch vom Compiler geprüft werden kann

Beispiel: VB-Realisierung

```
Public Enum RecordsetType
  dbOpenTable = 1
  dbOpenDynaset = 2
  dbOpenSnapshot = 4
End Enum
Dim xyz As RecordsetType          // Eine Variablendeklaration
```

12.4.7 Fehlerbehandlung

Dass nun ausgerechnet die ActiveX-Server fehlerfrei sind, dürfte nicht zu erwarten sein. Prinzipiell bieten sich die gleichen Möglichkeiten, wie in Kapitel 5 beschrieben, an, einige Besonderheiten sind dennoch zu beachten.

Zwei verschiedene Szenarien sind denkbar:

- Der Fehler tritt aufgrund innerer Probleme im ActiveX-Server auf (Speichermangel, Dateizugriffe etc.).
- Der Fehler ist die Folge einer Fehleingabe des Clientprogramms (Wertebereiche nicht beachtet, falscher Handle etc.).

Grundsätzlich sollten Sie das Clientprogramm benachrichtigen. Dabei müssen Sie nicht auf die Microsoft-Methode zurückgreifen (einfach eine Dialogbox mit nichtssagendem Text anzeigen). Besser ist das Auslösen einer definierten Exception, die das Client-Programm abfangen muss.

Die eigentliche Fehlernummer und gegebenenfalls den Fehlertext können Sie über ein eigenes Objekt bereitstellen (z.B. *ServerError*[1]). Sollte es sich um mehrere Fehler handeln, müssen Sie gegebenenfalls eine Errors-Collection erzeugen, d.h. eine Liste von Fehlermeldungen.

Dass Sie in die ActiveX-Serverdokumentation auch einen Fehlerkatalog aufnehmen, dürfte selbstverständlich sein.

Allerdings sollten Sie nicht gleich an jeder Stelle Exceptions auslösen. Bei einem Methodenaufruf genügt auch ein Boole'scher Rückgabewert, der über Erfolg oder Misserfolg Auskunft gibt. Eigenschaften sollten, so weit es möglich ist, entsprechende Prüfungen in der *Set*-Methode vornehmen.

12.5 ActiveX-Controls

Grundsätzlich werden ActiveX-Controls wie ein ActiveX-In-Process-Server entwickelt, der wesentliche Unterschied entsteht erst bei der Definition der Klassen.

Bevor Sie sich jetzt sofort in die Arbeit stürzen, sollten Sie entscheiden, ob Sie

- ein **ActiveX-Control** oder
- ein **ActiveX-Form**

entwickeln. Auch wenn auf den ersten Blick ein ActiveX-Form nicht geeignet scheint, sollten Sie bedenken, dass es hier wesentlich einfacher ist, zum Beispiel mehrere Komponenten in einem endgültigen "Control" zur Verfügung zu stellen. Im Gegensatz zu "einfachen" ActiveX-Controls lassen sich ActiveX-Forms weitgehend visuell entwickeln. Nicht zuletzt ist der Markt mit normalen ActiveX-Komponenten bereits total überschwemmt, was fehlt, sind hochkomplexe Controls, und die lassen sich nun einmal besser als ActiveX-Form entwickeln. Doch zurück zu den eigentlichen ActiveX-Controls.

---

[1] Die Bezeichnung "Error" sollten Sie möglichst nicht verwenden, da mehrere Programmiersprachen bereits derartige Objekte besitzen.

12.5.1 Entwurf

Ausgangspunkt ist, wie schon erwähnt, ein ActiveX-In-Process-Server, d.h. eine ActiveX-Bibliothek. In dieser Bibliothek können Sie beliebig viele ActiveX-Elemente (Borland-Jargon für ActiveX-Controls) unterbringen. Wählen Sie also über *Datei|Neu|Weitere...* in der Objektgalerie "*ActiveX-Element"*, so erscheint folgender Experte:

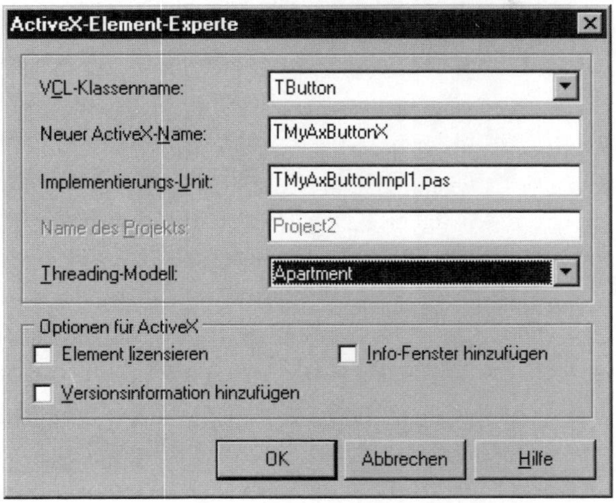

Neben einem Vorfahrtyp, den Sie wie bei einer VCL-Komponente auswählen (siehe Kapitel 11), müssen Sie einen Namen sowie einige Optionen festlegen. Die Auswahl der Option "Design Lizenz" hat zur Folge, dass der Endanwender über eine LIC-Datei verfügen muss, um Ihr ActiveX-Control in eine Entwicklungsumgebung zu laden. Für das reine Ausführen ist diese Datei nicht notwendig.

Mit der Option "Info-Fenster" wird Ihrem Control automatisch ein "About"-Dialog hinzugefügt, den Sie eigenen Bedürfnissen anpassen können.

Nachdem der Experte mit seiner Arbeit fertig ist, werden Sie mit einer fast unüberschaubaren Flut von Quelltexten eingedeckt, ohne dass dieses Control mehr könnte als sein VCL-Vorfahre (vom About-Dialog einmal abgesehen).

Der Aufwand wird lediglich getrieben, um die Delphi-Methoden auf das ActiveX-Interface abzubilden. Die folgende Abbildung zeigt die TypeLibrary für einen einfachen VCL-Button.

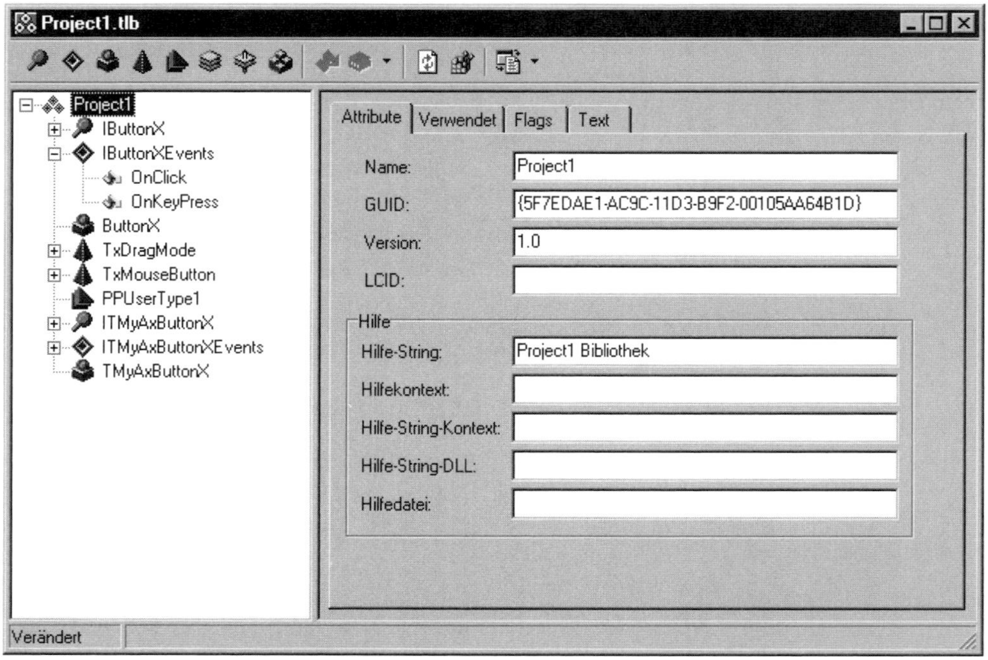

Möchten Sie einzelne Eigenschaften entfernen, können Sie diese einfach in der TypeLibrary löschen. Gleiches trifft auf Methoden und Ereignisse zu.

Prinzipiell gilt für ActiveX-Controls das Gleiche wie für die ActiveX-Server. Allerdings wollen wir an dieser Stelle noch einmal detailliert auf das Thema "Eigenschaften" eingehen, da diese bei ActiveX eine "Sonderbehandlung" erwarten.

12.5.2 Eigenschaften

Die reine Definition der Ereignisprozeduren *Get_XYZ* und *Set_XYZ* stellt den Programmierer vor kein allzu großes Hindernis. Eine Grundüberlegung haben wir allerdings bisher vernachlässigt: Was passiert mit den in der Entwicklungsumgebung eingestellten Werten (Properties), nachdem die EXE compiliert bzw. das Anwendungsprogramm gestartet wurde?

Die Antwort dürfte recht kurz ausfallen: nichts! Die Werte wurden nicht dauerhaft gespeichert (nur in einer Variablen) und können deshalb auch nicht wiederhergestellt werden. Bei den VCL-Komponenten und den zugehörigen Eigenschaften bestand dieses Problem nicht, Delphi hatte dem Programmierer die Arbeit weitgehend abgenommen. Hier bei ActiveX müssen wir schon selbst "Hand anlegen". Ein kleines Beispiel zeigt, wie es geht.

Beispiel: Erzeugt wird ein ActiveX-Control, das von der VCL-Komponente *TPanel* abgeleitet wird. Einzige Aufgabe ist die Anzeige der aktuellen Uhrzeit. Dazu wird eine Eigenschaft *ShowTime* (*Boolean*) erzeugt.

Das vom Experten erzeugte Grundgerüst (in Auszügen):

```
unit PanelImpl1;
interface
uses Windows, ActiveX, Classes, Controls, Graphics, Menus, Forms, StdCtrls,
     ComServ, StdVCL, AXCtrls, ax1_TLB, ExtCtrls;

type
  TPanelX = class(TActiveXControl, IPanelX)
          ...
          protected
              function Get_Showtime: WordBool; safecall;
              procedure Set_Showtime(Value: WordBool); safecall;
          end;

function TPanelX.Get_Showtime: WordBool;
begin  end;

procedure TPanelX.Set_Showtime(Value: WordBool);
begin  end;
...
```

Unsere erste Erweiterung gilt der Klassendefinition:

```
TPanelX = class(TActiveXControl, IPanelX)
  private
    { Private-Deklarationen }
    ...
    FTime  : TTimer;
    FOn    : Boolean;
    procedure OnTimerTick(Sender: TObject);
    procedure SaveToStream(const Stream: IStream); override;
    procedure LoadFromStream(const Stream: IStream); override;
  protected
...
```

Nachfolgend müssen wir uns um die Initialisierung des Timers und die Ereignisprozedur kümmern:

```
procedure TPanelX.InitializeControl;
begin
  FDelphiControl := Control as TPanel;
  FDelphiControl.OnClick := ClickEvent;
  FDelphiControl.OnDblClick := DblClickEvent;
  FDelphiControl.OnResize := ResizeEvent;
```

```
  fTime := TTimer.Create(FDelphiControl);
  ftime.Enabled  := False;
  ftime.Interval := 1000;
  ftime.OnTimer  := OnTimerTick
end;

procedure TPanelX.OnTimerTick(Sender: TObject);
begin
  FDelphiControl.Caption := TimeToStr(time)
end;
```

Die eigentlichen Schnittstellen-Methoden für die Eigenschaft *ShowTime*:

```
function TPanelX.Get_Showtime: WordBool;
begin
   Result := ftime.Enabled
end;

procedure TPanelX.Set_Showtime(value: WordBool);
begin
   ftime.Enabled := value;
   Fon := value
end;
```

Belassen wir das Control beim bisherigen Stand, ist es ziemlich vergesslich, soll heißen, nach einem Start des Anwenderprogramms ist die Eigenschaft *ShowTime* immer *False*, egal was in der jeweiligen Entwicklungsumgebung eingestellt wurde.

Abhilfe schaffen die beiden folgenden (erweiterten) Methoden, die dafür verantwortlich sind, alle Eigenschaftswerte zu speichern bzw. wiederherzustellen. Die von Ihnen definierten Eigenschaften müssen Sie an dieser Stelle sichern.

```
procedure TPanelX.SaveToStream(const Stream: IStream);
var i: Integer;
begin
   inherited SaveToStream(stream);
   Stream.Write(@FOn,sizeof(Fon),@i);
end;
```

Sichern können Sie eigentlich alles, was sich im Speicher befindet, Sie brauchen lediglich einen Pointer darauf sowie die Größe des Speicherobjekts. Über den dritten Parameter erhalten Sie eine Rückmeldung, wie viele Bytes geschrieben wurden.

Die Methode hat auch Rückgabewerte, über die Sie verschiedene Fehler auswerten können:

Konstante	**Beschreibung**
S_OK	Alles OK
STG_E_MEDIUMFULL	Festplatte voll
STG_E_ACCESSDENIED	Zugriffsrechte reichen nicht aus
STG_E_CANTSAVE	Daten konnten nicht gespeichert werden
STG_E_INVALIDPOINTER	Zeiger sind ungültig
STG_E_WRITEFAULT	Fehler beim Schreiben

Beim Zurücklesen der Daten müssen Sie natürlich die gleiche Reihenfolge wie beim Schreiben verwenden:

```
procedure TPanelX.LoadFromStream(const Stream: IStream);
var i:integer;

begin
   inherited LoadFromStream(stream);
   Stream.read(@FOn,sizeof(Fon),@i);
   set_showtime(fon)
end;
```

Hinweis: Nach dem Einlesen der gespeicherten Werte müssen Sie diese natürlich auch noch dem Control zuweisen, sonst passiert nichts.

Bevor Sie lange suchen: Eigenschaften, die nur zur Laufzeit sichtbar sein sollen, können Sie mit Hilfe des TypeLibrary-Editors erzeugen. Setzen Sie einfach die Option "Non Browsable".

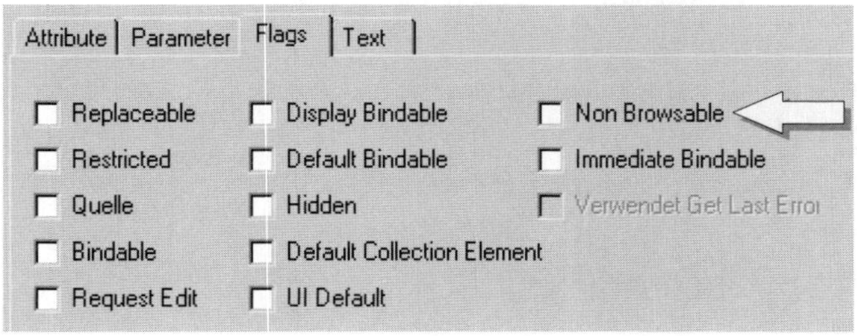

12.5.3 Einbinden von PropertyPages

Wenn von Eigenschaften die Rede ist, dürfen im Zusammenhang mit ActiveX-Controls auch die PropertyPages nicht vergessen werden. Gedacht, um den Endanwender die Arbeit mit dem Control zu vereinfachen, bedeuten sie für den Programmierer erst einmal mehr Arbeit.

Dank der vielen Assistenten ist diese Arbeit allerdings schnell erledigt. Wählen Sie einfach *Datei|Neu|Eigenschaftenseite*. Das Ergebnis ist ein nacktes Formular mit zwei Methoden.

Fügen Sie die benötigten Controls hinzu, mit denen Sie die Eigenschaften einstellen möchten.

Beispiel: Checkbox für unser simples *TPanel*

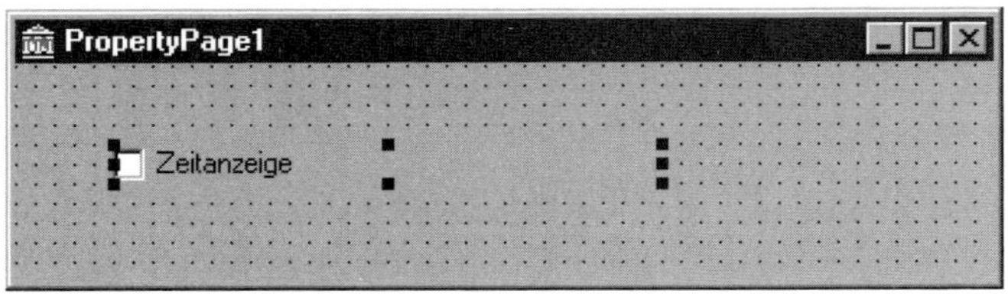

Um eine Verbindung zwischen ActiveX-Control und der PropertyPage herzustellen, müssen Sie die Methoden *UpdatePropertyPage* und *UpdateObject* überschreiben:

Aktualisieren der Eigenschaftenseite:

```
procedure TPropertyPage1.UpdatePropertyPage;
begin
  checkbox1.Checked := OLEObject.ShowTime
end;
```

Aktualisieren des Controls:

```
procedure TPropertyPage1.UpdateObject;
begin
  OLEObject.ShowTime:=checkbox1.Checked
end;
```

Hinweis: Falls Sie sich über das mysteriöse Objekt *OLEObject* wundern: Dabei handelt es sich um Ihr ActiveX-Control.

Die letzte Verbindung zwischen Eigenschaftenseite und ActiveX-Control stellen Sie mit der *DefinePropertyPages*-Methode Ihres ActiveX-Controls her:

```
procedure TPanelX.DefinePropertyPages(DefinePropertyPage: TDefinePropertyPage);
begin
   DefinePropertyPage(Class_PropertyPage1)
end;
```

Registrieren Sie hier alle PropertyPages, die Sie bzw. die Ihr Control benötigt.

12.5.4 Ereignisse

Mit dem TypeLibrary-Editor können Sie auch Ereignisse definieren. Allerdings müssen Sie diese nicht dem eigentlichen Interface, sondern dem *XYZEvents*-Interface hinzufügen:

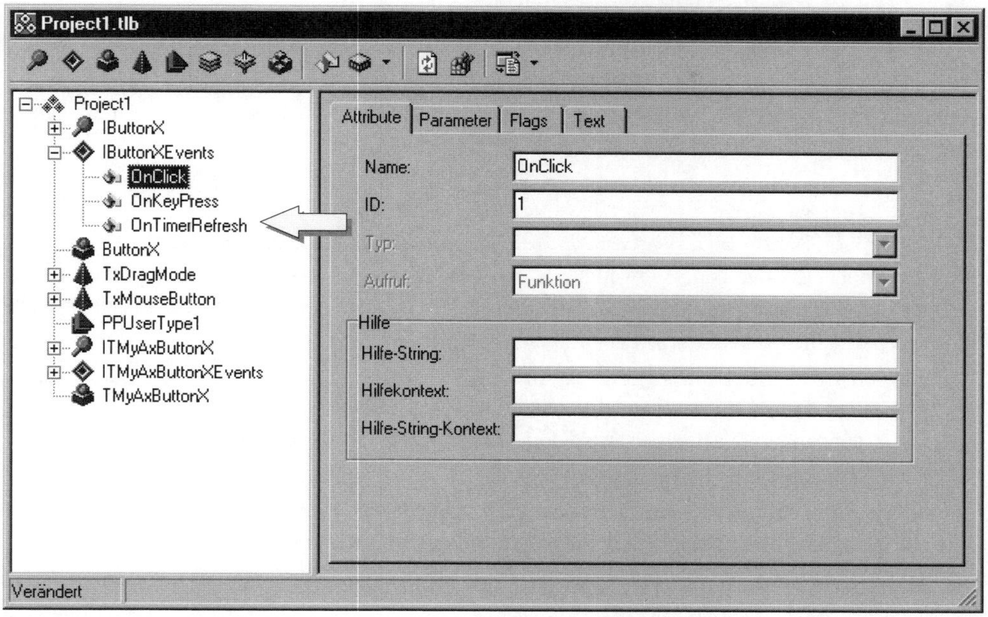

Nach einer Ereignisprozedur werden Sie in der Implementierungs-Unit allerdings vergeblich Ausschau halten, fündig werden Sie erst in der TypeLibrary:

```
IPanelXEvents = dispinterface
   ['{16575E12-05AE-11D1-A5F0-00804898FA90}']
   ...
   procedure OnTimerRefresh; dispid 4;
  end;
 TPanelX = class(TOleControl)
          private
             ...
             FOnTimerRefresh: TNotifyEvent;
             ...
          published
              property OnTimerRefresh: TNotifyEvent read FOnTimerRefresh
                                                   write FOnTimerRefresh;
  end;
```

Um dieses Ereignis auch auslösen zu können, müssen Sie etwas erfinderisch sein. Im ActiveX-Control greifen Sie über die private Variable *FEvents* (siehe obiges Event-Interface) auf das Ereignis zu.

Ob die jeweilige Eigenschaft gebunden ist, erfahren Sie durch den Vergleich mit *nil*:

```
procedure TPanelX.OnTimerTick(Sender: TObject);
begin
  FDelphiControl.caption := TimeToStr(time);
  if  FEvents <> nil then FEvents.OnTimerRefresh
end;
```

Damit dürften wir fast alle wesentlichen Themen rund um die ActiveX-Controls gestreift haben, wenden wir uns nun noch den ActiveX-Forms zu.

12.6 ActiveX-Forms

Diese Komponenten sind nahe Verwandte der *ActiveX-Controls*. Das Grundkonzept geht allerdings von einer visuellen Entwicklung des *ActiveX-Forms* aus. Ausgangsbasis ist wieder ein In-Process-Server, dem Sie die *ActiveX-Forms* hinzufügen können.

Hinweis: Bei *ActiveX-Forms* handelt es sich nicht um normale Nachfahren der *TForm*-Klasse, sondern um Nachfahren von *TActiveForm*.

Ein *ActiveX-Form* wird in anderen Entwicklungsumgebungen als ein OCX-Control eingebunden. Es kann nur innerhalb eines Formulars oder in einem Webbrowser dargestellt werden.

Der Vorteil: *ActiveX-Forms* besitzen das gleiche COM-Interface wie ein *ActiveX-Control* (Eigenschaften, Methoden und Ereignisse), haben aber gleichzeitig die Möglichkeiten eines Formulars (mehrere Controls können in einem Form enthalten sein). Beispielsweise könnte ein derartiges Form ein *StringGrid,* eine Chart-Komponente sowie die nötigen Bedienelemente enthalten.

Beim Erstellen des Controls erzeugt Delphi neben einem OCX-File auch gleich noch eine HTML-Seite, in die das *ActiveX-Form* eingebunden ist.

12.6.1 Einbinden in HTML-Seiten

Beispiel: Eine automatisch erzeugte HTML-Datei

```
<HTML>
<H1> Delphi 6 ActiveX-Testseite </H1><p>
Die Delphi 6-Formulare und -Elemente sollten sich im unten stehenden Formular befinden.
<HR><center><P>
<OBJECT
          classid="clsid:8386CAE3-045D-11D1-A5EE-00804898FA90"
          codebase="ActiveFormProj.cab#version=1,0,0,0"
          width=368
          height=157
          align=center
          hspace=0
```

```
        vspace=0
></OBJECT></HTML>^
```

Die Ansicht im MS Internet Explorer:

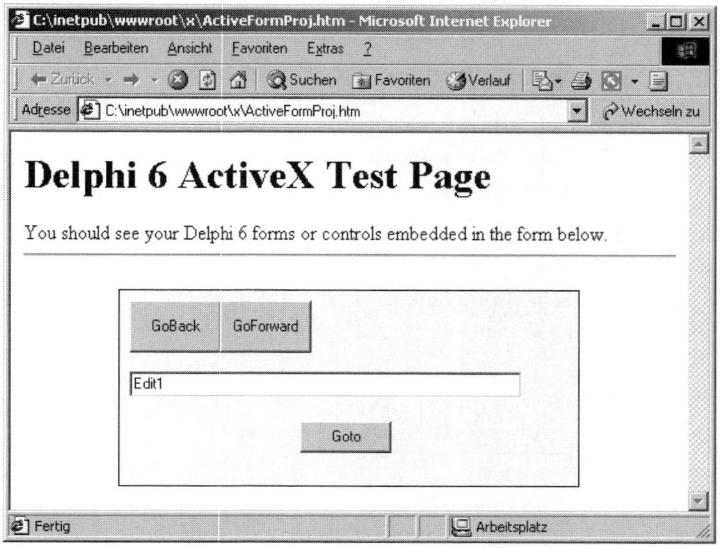

Sollten Sie beim Betrachten der Seite eine Fehlermeldung erhalten, dass möglicherweise Sicherheitsprobleme bestehen könnten, waren Sie übervorsichtig. Sie haben die höchste Sicherheitsstufe gewählt.

Setzen Sie in diesem Fall unter "Optionen" den Sicherheitsgrad "Mittel":

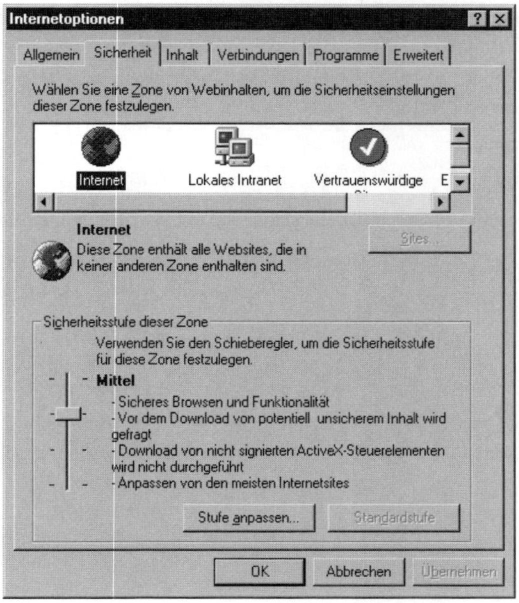

Damit dürfte einer Anzeige im Browser nichts mehr im Weg stehen.

Das Control sollten Sie bei der Verwendung innerhalb des Internet in ein CAB-File verpacken. Diese Optionen bietet Ihnen ebenfalls die Delphi-IDE (Menüpunkt *Projekt|Optionen für die Distribution über das Web*).

12.7 Registrieren der ActiveX-Komponenten

Eigentlich ist an dieser Stelle nicht allzu viel zu sagen. Das Registrieren der ActiveX-Controls bzw. -Forms bzw. -Server läuft relativ problemlos ab. Allerdings müssen Sie die verschiedenen Typen von ActiveX-Komponenten auseinander halten.

In-Process-Server (DLL oder OCX) müssen entweder mit der Delphi-Entwicklungsumgebung *(Start|ActiveX-Server eintragen*) oder einem eigenständigen Programm registriert werden. Dies kann zum Beispiel ein Installationsprogramm, wie Install-Shield, oder eine eigene Routine (siehe *\\Delphi6\Demos\ActiveX\TregServ*) übernehmen.

Hinweis: Vertreiben Sie die ActiveX-Komponente über eine Web-Page (CAB-File), wird die Registrierung vom Internet Explorer vorgenommen.

Etwas anders verhält es sich mit Out-of-Process-Servern. Diese lassen sich durch einen einfachen Aufruf registrieren. Möchte man vermeiden, dass die Anwendung geöffnet bleibt, kann der Parameter */regserver* verwendet werden. Zum Entfernen der Registrierung verwenden Sie */unregserver*.

Testen unter VB – ein heißer Tipp zum Schluss

Testen Sie die ActiveX-Komponenten am besten mit Visual Basic. Tragen Sie dazu als Startparameter die VB-Entwicklungsumgebung ein (siehe Abbildung).

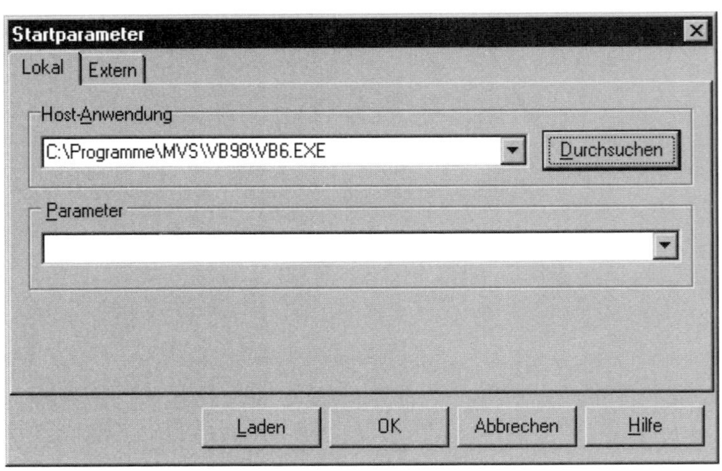

Vorteile eines Tests unter VB:

- Sie können relativ einfach und vor allem schnell Instanzen der ActiveX-Klassen erzeugen, andererseits ist beim Einbinden von OCX-Controls nicht extra eine Schnittstellen-Unit nötig, der Test kann also sofort beginnen.
- Läuft die Komponente mit VB, sind auch bei den Office-Produkten und anderen VBA-Anwendungen keine Probleme zu erwarten.

12.8 Lernbeispiele für Einsteiger

12.8.1 OLE-Automation mit Excel

"In Excel ist doch bereits VBA integriert", werden Sie einwenden, "... wozu dann noch ein Delphi-Programm?" Das ist so weit richtig, aber die Programmierung von Oberflächen lässt sich in Delphi nach wie vor bedeutend sinnvoller realisieren. Ein weiteres wichtiges Anwendungsgebiet wäre das Erstellen bzw. Bearbeiten von Datenbanken (SQL-Abfragen!) in Delphi mit nachfolgender statistischer Auswertung in Excel.

Unser Beispiel-Programm demonstriert den Zugriff auf ein Excel-Sheet sowie die Arbeit mit der *OLEContainer*-Komponente.

Oberfläche

Für das Programm benötigen Sie neben diversen Buttons ein *PageControl*, ein *StringGrid*- und eine *OLEContainer*-Komponente. Das einzulagernde Objekt wird erst zur Laufzeit erzeugt, brechen Sie also den Dialog ab. Den weiteren Aufbau entnehmen Sie der folgenden Abbildung.

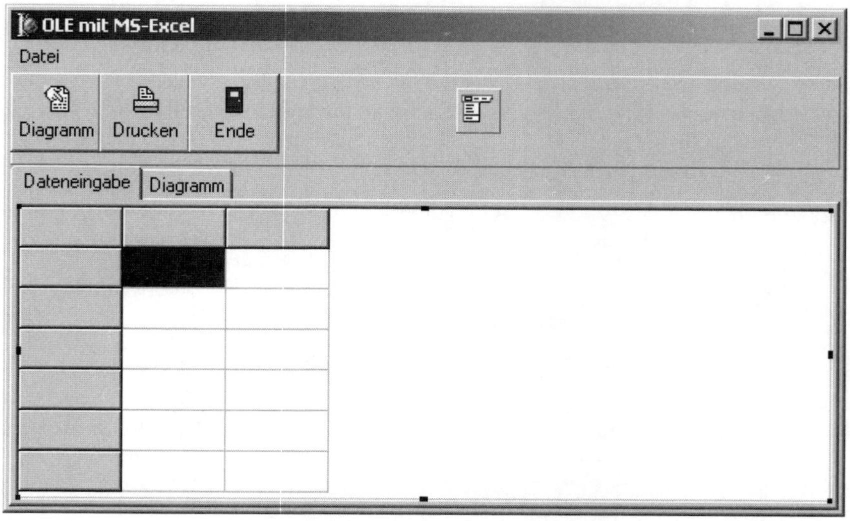

Das *Datei*-Menü enthält nur einen einzigen Menüpunkt (Beenden), da es lediglich dazu dient, bei einer Vor-Ort-Aktivierung des OLE-Objekts dessen Menüleiste aufzunehmen. Das *StringGrid* befindet sich auf der ersten, die *OLEContainer*-Komponente auf der zweiten Seite des *PageControl*.

Quelltext

Hinter dem Button "Diagramm anzeigen" verbirgt sich folgender Code:

```
procedure TForm1.BitBtn1Click(Sender: TObject);
var zeile,spalte: Integer;
var app: Variant;
begin
```

Der Versuch, Excel als OLE-Automationsserver zu starten:

```
  try
    Excel := CreateOleObject('Excel.Application');
  except
    ShowMessage('Excel konnte nicht gestartet werden!');
    Exit
  end;
```

Excel ist bei Verwendung als OLE-Server im Normalfall nicht sichtbar. Für den Test ist es im Allgemeinen sinnvoll, die Excel-Oberfläche anzuzeigen, um die Ergebnisse der Methodenaufrufe zu verfolgen. Die folgende Anweisung blendet die Oberfläche ein.

```
Excel.Visible := True;   // für die Testphase sinnvoll
```

Einfügen einer Arbeitsmappe:

```
Excel.Workbooks.Add;
```

Übernahme der Werte aus dem *StringGrid* in die einzelnen Zellen des Excel-Sheets:

```
For zeile := 1 to 7 do
      for spalte := 1 to 3 do
          Excel.Cells[zeile, spalte].Value := stringgrid1.cells[spalte-1,zeile-1];
```

Hinweis: Beachten Sie, dass die erste Zeile/Spalte im *StringGrid* den Index (0,0) hat, ein Excel-Sheet beginnt bei (1,1).

Ein neues Diagramm erstellen:

```
  Excel.Charts.Add;   Excel.Charts[1].Activate;
```

Für die Parametrierung des Diagramms "missbrauchen" wir einfach den Diagramm-Assistenten:

```
Excel.Charts[1].Chartwizard (excel.Worksheets['Tabelle1'].Range['A1:C6'],
   -4100, 4, 2, 1, 0, 2, 'Umsatz / Ertragsentwicklung 1990-1995', 'Jahr', 'DM', '');
```

Hinweis: Beachten Sie die eckigen Klammern! In VB- bzw. VBA-Beispielen finden Sie stattdessen die runden Klammern, die in Visual Basic für Arrays verwendet werden.

Im nächsten Schritt kopieren wir das Ergebnis unserer Bemühungen in die Zwischenablage:

```
Excel.Charts[1].ChartArea.Copy;
```

Ab sofort sind wir wieder mit Delphi-Objekten beschäftigt. Alles, was wir jetzt noch machen müssen, ist das Einfügen des OLE-Objekts aus der Zwischenablage in die *OLEContainer*-Komponente:

```
OleContainer1.Paste;
```

Vergessen Sie nicht, den Speicher wieder aufzuräumen, Excel befindet sich zu diesem Zeitpunkt immer noch im Speicher.

Wollen Sie den folgenden Dialog verhindern,

müssen Sie die *Gespeichert*-Eigenschaft der aktuellen Arbeitsmappe auf *True* setzen.

```
Excel.ActiveWorkBook.Saved := True;
```

Excel beenden:

```
Excel.Workbooks.Close;
```

Die Syntax für obige Aufrufe lässt sich einfach durch Aufzeichnen eines Excel-Makros bestimmen (*Extras/Makro aufzeichnen*).

Beispiel: Für ein aufgezeichnetes Makro:

```
Sub Makro1()
    Charts.Add
    ActiveChart.ChartType = xl3DColumnStacked
    ActiveChart.SetSourceData Source:=Sheets("Tabelle1").Range("A1:B8"), PlotBy _
        :=xlColumns
    ActiveChart.Location Where:=xlLocationAsObject, Name:="Tabelle1"
    With ActiveChart
        .HasTitle = False
        .Axes(xlCategory).HasTitle = False
        .Axes(xlSeries).HasTitle = False
        .Axes(xlValue).HasTitle = False
    End With
End Sub
```

Aus obiger Darstellung ergibt sich ein Problem: Wo bekommen Sie die Werte der Konstanten (z.B. *xl3DSäulen*) her?

Für die Lösung bieten sich zwei Varianten an:

1. Öffnen Sie in Excel das Testfenster (*Ansicht|Testfenster*) und geben Sie den gesuchten Begriff ein (Die zurückgegebenen Werte können Sie in Delphi eintragen.):

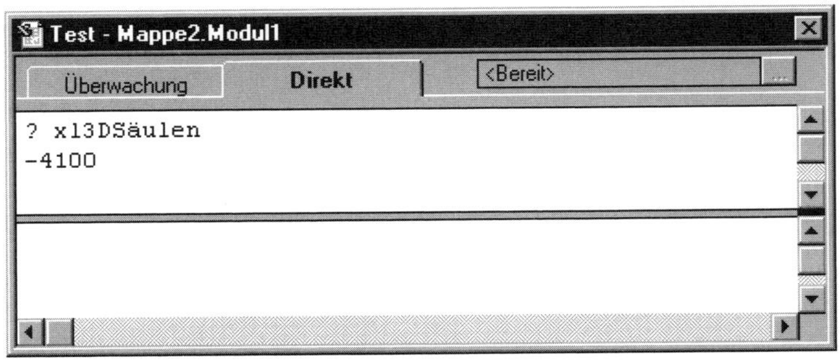

2. Sie importieren die TypeLibrary von Excel (*Projekt|Typbibliothek importieren*) und nutzen die dort aufgeführten Konstanten.

Als letzten Schritt wollen wir das Diagramm ausdrucken. Gleichzeitig zeigt das Listing, wie Sie ein bestehendes OLE-Objekt als OLE-Automation-Server nutzen können.

```
procedure TForm1.BitBtn2Click(Sender: TObject);
var Excel: variant;
begin
  OleContainer1.run;
  OleContainer1.DoVerb(ovOpen);
  Excel := OleContainer1.OleObject;
  Excel.Charts[1].PrintOut;
  Excel.Close;
  OleContainer1.Close
end;
```

Hätten wir das Diagramm gleich beim Erstellen ausgedruckt, würde folgende Anweisung zum Drucken genügen:

```
Excel.Charts[1].PrintOut;
```

So müssen wir erst umständlich den OLEContainer initialisieren, damit uns die Eigenschaft *OLE-Object* ein gültiges Objekt zurückgibt.

Test

Nach Programmstart sollten Sie zunächst die Dateneingabe vornehmen, d.h., einige Wertepaare in das Datengitter eingeben. Klicken Sie dann auf die "Diagramm"-Schaltfläche.

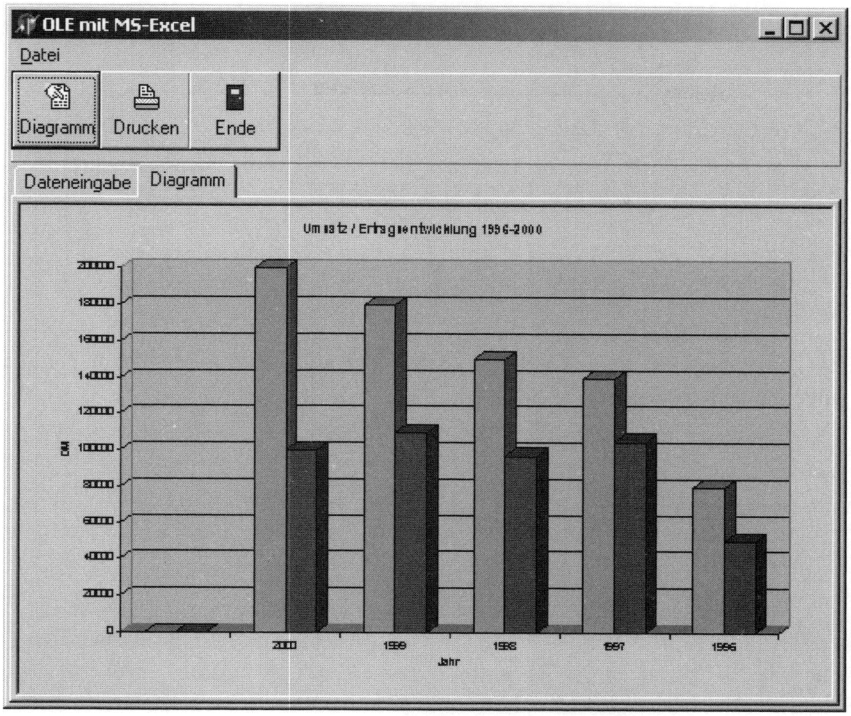

Vor dem Drucken können Sie das Diagramm an Ihre Bedürfnisse anpassen. Klicken Sie dazu mit der rechten Maustaste auf den *OLEContainer*. Wählen Sie das Menü "Bearbeiten", und Sie können das Diagramm oder die Werte bearbeiten.

12.8.2 Word über OLE-Automation steuern

Eines der "dankbarsten Opfer" für OLE-Automation ist nach wie vor Word für Windows. Unser kleines Beispielprogramm zeigt Ihnen, wie Sie aus einem Delphi-Programm heraus ein neues Word-Dokument erstellen, Kopf- und Fußzeilen einfügen und Daten übertragen (das Beispiel lässt sich problemlos so anpassen, dass die Daten statt aus den Eingabefeldern gleich aus einer Datenbank kommen).

Oberfläche

Den Grundaufbau können Sie der folgenden Abbildung entnehmen:

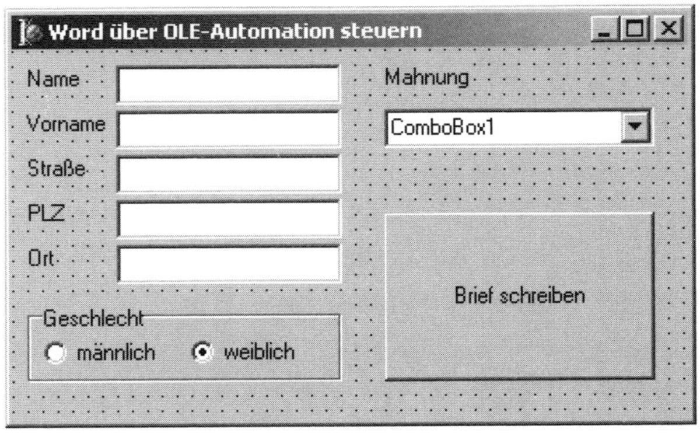

In der Combobox finden sich drei Einträge: "1. Mahnung" ... "3. Mahnung".

Quelltext

Grundlage für die Verbindung zu Word ist eine allgemeine Variable vom Typ *Variant*:

```
uses comobj;
var word : variant;
```

Der Ablauf ist mit wenigen Worten erklärt: Nach Initialisierung der Variablen mit *CreateOLEObject* können Sie alle Methoden des *Word.Application*-Objekts verwenden. Bevor Sie lange in der Online-Hilfe von Word herumstochern, ist es sinnvoller, ein Word-Makro aufzuzeichnen und dieses entsprechend zu modifizieren. Zum einen haben Sie gleich die korrekte Syntax, zum anderen sparen Sie sich jede Menge Arbeit.

```
try
   word := CreateOleObject('Word.Application');
```

Bei Problemen kneifen wir an dieser Stelle:

```
except
   ShowMessage('WORD konnte nicht gestartet werden !');
   Exit
end;
```

Word sichtbar machen (standardmäßig wird Word nicht angezeigt):

```
word.Visible := True;
```

Ein neues Dokument erzeugen:

```
word.Documents.Add;
  If word.ActiveWindow.View.SplitSpecial <> 0 Then word.ActiveWindow.Panes[2].Close;
  If (word.ActiveWindow.ActivePane.View.Type = 1) Or
   (word.ActiveWindow.ActivePane.View.Type = 2) Or
   (word.ActiveWindow.ActivePane.View.Type = 5) Then
   word.ActiveWindow.ActivePane.View.Type := 3;
```

Hinweis: Wundern Sie sich bitte nicht über die verwendeten nummerischen Werte. Wir haben einfach die Konstanten durch die entsprechenden Werte ersetzt (VBA-Editor-Direktfenster).

Kopfzeile erzeugen:

```
word.ActiveWindow.ActivePane.View.SeekView := 9;
word.Selection.Font.Name := 'Times New Roman';
word.Selection.Font.Size := 12;
word.Selection.Font.Bold := True;
word.Selection.ParagraphFormat.Alignment := 1;
word.Selection.TypeText(Text:='Kohlenhandel Brikett-GmbH & Co.-KG. - Holzweg 16 - 54633
                        Steinhausen');
```

Fußzeile erzeugen:

```
If word.Selection.HeaderFooter.IsHeader = True Then
   word.ActiveWindow.ActivePane.View.SeekView := 10
  Else  word.ActiveWindow.ActivePane.View.SeekView := 9;
  word.Selection.TypeText(Text:= 'Bankverbindung: Stadtsparkasse Steinhausen BLZ 123456789
                                KtoNr. 782972393243');
```

In den Textteil wechseln und Adresse eintragen:

```
word.ActiveWindow.ActivePane.View.SeekView := 0;
  word.Selection.TypeText(Text:=Edit2.Text + ' ' + Edit1.Text);
  word.Selection.TypeParagraph;
  word.Selection.TypeText(Text:=Edit3.Text);
  word.Selection.TypeParagraph;
  word.Selection.TypeParagraph;
  word.Selection.Font.Name := 'Times New Roman';
  word.Selection.font.Size := 12;
  word.Selection.font.Bold := True;
  word.Selection.TypeText(Text:=Edit4.Text + ' ' + Edit5.Text);
  word.Selection.TypeParagraph;
  word.Selection.TypeParagraph;
  word.Selection.TypeParagraph;
  word.Selection.TypeParagraph;
  word.Selection.Font.Name := 'Arial';
  word.Selection.Font.Size := 14;
  word.Selection.Font.Bold := True;
  word.Selection.TypeText(Text:=Combobox1.Text);
  word.Selection.TypeParagraph;
  word.Selection.TypeParagraph;
```

```
  word.Selection.TypeParagraph;
  word.Selection.Font.Name := 'Times New Roman';
  word.Selection.Font.Size := 12;
  word.Selection.Font.Bold := True;
  If radiogroup1.itemindex= 0 Then
    word.Selection.TypeText(Text:='Sehr geehrter Herr ' + Edit1.Text)
  Else
    word.Selection.TypeText(Text:='Sehr geehrte Frau ' + Edit1.Text);
end;
```

Test

Starten Sie das Programm, füllen Sie die Maske aus und übertragen Sie die Daten in ein Word-Dokument!

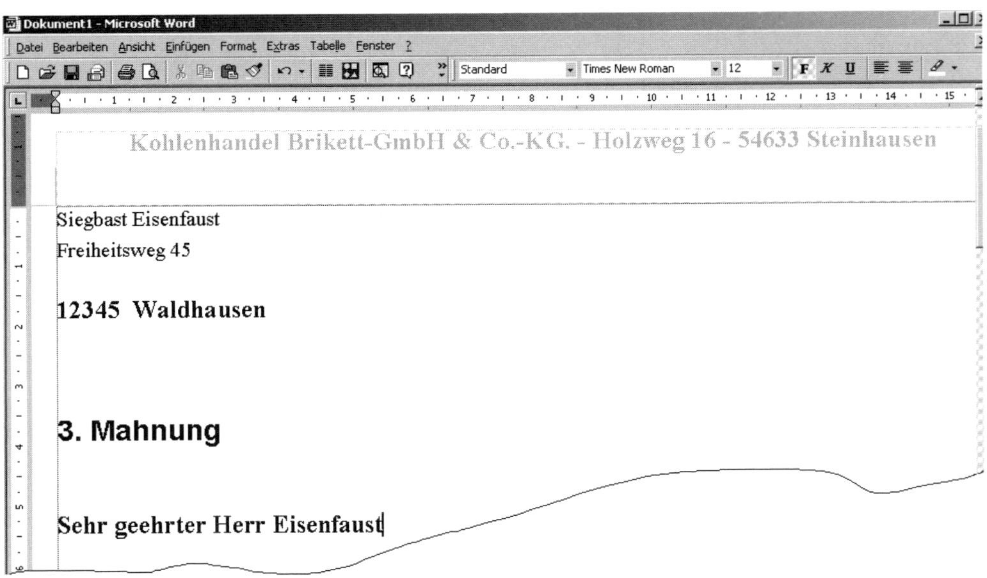

12.9 Praxisbeispiele für Fortgeschrittene

12.9.1 OLE-Server registrieren

Natürlich könnten Sie jetzt den Einwand bringen, der OLE-Server ließe sich doch viel einfacher über die Delphi-IDE ("*Start|Active-X Server eintragen...*") oder über ein Setup-Programm installieren. Aber wozu mit Kanonen auf Spatzen schießen, wenn Sie diese Aufgabe Ihrem Programm selbst übertragen können? Kein großes Installationsprogramm, lediglich ein einziger Funktionsaufruf ist nötig.

Hintergrund der Registrierung von In-Process-OLE-Servern sind die folgenden vier Funktionen, die in jeder OLE-DLL enthalten sind:

- *DllGetClassObject*
- *DllCanUnloadNow*
- *DllRegisterServer*
- *DllUnregisterServer*

Wie sicher unschwer zu erkennen ist, dürfte die Funktion *DllRegisterServer* für unsere Aufgaben geeignet sein. Einziges Problem: Wir müssen die DLL dynamisch laden, da der Standort erst zur Laufzeit feststeht.

Oberfläche

Ein Formular, darauf eine *OpenDialog*- und eine *Edit*-Komponente und ein *Button* – das sollte zum Testen genügen.

Quelltext

Erzeugen Sie zunächst folgende Typdeklaration:

```
type TDllRegisterServer = function: HResult;
```

Zum besseren Handling verpacken wir alles in eine Funktion, die im Erfolgsfall *True* zurückliefert. Übergeben müssen Sie lediglich den Namen (inkl. des kompletten Pfades) der DLL.

```
function RegisterDLL(filename:string): Boolean;
var handle: HInst;
    func  : TDllRegisterServer;
begin
  result := False;
  handle := LoadLibrary(PChar(fileName));
  if handle <> 0 then begin
    try
      @func := GetProcAddress(handle,'DllRegisterServer');
      func
    except
      Exit
    end;
    FreeLibrary(handle);
    result := True
  end
end;
```

Der Button "Registrieren":

```
procedure TForm1.Button1Click(Sender: TObject);
begin
  if RegisterDLL(Edit1.Text) then
     ShowMessage('DLL erfolgreich registriert!')
  else
     ShowMessage('Registrierung fehlgeschlagen!')
end;
```

Der Dateidialog erlöst Sie von der Qual der Eingabe bandwurmförmiger Verzeichnisnamen und erscheint gleich zu Beginn:

```
procedure TForm1.FormCreate(Sender: TObject);
begin
 if OpenDialog1.Execute then Edit1.Text := OpenDialog1.FileName
end;
```

Test

Suchen Sie sich eine ActiveX-DLL und versuchen Sie diese zu installieren.

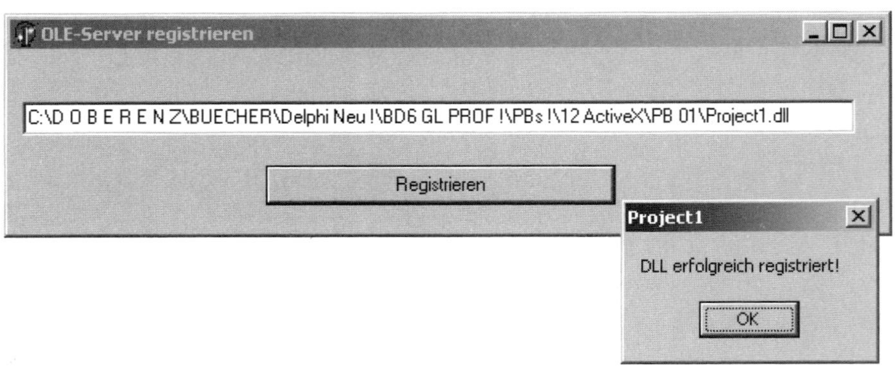

Es macht nichts, wenn Sie die gleiche DLL mehrfach hintereinander registrieren.

12.9.2 Instanz-Typen von Automatisierungs-Servern kennen lernen

Beim Erstellen von Automatisierungs-Servern haben Sie die Qual der Wahl zwischen drei verschiedenen Instanz-Typen (siehe 12.4.3):

- *Intern*
- *Einzelne Instanz*
- *Mehrere Instanzen*

Wer allerdings glaubt, dass bei "Einzelne Instanz" tatsächlich nur eine Instanz und bei "Mehrere Instanzen" auch wirklich mehrere Instanzen gebildet werden, der muss sich vom Gegenteil überzeugen lassen. In unserer Demo wollen wir dem auf den Grund gehen und dabei gleichzeitig die prinzipielle Vorgehensweise beim Erstellen und Testen einer ActiveX-EXE erlernen.

ActiveX-Server-Projekt

Grundsätzlich lassen sich Automatisierungs-Objekte sowohl einer ActiveX-DLL (*in process server*) als auch einer ActiveX-EXE (*out of process server*) hinzufügen. Die Entscheidung zugunsten einer ActiveX-EXE fällt uns aber leicht, denn ...

Hinweis: Der Instanzierungs-Typ ist nur bei einem *out of process server* von Bedeutung!

Öffnen Sie also ein neues Projekt (Standard-EXE) und geben Sie ihm z.B. den Namen *My-AxSrv*.(Menü *Projekt|Optionen...*).

Unsere ActiveX-EXE soll drei Klassen (*C1, C2, C3*) exportieren, wobei jede Klasse einem der drei obigen Instanz-Typen entspricht. Beim Hinzufügen der Automatisierungsobjekte gehen Sie wie folgt vor:

- Wechseln Sie über *Datei|Neu|Andere...* zur "ActiveX"-Seite der Objektgalerie und klicken Sie auf "Automatisierungsobjekt".
- Es öffnet sich der Automatisierungsobjekt-Experte. Sie geben als Klassenname "C1" ein, wählen als Instanzierung "Intern" und klicken auf "OK". Lassen Sie sich von der jetzt erscheinenden Typbibliothek nicht beeindrucken (wir werden uns später damit beschäftigen), sondern schließen Sie das Fenster.
- Fügen Sie ein weiteres Automatisierungsobjekt hinzu, indem Sie wie oben beschrieben verfahren. Allerdings wählen Sie jetzt den Klassennamen "C2" und wählen als Instanzierung "Eine Instanz".
- Ein drittes und letztes Automatisierungsobjekt ist hinzuzufügen: Klassenname "C3" und Instanzierung "Mehrere Instanzen".

Sie stellen fest, dass für jedes Automatisierungsobjekt eine eigene Unit (*Unit2, 3 und 4*) mit spezifischem Rahmencode erzeugt wurde. Ändern Sie aus Übersichtlichkeitsgründen die Namen dieser Units in *UnitIntern*, *UnitSingle* und *UnitMulti*.

Bereits jetzt können Sie das Projekt compilieren, wobei auch gleichzeitig die Registrierung der Klassen erledigt sein dürfte.

Am Beispiel von *UnitIntern* soll der Grundaufbau der drei Klassen-Units verdeutlicht werden (die spezifischen Passagen sind unterstrichen):

```
unit UnitIntern;        // exportiert Klasse mit Instanzierung "Intern"

interface

uses  ComObj, ActiveX, MyAxSrv_TLB, StdVcl;    // Typbibliothek!

type  TC1 = class(TAutoObject, IC1)            // Klassendeklaration, Schnittstelle
```

```
    protected
      { Protected declarations }
    end;

implementation

uses ComServ;

initialization
  TAutoObjectFactory.Create(ComServer, TC1, Class_C1, ciInternal, tmApartment);
end.
```

Ein Blick in das Projektverzeichnis verdeutlicht, dass auch eine Unit *MyAxSrv_TLB.pas* hinzugekommen ist. Diese Unit enthält die Typbibliothek, d.h. die kompletten Schnittstelleninformationen, unserer ActiveX-EXE. Im obigen Quelltext entdecken Sie die Unit ebenfalls.

Eine Methode hinzufügen

Alle drei Klassen haben bis jetzt keinerlei Funktionalität. Um besser vergleichen zu können, wollen wir nun zu jeder Klasse eine Methode *Info* hinzufügen. Dazu muss die Schnittstelle jeder Klasse mit dem Typbibliothekseditor bearbeitet werden, den Sie über *Ansicht|Typbibliothek* aufrufen:

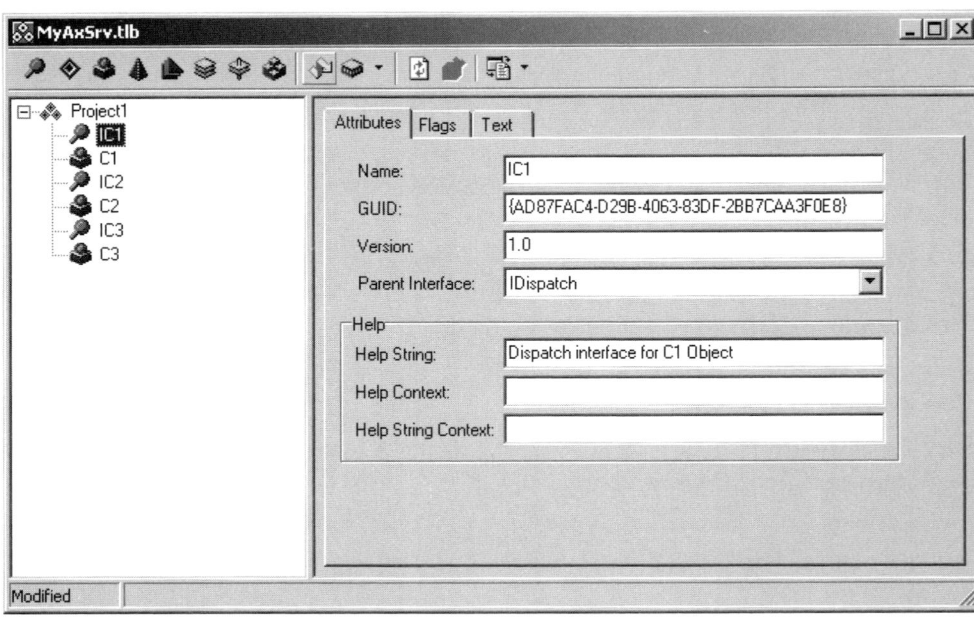

Wie Sie sehen, ist jede der drei Klassen durch ein Pärchen (Schnittstelle/Klasse) vertreten: *IC1/C1*, *IC2/C2* und *IC3/C3*. Wenn wir z.B. die Schnittstelle von *C1* editieren wollen, müssen wir zunächst auf *IC1* klicken und anschließend in der Symbolleiste auf die Schaltfläche "Neue Methode".

Ändern Sie den Namen von *Methode1* in *Info*.

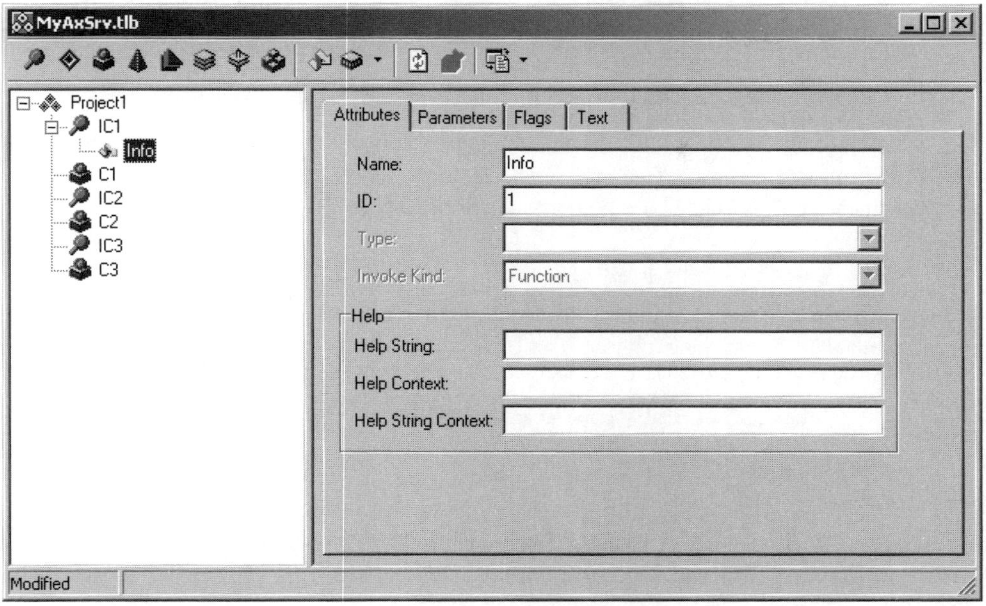

Klicken Sie jetzt auf die Schaltfläche "Implementierung aktualisieren", um die Änderungen in die Klassen-Unit zu übertragen.

Fügen Sie auf die gleiche Weise die Methode *Info* zu den Schnittstellen *IC2* und *IC3* hinzu. Wenn Sie sich jetzt den Quelltext der drei Klassen-Units anschauen, stellen Sie fest, dass bereits Vorbereitungen für die Implementierung der Methode *Info* getroffen wurden. Am Beispiel von *UnitIntern* soll dies verdeutlicht werden, wobei die Veränderungen durch Unterstreichung hervorgehoben wurden:

```
...
type  TC1 = class(TAutoObject, IC1)
       protected
         procedure Info; safecall;
         { Protected declarations }
end;
implementation
uses ComServ, Dialogs;

procedure TC1.Info;
begin
 ShowMessage('Hier ist C1 mit Instanzierung als "Intern" !')     // selbst eintragen!
end;
...
```

Bemerkungen

- Die Implementierung der Methode *Info* müssen Sie natürlich selbst eintragen.
- Das Einbinden der Unit *Dialogs* ist wegen *ShowMessage* erforderlich.
- Der Test unseres Projekts wird im nachfolgenden Praxisbeispiel vorgenommen.

Wir haben nun eine ActiveX-EXE erstellt, die drei Automatisierungsobjekte mit jeweils unterschiedlichem Instanzierungstyp (*Internal, Single Instance, Multiple Instance*) zur Verfügung stellt. Alle drei Klassen (*C1*, *C2* und *C3*) exportieren dieselbe Methode *Info*.

Oberfläche der Client-Anwendung

Wir erstellen nun eine passende Client-Anwendung zum Testen des ActiveX-Servers. Erzeugen Sie eine neue Standard-Anwendung mit folgender Bedienoberfläche:

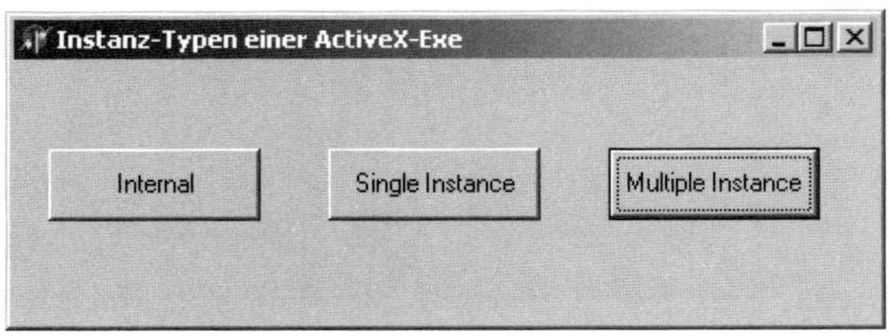

Typbibliothek einbinden

Zunächst muss unsere Clientanwendung mit der Schnittstelle des ActiveX-Servers "bekannt gemacht" werden. Wählen Sie also *Projekt|Typbibliothek importieren...* und suchen Sie den Eintrag *AxSrv (Version1)*.

Klicken Sie dann den Button "Installieren", so werden Sie aufgefordert, den ActiveX-Server in ein Package zu compilieren. Sie sollten für derlei Zwecke ein extra Package angelegt haben. Bitte das Häkchen bei "Komponenten-Wrapper generieren" wegnehmen, da wir unseren ActiveX-Server nicht auf der Komponentenpalette verewigen wollen.

Quellcode der Clientanwendung

Am Anfang des *implementation*-Abschnitts muss die Schnittstellen-Unit eingebunden werden:

```
uses Project1_TLB;
```

Zugriff auf *C1*:

```
procedure TForm1.Button1Click(Sender: TObject);
var ic1: C1;
begin
 ic1 := CoC1.Create;
 ic1.Info
end;
```

Interessant wird es beim Zugriff auf *C2* . Hier sollen zwei Instanzen gebildet werden:

```
procedure TForm1.Button2Click(Sender: TObject);      // Single Instance
var ic2_1, ic2_2 : C2;

begin
 ic2_1 := CoC2.Create;
 ic2_1.Info;
 ic2_2 := CoC2.Create;
 ic2_2.Info
end;
```

Völlig analog wollen wir mit der Klasse *C3* verfahren:

```
procedure TForm1.Button3Click(Sender: TObject);      // Multiple Instance
var ic3_1, ic3_2 : C3;

begin
 ic3_1 := CoC3.Create;
 ic3_1.Info;
 ic3_2 := CoC3.Create;
 ic3_2.Info
end;
```

Test

Starten Sie das Programm und testen Sie die drei Klassen.

Zugriff auf Klasse *C1* (Internal):

Obwohl der Compiler nicht gemeckert hat, kommen Sie hier nicht weiter, wie die folgende Meldung belegt:

Zugriff auf die Klasse *C2* (Single Instance):

Zunächst erscheint das leere Fenster (*Form1*) der ActiveX-EXE mit der ersten und danach der zweiten MessageBox aus der *Info*-Methode:

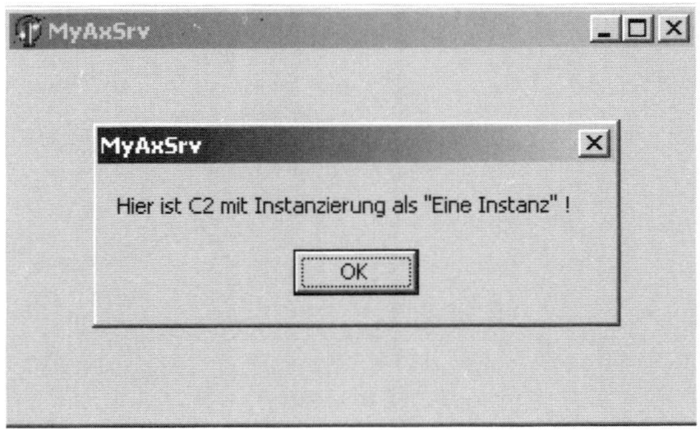

In der Taskleiste sehen Sie, dass neben der Clientanwendung (*Project1.exe*) tatsächlich zwei Instanzen des ActiveX-Servers geöffnet sind:

Wer es noch genauer wissen möchte, klickt mit der rechten Maustaste auf eine freie Stelle der Taskleiste und öffnet den Task-Manager:

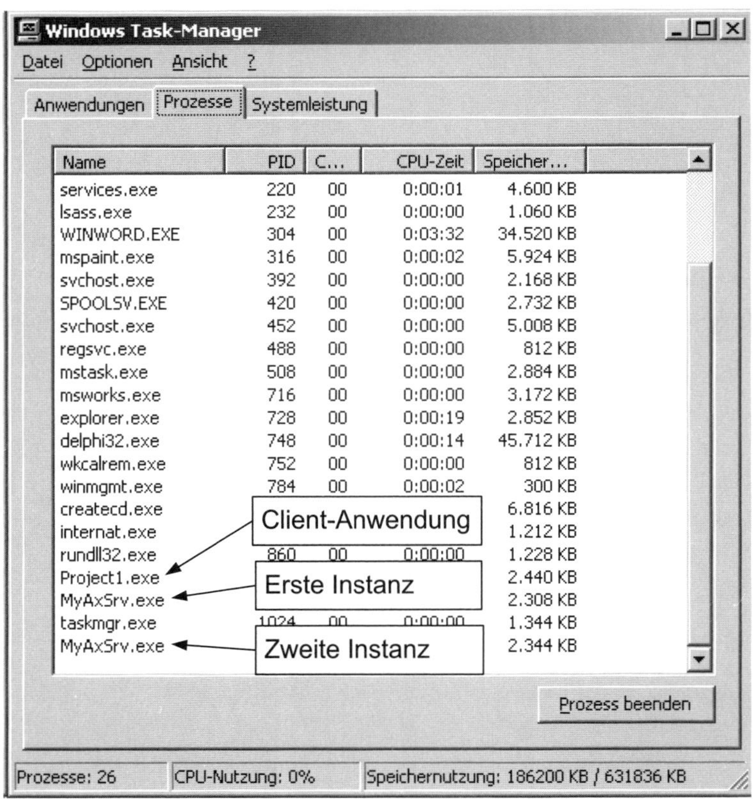

Zugriff auf Klasse *C3* (Multiple Instance):

Nichts unterscheidet den Ablauf vom vorhergehenden mit *Single Instance*.

Ein Blick auf die Taskleiste belehrt Sie aber, dass in Wirklichkeit beide Objekte auf dieselbe Instanz zeigen:

Bemerkungen

Die Bezeichnung *Einzelne Instanz* und *Mehrere Instanzen* durch die Delphi-IDE ist leider total missverständlich, deshalb noch einmal die folgende Übersicht:

Klasse	Instanzierung (deutsch)	Instanzierung (englisch)	Bedeutung
C1	*Intern*	*Internal*	Keine Instanzierung von außerhalb möglich.
C2	*Einzelne Instanz*	*Single Instance*	Pro Objekt eine "Extrawurst" (Instanz).
C3	*Mehrere Instanzen*	*Multiple Instance*	Alle Objekte benutzen gemeinsam eine Instanz.

Anstatt mit der *Create*-Methode ist eine Instanzierung von *C2* und *C3* auch mittels klassischem Aufruf über die Funktion *CreateOleObject* (Unit *ComObj*) möglich, z.B.:

```
procedure TForm1.Button1Click(Sender: TObject);
var ic2_1, ic2_2: Variant;
begin
  ic2_1 := CreateOleObject('MyAxSrv.C2');
  ic2_1.info;
  ic2_2 := CreateOleObject('MyAxSrv.C2');
  ic2_2.info
end;
```

In diesem Fall wäre keine Typbibliothek erforderlich (*uses MyAxSrv_TLB* entfällt!), die Performance-Einbuße ist allerdings beträchtlich (Late Binding). Sie sehen auch an den verwendeten *Variant*-Objektvariablen, dass der Compiler über keinerlei Schnittstelleninformationen verfügt.

Um auch eine Zugriffsmöglichkeit auf die "Interne" Klasse *C1* zu erhalten, könnte man eine weitere Klasse (*Global*) hinzufügen, die *C1* quasi "über Umwege" als Eigenschaft oder Methode exportiert.

Zugegeben: Dieses Beispiel war recht trocken und voller nutzloser Funktionalität, aber wie sonst soll man die unterschiedlichen Instanzierungstypen vergleichen? Für den ausgesprochenen Praktiker ist vielleicht das folgende Beispiel besser geeignet.

12.9.3 Programmieren einer ActiveX-DLL für Visual Basic

Im Unterschied zur klassischen DLL, die reine Funktionen/Prozeduren exportiert, ist eine ActiveX-DLL eine COM-Komponente, sie exportiert also komplette Objekte mit deren Eigenschaften, Methoden und Ereignissen. Gegenüber einer ActiveX-EXE hat eine ActiveX-DLL keinen eigenen Prozess (ist also keine eigenständige Anwendung), sondern sie läuft (In-Process-Server) im Prozessraum des Clients. Der durch die direkte *vTable*-Bindung erreichte Performance-Gewinn dürfte Grund genug sein, um – wo immer dies möglich ist – der ActiveX-DLL den Vorzug vor der -EXE zu geben.

In dieser Demo wollen wir anhand einer ActiveX-DLL zeigen, wie wir unsere in Delphi programmierten Routinen für eigene und andere Programmentwicklungen (z.B. mit Visual Basic) verfügbar machen können.

Unsere COM-Komponente soll eine ganz simple Aufgabe lösen, nämlich die Brutto- bzw. Nettowertberechnung. Dazu sind die folgenden Klassenmitglieder erforderlich:

- *mwst* Eigenschaft
- *brutto (nett)* Methode: *brutto = netto * (1 + mwst)*
- *netto(brutt)* Methode: *netto = brutto / (1 + mwst)*

Wir haben bewusst diese minimale Funktionalität gewählt, um nicht vom eigentlichen Problem, dem rein handwerklichen Erstellen einer ActiveX-DLL, abzulenken.

ActiveX-Bibliothek-Projekt erstellen

Um COM-Komponenten innerhalb einer ActiveX-DLL zu erstellen, muss zunächst ein Projekt für eine ActiveX-Bibliothek geöffnet werden. Wählen Sie deshalb *Datei|Neu|Weitere...* und anschließend auf der "ActiveX"-Seite der Objektgalerie das Symbol "ActiveX-Bibliothek".

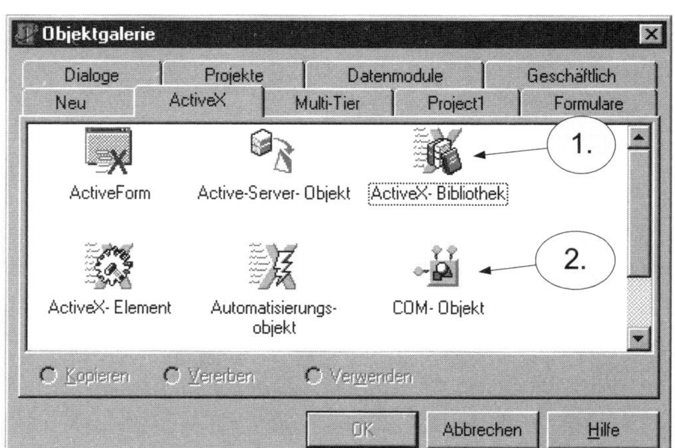

Es öffnet sich ein Codefenster mit dem Rahmencode eines ActiveX-DLL-Projekts:

```
library Project2;

uses ComServ;

exports
  DllGetClassObject,
  DllCanUnloadNow,
  DllRegisterServer,
  DllUnregisterServer;

{$R *.RES}

begin
end.
```

Bereits hier erkennen Sie den Unterschied zur "normalen" DLL: Es werden als Grundfunktionalität bereits eine ganze Reihe von Methoden aus der Unit *ComServ* exportiert.

COM-Komponenten hinzufügen

Zu unserer ActiveX-Bibliothek können nun eine oder mehrere COM-Komponenten hinzugefügt werden. Öffnen Sie wieder die "ActiveX"-Seite der Objektgalerie und wählen Sie diesmal "COM-Objekt" (siehe obige Abbildung).

Ungefragt drängt uns nun der COM-Objekt-Experte seine Dienste auf. Wie wir später sehen werden, erstellt er für uns eine Klassen-Unit und eine Typbibliothek (unter COM sind Schnittstelle und Implementierung immer streng voneinander getrennt).

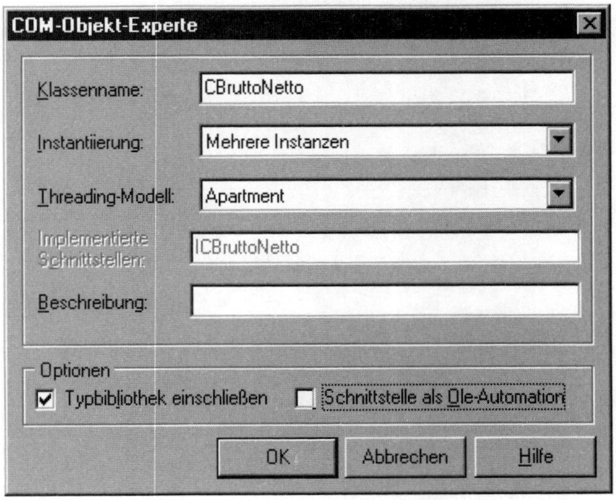

Den Namen der Klasse lassen wir (mit Rücksicht auf die VB-Konvention) mit C beginnen (*CBruttoNetto*). Die Einstellung der Instantiierung ist für einen In-Process-Server ohne Bedeutung.

Auf die Option "Typbibliothek einschließen" wollen wir nicht verzichten, denn dadurch können wir die Registrierung auf einem Fremdrechner vereinfachen, da die Typbibliothek nicht separat mitgegeben werden muss.

"Schnittstelle als OLE-Automation" ist nicht erforderlich, denn wir wollen ein "echtes" COM-Objekt.

Typbibliothekseditor

Nach "OK" öffnet sich der Typbibliothekseditor. Dieses Tool könnte man auch als "Schnittstelleneditor" bezeichnen, besteht seine Aufgabe doch in der Erstellung einer COM-Schnittstelle (.TLB-Datei) sowie in der Übertragung der Methodenrümpfe nach der Klassen-Unit *Unit1*.

Hinweis: Den Typbibliothekseditor bringen Sie auch später jederzeit über *Ansicht|Typbibliothek* wieder zur Anzeige.

Wir vergeben für die Bibliothek den vielsagenden Namen *Allerlei* sowie den Hilfestring *Allerlei Bibliothek*. Letzterer ist keinesfalls unwichtig, da Sie die Bibliothek nach ihrer Registrierung nicht unter ihrem Namen, sondern unter ihrem Hilfestring im Menü *Projekt|Verweise...* von Visual Basic wiederfinden werden. GUID und Versionsnummer werden automatisch generiert!

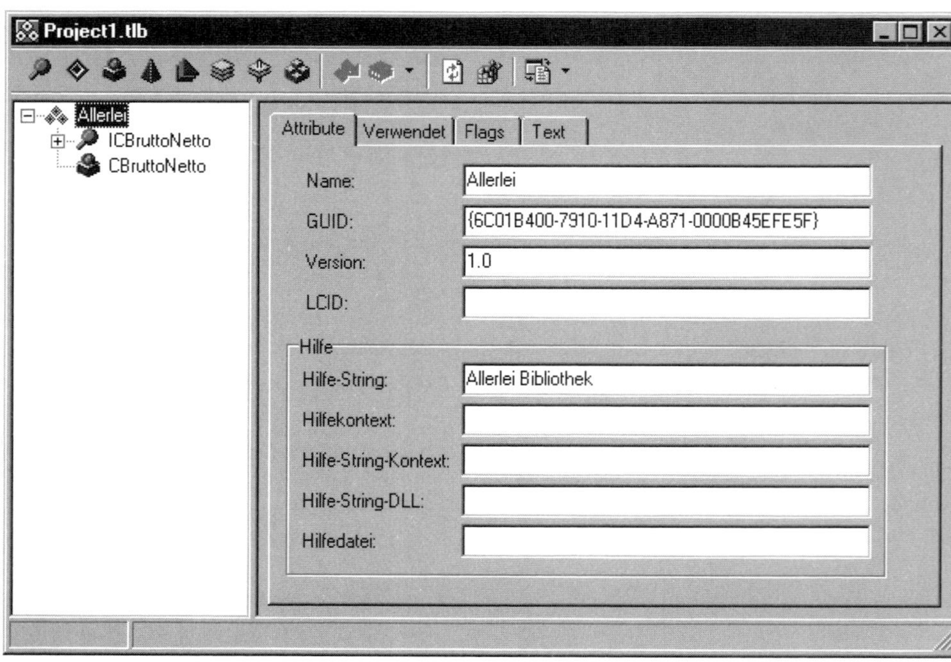

Eigenschaften hinzufügen

Markieren Sie dann die Schnittstelle *ICBruttoNetto* im linken Fenster. Wie Sie sehen, hat sie den gleichen Namen wie die Klasse, nur mit vorangestelltem *I*. Jetzt können Sie mit der Schaltfläche in der Werkzeugleiste Eigenschaften hinzufügen:

In der Registerkarte "Attribute" geben wir den Namen der Eigenschaft an (*mwst*).

Beim Hinzufügen von Eigenschaften haben Sie die Auswahl zwischen verschiedenen Lese- und Schreibrechten:

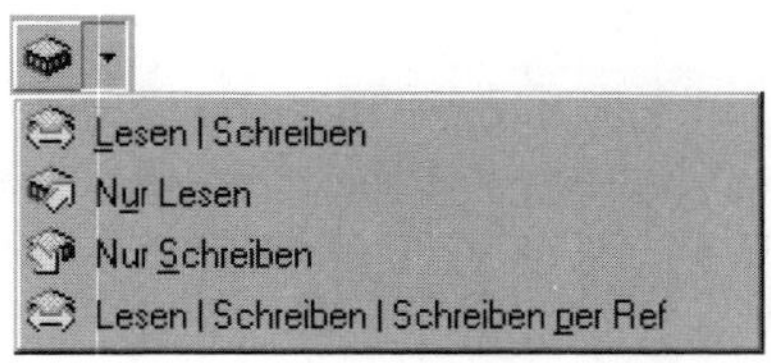

Wir wählen den ersten Eintrag, wonach im linken Fenster die beiden Methoden für den Lese- und Schreibzugriff erscheinen.

Nun müssen wir auf der "Parameter"-Seite den Rückgabetyp der Zugriffsmethode sowie etwaige Parameter eintragen.

Die zahlreichen angebotenen Datentypen können für Verwirrung sorgen. Wer damit nicht zurechtkommt, sollte *Tools|Umgebungsoptionen* Seite "Typbibliothek" wählen und als Schnittstellensprache Pascal anstatt IDL (Interface Definition Language) wählen:

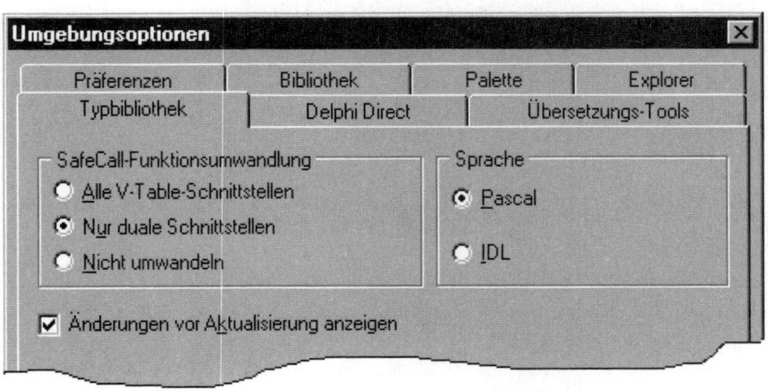

Stellen Sie in der "Rückgabetyp"- bzw. "Typ"-Klappbox den entsprechenden IDL- bzw. Pascal-Datentyp ein. Dieser wird dann automatisch (innerhalb *Unit1*) in den entsprechenden Delphi-Typ umgewandelt.

Hinweis: Die "Typ"-Einstellung auf der "Attribute"-Seite entspricht dem "Rückgabetyp" auf der Parameter"-Seite (wird automatisch angepasst).

Beim **Lesezugriff** auf *mwst* brauchen in unserem Beispiel keine Parameter übergeben zu werden, als Rückgabetyp genügt in VB der *Single*-Datentyp. Entsprechend obiger Tabelle wählen Sie deshalb *float*:

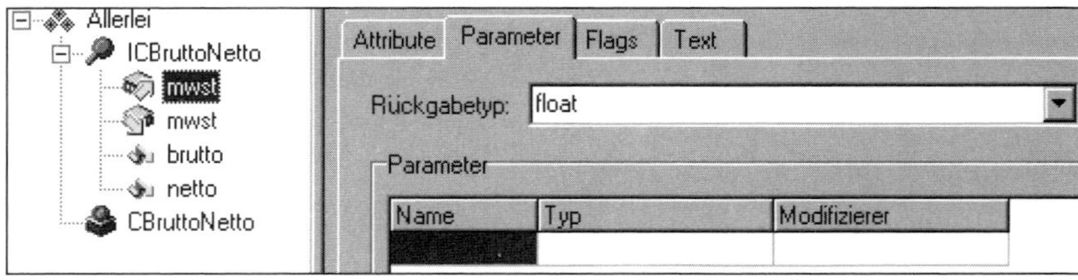

Beim **Schreibzugriff** ist es genau umgekehrt, hier wird ein *float*-Parameter übergeben, ein Rückgabewert existiert nicht (*void*)[1]:

Methoden hinzufügen

Mit der Schaltfläche werden die Methoden *brutto* und *netto* zur Schnittstelle hinzugefügt. Bezüglich der Kompatibilität der Datentypen wird auf obige Tabelle verwiesen.

Hinweis: Lassen Sie sich bei Währungen nicht vom angebotenen CURRENCY-Datentyp verlocken, sondern wählen Sie *double*! Falls Sie diesen Ratschlag ignorieren, funktioniert die ActiveX-DLL zwar zusammen mit einem Delphi-Programm, aber nicht unter Visual Basic!

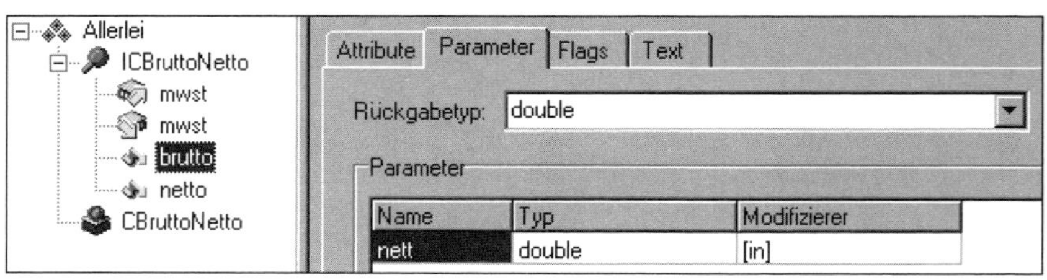

Implementieren der Schnittstellenmitglieder

Da wir mit Hilfe des Experten lediglich das Interface unserer COM-Komponente (*Allerlei_TLP*) sowie das Grundgerüst von *Unit1* erstellt haben, müssen wir die Implementierung der Eigenschaften und Methoden (innerhalb *Unit1*) jetzt "zu Fuß" nachholen.

Bevor es aber so weit ist, sollten wir in der Werkzeugleiste auf die Schaltfläche "Implementierung aktualisieren" klicken. Dabei werden die Definitionen der Prozeduren/Funktionen im *Interface*- bzw. *Implementation*-Abschnitt von *Unit1* an die Schnittstellendefinitionen eingefügt bzw. angepasst. Öffnen Sie dann *Unit1* und ergänzen Sie die im Folgenden unterstrichenen Anweisungen.

[1] In C/C++ wird bekanntlich nicht zwischen Funktionen und Prozeduren unterschieden. Letztere sind ebenfalls Funktionen, allerdings mit dem Rückgabetyp *void*.

```
interface

uses Windows, ActiveX, Classes, ComObj, Allerlei_TLB, StdVcl;

type
  TCBruttoNetto = class(TTypedComObject, ICBruttoNetto)
  mw: Single;
  protected
    function Get_mwst: Single; stdcall;
    procedure Set_mwst(Param1: Single); stdcall;
    function brutto(nett: Double): Double; stdcall;
    function netto(brutt: Double): Double; stdcall;
  end;
implementation

uses ComServ;
function TCBruttoNetto.Get_mwst: Single;
begin
 Result := mw
end;
procedure TCBruttoNetto.Set_mwst(Param1: Single);
begin
 mw := Param1
end;
function TCBruttoNetto.brutto(nett: Double): Double;
begin
  Result := nett * (1 + mw)
end;
function TCBruttoNetto.netto(brutt: Double): Double;
begin
  Result := brutt / (1 + mw)
end;
initialization
  TTypedComObjectFactory.Create(ComServer, TCBruttoNetto, Class_CBruttoNetto,
    ciMultiInstance, tmApartment);
end.
```

Das Verständnis dürfte Ihnen dann leicht fallen, wenn Sie bereits mit Klassen-Units vertraut sind.

Bemerkungen

- Sie dürfen im Quellcode keine Änderungen per Hand vornehmen, die neuen Schnittstellen hinzufügen bzw. deren Definition verletzen!
- Entfernen Sie eine Schnittstelle, so werden die entsprechenden Methoden in *Unit1* leider nicht mit entfernt. Sie müssen Deklaration und Implementation per Hand löschen.

Compilieren, Registrieren

Das Compilieren der ActiveX-Bibliothek geschieht nicht wie gewohnt mit F9, sondern mit *ActiveX-Server eintragen* über das *Start*-Menü. Auch ein Klick auf den Button "Typbibliothek registrieren" in der Werkzeugleiste des Typbibliothek-Editors führt zum gleichen Ergebnis:

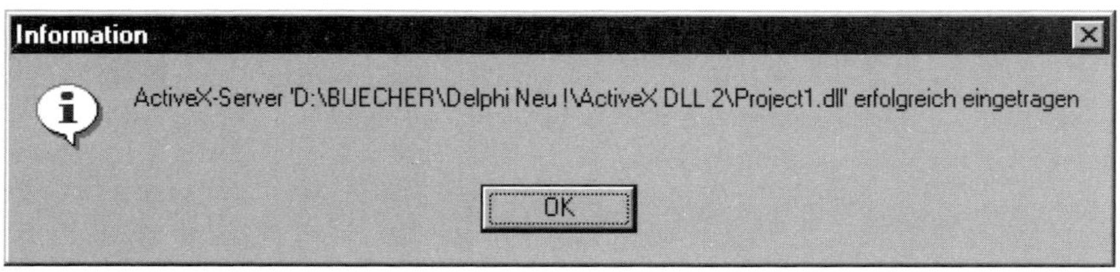

Im Ergebnis finden Sie im aktuellen Verzeichnis die Dateien *Project1.dll* und *Project1_TLB.dcu* vor[1]. Außerdem sind etliche neue Einträge in der Windows-Registry hinzugekommen. Die registrierte COM-Komponente kann nun in andere Applikationen eingebunden werden.

Testen unter Delphi

Bevor wir unsere ActiveX-DLL unter VB verwenden, empfiehlt sich ein Funktionstest unter Delphi. Öffnen Sie eine neue Delphi-Anwendung.

Oberfläche

Sie brauchen zwei Editierfelder und eine *RadioGroup*, die mit dem Stringlisteneditor sehr schnell erstellt ist. Setzen Sie die *ItemIndex*-Eigenschaft auf 0, um den ersten Eintrag (16 % MWSt) zu aktivieren.

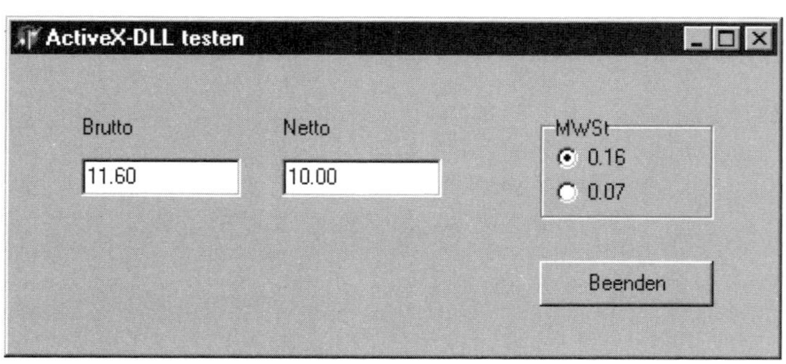

[1] Falls das Projekt noch nicht abgespeichert wurde, finden sich die Dateien im *\Delphi\Bin*-Verzeichnis.

Quellcode

Wir beschränken uns auf den *implementation*-Abschnitt:

```
implementation
```

Zuerst ist die Typbibliothek einzubinden:

```
uses Allerlei_TLB;
```

Die Objektvariable ...

```
var  obj: CBruttoNetto;
```

... und weitere Variablen:

```
     brutto, netto: Single;
     code: Integer;
```

Beim Laden des Formulars wird das Objekt instantiiert (das vorangestellte Co verweist auf die CoKlasse der Bibliothek), und die *mwst*-Eigenschaft sowie die anderen Variablen werden initialisiert:

```
procedure TForm1.FormCreate(Sender: TObject);
begin
 obj := CoCBruttoNetto.Create;
 obj.Set_mwst(0.16);
 brutto := 11.6; netto := 10
end;
```

Da im obigen Code die direkte Eigenschaftszuweisung

```
obj.mwst := 0.16;
```

nicht funktioniert, wird die entsprechende Zugriffsmethode

```
obj.Set_mwst(0.16);
```

aufgerufen. Das macht aber nichts, da unter VB dieser "Schönheitsfehler" vergessen ist.

Die MWSt wird geändert:

```
procedure TForm1.RadioGroup1Click(Sender: TObject);
begin
 case RadioGroup1.ItemIndex of
   0: obj.Set_mwst(0.16);
   1: obj.Set_mwst(0.07)
 end;
```

Der Bruttowert ist anzupassen:

```
 brutto := obj.brutto(netto);
 Edit1.Text := Format('%m',[brutto])
end;
```

Der Bruttowert wurde geändert:

```
procedure TForm1.Edit1KeyUp(Sender: TObject; var Key: Word; Shift: TShiftState);
```

```
begin
 Val(Edit1.Text, brutto, code);
```

Netto ist neu anzuzeigen:

```
 netto := obj.netto(brutto);
 Edit2.Text := Format('%m',[netto])
end;
```

Der Nettowert wurde geändert:

```
procedure TForm1.Edit2KeyUp(Sender: TObject; var Key: Word;  Shift: TShiftState);
begin
 Val(Edit2.Text, netto, code);
```

Brutto neu anzeigen:

```
 brutto := obj.brutto(netto);
 Edit1.Text := Format('%m',[brutto])
end;
```

Falls beim Compilieren ein Fehler auftritt, ist mit *Projekt|Typbibliothek importieren...* zu überprüfen, ob auch die aktuelle Version der ActiveX-DLL referenziert wurde (evtl. die *Allerlei_TLB.dcu* ins Projektverzeichnis kopieren).

Hinweis: Die Funktionsfähigkeit unter Delphi ist noch lange kein Garant für das Funktionieren der Komponente unter Visual Basic. Dies trifft insbesondere dann zu, wenn Sie sich nicht exakt an die Zuordnung der Datentypen gehalten haben.

Einbinden in Visual Basic

Erleichterung beim Visual Basic-Programmierer: Endlich wieder raus aus Delphi und zurück in die heimischen VB-Gefilde!

Oberfläche

Zur Laufzeit soll Sie folgender Anblick erfreuen:

Sowohl die beiden Textboxen als auch die zwei Optionsfelder wurden als Steuerelementefeld realisiert. Setzen Sie die *Value*-Eigenschaft von *Option1(0)* auf *True*.

Quellcode

Öffnen Sie ein neues Projekt und aktivieren Sie über das Menü *Projekt|Verweise...* die *Allerlei Bibliothek* (Sie erinnern sich, das war der Hilfestring, den wir im Typbibliothekseditor zugewiesen haben). Falls die Bibliothek nicht auffindbar ist, so wurde sie wahrscheinlich nicht richtig registriert. Dann müssen Sie nocheinmal nach Delphi gehen und dort die Registrierung im Typbibliothekseditor nachholen (bzw. mit *Regsvr32.exe* per Hand erledigen).

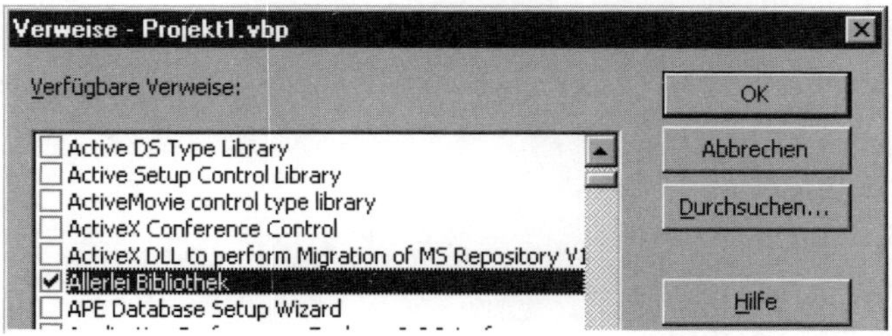

Mitunter sammeln sich mehrere gleich lautende Einträge untereinander an, was auf frühere Versionen hindeutet, die teilweise nicht ordnungsgemäß deinstalliert wurden.

Hinweis: Achten Sie darauf, dass Sie immer die aktuelle Version der Bibliothek referenzieren! Überprüfen Sie dazu auch die Pfadangabe im unteren Teil des Dialogfensters.

Der nachfolgende Quellcode wurde weitestgehend analog zum obigen Delphi-Testbeispiel geschrieben, so dass es für den Umsteiger gute Vergleichsmöglichkeiten gibt.

```
Option Explicit
```

Beim Referenzieren der Objektvariablen stellen Sie den Bibliotheksbezeichner *Allerlei* vor den Klassenbezeichner *CBruttoNetto*, wie er Ihnen durch die Intellisense angeboten wird.

```
Private obj As Allerlei.CBruttoNetto
```

Da es sich um ein reines COM-Objekt handelt, wäre auch alternativ die Referenzierung der Schnittstelle möglich:

```
Private obj as Allerlei.ICBruttoNetto
```

Die Schnittstelle *ICBruttoNetto* (siehe Delphi-Typbibliothekseditor) wird allerdings nicht durch die VB-Intellisense angeboten.

Sonstige Deklarationen:

```
Private brutto As Currency, netto As Currency
```

Instanzieren des Objekts und Initialisieren der Eigenschaft beim Laden des Formulars:

```
Private Sub Form_Load()
 Set obj = New Allerlei.CBruttoNetto
 obj.mwst = 0.16
 netto = 10
 brutto = 11.6
End Sub
```

Mehrwertsteuer ändern:

```
Private Sub Option1_Click(Index As Integer)
 Select Case Index
  Case 0: obj.mwst = 0.16
  Case 1: obj.mwst = 0.07
 End Select
 brutto = obj.brutto(netto)
 Text1(0).Text = Format$(brutto, "Currency")
End Sub
```

Brutto oder Netto ändern:

```
Private Sub Text1_KeyUp(Index As Integer, KeyCode As Integer, Shift As Integer)
 Select Case Index
  Case 0: brutto = Val(Text1(0).Text)
          netto = obj.netto(brutto)
          Text1(1).Text = Format$(netto, "Currency")
  Case 1: netto = Val(Text1(1).Text)
          brutto = obj.brutto(netto)
          Text1(0).Text = Format$(brutto, "Currency")
 End Select
End Sub
```

Beim Vergleich der Delphi- und VB-Quelltexte stellen Sie erstaunt fest, dass VB dabei gar nicht so schlecht abschneidet, eher das Gegenteil ist der Fall. Außerdem ist die VB-Intellisense erheblich komfortabler als die von Delphi (z.B. Übernahme der Einträge durch Mausklick anstatt Enter).

Test

Ein mehrfaches Hin und Her zwischen Delphi und VB wird sich nie ganz vermeiden lassen, da die anfängliche Funktionalität der ActiveX-DLL sicherlich noch verbesserungsbedürftig ist. Beachten Sie dabei Folgendes: VB vorher beenden bzw. Referenz auf die Bibliothek deaktivieren (sonst lässt sich der Server nicht entfernen). Unter Delphi entfernen Sie mit *Start|ActiveX-Server austragen* zunächst die vorhandene Registrierung, ehe Sie (nach vorgenommenen Änderungen) wieder *Start|ActiveX-Server eintragen* wählen und zu VB zurückkehren.

Schlussbemerkung

Fast zum Verwechseln ähnelt der COM-Objekt-Experte dem Automatisierungsobjekt-Experten. Der Unterschied: Letzterer widerspiegelt das klassische-OLE (aus der Zeit vor COM) und verwendet die *IDispatch*-Schnittstelle, Late Binding und ist deshalb (u.a. wegen *Invoke*-Methode!) langsamer als reines COM, allerdings ist der Zugriff z.B. auch von "älteren" Sprachen aus, die COM nicht unterstützen (wie VB Script) möglich! Eine Typbibliothek (= benutzerdefinierte Schnittstelle) wird nicht benötigt, allerdings funktioniert dann auch die Unterstützung zur Entwurfszeit (Intellisense) nicht. In VB entspricht das *Dispatch*-Interface dem *Object*-Datentyp.

Wissenschaft

- Sortieren/Suchen
- Lösen von Gleichungssystemen
- Nummerische Integration
- Berechnungen in Tabellen
- Komplexe Zahlen

13 Wissenschaft

Lassen Sie sich vom Attribut "wissenschaftlich" nicht abschrecken, in diesem Kapitel werden nur einige Anregungen für mehr oder weniger komplexe praktische Problemlösungen vermittelt, die Ihnen Quelle für eigene Inspirationen sein sollen.

Die einzelnen Beiträge stehen thematisch relativ lose nebeneinander und gehen in stark unterschiedlicher Weise ins Detail. Wir hoffen trotzdem, dass die getroffene "bunte" Auswahl auch etwas für Sie bieten wird.

Hinweis: Wem die folgenden Beiträge zu stressig sind bzw. "muffige Hörsaalatmosphäre" verbreiten, der sollte zunächst mit der leichter verdaulichen Kost im Praxisteil beginnen.

13.1 Sortieren

Eine der wohl häufigsten Aufgaben für Computer ist das Sortieren, mit dem wir uns in diesem Abschnitt eingehender beschäftigen wollen. Unser Ziel ist die Entwicklung eines möglichst effizienten Sortieralgorithmus, der einen geringen Speicherbedarf aufweist und möglichst schnell ist.

13.1.1 Eine Testmenge erstellen

Ausgangspunkt unserer Betrachtung ist ein eindimensionales, ungeordnetes statisches Array, z.B.:

```
var Feld : array[1 .. 40] of Byte;
```

Von der Möglichkeit dynamischer Arrays werden wir ebenfalls Gebrauch machen: Die Übergabe von offenen Arrays an Funktionen bzw. Prozeduren.

Beispiel: Innerhalb der Prozedur lassen sich über die Funktionen *High* und *Low* die Schranken des Arrays bestimmen, damit sind auch die Grenzwerte für Schleifenvariablen festgelegt.

```
procedure sort_shell (var a: array of word);
```

Zurück zum Sortieren: Für die Untersuchung verwenden wir die Routine *Zufallszahlen*, die das Array mit einer bestimmten Anzahl von zufälligen Werten (*Word*) füllt:

```
procedure zufallszahlen(var a : array of word);
var bis,i: LongInt;
begin
    bis := High(a);
    for i := 0 to bis do a[i] := Random(65000)
end;
```

Hinweis: Auf die Verwendung von Assemblercode (bietet sich beim Datentyp *Word* eigentlich an) wurde bewusst verzichtet, um die Algorithmen mit wenig Aufwand auch für andere Datentypen nutzen zu können.

Hinweis: Alle beschriebenen Verfahren lassen sich mit relativ wenig Aufwand auf Pointerlisten etc. (siehe Kapitel 14) umschreiben. Arbeiten Sie mit Records, ist diese Vorgehensweise unbedingt zu empfehlen, da in diesem Fall nicht erst der komplette Record kopiert werden muss, sondern lediglich der Pointer neu gesetzt wird (wesentlich bessere Performance!).

13.1.2 Austauschverfahren (Exchange-Sort)

Das Austauschverfahren ist eine der einfachsten und zugleich langsamsten Sortiermethoden. Beginnend mit dem ersten wird jedes weitere Element der Liste mit allen anderen Werten verglichen. Ist der Vergleichswert kleiner als der aktuelle Wert, werden beide ausgetauscht.

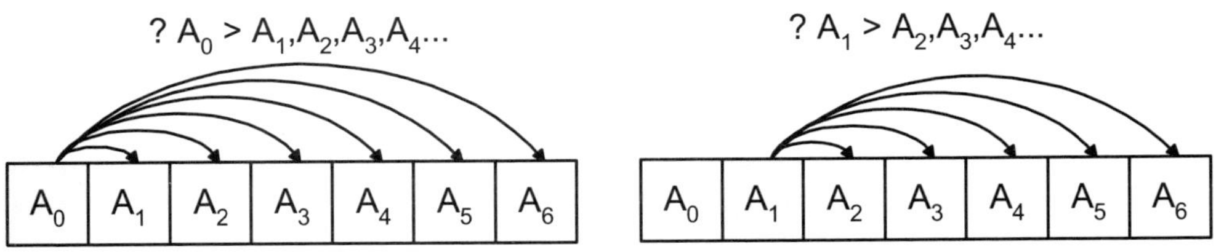

Dieser Vorgang wird bis A_N-1 fortgesetzt. Genaueres können Sie dem folgenden Programmablaufplan entnehmen.

Die Realisierung des Sortieralgorithmus in Delphi:

```
procedure sort_austausch (var a: array of Word);
var bis,i,j : LongInt;
    h       : Word;
begin
    bis := High(a);
    for i := 0 to bis - 1 do
        for j := i + 1 to bis do
          If a[i] > a[j] then
            begin
                h    := a[i];
                a[i] := a[j];
                a[j] := h
            end
end;
```

Einen Test der Leistungsfähigkeit im Vergleich zu den anderen Verfahren finden Sie am Ende dieses Abschnitts.

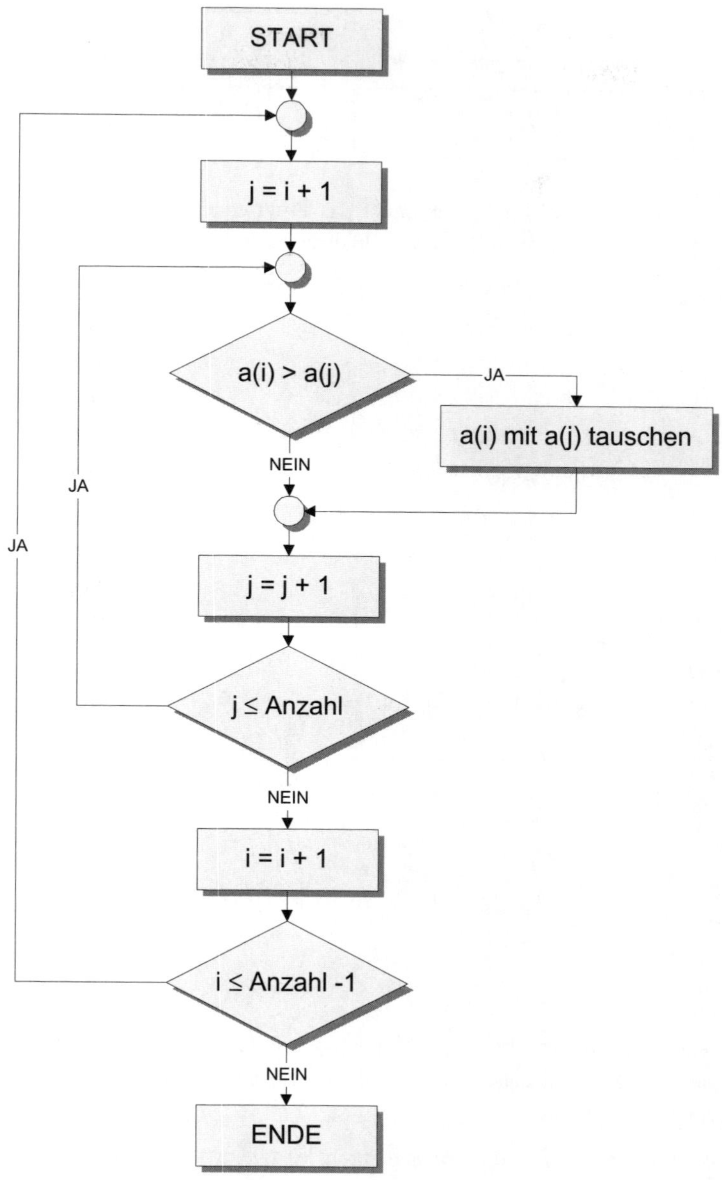

13.1.3 Auswahlverfahren

Das Auswahlverfahren ähnelt in seiner Arbeitsweise dem Austauschverfahren. Beginnend mit dem ersten Feldelement wird das Minimum gesucht, im Erfolgsfall werden die Werte getauscht. In dieser Vorgehensweise ist der Vorteil gegenüber dem Austauschverfahren zu sehen. Bei jedem Schleifendurchlauf wird maximal ein Wert getauscht.

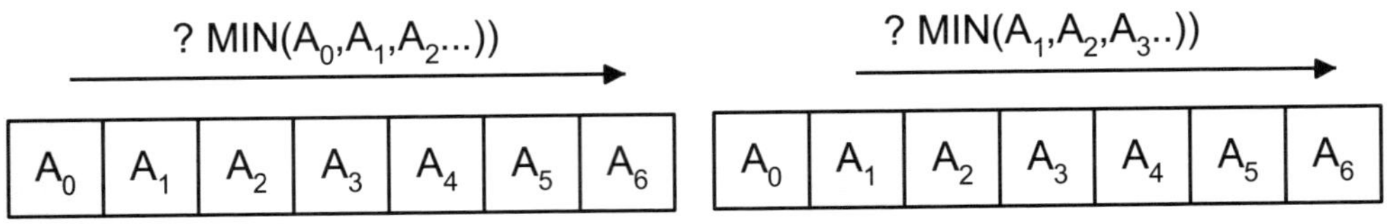

Für die Ermittlung des Minimums verwendet das Programm eine Hilfsvariable vom Typ *Word* sowie einen Hilfsindex (Zeiger auf das jeweils kleinste Element).

Die Umsetzung in Delphi bereitet keine weiteren Probleme:

```
procedure sort_auswahl (var a: array of Word);
var bis,i,j,k : LongInt;
   h        : Word;

begin
   bis := High(a);
   for i := 0 to bis - 1 do
   begin
      h := a[i];
      k := i;
      for j := i + 1 to bis do if a[j] < h then
      begin
         h := a[j];
         k := j
      end;
      a[k] := a[i];
      a[i] := h
   end
end;
```

Eine noch schnellere Variante des Auswahlverfahrens sortiert das gefundene Minimum in ein neues Feld ein. Diese Möglichkeit entspricht zwar dem menschlichen Vorgehen, zwei Punkte sprechen jedoch gegen dieses Verfahren:

- Der Speicherbedarf verdoppelt sich durch das zweite benötigte Array.
- Wir brauchen ein Kennzeichen für bereits einsortierte Werte ("abstreichen").

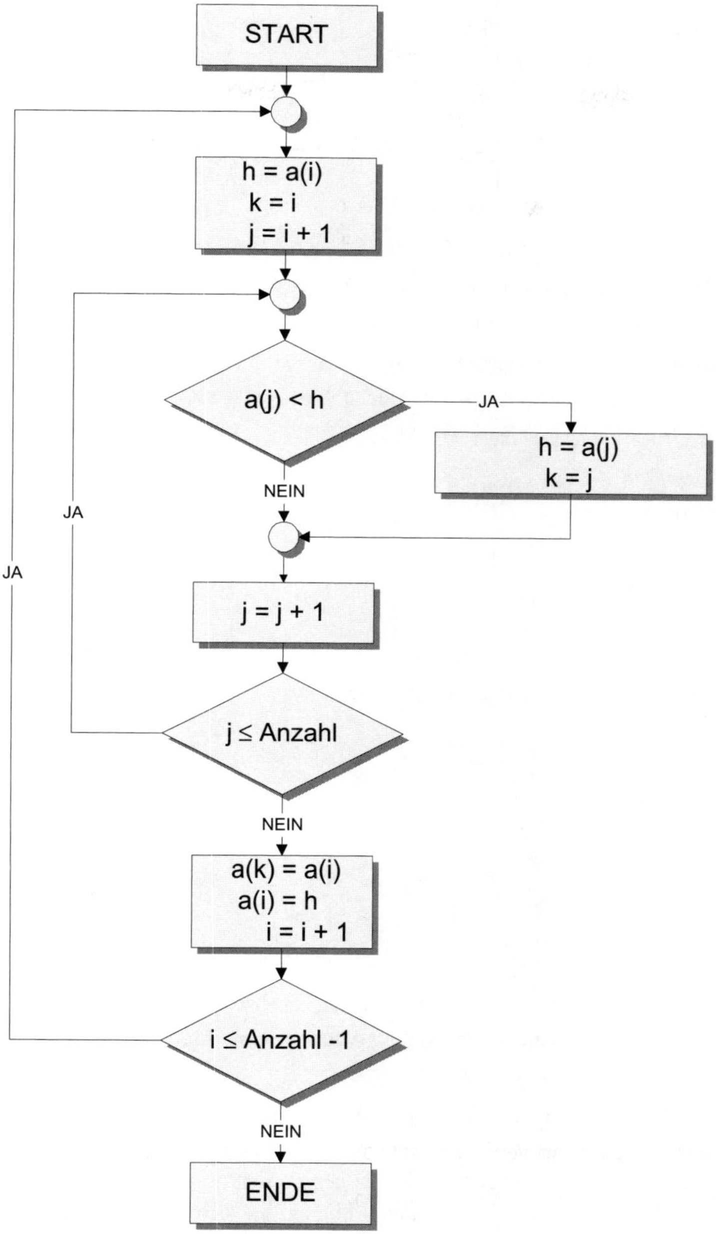

13.1.4 Bubble-Sort-Verfahren

Dieses Verfahren ändert die bisherige Vorgehensweise dahingehend, dass der jeweils größere zweier benachbarter Werte durch das gesamte Array "geschoben" wird. Aus diesem Vorgang resultiert die Bezeichnung "Bubble-Sort", die Maxima steigen wie Blasen (Bubbles) zu ihren jeweiligen Positionen auf.

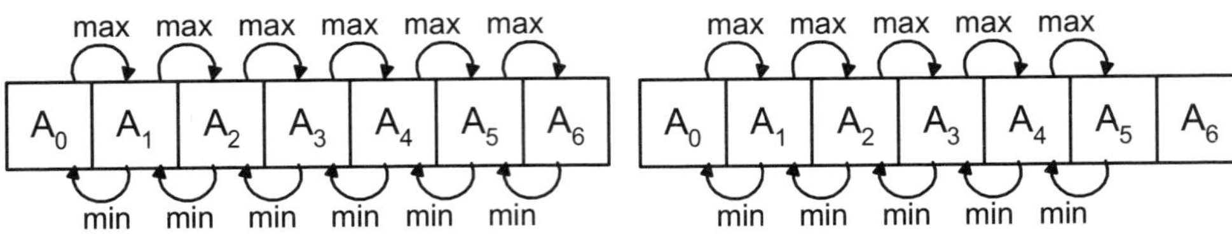

Dieser Vorgang wird so lange wiederholt, bis das Minimum im ersten Feld steht. Was so kompliziert aussieht, ist auch entsprechend langsam. Der Bubble-Sort-Algorithmus zählt deshalb mit zu den Schlusslichtern, wenn es um Ausführungsgeschwindigkeit geht.

Der Algorithmus ist nur vollständigkeitshalber aufgeführt, von der Anwendung für "normale" Applikationen wird abgeraten (Ausnahmen siehe Abschnittsende).

```
procedure sort_bubble (var a: array of Word);
var bis,i : LongInt;
    h     : Word;
begin
    bis := High(a);
    repeat
        for i := 0 to bis - 1 do
        if a[i] > a[i + 1] then begin
                h    := a[i];
                a[i] := a[i + 1];
                a[i + 1] := h
        end;
        Dec(bis)
    until bis = 1
end;
```

Eine Mutante des Bubble-Sort, der Shake-Sort, wechselt während der Bearbeitung die Sortierrichtung, d. h., das Minimum wird an den Anfang geschoben. Was für Vorteile soll das bringen?

Für Sortiervorgänge im Arbeitsspeicher spielt die obige Vorgehensweise keine Rolle, werden die Daten jedoch auf einer Festplatte oder einem Magnetband sortiert, lassen sich die Positionierungen der Schreib-/Leseköpfe auf diese Art und Weise minimieren. Da in diesem Fall die mittlere Zugriffszeit der Festplatte die Geschwindigkeit des Sortiervorgangs bestimmt, ist eine Optimierung an dieser Stelle besonders wichtig. Und damit können Sie sich denken, in welchen Bereichen auch der Bubble-Sort-Algorithmus sinnvoll einsetzbar wäre.

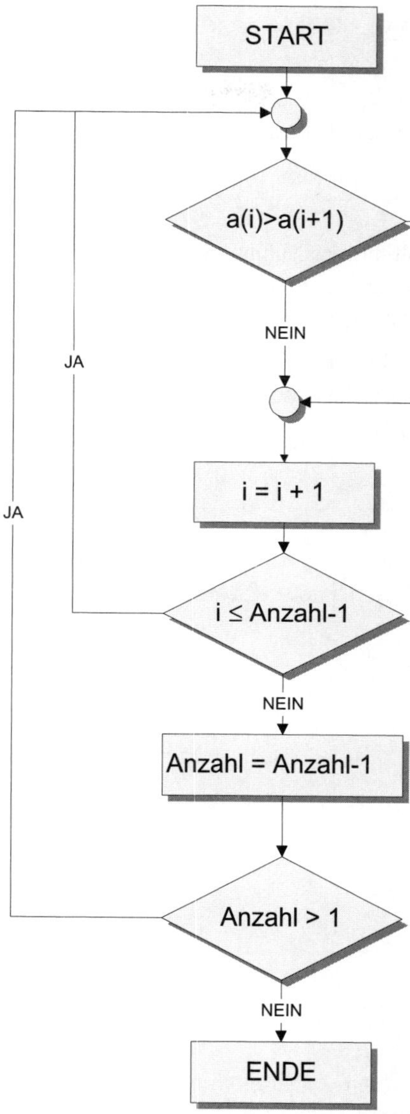

13.1.5 Shell-Sort-Verfahren

Die Geschwindigkeitsvorteile werden mit einer etwas aufwändigeren Programmierung bezahlt. Der Ansatz ist anders als bisher. Das Array der Länge N wird halbiert, danach vergleicht man die Werte A_0 und $A_{N/2}$, A_1 und $A_{N/2+1}$, ... miteinander. Das Maximum wird in die zweite Hälfte verschoben.

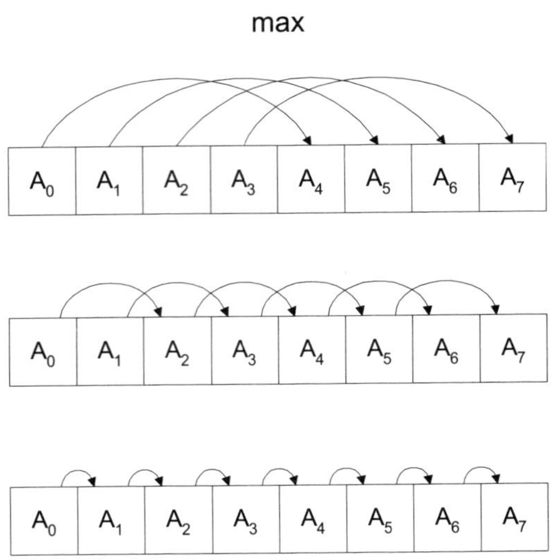

In einem zweiten Durchlauf werden die Intervalle halbiert, es erfolgt ein erneuter Vergleich. Der Ablauf wiederholt sich so lange, bis die Intervallgröße einem Feldelement entspricht und die jeweils benachbarten Werte verglichen werden:

```
procedure sort_shell (var a: array of Word);
var bis,i,j,k : LongInt;
    h         : Word;
begin
    bis := High(a);
    k   := bis shr 1;        // div 2
    while k > 0 do
    begin
        for i := 0 to bis - k do
        begin
            j := i;
            while (j >= 0) And (a[j] > a[j + k]) do begin
                h  := a[j]; a[j]:= a[j + k]; a[j + k] := h;
                If j > k then Dec(j,k) else j := 0
            end
        end;
        k := k shr 1        // div 2
    end
end;
```

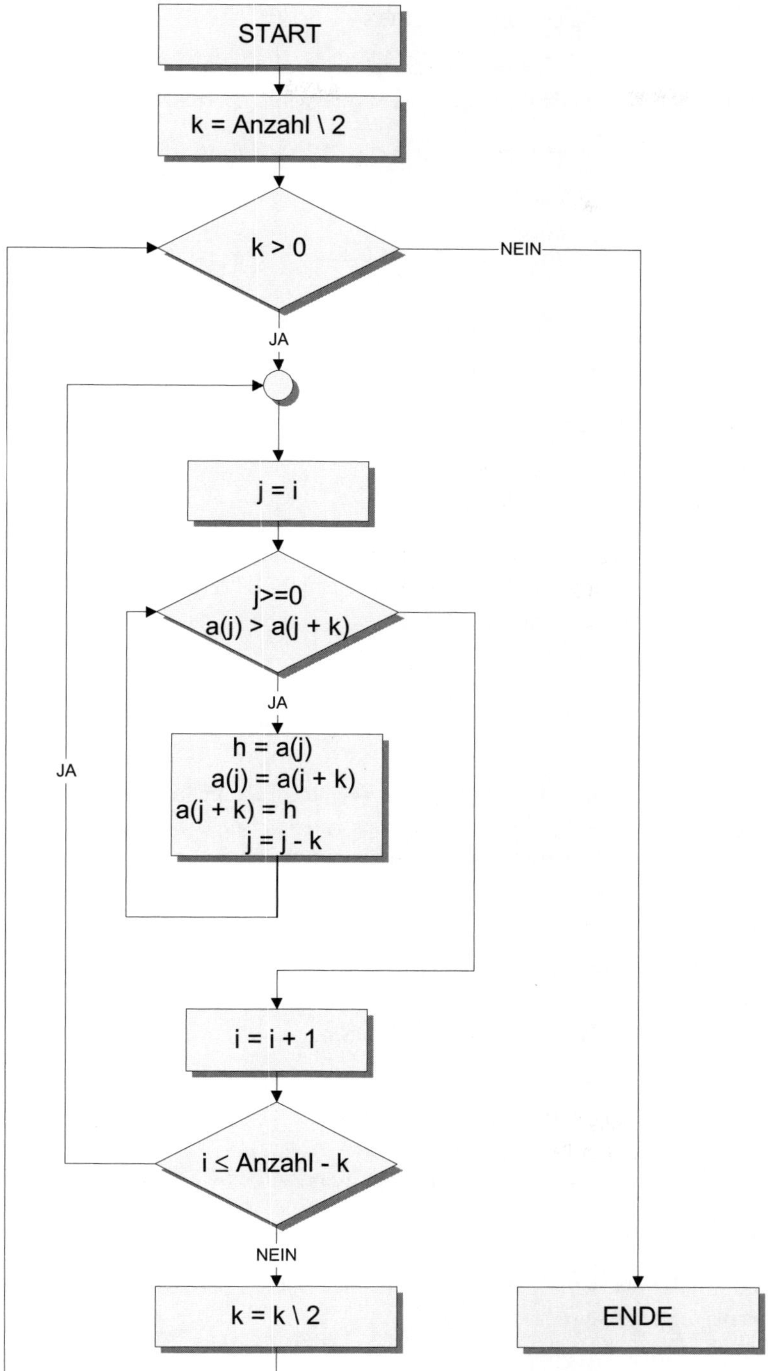
START
k = Anzahl \ 2
k > 0
NEIN
JA
j = i
j>=0
a(j) > a(j + k)
JA
h = a(j)
a(j) = a(j + k)
a(j + k) = h
j = j - k
JA
i = i + 1
i ≤ Anzahl - k
NEIN
k = k \ 2
ENDE

13.1.6 Auswerten von Testergebnissen

Die Ergebnisse einer Leistungsanalyse der einzelnen Algorithmen können Sie dem folgenden Diagramm entnehmen, das den Zeitbedarf für das Sortieren von jeweils 1000 Werten widerspiegelt:

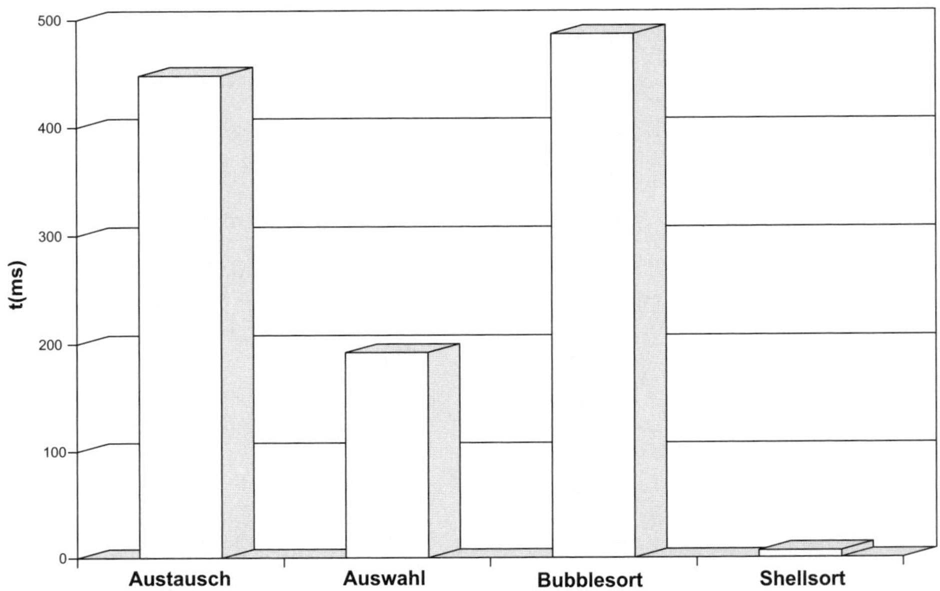

Die Werte wurden mit einem 100-MHz-Pentium-Veteranen ermittelt. Es ist nicht auszuschließen, dass eine Realisierung der Sortierverfahren mit einer anderen Sprache zu abweichenden Ergebnissen führt. Die Ursachen sind unterschiedliche Ausführungszeiten für Vergleiche bzw. Zuweisungen. Je nachdem, ob eine Routine mehr Vergleiche oder Zuweisungen enthält, werden sich die Diagrammdaten ändern.

Fazit: Offensichtlich zählt der *ShellSort-Algorithmus* zu den optimalen Sortierverfahren für die üblichen Einsatzgebiete, zumal der Programmieraufwand relativ gering ist. Das zugrunde liegende Testprogramm wird im folgenden Abschnitt beschrieben.

13.1.7 Testprogramm

Das folgende kleine Beispielprogramm vergleicht einzelne Sortieralgorithmen miteinander.

Oberfläche

Auf das Startformular platzieren Sie eine *Listbox*, vier Buttons und vier Labels, so dass sich zur Laufzeit etwa die folgende Ansicht ergibt:

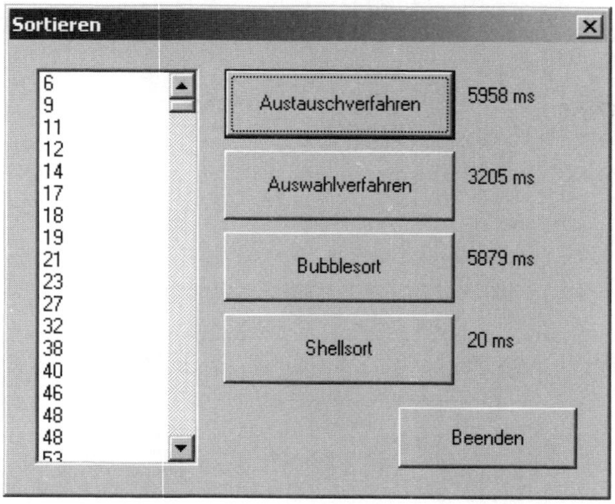

Programmierung

Wir beschränken uns auf die Wiedergabe des *implementation*-Abschnitts von *Unit1*:

Zunächst ist die Testmenge bereitzustellen (siehe 13.1.1):

```
var testarray : array[0 .. 30000] of word;

procedure zufallsZahlen(var a : array of Word);
var bis,i: LongInt;
begin
    bis := High(a);
    for i := 0 to bis do a[i] := Random(65000)
end;

procedure listeFuellen(var a : array of Word);
var bis,i: LongInt;
begin
    Form1.Listbox1.Items.Clear; bis := High(a);
    for i := 0 to bis do Form1.Listbox1.Items.Add(IntToStr(a[i]))
end;
```

Nun folgt der Code für die einzelnen Sortierroutinen, z.B. für den Shell-Sort (siehe 16.1.5):

```
procedure sort_shell (var a: array of Word);      // Shell-Sort
 ...
end;
```

Der Aufruf:

```
procedure TForm1.Button4Click(Sender: TObject);   // Aufruf des Shell-Sort
var von,bis : LongInt;
```

```
begin
    zufallsZahlen(testArray);
    von := getTickCount;
    sort_shell(testArray);
    bis := GetTickCount;
    listeFuellen(testArray);
    Label4.Caption := intToStr(bis-von) + ' ms'
end;
```

Hinweis: Den kompletten Quelltext finden Sie auf der Buch-CD.

Test

Starten Sie das Programm und klicken Sie nacheinander die vier Buttons, um die vier Verfahren miteinander zu vergleichen. Nach Abschluss eines Sortiervorgangs wird im jeweiligen Label das Messergebnis angezeigt.

13.2 Suchen

Neben dem Sortieren ist das Suchen in Listen und Arrays ein häufiges Problem. Bei der Suche können wir entweder nach MuP[1] oder mit entsprechenden Algorithmen vorgehen.

13.2.1 Lineares Durchsuchen

Eine zwar immer funktionierende, aber auch ebenso langsame Methode ist das lineare Durchsuchen des gesamten Arrays (sequenzielle Suche):

```
Function search (was : Word; wo: array of Word) : LongInt;
var i: LongInt;
begin
   for i := 0 to High(wo)
        if was = wo[i] then begin
          search = i + 1;
          Exit;
       end;
      search := 0
end;
```

Der Nachteil ist offensichtlich: Im "schlimmsten" Fall werden alle Werte geprüft. Die mittlere Anzahl der Versuche berechnet sich zu *High/2*.

---

[1] Methode des unbekümmerten Probierens

13.2.2 Durchsuchen sortierter Datenfelder

Oft sucht man aber Daten in sortierten Arrays. In diesem Fall liegt in der Sortierreihenfolge schon eine gewisse Information über die Lage eines Wertes. Nehmen wir eine Stichprobe aus der Mitte des Feldes, lassen sich drei Fälle unterscheiden:

- Wir haben Glück, es ist der gesuchte Wert
- Der Stichprobenwert ist größer als der gesuchte Wert
- Der Stichprobenwert ist kleiner als der gesuchte Wert

Der Hinweis, dass wir im ersten Fall die Suche sofort abbrechen können, erübrigt sich. Im zweiten Fall muss der gesuchte Wert zwischen Stichprobe und Feldanfang, im dritten Fall zwischen Stichprobe und Feldende liegen.

Durch erneutes Teilen des Intervalls und erneuten Vergleich lässt sich der gesuchte Wert eingrenzen. Wir können natürlich auch Pech haben, der gesuchte Wert existiert überhaupt nicht. Mit n Schritten werden 2^n Werte erfasst, d.h., zehn Vergleichsschritte genügen für die Suche in 1024 Werten.

```
Function search_sort (was : Word; wo : array of Word) : LongInt;
{ Diese Funktion liefert die Position in der Liste +1. Ist der Rückgabewert 0, dann wurde das
Element nicht gefunden. Die Funktion ist für sortierte Listen optimiert, für ungeordnete Listen
 verwenden Sie Search. }

var i,mi,le,ri : LongInt;
begin
    le := 0;
    ri := High(wo);
    repeat
        mi := (le + ri) div 2;
        if was < wo[mi] then
          ri := mi - 1
        else
          le := mi + 1;
    until (wo[mi] = was) or (le > ri);
    if wo[mi] = was then
       search_sort := mi + 1
    else
       search_sort := 0
end;
```

Test

Ein Vergleich der Algorithmen ist mit dem auf der Buch-CD enthaltenen Testprogramm möglich.

Hinweis: Beachten Sie, dass Sie vor Aufruf von *Search-Sort* auf "Sortierte Liste erstellen" klicken müssen.

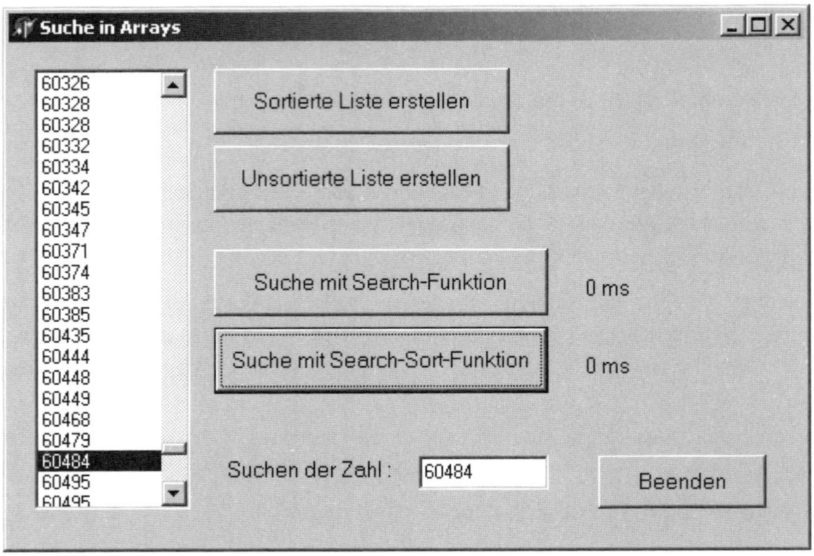

Wie leider aus der Abbildung nicht ersichtlich ist, zeigt der Vergleich beider Algorithmen drastische Unterschiede in den Ausführungszeiten. Beim sequenziellen Suchen steigt die benötigte Zeit proportional zur Feldgröße an, beachten Sie jedoch, dass diese Ergebnisse nur für sortierte Felder gelten.

13.3 Gauß-Algorithmus

Dieser Beitrag soll am Beispiel eines Lösungsprogramms für (physikalisch reale) lineare Gleichungssysteme zeigen, wie ein mathematischer Algorithmus schrittweise in eine Delphi-Applikation umzusetzen ist.

13.3.1 Theoretische Grundlagen

Das Lösen linearer Gleichungssysteme (GLS) ist eine zentrale Aufgabenstellung der nummerischen Mathematik. Jeder Taschenrechner, der das Prädikat "wissenschaftlich" für sich in Anspruch nimmt, sollte über ein entsprechendes Programm[1] verfügen, wobei aber die obere Grenze meist bei acht bis zwölf Unbekannten liegt.

Das "Drei-Brüder"-Beispiel

Beginnen wir statt vieler Worte lieber mit einem konkreten Beispiel für ein Gleichungssystem mit drei Unbekannten:

---

1 Leider gilt dies nicht für den "wissenschaftlichen" Windows-Taschenrechner.

Drei Brüder bringen es gemeinsam auf ein Alter von 155 Jahren. Der älteste wurde ein Jahr vor dem mittleren Bruder geboren und drei Jahre vor dem jüngsten. Wie alt ist jeder der drei?

Aufstellen des GLS:

$$x_1 + x_2 + x_3 = 155$$
$$x_1 - x_2 = 1$$
$$x_1 - x_3 = 3$$

Lösen des GLS:

Wir unterstellen Ihnen, dass Sie ein solches GLS mit drei Unbekannten noch ganz locker per Hand ausrechnen können, indem Sie z.B. die zweite und die dritte Gleichung nach x_2 bzw. x_3 auflösen und in die erste einsetzen:

$$x_1 + x_1 - 1 + x_1 - 3 = 155$$

womit Sie zunächst das Alter des ältesten Bruders:

$$3x_1 = 159$$
$$x_1 = 53$$

ermitteln und dann schnell zu den übrigen Lösungen kommen:

$$x_2 = 52$$
$$x_3 = 50$$

Natürlich gibt es weitaus sinnvollere und vor allem umfangreichere Anwendungsbeispiele als obiges, und mit wachsender Anzahl von Unbekannten werden Sie allein durch intuitives Herangehen nicht mehr zum Ziel kommen.

Reaktivieren Sie also Ihre Schulkenntnisse und entsinnen Sie sich an den Gauß-Algorithmus und seine verschiedenen Modifikationen (Einsetzungs- oder Gleichsetzungsmethode etc.). In computergerechter Form ist der Gauß-Algorithmus auch heute noch die beste Methode zum Lösen linearer GLS. Doch ehe wir dazu kommen, wollen wir eine solide Ausgangsbasis schaffen, indem wir bereits für das Aufstellen des GLS eine systematische Vorgehensweise empfehlen, die Sie im folgenden Abschnitt kennen lernen.

Abspeichern in Matrizenform

In allgemeiner Form lässt sich ein lineares GLS mit n Unbekannten wie folgt notieren:

$$a_{11}x_1 + a_{12}x_2 + ... + a_{1N}x_N = b_1$$
$$a_{21}x_1 + a_{22}x_2 + ... + a_{2N}x_N = b_2$$
$$...$$
$$a_{N1}x_1 + a_{N2}x_2 + ... + a_{1N}x_N = b_N$$

oder abgekürzt in Vektorform:

$$\underline{A} \cdot \underline{x} = \underline{b}$$

Wir sollten es uns aber im Computerzeitalter angewöhnen, dieses Problem (und andere ähnliche mathematische Zusammenhänge) möglichst gleich in Matrizenform niederzuschreiben:

	1	2	3	...	N				
1	a_{11}	a_{12}	a_{13}	...	a_{1N}		x_1		b_1
2	a_{21}	a_{22}	a_{23}	...	a_{2N}		x_2		b_2
3	a_{31}	a_{32}	a_{33}	...	a_{3N}	*	x_3	=	b_3
...	...	...	...	...	...		...		...
N	a_{N1}	a_{N2}	a_{NN}	...	a_{NN}		x_N		b_N

Die linke Seite (Koeffizientenmatrix $\underline{A}$) kann unter Delphi in einem zweidimensionalen, der Lösungsvektor $\underline{X}$ und die rechte Seite $\underline{B}$ in jeweils einem eindimensionalen Array abgespeichert werden. Wie Sie sehen, wächst der Speicherplatzbedarf etwa quadratisch mit der Anzahl der Unbekannten.

Beispiel: Obiges "Drei-Brüder"-Beispiel sieht in Matrizenform folgendermaßen aus:

1	1	1		x_1		155
1	-1	0	*	x_2	=	1
1	0	-1		x_3		3

Programmablaufplan des Gauß-Algorithmus

Wie Sie am umseitigen Programmablaufplan (PAP) erkennen, lässt sich der Gauß-Algorithmus in zwei Zyklen unterteilen:

- Elimination
- Rücksubstitution

Aufgrund seiner drei ineinander verschachtelten Schleifen verbraucht der Eliminationszyklus die meiste Rechenzeit. Schritt für Schritt wird eine Unbekannte nach der anderen eliminiert, und das Gleichungssystem (Restmatrix) schrumpft zusammen, bis es die Ordnung 1 erreicht hat und der Wert für x_1 ermittelt werden kann.

Die Rücksubstitution nutzt die bereits berechneten Werte von x, um sie schrittweise in das nächsthöhere Zwischengleichungssystem einzusetzen, aus welchem sich dann ein weiteres x direkt ermitteln lässt. Dabei wird die rechte Seite $\underline{B}$ mit der Lösung überschrieben, so dass letztere keinen extra Speicherbereich benötigt.

Kritisch ist die Division durch das Hauptdiagonalelement *A(k,k)*. Es darf nicht null sein, da sonst das Programm unweigerlich "abstürzt". Sie können ein solches Debakel aber vermeiden, wenn Sie vorher die Reihenfolge der Gleichungen so umordnen, dass alle Hauptdiagonalelemente einen Wert ungleich null besitzen.

13.3.2 Ein einfaches Lösungsprogramm

Wir wollen zunächst jeglichen überflüssigen Schnickschnack weglassen und uns auf die Implementierung des puren Gauß-Algorithmus gemäß des abgebildeten PAP konzentrieren. Folgerichtig werden wir die Aufwendungen für die Bedienoberfläche auf ein absolutes Minimum beschränken, wobei wir uns auf die einfachsten Ein- und Ausgabe-Möglichkeiten, die Delphi zur Verfügung stellt, besinnen: die InputBox und die MessageBox.

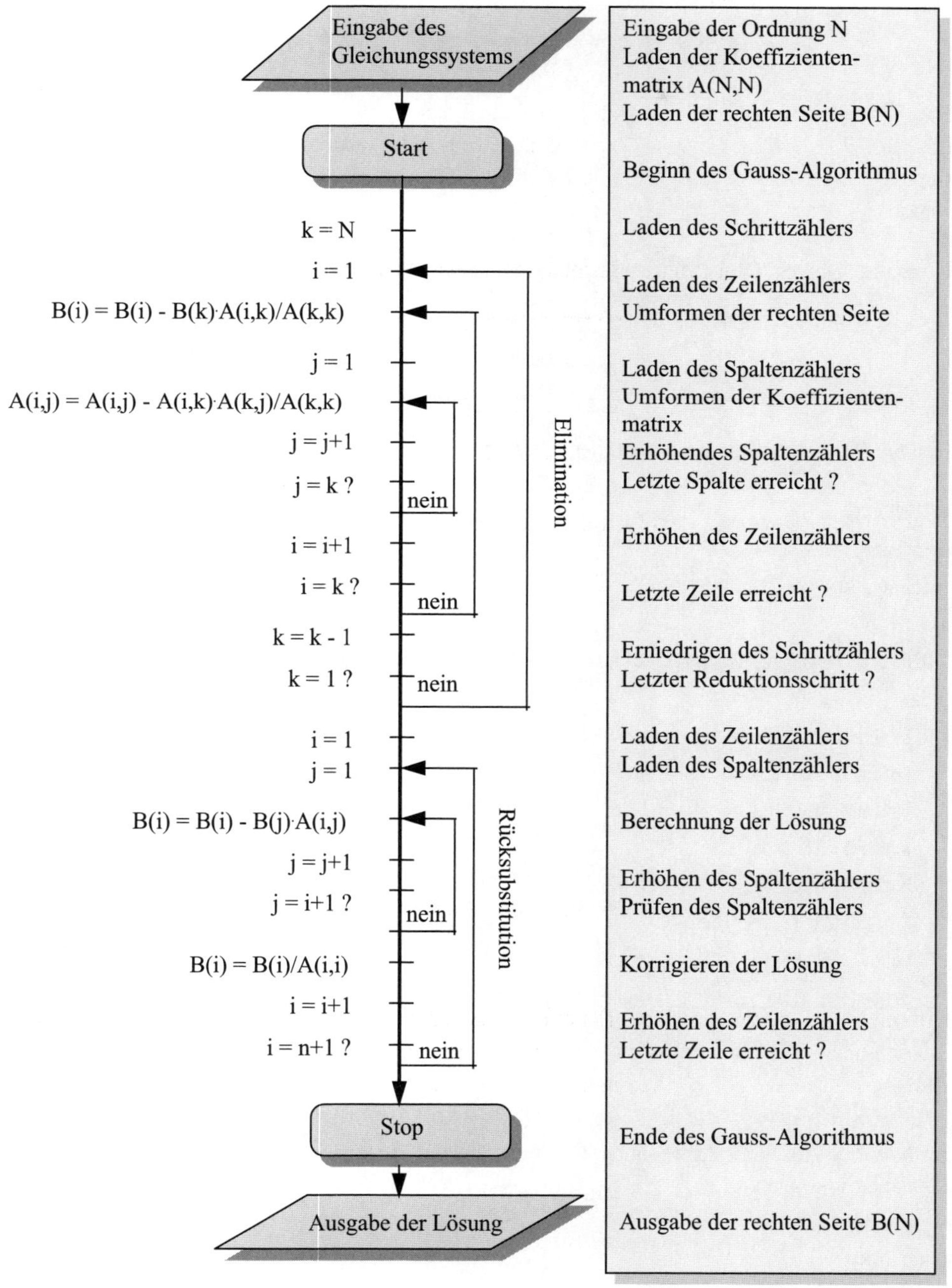

Bedienoberfläche

Das wenige, was wir an Komponenten noch brauchen, sind vier normale Buttons und ein Spin-Button:

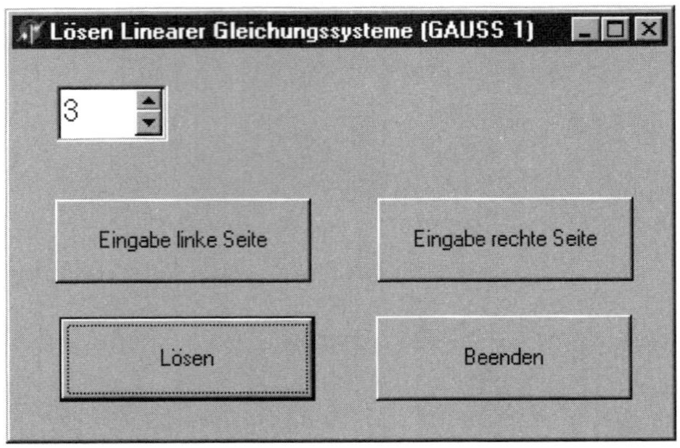

Den *SpinEdit*-Button finden Sie auf der "Beispiele"-Seite der Komponentenpalette.

Quelltext

```
unit Unit1;
interface
uses
  Windows, Messages, SysUtils, Classes, Graphics, Controls, Forms, Dialogs, StdCtrls, Spin;
type
  TForm1 = class(TForm)
    Button1: TButton;
    Button2: TButton;
    Button3: TButton;
    Button4: TButton;
    SpinEdit1: TSpinEdit;
    Label1: TLabel;
    procedure allgemeinEvent(Sender: TObject);
 end;
var
  Form1: TForm1;
```

Im *Interface*-Abschnitt dürfte Ihnen die Ereignismethode a*llgemeinEvent* auffallen. Wir müssen sie dort selbst eintragen!

```
implementation
{$R *.DFM}
const Nmax = 10;        // max. Anzahl der Unbekannten
var N: Integer = 1;                  // Anzahl der Unbekannten
```

```
   A: array[1..Nmax, 1..Nmax] of Single;  // Koeffizienten links
   B: array[1..Nmax] of Single;           // Koeffizienten rechts
```

Was nun folgt, ist das Herzstück unseres Programms, gewissermaßen die 1:1-Umsetzung des PAP:

```
procedure gauss1;
var i,j,k : Integer;   // Schleifenzähler
 begin
 // Eliminations-Zyklus:
  for k := N downto 2 do
  begin
   for i := 1 to k - 1 do
   begin
    B[i] := B[i] - B[k] * A[i,k] / A[k,k];
    for j := 1 to k - 1 do
    begin
     A[i,j] := A[i,j] - A[i,k] * A[k,j] / A[k,k]
    end
   end
  end;
 // Rücksubstitutions-Zyklus:
 for i := 1 to N do
 begin
  for j := 1 to i - 1 do
  begin
   B[i] := B[i] - B[j] * A[i,j]
  end;
  B[i] := B[i] / A[i,i]
 end
end;
```

Die nach Abarbeitung des Gauß-Algorithmus im B-Array enthaltene Lösung wird zunächst aufbereitet und formatiert, ehe sie in der MessageBox zur Anzeige kommt:

```
procedure anzeigen;          // zeigt die Lösung an
var s, s1:string;
    i:Integer;
begin
 s := 'Lösung:' + #13;
 for i:= 1 to N do
 begin
  Str(B[i]:6:3, s1);
  s := s + 'X' + IntToStr(i) + ' = ' +  s1 + #13
```

```
  end;
  ShowMessage(s)
 end;
```

Der folgende allgemeine Event-Handler ersetzt die standardmäßig von Delphi angebotenen einzelnen Ereignisprozeduren. Das erscheint zwar zunächst etwas ungewöhnlich, aber man lernt schnell die gesteigerte Übersicht schätzen, da alle auszuwertenden Ereignisse in einer einzigen Prozedur zusammengefasst werden können:

```
procedure TForm1.allgemeinEvent(Sender: TObject);    // verarbeitet alle Ereignisse
var s:string;
    i, j,
    code: Integer;          // nur für Fehlercode bei Val-Funktion
begin
 if Sender = Button1 then  // OnClick: Eingabe der Koeffizientenmatrix
 for i:=1 to N do
  for j:=1 to N do
  begin
   Str(A[i,j]:6:3, s);
   if InputQuery('Koeffizientenmatrix eingeben!',
   'A['+IntToStr(i)+','+IntToStr(j)+']', s) then Val (s, A[i,j], code)
   else break
  end;
 if Sender = Button2 then           // OnClick: Eingabe der rechten Seite
 for i:=1 to N do begin
  Str(B[i]:6:3, s);
  if InputQuery('Rechte Seite eingeben!','B['+IntToStr(i)+']', s) then
  Val (s, B[i], code)
  else break                        // OnClick: Abbruch
 end;
 if Sender = Button3 then           // OnClick: Lösen
 begin gauss1; anzeigen end;
 if Sender = SpinEdit1 then         // OnChange: Anzahl Unbekannter ändern
  N := SpinEdit1.Value;
 if Sender = Form1 then             // OnCreate: Programmstart
 begin
  SpinEdit1.MinValue := 1;  SpinEdit1.MaxValue := Nmax
 end;
 if Sender = Button4 then Close      // OnClick: Beenden
end;
```

Vergessen Sie nicht, die *allgemeinEvent*-Ereignismethode über die "Ereignisse"-Seite des Objektinspektors den entsprechenden Ereignissen (*OnClick* für alle vier Buttons, *OnChange* für *SpinEdit1*, *OnCreate* für *Form1*) zuzuweisen!

Test

Was liegt näher, als das bereits eingangs strapazierte "Drei-Brüder-Beispiel" noch einmal aufzuwärmen? Stellen Sie die *SpinBox* zunächst auf den Wert 3 ein und geben Sie dann die neun Koeffizienten für die Matrix und die drei Koeffizienten für die rechte Seite ein:

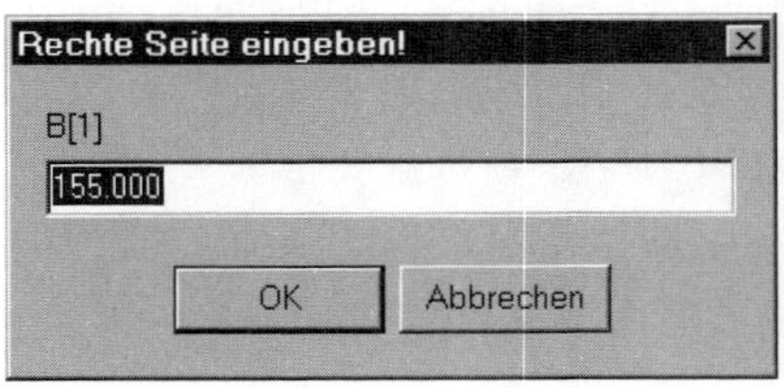

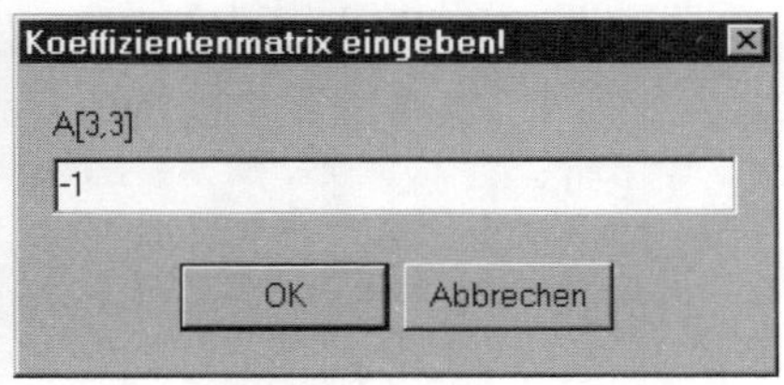

Die Lösung bestätigt die Funktionsfähigkeit des Algorithmus:

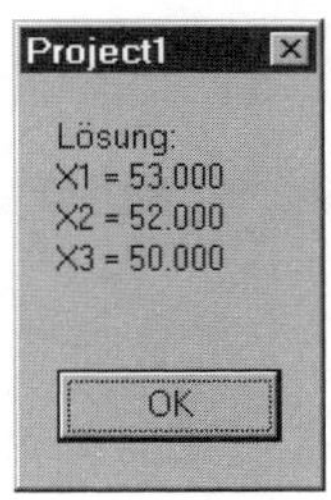

Bemerkungen

- Kontrolldurchlauf ist möglich (nur mit OK bestätigen).
- Lösung ist auch in InputBox (rechte Seite) einzusehen.
- Kein wiederholtes Klicken auf Lösen erlaubt, da sich die ursprünglichen Inhalte von A und B geändert haben!
- Hauptdiagonalelemente müssen ungleich null sein (siehe nächster Abschnitt).

13.3.3 Meckereien zum einfachen Gauß-Algorithmus

Obige Version des Gauß-Algorithmus erläutert zwar auf anschauliche Weise das mathematische Prinzip, hat aber mehrere Unzulänglichkeiten, die einem effektiven praktischen Einsatz im Wege stehen.

Keine Pivotisierung?

Von diesem entscheidenden Mangel überzeugen Sie sich am besten selbst anhand des folgenden Beispiels (GLS mit fünf Unbekannten):

$$\begin{pmatrix} 0 & 2 & 0 & 1 & 2 \\ 1 & -1 & -1 & 0 & 1 \\ 2 & 0 & 2 & 1 & -1 \\ -1 & 1 & 1 & 1 & 1 \\ 3 & 2 & 2 & -2 & 0 \end{pmatrix} * \begin{pmatrix} x_1 \\ x_2 \\ x_3 \\ x_4 \\ x_5 \end{pmatrix} = \begin{pmatrix} 2 \\ -2 \\ 4 \\ 2 \\ -8 \end{pmatrix}$$

Nachdem Sie es endlich geschafft haben, alle 25 Koeffizienten nacheinander fehlerfrei einzugeben, und erwartungsfroh auf "Lösen" klicken, werden Sie durch eine böse Überraschung um die Früchte Ihrer Arbeit betrogen[1]:

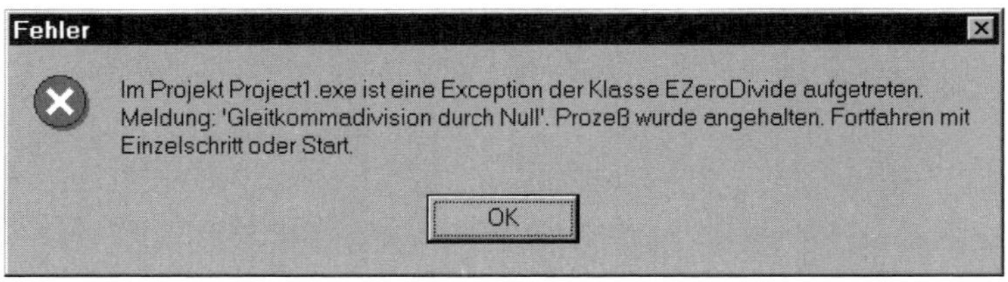

Auf die konkrete Ursache des Übels werden Sie im Quelltextfenster hingewiesen:

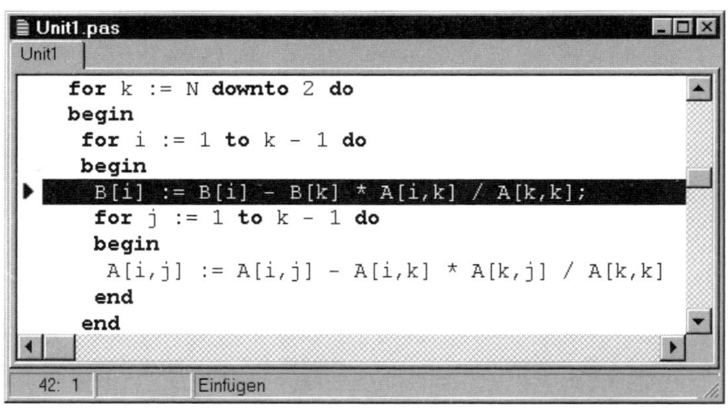

Über das lokale Menü *Fehlersuche|Auswerten/Ändern...* (rechte Maustaste!) können Sie sich davon überzeugen, dass das Element *A[k,k]* tatsächlich null ist:

[1] Wie so oft, machen uns auch hier die "Nullen" das Leben schwer.

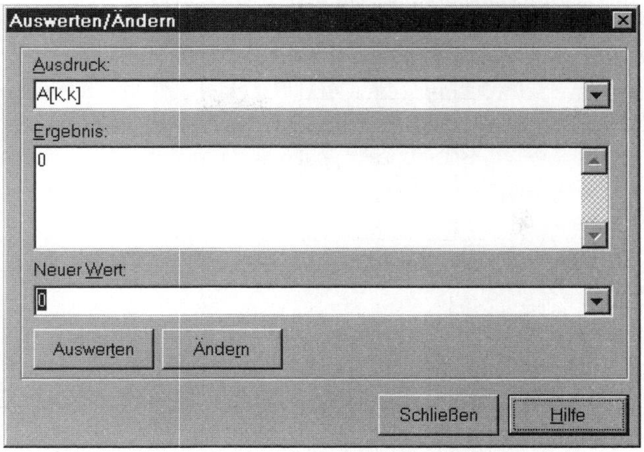

In unserem Fall handelt es sich um das erste Hauptdiagonalelement der Koeffizientenmatrix:

```
A[1,1] = 0.
```

Um das Gleichungssystem trotzdem lösen zu können, müssen Sie die Reihenfolge der Gleichungen so umordnen, dass kein einziges Hauptdiagonalelement null ist. Dies erreichen Sie z.B. durch Vertauschen der ersten mit der letzten Gleichung:

$$\begin{pmatrix} 3 & 2 & 2 & -2 & 0 \\ 1 & -1 & -1 & 0 & 1 \\ 2 & 0 & 2 & 1 & -1 \\ -1 & 1 & 1 & 1 & 1 \\ 0 & 2 & 0 & 1 & 2 \end{pmatrix} * \begin{pmatrix} x_1 \\ x_2 \\ x_3 \\ x_4 \\ x_5 \end{pmatrix} = \begin{pmatrix} -8 \\ -2 \\ 4 \\ 2 \\ 2 \end{pmatrix}$$

Nach erneuter Eingabe ist jetzt das GLS lösbar, und der Gauß-Algorithmus liefert folgende "glatten" Werte:

$$x_1 = 0 \quad x_2 = 1 \quad x_3 = -1 \quad x_4 = 4 \quad x_5 = -2$$

Natürlich ist es unzumutbar, jedes Mal vor der Eingabe eines GLS dessen Hauptdiagonalelemente zu sichten und gegebenenfalls die Reihenfolge der Gleichungen "per Hand" zu ändern. Diese Aufgabe muss ein "ordentlicher" Gauß-Algorithmus selbst vornehmen, man nennt so etwas im Fachjargon "Pivotisierung". Dabei wird die Reihenfolge der Gleichungen zu Beginn eines jeden Eliminationsschrittes automatisch neu bestimmt, so dass immer die Gleichung mit dem betragsgrößten Hauptdiagonalelement an die erste Position rückt. Man vermeidet damit nicht nur die gefürchtete Gleitkommadivision durch null, sondern erreicht darüber hinaus auch ein Lösen des GLS mit höchstmöglicher Genauigkeit.

Speicherplatzverschwendung?

Die maximale Anzahl der Unbekannten hatten wir im obigen Programm auf *Nmax = 10* begrenzt. Beide Arrays $\underline{\underline{A}}$ und $\underline{B}$, in denen die Koeffizienten bzw. die Lösung des GLS abgespeichert werden, haben demnach feste Dimensionen. Es ist nicht möglich, größere GLS zu lösen, ohne Quelltextänderungen vornehmen zu müssen (*Nmax*) und erneut zu compilieren. Setzen wir aber von vornherein ein großes *Nmax* an (z. B. *Nmax* = 100), dann bedeutet dies wohl in der Mehrzahl der Fälle eine grandiose Speicherplatzverschwendung (circa 10000 Felder), denn der Bedarf an Speicherplatz wächst etwa quadratisch mit der Anzahl der Unbekannten, und im Regelfall wird nur ein Bruchteil davon benötigt. Als "richtige" Programmierer geben wir uns mit solch einer Situation aber nicht zufrieden, sondern suchen nach einer Möglichkeit, wie wir die Größe der benötigten Arrays dynamisch anpassen können.

Primitive Bedienoberfläche?

Hier müssen wir resigniert beipflichten, denn angesichts des spartanischen Outfits und der mittelalterlichen Dialogführung wäre dieser Vorwurf kaum zu entkräften. Sie sehen im folgenden Abschnitt selbst, dass es unter Windows weitaus attraktivere Möglichkeiten für einen effektiven Benutzerdialog gibt als mittels Input- und MessageBox.

Nicht aufgeben, sondern verbessern!

Die soeben schonungslos und selbstkritisch aufgedeckten Schwachstellen unseres ersten Programms für lineare Gleichungssysteme dürfen Sie keinesfalls zur Resignation verleiten, im Gegenteil: Als zukünftiger Profi müssen Sie all diese Tiefschläge in positive Energie umsetzen und nach eigenständigen Lösungen suchen.

Am Ende dieses Wegs könnte das wesentlich verbesserte und objektorientiert aufgebaute Programm GAUSS2 stehen, welches Sie unter 16.4 im Applikationskapitel finden.

13.4 Nummerische Integration

Zur Beschreibung analoger Systeme im Zeitbereich und deren Simulation durch nummerische Methoden muss die Integration durch eine Summation und die Differentation durch die Bildung des Differenzenquotienten approximiert werden. Dazu bieten sich nachfolgende Möglichkeiten an.

13.4.1 Rechteckapproximation

Die Bezeichnung Rechteckapproximation resultiert aus dem rechteckförmigen Verlauf der Ausgangsgröße. Grundlage dieses Verfahrens ist eine Näherung der Differentation durch einen Differenzenquotienten:

$$\dot{x}_A(t) = \lim_{T_A \to 0} \frac{x_A(t) - x_A(t - T_A)}{T_A} \qquad \text{(Rückwärtsdifferenz)}$$

oder

$$\dot{x}_A(t) = \lim_{T_A \to 0} \frac{x_A(t + T_A) - x_A(t)}{T_A} \qquad \text{(Vorwärtsdifferenz)}$$

Die Bezeichnung Vorwärts-/Rückwärtsdifferenz bezieht sich auf die benötigten Wertepaare. Bei der Rückwärtsdifferenz findet der aktuelle sowie der vorhergehende Wert Verwendung.

Am Beispiel eines Tiefpassgliedes 1.ter Ordnung soll das Erstellen eines mathematischen Algorithmus demonstriert werden.

Ausgangspunkt ist die Differentialgleichung des Übertragungsgliedes:

$$T_1 \cdot \dot{x}_A(t) + x_A(t) = x_E(t) \qquad \text{Gleichung I}$$

mit $$\dot{x}_A(t) = \frac{dx_A(t)}{dt} = \lim_{\Delta t \to 0} \frac{dx_A(t)}{\Delta t}$$

Wird Δt durch T_A ersetzt und die Bedingung $T_A \leq 0{,}1 \cdot T_X$ (T_X kleinste Zeitkonstante der Übertragungsfunktion) eingehalten, lässt sich folgende Vereinfachung nutzen:

$$\dot{x}_A(t) = \frac{x_A(t) - x_A(t - T_A)}{T_A} \qquad \text{Gleichung II}$$

Nach dem Einsetzen von Gleichung II in Gleichung I und der Umformung nach X_A erhält man folgende Beziehung:

$$x_A = \frac{T_A \cdot x_E + T_1 \cdot x_A(t - T_A)}{T_A + T_1} \qquad \text{Gleichung III}$$

Mit dieser Formel lässt sich für alle diskreten Zeitpunkte $n{*}T_A$ der Ausgangswert des Systems bestimmen. Dabei wird immer auf den vorhergehenden Wert zurückgegriffen. Da für diese Art der Simulation keine "negativen Zeiten" existieren, werden die Anfangswerte wie folgt definiert:

$$X_E = 0 \;;\; \text{für } t < 0$$

$$X_A = 0 \;;\; \text{für } t < 0$$

Folgende Grafik zeigt den prinzipiellen Verlauf (in %) des Ausgangssignals X_A in Abhängigkeit von der Zeit:

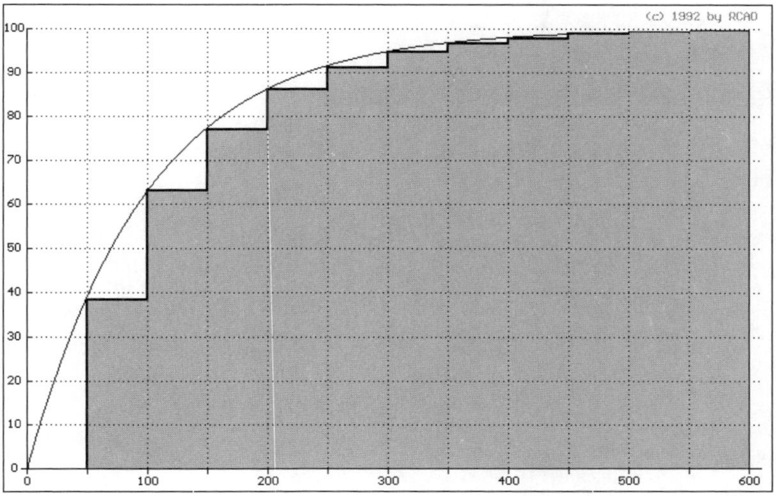

Deutlich erkennbar sind Abweichungen gegenüber dem realen Verhalten, besonders bei starker Änderung der Ausgangsgröße. Eine Verbesserung lässt sich durch eine Verkleinerung der Tastzeit (Schrittweite) erreichen, dem steht jedoch ein erhöhter Rechenaufwand gegenüber.

Ein weiteres Problem ist eine scheinbare Laufzeit (Phasenverschiebung), die zwischen dem Verlauf x(t) und dem Verlauf $\overline{X}$ (mittlerer Verlauf der diskreten Größe) auftritt. Diese "Laufzeit" ist eine Funktion der Tastzeit:

$$T_L = \frac{1}{2} T_A.$$

Die Ursache für dieses "Laufzeitverhalten" ist in der Realisierung mittels Abtast- und Halteglied zu sehen. Bei Stabilitätsuntersuchungen an diskreten Regelkreisen sollte deshalb die Laufzeitwirkung des diskreten Übertragungsgliedes berücksichtigt werden.

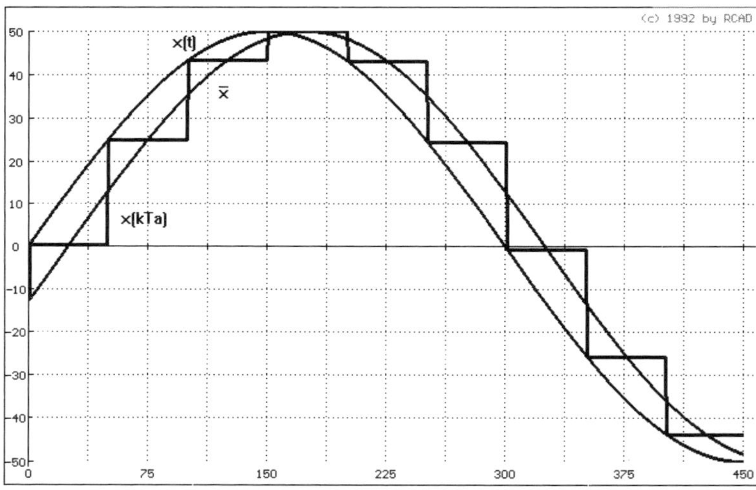

13.4.2 Beispiel zur Rechteckapproximation

Ein RC-Tiefpassglied wird zum Zeitpunkt t = 0 mit einer Sprungfunktion (Gleichspannungsquelle E) beaufschlagt:

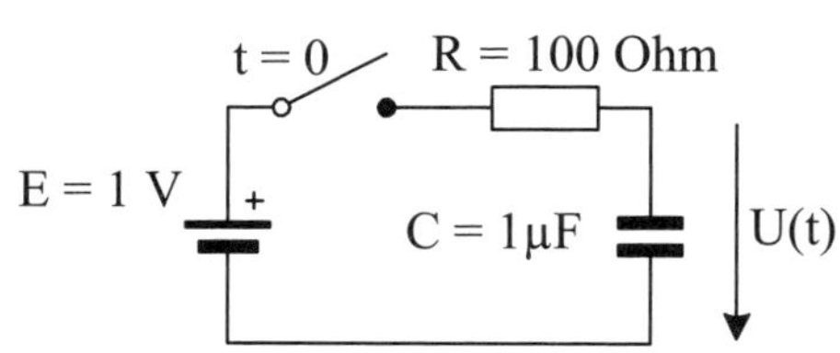

Für die Zeitkonstante des Systems gilt:

$T_X = RC = 100 VA^{-1} 10^{-6} AsV^{-1} = 10^{-4} s = 0.1 ms.$

Für die Tastzeit (im Folgenden als Schrittweite bezeichnet) nimmt man einen etwa um den Faktor 10 kleineren Wert:

$$T_A = 0.1*T_X = 0.01 \text{ ms}$$

Die mit X_E und X_A korrespondierenden physikalischen Größen sind die Eingangsspannung E und die Ausgangsspannung U(t). Da ein Einschwingvorgang erster Ordnung nach etwa dem zehnfachen Wert seiner Zeitkonstante als abgeschlossen betrachtet werden kann, wird als Endzeit angesetzt:

$$T_E = 1 \text{ ms}$$

Programmablaufplan

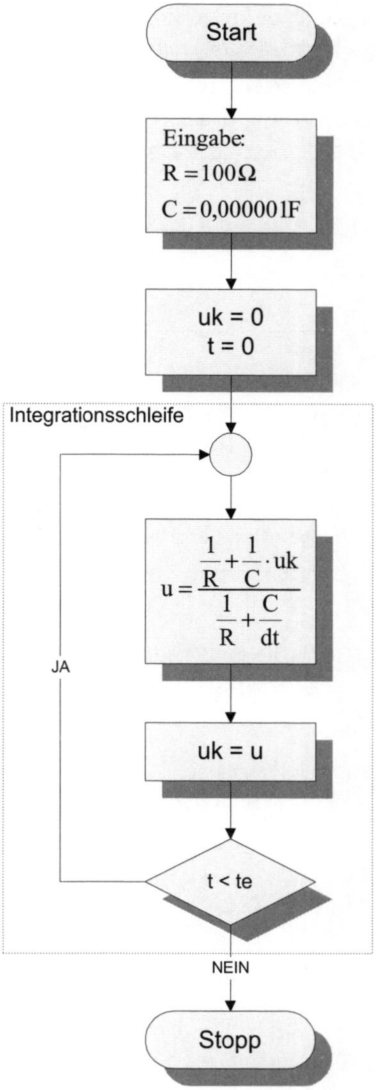

Quellcode

Auf dem Formular befinden sich ein *Button* und ein *StringGrid*.

```
procedure TForm1.Button1Click(Sender: TObject);
var u,uk,t,
    te,dt,R,C : Double;
    z : LongInt;
    s : string;

begin
     R   := 100;          // 100 Ohm
     C   := 0.000001;     // 1 Mikrofarad
     te  := 0.001;        // 1 Millisekunde
     dt  := 0.00001;      // Schrittweite = 0.01 ms
     uk  := 0;              // entspricht Vorgängerwert
     t   := 0;
     z := 1;
     StringGrid1.RowCount := Round(te / dt);
     repeat
           u := (1 / R + C / dt * uk) / (1 / R + C / dt);
           Str(t:10:6,s);
           stringGrid1.Cells[0,z] := s;
           Str(u:6:3,s);
           stringGrid1.Cells[1,z] := s;
           uk := u;             //  Speichern Vorgängerwert
           t := t + dt;         //  Zeitinkrement
           Inc(z)
     until t >= te
end;

procedure TForm1.FormCreate(Sender: TObject);
begin
 stringGrid1.Cells[0,0] := 'Zeit (sek)';
 stringGrid1.Cells[1,0] := ' U (Volt)';
 stringGrid1.ColCount := 2
end;
```

Test

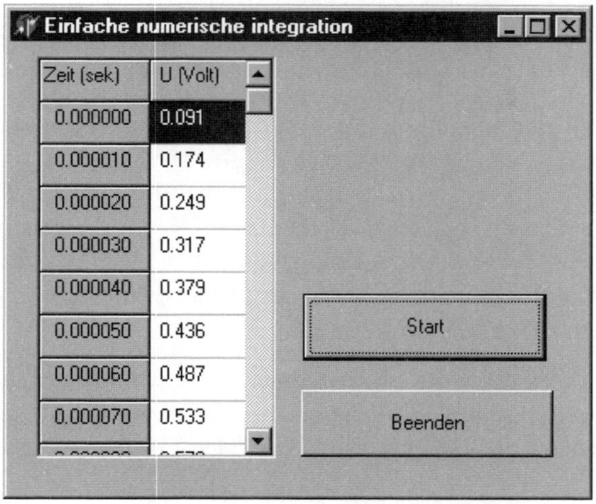

13.4.3 Weitere Integrationsverfahren

Die Rechteckapproximation ist auch als *Implizite Euler'sche Rechteckregel* in der Literatur bekannt. Sie wird durch folgende Eigenschaften charakterisiert:

- hohe nummerische Stabilität (Vorteil)
- hoher Diskretisierungsfehler (Nachteil)

Der Diskretisierungsfehler ist ein Verfahrensfehler, er lässt sich durch eine Erhöhung der Stellenzahl (z.B. durch Verwendung von *Double*- anstelle von *Single*-Zahlen) nicht verringern! Um den Diskretisierungsfehler zu senken, ist eine Verkleinerung der Schrittweite notwendig. Eine automatische Schrittweitensteuerung wird im folgenden Abschnitt beschrieben, die nähere Beleuchtung der Zusammenhänge zwischen nummerischer Stabilität und Diskretisierungsfehler würde allerdings den Rahmen dieses Buches weit sprengen und ist Sache der Spezialliteratur.

Ohne Probleme dürften Eingeweihte nun in der Lage sein, nach dem oben beschriebenen Schema weitere Integrationsverfahren höherer Ordnung, wie z.B. die Trapezregel, auszuprobieren.

Für Interessenten sei noch Folgendes hinzugefügt: Hohe nummerische Stabilitätseigenschaften sind besonders für die Analyse *nichtlinearer* Systeme, wie man sie z.B. bei der Netzwerkanalyse elektrischer Schaltungen antrifft, von ausschlaggebender Bedeutung. Hier versagen selbst solche in der Literatur hochgelobten Integrationsverfahren wie das nach *Runge Kutta*. Trotz des sehr geringen Diskretisierungsfehlers, den dieses Verfahren im stabilen Bereich bringt, kann es bei Anwendung einer automatischen Schrittweitensteuerung "total aus dem Ruder" laufen, wenn – bedingt durch ungünstige Kennlinienverläufe und Zeitkonstanten – der instabile Bereich erreicht wird.

13.4.4 Automatische Schrittweitensteuerung

Wenn der lineare Verlauf einer beliebigen Funktion y = f(x) grafisch dargestellt werden soll, steht man immer vor der Frage: "Wie groß soll der Abstand Δx zwischen den einzelnen Punkten (Schrittweite) denn nun gewählt werden, damit eine realitätsgetreue Grafik entsteht?"

Nimmt man eine sehr kleine Schrittweite Δx, so bedeutet dies im Allgemeinen eine enorme Verschwendung an Rechenzeit, da Pixel mehrfach an die gleiche Stelle gesetzt werden. Eine zu große Schrittweite hingegen ergibt eine ungenaue Darstellung mit diskontinuierlichen Übergängen (Zacken). Hat man es nun mit einer Funktion zu tun, die nur in einem kleinen Teilbereich starken Änderungen unterliegt, so muss man sich zwangsläufig mit der Wahl von Δx an diesem "extremen" Abschnitt orientieren, obwohl für den übrigen Teil der Funktion ein weitaus größerer Abstand zwischen den zu verbindenden Punkten genügen würde.

Ideal wäre es deshalb, wenn in den Bereichen mit starker Kurvenkrümmung Δx klein ist und sich in den Abschnitten mit gleichmäßiger Steigung automatisch so vergrößern würde, dass nach dem Prinzip "so genau wie nötig" auch hier ein hinreichend "glatter" Verlauf gewährleistet ist.

Diesen Wunsch kann eine automatische Schrittweitensteuerung erfüllen, die eigentlich bei keinem anspruchsvolleren Funktionsplot-Programm fehlen sollte. Sie beruht auf dem Vergleich eines Vorhersagewertes (Prädiktor) mit einem Korrekturwert (Korrektor).

Ohne tiefer in dieses interessante Gebiet der nummerischen Mathematik einzudringen, wollen wir uns im Folgenden mit einem *Prädiktor-Korrektor-Verfahren erster Ordnung* begnügen.

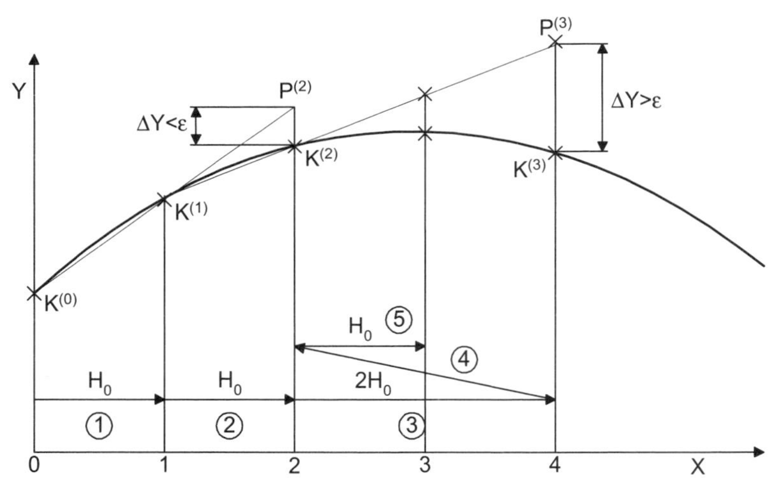

Die ersten beiden Schritte werden mit der Startschrittweite H_0 durchgeführt. Das ist die so genannte Anlaufrechnung. Liegen die beiden Korrektorwerte $K^{(0)}$ und $K^{(1)}$ vor, kann erstmalig ein Prädiktor $P^{(2)}$ ermittelt werden. Entsprechend der expliziten Euler-Formel berechnet er sich aus der Verlängerung der durch $K^{(0)}$ und $K^{(1)}$ führenden Geraden bis zum Punkt $x = 2H_0$. Nach Beendigung des zweiten Schritts ist erstmalig ein Prädiktor-Korrektor-Vergleich möglich.

Dies entspricht der Fragestellung: Wie groß ist die Abweichung des vorhergesagten Wertes vom tatsächlich ermittelten Ergebnis? Dazu bildet man den Differenzbetrag beider Werte

$$\Delta Y = |P^{(2)} - K^{(2)}|$$

und vergleicht ihn mit der vorgegebenen Fehlerschranke ε.

Im Fallbeispiel nach obiger Abbildung liegt ΔY unterhalb ε, die Schrittweite H kann deshalb auf das Doppelte der Startschrittweite vergrößert werden. Wie aber der Prädiktor-Korrektor-Vergleich $P^{(3)} - K^{(3)}$ zeigt, war dies eine voreilige Entscheidung, und die Automatik muss den Schritt zurücknehmen und mit der alten Schrittweite H_0 wiederholen. Allgemein wird in Abhängigkeit vom Vergleichsergebnis zwischen drei Fällen unterschieden:

- $\Delta Y < 0.5\,\varepsilon$
  H kann verdoppelt werden, der neue Prädiktor ist $P^{(n+1)} = 3K^{(n)} - 2K^{(n-1)}$
- $\Delta Y > \varepsilon$
  Der Schritt muss mit halbierter Schrittweite wiederholt werden.
  Der alte Prädiktor ist auf die Hälfte zu kürzen: $P^{(n+1)} = (P^{(n)} + K^{(n-1)})/2$
- $0.5\,\varepsilon < \Delta Y < \varepsilon$
  H wird beibehalten. Der neue Prädiktor ist $P^{(n+1)} = 2K^{(n)} - K^{(n-1)}$.
  Durch diese Bedingung schafft man einen gewissen "Toleranzschlauch", durch den vermieden wird, dass sich H nach jedem Schritt ändert. Bei hinreichend konstanter Krümmung der Funktion kann deshalb über ein längeres Intervall die gleiche Schrittweite benutzt werden.

Grenzbedingungen

Die Schrittweite H darf sich nur zwischen den vom Anwender zu definierenden Grenzen Hmin und Hmax verändern.

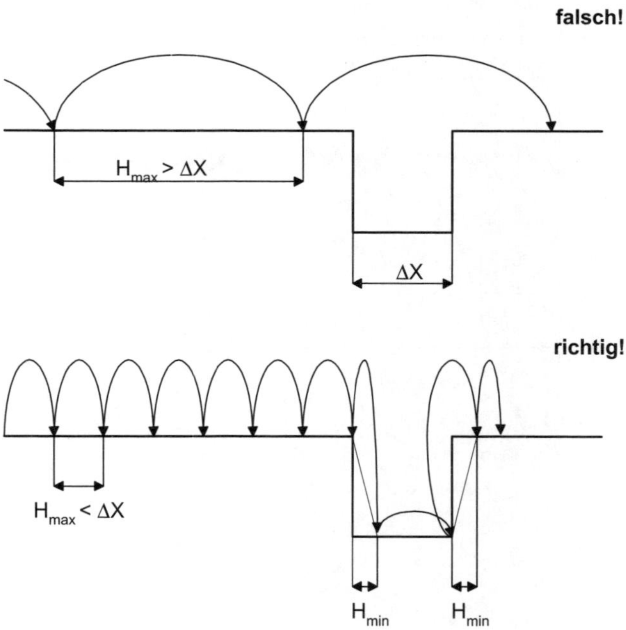

Für die Festlegung von Hmin und Hmax gelten folgende Gesichtspunkte:

- Um ein "Aussteigen" der Schrittautomatik bei sprunghaften Änderungen des Funktionswerts zu vermeiden, muss bei Erreichen von Hmin auf ein weiteres Halbieren von H verzichtet werden. Trotz der dadurch bewirkten Verletzung der Fehlerschranke ε ist mit dem nächsten Schritt fortzufahren. Praktisch bedeutet dies eine Approximation (Annäherung) des unendlich steilen Anstiegs durch eine Rampe (gestrichelte Linie in folgender Abbildung, unten).
- Hmax sollte nicht größer gewählt werden wie der größte zu erwartende "Einbruch" ΔX im Funktionsverlauf. Andernfalls kann es passieren, dass ein solches "Loch" einfach nicht erfasst und ein glatter Verlauf vorgetäuscht wird (siehe folgende Abbildung, oben).

Die praktische Umsetzung des Verfahrens nebst ausgiebigen Experimentiermöglichkeiten zur Thematik "Schrittweitensteuerung" finden Sie im Praxisteil dieses Kapitels ("Nummerische Integration").

13.4.5 Beispiel

Am Beispiel für die Sprungantwort eines RC-Tiefpassgliedes können Sie ein einfaches Integrationsverfahren erster Ordnung (Euler'sche Rechteckregel) testen. Gewissermaßen als Clou bietet sich die Möglichkeit, die Integration mit oder ohne automatische Schrittweitensteuerung durchzuführen.

Oberfläche

Orientieren Sie sich an der folgenden Abbildung. Das Schaltbild wurde als Bitmap-Grafik eingefügt und dient lediglich der Illustration.

In der *PaintBox* (dort, wo jetzt noch gähnende Leere klafft) werden zur Laufzeit das Koordinatensystem und natürlich auch die Kurve erzeugt. Auf eine Skalenbemaßung wurde verzichtet, um den Quelltext nicht unnötig aufzublähen. Eine "Nachrüstung" dürfte jedoch keine großen Schwierigkeiten bereiten.

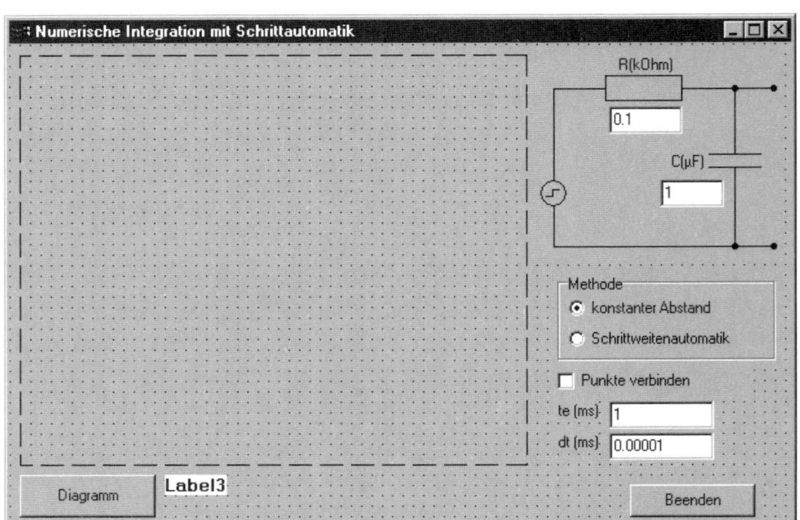

Quelltext

Die Initialisierungen:

```
procedure TForm1.FormCreate(Sender: TObject);
begin
 x1 := 0; y1 := Paintbox1.ClientHeight;
 x2 := Paintbox1.ClientWidth; y2 := 0;
 te := Val(edit3.text) / 1000; sx := (x2 - x1) / te;  sy := (y1 - y2) / 1;
end;
```

Wird *Button1* (links) betätigt, sollen die Zeichenfläche gelöscht, die Grundparameter bestimmt und das Funktionsdiagramm ausgegeben werden:

```
procedure TForm1.Button1Click(Sender: TObject);
var t1 : LongInt;
begin
   Paintbox1.Refresh;
   Paintbox1.Canvas.pen.color := clBlack;
   Paintbox1.Canvas.MoveTo(0,0);
   Paintbox1.Canvas.LineTo(0,Paintbox1.ClientHeight-1);
   Paintbox1.Canvas.LineTo(Paintbox1.ClientWidth,Paintbox1.ClientHeight-1);
   te := Val(Edit3.Text) / 1000;   dt := Val(Edit4.Text) / 1000;
   R  := Val(Edit1.Text) * 1000;   C  := Val(Edit2.Text) * 0.000001;
   sx := (x2 - x1) / te        ; sy := (y1 - y2) / 1;
   t1 := getTickCount; drawCurve;
   Label3.Caption := 'benötigte Zeit: ' + IntToStr(getTickCount-t1) + ' ms'
end;
```

Die benötigte Zeit (in ms) bestimmen wir über die *GetTickCount*-Funktion.

Es folgt die eigentliche Berechnung nebst grafischer Darstellung.

```
procedure drawCurve;  // Eintragen der Zeitfunktion
  // benötigte globale Parameter :
  //  te = Endzeit
  //  sx,sy = Anzeigeempfindlichkeit in x- und y-Richtung
  //  dt = Startschrittweite
var x,y   : Single;
    sz    : Integer;   // Schrittzähler
    t     : Single;    // lfd. Zeit
    sa    : Boolean;
    e,dtma,dtmi : Single;  // Parameter für SW-Automatik
    up    : Single;        // Prädiktor
    u,uk  : Single;        // aktueller u. gespeicherter Korrektor
```

```
   du    : Single;          // Prädiktor-Korrektor-Differenz
label ma1,ma2,ma3,ma4,ma5;
begin
// Parameter für Schrittautomatik initialisieren :
if Form1.RadioGroup1.ItemIndex = 0 then sa := False else sa := True;
if sa then
   Form1.Paintbox1.Canvas.Pen.Color:= clRed
else
   Form1.Paintbox1.Canvas.Pen.Color:= clBlack;
e := 0.0001;          // Fehlerschranke = 1/1000 U-Einheit
dtma := 100 * dt;     // maximale SW
dtmi := 0.01 * dt;    // minimale SW
ma1:                  // Zeitschleife initialisieren:
 sz := 0; t  := 0; uk := 0; up := 0;
ma2:                  // Einsprung Zeitschleife
// Berechnen x- und y-Koordinate als Funktion der Zeit:
u := (1 / R + C / dt * uk) / (1 / R + C / dt);  // RC-Tiefpass
inc(sz);                   // Schrittzähler erhöhen
if Not sa then Goto ma4;   // ohne SW-Automatik sofort zur Ausgabe
if sz = 1 then Goto ma4;   // ersten Punkt sofort ausgeben
if sz = 2 then Goto ma3;   // erstmals Prädiktor berechnen
du := Abs(up - u);         // Prädiktor-Korrektor-Differenz
if du > e then begin       // Verletzung der Fehlerschranke
   if (dt / 2) < dtmi then Goto ma3;  // konstante SW
   t  := t - dt;              // Schritt zurücknehmen
   dt := dt / 2;              // SW halbieren
   if sz = 3 then begin       // zu große Startschrittweite
      form1.paintbox1.Refresh;
      Goto ma1;               // zurück zum Anfang
   end;
   up := (up + uk) / 2;       // Prädiktor kürzen
   Goto ma5;                  // ohne Ausgabe zum nächsten Schritt
end;
if (du > 0.5 * e) Or (2 * dt > dtma) then Goto ma3;  // weiter mit konst. SW
dt := 2 * dt;                 // SW verdoppeln
up := 3 * u - 2 * uk;         // neuer Prädiktor
ma4:
uk := u;                      // Korrektor speichern
X  := x1 + sx * t; Y := y2 + sy * u;      // Umrechnung in Grafikkoordinaten
```

```
if sz = 1 then
  Form1.Paintbox1.Canvas.MoveTo(Round(X)*10,Form1.Paintbox1.ClientHeight - Round(Y));
  with Form1.Paintbox1 do begin
     if Form1.Checkbox1.Checked then
        Canvas.LineTo(Round(X),ClientHeight-Round(Y))
                                    else      // Linie/Punkt auf x,y ausgeben
        Canvas.Pixels[Round(X),ClientHeight-Round(y)]:=
                                           Form1.Paintbox1.Canvas.Pen.Color;
  end;
if t >= te then begin
   MessageBeep(0); Exit;
end;
ma5:
t := t + dt;                         // Zeit inkrementieren
Goto ma2;                            // Schleife
ma3:
up := 2 * u - uk;                    // neuer Prädiktor (konstante SW)
Goto ma4;
end;
```

Lassen Sie sich von den "bösen" *Goto*-Anweisungen nicht abschrecken – der Zweck heiligt die Mittel, und die Programmierung hat sich dadurch erheblich vereinfacht!

Test

Nach Programmstart betätigen Sie die "Diagramm"-Taste, welche gleichzeitig eine Löschfunktion erfüllt.

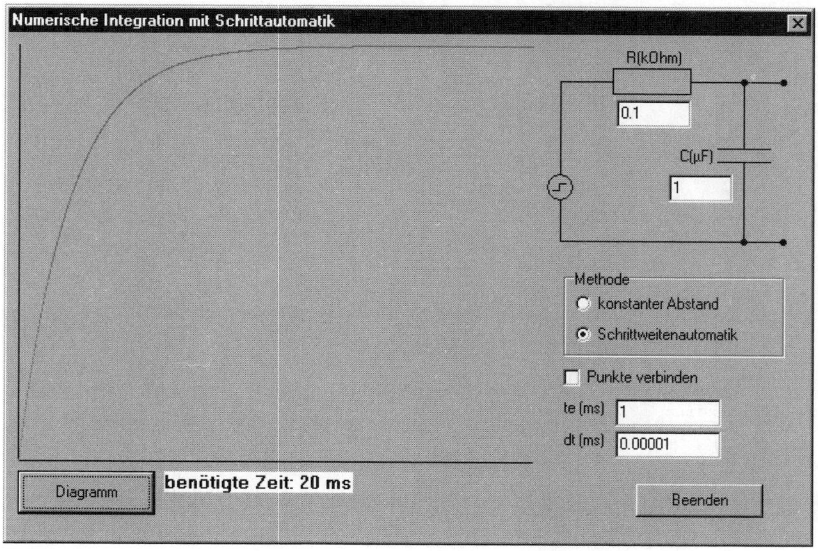

Besonders drastisch wirkt sich der Vorteil der Schrittautomatik bei Vergrößerung von *dt* aus. Die Automatik schaltet automatisch die Startschrittweite zurück, bis die Fehlerschranke unterboten ist.

Wenn Sie den Schrittzähler (*sz*) am Ende anzeigen, erhalten Sie einen eindrucksvollen Beweis vom Geschwindigkeits- und Genauigkeitsvorzug der Schrittweitenautomatik.

Experimentieren Sie mit den Werten für Fehlerschranke sowie für maximale und minimale Schrittweite (*e, dtma, dtmi*), und erkunden Sie die Auswirkungen auf Geschwindigkeit und Genauigkeit der nummerischen Integration!

13.5 Berechnungen in Tabellen

Typisch für relationale Datenbanken ist, dass in bestimmten Tabellen *Fremdschlüssel* enthalten sind, die auf die *Primärschlüssel* anderer Tabellen verweisen, in welchen dann die so genannten *Detaildaten* gespeichert sind. Das Verknüpfen von Tabellen gehört deshalb zum A und O des Delphi-Programmierers. Aber auch ohne SQL-Kenntnisse bietet Ihnen Delphi dafür eine schon fast verwirrende Anzahl von Möglichkeiten. Ein bemerkenswertes Feature ist z.B. das Hinzufügen so genannter *berechneter Felder*. Das vorliegende "hochwissenschaftliche" Anwendungsbeispiel beleuchtet das dafür notwendige Handwerkszeug, zu dem auch noch der Umgang mit Lookup-Komponenten und Lookup-Feldern gehört.

Gegenstand ist eine durchaus interessante praktische Problemstellung: In einer Datenbank sollen Fahrten von einem Ort zu einem anderen gespeichert werden. Dabei soll die Entfernung zwischen beiden Orten angezeigt und alle inzwischen angefallenen Fahrtenkilometer aufsummiert werden. Wie man leicht sieht, handelt es sich hier um die Basisvariante eines sehr einfachen Fahrtenbuches.

13.5.1 Datenbank erstellen

Die Datenbankstruktur können Sie am einfachsten mit Paradox oder mit dem zu Delphi mitgelieferten Programm "Datenbankoberfläche" erstellen. Unsere Datenbank besteht aus nur zwei Tabellen:

Fahrten.db

Feldname	**Typ**
Nr	Zähler (+)
Start	Integer lang (I)
Ziel	Integer lang (I)

Orte.db

Feldname	**Typ**
Nr	Zähler (+)
Ort	Alpha (A)
Xkm	Integer lang (I)
Ykm	Integer lang (I)

Die beiden Fremdschlüssel *Start* und *Ziel* von *Fahrten.db* verweisen auf den Primärschlüssel *Nr* von *Orte.db*, diese Tabelle enthält die Detaildatensätze.

Damit die Orte unabhängig von der Eingabereihenfolge immer alphabetisch geordnet erscheinen, erhält das Feld *Ort* einen Sekundärindex. Wie dabei vorzugehen ist, erfahren Sie im Praxisteil des Kapitels 9, "Definieren von Alias und Sekundärindizes".

Für die Kilometerangaben *Xkm* und *Ykm* genügen Integerzahlen. Beide Felder bezeichnen die Entfernung von einem festen Standort (die Heimatgarage des Fahrzeugs) zu dem jeweiligen Ort in

West-Ost-Richtung (*Xkm*) und in Süd-Nord-Richtung (*Ykm*). In der folgenden Abbildung ist die Stadt Altenburg der feste Standort (Koordinatenursprung).

Bevor Sie mit dem Datenbankentwurf beginnen, legen Sie ein neues Verzeichnis an, in welches Sie dann später beide Tabellen abspeichern. Weisen Sie diesem Verzeichnis einen Alias (z.B. *Fahrtenbuch*) zu.

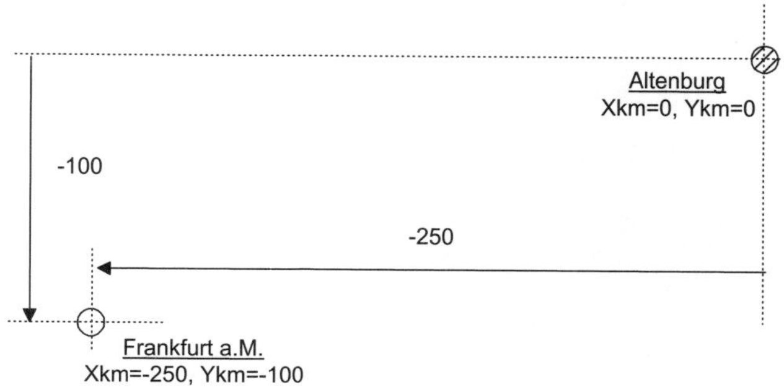

13.5.2 Bedienoberfläche

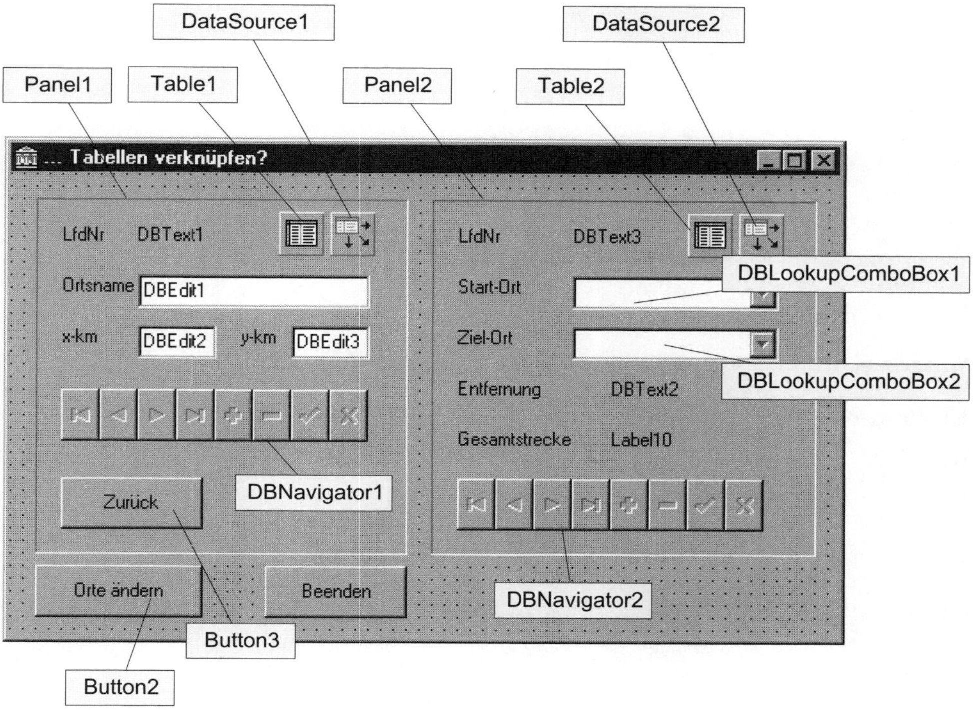

Wir bringen die Eingabemasken für beide Tabellen auf einem gemeinsamen Formular unter. Wie Sie sehen, sind die Komponenten auf zwei exakt gleich großen Panels gruppiert. Das hat seinen praktischen Grund: Später (vor dem endgültigen Compilieren) wollen wir beide Panels übereinander schieben, durch Ändern der *Visible*-Eigenschaft (zur Laufzeit) bringen wir dann das jeweils gewünschte Panel in den Vordergrund.

13.5.3 Anbinden der datensensitiven Komponenten

Das Prinzip der *Bounded-Controls* wird in 9.1.5 ("Komponenten für Datenzugriff und Datensteuerung") ausführlich erklärt, einen Einstieg vermittelt das Einführungsbeispiel 9.2.

Tabelle Orte.db

Weisen Sie im Objektinspektor die Eigenschaften in folgender Reihenfolge zu:

Komponente	Eigenschaft	Wert	Bemerkung
Table1	*DatabaseName*	*Fahrtenbuch*	entsprechend Alias
	TableName	*Orte.db*	Name der Tabelle
	Active	*True*	stellt Verbindung zur Datenbank her
DataSource1	*DataSet*	*Table1*	Tabelle *Orte.db*
DBNavigator1	*DataSource*	*DataSource1*	navigiert durch die Tabelle
DBText1	*DataSource*	*DataSource1*	Datensatznummer anzeigen (ReadOnly)
	DataField	*Nr*	
DBEdit1	*DataSource*	*DataSource1*	Ort anzeigen
	DataField	*Ort*	
DBEdit2	*DataSource*	*DataSource1*	*Xkm* anzeigen
	DataField	*Xkm*	
DBEdit3	*DataSource*	*DataSource1*	*Ykm* anzeigen
	DataField	*Ykm*	

Tabelle Fahrten.db

Weisen Sie im Objektinspektor die Eigenschaften in folgender Reihenfolge zu:

Komponente	Eigenschaft	Wert	Bemerkung
Table2	*DatabaseName*	*Fahrtenbuch*	entsprechend Alias
	TableName	*Fahrten.db*	Name der Tabelle
	Active	*True*	stellt Verbindung zur Datenbank her
DataSource2	*DataSet*	*Table2*	Tabelle *Fahrten.db*
DBNavigator2	*DataSource*	*DataSource2*	navigiert durch die Tabelle
DBText3	*DataSource*	*DataSource2*	Datensatznummer anzeigen (ReadOnly)
	DataField	*Nr*	
DBText2	*DataSource*	*DataSource2*	berechnetes Feld *Entfernung* anzeigen
	DataField	*Entfernung*	(später ergänzen, s.u.!)
DBLookupCombo-	*DataSource*	*DataSource2*	primäre Datenquelle

Komponente	Eigenschaft	Wert	Bemerkung
Box1	*DataField*	*Start*	Fremdschlüssel zur Detaildatenquelle
	ListSource	*DataSource1*	Datenquelle der Detailtabelle
	KeyField	*Nr*	Primärschlüssel der Detailtabelle
	ListField	*Ort*	anzuzeigendes Detailfeld
DBLookupCombo-Box2	*DataSource*	*DataSource2*	siehe *DBLookupComboBox1*
	DataField	*Ziel*	
	ListSource	*DataSource1*	
	KeyField	*Nr*	
	ListField	*Ort*	

Test 1

Es empfiehlt sich eine schrittweise Inbetriebnahme des Programms in drei Etappen. Zunächst testen wir die Funktionsfähigkeit unter Verzicht auf die Anzeige von Entfernung und Gesamtstrecke. Bevor Sie mit dem Eintragen von Fahrten beginnen, sollten Sie einige Datensätze in die Tabelle *Orte.db* eingeben.

Hinzufügen von vier Lookup-Feldern zur Tabelle Fahrten.db

Wie können wir beim Scrollen durch *Fahrten.db* (*Table2*) die Entfernung zwischen den beiden Orten anzeigen? Um diese Aufgabe zu lösen, brauchen wir zunächst die Werte der Felder *Xkm* und *Ykm* von Start- und Zielort, diese allerdings sind in *Table1* gespeichert. Um den Zugriff zu ermöglichen, müssen so genannte persistente Feldobjekte zu *Table2* hinzugefügt werden, die dann über ihre Fremdschlüssel mit *Table1* verknüpft werden.

1. Doppelklicken Sie auf *Table2*, es öffnet sich ein kleines Fenster, der so genannte Feldeditor.
2. Klicken Sie mit der rechten Maustaste hinein, wählen Sie im Kontextmenü den Eintrag *Felder hinzufügen* und klicken Sie den OK-Button. Im Feldeditor erscheinen jetzt alle Tabellenfelder aus
Fahrten.db:

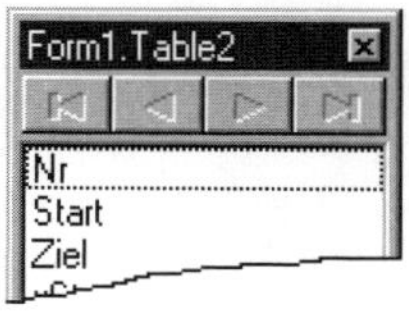

Im Objektinspektor können Sie nun die Eigenschaften und Ereignisse dieser persistenten Feldobjekte mit den Namen *Table2Nr*, *Table2Start* und *Table2Ziel* begutachten.

3. Klicken Sie wieder mit der rechten Maustaste auf den Feldeditor und wählen Sie im Kontextmenü den Eintrag *Neues Feld*. Nehmen Sie in dem sich öffnenden Dialogfenster die folgenden Eintragungen vor (Reihenfolge von links oben nach rechts unten):

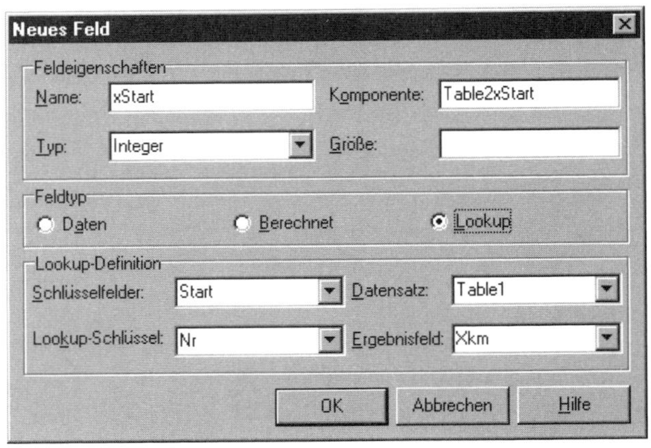

4. Nach dem OK sehen Sie, dass der Feldeditor Zuwachs bekommen hat. Die Eigenschaften des Neuankömmlings können Sie sich im Objektinspektor betrachten und falls erforderlich auch dort editieren. Die folgende Abbildung weist speziell auf die Lookup-Eigenschaften hin. Die zur Erklärung hinzugefügten Bezeichner entsprechen denen im obigen Dialogfenster "Neues Feld".

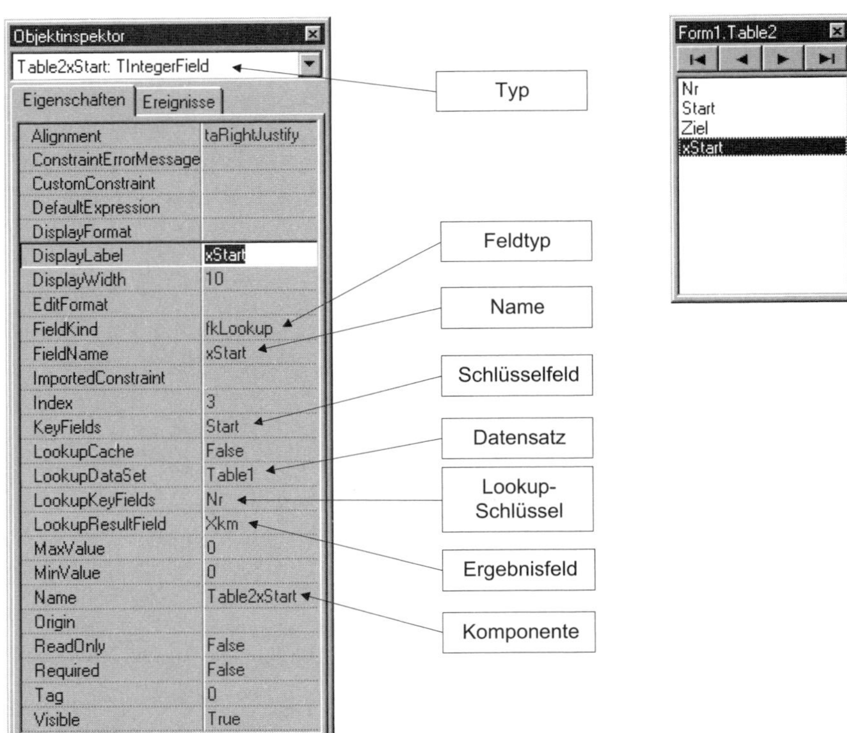

5. Fügen Sie nun auf die gleiche Weise die Lookup-Felder *yStart*, *xZiel* und *yZiel* hinzu. Schließlich beinhaltet unser *Table2*-Objekt insgesamt sieben persistente Feldobjekte, von denen vier Lookup-Felder sind:

Table2	
Feldobjekt	**Typ**
Table2Nr	TInteger
Table2Start	TInteger
Table2Ziel	TInteger
Table2xStart	**TInteger**
Table2yStart	**TInteger**
Table2xZiel	**TInteger**
Table2yZiel	**TInteger**
Table2Entfernung	**TInteger**

Die persistenten Feldobjekte (in obiger Zusammenstellung fettgedruckt) sind in der realen Tabelle *Fahrten.db* nicht enthalten, sie werden von Delphi hinzugefügt und verschwinden demzufolge nach der Beendigung des Programms wieder.

Halt, da ist ja in obiger Zusammenstellung noch ein weiteres persistentes Feldobjekt enthalten: *Table2Entfernung*! Näheres dazu im folgenden Abschnitt.

Hinzufügen eines berechneten Feldes zur Tabelle Fahrten.db

Die Entfernung (Luftlinie) zwischen Start und Ziel ergibt sich nach dem Lehrsatz des Pythagoras wie folgt:

$$\texttt{entfernung := Sqrt(dx}^2\texttt{ + dy}^2\texttt{)}$$

Dabei sind *dx* und *dy* die Koordinatendifferenzen zwischen Start- und Zielort:

```
dx := xZiel - xStart
dy := yZiel - yStart
```

Um die Entfernung für jeden Datensatz zu speichern, muss ein weiteres persistentes Feldobjekt zu *Table2* hinzugefügt werden. Die Vorgehensweise entspricht der beim Hinzufügen von Lookup-Feldern, nur dass Sie diesmal als Feldtyp die Option "Berechnet" einstellen:

Lookup-Definitionen entfallen hier, denn die Werte berechneter Felder werden meist im *OnCalc-Fields*-Event des jeweiligen *Table*-Objekts ermittelt. Schreiben Sie also bitte den folgenden Event-Handler:

```
procedure TForm1.Table2CalcFields(DataSet: TDataSet);
var dx,dy: Single;
begin
 dx := Table2xStart.Value-Table2xZiel.Value;
 dy := Table2yStart.Value-Table2yZiel.Value;
 Table2Entfernung.Value := Trunc(Sqrt(dx*dx + dy*dy))
end;
```

Test 2

Vergessen Sie vor dem Programmstart nicht, die Anzeigekomponente *DBText2* an das berechnete Feld *Entfernung* anzubinden: *DataSource* = *DataSource2*, *DataField* = *Entfernung*.

Nun können Sie sich durch die Fahrteneinträge klicken und dabei gleichzeitig die Entfernungsanzeige beobachten.

Berechnen der Gesamtstrecke

Um die Gesamtstrecke zu ermitteln, müssen die Felder *Entfernung* aus allen Datensätzen von *Table2* addiert werden. Das Resultat ist ein ganz normaler Wert (also kein berechnetes Datenbankfeld) und braucht demzufolge auch in keiner *DBText*-Komponente angezeigt zu werden, ein Label (*Label10*) genügt.

Für das Berechnen der Gesamtstrecke fügen wir der Klassendeklaration von *TForm1* eine neue Methode hinzu:

```
type
  TForm1 = class(TForm)
  ...
  private
    function berechneSumme: String;      //  neue (private) Methode hinzugefügt
  ...
```

Nun zum *Implementation*-Abschnitt von *TForm1*:

Da beim Berechnen der Gesamtsumme alle Datensätze der Tabelle *Fahrten.db* durchlaufen werden, müssen wir uns vorher die aktuelle Position des Datensatzzeigers merken, um uns nach Abschluss der Berechnung wieder an die gleiche Stelle zurückzubewegen:

```
var pos: TBookmark;                    // Lesezeichen
```

Die Implementation unserer neu hinzugefügten Formularmethode:

```
function TForm1.berechneSumme;
var sum: Integer;
begin
 sum := 0;
```

```
 with Table2 do begin
  pos := GetBookmark;            // Lesezeichen setzen
  DisableControls;               // Komponenten von Table2 abkoppeln
  First;
  while not EOF do begin
   sum := sum + Table2Entfernung.Value;
   Next
  end;
  GotoBookmark(pos);             // Zurücksetzen auf Lesezeichen
  EnableControls                 // Komponenten wieder an Table2 ankoppeln
 end;
 result := IntToStr(sum)        // Ergebnis wird als Zeichenkette geliefert
end;
```

Um das zeitfressende "Mitwandern" der DB-Komponenten während des Durchlaufens der Tabelle zu verhindern, wurden die Methoden *DisableControls* und *EnableControl* eingesetzt.

Das Berechnen der Gesamtstrecke im *OnCalcField*-Event ist nicht zu empfehlen, da durch die häufigen Aufrufe die Geschwindigkeit enorm leiden würde, warum? *OnCalcEvent* wird z.B. auch beim ganz normalen Weiterbewegen zum nächsten Datensatz ausgelöst, die Gesamtstrecke bleibt aber unverändert. Besser ist es, die Ereignisse *OnCreate*, *AfterPost* und *AfterDelete* zu verwenden, die lediglich beim Programmstart und Verändern, Hinzufügen bzw. Löschen von Datensätzen auftreten, also nur dann, wenn sich die Gesamtstrecke tatsächlich geändert hat:

```
procedure TForm1.FormCreate(Sender: TObject);              // bei Programmstart
begin  Label10.Caption := berechneSumme  end;

procedure TForm1.Table2AfterPost(DataSet: TDataSet);      // nach Abspeichern
begin  Label10.Caption := berechneSumme  end;

procedure TForm1.Table2AfterDelete(DataSet: TDataSet);  // nach Löschen
begin
  Label10.Caption := berechneSumme
end;
```

Die folgenden Prozeduren sind rein kosmetischer Natur, sie dienen lediglich dem Ein- bzw. Ausblenden von *Panel2*:

```
procedure TForm1.Button2Click(Sender: TObject);  // Orte editieren
begin
  Panel2.Visible := False
end;

procedure TForm1.Button3Click(Sender: TObject);  // Zurück zur Fahrten-Eingabe
begin
```

```
  Panel2.Visible:=True
end;
```

Test 3

Bevor Sie das Projekt endgültig compilieren: Übereinanderschieben von *Panel2* auf *Panel1* und Verkleinern von *Form1* (*BorderStyle=bsSingle*).

Sie werden mit Freude feststellen, dass diese kleine Applikation nun endlich zufrieden stellend funktioniert und dabei ganz ohne SQL auskommt. Die Anzeige der Gesamtstrecke wird erst dann aktualisiert, wenn der neue bzw. geänderte Datensatz tatsächlich in *Fahrten.db* abgespeichert wird oder nachdem ein Datensatz gelöscht wurde.

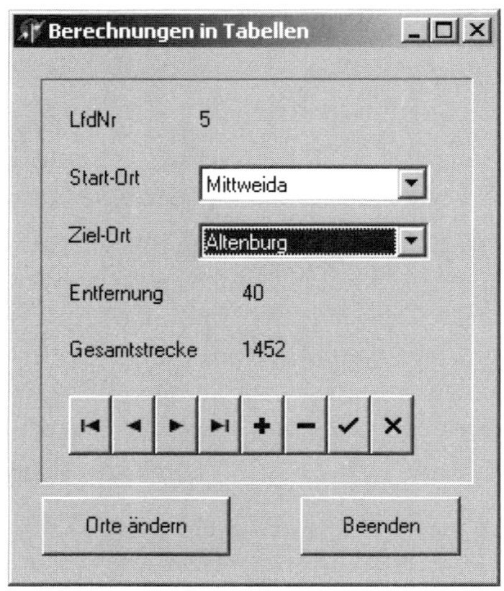

Löschen Sie eine Fahrt, so verschwindet auch deren Primärschlüssel (*Nr*) auf Nimmerwiedersehen. Wundern Sie sich also später nicht, wenn die laufende Nummernfolge der Fahrten Lücken aufweist. Analoges gilt auch für die Orte, wobei deren Durchnummerierung sowieso durch die alphabetische Sortierfolge außer Kraft gesetzt ist.

Bemerkungen

- Der Einsteiger sollte sich an folgende Bedienroutinen beim Editieren von Datenzugriffskomponenten gewöhnen:
  Einmal auf *Table*-Objekt klicken: Eigenschaften des *Table*-Objekts werden im Objektinspektor angezeigt.
  Doppelt auf *Table*-Objekt klicken: Feldeditor wird aufgerufen, und die Eigenschaften des dort angeklickten persistenten Feldobjekts werden im Objektinspektor angezeigt.
- *AutoCalc = False* für *Table2* erhöht die Geschwindigkeit, da die Berechnung weniger oft erfolgt (siehe Online-Hilfe).
- Anstatt beider *Panel*s können Sie auch ein *TabControl* verwenden.

- Wenn Sie später die Datenbank umstrukturieren und neue Felder zu einer Tabelle hinzufügen, die mit persistenten Feldobjekten arbeitet, so müssen Sie unter Delphi diese neuen Felder ebenfalls als persistente Feldobjekte hinzufügen, ansonsten stehen sie nicht zur Verfügung.
- Persistente Felder lassen sich nicht über SQL abfragen.
- Um die realen Straßenkilometer annähernd zu bestimmen, sollten Sie etwa 30 % zur Luftlinie hinzuschlagen.
- Eine Möglichkeit, die Koordinateneinträge für die Orte zu vereinfachen, wäre eine Landkarten-Bitmap, wo die Orte mit der Maus nur angeklickt zu werden brauchen.

13.6 Lernbeispiele für Einsteiger

13.6.1 Mit physikalischen Maßeinheiten formatieren

Auswahl und Umrechnen von physikalischen Maßeinheiten ist höchst lästig und eine häufige Fehlerquelle. Dabei ist es egal, ob Sie mit Papier und Bleistift oder mit einem normalen Taschenrechner hantieren. Wie viel Liter Wasser passen beispielsweise in einen kugelförmigen Behälter mit 0,85 m Durchmesser oder wievielmal ist die Erdoberfläche größer als die des Mondes?

Die Lösung für solche oder ähnliche Fragen finden Sie im vorliegenden Rezept. Es zeigt einen Weg, wie die zu einer Zahl passende Maßeinheit automatisch ermittelt werden kann, und bietet außerdem wichtige Hinweise für die Verwendung der *Format*-Funktion.

Oberfläche

Wie Sie der Abbildung am Ende des Beispiels entnehmen können, brauchen Sie im Wesentlichen eine Textbox (*Edit1*) für die Eingabe des Kugel-Radius, eine Schaltfläche (*Button1*) für das Auslösen der Berechnung sowie ein Anzeigefeld (*Label1*).

Quelltext

Auch hier beziehen wir uns nur auf den interessanten Teil der Formular-Unit, auf den *Implementation*-Abschnitt:

```
var fk: Double;     // Maßstabsfaktor
    me: String;     // Maßstabseinheit
    wert: Double;
    code: Integer;
```

Die folgende Prozedur sucht, in Abhängigkeit von der Größe des Radius, eine geeignete Maßeinheit sowie den entsprechenden Umrechnungsfaktor aus:

```
procedure setRadius(radius: Double);       // Faktor und Maßeinheit bestimmen
begin
 if radius >= 500 then  begin              // für Himmelskörper etc.
  fk := 0.001; me := 'Kilometer'
```

```
 end else if radius >= 0.5 then begin
  fk := 1; me := 'Meter'
 end else if radius >= 0.005 then begin  // für alle möglichen Bälle
  fk := 100;
  me := 'Zentimeter'
 end else if radius >= 0.0005 then begin
  fk := 1000;
  me := 'Millimeter'
 end else if radius >= 5e-7 then begin    // für Staubkörnchen
  fk := 1e6;
  me := 'Mikrometer'
 end else
  ShowMessage('zu klein!!!')
end;
```

Der Button "Berechnen":

```
procedure TForm1.Button1Click(Sender: TObject);
var fstr: String;

begin
 Val(Edit1.Text, wert, code);
 setRadius(wert);
 wert := wert * fk;
```

Der im Label angezeigte Formatstring wird stückweise aus drei Bestandteilen zusammengesetzt:

```
 fstr := Format('Der Radius beträgt %.3f '+ me + '!' + #13,[wert]);
 wert := wert * wert;
 fstr := fstr + Format('Die Oberfläche beträgt %.2n Quadrat-'+ me + '!' +
                                                #13,[4 * Pi * wert]);
 wert := wert * wert * wert;
 fstr := fstr + Format('Das Volumen beträgt %.3n Kubik-'+ me +'!'+
                                                #13,[4/3 * Pi * wert]);
 Label1.Caption := fstr                // Anzeige
end;
```

Beachten Sie, dass im Open-Array[] des Formatierungsstrings gerechnet wird!

Test

Grundsätzlich ist der Radius in der Maßeinheit "Meter" einzugeben. Das folgende Berechnungsbeispiel analysiert einen alten Bekannten, den Mond:

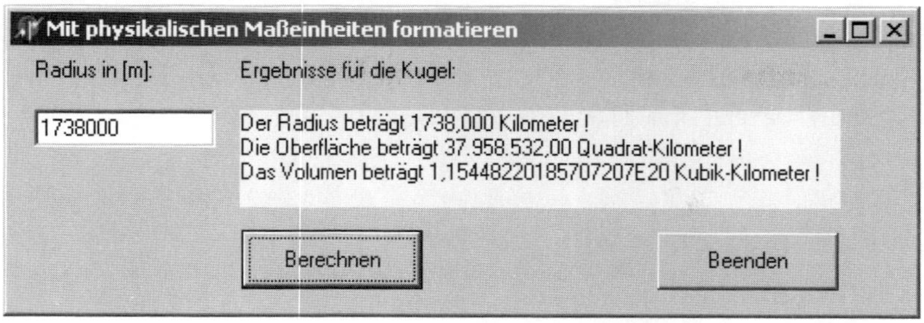

Experimentieren Sie auch einmal mit kleinen Staubkörnchen, benutzen Sie dazu für die Eingabe das wissenschaftliche Format, z.B. 6.365e-6 m.

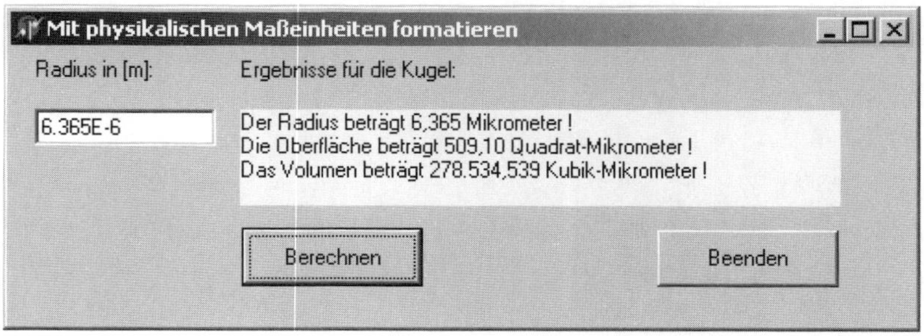

Bemerkungen

- Der Zeilenumbruch im Label wird durch Einfügen von #13 in den Formatstring erzeugt.
- Wenn Sie anstatt *f*- oder *n*- den *g*-Datentyp nehmen, wird die jeweils kürzeste Zahlendarstellung gewählt.
- Um die versehentliche Eingabe eines Dezimalkommas (anstatt eines Dezimalpunktes) zu korrigieren, fügen Sie den folgenden Event-Handler hinzu:

```
procedure TForm1.Edit1KeyPress(Sender: TObject; var Key: Char);
begin
 if Key = ',' then Key:= '.'
end;
```

13.6.2 Zahlen konvertieren

Dieses Prögrämmchen dient zur eleganten Umrechnung von Dezimal-, Hexadezimal- und Binärzahlen. Außerdem wird dabei demonstriert, wie unter Delphi so genannte "gleitende" Berechnungen durchgeführt werden können. "Gleitend" soll hier bedeuten, dass auf eine "Ergebnistaste" (entsprechend der "="-Taste eines normalen Taschenrechners) verzichtet werden kann, da das Ergebnis sofort aktualisiert wird, wenn sich eine Eingangsgröße geändert hat. Ein Unterschied zwischen Ein- und Ausgabefeldern existiert nicht mehr.

Oberfläche

Auf dem Startformular sind lediglich drei Textfelder (*Edit1*, *Edit2* und *Edit3*) erforderlich, in welche Dezimal-, Hexadezimal und Binärzahlen ein- und ausgegeben werden.

Quelltext

Der *implementation*-Abschnitt von *Unit1*:

```
var zahl: LongInt;
```

Umwandeln Integer in Binär:

```
function intToBinary(value:LongInt; digits: Byte): string;
var i    : Byte;
    mask : LongInt;
begin
  SetLength(result,digits);
  for i := 0 to digits-1 do begin
     mask := 1 shl i;
     if (mask and value) = mask then result[digits-i]:= '1' else result[digits-i]:= '0'
  end;
end;
```

Umwandeln Binär in Integer:

```
function binaryToInt(value:string): LongInt;
var i, len  : Byte;
begin
  result := 0;
  len    := Length(value);
  for i := len downto 1 do  if value[i] = '1' then result := result or (1 shl (len-i))
end;
```

Der Aufrufcode besteht aus Vereinfachungsgründen aus nur einem einzigen Event-Handler, der auf das *OnChange*-Ereignis aller drei Editierfelder reagiert. Schreiben Sie zunächst wie gewohnt diesen Event-Handler für *Edit1* und stellen Sie dann im Objektinspektor auch das *OnChange*-Ereignis von *Edit2* und *Edit3* auf *EditChange* ein:

```
procedure TForm1.EditChange(Sender: TObject);
begin
 if Sender = Edit1 then try     // Dezimalzahl geändert
   zahl := StrToInt(Edit1.Text);
   Edit2.Text := '$'+IntToHex(zahl,0);      // Hexzahl anzeigen
   Edit3.Text := intToBinary(zahl, 32)      // Binärzahl anzeigen
  except
 end;
 if Sender = Edit2 then     // Hexzahl geändert
```

```
 try
  zahl :=  StrToInt(Edit2.Text);
  Edit1.Text := IntToStr(zahl);              // Dezimalzahl anzeigen
  Edit3.Text := intToBinary(zahl, 32)        // Binärzahl anzeigen
 except
end;
if Sender = Edit3 then    // Binärzahl geändert
 try
  zahl := binaryToInt(Edit3.Text);
  Edit1.Text := IntToStr(zahl);              // Dezimalzahl anzeigen
  Edit2.Text := '$' + IntToHex(zahl,0);      // Hexzahl anzeigen
 except
 end
end;
```

Um die unvermeidlichen Konvertierungsfehler zu umgehen, wurden alle Umrechnungen in *try-except*-Blöcken eingeschlossen (siehe Hinweis unten).

Test

Sie können nun in ein beliebiges Feld eine Zahl eingeben. Falls eine Umrechnung möglich ist, wird das Ergebnis sofort in den anderen Feldern sichtbar.

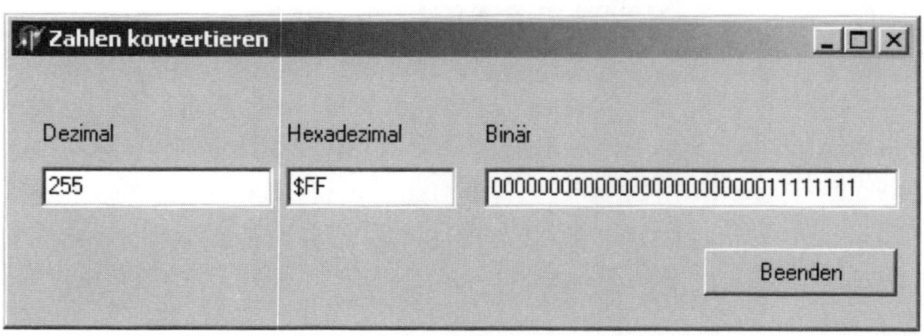

Hinweis: Falls es beim Austesten in der Entwicklungsumgebung trotz der *try-except*-Kapselung zu Fehlermeldungen kommt, müssen Sie im Menü *Tools|Debugger-Optionen* auf der Seite "Sprach-Exceptions" das Häkchen bei "Bei Delphi-Exceptions stoppen" wegnehmen. Für die spätere Ausführen der EXE-Datei (d.h. außerhalb der Delphi-IDE) hat diese Einstellung allerdings keine Bedeutung.

Bemerkungen

- Beachten Sie, dass die Zahlenbereiche nicht unbegrenzt sind (max. 32 Bit).
- Eine Hexadezimalzahl wird in Object Pascal immer mit einem Dollarzeichen ($) eingeleitet. So wird eine Verwechslung mit Dezimalzahlen vermieden.

13.7 Praxisbeispiele für Fortgeschrittene

13.7.1 Rechnen mit komplexen Zahlen

Im vorliegenden Praxisbeispiel wollen wir uns eine Unit schaffen, die für das Rechnen mit komplexen Zahlen zu gebrauchen ist. Sie soll neben einem komplexen Datentyp die Funktionen für Addition, Multiplikation und Division zur Verfügung stellen. Eine detaillierte Erläuterung der zugrunde liegenden mathematischen Algorithmen ist hier nicht vorgesehen und würde nur vom eigentlichen Anliegen ablenken[1].

Quelltext für Unit erstellen

Unmittelbar nach dem Start von Delphi klicken wir den Menüpunkt *Datei|Neu...*, wählen *Unit* und sehen ein Fenster mit einem sehr mageren Rahmencode für eine Unit namens *Unit2* vor uns:

In den *Interface*-Abschnitt tragen wir die Typdeklaration für *TKomplex* sowie die Kopfzeilen für die mit diesem Datentyp operierenden komplexen Funktionen *addK*, *multK* und *divK* ein. Nur diese insgesamt vier Bibliothekselemente sollen für den späteren Nutzer der Unit "sichtbar" sein.

```
unit Unit2;             // Komplexe Grundrechenoperationen


interface
 type                   // Datentyp für komplexe Zahl in kartesischen Koordinaten
  TKomplex = record
   re, im : Single;        // Real- und Imaginärteil
  end;
  function addK(a,b: TKomplex): TKomplex;    // Addition kompl. Z.
  function multK(a,b: TKomplex): TKomplex;   // Multiplikation kompl. Z.
  function divK(a,b: TKomplex): TKomplex;    // Division kompl. Z.
```

Im *implementation*-Abschnitt werden die drei Funktionen mit Leben erfüllt. Für die Notation der Kopfzeilen findet die Kurzform[2] Verwendung:

```
implementation
var kx: TKomplex;         // interne Zwischenvariable
```

Addition:

```
 function addK;
 begin
  kx.re := a.re + b.re;
  kx.im := a.im + b.im;
  result := kx
 end;
```

---

[1] Komplexe Zahlen sind wesentlicher Bestandteil der Elektrotechnik (Wechselstromlehre).

[2] Dabei wird die Parameterleiste einfach weggelassen.

Multiplikation:

```
function multK;
begin
  kx.re := a.re*b.re - a.im*b.im;
  kx.im := a.re*b.im+a.im*b.re;
  result := kx
end;
```

Division:

```
function divK;
begin
  kx.re := (a.re*b.re+a.im*b.im)/(b.re*b.re+b.im*b.im);
  kx.im := (a.im*b.re-a.re*b.im)/(b.re*b.re+b.im*b.im);
  result := kx
end;
end.
```

Hinweis: Falls Ihnen bei einem eventuellen Neustart des Projekts die *Unit2* verloren gegangen sein sollte, können Sie diese über den Menüpunkt *Ansicht|Units...* (Strg+F12) wieder herbeizaubern.

Oberfläche für Testprogramm

Um uns von der Funktionsfähigkeit der *Unit2* zu überzeugen, brauchen wir ein kleines Testprogramm, das die Ein- und Ausgabe von komplexen Zahlen und die Auswahl der Rechenoperation ermöglicht.

Wir benutzen dazu das bereits vorhandene Startformular *Form1*, auf das wir sechs Editierfelder (*Edit1* ... *Edit6*), eine Gruppe von drei RadioButtons (*RadioButton1* ... *RadioButton3*) und einen Schalter (*Button1*) platzieren:

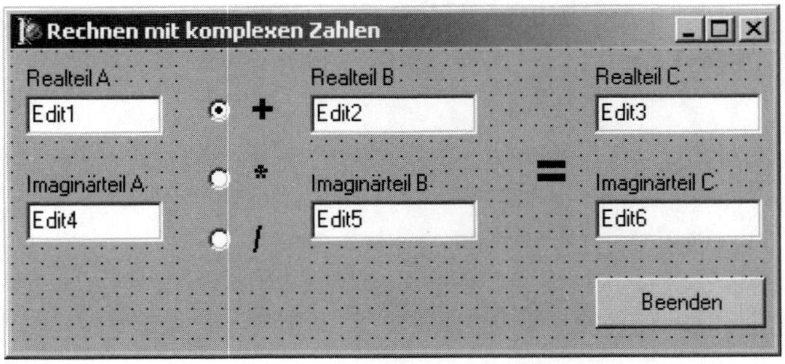

Setzen Sie *ReadOnly* für *Edit3* und *Edit6* auf *True*, da wir diese Felder nur zur Ergebnisanzeige brauchen.

Quelltext für Testprogramm

Im folgenden Implementationsteil von *Unit1* wird *Unit2* eingebunden und reger Gebrauch von den zur Verfügung gestellten Sprachelementen (*TKomplex, addK, multK, divK*) gemacht. Die Ausgabeformatierung erfolgt mit insgesamt acht Stellen, davon zwei nach dem Dezimaltrenner.

```
uses Unit2;                      // Unit2 einbinden!
var code: Integer;
    zk1, zk2, zk3: TKomplex;     // komplexe Zwischenvariablen
```

Die folgende Prozedur ist die entscheidende Routine:

```
procedure displayResult;       // Berechnung und Anzeige
var s: string;
begin
  with Form1 do begin
   Val(Edit1.Text, zk1.re, code);
   Val(Edit4.Text, zk1.im, code);
   Val(Edit2.Text, zk2.re, code);
   Val(Edit5.Text, zk2.im, code);
   if RadioButton1.Checked then zk3:= addK(zk1, zk2);
   if RadioButton2.Checked then zk3:= multK(zk1, zk2);
   if RadioButton3.Checked then if (zk2.re <> 0) or (zk2.im <> 0) then
                               zk3:= divK(zk1, zk2);
   Str(zk3.re:8:2,s); Edit3.Text:= s;      // Anzeige Realteil
   Str(zk3.im:8:2,s); Edit6.Text:= s       // Anzeige Imaginärteil
  end
 end;
```

Nun zu den Event-Handlern:

```
procedure TForm1.FormCreate;              // Formular laden
begin
  Edit1.Text:= '1'; Edit2.Text:= '1'; Edit3.Text:= '2';
  Edit4.Text:= '1'; Edit5.Text:= '1'; Edit6.Text:= '2'
end;
```

Für das *OnClick*-Event der *RadioButton*s wurden, genauso wie für *OnKeyPress* und *OnKeyUp* der Editierfelder, jeweils gemeinsame Ereignisbehandlungen geschrieben:

```
procedure TForm1.ClickRadioB;      // Wechsel des Operators
begin  displayResult end;

procedure TForm1.EditKeyPress;     // Komma in Dezimalpunkt verwandeln
begin  if key = ',' then key:= '.'  end;
```

```
procedure TForm1.EditKeyUp;         // Eingabe
begin
  displayResult
end;
```

Die Prozedur *displayResult* ist <u>keine</u> Methode von *Form1*. Sie muss deshalb an den Anfang des Implementation-Teils gesetzt werden, damit sie noch <u>vor</u> den Methoden, die sie aufrufen, deklariert ist (sonst erfolgt Compiler-Fehlermeldung!).

Test

Starten Sie das Programm und überzeugen Sie sich von der Funktionsfähigkeit der *Unit2*. Eine Ergebnistaste brauchen Sie nicht – das Resultat wird sofort nach jeder Tastatureingabe aktualisiert. Wenn als Beispiel die Aufgabe

$$(2.5 + 3j) / (-2 + j)$$

gelöst werden soll, erhalten Sie als Ergebnis die komplexe Zahl -0.4 -1.7j.

Sie brauchen sich auch nicht mehr darum zu kümmern, ob Sie als Dezimaltrenner Komma oder Punkt verwenden. Wie von Geisterhand wird jede Kommaeingabe in einen Punkt umgewandelt.

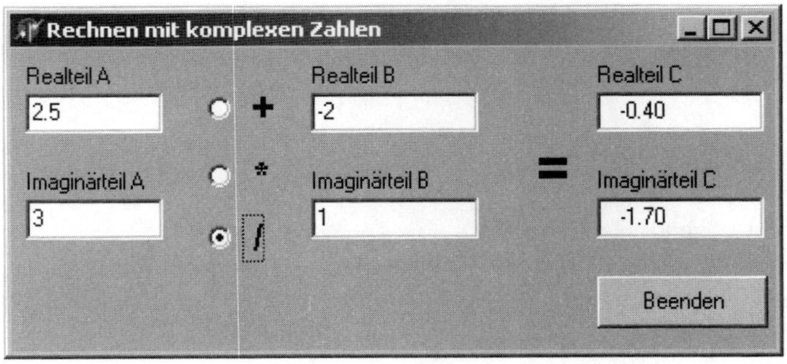

Bemerkungen

- Wenn die *Unit2* getestet ist und zufrieden stellend funktioniert, sollten Sie ihr einen aussagekräftigeren Namen geben, z.B. *Komplex.*
- Wie wäre es mit einer "standesgemäßen" objektorientierten Lösung? Sie müssten dazu in der Unit eine Klasse (*TKomplex*) definieren, welche die Rechenoperationen als Methoden bereitstellt.

13.7.2 Kreuzprodukt von Vektoren (OOP-Beispiel)

Nichts lässt das von Selbstzweifeln zernagte Herz eines Mathe-Lehrers höher schlagen als ein gutes Demoprogramm, mit dem er (fernab des Verdachts jedweder Spielerei) seinen Schülern anschaulich abstraktes Wissen vermitteln kann. Auch manch gelangweilter Schüler erwacht aus seiner Lethargie, wenn der Lehrer glaubhaft machen kann, dass er alles selbst programmiert hat.

Gleich mehrere Fliegen werden mit einer Klappe geschlagen:

- Verständnis der naturwissenschaftlichen Zusammenhänge[1],
- Aufstieg in die "höheren" Regionen der OOP,
- und last but not least: Spaß!

Es soll nicht bestritten werden, dass ein hartnäckiger OOP-Muffel auch mit herkömmlicher Programmierung schnell zu einer funktionsfähigen Applikation kommen kann. Im Ergebnis einer solchen Hauruck-Aktion findet sich der gesamte Quellcode meist in einer einzigen Unit (der des Formulars) wieder und wird (zumindest für den Nachfolger des gefeuerten Muffels) nicht mehr überschaubar sein, was die Wiederverwendbarkeit, die Erweiterbarkeit und Pflege der Applikation in Frage stellt.

Hinweis: OOP ist kein Selbstzweck, sondern dient vor allem dem Ziel, übersichtlichen, wiederverwendbaren und erweiterbaren Code zu schreiben.

Als Beispiel dient das Thema "Kreuzprodukt von Vektoren"[2].

Etwas Theorie

Ohne weiter in die Theorie abzuschweifen, soll nur so viel vorausgesetzt werden:

Der resultierende Vektor des Kreuzprodukts steht immer senkrecht auf der durch A und B aufgespannten Ebene,

$\underline{C} = \underline{A} \times \underline{B}$

Wenn $\underline{A} = A.x + A.y$ und $\underline{B} = B.x + B.y$

seine Länge ist:

$|\underline{C}| = A.x * B.y - A.y * B.x$

Der mathematische Hintergrund stellt also keine besondere Hürde dar, die Hauptschwierigkeit liegt, wie Sie sehen werden, in der optischen Gestaltung (Grafikprogrammierung).

Sorgfältige Planung ist wichtig

Von unserem Programm sollten wir bereits zu Beginn eine möglichst konkrete Vorstellung entwickeln (siehe Abbildung):

Das einzige Formular soll ein dreidimensionales Koordinatensystem (Achsen *x, y, z*) anzeigen. Die beiden Vektoren *a* und *b* sollen sich mit der Maus per Drag&Drop in Richtung und Länge verändern lassen. Das von ihnen aufgespannte Parallelogramm soll ebenfalls angezeigt werden. Der

[1] Das Kreuzprodukt von Vektoren ist keine abstrakte mathematische Angelegenheit, sondern wird z.B. in der Physik bzw. Elektrotechnik (Feldtheorie) umfassend angewendet.

[2] Für die Anregung zu dieser Aufgabenstellung und die engagierte Mitarbeit bedanken wir uns bei unserer Leserin Frau Sonja Wendel.

Ergebnisvektor (bzw. das Kreuzprodukt) *axb* liegt fest auf der *z*-Achse und ändert seine Länge in Abhängigkeit von *a* und *b* (bzw. proportional zur Fläche des Parallelogramms).

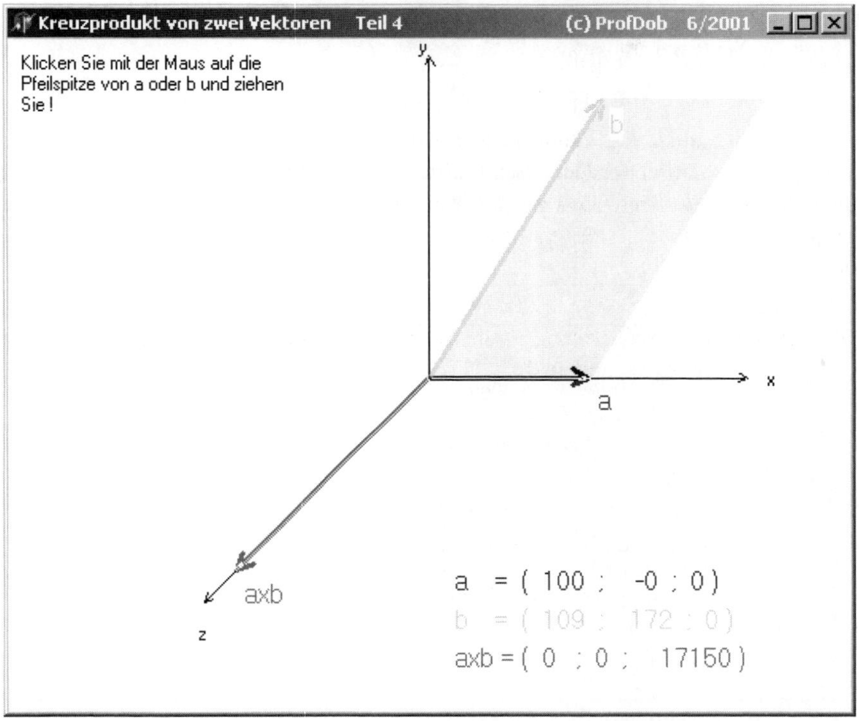

Nachdem man sich eine möglichst genaue Vorstellung von der angestrebten optischen Präsentation gemacht hat, kommt die entscheidende Frage:

Welche Objekte sind vorhanden, und wie kann ich sie am besten in Klassen aufteilen?

Bedenken Sie dabei immer:

Objekte mit gleichen oder ähnlichen Eigenschaften sollten zusammengefasst und einer Klasse zugeordnet werden.

Das Klassendiagramm liefert den Bauplan

Ein einfaches Klassendiagramm besteht aus drei Abschnitten:

- Name der Klasse (oben)
- Auflistung der Eigenschaften (Mitte)
- Auflistung der Methoden (unten)

Werfen Sie einen Blick auf den obigen Screenshot, so können Sie *Pfeil*-Objekte in drei unterschiedlichen Klassenzugehörigkeiten feststellen:

- unbewegliche Achsen *x, y, z,*
- mit der Maus frei zu bewegende Vektoren *a* und *b*
- längenveränderlicher Ergebnisvektor für das Kreuzprodukt *c = axb.*

Das im Folgenden dargestellte *Klassendiagramm* enthält einen Lösungsvorschlag, wie man diese drei *Pfeil*-Objekte von drei verschiedenen Klassen (*TPfeil, TVektor* und *TKreuzprodukt*) ableiten kann. Dabei sind *TVektor* und *TKreuzprodukt* Nachkommen von *TPfeil*, erben also sämtliche Eigenschaften und Methoden.

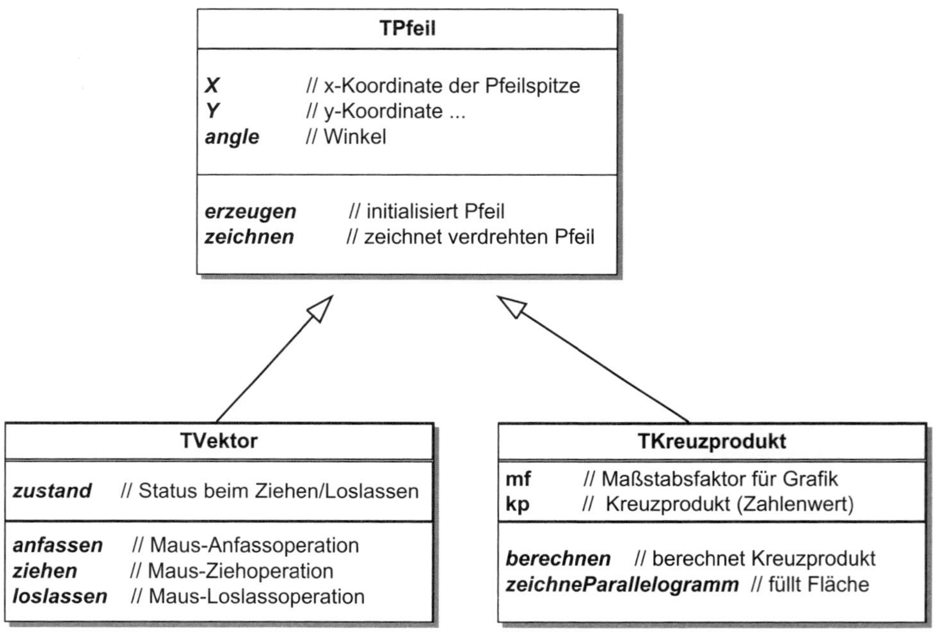

Wir wollen das Projekt in vier Etappen realisieren, die systematisch aufeinander aufbauen.

Etappe 1

In dieser Etappe soll die Klasse *TPfeil* entworfen werden. Aus dieser Klasse werden wir drei Instanzen (*Pfeil*-Objekte) ableiten und zum Zeichnen des Koordinatensystems benutzen.

Besondere Schwierigkeiten:

- Ein dreidimensionales Koordinatensystem wird zweidimensional dargestellt. Die z-Achse muss "verdreht" werden.
- Die Pfeilspitzen sollen sich beim Drehen nicht verzerren.
- In weiser Voraussicht auf spätere "bewegte" Pfeile sollte der XOR-Zeichenmodus Verwendung finden.

Pfeil-Unit

Fügen Sie dem Projekt eine Unit hinzu, die Sie in *Pfeil* umbenennen.

```
unit Pfeil;

interface

uses Forms, Graphics;

type TPfeil = class(TObject)          // Klassendeklaration
 private
  x1, y1,          // Anfangspunkt ...
  x2, y2,          // Endpunkt des Pfeils
  ps : Single;      // Länge der Pfeilspitzen
  frm : TForm;      // Zeichenformular
  col : TColor;     // Farbe
  ld  : Integer;    // Liniendicke
  name: string;
  procedure setAngle(alf: Single);
  function getX: Single; function getY: Single;
  procedure setX(dx: Single); procedure setY(dy: Single);
 public
 constructor erzeugen(xa,ya: Single; f: TForm; xb,yb: Single; cl: TColor;
           l, p: Integer; nam:string);
 property angle: Single write setAngle;   // setzt x2, y2 bei übergebenem Winkel

 property x: Single read getX write setX;  // relative x-Koordinate
 property y: Single read getY write setY;  // dto. y

 procedure zeichnen;                  // zeichnet Pfeil

end;
```

Der *implementation*-Abschnitt:

```
constructor TPfeil.erzeugen;
begin
 x1:=xa; y1:=ya;
 frm:=f;
 x2:=x1+xb; y2:=y1-yb;
 col:= cl;
```

```
 ld:=l; ps:=p;
 name:=nam;
end;
```

Zugriffsmethoden für Eigenschaften:

```
procedure TPfeil.setAngle;  // verdreht Pfeil um Winkel alf im Uhrzeigersinn
var pl: Single;
begin
 pl := Sqrt((x*x + y*y));  // Länge des Pfeils
 x2 := x1 + pl * Sin(alf);
 y2 := y1 - pl * Cos(alf)
end;

function TPfeil.getX;          // liest relative Koordinate  x
begin Result := x2-x1 end;

procedure TPfeil.setX;         // schreibt relative Koordinate x
begin x2 := x1 + dx end;

function TPfeil.getY;          // liest relative Koordinate  y
begin Result := y2-y1 end;

procedure TPfeil.setY;        // schreibt relative Koordinate  y
begin y2 := y1 + dy end;
```

Zeichnen eines gedrehten Pfeils:

```
procedure TPfeil.zeichnen;
var  pl,                    // Länge des Pfeils
     si, co: Single;         // Sinus u. Kosinus des Drehwinkels
```

Hilfsfunktionen (allgemein für beliebige Symbole verwendbar):

```
 function tX(dx, dy: Single): Integer;      // transformiert x-Koordinate
 begin Result :=  Round(x1 + dx*co + dy*si) end;

 function tY(dx, dy: Single): Integer;     // transformiert y-Koordinate
 begin Result := Round(y1 + dy*co - dx*si) end;

 procedure dwp(dx, dy: Single);   // setzt Zeichenstift auf transformierte Position
 begin frm.Canvas.MoveTo(tX(dx,dy), tY(dx,dy)) end;

 procedure dwl(dx, dy: Single);   // zieht Linie zur transf. Position
 begin frm.Canvas.LineTo(tX(dx,dy), tY(dx,dy)) end;
```

```
procedure dwt(dx, dy: Single; s:string);   // schreibt Text an transf. Position
begin
 frm.Canvas.TextOut(tX(dx,dy), tY(dx,dy), s)
end;
```

Hauptprogramm:

```
begin
 with frm.Canvas do begin
  Pen.Color:= frm.Color xor col; // XOR-Zeichnungsmodus
  Pen.Width:=ld;                 // Stiftstärke
```

Pfeilschaft zeichnen:

```
  MoveTo(Round(x1),Round(y1));   // Stift auf Anfangspunkt setzen
  LineTo(Round(x2),Round(y2))    // Linie zum Endpunkt ziehen
 end;
```

Pfeilspitze verzerrungsfrei zeichnen (relativ aufwändig):

```
 pl := Sqrt((x*x + y*y));        // Länge des Pfeils
 if pl=0 then pl:=0.1;           // Gleitkommaüberlauf vermeiden
 si := -y/pl; co := x/pl;        // Sinus und Kosinus berechnen
                                 // (ohne Winkelfunktionen!)
 dwp(pl-ps, ps/2);               // Anfangspunkt der Pfeilspitze setzen
 dwl(pl,0);                      // obere Linie ziehen
 dwl(pl-ps,-ps/2);               // dto. untere Linie

 dwt(pl+2*ps, -ps, name)         // Pfeil beschriften
end;
end.
```

Form-Unit in Etappe 1

Es genügt die Wiedergabe des *implementation*-Abschnitts:

```
uses Pfeil;

var achseX, achseY, achseZ: TPfeil;  // Achssystem
   x0, y0: Single;                   // Koordinatenursprung

procedure TForm1.FormCreate(Sender: TObject);
begin
 Color := clWhite;
 Canvas.Pen.Mode := pmXOR;
 x0 := ClientWidth/2; y0 := ClientHeight/2;
 // Koordinatensystem zeichnen:
```

```
 // Achslänge=200, Linienstärke=1, Pfeilspitze=6
 achseX := TPfeil.erzeugen(x0, y0, Form1, 200, 0, clBlack, 1, 6, 'x');
 achseY := TPfeil.erzeugen(x0, y0, Form1, 0, 200, clBlack, 1, 6, 'y');
 achseZ := TPfeil.erzeugen(x0, y0, Form1, 200, 0, clBlack, 1, 6, 'z');
 achseZ.angle := 5/4*Pi         // Verdrehen der z-Achse
end;

procedure TForm1.FormPaint(Sender: TObject);
begin
 achseX.zeichnen;
 achseY.zeichnen;
 achseZ.zeichnen
end;
```

Test der Etappe 1

Achten Sie besonders auf die Darstellung der Pfeilspitzen, auch bei der *z*-Achse sollten sie unverzerrt sein.

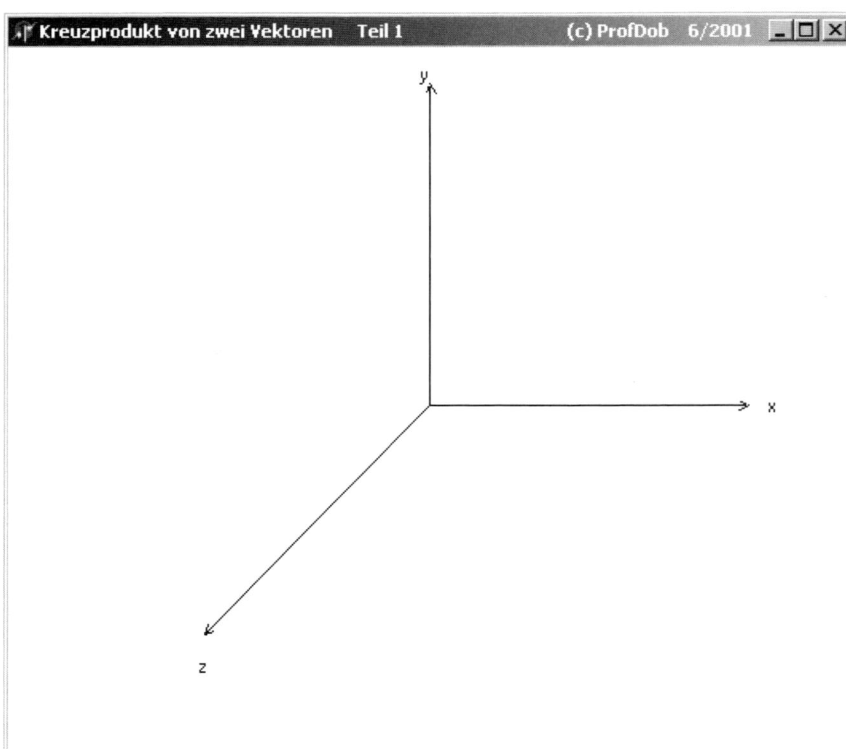

Etappe 2

In dieser Etappe werden wir unserem Projekt die Klasse *TVektor* hinzufügen, denn diese brauchen wir für die zwei "beweglichen" Vektoren *a* und *b*. Als Nachkomme von *TPfeil* fügt sie dem "Erbmaterial" neue Drag&Drop-Eigenschaften und -Methoden hinzu.

Besondere Schwierigkeiten:

- Animation ohne Verletzen des Hintergrundes und ohne Flackern
- Beschriftung der Vektoren

Vektor-Unit

```
unit Vektor;

interface

uses Pfeil;

type TVektor = class(TPfeil)  // TVektor ist Nachkomme von TPfeil
 private
   z: Integer;   // Zustand (0 = "normal", 1 = "gezogen")
 public
  property zustand: Integer read z write z;
   // Ziehoperationen mit Maus:
  procedure anfassen(x,y: Integer);
  procedure ziehen(x,y: Integer);
  procedure loslassen;
end;

implementation
```

Die folgende Methode testet, ob der Mausklick die Pfeilspitze trifft:

```
procedure TVektor.anfassen;
const d=6;     // Kantenlänge für sensibles Viereck
begin
  if (x>x2-d) and (x<x2+d) and (y>y2-d) and (y<y2+d) then z := 1
```

x2 und *y2* stammen aus dem *protected*-Abschnitt von *TPfeil*!

```
end;
```

Beim Ziehen erlaubt der XOR-Zeichenmodus ein Löschen durch Überzeichnen:

```
procedure TVektor.ziehen;
begin
  if z = 1 then  begin       // kein Zeichnen im Zustand "Normal"
```

```
  zeichnen;                  // alten Pfeil löschen durch Überzeichnen
  x2:=x; y2:=y;              // Endpunkt des Pfeils verändern
  zeichnen;                  // Pfeil neu zeichnen
 end
end;
```

Das Loslassen führt zurück zum Anfangszustand:

```
procedure TVektor.loslassen;
begin z:=0 end;

end.
```

Form-Unit in Etappe 2

Es werden nur die Änderungen/Ergänzungen angegeben.

In der Typdeklaration von *TForm1* sind zwei Methoden zur Beschriftung der Vektoren hinzuzufügen:

```
type
  TForm1 = class(TForm)
    ....
    procedure labelA;
    procedure labelB;
   end;

implementation

uses ..., Vektor;      // Klassen-Unit hinzufügen
var ...,
    A, B: TVektor;     //zwei drehbare Vektoren hinzufügen

procedure TForm1.FormCreate(Sender: TObject);
begin
 ...
```

Vektoren erzeugen und initialisieren:

```
 A := TVektor.erzeugen(x0, y0, Form1, 100, 0, clBlue, 3,10, '');
 A.zustand := 0;
 labelA;
 B := TVektor.erzeugen(x0, y0, Form1, 0, 100, clLime, 3,10, '');
 B.zustand := 0;
 labelB
end;
```

Methoden zur Beschriftung hinzufügen :

```
procedure TForm1.labelA;
begin
 Label1.Left := Round(x0+A.x+5); Label1.Top:= Round(y0+A.y+5)
end;

procedure TForm1.labelB;
begin
 Label2.Left := Round(x0+B.x+5); Label2.Top:= Round(y0+B.y+5)
end;
```

Drei Event-Handler für Drag&Drop-Operationen besetzen:

```
procedure TForm1.FormMouseDown(Sender: TObject; Button: TMouseButton;
  Shift: TShiftState; X, Y: Integer);
begin
 A.anfassen(X,Y); B.anfassen(X,Y)
end;

procedure TForm1.FormMouseMove(Sender: TObject; Shift: TShiftState; X,
  Y: Integer);
begin
 if (A.zustand=1) then begin
  A.ziehen(X,Y);
  labelA
 end;
 if (B.zustand=1) then begin
  B.ziehen(X,Y);
  labelB
 end
end;

procedure TForm1.FormMouseUp(Sender: TObject; Button: TMouseButton;
  Shift: TShiftState; X, Y: Integer);
begin
 A.loslassen;
 B.loslassen
end;
```

OnFormPaint-Event-Handler ergänzen:

```
procedure TForm1.FormPaint(Sender: TObject);
begin
```

```
...
 A.zeichnen;
 B.zeichnen
end;
```

Test von Etappe 2

Fassen Sie die Pfeilspitzen *a* oder *b* mit der Maus an und ziehen Sie sie an neue Positionen.

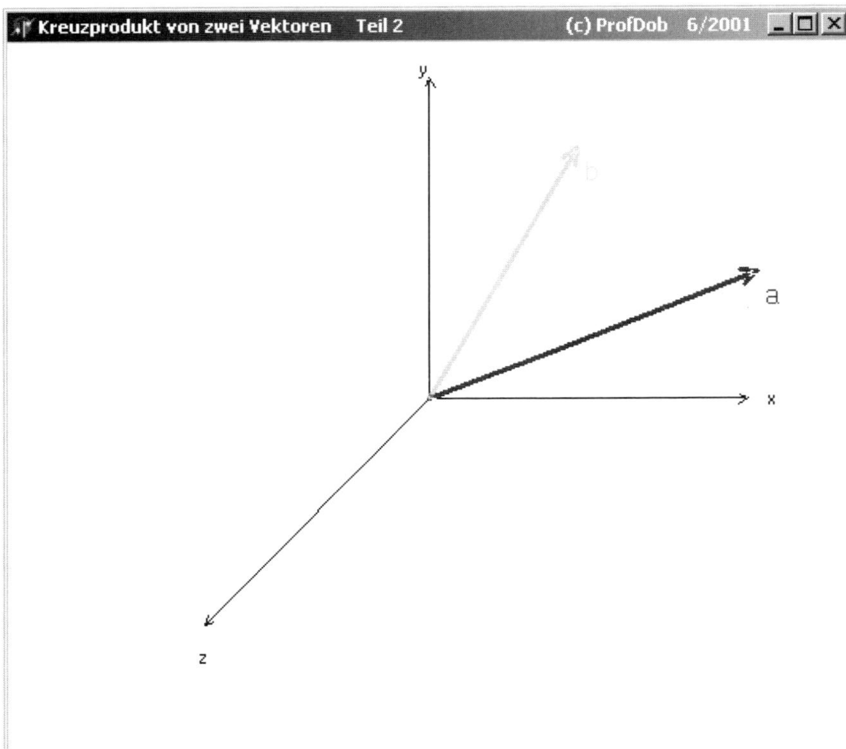

Etappe 3

Nun soll als letzte die Klasse *TKreuzProd* realisiert werden. Aufgabe ist die Berechnung und grafische Anzeige des Kreuzprodukts. Die Klasse ist laut Klassendiagramm ebenfalls Nachkomme von *TPfeil.*

Besondere Schwierigkeiten:

- Da das Kreuzprodukt relativ große Zahlenwerte annehmen kann, ist ein geeigneter Maßstabsfaktor für die grafische Anzeige zu finden.
- Die Vektoren *a* und *b* sind an die Methode *berechnen* als Parameter zu übergeben.

Kreuzprodukt-Unit

```
unit Kreuzprodukt;

interface

uses Pfeil, Vektor, Graphics, Forms;

type TKreuzProd = class(TPfeil)              // Nachkomme von TPfeil
 private
 public
  procedure berechnen(xp,yp: Integer; A,B: TVektor);
 end;

 implementation

 procedure TKreuzProd.berechnen;       // ändert A, B und C !
 const m=100;    // Maßstabsfaktor
 var axb: Single; // Kreuzprodukt
 begin
   zeichnen;             // löscht C-Vektor
   A.ziehen(xp, yp);     // verändert und zeichnet A-Vektor neu
   B.ziehen(xp, yp);     // dto. für B-Vektor
   axb := -A.x * B.y + A.y * B.x;              // KP berechnen
   x := axb/m;       // KP für Anzeige m-fach verkleinern
   y := 0;
   if axb > 0 then
     angle := 5/4*Pi       // in negative z-Richtung drehen
           else
     angle := 1/4*Pi;      // in positive z-Richtung   "
   zeichnen              // zeichnet neuen C-Vektor
 end;
end.
```

Form-Unit in Etappe 3

Auch hier wollen wir nur auf die erforderlichen Ergänzungen/Änderungen hinweisen:

Der Typdefinition von *TForm1* ist eine Prozedur zur Beschriftung des Kreuzprodukt-Vektors hinzuzufügen:

```
 procedure labelC;
```

Der *implementation*-Abschnitt:

```
uses  ..., Kreuzprodukt;


var: ...,
   C: TKreuzProd;
```

Im *OnCreate*-Event von *Form1* muss der Vektor *C* hinzugefügt und initialisiert werden:

```
 C := TKreuzProd.erzeugen(x0, y0, Form1, 100, 0, clRed, 3,10, '');
 C.angle := 5/4*Pi;
 labelC
```

Auch hier wird mangels geeigneter Alternative die Beschriftung mit Labels realisiert:

```
procedure TForm1.labelC;
begin
 Label3.Left := Round(x0+C.x+5);
 Label3.Top:= Round(y0+C.y+5)
end;
```

Der *OnMouseMove*-Event-Handler hat sich grundlegend geändert:

```
procedure TForm1.FormMouseMove(Sender: TObject; Shift: TShiftState; X,
  Y: Integer);
begin
 if (A.zustand=1) or (B.zustand=1) then
 begin
  C.berechnen(x,y, A, B); // berechnet und zeichnet A,B und C
  labelA; labelB;
  labelC
 end
end;
```

Im *OnPaint*-Event-Handler ergänzen Sie:

```
 C.zeichnen
```

Test von Etappe 3

Das Programm besitzt bereits jetzt schon seine Grundfunktionalität. Ziehen Sie an *a* oder *b*, ändert sich auch *axb*.

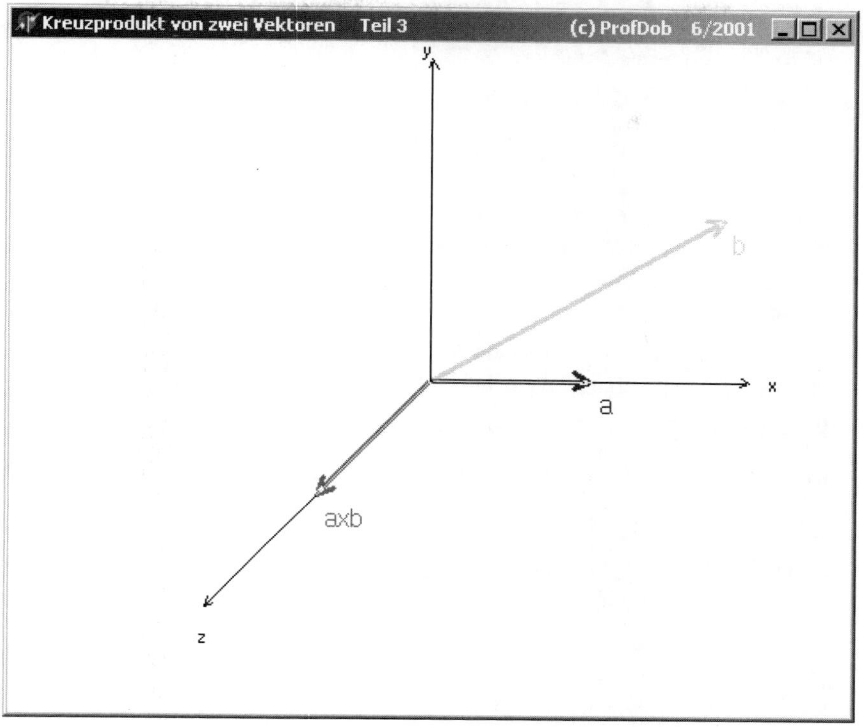

Etappe 4

Für diese Etappe brauchen wir keine neue Klasse, wir müssen aber die bereits vorhandene Klasse *TKreuzprodukt* um die Methode *zeichneParallelogramm* ergänzen. Die Fläche des durch *a* und *b* aufgespannten Parallelogramms entspricht mathematisch exakt dem Kreuzprodukt.

Besondere Schwierigkeiten:

- Realisierung des "bewegten" Parallelogramms ohne lästigen Flackereffekt
- nummerische Anzeige der Vektorkoordinaten

Ergänzungen in Kreuzprodukt-Unit

Die folgende Methode zeichnet das durch die Vektoren A und B aufgespannte Parallelogramm:

```
procedure TKreuzProd.zeichneParallelogramm (A, B: TVektor);
 var  xa,ya,xb,yb,xc,yc,xd,yd: Integer;
 begin
  xa:=Round(x1+A.x); ya:=Round(y1+A.y);
  xb:=Round(x1+A.x+B.x); yb:=Round(y1+A.y+B.y);
  xc:=Round(x1+B.x); yc:=Round(y1+B.y);
  xd:=Round(x1); yd:=Round(y1);
  with frm.Canvas do begin
```

```
    Pen.Color := frm.Color xor clYellow;
    Brush.Color := clYellow xor frm.Color;
    Polygon([Point(xa,ya),Point(xb,yb),Point(xc,yc), Point(xd,yd)])
  end
end;
```

Außer dem Hinzufügen obiger Methode sind noch einige wenige kleinere Änderungen erforderlich, über die Sie sich bitte in der Buch-CD informieren. Das Gleiche trifft für die Formular-Unit zu.

Test von Etappe 4

Endlich ist es geschafft (siehe Screenshot am Anfang des Beitrags)! Der mathematisch interessierte Leser kann jetzt interessante Erkundungen durchführen, z.B.

- Kommutativgesetz gilt beim Kreuzprodukt nicht, denn *AxB<>BxA*,
- wenn Fläche des Parallelogramms verschwindend ist, so ist auch das Kreuzprodukt *0*,
- ein rechter Winkel zwischen *A* und *B* ergibt maximales Kreuzprodukt,
- haben *A* und *B* entgegengesetzte Richtung, so ergibt sich unabhängig von deren Größe immer das Kreuzprodukt *0*.

Datenstrukturen

- Strings, Strings, Strings
- Dynamische Speicherverwaltung
- Beispiele

14 Datenstrukturen

Zeichenketten (Strings) und dynamische Arrays gehören mit zu den wichtigsten Datenstrukturen von Delphi. Dieses Kapitel dürfte deshalb für den fortgeschrittenen Programmierer eine willkommene Ergänzung zu den grundlegenden Ausführungen des Sprachkapitels 2 sein[1].

14.1 Strings, Strings, Strings

Ging es, was die Verwendung von Strings betrifft, bei den älteren Delphi- bzw. Pascal-Versionen noch recht übersichtlich zu, hielten ab Delphi-Version 2 einige Neuerungen Einzug, die beim Ein- bzw. Umsteiger für Konfusion sorgen könnten.

Unterscheiden sollten Sie zwischen folgenden Typen:

- **Short String**
  Der altbekannte Stringtyp mit max. 255 Zeichen, ein Längenbyte befindet sich am Anfang des Strings.
- **Long String**
  Der neue Standard-String kann max. 2 Gigabyte[2] speichern. Long Strings sind zuweisungskompatibel mit dem von der API verwendeten *PChar*-Stringtyp. Dies trifft allerdings nur bei der direkten Zuweisung (*a := b*) zu. Bei der Übergabe von Funktionsparametern müssen Sie eine explizite Typumwandlung mit *PChar(...)* vornehmen.
- **Nullterminierter String (*PChar*)**
  Vertreter dieser Gattung finden Sie häufig bei der Arbeit mit API-Funktionen. Die Verwendung ist im Vergleich mit den "normalen" Strings etwas umständlicher, geht es jedoch um die schnelle Verarbeitung von Zeichenketten mit Hilfe von Pointern, sind *PChar*-Strings die erste Wahl.
- **Unicode-Strings (*WideChar*)**
  Jedes Zeichen des Strings wird mit 2 Bytes beschrieben, auf diese Weise lassen sich bis zu 65536 Zeichen codieren. Den Unicode-Zeichen dürfte im Laufe der Zeit eine immer größere Bedeutung zukommen.

---

[1] Einsteiger sollten sich derlei schwer verdauliche Kost vorerst nicht zumuten.

[2] An dieser Stelle sollten Sie auch einen Blick für die verfügbaren Computer-Ressourcen übrig haben.

Die folgende Skizze zeigt die Unterschiede:

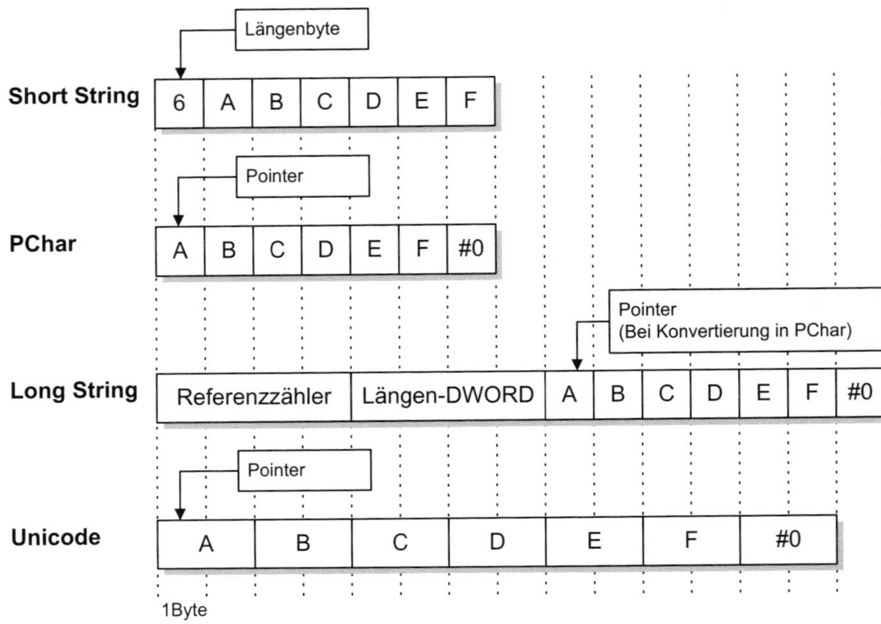

Durch die standardmäßige Verwendung von Long Strings ist ein bisher gern genutztes Feature nicht mehr verfügbar: Der Zugriff auf das Längenbyte mit *string[0]*. Als Alternative bietet sich entweder die Definition eines Short Strings oder die Funktion *Length* an. Soll die Länge des Strings beeinflusst werden, kann die Funktion *SetLength* verwendet werden.

Beispiel: Verwendung der neuen Long Strings

```
var s : String;  // automatisch handelt es sich um einen Long String
...
s := '1234567';          // Length(s) ---> 7,   s = '1234567'
SetLength(s,3);          // Length(s) ---> 3,   s = '123' + #0
SetLength(s,10);         // Length(s) ---> 10,  s = '123' + #0
```

14.1.1 API-Zugriff mit PChar

Wer bisher schon viel mit API-Funktionen programmiert hat, wird auch unweigerlich mit dem Datentyp *PChar* in Berührung gekommen sein. Leider war das Handling etwas gewöhnungsbedürftig, was zu den abenteuerlichsten Konstruktionen führte, um dennoch mit Pascal-Strings arbeiten zu können.

```
Var s : String;
  s := 'Hallo' + user;
  s := s + #0
  Messagebox(0, @s[1], ...
```

Darauf können Sie verzichten. Ein *LongString* lässt sich ohne Probleme in ein *PChar* umwandeln (umgekehrt ebenfalls).

```
Var s : String;
...
  s := 'Hallo' + user;
  Messagebox(0, PChar(s), ...
```

14.1.2 Unicode-Zeichensatz

Ganz nebenbei wird auch noch ein neuer Zeichensatz eingeführt (Unicode), der statt einem zwei Byte für jedes Zeichen verwendet. Dadurch wird es möglich, bis zu 65536 verschiedene Zeichen darzustellen.

Delphi arbeitet standardmäßig jedoch nach wie vor mit dem guten alten ANSI-Zeichensatz. Ein Blick in die Unit *Windows* zeigt jedoch, dass Sie problemlos auch den neuen *WideChar*-Zeichensatz verwenden können. Dazu wurden alle API-Funktionen, die Strings als Parameter erwarten, in drei Versionen eingebunden:

```
function MoveFileA(lpExistingFileName, lpNewFileName: PAnsiChar): BOOL; stdcall;
function MoveFileW(lpExistingFileName, lpNewFileName: PWideChar): BOOL; stdcall;
function MoveFile(lpExistingFileName, lpNewFileName: PChar): BOOL; stdcall;
```

Variante 1 verwendet explizit den ANSI-Zeichensatz, Variante 2 den Unicode-Zeichensatz. Variante 3 (Standard) verwendet in der aktuellen Delphi-Version den ANSI-Zeichensatz, was jedoch nicht heißt, dass spätere Versionen nicht auch Unicode-Zeichen unterstützen.

An dieser Stelle wollen wir nicht darauf verzichten, Ihnen ein neues Feature der Long Strings vorzustellen. Arbeiten Sie mit zwei Strings und weisen Sie den einen String dem anderen zu, wird lediglich eine Referenz (Zeiger) kopiert, der Inhalt des Strings wird nicht kopiert. Erst eine Veränderung an einem der beiden Strings führt dazu, dass auch eine physische Kopie erstellt wird. Für die Verwaltung der einzelnen Referenzen ist der Referenzzähler zuständig.

```
var s1,s2 : String;
begin
   s1 := 'Hallo';    // ein String
   s2 := s1;         // ein String + neue Referenz darauf
   s2[4] := 'i';     // zwei Strings, da S2 verändert wird !!!!!
...
```

Beispiele für die Verwendung von Strings finden Sie im Praxisteil des Kapitels.

14.2 Dynamische Speicherverwaltung

Stichwörter wie *Pointer, GetMem, ReAlloc, FreeMem* etc. verursachen vielen Programmierern immer noch Unbehagen, obwohl es dazu eigentlich kaum einen Grund gibt. Zugegeben, die Arbeit mit dynamischen Strukturen ist etwas gewöhnungsbedürftiger als mit statischen Arrays, andererseits sind dynamische Strukturen in vielen Fällen schneller, flexibler, und (man mag es im 32-Bit-

Windows-Zeitalter mit seinen fast unbegrenzten Adressräumen kaum noch erwähnen) sie benötigen weniger Speicherplatz.

Sicher können Sie in Ihrem Programm genügend Speicher reservieren, wenn Sie nur ein paar Daten ablegen wollen. Beispielsweise ist folgende Array-Definition in einem 32-Bit-Programm kein Problem mehr:

```
var x : array[1..1000000] of Integer;
```

Allerdings sollten Sie sich überlegen, ob das pauschale Reservieren mehrerer MByte gerechtfertigt ist, wenn tatsächlich nur 100 KByte benötigt werden.

14.2.1 Pointer

Voraussetzung für die Verwaltung dynamischer Strukturen im Speicher sind so genannte Zeiger bzw. Pointer. Im Unterschied zu anderen Variablen werden mit Zeigern nicht Werte, sondern lediglich Speicheradressen verwaltet. Wollen Sie statt der Adresse den Wert der Speicherstelle ermitteln, auf die der Pointer zeigt, müssen Sie den Zeiger erst dereferenzieren. Das alles hört sich mächtig umständlich und kompliziert an, ein kleines Beispielprogramm soll deshalb für mehr Klarheit sorgen.

```
var A  : ^Byte;                // Zeiger auf ein Byte deklarieren
    B  : Byte;                 // eine normale Bytevariable deklarieren
```

Der Variablen *B* wird der Wert 230 zugewiesen:

```
    B := 230;
```

Der Zeigervariablen *A* wird die Adresse der Variablen *B* zugewiesen:

```
    A := @B;
```

Statt obiger Anweisung können Sie auch die Funktion *Addr* verwenden, die einen Pointer auf das übergebene Objekt (Variable, Prozedur etc.) zurückgibt.

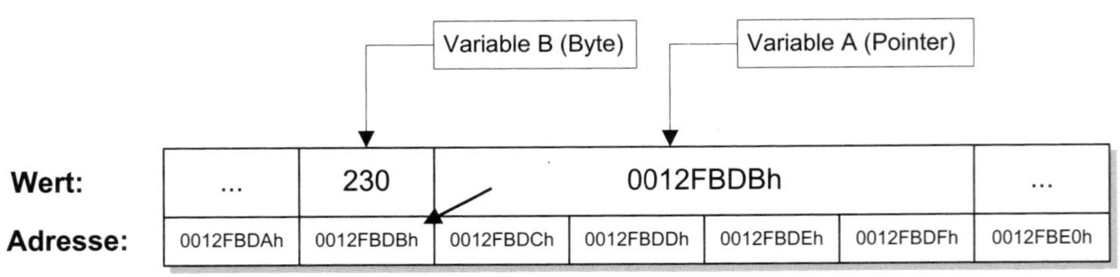

Wollen Sie den Wert der Variablen B in einem Label ausgeben, könnten Sie jetzt alternativ folgende Anweisungen verwenden:

```
Label1.Caption := Format('Wert von B  : %d',[B]);
```

oder

```
Label1.Caption := Format('Wert von B  : %d',[A^]);
```

In der zweiten Zeile wird die Variable *A* dereferenziert und damit der Wert von *B* ausgegeben.

Soll *B* ein neuer Wert zugewiesen werden, können Sie dies wie gewohnt mit

```
B := 127;
```

oder mit

```
A^ := 127;
```

tun.

Zeigertypen

Bei der Arbeit mit Zeigern müssen Sie zwischen zwei Arten unterscheiden:

- untypisierte Pointer
- typisierte Pointer

Eine Variante von typisierten Pointern haben Sie im vorhergehenden Beispiel bereits kennen gelernt, A wurde als Pointer auf ein *Byte* bzw. als *Byte*-Pointer deklariert. Auf die gleiche Art und Weise könnten Sie auch Pointer auf *Integer*, *Word* oder andere Datentypen erzeugen. Eine besonders interessante Variante von typisierten Pointern sind die Zeiger auf Record-Strukturen, auf die wir in den nächsten Abschnitten noch detailliert eingehen werden.

Untypisierte Pointer stellen eine universellere Variante von Pointern dar, sie können auf beliebige Objekte zeigen. Allerdings hat dies zur Folge, dass sich derartige Pointer nicht ganz so einfach dereferenzieren lassen wie die typisierten Zeiger.

```
var A  : Pointer;                   // untypisierten Zeiger deklarieren
    B  : Byte;                      // eine normale Bytevariable deklarieren
...
   B := 230;
```

Der Zeigervariablen *A* wird die Adresse der Variablen *B* zugewiesen:

```
    A := @B;
```

Der folgende Versuch, mit "^" die Pointer-Variable zu dereferenzieren, wird fehlschlagen, da dem Compiler nicht bekannt ist, auf welchen Datentyp der Zeiger gerichtet ist, d.h., wie die Adresse zu interpretieren ist.

```
label1.caption := Format('Wert von B  : %d',[A^]);   // Fehler
```

Abhilfe schafft ein Typisieren des Zeigers:

```
label1.caption := Format('Wert von B  : %d',[Byte(A^)]);
```

Auch die Zuweisung muss mit einer Typisierung verbunden sein:

```
Byte(A^):= 17;
```

Für selbst definierte Datentypen bieten sich somit die beiden folgenden Varianten an:

```
type TAdresse = record
                  Name    : string[20];
                  Vorname : string[20];
                  Strasse : string[30];
                  Plz     : string[5];
```

```
            Ort      : string[30];
         end;
```

Variablendeklaration:

```
var A  : Pointer;       // untypisierten Zeiger deklarieren
    B  : ^TAdresse;     // typisierten Zeiger deklarieren
    C  : TAdresse;      // normale Variable
```

Das Füllen des Records:

```
c.Name    := 'Mayer';
c.Vorname := 'Hans';
c.Strasse := 'Lindenalle 5';
c.plz     := '45455';
c.ort     := 'Waltershausen';
```

Zuweisen der Pointer:

```
A := @C;
B := @C;
```

Ab jetzt sind die Gemeinsamkeiten vorbei. Während Sie über einen typisierten Pointer ohne Probleme auch die einzelnen Felder des Records zuweisen können,

```
b^.Vorname := 'Otto';
```

ist bei einem untypisierten Record erst eine Typisierung notwendig:

```
TAdresse(A^).Vorname:= 'Otto';
```

Welchen Vorteil hat denn nun ein untypisierter Zeiger, wenn der Zugriff mit so hohem Aufwand verbunden ist?

Zum einen ist es mit untypisierten Zeigern möglich, Referenzen auf gänzlich verschiedene Objekte zu speichern, zum anderen können Sie mit einem untypisierten Zeiger auch einzelne Bytes auslesen.

Möchten Sie beispielsweise das Längen-Byte des ersten Feldes im Record ermitteln, genügt bei einem untypisierten Zeiger folgender Aufruf:

```
laenge := Byte(A^);
```

statt

```
laenge := B^.Name[0];
```

Insbesondere bei nummerischen Variablen vereinfacht sich der Zugriff dadurch wesentlich (z.B. Auslesen einzelner Bytes aus einem Integerwert).

NIL-Pointer

Im Zusammenhang mit der Verwendung von Zeigern werden Sie fast immer mit der Zeigerkonstanten *nil* konfrontiert. Weisen Sie einem Pointer diesen Wert zu, zeigt dieser auf "Nichts".

```
If Zeigervariable = nil then Exit;
```

Dynamische Variablen

In den bisherigen Beispielen hatten wir die Pointer lediglich dazu verwendet, auf eine statische Variable zu zeigen. Es ist jedoch ebenfalls möglich, mit *New* eine dynamische Variable zu erzeugen, die durch die Pointer-Variable referenziert wird.

Beispiel: Typdeklaration von *TAdresse* (siehe vorhergehendes Beispiel).

```
var adresse : TAdresse;

 New(adresse);                  // eine dyn. Variable wird erzeugt (zeiger auf adresse)
 adresse^.Name    := 'Mayer';
 adresse^.Vorname := 'Hans';
 adresse^.Strasse := 'Lindenalle 5';
 adresse^.plz     := '45455';
 adresse^.ort     := 'Waltershausen';
 label1.caption   := adresse^.name;
```

Hinweis: Dynamisch erzeugte Variablen müssen Sie mit *Dispose* wieder freigeben.

```
 Dispose(adresse);
```

Erzeugen von Speicherblöcken

Benötigen Sie mehr als nur eine dynamische Variable, können Sie sich mit *GetMem* einen ganzen Speicherbereich reservieren, der durch den Zeiger referenziert wird.

```
var p : ^Byte;
...
  GetMem(p,1000);               // Speicher reservieren
  BlockRead(F, p^, 1000);       // Füllen des Speichers aus einer Datei
...
  FreeMem(p);                   // Speicher wieder freigeben
```

Pointer-Arithmetik

Zum Schluss wollen wir noch auf eine wichtige Eigenschaft von typisierten Pointern eingehen, nämlich die Möglichkeit, Pointer zu inkrementieren bzw. zu dekrementieren.

Beispiel: Anlegen eines *Byte*-Arrays, das mit Werten initialisiert ist.

```
var puffer : array[0..9] of Byte = (10,11,12,13,14,15,16,17,18,19);
    p      : ^Byte;     // typisierte Zeigervariable
...
```

Zuweisen der Array-Adresse:

```
  p := @puffer;
```

Anzeige der ersten Arrayzelle (*puffer[0]*):

```
  label1.caption := IntToStr(p^);
```

Anzeige der zweiten Arrayzelle (*puffer[1]*):

```
  inc(p);
  label2.caption := IntToStr(p^);
```

Anzeige der fünften Arrayzelle (*puffer[4]*):

```
  inc(p,3);
  label3.caption := IntToStr(p^);
end;
```

Natürlich können Sie den Pointer auch mit *Dec* dekrementieren.

Wenn Sie jetzt hoffen, das war es zu Pointern, müssen wir Sie enttäuschen. In den folgenden Abschnitten werden wir die Zeiger für das Erstellen von dynamischen Datenstrukturen nutzen, es wird also alles noch viel schlimmer.

Um die Sache allerdings nicht gar zu theoretisch und unübersichtlich abzuhandeln, werden wir für alle im Folgenden vorgestellten Datenstrukturen das gleiche Beispiel wählen. Dies hat zum einen den Vorteil, dass Sie sich nicht jedes Mal mit einer neuen Aufgabenstellung beschäftigen müssen, zum anderen bietet sich Ihnen damit die Möglichkeit, die einzelnen Verfahren objektiv miteinander zu vergleichen (Aufwand, Übersichtlichkeit etc.).

Ausgangspunkt ist eine Textdatei mit Namen, die zusammen mit einer Nummer im Speicher verwaltet werden soll. Der grundsätzliche Record-Aufbau könnte wie folgt aussehen:

```
TType  = record
           nr       : Integer;
           inhalt   : string
         end;
```

Weiterhin soll eine Möglichkeit bestehen, die Daten anzuzeigen. Dazu werden wir die Funktionalität des Datenbank-Navigators nachempfinden.

Hinweis: Die oben genannten Beispiele finden Sie auch auf der Buch-CD.

14.2.2 Verkettete Listen

Das Erzeugen dynamischer Variablen hatten wir bereits im letzten Abschnitt kurz vorgestellt, in einer mit *New* erzeugten Variablen konnten Sie beliebige Daten speichern. Allerdings war dieses Verfahren auf eine einzige Variable eingeschränkt, für die oben genannte Aufgabenstellung werden aber n Speicherzellen benötigt.

Gehen wir davon aus, dass ein Name maximal 20 Zeichen lang ist (21 Byte) und dass zusätzlich eine Integervariable gespeichert werden soll (4 Byte), dann zeigt sich schnell, dass wir mit einem statischen Array nicht sehr weit kommen. Definieren wir beispielsweise ein Array mit 10.000 Elementen, benötigt dieses in jedem Fall 250.000 Byte.

Eine erste Lösung könnte die Verwaltung von dynamischen Variablen in einem Array sein. Statt in jeder Arrayzelle den kompletten Record zu speichern (25 Byte), könnten wir Zeiger (4 Byte) verwenden.

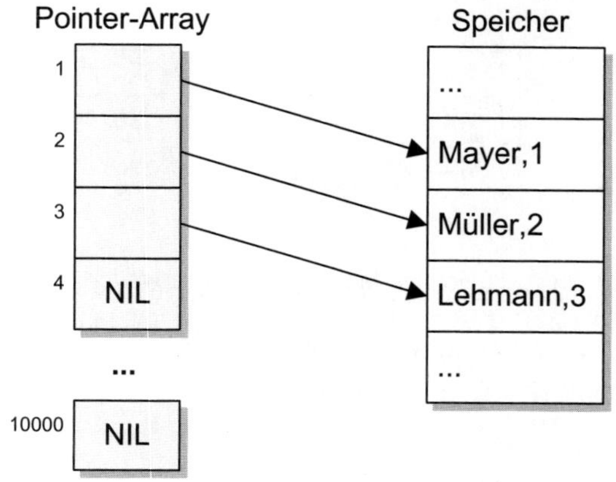


```
Type TDaten  = record
                 nr      : Integer;
                 inhalt  : string[20];
               end;
     PDaten  = ^TDaten;

var puffer : array[0..10000] of PDaten;
...
   New(Daten);                    // dynamische Variable erzeugen
   // Füllen der Struktur
   // Daten^.Inhalt := ...;
   // Daten^.nr := ...;
   puffer[0] := daten;          // Speichern im Array
```

Der spätere Zugriff kann zum Beispiel mit

```
label1.caption := puffer[0]^.inhalt;
```

erfolgen.

Die Verwendung eines Zeiger-Arrays ist zwar recht komfortabel (Sie können weiterhin die Array-Elemente über den Index ansprechen), die Speicherverschwendung wird allerdings kaum reduziert (Minimum 40.000 Byte für die Zeiger plus 25 Byte für jeden Datensatz).

Der Ausweg kann nur eine vollständige dynamische Verwaltung sein.

Einfach verkettete Listen

Der Begriff "Einfach" soll hier nicht den Aufwand bzw. den Anspruch des Verfahrens beschreiben, sondern nur den Grundgedanken. Einfach verkettete Listen können wegen ihres Aufbaus nur in einer Richtung durchlaufen werden. Die folgende Skizze zeigt das Prinzip:

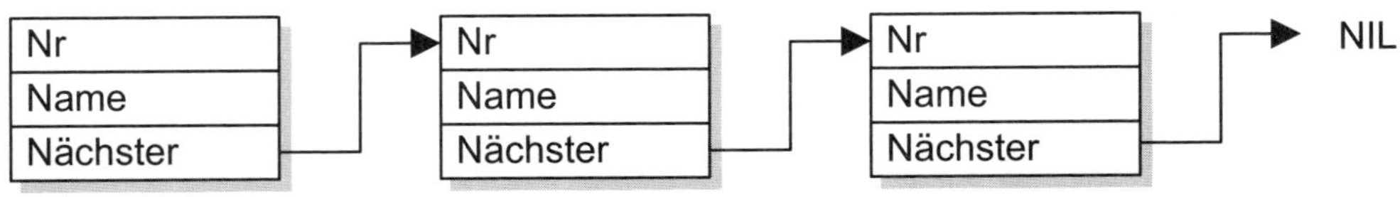

Jeder Datensatz wird um ein zusätzliches Element (Pointer) erweitert, das auf den folgenden Datensatz zeigt. Mit Hilfe dieser Zeiger ist es später möglich, sich von einem zum anderen Datensatz zu "bewegen". Das Überspringen von Datensätzen bzw. das Durchlaufen der Liste in umgekehrter Reihenfolge ist nicht möglich.

Wie sieht nun die Realisierung in Pascal aus?

```
type
      PKnoten  = ^TKnoten;

      TKnoten   = record
                     nr     : Integer;
                     inhalt : string;
                     next   : PKnoten;
                 end;
```

Neben den beiden Feldern *Nr* und *Inhalt* finden Sie ein Feld *Next*, das einen typisierten Pointertyp darstellt.

Erwähnenswert ist noch der Typ des Feldes *Inhalt*. Insbesondere im Hinblick auf die weiteren Verfahren sei festgestellt, dass es sich um einen dynamischen Stringtyp (Long String) handelt, es wird also kein Speicher durch eine festgelegte Stringgröße verschwendet.

Für die weitere Arbeit brauchen wir zusätzlich zwei Variablen:

```
var Root, Knoten : PKnoten;
```

Mit der Variablen *Root* ist es möglich, den Anfang der Kette dauerhaft zu speichern. (Wie sollten wir sonst jemals zum Anfang der Kette zurückkehren?) Die Variable *Knoten* wird den jeweils aktuellen Datensatz repräsentieren.

Wie schon erwähnt, hat die Arbeit mit dynamischen Variablen auch einen Nachteil: Für die Ordnung im Speicher sind Sie als Programmierer zuständig, Ihre Variablen müssen Sie selbst wieder aus dem Speicher holen. Um unnötige Probleme mit den Beispielprogrammen zu vermeiden, werden wir sowohl die Initialisierung als auch die Deinitialisierung in Ereignissen unterbringen.

Initialisierung:

```
procedure TForm1.FormCreate(Sender: TObject);
begin
```

```
   New(root);          // Erzeugen der dynamischen Variablen Root
   Knoten := root;           // gleichzeitig aktueller Satz
   with knoten^ do           // füllen der Struktur
   begin
      nr := 0;
      inhalt := '';
      next := nil;           // Wichtig !!!!!!!!!!!!!!!!
   end
end;
```

Bei obigen Anweisungen kommt es vor allem auf die Vorbelegung des *Next*-Pointers an. Nur über den Wert in dieser Variablen können wir feststellen, ob wir uns am Ende der Liste befinden (besonders beim Deinitialisieren wichtig).

Die Ordnung auf dem Heap stellen wir mit dem *FormClose*-Ereignis wieder her:

```
procedure TForm1.FormClose(Sender: TObject; var Action: TCloseAction);
begin
   Knoten := Root;
   while Knoten^.Next <> NIL do begin
         Root:= Knoten;
         Knoten := Root^.Next;
         Dispose(Root);
   end;
   Dispose(Knoten);
end;
```

Die *While*-Schleife wird so lange durchlaufen, wie der *Next*-Pointer nicht ins Leere zeigt (*nil*). Innerhalb der Schleife werden die Elemente schrittweise wieder aus dem Speicher entfernt. Dabei müssen wir allerdings aufpassen, dass wir uns nicht "den Boden unter den Füßen wegziehen". Das soll heißen, dass wir keinesfalls die Variable löschen dürfen, bevor wir nicht den Pointer auf das nächste Element ermittelt haben.

Nun kommen wir zur eigentlichen Routine, mit der die Liste im Speicher aufgebaut wird[1].

```
procedure DateiEinlesen;
var f : textfile;
    s : string;
    neuerKnoten : PKnoten;        // wir nur temporär benötigt
    i : Integer;

begin
```

---

[1] Die Textdatei hätte auch einfacher ausgelesen werden können, wir wollten jedoch dem Kapitel 8 nicht vorgreifen.

Öffnen der Datei mit Fehlerbehandlung:

```
    AssignFile(f,'..\daten.dat');
    {$i-}
    Reset(f);
    {$i+}
    if ioresult <> 0 then begin
       ShowMessage('Datei konnte nicht gefunden werden!');
       Exit;
    end;
    i := 0;
```

Für jeden Datensatz:

```
    while not eof(f) do begin
      readln(f,s);
```

Erzeugen einer neuen dynamischen Variablen:

```
      new(neuerKnoten);
```

In den sich schon in der Liste befindlichen Datensatz tragen wir jetzt den Pointer auf den neuen Datensatz sowie die Daten aus der Textdatei ein:

```
      with knoten^ do begin
           next := neuerKnoten;
           inhalt := s;
           nr := i
      end;
```

Danach machen wir den neuen Datensatz zum aktuellen:

```
      knoten := neuerKnoten;
```

Der Zeiger auf das nächste Element ist erst einmal *nil*:

```
      knoten^.next := nil;
      Inc(i);
    end;
    CloseFile(f);
```

Nach dem Durchlaufen aller Zeilen setzen wir den Satzzeiger[1] auf das erste Element der Liste:

```
    knoten := root;
    Anzeige;
end;
```

In der Anzeigeroutine ist lediglich der aktuelle Zeiger zu dereferenzieren:

```
procedure Anzeige;
begin
```

[1] An dieser Stelle ist die Bezeichnung Satzzeiger wohl mehr als berechtigt!

```
    with knoten^ do begin
        form1.edit1.text := inttostr(nr);
        form1.edit2.text := inhalt
    end
end;
```

Das war auch schon fast alles, bleibt nur noch das "Bewegen" in der Liste. Auf den jeweils nächsten Datensatz wechseln wir, indem dem Pointer *Knoten* das Feld *Next* (d.h. der Pointer auf das nächste Element) zugewiesen wird.

```
procedure TForm1.Button3Click(Sender: TObject);
begin
  if knoten.next^.next <> nil then knoten := knoten^.next;
  Anzeige
end;
```

Die *If*-Bedingung bedarf sicherlich einer Erklärung. Statt den Inhalt von *Next* auf *nil* zu prüfen, überprüfen wir das Feld *Next* im folgenden Datensatz. Die Ursache ist ein leerer Datensatz am Ende unserer Liste, der dadurch entstanden ist, dass wir bereits im *Create*-Ereignis einen neuen Datensatz angelegt haben. Durch Umstellen könnten wir auch auf diesen Datensatz verzichten (siehe Ringpuffer).

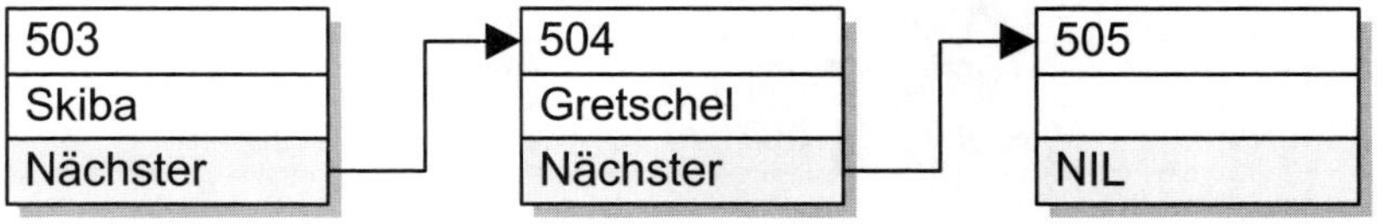

Ist z.B. der 503. Datensatz der aktuelle, testen wir, ob im nächsten Datensatz ein *Nil*-Pointer auftritt. Nur wenn das nicht der Fall ist, wechseln wir den aktuellen Datensatz. Für den 504. Datensatz ist die Bedingung *False*, wir werden den Satzzeiger also nicht verändern.

Nicht ganz so kompliziert ist der Wechsel auf den ersten Listeneintrag:

```
procedure TForm1.Button2Click(Sender: TObject);
begin
    knoten:= root;
    Anzeige
end;
```

Damit hätten wir auch schon den Nachteil dieses Verfahrens vorgestellt: Die absolute Positionierung und das Durchlaufen der Liste in umgekehrter Reihenfolge ist nicht bzw. nur umständlich und damit langsam möglich.

Eine absolute Positionierung könnten Sie nur erreichen, wenn Sie den Zeiger auf *Root* zurücksetzen und in einer Schleife die entsprechende Anzahl von Elementen durchlaufen.

Das Problem, auch den vorhergehenden Datensatz zu erreichen, können wir durch die Verwendung einer doppelt verketteten Liste lösen.

Geht es darum, Daten zu sortieren, kann eine verkettete Liste ihre Vorteile gegenüber einem statischen Array voll ausspielen.

Stellen Sie sich vor, in eine bestehende Liste soll ein neuer Datensatz eingefügt werden. Bei einer Pointerliste sind lediglich zwei Zeiger zu verändern, Daten müssen (im Gegensatz zu einer statischen Liste) nicht kopiert werden.

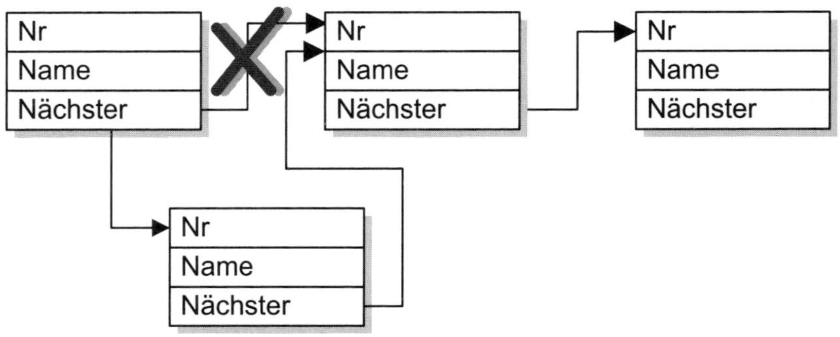

Ähnlich einfach ist das Löschen einzelner Elemente:

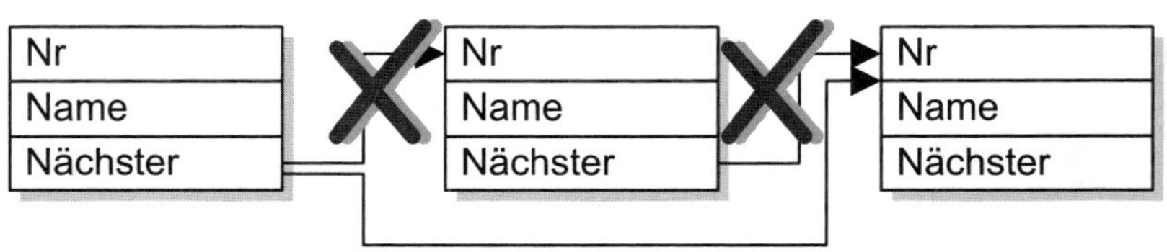

Alles, was Sie machen müssen, ist die Übernahme des Pointers aus dem zu löschenden Element in seinen Vorgänger. Natürlich muss auch das Element selbst mit *Dispose* wieder freigegeben werden.

Beispiel: Löschen des Elements mit der Nummer 13

```
var hilfs : Pointer;
begin
   knoten:= root;
   while (knoten.next^.next <> nil)and(knoten.next^.nr <> 13) do
      knoten := knoten.next;
   if knoten.next^.nr = 13 then begin
      hilfs := knoten.next^.next;
      Dispose(knoten.next);
      knoten.next := hilfs;
   end
end;
```

Doppelt verkettete Listen

Gegenüber dem vorherigen Verfahren sind nur geringste Änderungen nötig. Jeder Datensatz wird um einen weiteren Pointer erweitert, der auf den jeweiligen Vorgänger zeigt.

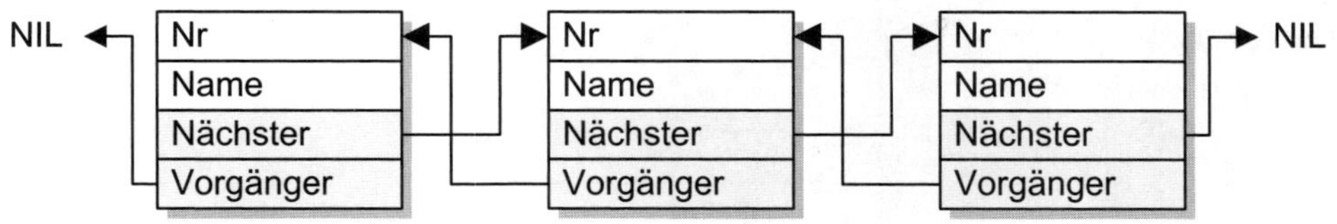

Während bei der Initialisierung der zweite Pointer ebenfalls auf *nil* gesetzt werden muss,

```
procedure TForm1.FormCreate(Sender: TObject);
begin
   New(root);
   Knoten := root;
   with knoten^ do begin
       nr := 0;
       inhalt := '';
       next := nil;
       previous := nil
   end
end;
```

unterscheidet sich die Deinitialisierung nicht von der einfach verketteten Liste.

Eine wesentliche Erweiterung ist allerdings beim Einlesen der Daten vorzunehmen, die Anweisung ist unterstrichen:

```
procedure DateiEinlesen;

var f : textFile;
    s : string;
    neuerKnoten : PKnoten;
    i : integer;

begin
     AssignFile(f,'..\daten.dat');
     {$i-}
     Reset(f);
     {$i+}
     if ioresult <> 0 then begin
        ShowMessage('Datei konnte nicht gefunden werden!'); Exit
     end;
```

```
    i := 0;
    while not eof(f) do
    begin
      readln(f,s);
      new(neuerKnoten);
      with knoten^ do begin
           next := neuerKnoten;
           inhalt := s;
           nr := i
      end;
      NeuerKnoten^.previous := knoten;
      knoten := neuerKnoten;
      knoten^.next := nil;
      inc(i)
    end;
    CloseFile(f);
    Last := knoten.previous;
    knoten := root;
    Anzeige
end;
```

Ganz nebenbei merken wir uns auch gleich noch das Ende der Liste im Pointer *Last*.

Wechsel auf den nächsten Datensatz:

```
if knoten.next^.next <> nil then knoten := knoten^.next;
```

Wechsel auf den vorhergehenden Datensatz:

```
if knoten.previous <> nil then knoten := knoten^.previous;
```

Wechsel auf den letzten Datensatz:

```
knoten:= last;
```

Wie Sie sehen, ist die Programmierung von Pointerlisten zwar aufwändiger als mit einem statischen Array, die Vorteile dürften allerdings überwiegen.

Im Folgenden wollen wir Ihnen noch einen Spezialfall vorstellen:

Ringpuffer

Auch bei einem Ringpuffer handelt es sich um eine ganz normal verkettete Liste (es kann sich sowohl um einfach als auch um doppelt verkettete Listen handeln), mit dem Unterschied, dass diese Liste weder einen Anfang noch ein Ende aufweist. Der letzte Pointer zeigt auf das erste Listenelement.

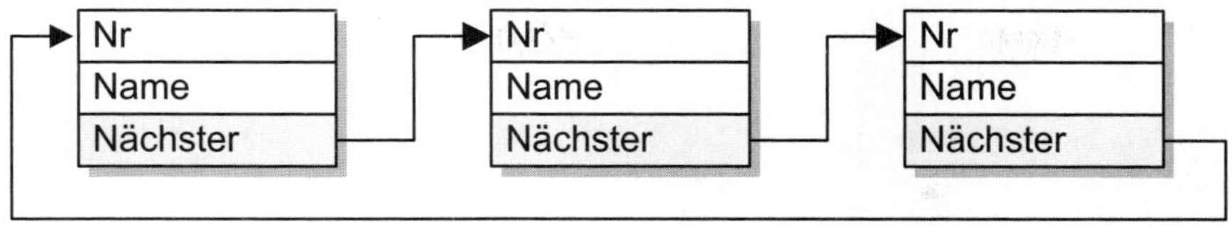

Wozu brauchen wir nun dieses Konstrukt?

Stellen Sie sich vor, ein Messgerät liefert einen ununterbrochenen Strom von Messwerten (5 Mal pro Sekunde), und dieser Wert soll auf dem Bildschirm angezeigt werden. Bedingt durch Messfehler ist es nötig, den Mittelwert zu bilden. Hier tritt nun ein Problem auf: Für eine Mittelwertbildung müsste die Summe der Einzelmesswerte durch deren Anzahl geteilt werden. Da es sich jedoch um einen kontinuierlichen Datenstrom handelt, müssen wir uns auf eine bestimmte Anzahl von Messwerten beschränken. Das Verfahren wird "Gleitende Mittelwertbildung" genannt, es werden beispielsweise nur die letzten zehn Messwerte in die Rechnung einbezogen (Summe/10).

Die programmtechnische Umsetzung mit einem Ringpuffer ist denkbar einfach.

In den aktuellen Datensatz wird der neue Wert eingetragen (der Pointer bleibt unverändert), danach kann die Liste einmal komplett durchlaufen werden (Berechnung). Zum Schluss wird der nächste Datensatz ausgewählt. Dieser Vorgang kann endlos wiederholt werden, es sind jeweils die letzten n Werte gespeichert.

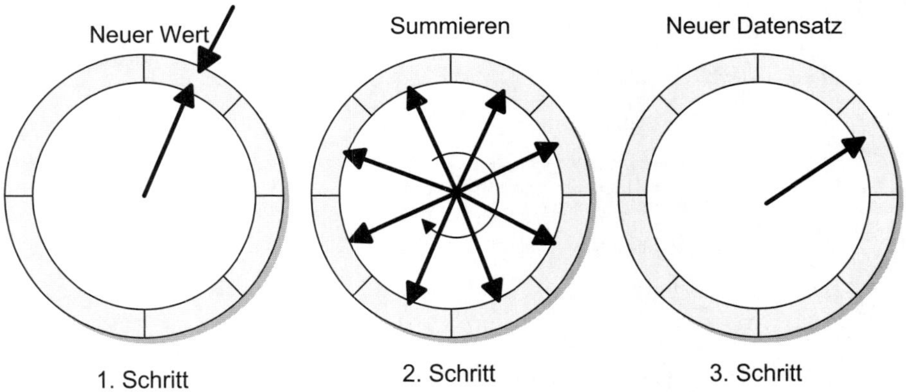

Ein weiteres Anwendungsgebiet findet sich in der digitalen Regelungstechnik, wo es darum geht, Signale um bestimmte Zeiträume zu verzögern (so genannte Laufzeit- bzw. Totzeitglieder)[1].

Doch zurück zu unserem Beispiel, wo wir uns auf das Einlesen der ersten zehn Datensätze beschränken. Testen Sie das Programm, werden Sie feststellen, dass nach dem zehnten der erste Datensatz wieder auftaucht.

[1] Der Puffer wird vorinitialisiert mit N=TL/TA-Elementen (TA-Abtastzeit, TL-Laufzeit), danach kann der alte Wert gelesen werden, die Zelle wird beschrieben, und der Zeiger wird um ein Element weiterbewegt.

```
procedure DateiEinlesen;
var f : textfile;
    s : string;
    oldKnoten : PKnoten;
    i : integer;
begin
     oldknoten := nil;
     assignfile(f,'..\daten.dat');
     {$i-}
     reset(f);
     {$i+}
     if ioresult <> 0 then begin
        showmessage('Datei konnte nicht gefunden werden!'); exit;
     end;
     i := 1;
     while (not eof(f)) and (i<=10)  do begin
       readln(f,s);
       new(Knoten);
       with knoten^ do begin
            next := nil;
            inhalt := s;
            nr := i;
       end;
       if oldknoten <> nil then oldknoten^.next := knoten
       else root := knoten;
       oldknoten := knoten;
       inc(i);
     end;
     closefile(f);
```

Der letzte Knoten zeigt wieder auf den Anfang der Liste.

```
     knoten^.next  := root;
     knoten := root;
     Anzeige;
end;
```

Im Code wird diesmal nicht mit einer vorinitialisierten Liste gearbeitet, der leere Datensatz am Ende der Liste entfällt dadurch (siehe einfach verkettete Liste).

Binäre Bäume

Auf diese Spezialform, bei der es sich eigentlich nicht um Listen, sondern um ganze Bäume handelt, wollen wir nicht detailliert eingehen. Die folgende Grafik zeigt lediglich das Grundprinzip, wie Daten in solchen Bäumen gespeichert werden können:

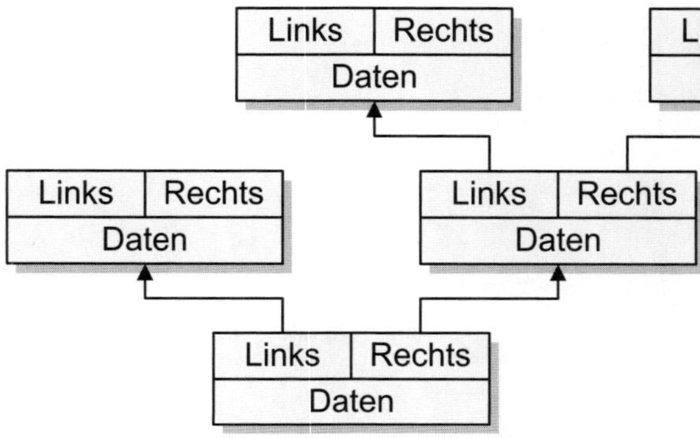

Derartige Strukturen werden zum Beispiel zum schnellen Sortieren von Daten verwendet, beim Einordnen neuer Elemente sind nur wenige Vergleiche nötig, um die neue Position festzulegen. Allerdings haben die Informatiker es geschafft, auch aus diesem Thema eine Wissenschaft zu machen. So gibt es unter anderem Algorithmen, mit denen der Baum neu "zentriert" werden kann, um eine ungleichmäßige Baumtiefe zu vermeiden. Damit schließen wir das Thema "Zeigerlisten" vorerst ab.

14.2.3 Arbeiten mit *TList*-Objekten

Nach dem vorangegangenen Exkurs in die Untiefen von Pascal werden wir jetzt eine objektorientierte Lösung für unser Problem suchen.

Dynamische Variablen

Mit dem *TList*-Objekt bietet sich die Möglichkeit, Aufgaben, die wir bisher mit der Pointerliste realisiert haben, in ein Objekt zu verlagern. Für das Erzeugen der dynamischen Variablen sind Sie zwar nach wie vor verantwortlich (das Objekt kennt nur Zeiger, keine Records), das Speichern übernimmt jedoch das Objekt.

Erster Schritt ist die Definition unseres Records sowie eines Pointertyps:

```
type
    PDaten = ^TDaten;
    TDaten = record
               nr : Integer;
               inhalt : String;
             end;
```

Definition des Listen-Objekts sowie einer Pointervariablen, die wir für das Erstellen von neuen Datensätzen benötigen:

```
var Liste     : TList;
    Daten     : PDaten;
    ListIndex : Integer;
```

Objekte müssen mit *Create* erstellt werden

```
procedure TForm1.FormCreate(Sender: TObject);
begin
  Liste := TList.Create;
end;
```

und sollten zum Schluss auch wieder freigegeben werden:

```
procedure TForm1.FormClose(Sender: TObject; var Action: TCloseAction);
begin
  Liste.Free;
end;
```

Die schon bekannte Funktion zum Einlesen der Daten:

```
procedure DateiEinlesen;
var f : textfile;
    s : String[20];
    i : Integer;
begin
     assignfile(f,'..\daten.dat');
     {$i-}
     reset(f);
     {$i+}
     if ioresult <> 0 then begin
        showmessage('Datei konnte nicht gefunden werden!');
        exit;
     end;
     i := 0;
     while not eof(f) do begin
        readln(f,s);
```

An dieser Stelle erzeugen wir eine dynamische Variable

```
        New(Daten);
```

und füllen die einzelnen Felder:

```
        Daten^.nr := i;
        Daten^.inhalt := s;
```

Mit der *Add*-Methode übergeben Sie diese Variable an das *List*-Objekt:

```
        Liste.Add(Daten);
        inc(i);
    end;
    closefile(f);
    form1.trackbar1.max := i-1;
    listindex := 0;
    Anzeige;
end;
```

Bei der Anzeige muss natürlich der Zeiger dereferenziert und typisiert werden. Die Typisierung erfolgt mit Hilfe des *PDaten*-Typs:

```
procedure Anzeige;
begin
     with PDaten(Liste.Items[listindex])^ do
     begin
          form1.edit5.text := inttostr(nr);
          form1.edit6.text := inhalt;
     end;
end;
```

Die einzelnen Zellen der Liste werden über einen Index angesprochen, den wir uns in der Variablen *ListIndex* merken.

Wechsel auf erstes Element der Liste:

```
listindex := 0;
```

Vorhergehendes Element:

```
if listindex > 0 then dec(listindex);
```

Nächstes Element:

```
if listindex < Liste.Count-1 then inc(listindex);
```

Letztes Element:

```
listindex := Liste.count-1;
```

Beliebiges Element:

```
listindex := trackbar1.position;
```

Wie Sie sehen, ist die Programmierung mit dem *TList*-Objekt recht komfortabel. Sie werden von fast allen Aufgaben entlastet, lediglich die dynamischen Variablen müssen Sie noch selbst erstellen.

Weitere Methoden

Im Unterschied zu den Pointerlisten aus den vorhergehenden Abschnitten bietet ein *TList*-Objekt einen ganzen Satz von Methoden, mit denen Sie die Liste verwalten können.

Methode	Bemerkung
Add	... dynamische Variable oder Objekt an die Liste anhängen.
Clear	... Liste löschen.
Delete	... löscht das durch Index bezeichnete Objekt.
Pack	... löscht alle Elemente mit *NIL*-Zeiger.
Exchange	... tauscht zwei Elemente miteinander aus.
Insert	... fügt ein Element in die Liste ein.
Remove	... löscht ein Element (Parameter ist der Pointer).
Sort	... sortiert die Liste.

Auf die Methode *Sort* wollen wir noch einmal getrennt eingehen, da Sie für den Aufruf eine Funktion mit folgendem Aufbau erstellen müssen:

```
function vergleich(Item1, Item2: Pointer): Integer;
begin
  if PKnotenList(Item1)^.inhalt > PKnotenList(Item2)^.inhalt then result := 1;
  if PKnotenList(Item1)^.inhalt < PKnotenList(Item2)^.inhalt then result := -1;
  if PKnotenList(Item1)^.inhalt = PKnotenList(Item2)^.inhalt then result := 0;
end;
```

Übergabewerte sind zwei Elemente der Liste bzw. die Pointer darauf. Ihre Funktion bestimmt nun, wie die beiden Elemente miteinander verglichen werden (welches Feld genutzt wird). Ist *Item1* größer als *Item2*, ist der Rückgabewert positiv, andernfalls negativ. Sind beide Elemente gleich, gibt die Funktion null zurück.

Im obigen Listing ist der Vergleich etwas umständlich, da es sich um Zeichenketten handelt. Sollten Sie nummerische Werte miteinander vergleichen, genügt die folgende Anweisung:

```
function vergleich(Item1, Item2: Pointer): Integer;
begin
  result := PKnotenList(Item1)^.inhalt - PKnotenList(Item2)^.inhalt;
end;
```

An die Methode *Sort* können Sie nun Ihre Funktion übergeben:

```
procedure TForm1.Button1Click(Sender: TObject);
begin
  liste.sort(vergleich)
end;
```

Objektvariablen

Statt nur einfacher dynamischer Variablen können Sie auch ganze Objekte an die Liste übergeben.

Beispiel: Zeigerliste für Objekte

```
type
```

```
      TMyList = class                          // Klasse erzeugen
          nr     : integer;
          inhalt : String;
          constructor Create(i:integer);
        end;
...
var  Liste  : TList;
```

Das Überschreiben des Konstruktors ist nicht unbedingt nötig, es vereinfacht jedoch das spätere Einfügen von Objekten in die Liste, da wir so keine separate Instanz der Klasse erzeugen müssen.

```
constructor TMyList.Create(i:integer, s : String);
begin
  inherited Create;
  nr := i;
  inhalt := s;
end;
```

Das folgende Aufruf-Beispiel zeigt, dass wir das von der *Create*-Methode zurückgegebene Objekt gleich an die *Add*-Methode weitergeben können:

```
Liste.Add(TMyList.Create(10,'Mayer'))
```

Spätere Versuche, die Daten aus der Liste auszulesen, erfordern natürlich wieder eine Typisierung:

```
label1.caption := TMylist(Liste[index]).inhalt
```

Das *TList*-Objekt eignet sich hervorragend für das Speichern von Zusatzinformationen in einer *TreeView*-Komponente. Weisen Sie einfach die Einträge der Liste (Pointertyp) der *Data*-Eigenschaft (ebenfalls ein Pointer) von *Treeview* zu. Beim späteren Abruf der Informationen genügt folgende Anweisung:

```
label1.caption := TMylist(TreeView1.Selected.data).inhalt
```

14.2.4 Memory-Streams

Im Unterschied zu den bisherigen Verfahren erinnert die Verwendung von *Memory-Streams* stark an eine typisierte Datei. Wer noch nicht mit Streams gearbeitet hat, sollte sich aus diesem Grund erst einmal Abschnitt 8.3 durchlesen.

TMemoryStream

Der Datenrecord erfährt eine wesentliche Einschränkung: Statt einer variablen Stringlänge verwenden wir einen festen *ShortString*. Der Grund ergibt sich aus dem Prinzip des Streams, in den zwar beliebige Daten geschrieben werden können, beim Lesen muss allerdings die Größe bekannt sein. Der Ausweg wäre eine geänderte Record-Struktur mit einem Längen-Feld, aber so weit wollen wir es an dieser Stelle nicht treiben.

```
type TStreamKnoten   = record
                         nr     : Integer;
                         inhalt : string[20];
                       end;
```

Das Stream-Objekt:

```
var mstream : TMemoryStream;
    Streamknoten : TStreamknoten;
```

Der weitere Ablauf ist wie bei einer typisierten Datei organisiert. Nach dem Schreiben der Records können diese gezielt wieder ausgelesen werden, wenn der Satzzeiger entsprechend positioniert wird. Streams können zwar nicht auf *BOF* bzw. *EOF* getestet werden, mit den beiden Eigenschaften *Position* und *Size* haben Sie jedoch auch dieses Problem im Griff. Geschrieben wird, wie nicht anders zu erwarten ist, mit *Write*, gelesen wird mit *Read*. Der einzige Unterschied zu einer normalen Datei ist der "Datenträger", denn Memory-Streams werden im Arbeitsspeicher abgelegt.

```
procedure DateiEinlesen;
var f : textfile;
    s : String[20];
    i : Integer;
begin
     mStream := TMemoryStream.Create;
     AssignFile(f,'..\daten.dat');
     {$i-}
     reset(f);
     {$i+}
     if ioResult <> 0 then begin
        ShowMessage('Datei konnte nicht gefunden werden!');
        Exit;
     end;
     i := 0;
     while not eof(f) do begin
        readln(f,s);
        Streamknoten.inhalt := s;
        Streamknoten.nr := i;
        mStream.Write(Streamknoten,SizeOf(Streamknoten));
        Inc(i);
     end;
     CloseFile(f);
     mStream.position := 0;
     mStream.read(Streamknoten,sizeof(streamknoten));
     AnzeigeStream;
end;
```

Die Anzeige eines Datensatzes:

```
procedure AnzeigeStream;
begin
    with Streamknoten do begin
        Form1.Edit3.Text := IntTostr(nr);   Form1.Edit4.Text := inhalt
    end
end;
```

Wie Sie vielleicht schon bemerkt haben, wird in der Prozedur nicht direkt mit dem Stream gearbeitet, sondern lediglich der Inhalt der Variablen *Streamknoten* ausgegeben. Der Grund ist das Verhalten der Methode *Read*, die bei jedem Lesevorgang auch die Position des Satzzeigers verändert (wie in einer normalen Datei). Die folgenden Beispiele zeigen, wie Sie den Satzzeiger positionieren.

Erster Datensatz:

```
    mStream.Position := 0;
    mStream.Read(Streamknoten,SizeOf(Streamknoten));
```

Vorhergehender Datensatz (relativ zum aktuellen):

```
      if mStream.position-2*sizeof(Streamknoten) >= 0 then begin
       mStream.Seek(-2*sizeof(Streamknoten),soFromCurrent);
       mStream.Read(Streamknoten,SizeOf(Streamknoten))
    end;
```

Nächster Datensatz:

```
   if mStream.Position < mStream.Size then
    mStream.Read(Streamknoten,SizeOf(Streamknoten));
```

Letzter Datensatz:

```
   mStream.Position := mStream.Size - SizeOf(Streamknoten);
    mStream.Read(Streamknoten,SizeOf(Streamknoten));
```

Der Clou an der Sache ist die Möglichkeit, mit einer Anweisung die komplette Liste in einer echten Datei zu speichern.

```
mStream.SaveToFile('c:\daten.dat');
```

Beim Laden dieser Datei brauchen Sie nur die Methode *LoadFromFile* aufzurufen, einfacher kann man es eigentlich nicht haben.

TCustomMemoryStream

Sicher ist auch Ihnen das etwas umständliche Verändern des Satzzeigers aufgestoßen, was daraus resultiert, dass *Read* den Zeiger verändert. Abhilfe können Sie durch eine kleine Variation des obigen Programms schaffen. Statt eines *TMemoryStream*-Objekts erstellen Sie einfach ein *TCustom-Memory*-Objekt, das mit *Memory* über eine recht interessante Eigenschaft verfügt.

Da ein Stream lediglich als Zeichenstrom im Speicher abgelegt ist, lassen sich nicht nur mit der Methode *Read* Daten auslesen, sondern Sie können auch direkt mit Pointern arbeiten. Den Pointer auf den Anfang des Streams erhalten Sie über die Eigenschaft *Memory*.

Erzeugen Sie jetzt einen typisierten Pointer, können Sie mit diesem problemlos Datensätze aus dem Stream auslesen oder auch schreiben, unabhängig von der Position des Satzzeigers.

```
var mstream : TCustomMemoryStream;
    Streamknoten : TStreamknoten;
    zeiger       : ^TStreamknoten;    // der Pointer
```

Zuweisen des Zeigers und Positionieren auf den 5. Datensatz:

```
zeiger := mstream.memory;
inc(zeiger,4);
```

Auslesen der Daten:

```
edit3.text := inttostr(zeiger^.nr);
edit4.text := zeiger^.inhalt;
```

Für das Anhängen neuer Datensätze sollten Sie unbedingt die Methode *Write* verwenden. Weiterhin müssen Sie sich beim Lesen bzw. Schreiben auf die Größe des Streams beschränken, andernfalls erhalten Sie eine Fehlermeldung:

Damit wären wir auch schon wieder bei den Pointern angelangt. Für alle, die immer noch nicht genug haben, folgt noch eine weitere Variante, Daten dynamisch zu speichern.

14.2.5 Dynamische Arrays

Die am Anfang des Abschnitts vorgestellten Pointerlisten hatten einen wesentlichen Nachteil: Die wahlfreie Positionierung war relativ umständlich. Mit dem im Folgenden vorgestellten Verfahren können Sie jeden Record über einen Index ansprechen, fast wie bei einem statischen Array. Trotzdem handelt es sich um eine dynamische Struktur, es wird nur so viel Speicher reserviert, wie unbedingt nötig ist.

Hinweis: Mehr über die dynamischen Arrays von Delphi erfahren Sie im Kapitel 2.

Memory-Arrays

Eine Einschränkung sollte allerdings nicht vergessen werden: Die Recordgröße muss konstant sein, variable Strings sind also nicht zulässig.

Die Definition des Records:

```
type   TDat = record
                nr : Integer;
```

```
            inhalt : String[20];
          end;
```

Ein Array-Typ (die Voraussetzung für das spätere Positionieren über den Index):

```
     TDatA = array[0..0] of TDat;

var memdat : ^TDatA;
    anzahl,
    nummer : integer;
```

Am Programmende sorgen wir dafür, dass der gesamte belegte Speicher wieder freigegeben wird:

```
procedure TForm1.FormClose(Sender: TObject; var Action: TCloseAction);
begin
   ReallocMem(memdat,0);
end;
```

Füllen des Arrays:

```
procedure DateiEinlesen;
var f : textfile;
    s : String[20];
    i : Integer;

begin
     assignfile(f,'..\daten.dat');
     {$i-}
     reset(f);
     {$i+}
     if ioresult <> 0 then begin
        showmessage('Datei konnte nicht gefunden werden!');
        exit;
     end;
     i := 0;
     while not eof(f) do begin
        readln(f,s);
```

Reservieren von zusätzlichem Speicher:

```
        ReallocMem(memdat,(i+1) * sizeof(TDat));
```

Das Array wird gefüllt:

```
        memdat^[i].nr := i;
        memdat^[i].inhalt := s;
        inc(i);
     end;
```

```
    closefile(f);
    form1.trackbar2.max := i-1;
    anzahl := i-1;
    nummer := 0; Anzeige
end;
```

Anzeigen eines Datensatzes:

```
procedure Anzeige;
begin
     with Memdat^[nummer] do
     begin
          form1.edit7.text := inttostr(nr);
          form1.edit8.text := inhalt;
     end
end;
```

Die Anweisungen zum Positionieren des Satzzeigers brauchen wir Ihnen sicher nicht vorzustellen, Sie müssen lediglich den Index innerhalb des Arrays ändern.

Abgesehen von der Einschränkung auf eine feste Recordgröße dürfte das oben genannte Verfahren wohl eine der optimalen Möglichkeiten zum dynamischen Speichern bieten. Insbesondere der Zugriff über den Index macht es möglich, bisherige Algorithmen, die auf statischen Arrays basierten, schnell umzustellen.

14.3 Lernbeispiele für Einsteiger

14.3.1 Zerlegen von Strings

Ein häufig auftretendes Problem des Programmierers ist das Zerlegen von Zeichenketten in ihre Bestandteile (String-Tokenizer). Nicht zuletzt müssen sich auch die höheren Programmiersprachen (inkl. SQL) damit herumschlagen, wenn es darum geht, den Quelltext zu interpretieren bzw. zu compilieren.

Die folgende Demo erläutert das Prinzip am Beispiel eines normalen Eintrags in ein Fahrtenbuch, wo es darum geht, die einzelnen Stationen der Fahrstrecke, den Reisezweck und die geschäftlichen, privaten und zwischen Wohnort und Arbeitsstelle gefahrenen Kilometer aus einem einzigen String herauszufiltern. Endgültige Klarheit dürfte die folgende Abbildung schaffen.

Oberfläche

Ein Editierfeld nimmt den Eingabestring auf, die Ausgabe der "zerpflückten" Informationen erfolgt in sechs *Labels*.

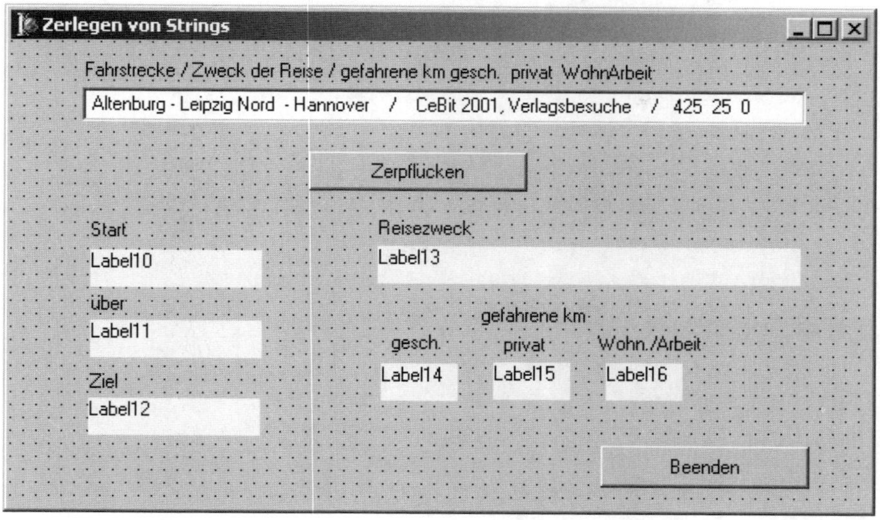

Quelltext der Unit *stringRoutinen2*

Grundlage ist die ziemlich komplexe Funktion *decodeRoute*, die von der separaten Unit *stringRoutinen2* exportiert wird.

```
unit stringRoutinen2;
interface
uses SysUtils;                    // wegen Stringfunktionen
```

Die Funktion *decodeRoute* liefert die decodierten Daten in einer wie folgt strukturierten Variablen zurück:

```
type
 TRoute = record
  AOrt, BOrt, COrt: string[20];
  Zweck: string[50];
  kmGe, kmPr, kmWA: Integer
end;

function decodeRoute(s:string):TRoute;

implementation
var route: TRoute;
```

DecodeRoute baut auf lokalen Funktionen und Prozeduren auf, die sich auf das Herausfiltern einer bestimmten Teilinformation (Fahrtroute, Reisezweck, gefahrene Kilometer) beschränken. Vorerst aber eine reine Hilfsfunktion, die das lästige Leerzeichen-Problem vom Tisch wischt:

```
 function deleteFirstLastLZ(st:string):string; // entfernt vor- und nachstehende LZ
 var a, z: Integer;
```

```
begin
 Result:=''; if st <> '' then        // natürlich darf es kein Leerstring sein!
 begin
 // alle vorstehenden LZ entfernen:
 // besonders tückisch ist der Fall, wenn String nur aus LZ besteht!
  a:=1; while st[a] = ' ' do begin Delete(st,a,1); if st= '' then Exit end;
 // alle nachstehenden LZ entfernen:
  z:=Length(st); while st[z] = ' ' do begin Delete(st,z,1); Dec(z) end;
  Result := st
 end
end;
```

Das Decodieren der Fahrtroute:

```
function decodeRoute;
  var i: Integer;           // Positionszähler im String
    anz: Integer;            // Zeichenanzahl

  procedure fahrtRoute;
   var ort:string;

   function selOrt:string;   // selektiert einen Ort
   begin
    ort:=''; Inc(i);
    while (s[i] <> '-') and (s[i] <> '/') do
    begin ort := ort + s[i]; Inc(i); if i>anz then Break end;
    ort := deleteFirstLastLZ(ort);    // entfernt vor- und nachstehende LZ
    Result := ort
   end;
  begin
   route.AOrt := selOrt; // Startort feststellen
   if s[i] <> '-' then  Exit;          // Route besteht aus nur einer Ortsangabe

   route.BOrt := selOrt; // zweiten Ort feststellen
   if s[i] <> '-' then           // Ort ist bereits Zielort => vertauschen
   begin route.COrt := route.BOrt; route.BOrt :=''; Exit end;

   route.COrt:= selOrt // Zielort feststellen
  end;
```

Das Herausfiltern des Reisezwecks:

```
procedure reiseZweck;
var zweck: string;
begin
 if s[i] <> '/' then Exit;
 zweck:='';
 Inc(i);
 if i > anz then Exit;
 while s[i] <> '/' do
 begin zweck := zweck + s[i]; Inc(i); if i>anz then begin Dec(i); Break end end;
 route.Zweck := DeleteFirstLastLZ(zweck)
end;
```

Das Ermitteln der gefahrenen Kilometer:

```
procedure gefahreneKm;
var gesch, priv, wa: string;

 function detectNumber: string;   // liefert nächste Zeichenfolge nach LZ-Folge
 var st:string;
 begin
  st:='';
  repeat Inc(i) until (s[i] <> ' ') or (i > anz); // hält an nächster Ziffer
  if i > anz then begin Result := ''; Exit end;   // falls keine gefunden
  repeat st := st + s[i]; Inc(i) until (s[i] = ' ') or (i > anz);
  Result := st
 end;

begin
 gesch := detectNumber;         // geschäftliche km
 if gesch <> '' then route.kmGe := StrToInt(gesch) else Exit;

 priv := detectNumber;          // private km
 if priv <> '' then route.kmPr := StrToInt(priv) else Exit;

 wa := detectNumber;            // km Wohnort-Arbeit
 if WA <> '' then route.kmWA := StrToInt(wa)
end;
```

Nach all diesen Vorarbeiten kann's jetzt endlich zur Sache gehen:

```
begin              // Hauptroutine von decodeRoute!
 with route do     // Rückgabewerte initialisieren
```

```
  begin
   AOrt:=''; BOrt:=''; COrt:=''; Zweck :=''; kmGe:=0; kmPr:=0; kmWA:=0
  end;
  Result := route;
  if s <> '' then    // nur wenn Übergabeparameter kein Leerstring ist
  begin
   i := 0; anz := Length(s);                // Anfangsparameter setzen
   if (s[i+1] = '-') or (s[i+1] = '/') then Exit;      // unzulässige erste Zeichen
   // String zerpflücken:
   if i < anz then fahrtRoute;
   if i < anz then reiseZweck;
   if i < anz then gefahreneKm
  end;
  Result := route
 end;
end.
```

Quelltext *Unit1*

Da der relevante Code in die Unit *stringRoutinen* ausgelagert wurde, kann sich *Unit1* auf ihre eigentlichen Aufgaben, die Verwaltung der Benutzerschnittstelle, konzentrieren.

Im *implementation*-Abschnitt fügen Sie lediglich Folgendes hinzu:

```
uses stringRoutinen2;

var route: TRoute;

procedure TForm1.Button1Click(Sender: TObject);        // Zerpflücken
begin
 route:=decodeRoute(Edit1.Text);
 Label10.Caption := route.AOrt;
 Label11.Caption := route.BOrt;
 Label12.Caption := route.COrt;
 Label13.Caption := route.Zweck;
 Label14.Caption := IntToStr(route.kmGe);
 Label15.Caption := IntToStr(route.kmPr);
 Label16.Caption := IntToStr(route.kmWA)
end;
```

Test

Starten Sie das Programm und überzeugen Sie sich von seiner Wirksamkeit. Achten Sie darauf, dass die einzelnen Stationen der Reiseroute stets durch einen waagerechten Strich (-) voneinander zu trennen sind, während zwischen den gefahrenen Kilometern mindestens ein Leerzeichen zu stehen hat. Reiseroute, Bemerkungen und gefahrene Kilometer sind durch einen Frontslash (/) zu separieren.

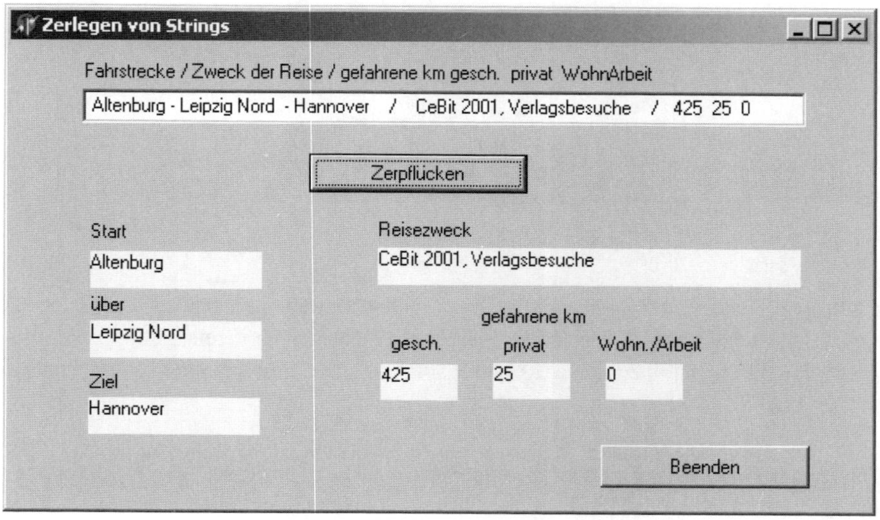

14.3.2 Zum Unterschied zwischen PChar und String

Dem Object Pascal-Einsteiger fällt naturgemäß das Verständnis der Pointer-Philosophie besonders schwer. Deshalb soll im Folgenden der Unterschied zwischen *String*- und *PChar*-Datentyp an einem Beispiel nahe gebracht werden. Da Letztere durch das Zeichen #0 begrenzt werden, sind sie auch unter dem Begriff *nullterminierte Strings* bekannt. Dieses Grundverständnis ist vor allem für die weiteren Rezepte notwendig und auch eine Voraussetzung für die spätere DLL-Programmierung und die Arbeit mit API-Funktionen.

Ziel dieser Demo ist es, den Inhalt eines Editierfeldes nach Groß- und Kleinbuchstaben zu durchsuchen, wobei das Problem einmal mit dem *string*- und einmal mit dem *PChar*-Datentyp gelöst wird.

Oberfläche

Auf dem Startformular platzieren Sie ein Editierfeld, zwei RadioButtons und zwei Schaltflächen, so dass sich etwa folgender Anblick bietet:

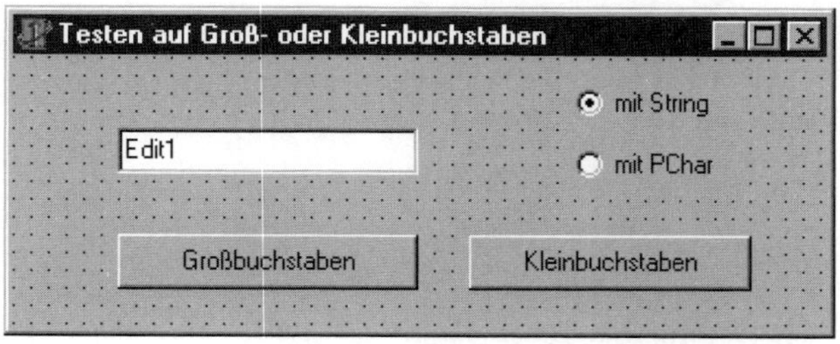

Quelltext

Der gesamte Quellcode befindet sich im *implementation*-Abschnitt von *unit*1. Die beiden folgenden Funktionen erwarten als Übergabeparameter ein einzelnes Zeichen (*Char*-Datentyp):

```
function isUpper(c:Char): Boolean;    // testet auf Großbuchstaben
begin   result := c in ['A'..'Z','Ä','Ö','Ü'] end;


function isLower(c:Char): Boolean;    // testet auf Kleinbuchstaben
begin
  result := c in ['a'..'z','ä','ö','ü','ß']
end;
```

Hinweis: Die Funktionen *isUpper* und *isLower* finden Sie neben anderen Hilfsfunktionen in der Unit *hFunc* auf der Buch-CD. Sie können sich deshalb deren Eintippen sparen, wenn Sie diese Unit über die *uses*-Klausel am Anfang des *Implementation*-Abschnitts einbinden.

Jetzt kommt der interessante Teil. Der folgenden Prozedur wird ein Pascal-String übergeben, der in einzelne Zeichen "zerschnitten" wird, um diese dann mit obigen Funktionen zu testen:

```
procedure stringGB(s: string);
var i: Word;
    z: Char;
begin
  for i := 1 to Length(s) do
  begin
    z := s[i];
    if isUpper(z) then  ShowMessage(z + ' ist ein Großbuchstabe!')
  end
end;
```

Das gleiche Problem löst mit weniger Aufwand die nächste Prozedur, der allerdings ein *PChar*-Datentyp zu übergeben ist:

```
procedure pCharGB(p: PChar);
begin
 while (p^ <> #0) do
 begin
   if isUpper(p^) then ShowMessage(p^ + ' ist ein Großbuchstabe!');
   Inc(p)             // weiter zum nächsten Zeichen
 end
end;
```

Die beiden noch fehlenden Prozeduren *stringZugriffKB* und *pCharZugriffKB* sind analog programmiert, auf ihre Wiedergabe kann deshalb hier verzichtet werden (siehe Buch-CD).

Beim folgenden Aufruf der beiden *string*-Funktionen genügt die direkte Übergabe des Inhalts von *Edit1*, während bei den *pChar*-Funktionen vorher der Inhalt von *Edit1* mittels der *PChar*-Standardfunktion in einen Zeiger auf einen nullterminierten String verwandelt werden muss:

```
procedure TForm1.Button1Click(Sender: TObject);  // Großbuchstaben
begin
 if RadioButton1.Checked then stringGB(Edit1.Text) else pCharGB(PChar(Edit1.Text))
end;

procedure TForm1.Button2Click(Sender: TObject); // Kleinbuchstaben
begin
 if RadioButton1.Checked then stringKB(Edit1.Text) else pCharKB(PChar(Edit1.Text))
end;
```

Test

Die Anzeige der gefundenen Groß- bzw. Kleinbuchstaben erfolgt der Einfachheit halber in nacheinander sich öffnenden Meldungsfenstern.

Sie werden feststellen, dass beide Programmiervarianten absolut das Gleiche leisten und nach außen nicht zu unterscheiden sind. Der fortgeschrittene Programmierer wird allerdings die elegantere und schnellere *PChar*-Realisierung bevorzugen, während der Einsteiger mit den Pascal-Strings weniger Verständigungsprobleme haben dürfte.

14.4 Praxisbeispiele für Fortgeschrittene

14.4.1 Zweidimensionales Array auf dem Heap (Unit-Version)

Obwohl in Delphi mittlerweile auch "echte" dynamische Arrays auf relativ unkomplizierte Weise möglich sind (siehe 2.4.3), kann der versierte Programmierer auch eigene dynamische Datenstrukturen entwickeln, die auf dem reichlich vorhandenen Stapelspeicher (Heap) abgelegt werden. Der dabei erzielbare Performance-Gewinn ist nicht zu unterschätzen. Grundlegende Ausführungen zu dieser Thematik sind im Abschnitt 14.2.5 dieses Kapitels enthalten.

Obwohl die einzelnen Felder eindimensional hintereinander abgelegt werden, ist ein quasi zweidimensionaler Zugriff nach einfacher Umrechnung möglich.
Das vorliegende Beispiel bezieht sich auf eine klassische Programmiervariante mittels einer Unit.

Quellcode Unit dynVarAr

Insgesamt brauchen wir vier Routinen:

- Dimensionieren des Arrays
- Schreibzugriff
- Lesezugriff
- Freigeben des Arrays

Um eine leichte Wiederverwendbarkeit zu ermöglichen, verpacken wir den Code in eine separate Unit.

Fügen Sie über *Datei|Neu...* das Gerüst einer leeren Unit hinzu, der Sie den Namen *dynVarAr* geben und in die Sie folgenden Quelltext eintragen:

```
unit dynVarAr;
```

In den *interface*-Abschnitt tragen wir die Köpfe der zu exportierenden Prozeduren/Funktionen ein:

```
interface
 procedure dimArray (z,s:Integer);
 procedure freeArray;
 procedure wrA(i,j:Integer; w:Integer);   // Schreibzugriff (i = Zeile, j = Spalte)
 function  rdA(i,j:Integer):Integer;      // Lesezugriff
```

Wir beschränken uns auf ein zweidimensionales dynamisches *Integer*-Array, das wir wie folgt implementieren:

```
implementation
```

Auf ein Feld dieses Datentyps soll der Pointer zeigen:

```
 type dArray = array[1..1] of Integer;
```

Der Pointer:

```
 var  dA: ^dArray;
     imax, jmax: Integer;                 // imax = Zeilenzahl, jmax = Spaltenzahl
```

Nun zur Implementierung der zu exportierenden Prozeduren/Funktionen:

```
 procedure dimArray;          // Speicherplatz reservieren
 begin
  jmax := j; imax := i;  GetMem(dA, SizeOf(dA^[1])* zmax * smax)
 end;

 procedure freeArray;        //  Speicher wieder freigeben
 begin
  FreeMem(dA,SizeOf(dA^[1])* imax * jmax)
 end;

 procedure wrA;              // Schreibzugriff auf Zeile i und Spalte j
```

```
begin
 dA^[(i-1)* jmax + j] := w
end;

function rdA;             // Lesezugriff auf Zeile i und Spalte j
begin
 Result := dA^[(i-1)* jmax + j]
end;
```

Zu Beginn soll das kleinstmögliche Array initialisiert werden (1 Zeile, 1 Spalte):

```
initialization
 imax:=1;   jmax:=1;  dimArray(1,1)
end.
```

Vergessen Sie nicht, die Unit exakt unter ihrem Namen *dynVarAr* abzuspeichern!

Oberfläche

Zum Austesten unserer dynamischen Arrays verwenden wir eine Oberfläche, die zur Laufzeit etwa folgenden Anblick bieten soll:

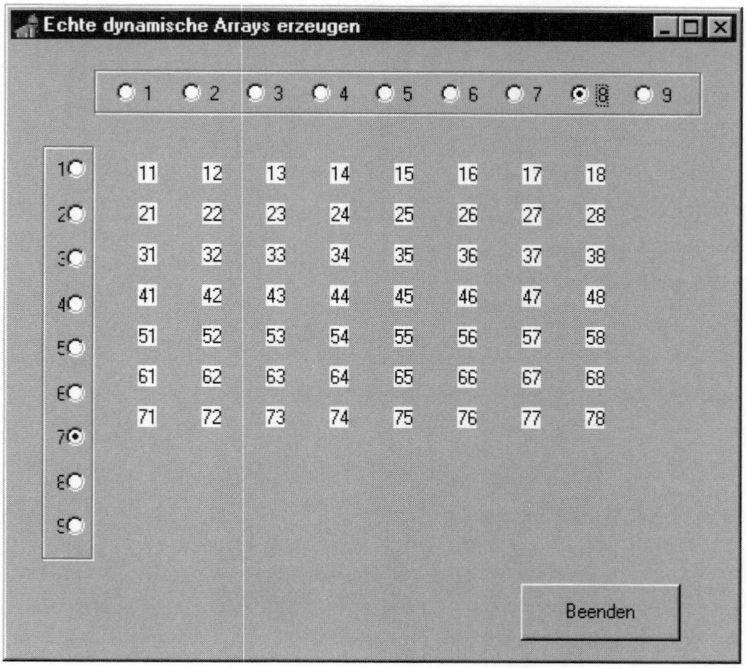

Mit den *RadioButtons* stellen wir die gewünschte Zeilen- und Spaltenanzahl ein, die in obiger Abbildung sieben bzw. acht beträgt.

Quellcode Formular-Unit

Zum Austesten unserer Unit *dynVarAr* fügen wir dem *Implementation*-Abschnitt der Formular-Unit (*Unit1*) folgenden Code hinzu:

```
uses dynVarAr;                // Einbinden der Unit


var imax, jmax: Integer;
```

Das Füllen des Arrays mit Beispieldaten (der Einfachheit halber nehmen wir dafür den Zeilen- und Spaltenindex):

```
procedure writeArray;
var i,j,z: Integer;
begin
 for i := 1 to imax do
  for j := 1 to jmax do
  begin
   z := StrToInt(IntToStr(i) + IntToStr(j));
   wrA(i,j,z)                 // Schreibzugriff auf das Array
  end
end;
```

Das Anzeigen des Array-Inhalts:

```
procedure displayArray;
var i,j,z: Integer;
begin
 Form1.Refresh;
 for i := 1 to imax do
  for j := 1 to jmax do
  begin
   z := rdA(i,j);               // Lesezugriff auf das Array
   Form1.Canvas.TextOut(40+j*40, 50 + i*25, IntToStr(z))
  end
end;
```

Das passiert beim Ändern der Dimension:

```
procedure TForm1.RadioButtonClick(Sender: TObject);
begin
 freeArray;                       // Speicherplatz freigeben
```

Die maximale Spaltenzahl setzen:

```
 if Sender = RadioButton1 then jmax := 1;
 if Sender = RadioButton2 then jmax := 2;
```

und so weiter ...

```
 if Sender = RadioButton9 then jmax := 9;
```

Nun die maximale Zeilenzahl:

```
 if Sender = RadioButton10 then smax := 1;
 if Sender = RadioButton10 then smax := 2;
```

und so weiter ...

```
 if Sender = RadioButton18 then smax := 9;
```

Übrigens: Im Beispiel 14.4.2 wird auch gezeigt, wie Sie obige monströse Routine durch Einsatz einer *RadioGroup* drastisch vereinfachen können.

Nun kann das neue Array dimensioniert, gefüllt und angezeigt werden:

```
 dimArray(smax,jmax);          // Speicherplatz belegen
 writeArray;
 displayArray
end;
```

Der Start:

```
procedure TForm1.FormCreate(Sender: TObject);
begin
  imax:=1;
  jmax:=1
end;
```

Test

Starten Sie das Programm und stellen Sie durch Klick auf die RadioButtons die Dimensionen des dynamischen Arrays ein. Es wird jeweils immer nur so viel Speicher belegt, wie er der aktuellen Größe des angezeigten Arrays entspricht.

Bemerkungen

- Der Aufbau des Arrays mit *Variant*-Datentypen würde zwar das Abspeichern unterschiedlichster Datentypen gestatten, bedeutet allerdings eine erhebliche Speicherplatzverschwendung. Es wird deshalb empfohlen, lieber mit konkreten Datentypen wie *Integer* oder *Single* zu arbeiten.
- Das Modifizieren des Quelltextes für andere Array-Dimensionen (ein-, drei-, vierdimensional) dürfte für den routinierten Programmierer kein Thema sein.
- Eine verbesserte Programmversion erwartet Sie im nachfolgenden Beispiel

14.4.2 Zweidimensionales Array auf dem Heap (OOP-Version)

Hinweis: Ein Lernerfolg für dieses Beispiel ist an zwei Voraussetzungen gebunden:
1. Das Vorgängerbeispiel 14.4.1 wurde vollständig verstanden.
2. OOP-Grundkenntnisse (Kapitel 6) sind ausreichend vorhanden.

Das Vorgängerbeispiel hat mittlerweile die fünfte Auflage dieses Buchs überlebt. Nach wie vor bietet es eine gute Einführung in die Arbeit mit Pointern und dynamischen Speichervariablen. Trotzdem ist der Zugriff auf die einzelnen Felder des Arrays gewöhnungsbedürftig. Wäre es nicht viel besser, anstatt

```
z := rdA(i,j);        // Lesezugriff
```

oder

```
wrA(i,j,z);           // Schreibzugriff
```

die üblichen Notationen

```
z := A[i, j];
```

oder

```
A[i, j] := z;
```

zu verwenden?

Lassen Sie uns deshalb ein Objekt definieren, das den Lese- und Schreibzugriff als Eigenschaft kapselt und die gewünschten Daten nach außen auf die gewohnte Weise zugänglich macht!

Oberfläche

Diese entspricht nur rein äußerlich dem Vorgängerbeispiel. Im Sinne einer längst überfälligen Vereinfachung werden wir die 18 *RadioButtons* durch je eine *RadioGroup* für die horizontalen und vertikalen Einstellungen ersetzen.

Weisen Sie der *Items*-Eigenschaft im Stringlisteneditor die Werte 1 bis 9 zu und setzen Sie *ItemIndex* = 0. Bei der horizontalen RadioGroup setzen Sie *Columns* = 9 , die vertikale verbleibt auf ihrem Standardwert (*Columns* = 1).

Klassen-Unit

Beim Vergleich des Quelltextes mit der gleichnamigen Unit des Vorgängerbeispiels werden Ihnen viele Analogien auffallen. So sind z.B. die ehemaligen Funktionen/Prozeduren zu Methoden der Klasse *TMatrix2* geworden.

```
unit dynVarAr;


interface
 type TIntArray = array[1..1] of Integer;


     TMatrix2 = class(TObject)
     private
      imax, jmax: Integer;
      pA: ^TIntArray;
      function  rdA(i,j:Integer):Integer;
      procedure wrA(i,j:Integer; w:Integer);
      function rangeOKi(i: Integer): Boolean;     // Bereichsüberprüfung i
      function rangeOKj(j: Integer): Boolean;     // Bereichsüberprüfung j
```

```
    public
     constructor Create(im, jm: Integer);
     destructor Destroy; override;
     property A[i, j: Integer]: Integer read rdA write wrA;    // !!!
    end;

implementation

 uses SysUtils;
```

Für die Fehlerbehandlung (bei Bereichsüberschreitungen) brauchen wir diese "intelligente" Konstante (siehe Test):

```
const errTxt = 'Index (%d) ist größer als %d !';
```

Konstruktor und Destruktor kapseln das Erzeugen/Entfernen von Objekten:

```
 constructor TMatrix2.Create;           // dyn. Speicher reservieren
 begin
  inherited Create;
  imax := im; jmax := jm;
  GetMem(pA, SizeOf(Integer)* imax * jmax)
 end;

 destructor TMatrix2.Destroy;         // dyn. Speicher wieder freigeben
 begin
  FreeMem(pA,SizeOf(Integer)* imax * jmax)
 end;
```

Diese beiden folgenden privaten Methoden (Rückgabewert *Boolean*) überprüfen die Bereichsgrenzen:

```
function TMatrix2.rangeOKi;
 begin
  Result := (i > 0) and (i <= imax);
  if not Result then raise ERangeError.CreateFmt(errTxt, [i, imax])
 end;

 function TMatrix2.rangeOKj;
 begin
  Result := (j > 0) and (j <= jmax);
  if not Result then raise ERangeError.CreateFmt(errTxt, [j, jmax])
 end;
```

Schließlich die Zugriffsprozeduren für die Property *A[i, j]* :

```
procedure TMatrix2.wrA;              // Schreibzugriff
begin
if rangeOKi(i) and rangeOkj(j) then
 pA^[(i-1)* jmax + j] := w
end;

function TMatrix2.rdA;               // Lesezugriff
begin
 if rangeOKi(i) and rangeOkj(j) then
  Result := pA^[(i-1)* jmax + j] else Result := 0
end;
end.
```

Unit zum Testen der Klasse

In der Beispielanwendung wird ein Objekt *mtrx* als Instanz der Klasse *TMatrix2* benutzt.

Es genügt die Wiedergabe des *implementation*-Abschnitts:

```
uses dynVarAr;

var mtrx: TMatrix2;              // Objektreferenz
    imax, jmax: Integer;         // max. Zeilen- bzw. Spaltenanzahl
```

Wir brauchen zwei Hilfsprozeduren zur Demonstration des Lese- und Schreibzugriffs.

1. Das Array wird mit Beispieldaten gefüllt:

```
procedure writeArray;
var i,j,z: Integer;
begin
 for i := 1 to imax do
   for j := 1 to jmax do
   begin
    z := StrToInt(IntToStr(i) + IntToStr(j));
    mtrx.A[i,j] := z          // Schreibzugriff
   end
 end;
```

2. Das Array wird wieder ausgelesen:

```
procedure displayArray;
var i,j,z: Integer;
begin
 Form1.Refresh;
```

```
begin
 for i := 1 to imax do
  for j := 1 to jmax do
  begin
   z := mtrx.A[i,j];          // Lesezugriff
   Form1.Canvas.TextOut(40+j*40, 55 + i*28, IntToStr(z))
  end
 end
end;
```

Nun zu den beiden Event-Handlern:

1. Bei Programmstart steht ein minimales Array mit einer Zeile und einer Spalte zur Verfügung:

```
procedure TForm1.FormCreate(Sender: TObject);
begin
 imax := 1; jmax := 1;
 mtrx := TMatrix2.Create(imax, jmax)       // Anfangs-Objekt erzeugen
end;
```

2. Das Ändern der Zeilen- und Spaltenanzahl der Matrix:

```
procedure TForm1.RadioGroupClick(Sender: TObject);
begin
  mtrx.Free;                                      // altes Objekt freigeben!
  if Sender = RadioGroup1 then jmax := RadioGroup1.ItemIndex+1;
  if Sender = RadioGroup2 then imax := RadioGroup2.ItemIndex+1;
  mtrx := TMatrix2.Create(imax,jmax);             // neues Objekt erzeugen!
  writeArray;
  displayArray
end;
```

Wie Sie sehen, haben wir für beide RadioGroups einen gemeinsamen *OnClick*-Event-Handler verwendet. Korrigieren Sie deshalb den Bezeichner (*RadioGroupClick* anstatt *RadioGroup1Click*/*RadioGroup2Click*) in der Typdeklaration *TForm1* und auf der "Ereignis-Seite" des Objektinspektors!

Test

Sie werden keinerlei Unterschiede zum Vorgängerbeispiel feststellen. Wenn Sie aber bewusst eine Bereichsüberschreitung provozieren, z.B. wenn Sie eine Anweisung

```
mtrx.A[11, 20] := ....
```

in den Quelltext einfügen, so würde folgende Fehlermeldung erscheinen:

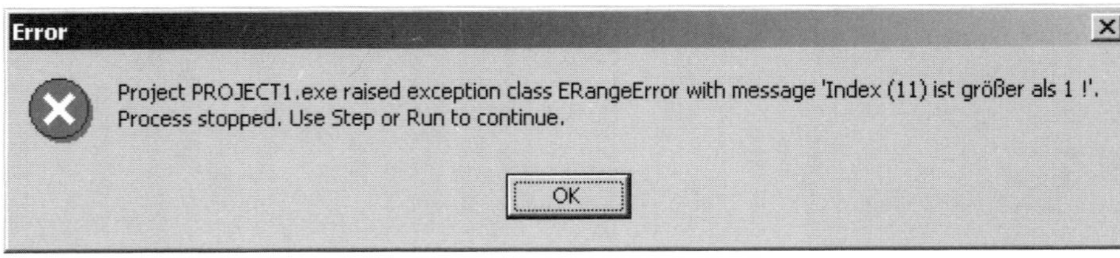

Beim genauen Hinsehen entdecken Sie hier den Text aus der Konstanten *errTxt*.

Bemerkungen

- Es bedarf minimaler Änderungen, um die Klasse an andere Dimensionen (ein-, drei-, vierdimensional) oder Datentypen (*Double, String, ...*) anzupassen.
- Eine nach den Prinzipien dieses Beispiels konstruierte Klasse zum Lösen linearer Gleichungssysteme finden Sie unter 16.4 (Mathematikprogramm GAUSS2).

Fortgeschrittene Grafikprogrammierung

- GDI-Programmierung
- Erweiterte Bitmap-Manipulation
- 3-D-Vektorgrafik

15 Fortgeschrittene Grafikprogrammierung

Dieses Kapitel hält einiges für den Grafikprofi bereit, was im Kapitel 7 keinen Platz mehr gefunden hätte. Sie erfahren, wie man

- auf das GDI (Graphical Device Interface) von Windows zugreift,
- Bitmaps manipuliert und
- 3-D-Vektorgrafiken programmiert.

Empfehlenswert sind Grundkenntnisse im Aufruf von API-Funktionen (siehe Kapitel 10).

15.1 GDI-Programmierung

Mittelpunkt des folgenden Abschnitts ist die Grafikprogrammierung unter Windows mit Hilfe des GDI. Sie werden vielleicht einwenden, dass Borland den Anspruch erhebt, das Windows-GDI mit dem *Canvas*-Objekt zu kapseln. Dies aber ist nur teilweise richtig, denn Windows hat noch wesentlich mehr zu bieten, als es die wenigen Methoden und Eigenschaften des *Canvas*-Objekts vermuten lassen. Insbesondere Programmierer, die Aufgabenstellungen in wissenschaftlich technischen Bereichen realisieren müssen, finden eine breit gefächerte Palette von Grafikfunktionen, deren Vielfalt schon verwirrend ist. Der folgende Abschnitt kann aus diesem Grund auch nur einen ersten Überblick geben, im Rezeptbuch finden Sie detaillierte Beispiele zu den angesprochenen Themen.

Hinweis: Bevor Sie an einigen "nicht funktionierenden" Beispielprogrammen verzweifeln, sollten Sie in der Win 32-Helpdatei nachschlagen, ob die relevante Funktion von Ihrem Betriebssystem überhaupt unterstützt wird (QuickInfo). Was die Sache so kompliziert macht, ist die Tatsache, dass Sie eine Funktion zwar ohne Laufzeitfehler aufrufen können, es passiert allerdings nichts. Insbesondere die erweiterten Möglichkeiten in Bezug auf Koordinatensysteme etc. werden in Windows 95/98/ME nicht oder nur teilweise unterstützt[1].

Für die Grafikprogrammierung bietet Delphi einige recht interessante Ansätze. So werden unter anderem große Teile des Windows-GDI in einem Objekt der Klasse *TCanvas* gekapselt. Statt einzelner Grafikfunktionen bietet ein *Canvas* eine Reihe von Methoden und Eigenschaften für die Grafikausgabe.

Neben folgenden Objekten bzw. Klassen

- Formulare (*TForm*),
- *TImage*-Komponenten,
- *TPaintbox*-Komponenten,
- Drucker (*Printer*),

[1] Wir haben zwar versucht, wo immer es geht, die entsprechenden Funktionen zu kennzeichnen, sollte ein Beispielprogramm trotzdem bei Ihnen nicht laufen, suchen Sie die Ursache bitte zuerst in der verwendeten Windows-Version.

- *TBitmap, TMetafile, TIcon*

verfügen auch einige andere Komponenten (z.B. *Listbox*, *ComboBox etc.*) über ein *Canvas*-Objekt.

Die folgende Abbildung zeigt die für die Grafikausgabe wichtigsten Klassen mit den dazugehörigen *Canvas*-Objekten.

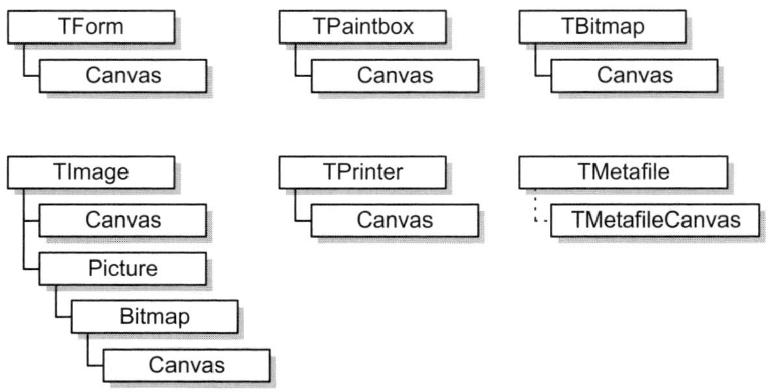

Hinweis: Die Klasse *TMetafile* ist nur mit einer gestrichelten Linie mit einem *TMetafileCanvas*-Objekt verbunden, der Grund dafür wird in Abschnitt 15.1.3 (Metafiles) detailliert erläutert.

15.1.1 Arbeiten mit dem GDI

Am Anfang war das Handle

Wenn Sie schon in der GDI-Helpdatei geschmökert haben, werden Sie dort auch auf den Begriff des *Handle* gestoßen sein. Was also ist ein Handle?

Mit Handle wird eine Nummer (Typ *Integer*) bezeichnet, mit der ein Formular oder eine Komponente eindeutig gekennzeichnet ist. Jedes Fenster bzw. (fast) jede Komponente in Delphi verfügt über diese Eigenschaft. Das Handle wird jedoch nicht durch Ihre Anwendung, sondern durch Windows direkt vergeben.

Neben dem Handle finden Sie noch die Bezeichnung *Gerätekontext* (*DC*) bzw. *Handle auf den Gerätekontext* (*HDC*). Dieser Gerätekontext ist die Schnittstelle zwischen Ihrem Anwendungsprogramm und den eigentlichen Ausgabegeräten wie Bildschirm, Fenster, Drucker etc. Der Kontext eines Gerätes beinhaltet nicht nur alle Informationen, Eigenschaften und Attribute, sondern auch die Funktionen, um dieses Gerät anzusprechen.

Daraus folgt auch der prinzipielle Ablauf beim Arbeiten mit den GDI-Funktionen:

- Anlegen eines Gerätekontextes
- Anlegen von Objekten
- Zuweisen der neuen Objekte

- Grafikausgaben (mit obigen Objekten)
- Wiederherstellen der Ursprungsobjekte
- Zerstören der neuen Objekte
- Freigabe bzw. Schließen des Gerätekontextes

Beispiel: Grafikausgabe über einen Gerätekontext

```
var dc    : HDC;
    hp,ho : HPen;
   ...
   dc := GetDC(Handle);              // Anlegen DC
   hp := CreatePen(0, 10, 0);        // Anlegen neues Objekt (Stift)
   ho := SelectObject(dc, hp);       // Auswählen Objekt
   LineTo(dc, 220,210);              // Grafikausgabe
   SelectObject(dc, ho);             // Wiederherstellen Objekt
   DeleteObject(hp);                 // Löschen Objekt
   ReleaseDC(Handle,dc);             // Löschen DC
```

Hinweis: Beachten Sie, dass Sie keine aktiven Objekte löschen können bzw. sollten. Aus diesem Grund muss vor dem Aufruf von *DeleteObject* auch das alte Objekt mit *SelectObject* wiederhergestellt werden.

Gerätekontext (Device Context Types)

In Delphi führen zwei verschiedene Wege zum HDC. Zum einen können Sie den von Delphi bereitgestellten Handle (*Canvas.Handle*)[1] verwenden, zum anderen können Sie auch einen eigenen DC erzeugen.

Auf die Frage, welche Variante denn zu bevorzugen ist, lässt sich keine allgemein gültige Antwort geben. Einerseits ist die Arbeit mit Delphi-Handles recht komfortabel und sicher (Sie vergessen nie das Löschen des DC!), andererseits kommen Sie in bestimmten Fällen nicht um die Definition eines eigenen DCs herum. Dies könnte zum Beispiel dann der Fall sein, wenn Sie einen DC brauchen, den Delphi nicht zur Verfügung stellt (Screen), oder wenn Sie mit einigen bestimmten GDI-Funktionen arbeiten.

Letzteres Argument wollen wir etwas näher betrachten, probieren Sie dazu die beiden folgenden Codefragmente aus.

---

[1] An dieser Stelle Vorsicht: Bei *Form.Handle* handelt es sich nicht um einen HDC, sondern um einen "normalen" Handle. Nur *Canvas.Handle* beschreibt einen Handle auf den DC.

Beispiel: Variante 1

```
var dc : HDC;
procedure TForm1.Button1Click(Sender: TObject);
begin
   dc := Canvas.Handle;
   Rectangle(dc, 100, 100, 150, 200);
end;
```

Beispiel: Variante 2

```
var dc : HDC;
procedure TForm1.Button1Click(Sender: TObject);
begin
   dc := Canvas.Handle;
end;

procedure TForm1.Button2Click(Sender: TObject);
begin
   Rectangle(dc, 100, 100, 150, 200);
end;
```

Im ersten Beispiel wird erwartungsgemäß ein Rechteck auf dem Formular gezeichnet, wenn Sie auf *Button1* klicken.

Im zweiten Beispiel müsste nach dem Druck auf *Button1* (Speichern des HDC in der Variablen *dc*) und nachfolgendem Druck auf *Button2* (GDI-Grafikausgabe) ebenfalls ein Rechteck erscheinen.

In einigen Fällen passiert allerdings nichts, Delphi "vergisst" einfach den DC bzw. generiert einen neuen, der mit dem gespeicherten nicht mehr übereinstimmt. Diese Besonderheit können Sie nur umgehen, wenn Sie sich einen eigenen DC erzeugen. Doch bevor es so weit ist, wollen wir uns die verschiedenen DC-Typen einmal genauer ansehen.

Windows unterstützt vier verschiedene Typen von Gerätekontexten. Deren Beschreibung bzw. Verwendung finden Sie in der folgenden Tabelle:

Gerätekontext	Beschreibung
Display	Ausgaben auf dem Bildschirm, d.h. Fenster, Controls oder Screen. Erzeugen mit *GetDC*, *GetDCEx* oder *BeginPaint* Löschen mit *ReleaseDC* oder *EndPaint*
Printer	Drucker/Plotter der verschiedenen Typen. Erzeugen mit *CreateDC* Löschen mit *DeleteDC*

Gerätekontext	Beschreibung
Memory	Speicherabbilder von Bitmaps. Diese sind nicht sichtbar, können aber das Ziel von Grafikausgaben sein. Erzeugen mit *CreateCompatibleDC* Löschen mit *DeleteDC*
Information	... dient lediglich der Informationsgewinnung, es können keine Grafikausgaben vorgenommen werden (*GetDeviceCaps*) Erzeugen mit *CreateIC* Löschen mit *DeleteDC*

Hinweis: Jede Menge Beispiele zu diesem Thema finden Sie in unserem "Borland Delphi 6-Kochbuch".

15.1.2 Koordinatensysteme und Abbildungsmodi

Bisher sind Sie unter Delphi wahrscheinlich nur mit dem *Canvas*-eigenen Koordinatensystem in Berührung gekommen, dessen Nullpunkt sich in der linken oberen Ecke befindet. Positive x-Werte werden nach rechts, positive y-Werte nach unten abgetragen. Die Einheit in diesem Koordinatensystem ist das Pixel.

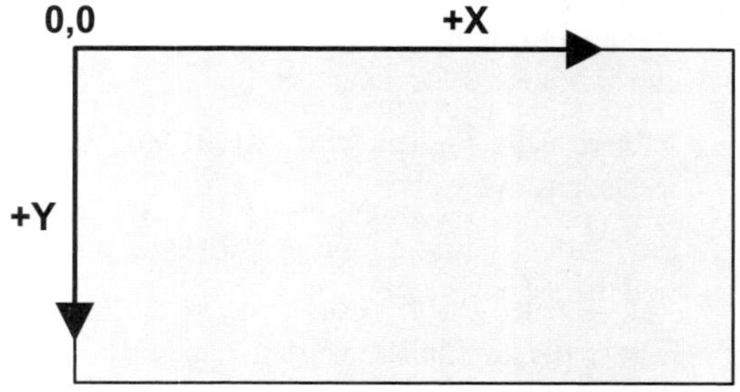

Leider hat die ganze Sache einen wesentlichen Haken: Da der Drucker über das gleiche *Canvas*-Objekt gesteuert wird, erfolgt auch dort die Ausgabe in Pixeln. Dass die Ausgabe einer 100 Pixel langen Linie auf einem 300-dpi-Drucker zu einem anderen Ergebnis führt als auf einem 600-dpi-Drucker, dürfte klar sein. Von einer geräteunabhängigen Ausgabe kann in diesem Zusammenhang wohl nicht mehr gesprochen werden.

Wer diesem Missstand abhelfen will, kommt um die Verwendung der Funktion *SetMapMode* nicht herum, mit der Sie einem Ausgabegerät bzw. dessen DC ein neues Koordinatensystem bzw. einen anderen Abbildungsmodus zuweisen können.

Für die Druckausgabe ist insbesondere der Abbildungsmodus *MM_LOMETRIC* interessant, in dem Sie unabhängig von der Druckerauflösung mit Millimetern arbeiten können.

Beispiel: Drucken eines 10 cm großen Rechtecks

```
Printer.BeginDoc;
SetMapMode(Printer.handle,MM_LOMETRIC);
Printer.Canvas.Rectangle(100,100,1100,1100);
Printer.EndDoc;
```

Die folgende Tabelle listet die zulässigen *SetMapMode*-Konstanten auf.

Typ	Beschreibung
MM_ANISOTROPIC	Virtuelle Einheiten werden in willkürliche Einheiten mit willkürlich skalierten Achsen umgewandelt. Das Setzen des Abbildungsmodus verändert die aktuellen Fenster- und Grafikfenster-Einstellungen nicht. Zum Ändern der Einheiten für Orientierung und Skalierung sollte Ihre Anwendung die Funktionen *SetWindowExt* und *SetViewportExt* benutzen.
MM_HIENGLISH	Jede virtuelle Einheit wird in 0.001 Zoll umgewandelt. Positive x sind rechts, positive y oben. Beachten Sie, dass es bei diesem Abbildungsmodus sehr schnell zu Wertebereichsüberschreitungen kommen kann.
MM_HIMETRIC	Eine virtuelle Einheit wird in 0.01 Millimeter umgewandelt. Positive x sind rechts, positive y oben.
MM_ISOTROPIC	Virtuelle Einheiten werden in willkürliche Einheiten mit gleich skalierten Achsen umgewandelt, d.h., eine Einheit auf der x-Achse entspricht einer Einheit auf der y-Achse. Um die gewünschten Einheiten und die Achsenorientierungen zu bestimmen, müssen Sie die Funktionen *SetWindowExt* und *SetViewportExt* benutzen.
MM_LOENGLISH	Jede virtuelle Einheit wird in 0.01 Zoll umgewandelt. Positive x sind rechts, positive y oben.
MM_LOMETRIC	Eine virtuelle Einheit wird in 0.1 Millimeter umgewandelt. Positive x sind rechts, positive y oben.
MM_TEXT	Eine virtuelle Einheit wird in einen (1) Geräte-Bildpunkt gewandelt. Positive x sind rechts, positive y unten.
MM_TWIPS	Eine virtuelle Einheit wird in 1/20 Punkt umgewandelt. Da 1 Punkt gleich 1/72 Zoll ist, entspricht ein Twip 1/1440 Zoll. Positive x sind rechts, positive y oben.

Wie Sie der Tabelle entnehmen können, stimmt der Modus *MM_TEXT* mit dem Delphi-Koordinatensystem überein.

Für die Ausgabe auf dem Bildschirm sind die Modi *MM_ANISOTROPIC* und *MM_ISOTROPIC* interessant, können Sie doch damit beliebige Koordinatensysteme realisieren. Allerdings ist der Modus *MM_ISOTROPIC* dahingehend eingeschränkt, dass x- und y-Achse im gleichen Maßstab skaliert werden, die Abbildung also proportional vergrößert bzw. verkleinert wird.

Die Funktionen *SetWindowExtEx* und *SetViewportExtEx* brauchen Sie für die Auswahl der Skalierungsfaktoren.

Beispiel: Eine technische Zeichnung mit den virtuellen Abmessungen 4000 x 4000 soll in den Clientbereich eines Formulars skaliert werden.

```
SetMapMode(Canvas.Handle,MM_ISOTROPIC);
SetWindowExtEx(Canvas.Handle,4000,4000,nil);
SetViewportExtEx(Canvas.Handle,Clientwidth,Clientheight,nil);
```

Nach der Auswahl des Abbildungsmodus (natürlich verwenden wir *MM_ISOTROPIC*, die Zeichnung soll ja nicht verzerrt werden), übergeben wir der Funktion *SetWindowExtEx* die virtuellen Maximalabmessungen unseres neuen Fensters. Die Größe des Viewports entspricht den realen Innenabmessungen des Formulars (*ClientWidth*, *ClientHeight*).

Alle weiteren Grafikausgaben (Text, Linien etc.) werden jetzt so skaliert, als ob das Fenster eine Innenabmessung von 4000 x 4000 Pixel hätte.

Möchten Sie positive y-Werte nach oben abtragen, können Sie auch folgende Zuweisung für *SetViewportExtEx* verwenden:

```
SetViewportExtEx(Canvas.Handle,Clientwidth,-Clientheight,nil);
```

Mit Hilfe der Funktion *SetWindowOrgEx* ist es weiterhin möglich, den Nullpunkt des Koordinatensystems beliebig zu verschieben, Sie brauchen bei späteren Grafikausgaben also nicht extra einen Offset zu addieren.

Beispiel: Zeichnen einer Sinuskurve im Bereich 0 ... 2π. Die Funktion soll so skaliert werden, dass der Clientbereich unabhängig von der Formulargröße voll genutzt wird.

```
const max = Round(2*PI*100);
var   n   : integer;
begin
   SetMapMode(Canvas.Handle,mm_anisotropic);
   SetWindowExtEx(Canvas.Handle,max,200,nil);
   // Kippen des Koordinatensystems
   SetViewportExtEx(Canvas.Handle,Clientwidth,-Clientheight,nil);
   SetWindowOrgEx(Canvas.Handle,0,100,nil); // Verschiebung Nullpunkt
   Canvas.Moveto(0,0);
   for n := 0 to max do canvas.lineto(n,round(100*sin(n/100)));
end;
```

Mit den oben genannten Funktionen ist lediglich eine Verschiebung bzw. eine Skalierung möglich. Wem das nicht reicht, der findet eine weitere GDI-Funktion, die alle mathematisch relevanten Transformationen vornehmen kann. Die Rede ist von *SetWorldTransform*, mit der Sie Verschiebungen, Skalierungen, Rotationen, Spiegelungen und Scherungen realisieren können.

Hinweis: Windows 95/98/ME-Programmierer müssen an dieser Stelle leider passen, lediglich Windows NT/2000 bietet dieses Feature.

Übergabewerte an die Funktion sind der Gerätekontext und eine Strukturvariable vom Typ *XFORM*:

```
TXForm = packed record
    eM11: Single;
    eM12: Single;
    eM21: Single;
    eM22: Single;
    eDx: Single;
    eDy: Single;
end;
```

Bevor es jedoch so weit ist, dass Sie Koordinatentransformationen vornehmen können, müssen Sie den erweiterten Grafikmodus mit *SetGraphicsMode* aktiviert haben.

Beispiel: Aktivieren des erweiterten Grafikmodus

```
SetGraphicsMode(Canvas.Handle, GM_ADVANCED);
...
```

Wie Sie die einzelnen Elemente von *TXForm* verwenden, sollen die folgenden Skizzen und Formeln verdeutlichen:

Translation

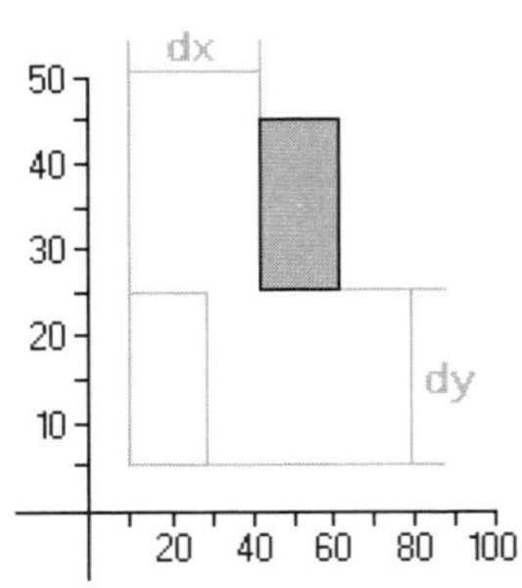

$$x' = x + dx$$
$$y' = y + dy$$

... als Transformationsmatrix:

$$\begin{vmatrix} 1 & 0 & 0 \\ 0 & 1 & 0 \\ dx & dy & 1 \end{vmatrix}$$

Skalierung

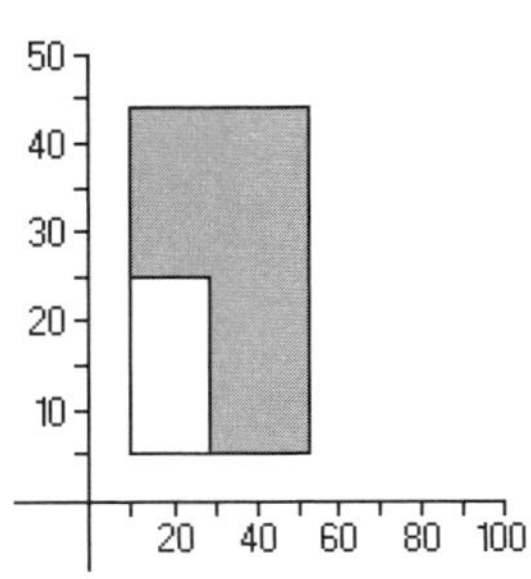

$$x' = x \cdot dx$$
$$y' = y \cdot dy$$

... als Transformationsmatrix:

$$\begin{vmatrix} dx & 0 & 0 \\ 0 & dy & 0 \\ 0 & 0 & 1 \end{vmatrix}$$

Rotation

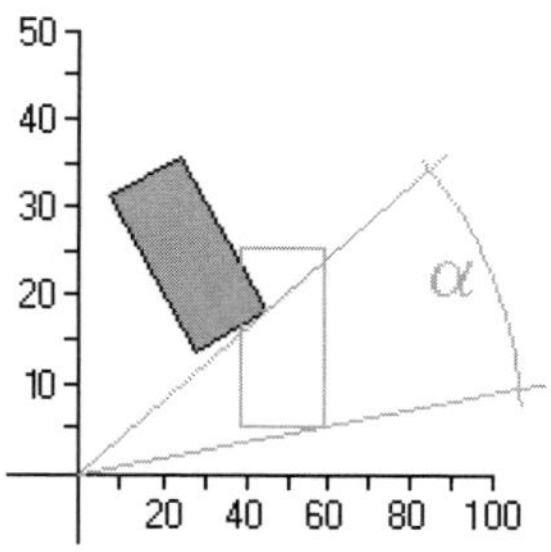

$$x' = (x \cdot \cos A) - (y \cdot \sin A)$$
$$y' = (y \cdot \sin A) - (y \cdot \cos A)$$

... als Transformationsmatrix:

$$\begin{vmatrix} \cos A & \sin A & 0 \\ -\sin A & \cos A & 0 \\ 0 & 0 & 1 \end{vmatrix}$$

Scherung

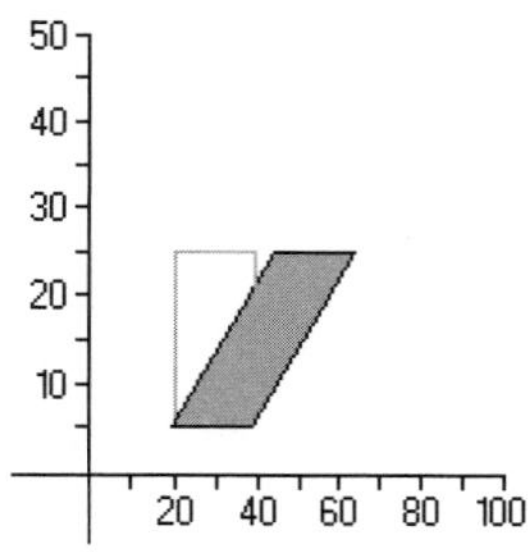

$$x' = x + (sx \cdot y)$$
$$y' = y + (sy \cdot x)$$

... als Transformationsmatrix:

$$\begin{vmatrix} 1 & sx & 0 \\ sy & 1 & 0 \\ 0 & 0 & 1 \end{vmatrix}$$

Alle obigen Formeln lassen sich in folgender Weise zusammenfassen:

$$x' = x \cdot em12 + y \cdot em21 + edx$$
$$y' = x \cdot em12 + y \cdot em22 + edy$$

bzw. als Transformationsmatrix:

$$\begin{vmatrix} em11 & em12 & 0 \\ em21 & em22 & 0 \\ edx & edy & 1 \end{vmatrix}$$

Natürlich müssen Sie Drehung, Skalierung und vielleicht noch die Verschiebung nicht mit einem Mal setzen. Verwenden Sie einfach die Funktion *ModifyWorldTransform*, mit der Sie das bisherige Koordinatensystem modifizieren. Sie müssen lediglich angeben, wie die neue Transformationsmatrix mit der bisherigen verknüpft wird:

Parameter	**Bedeutung**
MWT_IDENTITY	Ersetzen der bisherigen Transformationsmatrix mit der neuen.
MWT_LEFTMULTIPLY	Die neue Matrix ist der linke Faktor, die alte Matrix der rechte Faktor.
MWT_RIGHTMULTIPLY	Die neue Matrix ist der rechte Faktor, die alte Matrix der linke Faktor.

15.1.3 Zeichenwerkzeuge und Objekte

Für die Ausgabe von Grafiken (dazu zählt auch Text!) unterstützt Windows verschiedene grafische Objekte:

- Stifte (Pen)
- Pinsel (Brush)
- Bitmaps
- Paletten
- Schriftarten (Font)
- Regionen (Region)
- Paths

In den folgenden Abschnitten wollen wir kurz auf die wichtigsten Möglichkeiten und Funktionen eingehen, zahlreiche Rezepte im Kochbuch zeigen am Beispiel, wie Sie die Funktionen richtig einsetzen.

Erzeugen und Parametrieren der Objekte

Bis auf wenige Ausnahmen müssen Sie alle oben genannten Objekte erst erzeugen (*CreatePen, CreateBrush etc.*), bevor Sie diese nutzen können. Eine dieser Ausnahmen ist die Verwendung der Delphi-Objekte zum Parametrieren.

Beispiel: Rechteck mit der Linienstärke 10 zeichnen. Diese wird über das *Pen*-Objekt eingestellt.

```
Canvas.Pen.Width := 10;
Rectangle(Canvas.Handle, 10,10,100,100)
```

Wenn Sie nicht den Delphi-Gerätekontext (*Canvas.Handle*) verwenden, sondern einen neuen DC erzeugen, ist obige Vorgehensweise nicht mehr zulässig. In diesem Fall müssen Sie entweder ein Objekt mit *CreatePen* etc. erzeugen, oder Sie nutzen die Tatsache aus, dass Delphi einen Handle auf seine Objekte bereitstellt.

```
var HPold  : HPen;
    DC     : HDC;
begin
  DC    := GetDC(handle);                             // neuen DC erzeugen
  HPold := SelectObject(DC, Canvas.Pen.Handle)        // Delphi-Pen übernehmen
```

Nach diesen Anweisungen können Sie mit dem Delphi-Pen arbeiten. Beachten Sie jedoch, dass Sie diesen Stift weder löschen (*DeleteObject*) noch über die Delphi-Eigenschaften ändern dürfen (das Handle ist sonst ungültig). Sie sollten lediglich den vorhergehenden Stift wiederherstellen (dazu brauchen wir die Variable vom Typ *HPen*):

```
SelectObject(DC, Hpold);
```

Natürlich haben Sie auf diese Weise nur Zugriff auf Optionen, die Delphi als Eigenschaften zur Verfügung stellt. Einen Font, der um 10° gedreht ist, können Sie so nicht erzeugen, dazu fehlt die Eigenschaft *Angle*.

Das Erzeugen mit *CreatePen*, *CreateFont* etc. erfordert etwas mehr Arbeit. Neben dem Erstellen des neuen Objekts müssen Sie sich auch noch um das Sichern der bisherigen Objekte kümmern. Selbst erstellte Objekte sollten wieder gelöscht werden, sonst werden wertvolle Systemressourcen verschwendet.

Beispiel: Erzeugen eines neuen Schrifttyps (*Font*-Objekt)

```
var hfont,
    fontold : integer;
    dc      : HDC;

begin
   dc := GetDC(Handle);
   hfont   := CreateFont(-10, 0, 100, 0, fw normal, 0, 0, 0, 1, 4, $10,
                                                   2, 4, 'Arial');
   fontold := SelectObject(dc,hfont);
   ...
   TextOut(dc,10,10,'Test',4);
   ...
   SelectObject(dc, fontold);      // Zurücksetzen Font
   DeleteObject(hfont);            // Löschen Font
end;
```

Das Zurücksetzen und Löschen des Objekts können Sie auch mit einer Anweisung realisieren,

```
DeleteObject(SelectObject(dc, fontold);
```

da der Rückgabewert der Funktion *SelectObject* der bisher gültige Handle ist.

Hinweis: Eine letzte Variante, Objekte zu erzeugen, bietet sich mit der Funktion *GetStockObject*, über die bereits vordefinierte System-Objekte abgerufen werden können. Diese Objekte brauchen nicht gelöscht zu werden.

Stift (Pen)

Das Windows-GDI verwendet Stifte zum Zeichnen von Umrissen grafischer Primitive, d.h. von Linien, Kreisen etc. Ab Win 32 wird zwischen zwei Grundtypen von Stiften unterschieden:

- Cosmetic Pens
- Geometric Pens

Während der erste Typ nur über die Attribute *Width*, *Style* und *Color* verfügt, bietet der zweite Typ bedeutend mehr. Allerdings hat dieses Mehr natürlich auch seinen Preis: Grafikausgaben mit Geometric Pens sind meist wesentlich langsamer als Ausgaben mit einem Cosmetic Pen.

Die folgende Abbildung demonstriert einige Möglichkeiten der beiden Stifttypen:

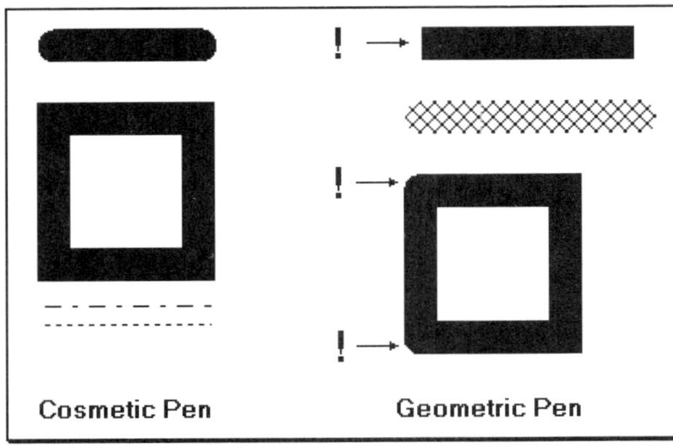

Delphi selbst bzw. die Unit *Graphics* setzt für die *TPen*-Objekte standardmäßig Cosmetic Pens ein, der Wechsel zu einem Geometric Pen ist jedoch problemlos möglich. Für das Erstellen von Pens bieten sich mit *CreatePen* und *ExtCreatePen* zwei Funktionen, von denen allerdings nur die zweite wirklich interessant ist, können doch alle Optionen von *CreatePen* auch über das *Canvas*-Objekt eingestellt werden.

Syntax:
```
function ExtCreatePen(PenStyle : DWORD; Width: DWORD;
const Brush: TLogBrush; StyleCount: DWORD;
Style: Pointer): HPEN;
```

Die folgenden Abbildungen sollen Ihnen helfen, sich bei der Vielzahl der Optionen zurechtzufinden.

Der Parameter *PenStyle* ist die Summe (OR-Verknüpfung) der folgenden Attribut-Konstanten. Je Gruppe ist nur eine Konstante zulässig.

```
PS_GEOMETRIC + PS_DASH + PS_ENDCAP_ROUND + PS_JOIN_ROUND
```

Die beiden Konstanten für die Auswahl des Stifttyps:

- *PS_GEOMETRIC*
- *PS_COSMETIC*

Mit den folgenden Konstanten beeinflussen Sie beim Geometric Pen die Form der Linienenden:

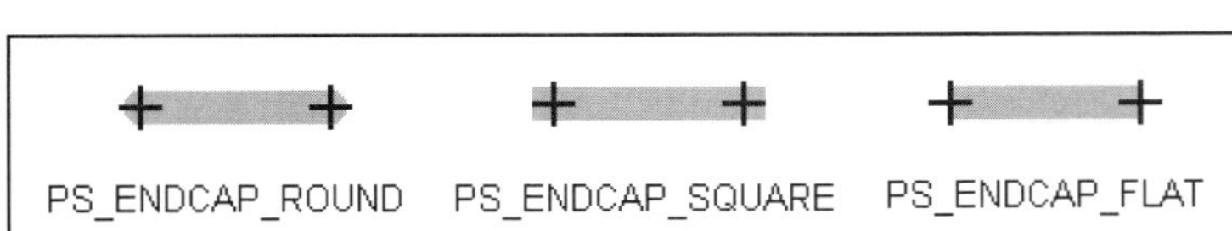

Die folgenden Linientypen sind ab Linienstärke 2 nur mit einem Geometric Pen realisierbar:

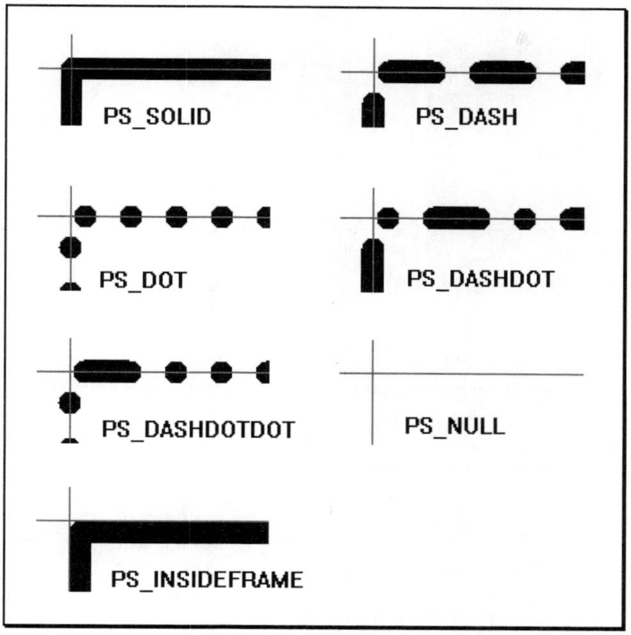

Für das Zeichnen von Ecken können ebenfalls drei verschiedene Modi gesetzt werden:

Hinweis: Unter Windows 95/98 werden nicht alle Attribute korrekt dargestellt.

Die Verwendung des Parameters *Width* dürfte eindeutig sein, damit bestimmen Sie die Stärke der Linie.

Etwas aufwändiger ist da schon die Zuweisung der *Brush*-Option. Die Struktur im Einzelnen:

```
TLogBrush = packed record
             lbStyle: UINT;
             lbColor: COLORREF;
             lbHatch: Longint;
end;
```

Für *lbStyle* können Sie eine der folgenden Konstanten verwenden:

Konstante	Beschreibung
BS_SOLID	gefüllte Linie
BS_HATCHED	Linie mit Füllmuster
BS_HOLLOW, BS_NULL	leere Linie
BS_PATTERN	Linie mit Bitmap als Füllmuster

Hinweis: Beachten Sie, dass der obige Brush nur zum Füllen der Linie verwendet wird, es handelt sich nicht um den eigentlichen Brush, mit dem Figuren (Kreis, Rechteck etc.) gefüllt werden.

Ist *lbStyle* auf *BS_HATCHED* festgelegt, können Sie mit *lbHatch* eines der folgenden Muster auswählen:

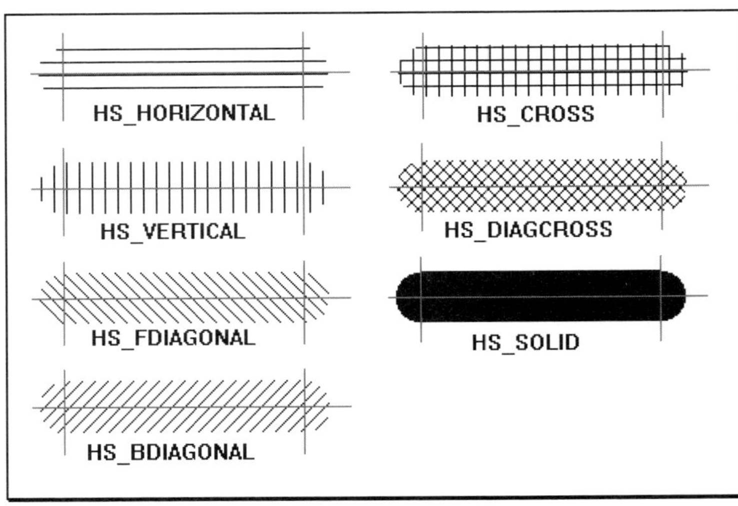

Wie Sie auch Linien erzeugen können, die mit Bitmaps gefüllt sind, zeigt Ihnen der folgende Abschnitt, der detailliert auf die Verwendung von Pinseln eingeht.

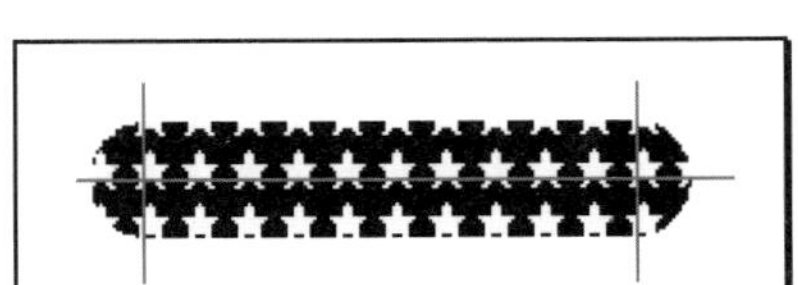

Die Parameter *StyleCount* und *Style* können Sie für nutzerdefinierte Linientypen verwenden. Ein solcher Typ wird mit einem *DWORD*-Array beschrieben. *StyleCount* gibt die Anzahl der *DWORD*-Werte an, *Style* ist das eigentliche *DWORD*-Array.

Beispiel: Nutzerdefinierter Linientyp

```
var muster  : array[0..3] of DWORD;
begin
    muster[0] :=1;          // Länge 1. Linie
    muster[1] :=20;         // Länge 1. Leerstelle
    muster[2] :=10;         // Länge 2. Linie
    muster[3] :=40;         // Länge 2. Leerstelle
    newpen := ExtCreatePen(PS_GEOMETRIC + PS_USERSTYLE + ... , 4, @muster);
```

erzeugt folgendes Muster:

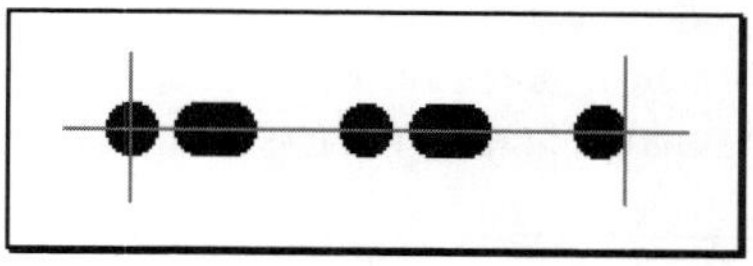

Hinweis: Beachten Sie, dass die Konstante *PS_USERSTYLE* von Ihnen zu setzen ist.

Pinsel (Brush)

Im Gegensatz zum Stift dient der Pinsel zum Füllen von Flächen und Hintergründen. Die Pinselart beschränkt sich allerdings nicht auf die verfügbaren Farben, sondern schließt auch Muster und Bitmaps ein.

Windows unterscheidet vier verschiedene Pinseltypen:

- einfarbige Pinsel (Solid Brush)
- vordefinierte Pinsel (Stock Brush)
- Pinsel mit Muster (Hatch Brush)
- Pinsel mit Bitmap (Pattern Brush)

Solid Brush

Im Prinzip handelt es sich bei einem Solid Brush auch um einen Bitmap-Pinsel, besteht er doch aus einer einfarbigen 8x8-Bitmap. Für den Programmierer stellt sich jedoch nur die Frage nach der Pinselfarbe, die als *COLORREF*-Wert an die Funktion *CreateSolidBrush* übergeben wird.

Beispiel: Erzeugen und Zuweisen eines roten Pinsels

```
var c  : ColorRef;
    hb : HBrush;
begin
   c  := 255;
   hb := CreateSolidBrush(c);
   SelectObject(canvas.handle, hb);
```

Bevor Sie sich jetzt den Kopf darüber zerbrechen, wie Sie mühsam einen Farbwert ausrechnen, verwenden Sie einfach die Funktion *RGB*, deren Rückgabewert ein *COLORREF*-Wert ist. Übergeben werden die Intensitäten von Rot, Grün und Blau als *Byte*-Werte.

Wollen Sie eine Füllfarbe erzeugen, die in der 16-Farben-Palette von Delphi vordefiniert ist, können Sie auch die Konstanten *clBlack...clWhite* verwenden.

Hinweis: Von Ihnen erzeugte Solid-Brushs sind nach Gebrauch wieder zu löschen.

Stock Brush

Windows stellt für häufig wiederkehrende Aufgaben zwei Gruppen vordefinierter Pinsel zur Verfügung. Während die erste Gruppe aus sieben verschiedenen Graustufen bzw. leeren Pinseln besteht, die Sie mit *GetStockObject* abrufen können, bietet das User-Interface weitere 21 Pinsel, die den Systemfarben entsprechen. Die Handles können Sie mit *GetSysColorBrush* ermitteln.

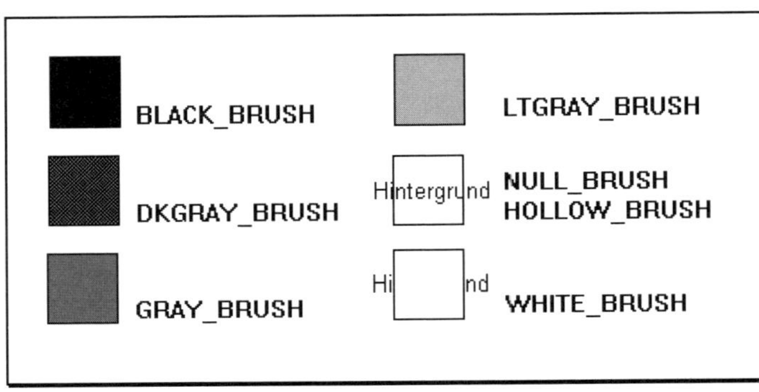

Beispiel: Hellgrau gefülltes Rechteck zeichnen

```
var hb : HBrush;

begin
   hb := SelectObject(canvas.handle,GetStockObject(LTGRAY_BRUSH));
   rectangle(canvas.handle,10,10,100,100);
   SelectObject(canvas.handle,hb);
end;
```

Hatch Brush

Für das Zeichnen von einfachen Schraffuren bietet sich die Verwendung von Hatch-Brushs an. Folgende sechs Typen sind von Windows vordefiniert:

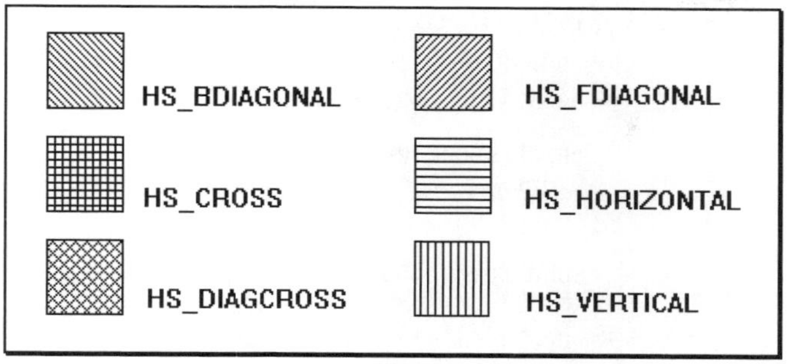

Zum Abrufen der Handles verwenden Sie die Funktion *CreateHatchBrush.*

Pattern Brush

Wem die bisherigen Möglichkeiten noch nicht ausreichen, der dürfte spätestens bei den Pattern-Brushs fündig werden.

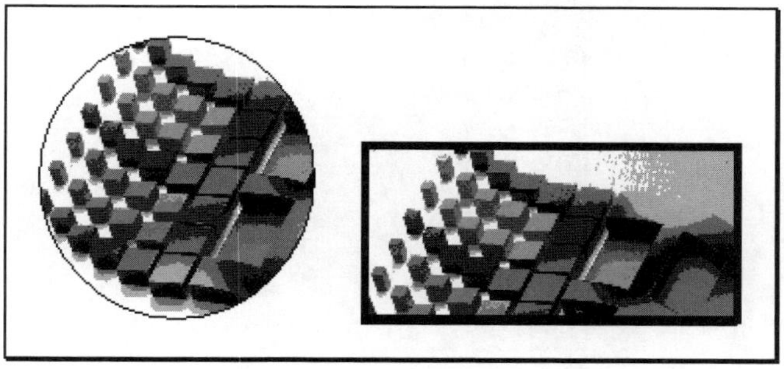

Alles, was Sie brauchen, ist eine Bitmap bzw. das entsprechende Handle (*HBitmap*). Für dieses Handle bieten sich in Delphi drei wesentliche Quellen an:

- *Image*-Komponente
- *ImageList*-Komponente
- *TBitmap*-Objekt

Beispiel: *Image*-Komponente

```
var newhb, hb     : HBrush;
begin
   newhb := CreatePatternBrush(Image1.Picture.Bitmap.Handle)
   hb := SelectObject(canvas.handle,newhb);
   ellipse(canvas.handle,10,10,100,100);
   SelectObject(canvas.handle,hb);
   ...
```

Beispiel: *ImageList*-Komponente

```
var hb : HBrush;
    bm : TBitmap;

begin
    bm := TBitmap.Create;
    imagelist1.getBitmap(0,bm);
    hb := SelectObject(canvas.handle,CreatePatternBrush(bm.handle));
```

Bei einer *ImageList* ist das direkte Abrufen des Bitmap-Handles nicht möglich (die Methode *GetImageBitmap* liefert lediglich einen Handle auf die gesamte *ImageList*-Bitmap). Wir müssen den Umweg über ein *TBitmap*-Objekt gehen. Die Abbildung zeigt das Resultat:

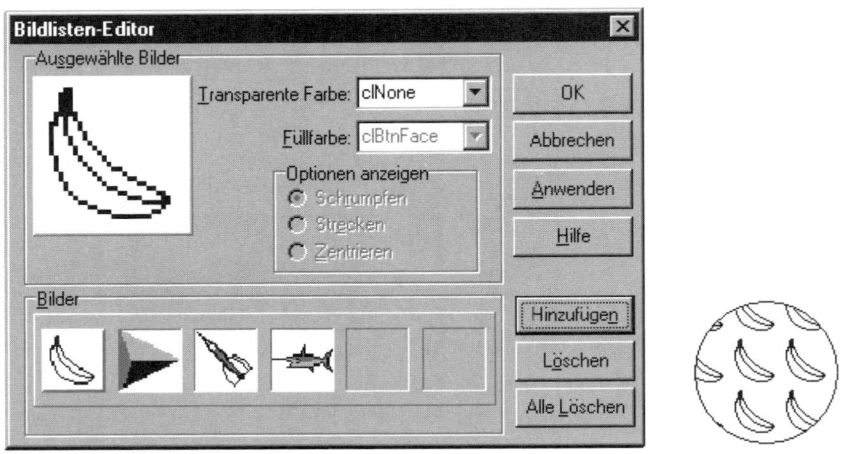

Beispiel: Laden aus einer Datei

```
var hb : HBrush;
    bm : TBitmap;
begin
    bm := TBitmap.Create;
    bm.LoadFromFile('c:\temp\test.bmp');
    hb := SelectObject(canvas.handle,CreatePatternbrush(bm.handle));
```

Auch in diesem Beispiel müssen wir den Umweg über ein *TBitmap*-Objekt wählen, um die Datei mit der Methode *LoadFromFile* zur Laufzeit laden zu können.

Beachten Sie, dass im Normalfall das Muster immer in der linken oberen Ecke beginnt. Möchten Sie eine Musterverschiebung erreichen, müssen Sie mit der Funktion *SetBrushOrgEx* einen neuen "Nullpunkt" setzen:

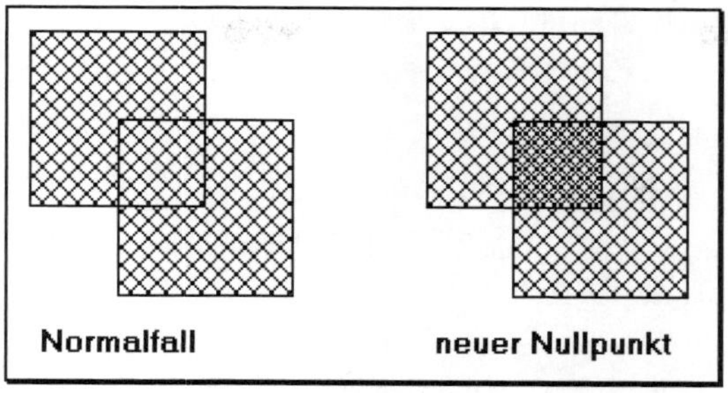

Bitmaps

Eine Bitmap besteht neben dem Speicherabbild (Array aller Pixel) aus einem Header, der Größe und Auflösung beschreibt, sowie einer Palette. Windows unterstützt zwei Arten von Bitmaps:

- geräteabhängige (DDBs[1])
- geräteunabhängige (DIBs[2])

Bei geräteabhängigen Bitmaps wird die Grafik so im Arbeitsspeicher abgelegt, wie es das Ausgabegerät erfordert. Im Unterschied dazu werden geräteunabhängige Bitmaps in einem fest definierten Format abgelegt, also unabhängig vom Ausgabegerät.

An dieser Stelle wollen wir nicht weiter auf die Arbeit mit den Systemfunktionen eingehen, bietet doch Delphi im Zusammenhang mit Bitmaps fast schon alles, was der Programmierer so braucht.

Bis auf eine Ausnahme: Wollen Sie Screenshots von einzelnen Fenstern bzw. vom gesamten Screen erzeugen, müssen Sie sich zwangsläufig mit dem internen Aufbau von Bitmaps beschäftigen. Der Einwand, mit der Methode *GetFormImage* könnte ebenfalls ein Formular-Screenshot erzeugt werden, kann so nicht gelten. Die damit erzeugte Bitmap umfasst lediglich den Clientbereich des Formulars, nicht die gesamte sichtbare Fläche inklusive Kopfzeile und Menü.

Beispiel: Screenshot

```
var ScreenDC, CompDC : HDC;
    ScreenBitmap : HBitmap;
    h            : THandle;
```

Erzeugen eines Bildschirm-Gerätekontextes

```
  ScreenDC     := GetDC(0);
```

sowie eines dazu kompatiblen Gerätekontextes:

```
  CompDC       := CreateCompatibleDC(ScreenDC);
```

Entsprechend der Bildschirmgröße wird eine kompatible Bitmap erzeugt

```
  ScreenBitmap := CreateCompatibleBitmap(ScreenDC,
```

---

[1] Device-Dependent Bitmap

[2] Device-Independent Bitmap

```
                    GetDeviceCaps(ScreenDC, HORZRES),
                    GetDeviceCaps(ScreenDC, VERTRES));
```

und dem neuen Gerätekontext zugewiesen:

```
h := SelectObject(CompDC, ScreenBitmap);
```

Erst jetzt können wir mit *BitBlt* den Inhalt des Bildschirm-DCs in den Hilfs-DC übertragen. Doch vorher blenden wir das aktuelle Fenster aus:

```
Self.Hide;
BitBlt(CompDC,0,0,GetDeviceCaps(ScreenDC, HORZRES),
      GetDeviceCaps(ScreenDC, VERTRES),ScreenDC,0,0,SRCCOPY);
```

Formular wieder einblenden

```
Self.show;
```

und Bitmap in das Formular kopieren:

```
BitBlt(canvas.handle,0,0,clientwidth,clientheight,compDC,0,0,SRCCOPY);
```

Wer schon einmal im Win 32-SDK geblättert hat, dürfte ein ähnliches Beispiel gefunden haben, allerdings mit einem Unterschied, den die folgende Abbildung zeigt.

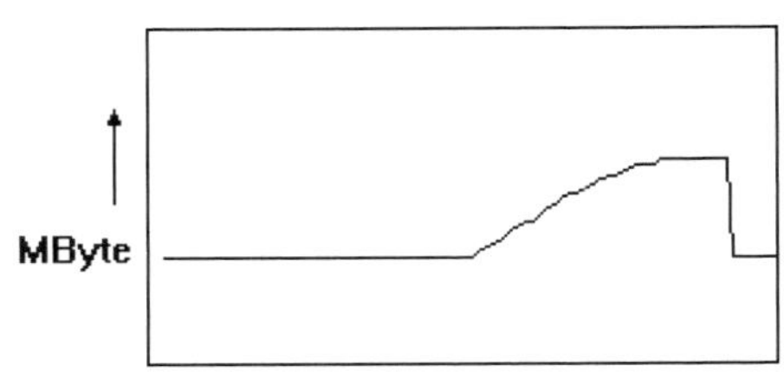

Zu sehen ist der Speicherbedarf der Anwendung bei mehrmaligem Aufruf der obigen Funktion. Nach einigen Aufrufen geht nichts mehr. Die Ursache ist ein ebenso trivialer wie gern gemachter Fehler: Erzeugte Ressourcen wurden nicht oder nur teilweise wieder freigegeben. Aus diesem Grund müssen Sie unbedingt noch die folgenden Zeilen an das obige Listing anhängen:

```
DeleteObject(SelectObject(CompDC,h));   // Löschen der Speicher-Bitmap
DeleteDC(CompDC);                       // Löschen DC
ReleaseDC(0,ScreenDC);                  // Löschen DC
```

Wollen Sie die Bitmap für die weitere Bearbeitung einem *TBitmap*-Objekt zuweisen, können Sie folgenden Aufruf verwenden:

```
var B : TBitmap;

B := TBitmap.Create;
B.Width := Screen.Width; B.Height := Screen.Height;
BitBlt(B.Canvas.Handle,0,0, Screen.Width, Screen.Height,compDC,0,0,SRCCOPY);
...
```

Einzelheiten zu den DCs sind in folgender Tabelle zusammengefasst:

Gerätekontext	**Quellcode**

DC gesamtes Fenster	`dc := GetWindowDC(Handle);`
	`...`
	`ReleaseDC(0,dc);`

DC Clientbereich des Fensters	`dc := GetDC(Handle);`
	`...`
	`ReleaseDC(Handle,dc);`

DC Bildschirm	`dc := GetDC(0);`
	`...`
	`ReleaseDC(0,dc);`
	`// oder`
	`dc:=CreateDC('DISPLAY','0','0','0');`
	`...`
	`DeleteDC(dc);`

Das Speichern von Bitmaps ist eigentlich ein relativ aufwändiges Unterfangen. Doch darüber brauchen Sie sich in Delphi kaum Sorgen zu machen. Mit den beiden Methoden *SaveToFile* bzw. *LoadFromFile* haben Sie sowohl das Speichern als auch das Laden von Bitmaps aus einer Datei bestens im Griff.

Metafiles (WMF)

Ein Metafile ist prinzipiell eine aufgezeichnete Folge von GDI-Funktionen mit den entsprechenden Parametern. Da die meisten GDI-Funktionen vektororientiert arbeiten, kann man von einem vektororientierten Grafikformat sprechen. Im Gegensatz zum Bitmap-Format werden also keine Informationen über einzelne Pixel gespeichert, sondern lediglich Daten über die einzelnen Grafikfunktionen wie Kreise, Linien, gefüllte Flächen etc. Einzige Ausnahme sind eingelagerte Bitmaps, diesen Fall wollen wir jedoch hier außer Acht lassen.

Die Bezeichnung "Metafile" deutet eigentlich mehr auf eine Datei hin, es kann sich jedoch auch nur um ein Speicherobjekt handeln. Für uns ist im Weiteren die "nichtflüchtige" Form des Metafiles, d.h. die Metadatei, interessant. Dieses Format eignet sich aufgrund seiner Verbreitung gut für den Import und Export von Grafiken.

In diesem Zusammenhang werden Sie auch schon mit dem wohl wesentlichsten Problem von Metadateien konfrontiert: Leider sind Metafile und Metafile nicht dasselbe. Sollten Sie bereits den (erfolglosen) Versuch unternommen haben, eine mit GDI-Funktionen angelegte Metadatei in *Word für Windows* oder in ein anderes Programm zu importieren, werden Sie wahrscheinlich über folgende Fehlermeldung gestolpert sein:

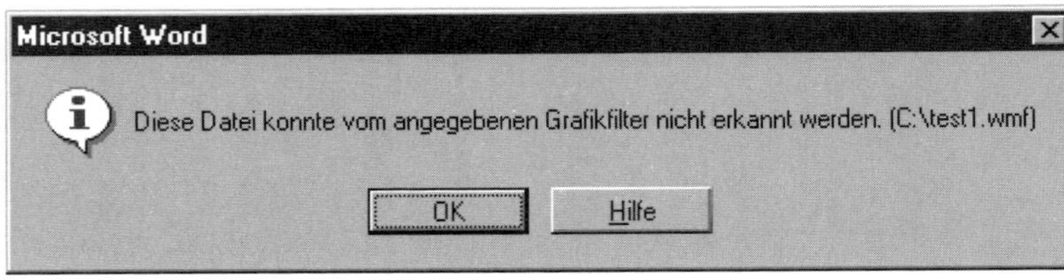

Die Ursache für obiges befremdliches Verhalten ist ein Unterschied im WMF-Format. Microsoft hatte unter 16-Bit-Windows mit dem Metafile-Format einen entsprechenden Datei-Header eingeführt, der jedoch noch einige Unzulänglichkeiten aufwies. Insbesondere fehlten Informationen über Größe und Position.

```
typedef struct tagMETAHEADER {
    WORD  mtType;
    WORD  mtHeaderSize;
    WORD  mtVersion;
    DWORD mtSize;
    WORD  mtNoObjects;
    DWORD mtMaxRecord;
    WORD  mtNoParameters;
} METAHEADER;
```

Diesem Missstand wurde mit dem *Aldus Placeable Metafile*-Format abgeholfen. Dieses Format entspricht zu 100 % dem Microsoft-Format, weist jedoch einen zusätzlichen Header von 22 Byte auf.

Wie sieht nun dieser Header aus? Das SDK (*Software Development Kit*) gibt Aufschluss:

```
typedef struct {
    DWORD   key;
    HANDLE  hmf;
    RECT    bbox;
    WORD    inch;
    DWORD   reserved;
    WORD    checksum;
} METAFILEHEADER;
```

Der Aufbau im Detail:

Position	Bedeutung
0-3	Kennsignatur (0xD7, 0xCD, 0xC6, 0x9A)
4-5	nicht verwendet (0)
6-13	RECT-Struktur (links, oben, rechts, unten)
14-15	Umrechnungsfaktor für die verwendeten Einheiten

Position	Bedeutung
16-19	nicht verwendet (0)
20-21	Prüfsumme über den Header

Finden Sie in Programmen einen Importfilter für das WMF-Format, so ist im Allgemeinen das Aldus-Format gemeint.

Mit Win 32 führt Microsoft nun noch ein neues Metafile-Format ein: *Enhanced Metafiles*. Dieses Format enthält im Header folgende Informationen:

- Größe des Metafiles in Byte
- Größe des Bildes in Geräteeinheiten
- Größe des Bildes in 0,01 mm
- Anzahl der Records
- Offset einer zusätzlichen Beschreibung
- die Größe einer optionalen Palette
- die Auflösung des Orginalausgabegeräts in Pixeln
- die Auflösung des Orginalausgabegeräts in mm
- eine optionale Beschreibung

Enhanced Metafiles ermöglichen eine echte Geräteunabhängigkeit. Alles, was nötig ist, um die Grafik originalgetreu auf einem anderen Gerät wiederzugeben, wird mitgespeichert. Zusätzlich können in diesem Format auch die neuen Win 32-GDI-Befehle Verwendung finden (Koordinatensysteme, Bézierkurven, Pens etc.).

Was sich so gut anhört, hat allerdings einen kleinen, aber nicht unwesentlichen Haken: Es gibt mit einigen der aktuell verbreiteten Grafikprogramme Probleme, diese Dateien zu laden. Wollen Sie Anwendungen schreiben, deren Grafiken importiert werden können, sollten Sie vorläufig besser beim Aldus-WMF-Format bleiben.

Und damit sind wir schon beim Thema angelangt:

Wie bei fast allen GDI-Funktionen führen auch hier zwei verschiedene Wege zum Ziel:

- direkter Aufruf der GDI-Funktionen oder
- Verwendung von Delphi-Methoden

Im vorliegenden Fall wollen wir den Delphi-Methoden den Vorzug geben, nehmen uns diese doch eines der größten Probleme ab: Das Speichern im Aldus-Metafile-Format.

Wichtigstes Objekt für die weitere Arbeit ist eine *TMetafile*-Instanz, die ein Enhanced Metafile kapselt. Dieses erstellen Sie wie jedes andere Objekt durch Aufruf des Konstruktors *Create*. Der weitere Ablauf weicht allerdings von bisherigen Grafikobjekten (*Form, Canvas* etc.) ab.

Ein Metafile kann erst nach dem Abschluss der letzten Zeichenoperation verwendet werden. Aus diesem Grund wird auch kein direkter Canvas zur Verfügung gestellt, sondern es muss ein Objekt vom Typ *TMetafileCanvas* quasi als Puffer zwischengeschaltet werden. Nachdem die Ausgabe im

TMetafileCanvas-Objekt vorgenommen und das Objekt mit *Free* freigegeben wurde, können Sie das Metafile-Objekt benutzen (speichern, kopieren etc.).

```
var WMF : TMetafile;
begin
  WMF := TMetafile.Create;                        //  Erzeugen des Metafile-Objekts
  with TMetafileCanvas.Create(WMF, 0) do try      //  Ausgabe-Canvas erzeugen ...
      TextOut(10,10,'hello world');               //  Grafikoperationen
  finally
      Free
  end;
```

Danach kann das Metafile zum Beispiel gespeichert,

```
WMF.SaveToFile('c:\test1.wmf');
```

in ein Formular kopiert

```
Canvas.Draw(150,0,WMF);
```

oder in die Zwischenablage kopiert werden:

```
Clipboard.Assign(wmf);
```

Zu allem Überfluss kann ein Metafile auch noch in ein anderes Metafile kopiert werden. Auf das Ziel-Metafile können Sie allerdings wieder nur mit einem *TMetafileCanvas*-Objekt zugreifen:

```
var WMF, WMF1 : TMetafile;
begin
  WMF := TMetafile.Create;
  WMF1 := TMetafile.Create;
```

Zeichnen im 1. Metafile-Objekt :

```
  with TMetafileCanvas.Create(WMF, 0) do try
      TextOut(10,10,'hello world');
  finally
      Free
  end;
```

Kopieren des 1. in das 2. Metafile:

```
  with TMetafileCanvas.Create(WMF1, 0) do try
      Draw(0,0,WMF);
  finally
      Free
  end;
```

Soll das Objekt als Enhanced Metafile gespeichert werden, ist es empfehlenswert, den Konstruktor *CreateWithComment* statt *Create* zu verwenden. In diesem Fall übergeben Sie neben dem *TMetafile*-Objekt und dem Referenz-DC auch ein Copyright und einen Kommentar, die beide in der Datei mitgespeichert werden.

```
var WMF : TMetafile;

begin
   WMF := TMetafile.Create;
   with TMetafileCanvas.CreateWithComment(WMF, 0,'DoKo',
   'Anlagenskizze A17') do try
       TextOut(10,10,'hello world');
   finally
        Free
   end;
   WMF.SaveToFile('c:\test1.emf');
```

Hinweis: Delphi speichert Metafiles standardmäßig als Enhanced Metafile, geben Sie aber beim Speichern die Extension "WMF" an oder setzen Sie die Eigenschaft *Enhanced* auf *False*, wird im Aldus-Metafile-Format gespeichert.

Vielleicht haben Sie sich schon Gedanken über den Parameter "Referenz-DC" gemacht? Der Sinn ist schnell gefunden, wenn Sie sich die Informationen ansehen, die im Datei-Header eines Metafiles gespeichert werden. Unter anderem finden sich dort Werte für Größe, Auflösung etc.

Im Quellcode der Unit *Graphics* entdecken Sie auch die interne Abfrage der Eigenschaften:

```
RefDC := ReferenceDevice;
if ReferenceDevice = 0 then RefDC := GetDC(0);
...
  FMetafile.MMWidth := GetDeviceCaps(RefDC, HORZSIZE) * 100
...
  FMetafile.MMHeight := GetDeviceCaps(RefDC, VERTSIZE) * 100
...
```

Dieser Referenz-DC liefert also auch gleich die Abmessungen für das Metafile. Möchten Sie eine maßstabsgerechte WMF-Grafik erstellen, ist die Standard-Einstellung unbrauchbar, Sie müssen mit der Funktion *SetMapMode* nachhelfen.

Beispiel: Sie möchten eine Grafik speichern, die genau 10 x 10 cm groß ist und ein 5 x 5 cm großes Rechteck enthält.

```
var WMF : TMetafile;
begin
   WMF := TMetafile.Create;
   wmf.mmheight := 10000;
   wmf.mmwidth := 10000;
   with TMetafileCanvas.Create(WMF, 0) do try
       SetMapMode(handle,MM_HIMETRIC);
```

```
      SetWindowOrgEx(handle,0,10000,nil);
      rectangle(0,0,5000,5000);
  finally
      Free
  end;
  WMF.SaveToFile('c:\test1.wmf');
```

Die äußeren Abmessungen der Grafik setzen Sie mit *MMHeight* und *MMWidth*. Bei den recht großen Koordinaten handelt es sich um Angaben in der Maßeinheit 1/100 mm.

Mit *SetMapMode* wechseln wir in den Abbildungsmodus MM_HIMETRIC, also ebenfalls 1/100 mm. *SetWindowOrgEx* sorgt dafür, dass der Nullpunkt in die linke untere Ecke verschoben wird und wir ein mathematisch korrektes Koordinatensystem erhalten.

Ein bereits als Datei vorliegendes Metafile kann mit der Methode *LoadFromFile* geladen werden. Die Anzeige ist zum Beispiel über die *Draw*-Methode möglich. Eine zweite Variante bietet sich mit der *Image*-Komponente.

Beispiel: Laden und Anzeigen einer WMF-Grafik

```
var WMF : TMetafile;
begin
  WMF := TMetafile.Create;
  WMF.LoadFromFile('c:\test1.wmf');
  Canvas.Draw(0,0,wmf);
```

Schriftarten (Fonts)

Über Schriftarten und die zugehörigen Windows-Funktionen ließe sich ein eigenes Buch schreiben. Aus diesem Grund werden wir uns auf die relevanten Funktionen beschränken, ein aufschlussreiches Beispielprogramm zum Experimentieren finden Sie in unserem "Borland Delphi 6 Kochbuch".

Dreh- und Angelpunkt ist (wie auch bei den bisherigen Objekten) ein Handle. Dieses erhalten Sie über die Funktion *CreateFont*. Alle wichtigen Schriftoptionen wie Höhe, Typ, Winkel etc. werden über diese Funktion eingestellt.

Syntax:

```
function CreateFont(Height, Width, Escapement, Orientaion,
Weight: Integer; Italic, Underline, StrikeOut, CharSet,
OutputPrecision, ClipPrecision, Quality, PitchAndFamily: DWORD;
FaceName: PChar): HFONT;
```

Die Funktionsparameter im Einzelnen:

Height

... ist die Schrifthöhe in den gerade aktiven Einheiten. Wird für die Schriftgröße kein Wert angegeben, verwendet Windows eine Standardgröße (z.B. 10 Punkte). Das Vorzeichen entscheidet über die Verwendung des Wertes als Zeichenhöhe (-) oder Zellhöhe (+). Die Abbildung zeigt das Ergebnis bei *Height* gleich -50 bzw. +50:

Width

... bezeichnet die durchschnittliche **Zeichenbreite**, ist sie null (0), wird die günstigste Schrift durch das System gewählt:

Beachten Sie, dass ein Verkleinern der Schrift den Wert für *Width* nicht verändert, die Zeichen bleiben also immer gleich breit!

Escapement

... ist der Drehwinkel der Textzeile in 1/10 Grad (in Bezug auf die x-Achse).

An dieser Stelle eine kleine Einschränkung: Es lassen sich nur TrueType-Schriftarten drehen, was aber kein Problem darstellen sollte.

Orientation

... gibt den Drehwinkel jedes einzelnen Zeichens an (in 1/10 Grad in Bezug auf die x-Achse). Dieser Wert wird vom GDI ignoriert.

Weight

... ist die Schriftstärke. Werte zwischen 100 (dünn) und 900 (extra breit) in 100er-Schritten sind gültig.

Die wichtigsten Konstanten zur Schriftstärke:

Konstante	Wert	Bemerkung
FW_THIN	100	
FW_EXTRALIGHT	200	
FW_LIGHT	300	
FW_NORMAL	400	... entspricht *Font.Bold = False*
FW_SEMIBOLD	600	
FW_BOLD	700	... entspricht *Font.Bold = True*
FW_EXTRABOLD	800	

Italic, Underline, StrikeOut

... bezeichnen kursiven, unterstrichenen bzw. durchgestrichenen Text:

Äquator <u>Äquator</u> ~~Äquator~~

CharSet

... ist der Zeichensatz, verwenden können Sie die folgenden Werte, von denen ANSI und OEM sicher am interessantesten sind:

Konstante	Wert	Bemerkung
ANSI_CHARSET	0	Windows-Standardzeichensatz
DEFAULT_CHARSET	1	
SYMBOL_CHARSET	2	
SHIFTJIS_CHARSET	128	
HANGEUL_CHARSET	129	
CHINESEBIG5_CHARSET	136	
OEM_CHARSET	255	zusätzliche Zeichen, die im DOS-Zeichensatz vorkommen (z.B. für ein Terminalprogramm)

OutputPrecision

... bezieht sich auf die Ausgabegenauigkeit:

Konstante	Bemerkung
OUT_DEFAULT_PRECIS	
OUT_STRING_PRECIS	

Konstante	Bemerkung
OUT_CHARACTER_PRECIS	
OUT_STROKE_PRECIS	
OUT_TT_PRECIS	Sollten TrueType- und Rasterfont vorhanden sein, wird der TrueType-Font gewählt.
OUT_DEVICE_PRECIS	
OUT_RASTER_PRECIS	
OUT_TT_ONLY_PRECIS	Es werden nur TrueType-Fonts verwendet.

ClipPrecision

... spezifiziert die Genauigkeit des Clippings, wenn sich Zeichen außerhalb des Clipping-Bereichs befinden:

Konstante
CLIP_DEFAULT_PRECIS
CLIP_CHARACTER_PRECIS
CLIP_STROKE_PRECIS
CLIP_MASK
CLIP_LH_ANGLES
CLIP_TT_ALWAYS
CLIP_EMBEDDED

Quality

... entscheidet über die Ausgabequalität. Diese Eigenschaft ist im Wesentlichen nur bei Rasterschriftarten interessant.

Konstante	Beschreibung
DEFAULT_QUALITY	Das Aussehen des Fonts ist egal.
DRAFT_QUALITY	Das Aussehen des Fonts ist weniger wichtig. Für GDI-Rasterfonts ist die Skalierung eingeschaltet.
PROOF_QUALITY	Die Zeichenqualität der Schrift ist wichtiger als die exakte Einhaltung der Schriftattribute. GDI-Rasterfonts werden nicht skaliert.

Beispiel: DEFAULT_QUALITY und PROOF_QUALITY von *MS Sans Serif, Height* = 50.

PitchAndFamily

... gibt Zeichenabstand und Schriftherkunft an:

Konstante	Bemerkung
DEFAULT_PITCH	... normaler Zeichenabstand wird beibehalten.
FIXED_PITCH	... fester Zeichenabstand. wwww iiii
VARIABLE_PITCH	... variabler Zeichenabstand. wwww iiii

Mit den Werten der folgenden Tabelle können Sie unter anderem bestimmen, ob Zeichen mit oder ohne Serifen dargestellt werden.

Konstante	Bemerkung
FF_DONTCARE	Herkunft egal oder unbekannt.
FF_ROMAN	z.B. Times Roman oder Century Schoolbook, mit Serifen: Äquator
FF_SWISS	z.B. Helvetica oder Swiss, ohne Serifen: Äquator
FF_MODERN	mit oder ohne Serifen, konstanter Zeichenabstand, z.B. Pica, Elite oder Courier: Äquator
FF_SCRIPT	Handschriften, z.B. Script: Äquator
FF_DECORATIVE	z.B. Old English oder Fraktur: Äquator

Hinweis: Die Werte beider Tabellen können mit dem OR-Operator verknüpft werden.

Beispiel: für den (noch) Schriftunkundigen

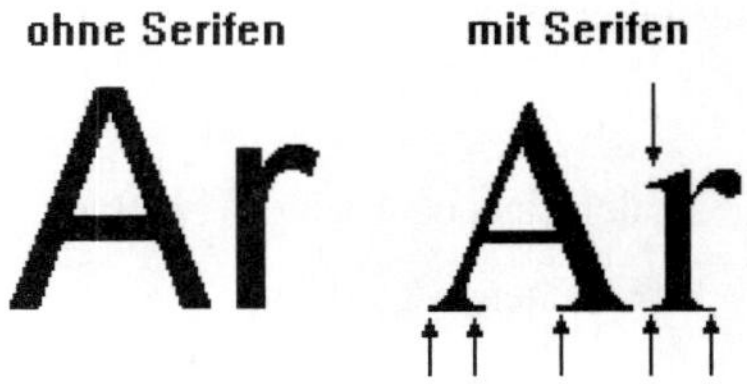

Facename

... bezeichnet den Namen der Schriftart. Ist der Font nicht vorhanden, wird versucht, eine Schrift zu finden, die oben genannten Parameter aufweist.

Texthintergrund

Neben den Einstellungen über *CreateFont* ist auch eine weitere Funktion von Interesse, mit der Sie bestimmen, ob der Text durchsichtig oder mit Hintergrund gezeichnet wird: *SetBkMode*.

Übergabewerte sind der DC und eine der folgenden Konstanten:

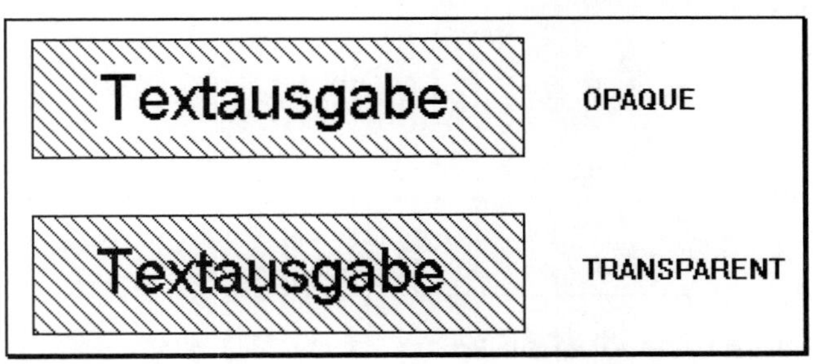


```
SetBkMode(canvas.handle,TRANSPARENT);
```

Textausrichtung

Wer bereits unter DOS programmiert hat, wird vielleicht die nicht proportionalen Fonts vermissen, mit denen sich Texte bzw. Tabellen problemlos formatieren ließen. Zum rechtsbündigen Ausrichten genügte es, entsprechend viele Leerzeichen in den Ausgabestring einzufügen. Leider funktioniert diese Methode nur noch mit Fonts wie "Courier" etc. Die folgende Abbildung zeigt das Resultat bei gleicher Anzahl von Leerzeichen vor den Ausgabestrings:

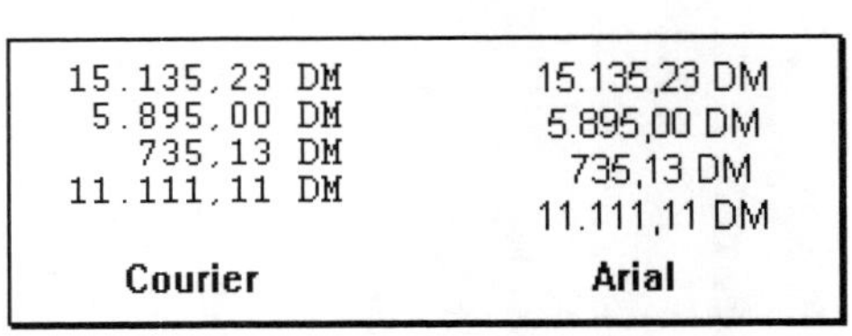

Abhilfe schafft die Funktion *SetTextAlign*, mit der Sie den Einfügepunkt (Koordinaten von *TextOut*) bestimmen können.

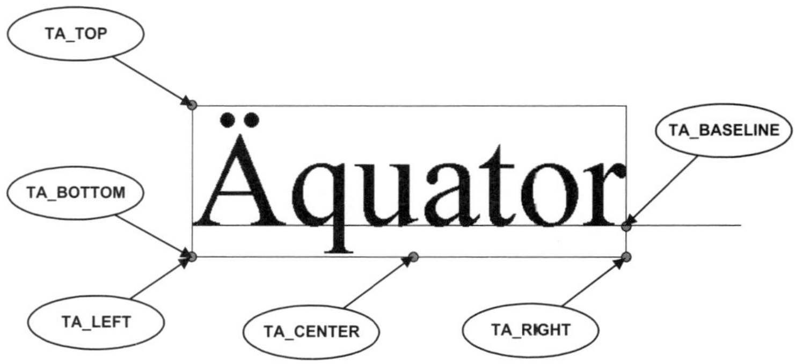

Durch die Addition der Konstanten bestimmen Sie sowohl die horizontale als auch die vertikale Position des Einfügepunktes.

Beispiel: Ausrichtung über die linke untere Ecke

```
SetTextAlign(Canvas.Handle,TA_LEFT + TA_BOTTOM);
```

Zeichenabstand

Eine letzte Variante zur Textformatierung möchten wir Ihnen mit der Funktion *SetTextCharacter-Extra* vorstellen, mit der Sie den Abstand der einzelnen Buchstaben eines Ausgabestrings variieren können.

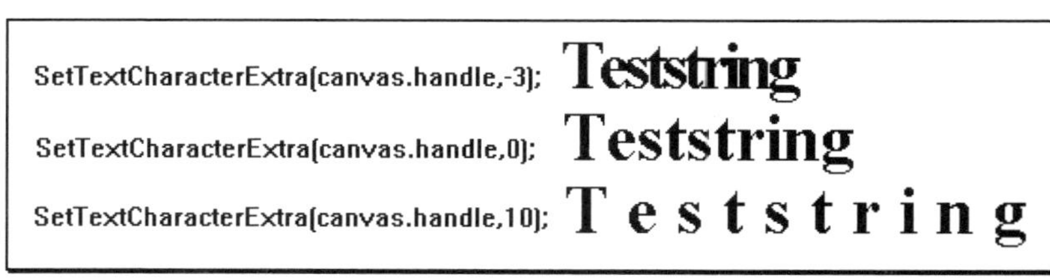

Übergeben Sie neben dem DC die Pixelzahl, um die Sie die Zeichen zueinander verschieben wollen.

Textabmessungen

Die Texthöhe in Pixeln bestimmen Sie mit *Font.Height*:

In einigen Fällen ist es allerdings günstiger, die Texthöhe in Punkten anzugeben. Verwenden Sie dazu die Eigenschaft *Font.Size*. Der Zusammenhang zwischen *Height* und *Size*:

$$Font.Size = \frac{-Font.Height \cdot 72}{Font.PixelsPerInch}$$

Haben Sie beispielsweise einen String

```
s := 'Rotationswinkel 27°';
```

und möchten Sie diesen an der Position P(50,50) zentriert ausgeben, brauchen Sie Informationen darüber, wie hoch und wie breit der auszugebende Text ist. Zwei Methoden sind in diesem Zusammenhang interessant: *Canvas.TextWidth()* und *Canvas.TextHeight()*. Während *TextHeight* im Allgemeinen der Schrifthöhe in Pixeln entspricht, ist *TextWidth* von der Anzahl der Buchstaben und der Schriftart abhängig. Die Ausgabeposition berechnet sich zu:

```
s := 'Rotationswinkel 27°';
Canvas.TextOut(x - Canvas.TextWidth(s) div 2, y, s);
```

Wem das zu umständlich ist und wer bereits Erfahrung mit der GDI-Programmierung hat, kann mit der Funktion *SetTextAlign* das gleiche Resultat erreichen.

Textausgabe mit *DrawText*

Bei dieser GDI-Funktion handelt es sich wohl um die leistungsfähigste Variante für Textausgaben. Neben der Beschränkung auf ein Ausgaberechteck können Sie auch die Textausrichtung (links, zentriert, rechts, oben, unten) beeinflussen. *DrawText* berücksichtigt weiterhin Zeilenumbrüche und Tabulatoren. Optional können auch Zeilenumbrüche erzwungen werden.

Syntax:
```
function DrawText(hDC: HDC; lpString: PChar; nCount: Integer;
                  var lpRect: TRect; uFormat: UINT): Integer;
```

Beispiel: Mehrzeilige Textausgabe mit *DrawText*

```
var  r : TRect;
     p : PChar;
```

Initialisieren des Ausgaberechtecks:

```
procedure TForm1.FormCreate(Sender: TObject);
begin
  r := Bounds(0,0,memo1.clientwidth,memo1.clientheight);
end;
```

Löschen des Hintergrunds und Textausgabe:

```
  p := PChar(memo1.text);
  paintbox1.canvas.FillRect(r);
  DrawText(paintbox1.canvas.handle, p, length(p), r,
  DT_LEFT + DT_EXPANDTABS + DT_WORDBREAK);
...
```

Die wichtigsten *DrawText*-Konstanten:

Konstante	Beschreibung
DT_BOTTOM	... Text wird am unteren Rand ausgerichtet (nur mit *DT_SINGLELINE*).
DT_CALCRECT	... berechnet lediglich die Höhe des Ausgabetextes, keine Textausgabe!
DT_CENTER	... Text wird horizontal zentriert.
DT_EXPANDTABS	... Tabulatoren werden mit acht Leerzeichen dargestellt.
DT_LEFT	... Text wird linksbündig ausgerichtet.
DT_NOPREFIX	... unterdrückt die Interpretation von "&" als Formatierung (Unterstreichen eines Zeichens).
DT_RIGHT	... Text wird rechtsbündig ausgerichtet.
DT_SINGLELINE	... einzeilige Ausgabe, Zeilenumbrüche werden ignoriert.

DT_TABSTOP	... Vorgabe der Anzahl von Leerzeichen pro Tab. Der Wert wird in Bits 15-8 übergeben.
	Beispiel: Festlegen der Tabs
	`var tabwidth : word;`
	`Tabwidth := <Anzahl Leerzeichen> shl 8;`
	`DrawText(paintbox1.canvas.handle, p,length(p),r,DT_TABSTOP+tabwidth);`

DT_TOP	... Text wird am oberen Rand ausgerichtet (nur mit *DT_SINGLELINE*).
DT_VCENTER	... Text wird vertikal zentriert (nur mit *DT_SINGLELINE*).
DT_WORDBREAK	... automatischer Zeilenumbruch, wenn der Text nicht in die Zeile passt.

Textausgabe mit *TextRect*

TextRect begrenzt, im Gegensatz zur *TextOut*-Funktion, die Text-Ausgabefläche auf ein Rechteck, dessen Maße Sie in einer Variablen vom Typ *TRect* übergeben.

Syntax: `TextRect(Rect: TRect; X, Y: Integer; const Text: string);`

Die Abbildung zeigt den Einfluss der einzelnen Parameter:

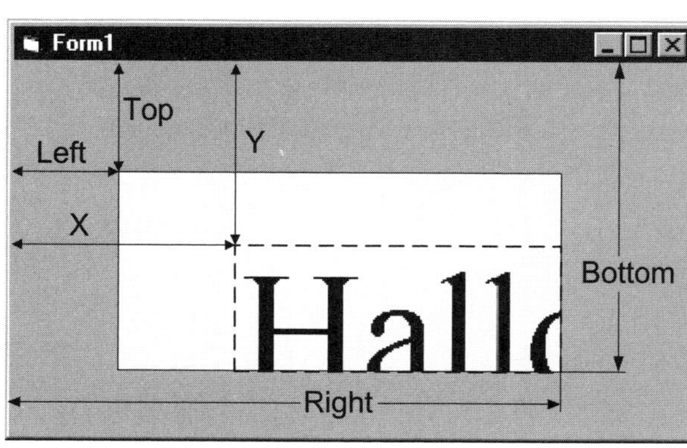

```
var rec : TRect;
begin
    rec.Left := 30;
    rec.Top := 30;
    rec.Right := 320;
    rec.Bottom := 150;
    canvas.font.color := clred;
    canvas.TextRect(Rec,0,30,'Hallo User');
end;
```

Bézierkurven

Für einfache Zeichnungen dürften die bisherigen Zeichenfunktionen ausreichen, kompliziertere Gebilde bekommen Sie mit der Bézierfunktion in den Griff. Wie bei einer "normalen" Linie übergeben Sie Anfangs- und Endpunkt, zusätzlich jedoch noch zwei Stützpunkte, mit denen die Linie wie ein Gummiband "gezogen" werden kann.

Syntax: `function PolyBezier(DC: HDC; const Points; Count: DWORD): BOOL; stdcall;`

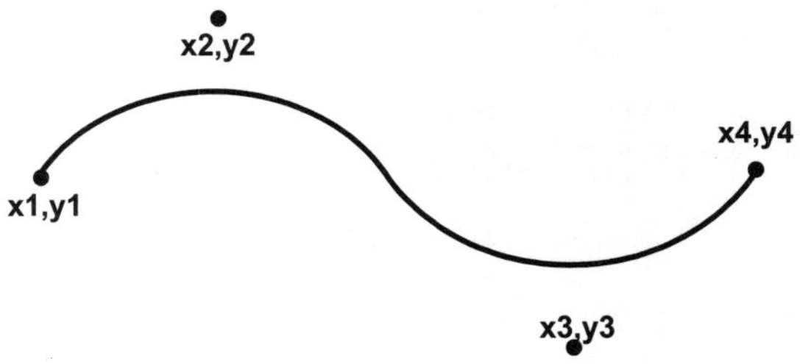


```
var punkte: array [0..3] of TPoint;
    punkte[0].X := 4;
    punkte[0].Y := 4;
    punkte[1].X := 100;
    punkte[1].Y := 100;
    punkte[2].X := 150;
    punkte[2].Y := 120;
    punkte[3].X := 75;
    punkte[3].Y := 30;
  PolyBezier(image1.canvas.handle, punkte[0], 4);
```

Clipping (Regionen)

In Ihren Delphi-Programmen sind Sie es gewohnt, dass Zeichenoperationen, die über den Clientbereich des Formulars bzw. der Komponente hinausgehen, einfach abgeschnitten werden. Damit haben Sie auch schon die einfachste Form von Clipping kennen gelernt.

Für bestimmte visuelle Effekte ist es häufig wünschenswert, dass diese Ausgabebereiche nicht nur rechteckig, sondern zum Beispiel auch einmal rund sind. Die Abbildung zeigt das Ergebnis von Grafikausgaben in einer Region:

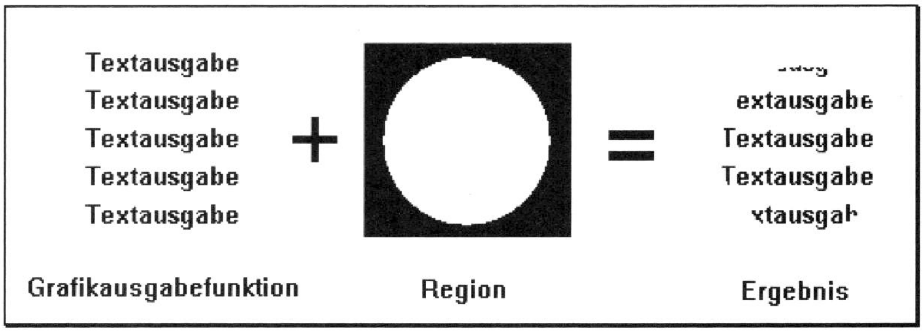

Das Erzeugen einer Region ist relativ simpel, mit *CreateEllipticRgn* bzw. *CreateRectRgn* definieren Sie die Funktion, das gewonnene Handle für die Region können Sie der Funktion *SelectObject* übergeben.

```
var RHandle : THandle;
begin
    RHandle := CreateEllipticRgn(10,20,100,110);
    SelectObject(canvas.handle,RHandle);
```

Sie werden sich vielleicht wundern, dass wir im Beispiel nicht den Rückgabewert von *SelectObject* gespeichert haben, wird dieser doch sonst immer zum Wiederherstellen der alten Einstellungen verwendet.

Bei Regionen ist das etwas anders, der Rückgabewert ist nicht das Handle auf das bisher aktive Objekt, sondern lediglich eine Statusvariable:

Konstante	**Bemerkung**
SIMPLEREGION	Region besteht aus einem Rechteck.
COMPLEXREGION	Region besteht aus mehr als einem Rechteck.
NULLREGION	Region ist leer.

Aus diesem Grund müssen wir uns für das Zurücksetzen der Region schon etwas anderes einfallen lassen. Am einfachsten ist das Erzeugen einer neuen Region, die den gesamten Clientbereich erfasst.

```
var RH;
   RHnew : THandle;
begin
    RH := CreateEllipticRgn(10,20,100,110);
    SelectObject(DC,RH);
    RHnew := CreateRectRgnIndirect(Clientrect);
    SelectObject(DC,RHnew);                    // Zurücksetzen der Region
    DeleteObject(RH);
    ...
```

Regionen können Sie aus Rechtecken, Ellipsen oder Polygonen zusammensetzen. Zusammensetzen bedeutet in diesem Fall nicht einfach nur die ODER-Verknüpfung, es sind auch weitere Variationen möglich.

Verwenden Sie die Funktion *CombineRgn*, der Sie neben den zu kombinierenden Regionen auch den Modus übergeben. Der "Rückgabewert" ist eine neue Region, die Sie einem Ausgabegerätekontext mit *SelectObject* zuweisen können.

```
R1Handle := CreateEllipticRgn(10,20,100,110);
R2Handle := CreateEllipticRgn(100,95,200,195);
CombineRgn(R3Handle,R1Handle,R2Handle,RGN_OR);      // Oder Kombination
SelectObject(canvas.handle,R3Handle);
```

Die folgende Abbildung zeigt die verschiedenen Möglichkeiten bzw. die Konstanten für den Kombinationsmodus:

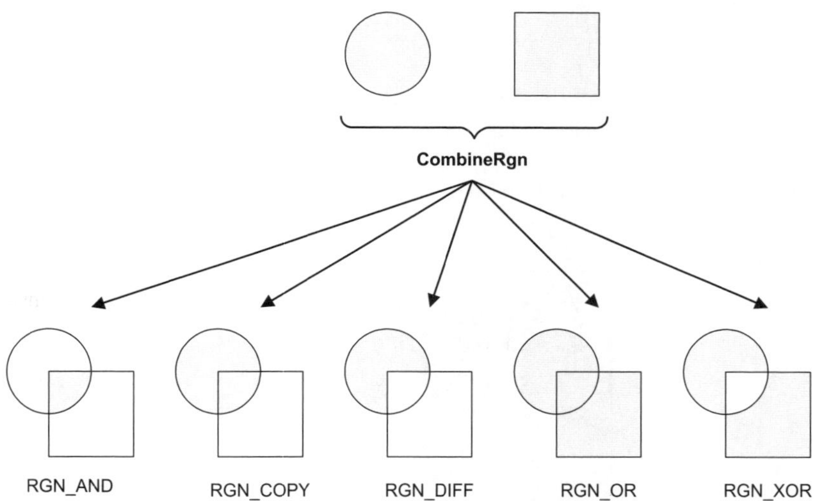

Neben dem Zeichnen, Invertieren (*InvertRgn*) und Umrahmen (*FrameRgn*) bieten sich Regionen noch für ein weiteres Aufgabengebiet an.

Nehmen wir an, Sie wollen ein Programm schreiben, bei dem sich auf einer Grafik so genannte "maussensitive" Flächen befinden. Diese Bereiche sollen nicht sichtbar sein und beliebige Formen aufweisen (Polygone, Kreise etc.). Über Delphi können Sie lediglich die aktuelle Mausposition abfragen (*MouseDown*, *MouseMove*). Ob sich die Maus in einem der Bereiche befindet, wissen Sie nicht. Mit Hilfe einer Region und der Funktion *PtInRegion* ist das kein Problem.

```
procedure TForm1.FormMouseDown(Sender: TObject; Button: TMouseButton;
  Shift: TShiftState; X, Y: Integer);
var RH : Thandle;
begin
    RH := CreateEllipticRgn(10,20,100,110);  if PtInRegion(rh,x,y) then beep;
end;
```

Natürlich könnten Sie den Test auch beim Verschieben des Mauscursors ausführen.

Clipping (Paths)

Ein Path erfüllt ähnliche Aufgaben wie eine Region, grafische Ausgaben können auf einen bestimmten Bereich eingeschränkt werden. Die Übereinstimmungen gehen sogar so weit, dass eine Region aus einem Path erzeugt werden kann.

Paths können das Ergebnis beliebiger Grafikausgaben (inklusive Bézierkurven, Polygonen, Texten) sein. Die Definition ist relativ einfach: Sie rufen *BeginPath* auf, zeichnen mit diversen GDI-Funktionen den Path und beenden die Definition mit *EndPath*. Grafikoperationen zwischen *BeginPath* und *EndPath* sind nicht auf dem Bildschirm bzw. Ausgabegerät sichtbar!

```
dc := canvas.handle;
TextOut(dc, 10, 10, 'Test', 4);
BeginPath(dc);
   TextOut(dc, 180, 180, 'Test', 4);
EndPath(dc);
SelectClipPath(dc, RGN_COPY);
```

Ist der Path definiert, kann er z.B. zum Clipping benutzt werden (*SelectClipPath*). Alle folgenden Zeichenaktionen sind nur innerhalb des Path sichtbar.

Beispiel: Ein Path besteht aus dem Text "Test", und das Fenster wird mit horizontalen und vertikalen Linien bzw. einer Bitmap gefüllt.

An dieser Stelle wollen wir kurz auf eine Besonderheit eingehen, die auf den ersten Blick wohl nicht ganz einsichtig ist. Verwenden Sie eine Textausgabe zur Definition von Paths, erhalten Sie im Normalfall nur den Texthintergrund (siehe Abbildung). Abhilfe schaffen Sie mit der Funktion *SetBkMode*, mit der Sie in den Transparent-Modus schalten:

15.2 Erweiterte Bitmap-Manipulation

Möchten Sie Grafiken nicht nur anzeigen, sondern auch verändern, bietet sich auf den ersten Blick die *Pixels*-Eigenschaft an. Dieses Array ermöglicht den Zugriff auf die einzelnen Bildpunkte, es ist demnach auch kein Problem, zum Beispiel eine Farbe durch eine andere auszutauschen.

Doch wer bereits erste Schritte auf diesem Gebiet unternommen hat, wird schnell enttäuscht. Das Auslesen und Setzen der einzelnen Punkte verbraucht so viel Zeit, dass es wohl kaum einem Programmnutzer zumutbar ist, es sei denn man möchte ihn ärgern.

Beispiel: Drehen einer Bitmap (in *Image1*) um 90°

```
procedure TForm1.Button1Click(Sender: TObject);
var x,y : integer;
begin
  image2.height := image1.Canvas.ClipRect.Right;
  image2.width := image1.Canvas.ClipRect.Bottom;
  for x := Image1.Canvas.ClipRect.Left to Image1.Canvas.ClipRect.Right do
    for y := Image1.Canvas.ClipRect.Top to Image1.Canvas.ClipRect.Bottom do begin
      Image2.Canvas.Pixels[y,Image1.Canvas.ClipRect.Right-x-1] :=
                                  Image1.Canvas.Pixels[x,y];
      application.ProcessMessages;
    end;
end;
```

Als Alternative bietet sich dem begeisterten GDI-Programmierer die Arbeit mit den Device Independent Bitmaps (DIB) an. Doch die Verwendung der entsprechenden Funktionen erfordert nicht nur eine genaue Kenntnis des GDI, sondern auch unnötigen Schreibaufwand, muss doch die DIB wieder in das Bitmap-Format zurückgewandelt werden. Vom zusätzlichen Speicherverbrauch wollen wir an dieser Stelle gar nicht sprechen.

Die praktikable und auch empfehlenswerte Lösung heißt *ScanLine*. Dabei handelt es sich um eine Eigenschaft des *Bitmap*-Objektes.

Syntax: `ScanLine[Row: Integer]: Pointer;`

Hinweis: Bevor Sie sich mit den folgenden Abschnitten beschäftigen, sollten Sie sich mit der Programmierung von Pointern vertraut gemacht haben (siehe Kapitel 14).

15.2.1 Grundlagen

Auch wenn es auf den ersten Blick so scheinen mag, *ScanLine* ist kein direkter Ersatz für die *Pixels*-Eigenschaft. Der Grund ist schnell aus der Syntax zu entnehmen: Sie erhalten lediglich einen Pointer auf die Daten einer gewählten Bitmap-Zeile. Wie diese Daten aufgebaut sind, wie viele Spalten und Zeilen es gibt, wird nicht von der Funktion berücksichtigt. Ein Fehler bei der Arbeit mit dieser Funktion führt meist zu einem Programmabsturz.

Worauf zeigt der Pointer?

Ganz allgemein kann gesagt werden: auf das erste Byte der gewählten Zeile. Wie diese Zeile in sich aufgebaut ist und aus wie vielen Bytes sie besteht, wird durch das Bitmap-Format bestimmt. Delphi unterstützt folgende Bitmap-Formate:

Format	Beschreibung
1 Bit/Pixel	Schwarz-/Weiß-Bilder, bei denen jedes Pixel durch ein Bit dargestellt wird.
4 Bit/Pixel	Bilder mit 16 Farben, ein Byte stellt somit die Informationen für zwei benachbarte Pixel zur Verfügung.
8 Bit/Pixel	Bilder dieses Typs können 256 Farben darstellen. Damit entspricht ein Byte auch einem Pixel. Doch freuen Sie sich nicht zu früh, es handelt sich nicht um den direkten Farbwert, sondern nur um den Index in einer getrennt gespeicherten Farbpalette.
15 oder 16 Bit/Pixel	Bei diesem Format werden mit jeweils 5 bzw. 6 Bit für die drei Grundfarben die Farbwerte dargestellt bzw. abgespeichert. Das interne Format: `pf15bit`: 0rrrrrgggggbbbbb `pf16bit`: rrrrrggggggbbbbb Dass die Arbeit mit derart verschachtelten Daten nicht unbedingt einfach ist, dürfte schnell ersichtlich sein.
24 Bit/Pixel	Das Wunschformat jedes Grafikprogrammierers: Jeder Punkt wird mit drei Bytes (RGB) zu je 8 Bit dargestellt. Der Zugriff auf derartige Bitmaps ist problemlos realisierbar.
32 Bit/Pixel	Noch etwas schneller lassen sich 32-Bit-Bilder bearbeiten. Dies wird durch die bessere Speicherausrichtung (4 Byte) erreicht. Das vierte Byte hat zwar keine Bedeutung, kann aber für Transparenz-Informationen genutzt werden. Beachten Sie jedoch, dass derartige Bilder auch sehr groß werden können.

Wie bestimme ich die Anzahl der Spalten?

Eigentlich müsste die Frage anders gestellt werden, da meist nicht die Anzahl der Bildpunkte, sondern die Anzahl der nötigen Bytes von Bedeutung ist. Die Pixelanzahl können Sie mit *Bitmap.Width* bestimmen, die Byteanzahl berechnet sich aus den jeweiligen Bildformaten, wie sie im vorhergehenden Abschnitt vorgestellt wurden.

Beispiel: 32-Bit-Bild, *Bitmap.Width = 300*

4 * Bitmap.Width = 1200 Bytes/Zeile

Doch Vorsicht: Ein 24-Bit-Bild mit einer Breite von 299 Pixeln hat nicht etwa

3 * Bitmap.Width = 897 Bytes/Zeile

sondern

((3 * Bitmap.Width + 3) DIV 4) * 4 = 900 Bytes/Zeile

Hinweis: Die Bitmaps werden in jeder Zeile auf Vielfache von 4 Bytes aufgefüllt!

Wie bestimme ich die Anzahl der Zeilen?

Diese Antwort ist schnell gegeben, über die Eigenschaft *Bitmap.Height* steht Ihnen direkt der Wert zur Verfügung. Aber auch hier lauert ein Fallstrick: Möchten Sie mit einem *Byte*-Pointer die einzelnen Pixel der Grafik durchlaufen, müssen Sie berücksichtigen, dass die Pixel in umgekehrter Reihenfolge im Speicher liegen, d.h. Sie müssen bei *ScanLine[Bitmap.Height-1]* beginnen.

Beispiel: Alle Pixel der Grafik sollen auf Schwarz gesetzt werden (32-Bit-Bitmap).

```
var x,y : Integer;
    p   : PByte;
begin
  Image1.Picture.Bitmap.PixelFormat := pf32bit;
  p := Image1.Picture.Bitmap.ScanLine[Image1.Picture.Bitmap.Height-1];
  for y := 1 to (Image1.Picture.Bitmap.Height) do begin
    for x := 1 to (Image1.Picture.Bitmap.Width) * 4 do begin
      p^  :=255;
      Inc(p)
    end
  end
end;
```

Beispiel: Nur die Farbe Blau soll zurückgesetzt werden:

```
var x,y : Integer;
    p   : PByte;
begin
  Image1.Picture.Bitmap.PixelFormat := pf32bit;
  p := Image1.Picture.Bitmap.ScanLine[Image1.Picture.Bitmap.Height-1];
  for y := 1 to (Image1.Picture.Bitmap.Height) do begin
    for x := 1 to (Image1.Picture.Bitmap.Width) do begin
      p^  := 0;
      Inc(p,4)
    end
  end
end;
```

Es geht auch so:

```
var x,y : Integer;
    p   : PRGBQuad;

begin
  Image1.Picture.Bitmap.PixelFormat := pf32bit;
  p := Image1.Picture.Bitmap.ScanLine[Image1.Picture.Bitmap.Height-1];
```

```
  for y := 1 to (Image1.Picture.Bitmap.Height) do begin
    for x := 1 to (Image1.Picture.Bitmap.Width) do begin
      p^.rgbBlue  := 0;
      Inc(p)
    end
  end
end;
```

Damit dürften Sie schon einen ersten Eindruck gewonnen haben, die folgenden Beispiele zeigen an verschiedenen Aufgabenstellungen die Möglichkeiten, die Ihnen mit *ScanLine* offen stehen.

Hinweis: Ein Testprogramm *RGB* für die folgenden Funktionen finden Sie auf der Buch-CD.

15.2.2 Spiegeln von Bitmaps

Zu den Standardaufgaben jedes Grafikprogramms gehört das Spiegeln von Bitmaps um die vertikale oder die horizontale Achse. Beides kann mit relativ wenig Aufwand bewältigt werden.

Um den Nutzen zu erhöhen, verpacken wir beide Routinen gleich in Prozeduren, damit haben Sie die Möglichkeit, diese in Ihre Programme zu übernehmen.

Die beiden folgenden Routinen erwarten als Übergabewert eine 24-Bit-Bitmap:

```
TRGBArray    = ARRAY[0..0] OF TRGBTriple;
pRGBArray    = ^TRGBArray;

procedure SpiegelnHorizontal(Bitmap:TBitmap);
var i,j,w        :  Integer;
    RowIn,RowOut:  pRGBArray;
begin
    w := bitmap.width*sizeof(TRGBTriple);
    Getmem(rowin,w);
    for j := 0 to Bitmap.Height-1 do begin
      move(Bitmap.Scanline[j]^,rowin^,w);
      rowout := Bitmap.Scanline[j];
```

Wir tauschen einfach die Bytes innerhalb einer Zeile, nachdem wir uns eine komplette Zeile im Array *RowIn* gesichert haben.

```
      for i := 0 to Bitmap.Width-1 do rowout[i] := rowin[Bitmap.Width-1-i];
    end;
    bitmap.Assign(bitmap);  Freemem(rowin);
end;
```

```
procedure SpiegelnVertikal(Bitmap : TBitmap);
var j,w :  Integer;
    help  :  TBitmap;

begin
    help := TBitmap.Create;
    help.Width       := Bitmap.Width;
    help.Height      := Bitmap.Height;
    help.PixelFormat := Bitmap.PixelFormat;
    w := Bitmap.Width*sizeof(TRGBTriple);
    for j := 0 to Bitmap.Height-1 do
```

Mit Hilfe der Funktion *Move* können wir eine komplette Zeile kopieren:

```
        move(Bitmap.Scanline[j]^,Help.Scanline[Bitmap.Height - 1 - j]^,w);
    Bitmap.Assign(help);
    help.free
end;
```

Beispiel: Der Aufruf ist selten simpel:

```
image1.Picture.bitmap.PixelFormat := pf24bit;
SpiegelnVertikal(image1.picture.bitmap)
```

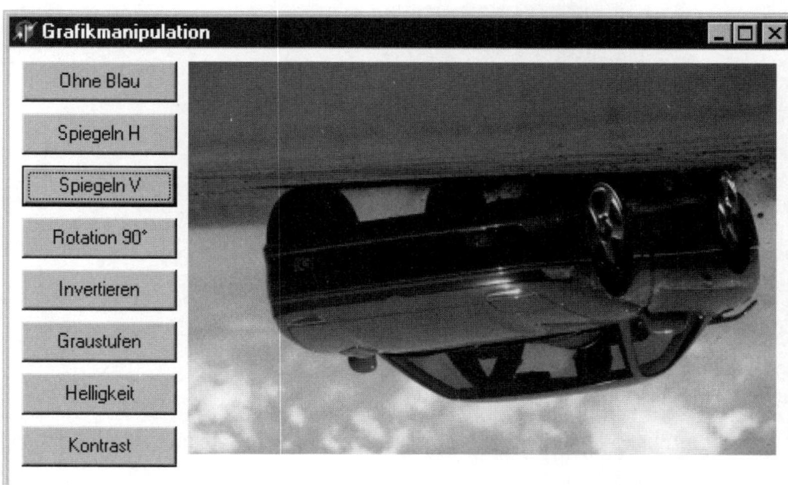

15.2.3 Farbmanipulation

Im Folgenden wollen wir uns damit beschäftigen, das Aussehen der Bilder, d.h. die einzelnen Farbwerte zu verändern.

Invertieren

Eine der einfachsten Operationen ist das Invertieren der Bitmap, die einzelnen RGB-Werte brauchen nur negiert zu werden:

```
procedure Invertieren(Bitmap:TBitmap);
var i,j :  Integer;
    Row :  ^TRGBTriple;

begin
    for j := 0 to Bitmap.Height-1 do
    begin
      row := Bitmap.Scanline[j];
      for i := 0 to Bitmap.Width-1 do
      begin
        row^.rgbtred   := not row^.rgbtred;
        row^.rgbtBlue  := not row^.rgbtblue;
        row^.rgbtgreen := not row^.rgbtgreen;
        inc(row)
      end
    end;
    bitmap.Assign(bitmap)
end;
```

Bei einem 32-Bit-RGB-Bild geht es sogar noch einfacher, wir invertieren gleich alle vier Bytes auf einen Schlag:

```
procedure Invertieren32Bit(Bitmap:TBitmap);
var i,j :  Integer;
    P   :  PDWord;

begin
```

Ermitteln des Pointers auf das erste Byte bzw. DWord:

```
    p := Bitmap.Scanline[Bitmap.Height-1];
    for j := 1 to Bitmap.Height* Bitmap.Width do begin
        p^ := not p^;
        inc(p)
    end;
    bitmap.Assign(bitmap)
end;
```

Graustufen

Beim Umwandeln einer Farbgrafik in ein Graustufenbild werden die einzelnen Farben entsprechend ihrer Leuchtkraft bewertet und daraus ein Graustufenwert (8 Bit) berechnet. Dieser Wert wird nachfolgend allen drei Farbkanälen zugewiesen:

```
procedure Graustufen(Bitmap:TBitmap);
var i,j  :  Integer;
    Row  :  ^TRGBTriple;
    grau : byte;

begin
    for j := 0 to Bitmap.Height-1 do begin
      row := Bitmap.Scanline[j];
      for i := 0 to Bitmap.Width-1 do begin
        grau := (row^.rgbtred * 77 + row^.rgbtgreen * 151 + row^.rgbtblue * 28) div 256;
        row^.rgbtred   := grau;
        row^.rgbtBlue  := grau;
        row^.rgbtgreen := grau;
        inc(row)
      end
    end;
    bitmap.Assign(bitmap)
end;
```

Heller/Dunkler

Um ein Bild aufzuhellen oder dunkler zu machen, genügt es, dass zu jedem Wert eine Konstante addiert wird. Um Werteüberläufe zu verhindern, müssten wir entweder bei jedem Wert abfragen, ob das Berechnungsergebnis den Wertebereich (255) überschreitet, oder wir legen gleich ein Array an, in dem für jeden der möglichen 256 Werte der neue Wert gespeichert ist. Insbesondere bei großen Bildern können Sie so wertvolle Sekunden gewinnen, da nur noch der Wert aus dem Array ausgelesen werden muss:

```
procedure Helligkeit(Bitmap,                              // Ziel-Bitmap
                     Original : TBitmap;                  // Original
                     Value    : integer);                 // Wert zw -240 ... + 240

var x,y     : Integer;
    Ziel    : ^TRGBTriple;
    Quelle  : ^TRGBTriple;
    n       : byte;
    ar      : array[0..255] of byte;

begin
  n := abs(value);
  if value > 0 then
   for x := 0 to 255 do if integer(x + n) > 255 then ar[x]:=255 else ar[x] := x + n
  else
    for x := 0 to 255 do if integer(x - n) < 0 then ar[x]:=0 else ar[x] := x - n;

  for y := 0 to Bitmap.Height-1 do begin
     Ziel   := Bitmap.Scanline[y];
     Quelle := Original.Scanline[y];
     for x := 0 to (Bitmap.Width-1) do begin
       Ziel^.rgbtBlue  := ar[Quelle^.rgbtBlue];
       Ziel^.rgbtred   := ar[Quelle^.rgbtred];
       Ziel^.rgbtGreen := ar[Quelle^.rgbtGreen];
       inc(Ziel);
       inc(quelle)
     end
  end
end;
```

Übergeben Sie der Funktion einen positiven oder negativen Wert, um das Bild aufzuhellen oder abzudunkeln.

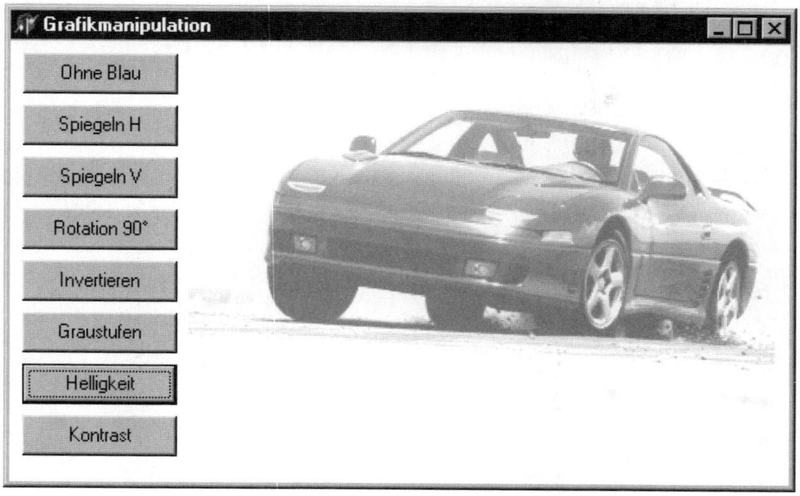

Kontrast

Um den Kontrast eines Bildes zu erhöhen, normieren wir zunächst die Farbwerte, indem wir diese in einen Integerwert umwandeln und 128 abziehen. Den resultierenden Wert multiplizieren wir mit einem konstanten Faktor, nachfolgend wird die Normierung durch Addition von 128 wieder aufgehoben. Da wir die Gleitkomma-Operationen nicht für jeden Pixel ausführen möchten (Performance), verwenden wir wieder ein Array, in dem wir die Farbwerte vorberechnen.

```
procedure Kontrast(Bitmap:TBitmap; value: byte);
var x,y     : Integer;
    Ziel,
    Quelle  : ^TRGBTriple;
    n       : byte;
    ar      : array[0..255] of byte;
    k       : integer;
    fak     : single;
begin
   fak := 1 + value /100;
   for x := 0 to 255 do begin
     k := Round((integer(x) - 128)*fak) + 128;
     if k > 255 then
        ar[x] := 255
     else
      if k < 0 then
        ar[x] := 0
      else
        ar[x] := k
```

```
  end;
  n := value;
  for y := 0 to Bitmap.Height-1 do begin
    Ziel   := Bitmap.Scanline[y];
    Quelle := Bitmap.Scanline[y];
    for x := 0 to (Bitmap.Width-1) do begin
      Ziel^.rgbtred   := ar[Quelle^.rgbtred];
      Ziel^.rgbtblue  := ar[Quelle^.rgbtblue];
      Ziel^.rgbtgreen := ar[Quelle^.rgbtgreen];
      inc(ziel);
      inc(quelle)
  end
  end
end;
```

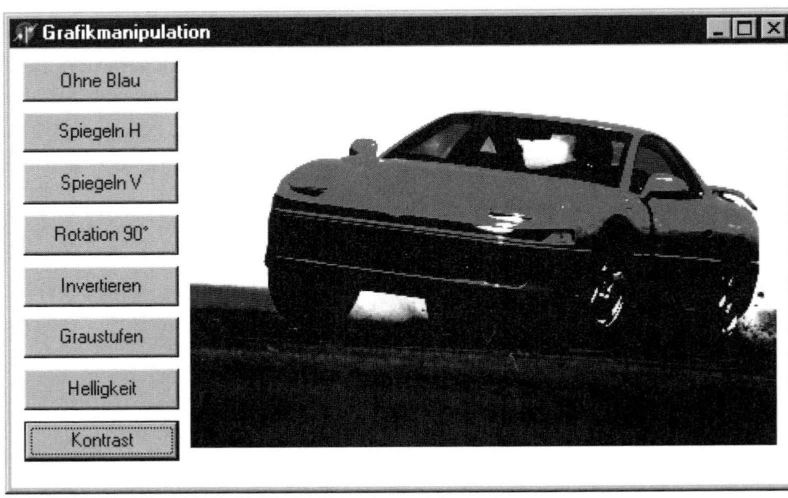

Hinweis: Bei einem 32-Bit-Bild könnten Sie auch direkt einen Byte-Pointer verwenden.

15.2.4 Drehen von Bitmaps

Geht es um das Drehen von Bitmaps, bieten sich zwei Varianten an, von denen die erste jedoch den Windows NT-Programmierern vorbehalten bleibt:

- Verwendung der GDI-Funktion *PlgBlt*
- Arbeiten mit *ScanLine*

Der leichte Weg (Windows NT/2000)

In die 32-Bit-API haben die Microsoft-Programmierer mit *PlgBlt* eine fertige Funktion integriert, die auch mit ihrer Performance durchaus überzeugen kann.

Ihre Aufgabe als Programmierer besteht lediglich darin, die Positionen der drei Punkte P(1), P(2), P(3) zu berechnen. Neben einfachen Drehungen lassen sich auf diese Weise auch Verzerrungen realisieren. Sie berechnen einfach ein Trapez, in das die Grafik hineinskaliert werden soll.

Die Abbildung zeigt das Grundprinzip:

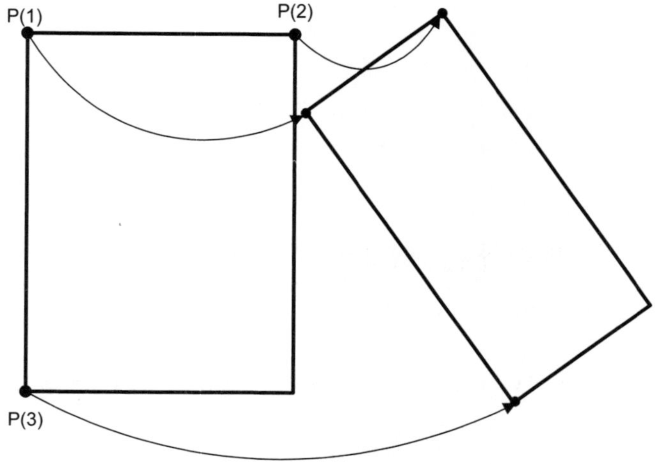

Beachten Sie die Reihenfolge der Werte bei der Übergabe:

- linke obere Ecke P(1)
- rechte obere Ecke P(2)
- linke untere Ecke P(3)

Einige Variablen:

```
var punkte : array[0..2] of TPoint;
    winkel : Double;                    // der Drehwinkel
```

Die eigentliche Berechnung:

```
procedure berechnePunkte;
var  si, co : double;
begin
    si := Sin(winkel);
    co := Cos(winkel);
```

Linke obere Ecke:

```
    punkte[0].x := ClientWidth div 2;
    punkte[0].y := ClientHeight div 2;
```

Rechte obere Ecke:

```
  punkte[1].x := Round(ClientWidth div 2 + image1.clientWidth * co);
  punkte[1].y := Round(ClientHeight div 2 + image1.clientWidth * si);
```

Linke untere Ecke:

```
  punkte[2].x := Round(ClientWidth div 2 - image1.clientHeight * si);
  punkte[2].y := Round(ClientHeight div 2 + image1.clientHeight * co)
end;
```

Der Aufruf:

```
 winkel := - PI / 10;
 berechnePunkte;
 PlgBlt(canvas.handle, punkte[0], image1.picture.bitmap.canvas.handle, 0, 0,
        image1.ClientWidth, image1.ClientHeight,0,0,0);
```

Der schwere Weg (ScanLine)

Alle, die nicht zu den glücklichen Windows NT/2000-Besitzern zählen, müssen sich schon selbst um das Drehen der einzelnen Pixel kümmern. Die Autoren werden an dieser Stelle das Brett an der dünnsten Stelle bohren und lediglich eine Funktion zum Drehen um 90° vorstellen.

Hinweis: Um unnötige Berechnungen zu vermeiden, wandeln wir die Bitmap in eine 32-Bit-Bitmap um.

```
type TMyhelp = array[0..0] of TRGBQuad;

procedure Drehen90Grad(Bitmap:TBitmap);
var P       : PRGBQuad;
    x,y,b,h : Integer;
    RowOut  : ^TMyHelp;
    help    : TBitmap;

BEGIN
   Bitmap.PixelFormat := pf32bit;
   help := TBitmap.Create;
   help.PixelFormat := pf32bit;
```

Maße der Ziel-Bitmap bestimmen:

```
   b := bitmap.Height;
   h := bitmap.Width;
   help.Width := b;
   help.height := h;
```

Zeile für Zeile werden nun die Pixel "umgeschaufelt":

```
for y := 0 to (h-1) do begin
  rowOut := help.ScanLine[y];
  P  := Bitmap.scanline[bitmap.height-1];
  inc(p,y);
  for x := 0 to (b-1) do begin
     rowout[x] := p^
     inc(p,h)
  end
end;
```

Zum Schluss kopieren wir die Hilfs-Bitmap in die eigentliche Bitmap:

```
  bitmap.Assign(help)
end;
```

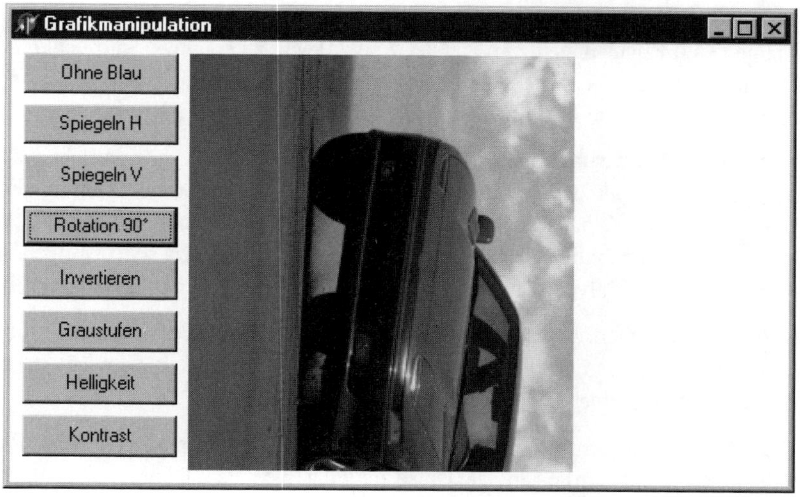

Damit dürften Sie einen ersten Eindruck gewonnen haben, welche Möglichkeiten die *ScanLine*-Eigenschaft bietet. Das Internet hält auf diesem Gebiet genügend Stoff bereit, um ein komplettes Grafikprogramm zu schreiben, wir müssen uns an dieser Stelle leider etwas kürzer fassen.

15.3 3-D-Vektorgrafik

Prinzipiell gelten für die 3-D-Vektorgrafik die Ausführungen zur 2-D-Vektorgrafik im Kapitel 7. Um aber bei der Menge der Koordinaten (jede Linie wird nicht durch vier, sondern durch sechs Werte repräsentiert!) noch halbwegs den Überblick zu behalten, müssen wir das 2-D-Konzept etwas abwandeln.

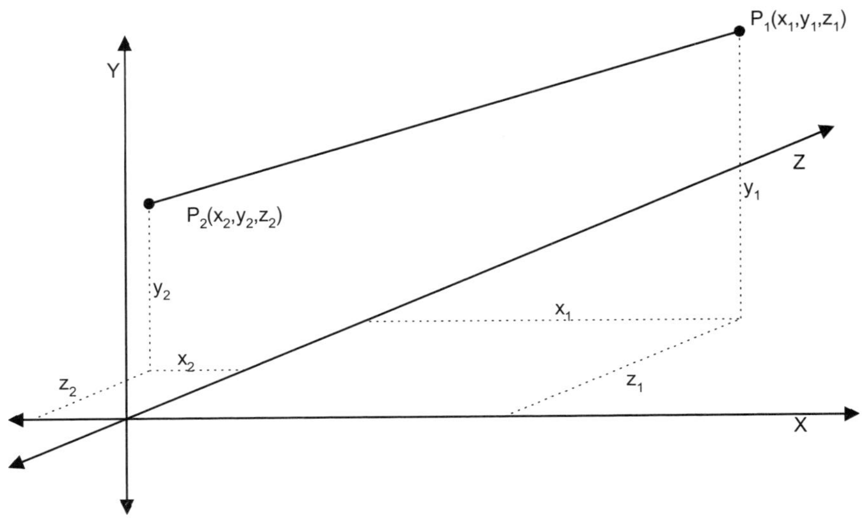

Zunächst einige (3-D) Ergänzungen zum Kapitel 7. Wie leicht zu erkennen ist, reicht die bisherige Darstellung eines Punktes mit zwei Koordinaten nicht aus. Zusätzlich zur x- und y-Koordinate müssen wir die z-Achse für die Tiefenwirkung verwenden.

Wir wollen im Folgenden davon ausgehen, dass dieser Körper nur aus Linien besteht (so genanntes Drahtmodell), die Erweiterung der Algorithmen auf n Ecke bzw. Kreise ist jederzeit möglich, würde jedoch den Rahmen dieses Kapitels sprengen. Ein Kreis muss durch seinen Mittelpunkt, den Radius und mindestens einen Raumpunkt, der auf dem Umfang liegt, definiert sein. Übrigens lässt sich auch ein Kreis als Vieleck (Polygon) auffassen, die Rechenzeit verkürzt sich dadurch erheblich!

Ausgangspunkt für die weitere Arbeit ist die Suche nach einer sinnvollen Möglichkeit für das Speichern eines Körpers. Da sich in Delphi leider keine dynamischen Arrays anlegen lassen, müssen wir entweder ein festes Array vorgeben oder mit einer Pointerliste arbeiten.

Grundlage des Körpers sind Linien, die durch Raumpunkte dargestellt werden. Jeder Raumpunkt besteht wiederum aus drei Koordinaten. Die Umsetzung in Object Pascal könnte wie folgt aussehen:

```
type punktType  = record
                     x,y,z : Double;
                  end;
     linienType = record
                     a,b : PunktType;
                  end;
var figur1           : array [0 .. 24] of linienType;
```

Neben den Koordinateninformationen lassen sich auch Linientypen bzw. Farbwerte abspeichern, wir haben jedoch bewusst darauf verzichtet, um den Aufwand nicht unnötig zu erhöhen. Um die Körperkoordinaten ohne viel Aufwand eingeben zu können, wurde die Prozedur *New_Line* geschrieben. Vom Programm werden nur noch die Koordinatenwerte an die Prozedur übergeben, diese trägt die neuen Werte ein:

```
procedure new_line(var k:array of linientype;x1,y1,z1,x2,y2,z2:Double);
begin
     k[i].a.x := x1; k[i].a.y := y1; k[i].a.z := z1;
     k[i].b.x := x2; k[i].b.y := y2; k[i].b.z := z2;
     Inc(i)
end;
```

Eine andere Möglichkeit wäre das Laden der Koordinaten aus einer Datei.

Vor der weiteren Betrachtung bleiben zwei Fragen offen:

- Welche Darstellungsform auf dem Bildschirm soll gewählt werden?
- Wie sollen die Drehwinkel übergeben werden (relativ oder absolut)?

Beginnen wir mit Punkt zwei. Um den Aufwand möglichst niedrig zu halten, werden wir die Drehwinkel als relative Koordinaten zum letzten Drehpunkt interpretieren[1].

Dieses Vorgehen bietet mehrere Vorteile:

- Wir können die gleichen Algorithmen für die Rotation benutzen wie für die 2-D-Grafik.
- Die Algorithmen sind nicht so komplex wie Algorithmen für die absolute Berechnung.
- Wir benötigen weniger Arbeitsspeicher.

Die letzte Aussage hört sich im Windows-Zeitalter etwas merkwürdig an, aber: Um auch das Letzte an Geschwindigkeit aus unserem Delphi-Programm herauszukitzeln, müssen wir statt der laufenden Berechnung von *Cos()* und *Sin()* auf vorbereitete Tabellen zugreifen. Da trigonometrische Funktionen nicht gerade schnell sind, lässt sich auf diese Art und Weise einiges an Rechenzeit einsparen.

Kommen wir zum Thema Speicherplatz zurück: Für die absolute Positionierung auf 1/10° genau brauchen wir allein für die Sinus-Tabelle 360 * 10 Werte und das im *Double*-Format (fast 30 KByte!). Für die inkrementelle Methode sieht das ganz anders aus. Wir können einfach ein paar sinnvolle Werte speichern, die häufig gebraucht werden, z.B. ±1/10°, ±1°, ±10°, ±90° etc. Sie sehen, der Aufwand ist bedeutend geringer!

Wo viel Licht ist, da ist natürlich auch Schatten. Die inkrementelle Methode hat auch ihre Nachteile. Ein Problem ist beispielsweise, dass sich Berechnungsfehler immer weiter summieren können. Nach genügend vielen Rotationen/Skalierungen wird es Ihnen kaum gelingen, den Ursprungskörper wiederherzustellen. Dem kann jedoch mit dem *Double*-Format entgegengewirkt werden. Demgegenüber kommt die absolute Methode eventuell sogar mit Integer-Arithmetik aus. Wie gesagt, die Wahl der Methode sollten Sie von Ihrer jeweiligen Anwendung abhängig machen.

Bleibt noch das Problem der Darstellung auf dem Bildschirm.

[1] Im Programm besteht die Möglichkeit, den Körper um jeweils ± 1° zu drehen.

15.3.1 Darstellungsmöglichkeiten

Für die Bildschirmdarstellung der 3-D-Koordinaten werden wir zwei verschiedene Verfahren verwenden:

Parallelprojektion

Bei der Parallelprojektion, in diesem Fall der so genannten Kavaliersperspektive, bleibt die x-y-Ebene erhalten, z-Koordinaten werden in bestimmten Teilungsverhältnissen in der x-y-Ebene abgebildet.

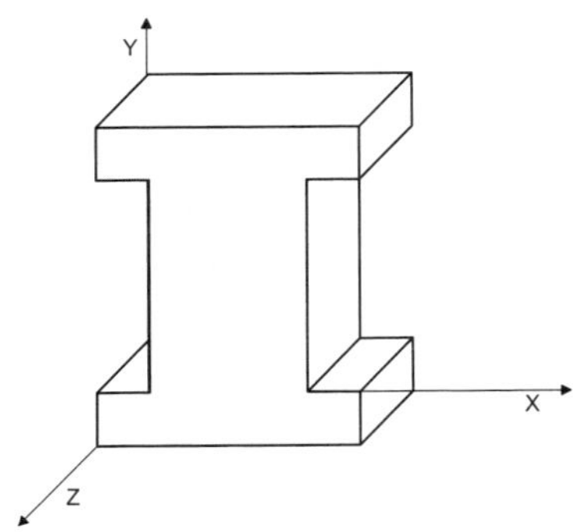

Diese Darstellungsform verzerrt zwar den Körper, da aber die Strecken-Teilungsverhältnisse erhalten bleiben, wird die Parallelperspektive in der Technik bevorzugt. Für unser Programm bedeutet das, dass x- und y-Koordinaten unverändert in die Betrachtung eingehen. Um die Darstellung nicht allzu sehr zu verzerren, werden wir den Neigungswinkel auf 18° reduzieren (Kavaliersperspektive 45°). Die z-Achse ist um 18° geneigt, zur x-Koordinate kommt also z/2 hinzu, zur y-Koordinate z/10.

Zentralprojektion (Fluchtpunktperspektive)

Die Zentralprojektion geht von einem Betrachterstandpunkt aus. Die Fluchtlinien Körperkante/Betrachter werden in der Betrachtungsebene abgebildet:

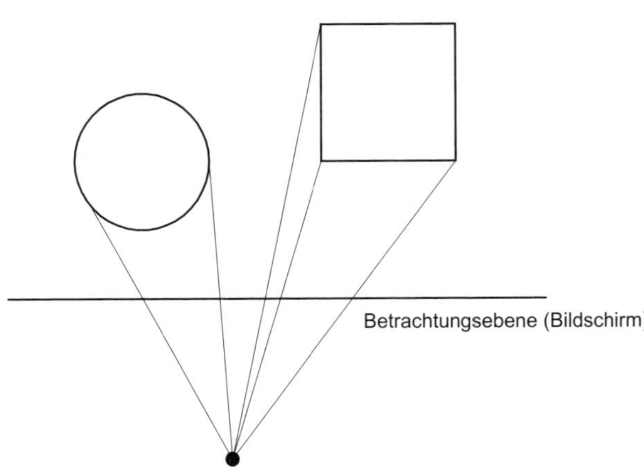

Durch diese Art der Darstellung entsteht ein Fluchtpunkt, der vom Betrachterstandpunkt abhängig ist.

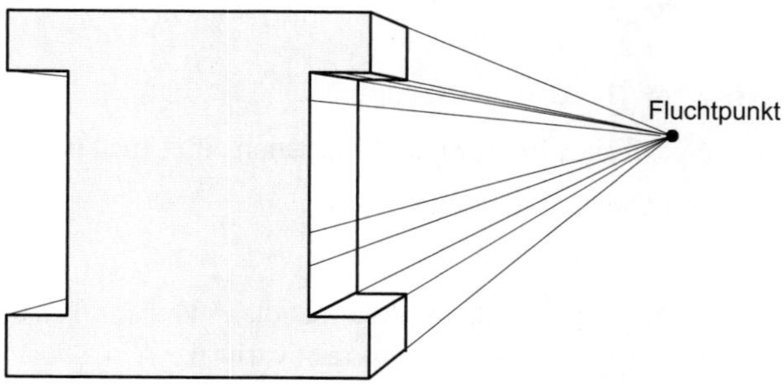

Sie können diesen Effekt im Beispielprogramm nachvollziehen, indem Sie den Körper nach rechts/links verschieben und vergrößern/verkleinern.

Damit sind wir auch schon bei der Umsetzung angelangt. Für die Zentralprojektion benötigen wir zusätzlich den Abstand des Betrachters. Nach dem Strahlensatz gilt:

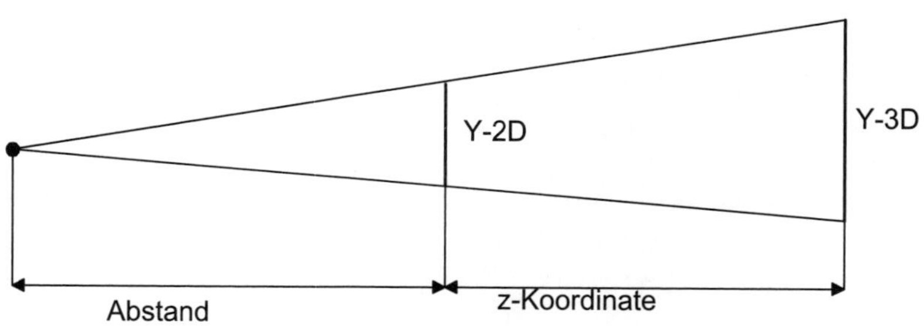

$$Y_{2D} = \frac{Y_{3D} \cdot \text{Abstand}}{\text{Abstand} + Z}$$

Entsprechendes ist natürlich auch für die x-Koordinate zutreffend. Unser zugehöriges Delphi-Programm:

```
aa.x := round(a.x * abstand / (abstand + a.z)) + links;
aa.y := round(-a.y * abstand / (abstand + a.z)) + oben;
bb.x := round(b.x * abstand / (abstand + b.z)) + links;
bb.y := round(-b.y * abstand / (abstand + b.z)) + oben;
```

Hinweis: Bei ungünstigem Betrachterstandpunkt kann ein Laufzeitfehler "Division durch null" auftreten! Fangen Sie diesen gegebenenfalls mit einem *Try-Except*-Block ab.

Sowohl für die Parallel- als auch für die Zentralprojektion sind noch zusätzliche Koordinatentransformationen erforderlich, bevor die Grafik dargestellt werden kann.

Der Faktor -1 für die y-Koordinate kippt das fenstereigene Koordinatensystem in vertikaler Richtung. Mit folgenden Anweisungen wird der Offset für x- und y-Achse in die Mitte des Fensters verlegt:

```
links := wohin.ClientWidth div 2;
oben  := wohin.ClientHeight div 2;
```

Wenden wir uns nun den eigentlichen Routinen für Translation, Streckung und Rotation zu:

15.3.2 Translation

Die Translation oder Verschiebung ist nichts anderes als die Addition von Punktvektor und Verschiebungsvektor. Was sich so kompliziert anhört, ist relativ trivial.

Jede Komponente des Punktvektors wird zu ihrem Verschiebungsvektor addiert:

```
a.x := a.x + dx;
a.y := a.y + dy;
a.z := a.z + dz;
```

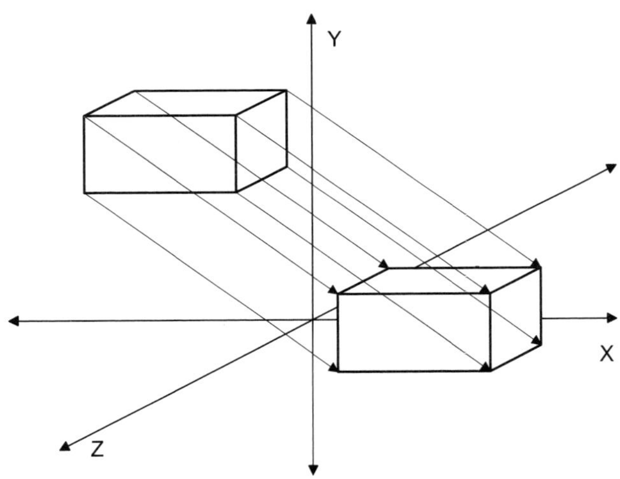

Um den gesamten Körper zu bewegen, müssen natürlich alle Punkte verschoben werden.

```
procedure translation (var k : array of linienType; dx,dy,dz :Integer);
var anzahl,i:Integer;
begin
    anzahl := high(k);
    for i := 0 To anzahl - 1 do with k[i] do begin
        a.x := a.x + dx;a.y := a.y + dy;a.z := a.z + dz;
        b.x := b.x + dx;b.y := b.y + dy;b.z := b.z + dz
    end
end;
```

15.3.3 Streckung/Skalierung

Neben der Verschiebung kann ein Körper auch vergrößert, d.h. skaliert werden. Die Skalierung wird durch Multiplikation des Punktvektors mit einer Konstanten (dem Skalierungsfaktor) realisiert.

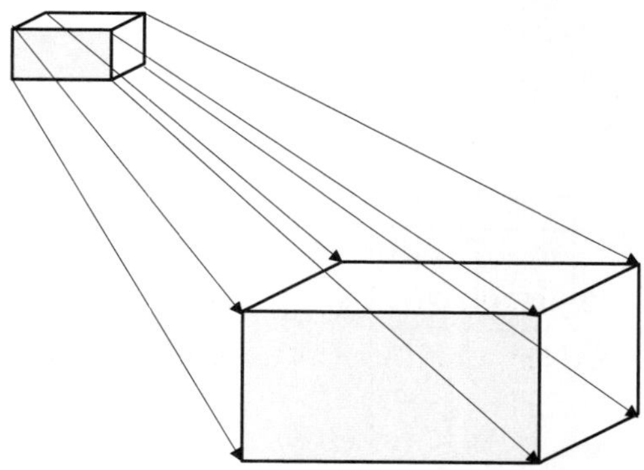

Je nachdem, ob der Skalierungsfaktor größer oder kleiner 1 ist, wird der Körper vergrößert oder verkleinert.

```
procedure scalierung (var k: array of linienType; scal : Double);
var anzahl,i : Integer;
begin
   anzahl := high(k);
   for i := 0 To anzahl - 1 do with k[i] do
   begin
      a.x := a.x * scal;  a.y := a.y * scal;
      a.z := a.z * scal;  b.x := b.x * scal;
      b.y := b.y * scal;  b.z := b.z * scal
   end
end;
```

15.3.4 Rotation

Die Programmierung eines Rotations-Algorithmus gestaltet sich naturgemäß schwieriger als für die Translation bzw. Skalierung. Um den Überblick nicht zu verlieren, führen wir folgende Notation ein:

- Rotation um die x-Achse α (alpha)
- Rotation um die y-Achse β (beta)
- Rotation um die z-Achse γ (gamma)

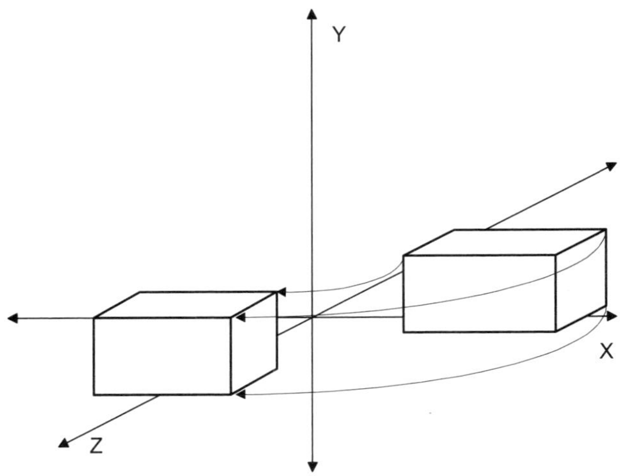

Für die Drehung um die einzelnen Achsen sind Transformationsmatrizen R_i gegeben:

$$R_X = \begin{pmatrix} 1 & 0 & 0 \\ 0 & \cos\alpha & -\sin\alpha \\ 0 & \sin\alpha & \cos\alpha \end{pmatrix}$$

$$R_Y = \begin{pmatrix} \cos\beta & 0 & \sin\beta \\ 0 & 1 & 0 \\ -\sin\beta & 0 & \cos\beta \end{pmatrix}$$

$$R_Z = \begin{pmatrix} \cos\gamma & -\sin\gamma & 0 \\ \sin\gamma & \cos\gamma & 0 \\ 0 & 0 & 1 \end{pmatrix}$$

Der neue Vektor bildet sich durch Multiplikation mit der entsprechenden Rotationsmatrix. Um unnötige Operationen zu vermeiden, werden die Matrizen aufgelöst und (soweit sinnvoll) berechnet (keine Multiplikationen mit null!).

Die Prozedur *Rotation* erwartet als Parameter den zu drehenden Körper sowie die oben genannten Rotationswinkel. Im Programm sind nur Inkrementswinkel von -1°, 0°, +1° zulässig. Sie können die Anzahl der Winkel-Inkremente jedoch jederzeit in der *Init*-Prozedur ändern.

```
procedure rotation (var k : array of linientype; alpha, beta, gamma :integer);
var anzahl, i: Integer; ax,ay,az,bx,by,bz: Double;
begin
    anzahl := High(k);
    For i := 0 To anzahl - 1 do with k[i] do begin
    if gamma <> 0 then begin
```

```
      ax := a.x;
      ay := a.y;
      bx := b.x;
      by := b.y;
      a.x := ax * Cost[gamma] - ay * Sint[gamma];
      a.y := ax * Sint[gamma] + ay * Cost[gamma];
      b.x := bx * Cost[gamma] - by * Sint[gamma];
      b.y := bx * Sint[gamma] + by * Cost[gamma];
   end;
   if alpha <> 0 then begin
      ay := a.y;
      az := a.z;
      by := b.y;
      bz := b.z;
      a.y := ay * Cost[alpha] - az * Sint[alpha];
      a.z := ay * Sint[alpha] + az * Cost[alpha];
      b.y := by * Cost[alpha] - bz * Sint[alpha];
      b.z := by * Sint[alpha] + bz * Cost[alpha];
   end;
   if beta <> 0 then begin
      az := a.z;
      ax := a.x;
      bx := b.x;
      bz := b.z;
      a.z := az * Cost[beta] - ax * Sint[beta];
      b.z := bz * Cost[beta] - bx * Sint[beta];
      a.x := az * Sint[beta] + ax * Cost[beta];
      b.x := bz * Sint[beta] + bx * Cost[beta];
   end;
end;
```

Die Rotation wird nur ausgeführt, wenn ein Inkrement ungleich null vorliegt. Auf diese Weise sollen unnötige Berechnungen vermieden werden. Mit den vorgestellten Algorithmen können Sie den Körper bereits beliebig im Raum verschieben, drehen und skalieren.

Sie können das Demo-Programm über die Cursortasten, die x-, y-, z- sowie die Plus-/Minustasten steuern. Mit SHIFT + (X/Y/Z) lässt sich die Rotationsrichtung verändern.

Das Ergebnis kann sich schon sehen lassen, ein Problem bleibt allerdings die Geschwindigkeit. Bereits bei den wenigen Linien beginnt das Bild zu flackern. Um diesen Effekt auszuschließen, müsste das gesamte Bild im Hintergrund aufgebaut und erst dann auf den *Screen* kopiert werden.

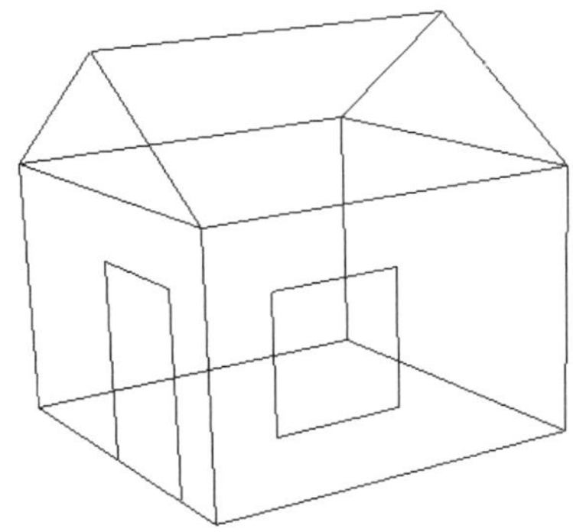

Hinweis: Das komplette 3-D-Grafikbeispiel finden Sie im Praxisteil unter 15.5.2.

15.4 Lernbeispiele für Einsteiger

15.4.1 Eine umrandete Fläche mit Farbe füllen

Aus jedem pixelorientierten Zeichenprogramm kennen Sie die "Farbkanne", mit der Sie eine umrandete Fläche mit einer Farbe füllen können. Auch in Delphi gibt es eine entsprechende Methode. Wie Sie diese richtig einsetzen, zeigt das folgende Beispiel.

Oberfläche

Für die Oberfläche wird lediglich ein *Button* benötigt. Das Formular ist das Ausgabeziel der Grafikoperationen, es hätte aber auch eine *Paintbox* sein können. Der folgende Screenshot zeigt die Laufzeitansicht.

Quelltext

Zur Vorbereitung der Zeichenfläche verwenden wir den Button-Klick:

```
procedure TForm1.Button1Click(Sender: TObject);
var i : integer;
begin
  Refresh;
  Canvas.Pen.Color := clBlack;
  for i := 1 to 50 do  Canvas.LineTo(Round(ClientWidth * Random), Round(ClientHeight * Random));
  Canvas.Pen.Color := clRed
end;
```

Die Fülloperation wird mit Mausklick auf die Zeichenfläche eingeleitet. Da wir zum Füllen die Stiftfarbe verwenden wollen, müssen wir die Pinselfarbe kurzzeitig in einer Zwischenvariablen sichern (vom Typ *TColor*). Die Farbe des aktuellen Punktes erhalten wir über die *Pixels*-Eigenschaft.

```
procedure TForm1.FormMouseDown(Sender: TObject; Button: TMouseButton;
  Shift: TShiftState; X, Y: Integer);
var help,farbe : TColor;

begin
  with Canvas do begin
       Screen.Cursor := crHourglass;
       help := Brush.Color;
       Brush.Color:= Pen.Color;
       farbe:= Pixels[X,Y];
       FloodFill(x,y, farbe, fssurface);
       Brush.Color := help;
       Screen.Cursor := crDefault
  end
end;
```

Das Anzeigen der Sanduhr sollte bei Fülloperationen immer erfolgen, da diese teilweise recht lange dauern können (z.B. bei stark zergliederten Füllflächen).

Das vorgestellte Verfahren füllt eine Fläche mit einheitlicher Farbe. Sie haben jedoch auch die Möglichkeit, eine Fläche zu füllen, die von einer vorgegebenen Farbe umrandet ist. Die Farben innerhalb der Fläche spielen dann keine Rolle. Legen Sie dazu den vierten Parameter von *Floodfill* auf *fsBorder* fest. In diesem Fall müssten Sie folgenden Aufruf verwenden:

```
FloodFill(x,y, clBlack, fsBorder);
```

Test

Mit dem Button "Muster" blenden Sie zunächst ein Zufallsmuster ein. Klicken Sie mit der Maus auf bestimmte Regionen und Sie können diese mit der "Farbkanne" füllen (siehe Abbildung S. 878).

15.4.2 Drag&Drop mit Grafikobjekten

Eine nicht ganz triviale, aber häufig auftretende Aufgabe ist zu lösen:

Mehrere grafische Objekte (z.B. Kreise, Rechtecke etc.) sind auf den Canvas eines Formulars zu zeichnen. Durch Anfassen mit der Maus und Ziehen (bei gedrückt gehaltener Taste) sollen diese Objekte verschoben oder in der Größe verändert werden. Sie kennen diese Funktionalität bereits zur Genüge aus eigener Erfahrung, denn viele professionelle Zeichenprogramme (auch die Delphi-IDE!) arbeiten nach dem Drag&Drop-Prinzip.

Als angehende Profis verzichten wir auf eine schnelle "Quick and Dirty"-Programmierung, weil diese (insbesondere bei vielen Objekten) mit ziemlicher Sicherheit im Chaos enden wird. Im vorliegenden Beispiel wird das Problem deshalb konsequent mit OOP-Mitteln gelöst, wobei wir uns auf drei Grafikobjekte vom Typ "Kreis" beschränken wollen.

Grundlagen

Wir wissen zwar, dass viele Delphi-Komponenten Drag&Drop-Operationen unterstützen und dazu Ereignisse wie z.B. *OnDragDro, OnDragOverp* etc. besitzen (siehe auch Kapitel 4), aber in unserem Fall nützt das wenig, da wir auf keine vorgefertigten Delphi-Objekte zurückgreifen können, sondern diese von Grund auf neu erstellen müssen.

Der folgende Zustandsüberführungsgraph zeigt das Grundprinzip:

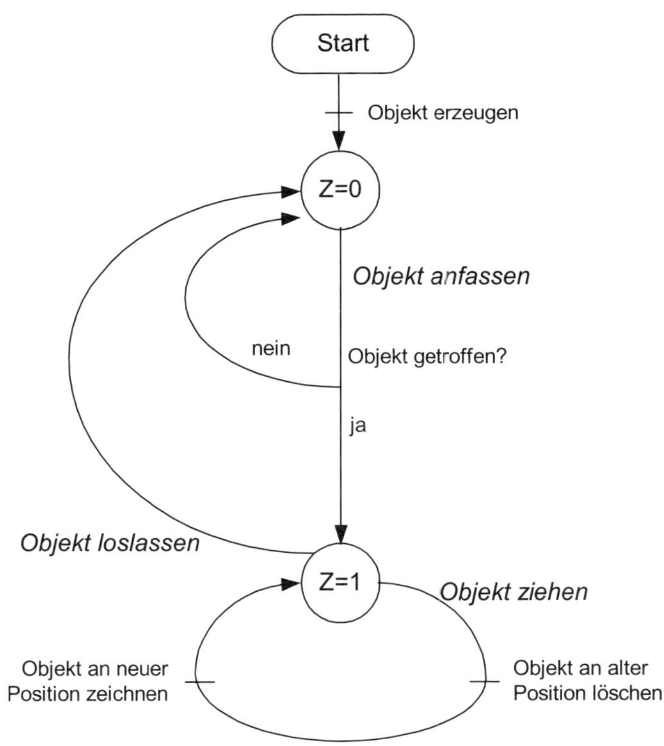

Ein grafisches Objekt hat zwei Zustände:

- Z=0 ("Normal")
- Z=1 ("Zeichenmodus")

Der Übergang zwischen beiden Zuständen wird durch drei Ereignisse ausgelöst:

- *Objekt anfassen*
- *Objekt ziehen*
- *Objekt loslassen*

In Abhängigkeit vom aktuellen Zustand reagiert ein Objekt nur auf bestimmte Ereignisse. Außerdem ist der Übergang zum Folgezustand mitunter an bestimmte Bedingungen geknüpft, z.B. führt das Ereignis *Objekt anfassen* nur dann von *Z1* zu *Z2*, wenn man mit der Maus das Objekt richtig "getroffen" hat.

Oberfläche

Ein leeres Formular!

Quellcode für Unit *Kreis*

Fügen Sie über das *Datei*-Menü zum Projekt eine neue Unit hinzu.

```
unit Kreis;


interface
uses Forms, Graphics;
```

Die Klassendeklaration:

```
type TKreis = class(TObject)
 private
```

Im Unterschied zu obiger Zeichnung haben unsere "Kreis"-Objekte nicht zwei, sondern drei Zustände, die in einer Zustandsvariablen z gespeichert sind. Diese kann demnach die Werte 0 ("Normalzustand"), 1 ("Größe des Objekts verändern") und 2 ("Objekt verschieben") annehmen:

```
  z: Integer;         // Zustand (0, 1, 2)
```

Die weiteren Felder/Attribute des Objekts bedürfen wohl keiner extra Erläuterung:

```
  r: Integer;         // Radius
  x0, y0: Integer;    // Mittelpunktkoordinaten
  clr: TColor;        // Farbe
  cvs: TCanvas;       // Zeichenfläche
  dc: Integer;      // Größe des Mittelkreuzes
  dr: Integer;      // Randverbreiterung für bequemeres "Anfassen"
```

Die folgenden Methoden sind nach außen "sichtbar":

```
 public
  constructor erzeugen(x,y,rd: Integer; co: TColor; f: TForm);
```

```
  procedure zeichnen;
  procedure anfassen(x,y: Integer);
  procedure ziehen(x,y: Integer);
  procedure loslassen;
end;
```

Nun zum *implementation*-Abschnitt.

Im Konstruktor wird ein Objekt erzeugt und initialisiert, d.h. mit Anfangswerten gefüllt:

```
constructor TKreis.erzeugen;
begin
 z:=0;                  // Anfangszustand
 f.Color := clWhite;
 x0:=x; y0:=y; r:=rd; cvs:= f.Canvas;
 cvs.Brush.Style := bsClear;  // transparent (kein Füllmuster für Kreis)
 cvs.Pen.Mode := pmXOR;       // XOR-Zeichenmodus
 clr:= co xor clWhite;        // immer weißer Formularhintergrund
 dc := r div 10; dr := 3;
 zeichnen
end;
```

Wie oben ersichtlich, wird im XOR-Zeichenmodus gearbeitet. Das bringt den Vorteil, dass sich Objekte durch doppeltes Überzeichnen einfach wieder löschen lassen (siehe Kap. 7). D.h., die folgende Methode *zeichnen* wird sowohl zum Zeichnen als auch zum Löschen des Objekts verwendet:

```
procedure TKreis.zeichnen;
begin
 with cvs do begin
  Pen.Color := clr;      // Zeichenfarbe
  Ellipse(x0-r,y0-r,x0+r,y0+r);
  dc := r div 10;       // Mittelkreuz anpassen
  MoveTo(x0-dc, y0); LineTo(x0+dc+1, y0);
  MoveTo(x0, y0-dc); LineTo(x0, y0+dc+1)
 end
end;
```

Am aufwändigsten ist die *anfassen*-Methode, mit der eine Drag&Drop-Operation eingeleitet wird:

```
procedure TKreis.anfassen;
```

Die Methode greift auf die zwei lokalen (Hilfs-)Funktionen *randGetroffen* und *mitteGetroffen* zurück. Die erste Hilfsfunktion testet, ob das übergebene Koordinatenpaar den Rand des Kreises trifft:

```
function randGetroffen: Boolean;
 var q: Integer;   // Hilfsvariable
 begin
  Result := False;
```

```
  q := (X-x0) * (X-x0) + (Y-y0) * (Y-y0);
  if (q > (r-dr) * (r-dr)) and (q < (r+dr) * (r+dr)) then Result := True;
 end;
```

Analog dazu prüft die folgende Hilfsfunktion, ob der Mittelpunkt des Kreises getroffen wird:

```
function mitteGetroffen: Boolean;
 begin
  Result := False;
  if (X > (x0-dc)) and (X < (x0+dc+1)) and
     (Y > (y0-dc)) and (Y < (y0+dc+1)) then Result := True
 end;
```

Hier erfolgt der Aufruf:

```
begin
 if randGetroffen then z := 1;    // neuer Zustand "Radius verändern"
 if mitteGetroffen then z := 2    // neuer Zustand "Kreis verschieben"
end;
```

In der Ziehphase (*Z=1* oder *Z=2*) wird das Grafikobjekt an alter Position gelöscht, dann werden die neuen Koordinaten bzw. Abmessungen ermittelt und damit das Objekt in neuer Größe bzw. Position gezeichnet:

```
procedure TKreis.ziehen;
 var dx, dy: Single;
begin
  if z = 0 then Exit;       // kein Zeichnen im Zustand "Normal"
  zeichnen;                   // alten Kreis löschen durch Überzeichnen
  if z = 1 then begin          // Größe verändern
   dx := (X-x0); dy := (Y-y0);
   r := Round(Sqrt(dx * dx + dy * dy))
  end;
  if z=2 then begin          // Kreis verschieben
   x0 := X; y0 := Y
  end;
  zeichnen                    // Kreis neu zeichnen
end;
```

Das Loslassen des Objekts führt zurück zum initialen Zustand *Z=1*:

```
procedure TKreis.loslassen;
begin
 z:=0
end;
end.
```

Quellcode für Unit1

Dank OOP gestaltet sich der Quellcode für unsere Formular-Unit knapp und übersichtlich. Es genügt, wenn wir uns auf die Wiedergabe des *implementation*-Abschnitts beschränken. Zu Beginn werden die Klassen-Unit eingebunden und drei Objektvariablen referenziert.

```
uses Kreis;
var kreis1, kreis2, kreis3: TKreis;
```

Beim Laden des Formulars werden die drei Kreisobjekte erzeugt und mit den gewünschten Anfangswerten gefüllt:

```
procedure TForm1.FormCreate(Sender: TObject);
begin
 kreis1 := TKreis.erzeugen(100, 200, 50, clRed, Form1);
 kreis2 := TKreis.erzeugen(300, 200, 50, clGreen, Form1);
 kreis3 := TKreis.erzeugen(200, 100, 50, clBlue, Form1);
end;
```

Die folgenden drei Event-Handler realisieren den Grundzyklus "Anfassen", "Ziehen" und "Loslassen":

Kreiselement anfassen:

```
procedure TForm1.FormMouseDown(Sender: TObject; Button: TMouseButton;
            Shift: TShiftState; X, Y: Integer);
begin
 kreis1.anfassen(X,Y); kreis2.anfassen(X,Y); kreis3.anfassen(X,Y)
end;
```

Kreiselement bei gedrückter Maustaste "ziehen":

```
procedure TForm1.FormMouseMove(Sender: TObject; Shift: TShiftState; X,Y: Integer);
begin
 kreis1.ziehen(X,Y); kreis2.ziehen(X,Y);  kreis3.ziehen(X,Y)
end;
```

Maustaste loslassen:

```
procedure TForm1.FormMouseUp(Sender: TObject; Button: TMouseButton;
           Shift: TShiftState; X, Y: Integer);
begin
 kreis1.loslassen; kreis2.loslassen; kreis3.loslassen;
end;
```

Damit nach einem Verdecken des Formulars die Objekte nicht verschwinden, macht sich folgende Programmergänzung erforderlich:

```
procedure TForm1.FormPaint(Sender: TObject);  // regeneriert Zeichnung
begin
 kreis1.zeichnen; kreis2.zeichnen; kreis3.zeichnen
end;
```

Test

Fassen Sie die Objekte mit der Maus entweder am Mittelkreuz oder am Rand an und verschieben oder vergrößern/verkleinern Sie sie. Sieht es nach dem Start noch so aus,

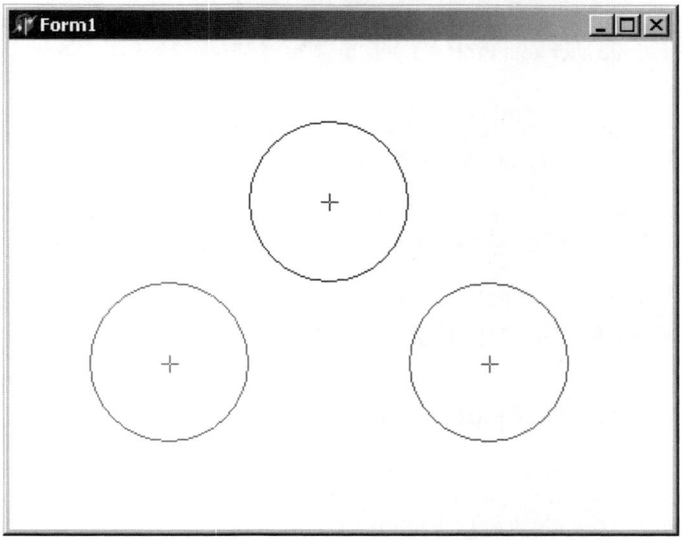

... so kann sich wenig später schon folgendes Bild ergeben:

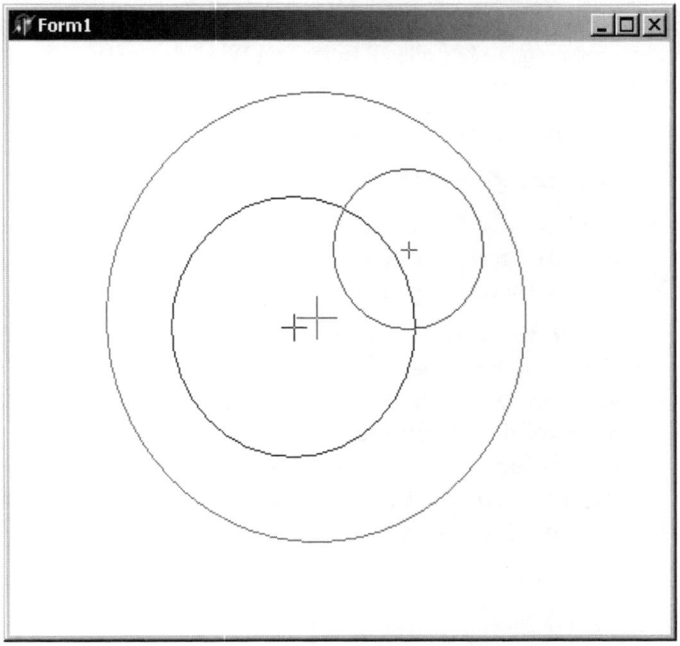

Bemerkungen

- Die OOP-Grundlagen können Sie am besten mit dem"Autorennen" im Kapitel 6 erlernen.
- Andere Figuren wie Rechtecke etc. lassen sich mittels Vererbung erzeugen.
- Um den Quelltext überschaubar zu halten, wurde die Gestalt des Mauszeigers nicht geändert. Es dürfte aber kein Problem sein, die *Cursor*-Eigenschaft des Formulars an den aktuellen Zustand anzupassen.
- Auch das "Einrahmen" mehrerer Objekte und anschließendes gemeinsames Manipulieren dürfte mit geringem zusätzlichen Aufwand machbar sein (siehe dazu Praxisbeispiel 7.5.2).
- Auf der Buch-CD finden Sie zu Vergleichszwecken den Quellcode für eine konventionelle "Nicht-OOP"-Lösung, allerdings mit Beschränkung auf nur ein Objekt.

15.5 Praxisbeispiele für Fortgeschrittene

15.5.1 Programmieren einer Animation mit BitBlt

Das Windows-GDI gibt dem ambitionierten "Spielfreak" mit der *BitBlt*-Funktion ein leistungsfähiges Instrument in die Hand, um zumindest zweidimensionale Grafikanimationen zu realisieren.

Grundlagen

Den Eindruck einer fortlaufenden Bewegung des Sprites gewinnt man normalerweise durch folgende Technik:

- Löschen des Sprites auf seiner alten Position und Wiederherstellen des zerstörten Hintergrundes
- Sichern des Hintergrundes, auf den das Sprite kopiert werden soll
- Kopieren des Sprites auf seine neue Position

Der Nachteil dieses Verfahrens ist das lästige Flackern, das durch das ständige Löschen hervorgerufen wird. Um die Defizite bezüglich Darstellungsqualität abzubauen, müssen die Zugriffe auf die Vordergrundgrafik auf das notwendige Minimum beschränkt werden.

Zur Realisierung bedarf es einer Kopie des Hintergrundes (*TBitmap*). Infolgedessen kann das Eliminieren des Sprites entfallen, was beim obigen Verfahren unverzichtbar war, um auf die entsprechenden Bereiche des Hintergrundes zugreifen zu können. Der jeweilige Sektor wird jedoch nicht unmittelbar auf den Bildschirm projiziert, sondern zunächst von einem zusätzlichen *TBitmap*-Objekt aufgenommen, das vorher mit Hilfe zweier Masken aufbereitet wurde. Der im Anschluss auf diesem Objekt generierte Sprite verschmilzt mit dem Untergrund zu einem kompletten Zwischenbild. Dieses wird auf die Bildschirmoberfläche kopiert.

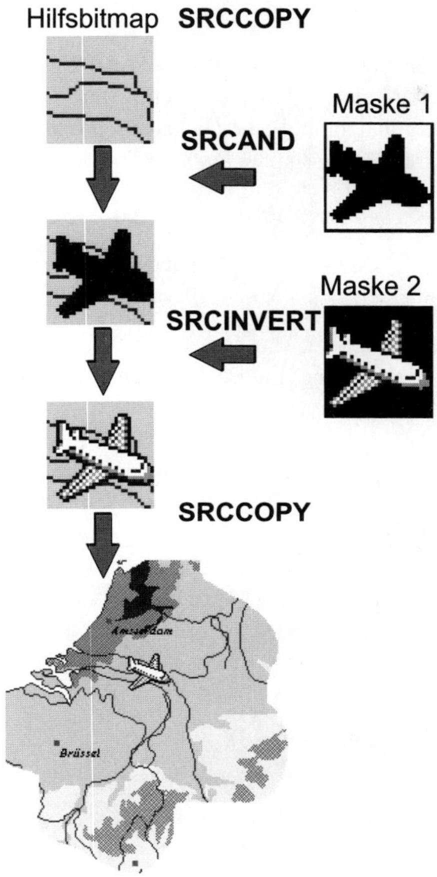

Warum so kompliziert?

Unser Hauptproblem ist, dass der Sprite nicht rechteckig ist und aus diesem Grund nicht einfach mit SRCCOPY kopiert werden kann. Aus diesem Grund sind die "Klimmzüge" mit den zwei Masken erforderlich, die über geeignete AND- bzw. INVERT-Verknüpfungen mit einer Hilfs-Bitmap quasi den Hintergrund "durchscheinen" lassen.

Hier noch einmal eine Zusammenfassung aller in Frage kommenden Pixelverknüpfungen:

Hilfs-Bitmap	Verknüpfung	Maske 1		Ergebnis	Erklärung
Farbe (X)	AND	Weiß (1)	→	Farbe (X)	Untergrund
Farbe (X)	AND	Schwarz (0)	→	Schwarz (0)	Flugzeugschatten
Farbe (X)	INVERT (XOR)	Schwarz (0)	→	Farbe (X)	Untergrund
Schwarz (0)	INVERT (XOR)	Farbe (X)	→	Farbe (X)	Flugzeug

Oberfläche

Auf der Oberfläche finden Sie neben zwei Buttons zum Starten und Beenden einen Schieberegler (die Notbremse für den Pentium) und zwei *Image*-Komponenten. Die eine nimmt beide Masken auf, die andere kapselt die Hintergrundgrafik. Beide *Image*-Komponenten sind zur Laufzeit nicht sichtbar. Schließlich brauchen wir noch eine (große) *Paintbox* für die eigentliche Grafikausgabe.

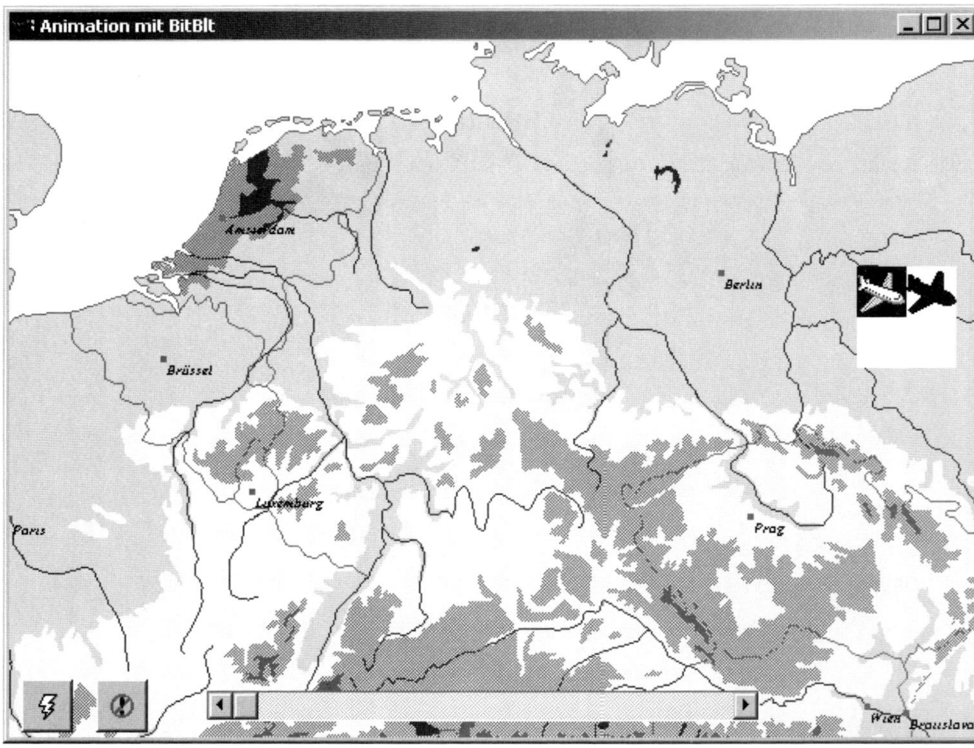

Quelltext

Wir beschränken uns auf den *Implementation*-Abschnitt von *Form1*:

```
var ok : Boolean;
```

Es geht los:

```
procedure TForm1.SpeedButton1Click(Sender: TObject);
var L : Integer;
    n : Integer;
    b : Single;
    z : TBitmap;
begin
```

Gleich nach dem Start wird das Hintergrundbild in die Paintbox kopiert:

```
BitBlt(PaintBox1.Canvas.Handle, 0, 0, PaintBox1.Width,Paintbox1.Height,
                              Image1.Picture.Bitmap.Canvas.Handle, 0,0, SRCCOPY);
```

Eine Hilfs-Bitmap wird erzeugt:

```
   z := TBitmap.Create;
   z.Width := 33;
   z.Height:= 33;
   ok := True;
   while ok do begin
```

Etwas Rechenzeit verbrauchen und anderen Prozessen Zeit zum Reagieren geben:

```
      for n := 0 to Scrollbar1.Position do b := Sqrt(2345);
      Application.ProcessMessages;
      Inc(L);
```

Die eingangs beschriebenen Pixelverknüpfungen werden durchgeführt:

```
      BitBlt(z.Canvas.Handle, 0, 0, 33, 33,
            Image1.Picture.Bitmap.Canvas.Handle, L, L, SRCCOPY);
      BitBlt(z.Canvas.Handle, 1, 1, 32, 32,
            Image2.Picture.Bitmap.Canvas.Handle, 32, 0, SRCAND);
      BitBlt(z.Canvas.Handle, 1, 1, 32, 32,
            Image2.Picture.Bitmap.Canvas.Handle, 0, 0, SRCINVERT);
      BitBlt(Paintbox1.Canvas.Handle, L, L, 32, 32, z.Canvas.Handle,
            0, 0, SRCCOPY);
      If L > 400 Then L:=0
   end;
   z.Free
end;
```

Die Flugschau beenden:

```
procedure TForm1.SpeedButton2Click(Sender: TObject);
begin
   ok := False
end;
```

Test

Wenn Sie einen schnellen PC haben, dann müssen Sie die "Bremse" ganz schön weit nach rechts stellen, damit Sie anstelle des rasenden Ufo ein Flugzeug erkennen können.

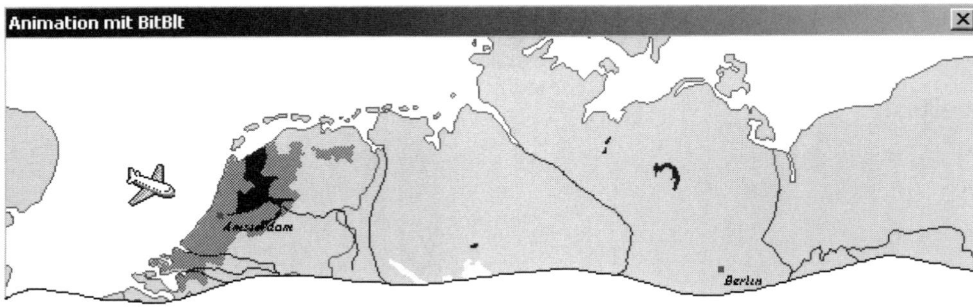

Bemerkungen

- Heiligstes Motto des Grafikprogrammierers: "Nur keine Zeit verschwenden ...", deshalb möglichst alles mit *BitBlt* abwickeln, keine Grafikmethoden verwenden usw.!
- Auf *ProcessMessages* können wir leider nicht verzichten, das Programm ließe sich sonst nicht stoppen.

15.5.2 Darstellen einer 3-D-Vektorgrafik

Diese ziemlich umfangreiche Demo wird sich auf die Darstellung eines Drahtgittermodells beschränken, eigenen Erweiterungen steht jedoch nichts im Wege.

Oberfläche

Für die Programmoberfläche brauchen wir zwei Fenster: eines zur Darstellung der Grafik, ein zweites für die Steuertasten. Die *BorderStyle*-Eigenschaft des Hauptfensters setzen Sie auf *bsNone,* die *Color*-Eigenschaft auf *clBlack.*

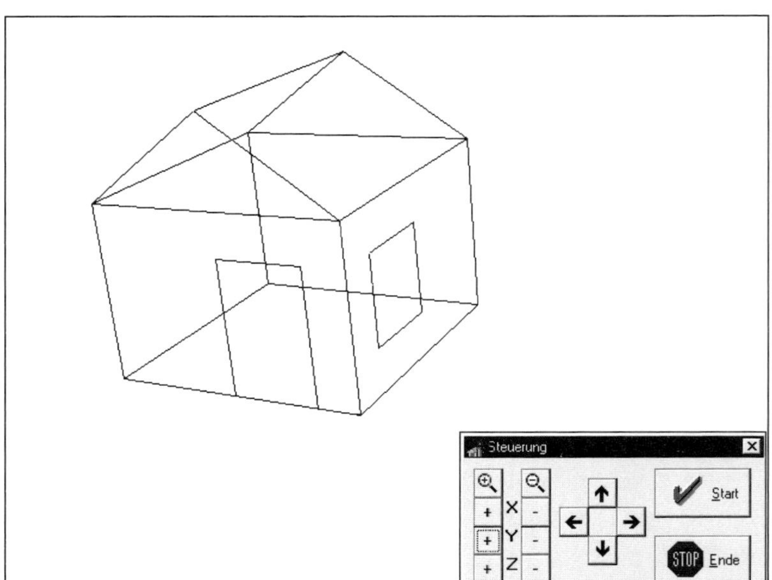

Damit wäre das erste Fenster bereits komplett, das zweite ist jedoch etwas aufwändiger. Den grundsätzlichen Aufbau können Sie der Abbildung entnehmen.

Quelltext

Bei der Beschreibung des Quelltextes soll der Schwerpunkt auf den verwendeten Algorithmen liegen, d.h. auf den Prozeduren aus *Unit3*.

Die Unit exportiert die folgenden Typen bzw. Prozeduren:

```
unit Unit3;
interface
uses forms,graphics;
const r = PI/180;

type punkttype  = record
                    x,y,z : Double;
                  end;
     punkttyp2  = record
                    x,y :integer
                  end;

     linientype = record
                    a,b : Punkttype;
                    aa,bb : punkttyp2;
                  end;

var gamma,beta,alpha : integer;
    scal,dx,dy,dz    : double;
    sint,cost        : array [-1 .. 1] of double;
    figur1           : array [0 .. 24] of linientype;
    abstand          : double;

    procedure init(wohin :tform);
    procedure scalierung (var k: array of linientype; scal : Double);
    procedure translation (var k : array of linientype; dx,dy,dz :integer);
    procedure rotation (var k : array of linientype; alpha,beta,gamma :integer);
    procedure darstellen (var k: array of linientype);
```

Für die Darstellung werden keine weiteren Units benötigt. Es genügt also, wenn Sie nur die obige Unit in Ihre eigenen Programme übernehmen.

Kommen wir zu den Details: Mit *New_Line* fügen Sie dem Körper eine neue Linie hinzu, in diesem Fall *figur1*. Wie bei allen folgenden Prozeduren können Sie ein beliebig großes Array an diese übergeben, die Größe wird intern verwaltet.

```
implementation

var i,links,oben:integer;
    wo : tform;

procedure new_line(var k:array of linientype;x1,y1,z1,x2,y2,z2:Double);
begin
     k[i].a.x := x1;
     k[i].a.y := y1;
     k[i].a.z := z1;
     k[i].b.x := x2;
     k[i].b.y := y2;
     k[i].b.z := z2;
     inc(i)
end;
```

Beim Skalieren werden die Punktvektoren mit einem konstanten Faktor multipliziert.

```
procedure scalierung (var k: array of linientype; scal : Double);
var anzahl,i : integer;
begin
    anzahl := high(k);
    For i := 0 To anzahl - 1 do with k[i] do begin
        a.x := a.x * scal;         a.y := a.y * scal;
        a.z := a.z * scal;         b.x := b.x * scal;
        b.y := b.y * scal;         b.z := b.z * scal
    end
end;
```

Wird ein Punkt verschoben, handelt es sich um eine Addition von Punkt- und Verschiebungsvektor:

```
procedure translation (var k : array of linientype; dx,dy,dz :integer);
var anzahl,i:integer;
begin
    anzahl := high(k);
    For i := 0 To anzahl - 1 do with k[i] do begin
        a.x := a.x + dx;         a.y := a.y + dy;
        a.z := a.z + dz;         b.x := b.x + dx;
        b.y := b.y + dy;         b.z := b.z + dz
    end
end;
```

Die Rotation ist schon etwas aufwändiger. Wie bekannt, bildet sich der neue Vektor durch Multiplikation mit der entsprechenden Rotationsmatrix. Um unnötige Operationen zu vermeiden, werden die Matrizen aufgelöst und (soweit sinnvoll) berechnet (keine Multiplikationen mit null!). Für die Drehwinkel sind nur Werte von 0, -1, +1 zulässig. Grund ist die Verwendung einer Sinus- bzw. Cosinus-Tabelle, mit der Rechenzeit gespart werden soll. Wenn Sie diese Tabelle entsprechend erweitern, steht der Verwendung anderer Winkelinkremente nichts im Weg.

```
procedure rotation (var k : array of linientype; alpha,beta,gamma :integer);
{ alpha-Rotation x-Achse  beta -Rotation y-Achse  gamma -Rotation z-Achse }
var anzahl,i :integer;
    ax,ay,az,bx,by,bz :double;
begin
     anzahl := high(k);
     for i := 0 to anzahl - 1 do with k[i] do begin
     if gamma <> 0 then begin
        ax := a.x;          ay := a.y;
        bx := b.x;          by := b.y;
        a.x := ax * Cost[gamma] - ay * Sint[gamma];
        a.y := ax * Sint[gamma] + ay * Cost[gamma];
        b.x := bx * Cost[gamma] - by * Sint[gamma];
        b.y := bx * Sint[gamma] + by * Cost[gamma]
     end;
     if alpha <> 0 then begin
        ay := a.y;          az := a.z;
        by := b.y;          bz := b.z;
        a.y := ay * Cost[alpha] - az * Sint[alpha];
        a.z := ay * Sint[alpha] + az * Cost[alpha];
        b.y := by * Cost[alpha] - bz * Sint[alpha];
        b.z := by * Sint[alpha] + bz * Cost[alpha]
     end;
     if beta <> 0 then begin
        az := a.z;          ax := a.x;
        bx := b.x;          bz := b.z;
        a.z := az * Cost[beta] - ax * Sint[beta];
        b.z := bz * Cost[beta] - bx * Sint[beta];
        a.x := az * Sint[beta] + ax * Cost[beta];
        b.x := bz * Sint[beta] + bx * Cost[beta]
     end
end;
```

Damit sind schon alle benötigten Vektoroperationen implementiert, übrig bleibt die Darstellung des gesamten Körpers auf dem Bildschirm bzw. in einem Fenster. Im vorliegenden Beispiel haben wir uns für die Zentralperspektive entschieden, Sie können an dieser Stelle aber auch jede andere Darstellungsart verwenden.

Für das Vernichten der alten Grafik bieten sich zwei Möglichkeiten an: Löschen des gesamten Fensters mit *Refresh* oder Löschen der einzelnen Linien durch Überzeichnen mit der Hintergrundfarbe. Die zweite Methode ist auf Grafikkarten mit Beschleuniger-Chip schneller, hat jedoch den Nachteil, dass das Bild flimmert.

```
procedure darstellen (var k: array of linientype);
var anzahl,i : integer;
begin
    anzahl := high(k);
    wo.canvas.pen.color:=clblack;
    for i := 0 to anzahl - 1 do with k[i] do begin
        wo.canvas.moveto (aa.x,aa.y);
        wo.canvas.lineto (bb.x,bb.y)
    end;
    wo.canvas.pen.color:=cllime;
    for i := 0 to anzahl - 1 do with k[i] do begin
        aa.x := round(a.x * abstand / (abstand + a.z)) + links;
        aa.y := round(-a.y * abstand / (abstand + a.z)) + oben;
        bb.x := round(b.x * abstand / (abstand + b.z)) + links;
        bb.y := round(-b.y * abstand / (abstand + b.z)) + oben;
        wo.canvas.moveto (aa.x,aa.y);
        wo.canvas.lineto (bb.x,bb.y)
    end
end;
```

Bisher haben wir nur von einem "Körper" gesprochen, jetzt müssen wir diesen genauer definieren:

```
procedure init(wohin :tform);
begin
    i:=0;
    scal := 80;
    abstand := 1000;
    new_line( figur1, -2, 1, 2, 1, 1, 2);
    new_line( figur1, -2, 1, 2, -2, -1, 2);
    new_line( figur1, -2, -1, 2, 1, -1, 2);
    new_line( figur1, 1, -1, 2, 1, 1, 2);
    new_line( figur1, -2, 1, -1, 1, 1, -1);
    new_line( figur1, -2, 1, -1, -2, -1, -1);
    new_line( figur1, -2, -1, -1, 1, -1, -1);
    new_line( figur1, 1, -1, -1, 1, 1, -1);
```

```
    new_line( figur1, -2, 1, -1, -2, 1, 2);
    new_line( figur1, -2, -1, -1, -2, -1, 2);
    new_line( figur1, 1, -1, -1, 1, -1, 2);
    new_line( figur1, 1, 1, -1, 1, 1, 2);
    new_line( figur1, -2, 1, -1, -0.5, 2, -1);
    new_line( figur1, -2, 1, 2, -0.5, 2, 2);
    new_line( figur1, 1, 1, -1, -0.5, 2, -1);
    new_line( figur1, 1, 1, 2, -0.5, 2, 2);
    new_line( figur1, -0.5, 2, 2, -0.5, 2, -1);
    new_line( figur1, 1, -0.5, 0.5, 1, -0.5, -0.5);
    new_line( figur1, 1, 0.5, 0.5, 1, 0.5, -0.5);
    new_line( figur1, 1, -0.5, 0.5, 1, 0.5, 0.5);
    new_line( figur1, 1, -0.5, -0.5, 1, 0.5, -0.5);
    new_line( figur1, -0.5, 0.5, -1, 0.5, 0.5, -1);
    new_line( figur1, -0.5, 0.5, -1, -0.5, -1, -1);
    new_line( figur1, 0.5, 0.5, -1, 0.5, -1, -1);
```

Die Berechnung der Sinus- und Cosinus-Tabelle nehmen wir ebenfalls in der Init-Prozedur vor:

```
    for i := -1 to 1 do begin
        sint[i]:=sin(i*r*2);
        cost[i]:=cos(i*r*2)
    end;
    scalierung(figur1,scal);
    links := wohin.clientwidth div 2;
    oben  := wohin.clientheight div 2;
    wo := wohin;
    wo.canvas.pen.color:=cllime
end;
```

Für die Manipulation des Körpers brauchen wir auch die entsprechenden Steuertasten. Um den Überblick bei der Vielzahl der Funktionen nicht zu verlieren, setzt jede der Tasten beim Drücken die Variable *befehl*. Wird das *MouseUp*-Ereignis ausgelöst, erfolgt die erneute Darstellung. Auf diese Weise ist es leicht, die Steuerung des Körpers in einer Prozedur zusammenzufassen.

```
unit Unit1;

interface
...
implementation

uses unit2,unit3;
{$R *.DFM}
```

```
var form2  : TForm2;
    ok     : boolean;
    befehl : integer;

procedure TForm1.FormCreate(Sender: TObject);
begin
  form2 := tform2.Create(Self);
  form2.Show;
  left := screen.width-width;
  top  := screen.height-height
end;
```

Da beide Fenster gleichzeitig angezeigt werden sollen, erzeugen wir *Form2* in der Init-Prozedur von *Form1*. Würde nur die Anweisung *Form2.Show* ausgeführt, tritt ein Laufzeitfehler auf: Das Hauptformular *Form1* ist noch nicht initialisiert, und es wird versucht, ein weiteres Fenster anzuzeigen.

Auf die gezeigte Art umgehen wir dieses Problem. Im Projektfenster müssen Sie allerdings eine Änderung vornehmen: *Form2* darf nicht mehr automatisch erzeugt werden, es genügt, wenn sie verfügbar ist,

```
procedure TForm1.FormDestroy(Sender: TObject);
begin    form2.Free;  end;
procedure TForm1.Button3Click(Sender: TObject);
begin
    ok := false;
    close
end;

procedure TForm1.BitBtn9MouseDown(Sender: TObject; Button: TMouseButton;
  Shift: TShiftState; X, Y: Integer);
begin    befehl:=9;   end;

procedure TForm1.BitBtn10MouseDown(Sender: TObject; Button: TMouseButton;
  Shift: TShiftState; X, Y: Integer);
begin    befehl:=10;  end;
procedure TForm1.BitBtn11MouseDown(Sender: TObject; Button: TMouseButton;
  Shift: TShiftState; X, Y: Integer);
begin    befehl:=11;  end;

procedure TForm1.BitBtn12MouseDown(Sender: TObject; Button: TMouseButton;
  Shift: TShiftState; X, Y: Integer);
begin    befehl:=12;  end;
```

Beachten Sie, dass in der folgenden Endlosschleife mit

```
application.processMessages
```

Rechenzeit freigegeben wird. Wenn Sie meinen, auf diese Zeile verzichten zu können, werden Sie eine böse Überraschung erleben: Ihre Anwendung lässt sich nicht mehr bedienen, denn die gesamte Rechenzeit wird für die Schleife verwendet.

Eine andere Möglichkeit wäre die Verwendung von SpinButtons, die zyklisch ein Ereignis auslösen, solange die Taste gedrückt ist. Die obige Methode bringt jedoch die besten Ergebnisse.

```
procedure TForm1.BitBtn13Click(Sender: TObject);
begin
    ok := true; init(form2);
    darstellen(figur1);
    while ok do begin
        case befehl of
            1 : scalierung(figur1,1.04);
            2 : scalierung(figur1,0.96);
            3 : rotation(figur1,0,1,0);
            4 : rotation(figur1,0,-1,0);
            5 : rotation(figur1,1,0,0);
            6 : rotation(figur1,-1,0,0);
            7 : rotation(figur1,0,0,1);
            8 : rotation(figur1,0,0,-1);
            9 : translation(figur1,0,1,0);
           10 : translation(figur1,-2,0,0);
           11 : translation(figur1,2,0,0);
           12 : translation(figur1,0,-2,0);
        end;
        if befehl <> 0 then darstellen(figur1);
        Application.ProcessMessages
    end
end;

procedure TForm1.BitBtn14Click(Sender: TObject);
begin
    ok := False;
    Close
end;
```

Ergänzungen

- In der vorliegenden Version flimmert das Bild teilweise beim Drehen bzw. Verschieben. Um diesen Effekt zu vermeiden, müsste das Bild komplett im Hintergrund aufgebaut und dann in den Vordergrund kopiert werden. Sie sollten dazu eine *Paintbox* sowie eine Hintergrund-Bitmap vom Typ *TBitmap* verwenden.
- Ein weiteres Problem ist der Werteüberlauf beim Zoomen, dem Sie jedoch mit einer Fehlerbehandlung (*Try ... Except*) begegnen können.

Applikationen

- Textverarbeitung
- Grafikprogramm
- Funktionsplotter
- Mathematikprogramm
- Kreuzworträtsel

16 Applikationen

16.1 Einsteigerprogramm TEXTVERARBEITUNG

Diese kleine Anwendung soll zwar kein ausgewachsenes Textverarbeitungsprogramm ersetzen, ist aber als Demo besonders gut für den Einsteiger geeignet. Dieser lernt an einem durchgängigen Beispiel wichtige Delphi-Elemente kennen, wie z.B. MDI-Fenster, Erzeugen und Entfernen von Formularen zur Laufzeit, Datei-, Drucker- und Fontdialoge, den Zugriff auf Textdateien, Menüentwurf, *RichText*-Komponente, Zwischenablage, Stringlisten ...

Zur Vorbereitung empfiehlt sich insbesondere das Durcharbeiten des Kapitels 4 ("Formulare und Komponenten").

16.1.1 Bedienoberfläche

Unsere Applikation besteht aus zwei Formularen, dem MDI-Rahmenfenster und einem Kindfenster. Letzteres wird erst zur Laufzeit hinzugefügt und kann sich beliebig oft vermehren.

MDI-Rahmenfenster

Die *FormStyle*-Eigenschaft von *Form1* setzen Sie auf *fsMDIForm*. Platzieren Sie eine *MainMenu*- und eine *OpenDialog*-Komponente auf dem Formular.

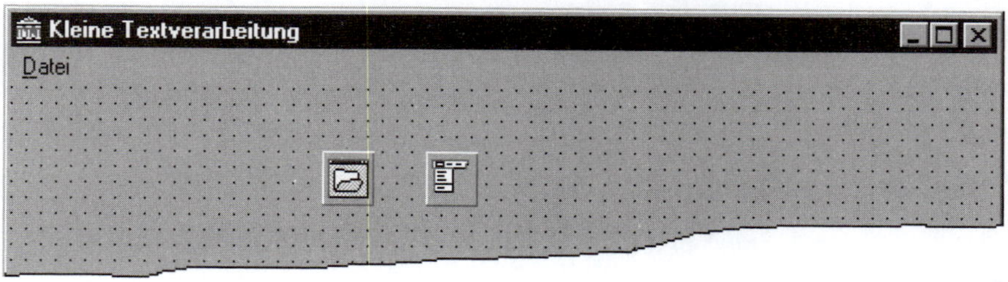

Klicken Sie doppelt auf die *MainMenu*-Komponente und erstellen Sie im Menü-Editor die in der folgenden Abbildung gezeigten Einträge:

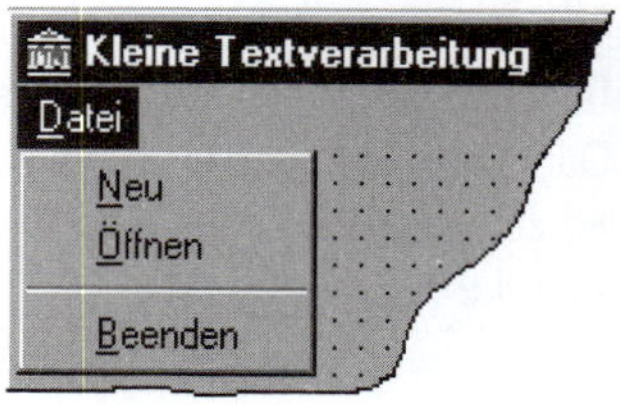

Hinweis: Den Trennbalken innerhalb des Menüs erreichen Sie durch Eintrag eines einzelnen "-"-Zeichens als *Caption*-Eigenschaft. Der Shortcut entsteht durch Voranstellen eines "&"-Zeichens.

MDI-Kindfenster

Obwohl wir in unserer Applikation mit mehreren Dokumenten (MDI-Kindfenster) gleichzeitig arbeiten können, genügt es, wenn wir einen einzigen "Prototyp" entwerfen. Fügen Sie über *Datei|Neues Formular* ein weiteres Formular (*Form2*) hinzu. Dort findet eine *RichEdit*-Komponente ihren Platz, die nach Setzen der *Align*-Eigenschaft auf *alClient* das Fenster vollkommen ausfüllt:

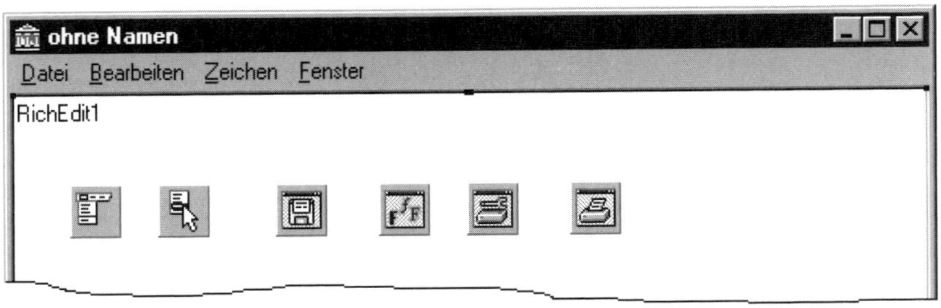

Der Menüentwurf für die *MainMenu*-Komponente gestaltet sich etwas aufwändiger als der für das MDI-Rahmenfenster:

Datei	Bearbeiten	Zeichen	Fenster
Neu	Ausschneiden	Links	Nebeneinander
Öffnen...	Kopieren	Rechts	Hintereinander
Schließen	Einfügen	Zentriert	
Speichern	Löschen	-	
Speichern als ...	-	Font ...	
Drucken	Alles auswählen		
Drucker einrichten ...			
-			
Beenden			

Hinweis: Die *Name*-Eigenschaft von Menüobjekten wird standardmäßig aus der *Caption*-Eigenschaft gebildet. Dabei werden aber Umlaute und "ß" unterdrückt, was sehr übel aussehen kann. Korrigieren Sie deshalb aus Übersichtlichkeitsgründen hier die *Name*-Eigenschaft im Objektinspektor.

Die *RichEdit*-Komponente (auf der Seite "Win32") ähnelt der *Memo*-Komponente, ist aber weitaus leistungsfähiger, da sie quasi die Funktionalität eines vollständigen kleinen Textverarbeitungsprogramms zur Verfügung stellt.

Wie Sie sehen, ist auch noch ein ganzes Sammelsurium weiterer Komponenten erforderlich: *PopUpMenu*, *SaveDialog*, *FontDialog*, *PrinterSetupDialog*, *PrintDialog* (von links).

Zwecks Definition des PopUp-Menüs doppelklicken Sie auf die Komponente und erstellen im Menüeditor die folgenden Einträge:

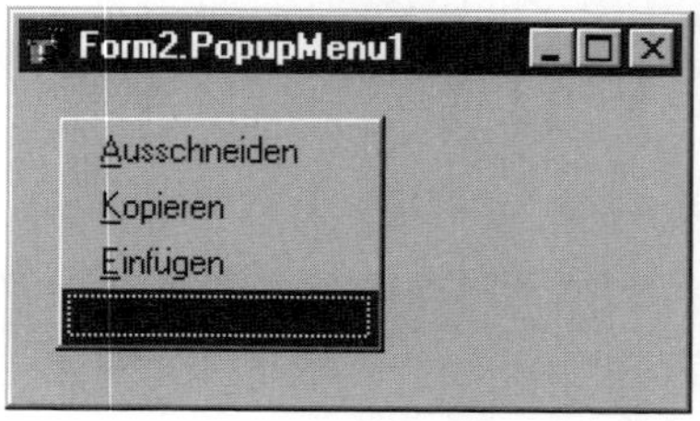

Weisen Sie der *PopUpMenu*-Eigenschaft von *Form2* die Komponente *PopUpMenu1* zu! Setzen Sie außerdem die *FormStyle*-Eigenschft auf *fsMDIChild*.

Und noch eine "Kleinigkeit" gilt es zu berücksichtigen: Da wir die Kindfenster (Dokumente) erst zur Laufzeit selbst hinzufügen bzw. entfernen wollen, müssen wir deren automatische Erstellung durch Delphi verhindern. Wählen Sie den Menüpunkt *Projekt|Optionen...* und verschieben Sie *Form2* auf die rechte Seite:

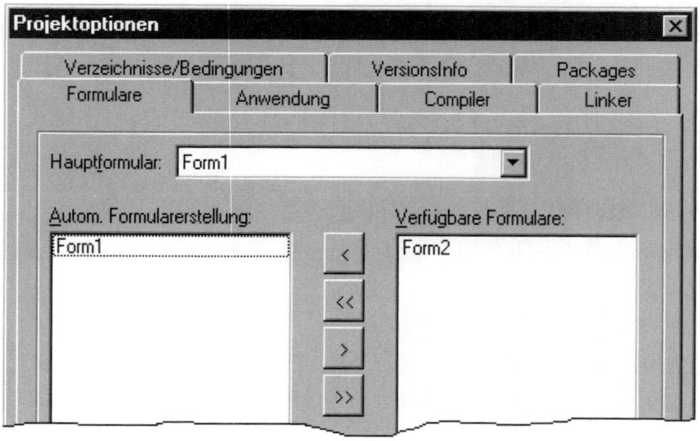

16.1.2 Quelltext des MDI-Rahmenfensters

Der Code ist im Handumdrehen erstellt und beschränkt sich auf die Definition von drei Event-Handlern.

Hinweis: Um den Rahmencode der Event-Handler zu erhalten, klicken Sie im Entwurfsmodus auf den entsprechenden Menüeintrag!

```
implementation
uses Unit2;                    // Kindfenster-Unit einbinden!
{$R *.DFM}
```

Ein neues Kindfenster (Dokument) wird erzeugt:

```
procedure TForm1.Neu1Click(Sender: TObject);          // Datei|Neu
begin
 TForm2.Create(Self)                                   // Konstruktor aufrufen
end;

procedure TForm1.Oeffnen1Click(Sender: TObject);      // Datei|Öffnen
begin
 with OpenDialog1 do begin
  Filter := 'Text Files (*.txt)|*.txt|Alle Files(*.*)|*.*';
  DefaultExt := 'txt';
  if Execute then with TForm2.Create(Self) do dateiOeffnen(FileName)
 end
end;
```

Die Methode *dateiOeffnen* wird von *Unit2* zur Verfügung gestellt.

```
procedure TForm1.Beenden1Click(Sender: TObject);      // Datei|Beenden
begin  Close  end;
```

16.1.3 Quelltext der MDI-Kindfenster

Klassendefinition und anderes

Fügen Sie zur Klassendefinition von *TForm2* folgende Ergänzungen in den privaten und den öffentlichen Abschnitt ein:

```
 private
    { Private-Deklarationen }
    pfad: string;                                  // private Variable hinzufügen
  public
    { Public-Deklarationen }
    procedure dateiOeffnen(const dateiName: string);  // öffentliche Methode
                                                       // hinzufügen
  end;

var  Form2: TForm2;
```

Wenn Sie ein neues Dokument öffnen, soll in der Titelleiste die Beschriftung "ohne Namen" stehen:

```
const
 standardFileName = 'ohne Namen';                  // Konstante hinzufügen
```

Nun zum *Implementation*-Abschnitt:

```
implementation
{$R *.DFM}
```

Neben der Unit des Rahmenfensters (*Unit1*) werden noch die Units für den Zugriff auf Zwischenablage und Drucker gebraucht:

```
uses Clipbrd, Printers, Unit1;                    // Units hinzufügen
```

Die von uns hinzugefügte Methode muss noch definiert werden:

```
procedure TForm2.dateiOeffnen;
begin
  Pfad := dateiName;
  Caption := ExtractFileName(dateiName);
  with RichEdit1 do
  begin
    Lines.LoadFromFile(pfad);            // Datei => Anzeige
    SelStart := 0;
    Modified := False                    // es wurde noch nichts im Text verändert
  end
end;
```

Kindfenster laden und schließen

Das passiert beim Laden eines Dokuments:

```
procedure TForm2.FormCreate(Sender: TObject);  // neues Dokument
begin
 pfad := StandardFileName;
 SaveDialog1.Filter := 'Text Files (*.txt)|*.txt|Alle Files(*.*)|*.*';
 SaveDialog1.DefaultExt := 'txt'
end;
```

Wenn Sie das Dokument schließen, sind *OnCloseQuery* und *OnClose* zu besetzen:

```
procedure TForm2.FormCloseQuery(Sender: TObject; var CanClose: Boolean);
const
  warnText = 'Änderungen speichern in %s?';
begin
  if RichEdit1.Modified then
  begin
    case MessageDlg(Format(warnText, [pfad]), mtConfirmation,
      [mbYes, mbNo, mbCancel], 0) of
      idYes: Speichern1Click(Self);
      idCancel: CanClose := False
    end
  end
end;
```

```
procedure TForm2.FormClose(Sender: TObject; var Action: TCloseAction);
begin
 Action := caFree                          // Dokument wird gelöscht
end;
```

Datei-Menü

Das Menü des Rahmenfensters hat nur Bedeutung, wenn kein Dokument geladen ist. Ansonsten ist immer das Menü des aktiven Kindfensters zu sehen. Um die Datei-Event-Handler der Kindfenster zu besetzen, werden einfach die gleichnamigen Methoden des Rahmenfensters aufgerufen:

```
procedure TForm2.Neu1Click(Sender: TObject);       // Datei|Neu
begin  Form1.Neu1Click(Sender)  end;

procedure TForm2.Oeffnen1Click(Sender: TObject);  // Datei|Öffnen
begin  Form1.Oeffnen1Click(Sender)  end;
```

Nicht zu verwechseln mit dem Beenden der Applikation ist das Schließen eines einzelnen Dokuments:

```
procedure TForm2.Schliessen1Click(Sender: TObject);   // Datei|Schließen
begin  Close  end;
```

Dieser Vorgang löst dann die Ereignisse *OnCloseQuery* und *OnClose* aus (siehe oben).

Wenden wir uns jetzt dem Speichern zu:

```
procedure TForm2.Speichern1Click(Sender: TObject);    // Datei|Speichern
begin
  if pfad = StandardFileName then
    Speichernals1Click(Sender)         // ruft Speichern als - Event-Handler auf
  else
  begin
    RichEdit1.Lines.SaveToFile(pfad);        // Text => Datei
    RichEdit1.Modified := False              // Dirty-Flag zurücksetzen
  end
end;

procedure TForm2.Speichernals1Click(Sender: TObject);  // Datei|Speichern als
begin
  SaveDialog1.FileName := pfad;
  if SaveDialog1.Execute then
  begin
    pfad := SaveDialog1.FileName;
    Caption := ExtractFileName(pfad);
    Speichern1Click(Sender)                 // ruft Speichern-Event-Handler auf
```

```
  end
end;
```

Beim Drucken nimmt uns die *PrinterSetUpDialog*-Komponente die ganze Arbeit ab:

```
procedure TForm2.Druckereinrichten1Click(Sender: TObject);  // Datei|Druckereinrichtung
begin
  PrinterSetupDialog1.Execute
end;

procedure TForm2.Drucken1Click(Sender: TObject);              // Datei|Drucken
begin
  if PrintDialog1.Execute then RichEdit1.Print(pfad)
end;
```

Das gesamte Programm wird beendet:

```
procedure TForm2.Beenden1Click(Sender: TObject);             // Datei|Beenden
begin
  Form1.Beenden1Click(Sender)
end;
```

Bearbeiten-Menü

Nun zur Arbeit mit dem *Clipboard*-Objekt:

```
procedure TForm2.KopierenClick(Sender: TObject);      // Bearbeiten|Kopieren
begin
   RichEdit1.CopyToClipboard
end;

procedure TForm2.AusschneidenClick(Sender: TObject); // Bearbeiten|Ausschneiden
begin
   RichEdit1.CutToClipboard
end;

procedure TForm2.Loeschen1Click(Sender: TObject);     // Bearbeiten|Löschen
begin
  RichEdit1.ClearSelection
end;

procedure TForm2.EinfuegenClick(Sender: TObject);          // Bearbeiten|Einfügen
begin
   RichEdit1.PasteFromClipboard
end;
```

```
procedure TForm2.Allesauswaehlen1Click(Sender: TObject);  // Bearbeiten|Alle auswählen
begin
  RichEdit1.SelectAll
end;
```

Einige Funktionen des *Bearbeiten*-Menüs sollen auch über das PopUp-Menü ausführbar sein. Weisen Sie deshalb den PopUp-Einträgen im Objektinspektor die gleichnamigen Methoden des Hauptmenüs zu!

Zur Steuerung der Menüanzeige ist ein zusätzlicher Event-Handler erforderlich:

```
procedure TForm2.Bearbeiten1Click(Sender: TObject);        // Bearbeiten
var HasSelection: Boolean;
begin
  Einfuegen1.Enabled := Clipboard.HasFormat(CF_TEXT);  // nur Text kann eingefügt werden!
  Einfuegen2.Enabled := Einfuegen1.Enabled;            // PopUp-Menü!
  HasSelection := RichEdit1.SelLength > 0;          // True, wenn was selektiert ist
  Ausschneiden1.Enabled := HasSelection;
  Ausschneiden2.Enabled := HasSelection;            // PopUp-Menü
  Kopieren1.Enabled := HasSelection;
  Kopieren2.Enabled := HasSelection;                // PopUp-Menü
  Loeschen1.Enabled := HasSelection
end;
```

Zeichen-Menü

Nun zum Ausrichten der Zeilen. Die drei Menüeinträge "Links", "Rechts" und "Zentriert" benutzen einen gemeinsamen Event-Handler:

```
procedure TForm2.AusrichtenClick(Sender: TObject);   // Zeichen|Links, Rechts, Zentriert
begin
 Links1.Checked := False;                           // Häkchen zurücksetzen
 Rechts1.Checked := False;
 Zentriert1.Checked := False;
 with Sender as TMenuItem do Checked := True;       // Häkchen setzen
 with RichEdit1.Paragraph do
   if Links1.Checked then
     Alignment := taLeftJustify
   else if Rechts1.Checked then
     Alignment := taRightJustify
   else if Zentriert1.Checked then
     Alignment := taCenter
end;
```

Der Zeilenumbruch:

```
procedure TForm2.Zeilenumbruch1Click(Sender: TObject);    // Zeichen|Zeilenumbruch
begin
 with RichEdit1 do
  begin
    WordWrap := not WordWrap;
    if WordWrap then
      ScrollBars := ssVertical
    else
     ScrollBars := ssBoth;
     Zeilenumbruch1.Checked := WordWrap
  end
end;
```

Die Schriftarteinstellungen sind dank der Komplexität des *FontDialog*s ein Kinderspiel:

```
procedure TForm2.Font1Click(Sender: TObject);     // Zeichen|Font...
begin
 FontDialog1.Font := RichEdit1.Font;
  if FontDialog1.Execute then
       RichEdit1.SelAttributes.Assign(FontDialog1.Font)
end;
```

Fenster-Menü

Zwecks ordentlicher Ausrichtung der Dokumente werden die Methoden *Tile* und *Cascade* des Rahmenfensters aufgerufen:

```
procedure TForm2.Neben1Click(Sender: TObject);  // Fenster|Nebeneinander
begin
 Form1.Tile
end;
procedure TForm2.HinterClick(Sender: TObject);        // Fenster|Hintereinander
begin
 Form1.Cascade
end;
```

16.1.4 Programmtest

Es hieße Eulen nach Athen zu tragen, wenn wir über den Umgang mit einer Windows-typischen MDI-Applikation viele Worte verlieren würden. Probieren Sie einfach alle Möglichkeiten aus und scheuen Sie sich nicht, auch am Quelltext etwas herumzudoktern:

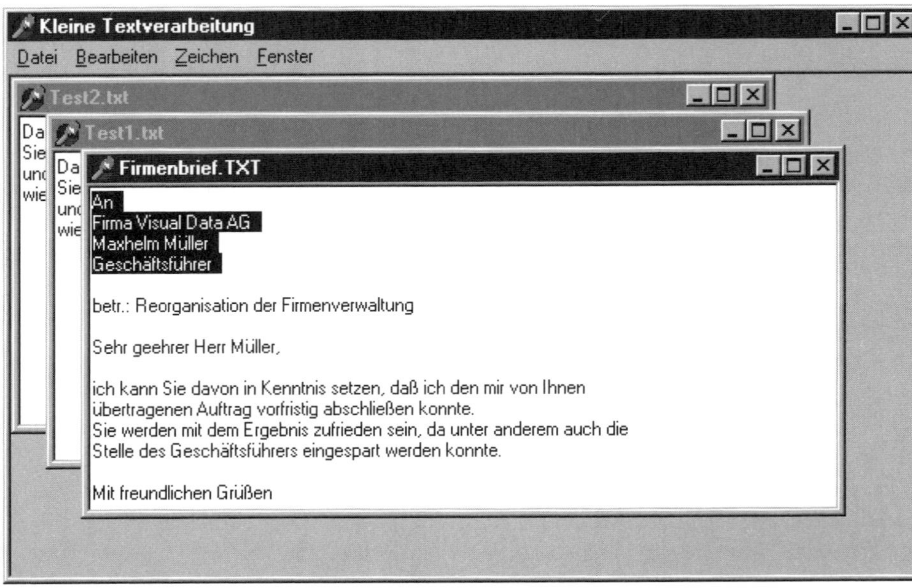

- Datenbank erstellen (Laufzeit/Entwurfszeit)
- Verwendung *Table*-Objekt, Datenbank-Navigator, *BatchMove*-Objekt
- Suchen in Tabellen
- *PageControl*-Komponente
- Datenimport/Datenexport
- Zwischenablage

16.2 Grafikprogramm PAINT

Mit dem nachfolgend vorgestellten Grafikprogramm möchten wir dem Leser die Möglichkeit bieten, (fast) alle im Zusammenhang mit der Grafikprogrammierung auftretenden Fragen zu beantworten.

16.2.1 Allgemeines

Das Programm verwendet sowohl die von Delphi zur Verfügung gestellten Grafikobjekte (*TCanvas*, *TBitmap*) als auch das Windows-GDI. "Wozu das?", werden Sie fragen. "Laut Handbuch kapseln doch die Delphi-Objekte das GDI!" Das ist auch so weit richtig, doch Borland hat einige Funktionen glatt "vergessen".

Was kann eigentlich das Programm? Die Antwort ist schnell gegeben: fast alles, was Windows-Paintbrush kann. Ausnahme: Auf die Unterstützung von DDE und OLE wurde verzichtet, um den Quelltext noch überschaubar zu halten.

Dafür finden Sie eine Raster-, eine wesentlich verbesserte Zoom- sowie ein paar zusätzliche Tool- und Grafikfunktionen. Nicht zu vergessen: Besitzer einer Standard-VGA-Karte (640 x 480) haben mehr freie Zeichenfläche zur Verfügung als in Paintbrush!

Das Programm wurde unter allen Windows-Versionen getestet. An dieser Stelle jedoch eine kleine Einschränkung: Bei der Bearbeitung von Bildern mit höherer Farbauflösung (>16 Farben) kommt es bei einigen Grafikkarten zu Fehlfunktionen (Umschalten zwischen den Farbpaletten). Wie jedes andere Grafikprogramm benötigt auch *PAINT* reichlich Arbeitsspeicher. Beispiel: Für eine Grafik mit 1024 x 768 Pixel bei 256 Farben werden satte 1,5 MByte verschwendet (Anzeige-Bitmap und UNDO-Bitmap).

Noch ein abschließender Hinweis: Besitzer einer langsamen Grafikkarte und/oder eines "lahmen" Computers sollten das Programm an einigen Stellen anpassen. Dies betrifft z.B. die Scrollbars, statt des *OnChange*- wäre hier das *OnScroll*-Event vorzuziehen. Das Bild wird erst wieder aufgebaut, wenn die neue Position erreicht ist. Weiterhin wurde gegenüber der 16-Bit-Variante von Paint auf einen Skizzenmodus verzichtet, gezeichnet wird grundsätzlich auf der Hintergrund-Bitmap (doch dazu später mehr).

Und noch etwas: Das Programm erhebt nicht den Anspruch eines High-End-Produkts. Dem Leser steht es frei, das Programm selbst weiterzuentwickeln (diverse Filterfunktionen, Rotation, Paletten).

16.2.2 Ein kurzer Überblick

Über die Bedienung des Programms sollen nicht allzu viele Worte verloren werden, einige Funktionen bedürfen jedoch einer kurzen Erläuterung.

 Markieren

Ziehen Sie mit gedrückter Maustaste einen Rahmen über den gewünschten Bereich. Nach dem Markieren stehen Ihnen weitere Funktionen unter *Spezial* zur Verfügung:

- Invertieren
- Vergrößern 10 %
- Verkleinern 10 %
- Spiegeln horizontal
- Spiegeln vertikal
- Kopieren

Zum Deselektieren klicken Sie außerhalb des markierten Bereichs oder wählen ein anderes Tool.

 Freihand

Bei gedrückter **linker** Maustaste wird eine Freihandlinie mit der Vordergrundfarbe gezeichnet. Nehmen Sie die **rechte** Maustaste, verwendet das Programm die Hintergrundfarbe.

 Linie, Rechteck, Kreis, abgerundetes Rechteck

Die Verwendung erfolgt analog der Markierungsfunktion, mit gedrückter linker Maustaste zeichnen Sie die jeweilige Figur. Sie können den Mauscursor auch aus dem Bildbereich hinausbewegen, die abschließende Grafikoperation bezieht sich auf den gesamten Bildbereich (sichtbar oder nicht).

 Radiergummi

Mit diesem Tool können Sie einen mindestens 8 x 8 Pixel großen Bereich löschen. Vergrößerungen des Zeichenstiftes wirken sich auch auf den Radiergummi aus.

 Farbeimer

Zum Füllen größerer umrandeter Bereiche können Sie den "Farbeimer" verwenden. Füllfarbe ist immer die aktuelle Vordergrundfarbe.

 Spraydose

Die Größe des Sprühbereichs wählen Sie über die Stiftbreite, gesprüht wird nur, wenn Sie die Maus bewegen.

 Pipette

Mit diesem Werkzeug entnehmen Sie eine Farbe aus der Grafik und weisen sie der Vorder- bzw. Hintergrundfarbe zu. Die Vordergrundfarbe wählen Sie mit der linken, die Hintergrundfarbe mit der rechten Maustaste.

Text

Zur Ausgabe mehrzeiliger Texte können Sie diese Funktion nutzen. Nach dem Zeichnen des Textbereichs (Rechteck) öffnet sich eine Textbox, in die Sie den gewünschten Text eingeben. Während der Eingabe lassen sich Schriftart und Schriftfarbe verändern. Schließen Sie die Eingabe mit der ESC-Taste ab.

Auf die Funktionen *Einfügen, Ausschneiden, Kopieren, Alles Markieren* brauchen wir wohl nicht extra einzugehen, jeder, der Windows kennt, weiß, worum es sich handelt.

Menü Spezial

Interessanter ist da schon der Menüpunkt *Spezial*: Mit *Farbtausch* können Sie im gesamten Bild eine Farbe mit einer anderen vertauschen.

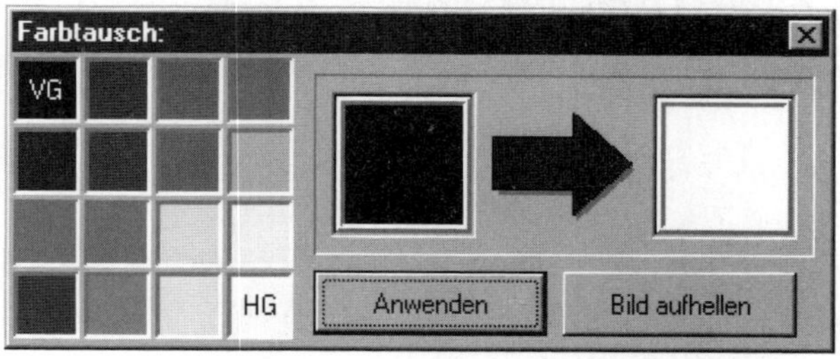

Wählen Sie die zu verändernde Farbe mit der linken und die gewünschte Farbe mit der rechten Maustaste. Mit *Bild aufhellen* können Sie z.B. Screenshots für den Druck vorbereiten. Manche Grafiken in diesem Buch wurden auf diese Weise bearbeitet, um eine bessere Darstellung zu erreichen (die Farbe Gelb wird auf den meisten Druckern besser wiedergegeben als Hellgrau).

Die Funktionen *Invertieren, Spiegeln* etc. sind nur verfügbar, wenn ein Bereich markiert ist, dies kann auch die gesamte Zeichnung sein. Der Nutzen der Funktion *Vergrößern/Verkleinern* ist begrenzt, handelt es sich doch um Pixelgrafiken, die mit zunehmender Vergrößerung an Qualität einbüßen.

Die obere Toolbar bietet folgende Möglichkeiten:

Datei Neu

Auf die Verwendung der Standard-Dialogbox wurde verzichtet, ein Grafikprogramm braucht eine Preview-Funktion, und die ist nur mit einer eigenen Dialogbox sinnvoll realisierbar.

Haben Sie einen langsamen Computer oder sind die Grafiken sehr groß, können Sie die Vorschaufunktion auch ausschalten.

Zoomfaktor

Dieser lässt sich zwischen 1 und 20 einstellen. Im Unterschied zur 16-Bit-Vorgängerversion stehen jetzt auch im Zoom-Modus alle Werkzeuge und Funktionen zur Verfügung.

Raster

Eine weitere Programmfunktion ist das Fangraster, dessen Größe Sie frei wählen können. Obwohl das Raster nicht sichtbar ist, werden Linien bzw. Rechtecke in das Raster eingepasst. Auf diese Weise ist das Zeichnen horizontaler und vertikaler Linien bedeutend einfacher möglich.

Vorder-/Hintergrundfarbe

Wie schon erwähnt, soll das Programm kein High-End-Produkt sein, die Farbpalette bleibt deshalb auf 16 Farben eingeschränkt.

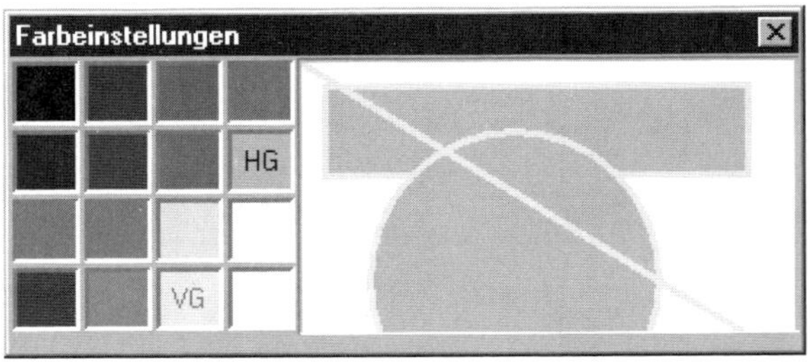

Wählen Sie mit der linken bzw. rechten Maustaste die gewünschte Vorder- bzw. Hintergrundgrafik.

Hinweis: Das Fenster müssen Sie nicht schließen, es kann wie eine Toolbox verwendet werden.

Stift/Pinsel

Neben der Stiftbreite und -form können Sie den Füllmodus, d.h. den Pinsel, wählen.

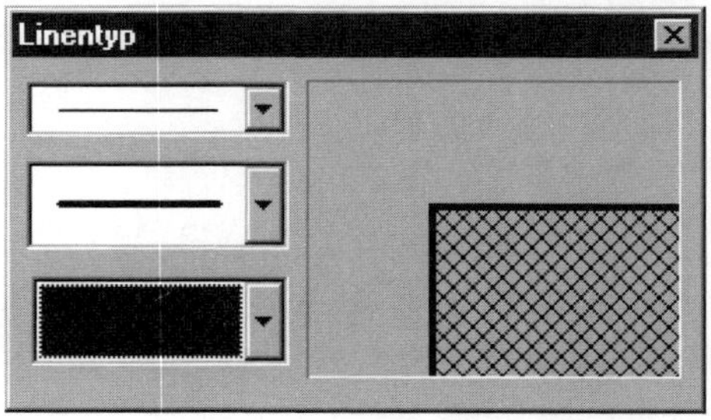

Ist die Stiftbreite größer als ein Pixel, können nur durchgehende Linien gezeichnet werden. Leser, die zusätzliche Linienarten implementieren wollen, seien auf die GDI-Funktion *LineDDA* hingewiesen. Zusammen mit einer CallBack-Funktion sind der Realisierung beliebiger Linienarten/ -formen keinerlei Grenzen gesetzt.

Zweite Alternative: Sie verwenden die so genannten Geometric Pens.

Schriftart

Der Schriftart-Dialog dürfte Ihnen bekannt vorkommen, es handelt sich um den Windows-Standarddialog zur Schriftauswahl:

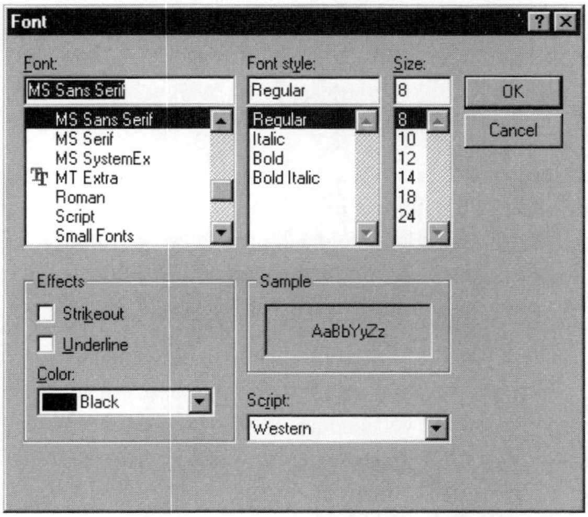

Koordinaten

Last but not least die Anzeige der Mauskoordinaten. Im Zoom- bzw. Raster-Modus werden die für die Zeichenoperation verwendeten Koordinaten, d.h. die Fangpunkte, angezeigt.

Die obigen Ausführungen zur Bedienung sollten ausreichen, wir können uns nun den "inneren" Werten des Programms zuwenden.

16.2.3 Aufbau/Programmierung

Grundprinzip

Ausgehend von vier wesentlichen Forderungen soll das Grundkonzept des Programms erläutert werden:

- Realisierung einer Zoomfunktion
- Undo-Funktion
- schnelle Darstellung
- minimaler Ressourcenbedarf

Ein Blick in die Hilfe bzw. die Toolbar von Delphi zeigt zwei Alternativen:

- *Image*-Komponente
- *PaintBox*-Komponente

Beide verfügen über das gewünschte *Canvas*-Objekt, auf dem Grafikausgaben vorgenommen werden können. Wenn Sie das Grafik-Beispielprogramm zu Delphi ausprobieren, werden Sie feststellen, dass dort eine *Image*-Komponente Verwendung findet. Dies wäre sicherlich der einfachste und schnellste Weg, unsere obigen Forderungen lassen sich damit jedoch nicht oder nur sehr umständlich erfüllen. Zwangsläufig müssen wir uns also der *PaintBox*-Komponente zuwenden.

Der wohl wesentlichste Unterschied zwischen beiden Komponenten betrifft das Wiederherstellen des Inhalts nach dem Verdecken durch ein anderes Fenster. Die *Image*-Komponente kümmert sich selbst um die Wiederherstellung des Inhalts (Grafik wird automatisch im Hintergrund gespeichert), bei der *PaintBox*-Komponente müssen wir dafür selbst sorgen. Was sich zunächst wie ein Nachteil anhört, hat auch seine Vorteile: Grafikoperationen in einer *PaintBox* sind wesentlich schneller als in einem *Image*.

Stellen Sie sich vor, die bearbeitete Grafik ist größer als die Bildschirmauflösung. Sie müssten eine *ScrollBox*-Komponente verwenden, um das *Image* überhaupt darstellen zu können. Verwenden wir eine *PaintBox,* so ist der dargestellte Bereich gleich der Größe der *PaintBox*. Zum Wiederherstellen des Bildinhaltes nehmen wir eine Hintergrund-Bitmap vom Typ *TBitmap*.

Die Arbeit mit der Hintergrund-Bitmap hat mehrere Vorteile. Wir können selbst darüber entscheiden, wann, wo und vor allem wie die Hintergrund-Bitmap eingeblendet wird. Wann bedeutet, dass dies nach der erfolgten Zeichenoperation im Hintergrund passieren muss. Für Scroll-Operationen können wir den sichtbaren Ausschnitt verschieben, zusätzlich lässt sich auch ein Zoomfaktor einführen, d.h., der Hintergrund liegt in Originalgröße vor, und der sichtbare Vordergrundausschnitt ist eine Vergrößerung der Hintergrund-Bitmap. Dreh- und Angelpunkt dieser Operationen sind zwei GDI-Funktionen:

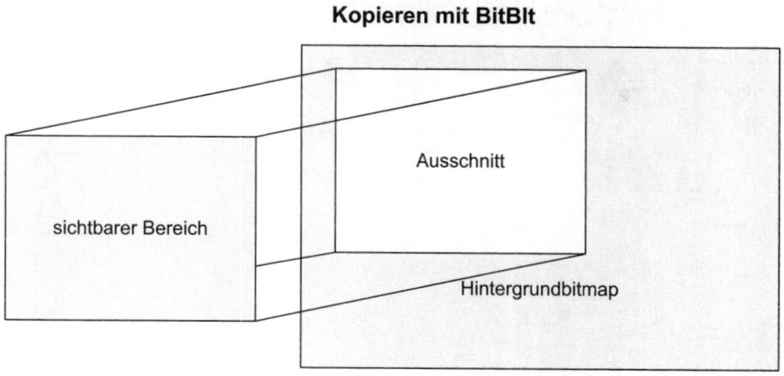

BitBlt ermöglicht das einfache Kopieren von Bitmaps zwischen zwei DCs und ist entsprechend schnell, mit *StretchBlt* lassen sich auch Skalierungsoperationen durchführen.

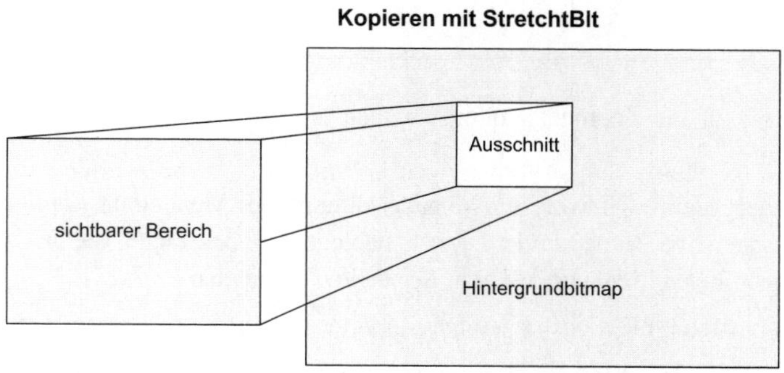

Skalieren bedeutet natürlich auch Geschwindigkeitsverlust, moderne Grafikkarten entlasten jedoch den Systemprozessor von derartigen Routineaufgaben. Mit der *StretchBlt*-Funktion ist es darüber hinaus auch möglich, eine Bitmap horizontal bzw. vertikal zu spiegeln. Die Umsetzung finden Sie ebenfalls im Listing.

Beide GDI-Funktionen sind natürlich auch Methoden des *Canvas*-Objekts (*Draw*, *StretchDraw*). Aus Performance-Gründen arbeiten wir jedoch direkt mit den GDI-Funktionen.

Hinweis: Alle Zeichenoperationen im Programm werden grundsätzlich an der Hintergrund-Bitmap ausgeführt (das gilt insbesondere für den Zoom-Modus), die danach mit *StretchBlt* in die PaintBox kopiert wird. Bei lahmen Grafikkarten führt dies zu einem extrem langsamen Bildaufbau. Da Beschleunigerkarten mittlerweile zur Standardausstattung gehören, dürfte die Performance jedoch in den meisten Fällen völlig ausreichen. Der Vorteil dieses Verfahrens: Sie können auch im Zoom-Modus alle Grafikoperationen ausführen und sehen direkt das Ergebnis.

Oberfläche

Die Abbildung zeigt die Entwurfsansicht des Hauptfensters. Neben diversen Speed-Buttons finden Sie auch die Standarddialoge zum Sichern, Laden sowie für die Wahl der Schriftart.

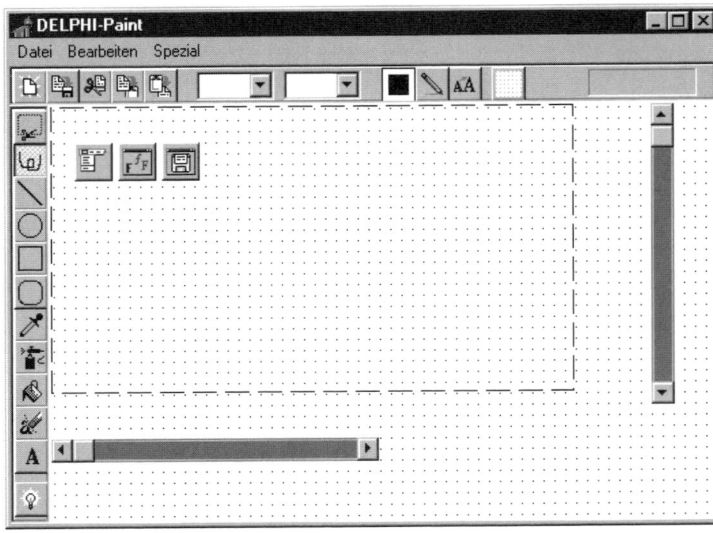

Sowohl die Werte für die Zoomdarstellung als auch die Rastergröße können über ComboBoxen bestimmt werden.

An dieser Stelle ein kleiner Hinweis zur Menügestaltung: Der Menüpunkt *Einfügen* soll nur dann aktiv sein, wenn sich eine Bitmap in der Zwischenablage befindet. Fügen Sie dazu in das *OnClick*-Event des übergeordneten Menüpunktes, d.h. *Bearbeiten,* folgenden Code ein:

```
if Clipboard.HasFormat(CF_BITMAP) then einfgen1.enabled := true else einfgen1.enabled := false;
```

Ansonsten ist zur Oberflächengestaltung des Hauptfensters nichts weiter zu sagen. Dafür kommen wir noch kurz auf ein anderes interessantes Detail zu sprechen: Die *ComboBox*-Komponente mit grafischem Inhalt. Wir werden diesen Typ dazu befähigen, verschiedene Linienarten bzw. Stiftbreiten anzuzeigen.

Grafiken in der ComboBox

Das Erstellen von Combo- bzw. Listboxen mit grafischem Inhalt weist einige Besonderheiten auf.

Wichtig ist vor allem, dass Sie die *Style*-Eigenschaft auf *csOwnerDrawFixed* festlegen. Gegebenenfalls können Sie noch die Zellenhöhe mit *ItemHeight* verändern. Während der Laufzeit wird die *Listbox* über das *OnDrawItem*-Event mit Grafiken gefüllt. Dieses Ereignis fordert, je nach Bedarf, das Zeichnen einer bestimmten Zelle an. Es kann zum Beispiel durch Scrollen ausgelöst werden. Ihre Aufgabe besteht nun darin, die Grafiken in die Listbox einzublenden. Die Komponente stellt zu diesem Zweck ein *Canvas*-Objekt sowie die Abmessungen der aktuellen Zelle zur Verfügung.

Beispiel: Anzeige verschiedener Stiftbreiten

```
procedure TForm5.stiftbreiteDrawItem(Control: TWinControl; Index: Integer;
  Rect: TRect; State: TOwnerDrawState);
var xofs,yofs,breite:integer;
begin
     breite := Rect.right - Rect.left - 20;
     xofs   := Rect.left + 10; yofs := Rect.top;
     stiftbreite.Canvas.fillrect(Rect);
     stiftbreite.Canvas.pen.width := index + 1;
     stiftbreite.Canvas.moveto(xofs,yofs+14);
     stiftbreite.Canvas.lineto(xofs+breite,yofs+14);
end;
```

Sollen komplexere Grafiken dargestellt werden, ist es sinnvoll, diese in einer *TBitmap*- oder *ImageList*-Komponente zwischenzuspeichern.

Quelltext

Statt eines vollständigen Listings (rund 1000 Zeilen), das Sie ohnehin auf der Buch-CD finden, werden nur einige Funktionen bzw. Methoden aus den Units *Unit1* und *Werkzeug* vorgestellt. Sollten Sie bei der Fülle der Funktionen und Aufgaben den Überblick verlieren, können Sie das Zusammenwirken am sinnvollsten mit dem Debugger nachvollziehen. Einige Funktionen werden Sie auch im Kochbuchteil wiederfinden, das vorliegende Programm fasst diese zusammen und demonstriert das Zusammenspiel.

Ein wichtiger Grundsatz bei der Programmierung lautet: "... möglichst wenige globale Variablen!" Auch unser Programm versucht dem gerecht zu werden, gänzlich konnten wir jedoch nicht darauf verzichten.

Der *Interface*-Abschnitt der *Werkzeug*-Unit:

```
const crLinie     = 1;
      crHand      = 2;
      crKreis     = 3;
      crRechteck  = 4;
      crEimer     = 5;
      crSpray     = 6;
      crFreihand  = 7;
      crText      = 8;
```

```
      crPipette    = 9;
      crSchere     = 10;
      crRndRect    = 11;
      crRadiergummi = 12;

type
     tooltype = (freihand,linie,kreis,rechteck,pipette,farbeimer,spray,Rndrect,
                 radiergummi,schere,gtext);
     bildtype = record
                    dateiname : string;
                    xa,ya,
                    xe,ye,
                    zoom,
                    raster    : integer;
                    tool      : tooltype;
                    aenderung,
                    move,
                    einf      : boolean;
                    left,top,
                    offsetx,
                    offsety   : integer;  {Einfügevorgang}
                    pen       : TPen;
                    brush     : TBrush;
                    font      : TFont;
                 end;
var bild               : bildtype;
    bitmap,undobitmap  : TBitmap;
    xa,ya,
    xe,ye              : integer;
    clipbit            : TBitmap;
    stringvariable     : string;
    hg,vg              : Tcolor;

procedure spraydose(x,y:integer;c:tcanvas);
procedure uebernahme;
procedure bitmapaufhellen(var b : TBitmap);
procedure auswahlcursor;
procedure bildloeschen(var b:TBitmap);
function ja(t:pchar): boolean;
```

```
function nein(t:pchar): boolean;
procedure UndoVorbereiten;
procedure zeigeClipbit(x,y:integer);
function MouseInRect(x,y,x1,y1,x2,y2: Integer): Boolean;
function min(x1,x2: Integer): Integer;
```

Die Variable *Bild* enthält alle Verwaltungsinformationen inklusive Stift-, Pinsel- und Font-Attribute. Wenn Sie derartige Objektvariablen verwenden, dürfen Sie nicht vergessen, diese mit der Methode *Create* zu initialisieren. Greifen Sie auf ein Objekt zu, das nicht initialisiert ist, kommt es zum Laufzeitfehler.

In der obigen Auflistung finden Sie eine ganze Reihe von Konstanten, die mit *cr* anfangen. Diese Konstanten brauchen wir für die Auswahl des aktuellen Mauszeigers. Sollten Sie das Programm bereits getestet haben, wird Ihnen sicher aufgefallen sein, dass reger Gebrauch von selbst definierten Mauszeigern gemacht wurde. Diese finden Sie in der Ressourcen-Datei CURSOR.RES wieder.

Bevor Sie sich der Mühe unterziehen, eigene Mauszeiger zu entwerfen, sollten Sie einmal diverse EXE- und DLL-Dateien auf Ihrer Festplatte mit einem Ressourcen-Editor untersuchen. Im Verzeichnis *\\Tools\Cursors* auf der Buch-CD finden Sie weitere gängige Mauszeiger.

Das Einbinden der Ressourcen-Datei:

```
{$R CURSORS.RES}
```

Wie schon erwähnt, müssen Pen-, Brush-Objekte vor dem ersten Zugriff initialisiert werden. Dazu bietet sich im Allgemeinen der *Begin-End*-Teil jeder Unit an, da dieser noch vor dem ersten *Create* oder *Resize* ausgeführt wird.

```
begin
with bild do begin
        pen         := TPen.Create;
        brush       := TBrush.Create;
        font        := TFont.Create;
        pen.width   := 1;
        pen.color   := clBlack;
        pen.style   := psSolid;
        brush.color := clWhite;
        brush.style := bsClear;
        zoom        := 1;
        dateiname   := '';
        raster      := 1;
        tool        := freihand;
        aenderung   := false;
        move        := false;
    end;
```

Unsere Mauszeiger laden wir über die jeweils zugewiesenen Nummern, Sie können auch Bezeichner vergeben, verzichten Sie aber in diesem Fall auf die Funktion *makeIntResource*.

```
    screen.cursors[crLinie]:=LoadCursor(HINSTANCE,makeintresource(133));
    ...
    screen.cursors[crText]:=LoadCursor(HINSTANCE,makeintresource(104));
end.
```

Nun wollen wir uns dem eigentlichen Programm, der *Unit1* zuwenden. Als Erstes erstellen wir die Hintergrund-Bitmap sowie die zugehörige Undo-Bitmap. Vor jedem *MouseDown* wird der Inhalt von *Bitmap* in *UndoBitmap* kopiert, auf diese Weise lässt sich die jeweils letzte Aktion rückgängig machen. Allerdings ist dieses Verfahren relativ speicherplatzintensiv.

```
procedure THauptformular.FormShow(Sender: TObject);
begin
    application.processMessages;
    Bitmap := graphics.TBitmap.Create;
    Bitmap.height := 768;
    Bitmap.width := 1024;
    zoom.itemindex := 0;
    blatt.cursor := crFreihand;
    gitter.itemindex := 0;
    undobitmap := graphics.TBitmap.Create;
    undobitmap.width := bitmap.width;
    undobitmap.height := bitmap.height
end;
```

Das Öffnen des Formulars löst ebenfalls das *FormResize*-Ereignis aus. Neben dem Positionieren der Scrollbars müssen wir uns um die *PaintBox* kümmern. Zwei wesentliche Fälle sind zu unterscheiden:

- Kann die Grafik komplett dargestellt werden?
- Benötigen wir die Scrollbars, um den sichtbaren Ausschnitt zu verschieben?

Wichtig ist an dieser Stelle die Verwendung des Zoomfaktors.

```
procedure THauptformular.FormResize(Sender: TObject);
begin
    anzeige.left   := Hauptformular.clientwidth  - anzeige.width - 5;
    hscroll.top    := Hauptformular.clientheight - 17;
    hscroll.width  := Hauptformular.clientwidth  - 47;
    vscroll.left   := Hauptformular.clientwidth  - 17;
    vscroll.height := Hauptformular.clientheight - 47;
    if (bitmap.width * bild.zoom) > (Hauptformular.clientwidth - 48) then begin
      blatt.width := ((Hauptformular.clientwidth-48) div bild.zoom)*bild.zoom;
       hscroll.enabled := true;
       hscroll.max     := bitmap.width - blatt.width div bild.zoom;
    end else begin
```

```
      blatt.width     := bitmap.width * bild.zoom;
      hscroll.enabled := false;
      hscroll.position:= 0;
   end;
   if (bitmap.height * bild.zoom) > (Hauptformular.clientheight - 48) then
   begin
     blatt.height:=((Hauptformular.clientheight-48) div bild.zoom )*bild.zoom;
     vscroll.enabled := true;
      vscroll.max     := bitmap.height - blatt.height div bild.zoom;

  end else begin
      blatt.height    := bitmap.height * bild.zoom;
      vscroll.enabled := false;
      vscroll.Position:= 0;
   end;
end;
```

Auf Änderungen (Skalierung, Verdecken etc.) an der *PaintBox* können Sie mit dem *OnPaint*-Event reagieren.

```
procedure THauptformular.blattPaint(Sender: TObject);
var x,y,xofs,yofs,z:integer;
begin
  if bild.einf then uebernahme;
  stretchBlt(blatt.canvas.handle, 0, 0, blatt.clientwidth ,blatt.clientheight,
             bitmap.canvas.handle,hscroll.position , vscroll.position,
             blatt.clientwidth div bild.zoom,
             blatt.clientheight div bild.zoom, SRCCOPY);
```

Falls das Raster angezeigt werden muss:

```
  if (speedbutton9.down)and(bild.raster >= 10)and(bild.zoom = 1) then begin
     x := bild.raster;
     y := bild.raster;
     while x < blatt.width do begin
           while y < blatt.height do begin
                 setpixel(blatt.canvas.handle,x,y,clblack);
                 inc(y, bild.raster);
           end;
           y := bild.raster;
           inc(x,bild.raster);
     end;
  end;
```

Im Zoom-Modus 20 werden die einzelnen Pixel durch ein Bildschirmgitter dargestellt. Auf diese Weise ist ein präziseres Arbeiten möglich.

```
    if (bild.zoom = 20) then gitteranzeigen;
```

Zur besseren Übersicht kann ebenfalls eine Übersicht im Preview-Formular angezeigt werden. Dazu muss lediglich der Ausschnitt der Hintergrund-Bitmap in das betreffende Formular kopiert werden.

```
    if Preview.showing then begin
      z := bild.zoom;
      if z > 4 then z := 4;
      BitBlt(Preview.paintbox1.canvas.handle, 0, 0,
             Preview.paintbox1.clientwidth, Preview.paintbox1.clientheight,
             bitmap.canvas.handle,hscroll.position,vscroll.position,SRCCOPY);
      Preview.paintbox1.canvas.brush.style:=bsclear;
      Preview.paintbox1.canvas.pen.style:=psdot;
      Preview.paintbox1.canvas.rectangle(0, 0, blatt.clientwidth div bild.zoom,
                 blatt.clientheight div bild.zoom)
    end
end;
```

Nach den oben genannten Prozeduren/Funktionen erscheint das Fenster fertig aufgebaut und skaliert, die (noch) leere Bitmap (1024 x 768) ist dargestellt.

Unser Programm soll jedoch nicht nur eine leere Bitmap anzeigen, sondern auch das Bearbeiten zulassen. Dazu benötigen wir verschiedene Tools, die über die linke Werkzeugleiste bereitgestellt werden. Durch einen Mausklick auf die gewünschte Funktion soll sich der Bearbeitungsmodus (und damit der Mauszeiger) ändern:

```
procedure TForm1.tool_schereClick(Sender: TObject);
begin
    if Sender = tool_Schere then bild.tool := Schere;
    if Sender = tool_Freihand then bild.tool := Freihand;
    if Sender = tool_Linie then bild.tool := Linie;
    if Sender = tool_Kreis then bild.tool := Kreis;
    if Sender = tool_Rechteck then bild.tool := Rechteck;
    if Sender = tool_RndRect then bild.tool := Rndrect;
    if Sender = tool_Pipette then bild.tool := Pipette;
    if Sender = tool_Eimer then bild.tool := Farbeimer;
    if Sender = tool_Spray then bild.tool := Spray;
    if Sender = tool_Radiergummi then bild.tool := Radiergummi;
    if Sender = tool_gText then bild.tool := gText;
    auswahlCursor
end;
```

Greifen, wie in unserem Fall, mehrere Komponenten auf eine Ereignisprozedur zu, können Sie über das *Sender*-Objekt die auslösende Komponente identifizieren oder sogar auf deren Eigenschaften und Methoden zugreifen.

Die eigentliche Entscheidung, was zu tun ist, treffen wir im *MouseDown*-Ereignis. Alle weiteren Aktionen werden nur in der Hintergrund-Bitmap ausgeführt.

```
procedure THauptformular.blattMouseDown(Sender: TObject; Button: TMouseButton;
  Shift: TShiftState; X, Y: Integer);
begin
     bild.aenderung := True;
```

Genau hier müssen wir unterscheiden, ob es sich um einen Einfügevorgang (markierter Bereich ist aktiv) oder nur um eine normale Zeichenaktion handelt. Haben wir es mit einer Einfügeoperation zu tun, wird die Grafik aus dem Zwischenspeicher (*ClipBit*, es handelt sich nicht um den Undo-Speicher!) auf dem Bildschirm eingeblendet. Klickt der Anwender außerhalb des markierten Bereichs oder mit der rechten Maustaste, soll die Grafik endgültig übernommen werden (Hintergrund-Bitmap), sonst ändert sich lediglich der Mauscursor (Bewegen).

```
if bild.einf then begin  { Einfügevorgang weiterführen }
          zeigeclipbit(bild.left,bild.top);
          if (button = mbleft)and MouseInRect(x,y,bild.left,bild.top,bild.left
          +clipbit.width*bild.zoom,bild.top+clipbit.height*bild.zoom) then begin
             screen.cursor:=CrSize;
             bild.offsetx:=hscroll.position + x;
             bild.offsety:=vscroll.position + y;
             exit;
          end else uebernahme
     end;
```

Bevor wir Aktionen ausführen, ist die aktuelle Hintergrund-Bitmap in der Undo-Bitmap zu sichern:

```
     UndoVorbereiten;
```

Die weiteren Anweisungen initialisieren die Zeichenfläche sowie die Hintergrund-Bitmap (Stifte, Pinsel etc.):

```
     bitmap.canvas.pen:=bild.pen;
     bitmap.canvas.brush:= bild.brush;
     bitmap.canvas.font:= bild.font;
     if (bild.zoom = 1)and(bild.tool<>farbeimer) then begin
```

Die vom Event zur Verfügung gestellten Koordinaten können wir nur verwenden, wenn die Rastergröße auf eins eingestellt ist. In allen anderen Fällen runden wir die Mausposition auf ein Vielfaches der Rastergröße:

```
    bild.xa := round((hscroll.position +
               trunc(X / bild.zoom))/bild.raster)*bild.raster;
    bild.ya := round((vscroll.position +
               trunc(Y / bild.zoom))/bild.raster)*bild.raster;
```

```
    end else begin
       bild.xa := hscroll.position + trunc(X / bild.zoom);
       bild.ya := vscroll.position + trunc(Y / bild.zoom);
    end;
    bild.xe := bild.xa;
    bild.ye := bild.ya;
```

Einige Tools erfordern besondere Einstellungen:

```
if bild.tool in [freihand,radiergummi,spray] then
      bitmap.canvas.pen.mode := pmCopy
    else
      bitmap.canvas.pen.mode := pmNotXor;
    case bild.tool of
        pipette      : if (button = mbleft) then begin
                          vordergrund.brush.color:= blatt.canvas.pixels[x,y];
                          bild.pen.color:=blatt.canvas.pixels[x,y]
                       end else begin
                          hintergrund.brush.color:=blatt.canvas.pixels[x,y];
                          bild.brush.color:= blatt.canvas.pixels[x,y]
                       end;
        radiergummi : begin
                          blatt.canvas.pen.color := bild.brush.color;
                          bitmap.canvas.pen.color := bild.brush.color;
                          if bild.pen.width < 8 then begin
                             blatt.canvas.pen.width := 8;
                             bitmap.canvas.pen.width := 8;
                          end;
                          blatt.canvas.pen.width := blatt.canvas.pen.width*
                                                    bild.zoom;
                          blatt.canvas.moveto(xa,ya);
                          blatt.canvas.pen.mode := pmCopy;
                       end;
        schere       : with bitmap.canvas do begin
                           pen.style := psDot;
                           brush.style:= bsclear;
                           pen.color:= clblack;
                           pen.width := 1;
                       end;
        freihand     : if (button = mbright) then
                         bitmap.canvas.pen.color := bild.brush.color;
```

```
        gText  : begin
                      if editor = NIL then
                         Application.CreateForm(TEditor, Editor);
                      editor.showmodal
                    end;
    end
end;
```

Jede weitere Mausbewegung löst das folgende Event aus:

```
procedure THauptformular.blattMouseMove(Sender: TObject; Shift:TShiftState; X,Y: Integer);
var dx,dy:integer;
    r1,rold   : THandle;
begin
```

Wie schon beim *MouseDown*-Ereignis müssen wir den Einfügemodus getrennt behandeln:

```
if (bild.einf)and (shift = [ssLeft]) then begin
       bild.move := true;
       dx :=(x + hscroll.position) - bild.offsetx;
       dy :=(y + vscroll.position) - bild.offsety;
```

Wiederherstellen des Hintergrundes:

```
       ExcludeClipRect(blatt.canvas.handle,bild.left+1,bild.top+1,
              bild.left+clipbit.width* bild.zoom -1,
              bild.top+clipbit.height*bild.zoom-1);
       stretchBlt(blatt.canvas.handle, 0, 0, blatt.clientwidth,
                 blatt.clientheight, bitmap.canvas.handle,hscroll.position,
                 vscroll.position, blatt.clientwidth div bild.zoom,
                 blatt.clientheight div bild.zoom, SRCCOPY);
       r1 := CreateRectRgnIndirect(blatt.boundsrect);
       selectobject(blatt.canvas.handle,r1);
```

Mit Hilfe der Region stellen wir sicher, dass nur der unbedingt nötige Bereich wiederhergestellt wird. Wie es nicht gemacht werden sollte, können Sie sich beim Windows Paint-Programm ansehen (Verschiebeoperationen sind viel zu langsam).

Festlegen der neuen Position

```
       bild.left:=bild.left+dx;  bild.top :=bild.top+dy;
       bild.offsetx:=hscroll.position+x;
       bild.offsety:=vscroll.position+y;
```

und erneutes Einblenden:

```
       zeigeclipbit(bild.left,bild.top);
       Exit;
    end;
```

Bisher haben wir die Koordinatenanzeige in der rechten oberen Ecke etwas vernachlässigt, das wollen wir nun ändern:

```
if bild.zoom = 1 then begin
        x := round(x / bild.raster) * bild.raster;
        y := round(y / bild.raster) * bild.raster;
     end;
     bild.xe:= hscroll.position + X div bild.zoom;
     bild.ye:= vscroll.position + Y div bild.zoom;
     anzeige.caption := Format('%d : %d',[bild.xe,bild.ye]);
     if not ((shift = [ssRight]) or (shift = [ssLeft])) then exit;
```

Je nach gewähltem Werkzeug löscht der erste Aufruf der Prozedur *zeichne* bisherige XOR-Zeichnungen (z.B. Linie, Kreis etc.) oder zeichnet neu (Spray, Freihand).

```
     zeichne;
     blatt.onpaint(self);
     if bild.tool in [freihand,radiergummi,spray] then begin
        bild.xa := bild.xe;
        bild.ya := bild.ye;
     end else zeichne;
```

Der zweite Aufruf von *zeichne* ist für alle XOR-Zeichenoperationen gedacht.

Die Prozedur *zeichne* (Herzstück des Programms):

```
procedure Zeichne;
var farbe,help :TColor;
    r : integer;
    b : integer;
    s : Tbrushstyle;
begin
     with bitmap.canvas do begin
       case bild.tool of
          Linie,
          Freihand,
          Radiergummi : begin
                           moveto(bild.xa,bild.ya);
                           lineto(bild.xe,bild.ye);
                           if pen.width = 1 then
                               pixels[bild.xe,bild.ye]:= pen.color
                           else begin
                               r := pen.width div 2;
                               s := brush.style;
                               b := pen.width;
```

```
                    farbe :=brush.color;
                    pen.width := 1;
                    brush.style := bsSolid;
                    brush.color := pen.color;
                    if bild.tool = radiergummi then
                    rectangle(bild.xe-r,bild.ye-r,bild.xe+r,bild.ye+r)
                    else
                    ellipse(bild.xe-r,bild.ye-r,bild.xe+r,bild.ye+r);
                    pen.width := b;
                    brush.style := s;
                    brush.color := farbe;
                  end;
                end;
      Schere,
      Rechteck    : Rectangle(bild.xa,bild.ya,bild.xe,bild.ye);
      RndRect     : RoundRect(bild.xa,bild.ya,bild.xe,bild.ye,
                    abs(bild.xa-bild.xe) div 4,abs(bild.ya-bild.ye) div 4);
      kreis       : Ellipse(bild.xa,bild.ya,bild.xe,bild.ye);
      spray       : Spraydose(bild.xe,bild.ye,bitmap.canvas);
```

Für den Farbeimer müssen wir kurzzeitig die Hintergrundfarbe tauschen:

```
      farbeimer   : begin
                      screen.cursor:=CrHourglass;
                      help :=brush.color;
                      brush.color:=bild.pen.color;
                      farbe:=pixels[bild.xa,bild.ya];
                      floodfill(bild.xa,bild.ya,farbe,fssurface);
                      brush.color:=help;
                      screen.cursor:=CrDefault;
                    end;
    end;
  end;
end;
```

Sicher fällt Ihnen der Aufwand für die Ausgabe von Linien auf. Hierbei handelt es sich allerdings um ein ganz trauriges Kapitel: Die *LineTo*-Funktion/Methode lässt den letzten Punkt der Linie einfach weg! Das wäre nicht weiter schlimm, wenn es eine Funktion zum Zeichnen eines Punktes mit dem aktuellen Stift geben würde (Ersatz: siehe oben).

Wenn der Anwender die Zeichenoperation abschließen will, muss er die Maustaste loslassen. Für das Programm bedeutet dies, dass vom XOR-Modus in den normalen Zeichenmodus zurückgeschaltet werden muss.

```
procedure THauptformular.blattMouseUp(Sender: TObject; Button: TMouseButton;
  Shift: TShiftState; X, Y: Integer);
begin
     if bild.einf then begin
           zeigeClipbit(bild.left,bild.top);
           screen.cursor:= crDefault;
           exit;
      end;
      if (bild.zoom = 1) then begin
           x := round(x / bild.raster) * bild.raster;
           y := round(y / bild.raster) * bild.raster;
      end;
      bild.xe := hscroll.position + trunc(X / bild.zoom);
      bild.ye := vscroll.position + trunc(Y / bild.zoom);
      bitmap.canvas.pen.mode := pmCopy;
      if bild.tool <> schere then zeichne;
      blatt.onpaint(Hauptformular);
```

Für die Markierungsfunktion (Schere) bedeutet das Loslassen der Maustaste, dass der markierte Bereich in die Zwischen-Bitmap (*clipBit*) übernommen wird.

```
if bild.tool = Schere then begin
   clipbit:= graphics.TBitmap.Create;
   clipbit.width:=abs(bild.xe-bild.xa); clipbit.height:=abs(bild.ye-bild.ya);
   bild.einf:=true;
   BitBlt(clipbit.canvas.handle, 0, 0, clipbit.width ,clipbit.height,
       bitmap.canvas.handle,min(bild.xa,bild.xe),min(bild.ya,bild.ye), SRCCOPY);
   bild.left := (min(bild.xa,bild.xe) - hscroll.position) * bild.zoom;
   bild.top :=  (min(bild.ya,bild.ye) - vscroll.position)  * bild.zoom;
   bitmap.canvas.brush.style := bssolid;
   bitmap.Canvas.FillRect(Bounds(min(bild.xa,bild.xe),
                          min(bild.ya,bild.ye),clipbit.width ,clipbit.height));
   zeigeClipbit(bild.left,bild.top);
end;
```

Einfügen einer neuen Bitmap aus der Zwischenablage:

```
procedure THauptformular.NeuausZwischenablage1Click(Sender: TObject);
begin
     if bild.einf then uebernahme;
```

Sollte nicht das richtige Format vorhanden sein, beenden wir gleich wieder:

```
     if not Clipboard.HasFormat(CF_BITMAP) then exit;
     if bild.aenderung and ja('Möchten Sie die Änderungen speichern?') then begin
```

```
      if (bild.dateiname = '') and (savedialog1.execute) then
        bild.dateiname := savedialog1.filename;
      if bild.dateiname <> '' then bitmap.savetofile(bild.dateiname);
      bild.aenderung := false;
    end;
    screen.cursor := crHourglass;
```

Der eigentliche Einfügevorgang:

```
    Bitmap:= graphics.TBitmap.Create;
    Bitmap.Assign(Clipboard);
```

Undo-Bitmap ebenfalls neu zuweisen:

```
    undobitmap.width := bitmap.width;
    undobitmap.height := bitmap.height;
    BitBlt(undobitmap.canvas.handle, 0, 0, bitmap.width, bitmap.height,
          bitmap.canvas.handle,0,0, SRCCOPY);
    bild.aenderung := true;
    bild.dateiname := '';
    formResize(self);
    blatt.onpaint(self);
    screen.cursor := crDefault
end;
```

Kopieren in die Zwischenablage:

```
procedure THauptformular.Kopieren2Click(Sender: TObject);
begin
    if bild.einf then clipboard.assign(clipbit);
end;
```

Zum Invertieren des markierten Bereichs verwenden wir die Funktion *BitBlt*:

```
procedure THauptformular.Invertieren1Click(Sender: TObject);
begin
    if not bild.einf then exit;
        BitBlt(clipbit.canvas.handle,0,0,clipbit.width ,clipbit.height,
               clipbit.canvas.handle,0,0, DSTINVERT);
        zeigeclipbit(bild.left,bild.top)
end;
```

Die Bitmap horizontal spiegeln:

```
procedure THauptformular.Spiegelnhorizontal1Click(Sender: TObject);
begin
    if not bild.einf then exit;
    StretchBlt(clipbit.canvas.handle,0,0, clipbit.width, clipbit.height,
```

```
            clipbit.canvas.handle, clipbit.width-1, 0, -(clipbit.width ),
            clipbit.height, SRCCOPY);
    zeigeclipbit(bild.left,bild.top)
end;
```

Für das Auswerten der Tastaturereignisse verwenden wir den *KeyDown*-Event (die Eigenschaft *KeyPreview* des Formulars ist *True*):

```
procedure THauptformular.FormKeyDown(Sender: TObject; var Key: Word;
  Shift: TShiftState);
var old : TPoint;
    x,y,n : integer;
begin
   if bild.tool = gText then exit;
```

Sollen mit Hilfe der Tastatur (Cursortasten) Mausbewegungen simuliert werden, bietet sich die folgende Variante an:

```
   if key in [37,38,39,40] then begin
        getcursorpos(old);
```

Ist die Shift-Taste zusätzlich gedrückt, wird die Position um acht statt um einen Pixel inkrementiert:

```
        if shift = [ssShift] then n := 8 else n := 1;
        x := old.x;
        y := old.y;
        case key of
          37 : dec(x,n);
          38 : dec(y,n);
          39 : inc(x,n);
          40 : inc(y,n);
        end;
```

Die Veränderung der Mausposition (das löst natürlich auch ein *MouseMove* aus):

```
        setCursorpos(x,y);
        key := 0
    end
end;
```

Das war es eigentlich schon, der Rest ist einfaches Handwerkszeug ...

Halt, ganz so einfach ist das Ganze nun aber doch nicht. Weitere Informationen finden Sie deshalb in unserem "Borland Delphi 6 Kochbuch", das detailliert auf Einzelprobleme eingeht.

Performance

Neben der Stabilität ist die Performance das wesentliche Kriterium für die Leistungsfähigkeit eines Programms. Dass Delphi diesbezüglich an einigen Stellen Nachholbedarf hat, dürfte Ihnen sicher schon aufgefallen sein. Da es sich bei unserer Applikation um ein Grafikprogramm handelt, wird unser spezielles Interesse den Grafikobjekten von Delphi gelten. Ein Blick in die *Graphics*-Unit bestätigt leider all unsere Befürchtungen: Mit der Methode *Rectangle* wird nicht etwa nur die GDI-Funktion *Rectangle* aufgerufen, sondern auch noch reichlich "Verwaltungscode":

```
procedure TCanvas.Rectangle(X1, Y1, X2, Y2: Integer);
begin
  Changing;
  RequiredState([csHandleValid, csBrushValid, csPenValid]);
  Windows.Rectangle(FHandle, X1, Y1, X2, Y2);
  Changed
end;
procedure TCanvas.Changing;
begin
  if Assigned(FOnChanging) then FOnChanging(Self)
end;

procedure TCanvas.Changed;
begin
  if Assigned(FOnChange) then FOnChange(Self)
end;

procedure TCanvas.RequiredState(ReqState: TCanvasState);
var  NeededState: TCanvasState;
begin
  NeededState := ReqState - State;
  if NeededState <> [] then
  begin
    if csHandleValid in NeededState then
    begin
      CreateHandle;
      if FHandle = 0 then
        raise EInvalidOperation.Create(SNoCanvasHandle)
    end;
    if csFontValid in NeededState then CreateFont;
    if csPenValid in NeededState then
    begin
      CreatePen;
      if Pen.Style in [psDash, psDot, psDashDot, psDashDotDot] then
        Include(NeededState, csBrushValid)
    end;
```

```
    if csBrushValid in NeededState then CreateBrush;
    State := State + NeededState
  end
end;
```

Die markierte Zeile ist der eigentliche API-Funktionsaufruf, alles andere ist funktioneller Overhead. "Erschreckend ...", könnte man meinen. Die Begründung für dieses Vorgehen ist jedoch schnell gefunden: Programmierkomfort und Sicherheit müssen immer mit Ausführungsgeschwindigkeit erkauft werden. Beispielsweise testet die Methode *RequiredState* diverse Voreinstellungen ab, um Programmfehler zu vermeiden.

Warum wir z.B. bei der Spray-Funktion mit GDI-Aufrufen arbeiten, dürfte Ihnen nach obigen Ausführungen klar geworden sein. Bevor ein einzelnes Pixel gesetzt wird, testet Delphi jedes Mal die korrekte Initialisierung. Bei sauberer Programmierung können wir jedoch davon ausgehen, dass dies schon erfolgt ist. Da wir mit dem Einblenden der Hintergrund-Bitmap via *StrechtBlt* schon genügend Zeit verschwenden, sollten wir wenigstens hier mit jeder Millisekunde geizen.

Die gemischte Verwendung von GDI- und Delphi-Objekten bereitet keine Schwierigkeiten, solange Sie nicht Änderungen an GDI-Objekten vornehmen, d.h., Sie erstellen neue Stifte oder Pinsel bzw. Sie kommen gar auf die Idee, Objekte zu löschen. Wer bisher mit Visual Basic gearbeitet hat, dürfte schon ähnliche Erfahrungen gemacht haben. Der Grund für diese Einschränkung findet sich in der internen Verwaltung der Grafikobjekte. Diese speichern zusätzliche Informationen beim Erstellen von Objekten ab, um diese beim Programmende wieder zu zerstören. Greifen Sie über direkte Programmierung in diesen Mechanismus ein, kann es zu Fehlfunktionen kommen.

Erweiterungen

Wie Sie sicher schon festgestellt haben, sind einige Programmfunktionen verbesserungswürdig bzw. bedürfen noch der Implementierung.

Einige Anregungen:

- schnelleres Scrollen (nur der unbedingt erforderliche Teil der Grafik soll neu angezeigt werden)
- Verbesserungen beim Verschieben des markierten Bereichs (Flimmern!)
- Unterstützung verschiedener Pinsel- bzw. Stiftformen
- Rotieren von Bitmaps (mit *PlgBlt*)
- weitere Grafikformate ...

16.3 Funktionsplotter FMASTER

Wer hatte nicht schon einmal das Problem, einen mathematischen Ausdruck grafisch auszuwerten, um sich eine Vorstellung vom Funktionsverlauf zu machen, oder haben Sie eine Ahnung, wie die Funktion

$$y = x^3 - 4x^2 - 11x + 30$$

aussieht?

Eine Berechnung "zu Fuß" dürfte sich im Computerzeitalter von selbst verbieten. Was liegt also näher, als dafür ein Delphi-Programm zu schreiben?

16.3.1 Allgemeines

Die vorliegende Applikation erlaubt die Darstellung bzw. den Druck nahezu beliebiger Funktionen der Form y = f(x) für reelle x.[1]

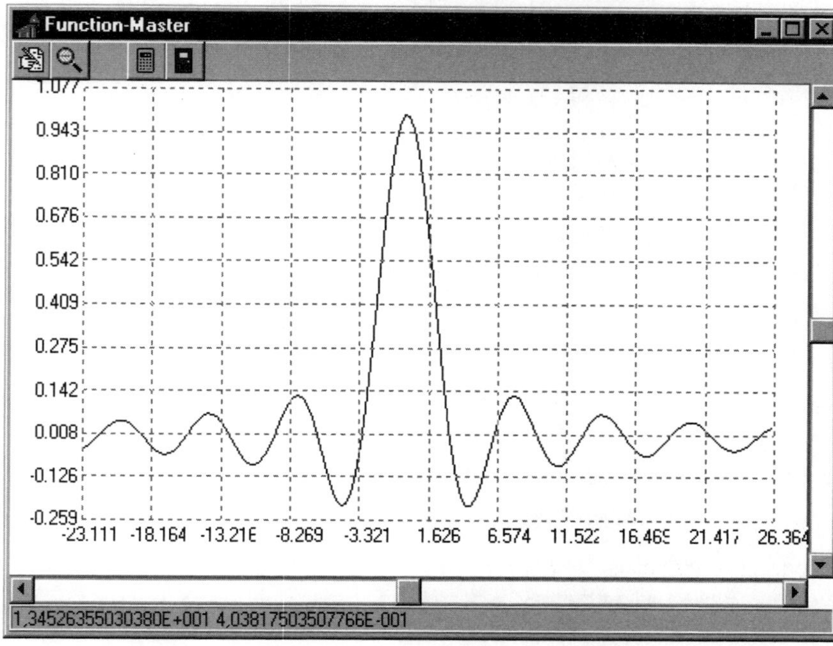

[1] Wie immer gilt auch hier: Wertebereich beachten! (Double)

16.3.2 Bedienung

Menü und Operatoren

In der Menüleiste finden Sie folgende Tools:

Tool	Beschreibung/Funktion
	Aufruf Formeleditor
	Zoomfunktion
	Grafik erneut berechnen bzw. Anzeigeformat verändern
	Programm beenden

Folgende Funktionen bzw. Operatoren werden durch das Programm unterstützt:

Funktion	Beschreibung
+- */^	Addition/Subtraktion/Multiplikation/Division/Potenz
sin()	Sinus (Radiant)
cos()	Cosinus (Radiant)
tan()	Tangens (Radiant)
arcsin()	Arcussinus (Radiant)
arccos()	Arcuscosinus (Radiant)
arctan()	Arcustangens (Radiant)
ln()	natürlicher Logarithmus
log()	dekadischer Logarithmus
exp()	e hoch x
sqr()	Quadrat
sqrt()	Wurzel
int()	ganzzahliger Anteil
frac()	nicht ganzzahliger Anteil
abs()	Absolutwert
rnd()	Runden auf ganzzahligen Wert

Weitere Bedienhinweise

- Zusätzlich können Sie noch die Kreiszahl *Pi* und die Laufvariable *X* verwenden.
- Eine Begrenzung der Klammerebenen ist nicht vorgesehen, die maximale Formellänge ist ebenfalls nicht relevant (nullterminierter String).
- Ziehen Sie bei gedrückter linker Maustaste ein Rechteck, so wird der Ausschnitt vergrößert dargestellt.
- Durch Klicken mit der rechten Maustaste kann der sichtbare Ausschnitt vergrößert werden.

Optionen

Mit der Optionsmaske lassen sich die Skalierung sowohl der x- als auch der y-Achse ändern. Legen Sie einfach die jeweiligen Endwerte fest.

Mit der Schrittweite bestimmen Sie die Dichte der Stützwerte auf dem Bildschirm. Eine Schrittweite von 1 berechnet für jeden Bildpunkt in x-Richtung einen Funktionswert. Stellen Sie die Werte so ein, dass die Diagrammbeschriftung etwas Sinnvolles anzeigt (z.B. Zahlen, die durch 10 teilbar sind).

Die Werte für rechts/links bzw. oben/unten dürfen sich nicht überschneiden, d.h., *YMax* darf nicht kleiner als *YMin* sein. In diesem Fall erfolgt keine Darstellung der Funktion. Um die Anzeigequalität zu erhöhen, werden die einzelnen Stützwerte durch das Programm linear miteinander verbunden. Bei einigen unstetigen Funktionen, z.B. *tan(x)* im Bereich um *Pi/2*, kann es durch die lineare Verbindung zu falschen Darstellungen kommen:

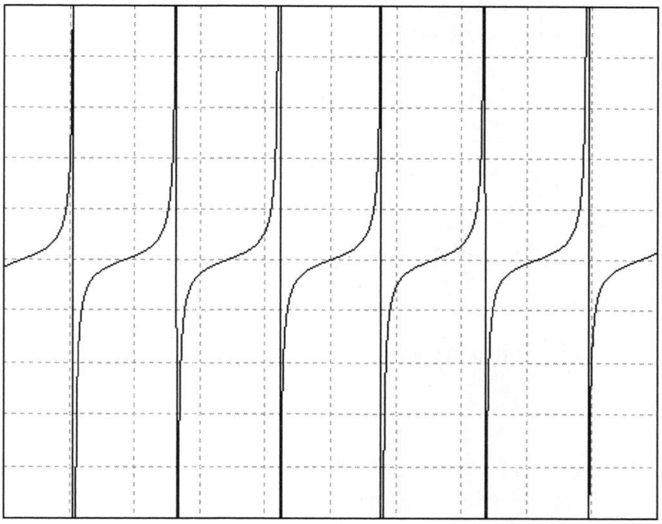

Für die Eingabe der Formel verwenden Sie den integrierten Formeleditor (umseitige Abbildung).

Hinweis: Das Verlassen des Editors mit der OK-Taste ist nur möglich, wenn die Formel in der Eingabezeile syntaktisch korrekt ist. Die Prüfung der Funktion erfolgt bereits während der Eingabe. Als Dezimaltrenner verwenden Sie bitte den Punkt (Kommas werden automatisch in Punkte umgewandelt!).

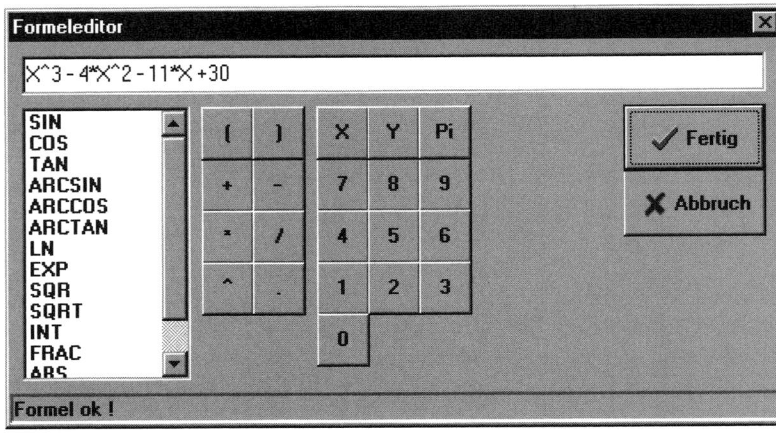

Beispiel: Syntaktisch richtige Formelschreibweise:

```
SIN(X)
2.5*EXP( -4/X )*SIN( X )
-PI^(x)
X*(1-X*(Pi-sin(X)))
```

Hinweis: Statt *x^2* verwenden Sie besser die Funktion *SQR()*, da diese schneller ist.

16.3.3 Aufbau/Programmierung

Die DLL

Der zentrale Programmteil, ein Formel-Parser, ist ebenfalls in Delphi geschrieben, befindet sich aber in einer DLL[1]. Der Parser zerlegt einen String-Ausdruck in mathematische Primitive (Operatoren, Variablen, Vorzeichen, Funktionen), die anschließend in der korrekten Reihenfolge (Klammern, Punkt vor Strich etc.) abgearbeitet werden. Über die DLL *FPARSE32.DLL* (nachfolgendes Listing zeigt die Schnittstelle der DLL) werden vier Funktionen/Prozeduren in unser Delphi-Projekt importiert:

```
library FParse32;
uses ShareMem, Windows,
  parser in 'parser.pas';

procedure Definiere(s : PChar); stdcall;
begin   funk := TFunktion.create(string(s))  end;
```

[1] Bei Interesse kann eine Lizenz zur Nutzung des Formel-Parsers (inklusive Quellcode) bei den Autoren erworben werden. Die Copyright-Meldung entfällt in diesem Fall natürlich.

```
function Fehler:integer; stdcall;
begin   fehler:=Funk.fehler  end;

function Wert(x,y :double):double; stdcall;
begin   wert:= Funk.f(x,y)  end;

procedure Fertig;stdcall;
begin    Funk.Destroy  end;

function Version: integer;stdcall;
begin    Version := 2   end;

exports
         Definiere,
         Fehler,
         Wert,
         Fertig,
         Version;
```

Wie Sie sehen, werden alle Funktionen mit der Konvention *stdcall* exportiert, die DLL kann also auch in Visual Basic oder C eingesetzt werden.

Funktion	Beschreibung
definiere()	... übergibt den Formel-String an den Parser `z.B. definiere("15*sin(x)/x")`
fehler()	... wertet den String auf mathematische Korrektheit aus bzw. gibt eine Fehlernummer bei Wertebereichsüberschreitung, Division durch null, nicht reellem Ergebnis sowie Speicherüberlauf zurück. Diese Funktion sollte nach der Definition zur Überprüfung genutzt werden.
wert()	... berechnet für die übergebenen Werte x und y mit der Funktion z=f(x,y) den Wert z. Natürlich können Sie auch nur eine Funktion mit einer unabhängigen Veränderlichen verarbeiten, übergeben Sie in diesem Fall einfach eine Null für den zweiten Parameter.
fertig	... beendet die Berechnung. Alle Variablen im Parser werden gelöscht. Diese Funktion muss nach der letzten Funktionswertberechnung unbedingt aufgerufen werden!

Hinweis: Für den Formel-Parser ist keine Fehlerbehandlung (*On Error...*) notwendig, alle Exceptions werden bereits in der DLL aufgefangen und können über die Funktion *fehler* ausgelesen werden.

Die Fehlerkonstanten (Rückgabewerte von *Fehler*):

```
CONST   ENoError            = 0;
        ESyntaxError        = 1;
        EDivisionByZero     = 2;
        EResultNotReal      = 3;
        EResultNotDefined   = 4;
        EOverflow           = 5;
        EOutOfMemory        = 6;
```

Die einzelnen Stützwerte der Funktion werden durch das Programm linear miteinander verbunden. Diese Vorgehensweise führt bei unstetigen Funktionen zu unkorrekten Ergebnissen und muss durch Verändern der Schrittweite bzw. der Darstellungsgröße korrigiert werden. Für alle Berechnungen verwenden wir den Datentyp *Double*. Auf die Realisierungsdetails des Parsers kann an dieser Stelle verständlicherweise nicht weiter eingegangen werden, da dies zu weit führen würde.

Oberfläche

Kommen wir zur Programmierung der Benutzerschnittstelle:

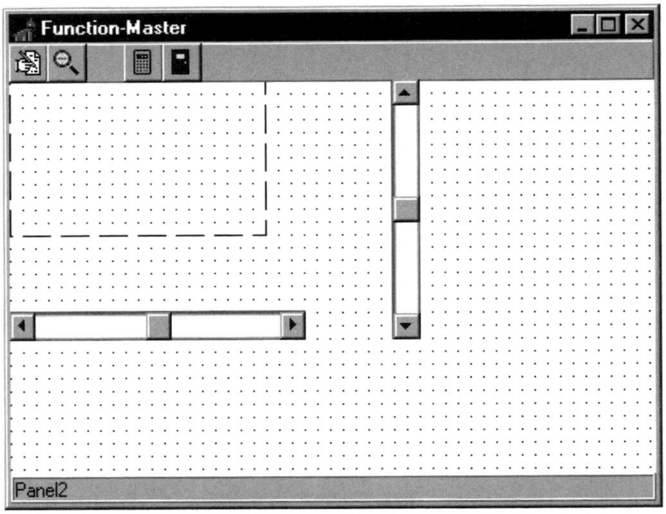

Für die Grafikausgabe verwenden wir eine *PaintBox*-Komponente, da diese eine schnellere Grafikausgabe als ein *Image* erlaubt. Dies hat jedoch den Nachteil, dass nach dem Verdecken der Grafik der Inhalt wiederhergestellt werden muss. Möchten Sie diese Funktionalität programmieren, müssen Sie das *OnPaint*-Ereignis auswerten.

Die Eigenschaften *Max/Min* der beiden Scrollbars legen Sie auf 1 bzw. -1 fest. Da die Scrollbars keine absolute, sondern nur eine relative Positionsänderung ermöglichen sollen, verwenden wir die jeweils erreichte Position (1/-1) um den Offset in x- bzw. y-Richtung festzulegen. Danach kann die Position auf 0 zurückgesetzt werden. Eine Beschränkung für die Offset-Werte ist nicht vorgesehen, es dürfte jedoch ziemlich lange dauern, bis der *Double*-Wertebereich überschritten ist.

Quellcode

Fenster, die sich vergrößern oder verkleinern lassen, müssen dafür sorgen, dass die enthaltenen Komponenten dem neuen Clientbereich angepasst werden:

```
procedure TForm1.FormResize(Sender: TObject);
begin
     with scrollbar2 do begin
          left := form1.clientwidth-width;
          hoehe:= form1.clientheight-59;
          height:=hoehe;
     end;
     with scrollbar1 do begin
          top := panel2.top-height;
          breite:= form1.clientwidth-17;
          width:=breite;
     end;
     paintbox1.width :=breite;
     paintbox1.height:=hoehe;
     xdiff := breite - 67;
     ydiff := hoehe - 40;
     scalx := (xmax - xmin) / xdiff;
     scaly := (ymax - ymin) / ydiff;
     darstellen(paintbox1);
end;
```

Neben der Oberfläche ist natürlich auch unsere Grafik von einer Größenänderung betroffen (*PaintBox1*). Dies wiederum hat Einfluss auf die Skalierungsfaktoren (*scalx,scaly*). Zum Abschluss wird die Grafik erneut berechnet und angezeigt.

Bevor wir mitten im Programm landen, beginnen wir besser mit der Initialisierung. Alle globalen Variablen finden Sie in *Unit3*:

```
unit Unit3;
interface

uses ShareMem, Graphics, ExtCtrls;
var formel,
    formate       :string;
    xmin,xmax,
    ymin,ymax,
    scalx,scaly,
    xteiler,yteiler,
    yoffset       :double;
```

```
    schrittweite,
    xdiff,ydiff,
    breite,hoehe  :integer;

procedure darstellen(p:tpaintbox);
procedure Definiere(s:string);stdcall;
function Fehler:integer;stdcall;
function Wert(x,y:double):double;stdcall;
procedure Fertig;stdcall;

implementation
uses WinProcs;

procedure Definiere(s:string);far;external 'FParse32.dll';
function Fehler:integer;far; external 'FParse32.dll';
function Wert(x,y:double):double;far; external 'FParse32.dll';
procedure Fertig; far; external 'FParse32.dll';

begin
    formel :='SIN(X)/x';
    formate := '0.0#';
    schrittweite := 3;
    xmin := -30; xmax := 30;
    ymin := -1;  ymax := 2;
end.
```

Die Unit exportiert ebenfalls die DLL-Funktionen, die im *implementation*-Teil als *external* gekennzeichnet sind (Einbindung aus der DLL). Die Formel wird standardmäßig mit der Spaltfunktion initialisiert, an dieser Stelle könnte aber auch jede andere Formel stehen. Mit einer Schrittweite von 3 lassen sich die meisten Funktionen schnell und hinreichend genau darstellen. Haben Sie höhere Ansprüche, müssen Sie diesen Wert verkleinern.

Die wichtigste Prozedur des Programms ist einer näheren Betrachtung wert. Als Übergabeparameter sind beliebige *PaintBox*-Objekte zulässig:

```
procedure darstellen(p: TPaintBox);

var f,yoffs,i   : Integer;
    l,Y,X,xz,yz : Double;
    s :string;
    c : tcanvas;
```

Zum vereinfachten Zugriff auf den *Canvas* des übergebenen *PaintBox*-Objekts führen wir zusätzlich ein Objekt *c* vom Typ *TCanvas* ein. Wir hätten auch mit einem *with p.Canvas do begin ... end-*

Konstrukt auf die Methoden des *Canvas* zugreifen können, das Listing ist jedoch recht lang, was Übersicht und Zuordnung erschweren würde.

```
begin
  c:=p.canvas;
  xteiler := (xmax - xmin);
  yteiler := (ymax - ymin);
```

Der Formel-Parser wird initialisiert

```
  definiere(formel);
```

und liefert über die Funktion *fehler* den internen Status zurück. Fehler treten im Allgemeinen durch Syntaxverletzungen (1) innerhalb der Formel auf. Eine weitere Ursache kann unzureichender Arbeitsspeicher (6) sein. Eine Fehlerbehandlung ist also angebracht:

```
If fehler <> 0 Then begin
      MessageBox(0,'Funktion oder Diagrammdaten fehlerhaft !','Problem',16);
      Exit;
  End;
```

Sollte die Initialisierung ohne Probleme erfolgt sein, kann das Hintergrundgitter gezeichnet werden. Dazu müssen wir die entsprechenden Stiftfarben und -typen zuweisen:

```
  c.pen.color := clgray;
  c.pen.style := psdot;
  c.font.color:= clgray;
```

Danach wird der Bildschirm bzw. die *PaintBox* gelöscht.

```
  p.refresh;
```

Die beiden folgenden Schleifen zeichnen sowohl in horizontaler als auch in vertikaler Richtung das Gitter und fügen die Beschriftung ein:

```
  for i := 0 to 10 do begin
      str((xmin + i * xteiler / 10):10:3,s);
      X := 45 + i * xteiler / scalx / 10;
      c.moveto(round(X), 5); c.lineto(round(X), ydiff + 5);
      c.textout(round(X - (c.TextWidth(s)) div 2), ydiff + 8,s);
  end;
  for i := 0 To 10 do begin
      str((ymax - i * yteiler / 10):10:3,s);
      Y := 5 + i * yteiler / scaly / 10;
      c.moveto(45, round(Y)); c.lineto(xdiff + 45, round(Y));
      c.textout (0,round(Y - (c.TextHeight(s)) / 2),s);
  end;
  c.pen.color:=clblack;
  c.pen.style:=pssolid;
  x := xmin;
```

Und schon können wir den ersten Funktionswert berechnen:

```
y:= wert(X,0);
c.MoveTo (45,round(5 + (yoffset - Y) / scaly));
f := fehler;
l := 0;
```

Das Resultat ist in der Variablen *y* gespeichert, den Fehlerstatus merken wir uns in der Variablen *f*. Sollte bei den Berechnungen ein Fehler auftreten, ignorieren wir diesen einfach und verhindern an dieser Stelle die Darstellung der Funktion. Ursachen können Werteüberläufe, Division durch null etc. sein.

```
while l <= xdiff do begin
      x:= xmin + l * scalx;  y:= wert(x,0);
      yz:= 5 + (yoffset - Y) / scaly;
      If f <> 0 Then c.MoveTo(round(l + 45),round(yz));
      f := fehler;
      If f = 0 Then c.LineTo(round(l + 45), round(yz))
                 Else c.MoveTo(round(l + 45),round(yz));
      l := l + schrittweite;
end;
```

Zum Schluss muss nur noch der Parser zurückgesetzt werden:

```
  fertig;
end;
```

Damit sind die Formel bzw. deren Graph auf dem Bildschirm zu sehen.

An dieser Stelle könnten wir eigentlich aufhören. Auf die Zoom-Funktion soll jedoch noch eingegangen werden, da sich diese grundlegend von der entsprechenden Funktion in unserem Grafikprogramm *Paint* unterscheidet. In diesem Fall wünschen wir nicht einfach eine Vergrößerung der Pixel, sondern eine echte Vergrößerung des gewählten Ausschnitts. Da wir mit dem Formel-Parser jeden gewünschten Wert berechnen können, ist es problemlos möglich, eine Zoomfunktion ohne Qualitätsverlust zu programmieren. Was benötigt wird, sind die Eckkoordinaten des neuen Grafikausschnitts. Zur Ermittlung der Koordinaten greifen wir wieder auf die bewährte Gummiband-Methode zurück.

Im *MouseDown*-Event legen wir die erste Ecke des Rechtecks fest, um welche es sich dabei handelt, können wir erst im Zusammenhang mit dem *MouseUp*-Event sagen.

```
procedure TForm1.PaintBox1MouseDown(Sender: TObject; Button: TMouseButton;
  Shift: TShiftState; X, Y: Integer);
begin
   If button = mbleft Then begin
     paintbox1.canvas.pen.mode := pmNotXor;
     paintbox1.canvas.brush.style:=bsClear;
     kx := X;
     ky := Y;
```

```
        kxa := X; kya := Y;
        paintbox1.canvas.rectangle (kx, ky,kxa, kya);
        z :=1;
    end;
end;
```

Bei jeder Mausbewegung muss der Markierungsrahmen gelöscht und anschließend neu gezeichnet werden:

```
procedure TForm1.PaintBox1MouseMove(Sender: TObject; Shift: TShiftState; X, Y: Integer);
var xanz,yanz:string;
begin
    str(((X - 45) * scalx + xmin):10:3,xanz);
    str((ymax - (Y - 5) * scaly):10:3,yanz);
    panel2.caption := ' P(' + xanz + ' ; ' + yanz + ')';
    If z <>1 Then Exit;
    with paintbox1.canvas do
    begin
        rectangle (kx, ky, kxa, kya);
        kxa := X;
        kya := Y;
        rectangle(kx, ky,kxa, kya);
    end;
end;
```

Beim *MouseUp*-Ereignis unterscheiden wir zwischen linker und rechter Maustaste. Wird auf die rechte gedrückt, ändert sich der Zoomfaktor um den Faktor 0,5. Handelt es sich um die linke Maustaste, ist das Markieren des neuen Ausschnitts abgeschlossen, die Grafik kann erneut berechnet werden.

```
procedure TForm1.PaintBox1MouseUp(Sender: TObject; Button: TMouseButton;
                                              Shift: TShiftState; X, Y: Integer);
var diffxx,diffyy : Double;
   xanz, yanz : string;
begin
    if button = mbright then begin
       diffxx := (xmax - xmin) / 2;  diffyy := (ymax - ymin) / 2;
       xmin := xmin - diffxx; xmax := xmax + diffxx;
       ymin := ymin - diffyy; ymax := ymax + diffyy;
       scalx := (xmax - xmin) / xdiff;  scaly := (ymax - ymin) / ydiff;
       yoffset := ymax;
       darstellen(paintbox1)
    end;
    if button = mbleft then begin
```

```
      if (abs(kx-x)<10) or (abs(ky-y)<10) then begin
        z := 0;
        darstellen(paintbox1);
        exit
      end;
    If kx < X then begin
       xmax := (X - 45) * scalx + xmin;  xmin := (kx - 45) * scalx + xmin;
    end else begin
       xmax := (kx - 45) * scalx + xmin;  xmin := (X - 45) * scalx + xmin;
    end;
    if ky > Y then begin
       ymin := ymax - (ky - 5) * scaly;  ymax := ymax - (Y - 5) * scaly
    end else begin
       ymin := ymax - (Y - 5) * scaly; ymax := ymax - (ky - 5) * scaly
    end;
    scalx := (xmax - xmin) / xdiff;   scaly := (ymax - ymin) / ydiff;
    yoffset := ymax;
    darstellen(paintbox1);
    z := 0
  end
end;
```

Drucken

Die Grafik auf Papier zu bringen, erfordert nicht allzu viel Aufwand. Sie müssen lediglich die Prozedur *darstellen* dahingehend ändern, dass nicht ein *TPaintbox*-Objekt, sondern ein *TCanvas* übergeben wird. Welchem Objekt dieser zugeordnet ist, spielt nachfolgend keine Rolle. Mit

```
darstellen(Printer.Canvas);
```

könnten Sie die Funktion auf dem Drucker ausgeben.

16.4 Mathematikprogramm GAUSS2

Hinweis: Das komplette Programm bietet dem fortgeschrittenen Programmierer ein gutes OOP-Training. Sie sollten aber vorher zumindest die in 13.3 vermittelten Grundlagen verstanden haben und außerdem etwas Zeit und Ruhe mitbringen.

GAUSS2 baut auf den im Wissenschaftskapitel unter 13.3.1 gewonnenen allgemeinen Erkenntnissen zum Lösen linearer Gleichungssysteme auf. Es demonstriert dabei das objektorientierte Konzept von Delphi auf fortgeschrittenem Level. Damit auch jeder sieht, dass hier Mathematik nicht zum Selbstzweck praktiziert wird, ist dieses Programm mit einer konkreten Praxisanwendung aus dem Gebiet der Elektrotechnik gekoppelt.

16.4.1 Bedienoberfläche Form1

Für Eingabe und Anzeige der Koeffizienten bietet sich das *StringGrid* an. Die Zeilen- und Spaltenanzahl wird automatisch der Anzahl der Unbekannten angepasst. Eine *ScrollBar* erweist sich als ideal für das Einstellen der Ordnung des GLS, setzen Sie die Eigenschaften *Min = 1* und *Value = 10* (oder höher).

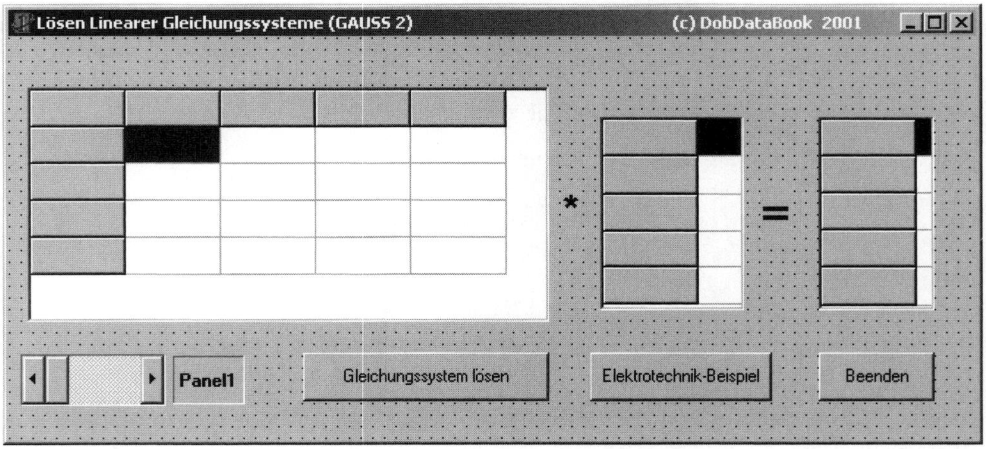

Bei den drei *StringGrids* müssen wir etwas an den Eigenschaftseinstellungen herumdoktern (Änderungen sind fett markiert):

Eigenschaft	StringGrid1	StringGrid2	StringGrid3
FixedCols	*1*	***1***	***1***
FixedRows	*1*	***0***	***0***
ScrollBars	*ssBoth*	***ssNone***	***ssNone***
Options.goEditing	***True***	*False*	***True***
Options.goColSizing	***True***	*False*	*False*
Options.goRangeSet	***False***	***False***	***False***
Option.goTabs	***True***	*False*	*False*
Option.goAlwaysShowEditor	***True***	*False*	***True***

16.4.2 Quellcode der Klassen-Unit GlsMtrx

Ein lineares GLS hat die allgemeine Form

$$\underline{A} \times \underline{X} = \underline{B}$$

... wobei $\underline{A}$, $\underline{X}$ und $\underline{B}$ Matrizen sind (zwei- bzw. eindimensional).

Unser verbesserter Gauß-Algorithmus benötigt also drei Matrizen zum Abspeichern der Koeffizienten bzw. zum Steuern der Eliminationsreihenfolge (N = Zahl der Unbekannten):

- A[N, N] = quadratisches Array *(Double)* für die linke Seite des GLS
- B[N] = eindimensionales Array (*Double*) für die rechte Seite des GLS
- P[N] = eindimensionales Array (*Integer*) für den Pivotvektor

Nachdem eine Implementierung der drei Arrays auf Basis von drei Units einige Buchauflagen hartnäckig überstanden hat, haben wir diesmal die Anregung eines Lesers[1] aufgegriffen und eine objektorientierte Lösung in Angriff genommen. Dabei konnten die drei Units durch eine einzige ersetzt werden. Diese stellt eine Klasse mit allen zum Aufstellen und Lösen linearer GLS erforderlichen Eigenschaften und Prozeduren zur Verfügung. Als Speichermedium wird der unter Delphi reichlich vorhandene Heap (Stapelspeicher) benutzt (siehe Kapitel 14).

Fügen Sie Ihrem Projekt also eine neue Unit mit dem Namen *GlsMtrx* hinzu.

```
unit GlsMtrx;

interface
type TDblArr = array[1..1] of Double;         // Double-Datenfeld
     TIntArr = array[1..1] of Integer;        // Integer-Datenfeld

TMtrx = class(TObject)                  // Klassendeklaration
private
 fN: Integer;
 pA: ^TDblArr;                          // Pointer für A-Matrix
 pB: ^TDblArr;                          // dto. für  B
 pP: ^TIntArr;                          // dto. für P
```

Die internen Zugriffsprozeduren für die Eigenschaften:

```
 function getA(i, j: Integer): Double;
 procedure setA(i, j: Integer; Value: Double);
 function getB(i: Integer): Double;
 procedure setB(i: Integer; Value: Double);
 function getP(i: Integer): Integer;
 procedure setP(i: Integer; Value: Integer);
 function getN: Integer;
```

Es folgen die von der Klasse zu exportierenden Methoden und Eigenschaften:

```
public
 constructor Create(aN: Integer);      // Objekt erzeugen
 destructor Destroy; override;         // Objekt entfernen
 property N: Integer read getN;        // Ordnung des GLS (nur Lesezugriff)
 property A[i, j: Integer]: Double read getA write setA;   // Zugriff auf A
```

[1] Nochmals herzlichen Dank an Herrn X (leider ist der Name verloren gegangen).

```
 property B[i: Integer]: Double read getB write setB;       // dto. B
 property P[i: Integer]: Integer read getP write setP;      // dto. P
 procedure gauss2;                               // der komplette Lösungsalgorithmus!
end;
implementation

uses SysUtils, Dialogs;
```

Wundern Sie sich nicht darüber, dass im nachfolgenden Konstruktor alle Matrizen auf dem Heap um eine Ordnung größer angelegt werden, als es die Ordnung des GLS erfordert. Der Grund ist ein vereinfachtes Aufstellen des GLS nach der *Methode der unbestimmten Matrizen*. Auf den Lösungsalgorithmus hat diese geringfügige Redundanz keinerlei Auswirkungen.

```
constructor TMtrx.Create;
var i, j: Byte;
begin
```

Zunächst ist der ererbte Konstruktor auszuführen:

```
  inherited Create;
```

Anschließend wird – in Abhängigkeit von der Ordnung des GLS – der erforderliche Heap-Speicherplatz reserviert:

```
  fN := aN + 1;
  GetMem(pA, SizeOf(Double) * fN * fN);
  GetMem(pB, SizeOf(Double) * fN);
  GetMem(pP, SizeOf(Integer) * fN);
  for i := 1 to fN do
  begin
   P[i] := i;                          // Pivotvektor initialisieren
   B[i] := 0;                          // Matrizen löschen ...
   for j := 1 to fN do A[i,j] := 0
 end
end;
```

Erst ist der belegte Heap-Speicherplatz freizugeben, ehe abschließend der ererbte Destruktor aufgerufen werden kann:

```
destructor TMtrx.Destroy;
begin
  FreeMem(pA, SizeOf(Double) * fN * fN);
  FreeMem(pB, SizeOf(Double) * fN);
  FreeMem(pP, SizeOf(Integer) * fN);
  inherited Destroy
end;
```

Es folgen die Implementierungen der Lese-/Schreibzugriffe für die einzelnen Eigenschaften.

Beginnen wir mit dem Zugriff auf die quadratische Koeffizientenmatrix (A):

```
function TMtrx.getA;
begin
  Result := pA^[(i-1) * fN + j]
end;
procedure TMtrx.setA;
begin
 pA^[(i-1) * fN + j] := Value
end;
```

Der Zugriff auf die rechte Seite des GLS (B):

```
function TMtrx.getB;
begin
  Result := pB^[i]
end;
procedure TMtrx.setB;
begin
 pB^[i] := Value
end;
```

Der Zugriff auf den Pivotvektor P:

```
function TMtrx.getP;
begin
  Result := pP^[i]
end;
procedure TMtrx.setP;
begin
 pP^[i] := Value
end;
```

Die Eigenschaft N (Ordnung des GLS) kann nur gelesen werden:

```
function TMtrx.getN;
begin
 Result := fN-1
end;
```

GAUSS-Algorithmus

Die mit Abstand umfangreichste Methode der Klasse ist der *Gauß*-Algorithmus, mit dem das Gleichungssystem in mehreren verschachtelten Schleifen gelöst wird:

```
procedure TMtrx.gauss2;


const p1 = 1E-12;              // Pivotschwelle
```

```
var i,j,k : Integer;           // Schleifenzähler
    w: Double; s: string;      // Hilfsvariablen
    z,p0: Byte;                // lokale Hilfsvariablen
begin
```

Die Elimination:

```
  for k := N downto 2 do
  begin
   z:=1;
   // Pivotsuche:
   for i:=2 to k do
    if Abs(A[P[z],P[z]]) < Abs(A[P[i],P[i]]) then z:=i;
    p0:=P[z]; P[z] := P[k]; P[k] := p0;  // vertauscht Gleichung
   if Abs(A[p0,p0]) < p1 then begin ShowMessage('Pivotfehler!'); Exit end;
   for j:=1 to k-1 do
   begin
    z:=P[j];
    if A[z,p0] <> 0 then
    begin
     w:=A[z,p0]/A[p0,p0];
     B[z] := B[z] - w * B[p0];
     for i:=1 to k-1 do A[z, P[i]] := A[z, P[i]] - w * A[p0, P[i]]
    end
   end
  end;
```

Die Rücksubstitution:

```
  for j:=1 to N do
  begin
   z := P[j];
   for i:=1 to j-1 do B[z] := B[z] - B[P[i]] * A[z, P[i]];
   if A[z, z] = 0 then begin ShowMessage('Pivotfehler!'); Exit end;
   B[z] := B[z] / A[z,z]
  end
 end;
end.
```

Der Gauß-Algorithmus funktioniert vom Prinzip her genauso wie bereits unter 13.3.2 beschrieben. Wichtigster Unterschied ist eine gleitende Pivotsuche über der Hauptdiagonalen, bei dem immer das betragsgrößte Element der Restmatrix gesucht und die dazugehörige Gleichung zuerst eliminiert wird. Schrittweise schrumpft das GLS bis auf die Ordnung eins, um anschließend den Lösungsvektor durch Rücksubstitution zu ermitteln. Im Endergebnis ist die rechte Seite B mit dem Lösungsvektor X überschrieben.

Um rein akademischen Leserkritiken bezüglich der Lösbarkeit ausgefallener mathematischer GLS (z.B. mit ungewöhnlichen Nullelementen) vorzubeugen:

Hinweis: Dieser Gauß-Algorithmus wurde speziell für das Lösen von Netzwerkgleichungssystemen aus dem Gebiet der Physik (z.B. Elektrotechnik/Elektronik) eingesetzt und hat sich im Industrieeinsatz bereits hundertfach bewährt!

16.4.3 Quelltext Unit1

Das Hauptprogramm soll das Lösen linearer Gleichungssysteme möglichst anschaulich demonstrieren. Dazu sind zwei Etappen zu bewältigen:

- Aufstellen des GLS
- Lösen des GLS

Zur Erfüllung dieser Aufgaben benutzen wir eine Objektvariable *mat*, die wir als Instanz der von der Unit *GlsMtrx* bereitgestellten Klasse *TMtrx* bilden. Trotzdem haben wir uns noch um das gesamte Drumherum der Bedienoberfläche selbst zu kümmern, also um das "Füttern" des Gauß-Algorithmus mit Daten und um das Anzeigen der Lösung.

Die im *interface*-Abschnitt erforderlichen Ergänzungen sind durch Unterstreichung hervorgehoben:

```
unit Unit1;

interface

uses
  Windows, ..., GlsMtrx;       // Klassen-Unit einbinden

type
  TForm1 = class(TForm)
   ....
```

Für den internen Gebrauch:

```
   protected
    procedure clearCells;              // löscht die Anzeigegitter
    procedure newGrids;                // Anzeigegitter mit neuen Abmessungen
    procedure storeABMatrix;           // speichert A- und B-Anzeigegitter
```

Für den Zugriff von außerhalb:

```
public
    mat: TMtrx;                        // Objektvariable !!!
    procedure setGrids;                // Anzeigegitter anpassen
```

```
    procedure displayXMatrix;          // Lösung anzeigen
    procedure displayABMatrix;         // A- und B-Matrix anzeigen
  end;
```

Nun zum *interface*-Abschnitt:

```
var  N: Integer;                       // Ordnung des GLS
     i, j: Integer;
     w: Double;
     s: String;
```

Einige Hilfsprozeduren:

```
procedure TForm1.clearCells;           // löscht Inhalte der Gitter
begin
 for i := 0 to N do
 begin
  if i < N then
  begin
   StringGrid2.Cells[0,i] := ''; StringGrid2.Cells[1,i] := '';
   StringGrid3.Cells[0,i] := ''; StringGrid3.Cells[1,i] := ''
  end;
  for j := 1 to N do StringGrid1.Cells[i,j] := ''
 end
end;
```

Wenn sich die Ordnung des GLS ändert, müssen die Gitter angepasst werden:

```
procedure TForm1.newGrids;
begin
 clearCells;
 StringGrid2.RowCount:= N; StringGrid3.RowCount := N;
 with StringGrid1 do
 begin
  RowCount:= N+1; ColCount:= N+1;
  for i:= 1 to N do
  begin
   Cells[i,0]:= IntToStr(i); Cells[0,i] := IntToStr(i);
   StringGrid2.Cells[0,i-1] := 'x'+IntToStr(i);
   StringGrid3.Cells[0,i-1] := 'b'+IntToStr(i)
  end
 end
end;
```

Zweites und drittes Gitter mit dem ersten synchronisieren:

```
procedure TForm1.StringGrid1TopLeftChanged(Sender: TObject);
begin
 StringGrid2.TopRow:= StringGrid1.TopRow-1;
 StringGrid3.TopRow:= StringGrid1.TopRow-1
end;
```

Der Inhalt der Anzeigegitter 1 und 3 wird in der A- und B-Matrix abgespeichert:

```
procedure TForm1.storeABMatrix;
var code: Integer;
begin
 for i:= 1 to N do with mat do
 begin
  Val(StringGrid3.Cells[1,i-1], w, code); B[i] := w;     // rechte Seite
  for j:= 1 to N do
  begin
   Val(StringGrid1.Cells[j,i], w, code);
   A[i,j] := w                                            // linke Seite
  end
 end
end;
```

... und umgekehrt:

```
procedure TForm1.displayABMatrix;
begin
  for i:=1 to N do
  begin
    w := mat.B[i]; Str(w:10:5,s);
    StringGrid3.Cells[1,i-1]:= s;         // B-Matrix anzeigen
    for j:= 1 to N do
    begin
     w := mat.A[i,j]; Str(w:10:5,s);
     StringGrid1.Cells[j,i]:= s                    // A-Matrix anzeigen
    end
  end
end;
```

Wie Sie den Argumenten der *Str*-Prozedur entnehmen, werden insgesamt zehn Stellen angezeigt, davon fünf Nachkommastellen. Das können Sie bei Bedarf ändern.

Mit insgesamt acht Stellen, davon drei nach dem Komma, die Lösung X wird im mittleren Gitter zur Anzeige gebracht.

```
procedure TForm1.displayXMatrix;
begin
 for i:=1 to N do
 with mat do begin
  w := B[i]; Str(w:8:3, s);
  StringGrid2.Cells[1,i-1]:= s
 end
end;
```

Wir wollen das Programm später so erweitern, dass auch Gleichungssysteme angezeigt werden können, die automatisch von Modellen generiert werden, die wir in anderen Formularen aufbauen (wir werden das an einem elektrischen Netzwerk demonstrieren). Diese Fremdformulare müssen dann folgende Methode von *Form1* aufrufen:

```
procedure TForm1.setGrids;
begin
 N := mat.N;
 Panel1.Caption := IntToStr(N);
 newGrids; displayABMatrix
end;
```

Abschließend die Event-Handler zur Realisierung der Bedienfunktionen:

Beginnen wir mit dem Programmaufruf:

```
procedure TForm1.FormCreate(Sender: TObject);
begin
 mat := TMtrx.Create(ScrollBar1.Position);
 newGrids;
 ScrollBar1Change(Self);
 StringGrid1.ColWidths[0]:= 25;
 StringGrid2.ColWidths[0]:= 25; StringGrid2.ColWidths[1] := 90;
 StringGrid3.ColWidths[0]:= 25; StringGrid3.ColWidths[1] := 60;
end;
```

Das passiert, wenn Sie die Anzahl der Unbekannten ändern:

```
procedure TForm1.ScrollBar1Change(Sender: TObject);
begin
 N := ScrollBar1.Position;
 Panel1.Caption := IntToStr(N);
```

Heap-Speicherplatz freigeben und neu reservieren:

```
   mat.Free;
   mat := TMtrx.Create(N);
```

Gitteranzeige anpassen:

```
  newGrids;
  mat.A[1,1] := 1; mat.B[1] := 1;
  displayABMatrix
end;
```

Nach Start des Lösungsalgorithmus muss abgespeichert, gerechnet und angezeigt werden:

```
procedure TForm1.Button1Click(Sender: TObject);
begin
 storeABMatrix; mat.gauss2; displayXMatrix
end;
```

Den folgenden Aufruf eines zweiten Formulars mit einem Beispiel aus der E-Technik können Sie weglassen oder Sie brauchen erst später zu ergänzen.

```
procedure TForm1.Button3Click(Sender: TObject);
begin
 Form2.Show
end;
```

16.4.4 Test mit Handeingabe der Koeffizienten

Gleichungssystem mit drei Unbekannten

Für einen ersten Test empfiehlt sich z.B. das "Drei-Brüder"-Beispiel aus 13.3.1, denn mit den paar Koeffizienten ist der Ärger nicht gar zu groß, wenn sich doch ein Laufzeitfehler im Code eingeschlichen haben sollte. Stellen Sie zunächst die Ordnung des GLS ein (3) und tragen Sie im linken und rechten Gitter die Koeffizienten ein. Klicken Sie dann den Button "Gleichungssystem lösen". Im mittleren Gitter sehen Sie den Lösungsvektor:

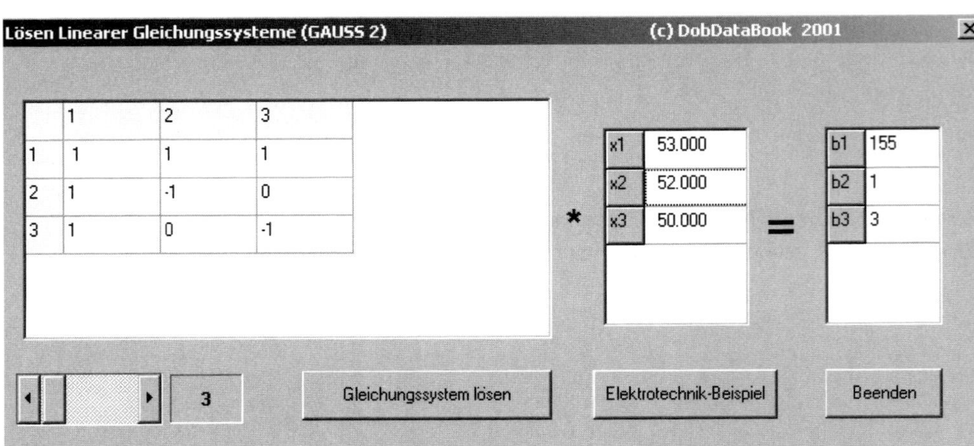

Gleichungssystem mit fünf Unbekannten und Null-Element in der Diagonalen

Als Nächstes sollten Sie sich ein größeres Beispiel vorknöpfen und dabei auch bewusst mit Nullelementen in der Hauptdiagonalen provozieren:

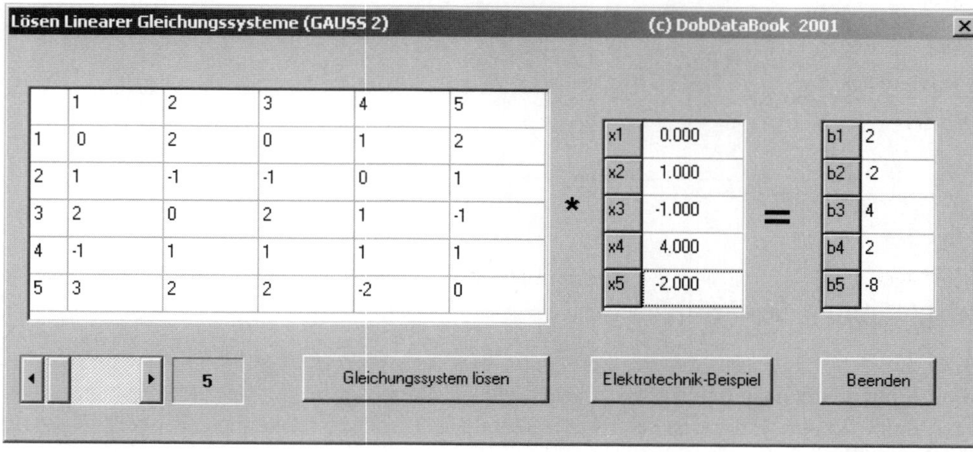

Wie Sie sehen, funktioniert die automatische Pivotisierung, denn haargenau das gleiche Beispiel führte beim einfachen Gauß-Algorithmus (13.3.2) unweigerlich zum Programmabsturz.

16.4.5 Automatisches Aufstellen des Gleichungssystems

War die Tipparbeit für die fehlerfreie Eingabe der 30 Koeffizienten des obigen GLS nicht ein Greuel? Die Anzahl der Koeffizienten wächst quadratisch mit der Ordnung des GLS, hat das GLS z.B. 10 Unbekannte, müssten von Ihnen 110 Werte eingegeben werden, eine Sisyphus-Arbeit! In der Praxis wird deshalb diese Aufgabe ebenfalls vom Computerprogramm mit übernommen. Wir werden eine entsprechende Programmergänzung vornehmen, welche die Nützlichkeit linearer Gleichungssysteme beweisen und das Know-how am Beispiel der Netzwerkanalyse elektronischer Schaltungen demonstrieren soll.

Doch dies hier ist ein Buch über die Grundlagen von Delphi und keine Einführung in die Theoretische Elektrotechnik! Wir werden deshalb nicht weiter in deren Gesetzmäßigkeiten herumbohren, nur um die Regeln zu ergründen, nach denen das Gleichungssystem der Knotenspannungsanalyse aufgestellt wird. Nur so viel: Es handelt sich um ein *Lineares GLS*, dessen Ordnung *N* sich aus der Gesamtknotenzahl des Netzwerks ergibt, wobei der Bezugsknoten nicht mitgerechnet wird. Zu jeder Spannungsquelle gehört ein Innenwiderstand, beide bilden ein Bauelement, das im Programm in eine äquivalente Stromquelle umgerechnet wird. Demnach zählt auch die interne Verbindung zwischen Spannungsquelle und ihrem Innenwiderstand nicht als Knoten. Als Ergebnis der Knotenspannungsanalyse werden die Spannungspotenziale aller Knoten gegenüber dem gemeinsamen Bezugsknoten (Masse) ermittelt.

Beispiel: Das abgebildete Netzwerk besteht aus sechs Knoten, drei Spannungsquellen und sechs Widerständen und führt zu einem *Linearen GLS* mit fünf Unbekannten, den Knotenspannungen *U1*, *U2*, *U3*, *U4* und *U5*.

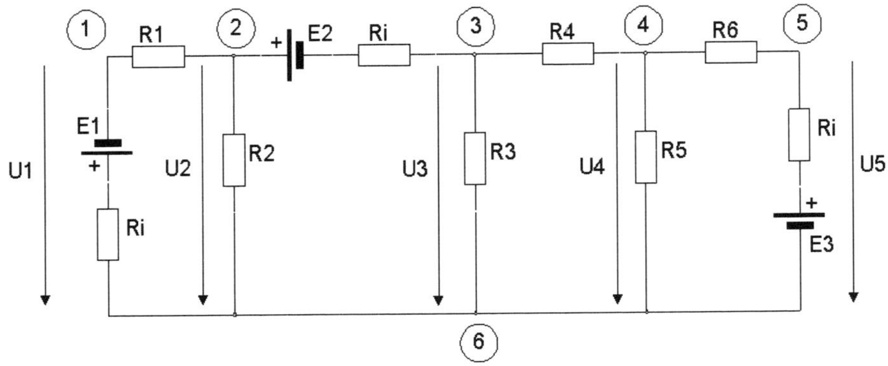

16.4.6 Oberfläche Form2

Fügen Sie dem Projekt ein weiteres Formular (*Form2*) hinzu. Auf einer *Image*-Komponente sind zwölf Editierfelder und sechs Labels platziert, die zur Direkteingabe der Schaltungsparameter und zur Anzeige der Analyseergebnisse dienen. Es macht sich gut, wenn die Labelfelder gelb eingefärbt werden:

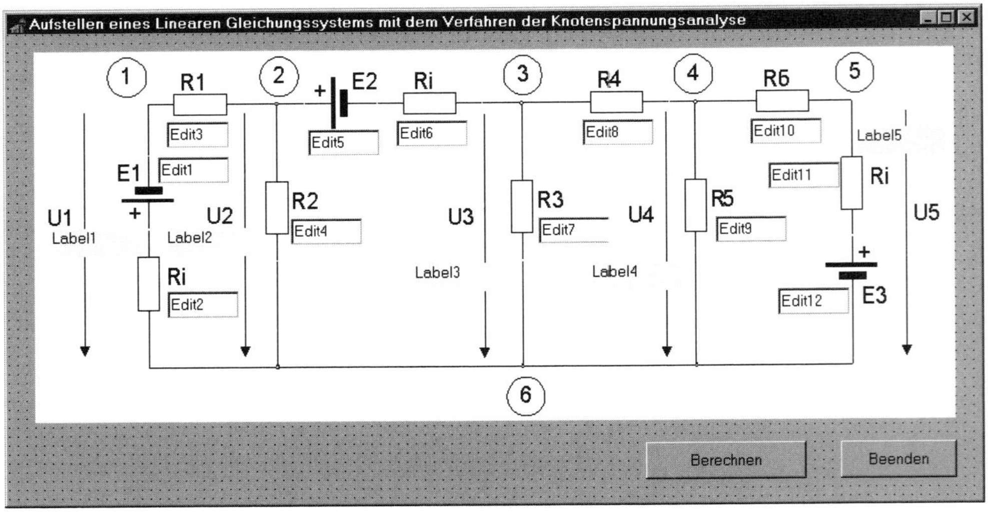

Das Schaltbild wurde mit *Visio* gezeichnet, im BMP-Format exportiert und anschließend der *Picture*-Eigenschaft einer *Image*-Komponente zugewiesen.

Damit das Objekt *Form2* von *Form1* erkannt wird, ist eine *uses*-Klausel im *Implementation*-Abschnitt von *Unit1* hinzuzufügen:

```
uses Unit2;
```

16.4.7 Quelltext Unit2

Im *interface*-Abschnitt von *Unit2* sind zwei private Methoden für *TForm2* zu ergänzen:

```
type
  TForm2 = class(TForm)
     ...
   private
    procedure glsAufstellen;
    procedure uAnzeigen ;
  end;
```

Nun zum *implementation*-Abschnitt. Neben *Unit1* ist auch die Klassen-Unit einzubinden:

```
uses Unit1, GlsMtrx;
```

Die Objektvariable und weitere Hilfsvariablen:

```
var  mat: TMtrx;
     w, w1: Double; i,j, code: Integer; s: string;
```

Es folgen zwei Hilfsprozeduren, die das Addieren der elektrischen und topologischen Parameter der Schaltelemente zur $\underline{\underline{A}}$- bzw. $\underline{\underline{B}}$-Matrix besorgen.

Widerstände (Anschlussklemmen *j, k*; Wert *r*) addieren:

```
procedure addR(j,k:Integer; r:Double);
begin
  with mat do begin
    A[j,j] := A[j,j]+ 1/r;
    A[k,k] := A[k,k]+ 1/r;
    A[j,k] := A[j,k]-1/r;
    A[k,j] := A[k,j]-1/r
  end
end;
```

Spannungsquellen (Anschlussklemmen *plus, minus*; Wert *e*; Innenwiderstand *r*) addieren:

```
procedure addE(plus, minus:Integer; e,r:Double);
begin
 addR(plus, minus, r);
  with mat do begin
    B[minus]:= B[minus]- e/r;
    B[plus]:= B[plus] + e/r
  end
end;
```

Alle sechs Widerstände werden nacheinander eingelesen:

```
procedure TForm2.glsAufstellen;
begin
```

```
 Val(Edit3.Text,w,code); addR(1,2,w);          // R1
 Val(Edit4.Text,w,code); addR(2,6,w);          // R2
 Val(Edit7.Text,w,code); addR(3,6,w);          // R3
 Val(Edit8.Text,w,code); addR(3,4,w);          // R4
 Val(Edit9.Text,w,code); addR(4,6,w);          // R5
 Val(Edit10.Text,w,code); addR(4,5,w);         // R6
```

Nun die drei Spannungsquellen (mit ihrem zugeordneten Innenwiderstand Ri):

```
 Val(Edit1.Text,w,code); Val(Edit2.Text,w1,code);     // E1
 addE(6,1,w, w1);
 Val(Edit5.Text,w,code); Val(Edit6.Text,w1,code);     // E2
 addE(2,3,w, w1);
 Val(Edit11.Text,w1,code); Val(Edit12.Text,w,code);   // E3
 addE(5,6,w,w1);
end;
```

Die Anzeige der fünf Spannungen (das ist die Lösung des GLS) erfolgt direkt im Schaltbild in den Labelfeldern:

```
procedure TForm2.uAnzeigen;
begin
 with mat do begin
   Str(B[1]:6:3, s); Label1.Caption := s;
   Str(B[2]:6:3, s); Label2.Caption := s;
   Str(B[3]:6:3, s); Label3.Caption := s;
   Str(B[4]:6:3, s); Label4.Caption := s;
   Str(B[5]:6:3, s); Label5.Caption := s
 end
end;
```

Die Rahmenprozedur zum Aufstellen des GLS:

```
procedure TForm2.Button2Click(Sender: TObject);    // Gleichungssystem aufstellen
begin
 mat.Free;
 mat := TMtrx.Create(5);
 glsAufstellen;
```

Die folgende Objektreferenz stellt die Verbindung zum gleichnamigen Objekt in *Form1* her:

```
 Form1.mat := mat;    // !!!
```

Das GLS ist fertig abgespeichert und steht nun auch in *Form1* zur Verfügung. Bevor wir es mit *gauss2* lösen, gilt es aber Folgendes zu bedenken: Über die "Zurück"-Schaltfläche wollen wir nicht nur ins Hauptformular zurückkehren, sondern dort soll uns auch das fertige Gleichungssystem zwecks näherer Begutachtung erwarten. Wir müssen also bereits jetzt dafür sorgen, dass die Inhalte der A- und B-Matrix in das erste und dritte Anzeigegitter gebracht werden. Warum? Durch den

Gauß-Algorithmus wird das ursprüngliche Gleichungssystem zerstört (überschrieben), so dass der Inhalt bereits jetzt "gerettet" werden muss:

```
 Form1.setGrids;
```

Der Aufruf des Lösungsprogramms

```
 mat.gauss2;
 uAnzeigen
end;
```

Zurück zum Hauptformular führt die "Zurück"-Schaltfläche:

```
procedure TForm2.Button1Click(Sender: TObject);
begin
 Close
end;
end.
```

16.4.8 Testbeispiel Elektrotechnik

Starten Sie das Projekt wie üblich, wechseln Sie aber sofort vom Hauptformular in das Formular "Elektrotechnik". Damit nicht erst jedes Mal mühevoll die zwölf Editierfelder gefüllt werden müssen, empfiehlt es sich, bereits zur Entwurfszeit der *Text*-Eigenschaft sinnvolle Standardwerte zuzuweisen[1]. Verwenden Sie dabei die Grundmaßeinheiten *Volt* (für E und U) und *Ohm* (für R).

Klicken Sie auf "Gleichungssystem aufstellen und lösen", und schon sehen Sie in den gelben Labelfeldern die Analyseergebnisse:

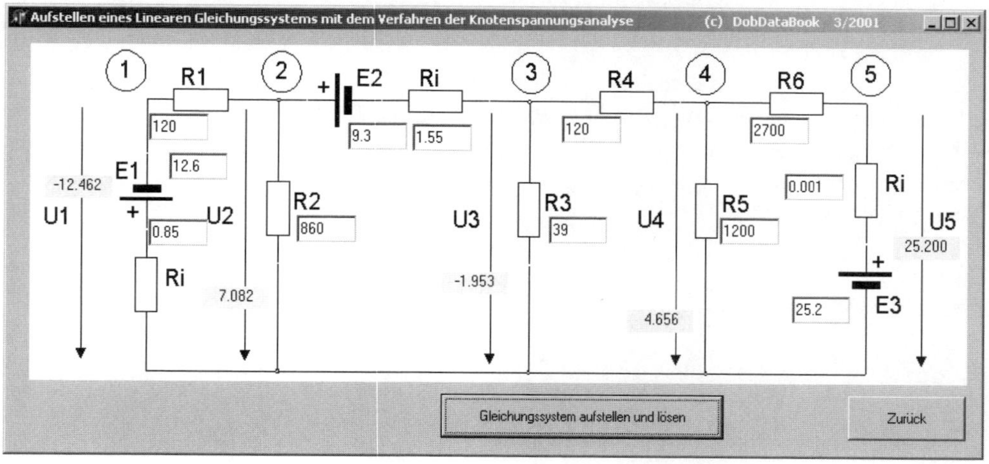

Nun können Sie nach Belieben an den Schaltungsparametern herumdoktern und die Potenzialänderungen beobachten. Fühlen Sie sich dabei wie ein Servicetechniker, der mit einem Digital-

[1] Siehe Programm auf der Buch-CD.

voltmeter die Spannungen der Messpunkte 1 bis 5 gegen Masse (6) kontrolliert[1]. Die Ergebnisanzeige (Maßeinheit *Volt*) erfolgt mit *1mV* Genauigkeit.

Hinweis: Vermeiden Sie die Eingabe von Nullwerten für die Widerstände, da dies unweigerlich zu einem Pivotfehler führt. Auch in der Praxis gibt es keine Widerstände mit dem Wert null. Das Gleiche gilt für die Innenwiderstände realer Spannungsquellen. Wollen Sie trotzdem den Idealfall simulieren, so nehmen Sie einen sehr kleinen Wert für den Innenwiderstand, der sich dann nicht auf das Messergebnis auswirkt.

Während Sie in *Form2* mit der Schaltung experimentieren, können Sie in *Form1* die Veränderungen der Koeffizienten des Gleichungssystems verfolgen. Allerdings müssen Sie hier erst auf "Gleichungssystem lösen" klicken, um auch die Anzeige des Lösungsvektors zu erhalten:

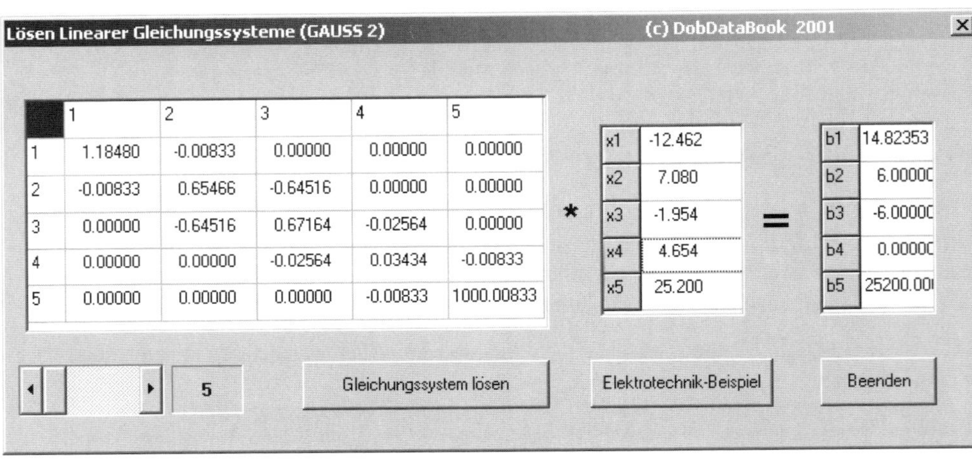

Die Werte *x1 ... x5* sollten natürlich exakt den Werten von *U1 ... U5* entsprechen. Falls Abweichungen auftreten, so liegt das daran, dass in *Unit1* die ermittelten Koeffizienten mittels *Str*-Funktion in die Anzeigegittern eingelesen und wieder ausgelesen wurden, wodurch es (trotz der fünf Nachkommastellen!) unweigerlich zu Rundungsfehlern kommt. Die exakteren Werte sind deshalb stets die im Schaltbild (*Form2*).

---

[1] Wer an der Richtigkeit der "Messergebnisse" zweifelt, kann ja schnell die gleiche Schaltung auf einem Lötbrett zusammenbasteln und mit einem DVM nachprüfen.

16.5 WINCROSS der Kreuzworträtselexperte

"Ein Optimist ist derjenige, der Kreuzworträtsel mit Tinte löst." Diesem altbekannten Spruch nehmen wir mit diesem Programm die Pointe!

Wenn Sie gerne Kreuzworträtsel lösen oder sogar selbst welche aufstellen wollen, dann finden Sie in WINCROSS einen leistungsfähigen Assistenten. Hier die wichtigsten Programmoptionen:

- Wörterbuch mit 2800 Begriffen, das Sie selbst ergänzen können.
- Hilfe beim Lösen von Kreuzworträtseln (Suche nach passenden Wörtern bei vorgegebenem Muster und umgekehrt).
- Automatisches Generieren von Kreuzworträtseln mit Druckoption.
- Und nicht zuletzt eine Möglichkeit, das generierte Kreuzworträtsel zu lösen.

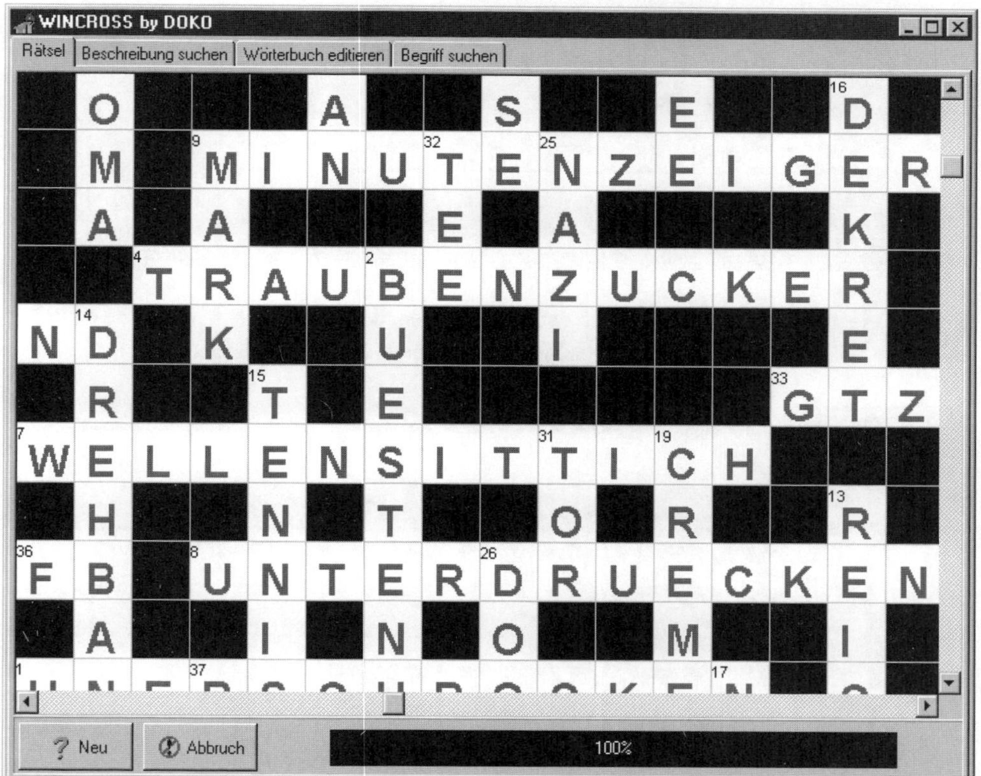

Die auf der Buch-CD mitgelieferte Datenbank umfasst knapp 3000 Begriffe, die im Wörterbuch editierbar sind. Die minimale Wortlänge beträgt zwei, die maximale dreizehn Buchstaben.

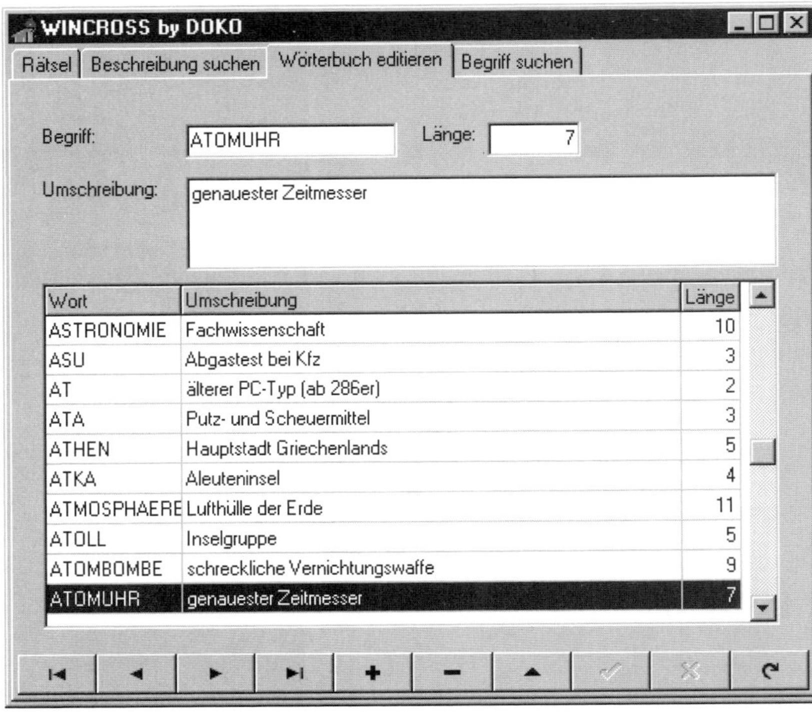

"Kennst Du ein römisches Bauwerk mit zwölf Buchstaben, der erste ist ein A, der letzte ein R ....", mit dieser und ähnlichen Fragen brauchen Sie nun niemanden mehr zu belästigen:

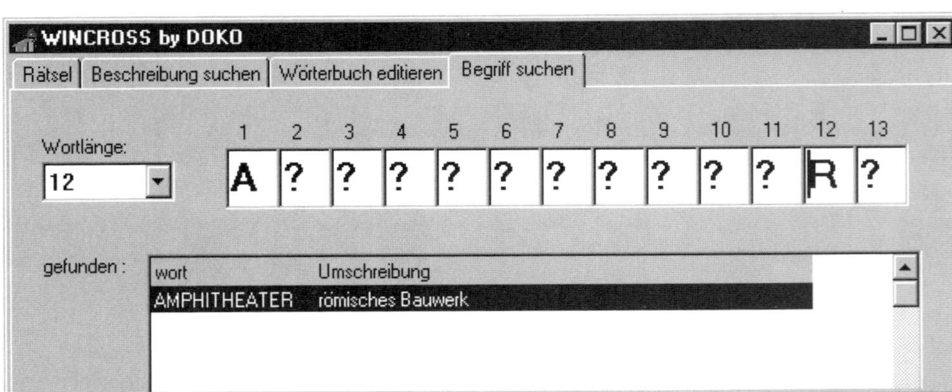

Sie geben einfach die gesuchten Buchstaben und die Wortlänge ein, und das Programm zeigt, so vorhanden, die möglichen Einträge an.

16.5.1 Datenbankstruktur

Im Gegensatz zu den später vorgestellten Algorithmen ist die eigentliche Datenbankstruktur relativ simpel, es werden prinzipell nur zwei Felder benötigt (das gesuchte Wort und die Umschreibung).

Dass Sie dennoch ein weiteres Feld mit der Länge des gesuchten Wortes in der Tabelle finden, hat seinen Grund in der Optimierung des späteren Suchvorgangs (gesucht wird ein Wort mit Platzhaltern, das auch eine bestimmte Länge hat).

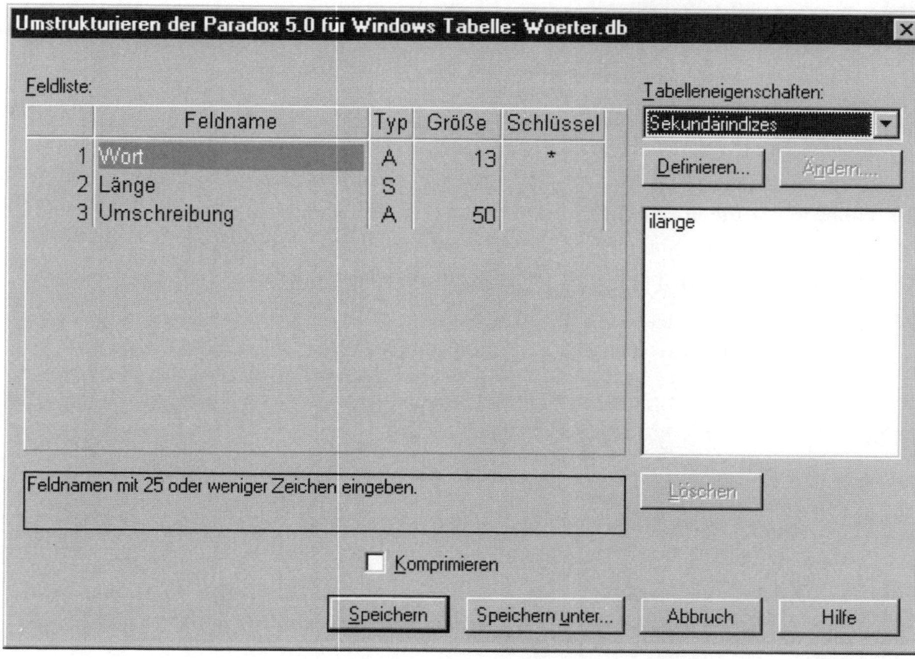

Sowohl das Feld *Wort* als auch das Feld *Länge* sind indiziert, um eine spätere Suche in der Tabelle zu beschleunigen.

Ob die Tabelle im dBASE- oder im Paradox-Format gespeichert wird, hat keinerlei Auswirkungen auf unser Programm. Sollten Sie die Größe der Datenbank wesentlich erweitern, dürfte eine Veränderung der Datenbankstruktur sinnvoll sein. Statt alle Worte in einer Tabelle zu speichern, werden lediglich alle Worte gleicher Länge in einer Tabelle gespeichert. Auf diese Weise erhalten Sie statt einer zwölf Tabellen. Der Vorteil ist eine wesentlich beschleunigte Suche innerhalb der Datenbank, muss doch bei der Suche nach einem Wort, das mit "E" endet und das sieben Buchstaben lang ist, lediglich die richtige Tabelle geöffnet werden. Die zu durchsuchende Wortmenge reduziert sich durch die Aufteilung der Tabellen auf ein Zwölftel.

16.5.2 Oberfläche

Grundlage ist eine *PageControl*-Komponente, auf der die Datenbankkomponenten *Query1 bis Query3*, *DataSource1 ... DataSource3* sowie zwei *Table-Komponenten* platziert werden.

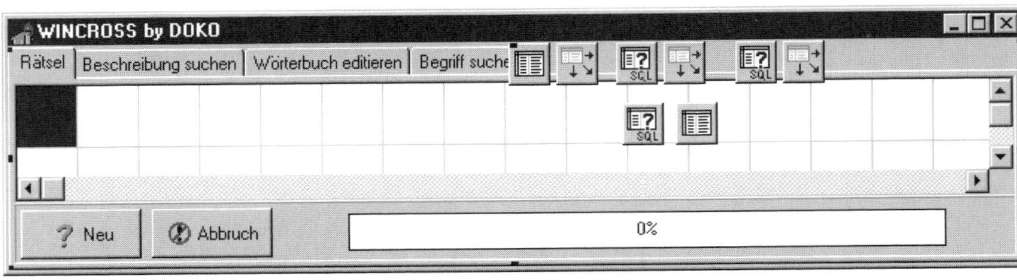

Auf den vier Seiten des *PageControl* sind neben einem *DrawGrid* vor allem datengebundene *DBGrids* angeordnet, die im Wesentlichen nur dazu benutzt werden, die gefundenen Einträge anzuzeigen. Lediglich die *PageControl*-Seite "Wörterbuch editieren" verfügt über eine *DBNavigator*-Komponente, mit welcher es möglich ist, Einträge hinzuzufügen oder zu editieren[1].

Bei allen *Table*- bzw *Query*-Komponenten wurde die *DatabaseName*-Eigenschaft nicht belegt. Auf diese Weise sucht das Programm die Datenbank im aktuellen, d.h. im Programmverzeichnis.

Auf die Programmierung der Such- und Filterfunktionen gehen wir erst später ein, an dieser Stelle soll lediglich kurz die Editierfunktion besprochen werden.

Datenbasis ist *Table1*, die mit *DataSource1* über die Eigenschaft *DataSet* verknüpft ist.

Um Probleme bei der späteren Auswahl und Suche von Wörtern zu vermeiden, konvertieren wir alle Eingaben in Großbuchstaben. Zu diesem Zweck brauchen Sie lediglich die Eigenschaft *CharCase* auf *ecUpperCase* festzulegen.

Beachten Sie, dass die Komponente zur Anzeige der Wortlänge (*DBEdit3*) schreibgeschützt ist (*ReadOnly=True*). Die Aufgabe, diesen Eintrag festzulegen, überlassen wir besser dem Programm, auf diese Weise werden unnötige Eingabefehler vermieden. Ansatzpunkt ist das Ereignis *BeforePost* von *Table1*, das immer dann eintritt, wenn ein Datensatz in die Datenbank geschrieben werden soll (kurz davor). Durch folgenden Aufruf wird automatisch die Wortlänge bestimmt:

```
procedure TForm1.Table1BeforePost(DataSet: TDataSet);
begin
    Table1['länge'] := Length(DBEdit1.Text)
end;
```

An dieser Stelle könnten Sie weitere Prüfungen durchführen (eventuell Kontrolle auf korrekte Schreibweise[2]) .

Die Kontrolle auf doppelt vorhandene Wörter können wir getrost der Datenbank überlassen. Da die Spalte "Wort" mit einem eindeutigen Index verknüpft ist, wird die Datenbank-Engine jeden Versuch abweisen, ein Wort zweimal zu speichern (es tritt ein Indexfehler auf). Möchten Sie verhindern, dass die zugehörige MessageBox angezeigt wird, können Sie das Ereignis *PostError* belegen:

---

[1] Beachten Sie, dass die Eigenschaft *AutoEdit* der zugehörigen *DataSource*-Komponente auf *False* gesetzt ist. In diesem Fall muss vor dem Editieren der Daten erst die Edit-Taste gedrückt werden.

[2] Die Autoren haben mit einer einfachen "Duden"-Tabelle gute Erfahrungen gesammelt, bei rund 96.000 Einträgen sind fast alle Wörter der deutschen Umgangssprache erfasst.

```
procedure TForm1.Table1PostError(DataSet: TDataSet; E: EDatabaseError;
  var Action: TDataAction);
begin
     ShowMessage('Das Wort befindet sich bereits in der Tabelle');
     Action := daAbort
end;
```

Durch die Zuweisung von *daAbort* wird die Aktion intern abgebrochen, es kommt zu keinen weiteren Meldungen.

16.5.3 Programmierung

Kreuzworträtsel generieren

Alle Funktionen, Variablen und Arrays zum Erstellen des Kreuzworträtsels finden Sie in der Unit *cross*.

```
unit cross;


interface
```

Definition der Kreuzworträtselgröße (wichtig: bei Änderung muss auch das *DrawGrid* in *Form1* angepasst werden):

```
const zeilen = 20;  { Zeilen- und Spaltenzahl des Gitters  > 13x13 }
      spalten = 20;
```

Für die interne Verwaltung und das Erstellen des Kreuzworträtsels werden wir ein Array verwenden, das auf dem folgenden Typ basiert:

```
type gitterType = record   // nur für die Darstellung
                   buchstabe : string[1];
                   nummer    : integer;
                   black     : boolean;
                   w,s       : boolean;
                end;
```

Im Feld *Buchstabe* wird entweder ein Leerzeichen oder der gesuchte Buchstabe gespeichert. Ist *Nummer* mit einem Wert ungleich 0 initialisiert, befindet sich an dieser Stelle der Startpunkt für einen Eintrag (es handelt sich um die Nummer, die später im Kreuzworträtsel angezeigt wird). Die Variable *Black* entscheidet darüber, ob ein Eintrag geschwärzt oder als Leerstelle im Gitter angezeigt wird. *W* und *S* entscheiden bei einem Startpunkt darüber, ob das Wort in horizontaler oder vertikaler Richtung forgesetzt wird (entweder nach rechts oder nach unten).

Vielleicht werden Sie sich darüber wundern, wie das folgende Array deklariert wird. Auf den Grund gehen wir später noch detailliert ein.

```
var gitter : array[0..spalten+1,0..zeilen+1] of gitterType;
    x,y,i  : integer;
    nummer : integer;
```

```
    umschr : string;
    matrix : array[0..spalten,0..zeilen] of string[1];
```

Das zweite Array dient lediglich dazu, die Benutzereingaben im noch nicht ausgefüllten Kreuzworträtsel aufzunehmen. Später können dann diese Eingaben mit den tatsächlich notwendigen Werten aus dem Array *Gitter* verglichen und ausgewertet werden.

Die einzige Prozedur, die exportiert wird, ist *SetWord*.

```
procedure SetWord(wortl:byte; anz : integer; max:byte);
```

Übergabewerte sind die Wortlänge, die maximale Anzahl von Durchläufen des internen Zufallsgenerators sowie eine Abbruchschwelle, die bestimmt, nach wie vielen missglückten Aktionen die weitere Suche abgebrochen werden soll.

Durch geschickte Variation der beiden letzten Parameter können Sie die Wortverteilung innerhalb des Kreuzworträtsels beeinflussen.

Da lange Worte immer zuerst eingefügt werden müssen, gleichzeitig aber viele Abhängigkeiten bestehen können (viele Buchstaben sind durch bereits eingefügte Wörter festgelegt), müssen Sie diesem Problem durch erhöhte Werte bei *anz* und *max* Rechnung tragen. Gleichzeitig müssen bei kurzen Wörtern beide Werte drastisch reduziert werden, das sonst die Gefahr besteht, dass zu viele kurze Wörter eingefügt werden. Im Mittel sollten sich bis zu 40 Einträge im vorliegenden Kreuzworträtsel (20 x 20) unterbringen lassen. Weniger Suchbegriffe deuten darauf hin, dass die Wortverteilung nicht optimal ist. Eine wesentliche Verbesserung lässt sich zudem nur durch die drastische Vergrößerung der zugrunde liegenden Datenbank erreichen (viele Worte erhöhen die Wahrscheinlichkeit, dass auch ein Wort mit vielen Abhängigkeiten noch gefunden wird).

Die Suche nach der Einfügeposition

Die folgende Prozedur hat gewissermaßen die Hauptarbeit beim automatischen Generieren des Rätsels zu leisten. Um den Programmieraufwand richtig zu würdigen, versuchen Sie doch einmal selbst "per Hand" ein Kreuzworträtsel aufzustellen! Das ist weitaus schwieriger als das Lösen! Insbesondere die Abhängigkeiten zwischen den verschiedenen Einträgen erschweren die Aufgabe ungemein.

```
procedure setword(wortl:byte; anz : integer; max:byte);
var x,y, versuche,i: byte;
    n             : integer;
    horz          : boolean;   { horizontal ? }
    maske,wort    : string;
```

Strukturfanatiker sollten an dieser Stelle bitte beide Augen schließen:

```
label mal;
```

In einer Schleife (Endwert = Parameter *anz*) versucht das Programm über einen Zufallszahlgenerator mögliche Einfügepositionen zu finden. Den auf den ersten Blick 400 (20 x 20) möglichen Varianten stehen jedoch tatsächlich wesentlich weniger zulässige Möglichkeiten gegenüber. So wird beispielsweise bei einem waagerechten Eintrag die maximal mögliche x-Koordinate innerhalb des Gitters durch die Wortlänge eingeschränkt. Bei 13 Zeichen reduziert sich die Einfügeposition auf die Werte [1...7].

```
begin
   versuche := 0;    { nach jeder erfolglosen Aktion wird dekrementiert }
   horz     := true; { beginnen mit horizontal }
   form1.gauge1.progress := 0;
   form1.gauge1.maxvalue := anz;
   for n := 1 to anz do begin
     if versuche >= max then exit;            { erfolglose Versuche ... }
     maske := '';
     if horz then begin    { horizontal }
       x := 1 + random(spalten-wortl-1);
       y := 1 + random(zeilen);
```

Ist ein erster Zufallswert gefunden, der im zulässigen Bereich liegt, sind Prüfungen bezüglich des Kreuzworträtselaufbaus vorzunehmen. Grundvoraussetzung ist ein so genannter Blocker vor und hinter dem einzufügenden Wort:

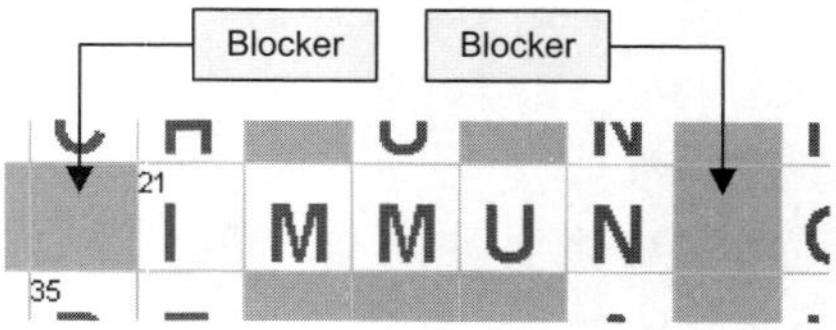

Ohne diese beiden Felder könnte die eindeutige Länge später nicht mehr bestimmt werden.

```
       if (gitter[x-1,y].buchstabe<>' ')or
       (gitter[x+wortl,y].buchstabe<>' ')then goto ma1;
```

Nächster Schritt ist die Kontrolle, ob an der aktuellen Position bereits ein Wort beginnt:

```
       if gitter[x,y].w then goto ma1; // es steht ein wort an dieser Stelle
```

Danach müssen wir berücksichtigen, dass ein eventuell an dieser Stelle eingefügtes Wort nicht die Blocker anderer Einträge überschreibt. Dazu prüfen wir, ob in der Zeile darüber oder darunter ein Wort endet:

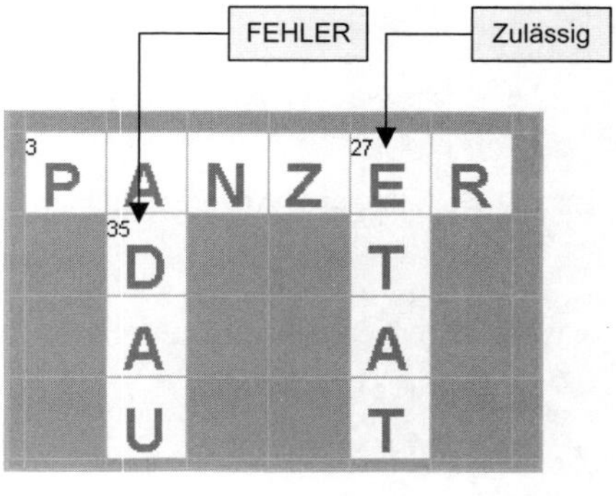


```
       for i := 0 to wortl-1 do begin
```

```
      if (gitter[x+i,y].buchstabe = ' ')and
      ((gitter[x+i,y-1].buchstabe <> ' ')or
      (gitter[x+i,y+1].buchstabe <> ' ')) then goto ma1;
```

An dieser Stelle wird auch deutlich, warum das Array größer als notwendig ist: Normalerweise müsste bei *gitter[x+i,y-1]* geprüft werden, ob die y-Koordinate noch im Arraybereich liegt.

Sollten beide Bedingungen erfüllt sein, kann gleichzeitig die Suchmaske aufgebaut werden, die aus Leerzeichen und den bereits vorgegebenen Buchstaben besteht (Beispiel: Wort mit sechs Buchstaben, an der 5. Stelle steht ein "E").

```
      maske := maske + gitter[x+i,y].buchstabe;
    end;
```

Der gleiche Vorgang angepasst für vertikale Wörter:

```
end else begin       { vertikal }
   x := random(spalten)+1;  y := random(zeilen-wortl-1)+1;
   if (gitter[x,y-1].buchstabe<>' ')or
   (gitter[x,y+wortl].buchstabe<>' ') then goto ma1;  { kein Blocker }
   if gitter[x,y].s then goto ma1; // es steht ein wort an dieser Stelle
   for i := 0 to wortl-1 do begin
     if (gitter[x,y+i].buchstabe = ' ')and
     ((gitter[x-1,y+i].buchstabe <> ' ')or
     (gitter[x+1,y+i].buchstabe <> ' ')) then goto ma1;
     maske := maske + gitter[x,y+i].buchstabe;
   end;
end;
```

Sollte sich in der Suchmaske kein Platzhalter befinden, ist es sinnlos, nach einem Wort zu suchen:

```
if pos(' ',maske) = 0 then goto ma1;  { alle Zeichen bekannt }
```

Nächster Schritt ist die Suche in der Datenbank. Die Funktion liefert entweder ein gültiges Wort oder einen Leerstring zurück:

```
wort := findword(maske);
```

Im Erfolgsfall:

```
if wort <> '' then begin { eintragen des Wortes ...}
  if horz then begin   { horizontal }
```

Vormerken, dass an der aktuellen Position bereits ein Wort eingetragen wurde:

```
      gitter[x,y].w:= true;
```

Falls nicht schon vorhanden, eine laufende Nummer vergeben:

```
      if gitter[x,y].nummer = 0 then begin
         inc(nummer);  gitter[x,y].nummer := nummer;
      end;
```

In das Aufgabenformular werden Nummer, Einfügerichtung und Umschreibung eingetragen:

```
form2.stringgrid1.rowcount := form2.stringgrid1.rowcount + 1;
form2.stringgrid1.cells[0,form2.stringgrid1.rowcount-2]:=
  inttostr(nummer);
form2.stringgrid1.cells[1,form2.stringgrid1.rowcount-2]:=
  'waagerecht';
form2.stringgrid1.cells[2,form2.stringgrid1.rowcount-2]:= umschr;
```

Im internen Array wird das Wort eingetragen, um später die Lösung anzeigen zu können:

```
for i := 0 to length(wort)-1 do begin
   gitter[x+i,y].buchstabe:=wort[i+1];
   gitter[x+i,y].black:=false;
end;
```

Der gleiche Ablauf für senkrechte Einträge:

```
end else begin       { vertikal }
  gitter[x,y].s:= True;
  if gitter[x,y].nummer = 0 then begin
    inc(nummer); gitter[x,y].nummer := nummer;
  end;
  form2.stringgrid1.rowcount := form2.stringgrid1.rowcount + 1;
  form2.stringgrid1.cells[0,form2.stringgrid1.rowcount-2]:=
    inttostr(nummer);
  form2.stringgrid1.cells[1,form2.stringgrid1.rowcount-2]:=
    'senkrecht';
  form2.stringgrid1.cells[2,form2.stringgrid1.rowcount-2]:= umschr;
  for i := 0 to length(wort)-1 do begin
     gitter[x,y+i].buchstabe:=wort[i+1];
     gitter[x,y+i].black :=false;
  end;
  form1.drawgrid1.repaint;
end;
versuche := 1;
```

Sollte kein Wort gefunden werden, wird die Anzahl der Versuche inkrementiert, jedes gefundene Wort setzt den Versuchszähler auf 1 zurück. Auf diese Weise wird unnötiger Leerlauf vermieden, sollte sich nach *max* Versuchen kein Erfolg einstellen, wird die Schleife einfach abgebrochen.

```
end else begin { kein Wort gefunden }
  inc(versuche)
end;
```

Da die Sucherei etwas dauern kann, wird eine Fortschrittsanzeige bei jedem Durchlauf aktualisiert, gleichzeitig wird etwas Rechenzeit für die Oberfläche (Abbruch-Button) sowie andere Anwendungen freigegeben.

```
mal:  { Noteinsprungmarke }
       form1.gauge1.progress := n;
       if n mod 10 = 0 then application.processmessages;
       horz := not horz;    { umschalten zwischen horz. und vertikal }
    end;
end;
```

Nach dem Durchlauf wird zwischen horizontaler und vertikaler Richtung gewechselt, damit das Einfügegitter möglichst gleichmäßig belegt wird.

An dieser Stelle könnte eventuell eine Verbesserung vorgenommen werden: Um eine möglichst gleichmäßige Verteilung zu erreichen, könnte die Anzahl senkrechter und waagerechter Wörter gezählt werden.

Die Suche nach einem möglichen Eintrag

... oder vielleicht die Suche nach der Nadel im Heuhaufen? Eigentlich ist der Vergleich nicht ganz treffend, ist doch schon einiges über das Wort bekannt (Länge und eventuell eine Suchmaske).

Nach dem Zufallsprinzip ermittelt die folgende (lokale) Funktion ein Wort aus der Datenbank, das der Vorgabe entspricht. Bei negativem Ausgang der Suche wird ein Leerstring zurückgegeben. Bevor es jedoch so weit ist, müssen wir die beiden Datenquellen richtig initalisieren. Warum wir mit einer *Table* und einer *Query*-Komponente arbeiten? Die Anwort ist schnell gefunden: Wenn es darum geht, ein beliebiges Wort mit vorgegebener Länge aus einer Tabelle zu ermitteln, ist eine *Table*-Komponente wesentlich schneller. Eine Query würde bei einer normalen SQL-Abfrage jede Menge Datensätze ermitteln, was natürlich seine Zeit dauert. Bei einer *Table* brauchen Sie lediglich den Index zu setzen (*ilänge*) und nachfolgend einen Bereich auszuwählen (*SetRange*). Mit *MoveBy* suchen wir uns dann nur noch einen beliebigen Datensatz aus der Tabelle heraus.

```
function findWord(vorgabe:string):string;
var sqlString, s:string;
    i,n        :integer;
begin
     result:= ''; { pessimistisch }
     n := 0;
     for i := 1 to length(vorgabe) do
       if vorgabe[i]= ' ' then begin
         inc(n);
         vorgabe[i] := '_';
     end;
     if n = length(vorgabe) then with form1.table2 do begin
        active := true;
        setrange([length(vorgabe)],[length(vorgabe)]);
```

```
        first; moveby(random(Recordcount-1));
        result := FieldByName('wort').AsString;
        umschr := FieldByName('Umschreibung').AsString;
        exit;
    end;
```

Etwas anders sieht die Sache bei einer *Query* aus. Zum einen müssen wir die Länge, zum anderen den Suchstring übergeben. Im Programm nutzen wir zu diesem Zweck die Möglichkeit, Parameter an eine Abfrage zu übergeben. Dazu definieren Sie zur Entwurfszeit folgende SQL-Abfrage:

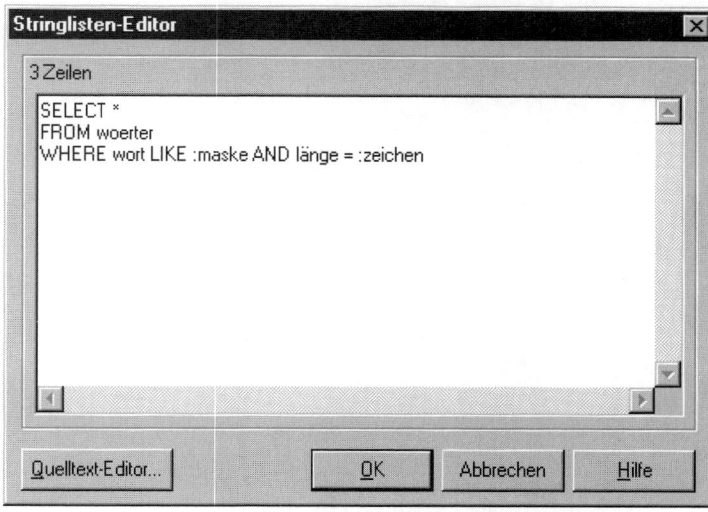

Die beiden Parameter *:maske* und *:zeichen* können Sie zur Laufzeit über die *ParamByName*-Methode setzen. Definieren Sie jedoch vorher noch die Datentypen der Parameter (Eigenschaft *Params*):

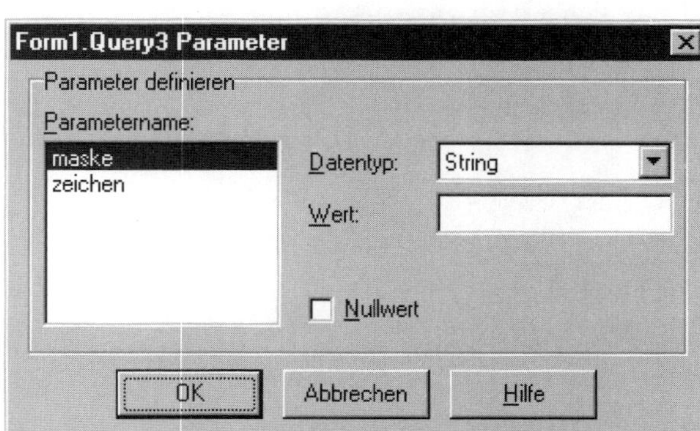

Der Ablauf ist relativ simpel; Abfrage deaktivieren:

```
    form1.query3.Active := false;
```

Parameter setzen:

```
    form1.query3.parambyname('maske').asstring:= vorgabe;
    form1.query3.parambyname('zeichen').asinteger:= length(vorgabe);
    with form1.query3 do begin
```

Abfrage wieder aktivieren:

```
        Open;
```

Je nachdem, ob kein, ein oder mehrere Datensätze zurückgegeben werden, suchen wir einen zufälligen Datensatz, geben den einen gefundenen zurück oder beenden die Funktion:

```
        i := Recordcount;
        case i of
            0  : exit;
            1  : result := FieldByName('wort').AsString;
        else begin
           moveby(random(Recordcount-1));
           result := FieldByName('wort').AsString;
        end
      end;
    umschr := FieldByName('Umschreibung').AsString
    end
end;
```

Sollten Sie das Programm dahingehend erweitern, dass alle Wörter einer Länge in jeweils einer Tabelle abgelegt werden, müssten Sie den SQL-String vor jedem Aufruf entsprechend verändern. Beispiel:

```
...
Query3.SQL.Clear;
Query3.SQL.Add("SELECT * FROM ...");
Query3.Open;
```

Was noch bleibt, ist die Initialisierung der Arrays, die im *initialization*-Abschnitt vorgenommen wird:

```
initialization
     for x := 0 to spalten+1 do for y := 0 to zeilen+1 do begin
         gitter[x,y].buchstabe := ' ';
         gitter[x,y].nummer    := 0;
         gitter[x,y].black     := true;
         gitter[x,y].w         := false;
         gitter[x,y].s         := false;
     end;
     for x := 0 to spalten do for y := 0 to zeilen do matrix[x,y] := ' ';
end.
```

Anzeige im DrawGrid

Ist das Array *gitter* entsprechend gefüllt, könnte der Anwender damit beginnen, das Kreuzworträtsel zu lösen. Vorher muss allerdings eine geeignete Anzeigemöglichkeit gefunden werden. Mit dem *DrawGrid* bietet sich die Möglichkeit, beliebige Ausgaben in einem Gittersegment vorzunehmen. Dies ist insbesondere für die Anzeige der Nummern wichtig, die wesentlich kleiner als der eigentliche Buchstabe dargestellt werden sollen.

Über das Ereignis *DrawCell* haben Sie die Möglichkeit, jede einzelne Zelle über ein *Canvas*-Objekt mit grafischen Ausgaben zu füllen (dazu gehört eben auch Text).

```
procedure TForm1.DrawGrid1DrawCell(Sender: TObject; Col, Row: Longint;
  Rect: TRect; State: TGridDrawState);
begin
     with drawgrid1.canvas do begin
          if gitter[col+1,row+1].black then begin
               brush.style := bsSolid;  brush.color := clblack;
               fillrect(Rect);
          end else begin
               brush.style := bsClear;
               font.height:=14;
               font.Style := [];
               if gitter[col+1,row+1].nummer <> 0 then
               textout(Rect.left,Rect.top,IntToStr(gitter[col+1,row+1].nummer));
               font.Style := [fsBold];
               font.height:=36;
               if sichtbar then begin
                   if gitter[col+1,row+1].buchstabe <> matrix[col,row] then
                      font.color := clred
                   else
                      font.color := clblack;
                   if gitter[col+1,row+1].buchstabe <> ' ' then
                   textout(Rect.left+8,Rect.top+8,gitter[col+1,row+1].buchstabe)
               end else
                   textout(Rect.left+8,Rect.top+8,matrix[col,row])
          end
     end
end;
```

Bei der Ausgabe wird zwischen zwei Varianten unterschieden: Entweder wird lediglich der Inhalt des *matrix*-Arrays (Nutzereingabe) oder der Inhalt von *gitter* (die Lösung des Kreuzworträtsels) angezeigt. Optional wird bei einem Wortanfang die kleine Nummer angezeigt, welche die Einfügeposition kennzeichnet.

Über das *KeyPress*-Ereignis schränken wir die Möglichkeit ein, Eingaben im *DrawGrid* vorzunehmen. Zulässig sind lediglich Buchstaben, die automatisch in Großbuchstaben umgewandelt werden. Das Zeichen selbst wird nicht in der jeweiligen Zelle, sondern in einem Hilfsarray gespeichert. Die Werte dieses Arrays werden im *DrawCell*-Ereignis dazu genutzt, den Inhalt des Gitters darzustellen.

```
procedure TForm1.DrawGrid1KeyPress(Sender: TObject; var Key: Char);
begin
     if gitter[DrawGrid1.col+1,DrawGrid1.row+1].black then begin
        key:=#0;
        messagebeep(0);
     end else begin
         case key of
         'A'..'z' : begin
                      matrix[drawgrid1.col,drawgrid1.row]:=upcase(key);
                      key :=#0;
                    end;
           else begin
              matrix[drawgrid1.col,drawgrid1.row]:=' ';
              key :=#0;
           end;
         end;
         drawgrid1.repaint;
     end;
end;
```

Suchen von Begriffen und Umschreibungen

Für die *PageControl*-Seiten "Beschreibung suchen" und "Begriff suchen" sind einige Anpassungen nötig. Unter anderem soll die Eingabe in die Suchmaske auf die zulässigen Zeichen beschränkt werden:

```
procedure TForm1.Edit1KeyPress(Sender: TObject; var Key: Char);
begin
     case key of
     'A'..'z' : begin
                  (sender as TEdit).text:=upcase(key);
                  key := #0;
                end;
     else begin
          key := #0;
          (sender as TEdit).text:='?';
     end;
end; end;
```

Die Routine wird von allen Eingabefeldern verwendet, über die Auswertung des *Sender*-Objekts können wir die gerade aktive Komponente ermitteln.

Die eigentliche Suche wird von jeder Veränderung in den Eingabefeldern oder durch einen Wechsel in der *Combobox* (Wortlänge) ausgelöst:

```
procedure TForm1.ComboBox2Change(Sender: TObject);
var i :integer;
    s,s1 : string;

begin
     with query1 do begin
          active := false;
          filter := '[länge] = ' + inttostr(combobox2.itemindex+2);
          s1 := edit1.text + edit2.text + edit3.text + edit4.text + edit5.text +
                edit6.text + edit7.text + edit8.text + edit9.text + edit10.text +
                edit11.text + edit12.text + edit13.text;
          s1 := copy(s1,1,combobox2.itemindex+2);
          for i := 1 to combobox2.itemindex+2 do if s1[i]= '?' then s1[i]:= '_';
          parambyname('suchwort').asstring := s1;
          open;
     end;
end;
```

Die zugehörige SQL-Abfrage:

```
SELECT
   Wort, Umschreibung, Länge
FROM
   woerter
WHERE
   wort LIKE :suchwort
```

Wie schon beim Suchen von Wörtern für den Aufbau des Kreuzworträtsels wird aus mehreren Einzelstrings die Suchmaske aufgebaut. Nachfolgend werden alle Fragezeichen gegen den ANSI-Platzhalter ("_") ausgetauscht. Die so aufbereitete Suchmaske braucht nur noch als Parameter an die Abfrage übergeben zu werden.

Druckausgabe

Neu in der Version WinCross 2.0 ist die Möglichkeit, das Kreuzworträtsel auch auszudrucken. Die Ausgabe erfolgt auf zwei einzelnen Blättern, auf diese Weise ist das Kreuzworträtsel nicht gar zu klein.

```
procedure TForm2.Button2Click(Sender: TObject);
var w,v : TSize;
    OUTDC : HDC;
```

```
    x,y    : integer;

begin
```

Einen Druckauftrag starten:

```
printer.begindoc;
```

Nach dieser Zeile ist das *Canvas*-Objekt richtig initialisiert, wir können die Eigenschaft *Handle* für einige GDI-Aufrufe abfragen.

```
outDC := printer.canvas.handle;
```

Auf die folgenden Anweisungen wollen wir an dieser Stelle nicht weiter eingehen, nur so viel: Es geht darum, das Koordinatensystem des Druckers so zu verändern, dass alle Koordinatenangaben in 1/10mm erfolgen können.

```
setmapmode(OutDC,mm_lometric);        // 1/10 mm aber Y geht nach oben
GetWindowExtEx(OutDC,w);              // Auflösung ermitteln
GetViewportExtEx(OutDC,v);
setmapmode(OutDC,MM_ANISOTROPIC);           // neuer Abb.-Modus
SetWindowExtEX(OutDC,w.cx,w.cy,nil);        // Skalierung ...
SetViewPortExtEx(OutDC,v.cx,-v.cy,nil);
```

Mit den folgenden Anweisungen wird das Grundraster des Kreuzworträtsels erzeugt:

```
for x := 0 to 20 do begin
    printer.canvas.moveto(300 + x*75,300);
    printer.canvas.lineto(300 + x*75,1800);
end;
for y := 0 to 20 do begin
    printer.canvas.moveto(300,300 + y*75);
    printer.canvas.lineto(1800,300 + y*75);
end;
```

Eintragen der Leerstellen und der Ziffern für die Einfügepositionen (die ganze Rechnerei sieht komplizierter aus als sie es ist):

```
for x := 1 to 20 do for y := 1 to 20 do begin
   if gitter[x,y].buchstabe <> ' ' then begin // Buchstabe
      if gitter[x,y].nummer <> 0 then begin
```

Hinweis: Vergessen Sie nicht, die Pinselfarbe auf *clwhite* festzulegen, andernfalls ist der Text nicht zu erkennen, da Textausgaben standardmäßig auf einem mit der aktuellen Pinselfarbe gefüllten Rechteck ausgeführt werden.

```
        printer.Canvas.Brush.Color := clwhite;
        printer.canvas.font.name := 'arial';
        printer.canvas.font.height:= 25;
        printer.canvas.textout(310+(x-1)*75,310+
```

```
                                   (y-1)*75,inttostr(gitter[x,y].nummer));
            end;
         end else begin    // schwarz
             printer.Canvas.Brush.Color := clblack;
             printer.canvas.fillrect(Bounds(300+(x-1)*75,300+(y-1)*75,75,75))
         end;
      end;
```

Neue Druckseite auswählen:

```
      printer.newpage;
      printer.Canvas.Brush.Color := clwhite;
      printer.canvas.font.height:= 40;
```

Reine Textausgabe (Nummer, Richtung und Umschreibung):

```
      for y := 0 to stringgrid1.rowcount-2 do begin
         printer.canvas.textout(310,310+y*50,stringgrid1.cells[0,y]);
         printer.canvas.textout(410,310+y*50,copy(stringgrid1.cells[1,y],1,1));
         printer.canvas.textout(510,310+y*50,stringgrid1.cells[2,y]);
      end;
      Printer.EndDoc
end;
```

16.5.4 Bemerkungen

Dass die generierten Rätsel mitunter größere Lücken (schwarze Flächen) aufweisen, hat seine Ursache nicht nur in den verwendeten Algorithmen, sondern im auf ca. 3000 Einträge beschränkten Umfang der mitgelieferten Datenbank WOERTER.DB. Professionelle Kreuzworträtselgeneratoren greifen auf Datenbanken mit 40000 und mehr Wörtern zurück! Sie können schrittweise Abhilfe schaffen, wenn Sie sich in Ihren Mußestunden ab und zu dem Ausbau des Wörterbuchs widmen.

Hauptanliegen des Programms WINCROSS ist die Demonstration von Algorithmen, die Perfektion der Kreuzworträtsel steht erst an zweiter Stelle!

Anhang

A Der Microsoft Help-Workshop

A.1 Übersicht

Die Windows-Hilfe ist ein Hypertextsystem, man kann von bestimmten Stellen im Text oder in Bildern (so genannten *Hotspots*) zu anderen Themen springen. Um eigene Hilfedateien programmieren zu können, brauchen Sie den Microsoft Help-Workshop, der sich im Verzeichnis *Delphi6\Help\ Tools* befindet.

Der Help-Workshop besteht aus mehreren Dateien, von denen der HelpCompiler HCW.EXE die mit Abstand wichtigste für uns ist.

Hinweis: Beachten Sie, dass die mit dem Microsoft Help-Workshop entwickelten Hilfedateien nur mit dem 32-Bit-Help-Viewer betrachtet werden können, unter Windows 3.x ist das Anzeigen nicht möglich.

Unterschätzen Sie nicht die Arbeit, die da auf Sie zukommt. Folgende mehr oder weniger aufwändige Etappen sind zu durchlaufen:

1. Schreiben und Formatieren der Themendatei (*.RTF)
2. Anlegen einer Steuerdatei (*.HPJ) für den Help-Compiler
3. Anlegen einer Inhaltsdatei (*.CNT) für den Help-Compiler (optional)
4. Compilieren der Hilfetexte
5. Einbinden der Hilfedatei (*.HLP) in die Delphi-Applikation

Den Help-Workshop brauchen Sie nur für die Etappen 2, 3 und 4, der Rest muss mit anderen Programmen (Microsoft Word, Delphi) bewerkstelligt werden.

A.2 Schreiben der Themendatei

Eine Hilfedatei kann mit jedem Textverarbeitungsprogramm geschrieben werden, das eine Exportmöglichkeit für das Rich Text Format (RTF) bietet (z.B. Word für Windows).

Hinweis: Die Windows-Hilfe ist farbig, legen Sie deshalb alle Hemmungen ab, die aus dem gewohnten Umgang mit tristen Schwarz-Weiß-Dokumenten resultieren könnten.

Seitentrennung

Die Windows-Hilfe ist seitenorientiert aufgebaut. Von der aus einer normalen Textverarbeitung bekannten Seite unterscheidet sich eine Hilfeseite dadurch, dass sie auch länger sein kann. Sie aber brauchen sich darum nicht zu kümmern, überschreitet der darstellbare Bereich die vorgegebenen Fensterabmessungen, so werden automatisch vertikale Scrollbalken eingeblendet.

Wir sollten die Entscheidung über Beginn und Ende jeder einzelnen Seite unserer Helpdatei möglichst frühzeitig treffen. Es ist zu empfehlen (keine Bedingung!), dass jede Hilfeseite mit einer Überschrift beginnt.

Hinweis: Das Ende einer Hilfeseite wird durch einen eingefügten (manuellen) Seitenumbruch festgelegt.

Beispiel: In Word 2000 fügen Sie einen manuellen Seitenumbruch über das Menü *Format|Absatz* ein.

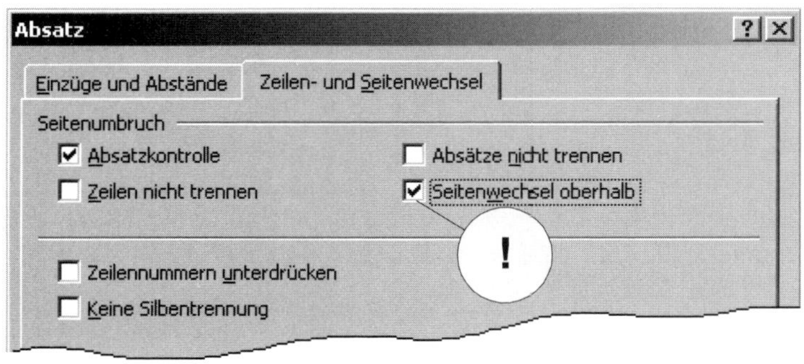

Jump oder PopUp?

Für die Darstellung einer Hilfeseite gibt es zwei grundsätzliche Möglichkeiten:

- Wenn die Seite als **Jump** aufgerufen wird, so nimmt sie das gesamte Hilfefenster für sich in Anspruch. Auf die vorhergehende Hilfeseite können Sie mit der "Zurück"-Schaltfläche wechseln. Im Hilfetext ist die (im Allgemeinen grün markierte) Absprungstelle eines Jumps mit einer Linie unterstrichen.
- Bei einem **PopUp** erscheint die Hilfeseite in einem "schwebenden" Fenster, das die darunter liegende Hilfeseite teilweise verdeckt. Ein PopUp-Fenster verschwindet nach einem Mausklick oder einer Tastatureingabe wieder.

Es ist möglich, die gleiche Hilfeseite einmal als Jump und ein anderes Mal als PopUp darzustellen. Trotzdem sollten Sie das Erscheinungsbild einer Hilfeseite nur in Ausnahmefällen ändern, d.h., Sie sollten die umfangreicheren Basisinformationen generell in Jumps abspeichern und in PopUps nur kürzere Texte (Hinweise, Definitionen, Beispiele) aufnehmen.

Hinweis: Wenn der Aufruf einer Hilfeseite als **Jump** erfolgen soll, so unterstreichen Sie den Hotspot doppelt. Soll hingegen die Hilfeseite als **PopUp** erscheinen, so ist nur mit einer einfachen Linie zu unterstreichen.

Beispiel: (für RTF-Text mit zwei Hotspots):

Betriebsgrundausrüstungen und Gebrauchsgüter

Beispiel: In Word 2000 können Sie einfache und doppelte Unterstreichungen über das Menü *Format|Zeichen...* realisieren.

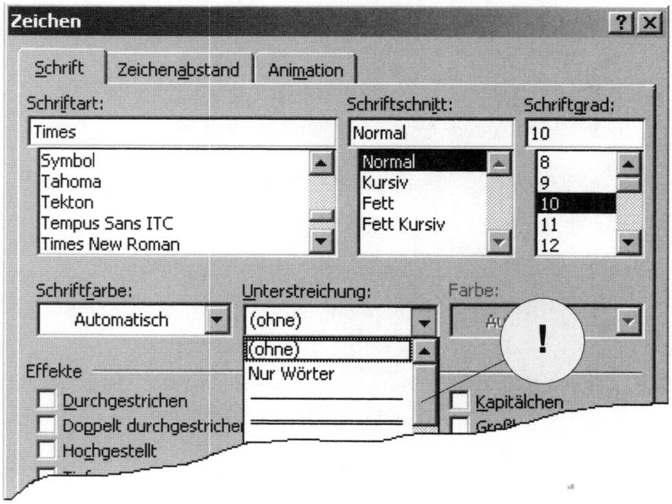

Bemerkungen

- Beachten Sie, dass die Hotspots später noch durch Zieladressen (Context-Strings) vervollständigt werden müssen.
- Auch Bitmaps können durch einfache bzw. doppelte Unterstreichung als Hotspots markiert werden.

NonScrolling-Regionen

Besonders bei längeren Hilfeseiten ist es zweckmäßig, wenn die Überschrift fest am oberen Rand des Hilfefensters positioniert wird und demzufolge beim Scrollen nicht verschwindet. Ein solcher nicht scrollbarer Bereich (auch Non-Client-Area genannt) kann neben Überschriften auch einfache Erläuterungen, Verweise zu verwandten Themen bzw. zu Beispielen oder auch Grafiken enthalten.

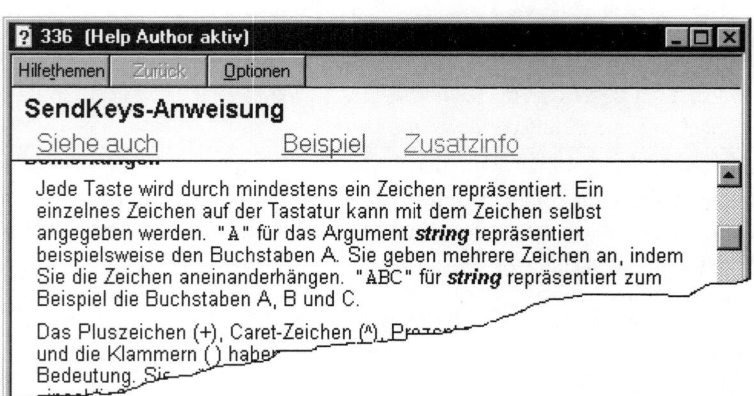

NonScrolling-Regions entstehen durch die spezielle Formatierung "Absätze nicht trennen".

Beispiel: In Word 2000 erreichen Sie diese Formatierung über das Menü *Format|Absatz* (siehe "Zeilen- und Seitenwechsel").

Einbinden von Grafiken

Insgesamt lassen sich vier verschiedene Grafikformate verarbeiten:

Dateityp	Extension	Bemerkung
Bitmap	*.BMP	Grafik im Windows-Bitmap-Format
Metafile	*.WMF	Grafik im Windows-Metafile-Format
Hypergrafik	*.SHG	Bitmap- oder Metafile-Grafik mit Hotspots (mit SHED.EXE zu erstellen)
Multiple-Resolution-Bitmap	*.MRB	Mehrere Versionen einer Bitmap für verschiedene Bildschirmauflösungen (mit MRBC.EXE zu erstellen).

Es gibt zwei prinzipielle Möglichkeiten, um eine Grafik in das RTF-Dokument einzubinden:

Variante	Bemerkung
Einfügen	Bei dieser Methode (*Einfügen|Grafik* oder direkt über Zwischenablage) speichern Sie die BMP- oder WMF-Grafik direkt im Dokument ab. Der Speicherplatzbedarf der RTF-Datei wächst allerdings dadurch erheblich an.
Verknüpfen	Dafür stehen drei unterschiedliche Formatierungen zur Verfügung, die in geschweifte Klammern einzuschließen sind: *bml* (linksbündig), *bmr* (rechtsbündig), *bmc* (Grafik wird als Zeichen interpretiert und innerhalb des Textes positioniert).

Beispiel:

```
{bmr Bild1.SHG}
```

fügt eine Hypergrafik rechtsbündig ein.

A.3 Formatieren mit Fußnoten

Übersicht

Ein Hypertext verfügt über Sprungmarken und weitere Inhalts- und Steuerinformationen, die für den Microsoft Help-Compiler im RTF-Dokument als bestimmte benutzerdefinierte Fußnoten codiert werden müssen. Später, in der anwendungsbereiten Help-Datei, bleiben diese Fußnoten natürlich unsichtbar. Hier die wichtigsten:

Fußnote	Bezeichnung	Bemerkungen
#	ContextString (ThemenID)	Sprungmarke (Label), zu der von einem Hotspot aus gesprungen werden kann.

Fußnote	Bezeichnung	Bemerkungen
$	Title (Thementitel)	Titel der Hilfeseite, wie er in den Dialogfeldern "Gefundene Themen" und "Lesezeichen", im Fenster "Bisherige Themen" und auf der Registerkarte "Suchen" angezeigt wird.
K	KeyWord (Schlüsselwort)	Liste mit Stichwörtern, nach denen im Hilfeindex gesucht werden kann.
+	BrowseSequence (Anzeigereihenfolge)	Liste, welche die Reihenfolge beim Durchblättern der Hilfeseiten definiert.

Beispiel: Mehrere Fußnotenzeichen können hintereinander gesetzt werden.

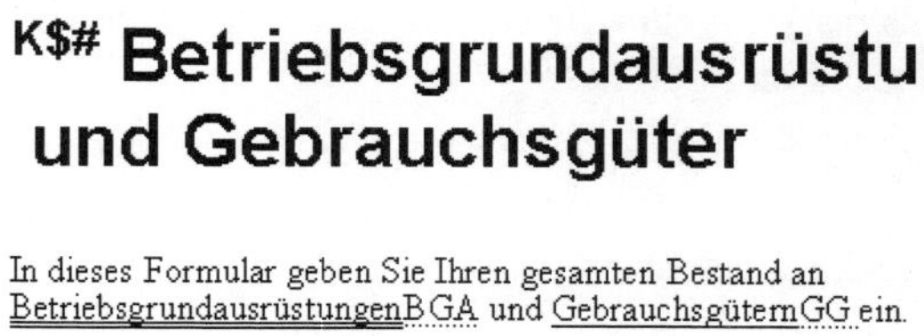

Beispiel: In Word 2000 setzen Sie eine Fußnote mit Hilfe des Menüs *Einfügen|Fußnote...* "benutzerdefiniert".

ContextStrings (#)

Bei der Namensgebung (die findet im Fußnotentext statt) sollten Sie sich an folgende Regeln halten:

- ContextStrings dürfen max. 255 Zeichen lang sein und können Leerzeichen enthalten. Verwenden Sie jedoch keine führenden oder nachgestellten Leerzeichen.

- Verzichten Sie auf reservierte Zeichen (# = + @ * % !) und beginnen Sie einen Context-String nicht mit einer Zahl, wenn die ID gleichzeitig auch in der [MAP]-Sektion der Projektdatei aufgeführt werden soll.

Pro Hilfeseite sind mehrere Topics möglich, beim Aufruf erscheint dann im Allgemeinen nicht der Anfang der Hilfeseite, sondern die Stelle mit dem Contextstring:

Beispiel: (für #-Fußnotenzeile):

BGA

Hotspots komplettieren

Haben Sie die Hotspots bereits markiert (einfache oder doppelte Unterstreichung), so ergänzen Sie diese jetzt mit den entsprechenden ContextStrings:

- Setzen Sie die Einfügemarke direkt hinter den Hotspot (kann auch Bitmap sein), und geben Sie dann den ContextString ein, zu dem Sie springen möchten. Zwischen Hotspot und Contextstring darf kein Leerzeichen stehen!
- Markieren Sie den ContextString als "verborgenen" bzw. "ausgeblendeten" Text.
- Soll ein Sprung zu einem ContextString in einer anderen Hilfedatei ausgeführt werden, so fügen Sie am Ende des ContextStrings das Zeichen @ und den Namen der anderen Hilfedatei hinzu.

Beispiel: Unter Word 2000 können Sie Text über das Menü *FormatZeichen...* ausblenden.

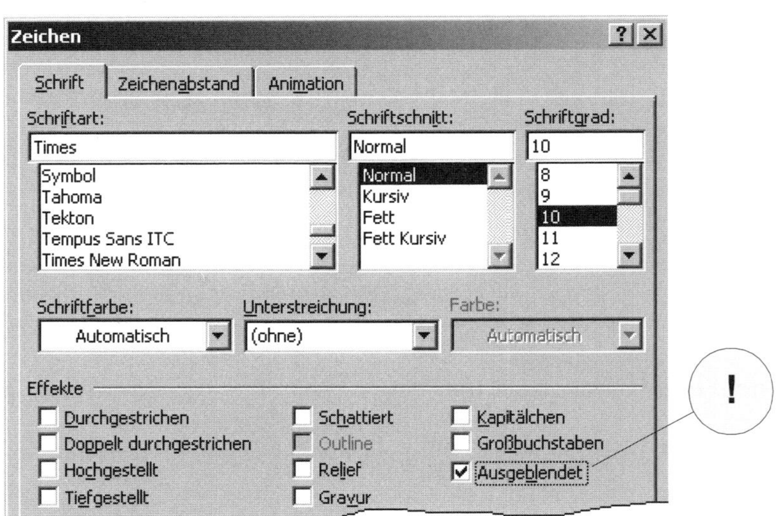

Um den ausgeblendeten Text nicht aus dem Auge zu verlieren, sollten Sie ihn zur Anzeige bringen.

Beispiel: Unter Word 2000 erreichen Sie die Anzeige verborgenen Textes über das Menü *Extras|Optionen ...*

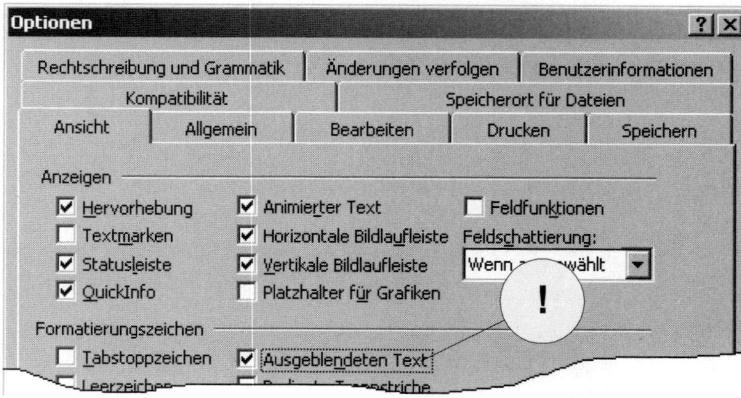

KeyWords (K) definieren

Geben Sie als K-Fußnotentext eine Liste von Schlüsselwörtern zum Thema der Hilfeseite ein:

- Trennen Sie die einzelnen Schlüsselwörter durch Semikolons (;) voneinander.
- Verzichten Sie auf die Enter-Taste (Wagenrücklaufzeichen).
- Die Groß-/Kleinschreibung sollte beachtet werden, Help-Workshop nimmt jedoch an, dass Schlüsselwörter, die sich nur in der Groß-/Kleinschreibung unterscheiden, identisch sind.

Beispiel: (für K-Fußnotenzeile):

```
K Betriebsgrundausrüstungen; Gebrauchsgüter; Abschreibungen
```

Titles ($) definieren

Pro Hilfeseite sollte es nur einen einzigen Thementitel geben. Allerdings ist ein Thementitel nur dann sinnvoll, wenn auch Schlüsselwörter bzw. KeyWords (K-Fußnoten) für die Seite vergeben wurden oder wenn eine Volltextsuche möglich ist. Andererseits sollten Hilfeseiten mit Keywords auch über einen Thementitel verfügen.

Beispiel: (für Thementitel-Fußnotentext):

```
$ Betriebsgrundausrüstungen und Gebrauchsgüter
```

BrowseSequences (+)

Die einzelnen Hilfeseiten sind nicht miteinander gekoppelt. Um in der Hilfedatei blättern zu können, muss eine Anzeigereihenfolge (BrowseSequence) festgelegt werden:

- Sie können BrowseSequences nur dann nutzen, wenn Sie in der Projektdatei die entsprechenden Schaltflächen aktiviert haben. Fügen Sie dazu in der [CONFIG]-Sektion den Makro-Aufruf *BrowseButtons()* hinzu.
- Wenn die Hilfe-Datei nur über eine einzige Anzeigesequenz verfügt, können Sie als Fußnotentext *auto* einsetzen. Die Hilfeseiten erscheinen dann in der gleichen Reihenfolge wie in der Themendatei.

Beispiel: (für BrowseSequenz-Fußnotentext):

```
+ Thema1
```

Sind die Formatierungsarbeiten an der RTF-Themendatei beendet, ist die Zeit reif für den Einsatz des Help-Compilers.

A.4 Die HPJ-Projektdatei

Damit die RTF-Themendatei überhaupt compiliert werden kann, muss zuvor eine HPJ-Projektdatei im ASCII-Format erstellt werden. Ihr Aufbau entspricht dem einer normalen INI-Datei.

Die wichtigsten Sektionen und Abschnitte einer HPJ-Datei:

Sektion	Abschnitt	Erklärung
[OPTIONS]	COMPRESS	Kompressionsrate der Hilfe-Datei
	CONTENTS	Contextstring für Seite mit Inhaltsverzeichnis
	REPORT	Ausgabe von Fehlermeldungen (Yes, No)
	TITLE	Überschrift im Hilfefenster
	COPYRIGHT	Text für About-Dialogbox
	CNT	Name der zugehörigen Inhaltsdatei
	FTS	Optionen für Volltextsuche
[FILES]		Namen aller einzubindenden RTF-Dateien
[MAP]		Zuordnung von Contextstrings zu HelpContextIDs
[CONFIG]		Eintrag von Makros zur Initialisierung
[WINDOWS]		Definition des Erscheinungsbildes des Hilfe-Fensters

HCW.EXE

Um die Projektdatei zu erstellen, starten Sie den Microsoft Help-Workshop.

Klicken Sie den Menüpunkt *File|New* und wählen Sie dann "Help Project". Geben Sie im nachfolgenden Dialog der HPJ-Projektdatei einen aussagekräftigen Namen, der möglichst auch zum Namen der RTF-Themendatei passen sollte.

Es öffnet sich dann das Hauptfenster des Help-Workshops. Ein Hinzufügen/Ändern der Einträge der HPJ-Datei (links) ist nicht auf direktem Weg möglich, sondern nur über spezielle Dialogfenster, die sich nach Doppelklick auf den entsprechenden Eintrag oder durch Klick auf die dem Sektionsnamen entsprechende Schaltfläche am rechten Rand des HPJ-Fensters öffnen.

Für einfache Hilfedateien genügt das Ausfüllen der OPTIONS- und der FILES-Sektion.

Beispiel: Die Hilfe-Datei *Taschenrechner.hlp* soll aus dem Dokument *TR.rtf* erzeugt werden (siehe Buch-CD).

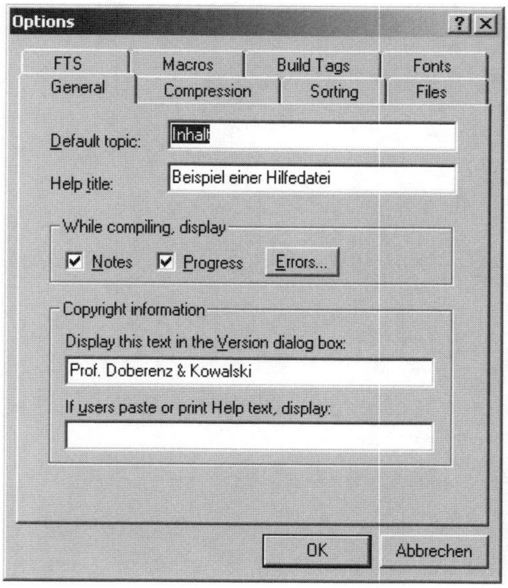

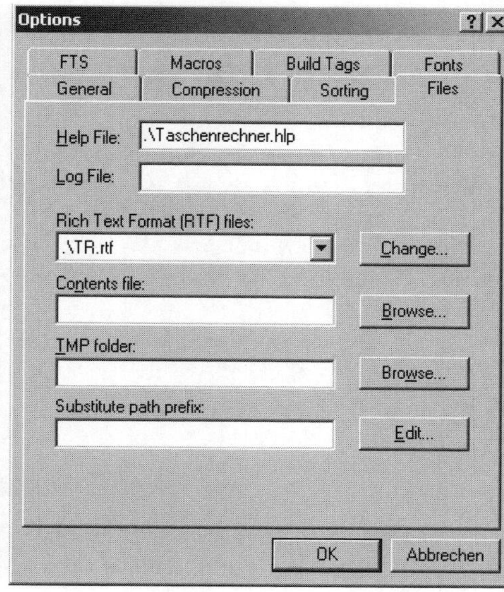

Nach dem Ausfüllen der obigen Dialoge bietet das Hauptfenster folgenden Anblick:

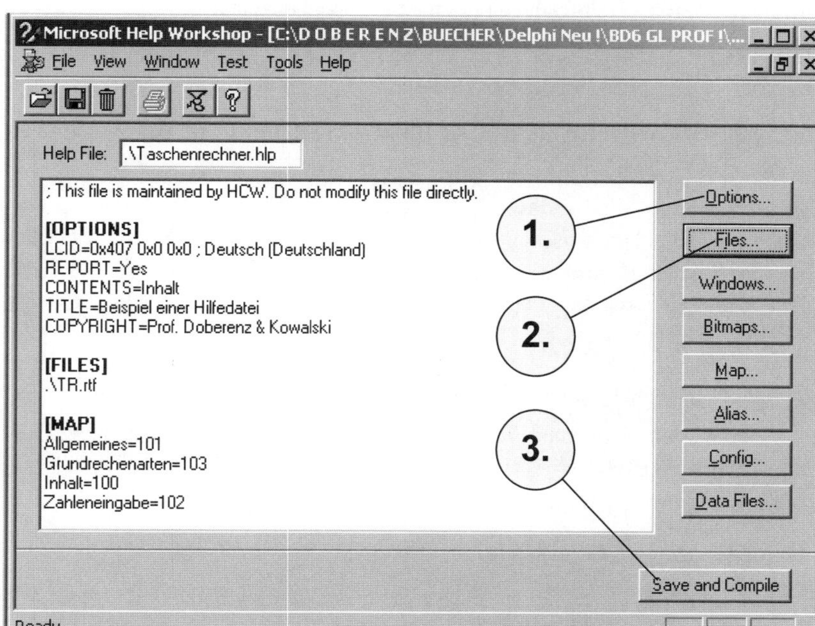

A.5 Compilieren und Anzeigen

Mit der Schaltfläche "Save and Compile" sichern Sie die Einstellungen der HPJ-Datei und starten den Compiler.

Beispiel: Meldungsfenster nach erfolgreichem Compilieren des Beispiels auf der Buch-CD.

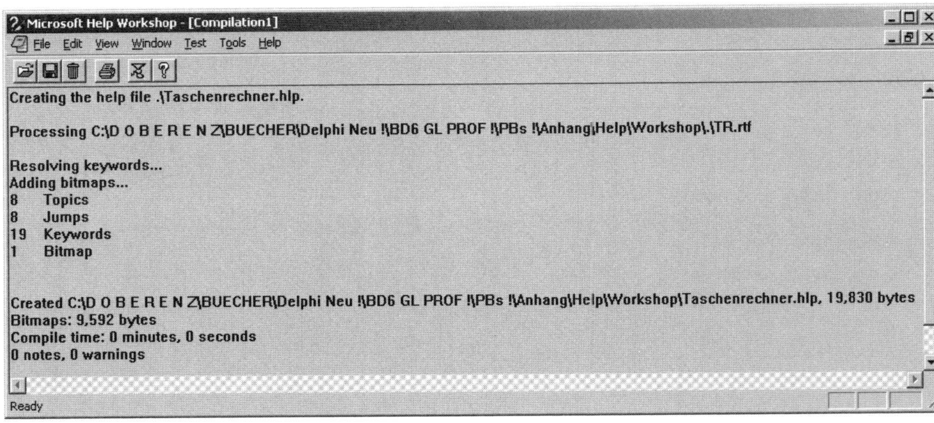

Wenn Sie Compilereinstellungen ändern wollen, so starten Sie nicht über die Schaltfläche "Save and Compile", sondern über den Menüpunkt *File|Compile.* Dann erscheint ein Dialogfenster, in dem Sie unter anderem auch festlegen können, ob das Hauptfenster des Help-Workshop während des Compilierens verschwinden soll (Voreinstellung).

Für Anzeige und Testen der Help-Datei gibt es mehrere Möglichkeiten:

- Das Helpfile wird automatisch nach Beenden des Compiliervorgangs gestartet (Kontrollkästchen in Compiler-Dialogbox aktivieren).
- Sie verlassen den Help-Workshop und starten das Helpfile direkt von Windows aus (Doppelklick auf das Icon).
- Sie klicken in der Toolbar des Help-Workshops den [?]-Button und können in der sich öffnenden Dialogbox zwischen mehreren Varianten wählen, wie z.B. der Einzelanzeige einer bestimmten Hilfeseite (entsprechend HelpContextID-Eintrag in [MAP]-Sektion) oder der Anzeige als Jump oder PopUp. Außerdem lassen sich zu Vergleichszwecken auch andere Hilfe-Dateien testen.

A.6 Einbinden der Hilfe-Datei in Delphi

Hier die einfachsten zwei Möglichkeiten, dem Anwender "Hilfestellung" zu leisten:

- Aufruf mittels F1-Taste über die Eigenschaft *HelpContext*
- Aufruf über die *Application.HelpJump*-Methode

In beiden Fällen muss vorher die Helpdatei über die *HelpFile*-Eigenschaft des *Application*-Objekts eingebunden werden:

```
Application.HelpFile := ' d:\hilfe\test1.hlp';
```

HelpContext

Fast jede Komponente (auch jeder Menüpunkt!) verfügt über die Eigenschaft *HelpContext*. Diese entspricht genau der Nummer, die Sie in der HPJ-Projektdatei (MAP-Sektion) einer bestimmten Hilfeseite zugewiesen haben. Wenn die Komponente den Fokus hat und Sie die F1-Taste drücken, so wird diese Hilfeseite aufgerufen. Wenn Sie die *HelpContext*-Eigenschaft für ein Formular setzen, wird die entsprechende Hilfeseite für den Fall aufgerufen, dass das gerade aktive Steuerelement keinen *HelpContext* hat.

Die HelpJump-Methode

Relativ unkompliziert können Sie eine Hilfeseite mit der Methode *HelpJump* des *Application*-Objekts aufrufen, Übergabeparameter ist der Contextstring.

```
procedure TForm1.Hilfe1Click(Sender: TObject);
begin
 Application.HelpJump('Inhalt')
end;
```

Die HelpCommand-Methode

Weitaus flexiblere Möglichkeiten des Zugriffs auf die Hilfe-Datei bietet die Windows-API-Funktion *WinHelp*, die mit der Methode *HelpCommand* gekapselt ist.

Syntax: `Application.HelpCommand(Command: Word; Data: Longint):Boolean;`

Command	Art der Suche (ContextNummer, Stichwort), Beenden
Data	repräsentiert den angeforderten Topic

Nach erfolgreicher Ausführung gibt die *HelpCommand*-Methode *True* zurück.

Für die Parameter *Command* und *Data* werden vordefinierte Konstanten eingesetzt. Über die genauere Bedeutung dieser Konstanten informiert Sie die folgende Tabelle. Wie der *Data*-Parameter zu interpretieren ist, hängt vom *Command*-Wert ab:

Konstante	Beschreibung	Format von dwData
Help_Context	... zeigt die Hilfe für einen Topic entsprechend dessen ContextNummer	... eine LongInteger-Zahl mit der ContextNummer
Help_Quit	... die Hilfe-Datei wird geschlossen	... wird ignoriert
Help_Contents	... ruft das Inhaltsverzeichnis der Hilfe-Datei auf (entsprechender CONTENTS-Eintrag im Projektfile)	... wird ignoriert
Help_HelpOnHelp	... lädt WINHELP.HLP und zeigt den entsprechenden Topic	... wird ignoriert
Help_SetIndex	... setzt einen bestimmten Topic als Index Topic	... eine LongInteger-Zahl mit der ContextNummer

Konstante	**Beschreibung**	**Format von dwData**
Help_ContextPopUp	... zeigt Hilfeseite als PopUp-Fenster	... eine LongInteger-Zahl mit der ContextNummer
Help_Key	... zeigt den ersten Topic in der Stichwort-Liste, der mit dem *dwData*-Parameter übereinstimmt	... ein Zeiger (Long) auf einen String mit dem gesuchten Stichwort
Help_PartialKey	... zeigt die zum Stichwort gefundene Hilfeseite	... ein Zeiger (Long) auf einen String mit dem gesuchten Stichwort

Bemerkungen

Auf der Buch-CD findet sich ein Beispiel "Taschenrechner", dem eine *.hlp*-Hilfedatei nebst *.rtf*- und *.hpj*-Dateien beigefügt ist, so dass Sie den Prozess der Erstellung im Detail nachvollziehen können.

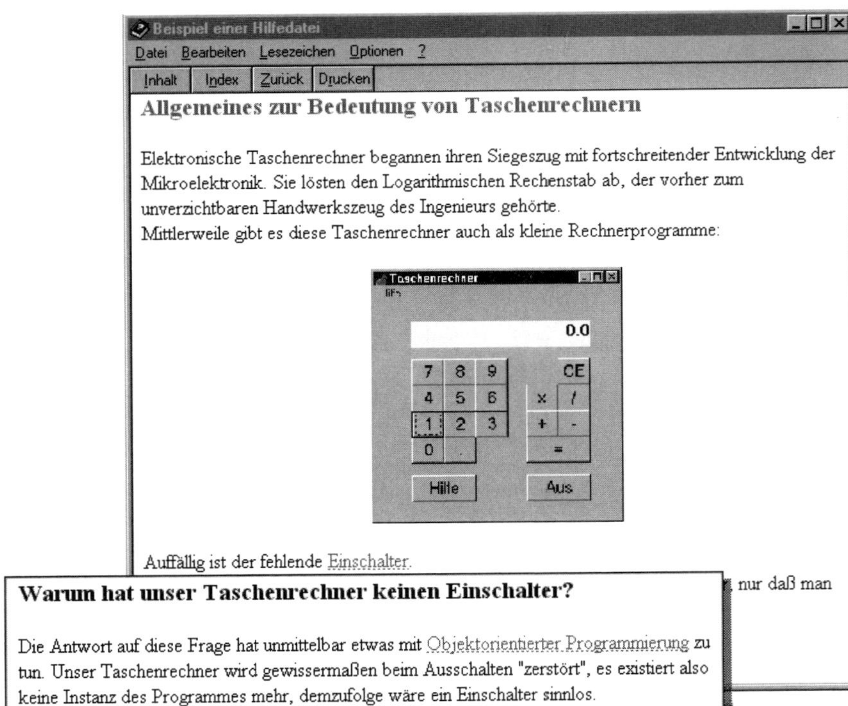

Weitere Beispiele (z.B. zum Einfügen einer Inhaltsdatei) finden Sie in unserem [BD6-Kochbuch].

Mittlerweile ist das Windows-Hilfesystem in die Jahre gekommen. Als Nachfolger beginnt sich Microsofts HTML-Help mehr und mehr durchzusetzen. Leider liefert Borland den dafür notwendigen HTML-Workshop nicht zu Delphi mit. Unserem [BD6-Kochbuch] haben wir trotzdem ein Beispiel zum Erstellen einer HTML-Hilfedatei und deren Einbindung in Delphi beigefügt.

B InstallShield

Haben Sie endlich **das** Delphi-Programm erstellt, welches Sie der Allgemeinheit nicht weiter vorenthalten wollen? Wenn ja, dann können Sie dafür sogar professionelle Installationsdateien anfertigen, mit denen Sie Ihre erstaunten Bekannten (und vielleicht sogar den Chef) endgültig von Ihren überragenden Programmierfähigkeiten überzeugen. Mit dem einfachen Kopieren der EXE-Datei ist es aber meist nicht getan[1], da auch ein Delphi-Programm noch einiges an "Beiwerk" mit sich rumschleppen muss (hauptsächlich im Zusammenhang mit ActiveX-Komponenten und Datenbanken). Aber welche Dateien gehören noch mit dazu, wo stecken sie, und in welches Verzeichnis müssen sie beim Endanwender kopiert werden? Weiterhin wären da noch diverse Einträge in der Registry, die Versionskontrolle und, und ...

Das Programm *InstallShield Express Spezial-Edition für Delphi* nimmt Ihnen quälende Überlegungen dieser Art ab, es unterstützt Sie bei der Anfertigung professioneller Setup-Dateien für die verschiedensten Medien (CD-ROM, DVD-ROM, Disketten, Netzwerk).

Einige grundsätzliche Bemerkungen vorweg:

- Das Programm wird nur zur *Professional* und *Enterprise Edition* von Delphi mitgeliefert.
- *InstallShield Express Spezial Edition für Delphi* ist lediglich eine abgerüstete Version von *InstallShield Express*[2]!
- Wenn Sie das Programm zunächst nicht auf Ihrer Festplatte entdecken können, muss es nachträglich von der Delphi-CD installiert werden (vom Installations-Hauptmenü aus, siehe 1.1.3).
- Für diejenigen, die sich bereits an die Vorgängerversion von *IS Express* gewöhnt haben, gibt es eine weniger gute Nachricht: Die vorliegende Version 3 wurde zwecks Kooperation mit dem Windows Installer-Dienst so radikal auf den Kopf gestellt, dass Sie sich komplett neu einarbeiten müssen!

B.1 Unterschiede zu den Vorgängerversionen von InstallShield

Ein Import früherer **.iwz*-Projekte und deren Migration nach **.ism*-Setup-Projekten ist möglich, wobei allerdings bestimmte Einschränkungen/Änderungen zu beachten sind:

- Während die Vorgängerversionen 2.x noch auf der traditionellen Setup-Architektur basierten, wo im Endergebnis eine *Setup.exe* herauskam, erzeugt die aktuelle Version eine **.msi*-Datei. Dies ist eine Datenbank, die alle notwendigen Informationen für die Interaktion mit dem *Windows-Installer-Dienst* enthält. Allerdings kann auch noch zusätzlich eine *Setup.exe* generiert werden.
- Die frühere Hierarchie *Dateien → Dateigruppen → Komponenten* gibt es nicht mehr[1]. Jetzt werden Dateien zu so genannten *Features* hinzugefügt (z.B. "Immer installieren", "Hilfe", "Erweiterung1", ...), die keinen bestimmten Verzeichnissen mehr zugeordnet sind.

---

[1] Das gibt mit Sicherheit lange Gesichter auf der anderen Seite.

[2] Die Vollversion enthält einige zusätzliche Features, die in der abgerüsteten Version zwar angezeigt werden, wo aber der Zugriff über ein "Vorhängeschloss" verwehrt ist.

- *InstallShield-Objekte*, wie z.B. die BDE, sind durch so genannte *Merge-Module* ersetzt worden.
- Das Prinzip der Registrierung von COM-Komponenten (ActiveX-EXE, -DLL, OCX) hat sich ebenfalls geändert. Wurden bisher während der Installation selbstregistrierende Funktionen aufgerufen, nimmt jetzt *InstallShield* (genauer der *Windows-Installer*) das Registrieren selbst in die Hand (natürlich auch das Entfernen der Registrierungseinträge nach Deinstallation).

Leider ist die Dokumentation von *InstallShield* auch in der neuen Version alles andere als übersichtlich, sie schockiert den Einsteiger mit einer quälend langen Tortur durch eine Checkliste, zu der die "Hilfe" mit zeilenreichen blumigen "Hinweisen" aufwartet, die vor allem eins schmerzlich vermissen lassen: konkrete Beispiele!

Die folgenden Ausführungen sollen anhand eines bewusst sehr einfach gehaltenen Beispiels etwas Licht in die Dunkelheit bringen.

B.2 Einfaches Beispiel

Für das Demo-Programm "Wie kann ich eine ImageList-Komponente einsetzen?" aus unserem Delphi 6-Kochbuch soll nach dem Prinzip "nur so viel wie unbedingt nötig" ein Setup-Datenträger angefertigt werden[2].

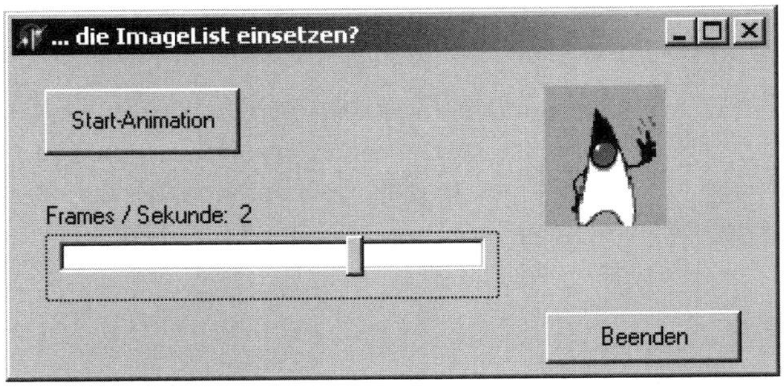

Starten Sie *IS Express* und eröffnen Sie mit *Datei|Neu* ein neues Setup-Projekt.

Hinweis: Bei einem Setup-Projekt handelt es sich <u>nicht</u> um Ihr Delphi-Projekt, sondern lediglich um die *.ism*-Datei, welche die Einstellungen von *InstallShield* speichert!

Geben Sie dem Projekt einen Namen (*Testprojekt1.ism*) und speichern Sie es in einem vorher angelegten Verzeichnis ab.

---

[1] Eine segensreiche Neuerung, denn der verwendete Begriff "Komponenten" hatte so gar nichts mit den Delphi-Komponenten zu tun und sorgte somit für heillose Verwirrung.

[2] Wir haben ganz bewusst dieses Beispiel mit der freundlich winkenden Witzfigur gewählt, denn möglicherweise wird der Spaß Ihnen bald vergehen.

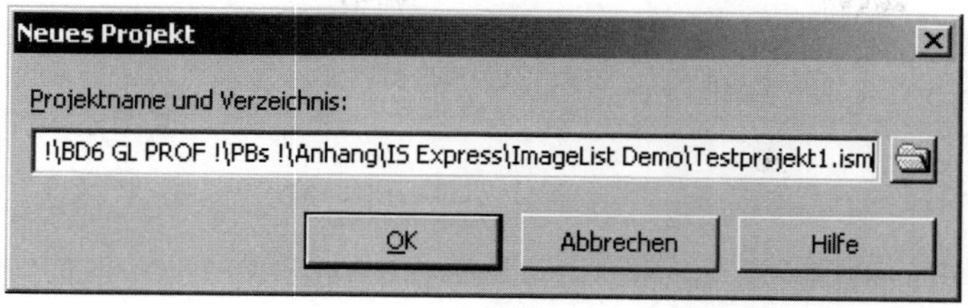

Das Hauptfenster mit einer furchterregend langen Checkliste, bestehend aus sechs Etappen, erwartet Sie. Die Checkliste sollte systematisch von oben nach unten durchgearbeitet werden, auf ins Gewühl!

Hinweis: Nicht alle Punkte müssen Sie abarbeiten, und bei vielen Punkten genügt die Übernahme der Standardeinstellungen. Lasst uns deshalb im Folgenden nur die wirklich wichtigen Schritte nachvollziehen.

B.3 Setup organisieren

Allgemeine Informationen

Hierzu gibt es nicht viel zu erklären, tragen Sie ein *Name des Autors*, *Produktname, Version*, *Internet-Adressen*, *Produktcode* usw.

Diese Angaben liefern auch die so genannten *Supportinformationen*, wie sie später auf dem Anwenderrechner abrufbar sind (*Windows-Systemsteuerung|Software*):

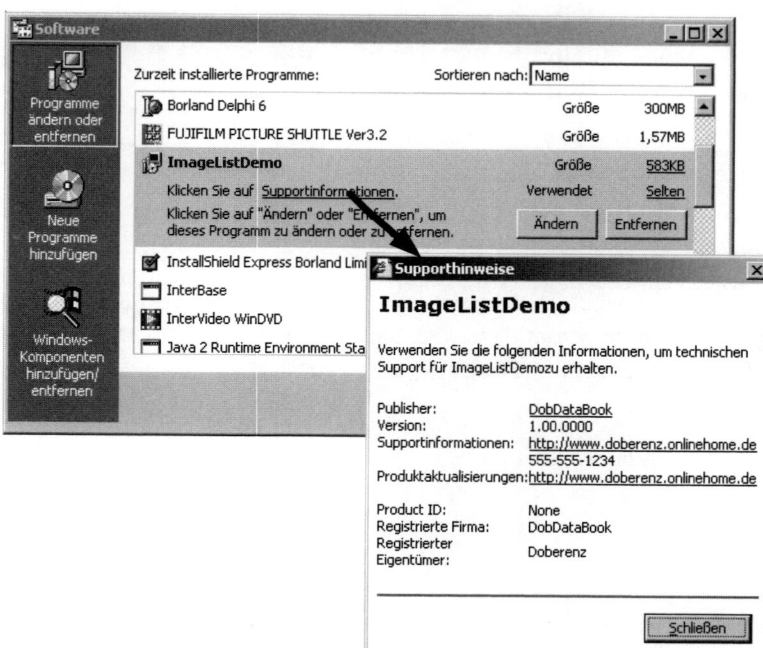

Hinweis: Belassen Sie möglichst <u>nicht</u> den *Produktnamen* auf seinem Standardwert, denn sonst haben Sie später Schwierigkeiten beim Auffinden des Programms.

Features

Man versteht unter diesem sehr allgemein klingenden Begriff ganz konkret die Auswahlmöglichkeiten, die der Anwender bei einem benutzerdefinierten Setup vorfindet. Jedem Feature sind ganz bestimmte Dateien zugeordnet.

Das wichtigste Feature "Immer installieren" ist immer vorhanden, darunter werden später die Dateien zusammengefasst, die in jedem Fall auf den Zielrechner zu kopieren sind.

Weitere Features, die auf dem Zielrechner zusätzlich installiert werden können (aber nicht müssen), können Sie durch Anklicken des *Features*-Baums mit der rechten Maustaste hinzufügen.

Denkbar wären z.B. die Features "Hilfesystem" und "Zusatz-Bildermappe", wie sie in der folgenden Abbildung hinzugefügt wurden.

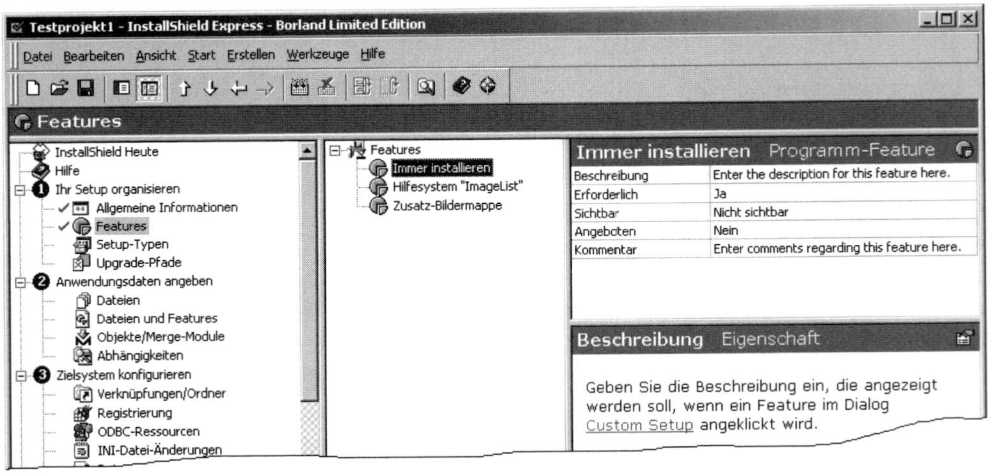

Setup-Typen

Die folgende Abbildung dürfte für Klarheit sorgen, was wir unter einem *Setup-Typ* zu verstehen haben. Es geht jetzt darum, jedem dieser drei Setup-Typen bestimmte Features zuzuordnen. Für unser Beispiel hat natürlich nur der "Standard"-Setup-Typ Sinn:

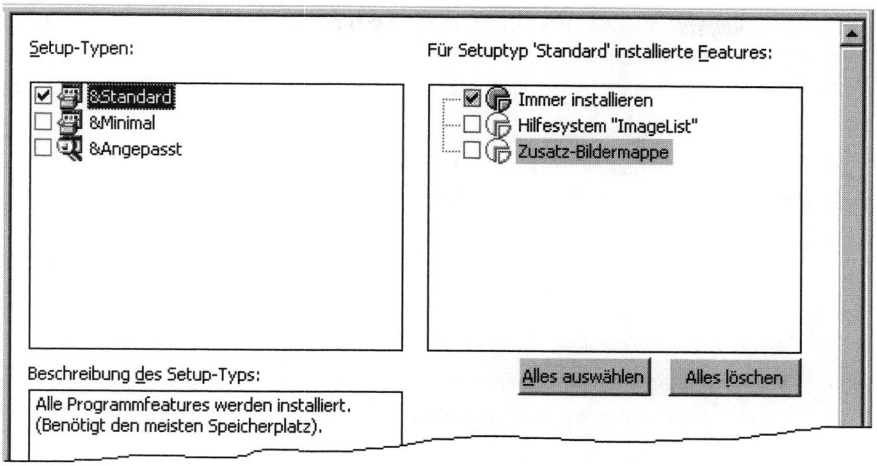

Anwendungsdaten eingeben

Dateien

Nun wird es endlich konkret. Sie sollen jetzt festlegen, zu welchem der im vorhergehenden Schritt festgelegten *Feature* welche *Dateien* gehören.

Begonnen wird mit dem Feature "Immer installieren", das man in der Klappbox (in der Abbildung oben links) einstellt. Dann suchen Sie sich links den Ordner und rechts die erforderliche Datei (*Projekct1.exe*) aus. Mehr haben wir leider nicht zu bieten, aber es dürfte wohl klar sein, wie man mit eventuell vorhandenen weiteren Dateien (Hilfe-Datei, Bitmaps) zu verfahren hat.

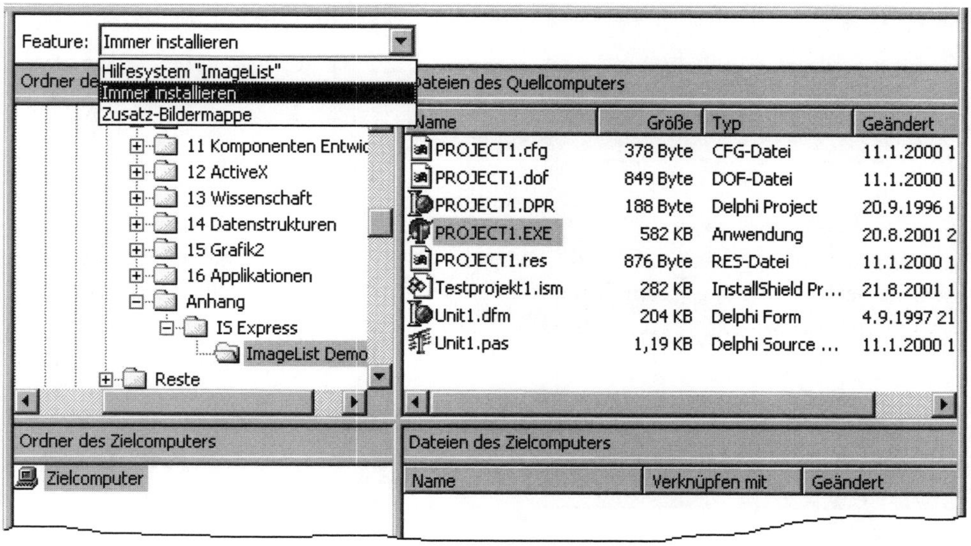

In der unteren Hälfte legen Sie fest, in welche Ordner des Zielcomputers die Dateien abzulegen sind. Wenn Sie mit der rechten Maustaste auf das "Zielcomputer"-Icon anklicken, haben Sie die Wahl zwischen einer Vielzahl bereits vorhandener Standardordner oder dem Anlegen eines eigenen Ordners.

Unser Demo-Programm können Sie z.B. im *\Programme*-Verzeichnis von Windows unterbringen. Wählen Sie dafür den Menüeintrag *[ProgramFilesFolder]*:

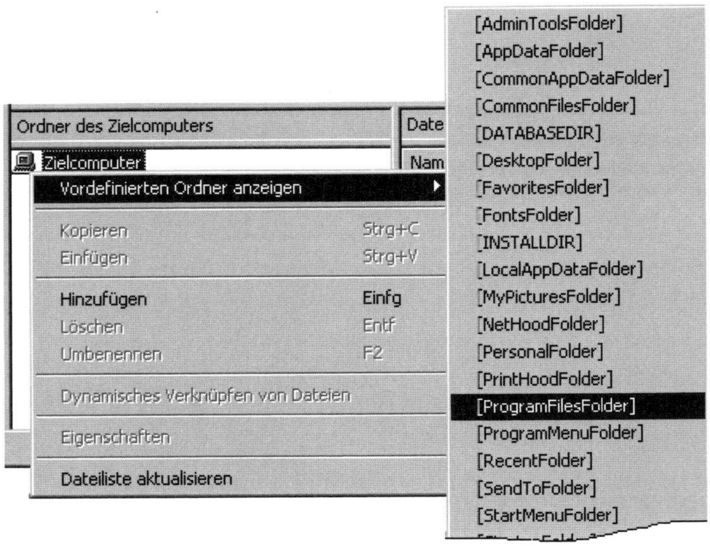

Legen Sie mit Hilfe der rechten Maustaste noch ein Unterverzeichnis *\Beispiel 1* an und ziehen Sie dann per Drag&Drop die Anwendungsdatei *Project1.exe* auf diesen Ordner:

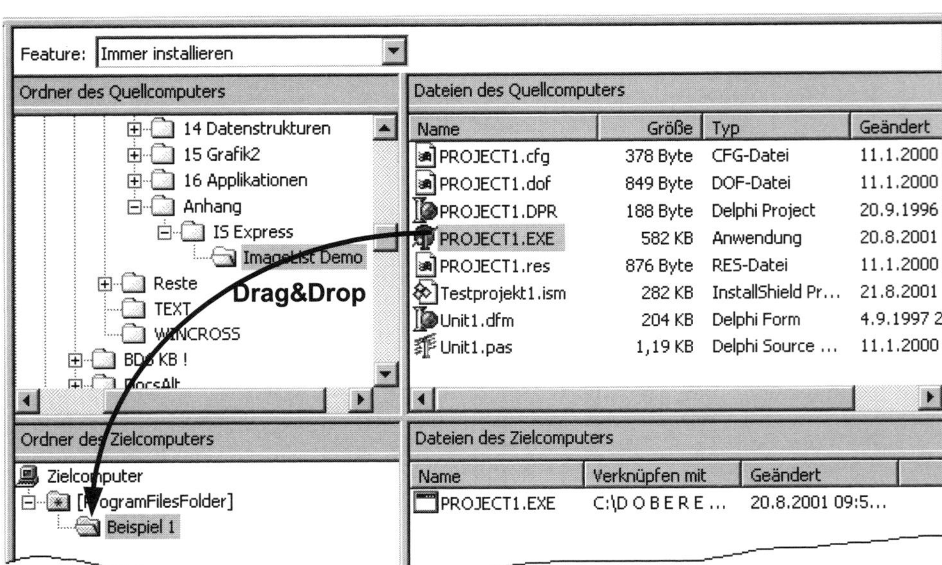

Dateien und Features

Hier sehen Sie lediglich noch einmal eine zusammenfassende Übersicht der im vorhergehenden Schritt getroffenen Zuordnung:

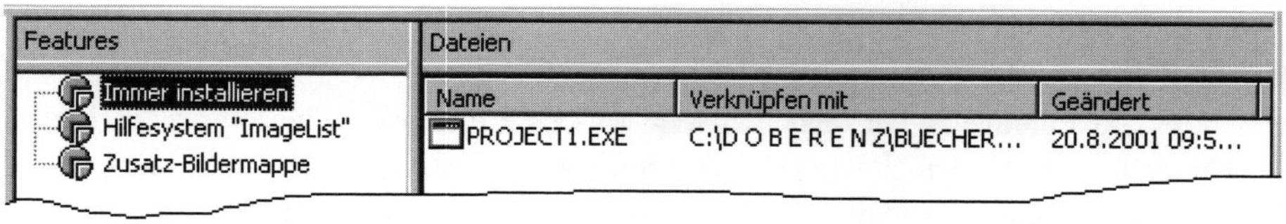

Hinweis: Im Beispiel auf der Buch-CD sind die Features "Hilfesystem" und "Zusatz-Bildermappe" leer und dienen nur Demonstrationszwecken.

Objekte/Merge-Module

Wenn keine speziellen Komponenten (ActiveXe, DLLs,...) vorliegen und es sich um keine Datenbankanwendung handelt, können Sie diesen Schritt überspringen. Ansonsten bietet Ihnen eine umfangreiche Liste die Chance, dass Sie dort das Gesuchte finden[1].

Zielsystem konfigurieren

In dieser Etappe geht es um spezielle Einstellungen, die das Setup-Programm am Zielcomputer vornimmt.

Verknüpfungen/Ordner

Sie können verschiedene Verknüpfungsarten bzw. Anzeigen einrichten (Taskleiste, Startmenü, ...). Für unser Beispiel ist ein Shortcut auf dem Windows-Desktop vorgesehen:

Das Hinzufügen zur Baumstruktur wird mittels Kontextmenü der rechten Maustaste erledigt:

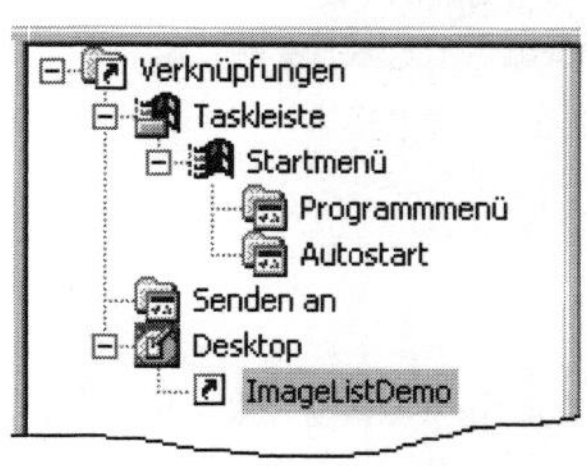

[1] Die Anfertigung von Setup-Dateien für Datenbankanwendungen wird in unserem [Borland Delphi 6 Datenbankbuch] beschrieben.

Hinweis: Tragen Sie im Eigenschaftendialog unter *Ziel* den vollständigen Pfadnamen ein (z.B. *[ProgramFilesFolder]/Beispiel1/Project1.exe*), ansonsten wird die Verknüpfung nicht generiert bzw. zeigt ins Leere.

Registrierung

Hier geht es um Einträge in der Windows-Registry des Zielrechners, die Sie nur im Bedarfsfall vorzunehmen brauchen. Ähnlich wie bei dem Zuordnen von Dateien werden auch hier – in Abhängigkeit vom eingestellten Feature – komplette Registrierungsschlüssel per Drag&Drop aus dem Quell- in den Zielcomputer verschoben.

ODBC-Ressourcen, INI-Datei-Änderungen, Dateierweiterungen

Auch diese (weitgehend selbst erklärenden) Spezialeinstellungen müssen Sie nur im Bedarfsfall vornehmen.

Setup-Darstellung anpassen

In dieser Etappe geht es eigentlich nur noch um Äußerlichkeiten[1], denn hier legen Sie das Erscheinungsbild Ihres Setup-Programms fest.

Dialogfelder

Alle Fenster bzw. Meldungen, die während des Installationsprozesses auf dem Bildschirm erscheinen sollen, können Sie hier festlegen:

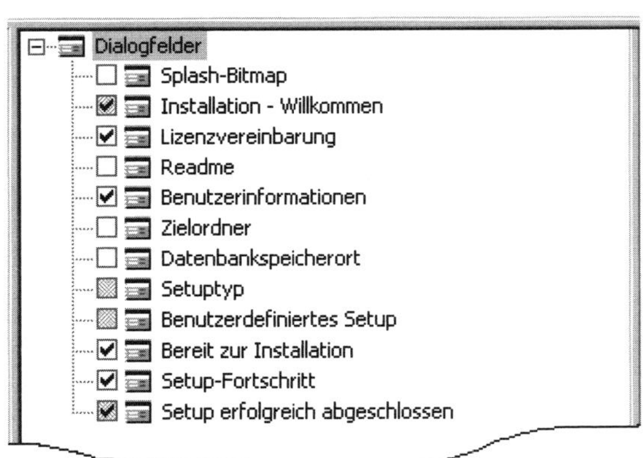

Billboards, Text und Meldungen

Auch diese "Schmankerln" entziehen Sich dem lüsternen Zugriff des "Nur-IS-Express-Besitzers" durch ein großes Vorhängeschloss. Das sollte Ihre Gier nach der InstallShield-Vollversion anheizen!

---

[1] Allerdings ist das auch eine gute Gelegenheit, sich von der Konkurrenz abzugrenzen!

Setup-Anforderungen und -Aktionen festlegen

Hier können Sie Ihr Setup z.B. an unterschiedliche Betriebssysteme des Zielrechners anpassen. Zum Beispiel Support-Dateien hinzufügen oder ausführbare Datei während der Installation starten, bleiben der IS-Vollversion vorbehalten.

Anforderungen

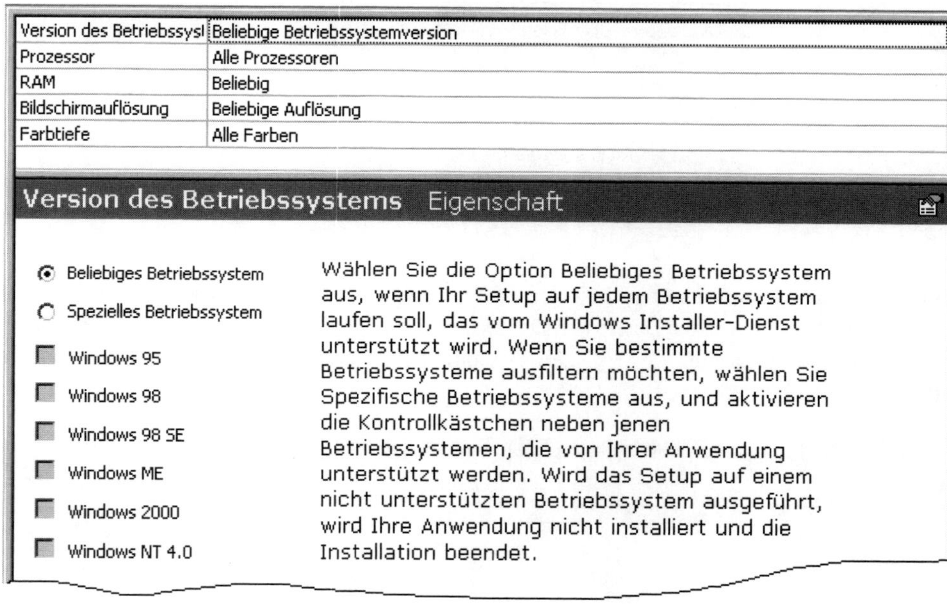

Release vorbereiten

In dieser letzten Etappe wird es endlich ernst.

Release erstellen

Zunächst legen Sie das Vertriebsmedium fest. Hier haben Sie vielfältige Auswahlmöglichkeiten zwischen den Datenträgern und der Auswahl ihrer Eigenschaften:

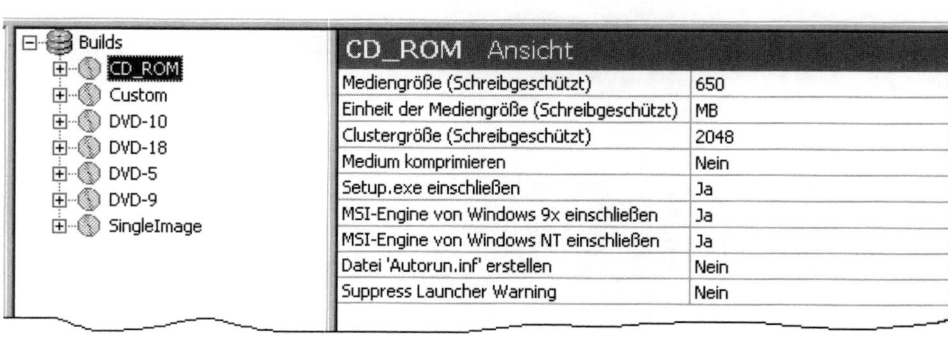

Hinweis: Das eigentliche Erstellen des Release wird ganz unspektakulär gestartet: Mit der rechten Maustaste auf den gewünschten Datenträger (im Beispiel CD-ROM) klicken und *Erstellen* wählen.

Während des Erstellens der Setup-Dateien wird ein schier unendlich langes Protokoll generiert, wovon die folgende Abbildung nur den letzten Teil zeigt:

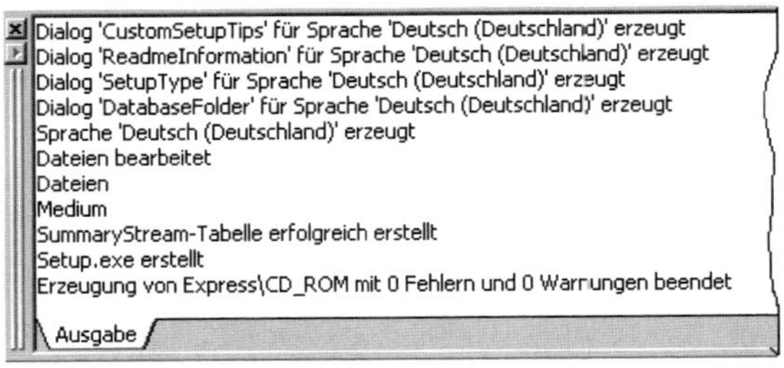

Ein Blick in das Installationsverzeichnis zeigt die angelegten Dateien. Grämen Sie sich nicht, dass hier trotz angeblich gepackter Dateien erheblich mehr Speicherplatz zusammenkommt als bei der ursprünglichen (ungepackten) EXE-Datei. Bei umfangreicheren Applikationen dürfte sich das Verhältnis wieder normalisieren.

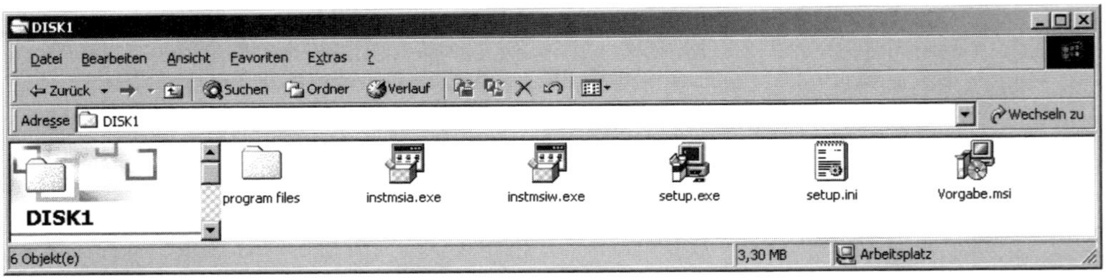

Release testen

Doppelklicken Sie auf das CD-ROM-Symbol und entscheiden Sie sich für eine Testvariante:

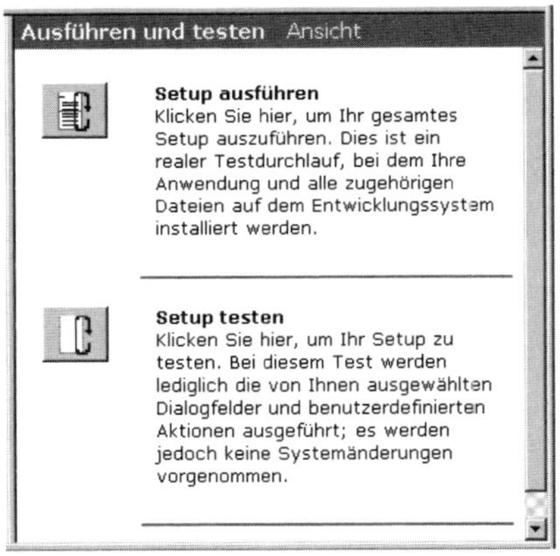

Hinweis: Endgültige Klarheit darüber, ob die Installationsdateien fehlerfrei sind, erhalten Sie erst nach der Installation auf verschiedenen "sauberen" Rechnern mit möglichst unterschiedlichen Betriebssystemen.

Release verteilen

Hier können Sie die erstellten Setup-Dateien von der Festplatte auf einen bestimmten Datenträger (CD-ROM) kopieren. Allerdings können Sie sich das auch sparen, denn das Brennen/Kopieren auf CD/Diskette und die anschließende Installation auf dem Zielrechner lässt sich "per Hand" doch viel praxisnäher erledigen, oder?

Schlussbemerkungen

- Die Setup-Dateien für dieses Beispiel sind auf der Buch-CD enthalten, so dass Sie eine probeweise Installation/Deinstallation auf Ihrem PC vornehmen können.
- Laden Sie sich die Datei *Testprojekt1.ism* von der Buch-CD nach InstallShield Express und informieren Sie sich im Detail über alle vorgenommenen Einstellungen!

C ANSI-Tabelle

0		32	[space]	64	@	96	`
1		33	!	65	A	97	a
2		34	"	66	B	98	b
3		35	#	67	C	99	c
4		36	$	68	D	100	d
5		37	%	69	E	101	e
6		38	&	70	F	102	f
7		39	'	71	G	103	g
8	BS	40	(	72	H	104	h
9	TAB	41	)	73	I	105	i
10	LF	42	*	74	J	106	j
11		43	+	75	K	107	k
12		44	,	76	L	108	l
13	CR	45	-	77	M	109	m
14		46	.	78	N	110	n
15		47	/	79	O	111	o
16		48	0	80	P	112	p
17		49	1	81	Q	113	q
18		50	2	82	R	114	r
19		51	3	83	S	115	s
20		52	4	84	T	116	t
21		53	5	85	U	117	u
22		54	6	86	V	118	v
23		55	7	87	W	119	w
24		56	8	88	X	120	x
25		57	9	89	Y	121	y
26		58	:	90	Z	122	z
27		59	;	91	[	123	{
28		60	<	92	\	124	|
29		61	=	93	]	125	}
30		62	>	94	^	126	~
31		63	?	95	_	127	

128		160	[space]	192	À	224	à
129		161	¡	193	Á	225	á
130		162	¢	194	Â	226	â
131		163	£	195	Ã	227	ã
132		164	¤	196	Ä	228	ä
133		165	¥	197	Å	229	å
134		166	¦	198	Æ	230	æ
135		167	§	199	Ç	231	ç
136		168	¨	200	È	232	è
137		169	©	201	É	233	é
138		170	ª	202	Ê	234	ê
139		171	«	203	Ë	235	ë
140		172	¬	204	Ì	236	ì
141		173	-	205	Í	237	í
142		174	®	206	Î	238	î
143		175	¯	207	Ï	239	ï
144		176	°	208	Ð	240	ð
145		177	±	209	Ñ	241	ñ
146		178	²	210	Ò	242	ò
147		179	³	211	Ó	243	ó
148		180	´	212	Ô	244	ô
149		181	µ	213	Õ	245	õ
150		182	¶	214	Ö	246	ö
151		183	·	215	×	247	÷
152		184	¸	216	Ø	248	ø
153		185	¹	217	Ù	249	ù
154		186	º	218	Ú	250	ú
155		187	»	219	Û	251	û
156		188	¼	220	Ü	252	ü
157		189	½	221	Ý	253	ý
158		190	¾	222	Þ	254	þ
159		191	¿	223	ß	255	ÿ

D Virtuelle Tastatur-Codes

Konstante	Hex	Erläuterung
VK_CANCEL	03	STRG+PAUSE
VK_BACK	08	BACKSPACE
VK_TAB	09	TAB
VK_RETURN	0D	RETURN
VK_SHIFT	10	SHIFT
VK_CONTROL	11	STRG
VK_MENU	12	ALT
VK_PAUSE	13	PAUSE
VK_CAPITAL	14	CAPS LOCK
VK_ESCAPE	1B	ESC
VK_SPACE	20	LEERTASTE
VK_PRIOR	21	BILD nach oben
VK_NEXT	22	BILD nach unten
VK_END	23	ENDE
VK_HOME	24	POS1
VK_LEFT	25	Cursortaste links
VK_UP	26	Cursortaste oben
VK_RIGHT	27	Cursortaste rechts
VK_DOWN	28	Cursortaste unten
VK_SNAPSHOT	2C	DRUCK
VK_INSERT	2D	EINFG
VK_DELETE	2E	ENTF
VK_0	30	Taste 0
VK_1	31	Taste 1
VK_2	32	Taste 2
VK_3	33	Taste 3
VK_4	34	Taste 4
VK_5	35	Taste 5
VK_6	36	Taste 6
VK_7	37	Taste 7
VK_8	38	Taste 8
VK_9	39	Taste 9

Konstante	Hex	Erläuterung
VK_A	41	Taste A
VK_B	42	Taste B
VK_C	43	Taste C
VK_D	44	Taste D
VK_E	45	Taste E
VK_F	46	Taste F
VK_G	47	Taste G
VK_H	48	Taste H
VK_I	49	Taste I
VK_J	4A	Taste J
VK_K	4B	Taste K
VK_L	4C	Taste L
VK_M	4D	Taste M
VK_N	4E	Taste N
VK_O	4F	Taste O
VK_P	50	Taste P
VK_Q	51	Taste Q
VK_R	52	Taste R
VK_S	53	Taste S
VK_T	54	Taste T
VK_U	55	Taste U
VK_V	56	Taste V
VK_W	57	Taste W
VK_X	58	Taste X
VK_Y	59	Taste Y
VK_Z	5A	Taste Z
VK_NUMPAD0	60	Nummerisches Tastenfeld, Taste 0
VK_NUMPAD1	61	Nummerisches Tastenfeld, Taste 1
VK_NUMPAD2	62	Nummerisches Tastenfeld, Taste 2
VK_NUMPAD3	63	Nummerisches Tastenfeld, Taste 3
VK_NUMPAD4	64	Nummerisches Tastenfeld, Taste 4
VK_NUMPAD5	65	Nummerisches Tastenfeld, Taste 5
VK_NUMPAD6	66	Nummerisches Tastenfeld, Taste 6

Konstante	Hex	Erläuterung
VK_NUMPAD7	67	Nummerisches Tastenfeld, Taste 7
VK_NUMPAD8	68	Nummerisches Tastenfeld, Taste 8
VK_NUMPAD9	69	Nummerisches Tastenfeld, Taste 9
VK_MULTIPLY	6A	Multiplikationstaste
VK_ADD	6B	Additionstaste
VK_SUBTRACT	6D	Subtraktionstaste
VK_DIVIDE	6F	Divisionstaste
VK_F1	70	F1
VK_F2	71	F2
VK_F3	72	F3
VK_F4	73	F4
VK_F5	74	F5
VK_F6	75	F6
VK_F7	76	F7
VK_F8	77	F8
VK_F9	78	F9
VK_F10	79	F10
VK_F11	7A	F11
VK_F12	7B	F12
VK_NUMLOCK	90	NUM LOCK
VK_SCROLL	91	SCROLL LOCK

E Inhaltsverzeichnis "Borland Delphi 6 Kochbuch"

Doberenz/Kowalski; Carl-Hanser-Verlag 2001, 1328 Seiten; ISBN 3-446-21735-5

Grundlagen

Oberfläche

R46 ... ein MDI-Child simulieren?
R47 ... ein Formular skalieren?
R48 ... eine Anwendung beim Deaktivieren schließen?
R49 ... wichtige Standardkomponenten kennen lernen?
R50 ... Dezimalkomma in Dezimalpunkt umwandeln?
R51 ... den lästigen Piepton abstellen?
R52 ... Zahleneingaben überprüfen?
R53 ... ein einzelnes Zeichen eingeben?
R54 ... mit der Enter-Taste in das nächste Feld wechseln?
R55 ... die Zeilenzahl eines Memofeldes bestimmen?
R56 ... die Zeile/Spalte in Memofeldern bestimmen?
R57 ... das aktuelle Wort unter dem Cursor ermitteln?
R58 ... einen Zeilenumbruch erzwingen?
R59 ... eine Undo-Funktion realisieren?
R60 ... Ränder in Memofeldern setzen?
R61 ... einen vergrößerten Textcursor realisieren?
R62 ... einen grafischen Textcursor realisieren?
R63 ... die Mauskoordinaten anzeigen?
R64 ... den Mausbereich verkleinern?
R65 ... den Mauscursor ausblenden?
R66 ... eigene Mauszeiger verwenden?
R67 ... auf Mausbewegungen reagieren?
R68 ... eine Menüleiste erstellen?
R69 ... ein PopUp-Menü erzeugen?
R70 ... Menüeinträge zur Laufzeit erzeugen?
R71 ... Grafiken in Menüpunkte einbinden?
R72 ... das Systemmenü verkleinern?
R73 ... das Systemmenü erweitern?
R74 ... Bildlaufleisten am Fensterrand positionieren?
R75 ... mit einem Schieberegler Werte einstellen?
R76 ... verknüpfte und rastende Schalter realisieren?
R77 ... Grafiken in Schaltflächen einsetzen?
R78 ... eine RadioGroup programmieren?
R79 ... den Anfangswert in einer Listbox setzen?
R80 ... die Zahl markierter Einträge einer Listbox ermitteln?
R81 ... die Existenz eines Listboxeintrags feststellen?
R82 ... in Listenfeldern suchen?
R83 ... eine Listbox horizontal scrollen?
R84 ... Einträge in einer Listbox löschen?
R85 ... eine intelligente Combobox programmieren?
R86 ... eine Combobox automatisch öffnen?
R87 ... mit der Gitter-Komponente arbeiten?
R88 ... zwei Gitter-Komponenten synchronisieren?
R89 ... im StringGrid einen Zeilenumbruch durchführen?
R90 ... den Text im StringGrid rechtsbündig ausrichten?
R91 ... den Inhalt eines StringGrid in einer Datei sichern?
R92 ... die Spalten eines StringGrid automatisch anpassen?
R93 ... die blaue Zelle im StringGrid verschwinden lassen?
R94 ... Grafiken im StringGrid anzeigen?
R95 ... eine Combobox im StringGrid anzeigen?
R96 ... Zeilen in ein StringGrid einfügen/löschen?
R97 ... Zellen im StringGrid farblich hervorheben?
R98 ... im StringGrid Enter- statt Tab-Taste verwenden?
R99 ... Komponenten auf einer StatusBar platzieren?

Grafik

Multimedia

Dateien

Datenbank

SQL/ADO

Report

Objekte und Komponenten

OLE/DDE

Peripherie/ Internet

System

Desktop

Wissenschaft/Technik

Sonstiges

Index

E

F

G

H

I

N

O

R

S

T

U

V

W

X

Z